Comportamento do Consumidor

Tradução da 5ª edição norte-americana

Dados Internacionais de Catalogação na Publicação (CIP)
(Câmara Brasileira do Livro, SP, Brasil)

Hoyer, Wayne D.
  Comportamento do consumidor / Wayne D. Hoyer, Deborah J. Macinnis ; revisão técnica Richard Vinic , Alessandra Vinic ; [tradução EZ2 Translate]. -- São Paulo : Cengage Learning, 2011.

  Título original: Consumer behavior, 5. ed. norte-americana.
  ISBN 978-85-221-1137-4

  1. Consumidores - Comportamento I. Macinnis, Deborah J. II. Título.

11-12881   CDD-658.8342

Índice para catálogo sistemático:

1. Consumidores : Comportamento : Administração de empresas   658.8342

Tradução da
5ª edição
norte-americana

Comportamento do Consumidor

Wayne D. Hoyer
University of Texas – Austin

Deborah J. Macinnis
University of Southern California

Tradução EZ2 Translate

Revisão técnica:

Richard Vinic

Mestre em Comunicação, Especialista em Markerting, coordenador dos cursos de pós-graduação em Gestão de Marketing, Gestão em Marketing de Serviços e Gestão em Vendas e Negociação na Fundação Armando Álvares Pnteado – FAAP

Alessandra Aronovich Vinic

Doutora e Mestre em Distúrbios do Desenvolvimento pela Universidade Presbiteriana Mackenzie, Psicóloga formada pela Universidade Presbiteriana Mackenzie. Especialista em Psicologia pela FMUSP. Professora nos cursos de Gestão de Marketing e Gestão em Marketing de Serviços da Pós-Graduação da FAAP, nas disciplinas de Psicologia do Consumidor e Neuromarketing.

Austrália • Brasil • Japão • Coreia • México • Cingapura • Espanha • Reino Unido • Estados Unidos

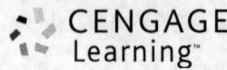

Comportamento do cosumidor – Tradução da 5ª edição norte-americana

Wayne D. Hoyer; Deborah J. Macinnis

Gerente editorial: Patricia La Rosa

Supervisora editorial: Noelma Brocanelli

Supervisora de produção gráfica: Fabiana Alencar Albuquerque

Editora de desenvolvimento: Gisela Carnicelli

Título original: *Consumer Behavior*
(ISBN: 978-0-324-83427-7)

Revisão técnica: Richard Vinic e Alessandra Vinic

Copidesque: Alberto Bononi

Revisão: Jean Carlos A. Xavier e Luicy Caetano de Oliveira

Diagramação: PC Editorial Ltda.

Capa: MSDE/Manu Santos Design

Pesquisa iconográfica: Josiane Camacho Laurentino e Vivian Rosa

© 2007 South-Western, parte de Cengage Learning.

© 2012 Cengage Learning Edições

Todos os direitos reservados. Nenhuma parte deste livro poderá ser reproduzida, sejam quais forem os meios empregados, sem a permissão, por escrito, da Editora. Aos infratores aplicam-se as sanções previstas nos artigos 102, 104, 106 e 107 da Lei nº 9.610, de 19 de fevereiro de 1998.

Esta editora empenhou-se em contatar os responsáveis pelos direitos autorais de todas as imagens e de outros materiais utilizados neste livro. Se porventura for constatada a omissão involuntária na identificação de algum deles, dispomo-nos a efetuar, futuramente, os possíveis acertos.

> Para informações sobre nossos produtos, entre em contato pelo telefone **0800 11 19 39**
>
> Para permissão de uso de material desta obra, envie seu pedido para
> **direitosautorais@cengage.com**

© 2012 Cengage Learning. Todos os direitos reservados.

ISBN-13: 978-85-221-1137-4
ISBN-10: 85-221-1137-5

Cengage Learning
Condomínio E-Business Park
Rua Werner Siemens, 111 – Prédio 20 – Espaço 04
Lapa de Baixo – CEP 05069-900 – São Paulo – SP
Tel.: (11) 3665-9900 – Fax: (11) 3665-9901
SAC: 0800 11 19 39

Para suas soluções de curso e aprendizado, visite
www.cengage.com.br

Impresso no Brasil.
Printed in Brazil.
1 2 3 4 5 6 7   15 14 13 12

Para minha família maravilhosa, Shirley, David, Stephanie e Lindsey, para meus pais Louis e Doris, e para nossos filhotes Casey e Daphne, pelo tremendo apoio e amor. Dedico este livro a todos vocês.

Wayne D. Hoyer
Austin, Texas
Setembro de 2008

*Para minha família amorosa e para os amigos devotados.
Vocês são minha fonte de energia e meu centro de gravidade.*

Deborah J. MacInnis
Los Angeles, Califórnia
Setembro de 2008

Nota da Editora: Até o fechamento desta edição, todos os sites contidos neste livro estavam no ar com funcionamento normal. A Editora Cengage não se responsabiliza caso ocorra a suspensão dos mesmos.

Sobre os autores

Wayne D. Hoyer

Wayne D. Hoyer é presidente do Fundo James L. Bayless/William S. Farish para Empreendimento Livre na McCombs School of Business, na Universidade do Texas em Austin. Ele recebeu seu Ph.D. em psicologia do consumidor pela Universidade Purdue em 1980. Wayne já publicou mais de 60 artigos em vários periódicos, dentre as quais *Journal of Consumer Research*, *Journal of Marketing*, *Journal of Marketing Research*, *Journal of Advertising Research* e *Journal of Retailing*. Um artigo publicado em 1998 no *Journal of Marketing Research* (com Susan Broniarczyk e Leigh McAlister) ganhou o Prêmio O'Dell de 2003 como o artigo que teve maior impacto no campo de marketing durante aquele período de cinco anos. Além de *Comportamento do consumidor*, foi coautor de dois livros sobre a má interpretação de publicidade. Os interesses de pesquisa do Dr. Hoyer incluem o processamento de informações pelo consumidor e a tomada de decisão (em particular a tomada de decisão de baixo envolvimento), gestão de relacionamento com o consumidor e os efeitos da publicidade (em especial a má interpretação e o impacto do humor). Já foi editor associado do *Journal of Consumer Research* e trabalha em nove conselhos de revisão editorial, incluindo *Journal of Marketing*, *Journal of Marketing Research*, *Journal of Consumer Research* e *Journal of Consumer Psychology*. O Dr. Hoyer é membro da American Psychological Association, da Association for Consumer Research e da American Marketing Association. Suas áreas de ensino incluem comportamento do consumidor, estratégia do consumidor e marketing e comunicação. Ele já deu aulas em instituições como a Universidade de Mannheim, a Universidade de Muenster e a Otto Beisheim School of Management (todas na Alemanha), a Universidade de Bern na Suíça, e a Universidade Thammasa na Tailândia. Foi pesquisador na Universidade de Cambridge (Reino Unido).

Deborah J. MacInnis

Debbie MacInnis (Ph.D. pela Universidade de Pittsburgh em 1986) é professora do curso de administração de negócios Charles L. e Ramona I. Hilliard, e Professora de marketing na Universidade do sul da Califórnia, em Los Angeles, Califórnia. Já ocupou os postos de Diretora do Departamento de Marketing e de vice-reitora de pesquisa. Debbie publicou artigos em *Journal of Consumer Research*, *Journal of Marketing Research*, *Journal of Marketing*, *Journal of Personality and Social Psychology*, *Psychology and Marketing* e outros nas áreas de marketing e comunicação, processamento de informações, imaginação, emoções e marcas. É editora associada do *Journal of Consumer Research* e do *Journal of Consumer Psychology*. Já foi membro dos conselhos de revisão editorial do *Journal of Consumer Research*, *Journal of Marketing Research*, *Journal of Marketing* e do *Journal of the Academy of Marketing Sciences*, tendo recebido prêmios por seu trabalho como crítica nessas publicações. Também já participou de conselhos de revisão editorial de outros periódicos sobre marketing e negócios. Debbie foi co-presidente de conferência, tesoureira, e presidente da Association for Consumer Research. Foi vice-presidente de conferências e pesquisa do conselho acadêmico da American Marketing Association. Recebeu prêmios de destaque por sua pesquisa, incluindo os prêmios Alpha Kappa Psi e Maynard, concedidos aos melhores artigos sobre melhores práticas e baseados em teoria, respectivamente, publicados no *Journal of Marketing*.

A pesquisa de Debbie foi finalista na competição Practice Prize para contribuições ao marketing, e no Prêmio Converse por contribuições significativas e de longo prazo ao marketing. Ganhou o prêmio Marshall Teaching Innovation Award, do Dean's Award for Community, e do Dean's Award for Research pela Marshall School of Business. Suas aulas receberam prêmios nacionais da SAA National Advertising Competition. Suas áreas de ensino incluem comportamento do consumidor e comunicações integradas ao marketing. Debbie mora em Los Angeles com seu marido e seus dois filhos.

Sumário

Prefácio xi

Parte 1 Uma introdução ao comportamento do consumidor 1

Capítulo 1 Entendendo o comportamento do consumidor 3

INTRODUÇÃO: Terra das tendências em alta 3
Definindo o comportamento do consumidor 4
O que afeta o comportamento do consumidor? 10
Quem se beneficia do estudo do comportamento do consumidor? 14
Implicações do comportamento do consumidor no marketing 15

Capítulo de aprimoramento Desenvolvendo informações sobre comportamento do consumidor

INTRODUÇÃO: Entendendo as "tribos de tecnologia" da China 23
Métodos de pesquisa do comportamento do consumidor 24
Tipos de pesquisas de consumidor 30
Questões éticas na pesquisa do consumidor 33

Parte 2 O núcleo psicológico 37

Capítulo 2 Motivação, habilidade e oportunidade 39

INTRODUÇÃO: O Toyota Prius entra na pista rápida 39
Motivação do consumidor e seus efeitos 40
O que afeta a motivação? 43
Habilidade do consumidor: recursos para agir 54
Oportunidade do consumidor 56

Capítulo 3 Exposição, atenção e percepção 61

INTRODUÇÃO: A batalha dos anúncios de cerveja 61
Exposição 62
Atenção 65

Capítulo 4 Conhecimento e entendimento 81

INTRODUÇÃO: Chamando o mercado de anéis de noivado 81
Visão geral de conhecimento e entendimento 82
Conteúdo do conhecimento 82
Estrutura do conhecimento 88
Usando o conhecimento para entender 95

Capítulo 5 Opiniões fundamentadas em alto esforço 107

INTRODUÇÃO: A Copa do Mundo emociona ao redor do mundo 107
O que são opiniões? 108
Formando e mudando opiniões 109
As bases cognitivas das opiniões 110
Como opiniões cognitivas são influenciadas 116
As bases afetivas (emocionais) das opiniões 120
Como opiniões fundamentadas no afeto são influenciadas 122
Opinião com relação ao anúncio 125
Quando opiniões preveem o comportamento? 125

Capítulo 6 Opiniões fundamentadas em baixo esforço 131

INTRODUÇÃO: Aqueles anúncios de cerveja engraçados, extravagantes e sensuais 131
Rotas de persuasão de alto esforço *versus* de baixo esforço 132
Influências inconscientes sobre opiniões quando o esforço do consumidor é baixo 134
Bases cognitivas das opiniões quando o esforço do consumidor é baixo 134
Como opiniões cognitivas são influenciadas 135
Bases afetivas das opiniões quando o esforço do consumidor é baixo 138
Como opiniões afetivas são influenciadas 143

Capítulo 7 Memória e recuperação 151

INTRODUÇÃO: *Déjà vu* mais uma vez: marketing de nostalgia 151
O que é memória? 152
Quais são os tipos de memória? 152
Como se melhora a memória 157
O que é recuperação? 159
Quais são os tipos de recuperação? 163
Memória explícita 163
Como se melhora a recuperação 165

Parte 3 O processo de tomada de decisões 171

Capítulo 8 Reconhecimento do problema e busca de informações 173

INTRODUÇÃO: Maravilhoso ou terrível? Leia a crítica 173
Reconhecimento do problema 174
Busca interna: buscando informações na memória 176

Capítulo 9 Julgamento e tomada de decisão fundamentada em alto esforço 195

INTRODUÇÃO: Correndo para vendas maiores de veículos na Tailândia 195
Processo de julgamento de alto esforço 196
Decisões de alto esforço e processos de tomada de decisão de alto esforço 200
Decidindo qual marca escolher: decisões fundamentadas em reflexões 203

Decidindo qual marca escolher: decisões fundamentadas em sentimentos 208
Decisões adicionais de alto esforço 210
O que afeta decisões de alto esforço? 212

Capítulo 10 Julgamento e tomada de decisão fundamentada em baixo esforço 219

INTRODUÇÃO: Fidelidade à marca das garrafas de Jones Soda 219
Processos de julgamento de baixo esforço 220
Processos de tomada de decisão de baixo esforço 223
Aprendendo táticas de escolha 225
Tomada de decisão de baixo esforço fundamentada em reflexão 227
Tomada de decisão de baixo esforço fundamentada em sentimentos 235

Capítulo 11 Processos pós-decisão 241

INTRODUÇÃO: A caça ao tesouro começou na Costco 241
Dissonância e arrependimento pós-decisão 242
Aprendendo com a experiência do consumidor 244
Como os consumidores fazem julgamentos de satisfação ou insatisfação? 247
Respostas à insatisfação 253
A satisfação do cliente é o suficiente? 255
Descarte 256

Parte 4 A cultura do consumidor 263

Capítulo 12 Diversidade do consumidor 265

INTRODUÇÃO: Conectando-se com os clientes tendo como alvo as comemorações da *quinceañera* 265
Como a idade afeta o comportamento do consumidor 266
Como gênero e orientação sexual afetam o comportamento do consumidor 272
Como as influências regionais afetam o comportamento do consumidor 274
Como as influências étnicas afetam o comportamento do consumidor 277
A influência da religião 283

Capítulo 13 Classe social e influências familiares 287

INTRODUÇÃO: Marketing para a crescente classe média da Índia 287
Classe social 288
Como a classe social muda com o tempo 292
Como a classe social afeta o consumo? 294
Padrões de consumo de classes sociais específicas 296
Como a família influencia o comportamento do consumidor 300
Papéis desempenhados por membros da família 304

Capítulo 14 Psicografia: valores, personalidade e estilos de vida 309

INTRODUÇÃO: A atração do luxo *versus* de volta ao básico 309
Valores 310
Psicografia: combinando valores, personalidade e estilos de vida 330

Capítulo 15 Influências sociais no comportamento do consumidor 335

INTRODUÇÃO: Aumentando as vendas aumentando os comentários 335
Fontes de influência 336
Grupos de referência como fontes de influência 342
Influência normativa 347
Influência informacional 353
Dimensões descritivas das informações 354

Parte 5 Questões e resultados do comportamento do consumidor 359

Capítulo 16 Adoção de, resistência a, e difusão de inovações 361

INTRODUÇÃO: Um gosto por inovação 361
Inovações 362
Resistência *versus* adoção 365
Difusão 370
Influências sobre adoção, resistência e difusão 372
As consequências das inovações 379

Capítulo 17 Comportamento simbólico do consumidor 383

INTRODUÇÃO: Mimar animais de estimação = um grande negócio 383
Fontes e funções de significado simbólico 384
Posses especiais e marcas 394
Significado sagrado 398
Transferência de significado simbólico pelo ato de presentear 399

Capítulo 18 Ética, responsabilidade social e o outro lado do comportamento do consumidor e do marketing 405

INTRODUÇÃO: A publicidade de alimentos infantis entra em dieta 405
Comportamento anormal do consumidor 406
Questões éticas em marketing 416
Questões de responsabilidade social em marketing 420

Notas finais N1
Glossário G1
Indice remissivo I1

Capítulo 19 Disponível na página deste livro no site da Cengage Learning

Prefácio

Em quase todos os momentos de nossas vidas, nos envolvemos em algum tipo de comportamento de consumo. Quando assistimos a uma propaganda na TV, conversamos com amigos sobre um filme ao qual assistimos, escovamos os dentes, vamos a um jogo de futebol, compramos um CD novo, ou mesmo quando jogamos fora um par de sapatos velhos, nos comportamos como consumidores. Na verdade, ser um consumidor atinge todas as partes de nossas vidas.

Dada sua onipresença, o estudo do comportamento do consumidor tem implicações essenciais para áreas como marketing, políticas públicas e ética. Também nos ajuda a nos conhecer — porque compramos determinadas coisas, porque as usamos de certas maneiras e como nos livramos delas.

Neste livro exploramos o fascinante mundo do comportamento do consumidor, considerando um número de tópicos interessantes e intrigantes. Alguns deles são identificados rapidamente por nossa imagem típica sobre o comportamento do consumidor. Outros podem ser surpreendentes. Esperamos que você entenda por que fomos estimulados e atraídos para esse tema a partir do instante em que tivemos nosso primeiro curso sobre comportamento do consumidor, quando ainda éramos estudantes. Também esperamos que você entenda por que escolhemos fazer deste campo o trabalho de nossas vidas, e por que nos desenvolvemos e continuamos comprometidos com a escrita deste livro.

Por que a nova edição deste livro?

Há um grande número de livros sobre o comportamento do consumidor no mercado. Uma questão importante está relacionada ao que este livro tem a oferecer e o que o distingue de outras publicações. No papel de pesquisadores ativos no campo do comportamento do consumidor, nosso objetivo primordial era o de continuar oferecendo um tratamento atualizado e moderno a esse campo de trabalho. Houve uma explosão de pesquisas sobre diversos tópicos relacionados ao comportamento do consumidor nos últimos vinte anos, e nosso objetivo primário era oferecer um resumo útil desse material para estudantes de marketing. Entretanto, utilizando pesquisas atualizadíssimas, tivemos o cuidado de não ser "acadêmicos" demais. Em vez disso, nosso objetivo é o de apresentar tópicos atuais de modo acessível e de fácil compreensão para os estudantes.

Mudanças e melhorias específicas a esta edição deste livro incluem:

- Textos mais curtos e explanação simplificada, tornando o processamento do conteúdo mais fácil para os estudantes
- Cobertura das pesquisas mais recentes no campo acadêmico do comportamento do consumidor
- Novos casos ao final dos capítulos, dando aos estudantes a oportunidade de discutir questões reais ao aplicar e usar os conceitos abordados em cada capítulo
- Nova cobertura de conceitos de pesquisa e comportamento relacionados a tópicos como emoções, arrependimento pós-decisão, enquadramento da decisão e privacidade
- Numerosos exemplos novos destacando como todos os tipos de organização usam o comportamento do consumidor em seus esforços de marketing
- Novos exercícios, dando aos estudantes uma oportunidade de tomar decisões com base na demografia e nos estilos de comportamento do consumidor

Características do livro didático

Como professores premiados, tentamos traduzir nossas habilidades de instrução e experiência na escrita deste texto. As características a seguir foram uma consequência natural de tais experiências.

Modelo conceitual Primeiro, acreditamos que os estudantes podem aprender melhor quando veem o todo — quando entendem o que os conceitos significam, como são usados na prática dos negócios e como se relacionam um com o outro. Em nossa opinião, o comportamento do consumidor é frequentemente apresentado como um conjunto de tópicos distintos que têm pouca ou nenhuma relação um com o outro. Desenvolvemos um modelo conceitual geral que ajuda os estudantes a entender o todo e ver como os capítulos e tópicos se inter-relacionam. Cada capítulo é ligado aos outros por um modelo específico que se encaixa no modelo maior. Além disso, o modelo geral orienta a organização do livro. Este esquema de organização torna os capítulos muito mais *integrativos* que na maioria dos outros livros.

Orientação prática, com ênfase em globalização e comércio eletrônico Outra reclamação comum de algumas abordagens ao comportamento do consumidor é que refletem os princípios ou teorias psicológicas ou sociológicas gerais, mas oferecem pouca indicação de como tais princípios e teorias se relacionam com a prática dos negócios. Considerando nossa noção de que os estudantes gostam de ver como os conceitos sobre comportamento do consumidor podem ser aplicados à prática dos negócios, um segundo objetivo deste livro foi oferecer orientação prática. Incluímos muitos exemplos contemporâneos reais para ilustrar os tópicos-chave, e tentamos também expandir os horizontes dos estudantes fornecendo vários exemplos internacionais. Dada a importância do comportamento do consumidor on-line, damos vários exemplos de comportamento do consumidor em um contexto de comércio eletrônico.

Tratamento equilibrado de micro e macro tópicos Nosso livro tenta dar uma perspectiva equilibrada do campo do comportamento do consumidor. Especificamente, tratamos tanto de tópicos psicológicos (micro) sobre o comportamento do consumidor (por exemplo, opiniões e tomada de decisão) quanto de tópicos sociológicos (macro) sobre o comportamento do consumidor (subcultura, gênero, influências da classe social).

Ampla conceitualização do assunto Apresentamos ampla conceitualização do tema comportamento do consumidor. Enquanto muitos livros focam em quais produtos ou serviços os consumidores *compram*, estudiosos do comportamento do consumidor reconhecem que o tema comportamento do consumidor é, na realidade, muito mais amplo. Especificamente, em vez de estudar a compra em si, reconhecemos que comportamento do consumidor inclui um *conjunto de decisões* (o quê, se, quando, onde, por que, quanto, por quanto tempo) sobre a *aquisição* (incluindo a compra, mas não se limitando a ela), o *uso* e as decisões sobre *descarte*. Focar além dos produtos ou serviços comprados pelos consumidores permite ter um conjunto de implicações teóricas e práticas que ajuda a entender o comportamento do consumidor e a prática do marketing.

Por fim, consideramos a relevância do comportamento do consumidor para *muitos componentes* e não somente para os profissionais de marketing. O Capítulo 1 indica que o CC é importante para profissionais de marketing, decisores de políticas públicas, éticos e grupos de defesa de consumidores, e para os próprios consumidores (incluindo a vida dos próprios estudantes). Alguns capítulos focam exclusivamente nas implicações do comportamento do consumidor para decisores de políticas públicas, éticos e grupos de defesa de consumidores. Outros capítulos também consideram esses assuntos, embora em menor detalhe.

Conteúdo e organização do livro

Duas abordagens ao estudo do comportamento do consumidor podem ser identificadas no momento: uma orientação "micro", que foca nos processos psicológicos individuais usados pelos consumidores para fazer decisões de aquisição, consumo e descarte, e uma orientação "macro", que foca em comportamentos de grupos e na natureza simbólica do comportamento do consumidor, sendo que esta última orientação recorre aos campos da sociologia e da antropologia. Este livro e o modelo geral foram estruturados em torno de uma organização "micro para macro" fundamentada no modo como ensinamos esse curso e no *feedback* que recebemos dos críticos.

O Capítulo 1 apresenta uma introdução ao comportamento do consumidor e dá aos estudantes um entendimento da extensão do campo de trabalho e de sua importância para profissionais de marketing, grupos de defesa, decisores de políticas públicas e para os próprios consumidores. O modelo geral que guia a organização do texto também é apresentado aqui. Um capítulo de aprimoramento, que vem depois do Capítulo 1, descreve os grupos que conduzem pesquisas a respeito de consumidores, bem como métodos para conduzir pesquisas sobre consumidores.

A Parte I, "O núcleo psicológico", foca nos processos psicológicos internos que afetam o comportamento do consumidor. Vemos que os comportamentos e as decisões de aquisição, uso e os comportamentos de descarte são fortemente afetados pela quantidade de esforço necessária para tais comportamentos e para a tomada de decisão. O Capítulo 2 descreve três fatores essenciais que afetam o esforço: (1) *motivação* ou desejo, (2) *habilidade* (conhecimento e informação) e (3) *oportunidade* para iniciar comportamentos e tomar decisões. No Capítulo 3, examinamos como a informação nos ambientes dos consumidores (anúncios, preço, características do produto, comunicações boca a boca, e assim por diante) é processada internamente pelos consumidores — como eles entram em contato com esses estímulos (*exposição*), notam (*atenção*) e *percebem* tais estímulos. O Capítulo 4 continua a discussão de como comparamos estímulos novos a estímulos existentes, um processo chamado *categorização*, e como tentamos *compreender* esses estímulos em níveis mais profundos. Nos capítulos 5 e 6, vemos como opiniões são formadas e mudadas de acordo com o alto ou baixo esforço dedicado pelos consumidores à formação de uma opinião e dependendo da base para essas opiniões: se baseadas no cognitivo ou no afetivo. Por fim, como os consumidores devem lembrar frequentemente de informações armazenadas anteriormente para tomar decisões, o Capítulo 7 descreve o importante tópico da *memória* do consumidor.

Enquanto a Parte I examina alguns dos fatores internos que influenciam as decisões dos consumidores, o domínio crítico do comportamento do consumidor envolve entender como os são tomadas as decisões de aquisição, consumo e descarte. Por isso, na Parte II examinamos as etapas sequenciais do processo de tomada de decisão do consumidor. No Capítulo 8, são abordadas as etapas iniciais desse processo — *reconhecimento do problema* e *busca por informações*. Como fizemos anteriormente com os processos de mudança de opinião, examinamos agora o processo de tomada de decisão do consumidor, quando o *esforço é alto* (Capítulo 9) e quando é *baixo* (Capítulo 10). Além disso, nesses dois capítulos examinamos esses importantes processos a partir de uma perspectiva cognitiva e de uma perspectiva afetiva. Por fim, o processo não termina depois que uma decisão é tomada. No Capítulo 11 vemos como os consumidores determinam se estão *satisfeitos* ou *insatisfeitos* com suas decisões e como eles *aprendem* a partir da escolha e consumo e produtos e serviços.

A Parte III reflete uma visão "macro" do comportamento do consumidor que examina como vários aspectos da *cultura* afetam o comportamento do consumidor. Primeiro, vemos como a diversidade do consumidor (em termos de idade, gênero, orientação sexual, região, etnia e religião) pode afetar o comportamento de consumo (Capítulo 12). O Capítulo 13 examina como a *classe social* e as *famílias* são classificadas e como esses fatores afetam o comportamento de aquisição, uso e descarte. O Capítulo 14 examina como influências externas afetam nossa personalidade, estilo de vida e valores, assim como o comportamento do consumidor. O Capítulo 15 considera como, quando e por quê os *grupos de referência* específicos (amigos, colegas de trabalho, clubes) aos quais pertencemos podem influenciar nossas decisões e comportamentos de aquisição, uso e descarte.

A Parte IV, "Resultados do comportamento do consumidor," examina os efeitos dos numerosos processos de influência e decisão discutidos nas três seções anteriores. O Capítulo 16 consolida os tópicos de tomada interna de decisão e comportamento do grupo pela análise da forma como consumidores adotam novas ofertas, e como suas decisões de *adoção* afetam a *difusão* de uma oferta pelo mercado. Como produtos e serviços geralmente refletem significados profundos e significativos (por exemplo, nossa música ou nosso restaurante preferido), o Capítulo 17 foca no interessante tópico do *comportamento simbólico do consumidor*.

A Parte V, "Bem-estar do consumidor", aborda dois tópicos que foram de grande interesse para pesquisadores de consumidores em tempos recentes. O Capítulo 18 examina *ética, responsabilidade e o "outro lado " do comportamento do consumidor*, e foca em alguns resultados negativos de comportamentos relacionados ao consumidor (compra compulsiva, jogo, prostituição etc.), bem como em práticas de marketing que foram o foco de comentários sociais em anos recentes.

Vantagens pedagógicas

Com base em nossa extensa experiência de ensino, incorporamos várias características para ajudar os estudantes a aprender sobre o comportamento do consumidor.

Casos de abertura de capítulo Cada capítulo começa com um caso sobre um empresa ou situação real que ilustra conceitos-chave discutidos no capítulo e sua importância para os profissionais de marketing. Isso ajudará os estudantes a compreender o "todo" e a entender a relevância dos tópicos já no início do capítulo.

Modelo de abertura de capítulo Cada capítulo começa também com um modelo conceitual, que mostra a organização do capítulo, os tópicos discutidos e como eles se relacionam entre si e com outros capítulos. Cada modelo reflete uma imagem expandida de um ou mais elementos apresentados no modelo conceitual geral do livro (descrito no Capítulo 1).

Seções de implicações sobre o marketing Várias *seções de implicações de marketing* são intercaladas em cada capítulo. Essas seções ilustram como vários conceitos sobre o comportamento do consumidor podem ser aplicados à prática do marketing, incluindo funções básicas do marketing como segmentação do mercado, seleção de foco de mercado, posicionamento, pesquisa de mercado, promoção, preço, produto e decisões de local. Uma grande variedade de exemplos de marketing (tanto dos Estados Unidos como de outros países) oferece aplicações concretas e implementação dos conceitos da prática do marketing.

Glossário nas margens Cada capítulo contém um conjunto de termos-chave que são destacados no texto e definidos nas notas das margens. Esses termos e suas definições devem ajudar os estudantes a identificar e lembrar dos conceitos centrais descritos no capítulo.

Resumos no final do capítulo Ao final de cada capítulo, há um resumo simples e conciso dos tópicos. Tais resumos são uma boa ferramenta de revisão a ser usada com o modelo conceitual para ajudar estudantes a entender o todo.

Questões de final de capítulo Cada capítulo inclui um conjunto de questões de revisão e discussão preparadas para ajudar os estudantes a se lembrarem e entenderem mais profundamente os conceitos do capítulo.

Casos de final de capítulo Cada capítulo termina com um pequeno caso, que descreve uma questão pertinente aos tópicos discutidos no texto. Aplicando o conteúdo do capítulo a casos do mundo real, os estudantes têm a chance de tornar os conceitos discutidos mais concretos.

Agradecimentos

Gostaríamos de agradecer especialmente a Marian Wood, cujo apoio foi essencial para a conclusão deste livro, pois seu trabalho incansável neste projeto é muito valorizado. Também tivemos a grande sorte de trabalhar com uma equipe maravilhosa de profissionais dedicados da Cengage Learning, e somos muito gratos a Joanne Dauksewicz, Fred Burns, Colleen Farmer e Julie Low, cuja enorme energia e entusiasmo impulsionaram nosso progresso nesta quinta edição. Agradecemos também os esforços de Carol Bruneau, da Universidade de Montana, a John Eaton da Arizona State University e Sheri Bridges, da Wake Forest University, por seu trabalho nos exercícios práticos. A qualidade deste livro e do pacote auxiliar recebeu a imensa colaboração dos comentários ricos e perspicazes de um grupo de pesquisadores e professores que atuaram como críticos. Seus comentários úteis e atenciosos tiveram impacto determinante na formatação do produto final. Queremos agradecer em particular a:

Larry Anderson
Long Island University
Mike Ballif
University of Utah
Sharon Beatty
University of Alabama
Sandy Becker
Rutgers Business School
Russell Belk
University of Utah
Joseph Bonnice
Manhattan College
Timothy Brotherton
Ferris State University
Carol Bruneau
University of Montana
Margaret L. Burk
Muskingum College
Carol Calder
Loyola Marymount University
Paul Chao
University of Northern Iowa
Dennis Clayson
University of Northern Iowa
Joel Cohen
University of Florida
Sally Dibb
University of Warwick

Richard W. Easley
Baylor University
Richard Elliott
Lancaster University
Abdi Eshghi
Bentley College
Frank W. Fisher
Stonehill College
Ronald Fullerton
Providence College
Philip Garton
Leicester Business School
Peter L. Gillett
University of Central Florida
Debbora Heflin
Cal Poly – Pomona
Elizabeth Hirschman
Rutgers University
Raj G. Javalgi
Cleveland State University
Harold Kassarjian

UCLA
Patricia Kennedy
University of Nebraska – Lincoln
Robert E. Kleine
Arizona State University
Stephen K. Koernig
DePaul University
Scott Koslow
University of Waikato
Robert Lawson
William Patterson University
Phillip Lewis
Rowan College of New Jersey
Kenneth R. Lord
SUNY – Buffalo
Peggy Sue Loroz
Gonzaga University
Bart Macchiette
Plymouth State College
Michael Mallin
Kent State University

Lawrence Marks
Kent State University
David Marshall
University of Edinburgh
Ingrid M. Martin
California State University, Long Beach
Anil Mathur
Hofstra University
A. Peter McGraw
University of Colorado, Boulder
Matt Meuter
California State University, Chico
Martin Meyers
University of Wisconsin – Stevens Point
Vince Mitchell
UMIST
Lois Mohr
Georgia State University
Risto Moisio
California State University, Long Beach
Rebecca Walker Naylor
University of South Carolina

James R. Ogden
Kutztown University
Thomas O'Guinn
University of Illinois
Marco Protano
New York University
Judith Powell
Virginia Union University
Michael Reilly
Montana State University
Anja K. Reimer
University of Miami
Gregory M. Rose
The University of Mississippi
Mary Mercurio Scheip
Eckerd College
Marilyn Scrizzi
New Hampshire Technical College
John Shaw
Providence College
C. David Shepherd
University of Tennessee, Chattanooga
Robert E. Smith
Indiana University
Eric Richard Spangenberg

Washington State University
Bruce Stern
Portland State University
Barbara Stewart
University of Houston
Jane Boyd Thomas
Winthrop University
Phil Titus
Bowling Green State University
Carolyn Tripp
Western Illinois University
Rajiv Vaidyanathan
University of Minnesota, Duluth
Stuart Van Auken
California State University, Chico
Kathleen D. Vohs
University of Minnesota
Janet Wagner
University of Maryland
John Weiss
Colorado State University
Tommy E. Whittler
University of Kentucky
Carolyn Yoon
University of Michigan

Uma introdução ao comportamento do consumidor

Parte 1

1 Entendendo o comportamento do consumidor
Capítulo de aprimoramento:
Desenvolvendo informações sobre o comportamento do consumidor

Na Parte 1, você aprenderá que o comportamento do consumidor envolve muito mais que a compra de produtos e serviços. Além disso, você vai descobrir que os profissionais de marketing estudam continuamente o comportamento do consumidor para obter pistas sobre quem compra, usa e descarta quais produtos, bem como pistas sobre quando, onde e por que agem assim.

O Capítulo 1 define o comportamento do consumidor e examina sua importância para os profissionais de marketing, grupos de advocacia, decisores de políticas públicas e para os próprios consumidores. Também apresenta o modelo geral que orienta a organização deste texto. Como esse modelo indica, o comportamento do consumidor abrange quatro domínios básicos: (1) o núcleo psicológico, (2) o processo de tomada de decisões, (3) a cultura do consumidor e (4) resultados e questões do comportamento do consumidor. Além disso, você lerá sobre as implicações do comportamento do consumidor nas decisões e atividades de marketing.

O Capítulo de aprimoramento enfoca pesquisas sobre o comportamento do consumidor e suas principais implicações para os profissionais de marketing. Você verá vários métodos de pesquisa, tipos de dados e questões éticas relacionadas à pesquisa do consumidor e, com esse conhecimento, poderá entender como a pesquisa do consumidor ajuda os profissionais de marketing a desenvolver estratégias e táticas mais eficazes para atingir e satisfazer os consumidores.

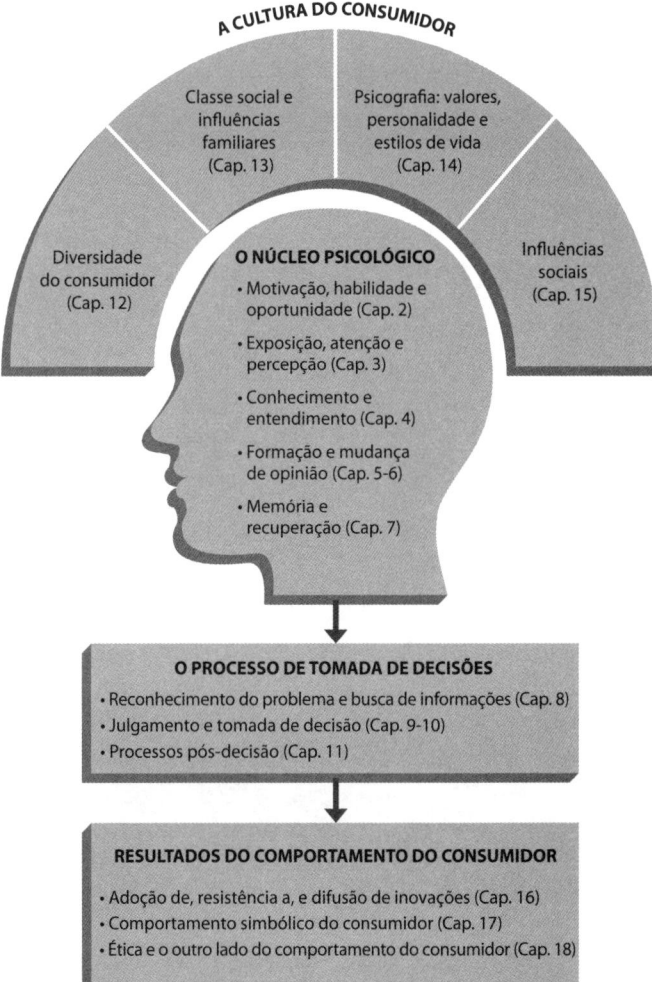

Entendendo o comportamento do consumidor

Capítulo 1

OBJETIVOS DE APRENDIZADO

Depois de estudar este capítulo, você estará apto a:

1. Definir comportamento do consumidor e explicar os componentes que formam esta definição.
2. Identificar os quatro domínios do comportamento do consumidor mostrados no Exemplo 1.6 que afetam decisões de aquisição, uso e descarte.
3. Discutir as vantagens de estudar o comportamento do consumidor.
4. Explicar como as empresas aplicam os conceitos de comportamento do consumidor quando tomam decisões de marketing.

INTRODUÇÃO

Terra das tendências em alta

Quando o Google quer saber como os usuários de telefone celular fazem pesquisa na Internet, olha para o Japão, onde 100 milhões de consumidores usam telefones para fazer buscas on-line de horários de trens, vídeos de estrelas do pop e muito mais. Os profissionais de marketing do Google observam e ouvem enquanto os usuários de telefone celular fazem suas buscas, restringem os resultados e reagem ao layout dos sites. Depois de reclamações dos usuários sobre a lentidão de download e dificuldade de navegação dos mapas, o Google acelerou o processo e acrescentou setas para facilitar a navegação mais rápida. "As pessoas daqui têm expectativas muito altas quando comparadas às [expectativas das pessoas] de outras regiões", explica um gestor. "Por isso recebemos um bom feedback." Com um bom feedback, o Google pode fazer alterações para atingir as expectativas dos consumidores e manter sua posição no mercado global de ferramentas de busca.

O Japão é o país onde as tendências da moda e dos serviços de tecnologia de ponta estão em alta. A cadeia varejista H&M, assim como a Abercrombie & Fitch e outras varejistas do segmento de vestuário, abriu suas portas em Tóquio para ficar de olho no que as alunas da escola secundária usam. O mesmo foi feito pela e por outros varejistas de vestuário. Os designers da LeSportsac buscam inspiração para novas bolsas observando as preferências das adolescentes de Tóquio que ditam as tendências. "Vejo algo acontecer em Tóquio e observo o efeito em onda que cruza o Pacífico até Nova York e então vejo como chega a Los Angeles", diz um executivo da LeSportsac que visita regularmente o Japão em busca de novas ideias para produtos.[1]

Google, LeSportsac, H&M e outras empresas sabem que seu sucesso depende do entendimento das tendências e do comportamento do consumidor para que possam criar bens e serviços que os consumidores vão querer, gostar, usar e recomendar a outros. Esse capítulo dá uma visão geral (1) do que é o comportamento do consumidor, (2) do que afeta esse comportamento, (3) de quem é beneficiado por seu estudo e (4) de como os profissionais de marketing aplicam os conceitos do comportamento do consumidor. Pelo fato de você ser um consumidor, provavelmente pensa sobre essas questões. Entretanto, você pode ficar surpreso em saber quão importante esse campo é para os mais diferentes profissionais que atuam no mercado e buscam entender os consumidores. Você vislumbrará as implicações do marketing sobre o comportamento do consumidor, vendo como conectamos conceitos dessa área a aplicações práticas em todo o livro.

Definindo o comportamento do consumidor

Comportamento do consumidor
A totalidade das decisões dos consumidores com relação a aquisição, consumo e descarte de bens, serviços, tempo e ideias por unidades humanas de tomada de decisão (ao longo do tempo).

Se lhe pedissem para definir **comportamento do consumidor**, você poderia dizer o que se refere ao estudo de como uma pessoa compra produtos, embora essa seja apenas parte do conceito. Na verdade, o comportamento do consumidor envolve muito mais, como este conceito mais completa indica:

O comportamento do consumidor reflete a totalidade das decisões dos consumidores com relação a aquisição, consumo e descarte de bens, serviços, atividades, experiências pessoas e ideias por unidades (humanas) de tomada de decisão [ao longo do tempo].[2]

Essa definição tem alguns elementos muito importantes, resumidos no Exemplo 1.1. Vamos analisar cada elemento de maneira mais detalhada.

O comportamento do consumidor envolve bens, serviços, atividades, experiências, pessoas e ideias

O comportamento do consumidor significa mais que apenas o modo como uma pessoa compra produtos tangíveis, como sabonetes e automóveis. Ele também inclui o uso dos serviços, atividades, experiências e ideias, como ir ao médico, visitar um festival, matricular-se em aulas de ioga, viajar, doar para a Unicef e olhar para os dois lados antes de atravessar a rua (uma ideia defendida pela campanha "Carros ferem, fique atento", da Cidade de Nova York).[3] Além disso, consumidores tomam decisões sobre pessoas, tal como votar em políticos, ler livros escritos por certos autores, assistir a filmes estrelando certos atores e ir a shows de suas bandas favoritas.

Outro exemplo de comportamento do consumidor envolve escolhas sobre o gasto de tempo, tal como assistir a certo programa de televisão (e por quanto tempo) e o uso do tempo de maneira que mostra quem somos e como somos diferentes dos outros.[4] Por exemplo, muitos consumidores gostam da agitação de assistir a um evento esportivo ao vivo na TV, em vez de esperar para assistir à versão gravada mais tarde.[5] Como o comportamento do consumidor inclui o consumo de muitas coisas, usamos o termo simples **oferta** para englobar essas entidades.

Oferta Ideia, atividade, produto ou serviço oferecido por uma organização de marketing para consumidores.

Comportamento do consumidor envolve mais que comprar

O modo de os consumidores comprarem é extremamente importante para os profissionais de marketing. No entanto, esses profissionais têm grande interesse no comportamento do consumidor relacionado ao uso e descarte de uma oferta:

Aquisição Processo pelo qual o consumidor passa a possuir uma oferta.

➢ *Aquisição.* Comprar representa um tipo de comportamento de **aquisição**. Como demonstrado mais adiante neste capítulo, a aquisição inclui outras maneiras de obter bens e serviços, como arrendamento, comércio e compartilhamento, e também envolve decisões sobre tempo e dinheiro.[6]

Exemplo 1.1

O que é comportamento do consumidor?

O comportamento do consumidor reflete mais que o modo como um produto é adquirido por uma única pessoa em qualquer momento. Pense em algumas estratégias e táticas de marketing que tentam influenciar uma ou mais dimensões do comportamento do consumidor mostradas nesse exemplo.

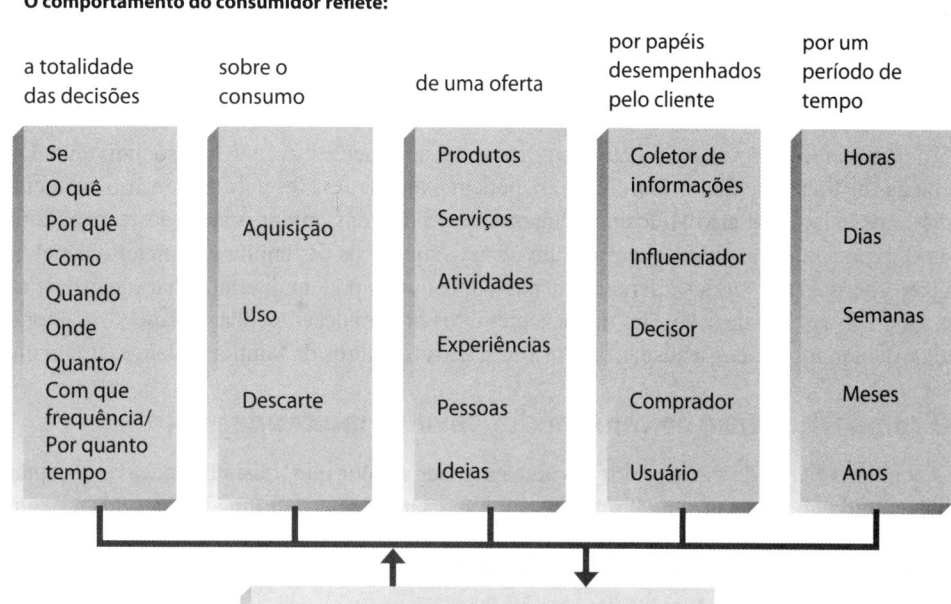

- *Uso.* Depois que os consumidores adquirem uma oferta, eles a usam; esse é o motivo pelo qual o **uso** está no centro do comportamento do consumidor.[7] Se e por que usamos certos produtos pode simbolizar algo sobre quem somos, o que valorizamos e no que acreditamos. Os produtos que usamos no Natal (por exemplo, panetone, não importa se feito em casa ou comprado) podem simbolizar o significado do evento e como nos sentimos em relação a nossos convidados. O tipo de música de que gostamos (Shakira ou Andrea Bocelli) e as joias que usamos (relógios Swatch ou *piercings* no umbigo) também podem simbolizar quem somos e como nos sentimos. Além disso, profissionais de marketing devem ser sensíveis a quando é provável que os consumidores usem um produto,[8] se acham que é eficaz[9] e como reagem após usá-lo – por exemplo, eles espalham críticas positivas ou negativas sobre um filme novo por meio do boca a boca?[10]

  Uso Processo pelo qual um consumidor usa uma oferta.

- *Descarte.* O **descarte**, como os consumidores descartam uma oferta previamente adquirida, pode ter implicações importantes para profissionais de mercado ou gestores.[11] Consumidores com consciência ecológica geralmente buscam produtos biodegradáveis feitos de materiais reciclados ou escolhem bens que não poluem quando descartados. Municípios também têm interesse em motivar o descarte eco-amigável.[12] Profissionais de marketing veem essa preocupação com o descarte de produtos como oportunidades de lucro. Por exemplo, consumidores que renovam suas cozinhas podem instalar bancadas novas feitas de materiais reciclados como ShetkaStone,* que é feita de papel reciclado.[13]

  Descarte Processo pelo qual um consumidor descarta uma oferta.

O comportamento do consumidor é um processo dinâmico

A sequência de aquisição, consumo e descarte pode ocorrer durante um período de tempo em uma ordem dinâmica – horas, dias, semanas, meses ou anos, como mostrado no Exemplo 1.1. Para ilustrar, suponha que uma família adquiriu e está usando um carro novo. O uso do carro dá informação à família – se o carro é bom para dirigir, se é confiável e se o uso não compromete o meio ambiente – e, uma vez que os membros da família necessitam desse meio de transporte, é provável que futuramente, na venda, na troca ou no descarte desse modelo, considerem todas essas variáveis.

Mercados inteiros são planejados em função da conexão da decisão de um consumidor em descartar com as decisões de aquisição de outros consumidores. Quando os consumidores compram carros usados, estão comprando carros que outros descartaram. De leilões on-line do eBay às lojas de roupas usadas da Goodwill Industries, de lojas

---
* Saiba mais sobre a empresa ShetkaStone em http://www.shetkastone.com. Acesso em: 25 maio 2011.

de consignação a sebos, muitos negócios existem para conectar o comportamento de descarte de um consumidor ao comportamento de aquisição de outro.

O comportamento do consumidor pode envolver muitas pessoas

O comportamento do consumidor não reflete necessariamente a ação de um só indivíduo. Um grupo de amigos, alguns colegas de trabalho ou uma família inteira podem planejar uma festa de aniversário ou decidir onde vão almoçar. Além disso, os indivíduos envolvidos no comportamento do consumidor podem desempenhar mais de um papel. No caso da compra de um carro, por exemplo, um ou mais membros da família podem ter o papel de coletor de informações e fazer a pesquisa de modos diferentes ao passo que outros podem desempenhar o papel de influenciador e tentar afetar o resultado de uma decisão. Um ou mais membros podem desempenhar o papel de comprador, pagando pelo carro, e alguns ou todos podem ser usuários. Por fim, vários membros da família podem estar envolvidos no descarte do carro.

O comportamento do consumidor envolve muitas decisões

O comportamento do consumidor envolve entender se, por que, quando, onde, como, quanto, com que frequência e por quanto tempo os consumidores vão comprar, usar ou descartar uma oferta (veja a Exemplo 1.1 novamente).

Adquirir/usar/descartar uma oferta ou não

Os consumidores devem decidir se adquirem, usam ou descartam uma oferta ou não. Eles podem ter de decidir se gastam ou guardam quando recebem um dinheiro extra.[14] A decisão de quanto gastar pode ser influenciada por percepções referentes a despesas anteriores.[15] Eles podem ter de decidir se pedem uma pizza, limpam um armário ou vão ao cinema. Algumas decisões sobre adquirir, usar ou descartar uma oferta ou não estão relacionadas a objetivos pessoais, preocupações com segurança ou ao desejo de minimizar riscos econômicos, sociais ou psicológicos.

Que oferta adquirir/usar/descartar

Os consumidores tomam decisões diárias sobre o que comprar; na verdade, pesquisas apontam que cada família norte-americana gasta em média US$ 127 por dia em bens e serviços.[16] Em alguns casos fazemos escolhas entre *categorias* de produto ou serviço, como comprar comida ou fazer o download de músicas novas e em outros, escolhemos entre *marcas*, como comprar um iPhone ou um telefone celular Samsung. Nossas escolhas se multiplicam diariamente à medida que novos produtos são apresentados (desenvolvidos) e novos tamanhos ou pacotes são oferecidos. O Exemplo 1.2 mostra alguns padrões de consumo em faixas etárias específicas.

Por que adquirir/usar/descartar uma oferta

O consumo pode ocorrer por várias razões. Entre as mais importantes, como você verá mais adiante, estão os modos em que uma oferta está de acordo com as necessidades, os valores ou os objetivos de alguém. Alguns consumidores têm *piercings* no corpo como forma de autoexpressão, ao passo que outros fazem isso para pertencer a um grupo. Outros acreditam ainda que perfurar o corpo é uma forma de beleza ou que aumenta o prazer sexual.[17]

Exemplo 1.2 Gasto do consumidor, por idade	Consumidores nascidos em	Gasto médio anual por família	Gasto médio anual em habitação, alimentação e transporte	Gasto médio anual em entretenimento, leitura e álcool
Consumidores nascidos em anos diferentes têm necessidades diferentes e gastam quantias diferentes em necessidades e desejos.	1982 e depois	US$ 28.181	US$ 18.941	US$ 1.867
	1972-1981	US$ 47.582	US$ 32.290	US$ 2.976
	1962-1971	US$ 57.476	US$ 37.611	US$ 3.574
	1952-1961	US$ 57.563	US$ 35.816	US$ 3.515
	1942-1951	US$ 50.789	US$ 31.337	US$ 3.290
	1941 e antes	US$ 35.058	US$ 21.764	US$ 1.983

Fonte: Adaptado de "Age of Reference Person: Average Annual Expenditures and Characteristics", *Consumer Expenditure Survey Anthology 2006*, U.S. Department of Labor, U.S. Bureau of Labor Statistics, Table 3, www.bls.gov.

Às vezes nossas razões para usar uma oferta são cheias de conflito, o que leva a algumas decisões de consumo difíceis. Os adolescentes podem fumar, mesmo sabendo que é prejudicial, porque acham que isso fará com que sejam aceitos. Alguns consumidores podem ser incapazes de parar de adquirir, usar ou descartar produtos. Eles podem ser fisicamente viciados em produtos, como cigarros ou bebidas alcoólicas, ou podem ter compulsão para comer, jogar ou comprar.

Por que não adquirir/usar/descartar uma oferta

Profissionais de marketing também tentam entender por que os consumidores *não* adquirem, usam ou descartam uma oferta. Por exemplo, consumidores podem retardar a compra de um gravador de DVD porque acreditam que não podem lidar com a tecnologia ou porque duvidam que o produto ofereça algo especial. Eles podem acreditar que a tecnologia está mudando tão rapidamente que o produto ficará obsoleto em breve. Eles podem até mesmo acreditar que algumas empresas entrarão em falência, deixando de oferecer serviços pós-venda. Algumas vezes, os consumidores que desejam adquirir ou consumir uma oferta são incapazes de fazê-lo porque o que eles querem está indisponível. A ética também tem um papel importante nesse contexto, uma vez que alguns consumidores podem querer evitar produtos feitos em fábricas com práticas laborais questionáveis ou evitar filmes baixados, copiados e compartilhados sem permissão.[18]

Como adquirir/usar/descartar uma oferta

Profissionais de marketing adquirem importantes subsídios entendendo como os consumidores adquirem, consomem e descartam uma oferta.

Modos de adquirir uma oferta Como os consumidores decidem se adquirem ou não uma oferta em uma loja ou shopping, on-line ou em um leilão?[19] Como decidem se pagam à vista, com cheque, cartão de débito, cartão de crédito ou sistema eletrônico, como o PayPal,* usado por compradores para adquirir bens e serviços cuja soma atinge US$ 47 bilhões anualmente?[20] Estes exemplos estão relacionados às decisões de compra dos consumidores, mas o Exemplo 1.3 mostra que os consumidores podem adquirir uma oferta de outras maneiras.

Exemplo 1.3	Método de aquisição	Descrição
Oito maneiras de adquirir uma oferta Consumidores podem adquirir uma oferta de muitas maneiras.	Comprar	Comprar é um método de aquisição comumente usado para muitas ofertas.
	Trocar	Os consumidores podem receber um produto ou serviço como parte de uma troca. Por exemplo: dar DVDs antigos como parte do pagamento por DVDs novos.
	Alugar ou arrendar	Em vez de comprar, os consumidores alugam ou arrendam carros, smokings, móveis, casas de temporada, e assim por diante.
	Permutar	Milhares de consumidores (e de negócios) trocam bens ou serviços sem que haja qualquer troca de dinheiro.
	Presente	Presentear é comum no mundo todo. Cada sociedade tem várias ocasiões quando se presenteia, bem como regras formais e informais sobre como os presentes devem ser dados, o que é um presente adequado e qual é a resposta adequada a um presente.
	Encontrar	Às vezes os consumidores encontram bens que outros perderam (chapéus deixados em ônibus, guarda-chuvas esquecidos em salas de aula) ou jogaram fora.
	Furtar	Como várias ofertas podem ser adquiridas pelo furto, profissionais de marketing desenvolveram bens e serviços para deter esse método de aquisição, como alarmes que impedem o furto de carros.
	Compartilhar	Outro método de aquisição é compartilhar ou emprestar. Alguns tipos de "compartilhamento" são ilegais e se aproximam do furto, como quando os consumidores copiam e compartilham filmes.

---

* Saiba mais sobre o Paypal em http://www.paypal.com.br/. Acesso em: 25 maio 2011.

Modos de usar uma oferta   Além de entender como os consumidores adquirem uma oferta, os profissionais de marketing buscam entender como a utilizam.[21] Por razões óbvias, esses profissionais querem garantir que sua oferta seja usada corretamente. Por exemplo, fabricantes de câmeras para celular precisam ensinar os consumidores como imprimir imagens, não apenas enviá-las por e-mail.[22] O uso impróprio de ofertas, como remédio para tosse ou álcool, poder criar problemas de saúde e segurança.[23] Como alguns consumidores podem ignorar avisos e instruções nos rótulos de produtos potencialmente perigosos, os profissionais de marketing que querem tornar esses avisos mais eficazes têm de entender como as informações no rótulo são processadas. Alguns consumidores colecionam itens, uma situação que criou um mercado imenso para compra, venda, transporte, armazenagem e seguro de itens colecionáveis.[24]

Modos de descartar uma oferta   Por fim, consumidores que querem descartar ofertas têm várias opções:[25]

- *Encontrar um novo uso para ela.* Usar uma escova de dentes velha para limpar a ferrugem de ferramentas ou fazer shorts de um par de jeans velhos mostra como os consumidores podem continuar usando um item em vez de descartá-lo.
- *Livre-se dela temporariamente.* Alugar ou emprestar um item é uma maneira de livrar-se dele temporariamente.
- *Livre-se dela permanentemente.* Jogar um item fora significa livrar-se dele permanentemente, embora consumidores possam optar por trocar, dar ou vender esse item.

Entretanto, alguns consumidores se recusam a jogar fora coisas que consideram especiais, mesmo que os itens não sirvam mais a nenhum propósito funcional.

Quando adquirir/usar/descartar uma oferta

A cronometragem do comportamento do consumidor pode depender de muitos fatores, incluindo as percepções do tempo e opiniões com relação a ele. Consumidores podem pensar em termos de se é "tempo para mim" ou "tempo para os outros" e se adquirir ou usar uma oferta é planejado ou espontâneo.[26] No clima frio, nossa tendência de alugar DVDs ou comprar roupas aumenta muito, ao passo que a probabilidade de tomar sorvete, comprar um carro ou procurar uma casa nova é menor. A hora do dia influencia muitas decisões de consumo, e esse é o motivo pelo qual muitas lojas do McDonald's ficam abertas até mais tarde para atender quem sente fome à noite e trabalhadores que saem ou vão para turnos de madrugada.[27]

Nossa necessidade de variedade pode afetar quando adquirimos, usamos ou descartamos uma oferta. Podemos decidir não comer iogurte no almoço hoje se já comemos iogurte todos os outros dias desta semana. Transições como a formatura, o nascimento, a aposentadoria e a morte também afetam quando adquirimos, usamos e descartamos ofertas. Por exemplo, compramos anéis de casamento, vestidos de casamento e bolos de casamento somente quando nos casamos. O "quando" consumimos pode ser afetado por tradições impostas por nossas famílias, nossa cultura e a área em que vivemos.

Decisões sobre quando adquirir ou usar uma oferta também são influenciadas por saber quando outros podem comprar e usar a oferta ou não. Assim, podemos escolher ir ao cinema ou à academia quando sabemos que os outros *não farão* o mesmo. Além disso, podemos esperar para comprar até saber que algo estará em promoção; mesmo que tenhamos de entrar numa fila para comprar algo popular, é provável que continuemos esperando se virmos muitas pessoas entrarem na fila atrás de nós.[28] Em certos momentos, adquirimos um item para consumo posterior. Na verdade, esperar para consumir um produto agradável, como um doce, aumenta nosso prazer em seu consumo, mesmo que estejamos frustrados por ter de esperar para consumi-lo.[29]

Outra decisão é quando adquirir uma versão nova e melhor de um produto que já possuímos. Essa pode ser uma decisão difícil quando o modelo atual ainda funciona bem ou tem valor sentimental. Contudo, os profissionais de marketing podem incentivar esses consumidores a trocar seus produtos velhos oferecendo algum incentivo econômico na compra de um novo modelo.[30]

Onde adquirir/usar/descartar uma oferta

Transições como a formatura, o casamento, o nascimento, a aposentadoria e a morte também afetam quando adquirimos, usamos e descartamos algumas ofertas. Consumidores têm mais opções de onde adquirir, usar e descartar uma oferta do que jamais tiveram, inclusive fazendo compras em lojas, pelo correio, por telefone e pela Internet. Os hábitos de compra estão mudando à medida que mais consumidores compram gêneros alimentícios, roupas e outros produtos em hipermercados como o Walmart.[31] A Internet mudou onde adquirimos, usamos e descartamos os bens. Compradores gastam US$ 175 bilhões on-line todos os anos – um número que cresce 20% ou mais anualmente[32] e muitos consumidores compram on-line porque gostam da conveniência ou do preço.[33] A Circuit City e outros varejistas deixam que o cliente vá até as lojas locais para buscar ou devolver mercadorias compradas on-line.[34] E, como demonstrado pelo sucesso do eBay, a Internet oferece uma maneira conveniente e muitas vezes lucrativa de descartar bens que são então adquiridos por outros.

Além das decisões de aquisição, consumidores também tomam decisões sobre onde consumir diversos produtos. Por exemplo, a necessidade de privacidade estimula consumidoras a ficarem em casa quando usam produtos que determinam se estão ovulando ou grávidas. Por outro lado, conexões sem fios permitem que consumidores façam ligações, verifiquem seus e-mails, leiam notícias, divirtam-se com jogos de computador e baixem fotos ou música de qualquer lugar do mundo em locais públicos. Consumidores podem fazer até doações para instituições de caridade via telefone celular.[35]

Finalmente, os consumidores fazem decisões relacionadas a onde descartar seus bens. Será que deveriam jogar uma revista velha no lixo ou na caixa de reciclagem? Será que deveriam guardar um velho álbum de fotos no sótão ou dar o álbum para um parente? Consumidores mais velhos podem se preocupar com o que vai acontecer com suas posses especiais após sua morte e sobre como dividir bens de família sem criar conflito. Esses consumidores esperam que recordações sirvam de legado para seus herdeiros.[36] Um número cada vez maior de consumidores recicla seus bens indesejados por meio de agências de reciclagem ou de grupos sem fins lucrativos, ou dando seus bens diretamente para outros consumidores por intermédio de websites como Freecycle.org.[37]

Quanto, com que frequência e por quanto tempo adquirir/usar/descartar uma oferta

Consumidores devem tomar decisões sobre quanto de um bem ou serviço eles necessitam; com que frequência precisam dele; e quanto tempo vão gastar na aquisição, uso e descarte.[38] Decisões de uso podem variar amplamente de pessoa para pessoa e de cultura para cultura. Por exemplo, consumidores na Índia bebem em média cinco garrafas de 266 ml de refrigerante por ano, ao passo que consumidores na China bebem 17 ml e consumidores nos Estados Unidos bebem 280.[39]

As vendas de um produto podem ser aumentadas quando o consumidor (1) usa quantidades maiores do produto, (2) usa o produto mais frequentemente ou (3) usa-o por períodos de tempo mais longos. Kits promocionais podem estimular os consumidores a comprar uma quantidade maior de um produto, mas será que esse armazenamento leva a um consumo maior? No caso de produtos alimentares, há mais probabilidade de os consumidores aumentarem o consumo quando o item armazenado não requer preparo.[40] O uso também pode aumentar quando consumidores assinam uma cobertura ilimitada de consumo de serviços telefônicos ou outras ofertas. No entanto, como muitos consumidores que optam por programas gratuitos superestimam seu consumo provável, eles frequentemente pagam mais do que pagariam com o preço por uso.[41]

Alguns consumidores têm problemas porque se envolvem em mais aquisição, uso ou descarte do que deveriam. Por exemplo, eles podem ter uma compulsão para comprar demais, comer demais, fumar ou beber demais. Muitos de nós fazemos promessas de Ano Novo para parar de consumir coisas que achamos que não deveríamos consumir ou para começar a consumir coisas que achamos que deveríamos consumir. Por isso, recentemente pesquisadores passaram a dar atenção ao entendimento do que afeta as habilidades de os consumidores controlarem as tentações de consumo e o que acontece quando o autocontrole fraqueja.[42]

Comportamento do consumidor envolve sentimentos e *coping* (enfrentamento, reação a algo)

Pesquisadores do consumidor estudaram o papel importantíssimo que as emoções têm no comportamento do consumidor.[43] Emoções positivas e negativas, assim como emoções específicas, como esperança,[44] medo,[45] arrependimento,[46] culpa,[47] vergonha[48] e humores em geral[49] podem afetar o modo como os consumidores pensam, as escolhas que eles fazem, como se sentem depois de tomar uma decisão, de que se lembram e quanto gostam de uma experiência. Emoções como o amor às vezes descrevem como nos sentimos com relação a certas marcas ou posses.[50] Consumidores frequentemente usam produtos para regular seus sentimentos – como quando uma bola de sorvete parece ser um bom antídoto para uma nota ruim na prova.[51] Pesquisadores também estudaram como as emoções de prestadores de serviço podem afetar as emoções dos consumidores de maneira inconsciente.[52] E emoções de baixo nível podem ser muito importantes em situações de baixo esforço (por exemplo, os sentimentos de baixo nível que temos ao ver um anúncio cômico).

Como as questões relacionadas ao comportamento do consumidor podem envolver estresse, os consumidores frequentemente têm de lidar com elas de alguma maneira.[53] Pesquisadores estudaram como alguns consumidores lidam com escolhas difíceis e uma opção esmagadora de bens entre os quais escolher;[54] de que modo consumidores usam bens e serviços para lidar com eventos estressantes,[55] como a descoberta de um câncer; e de que maneira lidam com a perda de posses por causa de divórcio, desastres naturais, mudança para uma casa de repouso e outros incidentes.[56] Estudaram até mesmo o comportamento de *coping* de certos segmentos do mercado, como consumidores de pouca alfabetização, que frequentemente têm dificuldade para entender o mercado por não conseguirem ler.[57] *Coping* pode ser definido como uma série de estratégias de enfrentamento diante de situações estressantes ou adversas às quais a pessoa se encontra exposta.

O que afeta o comportamento do consumidor?

Os diversos fatores que afetam as decisões de aquisição, uso e descarte podem ser classificados em quatro domínios amplos, como mostrado no modelo do Exemplo 1.4: (1) o núcleo psicológico, (2) o processo de tomada de decisões, (3) a cultura do consumidor e (4) os resultados do comportamento do consumidor. Embora os quatro domínios sejam apresentados em seções diferentes deste livro, cada um é relacionado a todos os outros. Por exemplo, para tomar decisões que afetam resultados como a compra de produtos novos, os consumidores devem primeiramente se envolver nos processos descritos no núcleo psicológico. Eles precisam estar estimulados, ser capazes e ter a oportunidade de

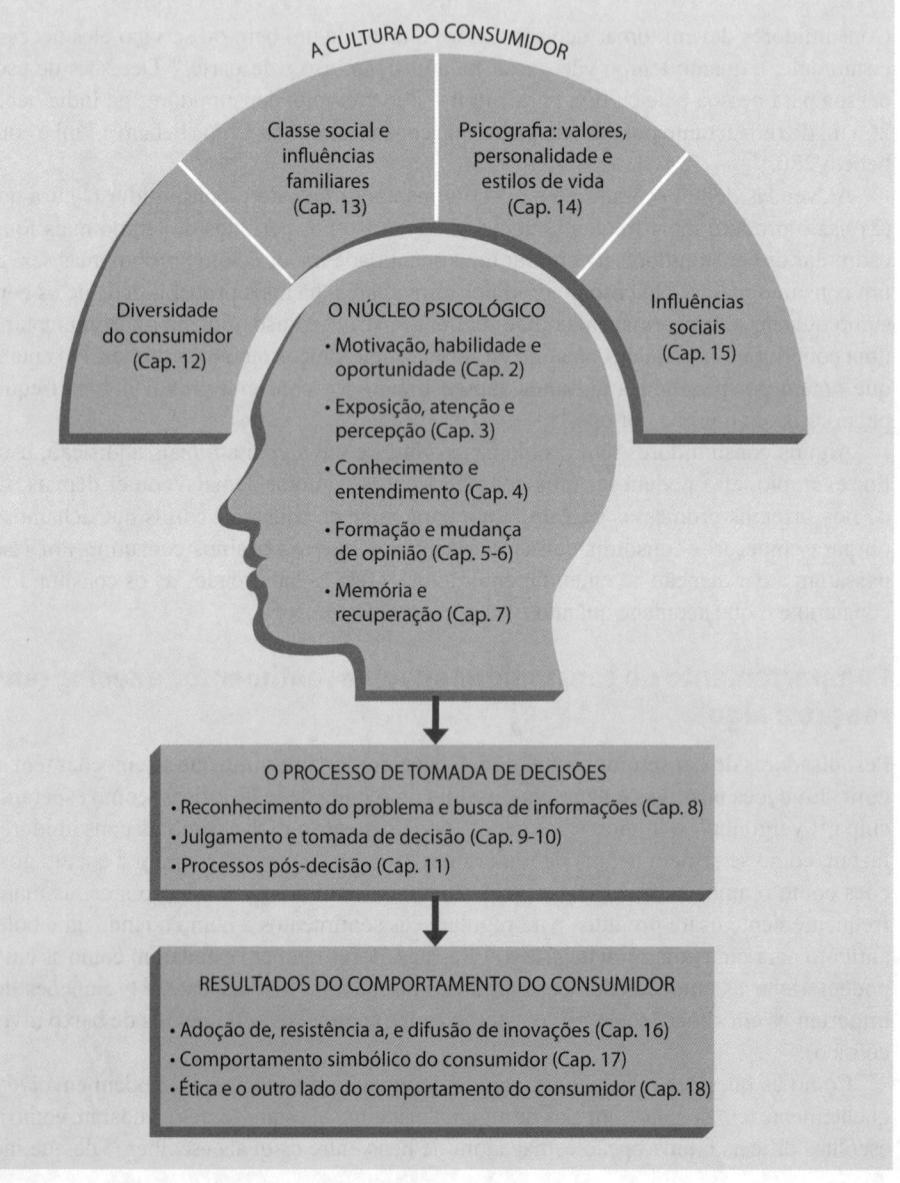

Exemplo 1.4
Um modelo do comportamento do consumidor
O comportamento do consumidor abrange quatro domínios básicos: (1) a cultura do consumidor, (2) o núcleo psicológico, (3) o processo de tomada de decisões e (4) resultados e questões do comportamento do consumidor. Como o exemplo mostra, os capítulos de 2 a 18 deste livro relacionam as quatro partes deste modelo geral.

ser expostos a, perceber e prestar atenção à informação, e, também, pensar nessa informação, desenvolver opiniões com relação a ela e formar memórias.

O ambiente cultural também afeta o consumidor, como eles processam informações e os tipos de decisões que tomam. Idade, gênero, classe social, etnia, família, amigos e outros fatores que afetam os valores e o estilo de vida do consumidor e, por sua vez, influenciam as decisões que consumidores tomam e como e por que as tomam. Na visão geral a seguir, ilustramos as inter-relações dos domínios com um exemplo de uma decisão sobre férias.

O núcleo psicológico: processos internos do consumidor

Antes que consumidores possam tomar decisões, eles devem ter alguma fonte de conhecimento ou informação na qual basear suas decisões. Essa fonte – o núcleo psicológico – cobre estímulo, habilidade e oportunidade; exposição, atenção e percepção; categorização e compreensão da informação; e opiniões a respeito de uma oferta.

Ter estímulo, habilidade e oportunidade

Considere o caso de uma consumidora chamada Jéssica, que está tomando decisões sobre férias para esquiar. Na cabeça dela, a decisão sobre as férias é arriscada, porque vai consumir muito dinheiro e tempo e ela não quer fazer uma escolha ruim. Portanto, Jéssica está estimulada a saber o máximo possível sobre as opções de férias, pensar nelas e imaginar como serão. Ela deixou outras atividades de lado para ter a oportunidade de aprender e pensar sobre essas férias. Como Jéssica já sabe esquiar, ela tem a habilidade de determinar quais tipos de férias de esqui ela gostaria de ter. Se ela vai se concentrar em coisas concretas (quanto a viagem vai custar) ou abstratas (quanto ela vai se divertir) depende de quando ela pretende viajar e de como o lugar que ela planeja visitar está de acordo com o autoconceito dela.[58]

Exposição, atenção e percepção

Pelo fato de Jéssica estar altamente estimulada a decidir onde ir nas férias e por a habilidade e a oportunidade de fazer isso, ela quer garantir que será exposta a, perceberá, e prestará mais atenção a qualquer informação que considere relevante para sua decisão. Ela pode ver anúncios de viagem e visitar websites, ler artigos relacionados a viagens e conversar com amigos e agentes de viagem. Jéssica provavelmente não prestará atenção em *todas* as informações sobre viagens; no entanto, é provável que ela seja exposta a informações que nunca perceberá conscientemente.

Categorizando e compreendendo informações

Jéssica tentará categorizar e compreender as informações de que necessita. Ela pode deduzir que Kitzbühel, na Áustria, é um destino de férias com preços razoáveis porque um website oferece informações consistentes com essa interpretação.

Formando e mudando opiniões

É provável que Jéssica forme opiniões com relação às férias que ela categorizou e compreendeu. Ela pode ter um parecer favorável a Kitzbühel porque um website a descreve como acessível, educacional e divertida. Porém suas opiniões podem mudar quando ela encontra informações novas. As opiniões nem sempre preveem nosso comportamento. Por exemplo, embora muitos de nós tenhamos uma opinião positiva com relação a malhar, nossa opinião e nossas boas intenções nem sempre culminam com uma ida à academia. Por esse motivo, opiniões e escolhas são consideradas tópicos separados.

Formando e recuperando a memória

Uma razão para que nossas opiniões não prevejam nosso comportamento é que podemos lembrar ou não da informação que usamos para formar nossas opiniões quando tomarmos a decisão mais tarde. Portanto, Jéssica pode ter *formado* memórias com base em certas informações, mas suas escolhas serão baseadas somente nas informações que ela *recupera* da memória, como sugerido no Exemplo 1.5.

O processo de tomada de decisões

Os processos que formam parte do núcleo psicológico são intimamente ligados ao segundo domínio mostrado no Exemplo 1.4: o processo de tomada de decisões. O processo de tomar decisões de consumo envolve quatro estágios: reconhecimento do problema, busca de informações, tomada de decisão e avaliação pós-compra.

Exemplo 1.5
Formando e recuperando memórias
Anúncios podem afetar nossas escolhas, mas nossa escolha por algo uma próxima vez pode depender do que lembramos de nossas experiências.

Reconhecimento do problema e busca de informações

O reconhecimento do problema ocorre quando percebemos que temos uma necessidade insatisfeita. Por exemplo, Jéssica percebeu que precisava tirar férias. Sua busca subsequente por informações lhe deu a percepção de onde poderia ir, quanto as férias poderiam custar e quando ela poderia viajar. Ela também analisou sua situação financeira. Elementos do núcleo psicológico são invocados no reconhecimento do problema e na busca porque, a partir do momento em que Jéssica percebe que precisa tirar férias e começa sua busca de informações, está exposta a informações, presta atenção nelas e as percebe, categoriza-as e compreende, e forma opiniões e memórias.

Fazendo julgamentos e tomando decisões

A decisão de Jéssica é caracterizada como uma *decisão de alto esforço*, ou seja, ela está disposta a investir bastante tempo e a gastar energia mental e emocional para fazer isso. Ela identifica vários critérios que serão importantes na decisão de suas escolhas: a viagem deve ser divertida e emocionante, segura, educacional e acessível. Nem todas as decisões envolvem muito esforço. Jéssica também enfrenta decisões de baixo esforço, como qual marca de creme dental deve levar na viagem.

O núcleo psicológico é novamente evocado para tomar decisões. Com uma decisão de alto esforço, Jéssica será estimulada a expor a si mesma a muitas informações, pensar profundamente nelas, analisá-las criticamente e formar opiniões sobre elas, e ela pode ter memórias duradouras sobre essas informações por ter pensado tanto sobre elas. Nem sempre os consumidores estão cientes do que pensam e de como fazem suas escolhas, então Jéssica pode não conseguir explicar o que afetou suas escolhas (até a música de fundo na agência de viagens pode ser uma influência).[59] Até mesmo as emoções que ela pensa que terá em consequência das opções diferentes (agitação, relaxamento) podem influenciar sua escolha final.[60] Com uma decisão de baixo esforço, como qual marca de creme dental comprar, ela provavelmente se envolveria menos com a busca de informações e as processaria menos profundamente, resultando em opiniões e memórias de menor duração.

Fazendo avaliações pós-decisão

Esta etapa permite ao consumidor julgar, após o fato, se foi tomada a decisão correta e se ele compraria esta oferta novamente. Quando voltar de suas férias, Jéssica provavelmente avaliará o resultado de suas decisões. Se suas expectativas foram cumpridas e se as férias tiverem sido tudo que ela pensou que seriam, ela ficará satisfeita. Se as férias superaram suas expectativas, ela ficará encantada, mas caso isso não aconteça, ela ficará insatisfeita. Os aspectos do núcleo psicológico são novamente evocados para fazer avaliações pós-decisão. Jéssica pode expor-se a informações que validam suas experiências e se lembrar seletivamente de aspectos da viagem que foram extremamente positivos ou negativos.

A cultura do consumidor: processos externos

Cultura Comportamentos, normas e ideias típicos ou esperados que caracterizam um grupo de pessoas.

Por que Jéssica decidiu fazer uma viagem de esqui em primeiro lugar? Em grande parte, nossas decisões de consumo e como processamos informações são afetadas por nossa cultura. A **cultura** se refere a comportamentos, normas e ideias típicos ou esperados que caracterizam um grupo de pessoas, e pode ser uma influência poderosa sobre todos os aspectos do comportamento humano. Jéssica tinha certos sentimentos, percepções e opiniões por causa da combinação única dos grupos aos quais ela pertence e da influência que eles têm sobre seus valores, sua personalidade e seu estilo de vida.

Influências de diversidade

Jéssica é membro de muitos grupos regionais, étnicos e religiosos que afetam, direta ou indiretamente, as decisões que ela toma. Por exemplo, mesmo que sua decisão de esquiar em um lugar longe de casa seja típica de uma mulher norte-americana que trabalha, uma consumidora de um país em desenvolvimento ou uma mulher solteira de uma cultura diferente poderiam não ter feito a mesma escolha. Sua idade, seu gênero e seu histórico educacional também podem afetar suas impressões do que constitui férias boas, explicando seu interesse por uma viagem para esquiar na Europa.

Classe social e influências familiares

Como Jéssica é membro da classe média alta e mora com seus pais, essas influências sociais e familiares podem ter tido um efeito sobre sua decisão de ir para um *resort* luxuoso de esqui na Europa com amigos em vez de ir esquiar com sua família em uma área rústica perto de casa.

Valores, personalidade e estilos de vida

As escolhas que Jéssica faz são, em parte, baseadas em suas crenças, em sua personalidade e suas atividades, e em seus interesses e suas opiniões. Portanto, ela pode ser atraída para uma viagem de esqui na Europa porque deseja ter férias que considera empolgantes e fora do comum. Ela também espera que essas férias testem sua habilidade de se virar sozinha, o que lhe dará uma sensação de realização.

Grupos de referência e outras influências sociais

Quando Jéssica vê grupos de outras pessoas que julga semelhantes a si, ela os considera **grupos de referência**, pessoas cujos valores ela compartilha e cujas opiniões valoriza. Ela também pode querer imitar o comportamento de pessoas que admira e ouvir os conselhos que elas oferecem pelo *boca a boca*. Assim, atletas, músicos ou estrelas de cinema às vezes servem como grupos de referência, influenciando o modo como avaliamos informações e as escolhas que fazemos. Grupos de referência também podem nos fazer sentir como se devêssemos nos comportar de certa maneira. Jéssica pode se sentir pressionada para ir para Kitzbühel porque seus amigos acham que fazer isso é legal. Além disso, a personalidade de Jéssica pode afetar suas decisões. Como ela é extrovertida e assume riscos moderados, ela quer férias empolgantes que permitam conhecer pessoas novas.

> **Grupo de referência** Um grupo de pessoas com as quais nos comparamos para informações relacionadas a comportamento, opiniões ou valores.

Resultados e questões do comportamento do consumidor

Como o Exemplo 1.4 mostra, o núcleo psicológico, os processos de tomada de decisão e a cultura do consumidor afetam os resultados do comportamento deste tal como o uso simbólico de produtos e a difusão de ideias, produtos, ou serviços em um mercado. Eles também influenciam e são influenciados por questões de ética e de responsabilidade social, bem como o outro lado do marketing e do comportamento do consumidor.

Comportamentos do consumidor podem simbolizar quem somos

Os grupos dos quais fazemos parte e nosso sentido de "eu" podem afetar os **símbolos** ou sinais externos que usamos, consciente ou inconscientemente, para expressar nossa identidade. Por exemplo, enquanto esquia, Jéssica pode usar uma parca da North Face e óculos Bollé para comunicar seu status de esquiadora experiente. Ela também pode levar para casa alguns objetos que simbolizam suas férias, como cartões-postais e camisetas.

> **Símbolos** Sinais externos que usamos para expressar nossa identidade.

Comportamentos do consumidor podem se difundir por um mercado

Depois que Jéssica toma sua decisão sobre as férias, ela pode contar para os outros sobre sua viagem, o que, por sua vez, pode influenciar as decisões deles sobre suas próprias férias. Desse modo, a ideia de passar férias em Kitzbühel pode se difundir, ou espalhar, para outros. Se Jéssica tivesse resistido à ideia de ir para Kitzbühel (talvez por pensar que fosse muito longe ou muito caro), ela poderia ter comunicado informações que tornariam outros menos dispostos a passar suas férias lá. Desse modo, a difusão de informações pode ter efeitos tanto positivos como negativos para os profissionais de marketing.

O outro lado do marketing e comportamento do consumidor, ética e responsabilidade social

Alguns comportamentos do consumidor e algumas práticas de marketing podem ser problemáticos para o consumidor e/ou para a sociedade. Por exemplo, comprar compulsivamente pode ter consequências financeiras graves para o consumidor e sua família. A falta de autocontrole sobre tais comportamentos pode fazer que consumidores se sintam mal a respeito de si mesmos.[61] Outros comportamentos preocupantes incluem furtar, comprar ou vender em mercados negros, e menores de idade que bebem ou fumam. O marketing também pode ter outro lado. Questões éticas essenciais são: se as empresas deveriam anunciar para crianças, se os esforços de marketing promovem a obesidade, se a publicidade afeta a autoimagem e se o marketing invade a privacidade dos consumidores. Além disso, as consequências ambientais de produtos e do marketing são cada vez mais preocupantes para consumidores, reguladores e empresas em todo o mundo. Por exemplo, pesquisas sobre o comportamento de descarte do consumidor têm o potencial de afetar programas que conservam os recursos naturais.

Quem se beneficia do estudo do comportamento do consumidor?

Por que as pessoas estudam o comportamento do consumidor? As razões são tão variadas quanto os quatro grupos diferentes que usam pesquisas sobre o consumidor: gerentes de marketing, éticos e advogados, decisores de políticas públicas e reguladores, e consumidores.

Gerentes de marketing

Marketing Processo social e administrativo por meio do qual indivíduos e grupos obtêm o que necessitam e desejam pela criação e troca de produtos e valores com outros.

O estudo do comportamento do consumidor fornece informações essenciais para que gerentes de marketing desenvolvam estratégias e táticas de **marketing**.

Profissionais de marketing precisam da percepção do comportamento do consumidor para entender o que consumidores e clientes valorizam; só então eles podem desenvolver, comunicar e entregar bens e serviços adequados. Veja no Capítulo de aprimoramento para saber mais sobre pesquisas de marketing.

Éticos e grupos de advocacia

As ações dos profissionais de marketing às vezes suscitam questões éticas importantes. Consumidores preocupados com isso às vezes formam grupos de advocacia para gerar a conscientização do público com relação a práticas inapropriadas. Eles também influenciam outros consumidores e empresas direcionadas por meio de estratégias como declarações à mídia e boicotes. Por exemplo, Mothers Against Violence in America (Mães Contra a Violência nos Estados Unidos) é um dos vários grupos que protesta contra videogames que contêm violência física. O Conselho de Classificação de Software de Entretenimento da indústria de videogames rotula os jogos com designações *M* (maduro, para pessoas de 17 anos ou mais). Apesar dessa rotulagem, grupos de advocacia estão preocupados porque adolescentes mais novos podem adquirir e jogar tais jogos com facilidade.[62] Exploraremos várias questões éticas em todo o livro e entraremos em mais detalhes no Capítulo 18.

Decisores de políticas públicas e reguladores públicos

O comportamento do consumidor pode ser bastante útil para legisladores, reguladores e agências governamentais no desenvolvimento de políticas e regras para proteger consumidores de práticas de marketing injustas, inseguras ou inapropriadas. Por sua vez, as decisões dos profissionais de marketing são afetadas por essas ações de políticas públicas. Considere os limites regulatórios sobre o marketing de tabaco, preparados para dissuadir consumidores menores de idade de fumar e para informar os consumidores dos riscos do hábito de fumar. Os Estados Unidos, a União Europeia e outras áreas banem a publicidade de cigarros na televisão, no rádio e em algumas outras mídias; também exigem rótulos de advertência em cada pacote.[63]

Entender como os consumidores compreendem e categorizam as informações é importante para reconhecer e estar alerta contra publicidade enganosa. Por exemplo, pesquisadores querem saber que impressões um anúncio cria e se essas impressões são verdadeiras. Eles também querem saber como o marketing influencia as decisões dos consumidores para seguir as instruções de uso de um produto, como tratamentos médicos prescritos.[64] E pesquisas sobre o comportamento do consumidor ajudam oficiais do governo a entender e tentar melhorar o bem-estar do consumidor.[65]

Acadêmicos

O comportamento do consumidor é importante para o mundo acadêmico por dois motivos. Primeiro, os acadêmicos disseminam o conhecimento sobre essa área quando lecionam cursos sobre o assunto. Segundo, acadêmicos geram conhecimento sobre o comportamento do consumidor quando conduzem pesquisas que têm como objetivo estudar o modo como consumidores agem, pensam e sentem quando adquirem, usam e descartam ofertas. Por sua vez, tal pesquisa acadêmica é útil para gerentes de marketing, grupos de advocacia, reguladores e outros que precisam entender o comportamento do consumidor.

Consumidores e a sociedade

O entendimento do comportamento do consumidor pode ajudar a criar um ambiente melhor para os consumidores. Por exemplo, pesquisas indicam que entendemos melhor as diferenças entre marcas quando podemos visualizar uma tabela ou quadro comparando as marcas e seus atributos.[66] Assim, é provável que tabelas como aquelas apresentadas em *Relatórios de consumidor* ajudem muitos consumidores a tomar decisões melhores.

O desenvolvimento de produtos, serviços e comunicações para proteger certos segmentos de consumidores também surgiu a partir do entendimento de como os consumidores se comportam. Muitas pessoas querem proteger as crianças contra publicidade inapropriada ou se resguardar da invasão de privacidade. Algumas empresas mudaram seu marketing voluntariamente, enquanto outras esperaram até que legisladores, reguladores ou grupos de advocacia as forçassem a fazer mudanças nessa área. Finalmente, pesquisas sobre o comportamento de descarte têm o potencial de auxiliar programas de reciclagem e outras atividades relacionadas à proteção ambiental, como discutido no Capítulo 18.

Implicações do comportamento do consumidor no marketing

À medida que aprende sobre o comportamento do consumidor, você pode se perguntar como os profissionais de marketing usam conceitos e descobertas diferentes sobre esse campo. A partir do Capítulo 2, você encontrará várias seções chamadas "Implicações do marketing", que ilustram como esses profissionais aplicam conceitos do comportamento do consumidor no mundo real. No geral, pesquisas do consumidor ajudam no desenvolvimento de planos específicos para produtos, bem como estratégias mais amplas para a grafia, o direcionamento e o posicionamento do mercado, e para tomar decisões sobre os componentes do *mix* de marketing.

Desenvolvendo e implementando uma estratégia orientada para o consumidor

O marketing é planejado para *oferecer valor aos clientes*. Assim, os profissionais de marketing devem conduzir pesquisas para entender os vários grupos de consumidores dentro do mercado a fim de que possam desenvolver uma estratégia e ofertas específicas que ofereçam tal valor. Depois de desenvolver e implementar uma estratégia adequada, esses profissionais precisam de pesquisas para determinar quão bem está funcionando e se está entregando os resultados esperados (como o aumento da parcela de mercado ou aumento dos lucros).

Como o mercado é segmentado?

O que um consumidor valoriza em um produto pode ser diferente do que outro valoriza. Considere o mercado de carregadores de baterias. Uma pesquisa do consumidor conduzida pela Energizer "descobriu que as pessoas usam este produto de modos diferentes", diz um gerente de marketing. Mulheres disseram que queriam um carregador fácil de usar que seja "instantaneamente compreensível", ao passo que homens não gostam de carregadores muito simplistas. A Energizer então desenvolveu o Dock & Go para homens, com luzes que mostram quando a carga está sendo realizada e quando está completa, e o Easy Charger para mulheres, com leitores que mostram cada etapa do ciclo de carga.[67] Pesquisas de consumidor ajudam a entender os grupos diferentes que formam um mercado e a saber se podem fazer uma oferta que seja atraente para um ou mais desses grupos.

Quão lucrativo é cada segmento?

Pesquisas do consumidor podem ajudar profissionais de marketing a identificar consumidores que têm necessidades que não estão sendo satisfeitas e podem revelar o tamanho e a lucratividade de cada segmento. Quando a Best Buy pesquisou sua base de clientes, o varejista identificou um número de segmentos e criou *personagens*, nomes e descrições para personificar as características de cada um deles. Um segmento lucrativo foi chamado "Buzz" (homens jovens que gostam de novas tecnologias e de comprar equipamentos eletrônicos novos) e um segmento deficitário de "Devil" (consumidores que compram itens na promoção e revendem on-line). A empresa então remodelou suas lojas e treinou seus vendedores para se concentrarem em consumidores que se encaixam na personalidade "Buzz".[68]

Quais são as características dos consumidores em cada segmento?

Depois de determinar como o mercado é segmentado e se é potencialmente lucrativo, os profissionais de marketing precisam aprender as características dos consumidores em cada segmento, tal como suas idades, sua educação e seu estilo de vida. Essa informação ajuda tais profissionais a projetarem a probabilidade de o segmento crescer ou diminuir em um período de tempo, um fator que afeta decisões futuras de marketing. Por exemplo, vendas de bens e serviços de academias devem aumentar à medida que os *ratos de academia* envelhecem e tentam manter-se em forma.

Os clientes estão satisfeitos com as ofertas existentes?

Profissionais de marketing frequentemente fazem pesquisas consideráveis para determinar se os consumidores estão satisfeitos com as ofertas da empresa no momento. Executivos da Harley-Davidson andam regularmente com motoqueiros do grupo de Proprietários de Harley-Davidson para entender em primeira mão o que satisfaz os compradores de motocicletas e o que outras coisas eles procuram. Combinar essa informação com dados de outras pesquisas ajuda a empresa a ter novas ideias para produtos e promover novas motos para clientes atuais e potenciais.[69]

Selecionando o mercado-alvo

Entender o comportamento do consumidor ajuda os profissionais de marketing a determinar quais grupos de consumidores são alvos adequados para táticas de marketing e como usuários frequentes de um produto diferem de usuários ocasionais.[70] Os profissionais de marketing também precisam identificar quem provavelmente se envolverá em decisões de aquisição, uso e descarte. Embora a Virgin Mobile foque em adolescentes e jovens adultos que usam telefones celulares, sua pesquisa mostra que geralmente são os pais que tomam as decisões. Essa pesquisa também mostra que planos familiares podem ser mais caros do que os pais imaginam. "A mensagem que estamos tentando transmitir é: quando usam planos familiares, os pais dão [aos adolescentes] um cartão de crédito com uma antena", diz um representante da empresa.[71]

Posicionamento

Outra escolha estratégica é decidir como uma oferta deveria ser posicionada na mente dos consumidores. A imagem desejada deveria refletir o que o produto é e como ele difere da concorrência. Por exemplo, o *slogan* da Newman's Own, "Exploração inadequada em busca do bem comum", reflete o posicionamento da empresa como a marca de alimentos pretensiosa que doa todos seus lucros para a caridade.

Como as ofertas competitivas são posicionadas?

Às vezes, os profissionais de marketing conduzem pesquisas para ver como os consumidores percebem outras marcas em comparação com sua própria marca e, depois, traçam um gráfico chamado *mapa perceptual*. Marcas no mesmo quadrante do mapa são percebidas como aquelas que oferecem aos consumidores vantagens semelhantes. Quanto mais próximas as empresas estão uma da outra no mapa, mais são percebidas como similares pelos consumidores e, por isso, maior a probabilidade de serem concorrentes.

Como nossas ofertas deveriam ser posicionadas?

Empresas usam pesquisas do consumidor para entender que imagem uma oferta nova deveria ter aos olhos dos consumidores e que mensagens apoiarão efetivamente essa imagem.[72] O posicionamento deveria sugerir que o produto é superior em um ou mais atributos valorizados pelo mercado-alvo.[73] Por exemplo, o mercado-alvo do Scion, da Toyota, é o de compradores de carros entre 20 e 39 anos de idade. Por meio de pesquisa, a Toyota descobriu que esses consumidores esperam bom valor pelo dinheiro, como estilo característico, e querem customizar seus carros. O posicionamento do Scion toca em todos esses elementos, especialmente o aspecto de autoexpressão, que se tornou um diferencial-chave.[74]

Nossas ofertas deveriam ser reposicionadas?

Pesquisas do consumidor podem ajudar profissionais de marketing a reposicionar produtos existentes (isto é, mudar sua imagem). Considere como o World Gold Council, um grupo comercial, decidiu reposicionar joias de ouro. Por meio de uma pesquisa, o conselho do grupo determinou que mulheres gostam de usar joias finas de ouro, mas não achavam que os produtos disponíveis fossem atraentes ou elegantes. O conselho recomendou então que joalheiros criassem peças com estilo mais moderno, atualizado, e reposicionou as joias de ouro por anúncios que estimulavam os sentimentos positivos das mulheres em relação a usar ouro.[75]

Desenvolvendo produtos e serviços

Desenvolver produtos e serviços que satisfaçam às necessidades e aos desejos dos consumidores é uma atividade essencial do marketing, e profissionais dessa área realizam pesquisas do consumidor quando devem tomar uma série de decisões sobre produtos.

Que ideias os consumidores têm para novos produtos?

Primeiro, os profissionais de marketing precisam preparar uma oferta que vá ao encontro do que os consumidores querem. Em alguns casos, os clientes colaboram no desenvolvimento de novas ofertas. Considere o que aconteceu quando a Häagen-Dazs convidou consumidores a sugerir novos sabores de sorvete. Das centenas de ideias enviadas, a empresa escolheu o *sticky toffee pudding* – um sabor que se tornou tão popular que virou parte da linha regular em vez de ser uma oferta por tempo limitado.[76]

Quais atributos podem ser adicionados ou mudados em uma oferta existente?

Profissionais de marketing frequentemente usam pesquisas para determinar quando e como modificar ou customizar um produto para satisfazer as necessidades de grupos de consumidores novos ou já existentes. Por exemplo, a Virgin Mobile perguntou a 2 mil clientes adolescentes quais suas preferências de cor para telefones celulares. A empresa planejava originalmente fazer um aparelho todo branco – usando a popularidade do tocador de música digital iPod original –, mas os adolescentes rejeitaram essa ideia como sendo "um clone" e pediram um aparelho azul com interior prateado, que a Virgin Mobile passou a produzir.[77]

Como deveríamos chamar nossa oferta?

Pesquisas do consumidor têm função vital nas decisões de nominação de produtos e marcas. Por exemplo, o Burger King introduziu o BK Stacker (um sanduíche com camadas de hambúrguer e queijo) depois que uma pesquisa mostrou que amantes de hambúrguer queriam um "sanduíche repleto de carne e queijo", diz um executivo do Burger King.[78] O nome dessa oferta é consistente com pesquisas que sugerem que deveria ser fácil entender e lembrar das marcas, que deveriam também refletir as vantagens mais importantes (como pilhas [*stacks*] de hambúrguer e queijo).

Como deveria ser nossa embalagem e logomarca?

Muitos profissionais de marketing usam pesquisas do consumidor para testar embalagens e logomarcas alternativas. Pesquisas mostram, por exemplo, que os consumidores têm mais probabilidade de pensar que a comida (inclusive biscoitos) faz bem para eles se estiver em uma embalagem verde.[79] Essa informação é valiosa para o design de embalagens de produtos com posicionamento "saudável". A pesquisa também é vital nas decisões sobre alterações nas embalagens e logomarcas. Por exemplo, a WD-40 reembalou seus produtos de limpeza X-14 para melhor comunicar o posicionamento da marca como o "especialista em limpeza de banheiros".[80]

Tomando decisões de promoções, comunicações e marketing

Pesquisas podem ajudar as empresas a tomar decisões sobre ferramentas de comunicação de promoções/marketing, incluindo publicidade, promoções de vendas (prêmios, concursos, bolões, amostras grátis e descontos), vendas pessoais e relações públicas.

Quais são nossos objetivos publicitários?

Pesquisas do consumidor podem ser muito úteis na determinação de objetivos publicitários, uma vez que podem revelar, por exemplo, que poucas pessoas já ouviram falar de uma marca nova, sugerindo qual deveria ser o objetivo publicitário para melhorar a percepção do nome da marca. Se a pesquisa indica que os consumidores já ouviram falar da marca, mas não sabem nada sobre ela, o objetivo da comunicação deveria ser melhorar o conhecimento da marca. Se os consumidores conhecem o nome da marca, mas não conhecem as características que tornam a marca desejável, a publicidade deveria objetivar melhorar o conhecimento da marca e encorajar opiniões positivas com relação a ela. E se os consumidores não conhecem nem o nome da marca nem as vantagens do produto, a publicidade deveria educar o mercado-alvo sobre as duas coisas.

Como deveria ser nossa publicidade?

A pesquisa pode ajudar profissionais de marketing a determinar quais palavras e paisagens seriam mais eficazes e mais memoráveis na publicidade. Um nome de marca é mais bem lembrado quando colocado em um anúncio que tem paisagens interessantes, incomuns e relevantes. Se as paisagens são interessantes, mas não são relacionadas ao produto, os consumidores podem lembrar delas, mas esquecer do nome do produto. Além disso, esses profissionais podem pesquisar como grupos diferentes respondem a *slogans* ou apelos diferentes. Por exemplo, dizer que um produto é um bom "valor pelo dinheiro" não funciona na Espanha. Em vez disso, profissionais de marketing usam a fase "preço por produto".[81] E pesquisas mostram que profissionais que usam e-mails para aumentar o tráfego no website deveriam personalizar mensagens com base em seu conhecimento dos diferentes consumidores no mercado-alvo.[82]

Onde a publicidade deveria ser colocada?

Quando profissionais de marketing selecionam veículos de mídia específicos para anunciar, descobrem que o uso de dados sobre a demografia, o estilo de vida e o uso de mídia é muito útil. Como mencionado, pesquisas mostram que mais pessoas dividem seu tempo com muitas mídias diferentes e que muitas pessoas usam tecnologia de gravação para evitar comerciais. Sabendo disso, os profissionais têm escolhido as mídias com melhor alvo ou maior exposição ao consumidor. Um número cada vez maior de empresas usa patrocínio de eventos relacionados a causas (tal como a Caminhada pelo Câncer de Mama da Avon) para atingir determinadas audiências.[83]

Quando deveríamos anunciar?

Pesquisas podem revelar variações sazonais de compras relacionadas às necessidades climáticas, variações na quantidade de dinheiro discricionário que os consumidores têm (que muda, por exemplo, antes e depois do Natal), padrões de compra durante as férias e situações semelhantes. A ConAgra Foods faz propaganda de suas comidas congeladas e prontas para cozinhar Banquet Crock-Pot Classics durante o outono e o inverno porque consumidores usam fogões de cozimento lento com maior frequência nessas duas estações.[84]

Nossa publicidade foi eficaz?

Por fim, os publicitários podem pesquisar a eficácia de um anúncio em vários momentos do processo de desenvolvimento publicitário. Às vezes, profissionais ou agências de publicidade conduzem um *teste* ou *pré-teste* publicitário, testando a eficácia de um anúncio antes de ser divulgado para o público. Se o objetivo é criar conhecimento da marca e o anúncio testado não aumenta esse conhecimento, a empresa pode substituí-lo por um anúncio novo. Pesquisas de eficácia também podem ocorrer depois que os anúncios foram divulgados na mídia, como realizar estudos de rastreamento para verificar se os anúncios atingiram objetivos específicos no decorrer do tempo.

E os objetivos e as táticas das promoções de venda?

Quando desenvolvem promoções de venda, os profissionais de marketing podem usar pesquisas para identificar objetivos e táticas promocionais. Por exemplo, depois que a OfficeMax descobriu que os consumidores não viam muita diferença entre varejistas de material para escritório, tentou destacar a empresa durante o período de compras de final de ano. Lançou um website interativo e com marca registrada chamado Elf Yourself para a diversão dos consumidores que criou um furor e atraiu mais de 200 milhões de visitantes durante duas temporadas de férias. Pesquisas de acompanhamento revelaram que mais de um terço desses visitantes foram influenciados a comprar na OfficeMax.[85] Pesquisas também podem evitar armadilhas, como cupons de oferta para certos consumidores, que não os trocam por receio de parecer mesquinhos.[86]

Quando as promoções de venda deveriam ocorrer?

Empresas também podem usar pesquisas do consumidor para agendar suas promoções de vendas. A Del Monte Beverages, produtora dos sucos de fruta World Fruits, conduziu uma pesquisa para saber mais sobre seu mercado-alvo no Reino Unido. A empresa descobriu que aqueles no segmento de compradores frequentes, homens e mulheres entre 25 e 44 anos de idade, normalmente tiram férias duas vezes por ano, de preferência para destinos no exterior. Para aumentar o conhecimento da marca e as vendas, a World Fruits lançou uma promoção "Ganhe uma aventura exótica com algo a mais" durante os meses de inverno, quando os membros desse segmento estão pensando em suas férias.[87]

Nossas promoções de vendas têm sido eficazes?

Pesquisas do consumidor podem responder a essa pergunta. A OfficeMax contou o número de visitantes ao site Elf Yourself e pesquisou as intenções de compra dos visitantes. A Del Monte pode comparar o nível de conhecimento da marca World Fruits antes e depois da promoção e medir sua parcela de mercado antes e depois da promoção. Pesquisas podem indicar também se uma amostra grátis foi mais eficaz que uma promoção de preço, se um presente aumenta as percepções de valores e intenções de compra, e como os consumidores reagem após o término de uma promoção de vendas.[88]

Quantos vendedores são necessários para atender os clientes?

Por meio da observação do movimento em diferentes momentos do dia ou em dias diferentes da semana, varejistas podem estabelecer o número adequado de pessoas para atender melhor os clientes.

Como vendedores podem atender melhor os clientes?

Finalmente, as pesquisas podem ajudar gerentes a tomar decisões sobre a seleção de vendedores e avaliar quão bem eles atendem os clientes. Por exemplo, a semelhança entre o consumidor e um vendedor ou prestador de serviço pode influenciar se os clientes seguem esses representantes de marketing.[89] Outros estudos indicam que o modo como um vendedor apresenta um produto afeta as opiniões dos consumidores com relação ao vendedor e o que estes sabem sobre o produto.[90]

Tomando decisões de preço

O preço de um produto ou serviço pode ter forte influência sobre as decisões de aquisição, uso e descarte dos consumidores. Portanto, é muito importante que profissionais de marketing entendam como consumidores reagem ao preço e usem essa informação em decisões suas.

Que preço deveria ser cobrado?

Por que os preços terminam em 99? Pesquisas do consumidor mostraram que as pessoas percebem US$ 9,99 ou US$ 99,99 como mais barato que US$ 10,00 ou US$ 100,00. Talvez essa seja uma das razões por que tantos preços terminam com o número 9.[91] Embora a teoria econômica sugira que uma diminuição do preço aumenta a probabilidade de compra, um preço muito baixo pode levar consumidores a suspeitar da qualidade do produto.[92] No geral, consumidores respondem melhor a um desconto apresentado como uma percentagem do preço normal (por exemplo, 25% subtraídos do custo original) do que a um desconto apresentado como uma quantia específica de dinheiro subtraída do preço normal (originalmente US$ 25, agora só US$ 15).[93] Pesquisas mostram que consumidores têm reações complicadas aos preços. Por exemplo, se clientes do catálogo podem economizar US$ 8 em taxas de frete, eles gastam em média US$ 15 a mais em compras do catálogo – uma descoberta que levou alguns especialistas em marketing de catálogo a amortizar as taxas de frete.[94]

Quando fazem uma compra, os consumidores também consideram quanto devem pagar com relação ao preço de outras marcas relevantes ou ao preço que pagaram anteriormente por aquele produto; portanto, profissionais de marketing devem estar cientes desses preços de referência.[95] Quando compram unidades múltiplas de um serviço por um preço único (como um passe múltiplo para esquiar), os consumidores podem não sentir uma grande perda se usarem somente algumas das unidades porque têm dificuldades em atribuir valor para cada unidade. Além disso, quando consumidores compram produtos múltiplos por um preço único (como uma caixa de vinhos), têm mais probabilidade de aumentar seu consumo porque o custo das unidades parece baixo.[96] De acordo com pesquisas, o quanto os consumidores pagarão por determinado item pode ser afetado até pelo preço de produtos não relacionados que eles veem primeiro. Assim, o preço que você estaria disposto a pagar por uma camiseta pode variar, dependendo se os preços dos sapatos que você viu na loja ao lado eram altos ou baixos.[97] Finalmente, estudos indicam que consumidores têm percepções diferentes sobre quanto um produto vale, dependendo se estão comprando ou vendendo. Os vendedores deveriam, portanto, evitar esse *efeito de doação*; isto é, eles não deveriam estabelecer um preço mais alto do que os compradores estão dispostos a pagar.[98]

Quão sensíveis os consumidores são aos preços e às mudanças de preços?

Pesquisas também sugerem que consumidores têm visões diferentes sobre a importância do preço. Alguns consumidores são muito sensíveis ao preço, o que quer dizer que uma pequena mudança no preço terá um grande efeito sobre a vontade de comprar aquele produto por parte do consumidor. Linhas de cruzeiros marítimos, por exemplo, descobriram que preços mais baixos ajudam a encher seus navios.[99] Outros consumidores são insensíveis ao preço e provavelmente comprarão uma oferta independentemente de quanto custe. A demanda por café preparado permanece estável apesar dos aumentos de preço, uma situação que significa que é improvável que a Starbucks perca muitos clientes quando aumentar os preços de seus cafés.[100] Os profissionais de marketing podem utilizar pesquisas para determinar quais consumidores são sensíveis ao preço e quando apresentam esse comportamento. Para bens de prestígio ou que estão na moda, um preço alto simboliza *status*. Assim, consumidores em busca de status podem ser menos sensíveis ao preço de um produto e pagar mais que US$ 50 por uma camiseta com uma etiqueta de prestígio.

Quando certas táticas de preço deveriam ser usadas?

Pesquisas também revelam quando os consumidores estão mais receptivos a várias táticas de preço. Por exemplo, consumidores têm sido tradicionalmente muito receptivos à redução de preço de roupas de cama durante o mês de janeiro. Essas "vendas brancas" são eficazes porque os consumidores já esperam por elas e é improvável que comprem roupas de cama após o Natal sem um incentivo financeiro para isso.

Tomando decisões de distribuição

Outra importante decisão de marketing envolve a maneira como os produtos são distribuídos e vendidos a consumidores em lojas de varejo. Aqui também os profissionais de marketing podem usar pesquisas do consumidor.

Onde é provável que os consumidores-alvo comprem?

Os profissionais de marketing que entendem o valor que os consumidores atribuem a tempo e conveniência desenvolveram canais de distribuição que permitem que os consumidores adquiram ou usem bens e serviços quando e onde for mais conveniente para eles. Por exemplo, mercados 24 horas, academias, pedidos por catálogo e on-line dão aos consumidores flexibilidade no uso do tempo para suas decisões de aquisição, uso e descarte. Como outro exemplo, consumidores agora podem comprar carros pela Internet, em lojas de carros, em shoppings gigantes que vendem carros novos e usados, e também nas concessionárias tradicionais.

Como as lojas deveriam ser projetadas?

Supermercados geralmente são projetados com itens semelhantes ou complementares próximos uns dos outros porque pesquisas mostram que consumidores pensam em itens em termos de categorias, baseados nas características ou usos semelhantes dos produtos. Assim, lojas estocam frios perto de requeijão porque esses produtos são frequentemente usados juntos. Pesquisas do consumidor também podem ajudar os profissionais de marketing a desenvolver outros aspectos de ambientes varejistas. Estudos mostram que cores brilhantes e música vibrante fazem que os consumidores se movam rapidamente em uma loja; cores discretas e música calma têm o efeito oposto.[101] O projeto de uma loja também depende de se os consumidores estão fazendo compras para se divertir ou se procuram fazer tudo rapidamente para comprar um item específico.[102] Saber que alguns consumidores simplesmente gostam de fazer compras fez alguns varejistas criarem cada vez mais ambientes de loja mais empolgantes e esteticamente agradáveis.[103]

Lojas e websites podem ser planejados para passar uma imagem bastante específica. As lojas da Apple são abertas e modernas, com muitos aparelhos e dispositivos para os clientes testarem. O "bar do gênio", onde técnicos em tecnologia trabalham, fica na parte de trás, fazendo que os clientes atravessem a loja (e passem por exposições atraentes) quando precisam de dicas. "Queríamos um ambiente que fosse convidativo – não intimidador –, inovador, acolhedor, interativo", explica o chefe de operações de varejo da Apple.[104]

Resumo

O comportamento do consumidor envolve o entendimento de um conjunto de decisões (o quê, se, por quê, quando, como, onde, quanto e com que frequência) que um indivíduo ou grupo de consumidores toma sobre a aquisição, uso ou descarte de produtos, serviços, ideias ou atividades por determinado período de tempo. O núcleo psicológico exerce influência considerável sobre o comportamento do consumidor. A motivação, a habilidade e a oportunidade de um consumidor afetam suas decisões e influenciam a que um consumidor é exposto, no que ele presta atenção e o que ele percebe. Esses fatores também afetam a maneira com que um consumidor categoriza ou interpreta informações, como ele forma ou muda opiniões e como forma ou recupera memórias. Cada aspecto do núcleo psicológico tem impacto sobre o processo de tomada de decisão do consumidor, que envolve (1) reconhecimento do problema, (2) busca de informações, (3) julgamento e tomada de decisão e (4) avaliação do nível de satisfação com a decisão.

O comportamento do consumidor também é afetado pela cultura do consumidor e pelos comportamentos, normas e ideias típicos ou esperados de um grupo específico. Consumidores pertencem a uma variedade de grupos, compartilham seus valores e crenças culturais, e usam seus símbolos para comunicar sua participação em um grupo. O comportamento do consumidor pode ser simbólico e expressar a identidade de um indivíduo. Além disso, o comportamento do consumidor é indicativo de quão vigorosamente ou rapidamente uma oferta pode se espalhar por um mercado.

Os profissionais de marketing estudam o comportamento do consumidor para ter percepções que levarão a estratégias e táticas de marketing mais eficazes. Éticos e grupos de advocacia também têm grande interesse no comportamento do consumidor, assim como decisores de políticas públicas e reguladores que querem proteger os consumidores de ofertas incertas ou inadequadas. Os consumidores e a sociedade podem ser beneficiados à medida que os profissionais de marketing aprendem a fazer produtos mais acessíveis e a mostrar sua preocupação pelo meio ambiente. Por fim, estudar o comportamento do consumidor ajuda os profissionais a entenderem como segmentar mercados e como decidir para qual direcionar, como posicionar uma oferta e quais táticas do *mix* de marketing serão mais eficazes.

Perguntas para revisão e discussão

1. Como o comportamento do consumidor é definido?
2. Quais três categorias amplas da atividade do consumidor são estudadas por pesquisadores e profissionais de marketing?
3. Quais são alguns dos fatores do núcleo psicológico que afetam as decisões e o comportamento do consumidor?
4. Quais são alguns dos processos externos que influenciam as decisões e o comportamento do consumidor?
5. Como podemos definir o *marketing*?
6. Como decisores de políticas públicas, grupos de advocacia e gerentes de marketing usam as pesquisas do consumidor?
7. Que tipos de perguntas podem ser usadas por profissionais de marketing para pesquisar o comportamento do consumidor?

CASO – COMPORTAMENTO DO CONSUMIDOR

A Swatch cria tempo para o luxo

De plástico a platina – a empresa de relógios de pulso conhecida por seus acessórios divertidos agora foca no relógio como símbolo de **status**. Quando a empresa suíça Swatch Group foi fundada, em 1983, relógios de quartzo a preços populares feitos por empresas japonesas tinham tirado parte considerável do mercado de marcas de relógio suíças tradicionais. Para recapturar uma parte do mercado, a Swatch teve a ideia corajosa de combinar estojos, pulseiras e mostradores coloridos em relógios que chamavam a atenção sendo funcionais, acessíveis e modernos. A empresa começou a introduzir uma coleção de novos modelos que mudava constantemente, o que ajudou consumidores a começarem a pensar em relógios de pulso como itens da moda e colecionáveis. Decidiu também restringir alguns modelos a certas regiões geográficas, o que incentivou consumidores a buscarem novos modelos Swatch quando viajavam e a adquirir modelos que não eram vendidos em lojas de suas cidades.

A ideia de montar um guarda-roupa de relógios pegou logo. Consumidores – especialmente as mulheres – logo se acostumaram a comprar relógios Swatch como se fosse um acessório de moda, agindo por impulso ou para combinar com roupas específicas. Exibir modelos Swatch novos e diferentes – em particular aqueles indisponíveis localmente – tornou-se outro modo de expressar a individualidade e o status. Logo o sucesso da Swatch atraiu a atenção de concorrentes, que entraram no mercado com uma coleção variada de relógios baratos para uso diário.

Para evitar que essa competição intensa comprometesse seus lucros, a Swatch tomou outra decisão corajosa. Sem abandonar seus modelos básicos de US$ 35, a empresa começou a adquirir marcas de qualidade já estabelecidas, como Omega e Hamilton. Também comprou marcas super luxuosas, como a Breguet, que oferece relógios feitos à mão, com edição limitada e preços de até US$ 500 mil. A imagem chique dessas marcas trouxe uma nova dimensão para a reputação corporativa da Swatch e novas possibilidades de fazer o marketing de mais relógios para mais segmentos.

Agora a empresa pode suprir compradores que buscam uma peça de joalheria para si mesmos ou para dar um presente especial – compradores para quem o preço é uma consideração secundária. As marcas superiores da Swatch também podem satisfazer as necessidades de consumidores ricos que sentem vontade de comprar enquanto estão de férias e escolhem relógios extravagantes em butiques exclusivas ou em lojas *duty-free* em aeroportos. Sabendo que mais relógios luxuosos são vendidos para homens que para mulheres, a Swatch formou uma parceria com a cadeia varejista de joias Tiffany para desenhar e vender relógios femininos de alta qualidade como acessórios de moda.

Para se conectar com os clientes, após a venda de um único relógio de pulso e fortalecer a lealdade à marca, a Swatch tem usado comunicações de marketing variadas. Os anúncios de sua marca de luxo aparecem em revistas direcionadas à consumidores de alta renda. Ela publica a *Voice*, uma revista de estilo de vida bianual, para informar seus clientes sobre as tendências da moda, eventos especiais da Swatch, novidades sobre produtos novos, e assim por diante. Seu boletim on-line mantém consumidores atualizados sobre as últimas tendências e estilos. No website da Swatch, fanáticos por relógios podem clicar para entrar no clube Swatch e ganhar acesso a produtos, concursos, relógios colecionáveis, blogs, fotos e vídeos exclusivos para membros. Além disso, a Swatch prepara eventos especiais para clientes no mundo todo, como uma festa com tema de praia na Áustria e um cruzeiro de fim de semana com tema de pirata na Turquia.

Graças a seu portfólio de mais de uma dúzia de marcas e uma cadeia global de mais de 600 lojas, a Swatch tornou-se a líder em publicidade de relógios. Suas vendas anuais atingiram US$ 5 bilhões, apesar das condições econômicas globais. Na verdade, relógios de luxo são responsáveis por mais da metade dos lucros da Swatch, e as marcas símbolo de *status* da empresa estão preparando mais acessórios finos. Mesmo assim, a competição de marcas superiores, como Patek Philippe, Piaget, Cartier e Bulgari tornou-se mais intensa no decorrer dos anos. Será que a Swatch continuará crescendo em um ambiente tão pressionado? Só o tempo dirá.[105]

Perguntas sobre o caso

1. Que papel a cultura do consumidor parece ter na estratégia de marketing da Swatch?
2. Em termos de processos internos do consumidor, explique por que a Swatch coloca tanta ênfase nas comunicações de marketing.
3. Em que circunstâncias a decisão de comprar um relógio Swatch seria uma decisão de alto esforço? E uma decisão de baixo esforço?

Desenvolvendo informações sobre comportamento do consumidor

Capítulo de aprimoramento

OBJETIVOS DE APRENDIZADO

Depois de estudar este capítulo, você estará apto a:

1. Resumir alguns dos métodos de pesquisa usados para entender o comportamento do consumidor.
2. Identificar os tipos de organizações que realizam pesquisas do consumidor.
3. Discutir algumas das questões éticas levantadas pelas pesquisas do consumidor.

INTRODUÇÃO

Entendendo as "tribos de tecnologia" da China

Dos mais de 40 milhões de computadores pessoais (PCs, em inglês) vendidos na China a cada ano, 10 milhões têm a marca Lenovo. Mas este mercado em rápido crescimento atrai concorrentes globais, como Hewlett Packard e Dell. A Lenovo, que comprou a divisão de PCs da IBM em 2005, está se defendendo por meio do marketing de novos produtos criados com maior entendimento sobre as necessidades, expectativas e aspirações de usuários chineses de PCs.

A Lenovo contratou a Ziba, uma empresa de pesquisa e planejamento, para estudar como os consumidores chineses compram, usam, pensam e como se sentem com relação aos PCs. Os pesquisadores da Ziba observaram como consumidores na China passavam seu tempo, como faziam suas compras e como usavam produtos de tecnologia. Eles pediram a consumidores que fotografassem suas atividades durante um dia da semana e um dia de folga, com atenção especial ao uso de produtos tecnológicos. Os pesquisadores estudaram as tendências da moda e outras influências sobre o estilo do produto e entrevistaram consumidores sobre os benefícios que eles buscavam obter dos produtos de tecnologia.

Após a análise de todos os dados, os pesquisadores da Ziba identificaram cinco segmentos ou "tribos de tecnologia" com necessidades, atitudes e comportamentos diferentes: borboletas sociais, construtores de relacionamento, maximizadores ascendentes, imersores profundos e colecionadores conspícuos. A Lenovo escolheu direcionar a todos, com exceção dos colecionadores conspícuos, novos PCs como um desktop multimídia modular (para imersores profundos) e notebooks menores (para construtores de relacionamento). Com base em seu sucesso no mercado consumidor da China, a Lenovo passou a visar também a consumidores de outras partes da Ásia, além daqueles na Europa e nos Estados Unidos, onde seus laptops ThinkPad já têm fiéis seguidores.[1]

Pesquisas sobre o comportamento do consumidor ajudam profissionais como os da Lenovo a determinar do que os clientes precisam, como se comportam e como se sentem. De maneira igualmente importante, as pesquisas também podem guiar os profissionais de marketing na determinação de como satisfazer as necessidades do consumidor de maneira lucrativa, por meio de decisões sobre segmentação, direcionamento, posicionamento e o *mix* de marketing. Este capítulo inicia com uma descrição das ferramentas que os profissionais de marketing usam para coletar informações sobre os consumidores. Em seguida, você vai aprender sobre os tipos de entidades que usam pesquisas do consumidor. Por fim, você será apresentado a algumas questões éticas relacionadas a pesquisas do consumidor, um tópico discutido em maior detalhe no Capítulo 18, "Ética, responsabilidade social e o outro lado do comportamento do consumidor e marketing".

Métodos de pesquisa do comportamento do consumidor

Dados primários Dados que originam de um pesquisador e são coletados para fornecer informações relevantes a um projeto de pesquisa específico.

Dados secundários Dados coletados para algum outro propósito que são subsequentemente usados em um projeto de pesquisa.

Pesquisadores coletam e analisam dois tipos de dados para fins de marketing: primário e secundário. Dados coletados para um objetivo próprio são chamados **dados primários**. Quando profissionais de marketing reúnem dados usando pesquisas, grupos de discussão, experimentos e métodos semelhantes para apoiar suas decisões de marketing, estão coletando dados primários. Dados coletados por uma entidade com um objetivo e usados subsequentemente por outra entidade para um propósito diferente são chamados **dados secundários**. Por exemplo, depois que o governo coleta dados do censo para fins tributários, profissionais de marketing podem usar os resultados como dados secundários para estimar o tamanho dos mercados em seu ramo de atuação.

Uma variedade de ferramentas está disponível nas "caixas de ferramentas" das pesquisas do consumidor para reunir dados primários, algumas com base no que consumidores dizem e outras no que eles fazem. Pesquisadores podem coletar dados de relativamente poucas pessoas ou compilar dados de amostras enormes de consumidores. Cada uma dessas ferramentas oferece percepções únicas que, quando combinadas, revelam perspectivas muito diferentes sobre o complexo mundo do comportamento do consumidor. Isso é pesquisa com um objetivo: orientar empresas para que tomem decisões mais informadas e obtenham resultados desejados.[2]

Questionário

Questionário Instrumento escrito, ou não, que pede a consumidores que respondam a um conjunto de questões de pesquisa predeterminadas. O instrumento escrito chama-se questionário ou formulário de pesquisa.

Uma das ferramentas de pesquisa mais familiares é o **questionário**, um instrumento escrito que pede aos consumidores que respondam a um conjunto de questões de pesquisa predeterminadas. Algumas respostas podem ser abertas, com o preenchimento de espaços em branco pelo consumidor; outras podem pedir aos consumidores que usem uma escala de notas ou seleção de itens. Questionários podem ser realizados pessoalmente, por correspondência, pelo telefone ou pela Internet. A Procter & Gamble, por exemplo, conduz aproximadamente 1.500 questionários on-line com consumidores todos os anos e obtém resultados 75% mais rápido que quando usa métodos tradicionais de pesquisa — por metade do custo.[3]

Embora muitas empresas frequentemente usem questionários especializados para entender melhor um segmento específico de clientes, algumas organizações realizam questionários amplos, que são disponibilizados para profissionais de marketing. O U. S. Bureau of the Census (Bureau do Censo dos Estados Unidos) é uma fonte amplamente utilizada de informações demográficas. Seu Censo da População e Habitação, realizado a cada dez anos, faz a consumidores norte-americanos perguntas relacionadas a idade, estado civil, tamanho da família, educação, renda e propriedade de imóveis. Essa base de dados, disponível on-line (*www.census.gov*), em bibliotecas ou em CD-ROM, ajuda os profissionais de marketing a saber de mudanças populacionais que podem afetar suas ofertas para a indústria.

Dados de pesquisa também podem informar aos profissionais de marketing algo sobre uso de mídia e compra de produtos. A Mediamark Research Incorporated conduz pesquisas anuais (em inglês e espanhol) com mais de 26 mil consumidores, perguntando sobre seus hábitos de mídia, demografia e compras de produtos.[4] Os pesquisadores estudam até como incentivar consumidores a responder a pesquisas. Em um estudo, mais consumidores completaram a pesquisa quando o pacote tinha um adesivo que pedia a eles que participassem.[5]

Grupos de discussão

Grupo de discussão Forma de entrevista envolvendo de 8 a 12 pessoas; um moderador lidera o grupo e pede aos participantes que discutam um produto, conceito ou outro estímulo de marketing.

Diferentemente de uma pesquisa, que pode coletar informações de centenas de pessoas que respondem individualmente ao mesmo questionário, um **grupo de discussão** congrega grupos de 6 a 12 consumidores para discutir um assunto ou uma oferta (veja o Exemplo 1). Liderados por um moderador capacitado, os participantes expressam suas opiniões sobre determinado produto ou tópico, o que pode ser especialmente útil na identificação e em testes de ideias para novos produtos. Grupos de discussão fornecem compreensão qualitativa das atitudes do consumidor, ao contrário dos dados quantitativos (numéricos) que resultam de outras pesquisas. A Anheuser-Busch ajusta seus comerciais da cerveja Bud Light para o Super Bowl mostrando os anúncios para muitos grupos de discussão nos meses anteriores ao jogo.[6]

Uma técnica relacionada é o grupo de discussão em computador, em que os consumidores vão a um laboratório de informática onde seus comentários individuais são apresentados anonimamente em uma tela grande para todo o grupo. Esse método pode ajudar pesquisadores a reunir informações sobre assuntos delicados, assim como grupos de discussão conduzidos por telefone ou on-line em vez de pessoalmente. No entanto, o anonimato impede que pesquisadores coletem outros dados relevantes, como reações não verbais transmitidas por meio de expressões faciais e linguagem corporal, que estariam disponíveis em um grupo de discussão tradicional.

Algumas empresas reúnem conselhos consultivos de consumidores, que seriam grupos pequenos de consumidores que se encontram com executivos de marketing e de serviços uma ou duas vezes por ano (pessoalmente, on-line ou por telefone) para discutir ofertas, produtos competitivos, necessidades futuras, problemas de aquisição e uso, e questões relacionadas. Reuniões de conselho servem não somente como pesquisa, mas também como uma ferramenta para fortalecer as relações com os clientes.[7] Para ilustrar, o Premier Bank de Tallahassee, na Flórida, solicita aos seus dois

Exemplo 1
Grupos de discussão
Grupos de discussão de consumidores frequentemente fornecem percepções qualitativas das preferências do consumidor.

conselhos de clientes que forneçam *feedback* sobre serviços nas filiais, ideias para novos produtos e envolvimento da comunidade.[8]

Entrevistas

Como nos grupos **de discussão**, as entrevistas envolvem contato direto com os consumidores. As entrevistas são frequentemente mais adequadas que grupos de discussão quando o assunto é delicado, embaraçoso, confidencial ou tem uma carga emocional forte. Elas oferecem dados mais aprofundados do que as pesquisas quando o pesquisador quer obter o máximo de informação possível. Por exemplo, quando a Volvo buscou conexões mais próximas com compradores de carros, sua agência de publicidade entrevistou atendentes de estacionamento VIP no mundo inteiro para obter uma imagem completa de proprietários de Volvo. A agência constatou que os clientes da Volvo são "fazedores" – mais preocupados com o que fazem do que com o que possuem – e valorizam a intimidade e o compartilhamento. Essa pesquisa ajudou a agência a criar uma campanha para a Volvo com o tema "A vida é melhor vivida junta."[9]

Em algumas entrevistas, os pesquisadores perguntam aos clientes que processo eles usam para tomar uma decisão de compra. Uma empresa de pesquisa nomeia entrevistadores profissionais para gravar os pensamentos dos consumidores enquanto eles compram mantimentos. Essa pesquisa ajuda profissionais de marketing a entender como fatores no ambiente de compras afetam o processo. Por exemplo, uma empresa pode descobrir que um consumidor não comprou determinado cereal porque estava muito próximo do sabão em pó.[10]

Entrevistas tradicionais exigem um entrevistador profissional que estabeleça uma relação com os consumidores. Os entrevistadores notam comportamentos não verbais, como inquietação, mudanças no tom de voz e braços e pernas cruzados como pistas sobre a disponibilidade do respondente para uma discussão ou se algumas perguntas são particularmente tocantes. Os pesquisadores geralmente gravam as entrevistas para transcrição posterior de maneira que possam examinar os resultados usando análise qualitativa ou quantitativa. Às vezes os pesquisadores gravam as respostas não verbais que não podem ser apreendidas no processo de transcrição e analisam as entrevistas mais tarde para identificar padrões ou temas.

Narração de histórias

Narração de histórias Método de pesquisa no qual se pede a consumidores que contem histórias sobre experiências de aquisição, uso ou descarte de produtos. Essas histórias ajudam os profissionais de marketing a obter esclarecimentos sobre necessidades do consumidor e identificar os atributos do produto que satisfazem essas necessidades.

Outra ferramenta para conduzir pesquisas do consumidor é a **narração de histórias**, em que consumidores contam aos pesquisadores sobre suas experiências com um produto. Na Patagônia, pesquisadores coletam histórias de consumidores sobre suas experiências como mochileiros e outras experiências ao ar livre para usar no desenvolvimento dos catálogos da empresa. A narração de histórias fornece não apenas informações relevantes ao marketing do produto, mas também mostra que a Patagônia está em contato com seus clientes e valoriza o que eles dizem.[11]

Embora a narração de histórias envolva relatos reais de consumidores reais, às vezes os profissionais de marketing pedem aos consumidores que contem ou escrevam histórias sobre situações hipotéticas descritas em uma imagem ou cenário.[12] A ideia é que as necessidades, os sentimentos e as percepções do consumidor sejam revelados pelo modo como ele ou ela interpreta o que é descrito na imagem ou no cenário. Por exemplo, pesquisadores podem mostrar uma imagem de uma mulher na entrada de uma loja da Hot Topic com um balão de pensamento acima de sua cabeça e pedir aos consumidores para escreverem o que eles acham que a mulher está pensando. Tais histórias podem revelar o que consumidores pensam de uma loja específica, situação de compra, e assim por diante.

Fotografia e imagens

Alguns pesquisadores usam uma técnica na qual imagens de experiências pelas quais os consumidores passaram são mostradas com o objetivo de ajudar tais consumidores a lembrar e relatar experiências mais completamente.[13] Os pesquisadores podem pedir aos consumidores que desenhem ou colecionem imagens para representar seus pensamentos e sentimentos sobre o assunto em discussão (como a Lenovo pediu aos consumidores que fotografassem suas interações diárias com produtos tecnológicos). Outra prática é a de pedir a esses consumidores que reúnam uma colagem de fotos e imagens que reflita seu estilo de vida. Os pesquisadores podem, então, fazer perguntas sobre as imagens e o significado por trás delas ou pedir ao consumidor que escreva uma redação, o que pode ajudar a integrar as imagens e pensamentos sugeridos pelas fotografias.[14]

Por exemplo, profissionais de marketing da Wrigley's pediram para adolescentes selecionarem imagens e escreverem uma história sobre o Juicy Fruit Gum. A empresa descobriu que os adolescentes mascavam chicletes quando sentiam vontade de comer doces. Com essa informação, a agência de publicidade da Wrigley lançou a campanha "Gotta Have Sweet" (preciso comer doce) – e as vendas de Juicy Fruit aumentaram.[15]

Diários

Pedir a consumidores que façam diários pode fornecer percepções importantes sobre seu comportamento, inclusive sobre compra de produtos e uso de mídia. Diários frequentemente revelam como amigos e familiares afetam as decisões dos consumidores sobre roupas, música, *fast food*, vídeos, shows, e assim por diante. Quando a Unilever estava planejando lançar um novo desodorante, pediu a um grupo de mulheres que mantivesse um "diário das axilas", anotando com que frequência se depilavam, como suas axilas ficavam e com que frequência usavam desodorante. Detectada a preocupação das mulheres com o estado da pele de suas axilas, a Unilever criou um desodorante que hidratava e promoveu seus benefícios no cuidado com a pele.[16]

A empresa de pesquisas NPD Group pede a mais de 3 milhões de consumidores no mundo todo que mantenham diários on-line, rastreando suas compras em dezenas de categorias de produtos. Algumas empresas compram os dados do diário da NPD para saber se os consumidores são fiéis à marca ou trocam de marca, e se são usuários frequentes (*heavy users*) ou casuais (*light users*) do produto. Cruzando esses dados com estatísticas demográficas, profissionais de marketing também podem saber mais sobre esses consumidores. O Burger King, por exemplo, pode usar o sistema da NPD para descobrir o consumo de hambúrgueres de um grupo de acordo com a idade, localização geográfica e até mesmo hora do dia, informações que ajudam a rede a melhorar seu alvo ou mudar suas promoções, planejar novos produtos e tomar outras decisões.[17]

Experimentos

Pesquisas do consumidor podem conduzir experimentos para determinar se certos fenômenos do marketing afetam o comportamento do consumidor. Por exemplo, podem desenvolver um experimento para determinar se as atitudes dos consumidores com relação a uma marca são afetadas pelo nome desta vez de fatores como características do produto, embalagem, cor, logomarca, temperatura ambiente ou o humor do consumidor. Medindo o despertar da emoção, níveis de salivação e movimentos dos olhos dos participantes, profissionais de marketing podem determinar quais anúncios obtêm mais atenção e mexem mais com os consumidores e quais produtos são os preferidos. A Ford usou a tecnologia de tomografia cerebral para medir as reações de consumidores europeus a um novo veículo em desenvolvimento.[18]

Por meio de experimentos, pesquisadores designam consumidores para receber "tratamentos" diferentes de maneira aleatória e, então, observam os efeitos desses tratamentos. Por exemplo, consumidores podem ser designados para grupos para os quais são mostrados nomes de marcas diferentes. Os pesquisadores coletam dados sobre as atitudes dos participantes com relação ao nome e comparam atitudes entre grupos. Em um experimento de teste de sabor, podem designar consumidores aleatoriamente para grupos e depois pedir que cada grupo experimente um produto diferente. Comparar as avaliações do produto entre os grupos mostrará qual produto é o preferido.

Um aspecto importante de tais experimentos é que os grupos são pareados para ser idênticos em todos os sentidos, exceto no tratamento, chamado **variável independente** tendo as demais variáveis controladas. Assim, em um experimento de teste de sabor, somente o sabor do alimento ou da bebida é variado. Todo o restante é o mesmo entre os grupos – os consumidores comem ou bebem a mesma quantidade do produto, à mesma temperatura, do mesmo tipo de recipiente, na mesma sala, na presença do mesmo experimentador etc. Depois que os consumidores experimentam o produto e o avaliam, os pesquisadores podem comparar as respostas dos grupos para verificar qual sabor é o preferido. Como os grupos são idênticos em todos os outros aspectos, os pesquisadores sabem que quaisquer diferenças entre os dois grupos são causadas pelo tratamento (o sabor do alimento).

Variável independente Condições experimentais que são modificadas ou manipuladas pelo experimentador em um projeto de condições experimentais que são modificadas ou manipuladas pelo experimentador.

Experimentos de campo

Embora os experimentos sejam frequentemente conduzidos em situações laboratoriais controladas, às vezes os profissionais de marketing os conduzem no mundo real, situação em que são conhecidos como "experimentos de campo". Um dos tipos de experimento de campo, o **teste de mercado**, revela a probabilidade de uma oferta ser vendida em um mercado específico e quais elementos do *mix* de marketing aumentam as vendas de modo eficaz. Suponha que profissionais de marketing queiram determinar quanto apoio

Teste de mercado Estudo em que a eficácia de um ou mais elementos do *mix* de marketing é examinada pela avaliação das vendas do produto em um mercado real, por exemplo, uma cidade específica.

publicitário devem dar a um novo produto. Eles poderiam selecionar dois mercados de teste de tamanho e composição demográfica semelhantes e gastar quantias diferentes para a publicidade em cada um deles. Pela observação das vendas do produto nos dois mercados durante determinado período, os profissionais de marketing teriam como dizer qual nível de gastos em publicidades resultou nas vendas maiores.

Todos os elementos do *mix* de marketing podem ser testados no mercado. Uma cadeia de restaurantes chamada P. F. Chang's China Bistro testou recentemente um novo cardápio de jantar em seu restaurante na cidade de Dallas, no Texas. Os resultados foram tão bons que a empresa acrescentou o cardápio a 45 de seus outros restaurantes.[19]

Análise conjunta

Análise conjunta Técnica de pesquisa para determinar a importância relativa e o apelo de diferentes níveis dos atributos de uma oferta.

Muitos profissionais de marketing usam a sofisticada técnica de pesquisa chamada **análise conjunta** para determinar a importância relativa e o apelo de diferentes níveis dos atributos de uma oferta. Para começar, os pesquisadores identificam os atributos da oferta, como o tamanho da embalagem, características específicas do produto e pontos de preço e, em seguida, determinam os níveis a serem testados para cada atributo (como o tamanho pequeno, médio ou grande). Então, pedem aos consumidores para reagir a uma série de conceitos do produto que combinam esses atributos de maneiras diferentes.

Por exemplo, pesquisadores podem perguntar qual é a probabilidade de os consumidores comprarem um pacote grande de sabão em pó da marca Tide que tem poder de remoção de manchas e custa US$ 4,75; podem também perguntar qual é a probabilidade de os consumidores comprarem um pacote pequeno de Tide, que não possui o poder de remoção de manchas e custa US$ 2,50. Pela análise das respostas a combinações diferentes, os pesquisadores podem determinar quão importante é cada atributo (tamanho, preço etc.) e o nível de determinado atributo preferido pelos consumidores. Pesquisadores acadêmicos usaram essa metodologia para entender, entre outras coisas, que peso os consumidores dão a fatores ambientais *versus* preço e outros atributos quando compram móveis de madeira. [20]

Observações

Em certos momentos, os pesquisadores observam consumidores para obter informações sobre um produto, promoção, preço e decisões de distribuição potencialmente eficazes. A fabricante das fraldas descartáveis Huggies, a Kimberly-Clark, usa pesquisa de observação para ver como os consumidores reagem a novas embalagens e posições nas prateleiras enquanto "fazem compras" em ambientes de lojas virtuais, customizados para parecer lojas de redes específicas. Os resultados não só ajudam os profissionais de marketing da Kimberly-Clark a tomar decisões sobre produtos e promoções, como também ajudam o Walmart, a Target e outros varejistas a tomarem decisões sobre a aquisição e exposição dos produtos da Kimberly-Clark.[21]

Alguns profissionais de marketing usam software de rastreamento para observar quais websites são visitados por consumidores, que páginas são vistas, quanto tempo permanecem no site e outros dados relacionados. Por meio da análise de padrões de navegação do consumidor, os pesquisadores podem determinar como tornar websites mais amigáveis e como focar a publicidade on-line da melhor maneira, bem como tomar outras decisões sobre atividades mercadológicas on-line.[22] Entretanto, defensores da privacidade estão preocupados que o software de rastreamento – especialmente quando usado sem o conhecimento ou consentimento do consumidor – seja intrusivo. Em resposta, as empresas têm postado suas políticas de privacidade e, em alguns casos, permitem aos consumidores que vejam e editem dados coletados ou até que "fiquem de fora" de sistemas de rastreamento.[23]

Pesquisa etnográfica Pesquisa qualitativa em profundidade usando observações e entrevistas (frequentemente em ocasiões repetidas) de consumidores em ambientes do mundo real. Usada com frequência para estudar o significado que os consumidores atribuem a um produto ou fenômeno de consumo.

Algumas empresas conduzem **pesquisas etnográficas**, em que os pesquisadores entrevistam, observam (e possivelmente gravam vídeos de) como os consumidores se comportam em ambientes do mundo real. Quando a Coleman quis expandir sua atuação de fogões de campismo para churrasqueiras a gás, seus pesquisadores visitaram lares para observar homens (que são quem normalmente cozinham ao ar livre) conversando com amigos e familiares enquanto usavam uma churrasqueira. A pesquisa revelou que o ato de grelhar trazia saudade de experiências de acampamento. Em consequência, a Coleman diminuiu as especificações técnicas, como as BTUs, e promoveu sua churrasqueira como a peça central de "um ritual relaxante" no "oásis do quintal".[24]

Painéis de compra

Algumas vezes os profissionais de marketing tentam entender o comportamento do consumidor rastreando o que os consumidores compram em ocasiões de aquisição diferentes. Esse tipo de pesquisa, conduzida pela IRI e por outras empresas, registra simplesmente se um comportamento ocorreu ou não; por exemplo, a Campbell Soup usa a IRI para rastrear compras de sopa em lojas nos Estados Unidos.[25] Tais dados comportamentais podem ser coletados de membros de painéis especiais, de uma amostra representativa da população geral, ou do mercado alvo do profissional de marketing. Cada vez que membros do painel fazem compras, o caixa registra suas aquisições. Cruzando os dados de aquisição com os dados demográficos, profissionais de marketing podem dizer quem está adquirindo um produto, se esses consumidores também estão comprando produtos dos concorrentes e se um cupom ou outra promoção de venda esteve envolvida nessa aquisição. Os profissionais de marketing também podem usar esses dados para determinar se as aquisições dos membros do painel foram afetadas, por exemplo, pelo espaço de prateleira alocado para um produto ou por publicidade adicional na área de teste.

Um número cada vez maior de empresas, incluindo a Del Monte Foods, a Procter & Gamble e a Coca-Cola, também conduzem pesquisas por meio de um painel registrado de aquisições on-line. Por exemplo, a empresa de pesquisa da Del Monte criou o website "I Love My Dog" (Eu amo meu cachorro), protegido por senha, e convidou 400 donos de cães a participar e responder perguntas sobre produtos alimentares para cães. O *feedback* dos participantes ajudou a Del Monte a selecionar sabores para seus petiscos Snausages Breakfast Bites para cães.[26]

Database marketing

Profissionais de marketing podem pesquisar o comportamento do consumidor mais a fundo se combinarem formas diferentes de pesquisas do consumidor em uma base de dados comum. Essa base de dados pode conter informações demográficas e sobre o estilo de vida dos consumidores-alvo combinadas com os dados sobre suas aquisições em várias categorias de produtos por um período de tempo, seus hábitos de mídia e seu uso de cupons e outros instrumentos promocionais. Usando a **extração de dados**, a empresa busca no banco de dados padrões que indiquem as necessidades, as preferências e os comportamentos dos clientes.[27]

Extração de dados Busca no banco de dados de uma empresa por padrões de necessidades, preferência e comportamentos dos clientes.

O Walmart está na vanguarda do movimento de extração de dados. Ele segue qualquer mercadoria do depósito para a prateleira da loja usando etiquetas de identificação com radiofrequência. Cada item vendido no caixa é registrado, juntamente com seu preço, a hora da venda e a localização da loja. Esses dados são relatados ao Walmart a cada hora e diariamente por produto, por categoria, por loja, por fornecedor, e assim por diante. O Walmart também analisa o que mais está dentro do carrinho de compras, loja a loja e região por região, para ter ideia de preço dos produtos em categorias diferentes. Por fim, a extração de dados ajuda empresas a identificar localizações potenciais para novas lojas e perfilar os compradores de cada loja, de modo a estocar a variedade correta de bens em quantidades adequadas.[28]

Mais profissionais de marketing estão coletando dados de consumidores on-line para fins promocionais, como o planejamento de mensagens de e-mail ou o aumento de tráfego em um website. Embora o e-mail seja rápido e mais barato que outros métodos de comunicação, os consumidores são inundados com mensagens eletrônicas. Portanto, para provocar uma resposta, uma campanha de e-mail deve ser baseada nas necessidades do consumidor – por exemplo, pode fornecer informações solicitadas pelo consumidor – e deveria customizar o conteúdo e momento para cada indivíduo.[29] Por exemplo, depois que consumidores concordam em receber e-mails da Frederick's de Hollywood, que comercializa lingeries femininas, a empresa customiza mensagens com base nas páginas e nos produtos visitados por cada consumidor, o que ajuda a empresa a reter clientes e a aumentar as vendas.[30]

É possível até mesmo usar dados de sequências de cliques em websites para analisar o comportamento do consumidor. Um estudo analisou o uso de websites por consumidores que queriam comprar automóveis e descobriu que o melhor previsor de aquisição não era o uso de mecanismos de decisão sofisticados ou o número de vezes que os consumidores visitavam o site, e sim quanto tempo eles navegavam pelo site.[31] No entanto, o *database marketing* e a extração de dados alimentaram preocupações sobre a invasão da privacidade do consumidor; veja o Capítulo 18 para mais detalhes.

Neurociência

Os neurocientistas têm buscado entender o comportamento do consumidor por meio da análise da atividade cerebral usando imagens de ressonância magnética funcional (fMRI). Para fazer isso, eles examinam quais partes do cérebro são ativadas quando consumidores se envolvem em atividades como tomar uma decisão, assistir a um anúncio ou selecionar um investimento.[32] Por exemplo, a Christian Dior usou pesquisas de fMRI para testar as reações de consumidores a música, cores e colocação de anúncios quando planejava sua campanha introdutória do perfume J'Adore, que foi muito bem-sucedida. Embora a pesquisa neurocientífica levante questões sobre a manipulação, um executivo de publicidade diz o seguinte: "Observar a atividade cerebral e o estabelecimento de modelos para o comportamento não é o mesmo que forçar o cérebro a tomar uma decisão de consumo."[33]

Tipos de pesquisas de consumidor

Muitas entidades usam pesquisas de mercado para estudar o comportamento do consumidor por diferentes motivos, como mostrado no Exemplo 2. Organizações como empresas de serviços e bens de consumo, agências de propaganda e empresas de pesquisa de marketing realizam pesquisas para tomar decisões sobre o marketing de um produto ou serviço específico; organizações governamentais coletam informações do consumidor de modo a estabelecer leis de proteção ao consumidor; e acadêmicos realizam pesquisas para proteger consumidores ou simplesmente para entender por que consumidores se comportam de certa maneira.

Departamentos internos de pesquisa de marketing

A vantagem de conduzir pesquisas "internas" (conduzidas pela empresa para a empresa) é que as informações coletadas podem ser mantidas dentro da empresa, minimizando assim as chances de essas informações vazarem para a concorrência. No entanto, departamentos internos são vistos como menos objetivos que empresas externas de pesquisa, pois podem ter interesse pessoal nos resultados da pesquisa. Por exemplo, funcionários podem ser estimulados a mostrar que a empresa está tomando boas decisões, uma situação que pode afetar a natureza da pesquisa ou os resultados obtidos. Consequentemente, algumas empresas usam empresas externas de pesquisa para realizar suas pesquisas do consumidor.

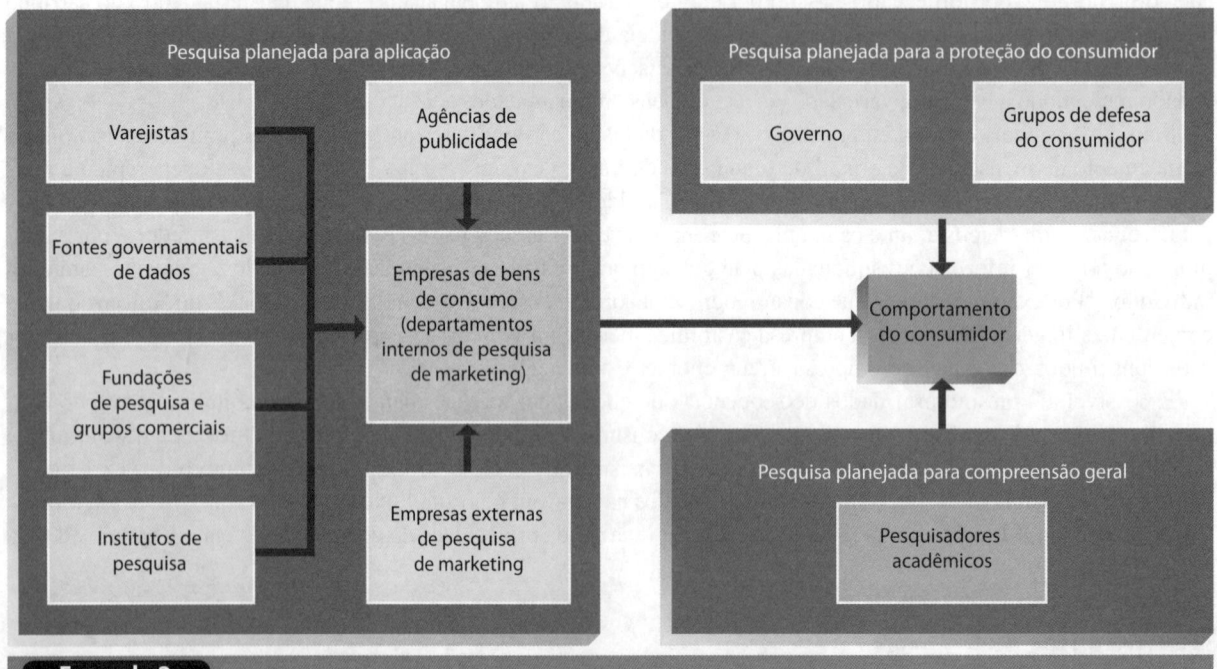

Exemplo 2
Quem realiza as pesquisas do consumidor?
Um grande número de organizações diferentes realiza pesquisas sobre os consumidores, embora seus objetivos sejam diferentes. Algumas fazem pesquisa para aplicação, algumas para a proteção do consumidor e outras para obter conhecimento geral sobre os consumidores.

Empresas externas de pesquisa de marketing

Empresas externas de pesquisa geralmente ajudam a planejar um projeto de pesquisa específico antes que este seja iniciado. Elas desenvolvem instrumentos para medir as respostas dos consumidores, coletar dados destes, analisar os dados e desenvolver relatórios para seus clientes. Como você viu no exemplo de abertura deste capítulo, a Lenovo contratou a Ziba para estudar usuários de PC na China como uma primeira etapa no planejamento de produtos novos para aquele mercado que crescia rapidamente.

Algumas empresas de pesquisa de mercado são organizações de "serviço completo" que realizam uma variedade de serviços de pesquisa de mercado; outras são especializadas em um só tipo de pesquisa. A GfK Custom Research North America, por exemplo, realiza pesquisa de mídia, de conhecimento de marca e outras pesquisas sobre o comportamento do consumidor. Em seus estudos para a Starch Ad Readership, dezenas de leitores de uma revista específica folheiam uma edição recente ao lado de um entrevistador capacitado. O entrevistador pergunta aos consumidores se viram todos os anúncios na edição e se viram a imagem em cada anúncio, leram o título, leram o conteúdo e viram o slogan do anúncio. A empresa compila relatórios sobre o porcentual de respondentes que viram cada parte do anúncio e vende os resultados para anunciantes que querem determinar se seus anúncios foram vistos e lidos mais que outros anúncios naquela edição ou naquela categoria de produto.

Agências de publicidade

Algumas agências de publicidade têm departamentos para testar conceitos de publicidade como parte do serviço que oferecem a seus clientes. Em nome do varejista Best Buy, a agência de publicidade La Comunidad usou pesquisa etnográfica para estudar como pais hispânicos e seus filhos conhecedores de tecnologia decidem suas aquisições de eletrônicos. Os resultados ajudaram a agência a criar comercias em espanhol para a TV. Nos anúncios, reconhecem que a tecnologia nova pode intimidar e mostram a competência da Best Buy em ajudar seus clientes a escolherem o produto eletrônico certo para a família toda.[34]

Agências também podem realizar pré-testes de publicidade, usando desenhos publicitários ou anúncios completos para garantir que uma peça publicitária satisfaça seus objetivos *antes* que seja exposto na mídia. Além disso, elas realizam estudos de rastreamento para monitorar a eficácia da publicidade por determinado período de tempo, os quais podem determinar se o percentual de consumidores no mercado-alvo que conhecem uma marca mudou em virtude da quantidade, da duração e do tempo de sua publicidade.

Instituto de pesquisa

Syndicated data services são empresas que coletam e depois vendem as informações que coletam, geralmente para empresas que fazem o marketing de produtos e serviços para consumidores. Por exemplo, o estudo Yankelovich Monitor coleta dados sobre o estilo de vida dos consumidores e sobre tendências sociais usando entrevistas de 90 minutos na casa de aproximadamente 2.500 adultos. Seus relatórios anuais descrevendo as tendências de estilo de vida atuais e previstas ajudam agências de publicidade e profissionais de marketing de empresas a desenvolver conteúdos para mensagens promocionais, escolher a mídia, identificar novas ideias de produtos, planejar estratégia de posicionamento e tomar outras decisões de marketing.

A Nielsen é um syndicated data service que rastreia os hábitos que milhares de lares norte-americanos têm de assistir à TV, usando três técnicas: (1) diários, (2) medidores que ficam em cima do aparelho e registram que membro da família está assistindo o quê e quando e (3) aparelhos de sintonia que registram se o aparelho de TV está ligado ou não e em que canal está sintonizado.[35] Com base nesses dados, a Nielsen atribui uma classificação que indica o número e o percentual de todos os lares assistindo a um programa específico na TV e a um comercial específico, com análises demográficas da audiência. É desse modo que anunciantes sabem quantas pessoas sintonizaram para assistir o Super Bowl, por exemplo.[36]

Combinando o comportamento demográfico com o comportamento de assistir à TV, a Nielsen também pode examinar quem está assistindo a quais programas. Redes, estações de TV a cabo e canais independentes usam essas informações para determinar se os programas de TV devem ser renovados e quanto devem cobrar pelo tempo de publicidade em um programa específico. No geral, anunciantes pagam mais para anunciar em programas muito populares (aqueles com classificação Nielsen mais alta). Anunciantes que compram dados da Nielsen podem avaliar em quais programas de TV devem anunciar, baseando suas decisões em quão bem as características demográficas da audiência combinam com o mercado-alvo do patrocinador. A Nielsen também realiza pesquisas sobre o uso que os consumidores fazem da Internet, dos videogames, dos aparelhos móveis e de outras mídias que transmitam mensagens publicitárias.[37]

Varejistas

Grandes redes varejistas realizam pesquisas do consumidor com frequência. Por meio do uso de scanners eletrônicos para rastrear as vendas de uma marca ou categoria de produto, as redes determinam quais itens vendem mais e quais vendem menos, e verificam como os consumidores respondem a cupons, descontos e outras promoções. Como os vendedores interagem diretamente com os clientes, os varejistas às vezes usam pesquisas para medir a satisfação do cliente e determinar como podem melhorar a qualidade do serviço. A observação de tendências emergentes pode ajudar os varejistas a planejar produtos novos antecipadamente. Por exemplo, a Target tem funcionários que viajam internacionalmente para detectar novas tendências em vestuário, decoração etc.[38]

Fundações de pesquisa e grupos comerciais

Fundação de pesquisa Organização sem fins lucrativos que financia pesquisas sobre temas relevantes para os objetivos da fundação.

Muitas fundações de pesquisa e grupos comerciais coletam pesquisas do consumidor. Uma **fundação de pesquisa** é uma organização sem fins lucrativos que financia pesquisas sobre temas relevantes para os objetivos da fundação. Como um exemplo, a Advertising Research Foundation, organização sem fins lucrativos, almeja melhorar a prática de publicidade, marketing e pesquisa de mídia. A organização apoia conferências e publica relatórios relacionados a pesquisas nessas áreas.[39] O Marketing Science Institute é outra organização sem fins lucrativos que patrocina estudos de pesquisa acadêmica para revelar informações úteis a empresas.

Grupo comercial Organização profissional composta de profissionais de marketing do mesmo ramo.

Grupos comerciais especializados também podem coletar pesquisas do consumidor para entender melhor as necessidades dos consumidores em seus próprios ramos. Um **grupo comercial** é uma organização formada por pessoas que trabalham no mesmo ramo, tal como a Recording Industry Association of America, um grupo cujos membros estão envolvidos no ramo da música gravada por meio de atividades de gravação, distribuição ou varejo. Essa organização patrocinou uma série de projetos de pesquisa, incluindo estudos para entender como o gosto musical norte-americano mudou no decorrer dos anos.

Governo

Embora agências governamentais não usem pesquisas para ajudar a comercializar uma oferta, empresas e estabelecimentos comerciais usam pesquisas governamentais frequentemente para fins de marketing, como quando examinam dados do censo para estimar o tamanho de vários mercados demográficos. Estudos governamentais feitos por agências como a Comissão de Segurança de Produtos do Consumidor (Consumer Products Safety Commission), o Departamento de Transportes (Department of Transportation) e a Administração de Alimentos e Drogas (Food and Drug Administration) são designados especificamente para a proteção do consumidor. Por exemplo, a Comissão Federal de Comércio (Federal Trade Commission – FTC) conduz pesquisas sobre publicidade potencialmente enganosa ou fraudulenta. A FTC realizou uma pesquisa para determinar se consumidores poderiam ter sido enganados por anúncios que afirmavam que uma fatia de queijo Kraft era feita com 150 ml de leite. A FTC estava preocupada que consumidores pudessem presumir que o queijo tinha tanto cálcio quanto 150 ml de leite (o que não ocorria) ou que o queijo Kraft era superior a seus concorrentes em termos de conteúdo de cálcio (o que também não ocorria).[40] Pesquisas podem também ajudar a resolver casos jurídicos que envolvem questões de marketing, como se os consumidores estão confundindo a marca registrada de um produto novo com a marca registrada de um produto já estabelecido, uma situação que poderia afetar a marca estabelecida.[41]

Organizações de consumidores

Organizações independentes de consumidores também realizam pesquisas, geralmente com o objetivo de proteger ou informar os consumidores. A Consumers Union é uma organização sem fins lucrativos que realiza testes independentes e oferece informações para servir aos consumidores. A organização publica a famosa revista *Consumer Reports*, que traz a descrição de muitos dos produtos testados em um laboratório independente da Consumer Union e cujos resultados são postados no site da organização (*www.consumersunion.org*).

Acadêmicos e centros acadêmicos de pesquisa

Embora pesquisas acadêmicas envolvendo consumidores possam ser usadas para o marketing e ter implicações para políticas públicas, estudos são frequentemente planejados apenas para melhorar nossa compreensão geral do comportamento do consumidor. Muitas pesquisas relatadas neste livro descrevem estudos acadêmicos de ponta. Alguns centros de pesquisa acadêmica se concentram em um aspecto específico do comportamento do consumidor. Por exemplo, para saber mais sobre o consumo de mídia, pesquisadores do Centro de Design de Mídia da Ball State University observaram 101 consumidores a partir do momento em que eles acordavam até o momento em que iam dormir. Os pesquisadores descobriram que os consumidores gastam mais tempo com a TV, rádio, jornais e mídia on-line do que é refletido em pesquisas de mídia convencionais.[42] Outro exemplo é o Restaurant of the Future, no campus da Wageningen University, na Holanda, onde pesquisadores fazem experimentos com a iluminação, pratos, arranjo dos alimentos e outros detalhes para ver seus efeitos sobre o que e quanto os estudantes e os professores comem.[43]

Questões éticas na pesquisa do consumidor

Embora profissionais de marketing confiem em pesquisas do consumidor para o desenvolvimento de bens e serviços bem-sucedidos, a condução dessas pesquisas levanta questões éticas importantes. Como demonstrado nas seções a seguir, pesquisas do consumidor têm aspectos tanto positivos como negativos.

Aspectos positivos da pesquisa do consumidor

Tanto os consumidores como os profissionais de marketing podem se beneficiar das pesquisas do consumidor. Os consumidores geralmente têm experiências de consumo melhores, e os profissionais de marketing podem aprender a formar relações mais fortes com os clientes prestando atenção às pesquisas do consumidor.

Experiências de consumo melhores

Como as pesquisas do consumidor ajudam profissionais de marketing a serem mais orientados para o cliente, os consumidores podem ter produtos mais bem planejados, serviços melhores, instruções de uso mais claras, mais informação para ajudá-los a tomar boas decisões e mais experiências pós-aquisição satisfatórias. Pesquisas do consumidor (feitas por organizações governamentais e do consumidor) têm função importante para proteger os consumidores de profissionais de marketing inescrupulosos.

Potencial para a formação de relações com os clientes

Pesquisas podem ajudar profissionais de marketing a identificar o melhor modo de estabelecer e melhorar as relações com seus clientes por meio de uma melhor compreensão de suas necessidades, atitudes e comportamento. Curiosamente, os consumidores norte-americanos têm uma visão mais favorável do marketing hoje do que tinham nas décadas de 1980 e 1990, particularmente com relação ao varejo e distribuição.[44] Estar ciente desses tipos de tendências gerais nos sentimentos do consumidor é uma boa base de onde partir para formar uma relação.

Aspectos negativos da pesquisa do consumidor

A pesquisa do consumidor é um processo bastante complexo com uma série de aspectos potencialmente negativos, que incluem a dificuldade de conduzir pesquisas em países estrangeiros, os altos custos de conduzir uma pesquisa, preocupações com a invasão de privacidade e o uso de práticas enganosas.

Rastreando o comportamento do consumidor em diferentes países

Profissionais de marketing que querem pesquisar o comportamento do consumidor em outros países podem se deparar com desafios especiais. Por exemplo, grupos de discussão não são adequados em todos os países ou situações. Profissionais de marketing norte-americanos frequentemente colocam marido e mulher juntos em um grupo de discussão para explorar suas atitudes com relação a produtos como móveis; entretanto, essa abordagem não funciona em países como a Arábia Saudita, onde é provável que as mulheres não tenham liberdade para falar livremente e é muito difícil que discordem de seus maridos em uma situação dessas. Grupos de discussão também devem ser conduzidos de modo diferente no Japão, onde pressões culturais determinam que uma pessoa não discorde das opiniões de um grupo.

Apesar de entrevistas telefônicas serem comuns nos Estados Unidos, elas ocorrem com frequência muito menor em países do Terceiro Mundo. Os profissionais de marketing devem considerar ainda a taxa de alfabetização de um país quando planejam um questionário de pesquisa. No mínimo, os pesquisadores deveriam usar as palavras cuidadosamente e verificar seu sentido para garantir que seu significado seja adequadamente transmitido, traduzindo as perguntas para o outro idioma primeiro e, depois, traduzindo-as de volta para o inglês (retrotradução).

Empresas podem não conseguir comparar dados secundários coletados em outro país diretamente com dados coletados nos Estados Unidos, em parte por causa dos procedimentos ou tempo de coleta diferentes. Além disso, outros países podem usar esquemas de categorização diferentes para descrever dados demográficos como a classe social e o nível de educação. Pode, ainda, haver menos fontes de dados sindicalizados, ou fontes diferentes em outros países, uma situação que limita a pesquisa disponível para os profissionais de marketing.

Custos de marketing potencialmente mais altos

Alguns consumidores se preocupam com o fato de que o processo de pesquisar o comportamento do consumidor possa levar a custos mais altos, que se transformariam em preços mais altos dos produtos. No entanto, alguns profissionais de marketing argumentam que podem fazer uma estratégia mais eficiente para seus clientes se souberem mais sobre eles. Por exemplo, o desenvolvimento do produto, a publicidade, os custos de vendas em promoção e os custos de distribuição serão mais baixos se os profissionais de marketing souberem exatamente o que os consumidores querem e como chegar a eles.

Invasão da privacidade do consumidor

Uma preocupação mais grave e abrangente é aquela de que, no processo de condução e uso da pesquisa – particularmente o *database marketing* –, os profissionais de marketing possam invadir a privacidade dos consumidores. Os consumidores se preocupam que os profissionais de marketing saibam demais sobre eles e que seus dados pessoais, financeiros e comportamentais possam ser vendidos para outras empresas ou usados inadequadamente, sem seu conhecimento ou consentimento.

Práticas de pesquisa enganosas

Por fim, pesquisadores inescrupulosos podem se envolver em práticas enganosas. Uma dessas práticas é mentir sobre o patrocinador da pesquisa (por exemplo, dizer que está sendo conduzida por uma organização sem fins lucrativos quando, na realidade, está sendo conduzida por uma empresa comercial). Outra prática enganosa é a de prometer que as respostas dos entrevistados permanecerão anônimas quando, na verdade, a empresa acrescenta informações identificatórias aos dados para fazer marketing para esses consumidores posteriormente. Pesquisadores inescrupulosos também podem prometer recompensar os respondentes, mas não cumprir essa promessa.[45]

Resumo

As pesquisas do consumidor são uma ferramenta valiosa que ajuda profissionais de marketing a planejarem melhor os programas de marketing, auxilia no desenvolvimento de leis e decisões de políticas públicas, e promove nossa compreensão geral sobre o modo como os consumidores se comportam e por quê. Pesquisadores usam uma variedade de técnicas, inclusive a coleta de dados sobre o que os consumidores dizem e o que eles fazem. Essas ferramentas podem envolver a coleta de dados de relativamente poucos indivíduos ou de muitos indivíduos e podem estudar os consumidores em determinado momento no tempo ou rastrear seu comportamento durante um período de tempo.

Algumas empresas têm departamentos internos de pesquisa de marketing para coletar dados; outras usam empresas externas de pesquisa para conduzir os estudos. Agências de publicidade e *syndicated data services* são dois tipos de agências externas que realizam pesquisas do consumidor. Grandes redes varejistas frequentemente usam scanners eletrônicos para rastrear as vendas de uma marca ou categoria de produto. Fundações de pesquisa, grupos comerciais, o governo, organizações de consumidores e centros acadêmicos de pesquisa também coletam informações sobre o consumidor. Pesquisas apoiam uma visão do marketing orientada para o consumidor e podem ajudar empresas a melhorar experiências de consumo e fortalecer relações com os clientes; no entanto, críticos afirmam que as pesquisas podem invadir a privacidade dos consumidores e gerar custos de marketing mais altos; além disso, profissionais de marketing inescrupulosos podem usar informações sobre o consumidor de maneira inapropriada.

Perguntas para revisão e discussão

1. Como os pesquisadores usam questionários, grupos de discussão, entrevistas, narração de histórias e a neurociência para aprender sobre o comportamento do consumidor?
2. Como os experimentos diferem dos experimentos de campo?
3. Por que pesquisadores usam painéis de observação e aquisição para estudar o comportamento do consumidor?
4. Como dados primários diferem de dados secundários?
5. Quais são alguns dos aspectos positivos e negativos das pesquisas do consumidor?

CASO – COMPORTAMENTO DO CONSUMIDOR

O OfficeMax pergunta como compradores compram – e mais

Como um varejista pode trazer mais compradores, encorajando-os a pesquisar e comprar mais, e ganhar sua lealdade a longo prazo apesar da competição de dois grandes concorrentes? Competindo contra a Staples e o Office Depot, o OfficeMax está exatamente nessa situação. Apesar de o varejista de materiais para escritório atrair muitos compradores comerciais, também é popular entre consumidores que precisam de papel e envelopes, canetas e lápis, material para arquivo, fotocópias e impressão, e materiais essenciais para escritórios domésticos, como impressoras, scanners, computadores, software, mesas e cadeiras.

Cada vez que um cliente compra qualquer item em qualquer loja do OfficeMax, o sistema de informações da empresa captura todos os detalhes – o valor da venda, o(s) produto(s) e a quantidade adquirida, a localização da loja, o horário, e assim por diante – e os armazena em sua base de dados gigantesca. A análise dos dados de venda ajuda os profissionais de marketing do varejista a determinar, por exemplo, quais produtos tendem a ser adquiridos juntos, e quando e onde certos produtos são especialmente populares.

O que nenhuma base de dados consegue mostrar, no entanto, é a maneira como os compradores do OfficeMax passeiam pela loja e o que influencia seus movimentos da entrada ao fundo da loja e de corredor para corredor. Os profissionais de marketing do OfficeMax precisavam saber mais sobre como seus clientes fazem compras, com o objetivo de refazer as lojas de modo a aumentar a satisfação dos clientes e as vendas. De acordo com o executivo responsável pelo merchandising, "A experiência [criada pelo Office Max] com a compreensão científica de como os [seus] clientes interagem com as [suas] lojas pode fazer uma grande diferença".

A empresa de pesquisa de mercado contratada pelo OfficeMax para estudar o comportamento do comprador começou com a observação do que as pessoas faziam a partir do momento em que entravam em uma de suas lojas até o momento em que saíam. Os compradores pegavam uma sacola de compras? Eles viravam à esquerda ou à direita depois de entrar? Quais departamentos visitavam e em que ordem? Que exposições examinavam e por quanto tempo olhavam?

Após observar como os compradores se comportavam em várias lojas do OfficeMax, os pesquisadores disseram à empresa que muitos compradores estavam confusos com a disposição da loja, em parte porque não podiam ver o que havia atrás das prateleiras altas usadas para armazenar e expor alguns produtos. Além disso, os corredores estavam arrumados em forma de grade, o que tornava difícil a identificação rápida de categorias específicas de produtos. Com base em suas descobertas, os pesquisadores recomendaram que o OfficeMax substituísse seus corredores retos por uma volta em forma de "circuito de corrida" para guiar os compradores pela loja. Sugeriram também que equipamentos de preço alto, como computadores e câmeras digitais, fossem colocados no centro da volta.

O OfficeMax agiu sobre os resultados da pesquisa e mudou a disposição de suas lojas, abandonando a formação em grade dos corredores e formando uma área central destacada para computadores e outros eletrônicos. Além do mais, o varejista estabeleceu algumas outras zonas ao longo da volta em forma de circuito, cada uma organizada ao redor de uma categoria específica de produto. Para verificar como as mudanças estavam funcionando, os pesquisadores observaram compradores em lojas recém-renovadas. Agora, como havia mais produtos e exposições visíveis a partir da volta, mais da metade dos compradores olhava para a parede no fundo, ao passo que, na pesquisa original, somente um terço dos compradores foram vistos fazendo isso.

O OfficeMax também usou a pesquisa para desenvolver novos produtos com a marca da loja e para aperfeiçoar promoções. A primeira vez que a empresa divulgou seu website "Elf Yourself", no qual os visitantes podiam personalizar um elfo animado usando suas próprias fotos, observadores anotaram quantos visitantes acessaram o site, quanto tempo ficaram e quantos criaram elfos. No segundo ano, depois que o OfficeMax acrescentou novas características, como mensagens de voz personalizadas, pesquisas mostraram que o site atraiu o dobro de visitantes que tinha atraído no ano anterior – sendo acessado por 60 milhões de pessoas ao todo. Reforçada por comunicações nas lojas e por publicidade on-line, a campanha atingiu seu objetivo de gerar agitação sobre a marca e o movimento nas lojas.[46]

Perguntas sobre o caso

1. Identifique os tipos de pesquisa do consumidor usados pelo OfficeMax e pela empresa de pesquisa que foi contratada. Por que foram adequados para a empresa e a situação em que estava?

2. Que tipo de pesquisa ajudaria o OfficeMax a avaliar as opiniões e os sentimentos de clientes atuais e outras pessoas em relação à sua marca?

3. Suponha que o OfficeMax estivesse considerando o uso de painéis de aquisição ou de diários para obter melhor entendimento sobre o comportamento aquisitivo de seus clientes. Você recomendaria algum dos dois métodos? Se sim, qual deles? Por quê?

O núcleo psicológico

Parte 2

2 Motivação, habilidade e oportunidade
3 Exposição, atenção e percepção
4 Conhecimento e entendimento
5 Opiniões fundamentadas em alto esforço
6 Opiniões fundamentadas em baixo esforço
7 Memória e recuperação

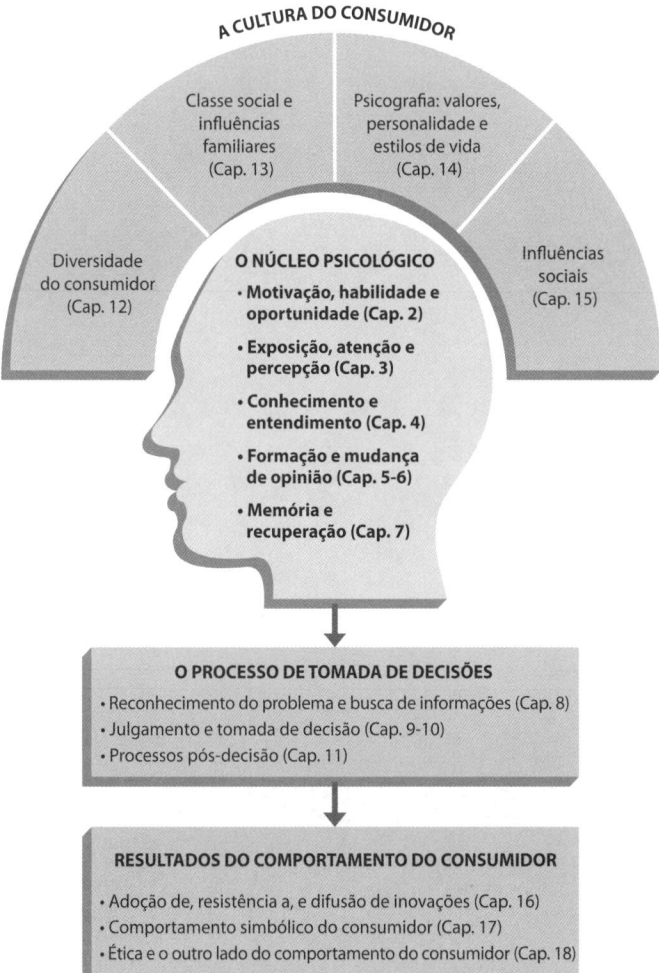

O comportamento do consumidor é bastante impactado pelo empenho dos consumidores em seus comportamentos e decisões de consumo. O Capítulo 2 descreve três fatores essenciais que afetam o empenho: a (1) motivação, (2) habilidade e (3) oportunidade que os consumidores têm para se envolver em comportamentos e tomar decisões. O Capítulo 3 discute de que maneira consumidores reagem aos estímulos de marketing (exposição), como os notam (atenção) e os percebem.

O Capítulo 4 continua com o mesmo tema central, discutindo como consumidores comparam estímulos com seu repertório e tentam entender ou compreender as informações que recebem em um nível mais profundo. O Capítulo 5 descreve o que acontece quando consumidores exercem grande esforço na formação e mudança de opiniões. O Capítulo 6 discute como opiniões podem ser influenciadas quando o empenho do consumidor é baixo. Por fim, como os consumidores não são sempre expostos a informações de marketing quando realmente precisam delas, o Capítulo 7 foca na memória e em como consumidores recuperam informações.

Motivação, habilidade e oportunidade

Capítulo 2

OBJETIVOS DE APRENDIZADO

Depois de estudar este capítulo, você estará apto a:

1. Explicar por que a motivação, a habilidade e a oportunidade de os consumidores processarem informações, tomarem decisões ou envolverem-se em comportamentos são importantes para profissionais de marketing.
2. Identificar as influências e os resultados da motivação, habilidade e oportunidade do consumidor de processar informações, tomar decisões e envolver-se em comportamentos.

INTRODUÇÃO

O Toyota Prius entra na pista rápida

Quando a Toyota lançou o Prius nos Estados Unidos, o Ford Explorer estava no auge. Era o ano 2000, e a Ford vendeu um recorde de 445 mil Explorers. Em um mercado dominado pelos utilitários SUV e picapes, poucos consumidores tinham ouvido falar do inovador motor híbrido elétrico e a gasolina do pequeno sedã Prius. Entretanto, alguns tinham ouvido falar dos primeiros carros elétricos que não iam muito longe ou muito rápido sem estar plugados para recarregar a bateria, e muitos geralmente avaliavam os carros em termos de potência. Assim, a campanha de lançamento da Toyota focou em educar os compradores a respeito da tecnologia amiga do ambiente possuída pelo Prius, uma das razões para o carro custar um pouco mais que os sedãs da mesma categoria.

Nos anos seguintes, a publicidade da Toyota continuou a explicar o motor híbrido para os consumidores, enfatizando ao mesmo tempo as baixas emissões, alta quilometragem e o fato de que nunca teriam de "colocar o carro na tomada". Conforme o preço da gasolina subiu e a preocupação do público com o aquecimento global aumentou, as vendas do Prius cresceram e por um tempo a demanda foi maior que a oferta. O Prius tornou-se o carro mais vendido em regiões como Portland, Oregon, onde consumidores vorazmente adotaram produtos ecológicos. Depois que a Toyota conseguiu suprir a demanda, seus novos anúncios diziam "Seu Prius está pronto", chamando-o de "o carro norte-americano que faz mais quilômetros por litro". Em 2007, o Prius vendia mais que o Ford Explorer no mercado dos Estados Unidos e tinha se tornado "um símbolo de mais que simplesmente um carro," de acordo com o gerente de marketing de produto do Prius.[1]

A Toyota entende que a motivação, habilidade e oportunidade do consumidor (aspectos que serão examinados de maneira detalhada neste capítulo) exercem forte influência nas decisões de aquisição, uso e descarte de um produto. O Exemplo 2.1, uma visão geral do capítulo, mostra que indivíduos estimulados podem dedicar muito pensamento e muita ação para obter seus objetivos.

A *motivação* para processar informações, tomar uma decisão ou envolver-se em um comportamento aumenta quando consumidores consideram algo como (1) pessoalmente relevante; (2) consistente com seus valores, suas necessidades, seus objetivos e suas emoções; (3) arriscado; e/ou (4) moderadamente inconsistente com suas atitudes anteriores. A Toyota encoraja os compradores do Prius a ver o carro como consistente com seus valores para salvar o planeta, seus objetivos de economizar dinheiro e seu autoconceito como pessoas que podem fazer a diferença. Por outro lado, os consumidores também têm de considerar o preço mais alto do carro em relação ao dinheiro que economizarão em gasolina no longo prazo.

Se consumidores estimulados realmente atingem um objetivo ou não, depende do fato de eles terem a *habilidade* para atingi-lo, que é baseada em (1) seu conhecimento e experiência; (2) estilo cognitivo; (3) complexidade da informação; (4) inteligência, educação e idade; e, no caso de objetivos aquisitivos, (5) dinheiro. A Toyota, por exemplo, esforçou-se muito para oferecer informações que esclareciam como o Prius era diferente dos carros elétricos e sedãs comuns. Atingir objetivos como o processamento de informações também depende de os consumidores terem a *oportunidade* de atingir o objetivo. Se o objetivo é a busca de informações, a oportunidade é determinada (1) pelo tempo, (2) pelas distrações e (3) pela quantidade, pela repetição e pelo controle das informações às quais os consumidores são expostos. Então a Toyota, percebendo que o Prius era diferente, usou muitas ferramentas de marketing e repetiu suas mensagens para dar aos consumidores a oportunidade de saber mais sobre as inovações do carro.

Motivação do consumidor e seus efeitos

Motivação Estado interno de agitação que fornece energia para atingir um objetivo.

A **motivação** é definida como um "estado de agitação interna", com a energia direcionada para a concretização de um objetivo.[2] O consumidor estimulado está energizado, pronto e preparado para se envolver em uma atividade relacionada a seu objetivo. Por exemplo, se você descobre que um videogame muito esperado estará à venda na próxima terça-feira, pode ficar estimulado para ir à loja bem cedo naquele dia. Consumidores podem ser estimulados a se envolver em comportamentos, tomar decisões ou processar informações, e essa motivação pode ser vista no contexto de adquirir, usar ou descartar uma oferta. Analisemos primeiro os efeitos da motivação, como mostrado no Exemplo 2.1.

Comportamento de alto envolvimento

Um resultado da motivação é um comportamento que precisa de esforço considerável. Por exemplo, se você está estimulado a comprar um bom carro, vai pesquisar veículos on-line, visitar concessionárias, fazer *test drives*, e assim por diante. Do mesmo modo, se você está estimulado a perder peso, você vai comprar comidas com baixo teor de gordura, comer porções menores e fazer exercícios. A motivação impulsiona comportamentos consistentes com um objetivo e

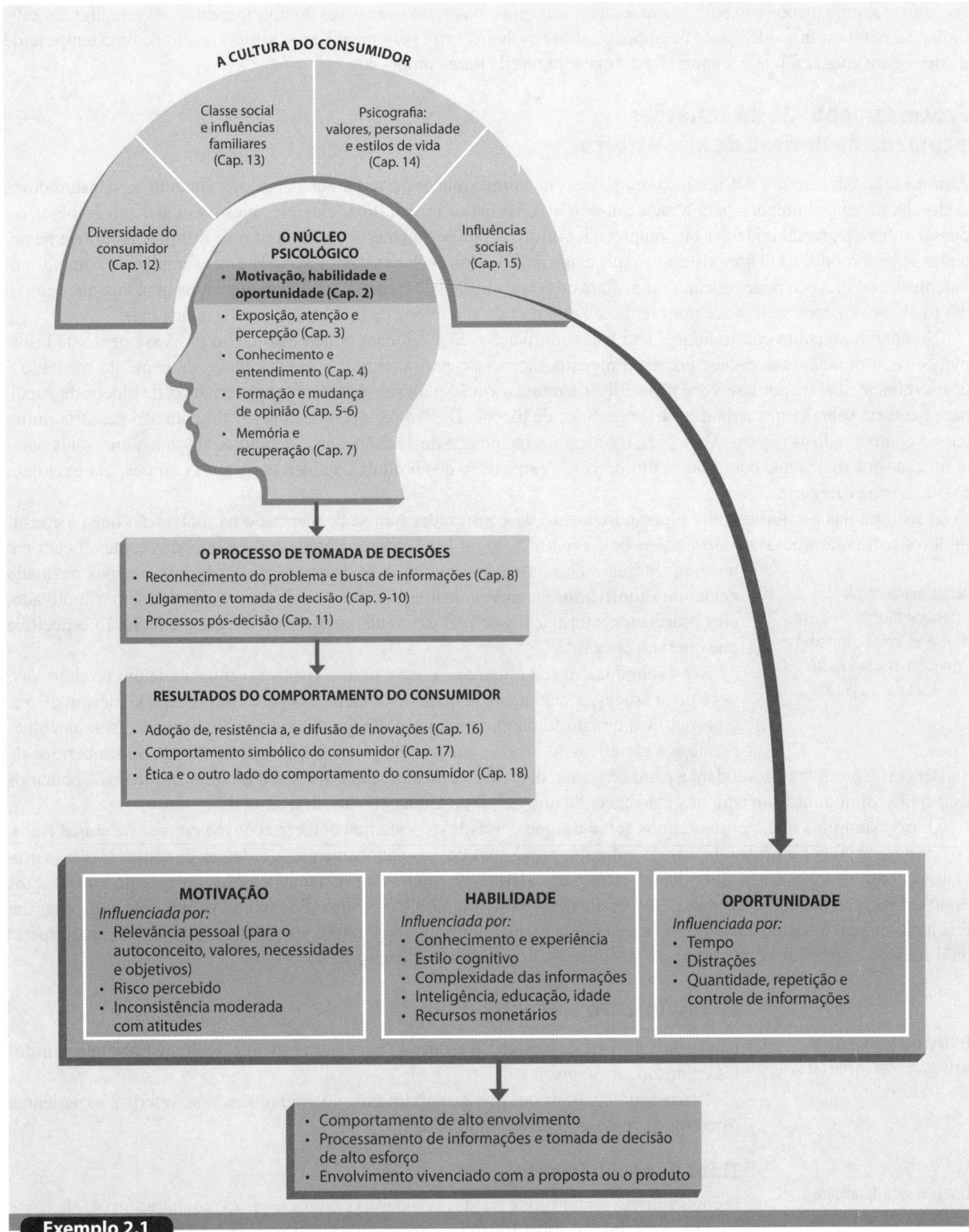

Exemplo 2.1

Visão geral do capítulo: motivação, habilidade e oportunidade

Motivação, Habilidade e Oportunidade (MAO) para envolver-se em diversos comportamentos do consumidor é afetado por muitos fatores. Os resultados de MAO alto incluem (1) comportamento relevante ao objetivo, (2) busca de informações e tomada de decisão de alto esforço e (3) envolvimento vivenciado.

também cria uma disposição para gastar tempo e energia envolvendo-se nesses comportamentos. Assim, alguém estimulado a comprar um videogame novo pode ganhar dinheiro extra para fazer isso, dirigir no meio de uma tempestade de neve para chegar à loja e, depois, ficar uma hora na fila para comprá-lo.

Processamento de informações e tomada de decisão de alto esforço

A motivação também afeta o modo como processamos informações e tomamos decisões.[3] Quando os consumidores estão altamente estimulados para atingir um objetivo, há maior probabilidade de eles prestarem atenção ao objetivo, pensar sobre ele, tentar entender ou compreender informações pertinentes a ele, avaliar essa informação criticamente, tentar se lembrar disso em uso posterior, o que exige muito esforço. Por exemplo, se você está estimulado a comprar um videogame novo, você pode procurar uma oferta nos classificados de jornais. Se alguém menciona uma loja que reserva um jogo com antecedência, você pode tentar obter o nome e o telefone da loja, esforçando-se ainda mais.

No entanto, quando consumidores têm baixa motivação, eles dedicam pouco esforço ao processamento de informações e à tomada de decisões. Por exemplo, sua motivação para comprar o melhor bloco de papel do mercado é provavelmente baixa, por isso você não dedicaria muita atenção para saber todas as características de blocos de papel, nem pensaria sobre como seria usar diversos tipos de blocos. Dentro da loja, você provavelmente não passaria muito tempo comparando as marcas. Você pode usar atalhos na tomada de decisão, como decidir comprar a marca mais barata ou a mesma marca que comprou da última vez.[4] A aquisição dos produtos de mercearia mais comuns, por exemplo, cai na mesma categoria.

A maioria das pesquisas sobre o comportamento do consumidor tem se concentrado na motivação que os consumidores têm para processar informações *com precisão*, como foi descrito. Entretanto, pesquisas recentes focam em um tipo diferente de motivação envolvida no processamento de informações chamado **raciocínio motivado**. Quando consumidores se envolvem em um raciocínio motivado, eles processam informações de maneira tendenciosa para chegar à conclusão específica que queriam chegar.[5]

Raciocínio motivado
Processamento de informações de maneira tendenciosa, de modo a permitir que os consumidores cheguem à conclusão que desejam chegar.

Por exemplo, se o seu objetivo é perder peso e você vê o anúncio de um produto *diet*, você pode processar o anúncio de maneira tendenciosa para convencer a si mesmo de que o produto vai de fato funcionar para você. Se quisermos acreditar que não somos vulneráveis aos malefícios do fumo, poderemos ter mais chances de fumar. Se soubermos da existência de produtos que ajudam a parar de fumar, disponíveis no mercado e anunciados como "remédios", podemos usar o raciocínio motivado para nos convencer de que fumar pode não ser tão ruim assim.[6]

Outro exemplo é que, por querermos acreditar que coisas boas podem acontecer conosco em vez de coisas ruins, podemos subestimar a probabilidade de enfrentar problemas como o adoecimento – e deixar de tomar medidas preventivas para evitar a doença.[7] Podemos estar particularmente sujeitos ao raciocínio motivado quando nossos egos estão em jogo ou quando queremos desesperadamente atingir um objetivo específico (como perder peso) ou evitar um resultado negativo (como adoecer).[8] O conceito de raciocínio motivado é relativamente novo, por isso, a maior parte da discussão a seguir foca na motivação para processar informações com precisão.

Envolvimento vivenciado

Um resultado final da motivação é que ela evoca um estado psicológico nos consumidores chamado *envolvimento*.

Envolvimento vivenciado
Agitação ou interesse em uma oferta, atividade ou decisão.

Pesquisadores usam o termo **envolvimento vivenciado** para se referir à experiência psicológica do consumidor estimulado.[9]

Tipos de envolvimento

O envolvimento sentido pode ser (1) duradouro, (2) situacional, (3) cognitivo ou (4) afetivo.[10]

Envolvimento duradouro Interesse de longo prazo em uma oferta, atividade ou decisão.

O **envolvimento duradouro** existe quando mostramos interesse em uma oferta ou atividade por um longo período de tempo.[11] Apaixonados por carros têm interesse intrínseco em carros e exibem envolvimento duradouro por eles. Entusiastas se envolvem em atividades que revelam esse interesse (por exemplo, ir a exposições de carros, ler revistas sobre carros, visitar lojas de veículos e concessionárias). Na maioria das vezes, os consumidores experimentam **envolvimento situacional (temporário)** com uma oferta ou atividade. Por exemplo, consumidores que não exibem envolvimento duradouro com

Envolvimento situacional Interesse temporário por uma oferta, atividade ou decisão, frequentemente causado por circunstâncias situacionais.

carros podem estar envolvidos no processo de compra de um carro quando estão no mercado em busca de um carro novo. Depois de comprar o carro, seu envolvimento com carros novos cai drasticamente.

Os pesquisadores também fazem distinção entre envolvimento afetivo e cognitivo.[12]

Envolvimento cognitivo significa que o consumidor está interessado em pensar sobre e processar informações relacionadas a seu objetivo, que inclui saber mais sobre a oferta. Um fã de esportes interessado em saber tudo o que pode sobre o craque de futebol Neymar exemplificaria um envolvimento cognitivo.

Envolvimento afetivo significa que o consumidor está disposto a gastar energia emocional e tem muitos sentimentos despertados sobre uma oferta ou atividade, o que pode ser exemplificado por aquele consumidor que ouve música para experimentar emoções intensas.

Envolvimento cognitivo
Interesse em pensar sobre e obter informações pertinentes a uma oferta, atividade ou decisões.

Envolvimento afetivo
Interesse em investir energia emocional e evocação de sentimentos profundos sobre uma oferta, atividade ou decisão.

Objetos de envolvimento

Como muitos dos exemplos desse capítulo indicam, consumidores podem exibir envolvimento cognitivo e/ou afetivo com objetos, os quais podem incluir *um produto ou categoria de varejo*, como lojas de carros ou de cosméticos, ou envolver *experiências* como *rafting* em corredeiras.[13] Você pode estar envolvido com vestuário porque gosta de comprar tais produtos e os vê como importantes para sua autoexpressão.[14]

Consumidores também podem experimentar envolvimento cognitivo e/ou afetivo *com uma marca* por estarem ligados emocionalmente a ela, como uma pessoa se liga a um grupo musical específico ou ao seu iPod. Quando alguém está emocionalmente ligada e envolvida com uma marca, ele a vê como uma extensão de si mesmo e sente grande paixão por ela.[15] Os consumidores também podem ser *envolvidos por anúncios* interessantes ou relevantes para eles.[16] No Japão, anúncios que enfatizam relacionamentos pessoais, circunstâncias sociais e expressões não verbais geram mais envolvimento que anúncios com mensagens claramente ditas e articuladas.[17] Consumidores também podem estar *envolvidos com um meio de comunicação* (como TV, jornais ou Internet), com um artigo específico ou programa no qual um anúncio é divulgado. O programa *American Idol*, que registrou 600 milhões de votos de espectadores por temporada, gera muito envolvimento, assim como o Super Bowl.[18] Uma pessoa pode ficar tão envolvida na interação com o website de uma empresa específica que chega a vê-lo como "jogo."[19]

Consumidores envolvidos em certas decisões e comportamentos experimentam **envolvimento de resposta**.[20] Por exemplo, podem estar altamente envolvidos no processo de decidir entre marcas e, como consumidores podem estar envolvidos com muitas entidades diferentes, é importante especificar o *objeto de envolvimento* quando o termo *envolvimento* for usado. Por exemplo, consumidores que estão envolvidos com marcas porque estão ligados a elas têm pouca probabilidade de se envolver em decisões sobre que marca comprar, porque já acham que a sua marca é a melhor. Da mesma maneira, consumidores podem estar envolvidos com um anúncio porque ele é divertido ou interessante, mas podem não estar envolvidos com a marca anunciada porque já são leais a outra.

Envolvimento de resposta
Interesse em certas decisões e comportamentos.

Somos estimulados a nos comportar, processar informações ou nos envolver em *tomadas de decisão* que exigem esforço por coisas que sentimos ter relevância pessoal, e experimentaremos envolvimento considerável quando comprarmos, usarmos ou descartarmos tais coisas. Pense em todos os comportamentos nos quais você se envolveu quando decidiu onde cursar a faculdade – obter informações, preparar-se para o vestibular, buscar na Web, visitar os *campi*, considerar as informações de cada faculdade e decidir aonde ir.

Você provavelmente achou a tarefa de tomar essa decisão pessoalmente envolvente e estava interessado, entusiasmado e talvez até ansioso e confuso durante o processo. Por fim, também somos estimulados a pensar profundamente sobre questões pertinentes a uma decisão específica quando acreditamos que teremos de justificar ou explicar nossas decisões.[21]

O que afeta a motivação?

Como a motivação pode afetar resultados de interesse dos profissionais de marketing (por exemplo, comportamentos relevantes a objetivos como a aquisição, o processamento de informações com esforço e o envolvimento vivenciado; veja o Exemplo 2.1) é importante os profissionais de marketing entendam o que afeta a motivação, pois, se eles souberem o que motiva os consumidores, poderão desenvolver táticas de marketing para influenciar e estimulá-los a pensar, envolver-se com e/ou buscar informações sobre sua marca ou anúncio. O Exemplo 2.1 mostra que um elemento central da motivação é a relevância pessoal. Por sua vez, a relevância pessoal é afetada por quão importante algo como uma marca ou anúncio é para (a) os autoconceitos, (b) os valores, (c) as necessidades e (d) os objetivos dos consumidores.

Relevância pessoal

Relevância pessoal
Algo que tem relevância direta sobre o "eu" e tem consequências ou implicações potencialmente significantes em nossas vidas.

Um fator-chave que afeta a motivação é o grau em que algo é **relevante pessoalmente** – isto é, o grau em que tem relação direta e as implicações significantes sobre sua vida.[22] Por exemplo, se você ouve que a bateria do seu laptop está passando por um processo de *recall* porque pode superaquecer e causar um incêndio, provavelmente achará que essa é uma questão com relevância pessoal. Carreiras, atividades de estudo, relacionamentos românticos, um carro, um apartamento ou casa, roupas e *hobbies* são provavelmente relevantes porque as consequências deles são significativas para você. Pesquisas indicam que a perspectiva de receber um produto customizado (que é consequentemente mais relevante pessoalmente) motiva os consumidores a revelarem informações pessoais, embora com menos possibilidade de revelar detalhes que possam ser embaraçosos.[23] As pessoas percebem algo como relevante pessoalmente quando é consistente com seus valores, suas necessidades, seus objetivos e suas emoções, e essa relevância alimenta sua motivação para processar informações, tomar decisões e agir.

Consistência com o autoconceito

Autoconceito Nossa visão mental de quem somos.

Algo pode ser pessoalmente relevante na medida em que sustenta seu **autoconceito** ou sua visão de si mesmo e o modo como você acha que os outros o veem. O autoconceito nos ajuda a definir quem somos e frequentemente orienta nosso comportamento.[24] Note que as diferentes partes de um autoconceito podem ser salientes em momentos diferentes.[25] Por exemplo, quando compramos roupas, em geral fazemos uma afirmação sobre algum aspecto de quem somos – um profissional, um estudante ou um fã de esportes. Para ilustrar, alguns consumidores pensam que marcas como a Harley-Davidson são relevantes para seu autoconceito. *Red*, uma revista feminina do Reino Unido, torna-se relevante atraindo o autoconceito de leitoras que se identificam como ocupadas e produtivas, mas merecedoras de pequenas regalias.[26] De maneira semelhante, *reality shows* na TV podem ser relevantes quando espectadores se identificam com as histórias de vida dos participantes do programa.[27]

Valores

Valores Crenças sobre o que é correto, importante ou bom.

Consumidores têm mais motivação para prestar atenção e processar informações quando as consideram relevantes para seus **valores** – crenças que orientam o que consideram importante ou bom. Assim, se você considera a educação muito importante, é provável que seja estimulado a envolver-se em comportamentos consistentes com esse valor, como buscar obter um diploma universitário. (Você vai ler mais sobre valores no Capítulo 14.)

Necessidades

Necessidade Estado interno de tensão causado pelo desequilíbrio de um estado físico ou psicológico ideal/desejado.

Consumidores também consideram coisas pessoalmente relevantes quando têm relação com necessidades ativadas. Uma **necessidade** é um estado interno de tensão causado pelo desequilíbrio de um estado físico ou psicológico ideal/desejado.

Por exemplo, em certos momentos do dia, seu estômago fica desconfortável. Você percebe que é hora de comer alguma coisa e é estimulado a direcionar seu comportamento para certos resultados (como abrir a geladeira). Comer satisfaz a sua necessidade e remove a tensão – neste caso, a fome. Uma vez estimulada a necessidade específica, objetos não relacionados àquela necessidade parecem menos atraentes. Portanto, se você está estimulado a arrumar seus cabelos porque eles não estão bons, um produto como gel fixador parece mais atraente e importante que pipoca ou qualquer outra guloseima.[28] As necessidades também podem nos levar para longe de um produto ou serviço: você pode ficar longe do dentista porque sente a necessidade de evitar a dor.

Que necessidades os consumidores experimentam? A teoria do psicólogo Abraham Maslow agrupa as necessidades nas cinco categorias mostradas no Exemplo 2.2: (1) fisiológicas (necessidade de comida, água e sono); (2) de segurança (necessidade de abrigo, proteção e segurança); (3) social (necessidade de afeto, amizade e aceitação); (4) de *status* (necessidade de prestígio, sucesso e autoestima); e (5) autorrealização (necessidade de autorrealização e expe-

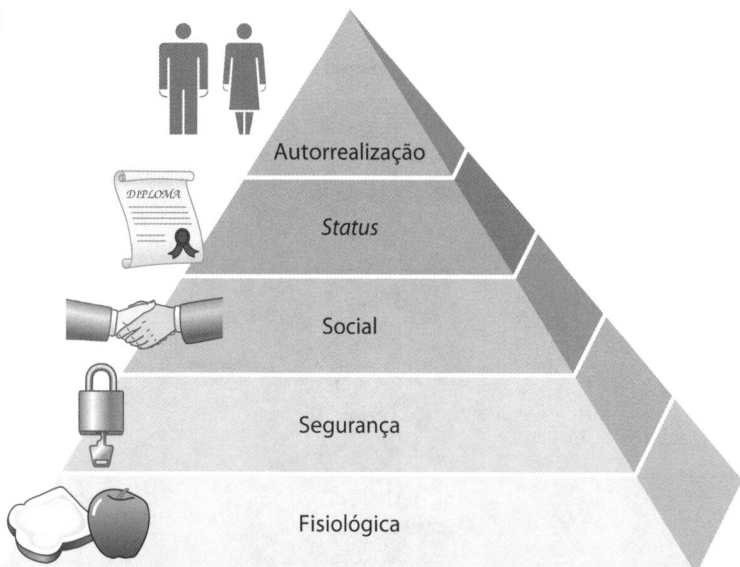

Exemplo 2.2
Hierarquia de necessidades de Maslow
Maslow sugeriu que as necessidades podem ser categorizadas em uma hierarquia básica. Pessoas suprem suas necessidades de nível mais baixo (por exemplo, necessidades fisiológicas de comida, água e sono) antes de suprirem suas necessidades de ordem mais alta.

riências enriquecedoras).[29] Dentro dessa hierarquia, necessidades de nível baixo devem geralmente ser satisfeitas antes que as necessidades de nível mais alto sejam ativadas. Assim, antes de nos preocuparmos com prestígio, devemos satisfazer as necessidades de comida, água, e assim por diante

Embora a hierarquia de Maslow ofereça uma organização útil à complexa questão das necessidades, alguns críticos dizem que é muito simplista. Em primeiro lugar, as necessidades nem sempre são ordenadas exatamente como nessa hierarquia. Alguns consumidores podem atribuir uma prioridade maior à compra de bilhetes de loteria do que à aquisição de necessidades como roupas e alimentos. Em segundo lugar, a hierarquia ignora a intensidade das necessidades e o efeito resultante sobre a motivação. E, em terceiro lugar, a ordenação das necessidades pode não ser consistente em todas as culturas, uma vez que, em algumas sociedadesnecessidades sociais e de pertencimento, por exemplo, podem ser mais altas na hierarquia que as necessidades de *status*.

Tipos de necessidades

Outra maneira de categorizar as necessidades seria: (1) necessidades sociais e não sociais ou (2) necessidades funcionais, simbólicas e hedônicas[30] (veja o Exemplo 2.3).

➤ *Necessidades sociais* são direcionadas externamente e relacionadas a outros indivíduos. Suprir essas necessidades exige, portanto, a presença ou as ações de outras pessoas. Por exemplo, a necessidade de *status* impulsiona nosso desejo de que outros nos tenham em alta estima; a necessidade de apoio nos leva a ter de contar com outros para nos aliviar de nossas responsabilidades; a necessidade de modelos reflete nosso desejo de ter pessoas que nos mostrem como nos comportar. Podemos ser estimulados a comprar produtos como cartões da Hallmark ou usar serviços como o MySpace.com porque eles nos ajudam a suprir nossa necessidade de afiliação.[31] Outros produtos podem ser valorizados porque são consistentes com nossa necessidade de *status* ou de sermos únicos. Também temos necessidades antissociais – necessidades de espaço e distância psicológica de outras pessoas. Assentos de aviões muito próximos violam nossa necessidade de espaço e nos motivam a escapar do ambiente de confinamento.

➤ *Necessidades não sociais* são aquelas para as quais a realização não é baseada em outras pessoas. Nossas necessidades de sono, novidades, controle, singularidade e entendimento, que envolvem somente nós mesmos, podem afetar o uso de certos bens e serviços. Podemos adquirir a mesma marca repetidamente para manter a consistência do nosso mundo – ou podemos comprar algo diferente para suprir uma necessidade de variedade.

➤ *Necessidades funcionais* podem ser sociais ou não sociais (veja o Exemplo 2.3).
Necessidades funcionais estimulam a busca por ofertas que resolvem problemas relacionados ao consumo. Por exemplo, você pode considerar a compra de um produto, como um carro com *airbags* laterais, porque isso atende sua necessidades de segurança (uma necessidade funcional, não social). Para mães de filhos pequenos, empregar uma babá resolveria a necessidade de apoio (uma necessidade funcional, social).

Necessidades funcionais
Necessidades que estimulam a busca por ofertas que resolvem problemas relacionados ao consumo.

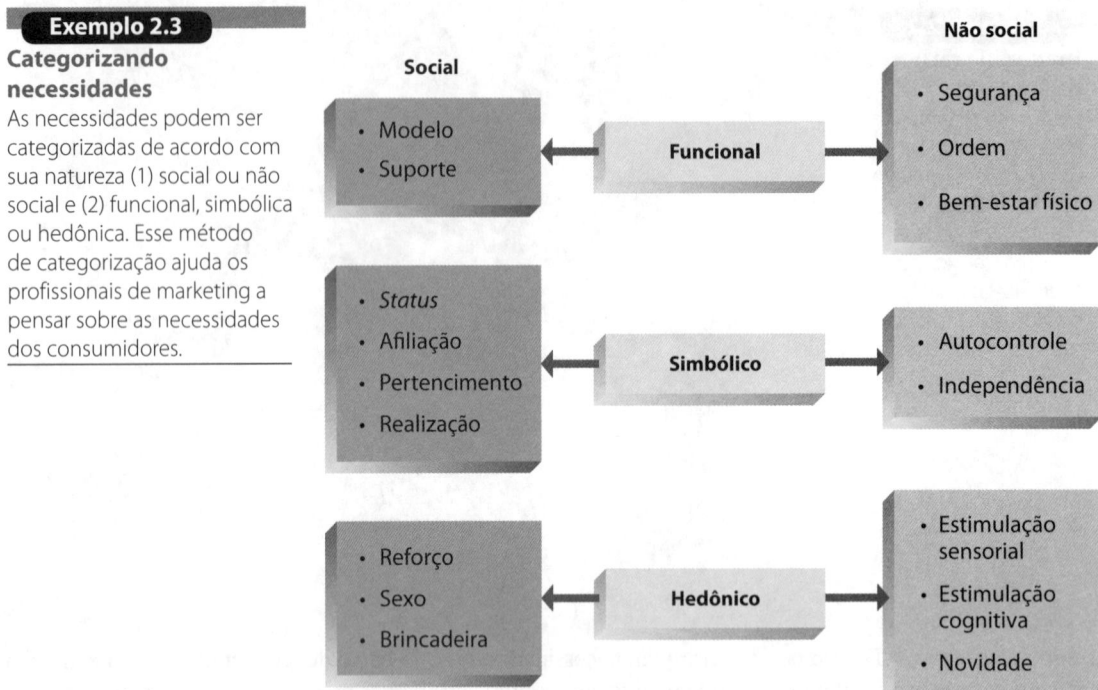

Exemplo 2.3
Categorizando necessidades
As necessidades podem ser categorizadas de acordo com sua natureza (1) social ou não social e (2) funcional, simbólica ou hedônica. Esse método de categorização ajuda os profissionais de marketing a pensar sobre as necessidades dos consumidores.

Necessidades simbólicas
Necessidades relacionadas à maneira como percebemos a nós mesmos, como somos percebidos pelos outros, como nos relacionamos com os outros e a consideração que os outros têm por nós.

Necessidades hedônicas
Necessidade relacionadas ao prazer sensorial.

➢ *Necessidades simbólicas* afetam o modo como percebemos a nós mesmos e como somos percebidos pelos outros. Realização, independência e autocontrole são **necessidades simbólicas**, porque estão relacionadas ao nosso senso de "eu". Da mesma maneira, nossa necessidade de singularidade é simbólica, podendo impulsionar decisões de consumo sobre como expressamos nossa identidade.[32] A necessidade de evitar a rejeição e a necessidade de realização, *status*, afiliação e pertencimento são simbólicas porque refletem nossa posição ou função social. Por exemplo, alguns consumidores calçam sapatos Jimmy Choo para expressar sua posição social.

➢ *Necessidades hedônicas* incluem necessidades de estimulação sensorial, estimulação cognitiva e novidades (necessidades hedônicas não sociais), além de necessidades de reforço, sexo e brincadeiras (necessidades hedônicas sociais). Essas **necessidades hedônicas** refletem nossos desejos inerentes de prazer sensorial. Se o desejo for intenso o suficiente, pode inspirar fantasias sobre bens específicos, simultaneamente prazerosos e desconfortáveis.[33] Os consumidores podem comprar perfume pelo prazer sensorial que sentem ou ir a áreas de compras luxuosas, como o Shoppes at Palazzo em Las Vegas, por causa do ambiente vistoso.[34] Pela mesma razão, produtos contendo baixo teor de gordura falharam porque não satisfaziam as necessidades hedônicas dos consumidores – tinham sabor ruim.

➢ *Necessidades de cognição e estimulação* também afetam a motivação e o comportamento. Consumidores com alta necessidade de cognição[35] (necessidade de estimulação mental) gostam de envolver-se em atividades mentalmente exigentes, como a leitura e o processamento profundo de informações quando tomam decisões. Pessoas com baixa necessidade de cognição podem preferir atividades que exigem menos reflexão, como assistir à TV, e têm menor probabilidade de processar informações ativamente durante a tomada de decisão. Além disso, os consumidores muitas vezes precisam de outros tipos de estímulos. Aqueles com alta necessidade de cognição gostam de muita estimulação sensorial e tendem a se envolver com compras e busca de informações sobre a marca,[36] além de demonstrar envolvimento elevado com anúncios. Consumidores que tendem a buscar emoções gostam de atividades como paraquedismo ou *rafting*. Em contrapartida, consumidores que se sentem estimulados além do suportável querem se afastar de pessoas, barulho e exigências – um desejo revelado pela popularidade das férias em monastérios e outros santuários.

Características das necessidades

Cada uma das necessidades mencionadas tem várias características:

> *As necessidades são dinâmicas.* Necessidades nunca são inteiramente satisfeitas; a satisfação é apenas temporária. É óbvio que comer uma vez não vai satisfazer nossa fome para sempre, mas, assim que uma necessidade é satisfeita, surgem novas necessidades. Por exemplo, depois de comer uma refeição, podemos sentir a necessidade de estar com outras pessoas (necessidade de afiliação). Assim, as necessidades são dinâmicas, porque a vida diária é um processo constante de satisfação de necessidades.

> *As necessidades existem em uma hierarquia.* Embora muitas necessidades possam ser ativadas em qualquer momento, algumas têm mais importância que outras. Você pode sentir a necessidade de comer durante uma prova, mas sua necessidade de realização pode ter prioridade mais alta – então, você fica para terminar a avaliação. Apesar dessa hierarquia, muitas necessidades podem ser ativadas simultaneamente e influenciar seus comportamentos de aquisição, uso e descarte, portanto, sua decisão de sair para jantar com amigos pode ser impulsionada por uma combinação de necessidades de estimulação, comida e companheirismo.

> *As necessidades podem ser estimuladas interna ou externamente.* Embora muitas necessidades sejam ativadas internamente, algumas podem ser sugeridas externamente. Sentir o cheiro de pizza assando no apartamento vizinho, por exemplo, pode afetar o que você considera necessidade de comida.

> *As necessidades podem entrar em conflito.* Certo comportamento ou resultado pode ser visto como desejável e indesejável se satisfaz algumas necessidades, mas deixa de satisfazer outras. O resultado é chamado **conflito de enfoque-evasão**, porque você tanto quer se envolver no comportamento quanto quer evitá-lo. Adolescentes podem experimentar o conflito de enfoque-evasão quando decidem se fumam cigarros ou não. Embora possam crer que os outros vão achar que são descolados porque fumam (consistente com a necessidade de pertencimento), eles sabem também que fumar faz mal para eles (incompatível com a necessidade de segurança).

Conflito de enfoque-evasão Sentimento de conflito sobre adquirir ou consumir uma oferta que satisfaz uma necessidade, mas deixa de satisfazer outra.

> Um **conflito de enfoque** ocorre quando alguém tem de escolher entre duas ou mais opções desejáveis que suprem necessidades diferentes. Um consumidor que é convidado para um evento sobre carreiras (consistente com as necessidades de realização) pode sentir um conflito de enfoque se for convidado para ir a um jogo de basquete com amigos (consistente com necessidades de afiliação) na mesma noite. Essa pessoa pode sentir conflito se considerar as duas opções igualmente desejáveis.

Conflito de enfoque Sentimento de conflito sobre qual oferta deve ser adquirida quando cada uma delas pode satisfazer uma necessidade importante, porém diferente.

> Um **conflito de evasão** ocorre quando o consumidor tem de escolher entre duas opções igualmente indesejáveis, como ir para casa sozinho depois de uma reunião que foi até tarde (não satisfazendo a necessidade de segurança) ou esperando mais uma hora até que um amigo possa levá-lo para casa (não satisfazendo a necessidade de conveniência). Nenhuma opção é desejável, o que gera o conflito.

Conflito de evasão Sensação de conflito sobre qual oferta adquirir quando nenhuma delas satisfaz uma necessidade importante, porém diferente.

Identificação das necessidades

Como as necessidades influenciam a motivação e seus efeitos, os profissionais de marketing têm grande interesse em identificá-las e medi-las. Entretanto, os consumidores nem sempre conhecem suas necessidades e têm dificuldade para explicá-las aos pesquisadores. A determinação das necessidades dos consumidores com base somente em seus comportamentos também é difícil, porque uma necessidade específica pode não estar relacionada a um comportamento específico. Em outras palavras, a mesma necessidade (por exemplo, afiliação) pode ser exemplificada em vários e diversos comportamentos (visitar amigos, ir à academia), e o mesmo comportamento (ir à academia) pode refletir várias necessidades (afiliação, realização). Considere a atividade de fazer compras. Um estudo determinou que, quando mulheres fazem compras em farmácias, procuram informações sobre itens que oferecem tranquilidade (satisfazendo as necessidades de segurança e bem-estar). Quando fazem compras em lojas varejistas, como a Costco ou o Price Chopper, buscam aventura e entretenimento (satisfazendo a necessidade de estimulação).[37]

A determinação das necessidades em um contexto intercultural é particularmente difícil. Por exemplo, algumas pesquisas indicam que consumidores dos Estados Unidos usam creme dental por suas capacidades de redução de cáries (uma necessidade funcional). Em contrapartida, consumidores na Inglaterra e em algumas áreas de língua francesa do Canadá usam creme dental primariamente para refrescar o hálito (uma necessidade hedônica). Mulheres francesas bebem água mineral para ter uma aparência melhor (uma necessidade simbólica), ao passo que consumidores alemães a bebem por ser saudável (uma necessidade funcional).[38]

Considerando essas dificuldades, os profissionais de marketing, às vezes, usam técnicas indiretas para revelar as necessidades dos consumidores.[39] Uma técnica é a de pedir a consumidores que interpretem um conjunto de estímulos relativamente ambíguos, como quadrinhos, associações de palavras, sentenças e histórias incompletas. Usando o Exemplo 2.4, um consumidor pode revelar necessidades de estima, interpretando que o homem nos quadrinhos está pensando: "Meus amigos vão me achar muito descolado por estar neste carro!" Outro pode revelar necessidades de afiliação completando o quadrinho com "Eu poderia levar todos os meus amigos para passear comigo".

Quando um estudo perguntou a fumantes por que que fumavam, a maioria disse que gostava e acreditava que fumar, com moderação, era bom. No entanto, quando receberam sentenças incompletas como "pessoas que nunca fumam são _____", os respondentes preencheram os espaços com expressões como *mais felizes* e *mais sensatas*. E, quando receberam sentenças como "Adolescentes que fumam são _____", os respondentes completaram com palavras como *malucos* e *bobos*. Esses fumantes estavam claramente mais preocupados com o hábito de fumar do que suas respostas explícitas indicavam.[40]

Objetivos

Objetivo Resultado que gostaríamos de atingir.

Objetivos são uma importante influência na relevância pessoal e na motivação (veja o Exemplo 2.1).[41] Um **objetivo** é um estado final ou resultado específico que uma pessoa gostaria de alcançar. Você pode ter objetivos de economizar dinheiro, matricular-se em um curso que quer fazer ou levar alguém especial para jantar.

Estabelecimento e perseguição de objetivos

O estabelecimento de um objetivo ajuda o consumidor a imaginar o que precisa para atingi-lo.[42] As atividades para alcançar um objetivo seguem uma sequência específica. Depois que o estabelecemos (como perder dois quilos neste

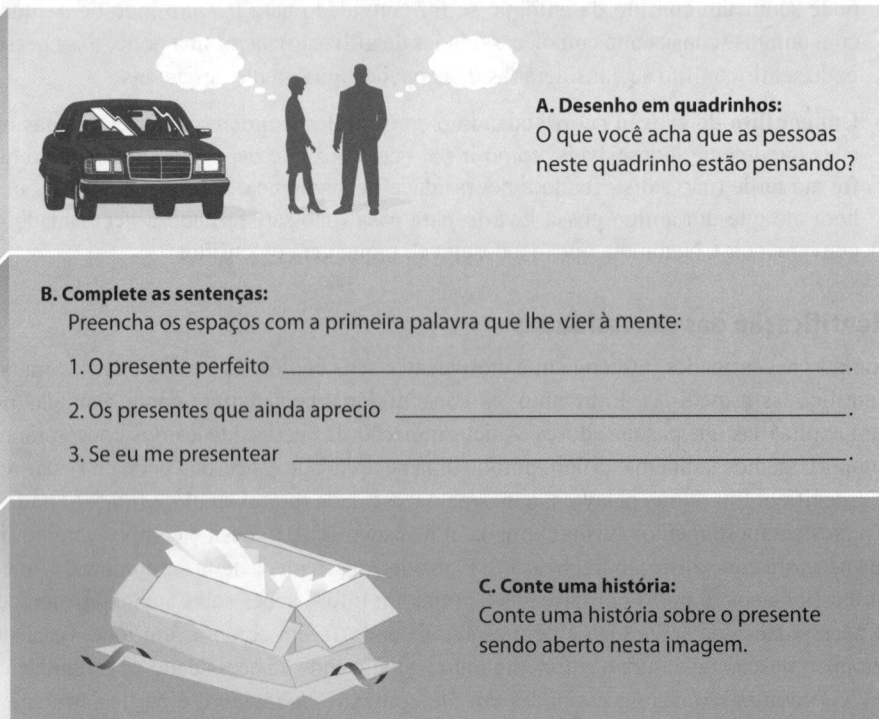

Exemplo 2.4
Revelando as necessidades dos consumidores
Profissionais de marketing, às vezes, revelam as necessidades dos consumidores usando estímulos ambíguos, como desenhos em quadrinhos, tarefas de completar sentenças e de narração de histórias. A ideia é que os consumidores projetem suas necessidades, seus desejos e suas fantasias nesses estímulos ambíguos.

ENQUETE

A. Desenho em quadrinhos:
O que você acha que as pessoas neste quadrinho estão pensando?

B. Complete as sentenças:
Preencha os espaços com a primeira palavra que lhe vier à mente:
1. O presente perfeito _____.
2. Os presentes que ainda aprecio _____.
3. Se eu me presentear _____.

C. Conte uma história:
Conte uma história sobre o presente sendo aberto nesta imagem.

mês), estamos estimulados a formar uma intenção de objetivo, planejar a ação (identificar comidas com pouca gordura e entrar em uma academia), implementar e controlar a ação (por meio de dieta e exercícios) e avaliar o sucesso ou fracasso em alcançar o objetivo (verificar o peso no fim do mês). Usamos o que aprendemos no processo de alcançar ou não nosso objetivo como *feedback* para o estabelecimento de objetivos futuros. Assim, estabelecer e perseguir objetivos ajuda a impulsionar o comportamento.

Objetivos e esforço

O esforço exercido por consumidores na obtenção de um objetivo varia. Você pode querer perder peso, mas não querer se esforçar muito para fazer isso. Além disso, se você percebe que falhou em atingir um objetivo (como economizar certa quantia de dinheiro), você ficará menos estimulado e, subsequentemente, terá um desempenho ainda pior em relação a ele.[43] Algumas pesquisas mostram que a quantidade de esforço que as pessoas exercem depende de quão importante o objetivo é para eles, bem como de quão bem estão atingindo outros objetivos, potencialmente não relacionados. Por exemplo, se você está progredindo na direção de obter uma boa nota em um curso, você terá maior probabilidade de seguir um objetivo diferente, como começar uma nova rotina de exercícios.[44] A quantidade de esforço que as pessoas colocam para alcançar um objetivo também depende se elas têm *feedback*, demonstrando seu progresso em atingi-lo. Por exemplo, você estará mais propenso a manter uma rotina de exercícios se notar que sua força e resistência melhoram continuamente.[45]

Tipos de objetivos

Objetivos podem variar, sendo *concretos ou abstratos*. Alguns objetivos são concretos. Eles são específicos para um comportamento específico ou ação e determinados pela situação no momento. Se você está cansado, um de seus objetivos para a noite pode ser dormir cedo. Se você se atrasa para as aulas com frequência, um de seus objetivos pode ser chegar na hora. Outros objetivos podem ser mais abstratos e perdurar por um período longo, tal como ser um bom estudante ou ficar bonito.[46] Consumidores também podem ter objetivos que são descritos como *orientados para promoção* ou *orientados para prevenção*. Com objetivos orientados para a promoção, os consumidores ficam estimulados a agir de modo a alcançar resultados positivos; isto é, focam em esperanças, desejos e realizações. Com objetivos orientados para a prevenção, ficam estimulados a agir de modo a evitar resultados negativos; focam em responsabilidades, segurança e resguardar-se contra riscos. Para ilustrar, se você fosse comprar um carro novo, se concentraria no quanto se divertiria dirigindo (objetivo orientado para a promoção) ou em quanto teria de pagar pelo seguro (objetivo orientado para a prevenção)? Por outro lado, se você estivesse tentando fazer dieta, teria mais probabilidade de pensar em como se sentiria bem se evitasse aquela fatia de bolo ou em como se sentiria mal se a comesse?[47]

Além disso, consumidores frequentemente têm *objetivos para regular como se sentem*. Se você se sente deprimido, pode ter um objetivo de tentar sentir-se melhor, talvez tomando um sorvete ou indo ao cinema. Esses objetivos descrevem por que consumidores que se sentem tristes podem pensar que a "terapia do varejo" pode animá-los.[48] Além do mais, os consumidores também regulam seus sentimentos pensando em como dar sequência a suas atividades de consumo de modo a obter o máximo de prazer. Por exemplo, quando você está de férias, provavelmente estabelece um plano do que quer fazer primeiro, segundo e terceiro, de modo a maximizar o prazer total do dia.[49]

Os consumidores também podem ter *objetivos para regular o que fazem* (não apenas o que sentem). Por exemplo, se você tem saído com frequência, pode tentar regular seu comportamento saindo menos e estudando mais. Ao tentar controlar seu comportamento, você espera alcançar objetivos que serão importantes para você (como obter uma nota boa).[50]

Objetivos e emoções

Objetivos são importantes porque o grau de cumprimento ou não de nossos objetivos afeta como nos sentimos: se nos sentimos bem ou mal sobre algo depende se isso é consistente ou não com nossos objetivos. De acordo com a **teoria da avaliação**, nossas emoções são determinadas pela maneira como pensamos sobre ou "avaliamos" uma situação ou resultado. Como mostra o Exemplo 2.5, a teoria da avaliação propõe que sentimos emoções positivas, como prazer e orgulho, quando um resultado é consistente com nossos objetivos.

Teoria da avaliação
Teoria emocional que propõe que as emoções são baseadas na avaliação de uma situação ou de um resultado feita por um indivíduo e sua relevância para seus objetivos.

A teoria da avaliação também postula que outras dimensões de avaliação afetam o modo como nos sentimos – dimensões como a compatibilidade normativa/moral (o resultado é relevante ao que é esperado de nós ou o que devemos fazer?), certeza (é certo que o resultado ocorrerá ou não?) e o agente (fui eu a causa do resultado, foi outra pessoa ou o ambiente que o causou, ou aconteceu por acaso?). Para ilustrar o Exemplo 2.5, podemos ficar orgulhosos quando acontece um resultado bom e nós somos a causa desse resul-

Causado por...	Bom para mim (consistente com meus objetivos)		Ruim para mim (inconsistente com meus objetivos)		
	Certo	Incerto	Certo	Incerto	
Eu	Orgulho	Esperança Animação	Culpa Vergonha	Medo Ansiedade	Relevante ao que eu deveria fazer ou ter feito
	Felicidade	Esperança Animação	Angústia	Medo Ansiedade	Irrelevante ao que eu deveria fazer ou ter feito
Outros	Admiração Amor	Esperança Animação	Desprezo Repugnância Inveja	Medo Ansiedade	Relevante ao que eu deveria fazer ou ter feito
	Gratidão Amor	Esperança Animação	Raiva Enfurecido Ressentido	Medo Ansiedade	Irrelevante ao que eu deveria fazer ou ter feito
Ambiente	Satisfeito Aliviado Feliz	Esperança Animação Interesse Desafio	Desapontado Ameaçado Frustrado Arrependimento	Medo Ansiedade	Relevante ao que eu deveria fazer ou ter feito
	Satisfeito Feliz Aliviado	Esperança Animação	Arrasado Entediado	Medo Ansiedade	Irrelevante ao que eu deveria fazer ou ter feito
Incerto	Contente Feliz	Esperança Animação	Pena	Medo Ansiedade	Relevante ao que eu deveria fazer ou ter feito
	Felicidade Alegria	Esperança Animação	Tristeza Desprezível	Medo Ansiedade	Irrelevante ao que eu deveria fazer ou ter feito

Fonte: Adaptado de Allison Johnson e David Stewart, "A Re-Appraisal of the Role of Emotion in Consumer Behavior: Traditional and Contemporary Approaches", *Review of Marketing Research* 1 (Nova York: Esmerald Group Publishing Limited, 2005), p. 3-34.

Exemplo 2.5
Teoria da avaliação

---

tado, e quando ele é consistente com o que deveríamos ter feito. Em contrapartida, podemos sentir tristeza quando um resultado é inconsistente como nossos objetivos e achamos que foi causado pela situação ou por má sorte.[51] Aplicando a teoria da avaliação novamente, os profissionais de marketing deveriam reconhecer que, às vezes, ações e resultados criam emoções específicas em vez de sentimentos gerais de bondade ou maldade. Se um produto não funciona, os consumidores podem se sentir culpados, zangados, tristes ou frustrados, dependendo de quem é visto como responsável pelo não funcionamento deste. Como as emoções têm função importante sobre as atitudes, escolhas e satisfação, a discussão da teoria da avaliação continua em outros capítulos.[52]

IMPLICAÇÕES DE MARKETING

Os profissionais de marketing podem aumentar a motivação dos consumidores por meio de materiais promocionais, tornando as informações tão relevantes pessoalmente quanto possível e interessantes para os autoconceitos, os valores, as necessidades ou os objetivos dos consumidores. Os vendedores podem explorar as razões subjacentes que os consumidores têm para fazer uma aquisição e customizar as vendas de acordo com essas razões. Pesquisas indicam que a perspectiva de receber um produto customizado (e, consequentemente, mais pessoalmente relevante) estimula consumidores a revelar informações pessoais.[53] Consumidores que valorizam o progresso ou a realização avaliarão um anúncio como mais pessoalmente relevante se apelar para esses valores. A Cruz Vermelha norte-americana e outros grupos têm como público-alvo adultos entre 17 e 24 anos para estimular seu envolvimento afetivo com o ato de doar sangue – uma tarefa que não é fácil, porque essa atividade "não está na tela de seus radares, e não há razão para que eles se importem com esse assunto", diz o representante de um hemocentro. Para encorajar o envolvimento afetivo, a campanha de anúncios da organização tem o lema "Salvar o mundo não é fácil. Salvar uma vida é. Uma bolsa de sangue pode salvar até três vidas".[54] Apelar para o valor de salvar uma vida deveria ser especialmente estimulante para os consumidores.

Na publicidade, mensagens podem usar uma estrutura narrativa para estimular a compreensão desta, ajudando os consumidores a ligar a marca divulgada a seu autoconceito,[55] visto que os consumidores tendem a pensar mais sobre mensagens que combinam com seu autoconceito.[56] Assim, se você concebe a si mesmo como uma pessoa extrovertida, é possível que seja estimulado a compreender um anúncio que mostra uma marca apropriada para pessoas extrovertidas.

As necessidades e objetivos dos consumidores têm relevância especial para os profissionais de marketing:

➢ *Segmento baseado em necessidades e objetivos.* Os profissionais de marketing podem usar necessidades ou objetivos para segmentar mercados, como a necessidade de alimentos mais saudáveis. A Kellogg e outros fabricantes de alimentos introduziram cereais integrais para o café da manhã em resposta às recomendações dietéticas federais que encorajavam os consumidores a consumir mais alimentos integrais.[57]

➢ *Estimular necessidades ou objetivos novos.* Os profissionais de marketing podem tentar apresentar ou despertar novos objetivos. Para ilustrar, o fabricante de automóveis italiano Ferrari lançou seu programa F-1 Clienti para criar uma necessidade nova de experimentar um carro de corridas. Clientes dispostos a pagar US$ 1 milhão (ou mais) para comprar um carro de corridas aposentado da Ferrari podem dirigi-lo em circuitos do Grand Prix e ser auxiliados por um campeão de corridas com o apoio de uma equipe profissional de **pit**. De acordo com a Ferrari, o programa F-1 Clienti permite que os consumidores tenham "uma experiência que não podem ter em nenhum outro lugar."[58]

➢ *Desenvolver ofertas que satisfaçam a necessidade e o objetivo.* Os profissionais de marketing também podem identificar necessidades ou objetivos insatisfeitos no momento, ou podem desenvolver alternativas melhores para satisfazê-los. Por exemplo, a empresa Quacker Factory identificou uma necessidade entre mulheres suburbanas de meia idade de roupas com preço razoável que fossem aprazíveis, confortáveis e, ao mesmo tempo, atraentes, sem ser reveladoras nem muito justas. Na satisfação dessa necessidade de autoexpressão – muitas clientes possuem duas dúzias de itens da Quacker Factory – a empresa satisfez outra necessidade: a de afiliação. Mulheres usando as roupas características da empresa se cumprimentam dizendo "Quack, quack, quack" uma para a outra.[59] O Capítulo 16 explica mais sobre a pesquisa e o desenvolvimento de produtos novos.

➢ *Gerir necessidades ou objetivos conflitantes.* As empresas podem desenvolver produtos novos ou usar comunicações para resolver conflitos de necessidade. Por exemplo, os profissionais de marketing do Propecia, um comprimido para a prevenção da calvície vendido sob receita médica, devem promover as vantagens da droga ao mesmo tempo que combatem a percepção de que o medicamento reduz o desejo sexual.[60]

➢ *Atrair objetivos e múltiplas necessidades.* Os profissionais de marketing podem querer criar grupos de ofertas que permitam aos consumidores atingir mais de um objetivo ou satisfazer mais de uma necessidade durante um único episódio de consumo.[61] A rede de sanduíches Subway lançou um programa chamado Fresh Resolutions, que ajudaria seus consumidores a alcançar seus objetivos de perda de peso ao mesmo tempo que promovia seus sanduíches para satisfazer as necessidades hedônicas e os desejos de variedade dos consumidores.[62]

➢ *Melhorar a eficácia da comunicação.* Sugerindo que uma oferta satisfaz ou é relevante a uma necessidade ou a um objetivo, profissionais de marketing podem aumentar a probabilidade de os consumidores compreenderem a mensagem e se envolverem nos comportamentos desejados. Os fabricantes do xampu Head and Shoulders, por exemplo, observaram que os consumidores têm uma necessidade forte de serem aceitos pelos outros. O fabricante apela de modo efetivo para essa necessidade sugerindo que ter caspa pode levar à rejeição social. Assim, atender a necessidades é uma maneira eficaz de posicionar um produto ou serviço.[63]

➢ *Apelar para objetivos.* Profissionais de marketing lançando um produto novo podem querer focar em consumidores com objetivos orientados para promoções. Por quê? Comprar um produto novo pode trazer vantagens novas, mas há custos potenciais na mudança – dinheiro, custos de mudança, custos de aprendizagem, incerteza sobre a escolha mais correta. Consumidores orientados para a prevenção têm maior probabilidade de manter o *status quo* ao continuar com a opção que já conhecem e são, portanto, menos receptivos a produtos novos.[64] Além disso, sabendo que os consumidores têm como objetivo sentir-se melhor, os profissionais de marketing podem mostrar de que maneira seus produtos podem melhorar o humor do mercado-alvo – um apelo bastante comum em anúncios de **spas** e outros produtos relacionados à indulgência. Por fim, os profissionais de marketing podem ajudar os consumidores a alcançar seus objetivos de autocontrole, como pode ser observado em organizações de perda de peso semelhantes aos Vigilantes do Peso, entre outros, que oferecem dicas e ferramentas para manter o autocontrole enquanto as pessoas se alimentam, e também *feedback* sobre seu progresso para atingir o objetivo.

> *Gerir as emoções dos consumidores.* Por fim, a motivação e os objetivos ajudam os profissionais de marketing a entender como eles podem administrar as emoções dos consumidores. A impossibilidade de sair de um aeroporto em um voo no horário previsto é definitivamente um objetivo incongruente do ponto de vista do consumidor. Entretanto, uma empresa aérea pode influenciar os sentimentos de raiva ou desapontamento de seus passageiros comunicando que o avião não está decolando por conta de questões de segurança ou de condições climáticas (causa situacional), e não por causa de incompetência da linha aérea (causa interna). Os profissionais de marketing também podem administrar as emoções dos consumidores ao promover seus produtos, como equipamentos que regulam o humor, por exemplo uma empresa de chocolate que promove seu produto como uma fonte de gratificação, ou uma linha de cruzeiros marítimos que promove suas viagens como uma maneira que seus clientes têm de se sentir felizes.

Risco percebido

Risco percebido A medida que indica se o consumidor está incerto sobre as consequências de uma ação, por exemplo, comprar, usar ou descartar uma oferta.

O Exemplo 2.1 mostra que outro fator que estimula consumidores a processar informações sobre um produto ou uma marca é o **risco percebido**, o nível em que o consumidor está incerto sobre as consequências pessoais de adquirir, usar ou descartar uma oferta.[65]

Se resultados negativos são prováveis ou se resultados positivos são improváveis, o risco percebido é alto, e os consumidores têm maior probabilidade de prestar atenção a, e compreender as comunicações de marketing cuidadosamente quando estão diante de uma situação como esta. Conforme aumenta o risco percebido, os consumidores tendem a coletar mais informações e a avaliá-las cuidadosamente.

O risco percebido pode ser associado com qualquer produto ou serviço, mas tende a ser mais alto (1) quando há pouca informação sobre a oferta, (2) quando a oferta é nova, (3) quando a oferta tem preço alto, (4) quando a oferta é tecnologicamente complexa, (5) quando as marcas diferem substancialmente em qualidade e podem levar o consumidor a fazer uma escolha inferior, (6) quando o consumidor tem pouca confiança ou experiência para avaliar a oferta ou (7) quando as opiniões de outros são importantes, e é provável que o consumidor seja julgado com base em sua decisão de aquisição, uso ou descarte.[66]

Percepções de risco variam entre grupos culturais. Especificamente, níveis altos de risco tendem a ser associados com mais produtos em países menos desenvolvidos, talvez porque os produtos nesses países sejam geralmente de qualidade mais baixa.[67] O risco percebido também é tipicamente mais alto quando viajantes adquirem bens em um país estrangeiro.[68] Além disso, as percepções de risco variam dentro de uma mesma cultura.[69] Por exemplo, homens ocidentais se arriscam mais em investimentos do mercado de ações que as mulheres, e consumidores mais jovens se arriscam mais que os mais velhos. Fica claro que as mulheres e os consumidores mais velhos desses exemplos percebem riscos maiores com várias decisões.

Tipos de risco percebido

Pesquisadores identificaram seis tipos de risco:[70]

Risco de desempenho Incerteza sobre se o desempenho da oferta será o esperado.

> O **risco de desempenho** reflete incerteza sobre se o desempenho da oferta será o esperado. A General Motors tranquiliza os compradores de carros usados preocupados com esse risco por meio de publicidade sobre seu programa de certificação, que elimina carros muito danificados ou aqueles que já passaram por muitos reparos.[71]

Risco financeiro O grau em que comprar, usar ou descartar uma oferta é percebido como tendo o potencial de criar risco financeiro.

> O **risco financeiro** é mais alto se uma oferta é cara, como a compra de uma casa. Quando os consumidores percebem risco alto de produto-categoria em virtude dos níveis de preço, pesquisas sugerem que suas decisões de compra podem ser melhoradas se pesquisarem ofertas usando websites como o Epinions.com.[72]

Risco físico (ou de segurança) O grau em que comprar, usar ou descartar uma oferta é percebido como tendo o potencial de criar risco físico ou ameaçar a segurança de alguém.

> O **risco físico (ou de segurança)** refere-se ao dano potencial que um produto ou serviço pode causar à segurança de alguém. Muitas decisões do consumidor são impulsionadas pela motivação de evitar o risco físico (veja o Exemplo 2.6). Por exemplo, consumidores geralmente evitam comprar produtos perecíveis com a data de validade expirada porque têm medo de ficar doentes depois de comer alimentos estragados.[73]

> O **risco social** é o potencial de prejudicar a posição social de alguém, que pode surgir da aquisição, do uso ou do descarte de uma oferta. De acordo com pesquisas, anúncios com mensagens antifumo que mostravam o risco sério de desaprovação social em consequência de fumar cigarros foram mais eficazes em influenciar as intenções de adolescentes do que anúncios com mensagens enfatizando as consequências que fumar traz à saúde, como doenças.[74]

> O **risco psicológico** reflete a preocupação dos consumidores sobre a adequação de um produto ou serviço ao modo em que eles se percebem. Por exemplo, se você se considera um ambientalista, comprar fraldas descartáveis pode ser psicologicamente arriscado.

> O **risco do tempo** reflete incertezas sobre o período de tempo que deve ser investido na aquisição, no uso ou no descarte de um produto ou serviço. O risco do tempo pode ser alto se a oferta envolve o comprometimento de muito tempo, se a utilização desse tempo é um processo longo ou se envolve um período de comprometimento extenso (como associar-se a uma academia que exige um contrato de três anos).

Risco social O grau em que comprar, usar ou descartar uma oferta é percebido como tendo o potencial de ameaçar a posição social de alguém.

Risco psicológico O grau em que comprar, usar ou descartar uma oferta é percebido como tendo o potencial de criar emoções negativas ou ameaçar o senso de identidade de alguém.

Risco de tempo Incertezas sobre o período de tempo que os consumidores devem investir em comprar, usar ou descartar uma oferta.

Risco e envolvimento

Como já foi dito, produtos podem ser descritos como de envolvimento alto ou baixo. Alguns pesquisadores classificaram produtos de envolvimento alto *versus* produtos de envolvimento baixo em termos da quantidade de risco que eles representam para os consumidores. As pessoas têm maiores chances de se envolver na aquisição de produtos como casas e computadores do que na aquisição de molduras de quadros ou café, porque os primeiros itens geram níveis de desempenho de risco financeiro, de segurança, sociais, psicológicos ou de tempo mais altos, e que, portanto, podem ter consequências pessoais mais extremas.

O risco alto é geralmente desconfortável para os consumidores. Como resultado, eles são geralmente estimulados a envolver-se em um número de comportamentos e atividades de busca de informações para reduzir ou resolver os riscos. Para reduzir o componente de incerteza de risco, os consumidores podem coletar informações adicionais conduzindo pesquisas on-line, lendo artigos e notícias, fazendo comparações de compras, conversando com amigos ou especialistas em vendas, ou consultando um especialista. Os consumidores também podem reduzir a incerteza sendo leais a uma marca (comprando a mesma marca que compraram da última vez), garantindo que o produto será, no mínimo, tão satisfatório quanto sua última aquisição.

Além disso, os consumidores tentam reduzir o componente de consequência do risco percebido por meio de várias estratégias. Alguns consumidores podem empregar uma regra simples de decisão, que resulta em uma escolha mais segura. Por exemplo, alguém pode comprar a oferta mais cara ou escolher uma marca amplamente divulgada, acreditando que esta é de melhor qualidade que as outras marcas. Quando o risco de decisão é alto, os consumidores podem estar dispostos a considerar alternativas menos convencionais, especialmente quando não confiam nos produtos ou práticas tradicionais. Por exemplo, consumidores que acreditam que tratamentos médicos convencionais são tecnológicos ou desumanos demais podem estar abertos a outras alternativas de tratamento.[75]

IMPLICAÇÕES DE MARKETING

Quando o risco percebido é alto, os profissionais de marketing podem reduzir a incerteza ou as percepções das consequências do fracasso. A AstraZeneca tranquiliza seus consumidores sobre o uso de seu medicamento para a redução do colesterol, Crestor, explicando suas vantagens na manchete do anúncio, "Boas notícias para suas artérias. Más notícias para a placa.". Os outros anúncios impressos da empresa educam os consumidores sobre o modo que o Crestor diminui o acúmulo da placa de gordura, ajudando a reduzir a incerteza sobre o produto e seu desempenho.

Quando o risco é baixo, os consumidores ficam menos estimulados a pensar sobre a marca ou o produto e suas consequências potenciais, por isso profissionais de marketing às vezes precisam aumentar as percepções de risco para tornar suas mensagens mais persuasivas. Por exemplo, o governo escocês publica campanhas de anúncios nacionais todos os invernos, para lembrar aos consumidores que a gripe pode ser mortal e para encorajá-los a reduzir o risco por meio de vacinação.[76] Curiosamente, consumidores nem sempre veem uma ação específica como arriscada, mesmo quando ela o é. Por exemplo, muitas pessoas não percebem os riscos de sexo sem proteção, uma situação que explica por que as vendas de preservativos não são maiores. Os profissionais de marketing também podem aumentar a compreensão dos consumidores sobre como sua conduta pode levar a resultados negativos arriscados. Quando os consumidores pensam na parcela que seu próprio comportamento tem na contaminação com o HIV positivo, a probabilidade de eles seguirem os conselhos que recebem sobre a redução desse risco é maior.[77]

Inconsistência com atitudes

Um fator final que afeta a motivação, mostrado no Exemplo 2.1, é o grau de consistência das novas informações com o conhecimento ou as atitudes adquiridos anteriormente. Temos a tendência de ficar estimulados a processar mensagens que são moderadamente inconsistentes com nosso conhecimento ou com nossas opiniões, porque tais mensagens são percebidas como moderadamente ameaçadoras ou desconfortáveis. Portanto, tentamos eliminar ou ao menos entender essa inconsistência.[78] Por exemplo, se um consumidor vê um anúncio de carro que menciona informações levemente negativas sobre a marca que ele possui atualmente – como a marca ter menor autonomia que um concorrente – ele desejará processar a informação de modo a entender, e talvez resolver, o sentimento desconfortável.

Por outro lado, consumidores ficam menos estimulados a processar informações que são altamente inconsistentes com suas atitudes anteriores. Assim, alguém que é leal à marca Heinz não seria estimulado a processar informações de um anúncio comparativo sugerindo que a Heinz é ruim ou que outras marcas são melhores. O consumidor simplesmente rejeitaria as outras marcas, considerando-as opções inviáveis.

Exemplo 2.6
Risco percebido
Produtos e serviços ao consumidor são frequentemente anunciados como meios de evitar resultados arriscados.

Habilidade do consumidor: recursos para agir

A motivação pode não resultar em ação, a menos que um consumidor tenha a habilidade de processar informações, tomar decisões ou envolver-se em comportamentos. **A habilidade** é definida como a extensão dos recursos que os consumidores têm para chegar a algum resultado.[79] Se nossa habilidade para processar informações é alta, podemos nos envolver ativamente na tomada de decisão. Como pode ser visto no Exemplo 2.1, o conhecimento, a experiência, o estilo cognitivo, a complexidade da informação, a inteligência, a educação, a idade e o dinheiro são fatores que afetam as habilidades dos consumidores para processar informações sobre marcas e tomar decisões sobre – além de envolver-se em – aquisição, uso e descarte.

Habilidade Até que ponto os consumidores têm os recursos necessários para realizar algo.

Conhecimento e experiência do produto

O conhecimento dos consumidores sobre uma oferta varia bastante.[80] Eles podem obter conhecimento sobre experiências com o produto ou serviço por meio de exposição de anúncios interações com vendedores, informações de amigos ou da mídia, tomada de decisão anterior, uso prévio do produto ou memória. Vários estudos compararam as atividades de processamento de informações de consumidores que têm muito conhecimento ou competência sobre o produto com aquelas de consumidores que não têm.[81] Uma descoberta essencial é que os consumidores que têm conhecimento, ou "*experts*", têm mais capacidade de pensar profundamente sobre as informações que aqueles consumidores que têm a mesma motivação, mas menos conhecimento, os "novatos". Essas diferenças no conhecimento prévio afetam claramente o modo como os consumidores tomam decisões. Por exemplo, consumidores tentando arrendar um carro raramente entendem o conceito de custos capitalizados (o cálculo usado para determinar os pagamentos do arrendamento), como esses custos são determinados ou a necessidade de negociar custos mais baixos para diminuir o valor dos pagamentos. A falta de habilidade para entender esses custos pode resultar em uma decisão que não é muito boa.[82]

De acordo pesquisas, novatos e *experts* processam informações de maneiras diferentes.[83] *Experts* podem processar informações fornecidas em termos de atributos (o que o produto tem – como um disco rígido de 200 gigabytes), ao passo que novatos processam melhor informações que são fornecidas em termos de vantagens (o que o produto pode fazer – como armazenar muitos dados). Novatos podem processar informações quando profissionais de marketing fornecem uma analogia útil (por exemplo, poder armazenar tantos dados quanto uma biblioteca).[84] Especificamente, uma analogia é persuasiva quando consumidores podem transferir seu conhecimento dos atributos de determinado produto para um produto com o qual não estão familiarizados e podem alocar os recursos necessários para processar esse mapeamento.[85]

Os consumidores podem também ter dificuldades para avaliar um provedor de serviço quando não têm o conhecimento ou experiência do produto (ou simplesmente porque não é fácil calcular o resultado do serviço, como saber se o médico deu o melhor conselho possível). Em tais situações, os consumidores podem avaliar os provedores de serviço usando a *heurística*: dicas ou regras simples, como avaliar se a equipe médica foi amistosa ou se a sala de exames estava limpa e organizada.[86]

Estilo cognitivo

Consumidores podem diferir em seu *estilo cognitivo*, ou seja, suas preferências pelos meios como a informação deve ser apresentada. Alguns consumidores são adeptos do processamento visual de informações, ao passo que outros preferem processar informações verbalmente. Por exemplo, alguns consumidores preferem verificar um mapa e outros preferem ler as instruções quando planejam chegar a um destino.

Complexidade das informações

A complexidade das informações às quais os consumidores estão expostos também pode afetar sua habilidade de processá-las. Os indivíduos podem sofrer um bloqueio quando a informação fica muito técnica ou complicada; à medida que a informação fica mais complexa, a habilidade de processamento das pessoas diminui. O que torna a informação complexa? Estudos indicam que consumidores acham informações técnicas ou quantitativas mais difíceis de lidar do que dados não técnicos e qualitativos,[87] uma situação que inibe o processamento. Muitos produtos tecnológicos e farmacêuticos envolvem informações complexas, e além disso, pesquisas mostram que mensagens contendo imagens sem palavras tendem a ser ambíguas e difíceis de processar.[88] No entanto, os profissionais de marketing podem usar ferramentas de visualização para comunicar informações complexas para que consumidores possam processá-las mais facilmente. Por exemplo, o MarketMap da SmartMoney.com ajuda consumidores a entender as tendências do mercado de ações de imediato, porque agrupa ações por indústria e atribui cores para descrever o desempenho (verdes mais claros significam aumentos maiores no preço das ações; vermelhos mais vivos significam quedas maiores nos preços das ações) (Veja também o Exemplo 2.7).[89]

Exemplo 2.7

Habilidade de Processar Informações

Anúncios simples aumentam as habilidades que os consumidores têm de entender fatos básicos sobre marcas.

As informações também podem ser complexas se o indivíduo tiver de analisar um grande volume delas. Mais consumidores procuram on-line por informações complexas sobre saúde ou medicamentos porque as funções de busca da Web os ajudam em uma pesquisa eficiente. Sabendo disso, o grupo de advocacia de pacientes Citizens for the Right to Know mantém um site em inglês (*rtk.org*) e outro em espanhol (*espanol.rkt.org*) para ajudar consumidores a encontrarem informações complexas sobre coberturas de planos de saúde.[90]

Inteligência, educação e idade

A inteligência, a educação e a idade também foram relacionadas à habilidade de processar informações e tomar decisões. Especificamente, consumidores que são mais inteligentes e mais educados podem processar informações mais complexas e tomar decisões de maneira melhor. A idade também conta nas diferenças de habilidade de processamento. Crianças mais velhas parecem ser mais sensíveis ao fato de que buscar por informações pode ter mais vantagens que desvantagens, ao passo que crianças mais novas parecem não ter a mesma habilidade.[91] Uma idade maior já foi associada ao declínio de algumas habilidades cognitivas e, consequente, redução da habilidade de processar informações. Em um estudo, consumidores mais velhos levaram mais tempo para processar informações nutricionais e tomaram decisões que eram menos precisas que aquelas de consumidores mais jovens.[92]

Dinheiro

A falta de dinheiro obviamente limita consumidores que, de outro modo, teriam a motivação para envolver-se em um comportamento que envolvesse aquisição. Embora consumidores estimulados que não têm dinheiro ainda possam processar informações e tomar decisões de compra, eles definitivamente têm sua habilidade de comprar limitada.

IMPLICAÇÕES DE MARKETING

Fatores que afetam a habilidade sugerem várias implicações para os profissionais de marketing. Primeiramente, deveriam ter certeza de que os públicos-alvo têm conhecimento prévio suficiente para processar as comunicações de marketing. Caso não tenham, a empresa pode ter de desenvolver mensagens educacionais como um primeiro passo. Os profissionais de marketing precisam também ser sensíveis aos diferentes estilos de processamento, níveis de educação e idades dos públicos-alvo. Por exemplo, pais altamente estimulados, mas apenas visualmente orientados, podem não conseguir montar brinquedos para seus filhos se as instruções escritas forem muito complexas, pois isso é incompatível com seu estilo de processamento. As instruções para montagem de móveis da IKEA são adequadas para uma grande variedade de perfis porque não incluem palavras, tendo somente ilustrações e números.

Fornecer informações aumenta as habilidades de processamento, tomada de decisões e ação sobre essas por parte dos consumidores. O site TheKnot.com tornou-se popular por oferecer informações abrangentes sobre todos os tipos de bens e serviços, além de conselhos para ajudar casais de noivos a planejar seus casamentos, desde a compra dos convites e a escolha do vestido de noiva até a encomenda do bolo e o planejamento da lua de mel.[93]

Sabendo que a falta de dinheiro limita os comportamentos de compra, os profissionais de marketing podem facilitar as primeiras compras oferecendo auxílio monetário. Fabricantes de carros aumentaram a habilidade de compras dos consumidores – e melhoraram as vendas – oferecendo programas de compra sem entrada ou com entrada de valor baixo, taxas de financiamento baixas e descontos. Os profissionais de marketing podem também fornecer educação e informações (por meio de publicidade, websites, exposições em pontos de venda e outras comunicações) que ajudam os consumidores a processar as informações mais facilmente, tomando decisões mais completas e envolvendo-se em comportamentos de consumo.

Oportunidade do consumidor

O último fator que afeta se a motivação resulta em ação é a oportunidade de os consumidores se envolverem em um comportamento. Por exemplo, um consumidor pode estar altamente estimulado a fazer exercícios e ter dinheiro suficiente para matricular-se em uma academia (habilidade); porém pode estar tão ocupado que tem pouca oportunidade de ir à academia. Desse modo, mesmo quando a motivação e a habilidade são altas, alguém pode não agir ou tomar decisões por falta de tempo, distrações e outros fatores que impedem a habilidade de agir.

Tempo

O tempo pode afetar a oportunidade de processamento de informações, tomada de decisões e desempenho de certos comportamentos do consumidor. Alguns estudos mostram que consumidores pressionados pelo tempo têm mais probabilidade de comprar coisas para si mesmo durante a época de Natal, porque essa é uma das poucas oportunidades que têm para fazer compras.[94] O tempo também afeta seu comportamento de consumo nas horas de lazer. Sabendo que amantes de jardinagem têm pouco tempo (ou paciência) para plantar, limpar canteiros e regar plantas, empresas estão tendo sucesso ao vender tapetes com sementes, plantas de baixa manutenção e árvores de crescimento e amadurecimento rápido.[95]

Os consumidores pressionados para tomar decisões em pouco tempo se envolvem em processamento de informações limitado. Por exemplo, um consumidor que tem de comprar 30 itens durante 15 minutos de compras não terá tempo de processar muitas informações sobre cada item. Consumidores pressionados pelo tempo processam menos informações e atribuem mais peso às informações negativas, sendo também mais rápidos em rejeitar marcas por causa de características negativas.[96] Quando a motivação para processar informações é baixa, os consumidores sob pressão de tempo moderada tendem a processar informações sistematicamente. Entretanto, se a pressão de tempo é bastante alta ou bastante baixa, é improvável que os consumidores processem os detalhes dessa mesma forma.[97] Quanto mais tempo os consumidores têm para pensar sobre problemas de consumo, mais criativos tendem a ser em encontrar soluções novas.[98] Em um contexto publicitário, os consumidores têm oportunidade limitada de processar a informação quando a mensagem é apresentada em um período curto; quando não conseguem controlar o ritmo da apresentação da mensagem, como é o caso com anúncios de TV e rádio; ou quando avançam durante comerciais em programas gravados.[99]

Distração

Distração refere-se a qualquer aspecto de uma situação que desvia a atenção dos consumidores. Por exemplo, uma prova importante pode desviar a atenção de um consumidor de uma aula de ioga à qual ele realmente quer ir. Se alguém fala enquanto um consumidor está assistindo a um anúncio ou tomando uma decisão, essa distração pode inibir a habilidade do consumidor em processar a informação. Alguns fatores de fundo em um anúncio, como música ou modelos atraentes, também podem distrair os consumidores de uma mensagem anunciada.[100] Consumidores podem ser distraídos se o programa durante o qual os comerciais aparecem é muito envolvente.[101] A distração parece influenciar o efeito dos pensamentos dos consumidores sobre suas escolhas e não o efeito de suas emoções sobre elas.[102]

Quantidade, repetição e controle de informações

A quantidade de informação presente também pode afetar a oportunidade de os consumidores processarem uma mensagem. Além do mais, enquanto a habilidade de os consumidores processarem informações é limitada pelo tempo, pela distração e pela qualidade e complexidade das informações, um fator – a repetição – aumenta a habilidade.[103] Se os consumidores foram repetidamente expostos a informações, eles podem processá-la mais facilmente, porque têm mais oportunidades de pensar sobre, examinar e lembrar da informação. Por isso, os publicitários que usam a televisão e o rádio, em especial, devem planejar passar suas mensagens para a audiência-alvo mais de uma vez de modo a aumentar a oportunidade de processamento. No entanto, pesquisas sugerem que, quando uma marca não é familiar, os consumidores podem reagir negativamente à publicidade repetida, reduzindo, assim, a eficácia da comunicação. Por outro lado, consumidores demonstram mais tolerância com a repetição de anúncios atribuídos a marcas conhecidas e familiares.[104]

Os consumidores lembram e aprendem mais quando podem controlar o fluxo de informações determinando qual informação é apresentada, por quanto tempo e em que ordem. Com anúncios impressos, por exemplo, os consumidores têm muito controle sobre em quais mensagens prestam atenção, quanto tempo gastam no processamento de cada uma e a ordem na qual processam as mensagens. Eles têm mais oportunidade de selecionar o que é apropriado para suas próprias necessidades e seus objetivos, processar a informação e aplicá-las a suas decisões de consumo. Em contrapartida, consumidores expostos a comercias de rádio ou TV não têm esse controle, então têm menos oportunidades para processar e aplicar a informação.[105] Conforme os consumidores tornam-se proficientes em controlar o fluxo de informações, podem empregar mais esforço no processamento do conteúdo em vez de se concentrarem na tarefa de controle.[106]

IMPLICAÇÕES DE MARKETING

Os profissionais de marketing frequentemente não podem fazer muita coisa para melhorar as oportunidades de os consumidores processarem, tomarem decisões cuidadosas ou envolverem-se em comportamentos de aquisição, uso ou descarte.

Por exemplo, os publicitários não podem tornar salas de estar menos atraentes durante os comerciais de TV ou dar mais tempo para que os consumidores façam compras. No entanto, as empresas podem desempenhar algum papel no aumento da oportunidade.

> *A repetição de comunicações de marketing* aumenta (até certo ponto) a probabilidade de os consumidores notarem e, em algum momento, processarem essas comunicações. Os profissionais de marketing podem também aumentar a probabilidade de processamento, apresentando mensagens em um horário no qual os consumidores têm menos chances de estarem distraídos ou pressionados pelo tempo. As mensagens devem ser apresentadas lentamente e em termos simples para que os consumidores possam entendê-las. Uma advertência: embora a repetição aumente a oportunidade de processar informações, pode também reduzir a motivação dos consumidores em processá-la.

> *A redução da pressão por tempo* pode diminuir as distrações para os consumidores. Por exemplo, lojas podem prolongar seu horário de atendimento para que consumidores possam fazer compras quando estão menos distraídos e menos pressionados pelo tempo. Muitas empresas de catálogo e todos os sites de compras on-line aceitam pedidos 24 horas por dia. Os profissionais de marketing podem oferecer também serviços auxiliares, como horário prolongado, que removem as limitações de tempo.

> *Reduzir o tempo necessário para comprar, usar e aprender sobre um produto ou serviço* dá aos consumidores mais oportunidades de processar informações e agir sobre suas decisões. Charles Schwab, por exemplo, reduz o tempo de aprendizagem em seu website, permitindo aos consumidores que enviem perguntas em linguagem simples.[107] Em lojas, sinais e diretórios simples ajudam os consumidores a localizar os bens mais rapidamente e aumentam a probabilidades de eles realmente os comprarem.

Resumo

A motivação reflete um estado de agitação interna que direciona o consumidor a envolver-se em comportamentos relevantes a seus objetivos, no processamento de informações com esforço e na tomada de decisão detalhada. Somos estimulados a notar, abordar e pensar sobre coisas que são importantes e pessoalmente relevante, pois consumidores estimulados frequentemente experimentam envolvimento afetivo ou cognitivo. Em alguns casos, esse envolvimento pode ser duradouro; em outros, pode ser situacional, durando somente até que o objetivo tenha sido atingido. Os consumidores podem estar envolvidos com categorias de produtos, marcas, anúncios, a mídia e comportamentos de consumo, e experimentam mais motivação quando consideram um objetivo ou objeto pessoalmente relevante – significando que está relacionado a seus autoconceitos, valores, necessidades e objetivos; quando envolve riscos consideráveis; ou quando é moderadamente inconsistente com sua atitude anterior.

Mesmo quando a motivação é alta, os consumidores podem não atingir seus objetivos se sua habilidade ou oportunidade de atingi-lo for baixa. Se os consumidores não têm conhecimento ou experiência, inteligência, educação ou dinheiro para se envolver em um comportamento, processar as informações – especialmente as complexas – ou tomar uma decisão, eles não conseguem atingir um objetivo. Além disso, eles podem não atingir seu objetivo se estão prestando atenção a informações que são incompatíveis com seus estilos de processamento. Os consumidores altamente estimulados também deixam de atingir seus objetivos se falta de tempo, distrações, informações insuficientes ou falta de controle sobre o fluxo de informações limitam sua oportunidade de fazê-lo.

Perguntas para revisão e discussão

1. Como a motivação é definida e como ela afeta o envolvimento sentido?
2. Quais são alguns objetos de envolvimento para os consumidores?
3. O que determina a classificação das necessidades na hierarquia de Maslow?
4. Que tipos de objetivos os consumidores têm?
5. De acordo com a teoria da avaliação, o que as emoções têm a ver com os objetivos?
6. Como o risco percebido afeta a relevância pessoal e quais são os seis tipos de risco percebido?
7. De que maneira a habilidade pode afetar o comportamento do consumidor?
8. Identifique alguns dos elementos que contribuem para que o consumidor tenha a oportunidade de processar informações e tomar decisões.

CASO – COMPORTAMENTO DO CONSUMIDOR

O que está guardado no Umpqua Bank

O Umpqua Bank quer ser mais que uma instituição financeira confiável e versada onde consumidores entram para usar os caixas eletrônicos, fazer um depósito ou pedir um empréstimo. Fundado em 1953, o banco tinha somente cinco filiais e US$ 140 milhões em depósitos em 1994 quando Ray Davis tornou-se CEO com a visão de transformar o Umpqua no "maior banco do mundo". Desde então, pela expansão geográfica e a aquisição de outros bancos, o Umpqua aumentou seus depósitos para mais de US$ 7 bilhões e agora faz negócios em 147 "lojas" no Oregon, em Washington e na Califórnia.

Cada loja é um "centro comunitário" onde as pessoas podem passar alguns minutos tomando café da marca Umpqua, ouvindo música local selecionada pelo Umpqua ou navegando na Web usando o acesso wi-fi gratuito do Umpqua. Com muita luz, assentos confortáveis, uma cafeteria, televisão e área de caixas como a recepção de um hotel de luxo, uma loja Umpqua não tem nada do estereótipo formal e conservador de uma agência de banco antiga.

Bancos antigos nunca lançariam um programa de verão para ensinar jovens a montar uma banca de limonada, oferecer a eles US$ 10 como investimento inicial, dar dicas sobre publicidade e preço, e emprestar as bancadas de venda de limonada para os jovens empresários. Olhando para o futuro, o magnata da limonada de hoje pode muito bem ser o cliente satisfeito de amanhã. Como diz um executivo do Umpqua: "As crianças vieram ao banco pagar seus empréstimos, mas incentivamos a abertura de contas poupança".

Serviço de primeira é outro ponto diferencial do Umpqua, que já é distintivo. Além de ensinar os detalhes dos produtos financeiros a seus funcionários, o banco proporciona a eles cursos de atendimento ao cliente oferecidos pelo Ritz-Carlton – a cadeia de hotéis famosa mundialmente pela qualidade de seus serviços. Dar ênfase a seu atendimento ajuda o banco a formar relacionamentos longos, ligando os clientes ao banco em um nível mais pessoal.

O Innovation Lab em Portland, Oregon, é a última inovação do Umpqua. Trabalhando com líderes da tecnologia, como Intel, Microsoft e Cisco, o Umpqua criou sua loja ultramoderna como campo de testes para novas ideias novas. "Quando as pessoas pensam em tecnologia, geralmente pensam nela como algo que faz as coisas acontecerem mais rápido", observa o CEO Ray Davis. Em vez de simplesmente pensar "rápido", Davis diz que o banco pergunta: "De que modo podemos usar a tecnologia como uma ferramenta que melhora a experiência do cliente? Em bancos, o desafio é como manter o sistema de entrega relevante."

O Innovation Lab tem tanto eficiência quanto pessoas simpáticas, e conta com uma enorme parede multimídia de plasma sensível ao toque na qual os clientes podem obter informações detalhadas sobre os produtos e ouvir *podcasts* sobre vários serviços. Outra parede interativa oferece informações constantemente atualizadas sobre atividades da comunidade e programas voluntários. Em outra seção da loja, o Computer Café, abastecido com os laptops mais modernos, está disponível para uso dos clientes. O banco montou até mesmo um website no qual donos de estabelecimentos locais podem formar redes sociais uns com os outros. O Umpqua está estudando as maneiras como os clientes reagem a essas e outras inovações, visando lançar as melhores ideias em suas outras lojas.

A abordagem incomum do Umpqua aos serviços bancários atraiu dezenas de milhares de novos clientes, centenas de milhões de dólares em novos depósitos e a atenção de instituições financeiras em todo o Estados Unidos e em muitos outros lugares. À medida que trabalha para alcançar a visão de seu CEO – ser o maior banco do mundo –, o Umpqua almeja dar a seus clientes uma experiência bancária excelente e muito mais. "Oferecemos uma alternativa muito clara à experiência bancária tradicional", afirma Davis. "É divertido, interessante, emocionante. É como ir à Disney World".[108]

Perguntas sobre o caso

1. Como o Umpqua melhora a motivação do consumidor ao se tornar mais pessoalmente relevante para os clientes?

2. Explique, em termos do comportamento do consumidor, como o Innovation Lab aumenta a habilidade de os clientes processarem informações sobre produtos e serviços bancários.

3. O que o Umpqua está fazendo para aumentar a oportunidade do consumidor de processar informações sobre serviços financeiros?

Exposição, atenção e percepção

Capítulo 3

OBJETIVOS DE APRENDIZADO

Depois de estudar este capítulo, você estará apto a:

1. Discutir por que os profissionais de marketing se preocupam com a exposição de consumidores a estímulos de marketing e que táticas tradicionais e não tradicionais eles usam para aumentar essa exposição.

2. Detalhar as características da atenção e como os profissionais de marketing podem atrair e manter a atenção dos consumidores em produtos e mensagens de marketing.

3. Descrever os sentidos mais importantes que são parte da percepção e resumir por que os profissionais de marketing se preocupam com as percepções sensoriais dos consumidores.

INTRODUÇÃO

A batalha dos anúncios de cerveja

Os anunciantes de cerveja usam a publicidade para ganhar e manter seus clientes ao redor do mundo. A Anheuser-Busch (agora fundida com a InBev da Bélgica) enfatiza suas raízes norte-americanas para vender a Budweiser em diferentes países. No Reino Unido, os anúncios da Budweiser mostram cenas de bar e cantadas norte-americanas engraçadas. No Brasil, a cervejaria canadense Molson usou o apelo sensual de uma modelo que virou apresentadora da MTV, Daniella Cicarelli, de biquíni, para aumentar suas vendas da marca Kaiser. O anúncio ajudou a Molson a conquistar 15% do mercado brasileiro, mas isso poderia se tornar ilegal de acordo com as novas regras que proíbem o uso de atores que aparentam ter menos de 25 anos de idade.

Quando a cerveja japonesa Asahi chegou ao Reino Unido, a empresa usou pôsteres e outdoors que mostravam celebridades de terceira categoria em ambientes cafonas, com textos que eram uma mistura de ideogramas japoneses e traduções ruins em inglês. A ideia dos pôsteres foi de zombar sutilmente da publicidade japonesa com uma paródia sofisticada. No entanto, para muitos consumidores britânicos, pareceu que eram anúncios baratos vindos diretamente de Tóquio. Mesmo assim, os esforços publicitários da Asahi contribuíram para dobrar as vendas da cerveja na Grã-Bretanha.[1]

Em termos de comportamento do consumidor, a publicidade é completamente voltada à exposição, atenção e percepção. Se os consumidores devem registrar alguma mensagem depois de serem expostos a um anúncio em algum meio, eles devem percebê-lo e prestar atenção nele, todavia, se eles realmente fazem isso depende de uma variedade de fatores descritos neste capítulo. Como o Exemplo 3.1 indica, essas questões são importantes porque afetam o que os consumidores compreendem, que atitudes eles têm e do que eles se lembram depois da exposição e da atenção dada aos anúncios, bem como as decisões que eles tomam e as ações que realizam após tomarem a decisão.

Exposição

Exposição Processo pelo qual o consumidor entra em contato físico com um estímulo.

Estímulos de marketing Informações sobre ofertas comunicadas pelo marketing por meio de anúncios, vendedores, símbolos da marca, embalagens, placas, preços, e assim por diante, ou por fontes que não são de marketing, como recomendação boca a boca.

Antes que qualquer tipo de estímulo de marketing possa afetar os consumidores, eles devem ser expostos ao estímulo. **Exposição** é o processo pelo qual o consumidor entra em contato físico com um estímulo (veja o Exemplo 3.1). **Estímulos de marketing** são mensagens e informações sobre ofertas comunicadas pelo marketing (por meio de anúncios, vendedores, símbolos da marca, embalagens, placas, preços, e assim por diante) ou por fontes que não são de marketing (por exemplo, recomendação boca a boca). Os consumidores podem ser expostos a estímulos de marketing nos seguintes estágios de consumo: aquisição, uso ou descarte. Como a exposição é essencial para influenciar os pensamentos e sentimentos dos consumidores, os profissionais de marketing devem garantir que eles sejam expostos a estímulos que retratam sua oferta de um ângulo favorável.

IMPLICAÇÕES DE MARKETING

Os profissionais de marketing iniciam o processo de ganhar exposição selecionando a mídia, como o rádio, a colocação de produtos e a Internet, e pelo desenvolvimento de comunicações para atingir os consumidores-alvo. A Visa USA, por exemplo, atinge viajantes, fãs de esportes, compradores ricos e outros grupos por meio de mensagens transmitidas, impressas, pela mídia on-line e, também, por patrocínio nas Olimpíadas e por colocação de produtos. A empresa usa mensagens em espanhol no seu website, na mídia impressa e em mídia transmitida para atingir consumidores hispânicos, e evita a televisão quando almeja consumidores ricos, porque esse grupo tende a gravar programas para assistir depois e pode pular os comerciais. Em vez disso, seus anúncios de cartões Visa Signature aparecem em revistas de alto padrão, como a *Condé Nast Traveler*, e em revistas de negócios, como *The Economist*. A Visa também organizou maneiras de coveicular anúncios impressos e on-line com varejistas selecionados, como a Banana Republic, e o cartão Visa substituiu até mesmo o dinheiro impresso em uma versão atualizada do Jogo da Vida.[2]

Fatores que influenciam a exposição

A *posição que um anúncio ocupa em um meio* pode afetar a exposição. A exposição de consumidores a anúncios em revistas é maior quando eles aparecem na contracapa, porque os anúncios ficam à vista sempre que a revista é colocada com a capa para baixo. Os consumidores também têm maior probabilidade de ser expostos a anúncios colocados próximos de artigos ou inseridos em programas de TV que os interessam.[3] A exposição a comerciais é maior quando eles são inseridos no início ou final de um intervalo comercial em um programa, porque os consumidores ainda estão envolvidos com esse programa ou estão esperando que ele recomece. Alguns anunciantes patrocinam programas de TV para que não tenham comerciais, e a empresa faz a colocação de seus produtos no meio do programa ou veicula um único anúncio antes ou depois dele.

Além disso, *a distribuição do produto* e a *colocação nas prateleiras* afetam a exposição dos consumidores a marcas. Quanto mais abrangente a distribuição da marca (quanto maior for o número de lojas onde o produto está disponível), maior a probabilidade de os consumidores a encontrarem. Da mesma maneira, a localização do produto ou a quantidade de espaço de prateleira alocado a ele podem aumentar a exposição dos consumidores a um produto. É mais provável que consumidores sejam expostos a produtos que estão expostos no fim de um corredor ou àqueles que ocupam muito espaço. Produtos colocados do nível da cintura até o nível dos olhos têm maior exposição que aqueles colocados mais acima ou mais abaixo. A exposição também aumenta para produtos colocados em locais aos quais todos os consumidores devem ir e passar tempo dentro da loja. Por exemplo, as vendas de alguns produtos aumentam por causa de sua maior exposição em expositores na boca do caixa em supermercados, lojas automotivas e restaurantes.[4]

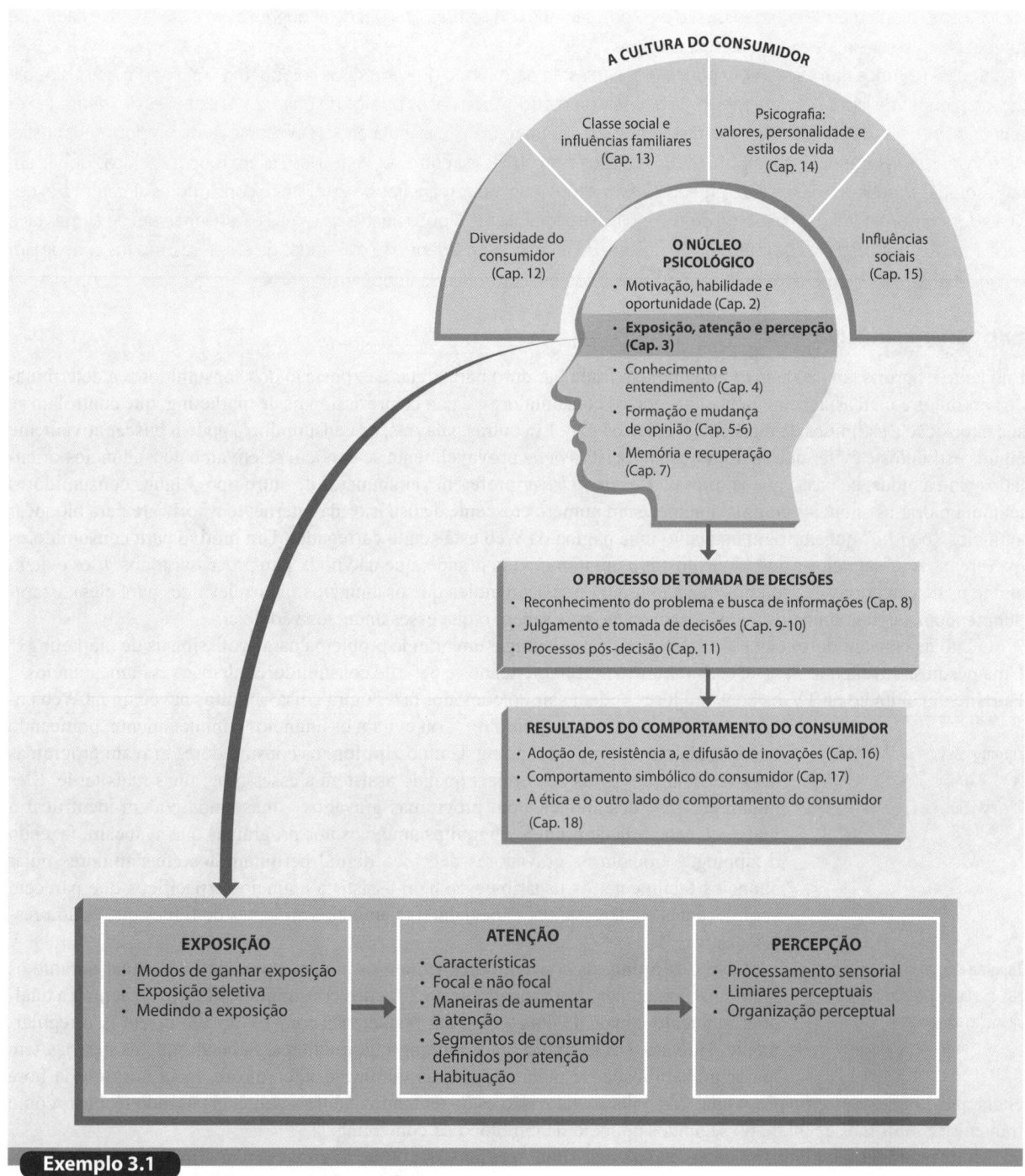

Exemplo 3.1

Visão geral do capítulo: exposição, atenção e percepção
Os consumidores processam uma parte de um estímulo (por exemplo, um anúncio ou uma marca) quando são expostos a ele, prestam atenção a ele e percebem suas características. Depois de percebido o estímulo, os consumidores podem examiná-lo mais detalhadamente.

IMPLICAÇÕES DE MARKETING

Além dos modos tradicionais de alcançar os consumidores, como usar a colocação estratégica de comerciais de TV ou exposição e colocação eficaz de produtos nas prateleiras, os profissionais de marketing testam outras maneiras de ganhar exposição para estímulos de marketing. A Kellogg notou aumentos em suas vendas depois de promover seus cereais e lanches no Walmart TV Network, que tem 125 mil telas que atingem 130 milhões de compradores em 3.100 lojas da rede Walmart.[5] A publicidade em mídias como programas de entretenimento em voos, carrinhos de compras, balões de ar quente e em catracas em estádios de futebol é outra maneira de aumentar a exposição.

Alguns governos municipais com pouco dinheiro estão permitindo que empresas coloquem anúncios em ônibus públicos, caminhões de lixo, táxis e até mesmo em túneis do metrô. Na China, os pontos de ônibus e as estações de metrô de Pequim estão cheios de anúncios de sites da Internet e de outras ofertas.[6] Na Inglaterra, a Panasonic ajuda a reduzir seus custos de transportes vendendo espaço publicitário em seus caminhões de entrega.[7] Usar pessoas em roupas malucas que ficam nas esquinas abanando suas mãos e gritando informações é uma das maneiras de varejistas e construtores afetarem a exposição dos consumidores a uma loja ou empreendimento imobiliário. A publicidade via e-mail é outra maneira de aumentar a exposição. Embora usuários da Internet não gostem de receber mensagens não solicitadas de empresas, muitos concordam em receber e-mails ou mensagens instantâneas se puderem controlar sua frequência.[8]

Exposição seletiva

Enquanto os profissionais de marketing podem trabalhar duro para afetar a exposição dos consumidores a determinados produtos e marcas, recentemente têm sido os consumidores, e não os profissionais de marketing, que controlam se sua exposição a estímulos de marketing ocorre ou não. Em outras palavras, os consumidores podem buscar ativamente alguns estímulos e evitar outros. Leitores da revista *Vogue* provavelmente se expõem seletivamente a anúncios orientados para a moda, ao passo que leitores da *Car and Driver* preferem ver anúncios de outro tipo. Alguns consumidores tentam ignorar os anúncios completamente, e um número crescente de usuários da Internet tem software para bloquear anúncios "*pop-up*" que abririam enquanto uma página da Web está sendo carregada.[9] Um motivo para consumidores quererem evitar anúncios é que são expostos a um número tão grande, que não poderiam processar todos. Eles evitam anúncios de categorias de produtos que não usam (essa ação indica que os anúncios são irrelevantes para eles); e também tendem a evitar anúncios que já viram antes, pois sabem o que esses anúncios vão dizer.

O fato de consumidores evitarem estímulos de marketing é um grande problema para profissionais de marketing.[10] Uma pesquisa revela que 54% de consumidores norte-americanos e 68% de consumidores alemães evitam anúncios.[11] Durante um anúncio na TV, os consumidores podem sair do cômodo, fazer outra coisa – muitos navegam na Web enquanto assistem à TV, por exemplo[12] – ou evitam os anúncios completamente, praticando o que se chama zipping ou zapping. Com o **zipping**, os consumidores gravam programas de TV e avançam pelos comerciais quando assistem a esses programas mais tarde. Eles pulam até 75% dos anúncios em programas gravados – mas ainda podem identificar a marca ou categoria de produto de muitos anúncios nos programas que avançam, fazendo o zipping.[13] Embora os gravadores de vídeo digital permitam aos consumidores pular anúncios facilmente, os usuários escolhem assistir a anúncios específicos que parecem ser relevantes e interessantes, especialmente anúncios atraentes de filmes que estão prestes a estrear.[14]

Zipping Avançar rapidamente pelos comerciais gravados em VCR ou DVR.

Com o **zapping**, os consumidores evitam os anúncios mudando de canal durante os intervalos comerciais. Aproximadamente 20% dos consumidores fazem o zapping a qualquer momento e mais de dois terços das residências com TV a cabo fazem isso regularmente. Homens fazem muito mais zapping que mulheres. Sabendo que as pessoas têm maior probabilidade de pular comerciais durante o intervalo da meia hora ou da hora cheia que durante o próprio programa,[15] as redes de televisão estão tentando manter a audiência usando técnicas como transmitir minifilmes de 30 ou 60 segundos no meio de um bloco de comerciais.[16]

Zapping Uso de um controle remoto para mudar de canal durante os intervalos comerciais.

Muitos pais desejam limitar a exposição de seus filhos a anúncios, porque as crianças têm dificuldades para distinguir mensagens de anúncios do conteúdo de outros tipos de mídia. Os profissionais de marketing que anunciam comidas doces ou gordurosas estão em uma saia justa em muitos países, por conta da maior preocupação com a obesidade infantil, por exemplo.[17] Um anunciante que está tomando medidas para responder a essas críticas é a Kraft Foods, que cessou a publicidade do Oreo e de lanches similares durante programas de TV para crianças com menos de 12 anos.[18] Entretanto, limitar a exposição de crianças a anúncios de produtos inapropriados – como filmes para adultos – não é fácil por causa das enormes campanhas multimídia que aparecem simultaneamente na TV, em *outdoors* e em outras mídias.

Agora a onda de exposição indesejada a anúncios criou uma reação dos consumidores que levou a uma ação governamental. Milhões de consumidores acrescentaram seus números de telefone ao Registro Federal de "Não Ligue" (Federal Do Not Call Registry) para evitar ligações indesejadas de operadores de telemarketing. Os consumidores podem agora escolher não receber catálogos indesejados, registrando seu desejo em websites como *www.catalogchoice.org*.[19] Muitos estados têm estatutos antispam e a lei federal proíbe profissionais de marketing de enviarem mensagens comerciais não solicitadas via e-mail, telefones wireless e *pagers*. Ainda assim, especialistas afirmam que mensagens com spam continuam a entupir as caixas de entrada dos consumidores,[20] situação que abriu novas oportunidades para empresas oferecerem ofertas que isolam mensagens de spam e bloqueiam anúncios durante o uso da Internet.

IMPLICAÇÕES DE MARKETING

Os profissionais de marketing querem ter suas mensagens ou produtos notados sem alienar os consumidores, um verdadeiro desafio quando estes se sentem bombardeados por estímulos de marketing. Portanto, grandes e pequenos anunciantes estão testando tipos de mídia que ainda não estão saturados com publicidade. Por exemplo, a Dell e a Subway tentaram promoções via telefone celular, chamado às vezes de "terceira tela" (a TV e o monitor do computador são as outras duas).[21]

A Moosejaw Mountaineering, varejista de produtos para montanhismo de Michigan, convida seus consumidores a se inscreverem para receber mensagens de texto sobre vendas e competições.[22]

Medindo a exposição

Por que anunciantes pagam quase US$ 3 milhões para um único anúncio de 30 segundos durante o Super Bowl? Em parte, eles fazem isso porque estatísticas de projeções de exposição indicam que centenas de milhares de consumidores no mundo todo assistirão ao jogo. Os profissionais de marketing têm muito interesse em determinar qual mídia vai gerar exposição para seu estímulo de marketing e se as taxas de exposição desejadas foram realmente alcançadas.

Conforme a discussão on-line no Capítulo de Aperfeiçoamento que segue o Capítulo 1, muitos profissionais de marketing usam dados de empresas de pesquisa especializadas para rastrear a exposição dos consumidores a TV, rádio, *outdoors*, websites e outras mídias. Ainda assim, os profissionais de marketing clamam por medições mais completas e precisas. Por exemplo, contadores de tráfego podem rastrear quantos carros passam por um *outdoor* a cada dia, mas não podem contar quantas pessoas estão em cada carro. Também não podem contar os pedestres ou determinar se alguém de fato olhou para o outdoor. Pesquisadores estão testando aparelhos para contar quantas pessoas passam por *outdoors* ou anúncios no trânsito e aprendendo sobre as características e os comportamentos delas.[23] Para anunciantes de TV, a TiVo está conduzindo uma pesquisa para saber com que regularidade a audiência faz o zipping e o zapping, bem como quais anúncios estão sendo vistos.[24]

Como medir a exposição a websites e publicidade on-line é uma grande preocupação. No momento, não há como os anunciantes saberem exatamente quantos consumidores veem um anúncio na Internet, embora possam rastrear o número de pessoas que clicam para chegar a um anúncio. Medições anteriores de audiências on-line, como o número de vezes que a página foi vista, não consideram as novas tecnologias que permitem que o usuário veja o conteúdo de uma empresa em diversos sites (como o YouTube). Assim, os profissionais de marketing são a favor da padronização do modo como os níveis de exposição à Internet são medidos para que possam ajustar seu foco e medir melhor os resultados de suas campanhas de marketing.[25]

Atenção

Atenção Processo pelo qual um indivíduo aloca parte de sua atividade mental a um estímulo.

Enquanto a exposição reflete se os consumidores encontram um estímulo, a **atenção** reflete quanta atividade mental eles dedicam a um estímulo (veja o Exemplo 3.1). Determinada quantidade de atenção é necessária para que a informação seja percebida – para que ative os sentidos das pessoas. Além disso, depois que os consumidores percebem a informação, podem prestar mais atenção nela e continuar com as atividades de processamento de ordem mais elevada que serão discutidas nos capítulos seguintes. Esse relacionamento entre atenção e percepção explica por que os profissionais de marketing precisam entender as características desta última e encontrar maneiras de melhorar a atenção dos consumidores a estímulos de marketing.

As características da atenção

A atenção tem três importantes características: (1) é seletiva, (2) pode ser dividida e (3) é limitada.

A atenção é seletiva

Seletividade significa que decidimos no que queremos nos concentrar. A todo momento, somos expostos a um número de estímulos potencialmente esmagador. Quando vamos a uma loja, por exemplo, somos expostos a vários produtos, marcas, anúncios, exposições, sinais e preços, tudo ao mesmo tempo. Como não podemos examinar simultaneamente todos esses estímulos de marketing, temos de decidir em qual vamos nos concentrar.

Pesquisas mostram que as pessoas prestam menos atenção em coisas que já viram várias vezes.[26] A atenção também pode ser afetada pelos objetivos: se olhamos para a embalagem de um produto com o objetivo de aprender a usá-lo, temos mais probabilidade de ler as instruções que de ler sobre seus ingredientes.[27] Como a atenção é seletiva, consumidores em busca de informações on-line podem decidir no que vão se concentrar – que é o motivo pelo qual a American Airlines e outras empresas compram links patrocinados próximos de resultados de mecanismos de busca.[28]

A atenção pode ser dividida

Outro aspecto importante da atenção é que ela pode ser dividida. Assim, podemos parcelar nossos recursos de atenção em unidades e alocar alguns a determinada tarefa e outros a uma tarefa diferente. Por exemplo, podemos dirigir um carro e conversar ao mesmo tempo. Podemos alocar a atenção flexivelmente para suprir as demandas de coisas em nosso meio, mas temos também o potencial de nos distrair quando um estímulo desvia a nossa atenção a outro estímulo. Se formos distraídos de um produto ou anúncio, a quantidade de atenção que dedicamos a ele será muito reduzida.[29] Sabendo que telespectadores podem dividir sua atenção, as redes de TV reforçam suas marcas e, durante um programa, mostram na tela lembretes das próximas atrações. "Os telespectadores estão mais confusos que nunca sobre o que está na TV e quando passa", diz um executivo da CBS. "É nossa incumbência ajudá-los a navegar pela nossa programação."[30]

A atenção é limitada

Um terceiro aspecto essencial da atenção é que ela é limitada. Embora possamos compartilhá-la, podemos prestar atenção em várias coisas somente se nosso processamento for relativamente automático, bem praticado e não demandar esforço.[31] Imagine que você está assistindo à TV e ouvindo a conversa de seus amigos ao mesmo tempo. Se a conversa ficar séria, você precisará abaixar o volume da TV para dar sua atenção a seus amigos. O fato de a atenção ser limitada explica por que os consumidores andando em uma loja desconhecida têm menos chance de notar produtos novos que quando esses mesmos consumidores andam em uma loja conhecida. Inevitavelmente, eles deixarão de ver alguns produtos quando tentam prestar atenção em muitos outros que lhes são desconhecidos.

Atenção focal e não focal

Essas três características da atenção levantam questões sobre se podemos prestar atenção em algo com nossa visão periférica, mesmo que estejamos concentrados em outra coisa. Por exemplo, quando lemos um artigo de revista, podemos processar as informações em um anúncio adjacente, mesmo se nossos olhos estiverem concentrados no artigo e não estejamos cientes do anúncio? Quando dirigimos em uma rodovia, podemos processar qualquer informação de um outdoor ao lado da rodovia se estamos concentrados somente na estrada?

Processamento pré-atencional

Processamento pré-atencional
O processamento inconsciente de estímulos na visão periférica.

À medida que podemos processar informações de nossa visão periférica mesmo que não estejamos cientes de fazer isso, estamos envolvidos em **processamento pré-atencional**, no qual a maior parte de nossos recursos atencionais é direcionada a uma coisa, deixando recursos muito limitados para prestar atenção em outra. Dedicamos atenção suficiente a um objeto em nossa visão periférica para processar somente *algo* sobre o objeto, mas, como a atenção é limitada, não temos consciência de que estamos absorvendo e processando informações sobre aquele objeto.

Lateralização hemisférica

Nossa habilidade de processar informações de forma pré-atencional depende de (1) se o estímulo na visão periférica é uma imagem ou uma palavra e (2) se ele é colocado no campo visual direito ou esquerdo (para o lado direito ou esquerdo do objeto no qual estamos concentrados). Esses fatores são influentes por causa do modo como as duas metades do cérebro – os dois hemisférios – processam informações (veja o Exemplo 3.2). O hemisfério direito é melhor no processamento de música, na compreensão de informação visual e espacial, na formação de inferências e no processo de tirar conclusões. O hemisfério esquerdo é melhor no processamento de unidades que podem ser combinadas, realizando tarefas como contar, processar palavras desconhecidas e formar sentenças.[32]

Curiosamente, estímulos colocados no campo visual direito (anúncios do lado direito do artigo focal ou outdoors no lado direito da estrada ou rua) tendem a ser processados pelo hemisfério esquerdo, ao passo que aqueles colocados no campo visual esquerdo tendem a ser processados pelo hemisfério direito. Estímulos nos quais nos concentramos diretamente são processados por ambos os hemisférios. Essas descobertas sugerem que as pessoas provavelmente processarão estímulos em anúncios em modo pré-atencional se as imagens forem colocadas à esquerda de um artigo de revista, porque o processamento ocorre no hemisfério direito – que é melhor no processamento de estímulos visuais. Do mesmo modo, estímulos como nomes de marca ou chamadas de anúncio serão provavelmente processados de modo pré-atencional se forem colocados no campo visual direito, porque serão processados pelo hemisfério esquerdo. Estudos confirmam que a habilidade dos consumidores de processar imagens, nomes de marca ou chamadas em anúncios de modo pré-atencional depende de se o anúncio está no campo visual direito ou esquerdo.[33]

Processamento pré-atencional, gosto pelo nome da marca e escolha

Embora possamos notar e dedicar um nível mínimo de processamento a estímulos colocados na visão periférica, surge uma pergunta importante: tais estímulos processados de modo pré-atencional afetam nosso gosto por um anúncio ou marca, ou nossas decisões de comprar ou usar uma marca específica? Na verdade, algumas pesquisas sugerem que consumidores gostarão mais de um nome da marca se o tiverem processado de modo pré-atencional do que se nunca tivessem sido expostos a ele.[34] O processamento pré-atencional torna um nome de marca familiar, e tendemos a gostar de coisas que são familiares.[35]

Outras evidências sugerem que estímulos processados de modo pré-atencional podem afetar as escolhas dos consumidores. Em um estudo, consumidores tinham mais probabilidade de considerar a escolha de um produto se tivessem sido previamente expostos de maneira pré-atencional a um anúncio contendo aquele produto do que se não tivessem sido expostos. Nesse caso, o processamento pré-atencional do anúncio afetou a consideração do produto pelos consumidores, mesmo que eles não se lembrassem de ter visto tal anúncio.[36]

Exemplo 3.2
Lateralização hemisférica
Os dois hemisférios de nosso cérebro se especializam no processamento de diferentes tipos de informações. Quando um estímulo está em visão focal, ele é processado pelos dois hemisférios. Quando está em visão periférica (isto é, não está sendo o foco da atenção), ele é processado pelo hemisfério oposto. Informações apresentadas no campo visual esquerdo são, portanto, processadas pelo hemisfério direito.

(IMPLICAÇÕES DE MARKETING)

Embora consumidores possam processar informações de modo pré-atencional, a informação terá mais impacto quando eles dedicarem atenção total a ela. Infelizmente, um estímulo de marketing compete com muitos outros tipos de estímulos (inclusive outros estímulos de marketing) pela atenção dos consumidores. Além do mais, os consumidores podem ter motivação e oportunidade limitadas para prestar atenção aos estímulos de marketing. Dessa forma, os profissionais de marketing frequentemente precisam tomar medidas para atrair a atenção dos consumidores tornando o estímulo (1) relevante pessoalmente, (2) agradável, (3) surpreendente e/ou (4) fácil de processar.

1. *Tornar estímulos relevantes pessoalmente.* Uma das maneiras mais eficazes de um estímulo ser percebido como pessoalmente relevante é apelar para suas necessidades, seus valores, suas emoções ou seus objetivos.[37] Se você está com fome, provavelmente vai prestar mais atenção em anúncios e embalagens de comida. Os apaixonados por esqui que entram na rede social SkiSpace.com estão aptos a encontrar os anúncios de viagens e roupas mais relevantes porque apelam para as necessidades e os objetivos de esquiadores.[38] Outra forma de tornar estímulos pessoalmente relevantes é mostrar modelos parecidos com o público-alvo, uma vez que você tem maior probabilidade de notar indivíduos que considera semelhantes a si mesmo.[39] Muitos anúncios apresentam "consumidores comuns", na esperança de que consumidores se relacionem com esses indivíduos e prestem atenção no anúncio.

   Uma terceira maneira de tornar estímulos pessoalmente relevantes é usar dramatizações – mini histórias que descrevem as experiências de atores ou relatam a experiência de alguém por meio de uma narrativa em um ou mais anúncios – para intensificar a atenção dos consumidores. Uma quarta maneira de atrair o consumidor para o anúncio é fazer perguntas retóricas – aquelas meramente para efeito.[40] Ninguém espera uma resposta a uma pergunta retórica como "Você gostaria de ganhar um milhão de dólares?" porque a resposta é óbvia. Essas perguntas atraem o consumidor por incluir a palavra *você* e por pedir ao consumidor (mesmo que só para efeito) que considere responder à pergunta.

2. *Tornar estímulos agradáveis.* Como as pessoas tendem a se aproximar de coisas que são inerentemente agradáveis, os profissionais de marketing podem aumentar a atenção dos consumidores a estímulos de marketing usando os seguintes artifícios:

   ➢ *Usar modelos atraentes.* Anúncios que contêm modelos atraentes têm maior probabilidade de ser notados, porque modelos despertam sentimentos positivos ou uma atração sexual básica.[41] Para se destacarem, os anúncios e o website da Singapore Airlines apresentam comissárias de bordo atraentes, usando uniformes de sarongue.[42] Diferenças individuais influenciam claramente as opiniões das pessoas sobre o que é atraente. Por exemplo, embora algumas pessoas gostem de ver corpos nus em anúncios, outros espectadores podem achar essas mesmas imagens ofensivas. Diferenças interculturais também explicam o que é considerado atraente. Modelos supermagras representam um padrão de beleza ocidental; em outros lugares do mundo, tais modelos seriam vistas como pobres, subnutridas e pouco atraentes.

   ➢ *Usar música.* Músicas familiares e apresentadores populares têm muita capacidade de nos atrair de maneiras agradáveis.[43] Como exemplo, a General Motors usou músicas do Led Zeppelin, do Hum e de outros grupos para atingir potenciais compradores de Cadillacs. A música, diz o presidente de uma das agências de publicidade da GM, é "frequentemente a melhor maneira de gerar reconhecimento ou evocar emoções e sentimentos fortes".[44]

   ➢ *Usar humor.* O humor pode ser um dispositivo eficaz para conseguir atenção.[45] Por exemplo, o Puccino's Café atrai a atenção de consumidores que passam em frente a suas cafeterias no Reino Unido com avisos bem-humorados que dizem: "O sorriso no rosto do atendente pode ser falso."[46] Note que, embora aproximadamente um em cada cinco anúncios de TV contenham humor, alguns são mais bem-sucedidos em fazer os telespectadores rirem (e prestarem atenção durante a mensagem) que outros.[47]

3. *Tornar os estímulos surpreendentes.* É provável que consumidores processem um estímulo quando ele é surpreendente por causa de sua novidade, imprevisibilidade ou natureza desconcertante.

   ➢ *Usar novidades.* É mais provável que notemos qualquer estímulo de marketing (um produto, embalagem ou nome de marca) que seja novo ou único – porque se sobressai em relação a outros estímulos a nosso redor. Por exemplo, malas-diretas e publicidade por e-mail são relativamente novos para consumidores chineses, então eles não só prestam atenção, como também abrem tais mensagens com maior frequência que consumidores norte-americanos e europeus.[48] As empresas podem chamar a atenção usando formatos publicitários novos, como anúncios de revista com gráficos que parecem se mover ou mensagens digitais que ficam paradas enquanto mensagens ao redor continuam se movendo.[49] Embora estímulos novos atraiam a atenção, nem sempre gostamos mais deles. Por exemplo, podemos não gostar de comida com sabor que difere das comidas que geralmente comemos. Assim, os fatores que tornam um estímulo novidade podem não ser os mesmos fatores que o tornam desejado.

> *Usar o inesperado.* Estímulos inesperados podem não ser novos para nós, mas sua colocação ou seu conteúdo diferem daqueles aos quais estamos acostumados, despertando nossa curiosidade e nos fazendo analisá-los mais a fundo para compreendê-los.[50] Na verdade, a imprevisibilidade pode afetar o grau de humor que os consumidores percebem em um anúncio.[51] Por exemplo, a comédia pastelão não tem nenhuma relação com serviços bancários, então os consumidores estão mais aptos a notar os anúncios engraçados do Provident Bank na TV, nos quais um macaco joga uma casca de banana no chão e um gerente do banco escorrega nela.[52] Pesquisas também mostram que as mulheres podem responder melhor que homens a mensagens que usam erotismo leve para chamar a atenção para causas sociais como o combate ao HIV.[53]

> *Usar um enigma.* Rimas visuais, antíteses, metáforas e trocadilhos são enigmas que chamam a atenção porque exigem solução. Consumidores tendem a pensar mais em anúncios que contêm esses elementos. Entretanto, consumidores com outras origens culturais podem ter dificuldades em entender alguns trocadilhos e metáforas em anúncios facilmente compreensíveis para consumidores norte-americanos.[54] Apesar de anúncios que usam enigmas captarem a atenção, eles não são necessariamente eficazes em atingir outros objetivos (como a persuasão) se os consumidores não conseguirem solucionar o enigma.

4. *Tornar estímulos fáceis de processar.* Embora a relevância pessoal, o agradável e o surpreendente atraiam a atenção dos consumidores ao aumentar sua motivação para prestar atenção em estímulos, os profissionais de marketing também podem intensificar a atenção aumentando a capacidade de os consumidores processarem estímulos. Quatro características tornam um estímulo fácil de processar: (1) sua proeminência, (2) sua materialidade, (3) o grau de contraste com as coisas a seu redor e (4) o grau de competição com outras informações.

> *Estímulos proeminentes.* Estímulos proeminentes se sobressaem em relação ao ambiente por causa de sua intensidade. O tamanho ou a duração de um estímulo pode afetar sua **proeminência**. Por exemplo, é mais provável que consumidores notem anúncios maiores ou mais longos, que anúncios menores ou mais curtos.[55] É por isso que anúncios maiores nas listas de páginas amarelas geram mais ligações telefônicas que anúncios menores.[56] Imagens em um anúncio atraem a atenção independentemente de seu tamanho sendo assim aumentar o tamanho do espaço do anúncio dedicado ao texto aumenta a atenção do espectador para a mensagem inteira.[57] Tornar as palavras proeminentes usando texto em negrito também aumenta a atenção dos consumidores e, além disso, sons altos podem intensificar a proeminência. Às vezes a TV e as estações de rádio aumentam o volume para os comerciais de modo que se destaquem com relação ao programa; então música com volume alto durante os anúncios pode servir ao mesmo propósito.

Proeminência Intensidade dos estímulos que faz que se sobressaiam em relação ao ambiente.

A proeminência também é evidente no uso de exposições grandes ou múltiplas por profissionais de marketing. Depois que a Dole instalou geladeiras adicionais para expor suas frutas em supermercados, os resultados de suas vendas aumentaram em mais de 25% nessas lojas e a California Tree Fruit Commission descobriu que expandir o tamanho do expositor em apenas 1% pode aumentar as vendas dos alimentos expostos em aproximadamente 19%.[58] O movimento também torna um anúncio mais proeminente, razão pela qual a atenção a comerciais tende a ser maior quando o anúncio usa ação dinâmica, rápida.[59]

> *Estímulos concretos.* É mais fácil processar estímulos concretos que estímulos abstratos.[60] A **materialidade** é definida como o grau em que conseguimos imaginar um estímulo, em comparação com sua resposta às palavras abstratas. A materialidade também se aplica a nomes de marca. Entre marcas de detergentes conhecidos, o nome Sunlight é muito mais concreto que os nomes Dawn, Joy ou Palmolive e, portanto, a materialidade pode dar a um anúncio de Sunlight uma vantagem sobre os outros em capacidade de chamar a atenção.

Materialidade Grau máximo até o qual um estímulo pode ser imaginado.

> *Estímulos contrastantes.* Um terceiro fator que torna estímulos mais fáceis de processar é o contraste. É mais provável que anúncios coloridos em jornais chamem a atenção porque estão rodeados por preto e branco; da mesma maneira, é mais provável que um anúncio em preto e branco se destaque na TV quando transmitido durante programas em cores. Para contrastar, alguns fabricantes de vinho colocam imagens de animais inesperados em seus

rótulos, para ajudar suas garrafas a se destacar na prateleira.⁶¹ Embora pesquisas mostrem que os consumidores geralmente consideram mais os anúncios nas páginas amarelas nos quais a cor é usada somente para chamar a atenção, é mais provável que eles realmente liguem para as empresas quando a cor enfatiza o apelo do produto de maneira adequada.⁶²

> *A quantidade de informações concorrentes.* Por fim, é mais fácil processar estímulos quando poucas coisas os cercam competindo por sua atenção.⁶³ É mais provável que você note um *outdoor* enquanto dirige por uma estrada rural deserta que quando está em uma pista cheia de sinais na cidade, assim como é mais provável que você note o nome da marca em um anúncio visualmente simples que em um que é visualmente congestionado.

Segmentos de consumidores definidos por atenção

Um conjunto de pesquisadores fez a seguinte pergunta: se prestamos atenção a coisas que são relevantes, agradáveis, surpreendentes e fáceis de processar, podemos identificar grupos ou segmentos de consumidores que são mais afetados pela relevância, agradabilidade, surpresa e facilidade de processamento? A resposta a essa pergunta parece ser sim. Pesquisadores identificaram um grupo de consumidores que prestavam pouquíssima atenção em um anúncio porque os elementos não eram relevantes para eles, ao passo que um segundo grupo se concentrou em coisas visualmente agradáveis no anúncio, como a imagem. O último grupo passou o tempo olhando o anúncio e dedicou quantidades iguais de tempo à imagem, à embalagem, ao título e ao corpo de texto. Uma razão para sua atenção pode ser que viram o produto como pessoalmente relevante e sua aquisição, como potencialmente arriscada, então, os consumidores necessitavam de atenção sustentada para avaliar de forma adequada as informações do anúncio.⁶⁴

Habituação

Habituação Processo pelo qual um estímulo perde sua capacidade de prender a atenção por ter se tornado familiar

Quando um estímulo se torna familiar, pode perder sua capacidade de prender a atenção, um resultado chamado **habituação**. Pense na última vez que você comprou algo novo para seu apartamento ou sua sala (como uma planta ou quadro). Nos primeiros dias, você provavelmente notou o objeto todas as vezes que entrava no aposento, mas, conforme o tempo foi passando, você provavelmente notou cada vez menos o item e agora provavelmente nem o nota, porque se habituou a ele.

IMPLICAÇÕES DE MARKETING

A habituação é um problema para os profissionais de marketing, pois os consumidores ficam rapidamente habituados a anúncios, embalagens e outros estímulos de marketing. Uma boa solução é alterar o estímulo de vez em quando, e é por isso que muitos anunciantes desenvolvem anúncios múltiplos que comunicam a mesma mensagem na essência, mas de maneiras diferentes. Assim, a Toyota, a Honda e outros fabricantes de veículos estão combinando mensagens convencionais de mídia de massa com anúncios em videogames, em websites de vendas de carros e compartilhamento de vídeos, e enviados por aparelhos móveis.⁶⁵ A habituação também explica por que às vezes os profissionais de marketing mudam a embalagem do produto para renovar a atenção dos consumidores.

Percepção

Percepção Processo pelo qual estímulos ativam nossos receptores sensoriais: olhos, ouvidos, papilas gustativas, pele, e assim por diante.

Após termos sido expostos a um estímulo e termos dedicado pelo menos alguma atenção a ele, estamos prontos para percebê-lo. A **percepção** ocorre quando estímulos são registrados por um de nossos cinco sentidos: visão, audição, paladar, olfato e tato.

Percebendo por meio da visão

O que desperta nossa percepção visual?

> *Tamanho e forma.* O tamanho atrai a atenção. Quando escolhem entre produtos concorrentes, os consumidores tendem a comprar produtos em embalagens que parecem ser mais altas que as outras; até mesmo a proporção das dimensões de produtos ou embalagens retangulares podem afetar sutilmente as preferências do consumidor.⁶⁶

Além disso, consumidores entendem que embalagens em formatos que chamam a atenção contêm uma quantidade maior do produto.[67]

- *Escrita.* O tamanho e estilo da escrita em um produto ou em um anúncio podem atrair a atenção e apoiar o reconhecimento e a imagem da marca.[68] A fonte distinta usada para escrever Bob's, por exemplo, chama a atenção e é imediatamente identificada com o nome da rede de hambúrgueres.

- *Cor.* A cor é um fator extremamente importante na percepção visual. Na verdade, pesquisas sugerem que a cor determina se vemos estímulos ou não.[69] Determinada cor pode ser descrita de acordo com suas características de matiz, saturação e brilho. O *matiz* se refere ao pigmento contido na cor, e as cores podem ser classificadas em duas amplas categorias ou matizes: cores quentes, como vermelho, laranja e amarelo; e cores frias, como verde, azul e violeta. A *saturação* (também chamada de *chroma*) refere-se à riqueza da cor, levando a distinções como rosa pálido ou rosa escuro forte. O *brilho* refere-se à profundidade do tom na cor. Um rosa saturado pode ter muito brilho (um rosa fluorescente) ou muita escuridão (um lilás).

- *Efeitos da cor sobre respostas fisiológicas e humor.* A cor também pode influenciar nossas respostas fisiológicas e nosso humor. Psicólogos estudiosos da cor descobriram que cores quentes geralmente incentivam atividade e animação, ao passo que cores frias são mais tranquilizantes e relaxantes. Assim, cores frias são mais apropriadas em lugares como *spas* ou consultórios médicos, onde é desejável que os consumidores sintam-se calmos ou passem algum tempo tomando decisões,[70] ao passo que cores quentes são mais apropriadas em ambientes como academias e lanchonetes, onde são desejáveis altos níveis de atividade.[71] Um estudo descobriu que cores mais profundas (com maior saturação) e cores mais escuras evocam mais excitação que cores menos profundas e mais claras.[72]

- *Cor e gosto.* As cores podem ter um grande efeito sobre o gosto dos consumidores por um produto. Aspiradores de pó Dirt Devil agora vêm em cores como Céu Portuário (azul) e Ameixa; liquidificadores Hamilton Beach estão disponíveis em Vermelho Marroquino, Brisa do Mar (azul) e Maçã (verde).[73]

IMPLICAÇÕES DE MARKETING

Como as cores podem influenciar fortemente a atenção e o gosto por um produto, os profissionais de marketing frequentemente confiam nos conselhos de "previsores de cores" quando decidem quais cores devem usar em produtos e embalagens.[74] Por exemplo, a Color Association of the United States e o Color Marketing Group dizem aos fabricantes e designers quais cores os consumidores provavelmente irão preferir nos próximos dois ou três anos. Essas previsões são muito importantes, uma vez que a cor certa pode levar consumidores a crer que estão comprando produtos muito atuais. Pesquisadores também descobriram diferenças nas preferências por cores em diferentes classes sociais. Cores quentes e brilhantes historicamente atraem as classes mais baixas, ao passo que cores mais profundas e fortes, as classes mais altas.[75]

Percebendo por meio da audição

O som representa outra forma de receber dados sensoriais, e um princípio importante na determinação da percepção de um som é sua intensidade auditiva.[76] É mais provável que consumidores notem música alta ou vozes e ruídos gritantes. Quando o locutor de um anúncio de rádio ou TV fala mais rapidamente, o ritmo mais rápido interrompe o processamento de informações dos consumidores, ao passo que uma voz mais baixa pronunciando as sílabas mais rapidamente que o normal induz atitudes mais positivas em relação ao anúncio e à marca.[77] Quando uma empresa usa uma pessoa para narrar muitos de seus anúncios ou toca o mesmo jingle em muitos comerciais, os consumidores passam a associar esses sons com o produto ou marca. O McDonald's e outras empresas buscam conscientemente definir certa *identidade sonora* – usando sons como música ou vozes específicas para apoiar a imagem de uma marca.[78] Além disso, os consumidores inferem atributos do produto e o avaliam usando informações colhidas ao ouvir sons, sílabas e palavras associadas à marca, um processo conhecido como *simbolismo sonoro*.[79]

IMPLICAÇÕES DE MARKETING

Música rápida, como a que toca em aulas de aeróbica, tende a energizar; em contrapartida, música lenta pode ser calmante. O tipo de música que toca em uma loja de varejo pode ter um efeito interessante sobre o comportamento de compras.[80] Especificamente, um ritmo rápido cria um fluxo de tráfego mais rápido, ao passo que um ritmo lento pode aumentar as vendas em até 38%, porque incentiva compras sem pressa (embora consumidores geralmente não estejam conscientes dessa influência sobre seu comportamento).[81] Entretanto, um ritmo rápido é mais desejável em restaurantes, porque os consumidores comem mais rapidamente, facilitando maior rotatividade e mais vendas.[82] A música também pode afetar o humor.[83] Música agradável e familiar pode induzir o bom humor, ao passo que sons e música discordantes em um estilo desagradável podem induzir o mau humor. É importante notar esse efeito porque, como você verá nos capítulos seguintes, o mau humor pode afetar o modo como as pessoas se sentem sobre produtos e experiências de consumo.[84]

Percebendo por meio do paladar

Os anunciantes de alimentos e bebidas devem ressaltar percepções do paladar em seus estímulos de marketing. Por exemplo, o maior desafio dos anunciantes de produtos de baixas calorias e pouca gordura é oferecer alimentos mais saudáveis, mas que sejam saborosos. Entretanto, o que é gostoso para uma pessoa pode não ser gostoso para outra, e consumidores de origens culturais diferentes podem ter preferências por sabores diferentes. Curiosamente, provar ou saborear um produto é a tática de marketing que mais influencia as compras do consumidor em lojas, mesmo que expositores únicos de marcas específicas dentro de lojas – percebidos pela visão – sejam a tática de marketing mais notada pelos compradores.[85]

IMPLICAÇÕES DE MARKETING

Os profissionais de marketing tentam frequentemente monitorar o paladar dos consumidores por meio de testes de sabor, por isso muitos alimentos e bebidas passam por testes de sabor antes de serem lançados. Às vezes, anúncios ou embalagens de alimentos pedem aos consumidores que comparem o sabor do produto com o sabor de produtos concorrentes. Para incentivar o teste de um produto no mercado do Reino Unido, as barras de cereal Kellogg's Nutri-Grain apresentaram recentemente um desafio de sabor com garantia de dinheiro de volta.[86] Entretanto, os consumidores nem sempre são bons em distinguir sabores, então os profissionais de marketing deveriam considerar o acréscimo de palavras ou imagens descritivas às comunicações de marketing sobre alimentos, restaurantes e similares.[87] Para envolver os consumidores, às vezes os profissionais de marketing falam de sabor de uma maneira inesperada. Por exemplo, o slogan do xarope para tosse Buckley's Cough Mixture é "O sabor é horrível. E funciona."[88]

Percebendo por meio do olfato

Se seus olhos estivessem cobertos e lhe pedissem para cheirar um item, você provavelmente acharia difícil identificá-lo; a maioria dos consumidores acha.[89] Entretanto, os consumidores também têm habilidades diferentes para classificar odores. Comparados a consumidores mais jovens, os mais velhos têm mais dificuldade para identificar cheiros,[90] e em geral os homens têm desempenho inferior ao das mulheres.[91] Os profissionais de marketing se preocupam com os efeitos do cheiro nas respostas do consumidor, experimentação com o produto, gosto e aquisição.

Efeitos do cheiro sobre respostas fisiológicas e humor

Como os outros sentidos, o cheiro produz respostas fisiológicas e emocionais. Por exemplo, o cheiro de hortelã é estimulante e o do lírio do vale, relaxante.[92] Alguns estudos mostram que pessoas podem se sentir tensas ou relaxadas dependendo da presença ou ausência de um aroma, e de qual é esse aroma,[93] teoria que tem sido crucial para o desenvolvimento da aromaterapia. Algumas de nossas emoções mais básicas são também ligadas a cheiros. Por exemplo, crianças detestam que seus objetos de segurança sejam lavados, em parte porque a lavagem primeiramente remove os cheiros que as confortam. Além disso, o cheiro do oceano ou de bolachas fresquinhas podem reacender memórias muito comoventes e básicas da infância.[94]

Cheiros e testes de produto

Empresas podem expor consumidores a estímulos de marketing por meio do olfato. O cheiro (geralmente combinado com outras percepções sensoriais) pode estimular consumidores a experimentar ou comprar um produto alimentício. A Krispy Kreme planeja seus pontos de venda de modo que os clientes possam cheirar – e ver – as rosquinhas saindo do forno.[95] Anúncios do tipo "esfregue e cheire" expõem consumidores a fragrâncias e outros tipos de produtos que envolvem o uso de cheiros. Pesquisas sugerem que os aromas no ar podem ser estímulos eficazes quando estão relacionados ao produto à venda. Desse modo, um aroma floral seria mais adequado a uma loja de lingerie que a uma cafeteria.⁹⁶ Alguns anúncios de perfumes e colônias são borrifados com o produto para aumentar o processamento sensorial. Entretanto, essa técnica pode sair pela culatra se os consumidores se sentirem ofendidos por anúncios aromatizados ou tiverem reações alérgicas aos cheiros.

Cheiro e agrado

Varejistas também sabem que cheiros podem atrair consumidores. Por exemplo, a Bronner's Christmas Wonderland em Frankenmuth, Michigan, deixa seus consumidores bem-humorados para compras natalinas usando uma máquina que lança fragrância de pinheiro no ar, no departamento de árvores, durante o mês de dezembro.⁹⁷ Da mesma maneira, varejistas de supermercados situam suas padarias em uma localização tal que o aroma de pão fresco pode ser sentido da entrada principal.

Cheiro e compras

Pesquisas revelaram que oferecer um ambiente com cheiro agradável pode ter um efeito positivo no comportamento de compras, incentivando mais atenção aos estímulos relevantes que os consumidores encontram e incentivando consumidores a permanecerem mais tempo no local.⁹⁸ Em um estudo, compradores avaliaram tênis Nike mais positivamente quando estavam em um aposento com cheiro de flores que dentro de um aposento livre de odores.⁹⁹ A Tesco, uma rede de supermercados do Reino Unido, pretende aumentar as vendas de café colocando válvulas que liberam aroma em embalagens de café com a marca da loja.¹⁰⁰

IMPLICAÇÕES DE MARKETING

Nós obviamente gostamos de alguns produtos – por exemplo, perfumes e velas perfumadas – pelos cheiros que produzem. Entretanto, podemos gostar de outros produtos, como antissépticos bucais e desodorantes, porque escondem aromas. O Febreze, da Procter & Gamble, começou como um eliminador de odores e agora oferece produtos fragrantes para casa e lavanderia.¹⁰¹ Entretanto, o cheiro nem sempre é vantajoso para os profissionais de marketing: alguns consumidores podem não gostar do cheiro no ambiente de varejo ou considerá-lo irritante, e, além disso, alguns consumidores valorizam produtos específicos por não terem cheiro, como desodorantes sem perfume, limpadores de carpete e detergentes para lavar roupas. Por fim, as preferências dos consumidores por cheiros diferem de acordo com as culturas. Temperos comumente usados em uma cultura podem literalmente deixar consumidores de outra cultura doentes. Somente um cheiro (o cheiro de bebidas à base de cola) é considerado universalmente agradável, uma descoberta que é ótima notícia para empresas como a Coca-Cola e a Pepsi, que estão se expandindo globalmente.¹⁰²

Percebendo por meio do tato

O tato (tanto o que tocamos com nossos dedos como as coisas que sentimos à medida que entram em contato com nossa pele) é um aspecto muito importante de muitos produtos e serviços, apesar da variação das preferências individuais por toque.¹⁰³ Dependendo de como somos tocados, podemos nos sentir estimulados ou relaxados. Pesquisas mostram que consumidores que são tocados pelo vendedor têm mais probabilidade de ter sentimentos positivos e de avaliar a loja, e também o vendedor, positivamente. Além disso, é mais provável que clientes que são tocados pelo vendedor façam o que este sugere.¹⁰⁴ Entretanto, a eficácia de ser tocado em situações de venda difere de cultura para cultura. Comparados aos consumidores norte-americanos, os latino-americanos ficam mais à vontade com toques e abraços, na Ásia o toque entre pessoas relativamente estranhas é visto como inapropriado.¹⁰⁵

Consumidores gostam de alguns produtos por causa de seu toque. Alguns consumidores compram cremes para a pele e produtos para bebês por seus efeitos tranquilizantes na pele, ou vão a massagistas para experimentar sensações táteis e relaxar. De fato, pesquisas mostram que consumidores que têm grande necessidade de tocar tendem a gostar de produtos que oferecem essa oportunidade.¹⁰⁶ Quando consideram produtos com propriedade materiais, como roupas ou carpetes, os consumidores preferem bens que podem tocar e examinar nas lojas aos produtos que só podem ler sobre e ver on-line ou em catálogos.¹⁰⁷ Fica claro que o toque da roupa no corpo quando é usada é um fator essencial nas decisões de aquisição desse tipo de produto. Sabendo que os consumidores preferem experimentar produtos antes de comprá-los, a rede de produtos esportivos REI convida os compradores a testarem qualquer produto exposto, de botas a bicicletas.¹⁰⁸

Quando percebemos estímulos?

Nossos sentidos estão o tempo todo expostos a inúmeros estímulos, e perceber cada um deles seria esmagador e extremamente difícil. Felizmente, nosso processamento sensorial é simplificado pelo fato de muitos estímulos não entrarem em nossa percepção consciente. Para percebermos algo, o estímulo deve ser suficientemente intenso. A intensidade do estímulo é medida em unidades: a intensidade de um cheiro pode ser medida pela concentração do estímulo em uma substância ou no ar; a intensidade de estímulos de sons pode ser medida em decibéis e frequências; a intensidade de estímulos de cores, por propriedades como brilho, saturação e matiz; e, no âmbito do tato, a intensidade do estímulo pode ser medida em termos de quilos ou gramas de pressão.

Limiares absolutos

Limiar absoluto O nível mínimo de intensidade de estímulo necessário para detectar um estímulo.

Limiar absoluto é o nível mínimo de intensidade de estímulo necessária para detectar um estímulo, ou seja, o limiar absoluto é a quantidade da intensidade necessária para uma pessoa detectar uma diferença entre algo e nada. Suponha que você está dirigindo na rodovia e vê um outdoor ao longe. O limiar absoluto é aquele ponto em que você consegue ver o *outdoor* pela primeira vez. Antes desse ponto, o *outdoor* está abaixo do limiar absoluto e não é intenso o suficiente para ser visto.

Limiares diferenciais

Limiar diferencial/mínima diferença perceptível (*just noticeable difference*, j.n.d.) A diferença da intensidade necessária entre dois estímulos antes que sejam percebidos como diferentes.

Enquanto o limiar absoluto estabelece se um estímulo pode ser percebido ou não, o **limiar diferencial** refere-se à diferença de intensidade necessária entre dois estímulos, antes que as pessoas consigam perceber que eles são *diferentes*. Dessa forma, o limiar diferencial é um conceito relativo frequentemente chamado **mínima diferença perceptível (*just noticeable difference*, j.n.d.)**. Por exemplo, ao examinar seus olhos, o oftalmologista geralmente lhe mostra uma fileira de letras através de conjuntos de lentes diferentes. Se você conseguir detectar uma diferença entre as duas lentes, a lente nova é diferente o suficiente para ter cruzado o limiar diferencial.

Lei de Weber Quanto mais forte o estímulo inicial, maior a intensidade adicional necessária para que o segundo estímulo seja percebido como diferente.

O psicofisiologista Ernst Weber foi quem primeiro traçou as propriedades básicas do limiar diferencial no século XIX. A **Lei de Weber** diz que, quanto mais forte o estímulo inicial, maior a intensidade adicional necessária para que o segundo estímulo seja percebido como diferente. Essa relação é exemplificada na fórmula a seguir:

$$\frac{\Delta s}{S} = K$$

onde o S é o valor inicial do estímulo, Δs é a menor mudança (Δ) em um estímulo capaz de ser detectada e K é uma constante de proporcionalidade.

Para exemplificar, imagine que testes realizados com o consumidor descobriram que teriam de adicionar 3 gramas a uma embalagem de 30 gramas antes que os consumidores conseguissem notar que as duas embalagens tinham pesos diferentes. Agora suponha que temos uma caixa de 150 gramas e queremos saber quanto precisamos adicionar antes de os consumidores detectarem uma diferença. De acordo com a lei de Weber, $K = 1/10$ ou $0,10$. Para determinar quanto seria necessário acrescentar, descobriríamos Δs da seguinte maneira:

$$\frac{\Delta s}{50} = 0,10$$

A resposta é 0,10 do peso da embalagem, ou 15 gramas.

(**IMPLICAÇÕES DE MARKETING**)

Limiar absoluto

A implicação óbvia é que os consumidores só perceberão um estímulo de marketing conscientemente quando este tiver intensidade suficientemente alta para estar acima do limiar absoluto. Assim, se imagens ou palavras em um comercial são muito pequenas ou o volume do som é muito baixo, os receptores sensoriais dos consumidores não serão ativados e o estímulo não será percebido conscientemente.

Limiar diferencial

O limiar diferencial tem duas importantes implicações de marketing.

1. Às vezes os profissionais de marketing *não* querem que consumidores notem uma diferença entre dois estímulos. Os anunciantes de cervejas sem álcool, por exemplo, esperavam que os consumidores não conseguissem dizer a diferença entre o sabor da cerveja real e o da cerveja sem álcool.[109] Alguns profissionais de marketing podem não querer que os consumidores notem que o tamanho de um produto diminuiu ou que seu preço aumentou, uma situação que levanta questões éticas. Por exemplo, alguns consumidores ficaram infelizes quando notaram que a Nips tinha reduzido a quantidade de doce em seu pacote de 15,5 gramas para 12 gramas.[110]

2. Em outros casos, os profissionais de marketing *querem* que os consumidores notem uma diferença entre dois estímulos. Por exemplo, o McDonald's uma vez aumentou o tamanho do seu hambúrguer comum em 25%, mas manteve o preço, torcendo para que os consumidores notassem a mudança.[111] Muitos profissionais de marketing esperam que os consumidores consigam dizer qual é a diferença entre um produto antigo e um produto melhorado, entretanto, às vezes, eles não conseguem fazer essa distinção, pois o limiar diferencial varia de sentido para sentido. Por exemplo, como nosso olfato não é bem desenvolvido, muitas vezes deixamos de diferenciar o cheiro de duas versões do mesmo objeto.

Percepção subliminar

O conceito de limiar perceptual é importante para outro fenômeno – a percepção subliminar. Imagine que você está sentado no cinema e está sendo exposto a mensagens como "coma pipoca" e "beba Coca-Cola." Entretanto, cada mensagem é mostrada na tela durante uma fração de segundo, um tempo tão curto que você não tem conhecimento consciente da mensagem. Estímulos desse tipo, apresentados abaixo do limiar de consciência, são chamados *mensagens subliminares*, e nossa percepção deles é chamada **percepção subliminar**.

Percepção subliminar A ativação de receptores sensoriais por estímulos apresentados abaixo do limiar de percepção.

A percepção subliminar é diferente do processamento pré-atencional pois neste nossa atenção é direcionada para algo que não o estímulo – por exemplo, a um artigo de revista em vez de um anúncio em nossa visão periférica. Na percepção subliminar, nossa atenção é direcionada diretamente ao estímulo que está sendo apresentado subliminarmente. No processamento pré-atencional, o estímulo está totalmente presente – se você mudar sua atenção e olhar diretamente para o anúncio ou *outdoor*, poderá vê-lo com facilidade. Em contrapartida, estímulos subliminares são apresentados tão rapidamente que até mesmo o ato de percebê-los é difícil.

(**IMPLICAÇÕES DE MARKETING**)

A questão sobre o efeito de estímulos apresentados de maneira subliminar nas respostas dos consumidores gerou bastante controvérsia na área de marketing. Um estudo muito conhecido, porém fraudulento, do segmento publicitário afirmava que consumidores em um cinema tinham sido expostos subliminarmente a mensagens na tela que diziam "coma pipoca" e "beba Coca-Cola". Foi constatado que a exposição a essas mensagens subliminares influenciou a aquisição de Coca-Cola e pipoca por parte dos espectadores.[112] Apesar de agências publicitárias negarem o uso de tais estímulos, e de o estudo original sobre pipoca/Coca-Cola ter sido desacreditado, algumas pessoas alegam que os profissionais de marketing estão fazendo lavagem cerebral nos consumidores e tentando manipulá-los. Essas pessoas também acreditam que anúncios contendo tais estímulos são eficazes.[113]

A percepção subliminar afeta o comportamento do consumidor?

Pesquisas sugerem que a percepção subliminar tem efeitos limitados sobre os consumidores.[114] Não se constatou que tais estímulos despertem motivos como a fome, e estímulos sexuais apresentados subliminarmente também não afetam as atitudes ou preferências dos consumidores. Pesquisas também falharam em mostrar que estímulos subliminares afetam a memória explícita dos consumidores sobre anúncios ou marcas. Em consequência, a comunidade publicitária tende a descartar pesquisas sobre percepção subliminar.

É interessante notar que há, no entanto, evidências de que estímulos apresentados abaixo do limiar de percepção consciente podem atingir nossos registros sensoriais. Pesquisadores descobriram que, se os consumidores são subliminarmente expostos a uma palavra (por exemplo, *lâmina*), eles reconhecerão a palavra mais rapidamente que palavras às quais não foram expostos de maneira subliminar.[115] Além disso, algumas evidências preliminares sugerem que estímulos percebidos subliminarmente podem afetar os sentimentos dos consumidores. Um estudo constatou que os consumidores tinham respostas mais fortes a anúncios com inserções sexuais subliminares que aqueles sem tais inserções.[116] Dessa forma, o significado de estímulos percebidos subliminarmente é analisado por seu significado, e esses estímulos podem obter sentimentos primitivos como respostas. Entretanto, esses efeitos não parecem ser fortes o suficiente para alterar as preferências dos consumidores ou para tornar um anúncio ou marca mais memoráveis. Expor consumidores à mensagem no limiar de consciência ou acima dele deveria ter tanto impacto, se não mais, que estímulos subliminares, tornando desnecessário o uso destes.[117] Pesquisadores usam agora a neurociência para continuar investigando se a publicidade subliminar funciona.[118]

Como os consumidores percebem um estímulo?

Algumas pesquisas se concentraram no modo como os indivíduos organizam ou combinam as informações visuais que percebem. Os consumidores tendem a não perceber um estímulo isoladamente; em vez disso, eles organizam e integram esse estímulo no contexto de outras coisas ao redor de tal estímulo. Muitos estímulos são, na realidade, uma combinação complexa de diversos pequenos estímulos que os consumidores devem organizar em um todo usando **a organização perceptual**. Esse processo representa um nível de processamento um pouco mais alto e mais significante que o mero registro de estímulos em nossos receptores sensoriais. Quatro princípios básicos relacionados à organização perceptual são: figura e fundo; encerramento; agrupamento; e viés pelo todo.

Organização perceptual Processo pelo qual estímulos são organizados em unidades significativas.

Figura e fundo De acordo com este princípio, as pessoas interpretam estímulos no contexto de um fundo.

O princípio de **figura e fundo** sugere que as pessoas interpretam a entrada de estímulos em contraste com um fundo. A figura está bem definida e no primeiro plano – o ponto focal da atenção –, enquanto o fundo é indefinido, vago e está no segundo plano. As pessoas tendem a organizar suas percepções em relações de figura e fundo, e o modo em que esse processo ocorre vai determinar como o estímulo é interpretado. Assim, os anunciantes deveriam planejar que as informações importantes de uma marca sejam a figura, não o fundo, e não deixar o segundo plano roubar a atenção da figura. Os anunciantes frequentemente violam esse princípio ao usar modelos sensuais ou atraentes em mensagens de anúncio. Como resultado, a modelo torna-se a figura e o ponto focal, deixando o produto ou a marca passar despercebido.

Encerramento De acordo com este princípio, indivíduos têm a necessidade de organizar percepções de modo que formem um todo com significado.

O **encerramento** se refere ao fato de os indivíduos terem necessidade de organizar percepções de modo que formem um todo com significado. Mesmo que um estímulo seja incompleto, nossa necessidade de encerramento nos levará a vê-lo como completo. Tentamos, então, completar o estímulo. A chave para usar a necessidade de encerramento, consequentemente, é oferecer aos consumidores um estímulo incompleto. Por exemplo, colocar um anúncio de televisão bem conhecido no rádio é uma maneira eficaz de fazer consumidores pensarem na mensagem. A versão para rádio do anúncio é um estímulo incompleto, e a necessidade de encerramento dos anúncios leva os consumidores a mentalizar as partes visuais desse anúncio. Da mesma maneira, cortar objetos em anúncios de modo que eles pareçam ambíguos pode ser uma forma de fazer os consumidores pensarem sobre o que é o objeto e chegarem ao encerramento.[119]

Agrupamento Tendência de formação de imagem ou impressão unificada por agrupamento de estímulos.

O **agrupamento** refere-se ao fato de frequentemente agruparmos estímulos para formar uma imagem ou impressão unificada, tornando seu processamento mais fácil. Vemos objetos semelhantes ou próximos como se fossem feitos para estar juntos. Os profissionais de marketing podem influenciar a imagem ou percepção de um produto ou serviço agrupando-o com outros estímulos. Na publicidade, as empresas às vezes incluem mais de uma marca ou de um produto na mesma mensagem para gerar exposição mediante agrupamento. Em merchandising, os profissionais de marketing muitas vezes criam uma impressão unificada, expondo itens relacionados como um grupo. Os consumidores podem perceber a arrumação de uma mesa como elegante se guardanapos, porta-guardanapos, taças de vinho, talheres, louças e travessas estão agrupados de maneira inteligente.

O princípio do **viés pelo todo** defende que os consumidores percebem mais valor no todo de algo que em duas ou mais partes que são equivalentes ao todo. Dessa forma, é mais provável você fazer uma compra de US$ 20,00 se tiver duas notas de US$ 5,00 e uma de US$ 10,00 – e menos provável fazer a compra se você tiver uma única nota de US$ 20,00. Em outras palavras, seu viés pelo todo (a nota de US$ 20,00) o torna menos disposto a gastá-la.[120] Comissárias de bordo da Cathay Pacific Airlines perguntam aos passageiros se eles doariam suas moedas estrangeiras restantes ao Unicef. Pedindo apenas o troco que está sobrando, a empresa aérea já arrecadou mais de US$ 1 milhão para o Unicef desde 1991.[121]

Viés pelo todo A tendência de perceber mais valor no todo que nas partes combinadas que formam o todo.

Resumo

Para um estímulo de marketing ter impacto, os consumidores devem ser expostos, dar alguma atenção a ele e percebê-lo. Consumidores precisam de um nível básico de atenção para perceber um estímulo antes de poderem usar recursos mentais adicionais para processar o estímulo em níveis mais altos (algo que exploraremos no próximo capítulo). A exposição ocorre quando um estímulo de marketing é apresentado ao consumidor. Sabendo que a exposição dos consumidores a estímulos de marketing é seletiva, os profissionais de marketing usam diversas táticas para aumentar a exposição ao estímulo.

A atenção ocorre quando o consumidor aloca capacidade de processamento ao estímulo. A atenção é seletiva, dividida e limitada. O uso de táticas como a colocação de produtos não garante que os consumidores prestarão atenção direta aos estímulos de marketing, embora os consumidores possam prestar atenção a tais estímulos de modo pré-atencional. Tornar um estímulo de marketing pessoalmente relevante, agradável, surpreendente ou fácil de processar aumentar sua propriedade de atrair atenção. Consumidores percebem um estímulo usando um de seus cinco sentidos: visão (mediante estímulos de tamanho e cor), audição (por meio da intensidade do som, tom, ritmo e outras características), paladar (especialmente para alimentos e bebidas), olfato (afetando respostas, humor, prova, gosto e aquisição) e tato (afetando respostas, humor e gosto).

Limiares perceptuais determinam o ponto no qual os estímulos são percebidos. O limiar absoluto é o ponto mais baixo no qual um indivíduo pode experimentar uma sensação, e o limiar diferencial é a diferença mínima na intensidade de um estímulo, intensidade necessária para detectar que dois estímulos são diferentes entre si. O limiar diferencial é importante tanto quando os profissionais de marketing não querem que os consumidores notem uma diferença entre dois estímulos (como a redução de tamanho) como quando o querem (como no caso de melhoria no produto). Às vezes, os consumidores podem perceber coisas fora do seu nível de consciência, um fenômeno chamado *percepção subliminar* – mas isso parece ter um impacto limitado sobre os motivos ou comportamentos dos consumidores. Finalmente, a organização perceptual ocorre quando consumidores organizam um conjunto de estímulos em um todo coerente, afetado pelos princípios de figura e fundo, encerramento, agrupamento e viés pelo todo.

Perguntas para revisão e discussão

1. Como o zipping e o zapping afetam a exposição dos consumidores a estímulos como produtos e anúncios?
2. O que é atenção e quais são suas três características chave?
3. De que maneiras a proeminência e a habituação afetam a atenção do consumidor?
4. O que é percepção e que métodos são usados para perceber estímulos?
5. Mostre quais são as diferenças entre o limiar absoluto e o limiar diferencial e explique como esses conceitos se relacionam com a lei de Weber.
6. Elenque quatro princípios de organização perceptual e explique por que os profissionais de marketing precisam conhecê-los.

CASO – COMPORTAMENTO DO CONSUMIDOR

A Heinz quer chamar a atenção

De frascos de cabeça para baixo e ketchups com cores malucas a exposições incomuns em lojas e comerciais de televisão criados por clientes, a H. J. Heinz quer definitivamente chamar a atenção. Apesar de vender 650 milhões de frascos de ketchup a cada ano, a empresa não é complacente em manter suas marcas e produtos à vista do público, e uma maneira de fazer isso é usar exposições especiais em lojas. Para chamar a atenção de motoristas que passeiam pelo Sam's Club e outras lojas de atacado, a empresa criou expositores de papelão como a traseira de uma caminhonete picape, que encheu de pacotes de piquenique do tipo tudo em um, com ketchup, mostarda e picles da Heinz.

Quando a Heinz introduz produtos e embalagens novos, ganha mais espaço de prateleira, atrai a atenção e ressalta o apelo de cada item aos sentidos. Seu *4* E-Z-Squirt, em cores vivas e agradáveis a crianças, como verde, roxo e azul, foi um destaque nas prateleiras. Seu ketchup orgânico vem em um frasco de cabeça para baixo, com uma tampa verde que faz o produto se sobressair ao mesmo tempo que o coloca na categoria de alimentos naturais e orgânicos. A Heinz também está desenvolvendo uma variedade mais doce de tomate para futuros produtos de ketchup.

Entretanto, o que encanta as papilas gustativas dos consumidores em um país pode não ser tão atraente em outro. "O paladar do consumidor ainda é bastante local", observa um executivo da Heinz, "[e esse é o motivo pelo qual] ainda gostamos de nossas receitas com um sabor local, mesmo o *ketchup*". Chefs, cientistas, designers, engenheiros e profissionais de marketing trabalham juntos para criar e testar novos ketchups e outros produtos alimentícios no Heinz Global Innovation and Quality Center na grande cidade de Pittsburgh, Pennsylvania. O resultado são sabores não tradicionais, direcionados a mercados específicos, como o *ketchup* sabor *chili* e o *ketchup* de cebolas doces, lançados recentemente em lojas do Reino Unido. O centro também tem um "supermercado" no qual os profissionais de marketing podem observar como os consumidores se comportam enquanto andam pelos corredores repletos de produtos da Heinz e de empresas concorrentes.

Com tantos produtos alimentícios disputando a atenção na mídia publicitária e nas prateleiras de supermercados, conseguir que consumidores notem um anúncio de ketchup – que dirá agir sobre a informação recebida – é outro desafio importante. A Heinz se comunica por meio de numerosas mensagens, divulgando-as nas mídias impressa, transmitida e on-line; a empresa também usa comunicações em lojas e restaurantes para reforçar a imagem da marca e a lealdade dos consumidores a ela. A Heinz já patrocinou concursos Top This TV em que consumidores submetem comerciais caseiros de 30 segundos com a participação do ketchup Heinz, que são postados no YouTube para visualização e votação. O prêmio máximo é de US$ 57.000 (uma brincadeira com as "57 variedades de Heinz") e uma aparição na televisão nacional para o comercial vencedor.

Para incentivar a participação e levantar a bandeira da marca, a Heinz promove esses concursos em seus rótulos de ketchup, na TV, na mídia impressa e on-line. Centenas de consumidores enviaram trabalhos nos dois primeiros concursos; muitos desses comerciais, inclusive aqueles criados pelos finalistas, ainda estão disponíveis no YouTube e no website *topthistv.com*, da Heinz. A cobertura da mídia e a publicidade boca a boca divulgaram o concurso rapidamente e mantiveram as pessoas falando sobre os comerciais caseiros, mesmo depois de a votação ser encerrada e os vencedores, anunciados.

A Heinz também montou um concurso para chamar a atenção da comunidade e envolver estudantes e professores norte-americanos com a marca e suas comunicações. O concurso Ketchup Creativity convidou estudantes do primeiro ao nono ano para enviar trabalhos de arte para embalagens de sachê Heinz. Dos mais de 15 mil trabalhos recebidos, os juízes escolheram 12 vencedores para expor seus trabalhos em milhões de pacotes de sachê de ketchup Heinz; e cada vencedor recebeu uma bolsa de estudos de US$ 750; a escola de cada vencedor ganhou o equivalente a US$ 750 em ketchup Heinz e US$ 750 de material para artes. O trabalho artístico criado pelos estudantes fez os pacotes de sachê se destacarem e acrescentou apelo visual a um produto que raramente recebe a atenção do consumidor.

Perguntas sobre o caso

1. Usando os conceitos discutidos neste capítulo, explique como a Heinz tem conseguido sucesso na geração de exposição e na captação de atenção. Que outras ideias você sugere que a Heinz tente para incentivar a exposição, a atenção e a percepção?
2. Em termos de exposição, atenção e percepção, quais são algumas das potenciais desvantagens dos concursos Top This TV da Heinz?
3. Você acha que, a longo prazo, a Heinz vai obter vantagens por criar um concurso que se concentrou no apelo visual de planejar pacotes de sachê de ketchup? Explique sua resposta.

Conhecimento e entendimento

Capítulo 4

OBJETIVOS DE APRENDIZADO

Depois de estudar este capítulo, você estará apto a:

1. Descrever a relação entre o conhecimento do consumidor e o entendimento do consumidor, explicar o que afeta esses processos e mostrar por que os profissionais de marketing devem considerar os dois.

2. Discutir como e por que conceitos como esquemas, associações, imagens, categorias e protótipos são relevantes para os profissionais de marketing.

3. Distinguir entre categorização e compreensão e descrever como as características do produto, preço e outros elementos de marketing podem induzir os consumidores a fazer inferências sobre produtos.

INTRODUÇÃO

Chamando o mercado de anéis de noivado

O anel de diamante é uma antiga tradição de noivado nos Estados Unidos e um dos pilares da Tiffany, a joalheira famosa por suas caixas de presente azuis. Todavia, na Europa, até recentemente os casais preferiam anéis com pedras coloridas mas, atualmente, casais na Europa e no Reino Unido escolhem cada vez mais solitários de diamante, assim como seus colegas no Japão e na China. "O fenômeno do anel de noivado está no mundo todo", observa o presidente executivo da De Beers, o líder global do mercado de diamantes.

Muitas empresas querem que casais noivos em todos os lugares pensem em um anel de diamante quando pensarem em se casar. A Bulgari criou uma linha especial de anéis de noivado para clientes japoneses; as catorze lojas da Cartier na China têm um "bar da noiva" especial, onde os casais podem bebericar champanhe enquanto comparam diamantes deslumbrantes. A LVMH, empresa francesa de bens de luxo, fez uma parceria com a De Beers para abrir lojas da De Beers Diamond Jewellers nas maiores cidades do mundo. Essa joalheria criou o famoso slogan "Um diamante é para sempre" e também promove sua própria marca de diamantes, a Forevermark, por meio de anúncios em revistas e pelo site *forevermark.com*.[1]

No capítulo anterior, você aprendeu sobre o modo como os consumidores prestam atenção às coisas e como as percebem, e este capítulo vai mais além, perguntando como eles entendem o mundo ao seu redor. Para responder a essa pergunta, precisamos saber como os consumidores relacionam o que observam com o que já sabem – seu conhecimento prévio. Consumidores que veem um anel de diamante podem associá-lo a coisas que eles adoram e a joias caras. Além disso, pistas como caixas azuis e a marca Forevermark agregam valor a cada joalheria ou personalidade da marca e ajudam os consumidores a distinguir uma da outra e, com base em conhecimento prévio, os consumidores podem categorizar marcas e produtos. Desse modo, alguns podem ver o anel de noivado da Tiffany como o protótipo de uma joia de diamante, sendo um subconjunto da categoria de joias. Por fim, o conhecimento dos consumidores os ajuda a interpretar e entender anúncios de joias e websites – todos os tópicos discutidos nesse capítulo.

Visão geral de conhecimento e entendimento

Como mostra o Exemplo 4.1, existem dois grandes domínios de conhecimentos prévios: o conteúdo do conhecimento (informações armazenadas) e a estrutura do conhecimento. O conhecimento prévio é usado para entender (categorizar e compreender) informações novas.

Conteúdo de conhecimento
Informação que já temos na memória.

O **conteúdo do conhecimento** reflete a informação que os consumidores já têm a respeito de marcas, empresas, categorias de produto, lojas, anúncios, pessoas, como comprar, como usar os produtos, e assim por diante. Às vezes, as empresas usam o marketing para desenvolver, acrescentar ou mudar o conteúdo do conhecimento dos consumidores e cada vez mais tentam ligar suas marcas a outros conhecimentos que os consumidores tenham, como ilustra o Exemplo 4.1.[2] A **estrutura do conhecimento** descreve como os consumidores organizam o conhecimento. Eles geralmente organizam seu conhecimento em categorias, armazenando coisas semelhantes na mesma categoria. Por exemplo, os nomes de certas marcas de creme dental, como a Rembrandt, podem ser armazenados em uma categoria chamada *creme dental branqueador*. Além disso, essa marca, juntamente com outras, como Crest e Colgate, pode ser armazenada em uma categoria mais abrangente chamada *creme dental*. Todas essas marcas de creme dental, ao lado de fio dental e produtos relacionados, podem ser então armazenadas em uma categoria ainda mais ampla chamada *produtos de higiene dental*.

Estrutura do conhecimento
O modo como o conhecimento é organizado.

Categorização Processo de rotular ou identificar um objeto. Envolve relacionar o que percebemos em nosso ambiente externo com o que já sabemos.

Compreensão O processo de aprofundamento do entendimento. Envolve o uso de conhecimento prévio para entender melhor o que foi categorizado.

O conhecimento prévio é essencial para dois aspectos do entendimento do consumidor: categorização e compreensão (veja o Exemplo 4.1). **Categorização** é o processo de rotular ou identificar um objeto que percebemos em nosso ambiente externo com base na semelhança entre esse objeto e algo que já conhecemos. Assim, poderíamos rotular a goma de mascar Trident como um produto de higiene dental em vez de um doce, e relacioná-la ao nosso conhecimento de outros produtos de higiene dental. **Compreensão** é o processo de usar o conhecimento prévio para entender mais sobre o que foi categorizado. Por exemplo, podemos relacionar a imagem, o título e o texto em um anúncio ou website da Trident e entender que "a goma de mascar Trident é boa para os dentes e pode ter alguns benefícios idênticos aos da escovação".

Dizemos que "conhecemos" algo quando já encontramos a mesma coisa anteriormente e entendemos, de alguma maneira, o que ela significa e como é.

Portanto, o saber tem a ver com o nosso conhecimento prévio – tanto o que já encontramos (conteúdo do conhecimento) como o modo em que esse conhecimento é organizado (estrutura do conhecimento). Além disso, costumamos direcionar nosso comportamento de consumo e busca de modo a nos beneficiar de tal conhecimento prévio.[3]

Conteúdo do conhecimento

O conteúdo de nosso conhecimento reflete o conjunto de coisas que já aprendemos no passado e pode consistir em muitos fatos. Por exemplo, podemos saber que uma banana tem aproximadamente 100 calorias, que Utah é o estado

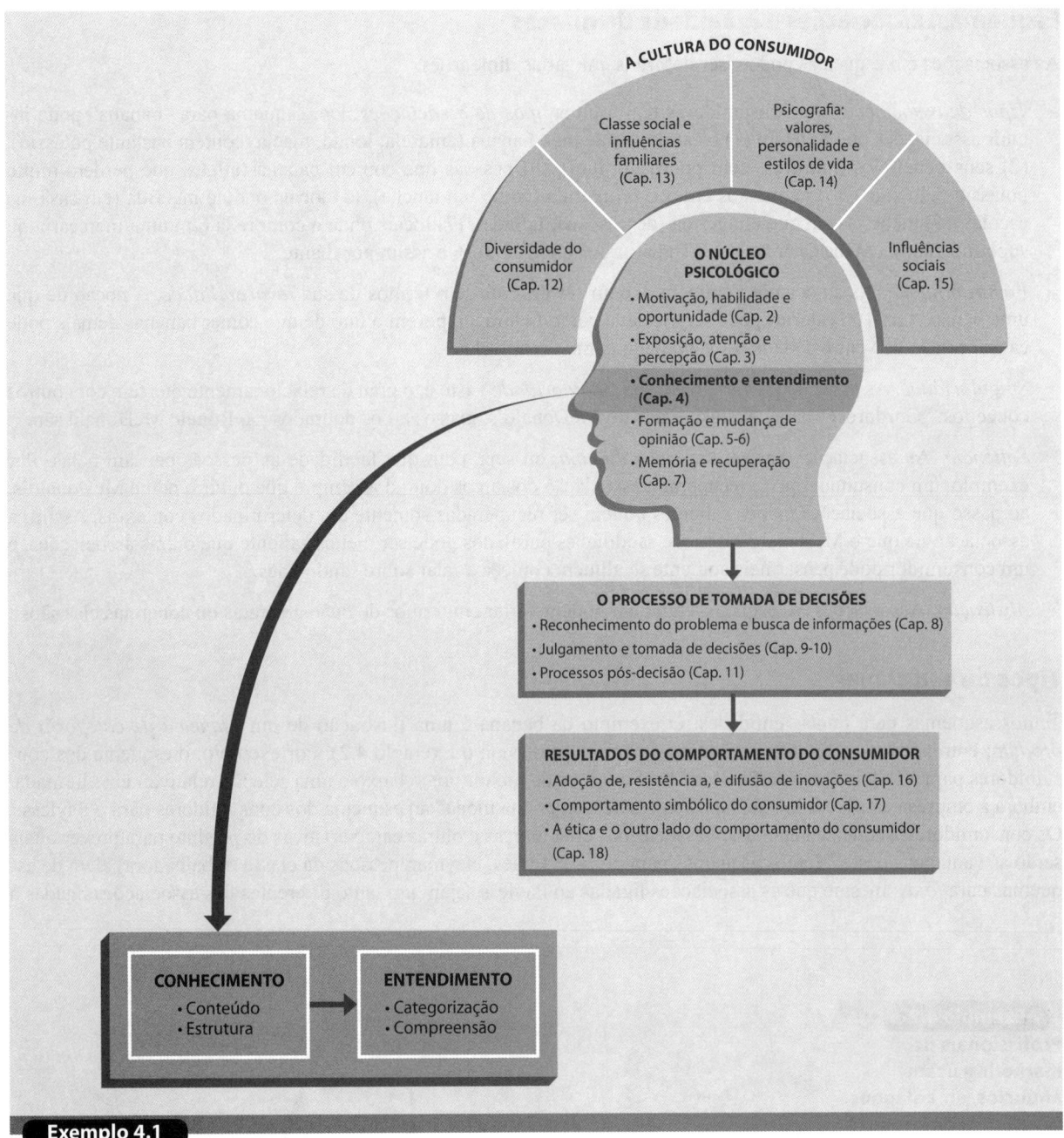

Exemplo 4.1
Visão geral do capítulo: conhecimento e entendimento
Categorizamos informações que percebemos por meio da comparação com o que já sabemos. O conhecimento prévio inclui dois domínios básicos: conteúdo e estrutura. Depois que algo é categorizado, usamos o conhecimento prévio para compreender mais sobre esse algo.

da colmeia e que precisamos trocar o óleo de um carro a cada 5 mil quilômetros rodados. Essas informações não são armazenadas como fatos aleatórios; em vez disso, elas são conectadas ou associadas a um conceito. O conjunto de associações ligado a um conceito é chamado *esquema*.[4] Um esquema para o conceito *banana* tem muitas associações – ela tem 100 calorias, é amarela, amassa facilmente e sua casca pode ser escorregadia. Um esquema é elaborado quando temos muitas associações ligadas ao conceito.

Esquema conjunto de associações ligado a um conceito.

Esquemas, associações e igualdade de marcas

As associações em esquemas podem ser descritas em várias dimensões.[5]

> *Tipos de associações.* Os consumidores têm muitos *tipos de associações*. Um esquema para "banana" pode incluir associações que refletem (1) os atributos de uma banana (amarela, longa, macia, contém bastante potássio), (2) seus benefícios (nutritiva, com pouca gordura), (3) pessoas que comem banana (atletas que perdem muito potássio pelo suor), (4) momentos em que é ingerida (como um lanche), (5) locais onde é ingerida (em casa, na escola), (6) maneiras em que é ingerida (descascada, fatiada), (7) locais onde é comprada (em uma mercearia ou supermercado), (8) locais onde é cultivada (na América do Sul), e assim por diante.

> *Favorabilidade.* As associações também podem ser descritas em termos de sua *favorabilidade*. A noção de que uma banana tem 100 calorias pode ser avaliada como favorável, porém o fato de que comer bananas demais pode causar prisão de ventre pode não ser avaliado como favorável.

> *Singularidade.* As associações variam em sua *singularidade* – isto é, o grau de relacionamento que têm com outros conceitos. "Gorduroso" não é exclusividade do McDonald's, mas os arcos dourados e o Ronald McDonald são.

> *Saliência.* As associações variam em sua *saliência*, ou seja, com que facilidade as pessoas pensam nelas. Por exemplo, um consumidor pode recuperar a associação dos arcos dourados sempre que ouvir o nome McDonald's, ao passo que associações menos salientes podem ser recuperadas somente em determinados contextos. Assim, a associação de que o McDonald's oferece sanduíches enrolados pode ser menos saliente que outras associações, e um consumidor pode pensar nela somente se alguém começa a falar sobre sanduíches.[6]

> *Abstração.* Associações em esquemas também podem variar em termos de quão abstratas ou concretas elas são.

Tipos de esquemas

Temos esquemas para muitas entidades. O exemplo da banana é uma ilustração de um *esquema de categoria de produto*; entretanto, também temos esquemas para *marcas* (veja o Exemplo 4.2). Por exemplo, o esquema dos consumidores para a cadeia varejista Payless ShoeSource pode incluir preço baixo e uma seleção relativamente limitada, embora a empresa esteja usando anúncios para acrescentar "na moda" ao esquema dos consumidores para o Payless.[7] Os consumidores frequentemente usam associações com marcas e outras características do produto para prever quais serão as vantagens deste.[8] Temos esquemas para *pessoas* (mães, Neymar, pessoas da classe trabalhadora) além de esquemas para *lojas*; mesmo que as associações ligadas ao Payless sejam um tanto diferentes das associações ligadas à

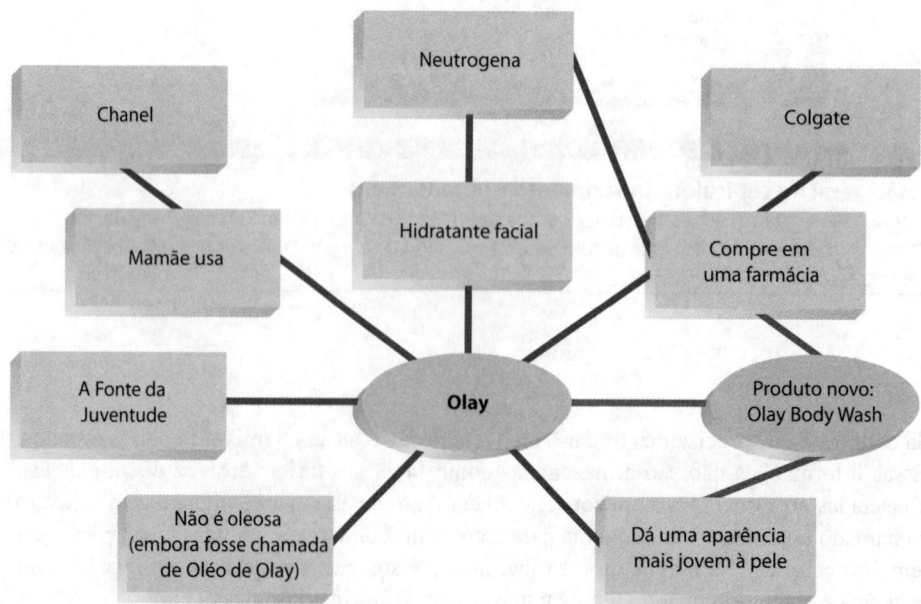

Exemplo 4.2
Profissionais de marketing usam anúncios, embalagens e atributos do produto para aumentar o conhecimento dos consumidores a respeito de uma oferta
Os profissionais de marketing querem que os consumidores saibam mais sobre seus produtos (por exemplo, que a Olay lançou um produto novo para banho). Anúncios, embalagens e atributos do produto são maneiras úteis de transmitir esse conhecimento.

Nordstrom. Temos esquemas para *vendedores* (vendedora de cosméticos, vendedor de carros), *anúncios* (de Coca-Cola, da Geico), *empresas* (Starbucks, IBM), *lugares* (DisneyWorld, Vail), *países* (África do Sul, Alemanha) e *animais* (tigre, alce). Temos um esquema até para nós mesmos, chamado *autoesquema*, e às vezes avaliamos se o esquema de uma marca combina com aquele que temos de nós mesmos.[9]

Imagens

Uma imagem é um subconjunto de associações que refletem o que algo representa e quão favoravelmente é visto.[10] Por exemplo, nossa **imagem da marca** McDonald's pode ser favorável e pode incluir associações como um lugar bom para levar a família e de comidas rápidas. Uma imagem não representa *todas* as associações ligadas a um esquema – somente aquelas que são mais salientes e que tornam a marca diferente das outras na categoria. Assim, embora saibamos que o McDonald's serve algumas comidas com pouca gordura, esse conhecimento não precisa ser usado para formar nossa imagem da marca. Também temos imagens para outras entidades de marketing, como lojas, empresas, lugares e países.[11]

Imagem da marca
Um subconjunto de associações salientes e relacionadas a sentimentos armazenados no esquema de uma marca.

Os esquemas podem incluir associações que refletem a **personalidade da marca** – isto é, o modo como o consumidor descreveria a marca se ela fosse uma pessoa.[12] Em um estudo, consumidores descreveram a marca Whirlpool como gentil, sensível, calada, bem-humorada, flexível, moderna, alegre e criativa. Pesquisadores descobriram que essas associações sugeriam uma mulher moderna e voltada para a família, que é boa vizinha, bem-sucedida, atraente e orientada para a ação. A personalidade da Whirlpool foi bastante diferente daquela da KitchenAid, cujo nome personificou uma mulher trabalhadora, inteligente, agressiva, glamourosa, rica, elegante e sempre na moda.[13] Quando a Whirlpool expandiu sua atuação na Europa, usou publicidade para criar uma personalidade de marca ligada a deusas poderosas e, mais tarde, adaptou essa campanha bem-sucedida para mercados norte-americanos, em que seu foco são as mães que trabalham fora.[14]

Personalidade da marca
O conjunto de associações que refletem a personificação da marca.

Como seria de se esperar, o endosso de uma celebridade pode reforçar as associações com a personalidade da marca,[15] personalidades de marca também pode ser incorporadas em personagens da marca, como Charlie, o Atum e a lagartixa da Geico. Como personalidades de marca têm significado cultural e refletem valores culturais, uma marca global pode ser percebida de formas diferentes em culturas distintas.[16] Finalmente, personalidades da marca podem ser atualizadas com base na exposição dos consumidores a informações novas.[17]

IMPLICAÇÕES DE MARKETING

Esquemas, imagens e personalidades são claramente importantes para o conhecimento do consumidor, e tais associações são importantes também para os profissionais de marketing, porque marcas que têm imagens fortes e desejáveis são mais valiosas para empresas. Ou seja, elas contribuem para a **equidade da marca**, ou o valor da marca para a empresa.[18] Como as imagens de marcas apreciadas podem ser traduzidas em forte lealdade à marca, os profissionais de marketing devem identificar e entender as várias associações que os consumidores ligam a uma marca específica.[19] Note que consumidores jovens, em idade escolar, começam a associar imagens de marca com as imagens de si mesmos,[20] por isso entender as associações que os consumidores veem, ou querem ver, como parte de si mesmos ajuda os profissionais de marketing a desenvolver, mudar e proteger imagens da marca.

Criando esquemas, imagens e personalidades novas

Quando uma oferta é nova, o profissional de marketing tem de criar um esquema, uma imagem e/ou personalidade para ajudar os consumidores a entender o que ela é, o que pode fazer por eles e como difere das ofertas concorrentes. A criação de esquemas é particularmente importante para produtos novos, porque os consumidores podem ainda não entender o que são ou o que oferecem.

A criação de esquemas e imagens para uma empresa também é importante para que os consumidores entendam os tipos de produtos produzidos por ela. Por exemplo, a AFLAC, que tem sede na Geórgia, oferece seguro complementar de saúde e contra acidentes, mas os consumidores não sabiam muito sobre a empresa até ela ganhar uma personalidade concreta, apresentando um pato como sua mascote publicitária. Em um ano, a AFLAC aumentou o reconhecimento de sua marca entre norte-americanos para 90% – e suas vendas nos Estados Unidos dispararam.[21]

Às vezes, esquemas, imagens e personalidades podem ser criados por meio de extensões de marca, acordos de licenciamento e alianças de marcas.

> Uma extensão de marca ocorre quando uma empresa usa o nome de marca de um produto com uma imagem bem desenvolvida, como os biscoitos Oreo, em outro de categoria diferente, como o Oreo Candy Bites, que pertence à categoria dos doces.
> O licenciamento ocorre quando uma empresa vende os direitos ao nome da marca para outra empresa usar em seu produto. Por exemplo, a Chrysler licenciou a marca Jeep para ser usada em carrinhos de bebês, roupas, carrinhos de mão, malas e outros itens.[22]
> Uma aliança de marcas ocorre quando os nomes de marca de duas empresas aparecem juntos em um único produto, como no sorvete Häagen-Dazs Baileys Irish Cream.

Uma consequência das extensões de marca, acordos de licenciamento e alianças é que os consumidores desenvolvem uma imagem para a nova marca, transferindo para ela suas associações e os sentimentos favoráveis do esquema da marca original.[23] Por exemplo, se os consumidores acham que os veículos Jeep são resistentes e confiáveis, eles podem inferir que carrinhos de mão da Jeep também terão as mesmas características. Se os consumidores inicialmente gostam de uma marca, esses sentimentos influenciarão suas avaliações de extensões posteriores dela.[24] Entretanto, as empresas precisam ser cautelosas sobre quais associações elas querem transferir para a extensão da marca, visto que promover os atributos da extensão de uma marca pode atrair a atenção dos consumidores para esses atributos, em vez de para a marca, e tornar a extensão menos atraente.[25]

Os consumidores costumam gostar mais de extensões de marca quando o produto se identifica de alguma maneira com a marca-mãe ou com o conjunto de marcas na família de marcas, e quando eles realmente gostam da marca-mãe.[26] O encaixe entre a extensão da marca e a marca-mãe ou família de marcas pode ser fundamentado em atributos ou vantagens semelhantes, objetivos de uso ou metas,[27] e, embora consumidores em culturas diferentes possam ter percepções diferentes sobre como uma extensão de marca se encaixa com a marca-mãe ou com a família de marcas, eles tendem a gostar mais da extensão quando percebem um encaixe melhor.[28] Às vezes os consumidores precisam se esforçar para entender como uma extensão de marca se relaciona com a marca-mãe ou com a família de marcas. Então, avaliações podem ser afetadas pelo MAO dos consumidores, isto é, a motivação, habilidade e oportunidade (conceitos descritos no Capítulo 2) para entender o encaixe entre a extensão da marca e a marca-mãe.[29] As avaliações dos consumidores de extensões da marca podem ser afetadas pelo fato de eles estarem de bom humor ou não, e por quão envolvidos estão no processamento de informações sobre a marca.[30]

Uma preocupação sobre extensões de marca é que elas tornam o esquema de marca menos coerente e podem diluir a sua imagem,[31] ou seja, se o nome Jeep aparece em muitos produtos diferentes – carrinhos de mão, roupas, malas – os consumidores podem ficar confusos sobre o que Jeep representa. Por outro lado, às vezes os consumidores aceitam uma extensão de marca melhor quando seu nome já está ligado a produtos muito diferentes um do outro. Isso acontece porque os consumidores podem encontrar alguns atributos ou vantagens em pelo menos uma das categorias de produto que fazem que extensão da marca pareça ser um produto bom.[32]

Embora marcas existentes possam afetar as percepções dos consumidores sobre uma extensão de marca, às vezes mensagens de marketing sobre uma extensão de marca também podem influenciar as percepções dos consumidores sobre aquelas já existentes.[33] Por exemplo, se um consumidor teve uma experiência ruim com as malas Jeep, esses sentimentos negativos podem afetar sua imagem dos veículos Jeep. Considerando esses problemas potenciais, os profissionais de marketing precisam estar atentos aos efeitos de longo prazo que o uso dessas estratégias pode ter.[34]

Em um nível mais básico, a criação de associações ligadas a uma oferta ajuda a posicioná-la de modo que os consumidores entendam o que ela é e com o que está competindo. Aperitivos fabricados pela Newman's Own Organics, por exemplo, são associados a ingredientes orgânicos e a lojas de alimentos naturais, associações que os diferenciam de marcas de aperitivos concorrentes como o Frito-Lay, vendidos em redes de supermercados.

Desenvolvendo esquemas, imagens e personalidades existentes

Apesar de os profissionais de marketing às vezes terem de criar esquemas novos, em outros casos eles têm de desenvolver ou elaborar um esquema – isto é, acrescentar informações a um esquema existente de modo que os consumidores entendam mais sobre ele.³⁵ Assim, ao longo do tempo, uma publicidade consistente pode ajudar a desenvolver e reforçar esquemas de marca de longo prazo.³⁶ Existem três maneiras de desenvolver esquemas:

1. Usar extensões de marcas múltiplas. Embora a Arm & Hammer tenha sido associada ao fermento no passado, a extensão da marca a categorias como caixas de areia para gatos, desodorizante de carpete e desodorizante de geladeira reforçou sua imagem como desodorizante.
2. Ligar o produto ao patrocínio de um evento esportivo apropriado. Fazer isso fortalece e desenvolve o esquema e a personalidade de marca existentes.³⁷
3. Ressaltar características e vantagens adicionais. A Nalgene desenvolve esquemas ao promover suas garrafas reutilizáveis de água como leves, à prova de vazamentos, modernas e não prejudiciais ao planeta.³⁸

Mudando esquemas, imagens e personalidades

Às vezes os esquemas, as imagens e as personalidades de marca dos consumidores contêm associações que exigem mudanças. Quando a imagem de uma marca ou produto torna-se velha, desatualizada ou ligada a associações negativas, os profissionais de marketing precisam encontrar maneiras de acrescentar associações novas e positivas.

A Shimano America, que produz componentes de bicicletas, ajudou a mudar a imagem da bicicleta, antes vista como uma máquina de alta tecnologia e engenharia, para uma que é divertida e fácil de pedalar. As novas bicicletas Coasting da Shimano são planejadas para mudar de marcha automaticamente, para que os ciclistas não precisem se preocupar com isso, mas as *bikes* parecem iguais àquelas que qualquer um pode pedalar. Consequentemente, as bicicletas novas revigoraram as vendas e atraíram novos compradores.³⁹

Proteger as imagens da marca

As imagens de uma marca podem ser ameaçadas durante crises que envolvem risco potencial, como relatórios de produtos contaminados ou problemas de saúde ligados a produtos específicos. A St. Joseph Aspirin, que originalmente produzia aspirinas de baixa dosagem para crianças, enfrentou esse desafio depois que médicos descobriram que crianças que tomavam a aspirina para infecções virais podiam desenvolver a síndrome de Reye, que é fatal. A empresa manteve a marca St. Joseph, mas passou a focar em adultos que querem tomar aspirina de baixa dosagem para reduzir o risco de problemas cardíacos. Para consolidar associações positivas que tinham sido formadas quando os adultos de hoje tomaram aspirina St. Joseph na infância, a empresa voltou a usar uma embalagem antiga.⁴⁰

O modo como uma empresa responde a uma crise afeta sua imagem da marca, mas pesquisas indicam que as expectativas anteriores dos consumidores também têm uma função vital. Empresas cujos clientes tinham uma imagem forte e positiva da marca antes da crise norte-americana sofreram menos danos que empresas cujos clientes tinham expectativas mais baixas, portanto, empresas com imagens de marca mais fracas deveriam agir mais agressivamente para apoiar suas marcas depois de uma crise.⁴¹ Curiosamente, empresas com uma personalidade de marca "sincera" podem enfrentar dificuldades para restabelecer relações fortes com seus clientes depois de uma crise, porque percepções fundamentais sobre a marca foram por água abaixo. Ao contrário, empresas com uma personalidade de marca "empolgante" podem ter menos trabalho para revigorar sua relação com os clientes depois de uma crise, porque os consumidores ficam menos surpresos com experiências não rotineiras com essas marcas.⁴² Finalmente, atividades de distribuição também podem afetar a imagem da marca: consumidores insatisfeitos com o aumento dos preços de uma marca em determinada loja podem ter sentimentos negativos em relação a outras marcas vendidas nela.⁴³

Roteiros

Esquemas representam nosso conhecimento sobre objetos ou coisas.⁴⁴ Um **roteiro** é um tipo especial de esquema que representa o conhecimento de uma sequência de ações envolvidas no desempenho de uma atividade. Por exemplo, pode ter um roteiro para arrumar as rosas que comprou em uma floricultura: abre a embalagem de celofane, pega tesouras, enche um vaso com água, lava as rosas com água corrente, corta os talos e arruma as rosas no vaso. Esse conhecimento o ajuda a completar tarefas de maneira rápida e fácil. Mas quando você faz algo pela primeira vez, como montar um móvel da Ikea, não ter um roteiro pode prolongar a tarefa.

Roteiro Um tipo especial de esquema que representa conhecimento de uma sequência de ações envolvidas no desempenho de certa atividade.

IMPLICAÇÕES DE MARKETING

Roteiros ajudam os profissionais de marketing a entender como consumidores compram e usam uma oferta, e os profissionais de marketing, por sua vez, usam esse conhecimento para tomar decisões de marketing que melhoram produtos ou serviços, e, também, podem realizar tarefas que fazem parte de roteiros dos consumidores. Em outros casos, os profissionais de marketing podem querer que os consumidores considerem o uso de uma marca ou produto específico como parte de uma atividade com roteiro – por exemplo, incorporar dispositivos que não exigem o uso das mãos ao seu roteiro de uso do telefone celular. Publicidade e compras interativas, assim como ofertas e serviços entregues via telefone celular, estão mudando a maneira como os consumidores desempenham atividades com roteiro, como o processamento de anúncios e a compra de bens e serviços. Por exemplo, a Hallmark.com oferece um serviço de lembrete por e-mail que alerta consumidores sobre aniversários, aniversários de casamento e outras ocasiões importantes que envolvem o envio de cartões.

Estrutura do conhecimento

Apesar de esquemas e roteiros refletirem o conteúdo do que sabemos, nossas vidas seriam um caos completo se não tivéssemos alguma maneira de organizar ou estruturar nosso conhecimento. Felizmente, como será mostrado nas seções seguintes, somos adeptos da organização de nosso conhecimento e da categorização de informações.

Categorias e sua estrutura

Categoria taxonômica Grupo de objetos classificados de acordo com um esquema, geralmente hierárquico, organizado com base nas semelhanças entre eles.

Objetos podem ser organizados em **categorias taxonômicas**.[45] Uma categoria taxonômica é uma divisão definida especificamente dentro de uma classificação organizada de objetos com seus semelhantes na mesma categoria. Por exemplo, embora tenhamos esquemas para Coca-Cola, Pepsi, Coca-Cola Diet, e assim por diante, esses esquemas podem ser agrupados em uma categoria chamada *refrigerantes*. Além disso, podemos usar subcategorias para agrupar marcas específicas e separá-las de outras. Assim, podemos ter uma subcategoria para refrigerantes e outra para refrigerantes não diet. Por sua vez, refrigerantes podem ser parte de uma categoria maior de bebidas que inclui também cafés, chás, sucos e águas engarrafadas, como no Exemplo 4.3.

Estrutura nivelada e prototipicalidade

Coisas dentro da mesma categoria taxonômica compartilham características semelhantes, e as características compartilhadas são diferentes daquelas de objetos de outras categorias. Então, um membro de uma categoria como a Coca-Cola Diet compartilha muitas associações com membros de sua própria categoria de cola diet, mas compartilha poucas associações com membros de outras categorias. No Exemplo 4.3, a Coca-Cola Diet tem associações *a-d* e a Pepsi Diet tem muitas, mas não todas as mesmas associações (*a-c* e *e*). O chá Lipton tem associações *a* e *f-h*; portanto, tem menos associações em comum com a Coca-Cola Diet.

Mesmo que membros de uma categoria compartilhem características semelhantes, nem todos são considerados um membro igualmente bom da categoria. Por exemplo, você pode julgar um canário como um exemplo melhor da categoria *pássaro* do que um flamingo. Da mesma maneira, você pode ver a Coca-Cola como um exemplo melhor de refrigerante que a Convenção. O fato de os membros da categoria variarem na maneira em que representam uma categoria ilustra o princípio de **estrutura nivelada**.[46]

Estrutura nivelada O fato de os membros da categoria variarem na maneira em que a representam.

Protótipo O melhor exemplo de uma categoria cognitiva (mental).

Em uma categoria específica, você, como consumidor, pode classificar membros de acordo com o modo que acredita que eles a representem. O **protótipo** de uma categoria é aquele membro visto como o melhor exemplo dela. Assim, um canário é um pássaro prototípico, e um iPod é um tocador de música digital prototípico. O Exemplo 4.4 identifica marcas que geralmente são consideradas protótipos em suas categorias de produto.

O que afeta a prototipicalidade?

Diversos fatores afetam a avaliação de um consumidor sobre um membro prototípico da categoria.[47] O primeiro são as associações compartilhadas: um protótipo compartilha mais associações com outros membros de sua própria categoria e menos associações com membros de categorias diferentes. Batatas fritas são um salgadinho prototípico porque têm

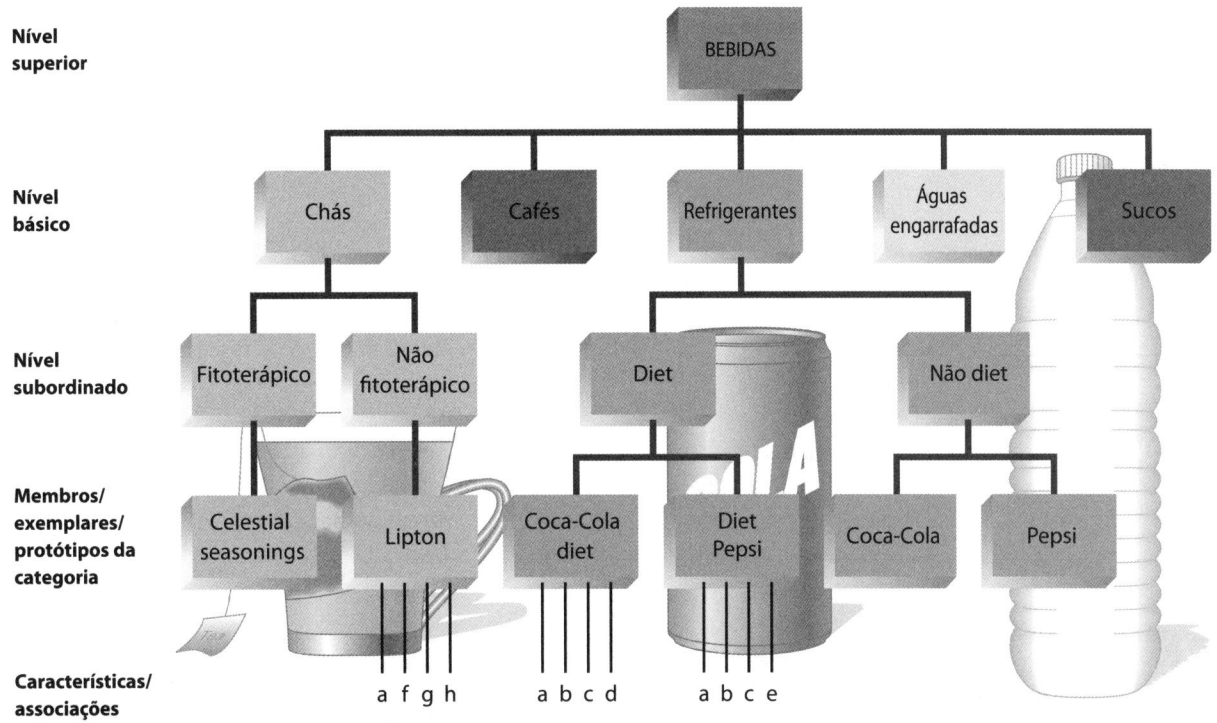

Exemplo 4.3
Estrutura taxonômica de categoria
Objetos podem ser organizados em categorias ordenadas e estruturadas hierarquicamente, com objetos semelhantes na mesma categoria. Por exemplo, chás fitoterápicos e não fitoterápicos são subordinados ao nível básico da categoria de chás. Chás, cafés e refrigerantes são membros da categoria superior de bebidas. As letras sob cada marca significam atributos ligados a ela. Marcas com as mesmas letras têm os mesmos atributos. Por exemplo, as três marcas compartilham de um atributo comum "a" (por exemplo, cafeína), ao passo que somente a Coca-Cola diet e o Lipton compartilham o atributo "b" (por exemplo, adoçante artificial).

associações comuns com muitos salgadinhos (saboroso, crocante, salgado, se come com as mãos, tem alta concentração de carboidratos e gorduras) e poucas associações em comum com outras categorias, como alimentos congelados.

Uma segunda característica que afeta a prototipicalidade é a frequência com que um objeto é encontrado como membro de uma categoria. A Amazon.com é um varejista da Internet prototípico porque consumidores frequentemente encontram seu nome quando estão on-line ou buscando fontes de livros on-line. A primeira marca, ou a "pioneira" de uma categoria – como a Amazon –, também pode ser um protótipo porque estabelece um padrão com o qual marcas posteriores são comparadas.[48]

IMPLICAÇÕES DE MARKETING

Protótipos são o principal ponto de comparação usado por consumidores para categorizar uma marca nova. Portanto, uma marca pode desenvolver sua identidade sendo posicionada como semelhante ou diferente do protótipo.

➢ *Posicionar uma marca como semelhante ao protótipo da categoria* é apropriado nas situações em que o objetivo é atrair um segmento amplo de consumidores. Como o protótipo define melhor a categoria e é bem quisto, uma marca nova posicionada como semelhante ao protótipo pode atrair o mesmo (grande) segmento de consumidores. Assim, consumidores podem muito bem ter uma resposta positiva para produtos que imitam o protótipo,[49] e a publicidade comparativa pode ser uma ferramenta útil para fazer uma marca parecer semelhante ao protótipo. Se uma marca competidora como a Barnesandnoble.com entra no mercado e se compara diretamente à Amazon.com, o competidor pode ser visto como semelhante ao protótipo.[50]

Exemplo 4.4	**Categoria de produto**	**Marcas prototípicas**
Marcas prototípicas	Entretenimento infantil	Disney
Marcas vistas como os melhores exemplos de uma categoria de produto são chamadas de *marcas prototípicas*, e costumam ter muitas características em comum com outras marcas na categoria, são encontradas frequentemente e podem ter sido as primeiras a entrar na categoria de produto.	Sabão em pó	Omo
	Tocador de música digital	iPod
	Telefone celular	Nokia
	Creme dental	Crest
	Eletrônicos	Sony
	Margarina	Doriana
	Atum	Gomes da Costa
	Sopa	Maggi
	Linguiça defumada	Sadia
	Ketchup	Heinz
	Água sanitária	Candida
	Cartões	Graffon's Cards
	Motocicleta	Harley-Davidson
	Geleia de uva	Welch´s
	Gelatina	Royal
	Hambúrgueres	McDonald´s
	Xampu para bebês	Johnson & Johnson
	Ferramentas	Black & Decker
	Cereal	Kellogg´s
	Lenço de papel	Kleenex
	Acetaminofeno	Tylenol
	Conector de gancho	Velcro
	Varejista on-line	Amazon.com

> *O posicionamento distante do protótipo* é uma boa maneira de diferenciar uma marca. Por exemplo, objetivando atingir os consumidores norte-americanos na faixa dos 20 anos de idade, a Toyota posiciona seu Scion xB como tendo um estilo mais distinto que o popular Honda Civic.[51] Essa tática funciona quando a marca difere das outras (particularmente do protótipo) e quando o ponto de diferença oferece um motivo plausível para a compra, o que também é apropriado nos casos em que apela aos consumidores com necessidades específicas. Posicionar uma marca distante do protótipo também pode funcionar com preços, porque os consumidores julgam se o preço de um produto é alto ou baixo em comparação com os preços de vários membros da categoria, não apenas com o preço do protótipo.[52]

Associações correlacionadas

Embora a estrutura nivelada reflita um modo de estruturação do conhecimento, outro modo depende de as associações ligadas aos membros da categoria estarem *correlacionadas*, ou seja, de elas combinarem. Por exemplo, consumidores podem esperar que um bolo muito saboroso tenha muitas calorias, ou que marcas anunciadas nacionalmente sejam de melhor qualidade que aquelas anunciadas localmente. Com automóveis, consumidores podem esperar que um carro grande faça menos quilômetros por litro de combustível que um carro menor. Embora esses atributos possam estar correlacionados na mente dos consumidores, eles podem ou não ser verdadeiros para uma marca específica. Assim, o conhecimento sobre **associações correlacionadas** pode afetar significativamente as inferências dos consumidores sobre uma marca nova e os tipos de comunicações que os profissionais de marketing necessitam fazer para superar inferências potencialmente falsas.

Associações correlacionadas
Medida em que duas ou mais associações relacionadas a um esquema combinam.

Quando os consumidores estão desenvolvendo um esquema ou quando são confrontados com informações ambíguas, podem acreditar erroneamente que, se um produto em uma categoria específica possui um tipo de atributo, outros produtos naquela categoria têm atributos semelhantes.[53] Para entender essas correlações ilusórias, considere o seguinte exemplo: assim como alguns fumantes pensavam erroneamente que cigarros "limpos" sem fumaça eram mais seguros que cigarros normais, eles também podem acreditar erroneamente que cigarros naturais com baixas toxinas são mais seguros.[54] Publicidade que investe nessas correlações ilusórias levanta várias questões éticas, como será discutido no Capítulo 18. Por outro lado, as empresas devem resolver imprecisões que afetam suas atividades de marketing, como você verá no caso sobre a Hyundai neste capítulo.

Consumidores também usam o conhecimento prévio para estimar a probabilidade de dois eventos ocorrerem juntos. Por exemplo, você pode acreditar que, depois que um carro para em um sinal vermelho, você pode atravessar a rua. Apesar de esses dois eventos geralmente ocorrerem juntos, isso nem sempre é verdadeiro, como sabemos a partir de acidentes de trânsito. De acordo com pesquisas, expectativas prévias influenciam a precisão desses julgamentos.[55] Se você viaja de avião regularmente, pode saber que geralmente há táxis aguardando do lado de fora dos aeroportos, por isso pode ficar surpreso e triste ao descobrir que não há táxis para levá-lo ao hotel quando você chega a um aeroporto local na Costa Rica.

Estrutura hierárquica

Uma última maneira em que as categorias taxonômicas são estruturadas é hierarquicamente. Como indica o Exemplo 4.3, categorias taxonômicas podem ser organizadas hierarquicamente nos níveis básico, subordinado e superordenado. O nível mais amplo de categorização é o **nível superordenado**, no qual objetos compartilham algumas associações, mas também têm muitas associações diferentes. Coca-Cola Diet e água mineral Fiji, ambas na categoria bebidas, têm algumas associações comuns e muitas que são diferentes.

Discriminações mais pormenorizadas entre esses objetos são feitas no **nível básico**. Bebidas podem ser mais bem representadas por categorias como chás, cafés e refrigerantes. Os objetos na categoria chás têm mais em comum um com o outro do que com objetos na categoria café. O nível mais detalhado de diferenciação está no **nível subordinado**. Por exemplo, refrigerantes podem ser subdivididos em categorias de refrigerantes diet e não diet. Aqui, membros da categoria refrigerante diet têm mais associações em comum um com o outro do que com membros da categoria não diet. Os consumidores podem organizar informações em categorias com bastante flexibilidade; para bebidas, eles podem avaliar se os refrigerantes são diet ou não diet, colas ou não colas, cafeinados ou descafeinados.

Os consumidores usam mais associações para descrever objetos em uma progressão do nível superordenado para o básico, e do básico para o subordinado. Eles podem aplicar associações como "bebível" e "usado o dia inteiro" para todos os membros da categoria bebidas. Entretanto, outras associações – "com gás, servida gelada, vendida em embalagens com seis latas" – descrevem membros da categoria refrigerantes, e mais associações de "nenhuma caloria" e "adoçantes artificiais" descrevem membros no nível subordinado de bebidas dietéticas.

Nível superordenado O nível mais amplo da organização de categorias, contendo objetos diferentes que compartilham algumas associações, mas ainda são membros da categoria.

Nível básico Nível de categorização abaixo da categoria superordenada, que contém objetos em categorias mais refinadas.

Nível subordinado Nível de categorização abaixo do nível básico, que contém objetos em categorias muito diferenciadas.

(**IMPLICAÇÕES DE MARKETING**)

Entender a estrutura hierárquica de categorias dos consumidores ajuda os profissionais de marketing a identificar seus concorrentes. Esse entendimento também dá a esses profissionais uma ferramenta para analisar e influenciar as percepções dos consumidores sobre os atributos da categoria e produtos prototípicos.[56] Embora os consumidores frequentemente escolham entre marcas no nível básico ou no nível subordinado, às vezes eles escolhem marcas que pertencem a uma categoria superordenada comum. Se você está decidindo entre pedir uma pizza ou fazer pipocas no micro-ondas, está tomando uma decisão sobre produtos que pertencem a duas categorias básicas dentro do nível superordenado da categoria salgadinho. As marcas nas duas categorias podem ser comparadas com base em atributos de ordem mais alta, que ligam as marcas à mesma categoria do nível superordenado (conveniência, preço, sabor). E, mesmo que pizzarias não considerem marcas de pipocas como concorrentes, elas estão nessa situação.

➤ *Estabelecendo uma posição competitiva.* Entender a estrutura de categoria superordenada dos consumidores permite que os profissionais de marketing obtenham uma ampla visão da concorrência e usem esse entendimento para estabelecer uma posição competitiva adequada; eles também podem determinar quais atributos enfatizar para que os consumidores categorizem sua oferta adequadamente. Por exemplo, se uma cerveja sem álcool é posicionada como uma categoria subordinada de cerveja, sua publicidade não deveria ressaltar somente as características principais de cervejas (sabor delicioso de cerveja), mas também promover associações que a colocam nessa categoria subordinada (não contém álcool).

➢ *Planejando lojas de varejo e sites.* Os níveis de categoria básico, subordinado e superordenado têm implicações na busca de informações do consumidor e no planejamento de lojas e sites (veja o Exemplo 4.5). Geralmente, as mercearias são planejadas de modo que objetos de categorias taxonomicamente similares sejam colocados juntos nas prateleiras, como ocorre com os itens nos mesmos níveis de categoria básica e subordinada. Assim, a maioria das mercearias tem uma seção de laticínios (nível superordenado) com prateleiras para leite, iogurte, queijo, e assim por diante (nível básico). Dentro de cada uma dessas seções estão categorias subordinadas de itens como desnatado, semidesnatado ou integral. Websites varejistas também agrupam produtos de acordo com categorias (como câmeras ou livros). Colocar itens de maneira consistente com a estrutura do conhecimento dos consumidores os ajuda a encontrar os produtos eficientemente, pois por esse motivo, a White Wave comercializa seu leite de soja Silk embalado em caixas de leite e colocado na seção refrigerada dos laticínios nas lojas.[57]

Categorias derivadas de objetivos

Categoria derivada do objetivo
Coisas que são consideradas parte da mesma categoria porque servem aos mesmos objetivos.

Além de criar categorias taxonômicas, os consumidores também podem organizar seu conhecimento prévio em **categorias derivadas de objetivos**. A categoria derivada de objetivo contém coisas que os consumidores veem como semelhantes, porque servem ao mesmo objetivo – mesmo que pertençam a categorias taxonômicas diferentes.[58] Por exemplo, quando viaja de avião, você pode considerar os filmes, cobertores e amendoins como estando na mesma categoria, porque todos são parte da categoria derivada do objetivo "coisas que tornam a viagem aérea mais agradável". Como consumidores têm muitos objetivos, eles podem ter muitas categorias derivadas de objetivos. Por exemplo, se você está fazendo dieta, pode formar uma categoria de "comidas para comer quando estiver fazendo dieta".

Os consumidores frequentemente encontram certos objetivos e, portanto, têm categorias bem estabelecidas para esses objetivos. Por exemplo, se você dá muitas festas, é provável que a categoria derivada do objetivo "coisas para comprar para uma festa" seja formada por um conjunto de produtos razoavelmente constante. Em contrapartida, você pode criar categorias relevantes em uma base de situação por situação para objetivos encontrados com menor frequência. Entretanto, a estrutura de uma categoria é flexível: o mesmo objeto pode ser parte de uma categoria derivada de objetivo e parte de uma categoria taxonômica. Assim, a Coca-Cola Diet pode ser parte das categorias taxonômicas colas diet, refrigerantes e bebidas, e ser também membro das seguintes categorias derivadas de objetivos: coisas para o almoço, coisas para um piquenique e coisas para beber durante um jogo.

Do mesmo modo que as categorias taxonômicas, as derivadas de objetivos têm estrutura nivelada. Os consumidores consideram alguns membros como melhores exemplos de uma categoria específica que outros quando aqueles membros

Exemplo 4.5
Exemplo de estrutura hierárquica
Quando produtos são organizados em lojas de uma maneira que corresponde a nossas categorias mentais, podemos encontrar o que queremos com mais facilidade.

atingem mais os objetivos da categoria. Por exemplo, a alface tem menos gordura e calorias, então é um exemplo melhor de comidas para quando estiver fazendo dieta do que biscoitos assados. Como as categorias derivadas de objetivos exibem estrutura nivelada, os consumidores podem identificar também protótipos de categorias derivadas de objetivos. Como ocorre com as categorias taxonômicas, a frequência com que um item é encontrado como membro de uma categoria afeta sua prototipicalidade. Temos a tendência de classificar alface como um protótipo para comidas para comer quando estiver fazendo dieta, e provavelmente a classificaríamos como mais prototípica que uma comida que é igualmente apropriada, mas encontrada com menos frequência – como rabanetes.

Teoria dos níveis de construção

O modo como pensamos ou entendemos as coisas também pode variar em termos do nível no qual pensamos sobre (ou interpretamos) algo. De acordo com a teoria dos níveis de construção, podemos pensar sobre um produto ou uma ação em termos de construções de alto nível ou de baixo nível.[59] Adotar o primeiro significa que pensamos sobre algo em termos de suas características abstratas. Por exemplo, podemos pensar em uma atividade como "estudar" abstratamente (uma construção de alto nível) como "promovendo minha educação" ou concretamente (uma construção de baixo nível) como "garantir que vou tirar um dez na prova de marketing". A ideia de adquirir uma mesa para a sala de estar pode ser interpretada abstratamente como "fazer a sala ficar mais bonita", ou concretamente como "ter um lugar para colocar meu café quando assisto TV".

Perceba que as construções abstratas se encaixam em uma categoria superordenada derivada de objetivo, ao passo que as construções concretas se encaixam em uma categoria mais subordinada derivada de objetivo. Com construções abstratas, de nível mais alto, não costumamos pensar sobre o contexto. No caso de estudar, estamos pensando somente em promover nossa educação, não em tirar 10 em uma prova específica sobre marketing, um pensamento que não considera o contexto. As construções abstratas, de alto nível, estão amarradas aos nossos objetivos gerais, ao passo que as construções concretas, de baixo nível, não estão.

As escolhas que fazemos podem ser fundamentadas em construções de alto ou baixo nível, e, entretanto, qual delas utilizamos depende de se estamos tomando uma decisão sobre o que fazer neste momento ou se estamos decidindo algo que talvez façamos no futuro.[60] Quando escolhemos sobre algo que faremos *neste momento*, nossas escolhas tendem a se basear em *construções de baixo nível*. Por exemplo, se estamos tentando decidir entre ir para Cabo San Lucas ou Mazatlan nas próximas férias, temos mais probabilidade de avaliar aspectos específicos e concretos da decisão (por exemplo: quanto custam os voos?) e qual a viabilidade de fazermos isso agora mesmo (tenho dinheiro suficiente para pagar a viagem?). Por outro lado, quando tomamos uma decisão sobre coisas que acontecerão em um futuro distante (por exemplo, será que vou para Cabo San Lucas ou Mazatlan nas férias do ano que vem?), usamos construções de alto nível (quanto eu preciso relaxar?) e nos concentramos mais na desejabilidade (quanto vou me divertir?) do que na viabilidade.

Nosso foco, nos diferentes aspectos da decisão, dependendo do tempo, pode explicar por que pensamos assim enquanto nos preparamos para executar uma decisão que tomamos há muito tempo (por exemplo: por que eu decidi ir para casa nas aulas vagas, se tenho tantos trabalhos na faculdade?).[61] Além disso, ter um conjunto de marcas presente no momento em que estamos fazendo uma escolha sobre o futuro nos faz focar em construções mais concretas, de baixo nível. O que significa que as marcas que os consumidores acham que vão preferir no futuro são, na verdade, aquelas que eles preferem no momento em que obtêm a marca.[62]

(IMPLICAÇÕES DE MARKETING)

Posicionar uma oferta como relevante para uma finalidade pode ser um importante objetivo de marketing. Para ilustrar, no Japão, a marca Kit Kat da Nestlé é traduzida em algo como "Se eu tentar, vencerei". Assim, as barras de Kit Kat são posicionadas como "coisas que dão sorte, para comer antes dos exames da escola."[63] O Walmart oferece descontos em todos os tipos de bens e serviços – inclusive gasolina – para manter sua posição prototípica na categoria derivada de objetivo de "economizar dinheiro".

Supermercados também aplicam estruturas de categoria derivada de objetivo quando planejam a loja. Muitas delas expõem mamadeiras, fraldas, papinhas e suco no mesmo corredor, apesar das diferenças taxonômicas desses produtos (as fraldas são geralmente vistas como semelhantes a lenços de papel, sucos para bebês como semelhantes a sucos para crianças mais velhas, e papinhas como semelhantes a outras comidas). Mas esses produtos são parte de uma categoria derivada de objetivo – "coisas que você precisa para cuidar de um bebê". Desse modo, os pais podem encontrar os itens de que necessitam com facilidade e decidir que marcas comprar. Da mesma maneira, websites podem ser planejados com as categorias derivadas de objetivos dos consumidores em mente; um site de viagens pode permitir que consumidores com objetivos de viagem diferentes busquem eficientemente opções como safáris, férias em um navio etc. Eles podem incluir também opções de voo e de hotéis, e aluguel de carro, pois todas são consistentes com a categoria derivada de objetivo "viagem agradável".

Por que consumidores têm conhecimentos diferentes

Fatores que afetam a estrutura e o conteúdo do conhecimento do consumidor incluem a cultura na qual o consumidor vive e o nível de experiência do consumidor.

Cultura

A cultura da qual os consumidores fazem parte afeta seu conhecimento de muitas maneiras:

> *Associações diferentes ligadas a um conceito.* As associações que os consumidores ligam a um conceito podem variar consideravelmente entre culturas.[64] Na Europa, a marca Philips é associada a eletrônicos, ao passo que no mercado dos Estados Unidos ela é associada a lâmpadas, que também produz.[65]

> *Membros diferentes da categoria.* Embora consumidores possam ter categorias derivadas de objetivos semelhantes como "coisas para comer no café da manhã", o que é considerado membro relevante da categoria varia consideravelmente entre grupos culturais. Nos Estados Unidos, membros de uma categoria podem incluir cereal, roscas, frutas e ovos; no Japão, membros dessa categoria incluem peixe, arroz e picles de vegetais (veja o Exemplo 4.6).

> *Protótipos diferentes de categorias.* Protótipos e membros de uma categoria podem variar entre culturas, fazendo que empresas posicionem marcas diferentemente em culturas diferentes. Na Holanda, a cerveja Heineken é considerada como a Budweiser é nos Estados Unidos – encontrada frequentemente e prototípica. No entanto, nos Estados Unidos, as associações da Heineken são ligadas ao conceito de uma cerveja importada, cara, de alto *status*; então, essas associações colocam a Heineken em uma categoria subordinada. Como as marcas de cerveja têm concorrentes diferentes nos dois mercados, é improvável que a mesma estratégia de posicionamento funcione nos dois países.

> *Associações correlacionadas diferentes.* A cultura pode afetar também se as associações são correlacionadas e a direção de sua correlação. Por exemplo, hipermercados dos Estados Unidos, como Costco e Walmart, costumam

Exemplo 4.6
Diferenças culturais em categorias derivadas de objetivos
O que incluímos na categoria derivada de objetivo de "coisas para comer no café da manhã" varia de uma cultura para outra.

colocar preços mais baixos nos produtos do que lojas pequenas, pois lojas grandes geralmente são lojas de descontos. Na Índia e no Sri Lanka, entretanto, lojas grandes tendem a colocar preços mais altos nos produtos para cobrir custos de despesas mais altos.

> *Categorias derivadas de objetivos diferentes.* Consumidores em culturas diferentes podem não apenas ter membros diferentes em categorias derivadas de objetivos, mas também categorias derivadas de objetivos diferentes. Por exemplo, é provável que o objetivo de ter roupas sensuais não se aplique a culturas com valores religiosos muito rígidos.

Conhecimentos

A habilidade de processamento de informações por parte dos consumidores varia de acordo com o conhecimento prévio que eles têm. Especialistas são pessoas cujo conhecimento prévio é bem desenvolvido, em parte porque tiveram muita experiência e familiaridade com um objeto ou tarefa, e seu conhecimento difere do conhecimento dos novatos de várias maneiras.[66] Primeiro, as estruturas gerais de categoria dos especialistas são mais desenvolvidas que as estruturas de categoria dos não especialistas. Eles também têm mais categorias e mais associações com conceitos dentro de uma categoria e entendem se as associações em uma categoria são correlacionadas. Além disso, eles aprendem quais marcas podem ser adequadas para diferentes situações de uso, organizam essa informação em subcategorias de produto e são menos estimulados a aprender sobre um produto novo do que os não especialistas.[67] Especialistas têm mais categorias de nível subordinado e podem, portanto, fazer distinções mais pormenorizadas entre marcas. Por exemplo, especialistas em carros teriam muitas categorias subordinadas para carros, como carros antigos ou conversíveis. Note que, às vezes, os consumidores são muito confiantes em seu conhecimento e acham que sabem mais do que de fato sabem.[68]

Outro ponto importante é que, quando especialistas são expostos a uma mensagem de marketing, eles criam expectativas em relação às quais avaliam suas experiências reais com aquele produto. Se um produto não atinge suas expectativas, é mais provável que especialistas percebam uma maior discrepância entre a experiência e as expectativas geradas pela mensagem do que não especialistas.[69] Ainda assim, pessoas que se consideram especialistas tendem a buscar informações e tomar decisões de forma diferente daquelas que não se consideram, situações que, por sua vez, afetam o modo como as empresas comercializam seus produtos para esses grupos.

Usando o conhecimento para entender

As decisões dos consumidores não são influenciadas pela simples atenção e percepção de estímulos. Indivíduos devem também interpretar ou atribuir significado aos objetos que percebem de acordo com seu conhecimento prévio.

Categorização

Um primeiro passo nesse processo ocorre quando os consumidores categorizam um objeto usando seu conhecimento prévio para rotular, identificar e classificar algo novo. Consumidores podem categorizar o MacBook como um tipo de computador, o eBay como um site de leilões e mercadorias, e o programa *Entertainment Tonight* como uma fonte para saber dos furos das celebridades. Depois que categorizamos um objeto, sabemos o que é, como é e com o que é parecido. A maneira como categorizamos uma oferta tem muitas implicações para os profissionais de marketing, pois isso afeta quão favoravelmente avaliamos uma oferta, com o que a comparamos, o que esperamos dela, se vamos escolhê-la e quão satisfeitos podemos ficar com ela. Pesquisas mostram, por exemplo, que consumidores expostos a extensões de marcas podem categorizar a marca-mãe corretamente com mais rapidez, e dada a velocidade com que eles são expostos a estímulos de marketing quando fazem compras, essa categorização mais rápida pode ser uma vantagem para profissionais de marketing.[70]

Mas os consumidores nem sempre categorizam ofertas corretamente. Por exemplo, mulheres japonesas inicialmente categorizaram a revista *Good Housekeeping* incorretamente como uma publicação para empregadas domésticas.[71] A Timberland ajuda consumidores a colocar suas botas na categoria derivada de objetivo de "marcas que fazem o mundo melhor" por meio de seu slogan publicitário "Faça melhor". Um dos anúncios da Timberland tinha sementes com as palavras *Plante-me* espalhadas por todo o anúncio para demonstrar a preocupação da empresa com a conservação.[72] Se os consumidores encontram um produto ou provedor de serviço que não parece se encaixar no estereótipo da categoria (como um conselheiro de artes e ofícios), eles podem elaborar mais sobre as informações daquele provedor. E, se eles categorizam aquele provedor como um membro de categoria, podem inferir que o provedor tem características ou atributos típicos dela.[73]

Uma vez que consumidores categorizam uma oferta, eles podem não conseguir categorizá-la de forma diferente. O California Dried Plum Board mudou o nome de ameixas para *ameixas secas*. "Infelizmente, o estereótipo entre as mulheres que são nosso alvo é o de um alimento medicinal que seus pais comem, em vez de um alimento saudável e nutritivo para mulheres que têm um estilo de vida ativo", explica o diretor executivo. Pesquisas da indústria mostram que mulheres entre 35 e 50 anos de idade preferem o nome ameixa seca; o desafio agora é o de incentivar os consumidores a recategorizar essa oferta.[74]

IMPLICAÇÕES DE MARKETING

A *categorização* é um processo fisiológico básico que tem implicações abrangentes para profissionais de marketing, incluindo:

- *Inferências.* Se virmos um produto como um membro de uma categoria, podemos inferir que ele tem características ou atributos típicos daquela categoria. Por exemplo, podemos inferir que um telefone celular não tira fotos muito boas – uma inferência que pode não ser sempre correta. Assim, os profissionais de marketing de produtos novos deveriam ajudar consumidores a categorizar o produto de uma maneira que influencie suas percepções do produto positivamente, como vender o telefone no setor de fotografia de uma loja de departamentos, em vez do setor de eletrônicos.[75]

- *Elaboração.* A categorização influencia o quanto pensamos sobre algo. Temos a tendência de ser mais estimulados a pensar sobre ou processar informações que são mais difíceis de categorizar. Somos mais estimulados a assistir anúncios que são diferentes dos anúncios típicos, e somos mais estimulados a pensar sobre produtos que parecem diferentes dos outros na mesma categoria.[76] Ver um Honda Accord com um aerofólio e faixas de corrida pode provocar a elaboração, pois essas características sugerem uma mistura das categorias de carro esportivo e carro compacto.

- *Avaliação.* A categorização influencia como nos sentimos em relação a um objeto, conhecido também como nosso *afeto* ao objeto. Depois que categorizamos algo como um membro de uma categoria, podemos simplesmente recuperar nossa avaliação da categoria e usá-la para avaliar o objeto.[77] Por exemplo, se detestamos advogados e vemos um anúncio de um advogado, podemos usar nosso afeto com base na categoria e decidir que detestamos esse também. Da mesma forma, se nossa categoria para barras de chocolate contém um afeto positivo, podemos recuperá-lo e usá-lo para avaliar uma marca nova na categoria.

- *Consideração e escolha.* O fato de rotularmos ou não uma oferta e como o fazemos afeta se vamos considerar sua aquisição. Se um telefone/fax/impressora novo é categorizado como um telefone, consideraremos sua aquisição se estivermos no mercado para comprar um telefone. Se for categorizado como uma impressora, não levaremos o produto em consideração caso estejamos no mercado para adquirir um telefone.

- *Satisfação.* A categorização tem implicações importantes para as expectativas e para a satisfação do consumidor.[78] Se categorizamos algo como um hidratante para pele, esperamos que seja tão bom quanto a maioria dos hidratantes. Se não for, é provável que fiquemos insatisfeitos.

Compreensão objetiva
A medida na qual o receptor entende com precisão a mensagem que o emissor pretendia comunicar.

Compreensão subjetiva
Reflete o que entendemos, mesmo que esse entendimento não seja exato.

Compreensão

Enquanto a categorização reflete o processo de identificar uma entidade, a compreensão é o processo de extrair dela significados de ordem mais alta. Os profissionais de marketing se preocupam com os dois aspectos da compreensão. O primeiro é a **compreensão objetiva** – se o significado que os consumidores recebem de uma mensagem é consistente com aquilo que a mensagem realmente transmitiu. O segundo é a **compreensão subjetiva**, o significado diferente ou adicional que os consumidores atribuem à mensagem, não importando se esses significados eram intencionais ou não.[79]

Compreensão objetiva e subjetiva

A compreensão objetiva reflete se entendemos precisamente a mensagem que o emissor pretendia comunicar. Curiosamente, muitas pessoas entendem mensagens de marketing incorretamente, em virtude do modo como a informação é apresentada (sua linguagem) ou em razão das diferenças entre o conhecimento prévio do remetente e do receptor – ou de ambos. A compreensão subjetiva reflete o que entendemos, não importando se é exato ou não. Elementos do *mix* de marketing, como o preço e a publicidade, podem ter uma função poderosa em influenciar o que achamos que uma mensagem está dizendo. Você pode inferir que certa marca de goma de mascar é tão potente no branqueamento dos dentes quanto cremes dentais branqueadores, porque a arte na embalagem tem brilhos brancos, o modelo no anúncio tem dentes muito brancos e a embalagem mostra termos como *agente branqueador*. Entretanto, o produto pode não ser um agente branqueador potente e as palavras na embalagem podem não definir o produto dessa maneira. As inferências que os consumidores fazem e as razões por que certas comunicações geram essas inferências levantam algumas implicações importantes sobre políticas públicas.

Incompreensão

Embora comunicações de marketing como anúncios e embalagens sejam geralmente de fácil compreensão, pesquisas do consumidor revelam que fazer os consumidores chegarem à compreensão objetiva pode às vezes ser um grande desafio para os profissionais de marketing. A **incompreensão** ocorre quando consumidores recebem erroneamente o significado contido em uma mensagem. Vários estudos descobriram um nível surpreendentemente alto de incompreensão de anúncios de TV e revistas em todos os segmentos demográficos. A taxa estimada de compreensão objetiva foi de apenas 70% para anúncios na TV e 65% para anúncios impressos. Além disso, as taxas de incompreensão para informações declaradas diretamente e para informações implícitas foram basicamente as mesmas, assim como as taxas de incompreensão para programação, material editorial e publicidade.[80]

> **Incompreensão** Entendimento inexato de uma mensagem.

Além de não compreender mensagens publicitárias, os consumidores às vezes não compreendem as descrições e instruções de uso do produto. A AFLAC mudou sua publicidade recentemente, após pesquisas mostrarem que os consumidores não entendiam suas ofertas de seguros. Embora o pato ainda esteja nos anúncios da AFLAC, os anúncios agora focam nos benefícios dos seguros da empresa com mensagens do tipo: "Quando estou machucado e falto ao trabalho, a AFLAC me dá dinheiro para ajudar a pagar as contas que meu plano de saúde não cobre".[81]

Efeito do MAO

Os consumidores podem não compreender uma mensagem de marketing quando têm baixa motivação e oportunidade de processamento limitada, quando a mensagem é complexa ou exibida por apenas alguns segundos, ou quando a mensagem é vista somente uma ou duas vezes.[82] Especialistas têm maior capacidade de compreender informações sobre um produto altamente inovador quando estimulados por mensagens de marketing que os ajudam a fazer conexões e usar conhecimento em mais de uma categoria.[83] Com relação à habilidade, um estudo descobriu que, embora os consumidores queiram ver as informações nutricionais de um produto na embalagem (sugerindo alta motivação para processá-las), a maioria não compreende essas informações depois de lê-las.[84] Contudo, a compreensão pode melhorar com a especialização e com a habilidade, motivo pelo qual adultos geralmente compreendem melhor do que crianças pequenas os detalhes de uma mensagem.[85]

Efeito da cultura

A cultura na qual os consumidores vivem também pode afetar a compreensão e a incompreensão. Culturas de baixo contexto, como as da América do Norte e as do norte da Europa, geralmente separam as palavras e os significados de uma comunicação do contexto no qual aparece. Os consumidores dessas culturas atribuem maior ênfase ao que é dito do que às imagens circundantes ou ao contexto ambiental da mensagem. Porém, em culturas de alto contexto (como muitas da Ásia), muito do significado de uma mensagem é insinuado de forma indireta e comunicado visualmente em vez de ser dito explicitamente com palavras. As características do emissor da mensagem, como sua classe social, seus valores e sua idade, também têm função importante na interpretação de uma mensagem.[86]

Como culturas diferem no modo em que prestam atenção ao conteúdo e ao contexto da mensagem, poderíamos esperar diferenças na compreensão da mesma mensagem por parte dos consumidores em diversas culturas. Por exemplo, quando a rede de restaurantes de comidas rápidas Big Boy, com sede em Michigan, Estados Unidos, abriu seu primeiro restaurante em uma rua movimentada na Tailândia, alguns clientes locais confundiram a estátua gigantesca do Big Boy com um ícone religioso.[87] Diferenças linguísticas aumentam a possibilidade de incompreensão; na verdade, alguns profissionais de marketing arriscam ser incompreendidos se não se adequarem à linguagem usada pelos consumidores de uma cultura. Na Índia, por exemplo, o fato de muitas pessoas misturarem o híndi e o inglês fez que publicitários usassem a mesma linguagem em suas mensagens. Dessa forma, anúncios da Pepsi na Índia dizem "Yeh Dil Maange More" ("O coração quer mais") e o slogan da Coca é "Life ho to aisi" ("A vida deveria ser assim").[88]

A cultura também afeta o significado que os consumidores atribuem às palavras.[89] Por exemplo, no Reino Unido, um *bilhão* é "um milhão de milhões", ao passo que nos Estados Unidos um bilhão significa "mil milhões". Da mesma forma, no Reino Unido, um filme que é uma *bomba* é um "sucesso"; em outros lugares o termo significa um "fracasso". Uma empresa aérea dos Estados Unidos promoveu suas "salas de *rendez-vous*" no Brasil; no entanto, entre os brasileiros a frase sugeria "uma sala para fazer amor".

Melhorando a compreensão objetiva

Felizmente, pesquisadores do consumidor forneceram algumas diretrizes para melhorar a compreensão objetiva.[90] Uma delas é manter a mensagem simples, e outra é repetir a mensagem – dizer a mesma coisa muitas vezes com a mesma comunicação, em ocasiões múltiplas. Apresentar a informação de formas diferentes, tanto visual quanto verbalmente, em um comercial de TV, por exemplo, pode ajudar os consumidores a formar uma imagem mental precisa.[91]

Fluência perceptual
A facilidade com que informações são processadas.

Pesquisas mostram que consumidores que tiveram mais exposição a comunicações de marketing terão mais capacidade de processar informações sobre a marca e ter opiniões mais positivas com relação a ela.[92] A facilidade em perceber e processar informações é conhecida como **fluência perceptual**.

Compreensão subjetiva

A *compreensão subjetiva* descreve os significados que os consumidores criam a partir de uma comunicação, não importando se esses significados foram ou não intencionais.[93] Criadores de políticas públicas frequentemente estão atentos, pois o que os consumidores apreendem de um anúncio pode ser diferente daquilo que o anúncio diz objetivamente. Há pouco tempo, a Federal Trade Commission – FTC (Comissão Federal do Comércio) levantou preocupações sobre um anúncio da KFC que foi considerado enganoso.

O anúncio dizia que dois peitos de frango fritos da KFC continham menos gordura que um sanduíche Whopper da Burger King. Apesar de o anúncio estar correto ao dizer que os peitos de frango da KFC contêm menos gordura total e gordura saturada que um Whopper, a FTC notou que dois peitos de frango da KFC têm o triplo de gordura trans e de colesterol de um Whopper. "Para que os consumidores tenham escolhas mais saudáveis, devemos garantir que as empresas promovam seus produtos honestamente", disse o diretor da FTC.[94]

Alguns pesquisadores descrevem a compreensão subjetiva em termos de vários níveis de compreensão. Nesse esquema, cada nível indica mais pensamentos ou elaboração.[95] Por exemplo, suponha que uma consumidora veja um anúncio de uma máquina de lavar roupas. Ela pode inferir que um detergente de alta eficiência é necessário para que a máquina funcione adequadamente. Acrescentando à sua elaboração da máquina, ela pode pensar que um detergente comum não será completamente enxaguado, o que quer dizer que ela teria de lavar as roupas novamente, uma atividade que derrota o propósito de comprar uma lavadora de alta eficiência. Ela pode elaborar ainda: como a máquina tem alta eficiência e usa menos água, suas contas de água serão muito menores (se ela usar o detergente certo), uma situação que permitirá que ela economize dinheiro para suas férias.

IMPLICAÇÕES DE MARKETING

Do mesmo modo que a categorização, a compreensão subjetiva envolve alguma interação entre o que está em uma mensagem e o que os consumidores já sabem. Como consequência, um profissional de marketing pode influenciar fortemente o que os consumidores percebem subjetivamente de uma mensagem planejando-a ou estruturando-a de maneira que ela seja consistente com o conhecimento prévio dos consumidores. Às vezes, quando os consumidores sabem pouco sobre um produto novo, os profissionais de marketing podem conseguir transmitir informações de forma eficaz se fizerem uma analogia entre o produto e algo com vantagens semelhantes. Por exemplo, um profissional de marketing pode tentar comunicar a ideia de que uma marca específica de botas é à prova d'água, macia e leve usando a analogia de um pato.[96]

Os profissionais de marketing são geralmente bem-sucedidos quando planejam um anúncio para que os consumidores formem as inferências "corretas" a respeito da oferta. Entretanto, às vezes eles podem (intencionalmente ou não) criar inferências que não caracterizam um produto ou serviço de forma correta e resultam em incompreensão.[97] Situações em que os profissionais de marketing criam inferências falsas deliberadamente levantam importantes questões éticas e legais, como será discutido no Capítulo 18.

Inferências do consumidor

Elementos específicos do *mix* de marketing podem funcionar com o conhecimento prévio dos consumidores para afetar as inferências, corretas ou incorretas, que eles fazem a respeito de uma oferta. As seções a seguir descrevem como nomes e símbolos da marca, características e embalagem do produto, preço, distribuição e promoção podem afetar as inferências que os consumidores fazem dos produtos.

Nomes de marca e símbolos de marca

A compreensão subjetiva de uma comunicação de marketing pode ser fundamentada nas inferências que os consumidores fazem de um símbolo da marca. O Pillsbury Dough Boy (um boneco de massa) emagreceu no decorrer dos anos porque os profissionais de marketing da empresa temiam que os consumidores infeririam que ele estava gordo por comer produtos Pillsbury. Até mesmo a fonte usada no nome de uma marca pode criar inferências.[98]

Nomes de marcas podem criar compreensão subjetiva e inferências. Por exemplo, nomes de marcas alfanuméricos, como o X6 da BMW, tendem a ser associados com sofisticação tecnológica e complexidade. Além disso, consumidores tendem a fazer inferências quando avaliam a extensão da marca carregando para elas certas características ligadas à marca-mãe.[99] Além do mais, nomes de marcas estrangeiros podem criar inferências fundamentadas nas categorias e estereótipos culturais. Häagen-Dazs, um nome com som alemão, pode evocar associações favoráveis quando aplicado a sorvete, mesmo que o produto seja fabricado no Bronx. Por isso, os profissionais de marketing deveriam considerar não somente os fatores linguísticos quando traduzem nomes de marcas para outra cultura, mas também analisar como os consumidores daquela cultura processam tipos diferentes de nomes de marcas.[100]

Nomes descritivos também podem criar inferências. Nomes de marcas como Obsession para perfume e Speedo para trajes de banho podem criar inferências sobre as vantagens específicas daquela marca.[101] Empresas que comercializam produtos cuja qualidade não pode ser observada podem comunicar a qualidade oferecendo uma garantia, colocando o produto à venda em um varejista confiável ou formando uma aliança com outra marca de boa reputação. Nessas circunstâncias, é provável que os consumidores infiram que o produto aliado perderia sua reputação ou seus lucros futuros se as afirmações de qualidade fossem falsas.[102]

Inferências fundamentadas em nomes e rótulos enganosos Embora alguns nomes de marcas possam caracterizar corretamente os atributos e as vantagens de um produto, outros já foram chamados de enganosos por criarem inferências falsas sobre as vantagens do produto. Por exemplo, consumidores podem inferir que azeite de oliva "light" tem menos calorias, quando na verdade o azeite só é "light" na cor.[103] Essa confusão levou ao desenvolvimento de leis de rotulagem para garantir que os nomes e ingredientes de um produtos descrevam a oferta adequadamente. O Departamento de Agricultura dos Estados Unidos promulgou regulamentos padronizando o uso do termo *orgânico*. O termo é restrito a lavouras que não foram tocadas por herbicidas, pesticidas ou fertilizantes por no mínimo três anos, ou a animais criados sem antibióticos ou hormônios.[104]

Inferências fundamentadas em nomes inadequados ou semelhantes Alguns nomes de marcas levam a inferências inapropriadas sobre o produto. Uma empresa de gás sugeriu o nome novo de Enteron, mas soube depois que *enteron* é uma palavra real que significa "canal alimentar" (os intestinos), dando um significado diferente ao termo *gás*.[105] O desafio de profissionais de marketing fundamentados na Web é o de achar um nome que sugira o que eles fazem e um que os ajude a se destacar da multidão. "Um nome extravagante que tenha boa marca – e há vários exemplos disso: Intel, Yahoo! – ressoa na mente do consumidor e evoca o provedor de produtos e serviços específico", diz um especialista em Web marketing. "Um nome genérico de domínio não tem essa associação distintiva."[106]

Às vezes, os nomes da marca ou empresa são muito semelhantes, e por isso os consumidores podem inadvertidamente inferir que as marcas são semelhantes ou fabricadas pela mesma empresa. Essas situações tipicamente criam batalhas judiciais, com empresas disputando quem pode usar o nome de marca original. Por exemplo, depois que o Culinary Institute of America processou o American Culinary Institute por violação de marca registrada e concorrência desleal, a segunda organização adotou um novo nome corporativo e uma nova marca registrada.[107]

Características e embalagem do produto

Os consumidores também podem compreender subjetivamente aspectos de uma oferta fundamentados em inferências que eles fazem do produto e do modo como é embalado.

Inferências fundamentadas em atributos do produto Saber que dois atributos costumam estar correlacionados em uma categoria de produto pode levar consumidores a inferir que a presença de um atributo em uma marca implica a presença do outro. Assim, os consumidores podem inferir que um produto com baixo registro de consertos também tem garantia estendida.[108] Consumidores podem fazer inferências sobre produtos fundamentados no tamanho da embalagem. Um consumidor que encontra um item em uma embalagem grande pode usar seu conhecimento prévio sobre a correlação entre preço e tamanho das embalagens para inferir que uma marca de tamanho grande também é uma boa compra.[109]

Os consumidores fazem inferências de sabor com base nas informações nutricionais sobre produtos alimentares, inferências que afetam suas decisões de aquisição e consumo. Algumas pesquisas mostram que consumidores que recebem informações nutricionais sobre um produto têm maior probabilidade de vê-lo como mais saudável do que quando não há informações nutricionais disponíveis. Entretanto, eles também vão inferir que o produto mais saudável não será tão saboroso quanto um produto menos saudável.[110] Além do mais, consumidores inferem que produtos com sabores ou nomes de cores incomuns são melhores que produtos que usam sabores ou nomes de cores comuns.[111]

Quando duas empresas formam uma aliança de marca para fins de marketing, os consumidores costumam inferir que os atributos das duas marcas são semelhantes, mesmo quando somente uma das marcas é completamente descrita em um anúncio.[112] Quando consumidores buscam informações sobre uma vantagem, específica ou não, de um produto, a exposição a atributos irrelevantes leva a inferências de que o produto não terá necessariamente o desempenho desejado.[113] Em categorias altamente competitivas, nas quais as diferenças entre produtos parecem mínimas, consumidores podem inferir que, embora a marca dominante seja boa em atributos observáveis, ela tem desvantagens em algum atributo não observável.[114]

Inferências fundamentadas no país de origem O conhecimento sobre o país de origem de um produto pode afetar o modo como consumidores pensam nele.[115] Assim como estereotipamos pessoas de acordo com o local onde elas nasceram, também estereotipamos produtos com base no local onde foram feitos. Pesquisas mostram que consumidores em países em desenvolvimento inferem maior qualidade para marcas percebidas como estrangeiras,[116] e podem ter uma resposta mais positiva a produtos feitos em países com reputação de fabricação de alta qualidade.

Entretanto, se os consumidores não gostam de um país por suas políticas sociais ou governamentais, eles podem ter uma resposta mais negativa a seus produtos.[117] Em um estudo, consumidores japoneses inferiram que a qualidade de produtos feitos no Japão era melhor do que a de produtos feitos nos Estados Unidos – mesmo quando os produtos japoneses não eram superiores. Essa preferência pelo seu país de origem explica por que o marketing feito pela Kao ressalta as raízes japonesas da empresa, ao passo que defende sua dominância no mercado japonês de fraldas contra a concorrência de marcas dos Estados Unidos.[118] O Exemplo 4.7 mostra os três atributos positivos mais importantes que influenciam as decisões de compra dos consumidores japoneses, quando o país de origem é o Japão. É mais provável que consumidores façam inferências sobre uma marca fundamentada em seu país de origem quando não são estimulados a processar informações sobre aquela marca ou quando seu objetivo de processamento guia sua atenção para informações sobre a origem.[119]

Inferências fundamentadas no design da embalagem As características da embalagem também podem criar inferências. Embora consumidores possam fazer inferências a respeito de uma marca se sua embalagem for parecida com aquela

Exemplo 4.7 Fabricado no Japão Os pontos superiores ou aspectos positivos de produtos fabricados no Japão para os produtos superiores para os quais "fabricado no Japão" é um fator quando uma escolha de aquisição é feita.	Os seis produtos mais escolhidos considerando se são fabricados no Japão ou não	Aspecto mais importante	Segundo aspecto	Terceiro aspecto
	Nº 1 Eletrodomésticos	Eficiência	Durabilidade, difícil de quebrar	Serviço e manutenção
	Nº 2 Itens alimentares para cozinhar	Segurança	Eficiência (gosto bom, sabor)	Facilidade de uso
	Nº 3 Itens alimentares processados, como doces etc.	Segurança	Eficiência (gosto bom, sabor)	Preço relativamente baixo, familiaridade
	Nº 4 Carros	Serviço e manutenção	Eficiência	Durabilidade, difícil de quebrar
	Nº 5 Itens de cuidados médicos	Segurança	Eficiência	Serviço e manutenção
	Nº 6 Computadores pessoais	Serviço e manutenção	Eficiência	Durabilidade, difícil de quebrar

Fonte: De Hitami Taira, "More Japanese People 'Want Made in Japan'", *Japan Close-Up*, dez. 2004, p. 31. Reimpresso com permissão de PHP Institute, Inc.

do protótipo da categoria, eles não reagem necessariamente de forma negativa à marca de imitação.[120] Ao mesmo tempo, a embalagem pode sugerir a singularidade de uma marca. Para diferenciar sua cerveja Iron City de cervejas *lager* importadas em garrafa, as embalagens da Pittsburgh Brewing vêm em garrafas de alumínio *long neck* com 350 ml com o nome de marca escrito em negrito na frente. Além disso, as garrafas de alumínio têm tampas do tipo pop-off e são planejadas para gelar mais rapidamente do que garrafas de vidro ou de plástico.[121]

Às vezes as embalagens são projetadas para parecer com embalagens de marcas conhecidas. A Walkers, uma fabricante de biscoitos do Reino Unido, uma vez reclamou que a embalagem dos salgadinhos Tesco's Temptations, comercializados pela rede de supermercados Tesco, talvez fosse parecida demais com a dos salgadinhos Walkers' Sensations. Embora o furor não tenha durado muito tempo, a *Grocer*, uma revista do segmento, observou que as cores das embalagens eram praticamente idênticas – com as cores da Tesco indicando sabores diferentes dos da Walkers – e que as duas embalagens tinham imagens semelhantes, como batatas em primeiro plano em uma cena rural rústica.[122]

Inferências fundamentadas na cor Temos categorias de cor armazenadas em nosso conhecimento prévio: a categoria das coisas verdes inclui hortelã, grama, árvores e folhas como membros, e tem associações como refrescante, novo, orgânico, tranquilo e primaveril. Em virtude desse conhecimento com base em categorias, os consumidores podem inferir que uma marca de creme dental que é verde ou que vem em uma embalagem verde é refrescante, com aroma de hortelã e saudável. Sabendo que cores podem criar inferências, algumas empresas protegem legalmente a cor de sua marca para evitar que outras usem aquela cor em seus produtos. Essa estratégia também reduz a possibilidade de consumidores categorizarem o produto incorretamente ou fazerem inferências falsas sobre um produto de imitação. Para ilustrar, a Owens-Corning registrou seus produtos de isolamento doméstico, que são cor-de-rosa, como sua marca registrada.[123]

Como o conteúdo das categorias varia de acordo com a cultura, os significados associados a cores e as inferências dos consumidores fundamentadas em cores também variam.[124] Por exemplo, consumidores ocidentais associam branco com pureza e limpeza, ao passo que em países asiáticos o branco significa a morte. O verde é popular em países muçulmanos, mas é visto negativamente em países do sudoeste da Ásia. O preto tem implicação negativa no Japão, na Índia e na Europa, mas é visto positivamente no Oriente Médio. Então, os profissionais de marketing devem levar essas diferenças culturais em consideração quando fizerem marketing em outras culturas.

Preço

Às vezes, os consumidores fazem inferências a respeito de um produto ou serviço fundamentados em seu preço. Por exemplo, o conhecimento com base em categorias sugere que preço e qualidade são correlacionados, então, um consumidor pode inferir que um produto de preço elevado também tem alta qualidade.[125] Consumidores frequentemente fazem essa inferência quando acreditam que as marcas diferem em qualidade, quando percebem que a escolha de um produto de baixa qualidade pode ser arriscada e quando não têm informações sobre a qualidade da marca antes de adquiri-la.[126] Quando consumidores usam o preço como um atalho para inferir qualidade, podem superestimar o relacionamento entre preço e qualidade,[127] entretanto, eles nem sempre fazem inferências de preço-qualidade.[128] Além disso, quando os consumidores recebem um produto de brinde com a compra de outro item, inferem que o brinde tem valor menor e, portanto, vão esperar pagar menos por esse produto quando ele for oferecido separadamente.[129]

Ambiente e exposição no varejo

O conhecimento com base em categorias sobre planejamento, disposição, exposição, comercialização e serviço também pode afetar as inferências dos consumidores. Por exemplo, as inferências que você faz quando entra em uma loja tipo armazém como a Costco provavelmente são diferentes das que você faz quando entra em uma loja mais sofisticada e orientada para o atendimento, como a Nordstrom's. Pesquisas indicam que um ambiente varejista esteticamente agradável leva os consumidores a inferir percepções de qualidade positiva de produtos socialmente comunicativos, como presentes, mas não de produtos utilitários, como eletrodomésticos.[130] Consumidores também inferem diferenças entre marcas fundamentadas na maneira em que os produtos são dispostos nas lojas. Além disso, o contexto da disposição pode levar os consumidores a confiar menos em seu conhecimento prévio e mais em dicas externas – significando que o posicionamento de uma marca pode ser sabotado por decisões inadequadas sobre a disposição na loja.[131] O Exemplo 4.8 mostra que a iluminação e as placas são os dois elementos do ambiente que os consumidores dizem exercer maior influência em seu comportamento em uma loja.

O ambiente é uma das principais ferramentas usadas por varejistas para desenvolver, elaborar e mudar as imagens de suas lojas. Quando a empresa de moda Comme des Garcons abriu lojas em Berlim, Barcelona e outras cidades europeias, escolheu intencionalmente locações fora dos tradicionais distritos de compras. Sem o toque de arquitetos,

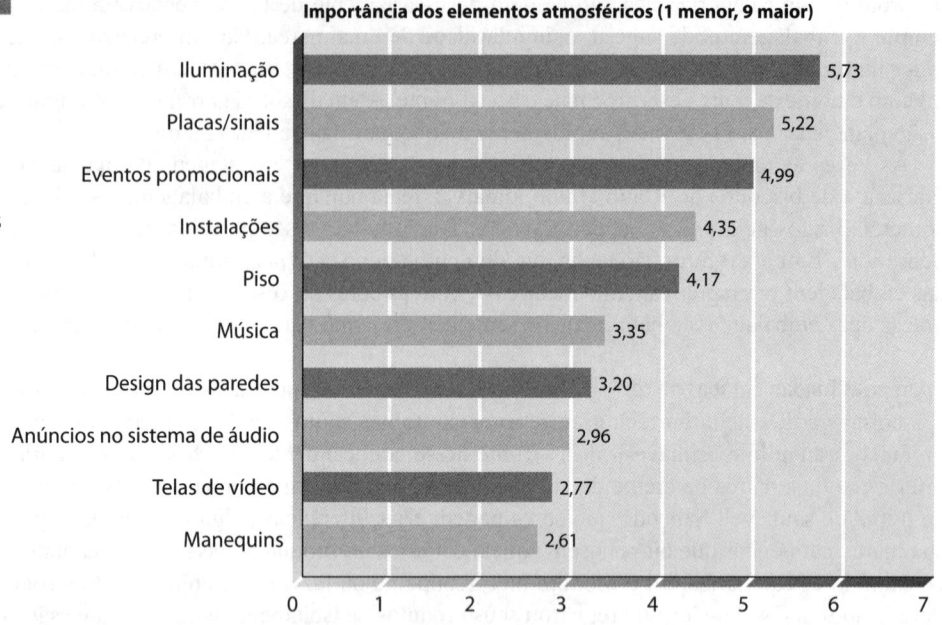

Exemplo 4.8
Que elementos de atmosfera exercem mais influência?
Consumidores percebem que certos elementos de atmosfera impactam seu comportamento de compras e aquisição.

cada loja era claramente reconhecível pela decoração quase crua, exatamente o tipo de contexto urbano que a empresa queria para dispor suas roupas *avant-garde*.[132]

Publicidade e vendas

Esforços de publicidade e vendas afetam as inferências que os consumidores fazem a respeito de uma oferta. Em vendas e publicidade pessoal, as inferências podem se basear na linguagem corporal. Um anúncio que mostra uma mulher tocando a mão de um homem por mais de um segundo pode nos levar a acreditar que os dois estão envolvidos romanticamente. Consumidores podem inferir que um vendedor com aperto de mão frouxo não está interessado em negociar com eles. Os aspectos não verbais da comunicação são particularmente importantes nas culturas asiáticas.[133] No Japão, por exemplo, um "sim" verbal pode significar um "não"; a linguagem corporal de quem fala comunica a intenção verdadeira.[134] Além disso, consumidores que sentem que um vendedor está deliberadamente tentando persuadir, e não apenas informar – particularmente pelo uso de táticas agressivas de vendas, com pressão sobre o consumidor –, podem ter menor probabilidade de comprar o produto.[135]

O espaço físico, ou a distância entre pessoas, também pode ser interpretada de diversas formas em diferentes culturas. Comparados aos ocidentais, os asiáticos tendem a deixar mais distância entre pessoas e a preferir contato físico limitado. Um vendedor dos Estados Unidos acostumado a menos espaço e mais contato pode dar a consumidores asiáticos a impressão de ser agressivo e físico demais. Entretanto, comparados aos norte-americanos, consumidores latino-americanos ficam confortáveis com menos distância entre pessoas e podem inferir que um vendedor norte-americano que mantém mais distância não é amigável.[136]

Imagens

Publicitários frequentemente usam imagens para estimular inferências. Pesquisas sugerem que imagens podem ser mais eficazes em gerar inferências quando os consumidores têm oportunidade suficiente para processar seu significado.[137] Ao mesmo tempo, a falta de imagens ou palavras em anúncios pode gerar inferências de modernidade, honestidade e sofisticação.[138]

Linguagem

Da mesma forma que palavras específicas, como nomes de marcas ou adjetivos, podem afetar as inferências dos consumidores, o modo como as palavras são estruturadas em sentenças também pode afetar a compreensão subjetiva.[139] A estrutura das palavras de um anúncio hipotético pode levar às seguintes inferências (potencialmente incorretas):

> *Imperativos justapostos.* O título contém duas sentenças colocadas próximas uma da outra (justapostas), e os consumidores podem interpretar o título como "O AD7 da Starfire oferece o melhor luxo e a melhor esportividade", mesmo que o anúncio não faça essa afirmação.

> *Superioridade implícita.* Outra inferência feita comumente a partir da publicidade é a de superioridade implícita. A afirmação "ninguém lhe dá mais", como visto no exemplo, poderia ser tecnicamente verdadeira se todas as marcas oferecessem vantagens de desempenho iguais.

> *Comparações incompletas.* Às vezes, anúncios oferecem uma comparação, mas deixam o objeto ou base de comparação incompleto ou ambíguo, o que pode levar a inferências incorretas.[140]

> *Comparações múltiplas.* Alguns anúncios fazem comparações com marcas múltiplas. Por exemplo, o anúncio afirma que o AD7 da Starfire tem melhor desempenho que um Porsche no quesito conforto interior, melhor que um RX7 na habilidade de frenagem e melhor que uma Corvette na suavidade do passeio. Entretanto, consumidores podem inferir que o AD7 é melhor do que todas essas marcas em termos de todos esses atributos. Os leitores podem também inferir que o Porsche oferece o melhor conforto interior porque ele é o padrão de comparação. Note que o anúncio ainda poderia ser tecnicamente verdadeiro se o Porsche fosse menos confortável que um RX7 e um Corvette, mas só marginalmente menos confortável que o AD7.

Questões éticas

Essas inferências levantam uma série de questões éticas. Por um lado, os profissionais de marketing aparentemente podem usar elementos do *mix* de marketing (como o nome da marca, visuais, preço, atmosfera da loja e o texto em um anúncio) para fazer tanto a marca parecer melhor como para enganar os consumidores. Por outro lado, algumas pessoas podem argumentar que os consumidores se deixam enganar por profissionais de marketing e que estes não podem ser responsabilizados pelas inferências imprecisas e pela incompreensão dos consumidores. O que você acha? Veja o Capítulo 18 para mais discussões sobre os potenciais efeitos negativos do marketing.

Resumo

Entendemos algo no ambiente relacionando isso com o nosso conhecimento prévio. O conteúdo do conhecimento é representado por um conjunto de associações sobre um objeto ou uma atividade conectada a esquemas e roteiros, e entender o conteúdo do conhecimento dos consumidores é importante porque os profissionais de marketing geralmente estão em uma posição de criar conhecimentos novos – isto é, desenvolver imagens ou personalidades de marcas, criar extensões de marcas ou posicionar uma marca –, bem como desenvolver o conhecimento existente dos consumidores ou mudar seus conhecimentos por meio de reposicionamento.

Nosso conhecimento também é organizado ou estruturado em categorias. Objetos em uma categoria são semelhantes a objetos na mesma categoria e diferentes de objetos em outras categorias. Objetos dentro de uma categoria exibem estrutura nivelada, o que quer dizer que alguns são exemplos melhores da categoria do que outros, mas o protótipo é o melhor exemplo. O conhecimento pode ser organizado hierarquicamente, com objetos semelhantes organizados em níveis de categorização básicos, subordinados ou superordenados, e objetos dentro de uma categoria podem ter associações que são correlacionadas.

A categorização tem uma função na teoria do nível de construção, que sustenta que o comportamento é afetado por quão abstratamente os consumidores pensam sobre algo e quão imediatamente eles enfrentam uma escolha. As categorias também podem ser organizadas em torno de coisas que servem a objetivos semelhantes e tanto o sistema cultural como o nível de especialização afetam o conhecimento do consumidor.

O conhecimento prévio, combinado com informações do ambiente externo, afeta como categorizamos algo e o que compreendemos. A categorização tem implicações abrangentes sobre o que pensamos a respeito de um produto, como nos sentimos sobre ele, o que esperamos dele se o escolhemos e se ficaremos satisfeitos com ele. Um modo de pensar sobre a compreensão é perguntar se os consumidores entendem precisamente o que foi dito em uma mensagem, um conceito chamado *compreensão objetiva*. Motivação, habilidade e/ou oportunidade limitadas para prestar atenção e processar uma mensagem frequentemente afetam a compreensão. A *compreensão subjetiva* se refere ao que os consumidores pensam que sabem ou entendem de uma mensagem, o que nem sempre equivale ao que uma mensagem diz. Eles podem não entender precisamente uma mensagem porque tendem a formar inferências com bases em elementos de marketing, e os profissionais de marketing inescrupulosos tiram vantagem da tendência de os consumidores fazerem inferências e os enganam deliberadamente, uma prática que suscita questões éticas e legais.

Perguntas para revisão e discussão

1. O que é um esquema e como as associações em um esquema podem ser descritas?
2. Como as extensões de marcas, licenciamento e alianças de marca se relacionam a esquemas, imagens da marca e personalidades de marca?
3. O que é um protótipo de categoria e o que afeta a prototipicalidade?
4. O que significa dizer que consumidores organizam o conhecimento de acordo com categorias derivadas de objetivos?
5. Como a cultura e a especialização afetam a base de conhecimento do consumidor?
6. De que modo a compreensão objetiva é diferente da compreensão subjetiva e da incompreensão?
7. Cite alguns exemplos de modos em que uma empresa pode usar o *mix* de marketing, em combinação com o conhecimento prévio dos consumidores, para afetar as inferências que eles fazem sobre um produto?

CASO – COMPORTAMENTO DO CONSUMIDOR
A Hyundai acelera o marketing de uma nova imagem

A Hyundai está acelerando em direção a uma imagem nova da marca com uma campanha publicitária de US$ 150 milhões e um sedã sofisticado planejado para competir com as marcas de luxo alemãs e japonesas. No final dos anos 1980, quando a empresa sul-coreana de carros entrou pela primeira vez no mercado dos Estados Unidos, usou seus veículos e suas comunicações para criar para a marca uma imagem de acessibilidade. Essa imagem de preço baixo ajudou a Hyundai a aumentar suas vendas nos Estados Unidos durante os anos 1990 e nos anos seguintes. Em 2008, a montadora vendia quase 500 mil carros nos mercados dos Estados Unidos a cada ano e experimentava forte demanda por seus modelos de baixo preço, Elantra e Accent.

Agora o objetivo de longo prazo da Hyundai é ampliar seu apelo além do segmento econômico e atingir compradores dos Estados Unidos que querem um carro melhor e estão dispostos a pagar por ele. A empresa investiu US$ 540 milhões no planejamento, no desenvolvimento e na fabricação de seu novo sedã com tração traseira, o Genesis. Seus engenheiros e projetistas estudaram sedãs de luxo das marcas Cadillac, Lexus, Mercedes e BMW, e depois começaram a "construir um carro para surpreender consumidores", diz um executivo da Hyundai. A empresa firmou contratos com fornecedores como Bosch e Harman Becker, que vendem partes para muitas marcas europeias de carros de luxo, para a produção de elementos essenciais, como os controles do motor e o sistema de som. Como resultado, o Genesis ostenta design estiloso, motor potente V8, painel bem equipado, sistema de áudio para amantes de música e um preço bem abaixo dos modelos concorrentes comparáveis.

Entretanto, subir em sofisticação será desafiador, porque os consumidores dos Estados Unidos ainda pensam na Hyundai como uma marca econômica. "A Hyundai não tem problemas com produtos; a Hyundai tem problemas com a marca", observa um vice-presidente de marketing da Hyundai Motor America. "A menos que ofereçamos às pessoas uma razão convincente para mudar de marca, elas ficarão com as marcas que já conhecem em vez de mudar". Para remodelar a imagem de sua marca, a Hyundai contratou a agência Goodby, Silverstein & Partners para criar uma campanha multimídia que foque nos atributos do produto que sugerem qualidade e confiança. A campanha faz perguntas como "Um carro não deveria ter mais *air bags* que porta copos?" (coisa que os carros da Hyundai têm) e faz afirmações como "Uma garantia de cinco anos diz muito sobre o carro. Uma garantia de dez anos diz muito sobre o fabricante do carro" (porque os carros da Hyundai têm garantia de dez anos). Todos os anúncios terminam convidando os consumidores a "Pensar nisso" e obter mais informações no website *thinkaboutit.com* da Hyundai.

Como parte da campanha, a Hyundai comprou dois spots comerciais no Super Bowl para apresentar seu sedã Genesis à maior audiência possível. Em um anúncio, o ator Jeff Bridges diz aos espectadores: "Temos certeza de que a Mercedes, a BMW e a Lexus não vão gostar muito dele" enquanto o Genesis passa por estradas montanhosas e acelera em uma pista de testes.

Jeff Goodby, chefe da agência publicitária que criou a campanha, explica que as mensagens "enfatizam a qualidade e integridade dos carros" em vez de ressaltar as vantagens do preço. "Em grande parte porque os carros foram tão melhorados nos últimos três ou quatro anos que, se você os rejeitou antes, ainda não viu o melhor deles", diz ele. "Então, tudo o que queremos fazer é que as pessoas vejam os fatos, pensem nisso e que tomem suas decisões."

Será que a Hyundai consegue mudar a imagem de sua marca substituindo as associações negativas por associações positivas? Será que incentivar os consumidores a elaborar sobre a marca e categorizá-la com concorrentes mais sofisticados mudará as inferências dos consumidores e fará que passem a considerar o Genesis? Vendas consistentes do Genesis nos Estados Unidos e o aumento de vendas de todos os outros modelos da Hyundai serão a medida final da eficácia da campanha.[141]

Perguntas sobre o caso

1. Por que a Hyundai teria uma voz dizendo "Temos certeza de que a Mercedes, a BMW e a Lexus não vão gostar muito dele" em um anúncio do Genesis?
2. Como a Hyundai está usando o país de origem para influenciar as inferências dos consumidores sobre o Genesis?
3. Em termos de conhecimento e entendimento, como a introdução do sedã sofisticado Genesis afetará o modo como os consumidores pensam a respeito de modelos com preços mais baixos da Hyundai?

Opiniões fundamentadas em alto esforço

Capítulo 5

OBJETIVOS DE APRENDIZADO

Depois de estudar este capítulo, você estará apto a:

1. Discutir como os profissionais de marketing podem aplicar vários modelos cognitivos para entender e influenciar opiniões dos consumidores com base em mecanismos de pensamento de alto esforço.

2. Descrever alguns dos métodos de uso da fonte de comunicação e da mensagem para influenciar favoravelmente as opiniões dos consumidores.

3. Explicar como e por que uma empresa pode tentar mudar as opiniões dos consumidores influenciando os sentimentos deles.

INTRODUÇÃO

A Copa do Mundo emociona ao redor do mundo

Somente 32 equipes se classificam para a Copa do Mundo de futebol, mas na maior parte do mundo ela gera mais emoção e mais audiência televisiva que os Jogos Olímpicos. O futebol é o soberano na preferência esportiva em 24 países pesquisados pela Ipsos-Reid Corporation, da British Columbia, por isso não é surpresa que muitas empresas queiram associar seus nomes a esse esporte tão popular.

A Adidas prorrogou seu relacionamento de 35 anos com a Copa do Mundo, concordando em ser um patrocinador da Copa do Mundo em 2010 e 2014. A empresa será patrocinadora também de todos os campeonatos da Federation Internationale of Football Association (Fifa) entre 2010 e 2014, incluindo a Copa do Mundo masculina, a Copa do Mundo feminina e o Campeonato Mundial Sub-20. Patrocinadores da Copa do Mundo têm dois painéis publicitários no campo, em todos os vinte estádios, além da publicidade on-line que busca ligar seus produtos eletrônicos de alta tecnologia com a animação desse tão esperado campeonato.[1]

Tais patrocínios desportivos ilustram vários pontos importantes que se originam diretamente dos conceitos apresentados no capítulo anterior. Os consumidores provavelmente têm certas crenças sobre negócios, como o Chipotle Mexican Grill e o Half Pint Skateboards, que são fundamentados nas associações mentais que fizeram para eles (qual é o sabor dos burritos, como são as pranchas do skate). Essas crenças podem afetar as opiniões dos consumidores (se gostam de certo restaurante ou de certo tipo de prancha de skate) e seu comportamento (se vão dirigir mais para chegar àquele restaurante ou para uma loja que vende aquela prancha de skate). Finalmente, opiniões podem se basear nas características funcionais da oferta (como ingredientes frescos e naturais ou materiais resistentes) ou nos aspectos emocionais (o sentimento positivo de apoiar fazendeiros ou de ajudar jovens atletas). Como profissionais de marketing querem que o Chipotle e o Half Pint ajudem os consumidores a formar opiniões positivas com relação a suas marcas, fundamentados em crenças e associações novas – para afetar decisões de compra – são questões centrais abordadas neste capítulo.

O que são opiniões?

Opinião Avaliação relativamente global e duradoura de um objeto, um assunto, uma pessoa ou uma ação.

Uma **opinião** é determinada avaliação geral que expressa o quanto gostamos ou não de um objeto, um assunto, uma pessoa ou uma ação.² As opiniões são aprendidas e tendem a persistir ao longo do tempo. Nossas opiniões também refletem a avaliação geral que temos de algo com base no conjunto de associações ligadas a esse algo, e é por esse motivo que temos opiniões com relação a marcas, categorias de produto, anúncios, pessoas, lojas, atividades, e assim por diante.

A importância das opiniões

Função cognitiva Como as opiniões influenciam nossos pensamentos.

Função afetiva Como as opiniões influenciam nossos sentimentos.

Função conativa Como as opiniões influenciam nosso comportamento.

Opiniões são importantes porque (1) guiam nossos pensamentos (a **função cognitiva**), (2) influenciam nossos sentimentos (a **função afetiva**) e (3) afetam nosso comportamento (a **função conativa**). Decidimos quais anúncios ler, com quem conversar, onde comprar e onde comer fundamentados em nossas opiniões. Do mesmo modo, as opiniões influenciam nosso comportamento de aquisição, consumo e descarte de uma oferta. Assim, os profissionais de marketing precisam mudar opiniões de modo a influenciar a tomada de decisão do consumidor e mudar o comportamento desse consumidor.

As características das opiniões

Favorabilidade O grau em que gostamos ou não de algo.

Acessibilidade de opinião A facilidade de lembrar-se de uma opinião.

Confiança na opinião Quão fortemente mantemos uma opinião.

Persistência da opinião Quanto dura nossa opinião.

Resistência da opinião Quão difícil é mudar uma opinião.

Ambivalência Quando nossas avaliações com relação a uma marca são mistas (tanto positivas como negativas).

As opiniões podem ser descritas em termos de cinco características: favorabilidade, acessibilidade da opinião, confiança na opinião, persistência e resistência. A **favorabilidade** se refere ao quanto gostamos ou não do objeto da opinião A **acessibilidade da opinião** se refere a quão fácil e prontamente uma opinião pode ser recuperada da memória.³ Se você assistiu a um filme ontem à noite, provavelmente se lembra com certa facilidade de qual foi sua opinião com relação a ele, bem como se lembra facilmente de sua opinião com relação a um objeto, um evento ou uma atividade importante (como seu primeiro carro).

As opiniões também podem ser descritas em termos de sua força ou **confiança na opinião**. Em alguns casos mantemos nossas opiniões muito fortemente e com grande confiança, ao passo que em outros temos menos certeza sobre elas. As opiniões também podem variar em **persistência** ou resistência, e as opiniões que mantemos com confiança podem durar um tempo extremamente longo, ao passo que outras podem ser muito curtas. Além disso, opiniões podem ser descritas em termos de sua **resistência** a mudanças subsequentes.⁴ Os consumidores podem mudar opiniões facilmente quando não são leais a uma marca específica ou quando sabem pouco sobre um produto. No entanto, uma mudança de opinião é mais difícil quando os consumidores são leais à marca ou se consideram especialistas na categoria do produto.

Por fim, opiniões podem ser descritas em termos de **ambivalência**, como quando temos avaliações positivas fortes sobre um aspecto de uma marca e avaliações negativas fortes sobre outros aspectos. Curiosamente, a opinião de outra pessoa tende a nos influenciar mais quando nossas opiniões são ambivalentes, mesmo quando não enxergamos aquela pessoa como conhecedora do produto ou da categoria. Então, se você está fazendo compras e pode encontrar bons e maus motivos para comprar o produto, pode ser mais influenciado a comprá-lo se um amigo o encoraja a fazer isso.[5]

Formando e mudando opiniões

Os profissionais de marketing podem criar ou influenciar mais as opiniões dos consumidores com relação a ofertas e comportamentos novos quando entendem como as opiniões são formadas. Esse entendimento também ajuda os profissionais de marketing a planejar estratégias para mudar as opiniões do consumidor sobre ofertas existentes e comportamentos estabelecidos. O Exemplo 5.1 resume as abordagens gerais para a formação de opiniões e processos de mudança que são discutidos neste capítulo e no próximo.

A base das opiniões

Como mostra o Exemplo 5.1, uma abordagem para a formação de opinião sugere que essas opiniões são baseadas em *cognições* (*pensamentos*) ou crenças.[6] Isso significa que opiniões podem ser fundamentadas em pensamentos que temos sobre informações recebidas de uma fonte externa (tal como publicidade, vendedores, a Internet ou um amigo de confiança) ou em informações que recuperamos da memória. Um estudo mostra que mensagens de anúncios com informações sobre a função do produto – o que as características do produto fazem, por exemplo – podem provocar pensamentos sobre o produto e estimular opiniões positivas sobre ele.[7]

Uma segunda abordagem sugere que opiniões são fundamentadas em *emoções*. Algumas vezes temos uma opinião favorável com relação a uma oferta simplesmente porque ela parece boa ou correta. Da mesma maneira, podemos adquirir opiniões observando e experimentando indiretamente as emoções de outros que usam uma oferta. Por exemplo, se você vê que pessoas estão se divertindo ao andar de skate, pode acreditar que também vai se divertir se fizer o mesmo. De fato, pesquisas sugerem que tanto o aspecto hedônico (relacionado à experiência do uso do produto) quanto o aspecto utilitário (relacionado à função do produto) afetam opiniões com relação às categorias de produto e marcas individuais.[8]

O papel do esforço na formação e na mudança de opiniões

A quantidade de pensamento extensivo ou *elaboração* que os consumidores investem afeta a formação de suas opiniões e também seus processos de mudança. Como foi discutido no Capítulo 2, os consumidores podem às vezes ter

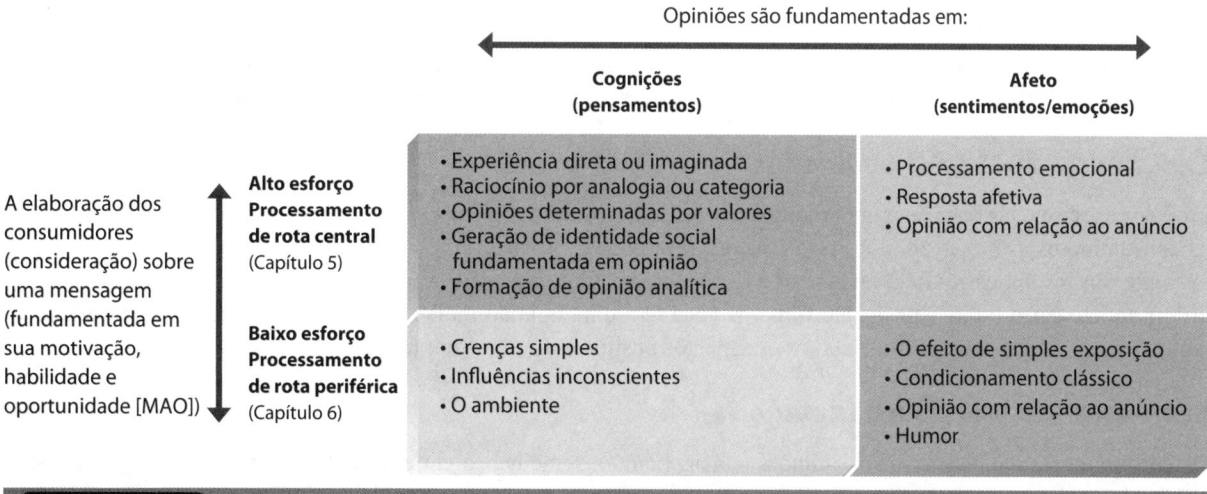

Exemplo 5.1
Abordagens gerais para a formação e mudança de opiniões
Os consumidores podem formar opiniões de quatro maneiras básicas, dependendo se a elaboração é alta ou baixa e se o processamento é cognitivo ou afetivo. Este capítulo examina as maneiras como as opiniões podem ser formadas e mudadas quando o esforço do consumidor é alto.

motivação, habilidade e oportunidade (MAO) altas para processar informações e tomar decisões. Quando a MAO é alta, é mais provável que os consumidores dediquem muito esforço e se envolvam na formação ou mudança de opiniões e na tomada de decisões. Alguns pesquisadores usaram o termo **processamento de rota central** para descrever o processo de formação e a mudança de opinião quando o esforço é alto.[9] O processamento é central porque as opiniões dos consumidores são fundamentadas em um análise, cuidadosa e esforçada, dos verdadeiros méritos ou temas centrais contidos na mensagem. Como resultado desse processamento extensivo e trabalhoso, os consumidores formam opiniões fortes, acessíveis e confiantes que são persistentes e resistentes a mudanças.

Processamento de rota central Processo de formação e mudança de opinião quando o esforço é alto.

No entanto, quando a MAO é baixa, as opiniões dos consumidores são fundamentadas em uma análise mais tangencial e superficial da mensagem, em vez de em uma análise trabalhosa de seus verdadeiros méritos. Como essas opiniões geralmente são fundamentadas em pistas periféricas ou superficiais contidas na mensagem, o termo **processamento de rota periférica** foi usado para descrever a formação e mudança de opinião que envolve esforço limitado (ou baixa elaboração) por parte do consumidor.

Processamento de rota periférica Processo de formação e mudança de opinião quando o esforço é baixo.

Este capítulo foca em várias maneiras pelas quais consumidores formam e mudam opiniões quando o esforço (isto é, a MAO) é alto, ao passo que o próximo capítulo foca em como consumidores formam e mudam suas opiniões quando o esforço é baixo. Como as opiniões tendem a ser mais acessíveis, persistentes, resistentes a mudança e mantidas com confiança quando a MAO dos consumidores para processar as informações é alta, grande parte do capítulo foca no que afeta a favorabilidade das opiniões dos consumidores.

Como é mostrado no Exemplo 5.2, nas situações em que é provável que os consumidores dediquem muito esforço ao processamento de informações, os profissionais de marketing podem influenciar as opiniões do consumidor (1) *de forma cognitiva* – influenciando os pensamentos ou crenças que eles têm sobre a oferta ou (2) *de forma afetiva* – influenciando as experiências emocionais que os consumidores associam com a oferta. Além disso, os profissionais de marketing podem tentar influenciar as opiniões dos consumidores por meio das características da fonte usada em uma comunicação persuasiva, o tipo de mensagem usada ou alguma combinação das duas. Depois que as opiniões são formadas, elas podem ter um papel poderoso, influenciando as intenções dos consumidores e seu comportamento real.

As bases cognitivas das opiniões

Pesquisadores propuseram várias teorias para explicar como os pensamentos são relacionados às opiniões quando consumidores dedicam muito esforço para processar informações e tomar decisões. Esta seção detalha cinco modelos cognitivos: (1) experiência direta ou imaginada, (2) raciocínio por analogia ou categoria, (3) opiniões geradas por valores, (4) geração de opinião por identidade social e (5) processos analíticos de formação de opinião, incluindo modelos de expectativa de valor, como a teoria da ação raciocinada e a teoria do comportamento planejado.

Experiência direta ou imaginada

Produzir experiências reais com um produto ou serviço (ou mesmo imaginar como seria essa experiência) pode ajudar os consumidores a formar opiniões positivas ou negativas. É provável que você forme uma opinião depois de, por exemplo, dirigir um carro novo ou assistir à estreia de um filme, ou até formar uma opinião imaginando como seria dirigir aquele carro ou assistir àquele filme. E você terá uma opinião mais favorável com relação àquela marca de laptop se usar a imaginação para elaborar os aspectos positivos de adquirir e usar aquela marca.[10]

Raciocínio por analogia ou categoria

Os consumidores também formam opiniões considerando a semelhança entre produtos ou entre as categorias específicas de produto. Por exemplo, se você nunca provou um Frappuccino gelado da Starbucks, mas acha que pode ser parecido com os cafés quentes da Starbucks que você gosta, seu raciocínio pode levar à formação de uma opinião positiva com relação ao Frappuccino. Outro exemplo: se uma câmera digital é anunciada como tendo a versatilidade de funções de um canivete suíço, você pode formar uma opinião positiva com relação a ela, porque a analogia envolve um produto do qual você gosta (o canivete).[11]

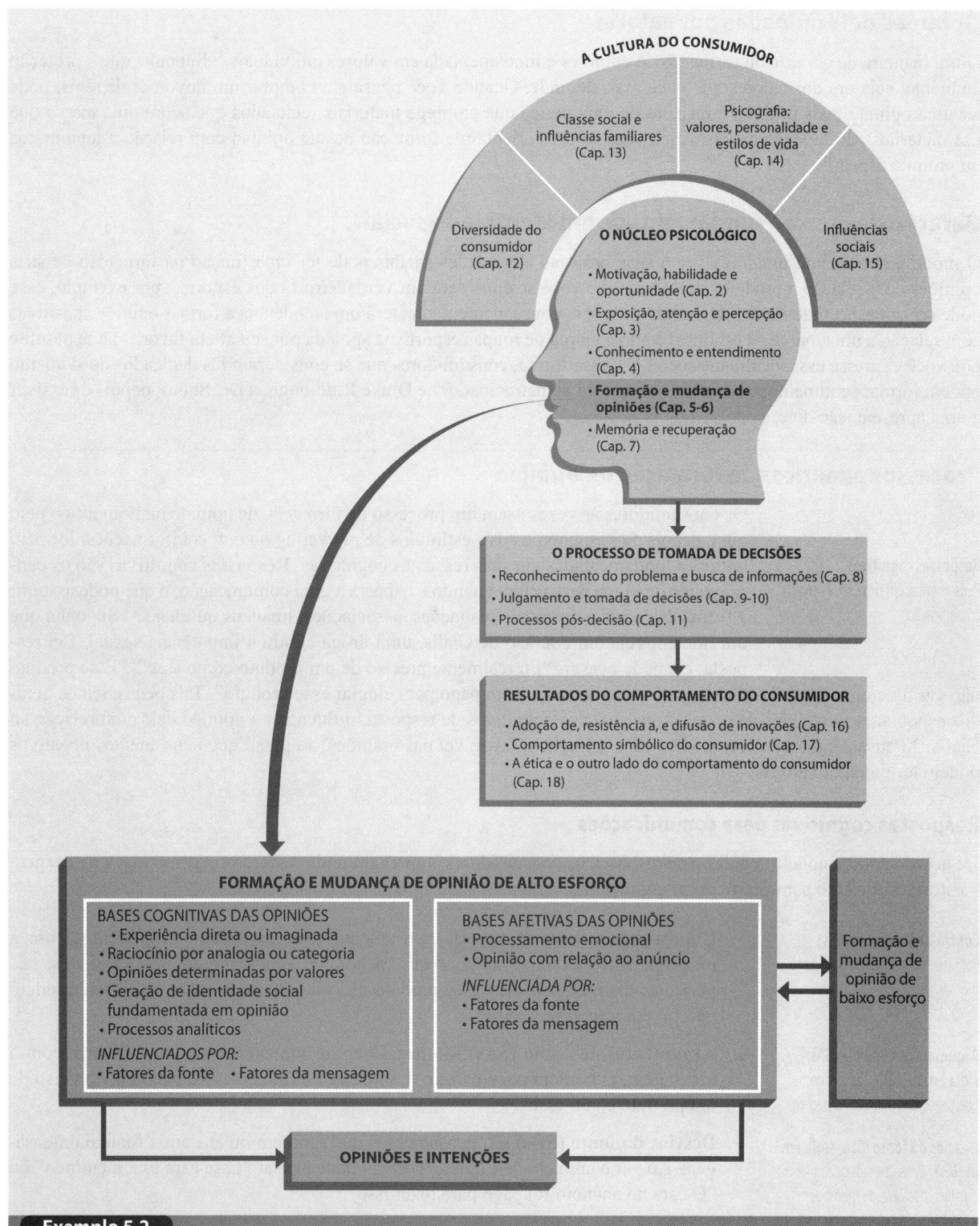

Exemplo 5.2

Visão geral do capítulo: formação e mudança de opinião, alto esforço do consumidor

Após os dois primeiros estágios (exposição, atenção e percepção; e conhecimento e entendimento), os consumidores podem formar ou mudar suas opiniões. Este capítulo explica como os consumidores formam opinião de alto esforço, fundamentados na cognição e no afeto. Explica também como os profissionais de marketing podem influenciar opiniões por meio dos fatores de fonte e de mensagem.

Opiniões determinadas por valores

Outra maneira de geração ou formação de opiniões é fundamentada em valores individuais.[12] Suponha que a proteção ambiental seja um dos valores que você mais defende. Quando você pensa em comprar um novo par de tênis, pode ter uma opinião mais positiva a respeito de uma marca que emprega materiais reciclados que sobre uma marca que usa materiais não biodegradáveis. Aqui, seus valores orientam a formação de sua opinião com relação a uma marca ou produto específico.

Geração de opinião fundamentada em identidade social

O modo como os consumidores veem suas próprias identidades sociais pode ter uma função na formação de suas opiniões com relação a produtos ou marcas. Se você se considera um verdadeiro fã dos esportes, por exemplo, esse pode ser um aspecto definidor de sua identidade e, consequentemente, terá uma tendência a formar opiniões positivas com relação a uma marca ou produto (como a marca de roupas esportivas apoiada por seu atleta favorito) que permite que você expresse essa identidade social.[13] Dessa forma, consumidores que se consideram fãs dedicados do skatismo podem formar sentimentos positivos com relação ao patrocinador de Drake Riddiough, a DC Shoes, depois de assistir a uma apresentação dele.

Processos analíticos de formação de opinião

Respostas cognitivas
Pensamentos em resposta a uma comunicação.

Os consumidores às vezes usam um processo de formação de opinião mais analítico pelo qual, depois de serem expostos a estímulos de marketing ou outras informações, formam opiniões fundamentadas em suas respostas cognitivas. **Respostas cognitivas** são os pensamentos que uma pessoa tem quando é exposta a uma comunicação, o que pode assumir a forma de reconhecimentos, avaliações, associações, imagens ou ideias.[14] Suponha que um homem veja um anúncio de Cialis, uma droga contra a impotência sexual. Em resposta, ele pode pensar: "Eu realmente preciso de um produto como esse", "Esse produto não vai funcionar nunca" ou "O cara nesse anúncio foi bem pago para elogiar esse produto". Tais pensamentos gerados espontaneamente vão, de acordo com modelos cognitivos de resposta, influenciar a opinião dele com relação ao Cialis.[15] Pensamentos positivos podem ter um impacto favorável nas opiniões, ao passo que pensamentos negativos podem ter um efeito adverso.

Respostas cognitivas para comunicações

De acordo com o modelo cognitivo de resposta, os consumidores empregam muito esforço em responder à mensagem – esforço suficiente para gerar contra-argumentos, argumentos de apoio e desvios da fonte.

Contra-argumentos (CAs)
Pensamentos que discordam da mensagem.

> **Contra-argumentos (CAs)** são pensamentos que expressam discordância com a mensagem. No exemplo anterior de um homem vendo um anúncio de Cialis, tais pensamentos poderiam ser "Esse produto não via funcionar nunca" ou "Esse produto não vai curar meu problema".

Argumentos de apoio (SAs, sigla em inglês) Pensamentos que concordam com a mensagem.

> **Argumentos de apoio (SAs)** são pensamentos que expressam concordância com a mensagem. O homem pode pensar "Isso parece ótimo" ou "Eu realmente preciso de um produto como esse".

Desvios da fonte (SDs, sigla em inglês) Pensamentos que ignoram ou atacam a fonte da mensagem.

> **Desvios da fonte (SDs)** são pensamentos que ignoram ou atacam a fonte da mensagem. Ao ver o anúncio de Cialis, o homem pode pensar "Esse cara está mentindo" ou "O cara no anúncio foi pago para dizer isso".

Contra-argumentos e desvios da fonte, em particular, resultam em uma opinião inicial menos favorável ou em uma resistência para mudança de opinião. É provável que pensamentos como "Isso nunca vai funcionar" ou "O cara foi pago para dizer isso" levem a uma opinião negativa com relação ao Cialis. No entanto, consumidores não aceitam e seguem cegamente sugestões feitas em mensagens persuasivas; em vez disso, eles podem usar seu conhecimento sobre os objetivos ou as táticas dos profissionais de marketing para lidar efetivamente ou resistir a essas mensagens.[16] Na verdade, os consumidores pensam sobre como profissionais de marketing tentam influenciar o comportamento do consumidor – e, por sua vez, esses pensamentos permitem que os consumidores formulem contra-argumentos ou argumentos de apoio, em resposta a atividades de marketing.[17] Além do mais, a presença de argumentos de apoio ("Isso parece ótimo") resulta em opiniões positivas com relação à oferta.

Pesquisas mostram que, quando consumidores resistem à persuasão e tornam-se cientes de sua própria resistência, essa consciência reforça suas opiniões iniciais. Em situações de alta elaboração, consumidores confrontados com uma mensagem persuasiva que está em conflito com suas próprias opiniões geram contra-argumentos que fortalecem suas opiniões iniciais – mas somente quando a mensagem é de uma fonte especializada.[18]

IMPLICAÇÕES DE MARKETING

Embora os profissionais de marketing queiram que os consumidores sejam expostos às suas mensagens de marketing e as entendam, eles também podem querer que as respostas dos consumidores sejam positivas, não negativas. Consumidores que geram contra-argumentos e desvios da fonte terão opiniões fracas ou negativas com relação a uma oferta. Para combater essa reação, os profissionais de marketing deveriam testar, antes de divulgar anúncios na mídia, as respostas cognitivas dos consumidores para suas comunicações. Pedir a consumidores que pensem em voz alta enquanto veem o anúncio ou para registrar seus pensamentos imediatamente após ver o anúncio permite que profissionais de marketing classifiquem as respostas, identifiquem problemas e fortaleçam a mensagem.

Consumidores tendem a gerar mais contra-argumentos e menos argumentos de apoio quando o conteúdo da mensagem difere daquilo em que eles já acreditam. Assim, uma mensagem apoiando o controle de armas de fogo vai gerar muitos contra-argumentos entre os membros da National Rifle Association. Essa **discrepância de crença** cria mais contra-argumentos, porque os consumidores querem manter suas estruturas de crença existentes e o fazem argumentando contra a mensagem.[19] Consumidores também geram mais contra-argumentos e menos argumentos de apoio quando a mensagem é fraca. Por exemplo, dizer que as lâminas descartáveis da Gillette vêm em muitas cores não é uma razão forte e convincente para comprar uma. Em tal situação, os consumidores podem depreciar a fonte (Gillette) ou gerar contra-argumentos ("Quem se importa com a cor?").[20]

Discrepância de crença Quando uma mensagem é diferente daquilo em que os consumidores acreditam.

Os consumidores criam mais argumentos de apoio e menos contra-argumentos quando estão envolvidos com o programa de TV no qual um comercial aparece. O programa distrai os consumidores da contra-argumentação, aumentando o impacto persuasivo da mensagem.[21] Outro modo de diminuir contra-argumentos é por meio da técnica de *distração e reestruturação*. Distrair o processamento cognitivo de uma comunicação de forma diferente, porém sutil ("US$ 4,00 por dia – somente 400 centavos por dia"), limpa o caminho para persuasão mais eficaz quando a mensagem é reestruturada (com uma afirmação como "esta é uma oferta incrível").[22]

Por fim, consumidores reagem mais favoravelmente a comunicações quando estão de bom humor: eles geralmente querem preservar esse humor, portanto, evitam a contra-argumentação.[23]

Modelo de expectativa de valor Modelo amplamente usado que explica como opiniões se formam e mudam.

Modelos de expectativa de valor

Os **modelos de expectativa de valor** são processos analíticos que explicam como os consumidores formam e mudam opiniões com base (1) nas crenças ou no conhecimento que têm sobre um objeto ou ação e (2) em sua avaliação dessas crenças específicas.[24] De acordo com esse modelo, você pode gostar de um Volkswagen porque acredita que é confiável, com preço razoável e elegante – e acha que um bom carro tem essas características.

O modelo de valor esperado conhecido como a **teoria da ação fundamentada (TORA)** oferece uma ideia melhor de como, quando e por que opiniões preveem o comportamento do consumidor, particularmente nos Estados Unidos.[25] Como mostrado no Exemplo 5.3, o modelo propõe que o **comportamento (C)** é uma função da **intenção comportamental (IC)** de uma pessoa, que, por sua vez, é determinada (1) pela **opinião da pessoa com relação ao ato (A_{ato})** e (2) pelas **normas subjetivas (NS)** que operam naquela situação. Consistente com a maioria dos modelos de expectativa de valor, A_{ato} é determinado pelas *crenças* (c_i) do consumidor sobre as consequências de se envolver no

Teoria da ação fundamentada (TORA) Modelo que fornece uma explicação de como, quando e por que opiniões preveem o comportamento.

Comportamento (C) O que fazemos.

Intenção comportamental (IC) O que pretendemos fazer.

Opinião da pessoa com relação ao ato (A_{ato}) Como nos sentimos ao fazer algo.

Normas subjetivas (SN, sigla em inglês) Como os outros se sentem sobre algo que fazemos.

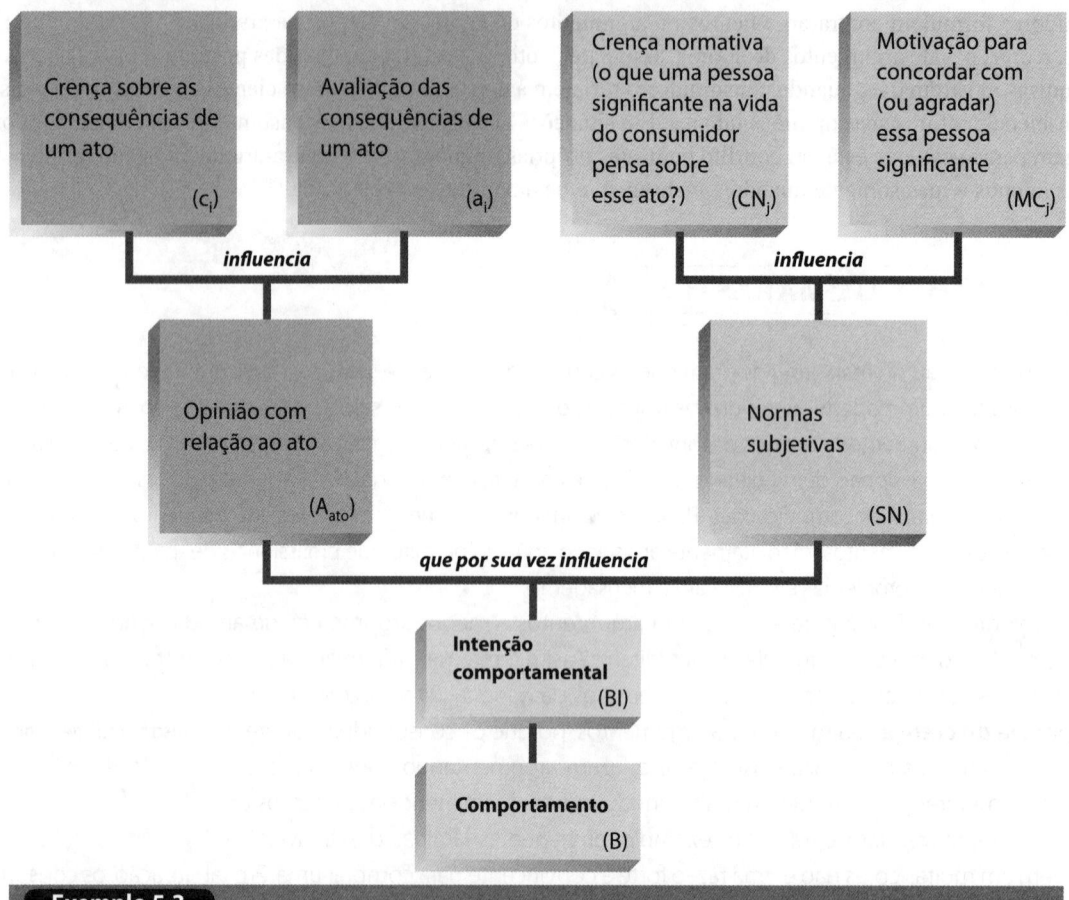

Exemplo 5.3
A teoria da ação fundamentada
O TORA é um modelo de expectativa de valor que propõe como crenças influenciam opiniões e normas, que por sua vez afetam o comportamento.

comportamento e pela *avaliação* (a_i) dessas consequências pelo consumidor. Normas subjetivas são determinadas pelas *crenças normativas* (CN_i) do consumidor – ou o que o consumidor acha que alguém quer que ele faça – e pela *motivação do consumidor em concordar* (MC) com essa pessoa.

Note que o modelo TORA leva em consideração a forma como outras pessoas no ambiente social influenciam o comportamento do consumidor. Em algumas situações, **influências normativas** de outros podem ter um papel importante sobre como as pessoas se comportam. Tentar prever as intenções comportamentais a partir das opiniões, como ocorre no modelo TORA, é muito mais fácil que tentar prever comportamentos reais, porque muitos fatores situacionais fazem que um consumidor não se envolva em um comportamento pretendido.[26] Por exemplo, você pode *pretender* comprar um Volkswagen, mas pode não fazer isso porque tem pouco dinheiro.

Influências normativas
Como outras pessoas influenciam nosso comportamento por meio de pressão social.

O modelo TORA pressupõe que as opiniões são acessíveis, pois elas só podem orientar o comportamento se os consumidores as recuperarem. Confiança na opinião e menos ambivalência também aumentam a relação entre opiniões e comportamento.[27] Além disso, uma extensão do TORA, a **teoria do comportamento planejado**, busca prever comportamentos sobre os quais os consumidores têm controle incompleto por meio da análise do controle comportamental percebido.[28] Por exemplo, consumidores mais velhos que veem um anúncio promovendo os benefícios de tomar remédios para o controle da pressão sanguínea terão maior probabilidade de obter e tomar o medicamento se forma-

Teoria do comportamento planejado Uma extensão do modelo TORA que prevê comportamentos através dos quais consumidores percebem que têm controle.

rem uma opinião positiva com relação a essa mudança, se formarem intenções para mudar, e se perceberem que têm algum controle sobre esse comportamento de consumo.

IMPLICAÇÕES DE MARKETING

Os profissionais de marketing precisam entender não somente as opiniões que os consumidores têm, como também por que as têm e como essas opiniões podem ser mudadas. O modelo TORA, por exemplo, é útil para analisar as razões pelas quais os consumidores podem gostar ou não de uma oferta, se pretendem se envolver ou resistir a um comportamento, e o que mais pode ser influente e deveria, portanto, ser também almejado.

Tais modelos também fornecem orientações úteis sobre como os profissionais de marketing podem mudar as opiniões, as intenções e (assim esperam os profissionais de marketing) o comportamento por meio dessas estratégias principais:

1. *Mudar crenças*. Uma estratégia possível seria mudar a força das crenças que os consumidores associam às consequências de adquirir uma oferta. Os profissionais de marketing podem tentar (1) fortalecer crenças de que a oferta oferece consequências importantes e positivas, ou (2) diminuir a crença de que a oferta tem consequências negativas. Embora os profissionais de marketing geralmente usem essa estratégia quando é mais provável que consumidores considerem a mensagem, induzir tal mudança não é fácil quando estes têm crenças prévias fortes. Por exemplo, a marca Saturn da GM originalmente representava carros fabricados nos Estados Unidos, pequenos e de preço razoável. Mas o Saturn demorou a atualizar seu estilo e a marca perdeu grande parte do seu brilho. Para mudar as crenças dos consumidores, a GM lançou novos modelos com anúncios que enfatizam o estilo, com uma menção ao apelo de fabricação nos Estados Unidos: "Não compre porque é norte-americano. Compre porque é fantástico."[29]

2. *Mudar avaliações*. Outra forma de mudar opiniões é mudar as avaliações das consequências por parte dos consumidores, uma vez que as opiniões destes tornam-se mais positivas quando suas crenças são mais positivas ou menos negativas. O American Chemistry Council (Conselho Norte-americano de Química), um grupo industrial, está usando publicidade para mudar as opiniões dos consumidores com relação a produtos químicos. "Quando uma pessoa comum pensa sobre produtos químicos, pensa sobre os riscos em vez dos benefícios," observa o diretor da Nova Chemicals. "Temos de diminuir essa discrepância." A campanha "essential2" explica que os produtos químicos são ingredientes essenciais em muitos produtos que melhoram a qualidade de vida dos consumidores.[30] Curiosamente, pesquisas mostram que uma campanha promovendo uma categoria de produto acaba por mudar a importância relativa dos atributos que os consumidores usam para avaliar as marcas naquela categoria.[31]

3. *Acrescentar uma crença nova*. Uma terceira estratégia é acrescentar uma crença totalmente nova, que tornaria a opinião do consumidor mais positiva, o que é particularmente eficaz quando uma marca tem características existentes que são consideradas inferiores, qualidade percebida como baixa, ou preço mais alto que o dos concorrentes.[32] Note que é provável que o acréscimo de atributos novos a um produto de baixa complexidade estimule crenças positivas e uma opinião mais positiva com relação àquele produto.[33] Por exemplo, consumidores podem formar uma opinião positiva com relação ao Kindle, da Amazon.com, um leitor de livros eletrônico e sem fios com preço mais alto que o concorrente Sony Reader, quando descobrem que o Kindle também acessa e-mails e acessa blogs.

4. *Estimular a formação de opinião com base em experiência imaginada*. Os profissionais de marketing podem comunicar informações por meio de anúncios com linguagem vívida, imagens detalhadas ou instruções para estimular os consumidores a imaginar a experiência. Fazer isso pode produzir opiniões positivas sobre a marca desde que os consumidores tenham a capacidade de imaginar coisas e que foquem nos aspectos positivos em vez de nos aspectos potencialmente negativos.[34] Por exemplo, os vídeos "Vai misturar?", da Blendtec, postados no YouTube, mostram os liquidificadores da empresa destruindo iPods e telefones celulares. Esses vídeos ajudam os consumidores a imaginar quão bem o eletrodoméstico vai "misturar uma margarita e se livrar daquela enorme pedra de gelo", diz o diretor de marketing da Blendtec.[35]

5. *Crenças normativas*. Outra estratégia é desenvolver comunicações que focam especificamente em crenças normativas fortes, como uma maneira de influenciar o comportamento. A Northern Illinois University foi bem-sucedida no uso de uma campanha normativa para reduzir o volume de bebidas ingeridas pelos estudantes, informando-os de que a

maioria deles toma menos que cinco drinques quando está festejando.[36] De outro modo, anúncios de preservativos não foram bem-sucedidos em aumentar as vendas, porque eles *não* ressaltaram as crenças normativas (o que os outros pensarão de você se não usar preservativo).[37] A importância de crenças normativas, no entanto, varia entre culturas. Em países que ressaltam os valores do grupo em detrimento dos valores do indivíduo (como o Japão, entre outras nações asiáticas), apelos a crenças normativas têm significado ainda maior.[38]

Como opiniões cognitivas são influenciadas

Como indica o Exemplo 5.2, tanto a fonte da comunicação quanto a mensagem influenciam quão favorável será a opinião do consumidor. Exploramos aqui como as comunicações de marketing podem afetar as opiniões dos consumidores, fundamentadas na cognição quando o esforço de processamento é extensivo.

Fonte de comunicação

Entre consumidores que processam informações extensivamente, é mais provável que aqueles com opiniões fundamentadas em cognição sejam influenciados por informações críveis, o que significa que mensagens de marketing devem ser críveis para gerar argumentos de apoio, restringir contra-argumentos e desvios da fonte, e aumentar a força da crença. Vários fatores, incluindo a credibilidade da fonte e a reputação da empresa, aumentam a credibilidade de uma mensagem.

Credibilidade da fonte

Credibilidade Medida em que uma fonte é confiável, especializada ou tem *status*.

Em muitas mensagens de marketing, a informação é apresentada por um porta-voz, normalmente uma celebridade, um ator, um representante da empresa ou um consumidor real; já em uma situação de vendas, o vendedor é o porta-voz da empresa e da oferta. Tanto a **credibilidade** dessas fontes como a credibilidade da empresa influenciam as opiniões dos consumidores.[39] De acordo com pesquisas, os consumidores tendem a avaliar informações do produto pensando mais quando a credibilidade da fonte é baixa que quando a credibilidade da fonte é alta.[40]

Fontes são críveis quando têm uma ou mais destas características: confiança, conhecimento e *status*. Primeiro, é mais provável que se confie em alguém percebido como confiável que em alguém que não é. Como os consumidores tendem a ver as opiniões de outros consumidores como menos tendenciosas que palavras persuasivas de fontes oficiais, eles verificam avaliações de produtos postadas no BizRate.com e em outros sites em que consumidores comentam ofertas.[41]

Segundo, temos mais probabilidade de aceitar uma mensagem de alguém percebido como um conhecedor ou um *especialista* no assunto que de alguém que não tem nenhuma experiência nele. Um vendedor que demonstra conhecimento extensivo do produto será mais crível que um vendedor desinformado. Terceiro, alguém com posição ou *status* social elevado também pode ser percebido como crível; é por esse motivo que muitas empresas apresentam seus presidentes executivos ou fundadores em seus anúncios. Na América Latina, o endosso de produtos por pessoas famosas e respeitadas é uma técnica efetiva, particularmente na Venezuela e no México. A Pepsi, por exemplo, apresenta a popstar latina Shakira em alguns anúncios em espanhol.[42]

Pesquisas mostram que fontes críveis têm impacto considerável na aceitação da mensagem quando as opiniões prévias dos consumidores são negativas, quando a mensagem desvia muito de suas crenças prévias, quando a mensagem é complexa ou difícil de entender, e quando há uma boa "combinação" entre o produto e quem o endossa, como entre o skatista pré-adolescente Drake Riddiough e o patrocinador dos seus calçados, DC Shoes.[43] Além disso, a credibilidade da fonte pode influenciar as opiniões dos consumidores, afetando a confiança destes em seus pensamentos sobre a mensagem do anúncio.[44]

No entanto, fontes críveis terão menos impacto quando consumidores mantêm suas opiniões existentes com confiança (de modo que mesmo uma fonte crível não os convencerá de outra maneira) e quando eles têm alto grau de habilidade para gerar suas próprias conclusões da mensagem (se têm muito conhecimento relevante ao produto, particularmente com base em experiência direta).[45] Também é menos provável que consumidores acreditem que uma fonte é crível quando (por exemplo, uma celebridade) endossa produtos múltiplos.[46] Finalmente, a confiança é um elemento importante da credibilidade para personagens porta-voz, como a lagartixa da GEICO ou o boneco de massa Pillsbury Doughboy. Especificamente, confiança em um personagem porta-voz resulta em opiniões favoráveis à marca se o consumidor teve pouca experiência com aquela marca.[47]

IMPLICAÇÕES DE MARKETING

Robert DeNiro e George Foreman foram endossadores bem-sucedidos, porque os consumidores percebem essas celebridades como honestas e diretas.[48] Da mesma forma, consumidores podem perceber um vendedor que tem uma "cara honesta" como uma fonte de informação crível. Pessoas comuns também podem ser vistas como endossadores críveis. Empresas como o Home Depot e o Walmart apresentaram muitos funcionários em suas campanhas de publicidade, porque os funcionários acrescentam realismo e, em muitos casos, são parecidos com o mercado alvo.[49] Além disso, consumidores latino-americanos tendem a dar avaliações positivas para anúncios que apresentam pessoas reais.[50]

Por causa de suas habilidades, desportistas como Peyton Manning, Andy Roddick e Serena Williams foram fontes especialistas bem-sucedidas na publicidade de roupas e equipamentos esportivos, bem como de outros produtos.[51] Fontes especialistas também podem ser populares, outro fator que pode contribuir para um anúncio efetivo. Curiosamente, uma pesquisa indicou que mulheres endossadoras frequentemente são vistas como mais populares e críveis que homens endossadores,[52] entretanto, a empresa ou produto corre o risco de perder alguma credibilidade se uma celebridade endossadora se mete em confusão ou se demite. Por exemplo, a Nike cancelou seu contrato de endosso com o astro de futebol americano Michael Vick depois de ele se declarar culpado de acusações de rinhas ilegais de cachorro.[53]

No entanto, uma fonte de baixa credibilidade *pode* ser eficaz em algumas circunstâncias, pois, se ela argumenta contra seu próprio interesse, o resultado pode ser uma mudança de opinião positiva.[54] Anúncios políticos, por exemplo, frequentemente apresentam um membro de um partido opositor que endossa um candidato rival. Além disso, o impacto de uma fonte de baixa credibilidade pode, na verdade, aumentar no decorrer do tempo (presumindo que a mensagem seja poderosa). Esse **efeito dorminhoco** ocorre porque a memória do consumidor sobre a fonte pode desaparecer mais rapidamente que sua memória da mensagem.[55] Assim, os consumidores podem se lembrar da mensagem, mas não da fonte.

Efeito dorminhoco
Consumidores esquecem a fonte de uma mensagem mais rapidamente que a mensagem em si.

Reputação da empresa

Quando comunicações de marketing não apresentam nenhuma pessoa real, os consumidores julgam a credibilidade pela reputação da empresa que transmite a mensagem.[56] É mais provável que pessoas acreditem – e mudem suas opiniões com base – em mensagens de empresas com reputação de produzir produtos de qualidade, de lidar de forma justa com consumidores ou de ser confiável. Uma empresa pode melhorar sua reputação on-line e engendrar reações positivas patrocinando conteúdo em websites relevantes; anúncios de banner altamente focados na audiência de um site também podem conseguir opiniões positivas com relação à empresa.[57] Mais especificamente, a confiança percebida de uma marca exerce mais influência sobre a consideração e o comportamento dos consumidores que sua especialização.[58]

IMPLICAÇÕES DE MARKETING

Muitas empresas dedicam tempo e dinheiro consideráveis para desenvolver uma imagem positiva por meio de publicidade corporativa porque sabem que a reputação influencia as percepções do consumidor e a credibilidade. Como mostrado no Exemplo 5.4, o histórico ambiental de uma empresa pode afetar as opiniões e o comportamento dos compradores. Muitas empresas usam publicidade e relações públicas para comunicar seu envolvimento em iniciativas ambientais. Por exemplo, a empresa de energia BP gastou milhões de dólares em uma campanha de anúncios para formação de imagem chamada "Além do petróleo" divulgando suas atividades de conservação ambiental.[59]

A mensagem

Assim como os consumidores avaliam se a fonte é crível ou não quando seu esforço de processamento é alto, eles também avaliam se a mensagem é crível. Três fatores afetam a credibilidade de uma mensagem: a qualidade de seu argumento; se é uma mensagem com um ou dois pontos de vista; e se é uma mensagem comparativa.

Qualidade do argumento

Um dos fatores mais importantes que afetam a credibilidade de uma mensagem diz respeito ao uso de **argumentos fortes**,[60] os quais apresentam as melhores características ou os méritos

Argumento forte
Uma apresentação convincente das características dos melhores méritos de uma oferta.

> **Exemplo 5.4**
> **A empresa é amiga do meio ambiente?**
> Dependendo do gênero e da região do país, a visão dos consumidores sobre a importância do respeito ambiental que uma empresa tem quando toma suas decisões varia.
>
> **EMPRESA BOA**
> Enquanto os moradores do Oeste norte-americano têm a reputação de ter consciência ambiental, os da região Nordeste do mesmo país são os que mais se impressionam por empresas conhecidas como amigas do meio ambiente.
>
> **O percentual de norte-americanos que dizem que os fatores a seguir influenciaram sua decisão de comprar certo produto:**
>
> | | GÊNERO | | REGIÃO | | | |
> |---|---|---|---|---|---|---|
> | | Homens | Mulheres | Nordeste | Centro-Oeste | Sul | Oeste |
> | Seguro para o meio ambiente | 76% | 84% | 83% | 81% | 78% | 80% |
> | A empresa é conhecida por usar práticas ecológicas | 65% | 75% | 78% | 71% | 68% | 67% |
> | A empresa é conhecida por tratar bem seus funcionários | 62% | 69% | 67% | 63% | 69% | 60% |
> | Parte das vendas vai para instituições de caridade | 46% | 62% | 53% | 58% | 56% | 50% |
>
> *Fonte:* Reimpresso com permissão da edição de 23 out. 2003 da *American Demographics.* Copyright Crain Communications, Inc. 2003.

principais de uma oferta de modo convincente. Mensagens também podem apresentar pesquisas ou endossos de apoio, como o selo *Good Housekeeping* ou a designação de melhor compra do *Consumer's Digest*. É provável que argumentos fortes sejam mais persuasivos se os consumidores forem expostos a tais mensagens depois de pensar sobre o que teriam feito de outra forma para evitar uma experiência de aquisição que levou a um resultado indesejado.[61] Além disso, argumentos fortes têm maior efeito sobre intenções comportamentais quando consumidores focam no processo do uso do produto em vez do resultado do seu uso, especialmente para produtos de envolvimento baixo e moderado.[62] A combinação de um argumento forte com uma conclusão implícita em uma mensagem de anúncio engendra opiniões mais favoráveis à marca entre consumidores com alta necessidade de cognição.[63] Além do mais, consumidores são mais persuadidos por uma mensagem contendo um argumento forte quando dedicam recursos cognitivos suficientes para processar a informação.[64]

Infomerciais – mensagens comerciais que duram entre 30 e 60 minutos – dão tempo suficiente para que as empresas expliquem detalhadamente seus bens e serviços complicados, tecnologicamente avançados ou inovadores. Numerosas empresas, incluindo a Nikon e a Humana Healthcare, usaram infomerciais com muito sucesso para apresentar argumentos fortes e vender ofertas. A publicidade na Internet permite que empresas complementem mensagens complicadas com informações convincentes e que tenham impacto positivo nos consumidores.[65]

IMPLICAÇÕES DE MARKETING

Se as mensagens são fracas, é improvável que os consumidores pensem que elas oferecem razões críveis para comprar. Dizer que uma pessoa deveria comprar uma marca específica de colchão porque tem tecido decorativo não é muito convincente. Contudo, as mensagens nem sempre têm um foco em características substanciais de um produto ou serviço, visto que as características menos importantes podem desempenhar uma função essencial em influenciar as opiniões dos consumidores quando as marcas são semelhantes e muitos concorrentes enfatizam os mesmos atributos importantes.[66] Uma mensagem deve também combinar com a quantidade de esforço que os consumidores querem usar para processá-la. É improvável que uma mensagem muito simples ou muito complicada seja persuasiva.[67]

Mensagem parcial
Uma mensagem de marketing que só apresenta informações positivas.

Mensagens parciais *versus* mensagens imparciais

A maioria das mensagens de marketing apresenta somente informações positivas e são chamadas **mensagens parciais**. Em alguns casos, no entanto, uma **mensagem imparcial**, contendo informações positivas e negativas sobre uma oferta, pode ser eficaz. Por exemplo, o xarope para tosse Buckley's Cough Mixture é comercializado em toda a América do Norte usando mensagens de anúncio imparciais como "O gosto é horrível. E funciona" e "Horrivelmente eficaz".[68] Como os argumentos fortes, as mensagens imparciais podem afetar as opiniões dos consumidores, tornando a mensagem mais crível (isto é, elas aumentam a força da crença) e reduzindo os contra-argumentos. Quando consumidores veem informações negativas em um anúncio, é provável que eles infiram que a empresa é honesta, uma crença é adicionada à credibilidade da fonte.[69] Oferecendo razões para que os consumidores tenham interesse pela oferta apesar desses problemas, o anúncio incentiva consumidores a adicionar uma nova crença. Note que o efeito persuasivo de mensagens imparciais depende, em parte, de quanta informação negativa é apresentada e da interação dos atributos positivos e negativos.[70]

Mensagem imparcial
Uma mensagem de marketing que apresenta informações tanto positivas como negativas.

IMPLICAÇÕES DE MARKETING

Mensagens imparciais parecem ser especialmente eficazes (1) quando os consumidores são inicialmente contra a oferta (eles já têm crenças negativas) ou (2) quando serão expostos a mensagens opostas dos concorrentes.[71] Mensagens imparciais também são bem recebidas por consumidores mais inteligentes, que preferem mensagens neutras e sem viés. A rede de restaurantes Hardee's usou uma vez uma campanha para reconhecer as reclamações dos consumidores e para apresentar seus novos hambúrgueres Thickburgers. O slogan da campanha, "É como se o último lugar aonde você iria para comer um hambúrguer se tornasse o primeiro", era um apelo direto para transformar opiniões negativas em opiniões positivas.[72] Entretanto, o uso de publicidade imparcial nem sempre é do interesse dos profissionais de marketing, pois, no geral, os efeitos positivos das mensagens imparciais sobre opiniões da marca ocorrem somente se a mensagem negativa é sobre um atributo que não é extremamente importante.

Mensagens comparativas

As **mensagens comparativas** mostram como a oferta é muito melhor que a do concorrente. Foram identificados dois tipos de mensagens comparativas.[73] O tipo mais comum é a *mensagem comparativa indireta*, na qual a oferta é comparada com aquelas de concorrentes não nomeados (como "outras marcas líderes" ou "marca X"). Essa estratégia pode melhorar as percepções dos consumidores sobre uma marca que detém um mercado moderado com relação a outras com mercados moderados (mas não para o líder do mercado).[74] No entanto, os profissionais de marketing devem lembrar que a eficácia da publicidade comparativa difere de cultura para cultura.[75] Na Coreia, uma cultura que valoriza a harmonia, a publicidade comparativa parece ser confrontante demais e é usada raramente, ao passo que essa técnica é frequentemente usada nos Estados Unidos.

Mensagens comparativas
Mensagens que fazem comparações diretas com a concorrência.

Com a *publicidade comparativa direta*, os publicitários nomeiam e atacam um concorrente ou grupo de concorrentes explicitamente com base em um atributo ou em uma vantagem. Essa abordagem é normalmente usada quando a oferta tem uma característica que é supostamente melhor que a de um concorrente. Por exemplo, a Apple usou anúncios para comparar a facilidade de uso de seus sistemas operacionais com aqueles produzidos para PCs pela Microsoft.[76] Vendedores usam essa técnica frequentemente para convencer os consumidores das vantagens de sua oferta sobre a oferta da concorrência. A publicidade comparativa também é usada em campanhas políticas, nas quais ela gera mais contra-argumentos e menos desvios da fonte que a publicidade política negativa. Esse resultado pode ser consequência dos diferentes tipos de processamento de informações incentivados pelos dois tipos de mensagens.[77] Porém os consumidores expostos a mensagens políticas negativas acham que elas são menos úteis para a tomada de decisão e têm mais opiniões negativas com relação a elas do que os consumidores expostos a publicidade política positiva.[78]

No geral, mensagens comparativas diretas são eficazes em gerar atenção e consciência da marca e em aumentar positivamente o processamento de mensagens, opiniões, intenções e comportamento.[79] No entanto, elas não têm credibilidade alta, como mencionado anteriormente, e são particularmente eficazes para marcas novas ou marcas com pequena parcela do mercado tentando "pegar" as vendas de marcas mais populares.[80] A publicidade para a marca nova ou de pouco mercado pode incrementar as opiniões dos consumidores, ressaltando como a marca é diferente ou melhor que as outras marcas e dando uma razão confiável para adquiri-la. Na verdade, a publicidade comparativa que ressalta a diferenciação pode estimular consumidores a notar as diferenças entre as marcas concorrentes.[81] Mensagens comparando duas marcas percebidas como dessemelhantes obtêm mais elaboração, especialmente entre consumidores com baixa necessidade de cognição, exatamente porque as marcas são diferentes.[82]

Mensagens comparativas são especialmente eficazes quando contêm outros elementos que as tornam críveis – como uma fonte confiável ou objetiva e afirmações verificáveis (um argumento forte)[83] – e quando o atributo ou vantagem apresentado é importante dentro da categoria de produto.[84] Contudo, uma mensagem que indica indiretamente a superioridade dos atributos apresentados de uma marca quando comparados aos concorrentes é mais eficaz em posicionar aquela marca dentro do mercado todo que um anúncio não comparativo ou diretamente comparativo.[85] Os consumidores que originalmente recebem informações de um anúncio não comparativo e depois são expostos a um anúncio comparativo vão rever suas avaliações mais que quando expostos subsequentemente a um anúncio não comparativo.[86] Anúncios comparativos que se referem a concorrentes de modo negativo são percebidos como menos confiáveis e mais tendenciosos; eles levam consumidores a desenvolver mais contra-argumentos e menos argumentos de apoio que anúncios comparativos sem referências competitivas negativas.[87]

Quando preparam anúncios comparativos, os profissionais de marketing devem considerar também os objetivos dos consumidores. Os que são focados em promoções, cujo objetivo é maximizar seus ganhos e resultados positivos, responderão melhor às afirmações de que a marca X é superior à marca Y; já os consumidores focados em prevenção, que querem minimizar suas perdas e riscos, serão mais céticos a respeito das afirmações de superioridade e responderão melhor às afirmações de que a marca X é similar ou equivalente à marca Y.[88] Note que mensagens comparativas apresentadas positivamente (a marca X tem melhor desempenho que a marca Y) são mais eficazes para consumidores focados em promoções, ao passo que mensagens apresentadas negativamente (a marca Y tem mais problemas que a marca X) são mais eficazes para consumidores focados em prevenção.[89] Mensagens comparativas positivas estimulam maior processamento cognitivo e incentivam os consumidores a considerar informações de outra marca – ativando suas intenções de compra se as informações adicionais apoiarem o argumento positivo.[90]

IMPLICAÇÕES DE MARKETING

Mensagens comparativas diretas são mais bem utilizadas quando a MAO dos consumidores para processar a mensagem é alta. Quando a MAO é alta, os consumidores exercem mais esforço no processamento da mensagem e têm menos probabilidade de confundir a marca anunciada com sua concorrência.[91] Além disso, quando os consumidores usam o processamento analítico, um anúncio comparativo será mais persuasivo que um anúncio não comparativo; quando consumidores usam o processamento imaginário, um anúncio não comparativo será mais persuasivo.[92] A rede de sanduíches Subway usou mensagens comparativas exortando consumidores a "comprar nosso sanduíche em vez do hambúrguer deles", diz um dos executivos de marketing da empresa, uma diretiva que ajuda consumidores a tomar uma decisão entre categorias de fast-foods com base em atributos como nutrição.[93] Considere, porém, que mensagens comparativas não são úteis para mudar uma primeira impressão negativa de um consumidor sobre uma marca ou empresa.[94]

Toda a informação contida em uma mensagem comparativa deve ser factual e verificável; de outra maneira, os concorrentes podem considerar a tomada de medidas legais. Embora anúncios comparativos sejam amplamente usados nos Estados Unidos e na América Latina, eles são ilegais em alguns países e rigorosamente regulados na União Europeia.[95] Alguns consumidores não gostam de publicidade comparativa. Por exemplo, consumidores japoneses respondem melhor a uma venda mais suave que a anúncios comparativos.[96] Por fim, mensagens que comparam um produto novo e melhorado de uma empresa ao produto original da mesma empresa somente serão eficazes quando as funções melhoradas forem vistas como atípicas daquele produto. De outra maneira, é provável que os consumidores desconsiderem a novidade da funcionalidade recente.[97]

As bases afetivas (emocionais) das opiniões

A maioria das pesquisas mais antigas sobre as opiniões do consumidor quando a MAO e o esforço de processamento são altos concentrava-se nos modelos cognitivos de formação de opinião. Agora, no entanto, pesquisadores estão admitindo que os consumidores podem investir muita energia mental no processamento de uma mensagem com base emocional. Reações emocionais, independentes da estrutura cognitiva, podem servir como uma maneira potente de criar opiniões favoráveis, duradouras e resistentes a mudanças.[98] Esta seção analisa quando e como as opiniões podem ser mudadas pelos sentimentos dos consumidores quando a MAO e o esforço de processamento são altos.

Quando o **envolvimento afetivo** com um objeto ou decisão é alto, os consumidores podem experimentar reações emocionais razoavelmente fortes ou envolvimento com um estímulo. *Envolvimento* se refere ao grau em que consumidores estão emocionalmente conectados a um produto ou anúncio.[99] Um nível alto de envolvimento significa sentimentos fortes que podem, por sua vez, influenciar opiniões. Nesse caso, os *sentimentos* do consumidor agem como uma fonte de informação, e os consumidores confiam nesses sentimentos para avaliar o estímulo.[100]

Envolvimento afetivo
Investimento de energia emocional e sentimentos alterados com relação a uma oferta ou atividade.

É mais provável que sentimentos influenciem uma mudança de opinião quando se relacionam com ou são vistos como relevantes à oferta.[101] Por exemplo, alguém que está apaixonado pode ter uma *opinião mais positiva* com relação a um perfume caro que alguém que não está experimentando esse mundo de emoções. Os sentimentos também podem ser um fator de influência quando os consumidores veem outros experimentando emoções fortes enquanto usam uma oferta ou quando fatores situacionais impedem o esforço do consumidor para desenvolver uma opinião cognitiva.[102] Assim, consumidores sob forte pressão de tempo podem simplesmente lembrar de uma experiência emocional anterior em vez de desenvolver uma opinião cognitiva.

Determinadas ações de marketing, certos fatores podem ativar experiências ou episódios da memória, que podem ser associados a emoções fortes.[103] Por exemplo, você pode experimentar emoções positivas como alegria e animação se, de repente, vê o anúncio do carro que acabou de comprar. Se você ama cães, pode experimentar envolvimento afetivo com relação a uma mensagem apresentando um cachorro fofo. Não é de se admirar que cães sejam incluídos em publicidade impressa há décadas.[104]

Opiniões também podem ser formadas por uma rota emocional para a persuasão chamada *encaixe regulatório*. Lembre que o Capítulo 2 identificou dois tipos de objetivos que os consumidores podem ter – orientados para a promoção e para a prevenção. Consumidores com objetivos orientados para a promoção são estimulados a agir de maneira a alcançar resultados positivos, focando em esperanças, desejos e realizações. De outro modo, consumidores com objetivos orientados para a prevenção são estimulados a agir de modo a evitar resultados negativos, focando em responsabilidades, segurança e resguardar-se contra riscos.

Pesquisas sugerem que a opinião de um consumidor com relação a certo produto depende do encaixe entre o objetivo do consumidor e as estratégias disponíveis para alcançar esse objetivo. Por exemplo, um consumidor orientado para a promoção que vê um anúncio mostrando como é bom dirigir determinado carro (isto é, o anúncio se encaixa em seu objetivo de promoção) será mais persuadido que se o anúncio enfatizasse características de segurança. O anúncio enfatizando segurança seria, de fato, mais persuasivo para consumidores com objetivos orientados para a prevenção. Por quê? Pessoas sentem-se bem quando há um encaixe entre seus objetivos regulatórios e as estratégias disponíveis para ajudá-las a atingir seus objetivos. Tal sentimento as deixa mais seguras sobre sua avaliação de opinião e é mais provável que considerem suas opiniões ou escolhas valiosas.[105]

Quando os consumidores estão emocionalmente envolvidos com uma mensagem, tendem a processá-la em um nível geral, não analiticamente.[106] Esse processo envolve a geração de imagens ou sentimentos, chamados **respostas afetivas** (ou RA),[107] em vez de respostas cognitivas. Na verdade, respostas afetivas são geralmente mais influentes que respostas cognitivas na formação de opiniões dos consumidores com relação a experimentar um produto[108] e são particularmente importantes quando o anúncio leva a uma "experiência emocional de pico".[109] Os consumidores podem relembrar uma experiência emocional ou colocar-se indiretamente na situação e experimentar as emoções associadas a ela.[110] Então, esses sentimentos influenciarão suas opiniões. Consumidores focados em objetivos envolvendo suas esperanças e expectativas tendem a confiar em suas respostas afetivas a um anúncio, ao passo que consumidores focados em suas responsabilidades e obrigações tendem a confiar mais no conteúdo da mensagem.[111]

Respostas afetivas
Quando consumidores geram sentimentos e imagens em resposta a uma mensagem.

Diferenças entre culturas também podem influenciar a eficiência de **apelos emocionais**. Um estudo descobriu que mensagens evocadoras de respostas centradas no ego (como orgulho e felicidade) levaram a opiniões mais favoráveis em culturas orientadas para o grupo, ao passo que mensagens empáticas levavam a opiniões mais positivas em culturas individualistas.[112] A razão para essa aparente inversão é que a novidade ou singularidade do apelo aumenta a motivação para processar e considerar a mensagem.

Apelos emocionais
Mensagens planejadas para obter uma resposta emocional

Às vezes, emoções negativas têm efeito positivo nas mudanças de opinião. Em um estudo, a exposição a um aviso do serviço público sobre abuso infantil criou inicialmente emoções negativas (tristeza, raiva, medo), mas, em seguida, levou a um sentimento de empatia, e essa resposta levou a uma decisão de ajudar.[113] Além disso, os consumidores podem tentar ativamente evitar tomar decisões associadas a fortes emoções negativas fazendo escolhas que minimizam essas emoções.[114]

Note que a cognição pode ainda influenciar se os sentimentos experimentados afetarão as opiniões do consumidor. Para que sentimentos tenham impacto direto sobre suas opiniões, os consumidores devem ligá-los de forma cognitiva à oferta.[115] Para ilustrar, se você visse o anúncio de um banco mostrando uma cena de ternura, de um pai segurando seu bebê, você poderia experimentar uma resposta emocional imediata (afeto e alegria). Entretanto, esse sentimento só afetará sua opinião com relação ao banco se você conscientemente fizer uma conexão entre o sentimento e o banco ("Esse banco me faz sentir bem" ou "Eu gosto desse banco porque ele se importa com as pessoas"). Uma mensagem publicitária que depende do apelo emocional será mais eficaz em ajudar usuários constantes do produto a acessar o nome da marca que em ajudar usuários não frequentes a fazer o mesmo.[116]

(IMPLICAÇÕES DE MARKETING)

Os profissionais de marketing podem tentar influenciar as emoções como um modo de afetar as opiniões do consumidor. Em particular, eles podem tentar garantir que as emoções experimentadas em uma situação específica sejam positivas. Vendedores de carros, por exemplo, podem tentar fazer todo o possível para deixar seu cliente feliz, para que ele desenvolva opiniões positivas com relação à revendedora e ao carro. A importância de criar emoções positivas também explica por que linhas aéreas, instituições financeiras e outros prestadores de serviço atribuem um valor alto ao fato de ser amigável. A Southwest Airlines ganhou a reputação de ser amiga do cliente porque, diz seu presidente, "nós os matamos [os passageiros] com gentilezas, cuidados e atenção".[117]

Comunicações de marketing podem causar emoções fortes em consumidores, embora a capacidade de causar essas emoções seja geralmente bastante limitada – anúncios são melhores em criar humor de baixo nível que em criar emoções intensas. Pense sobre como os comerciais que mostram pessoas se divertindo em um restaurante McDonald's almejam deixar os espectadores de bom humor. Contudo, em situações nas quais o envolvimento afetivo com o produto ou o serviço é frequentemente alto, os profissionais de marketing podem gerar as imagens e os sentimentos necessários para mudar determinadas opiniões. Esse resultado ocorre mais frequentemente em categorias em que há uma motivação simbólica ou de busca pelo prazer – quando sentimentos ou significados simbólicos são decisivos. Para ilustrar, a Mercedes trocou sua abordagem de publicidade informativa por um apelo mais emocional.

Como opiniões fundamentadas no afeto são influenciadas

Quando a MAO e o esforço são altos e as opiniões são afetivamente (emocionalmente) fundamentadas, várias estratégias mostradas no Exemplo 5.1 podem ser empregadas para mudar opiniões. Como acontece com as opiniões fundamentadas na cognição, os profissionais de marketing podem usar características da fonte e a mensagem para mudar opiniões dos consumidores, afetando suas emoções.

A fonte

Atratividade Uma característica original que evoca opiniões favoráveis caso a origem seja fisicamente atraente, agradável, familiar ou parecida conosco.

Hipóteses de combinação A ideia de que a fonte deve ser apropriada para o produto/serviço.

Atratividade percebida é uma característica importante que afeta opiniões de alto esforço com base em emoções. Pesquisas sobre a atratividade da fonte sugerem que, quando a MAO e o esforço dos consumidores são altos, fontes atraentes tendem a evocar opiniões favoráveis se as fontes forem apropriadas para a categoria da oferta (por exemplo, um automóvel de luxo, moda, cosméticos e tratamentos de beleza).[118] Esse efeito foi chamado de **hipótese da combinação** (a fonte deve combinar com a oferta). Uma fonte atraente relevante provavelmente melhora as opiniões, tornando o anúncio informativo e querido, ou afetando as crenças dos consumidores de que o produto deve ser bom. Uma fonte que é atraente, mas não relevante, pode distrair o consumidor das ideias da mensagem.[119]

A American Express usa diversas fontes atraentes e especializadas para comunicar as vantagens de seus cartões de crédito para os consumidores. Em uma campanha recente – "Você é um associado do cartão?" – o campeão Olímpico de snowboard Shaun White é mostrado reservando voos para destinos com neve usando os pontos de recompensa que ganhou com seu cartão American Express. "Preciso poder viajar para onde quero, quando quero", ele diz à audiência.[120] Pesquisas sugerem que a hipótese da combinação pode ser ainda mais potente para fontes especialistas que para fontes atraentes, motivo pelo qual o endosso de White para roupas para snowboard fabricadas pela Burton pode ser especialmente eficaz.[121]

A relação entre atratividade e mudança de opiniões também se aplica a encontros de vendas. Os consumidores percebem vendedores fisicamente atraentes como tendo habilidades de vendas mais favoráveis e têm maior chance de ceder a suas solicitações.[122] Os clientes também tendem a ser atraídos por vendedores que são percebidos como parecidos com eles, de quem tendem a comprar.[123]

IMPLICAÇÕES DE MARKETING

Apesar de a atratividade ser mais considerada em termos de características físicas, fontes também podem ser atraentes se forem percebidas como semelhantes, queridas ou familiares (em termos de aparência física ou opiniões).[124] A estrela do basquetebol Yao Ming mostrou-se tão querido (e tornou-se tão familiar) que agora endossa uma ampla variedade de ofertas, incluindo tênis da Reebok, cartões de crédito Visa e refrigerantes Coca-Cola. A celebridade de Ming o transformou em um endossador valioso em seu país natal, onde ele promove a empresa de telefones celulares China Unicom.[125]

A mensagem

Assim como os profissionais de marketing podem usar características da fonte para entender e influenciar o processamento afetivo, podem empregar também características da mensagem para influenciar consumidores. Apelos emocionais e apelos ao medo são duas características particularmente importantes da mensagem.

Apelos emocionais

Os profissionais de marketing às vezes tentam influenciar as opiniões dos consumidores usando apelos que geram emoções, como amor, desejo, alegria, esperança, empolgação, ousadia, medo, raiva, vergonha ou rejeição. A repulsa pode ser uma emoção potente que, mesmo quando estimulada involuntariamente pelo humor ou por outro aspecto da mensagem de um anúncio, pode gerar opiniões negativas e intenções de compra com relação a uma marca ou empresa.[126] As emoções positivas são usadas para atrair consumidores para a oferta, ao passo que as emoções negativas criam ansiedade sobre o que pode acontecer se os consumidores não usarem a oferta.

Mensagens também podem apresentar situações que expressam emoções positivas com a esperança de que os consumidores experimentem essas emoções indiretamente. Nessas situações, os profissionais de marketing podem induzir consumidores a imaginar como o produto fará que se sintam ou aparentem. Como exemplo, um anúncio para a droga contra impotência Viagra mostra um casal feliz dançando.[127] Da mesma maneira, os anúncios do McLanche Feliz do McDonald's concentram-se nas emoções envolvendo essa oferta. "Para os pais, McLanche Feliz significa memórias felizes; para as crianças, significa diversão, brinquedos favoritos, propriedades [de entretenimento] e comida favorita", explica um executivo do McDonald's. "A área entre esses dois é a de 'momentos especiais', o que nos forneceu a frase 'Lanches felizes para momentos felizes.'"[128] Quando os consumidores são atraídos para uma mensagem por sentimentos positivos, de afeto, eles ficam mais interessados e suas opiniões ficam mais positivas com relação ao anúncio, especialmente se a mensagem é extremamente intensa.[129] Porém apelos emocionais com base em emoções conflitantes (como felicidade e tristeza) podem resultar em opiniões menos favoráveis entre consumidores que não aceitam tais contradições tão bem.[130]

No entanto, apelos emocionais podem limitar a quantidade de informações relacionadas ao produto que os consumidores podem processar.[131] Esse resultado pode ocorrer porque consumidores podem estar pensando mais a respeito do sentimento bom que sobre as características do produto, uma situação que inibe a cognição sobre o produto e seus benefícios. Assim, é mais provável que apelos emocionais sejam eficazes quando a animação emocional é relacionada ao consumo ou uso do produto, uma ocorrência que é comum quando a motivação hedônica ou a motivação simbólica são importantes. A Volvo tirou o foco de algumas de suas campanhas da segurança para "dirigir para o prazer e a emoção" – acrescentando também o slogan "Aproveite a vida" – porque a marca tinha desenvolvido uma imagem fortíssima de um veículo seguro e pesado.[132] Pesquisas sugerem que apelos emocionais influenciam o comportamento do consumidor mais efetivamente quando o tipo de produto anunciado está no mercado há algum tempo. De outro modo, anúncios apresentando fontes especialistas e argumentos fortes são mais eficazes para produtos em mercados mais jovens.[133]

(IMPLICAÇÕES DE MARKETING)

Os profissionais de marketing tipicamente tentam suscitar emoções usando técnicas como a música, cenas emotivas, visuais, sexo e fontes atraentes. Na Índia, um comercial para os serviços de telefonia sem fio da Airtel busca se conectar emocionalmente aos consumidores mostrando um momento especial entre pai e filho.[134] No Reino Unido, comerciais para o xarope contra tosse Vicks Cough Syrup evitam a terminologia médica, concentrando-se, em vez disso, em cenas e diálogos que enfatizam aspectos emocionais de conforto, cuidado e bem-estar.[135] No entanto, deve-se notar que suscitar emoções é um desafio, a menos que a mensagem tenha relevância pessoal para o consumidor.[136]

Apelos ao medo

Apelos ao medo tentam gerar medo ou ansiedade, enfatizando as consequências negativas de se envolver ou não em um comportamento específico. Despertando esse medo, os profissionais de marketing esperam que consumidores fiquem estimulados a pensar sobre a mensagem e se comportem do modo desejado.[137] Mas será que o medo é um apelo eficaz? Estudos anteriores descobriram que apelos ao medo eram ineficientes porque a defesa perceptual dos consumidores os ajudava a bloquear e ignorar a mensagem (por causa de sua natureza ameaçadora).[138] Tais pesquisas fornecem uma explicação para a ineficácia geral dos avisos do ministério da saúde em maços de cigarros e anúncios. Contudo, pesquisas mais recentes indicam que apelos ao medo podem funcionar sob certas condições.[139] Por exemplo, apelos ao medo que geram culpa, arrependimento ou desafio podem motivar comportamentos, porque despertam sentimentos de autorresponsabilidade que são experimentados quando o consumidor faz ou deixa de fazer algo, como aplicar protetor solar para evitar câncer.[140]

A teoria do gerenciamento do terror (TMT, sigla em inglês) oferece uma melhor compreensão sobre o uso de apelos ao medo. De acordo com essa teoria, desenvolvemos uma visão de mundo com valores e crenças para lidar com o terror de saber que um dia morreremos, apesar do nosso impulso inato para a autopreservação. Para evitar ser paralisado pela ansiedade, podemos responder a mensagens que enfatizam a ameaça de morte defendendo nossa visão de mundo mais fortemente. Portanto, um forte apelo ao medo usando uma ameaça de consequências fatais pode ser ineficaz, porque consumidores tanto sobre a ameaça que não conseguem processar a mudança de comportamento sugerida pela mensagem. Então, a natureza do apelo ao medo – especificamente, se ela torna a mortalidade mais saliente – pode influenciar as emoções, a elaboração e as opiniões dos consumidores.[141]

Exemplo 5.5
Apelo ao medo
Anúncios podem usar apelos ao medo para estimular consumidores à ação. Este anúncio tenta gerar medo entre pais com relação ao abuso de remédios por parte de adolescentes.

Apelos ao medo Mensagens que enfatizam consequências negativas.

Teoria do gerenciamento do terror (TMT, sigla em inglês) Teoria que lida com a maneira com que lidamos com a ameaça de morte pela defesa de nossos valores e crenças sobre o mundo.

(IMPLICAÇÕES DE MARKETING)

Quando apelos ao medo podem ser eficazes? Primeiro, o apelo deve sugerir uma ação imediata que reduzirá o medo do consumidor. Segundo, o nível de medo deve ser geralmente moderado.¹⁴² Se o medo induzido for muito intenso (como era nos estudos iniciais), a defesa perceptual do consumidor se sobressai e a mensagem não terá impacto. Terceiro, em níveis mais altos de envolvimento, níveis mais baixos de medo podem ser gerados porque o consumidor tem motivação mais alta para processar a informação.¹⁴³ Fatores como a personalidade, uso do produto e *status* socioeconômico também têm impacto na eficácia dos apelos ao medo.¹⁴⁴ Por fim, a fonte que fornece a informação deve ser confiável; de outro modo, o consumidor pode desconsiderar a mensagem facilmente, gerando contra-argumentos e desvios da fonte.

Opinião com relação ao anúncio

Embora a maioria das pesquisas sobre opinião tenha se concentrado nas opiniões dos consumidores com relação à marca, algumas evidências sugerem que a **opinião com relação ao anúncio (A_{an})** no qual a marca é divulgada influencia as opiniões e os comportamentos dos consumidores com relação à marca.¹⁴⁵ Em outras palavras, se vemos uma propaganda e gostamos dela, nosso gosto pelo anúncio pode passar para a marca e tornar nossa opinião pela marca mais positiva.

Opinião com relação ao anúncio (A_{act}) Se o consumidor gosta ou não de um anúncio.

A maioria das pesquisas A_{an} foi feita no contexto de processamento de baixo esforço. No entanto, pesquisadores estão descobrindo que A_{an} também pode ter impacto quando consumidores dedicam esforço considerável no processamento da mensagem. Foram descobertos os três fatores principais que levam a uma A_{an} positivo neste contexto.¹⁴⁶

Primeiro, os anúncios mais *informativos* tendem a ser mais apreciados e a gerar mais respostas positivas.¹⁴⁷ Essas reações ao anúncio terão uma influência positiva sobre as opiniões com relação à marca, um fator chamado **dimensão utilitária** (ou **funcional**). Por exemplo, os consumidores geralmente gostam de promoções na Internet porque são vistas como mais informativas que promoções em outras mídias. De outro modo, os consumidores podem ter opiniões negativas com relação a anúncios que não são informativos. Um bom exemplo é o aumento da negatividade com relação a anúncios políticos que são vistos como "guerra de lama" e que oferecem poucas informações úteis sobre os candidatos.¹⁴⁸

Dimensão utilitária (funcional) Quando um anúncio fornece informação.

Segundo, os consumidores podem gostar de um anúncio se ele cria sentimentos ou emoções positivas (a **dimensão hedônica**).¹⁴⁹ Costumamos gostar de anúncios que nos fazem sentir bem ou que despertam experiências positivas de nossa memória. Essa opinião positiva pode ser transferida para a marca e tornar nossas crenças sobre a marca (b_c) mais positivas.¹⁵⁰ Os profissionais de marketing estão usando diversas técnicas para tornar a publicidade on-line moderna e divertida. A Ford, por exemplo, lançou recentemente uma série de episódios publicitários na Web (webisódios) de oito minutos, "Meet the Lucky Ones", apresentando dez personagens excêntricos que têm carros Mercury em suas vidas (geralmente no plano de fundo). Objetivando compradores mais jovens – especialmente mulheres – essa campanha na Internet foi complementada por diários on-line mantidos pelos personagens fictícios, atraindo mais envolvimento e cognição – e dando aos consumidores uma visão mais positiva da marca Mercury. O resultado: os vários websites do Mercury receberam mais visitantes e mais pedidos de informação durante a campanha.¹⁵¹

Dimensão hedônica Quando um anúncio cria sentimentos positivos ou negativos.

Terceiro, os consumidores podem gostar de um anúncio porque é interessante – isto é, ele desperta a curiosidade e atrai a atenção. Quando os consumidores exercem muito esforço e elaboram uma mensagem pensativamente, ela pode ser vista como interessante e gerar uma A_{an} positiva. Esse fator ajuda a explicar o sucesso que o varejista orientado para adolescentes Pacific Sunwear teve ao aumentar suas vendas on-line por meio de promoções que mudam constantemente, incluindo o download gratuito de músicas e concursos do tipo "ganhe sua lista de desejos". "Vemos nosso website como um local para nos comunicar com nossos clientes", diz o diretor de comércio eletrônico da empresa. "É mais que comprar". Trazer os consumidores de volta ao website de novo e de novo reforça o conhecimento da marca, gera uma opinião positiva com relação à Pacific Sunwear e aumenta as vendas.¹⁵²

Quando opiniões preveem o comportamento?

Os profissionais de marketing estão interessados tanto em saber como as opiniões são formadas e podem ser mudadas como quando e por que elas podem prever o comportamento. O modelo TORA é o que mais se aproxima de fornecer essas informações, prevendo quais fatores afetam as intenções comportamentais dos consumidores. Porém, como foi notado anteriormente, o que pretendemos fazer nem sempre prevê o que realmente fazemos. Assim, os profissionais de marketing precisam considerar também quais fatores afetam a relação opinião-comportamento. Esses são alguns dos fatores que afetam se as opiniões de um consumidor influenciarão seu comportamento:

➢ *Nível de envolvimento/elaboração.* É mais provável que as opiniões prevejam o comportamento quando o envolvimento cognitivo é alto e os consumidores elaboram ou pensam extensivamente sobre as informações que geram suas opiniões.[153] Opiniões também tendem a ser fortes e duradouras, e, portanto, mais previsíveis com relação ao comportamento de um consumidor quando o envolvimento afetivo é alto. Assim, opiniões a respeito de assuntos emocionalmente carregados, como possuir uma pistola ou fazer um aborto, tendem a ser fortemente mantidas e vinculadas ao comportamento. E se os consumidores deparam-se com inconsistências sobre uma marca e descobrem, por exemplo, que ela tem classificação mais alta que seus concorrentes em um atributo, porém mais baixa em outro? Aqui, a relação opinião-comportamento é enfraquecida se os consumidores não tentam resolver a inconsistência por meio da elaboração.[154]

➢ *Conhecimento e experiência.* É mais provável que opiniões sejam fortemente mantidas e preditivas do comportamento quando o consumidor tem conhecimentos sobre, ou experiência com, o objeto da opinião.[155] Quando um especialista toma uma decisão sobre um computador, por exemplo, é mais provável que forme uma opinião com base em informações mais detalhadas e integradas que um novato. Essa opinião poderia ser mantida e relacionada mais fortemente ao comportamento.

➢ *Análise dos motivos.* Pesquisas mostram que pedir aos consumidores para analisarem os motivos de sua preferência pela marca aumenta a ligação entre opinião e comportamento em situações nas quais o comportamento é medido logo depois das opiniões. Os profissionais de marketing devem levar essa descoberta em consideração quando planejam pesquisas do consumidor para apoiar a introdução de um novo produto.[156]

➢ *Acessibilidade de opiniões.* Opiniões se relacionam mais fortemente com o comportamento quando são acessíveis ou "*top of mind*".[157] Pelo contrário, se uma opinião não pode ser lembrada facilmente, ela terá pouco efeito sobre o comportamento. A experiência direta (uso do produto) geralmente aumenta a acessibilidade da opinião para atributos que devem ser experimentados (por exemplo, provados ou tocados), enquanto a publicidade pode produzir opiniões acessíveis para atributos de busca (por exemplo, preço ou ingredientes), especialmente quando o nível de repetição é alto.[158] É mais provável que consumidores questionados sobre suas intenções de aquisição para proteger um produto em uma categoria específica escolham marcas com relação às quais eles tenham opiniões positivas e acessíveis; as próprias pesquisas podem tornar as opiniões mais acessíveis para marcas naquela categoria, mudando, assim, o comportamento.[159]

➢ *Confiança na opinião.* Como já foi notado, algumas vezes temos mais certeza de nossas avaliações que em outras ocasiões. Portanto, outro fator que afeta a relação opinião-comportamento é a confiança na opinião. A confiança tende a ser mais forte quando a opinião é fundamentada em uma maior quantidade de informações ou em informações mais confiáveis e, quando estamos confiantes, é mais provável que nossas opiniões prevejam nossos comportamentos.[160] Não é surpresa que opiniões mantidas firmemente têm mais influência na consideração e na escolha das alternativas de marca pelos consumidores que opiniões mantidas de forma menos firme.[161]

➢ *Especificidade das opiniões.* Opiniões tendem a ser boas previsões do comportamento quando somos muito específicos sobre o comportamento que elas estão tentando prever.[162] Assim, se quiséssemos prever se as pessoas vão querer fazer aulas de paraquedismo, medir suas opiniões com relação a esse esporte em geral seria menos provável para prever o comportamento que medir suas opiniões especificamente com relação a aulas de paraquedismo.

➢ *Relação opinião-comportamento no decorrer do tempo.* Quando consumidores são expostos a uma mensagem publicitária mas não experimentam o produto, sua confiança na opinião diminui no decorrer do tempo. Os profissionais de marketing devem então planejar suas estratégias de publicidade para reativar as opiniões do consumidor e sua confiança na opinião por meio de repetição de mensagens. De outro modo, é mais provável que opiniões de marca fundamentadas em experiências diminuam no decorrer do tempo, mesmo que as opiniões fundamentadas em publicidade não diminuam. Como resultado, os profissionais de marketing deveriam usar comunicações para reforçar os efeitos da experiência de teste, reativando assim a opinião.[163]

➢ *Apego emocional.* Quanto mais os consumidores são apegados a uma marca – quanto mais se sentem ligados ou conectados a ela –, maior a probabilidade de que a comprem repetidamente no decorrer do tempo. Na verdade, tais consumidores estão mais dispostos a pagar um preço maior pela marca com a qual estão comprometidos e permanecem leais mesmo quando ela está envolvida em uma crise do produto com um *recall*.[164] Consumidores que são ligados emocionalmente a uma marca serão estimulados por informações negativas sobre aquela marca, o que, por sua vez, os motivará a gerar mais contra-argumentos contra as informações negativas.[165]

➢ *Fatores situacionais* A intervenção de fatores situacionais pode evitar o desempenho de um comportamento, enfraquecendo, assim, a relação opinião-comportamento.[166] Você pode ter uma opinião muito positiva com relação à marca Porsche, mas pode não comprar um por não ter dinheiro para isso. Em outra situação, se você fosse a uma loja para comprar o carro, sua opinião poderia não ter resultado em uma aquisição se não houvesse estoque na concessionária. Em outras circunstâncias, a situação de uso pode alterar a opinião. Por exemplo, suas opiniões com relação a vinhos diferentes podem depender de se você está comprando o vinho para si mesmo ou para um amigo.

➢ *Fatores normativos.* De acordo com o modelo TORA, é provável que fatores normativos afetem a relação opinião-comportamento. Por exemplo, você pode gostar de ir ao balé, mas pode não ir porque pensa que seus amigos vão rir de você. Embora sua opinião seja positiva e devesse levar ao comportamento de assistir ao balé, você está mais estimulado a concordar com crenças normativas.

➢ *Variáveis de personalidade.* Finalmente, é mais provável que certos tipos de personalidade exibam relações opinião-comportamento mais fortes que outros. Indivíduos que gostam de dedicar muitos pensamentos a ações mostrarão relações opinião-comportamento mais fortes, porque suas opiniões serão fundamentadas em pensamentos de alta elaboração.[167] É mais provável que pessoas que são mais orientadas por suas próprias disposições internas (chamados de *automonitores baixos*) exibam padrões de comportamento parecidos entre situações e, portanto, relações opinião-comportamento mais consistentes.[168] Pessoas que são guiadas pelas visões e comportamentos dos outros (chamados *automonitores altos*), de outro modo, tentam mudar seus comportamento para se adaptar a cada situação. Assim, uma escolha de cerveja de automonitor alto pode depender da situação; um automonitor baixo escolheria a mesma cerveja independentemente das circunstâncias.

Resumo

Quando a MAO dos consumidores para se envolver em um comportamento ou para processar uma mensagem é alta, consumidores tendem a dedicar esforços consideráveis para formar suas opiniões e para o processamento da mensagem. Uma opinião é uma avaliação relativamente global e duradoura de uma oferta, um assunto, uma atividade, uma pessoa ou um evento. Opiniões podem ser descritas em termos de sua favorabilidade, acessibilidade, confiança, persistência e resistência, e os pensamentos e sentimentos dos consumidores em resposta a essa situação podem afetar suas opiniões por meio de uma rota cognitiva ou afetiva para a persuasão.

Cinco tipos de modelos cognitivos mostram como os pensamentos se relacionam a opiniões em situações de alto esforço do consumidor: (1) experiência direta ou imaginada, (2) raciocínio por analogia ou categoria, (3) opiniões geradas por valores, (4) geração de opinião por identidade social e (5) processos analíticos de formação de opinião, incluindo modelos de expectativa de valor, como a teoria da ação raciocinada e a teoria do comportamento planejado. De acordo com o modelo cognitivo de resposta, consumidores exercem muito esforço em responder à mensagem – esforço suficiente para gerar contra-argumentos, argumentos de apoio e desvios da fonte. De acordo com o processamento elaborativo, as mensagens podem ser eficazes se tiverem uma fonte crível ou um argumento forte, apresentam informações positivas e negativas (em certas circunstâncias) ou envolvem comparações diretas (se a marca for a líder do mercado).

Os consumidores podem experimentar emoções quando estão afetivamente envolvidos com uma comunicação ou quando a mensagem envolve um apelo emocional. Em qualquer um dos casos, o consumidor processa a comunicação e os sentimentos positivos ou negativos que podem resultar em determinadas opiniões. Quando as opiniões são fundamentadas no afeto, fontes que são agradáveis ou atraentes podem ter um impacto positivo sobre a mudança de opinião. Apelos emocionais podem afetar o processamento de comunicações se elas forem relevantes à oferta, ao passo que apelos ao medo, um tipo de mensagem que desperta emoções, são parcialmente explicados pela teoria do gerenciamento do terror. A opinião de um consumidor com relação ao anúncio (A_{an}) pode ter uma função no processo de mudança de opinião se este for informativo ou associado a sentimentos positivos. A A_{an} pode então passar para crenças e opiniões sobre a marca.

Por fim, opiniões podem prever melhor o comportamento de um consumidor quando (1) o envolvimento é alto, (2) o conhecimento é alto, (3) os motivos são analisados, (4) as opiniões são acessíveis, (5) as opiniões são mantidas com confiança, (6) as opiniões são específicas, (7) a relação opinião-comportamento não diminui no decorrer do tempo, (8) o apego emocional é alto, (9) não há presença de fatores situacionais, (10) fatores normativos não estão em operação e (11) lidamos com certos tipos de personalidade.

Perguntas para revisão e discussão

1. O que são opiniões e quais são suas três funções?
2. Como o modelo de expectativa de valor busca explicar a formação de opinião?
3. Que função tem a credibilidade em afetar as opiniões do consumidor fundamentadas em cognições?
4. Quais são as vantagens e desvantagens de oferecer uma mensagem imparcial sobre um produto?
5. Contraste o apelo emocional com o apelo ao medo. Por que cada um é eficaz? Qual dos dois você considera mais persuasivo para produtos ou serviços nos quais você está interessado?
6. Quais são os três fatores que podem levar a uma opinião positiva com relação ao anúncio (A_{an}) quando os consumidores dedicam muito esforço para processar a mensagem? Como os profissionais de marketing podem aplicar esses fatores quando planejam suas mensagens publicitárias?

CASO – COMPORTAMENTO DO CONSUMIDOR

A GEICO defende sua causa por economia e serviço

A GEICO é a seguradora de carros número quatro nos Estados Unidos, atrás de State Farm, Allstate e Progressive, mas sua verba anual de US$ 500 milhões para comunicações de marketing é a maior do ramo. A GEICO usa essa verba vantajosamente com uma grande variedade de mensagens em várias mídias para influenciar as opiniões dos consumidores com relação a suas ofertas de seguros, que incluem cobertura para carros, motocicletas, casas e veículos de lazer. Em uma categoria de produto na qual os consumidores não mudam de uma marca para outra sem pensar muito, as comunicações da GEICO dão aos motoristas algo em que pensar e os direcionam para opiniões positivas com relação à marca.

As mensagens da empresa usam argumentos fortes focando em economia e serviço para fazer os consumidores avaliarem o custo dos seguros automobilísticos. Algumas de suas mensagens comparativas mostram exatamente quanto dinheiro um consumidor específico economizou ao mudar de uma empresa de seguros concorrente para a GEICO, informação que aumenta a credibilidade do produto. Em uma variação do tema, muitos dos anúncios comparativos dizem que "15 minutos podem fazer você economizar 15%". Essa mensagem estimula consumidores a calcularem quanto gastariam a menos com seu seguro automobilístico se fossem clientes da GEICO. Ela também tranquiliza os consumidores dizendo a eles que mudar para a GEICO será rápido e fácil.

Cada anúncio menciona o nome da marca e também o número da GEICO para ligações gratuitas ou seu website (ou ambos) – uma chamada para ação a fim de que os consumidores deem o próximo passo e obtenham um orçamento gratuito, leiam mais tipos específicos de apólices ou entrem em contato com o serviço de atendimento ao consumidor com um clique ou uma ligação, durante dia ou à noite. Mensagens a respeito dos altos níveis de satisfação dos clientes com a GEICO e sobre a lealdade à marca têm mais credibilidade porque são fundamentadas em fontes especialistas citadas no website: O Índice de Satisfação do Consumidor Norte-americano da Universidade de Michigan e o Brans Keys Customer Loyalty Engagement Index.

Para apoiar a usa expansão agressiva no mercado de seguros para motocicletas, a GEICO criou recentemente o website de rede social MyGreatRides.com para apaixonados por motociclismo. A ideia é oferecer um fórum on-line para proprietários de motocicletas postarem eventos futuros, trocarem opiniões sobre marcas de motos favoritas e mostrarem seus truques na moto. Embora a marca GEICO não seja vista em nenhum lugar do website, a empresa considera o site um investimento para descobrir o que os consumidores pensam e sentem sobre tudo relacionado a suas motos, inclusive o seguro. "Se pudermos aprender mais sobre as necessidades dos motociclistas e que tipo de serviço eles esperam, acreditamos que isso vai nos ajudar com nossos clientes atuais e com os clientes em potencial", diz o diretor de serviços de motocicletas da GEICO.

O programa GEICO's Corporate Community Citizens incentiva opiniões positivas do consumidor por meio do envolvimento da empresa com causas e organizações locais. A GEICO doa dinheiro para grupos sem fins lucrativos de todas as regiões dos Estados Unidos, e seus funcionários são voluntários para causas como os projetos de construção de casas da Habitat for Humanity, levantar fundos em ralis de motocicletas da Bikers for Tykesle e atividades do Big Brothers/Big Sisters. Uma das muitas iniciativas de segurança da GEICO é o Concurso de Pôsteres do Cinto de Segurança (Safety Belt Poster Contest), no qual crianças em idade escolar enviam trabalhos artísticos para pôsteres que relembram os motoristas da importância de usar o cinto de segurança. Esforços locais como esse ligam o nome da GEICO a causas merecedoras que tocam os sentimentos dos consumidores.

Apesar do aumento da concorrência de seus rivais maiores, a abordagem da GEICO no marketing de seguros para automóveis e motocicletas tem sido extremamente eficaz. Atualmente a empresa tem mais de 7 milhões de clientes e, de acordo com estudos da J.D. Power & Associates, sua marca é muito conhecida e tem a melhor classificação de aquisição de novos clientes entre as grandes seguradoras. Observe a GEICO continuar na direção de uma parcela maior do mercado atingindo motoristas de carros e motocicletas de todas as regiões dos Estados Unidos.[169]

Perguntas sobre o caso

1. Parece que a GEICO está usando comunicações de marketing para mudar as crenças dos consumidores, mudar suas avaliações, adicionar uma crença nova, incentivar a formação de opinião com base em experiências imaginadas, ou tendo como alvo crenças normativas? Explique sua resposta.
2. Que função a credibilidade da fonte tem nas comunicações de marketing da GEICO?
3. Você concorda com a decisão da GEICO de não mostrar sua marca no website MyGreatRides.com? Como você acha que essa decisão tem chance de afetar a opinião dos visitantes do site com relação à GEICO?

Opiniões fundamentadas em baixo esforço

Capítulo 6

OBJETIVOS DE APRENDIZADO

Depois de estudar este capítulo, você estará apto a:

1. Resumir algumas questões que os profissionais de marketing enfrentam ao tentar mudar as opiniões dos consumidores, quando o esforço de processamento é baixo.
2. Explicar a função de influências inconscientes sobre as opiniões e o comportamento em situações de baixo esforço.
3. Discutir como consumidores formam crenças com base em baixo esforço de processamento e explicar como os profissionais de marketing podem influenciar essas crenças.

INTRODUÇÃO

Aqueles anúncios de cerveja engraçados, extravagantes e sensuais

A tela do computador e a da televisão são grandes campos de batalha para comerciais de cerveja que querem fazer os consumidores sorrirem, dar a eles algo sobre o que falar ou simplesmente atrair sua atenção. Quando os segundos contam, muitos comerciais de cerveja dependem do humor, da extravagância, do sexo ou de vantagens ocasionais para se conectar com a audiência.

A líder do mercado, Anheuser-Busch, por exemplo, é tão conhecida por seus comerciais inteligentes e humorísticos de Budweiser e Bud Light que alguns espectadores do Super Bowl comentam seus anúncios mais recentes quase tanto quanto comentam o jogo. Postados no website dos produtos da empresa, os comerciais do Super Bowl costumavam atrair aproximadamente 700 mil espectadores por ano. Agora, adicionados a blogs e sites de compartilhamento de vídeos como o YouTube, os anúncios atraem dezenas de milhões de espectadores durante o ano inteiro.

O sexo também é básico nos comerciais de cerveja. Sabendo que o consumo de cerveja aumenta no calor, a Coors divulgou campanhas de verão apresentando moças curvilíneas, na esperança de que consumidores mais jovens gostassem de ver mulheres sensuais, se sentissem bem com relação à Coors Light e comprassem mais. Marcas importadas como a Beck's também usam o sexo na publicidade. Antigamente, os comerciais da Beck's aposta-

4. Descrever como os consumidores formam opiniões por meio de reações afetivas quando o esforço cognitivo é baixo.

5. Destacar como os profissionais de marketing podem usar a fonte de comunicação, a mensagem e o contexto para influenciar sentimentos e opiniões dos consumidores, quando o esforço de processamento é baixo.

vam na tradição de fabricação alemã, usada pela marca. Depois que a empresa mudou para comerciais em preto e branco mostrando mulheres com pouca roupa e dublagens de voz sensual, suas vendas aumentaram. "Vocês vão ver mulheres bonitas em publicidade de cerveja até que isso não seja mais relevante para o objetivo", diz um executivo da Beck's. "Nosso objetivo foi mais ser de bom gosto que vulgar."[1]

As abordagens diferentes usadas por Anheuser-Busch, Coors e Beck's ilustram como os profissionais de marketing podem influenciar opiniões mesmo quando os consumidores dedicam pouco esforço para processar uma mensagem. Como os consumidores tendem a não processar ativamente os argumentos de uma mensagem ou de ficar emocionalmente envolvidos em mensagens sobre cerveja, os profissionais de marketing têm de usar outras técnicas para criar avaliações positivas de suas marcas, gerar consciência das situações de necessidade e estimular a aquisição e o consumo. Este capítulo discute de que maneiras os profissionais de marketing aplicam técnicas como o sexo, o humor, fontes atraentes e emoção para influenciar opiniões quando os consumidores fazem pouco esforço para processar a mensagem.

Rotas de persuasão de alto esforço *versus* de baixo esforço

Quando consumidores estão pouco dispostos ou incapazes de exercer muito esforço ou de dedicar muitos recursos emocionais para processar a ideia central em uma comunicação de marketing, caracterizamos essa situação como uma *situação de baixo esforço*. Nesses casos, é improvável que os consumidores pensem sobre o que o produto significa para eles, se relacionem com empatia aos personagens no anúncio ou gerem argumentos contra ou a favor da mensagem da marca. Quando o esforço de processamento é baixo, os consumidores são receptores passivos da mensagem e geralmente não formam crenças fortes nem opiniões acessíveis, persistentes, resistentes ou confiantes. Na verdade, opiniões formadas sob processamento de baixo esforço podem nem ser armazenadas na memória, permitindo que os consumidores formem suas opiniões novamente cada vez que são expostos a uma mensagem.[2] Os profissionais de marketing devem, portanto, usar uma estratégia que leve em consideração esses efeitos de processamento de baixo nível.

Uma abordagem é a criação de comunicações que usam uma rota diferente. Em vez de se concentrar nos argumentos centrais da mensagem, ela será mais eficaz se tomar a **rota periférica de persuasão**.[3] O processamento é chamado *periférico* quando as opiniões dos consumidores não são fundamentadas na consideração detalhada da mensagem ou em sua habilidade de se relacionar com empatia à marca, mas em outros aspectos facilmente processados da mensagem, como a fonte ou os visuais, chamados **sinais periféricos**. Em especial, as opiniões do consumidor podem persistir no decorrer do tempo se sinais periféricos, como os visuais, estiverem relacionados à oferta.[4]

Rota periférica de persuasão Aspectos além dos argumentos-chave da mensagem, usados para influenciar opiniões.

Sinais periféricos Aspectos da mensagem facilmente processados, tal como música, uma fonte ou imagem atraente, ou humor.

Assim, como há rotas cognitivas e afetivas de persuasão quando o esforço de processamento é alto, os consumidores também podem formar opiniões de baixo esforço de modo tanto cognitivo como afetivo. Os profissionais de marketing podem tentar planejar seus anúncios para aumentar a probabilidade de os pensamentos (a base cognitiva), sentimentos (a base afetiva) ou ambos serem favoráveis. O Exemplo 6.1 oferece uma estrutura para pensar a respeito das bases periféricas do comportamento do consumidor, incluindo a influência inconsciente sobre formação e mudança de opiniões.

Os profissionais de marketing precisam entender como os consumidores formam opiniões com baixo esforço, pois, na maioria dos casos, os consumidores terão MAO limitada para processar comunicações de marketing. Pense nas inúmeras mensagens de marketing que você recebe todos os dias. Quantas de fato atraem sua atenção e o estimulam a pensar sobre anúncio e o modo em como se sente sobre a oferta? Quando a televisão está ligada, você muda de canal durante o intervalo ou abaixa o volume dos comerciais que apresentam produtos com os quais você não se importa? Esses comportamentos representam desafios para os profissionais de marketing.

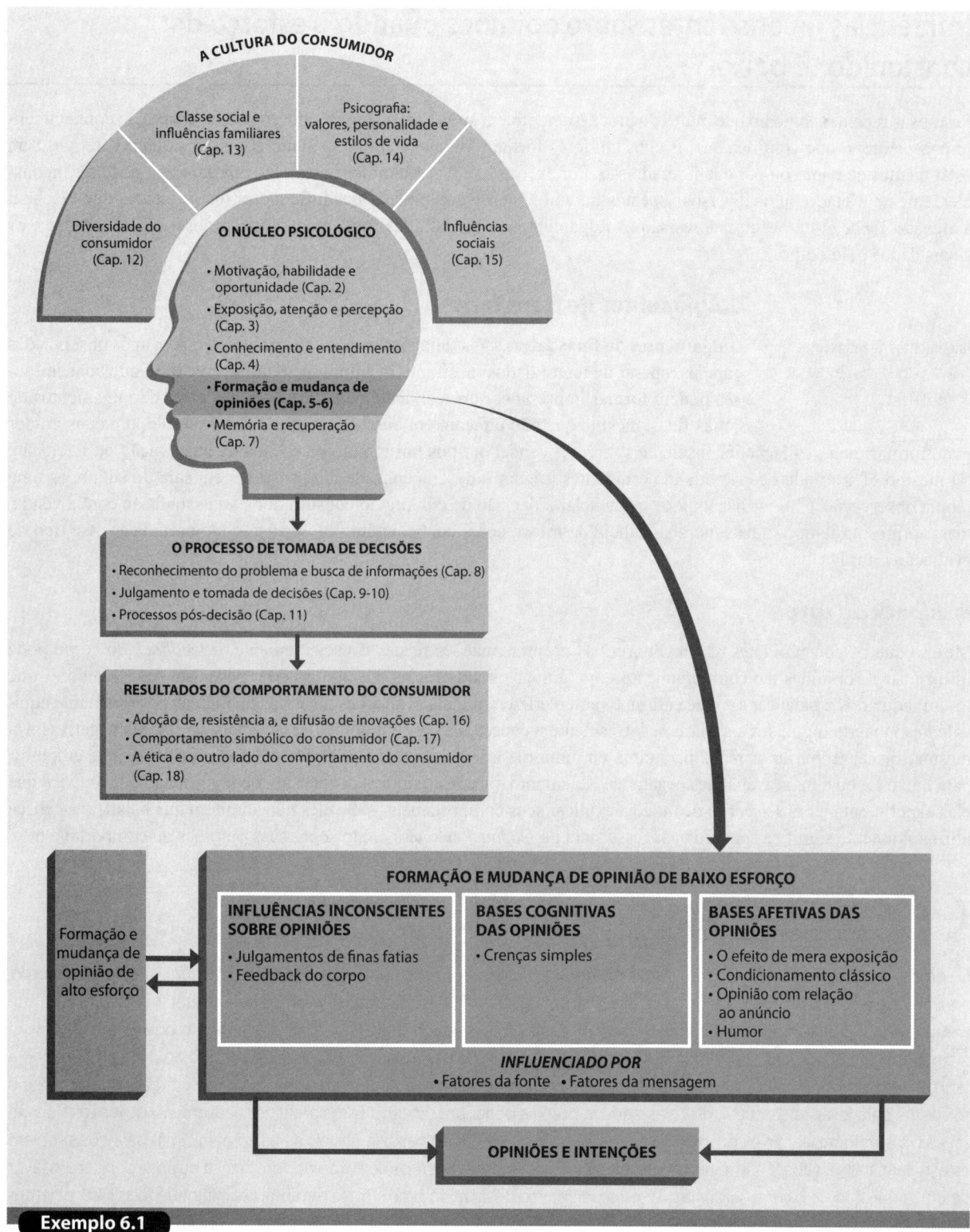

Exemplo 6.1

Visão geral do capítulo: formação e mudança de opinião, baixo esforço do consumidor

Opiniões podem ser formadas tanto inconscientemente como cognitivamente e afetivamente em situações de baixo esforço, embora nem sempre da mesma maneira como são formadas em situações de alto esforço. A cognição de baixo esforço envolve crenças simples, e o afeto envolve a mera exposição, o condicionamento clássico, a opinião com relação ao anúncio e o humor. Os profissionais de marketing também podem influenciar as opiniões do consumidor cognitivamente e afetivamente com o uso de fatores da fonte, da mensagem e do contexto.

Influências inconscientes sobre opiniões quando o esforço do consumidor é baixo

Pesquisas recentes indicam que muito do processamento em situações de baixo esforço ocorre abaixo do conhecimento consciente, o que significa que os consumidores formam opiniões em bases tanto cognitivas quanto afetivas sem estar cientes de como ou por que fizeram isso. Por exemplo, um consumidor passeando em uma loja pode ser inconscientemente afetado pelos diversos aspectos do ambiente de compras.[5] Duas influências inconscientes que recebem a atenção especial de pesquisadores são os julgamentos de finas fatias fundamentados em observações rápidas e os sinais dados pelo corpo.

Julgamentos de finas fatias

Julgamentos de fatias finas
Avaliações feitas após observações muito rápidas.

Julgamentos de finas fatias são avaliações que os consumidores fazem após observações rápidas, apesar de terem dados informativos mínimos. Estudos mostram que consumidores podem formar impressões surpreendentemente precisas por meio de julgamentos de fatias finas, mesmo que não o façam em nível consciente.[6] Por exemplo, um consumidor pode formar uma avaliação inconsciente sobre um vendedor após um minuto ou menos de observação ou interação. (O mesmo efeito pode ocorrer quando estudantes julgam o desempenho de um professor em sala de aula após uma rápida observação.) Tal avaliação pode influenciar a decisão de compra do consumidor e sua satisfação com a venda, mas, ao mesmo tempo, uma superabundância de informação, conhecimento ou análise pode prejudicar esse tipo de avaliação intuitiva.[7]

Feedback do corpo

Mesmo que os consumidores não monitorem as próprias reações físicas conscientemente, o *feedback* do corpo pode influenciar as opiniões e o comportamento em algumas circunstâncias. De acordo com pesquisas, consumidores que foram induzidos a balançar a cabeça afirmativamente fizeram mais avaliações positivas de marcas positivamente equivalentes; quando induzidos a sacudir negativamente a cabeça, os consumidores fizeram mais avaliações negativas. Da mesma forma, empurrar as mãos para cima em uma mesa levou a mais avaliações positivas, ao passo que empurrar para baixo levou a mais avaliações negativas. No entanto, os consumidores devem saber o significado do *feedback* que eles experimentam em seu corpo de modo a explicar seus comportamentos. Se eles não admitem que balançar a cabeça afirmativamente significa concordância, esse sinal de *feedback* não terá efeito sobre suas opiniões ou comportamento.[8]

IMPLICAÇÕES DE MARKETING

Os profissionais de marketing podem tentar melhorar os julgamentos de finas fatias e induzir o **feedback** positivo do corpo, mesmo que os consumidores não estejam conscientes dessas influências. Alguns websites de entretenimento, como o iTunes, convidam consumidores a ouvir trechos de músicas ou a assistirem trailers de filmes, esperando que essa breve exposição ajude os consumidores a formar uma impressão positiva dessas amostras, o que levará a uma aquisição. Aplicando a teoria do **feedback** do corpo, muitos profissionais de marketing fazem a embalagem de um produto intrigante ou atraente o suficiente para levar os consumidores a estender o braço e pegar um produto. Esses profissionais também devem almejar fazer os consumidores lerem o corpo do texto de um anúncio de cima a baixo (e depois de baixo para cima) para que simulem estar balançando a cabeça afirmativamente, dizendo "sim". Tais movimentos do corpo podem fazer a balança pender em favor de uma aquisição, se o consumidor já tiver uma percepção positiva do produto. No entanto, aplicar influências inconscientes em marketing pode ser traiçoeiro, por causa de suas interações complexas com as influências conscientes.[9]

Bases cognitivas das opiniões quando o esforço do consumidor é baixo

O Capítulo 5 explicou como as crenças dos consumidores formam uma importante base cognitiva para suas opiniões. Quando o esforço de processamento é baixo, as opiniões podem se basear em poucas crenças simples e não muito fortes, porque os consumidores não processaram a mensagem de maneira profunda. Curiosamente, como essas crenças não são muito fortes, os profissionais de marketing podem na realidade ser *mais* bem-sucedidos em mudá-las que quando o esforço de processamento é alto.

As opiniões dos consumidores de baixo esforço podem ser menos resistentes a ataques que as dos consumidores de alto esforço, porque as pessoas de baixo esforço podem "baixar a guarda" e não resistir à mensagem ou desenvolver contra-argumentos. Então, a empresa que deseja mudar as crenças falsas dos consumidores sobre um produto terá mais sucesso se refutar diretamente uma afirmação direta sobre o produto.[10] Além disso, anúncios que levam os consumidores a focar no processo de usar o produto anunciado fazem que eles fiquem mais propensos a pensar sobre um plano para comprar o produto – e abrir o caminho para a persuasão por mensagens fortes de afirmação.[11]

Quando o esforço de processamento é baixo, os consumidores podem adquirir crenças simples formando **inferências simples**, fundamentadas em associações simples. Por exemplo, consumidores podem inferir que uma marca de champanhe é elegante porque é mostrada com outras coisas elegantes, como um aposento ricamente decorado ou uma mulher com um vestido longo. Se um anúncio é percebido como similar ao anúncio prototípico de um produto ou categoria de serviço, os consumidores podem acreditar que a oferta é similar à marca prototípica e desenvolver opiniões semelhantes com relação a ambas.[12] Crenças inferidas também podem surgir da análise superficial do nome, do país de origem, do preço ou da cor de um produto por parte do consumidor.

Inferências simples
Crenças fundamentadas em sinais periféricos.

Além disso, os consumidores podem formar crenças simples fundamentados nas atribuições ou explicações de um endosso.[13] Se eles atribuem um endosso a um desejo de ganhar muito dinheiro, não acreditarão na mensagem, visto que o anúncio tende a ser crível se os consumidores percebem que o endossador realmente se importa com a oferta. Por exemplo, a estrela do basquetebol Stephon Marbury faz mais que emprestar seu nome à linha de tênis Starbury, que custa US$ 14,98 e é comercializada pela rede varejista Steve & Barry's: ele usa os tênis em jogos. "Queremos provar que todos eles são de qualidade suficientemente boa para serem usados por uma estrela da NBA", explica o presidente executivo da Steve & Barry's.[14]

Finalmente, os consumidores podem auxiliar julgamentos ao formarem **heurísticas**, isto é, regras gerais simples que são fáceis de evocar e exigem pouca análise.[15] Por exemplo, consumidores poderiam usar a heurística "Se é uma marca conhecida, deve ser boa" para inferir que marcas com anúncios mais frequentes têm melhor qualidade.[16] Um tipo especial de heurística é a **heurística de frequência**, com a qual os consumidores formam uma crença fundamentada no número de argumentos de apoio.[17] Eles podem pensar que o produto "Deve ser bom porque há dez razões para que eu goste dele". Pesquisas também indicam que é mais provável que consumidores tenham crenças mais fortes sobre um produto quando ouvem a mesma mensagem repetidamente, o que é conhecido como o **efeito da verdade**.[18] Em vez de avaliar a informação e pensar nela, os consumidores usam a familiaridade com a mensagem para julgar sua exatidão ("Isso 'toca uma campainha', então deve ser verdade").

Heurística Regras simples usadas para fazer julgamentos.

Heurística de frequência
Crença fundamentada somente no número de argumentos de apoio ou na quantidade de repetição.

Efeito da verdade
Quando consumidores acreditam em uma afirmação simplesmente porque foi repetida diversas vezes.

Como opiniões cognitivas são influenciadas

Os profissionais de marketing precisam considerar múltiplos fatores quando tentam influenciar opiniões cognitivas. Há a força e a importância das crenças dos consumidores, e, além desse, há outro fator, que é a probabilidade de os consumidores formarem crenças favoráveis fundamentadas nas inferências, atribuições e heurísticas que eles usam no processamento da mensagem. Para planejar comunicações que superem esses obstáculos, os profissionais de marketing devem considerar três características principais de uma comunicação: (1) a fonte, (2) a mensagem e (3) o contexto no qual a mensagem é entregue.

Fonte de comunicação

As características da fonte têm função importante em influenciar as crenças dos consumidores quando o esforço de processamento é baixo. Fontes confiáveis servem como sinais periféricos para fazer um julgamento simplificado, como "Posso confiar em afirmações de especialistas" ou "Produtos endossados por um especialista devem ser bons".[19] Note que a especialização da fonte é usada aqui como um simples sinal no julgamento da credibilidade da mensagem e, diferentemente do caso de situações de alto esforço, é necessário baixo esforço cognitivo para processar a mensagem. Os profissionais de marketing também podem aumentar as chances de os consumidores acreditarem no endosso de um produto empregando um endossador que não anuncia muitos outros produtos.

A mensagem

A mensagem pode por si só influenciar opiniões de várias maneiras quando o esforço de processamento dos consumidores é baixo.

Informação consistente com a categoria e com o esquema

Muitos elementos de uma comunicação afetam as inferências que os consumidores fazem a respeito da mensagem. Por exemplo, os consumidores podem inferir que uma marca tem certas características fundamentadas em seu nome ("as sopas Healthy Choice – Escolha Saudável – devem ser boas para mim"). Eles podem fazer inferências sobre a qualidade com base no preço, como já mencionado, ou sobre atributos com base na cor, como quando a cor azul sugere frescor. Assim, no planejamento de anúncios voltados ao consumo (ou situações de consumo) de baixo esforço, profissionais de marketing prestam muita atenção às associações imediatas que os consumidores têm sobre informação visual e verbal facilmente processada, e é provável que essas associações sejam consistentes com a informação sobre a categoria e o esquema armazenada na memória do consumidor.

Exemplo 6.2
Mensagem simples
Quando o esforço é baixo, consumidores não processem muitas informações. Nesses casos, os publicitários precisam fornecer mensagens simples como esta, para o website de Ft. Lauderdale.

Muitos argumentos na mensagem

A heurística de frequência também pode afetar as crenças dos consumidores sobre a mensagem. Como regra simplificadora, consumidores não processam de fato todas as informações, mas formam uma crença fundamentada no número de argumentos de apoio. Por exemplo, a fabricante de doces Russell Stover estimula os amantes de doces a formarem uma crença sobre seus doces Net Carb fundamentada em anúncios apresentando três argumentos na mensagem: o doce tem poucos carboidratos, é cheio de sabor de chocolate, e é "bom o suficiente para ser chamado de Russell Stover". Note que opiniões de baixo esforço podem ser afetadas por quão facilmente os consumidores lembram dos argumentos da mensagem. A preferência de um consumidor pela marca anunciada pode ser aumentada pela simples lembrança de alguns argumentos.[20]

Mensagens simples

Em situações de baixo processamento, uma mensagem simples tem mais probabilidade de ser eficaz porque os consumidores não terão de processar muitas informações. Os profissionais de marketing frequentemente querem transmitir informações básicas sobre por que uma marca específica é superior, especialmente quando um ponto de diferenciação a distingue da concorrência. Assim, em vez de sobrecarregar de detalhes os consumidores com baixo processamento, os profissionais de marketing devem usar uma mensagem simples com um ou dois pontos-chave (veja o Exemplo 6.2). Quando a Glad anuncia seus sacos para lixo ForceFlex, as palavras e imagens concentram-se em um único ponto: os sacos esticam quando cheios, mas não rasgam. Quando fazem o marketing de produtos alimentares com base na conveniência, os profissionais de marketing devem focar sua atenção em um benefício funcional, usando uma afirmação literal e direta, como "fica pronto em apenas 15 minutos."[21]

Mensagens envolventes

Às vezes, os profissionais de marketing querem *aumentar* o envolvimento situacional dos consumidores com a mensagem para garantir que a informação seja recebida, e uma estratégia comum é aumentar o grau em que os consumidores se envolvem em **autorreferenciamento**, ou seja, aumentar o grau com que eles relacionam a mensagem a sua própria experiência ou autoimagem.[22] Uma estratégia de autorreferenciamento pode ser eficaz no desenvolvimento de opiniões e intenções positivas, especialmente se for usada em níveis moderados e se o envolvimento não for muito baixo.[23]

Autorreferenciamento Relacionar uma mensagem à própria experiência ou autoimagem.

Lembrar e usar o nome de um consumidor em um contexto de venda pessoal também aumenta o comportamento de aquisição,[24] visto que os consumidores terão mais opiniões favoráveis com relação a uma marca que é altamente descritiva com uma dimensão de personalidade que eles considerem importante ou autodescritiva.[25] A New Balance, que fabrica tênis de alto desempenho, não usa celebridades para endossar seus produtos, mas coloca o foco na paixão dos consumidores em dar tudo de si no esporte de que mais gostam, uma dimensão com a qual muitos consumidores se identificam.[26] Um anúncio principal com sinais da cultura dominante pode estimular o autorreferenciamento entre membros de uma subcultura, bem como entre membros da cultura dominante, e levar as opiniões favoráveis ao anúncio. Se o anúncio tem sinais subculturais em vez de sinais culturais dominantes, no entanto, pode induzir ao autorreferenciamento e a opiniões positivas ao anúncio somente entre os membros da subcultura.[27]

IMPLICAÇÕES DE MARKETING

Os profissionais de marketing podem aumentar o autorreferenciamento (1) instruindo diretamente os consumidores a usar a autorreferência ("Pense na última vez que você comeu uma refeição gostosa..."), (2) usando a palavra "você" no anúncio, (3) fazendo perguntas retóricas ("Você não gostaria que suas roupas ficassem limpas assim?"),[28] ou (4) mostrando visuais de situações com as quais os consumidores se relacionam facilmente. No entanto, quando uma pergunta retórica em um anúncio atrai atenção especial, os consumidores se questionam por que a pergunta está ali, direcionando seus esforços de processamento ao estilo da mensagem em vez de direcioná-lo para o conteúdo da mensagem.[29]

O **anúncio misterioso** (também chamado anúncio "espere e pegue"), que não identifica a marca até o final, se a identificar, é outra maneira de despertar a curiosidade e o envolvimento dos consumidores. Alguns filmes usam anúncios misteriosos para gerar interesse na audiência antes de sua data de lançamento. Em particular, o anúncio misterioso é eficaz em gerar processamento com base em categorias e em armazenar associações da marca na memória.[30]

Anúncio misterioso Anúncio em que a marca não é identificada até o final da mensagem.

Os profissionais de marketing também podem usar outras técnicas para aumentar o envolvimento situacional e o esforço de processamento, e os profissionais de marketing on-line podem usar representações virtuais (avatares) para induzir mais interesse e envolver os consumidores na experiência do website.[31] Anúncios impressos do tipo "raspe e cheire" geralmente aumentam o esforço de processamento, porque muitos consumidores não conseguem resistir a experimentar algo novo, portanto, convidar consumidores para que experimentem o uso simulado de um produto on-line aumenta o envolvimento e a eficácia da publicidade mais que apenas uma mensagem de anúncio on-line.[32] Essa reação é a razão pela qual o site da Lego apresenta jogos interativos, que convidam os jogadores a criarem animais e cidades virtuais usando blocos de Lego – essas atividades demonstram a funcionalidade do produto e como é divertido brincar como os blocos.[33]

Contexto e repetição da mensagem

Embora fatores de fonte e de mensagem possam influenciar as opiniões dos consumidores, o contexto no qual a mensagem é entregue pode afetar a força das crenças dos consumidores e a proeminência (ou saliência) dessas crenças para eles. Especificamente, uma empresa pode usar a *repetição* da mensagem para ajudar os consumidores a adquirir conhecimentos básicos sobre as características ou vantagens importantes do produto, melhorando a força e a saliência de suas crenças. Os consumidores não tentam processar essa informação ativamente; em vez disso, a repetição constante aumenta a lembrança por meio de aprendizagem sem esforço, ou **incidental**. Por exemplo, você pode ter uma crença proeminente sobre os benefícios do leite para a saúde porque foi repetidamente exposto à longa campanha com o anúncio "Got Milk?" (Tem leite?) no qual aparece um bigode de leite.[34]

Aprendizagem incidental
Aprendizagem que ocorre por repetição em vez de ocorrer por processamento consciente.

A repetição pode aumentar o conhecimento da marca, tornar o nome de uma marca mais familiar,[35] mais fácil de reconhecer em uma loja, aumentar a probabilidade de os consumidores lembrarem da marca e a processarem melhor ao tomar uma decisão de compra[36] e aumentar a confiança dos consumidores nessa marca.[37] Terceiro, como você já viu, a repetição pode tornar afirmações mais críveis (o efeito da verdade) – um efeito que fica ainda mais forte quando anúncios são espaçados no decorrer do tempo.[38] E, quarto, comerciais de TV divulgados dentro do contexto de uma programação semelhante (isto é, anúncios humorísticos durante programas de comédia) são mais queridos e mais bem compreendidos por consumidores devido ao baixo esforço de processamento.[39] Da mesma forma, anúncios que se encaixam no contexto das revistas em que aparecem geram mais sentimentos positivos e são mais bem compreendidos que anúncios que não estão de acordo com o contexto da revista.[40]

Bases afetivas das opiniões quando o esforço do consumidor é baixo

O estabelecimento de crenças de baixo nível fundamentadas em sinais periféricos não é a única maneira pela qual os consumidores podem formar opiniões sobre marcas com baixo esforço. As opiniões também podem ser fundamentadas nas reações afetivas ou emocionais dos consumidores a esses sinais periféricos facilmente processados. Tais processos afetivos de baixo esforço podem ser causados por (1) efeito de mera exposição, (2) condicionamento clássico, (3) opinião com relação ao anúncio e (4) humor do consumidor.

O efeito de mera exposição

Efeito de mera exposição
Quando a familiaridade leva o consumidor a gostar de um objeto.

De acordo com o **efeito de mera exposição**, tendemos a preferir objetos familiares a objetos desconhecidos,[41] portanto, nossas opiniões com relação a uma oferta, como um novo estilo de roupas, deveria mudar à medida que ficamos mais familiarizados com o estilo, mesmo que não realizemos nenhuma análise cognitiva profunda dele. O efeito de mera exposição pode explicar por que muitas das 30 marcas mais importantes na década de 1930 ainda estão entre as 30 maiores de hoje. Isso também explica o fato de a indústria fonográfica gostar de ter gravações apresentadas no rádio ou em vídeos de música na TV. Pela exposição repetida, os consumidores se familiarizam com a música e passam a gostar dela.

Como a maioria das demonstrações do efeito de mera exposição ocorreu em estudos controlados em laboratórios, alguns especialistas questionam se ele se generaliza no mundo real.[42] Também é possível que a exposição repetida reduza a incerteza sobre o estímulo ou aumente a oportunidade de processamento dos consumidores[43] e que esses fatores (e não somente a mera familiaridade) são o que afeta as opiniões dos consumidores. Entretanto, pesquisas mostram que a mera exposição pode ajudar uma marca desconhecida a competir com outras marcas desconhecidas se as características de desempenho do produto são equivalentes e os consumidores investem pouco esforço de processamento no momento da escolha da marca.[44] Quando consumidores podem processar facilmente as informações de um estímulo ao qual foram expostos no passado, eles erroneamente acreditam que a facilidade de processamento deriva de gostar, da verdade ou da aceitabilidade do produto.[45]

(**IMPLICAÇÕES DE MARKETING**)

Se o efeito de mera exposição é válido, os profissionais de marketing podem conseguir aumentar o gosto dos consumidores por um novo produto ou serviço expondo-os repetidamente à oferta ou às mensagens sobre ela. Pesquisas sugerem que, quando a MAO dos consumidores é baixa, os profissionais de marketing necessitam de táticas criativas para aumentar a exposição dos consumidores a produtos e mensagens, talvez usando o meio correto, a colocação correta dentro do meio, a melhor colocação.

Conscientes do efeito de mera exposição, algumas empresas menores estão embarcando em campanhas de anúncios para desenvolver e manter a familiaridade com o nome da marca. Por exemplo, agora que os regulamentos do estado do Massachusetts permitem a competição entre seguradoras de automóveis, empresas locais como o Arbella Insurance Group of Quincy estão lançando campanhas de anúncios para apoiar suas marcas e seus agentes de seguro independentes.[46]

Algumas empresas pagam para ter suas logomarcas expostas em eventos esportivos, sabendo que haverá exposição continuada à medida que os carros de corrida dão voltas no circuito ou os jogadores se movimentam pelo campo. No entanto, exposições repetidas criam familiaridade e gosto apenas até certo ponto.[47] Depois disso, tipicamente os consumidores experimentam o **desgaste**, o que significa que eles ficam entediados com o estímulo, e opiniões com relação à marca podem, na verdade, até mesmo tornar-se negativas.[48] Na realidade, depois que um anúncio persuasivo atinge o segmento consumidor-alvo de forma eficaz, o desgaste gera perda de persuasão.[49] Contudo, quando os consumidores estão familiarizados com uma marca, o desgaste pode ocorrer mais tarde.[50] O uso de argumentos racionais para promover uma marca conhecida em uma categoria de produto madura tende a ser menos eficaz que o uso de táticas fundamentadas no afeto, porque os consumidores já foram expostos a informações sobre o produto muitas vezes.[51] No entanto, em situações de baixo esforço de processamento, avaliações da marca não sofrem quando os consumidores são expostos repetidamente a mensagens sobre as características do produto.[52]

Desgaste Ficar entediado com um estímulo.

Os profissionais de marketing podem superar o desgaste criando execuções diferentes para a mesma mensagem ou variantes da mesma oferta; esse é o motivo pelo qual muitos publicitários desenvolvem uma série de anúncios em vez de uma única execução.[53] O objetivo é transmitir a mesma mensagem de várias maneiras diferentes, como Kraft Foods, que faz a rotação de cinco comerciais rápidos e divertidos sobre sanduíches de queijo quente para promover suas fatias de queijo Kraft Singles.[54] O efeito de mera exposição pode não ser a única razão pela qual a repetição afeta opiniões com relação à marca, pois, quando a repetição permite aos consumidores maior oportunidade de processar informações sobre aspectos específicos da marca e as maneiras pelas quais ela se relaciona a outras marcas da categoria, as opiniões com relação a ela melhoram.[55]

Condicionamento clássico

Uma maneira de influenciar as opiniões dos consumidores sem evocar muito esforço de processamento é o **condicionamento clássico**; que se tornou conhecido por um estudo realizado pelo cientista russo Ivan Pavlov na década de 1900. Normalmente, cães famintos salivam automaticamente ao ver comida. Pavlov descobriu que ele poderia condicionar cães famintos para salivarem ao som de um sino. Como ele fez isso?

Condicionamento clássico Produção de resposta a um estímulo pela associação repetida com outro estímulo que produz a resposta automaticamente.

De acordo com Pavlov, a comida era um *estímulo incondicionado* (*EI*) e a resposta de salivação à comida era uma *resposta incondicionada* (*RI*) (veja o Exemplo 6.3). Um estímulo é incondicionado quando gera uma resposta involuntária automaticamente e, naquela situação, os cães salivavam automaticamente quando viam carne em pó. De outro modo, um *estímulo condicionado* (*EC*) é algo que não gera uma resposta involuntária automaticamente por si só. Até Pavlov tocar o sino ao mesmo tempo em que a comida era apresentada, o sino sozinho não fazia os cães salivarem, no entanto, ao emparelhar repetidamente o estímulo condicionado (o sino) com o estímulo incondicionado (o pó de carne), a resposta incondicionada involuntária (salivação) foi criada. Os cães associaram a comida e o sino tão proximamente que, em certo ponto, apenas o som do sino os fazia salivar. Como a resposta podia então ser evocada na presença do estímulo condicionado, a resposta foi chamada de *resposta condicionada* (*RC*). (Esse é o mesmo fenômeno que faz gatos se aproximarem rapidamente quando ouvem o som do abridor de latas.)

IMPLICAÇÕES DE MARKETING

Às vezes, a teoria do condicionamento clássico é usada para explicar a eficácia das comunicações de marketing, no entanto, aqui a resposta incondicionada não é uma resposta fisiológica, como a salivação, mas uma resposta psicológica como uma

Exemplo 6.3
Condicionamento clássico
Estes diagramas ilustram o processo básico do condicionamento clássico. Um estímulo incondicionado, ou EI (por exemplo, comida ou cenas agradáveis), produz automaticamente uma resposta incondicionada, ou RI (por exemplo, salivação ou afeto positivo). Emparelhando repetidamente o EI como um estímulo condicionado, ou EC (por exemplo, um sino ou um refrigerante), o EC pode ser condicionado a produzir a mesma resposta, uma resposta condicionada, ou RC (por exemplo, salivação ou afeto positivo). Você consegue pensar em alguma outra situação na qual esse processo ocorre?

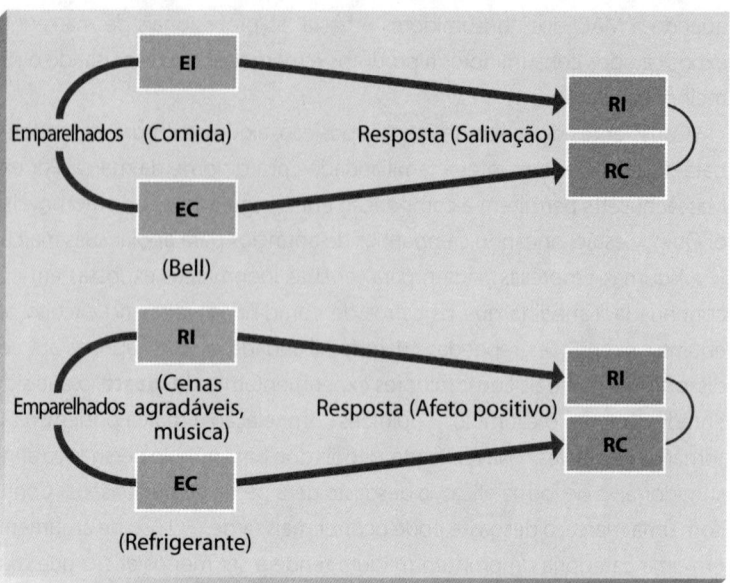

emoção. Alguns estímulos incondicionados (por exemplo, uma cena alegre ou um jingle contagiante) geram automaticamente uma resposta emocional incondicionada, como a alegria. Emparelhando repetidamente um desses estímulos incondicionados com um estímulo condicionado, como o nome de uma marca, os profissionais de marketing podem evocar a mesma resposta emocional (agora chamada resposta condicionada) ao estímulo condicionado, o nome da marca. Da mesma maneira, os consumidores podem ser condicionados a ter uma resposta emocional negativa a uma oferta como cigarros se os anúncios de grupos de defesa da saúde mostram repetidamente o produto com estímulos que automaticamente geram uma resposta emocional negativa (como as imagens de dentes manchados).

Em um dos primeiros estudos do consumidor para demonstração do condicionamento clássico, os sujeitos/indivíduos examinados viram um slide de caneta azul ou bege que era emparelhado com um segmento de um minuto de música agradável ou desagradável. Os sujeitos que ouviram a música agradável selecionaram a caneta que viram enquanto ouviam aquela música em 79% das vezes, ao passo que somente 30% daqueles que ouviram a música desagradável selecionaram a caneta que tinham visto.[56]

Embora essas descobertas possam ser interpretadas de modos diferentes (os sujeitos podem ter feito o que eles achavam que o experimentador queria que eles fizessem, ou a música pode ter melhorado o humor dos consumidores),[57] estudos mais recentes e mais bem controlados confirmaram o condicionamento clássico. Por exemplo, usando estímulos incondicionados, como música do filme *Star Wars*, e imagens agradáveis, os experimentadores afetaram as opiniões dos consumidores com relação a estímulos condicionados, como figuras geométricas, refrigerantes de cola e creme dental.[58] Pesquisas também mostram que as opiniões criadas pelo condicionamento clássico podem ser razoavelmente duradouras no decorrer do tempo.[59]

Tais estudos sugerem que é mais provável que o condicionamento ocorra nas seguintes circunstâncias:

➢ A ligação entre estímulos condicionados e estímulos incondicionados é nova ou desconhecida. É por esse motivo que os profissionais de marketing frequentemente usam apelos visuais exclusivos, por exemplo, imagens de cenas lindas, situações empolgantes ou objetos agradáveis como estímulos incondicionados para criar sentimentos positivos.
➢ O estímulo condicionado precede o estímulo incondicionado (*condicionamento anterior*). O condicionamento é mais fraco quando o estímulo incondicionado é apresentado primeiro (*condicionamento atrasado*) ou ao mesmo tempo que o estímulo condicionado (*condicionamento concomitante*).
➢ O estímulo condicionado é emparelhado de forma consistente com o estímulo incondicionado.
➢ O consumidor está ciente da ligação entre os estímulos condicionados e incondicionados.
➢ Um encaixe lógico existe entre os estímulos condicionados e incondicionados, como entre o golfista Tiger Woods e a Nike, a marca desportiva que ele endossa há muito anos.[60]

Curiosamente, a primeira condição pode causar problemas para os profissionais de marketing, porque estímulos incondicionados geralmente são celebridades conhecidas, música ou apelos visuais para os quais os consumidores têm muitas associações. Essa descoberta pode sugerir que usar celebridades de alta visibilidade não é uma estratégia eficaz para criar um efeito de condicionamento clássico. Outras pesquisas indicam que o problema pode ser superado pelo uso de estímulos altamente familiares, como músicas que fazem sucesso e personalidades, porque eles geram sentimentos fortes em muitas situações. Alguns profissionais de marketing não se esquivam de endossadores associados com diversas marcas. Tiger Woods, por exemplo, endossa várias marcas e, mesmo assim, a Gatorade assinou com ele um contrato de endosso a uma linha de bebidas isotônicas.[61]

Opinião com relação ao anúncio

Outro conceito que tem sido útil para entender as bases afetivas das opiniões em situações de baixo esforço é a opinião do consumidor com relação ao anúncio (O_{an}). Às vezes os consumidores gostam tanto de um anúncio que transferem seus sentimentos positivos do anúncio para a marca.[62] Assim, você pode decidir que realmente gosta de Pepsi porque os anúncios de seus refrigerantes são humorísticos ou que você gosta dos produtos da AT&T porque os anúncios dos telefones sem fio da empresa são interessantes.

Um estudo constatou que as crenças dos consumidores, ou seus conhecimentos sobre a marca, não explicavam completamente suas opiniões com relação à marca e que O_{an} fornecia explicações adicionais suficientes – marcas com anúncios queridos eram avaliadas de maneira mais mais favorável.[63] Além disso, pesquisas na Índia, na Grécia, na Dinamarca, na Nova Zelândia e nos Estados Unidos revelaram que o princípio de O_{an} era aplicável no mundo todo.[64] Um projeto da Advertising Research Foundation sugere que as opiniões dos consumidores com relação a anúncios podem ser o melhor indicador da eficácia da publicidade.[65]

A **hipótese de mediação dual** é uma explicação um tanto mais complexa da relação entre os consumidores gostarem de um anúncio e sua opinião com relação à marca (veja o Exemplo 6.4).[66] De acordo com essa hipótese, os consumidores podem ter uma opinião favorável com relação a um anúncio porque acham que ele é crível ou porque se sentem bem com relação a ele. Assim, a hipótese de mediação dual propõe que O_{an} pode afetar opiniões com relação à marca (O_{marca}) por meio da credibilidade ou do gostar. Essas respostas, por sua vez, podem afetar positivamente as intenções de compra dos consumidores (I_c).

Hipótese de mediação dual
Explica como opiniões sobre o anúncio influenciam opiniões com relação à marca.

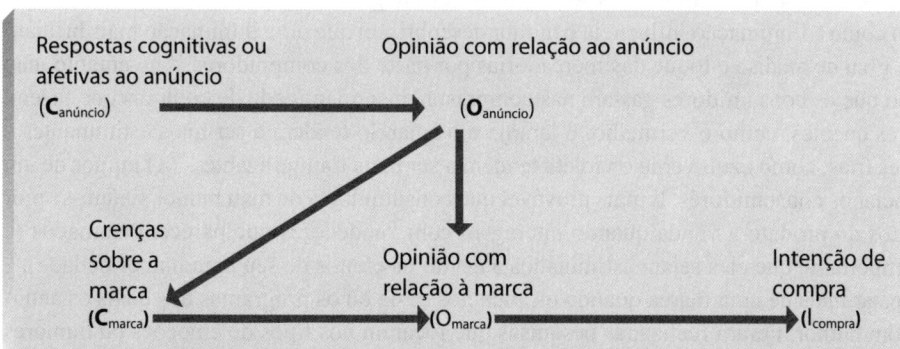

Exemplo 6.4
A hipótese de mediação dual
Essa hipótese explica como opiniões com relação ao anúncio ($O_{anúncio}$) podem influenciar opiniões com relação à marca (O_m) e às intenções (I_c). Quando você lê um anúncio, pode ter respostas ($C_{anúncio}$) que são tanto cognitivas (esse anúncio tem informação sobre uma marca) quanto afetivas (sentimentos positivos ao encontrar o anúncio). Tais respostas podem levar você a gostar do anúncio ($O_{anúncio}$), uma reação que pode tanto (1) fazer você aceitar melhor as crenças sobre a marca (C_{marca}), levando a uma opinião mais positiva com relação a ela (A_{marca}); ou (2) fazer você ter sentimentos positivos que são transferidos para a marca (eu gosto do anúncio, então eu gosto da marca). Ambos os processos levam a um aumento da intenção de compra.

(**IMPLICAÇÕES DE MARKETING**)

A implicação clara da teoria da opinião com relação ao anúncio é que, oferecendo anúncios que são agradáveis, os profissionais de marketing podem conseguir tornar as opiniões dos consumidores sobre a marca mais positivas. Assim, usando técnicas como humor, música, imagens agradáveis e sexo (que serão todos discutidos com mais detalhes a seguir), os profissionais de marketing podem incentivar opiniões positivas com relação ao anúncio. A Procter & Gamble, por exemplo, está confiando em anúncios com drama ou emoção para fortalecer sua relação com consumidores de produtos domésticos, como detergente para roupas.[67]

Além disso, o efeito das opiniões do anúncio sobre as opiniões com relação à marca pode depender do fato de os consumidores já terem uma opinião forte com relação à marca. Quando as marcas são conhecidas e as opiniões sobre elas já estão formadas, os consumidores podem não gostar mais dela só porque gostam do anúncio. No entanto, quando as marcas são novas ou não muito conhecidas, o fato de os consumidores gostarem do anúncio pode ter uma função mais significativa em seu gosto pela marca.[68] Estudos também sugerem que o efeito da opinião com relação ao anúncio sobre a opinião com relação à marca se dissipa no decorrer do tempo.[69] Conforme a memória do anúncio desaparece, o gostar do anúncio e da marca também fica mais fraco.

Humor

Opiniões afetivas também podem ser influenciadas pelo humor do consumidor. Aqui, um estímulo cria um humor positivo ou negativo, que, por sua vez, pode afetar as reações dos consumidores a qualquer outro estímulo que venham a avaliar. Dessa forma, estamos mais propensos a dizer que estamos de bom humor ou que não gostamos de algo que dizer que estamos de mau humor. O humor pode, então, afetar as opiniões em uma *direção congruente ao humor*. Note que o humor é diferente do condicionamento clássico, pois (1) não requer uma associação repetida entre dois estímulos e (2) pode afetar as avaliações dos consumidores sobre qualquer objeto, não apenas sobre o estímulo.

De acordo com um estudo, consumidores de bom humor que têm uma preferência experimentada por certa marca tendem a ignorar informações negativas a respeito dela, bem como informações sobre uma concorrente.[70] Outro estudo constatou que, embora os consumidores tendam a gostar menos de uma extensão da marca quando o produto não é muito parecido com o produto-mãe, é mais provável que consumidores de bom humor gostem de uma extensão da marca que é moderadamente parecida com o produto-mãe que aqueles que não estão de bom humor.[71] O bom humor pode agir como um recurso, aumentando a elaboração, ajudando os consumidores a pensar criativamente e a ver as relações entre marcas. Emoções específicas, não apenas o bom ou mau humor em geral, também podem influenciar opiniões quando a MAO é baixa, desde que as emoções estejam de acordo com os objetivos do consumidor.[72] Além disso, consumidores de bom humor costumam atribuir mais peso a informações positivas quando avaliam um produto, ao passo que consumidores de mau humor atribuem mais peso a informações negativas.[73]

Pesquisadores que analisam como a iluminação influencia o humor descobriram que uma iluminação mais brilhante em lojas tende a aumentar o grau de análise e toque das mercadorias por parte dos compradores,[74] no entanto, não aumenta a quantidade de tempo que os consumidores gastam nas compras, nem a quantidade de compras que fazem. A cor também é um fator. Cores quentes, como o vermelho, o laranja e o amarelo tendem a ser mais estimulantes e empolgantes, ao passo que cores frias, como azul, verde e violeta tendem a ser mais tranquilizantes.[75] O humor de um vendedor também pode influenciar os consumidores. É mais provável que consumidores de mau humor sintam-se pior e desvalorizem seus julgamentos do produto à venda quando interagem com vendedores que parecem animados (a menos que a decisão seja tão importante que eles sejam estimulados a deixar os efeitos de seu mau humor de lado).[76]

Os consumidores podem gostar mais de uma marca quando os anúncios desta ou os programas nos quais os anúncios aparecem os deixam de bom humor. Foram realizadas pesquisas que focaram nos tipos de emoções ou humores suscitados pelos anúncios e na variedade de maneiras em que esses fatores podem afetar as opiniões dos consumidores com relação à marca e aos anúncios,[77] e um estudo identificou as três maiores categorias de respostas afetivas: (1) *SEVA* (sigla em inglês para urgência, euforia, vigor e ativação), que estão presentes quando a comunicação deixa o consumidor de bom humor ou animado; (2) *sentimentos de desativação*, que incluem respostas tranquilizantes, relaxantes, suaves ou agradáveis; e (3) *afeto social*, que são sentimentos de afeto, carinho e cuidado.[78] Outro estudo constatou que sentimentos de afeto e humor induzidos por anúncios poderiam ter um impacto direto e positivo nas opiniões com relação à marca,[79] assim, quando anúncios das fraldas descartáveis Huggies mostram momentos de ternura entre bebês e os pais, eles também podem gerar sentimentos positivos pela marca.

> **IMPLICAÇÕES DE MARKETING**

Partindo do pressuposto de que o humor afeta o comportamento do consumidor, os varejistas podem usar o meio físico e o comportamento dos funcionários das lojas para deixar os consumidores de bom humor. É mais provável que cores quentes atraiam clientes para uma loja, porém elas também podem criar certa tensão, ao passo que cores frias são mais relaxantes, mas não atraem clientes.[80] Portanto, quando o objetivo é o de estimular compras ou atividades rápidas, as cores quentes são mais adequadas, uma situação que explica por que as lojas de descontos Target e Costco usam um esquema de cores de fundo vermelho. Cores quentes são mais apropriadas em ambientes como academias, estádios esportivos e lanchonetes, onde altos níveis de atividade são desejáveis.

Cores frias são mais apropriadas quando o objetivo é fazer que os consumidores sintam-se calmos ou passem algum tempo decidindo. O esquema de cores de lojas que vendem mercadorias caras é um bom exemplo. As lojas modernas da Apple são decoradas em branco, preto e tons de cinza para oferecer um ambiente limpo e livre para a exibição de produtos de alta tecnologia para milhões de compradores.[81]

Como opiniões afetivas são influenciadas

Quando os consumidores aplicam pouco esforço de processamento e formam opiniões fundamentadas em sentimentos, os mesmos três fatores que influenciam o raciocínio cognitivo também influenciam as opiniões afetivas: a fonte de comunicação, a mensagem e o contexto. Esses fatores são mais uma vez fundamentados em processos de baixo esforço, como a mera exposição, o condicionamento clássico, a opinião com relação ao anúncio e o humor.

Fonte de comunicação

Sob condições de baixo esforço, dois fatores têm importante função na determinação da evocação de reações afetivas favoráveis por uma fonte de comunicação: sua atratividade física e sua agradabilidade. Esses dois fatores ajudam a explicar por que os profissionais de marketing gostam de exibir celebridades em anúncios.

Fontes atraentes

Muitos anúncios exibem modelos, porta-vozes ou celebridades atraentes, refletindo a antiga crença de que a beleza vende – especialmente no ramo da beleza. Quando a motivação dos consumidores para processar uma mensagem anunciada é baixa, fontes atraentes aumentam a favorabilidade das opiniões dos consumidores com relação à marca, independentemente de os argumentos da mensagem serem fortes ou fracos.[82] Os consumidores também classificam anúncios com modelos atraentes como mais atraentes, impressionantes, que chamam a atenção e interessantes que anúncios com modelos não atraentes. Essas classificações podem afetar as opiniões dos consumidores com relação aos produtos que esses modelos patrocinam.[83]

Além do mais, a atratividade pode ter efeitos benéficos sobre a credibilidade do anunciante e a compra em si,[84] e esses efeitos podem ocorrer tanto para modelos masculinos como femininos (consumidores são atraídos mais fortemente por modelos do sexo oposto) e operam para respostas a malas-diretas, exposições em pontos de venda e interações diretas de venda.[85] A etnia também pode ser um fator importante.[86] Um estudo mostrou que consumidores afro-americanos que se identificavam fortemente com sua cultura respondiam mais favoravelmente a anúncios com modelos afro-americanos. Fontes atraentes também fazem diferença nas vendas pessoais. Em um estudo, consumidores tiveram mais opiniões positivas e intenções de compra mais fortes quando vendedores atraentes afirmaram sua intenção de persuadir que quando vendedores não atraentes estavam envolvidos.[87] Note que, no contexto de alto envolvimento afetivo, fontes atraentes influenciam opiniões fundamentadas na marca diretamente, porque estas são diretamente relevantes ao produto considerado (perfume, moda, lingerie etc.) e, dessa forma, são parte central da mensagem. No contexto de processamento de baixo esforço, fontes atraentes servem como um sinal periférico usado para aumentar o envolvimento situacional e para gerar uma opinião positiva com relação ao anúncio.

Fontes agradáveis

A agradabilidade da fonte pode influenciar opiniões afetivas.[88] Por exemplo, a empresa japonesa de cosméticos Shiseido considerou Angelina Jolie uma endossadora agradável e atraente para batons.[89] Os consumidores também têm mais opiniões favoráveis com relação a marcas que usam dublagens com vozes de celebridades agradáveis.[90] Fontes agradáveis podem servir como estímulos incondicionados, criando um humor positivo que afeta as avaliações dos consumidores sobre o anúncio ou a marca e faz que eles se sintam mais positivos com relação ao produto endossado. Às vezes a fonte pode não ser fisicamente atraente, mas ter características ou personalidade das quais os consumidores gostam. Tendemos a gostar de pessoas com aparência normal, porque elas são mais parecidas conosco e podemos nos relacionar com elas. Além disso, pessoas com deficiências são endossadores eficazes e agradáveis para empresas como a Sears, porque os profissionais de marketing querem representar a diversidade humana e porque os consumidores admiram indivíduos corajosos.[91]

Fontes de celebridade

A atração física e a agradabilidade explicam por que celebridades e personagens conhecidos de desenhos animados estão entre as fontes mais usadas. Nesse caso, a presença de celebridades basicamente aumenta a probabilidade de os consumidores gostarem do anúncio (O_{an}). Especificamente, fontes de celebridade podem ser eficazes quando são relacionadas à oferta (a hipótese do encaixe).[92] Por exemplo, a estrela do basquetebol LeBron James tem um contrato de US$ 90 milhões para endossar os tênis esportivos da Nike.[93] Os consumidores adolescentes consideram atletas endossadores particularmente influentes: as estrelas do esporte estimulam a discussão sobre a marca e estimulam a lealdade a ela.[94]

Personagens que são porta-vozes há muito tempo precisam às vezes ser atualizados para permanecer atraentes aos olhares contemporâneos. Foi por esse motivo que o homem Brawny, que aparece nas embalagens de toalhas de papel Georgia-Pacific, foi remodelado, com nova cor, novo corte de cabelos e roupas novas.[95] Personagens porta-voz podem engendrar confiança, mesmo que não sejam diretamente relevantes ao produto anunciado; a confiança, por sua vez, influencia as opiniões com relação à marca,[96] e podem ser mais eficazes em anúncios para serviços hedônicos como restaurantes.[97]

Organizações sem fins lucrativos também usam celebridades para atrair a atenção e influenciar opiniões. Nicole Kidman e outras celebridades endossadoras do Unicef "são de valor enorme", diz o diretor de relações com celebridades da organização. "Quando uma celebridade fala, as pessoas ouvem; não há mensageiro melhor".[98] Usar uma celebridade como endossador implica alguns riscos, pois o porta-voz pode adoecer, agir contra a lei ou ter outro problema que poderia lançar uma luz negativa sobre a marca, contudo, pesquisas mostram que certa empresa pode de fato melhorar sua reputação se associando a um endossador que é considerado pelos consumidores como tendo uma pequena parcela da culpa por um problema (como adoecer).[99]

A mensagem

Assim como a fonte pode influenciar os sentimentos e humores dos consumidores, as características associadas à mensagem também podem. Essas características da mensagem incluem imagens agradáveis, música, humor, sexo, conteúdo emocional e contexto.

Imagens agradáveis

Os profissionais de marketing frequentemente usam imagens agradáveis para influenciar o processamento de mensagens dos consumidores. Estímulos visuais podem servir como um estímulo condicionado, afetar o humor dos consumidores ou tornar um anúncio querido ao torná-lo interessante. No geral, pesquisas têm sustentado a visão de que imagens agradáveis podem afetar anúncios e opiniões com relação à marca quando são processadas perifericamente, além do efeito que têm sobre as crenças dos consumidores a respeito do produto.[100] Uma imagem do pôr do sol, por exemplo, pode influenciar a escolha de um refrigerante,[101] e muitos publicitários usam em seus anúncios on-line e para a televisão efeitos especiais de alta potência que rivalizam com aqueles usados em filmes. Um objetivo essencial da publicidade na Internet é parecer descolado, criando sentimentos positivos sobre o anúncio.[102]

Música

A música é frequentemente usada como uma ferramenta de comunicação por muitas empresas, incluindo a General Motors e a Victoria's Secret (que já usaram músicas de Bob Dylan para promover Cadillacs e roupas femininas, respectivamente).[103] Além disso, o uso da música está progredindo além do uso tradicional do "jingle". Às vezes, a música dos anúncios torna-se popular e aumenta as vendas do disco, como foi o caso com a banda U2, cujo álbum *How to Dismantle an Atomic Bomb* tornou-se um enorme sucesso depois que a canção "Vertigo" foi exibida em um comercial de iPod na TV.[104]

A popularidade da música como instrumento de marketing não deveria ser surpreendente, pois foi mostrado que ela estimula uma variedade de efeitos positivos.[105] Primeiro, a música pode ter um estímulo condicionado eficaz em uma estratégia de condicionamento clássico. A Intel, a NBC e outras marcas usam "etiquetas" musicais que servem como pistas de recuperação e acrescentam à identidade da marca. Segundo, a música pode deixar o consumidor de bom humor e levar ao desenvolvimento de opiniões positivas. Terceiro, a música pode ser eficaz na geração de sentimentos positivos, como felicidade, serenidade, animação e sentimentalidade. Quarto, a música de fundo em anúncios pode estimular memórias emocionais de experiências ou situações.[106] Se uma canção em um anúncio faz você lembrar de seus dias no ensino médio ou de um relacionamento amoroso do passado, as emoções associadas a essas memórias podem ser transferidas para um anúncio, uma marca, uma loja ou outro objeto de opinião. Vários estudos constataram que a música pode ter um efeito positivo sobre intenções de compra.[107]

A estrutura de uma música define se ela evoca uma resposta afetiva positiva ou não.

Humor

Um anúncio pode usar o humor de muitas maneiras diferentes, incluindo trocadilhos, eufemismos, anedotas, situações absurdas, sátira e ironia. O humor é comum em publicidade na TV: de 24% a 42% de todos os comerciais contêm alguma forma de humor.[109] Embora não seja tão disseminado em outras mídias como na televisão, o uso do humor é extenso, particularmente no rádio.[110] A popularidade do humor como um instrumento de mensagem não surpreende, porque ele aumenta o apreço dos consumidores pelo anúncio e pela marca.[111]

O humor parece ser mais apropriado para ofertas de baixo envolvimento, nas quais a geração de sentimentos positivos sobre o anúncio é essencial,[112] e também é mais eficaz quando é amarrado ou relacionado à oferta. De outro modo, os consumidores só prestariam atenção ao humor e ignorariam a marca.[113] Na verdade, os consumidores terão uma lembrança melhor de um anúncio quando o humor for forte e se relacionar à mensagem.[114] Consumidores que sentem a necessidade de buscar entretenimento e engenhosidade desenvolverão opiniões mais favoráveis com relação a anúncios divertidos – e podem ter opiniões menos favoráveis com relação a anúncios com níveis humorísticos mais baixos.[115] A forma como os consumidores reagem durante um anúncio de TV também afeta suas avaliações da mensagem. Consumidores em um estudo classificaram anúncios de TV como mais humorísticos quando o anúncio criou surpresa seguida de uma resposta divertida.[116]

IMPLICAÇÕES DE MARKETING

O humor costuma funcionar melhor na TV e no rádio, porque essas mídias permitem mais expressividade que outras.[117] A Unilever usou anúncios irônicos de grande efeito na colocação do Axe como uma marca principal de cuidados pessoais masculinos, levando sua rival Procter & Gamble a usar anúncios divertidos para sua marca Old Spice.[118] No entanto, o humor é mais eficaz com certas audiências que com outras. Em particular, homens jovens e mais instruídos tendem a responder de forma mais positiva – aparentemente porque tipos de humor agressivos e sensuais aparecem mais frequentemente que outros tipos de humor, e os homens gostam mais desse tipo de humor que as mulheres.[119] O humor também parece ser mais eficaz para consumidores que têm baixa necessidade de cognição ou opinião positiva com relação à marca anunciada.[120]

Por fim, o humor pode ser usado efetivamente no mundo todo. Um estudo examinou anúncios humorísticos da Alemanha, Tailândia, Coreia do Sul e Estados Unidos, e constatou que a maioria dos anúncios humorísticos nos quatro países continha a mesma estrutura básica – contrastes entre eventos esperados/possíveis e eventos inesperados/impossíveis.[121] Contudo, anúncios na Coreia e na Tailândia tendiam a enfatizar o humor relacionado ao comportamento do grupo e a relações diferenciadas de *status*, ao passo que anúncios nos outros dois países focavam o humor em indivíduos de igual *status*. Nos quatro países, era mais provável o humor ser usado para o marketing de produtos orientados para o prazer. Além disso, parece que nem todos os países empregam o humor mais frequentemente para produtos de baixo envolvimento que para aqueles de alto envolvimento. Anúncios alemães e tailandeses, por exemplo, usaram igualmente o humor para os dois tipos de produtos, e empresas do Reino Unido tendem a usar mais anúncios humorísticos que empresas dos Estados Unidos.[122]

Sexo

O sexo aparece como uma comunicação técnica de duas formas principais: sugestão sexual e nudez. A sugestão sexual envolve situações que mostram ou insinuam temas sexuais ou romance. A SSL International, o maior fabricante mundial de preservativos, trocou seus apelos ao medo pela sugestão sexual. Agora, anúncios de rádio de sua marca de preservativos Durex incluem gracejos de paquera entre vozes masculinas e femininas, e seus anúncios em banners na Internet se baseiam em insinuações.[123] Outro uso do sexo a nudez total ou parcial, uma técnica bastante usada por marcas na indústria de fragrâncias.[124] Curiosamente, pesquisas mostram que consumidores preferem anúncios levemente provocantes e que tais anúncios podem até ser eficientes na promoção de causas sociais que têm alguma conexão com sexo (hipótese do encaixe).[125]

Embora o percentual de anúncios com insinuações sexuais não tenha mudado no decorrer dos anos, o tipo de apelo sexual representado mudou. De 1964 a 1984, o uso de sexo nos Estados Unidos tornou-se cada vez mais explícito e óbvio.[126] Conforme o país ficou mais conservador no final dos anos 1980, os anúncios ficaram mais leves, mais brincalhões e mais sutis – sugestivos em vez de diretos.[127] Recentemente, a resposta do público e o exame regulatório levaram alguns anunciantes a suavizarem seu uso de referências e imagens sexuais.[128]

IMPLICAÇÕES DE MARKETING

Pesquisas sobre temas sexuais em mensagens sugerem que eles podem ser eficazes de várias maneiras. Mensagens sexuais atraem a atenção do consumidor[129] e podem evocar respostas emocionais como a excitação sexual ou até mesmo o desejo, o que pode por sua vez afetar o humor dos consumidores e suas opiniões com relação ao anúncio e à marca.[130] Anúncios divertidos exibindo mulheres sensuais atraídas por homens usando o desodorante corporal da marca Axe têm sido bastante eficazes para a Unilever.[131]

Entretanto, para alguns consumidores mensagens sexuais podem criar sentimentos negativos, como vergonha, repulsa ou inquietação, e qualquer um desses sentimentos teria efeito negativo. Em particular, é mais provável que as mulheres reajam negativamente a anúncios com modelos femininos sensuais.[132] Elas também reagem mais negativamente à nudez em geral, mas mais positivamente à sugestão.[133] Sendo assim, é muito mais provável que homens comprem um produto exibido em um anúncio com conteúdo sexual que mulheres, contudo, 61% dos respondentes de um estudo disseram que teriam menor probabilidade de comprar produtos anunciados com imagens sexuais. Nessas pesquisas, 53% dos respondentes preferiram imagens de amor a imagens de sexo em publicidade.[134]

Uma pesquisa indicou que 84% de mulheres e 72% de homens acreditam que anúncios de TV colocam muita ênfase em sexo.[135] Em outra pesquisa, 49% disseram que ficariam envergonhados por anúncios sensuais na TV quando estivessem na frente de amigos ou familiares, e 47% indicaram que não comprariam um produto se considerassem um anúncio ofensivo.[136] A lição para os profissionais de marketing é que os temas sexuais devem ser usados cuidadosamente e não devem ser degradantes, sexistas ou ofensivos.

Uma reação positiva ou negativa dos consumidores a um anúncio sexual vai depender de se o conteúdo sexual é apropriado para o produto/serviço. Um estudo descobriu que usar uma modelo sedutora para vender óleo para o corpo era muito atraente, mas uma modelo nua endossando um jogo de ferramentas não era.[137] Assim, temas sexuais seriam relevantes para produtos como perfume, colônia, loção bronzeadora e lingerie, mas inapropriados para ferramentas, computadores e produtos de limpeza doméstica.

Por fim, a reação do consumidor às mensagens sexuais varia de cultura para cultura. Em algumas sociedades, como na Europa, as opiniões sexuais são relativamente abertas, e o uso de sexo em publicidade é mais abrangente que em outros países. Em outras áreas (como países muçulmanos e asiáticos), as opiniões são mais conservadoras, e o uso de sexo é muito mais restrito. Mostrar intimidade e beijos, como em muitos anúncios nos Estados Unidos, seria totalmente inapropriado e até ofensivo em muitos países asiáticos.[138] Consumidores em diferentes países reagiram de maneira diferente a um anúncio de serviço público para a conscientização sobre o câncer de mama, no qual homens admiravam uma mulher atraente usando um vestido de verão enquanto um locutor dizia, "Se as mulheres prestassem tanta atenção a seus seios como os homens prestam..." Consumidores japoneses apreciaram o humor, mas consumidores franceses não gostaram das insinuações sexuais e do tratamento leve de um problema grave.[139]

Conteúdo emocional

Os profissionais de marketing podem planejar comunicações para acomodar ou aumentar a MAO existente em consumidores, assim como seu esforço de processamento na presença de opiniões cognitivas. O mesmo é verdadeiro para opiniões afetivas, que são o campo no qual entram as mensagens emocionalmente envolventes.

Um tipo especial de mensagem emocional é chamado **publicidade transformacional**.¹⁴⁰ O objetivo de um anúncio transformacional é o de associar a experiência de usar o produto com um conjunto único de características psicológicas. Esses anúncios tentam aumentar o envolvimento emocional, tornando o uso do produto ou serviço uma experiência mais calorosa, prazerosa e agradável, ao contrário da abordagem adotada por anúncios informacionais, que buscam somente apresentar informações factuais. A Coca-Cola, por exemplo, usa publicidade transformacional para transmitir que a marca é uma parte do prazer da vida diária, o prazer de estar vivo, de relaxar e estar conectado", diz o diretor sênior de marketing da empresa. Os anúncios alegres do "lado Coca da vida" exibem a garrafa de marca registrada para reforçar a ideia de que a "Coca-Cola é sobre felicidade dentro e ao redor da garrafa".¹⁴¹

Publicidade transformacional Anúncios que tentam aumentar o envolvimento emocional com o produto ou serviço.

Dramatizações também podem aumentar o envolvimento emocional em uma mensagem. Uma mensagem dramatizada tem personagens, enredo e uma história sobre o uso do produto ou serviço.¹⁴² Esse tipo de mensagem tem como objetivo envolver os consumidores emocionalmente e influenciar opiniões positivas por meio de compaixão e empatia.¹⁴³ A Unilever anuncia seus produtos para cabelos Sunsilk durante reprises do programa *Sex and the City* usando "Lovebites", uma série de episódios de dois minutos sobre uma mulher jovem que equilibra trabalho, encontros e a vida, inclusive cuidados com seus cabelos. Os índices de audiência indicam que os espectadores de *Sex and the City* também assistem "Lovebites" durante os intervalos comerciais.¹⁴⁴

Dramatizações Anúncios com personagens, um enredo e uma história.

Contexto da mensagem

O contexto do programa ou editorial no qual um anúncio aparece pode afetar a avaliação da mensagem por parte dos consumidores. Primeiro, anúncios encaixados em um programa de TV alegre podem ser avaliados mais positivamente que aqueles em programas tristes, especialmente se os anúncios são emocionais.¹⁴⁵ De forma parecida, o quanto gostamos do programa pode afetar nossos sentimentos sobre o anúncio e a marca.¹⁴⁶ Uma explicação para essa reação é que os programas nos influenciam a processar informações de maneira consistente com nosso humor, ou, de acordo com a hipótese de transferência de animação, podemos erroneamente atribuir ao anúncio nossos sentimentos sobre o programa de TV.¹⁴⁷

Uma nota de advertência: um programa de TV pode tornar-se empolgante demais e, então, distrair os espectadores dos anúncios. Em um estudo interessante, que comparou as reações de consumidores a anúncios transmitidos durante o Super Bowl, as respostas ao anúncio na cidade vencedora foram inibidas em contraste com aquelas em cidades perdedoras ou neutras.¹⁴⁸ Outro estudo mostra que colocar anúncios em programas violentos pode inibir o processamento e a lembrança do anúncio.¹⁴⁹

Resumo

Os profissionais de marketing podem usar diversas técnicas para mudar as opiniões dos consumidores quando a motivação, habilidade e oportunidade (MAO) é baixa e os consumidores usam pouco esforço para processar informações, tomar decisões ou se envolver em um comportamento. Consumidores frequentemente formam opiniões de modo inconsciente, sem saberem como ou por que fizeram isso. Duas influências inconscientes em situações de baixo esforço são julgamentos de fatias finas e *feedback* do corpo. Quando as opiniões de consumidores com baixo MAO são fundamentadas em processamento cognitivo, a mensagem deveria afetar suas crenças, que podem ser formadas por inferências, atribuições ou heurística simples. Os profissionais de marketing também podem afetar a saliência, força ou favorabilidade das crenças dos consumidores nas quais as opiniões são fundamentadas. Todos esses elementos podem influenciar as crenças: a credibilidade da fonte, informação consistente com a categoria da oferta, o número de argumentos da mensagem, os argumentos simples e a repetição.

De acordo com o efeito de mera exposição, quando o esforço (MAO) é baixo, as opiniões dos consumidores com relação a uma oferta tornam-se mais favoráveis conforme eles se familiarizam com ela. O condicionamento clássico prevê que as opiniões dos consumidores com relação a uma oferta (o estímulo condicionado) são melhoradas quando ele é emparelhado repetidamente com um estímulo (o estímulo incondicionado) que evoca uma resposta emocional positiva (a resposta incondicionada). É mais provável que essa reação ocorra quando o estímulo incondicionado é novo, quando o consumidor está ciente da ligação dos estímulos condicionado e incondicionado, e quando o estímulo condicionado antecede o estímulo incondicionado. Se os consumidores gostam de um anúncio, esse sentimento positivo pode ser transferido para a marca. O humor dos consumidores e sua tendência de avaliar uma oferta de acordo com seu humor também podem afetar suas opiniões.

Por fim, profissionais de marketing podem usar comunicações de marketing para induzir opiniões favoráveis fundamentadas em processos afetivos quando motivação, habilidade, oportunidade e esforço dos consumidores são baixos. As características da fonte (atratividade, agradabilidade), da mensagem (imagens atraentes, música agradável, humor, sexo, mensagens emocionalmente envolventes) e do contexto (repetição, contexto editorial ou do programa) podem influenciar as opiniões afetivas.

Perguntas para revisão e discussão

1. Como as influências inconscientes podem afetar as opiniões do comportamento do consumidor em situações de baixo esforço?
2. Que função a fonte, a mensagem, o contexto e a repetição têm em influenciar as opiniões cognitivas dos consumidores em situações de baixo esforço?
3. Qual é o efeito de mera exposição e por que ele é importante para as reações afetivas dos consumidores?
4. Como o condicionamento clássico se aplica às opiniões dos consumidores quando o esforço de processamento é baixo?
5. Explique a hipótese de mediação dual. Quais são as implicações de afetar as opiniões dos consumidores com relação à marca?
6. Em situações de baixo esforço, que características da mensagem influenciam a resposta afetiva dos consumidores?
7. Quais são as vantagens e desvantagens de exibir celebridades em mensagens publicitárias?

CASO – COMPORTAMENTO DO CONSUMIDOR

Mudando a Flip, Pure Digital Technologies

A Pure Digital Technologies não inventou o gravador de vídeos, mas certamente revolucionou a indústria quando introduziu a Flip. A empresa fabricava originalmente pequenas câmeras fotográficas e filmadoras, ambas descartáveis.

A empresa ouviu repetidas vezes de seus clientes que eles queriam "uma câmera de vídeo mais permanente, para filmar e dividir, que fosse divertida e fácil de usar", diz o fundador e presidente executivo da empresa. Reconhecendo uma oportunidade de mercado, a Pure Digital Technologies começou a mudar as opiniões sobre câmeras digitais criando uma câmera simples, pequena, leve e barata, sem o rebuliço ou as características que confundem os usuários de primeira vez.

Para garantir que a câmera Flip está sempre pronta para gravar, os designers incluíram armazenamento digital de até 60 minutos de vídeo. Em vez de ter de inserir ou trocar o cartão de memória, os usuários ligam a Flip e podem ver exatamente quantos minutos de ainda têm disponíveis para gravar. Para apontar e filmar, os designers criaram um grande botão vermelho para começar ou parar a gravação. A Flip inclui um software de edição de vídeos e uma conexão USB conveniente, que sai da máquina para descarregar as filmagens para um computador. A partir daí, vídeos podem ser enviados por e-mail ou postados em sites como o YouTube e o MySpace. Ou os usuários podem conectar a Flip a uma televisão para mostrar um vídeo para a família, de forma rápida e fácil.

Os consumidores começaram a perceber que esse era um novo tipo de câmera quando notaram que seus amigos e parentes estavam usando a Flip em festas e reuniões familiares. Outra maneira de o produto chamar a atenção das pessoas que não estavam interessadas em filmadoras sofisticadas foi por meio do boca a boca. A Flip, fácil de usar e do tamanho de um bolso, tornou-se um sucesso instantâneo, atraindo compradores iniciantes e usuários casuais que não gostavam da complexidade e do custo das filmadoras tradicionais. Na realidade, a

Pure Digital vendeu quase 2 milhões de unidades durante os primeiros dois anos da Flip no mercado.

Apesar da intensa competição de gigantes globais, como a Sony e a Panasonic, a empresa aumentou suas vendas na América do Norte e na Europa com sucesso, introduzindo uma série de modelos novos, todos planejados para diminuir as preocupações dos consumidores com as dificuldades de uso. O tamanho compacto da Flip sugere simplicidade e suas linhas aerodinâmicas são similares àquelas de itens de alta tecnologia, como tocadores de música digital.

Agora, conforme a Pure Digital expande sua distribuição para mais países, planeja usar versões mais amigáveis da Flip que, de acordo com as raízes da marca, serão potentes sem ser desconcertantes.[150]

Perguntas sobre o caso

1. Como o efeito de mera exposição se aplica ao marketing da Flip?
2. Como os atributos físicos da Flip contribuem para julgamentos de finas fatias positivos?
3. Com o uso dos conceitos deste capítulo, explique a decisão da empresa de *não* usar Pure Digital Technologies como o nome de marca da filmadora.

Memória e recuperação

Capítulo 7

OBJETIVOS DE APRENDIZADO

Depois de estudar este capítulo, você estará apto a:

1. Distinguir entre memória sensorial, memória de curto prazo e memória de longo prazo, e discutir por que os profissionais de marketing devem estar cientes desses tipos de memória.

2. Entender como os processos que melhoram a memória podem ajudar os profissionais de marketing a planejar estratégias mais eficazes.

3. Explicar o que é recuperação, como funciona e como os profissionais de marketing tentam afetá-la.

INTRODUÇÃO

Déjà vu mais uma vez: marketing de nostalgia

A empreendedora Molly Robbins comercializa roupas infantis para pais que sorriem quando se lembram do fantoche de um ratinho italiano chamado Topo Gigio, que foi popular na década de 1960. Evocar o passado para promover marcas e produtos com décadas de história, uma estratégia conhecida como *marketing de nostalgia*, está ajudando pequenos negócios e gigantes multinacionais a aumentarem suas vendas e lucros nos dias de hoje. A empresa de Robbins comercializa roupas que exibem imagens de marcas conhecidas em toda a América Latina, incluindo o Topo Gigio e doces De La Rosa. "Esses são produtos da minha juventude no México que trazem boas lembranças", diz ela, acrescentando que comercializar essas roupas "não é apenas sobre as marcas; é sobre as memórias que elas trazem para você". A Mervyns e outras grandes lojas oferecem a coleção, que foca primariamente em consumidores latinos, mas tem uma atração mais ampla por causa das estampas aparentemente retrô.

Outros profissionais de marketing estão usando marcas, símbolos, imagens, logomarcas, slogans ou jingles antigos para criar opiniões positivas para seus produtos por meio da nostalgia. Os profissionais de maketing que atuam no segmento alimentício, como o Chicken of the Sea e a Campbell Soup, estão ressuscitando jingles antigos para ativar a memória dos consumidores. O marketing de nostalgia também é comum em outros países. A partir de apelos nostálgicos, remetendo aos anos em que a Alemanha Oriental era separada da Alemanha Ocidental, alguns consumidores alemães estão comprando alimentos, roupas e outros produtos que os fazem lembrar dos velhos tempos. De forma semelhante, os russos de 20 ou 30 anos que se sentem nostálgicos pela antiga URSS têm comprado roupas com imagens da foice e do martelo.[1]

O que alimenta a popularidade do marketing de nostalgia? Os consumidores na época atual, de ritmo rápido e informações intensas, sentem-se esmagados pelo novo e pelo desconhecido, uma situação que os torna mais receptivos a produtos, canções e imagens familiares. Lembranças de ofertas familiares também podem aumentar a consciência e o conhecimento da marca, porque os consumidores já têm memórias pessoais associadas a essas ofertas. Muitas dessas memórias refletem uma época mais feliz e mais tranquila. Ver um anúncio antigo, ouvir o nome de uma marca antiga ou lembrar-se de algumas notas de um jingle antigo faz com que os consumidores se lembrem de seus sentimentos positivos sobre essa época anterior e gera opiniões positivas com relação ao anúncio e à marca anunciada.[2] Todos esses conceitos são analisados nesse capítulo.

O que é memória?

Memória do consumidor
Depósito pessoal de conhecimento sobre produtos e serviços, compras e experiências de consumo.

Recuperação Processo de lembrar ou acessar o que armazenamos na memória.

A **memória do consumidor** é um vasto depósito pessoal de conhecimento sobre produtos, serviços, compras e experiências de consumo. Essencialmente, a memória reflete nosso conhecimento prévio. A **recuperação** é o processo de relembrar ou acessar o que armazenamos na memória.

Todos nós armazenamos e nos lembramos de informações sobre coisas, experiências e avaliações. Especificamente, podemos lembrar quais marcas, produtos, serviços e empresas usamos no passado (coisas); quanto pagamos; as características desses produtos ou serviços; como, onde, quando e por que os compramos e usamos (experiências);[3] e se gostamos deles ou não (avaliações). Podemos armazenar e nos lembrar de informações sobre produtos velhos que descartamos, como um carro preferido que vendemos. Também temos memórias de ocasiões especiais – por exemplo, um show a que fomos com amigos para comemorar um aniversário. As informações que armazenamos e recuperamos são aprendidas de muitas fontes – comunicações de marketing, a mídia, o boca a boca e a experiência pessoal.

Discutimos certos aspectos da memória e recuperação nos três capítulos anteriores. O Capítulo 4 apresentou que as informações armazenadas na memória afetam a nós e o modo como interpretamos e categorizamos objetos. Os capítulos 5 e 6 indicaram que as opiniões são parte da nossa memória – elas representam um resumo armazenado de avaliações de objetos. Além disso, podemos e frequentemente nos lembramos de opiniões quando tomamos decisões. Como veremos em capítulos subsequentes, a memória também afeta a tomada de decisão, ou seja, você pode decidir comprar bilhetes de temporada para um evento esportivo porque lembra vivamente como era divertido o convívio com seus amigos. De outro lado, você pode receber informações sobre uma oferta em algum momento e usar essas informações para tomar decisões de aquisição, uso ou descarte em outro momento.

Quais são os tipos de memória?

A memória representa mais que o conhecimento prévio que discutimos no Capítulo 4. O Exemplo 7.1 indica três tipos de memória: sensorial (memória ecoica e icônica), de curto prazo (imaginação e processamento discursivo) e de longo prazo (memória autobiográfica e semântica). Veremos o que cada tipo de memória significa.

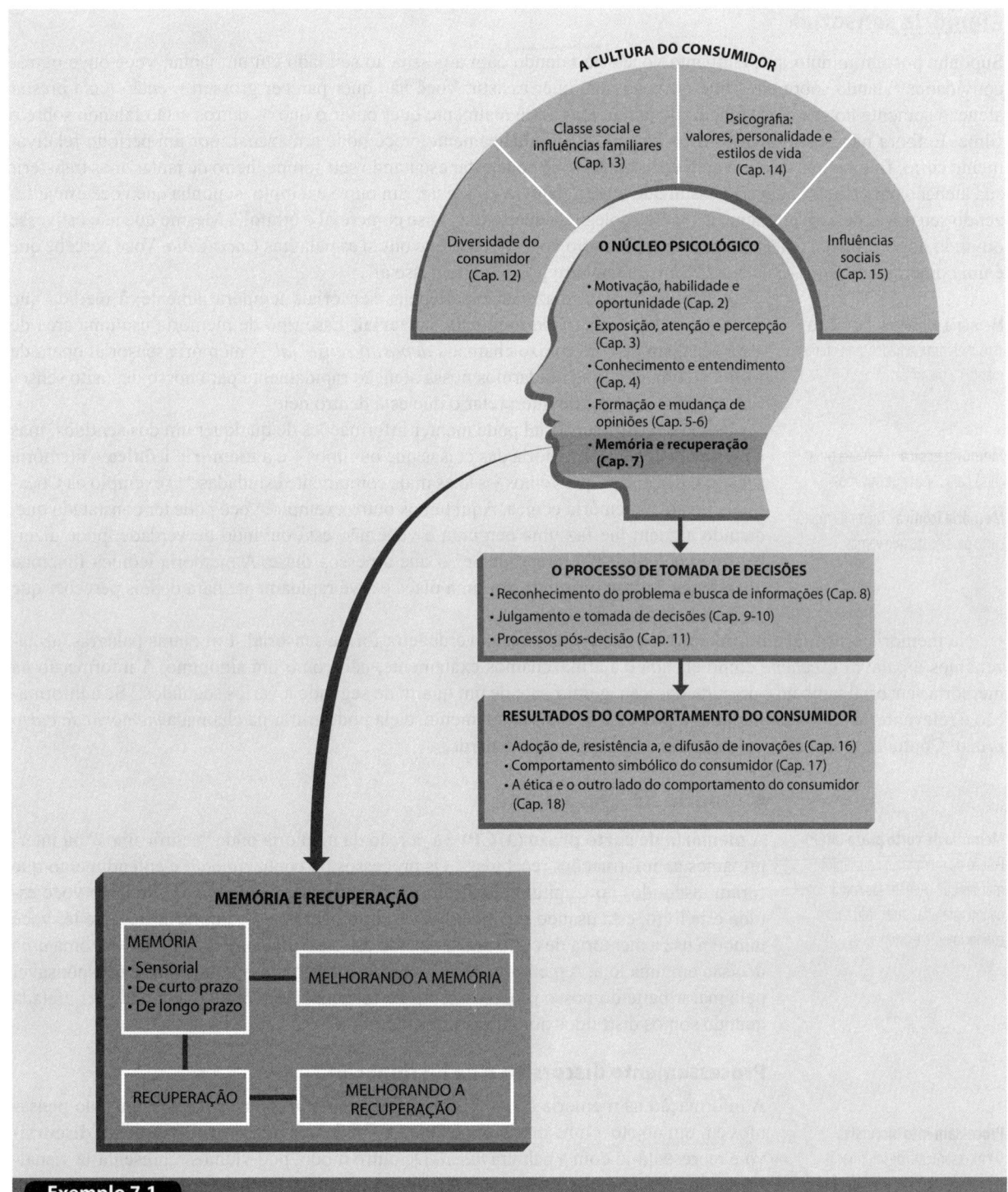

Exemplo 7.1

Visão geral do capítulo: memória e recuperação

Pesquisas identificaram três tipos de memória: sensorial, de curto prazo (MCP) e de longo prazo (MLP). Depois que a informação está na memória, pode ser recuperada (reconhecida ou relembrada). Este capítulo mostra (1) o que influencia a transferência de informação da MCP para a MLP e (2) o que afeta a probabilidade de aquela informação ser recuperada da memória.

Memória sensorial

Suponha por um minuto que, enquanto você está falando com a pessoa ao seu lado em um jantar, você ouve outros convidados falando sobre um filme novo ao qual quer assistir. Você não quer parecer grosseiro, então tenta prestar atenção somente no seu companheiro de jantar, mas você realmente quer ouvir o que os outros estão falando sobre o filme. Embora não possa ouvir as duas conversas simultaneamente, você pode armazenar, por um período relativamente curto, fragmentos da outra conversa. Então você pode estar escutando seu companheiro de jantar, mas transferir sua atenção para a outra conversa assim que ouve a palavra *excelente*. Em outro exemplo, suponha que você esteja fazendo seu dever de casa em frente à TV. Seu colega de quarto diz "Esse comercial é ótimo!". Mesmo que não estivesse ouvindo, logo após seu colega fazer esse comentário você percebe que ouviu as palavras *Coca-Cola*. Você percebe que é um comercial da Coca-Cola e diz "Sim, eu também gosto muito desse aí".

Memória sensorial Experiências sensoriais armazenadas temporariamente na memória.

A habilidade de armazenar experiências sensoriais temporariamente, à medida que são produzidas, é chamada **memória sensorial**. Esse tipo de memória usa uma área de armazenagem de curto prazo chamada *depósito sensorial*. A memória sensorial opera de forma automática, e se mudarmos nossa atenção rapidamente para nosso depósito sensorial, seremos capazes de interpretar o que está dentro dele.

Memória ecoica Memória muito curta para coisas que ouvimos.

Memória icônica Memória muito curta para coisas que vemos.

Nosso depósito sensorial pode manter informações de qualquer um dos sentidos, mas a **memória ecoica** – memória das coisas que ouvimos – e a **memória icônica** – memória sensorial das coisas que vemos – são as mais comumente estudadas.[4] O exemplo da Coca-Cola ilustra a memória ecoica. Aqui temos outro exemplo: você pode ter constatado que, quando alguém lhe faz uma pergunta e você não está ouvindo de verdade, pode dizer: "O que você disse?" e "reproduzir" o que a pessoa disse. A memória icônica funciona quando você passa dirigindo por uma placa e a vê rapidamente para depois perceber que já passou da placa da Applebee's.

Na memória sensorial a informação é armazenada em sua verdadeira forma sensorial. Em outras palavras, armazenamos a palavra *excelente* como ela soa e a armazenamos exatamente, não como um sinônimo. A informação na memória sensorial também é de curta duração, geralmente de um quarto de segundo a vários segundos.[5] Se a informação é relevante, seremos estimulados a processá-la mais atentamente, e ela pode entrar na chamada *memória de curto prazo*. Contudo, se não analisarmos essa informação, ela se perde.

Memória de curto prazo

Memória de curto prazo (MCP) Porção da memória na qual informações que chegam são codificadas ou interpretadas de acordo com o conhecimento existente.

A **memória de curto prazo (MCP)** é a porção da memória onde "codificamos" ou interpretamos as informações recebidas.[6] Os processos de conhecimento e entendimento que foram discutidos no Capítulo 4 ocorrem na memória de curto prazo. Enquanto você estuda este livro, está usando sua memória de curto prazo para compreender o que lê. Você também usa a memória de curto prazo quando assiste a um comercial de TV ou toma uma decisão em uma loja. A memória de curto prazo é muito importante porque é responsável pela maior parte do nosso processamento de informações, contudo, ela pode ser afetada quando somos distraídos por outras informações.[7]

Processamento discursivo e de imaginação

Processamento discursivo O processamento de informações como palavras.

Processamento de imaginação O processamento de informações de forma sensorial.

A informação na memória de curto prazo pode assumir diversas formas. Quando pensamos em um objeto – uma maçã, por exemplo – podemos usar o **processamento discursivo** e representá-lo com a palavra *maçã*. De outro modo, poderíamos representá-la visualmente com uma imagem de uma maçã ou em termos do seu cheiro, seu toque, seu som quando é mordida ou seu sabor. Representar as propriedades visuais, auditivas, táteis, gustativas e/ou olfativas de uma maçã usa o **processamento de imaginação**.[8] Diferentemente do caso do processamento discursivo, um objeto em processamento de imaginação é bastante semelhante à coisa representada,[9] portanto, se pedissem que você imaginasse uma maçã e um carro, o processamento de imaginação garantiria que você preservaria seus tamanhos relativos.

A informação representada por meio de palavras ou imagens pode ser elaborada ou pensada mais a fundo.[10] Quando a MAO é baixa, a memória de curto prazo pode consistir na simples reprodução de um objeto – por exemplo, a palavra *esquiador* ou uma imagem de um esquiador. No entanto, quando a MAO é alta, os consumidores podem usar um processamento de imaginação elaborado para se envolver em devaneios, fantasias, solução visual de problemas, ou processamento discursivo elaborado para pensar sobre eventos futuros ou solucionar problemas atuais. Por exemplo, se você está pensando em tirar férias para esquiar, pode desenvolver uma fantasia elaborada sobre ficar relaxando perto da lareira em um hotel resort, bebendo vinho quente, sentindo a dor dos seus músculos cansados e aproveitando a companhia de seus amigos. Você também pode usar o processamento discursivo para comparar os preços e atributos de vários resorts.

Características da memória de curto prazo

A memória de curto prazo tem duas características interessantes:

> *É limitada.* Mantemos apenas certo número de coisas na memória de curto prazo ao mesmo tempo. Por exemplo, se você tem de ir ao mercado agora para comprar dois itens, batata frita e salsichas, você provavelmente vai se lembrar que deve comprar. Porém suponha que você tem de comprar nove itens: batata frita, salsichas, café, biscoitos, fermento em pó, filme plástico, creme dental, molho para macarrão e ração para cachorro. A probabilidade de você esquecer-se de um ou mais itens é grande, a menos que faça uma lista de compras.

> *É de curta duração.* A informação mantida na memória de curto prazo é muito efêmera, a menos que seja transferida para a memória de longo prazo. A não ser que tentemos ativamente lembrar da informação, ela será perdida. Esse fenômeno explica por que às vezes perguntamos o nome de alguém e esquecemos dois minutos mais tarde.

IMPLICAÇÕES DE MARKETING

A memória de curto prazo, particularmente o processamento de imaginação, tem quatro implicações-chave para os profissionais de marketing:

1. *O processamento de imaginação pode afetar o gosto e a escolha do produto.* Por exemplo, nossa escolha de férias pode ser altamente influenciada por nossas expectativas de como será. Valorizamos alguns dos produtos que compramos (por exemplo, romances ou música) por causa da imaginação que eles oferecem.[11] Na realidade, consumidores que mergulham em pensamentos de usar um produto ou ter uma experiência parecida com aquela simulada em um anúncio tendem a ter opiniões positivas com relação ao anúncio e ao produto.[12] Assim, a habilidade de um produto estimular a imaginação multissensorial pode afetar o quanto gostamos (ou desgostamos) daquele produto.
2. *A imaginação pode estimular memórias de experiências passadas.* Valorizamos algumas coisas que nos ajudam a reviver uma experiência passada de consumo. Dessa forma, você pode guardar um programa de esportes ou um ingresso porque as imagens que eles evocam permitem que você reviva o evento. Outro exemplo é o da Microsoft, que lançou recentemente um videogame do Pac-Man atualizado e de alta definição, um produto que pode estimular alguns consumidores a criar a imagem de estar usando o jogo antigo do Pac-Man.[13]
3. *A imaginação pode afetar quanta informação podemos processar.* Acrescentar mais informações, como fornecer listas de atributos, pode afetar o processamento discursivo, criando uma sobrecarga de informações. Entretanto, o acréscimo de informações pode ajudar o processamento de imaginação, porque a informação adicional nos ajuda a dar forma à imagem. Por exemplo, a Bluenile.com incentiva a imaginação permitindo a seus consumidores que aproximem a imagem de suas joias de diamantes para um olhar mais próximo,[14] uma tática que pode ajudar esses consumidores a imaginar melhor como seria ter essa joia ou dá-la de presente.
4. *A imaginação pode afetar quão satisfeitos estamos com um produto ou uma experiência de consumo.* Podemos criar uma imagem elaborada ou uma fantasia de como exatamente será o produto ou a experiência de consumo (como ficaremos bem de carro novo ou quão relaxantes as férias serão) apenas para descobrir que isso não se materializa da maneira que imaginamos. Se a realidade não confirma nossa imaginação, podemos nos sentir insatisfeitos. Percebendo essa possibilidade, alguns profissionais de marketing ajudam os consumidores a estabelecer uma imaginação realista. Por exemplo, no website da Sherwin-Williams os consumidores podem "pintar" cômodos de uma casa virtual para prever o efeito do produto antes de comprar a tinta.

Memória de longo prazo

Memória de longo prazo (MLP) é a parte da memória na qual é depositada a informação para uso posterior. Pesquisas em psicologia cognitiva identificaram dois tipos principais de memória de longo prazo: autobiográfica e semântica.[15]

Memória autobiográfica

Memória de longo prazo (MLP)
A parte da memória na qual é depositada a informação para uso posterior; conhecimento armazenado permanentemente.

Memória autobiográfica ou episódica Conhecimento de nós mesmos e de nossas experiências pessoais.

Memória autobiográfica, ou **memória episódica**, representa o conhecimento que temos de nós mesmos e de nosso passado.[16] Ela inclui experiências passadas, emoções e sensações ligadas a essas experiências. Tais memórias tendem a ser primariamente sensoriais, envolvendo principalmente imagens visuais, embora possam incluir também sons, cheiros, sabores e sensações táteis. Podemos ter memórias autobiográficas que se relacionam à aquisição do produto, como um passeio de compras para encontrar um produto específico ou a função que esse produto desempenhou em nossa história pessoal.[17] Também podemos ter memórias autobiográficas relacionadas ao consumo ou descarte, como ir a um show específico ou jogar fora um produto muito usado e muito querido.

Como cada indivíduo tem um conjunto único de experiências, a memória autobiográfica tende a ser muito pessoal e idiossincrática. Se lhe pedissem para lembrar-se da prova que você fez para obter sua carteira de habilitação, você pode ter armazenado na memória de longo prazo a sequência dos eventos que ocorreram naquele dia: que carro você dirigiu, qual foi sua rota, quão nervoso estava, o que seu instrutor lhe disse e o que aconteceu depois que você foi aprovado (ou reprovado!).

Memória semântica

Muito do que armazenamos em nossa memória não é relacionado a experiências específicas. Por exemplo, temos memória para o conceito de bebidas chamado "cola". Sabemos que colas são líquidas, vêm em latas e garrafas, são doces, gasosas e marrons. Esse conhecimento é verdadeiro para todas as colas, ou seja, não está ligado a uma marca específica de cola.

Memória semântica
Conhecimento geral sobre uma entidade, isolado de episódios específicos.

O conhecimento a respeito do mundo que é isolado de episódios específicos é chamado **memória semântica**. Para exemplificar, a memória semântica relacionada a números pode influenciar nossa percepção de preços e, consequentemente, nossa intenção de compra.[18]

(**IMPLICAÇÕES DE MARKETING**)

Muito do conhecimento que armazenamos em categorias cognitivas reflete a memória semântica. Assim, muitas das implicações de marketing apresentadas anteriormente sobre o conhecimento armazenado em categorias (veja o Capítulo 4) também se relacionam com a memória semântica. No entanto, a memória autobiográfica também é importante para os profissionais de marketing.

Afetando a tomada de decisão

Cada consumidor tem uma grande quantidade de memórias armazenadas com relação ao consumo que podem influenciar a forma como produtos e serviços são avaliados. Por exemplo, se você comeu em um restaurante e encontrou um fio de cabelo em sua comida, a memória dessa experiência pode prevenir você de comer lá novamente. Experiências positivas podem ter o efeito oposto. Quando estiver selecionando um restaurante, você pode lembrar-se de uma visita anterior, quando a comida estava fabulosa ou o serviço incrível – memórias que claramente influenciariam sua decisão de comer lá novamente. Também temos memórias de quanto pagamos por alguma coisa,[19] o que pode afetar nossas escolhas futuras; não compraremos alguma coisa pela qual acreditamos ter pago muito da última vez.

Promovendo empatia e identificação

Memórias autobiográficas podem ter uma função na criação de identificação com personagens ou situações em anúncios. Por exemplo, se um anúncio da Hefty pode fazer os consumidores pensarem em situações nas quais seus sacos de lixo arrebentaram, estes consumidores estarão mais aptos a se relacionar com um anúncio mostrando sacos inferiores arrebentando enquanto os sacos Hefty continuam fortes. O Exemplo 7.2 também promove a identificação.

Dando pistas e preservando memórias autobiográficas

Conforme o exemplo que abre esse capítulo os consumidores valorizam alguns produtos que promovem memórias autobiográficas criando sentimentos de nostalgia – uma afeição pelo passado.[20] Os consumidores frequentemente acham importante preservar memórias de formaturas, do nascimento de um filho, e assim por diante. Indústrias inteiras de produtos, como câmeras digitais e impressoras de fotografias, focam nos desejos que os consumidores têm de documentar essas memórias autobiográficas. A indústria dos álbuns, fundamentada em produtos que ajudam os consumidores a preservarem suas memórias, tornou-se um negócio de US$ 2,6 bilhões.[21] Em muitas culturas, os consumidores querem preservar memórias autobiográficas,[22] e, às vezes, alguns aqueles que se mudaram de um país para outro constroem verdadeiros "santuários" em suas casas para se lembrar da cultura que deixaram para trás. Consumidores ao redor do mundo valorizam posses que os fazem lembrar dos amigos, da família e dos eventos importantes em suas vidas.

Reinterpretando memórias

Pesquisas mostram que a publicidade pode afetar até mesmo as memórias autobiográficas, como a maneira que um consumidor lembra-se de experiências passadas com o produto anunciado.[23] Um estudo pediu aos consumidores que provassem suco de laranja de gosto bom e de gosto ruim, e depois vissem anúncios que descreviam o gosto bom dos produtos. Aqueles expostos aos anúncios se lembraram do suco de gosto ruim como tendo gosto melhor que na realidade tinha.[24]

Exemplo 7.2
Promover a identificação
Consumidores que querem um gramado verde podem se identificar com a situação ilustrada neste anúncio.

Como se melhora a memória

Por termos que prestar atenção em alguma coisa antes de nos lembrarmos dela, muitos dos fatores que afetam a atenção (descritos no Capítulo 3) também afetam a memória. Vários processos adicionais, incluindo *ordenamento*, *ensaio*, *recirculação* e *elaboração*, também afetam a memória.[25] Esses processos são úteis para influenciar a memória de curto prazo ou para aumentar a probabilidade de a informação ser transferida para a memória de longo prazo – com implicações importantes para os profissionais de marketing.

Ordenamento de blocos

Pesquisadores acreditavam tradicionalmente que a maioria dos indivíduos consegue processar de três a sete "blocos" de informações na memória de curto prazo de cada vez. Estudos posteriores sugerem que esse número está mais próximo de três ou quatro.[26] Um **bloco** é um grupo de itens que é processado como uma unidade. Por exemplo, números de telefone são geralmente agrupados em três blocos: o código de área, os dígitos iniciais e quatro números.

Bloco Grupo de itens que podem ser processados como uma unidade.

Ensaio

Ensaio Processo de rever ativamente material em uma tentativa de se lembrar dele.

Enquanto o ordenamento em blocos reduz a probabilidade de a informação ser perdida pela memória de curto prazo, o ensaio também afeta a transferência da informação para a memória de longo prazo. **Ensaio** significa que interagimos ativamente e conscientemente com o material de que estamos tentando lembrar. Podemos repetir silenciosamente o material ou pensar ativamente sobre a informação e seu significado, como faríamos se estivéssemos estudando para uma prova. Em contextos de marketing, é provável que o ensaio ocorra somente quando os consumidores estão estimulados a processar e lembrar-se de informações. Se você está estimulado a encontrar ingredientes que são associados com alimentação saudável, você pode estudá-los para não esquecer quais são.

Recirculação

Recirculação Processo pelo qual informações são relembradas por meio da simples repetição, sem ensaio ativo.

Informações também podem ser transferidas para a memória de longo prazo por meio do processo de **recirculação**. Assim como a água é recirculada quando passa pelo mesmo cano várias vezes, a informação é recirculada pela sua memória de curto prazo quando você a encontra repetidamente. Diferentemente do ensaio, com a recirculação não fazemos nenhuma tentativa ativa para nos lembrarmos da informação. Se nos lembramos, é porque a informação passou por nosso cérebro diversas vezes. Por exemplo, você provavelmente vai se lembrar da marca de maionese que sua mãe compra porque já a viu muito frequentemente. Note que a recordação da marca é maior quando a informação é repetida em momentos diferentes que quando é apresentada repetidas vezes em um só momento.[27]

Elaboração

Elaboração Transferência de informação para a memória de longo prazo pelo processamento em níveis mais profundos.

Por fim, a informação pode ser transferida para a memória de longo prazo se for processada em níveis mais profundos, ou **elaborada**.[28] Podemos tentar nos lembrar de informações por memorização de rota ou ensaio; no entanto, esse tipo de processamento nem sempre é eficaz. Se você alguma vez memorizou determinado material para uma prova, provavelmente notou que esqueceu em dois ou três dias a maior parte que aprendeu. A memória mais duradoura é estabelecida quando tentamos relacionar a informação ao conhecimento prévio e a experiências passadas. Se você vê um anúncio para um novo produto, por exemplo, pode pensar cuidadosamente a respeito da informação do anúncio, imaginando sobre como você usaria esse produto em sua vida diária. Em consequência, você pode ter uma memória melhor para a marca e para o que o anúncio dizia sobre ela.

IMPLICAÇÕES DE MARKETING

Os profissionais de marketing podem aplicar ordenação em bloco, ensaio, recirculação e elaboração para ajudar os consumidores a se lembrarem de suas marcas, comunicações ou ofertas.

Ordenamento de blocos

Os profissionais de marketing podem aumentar a probabilidade de os consumidores manterem informações na memória de curto prazo e transferi-las para a memória de longo prazo fornecendo pedaços maiores de informação agrupando-os em pedaços menores. Por exemplo, acrônimos reduzem vários pedaços de informação a um bloco. Nomes de marca, como KFC e H&M, são exemplos de ordenamento em bloco em um contexto de marketing. Do mesmo modo, os profissionais de marketing podem facilitar a memória dos consumidores para números telefônicos fornecendo palavras em vez de números ou dígitos individuais (800-GO-U-HAUL). Anúncios podem chegar a conclusões que resumem ou ordenam pedaços díspares de informação em um único atributo ou vantagem. Um anúncio que discute o conteúdo calórico, de gorduras, sódio e açúcar de um produto alimentar pode ordenar essas informações em uma conclusão sobre se o produto é saudável.

Ensaio

Quando a motivação é baixa, os profissionais de marketing podem usar táticas como jingles, sons e slogans para perpetuar o ensaio. A Under Armour, fabricante de roupas desportivas, criou anúncios exibindo chuteiras masculinas que fazem sons de clique-claque e o slogan "Clique-Claque: eu acho que você ouve a gente chegar".[29] Às vezes essas técnicas funcionam bem demais, como você deve saber depois de passar um dia inteiro cantando o jingle de um comercial, mas o ensaio nem sempre é bom para os profissionais de marketing.

Um estudo descobriu que os consumidores que ensaiaram o preço pago por um produto na última ocasião, anotando-o (quando pagaram com cheque ou digitaram o valor em um programa de controle de gastos, por exemplo), estavam menos inclinados a comprar o produto.[30] A memória do preço provavelmente ressaltou que os consumidores tiveram de desistir para obter o produto.

Recirculação

A recirculação é um princípio importante para o marketing, pois explica por que a repetição das comunicações de marketing afeta a memória, especialmente em situações de baixo envolvimento.[31] Os profissionais de marketing podem fortalecer o efeito da recirculação criando anúncios diferentes que repetem a mesma mensagem básica. Para ilustrar, é provável que um slogan como "Chevy, uma revolução norte-americana" seja lembrado depois de você ser exposto a ele em muitas ocasiões, mesmo que o conteúdo do anúncio mude no decorrer do tempo.

A recirculação também pode explicar por que comunicações que repetem o nome da marca frequentemente, dentro de um anúncio ou entre comunicações, produzem melhor memória do nome da marca. Sabendo que pré-adolescentes gostam de jogar videogames várias vezes, o diretor de marketing da Burton Snowboard diz que as pranchas e os equipamentos de snowboard da empresa são exibidas em videogames da Sony por uma razão: "Repetição, repetição, repetição".[32] De acordo com pesquisas, o planejamento de exposições espaçadas alternando as mensagens em mídia envolvente, como comerciais de TV, e mídia menos envolvente, como *outdoors*, pode ser altamente eficaz.[33] Entretanto, quando uma marca anuncia repetidamente afirmações sobre o produto que são parecidas com as afirmações promovidas por um concorrente próximo, a repetição pode confundir os consumidores em vez de melhorar a memória.[34]

Elaboração

Várias estratégias já familiares de capítulos anteriores aumentam a probabilidade de os consumidores pensarem cuidadosamente a respeito da informação. Por exemplo, estímulos inesperados ou novos podem atrair a atenção e induzir a elaboração.[35] A opção incomum da GEICO por uma lagartixa como porta-voz para seus seguros pretende fazer os consumidores pensarem na conexão. Além disso, um estudo de uma agência de publicidade indica que os consumidores que prestam atenção em um programa específico na TV e pensam nele têm maior probabilidade de se lembrar de seus comerciais.[36] Pessoas mais velhas podem ter menos habilidade de prestar atenção às informações de mensagens de marketing, talvez porque sua memória de curto prazo seja mais limitada. Crianças podem prestar menos atenção porque têm menos conhecimento, o que torna mais difícil pensar extensivamente sobre a mensagem de um anúncio.[37] A elaboração também pode explicar por que níveis moderados de humor em um anúncio aumentam tanto a codificação como a recuperação das afirmações do produto, ao passo que o humor forte inibe a elaboração das afirmações.[38]

O que é recuperação?

No Capítulo 4, você aprendeu que o conhecimento é organizado em categorias e ligado a associações. Tais categorias e associações também se relacionam aos conceitos de memória e recuperação.

Organização da memória de longo prazo

Pesquisadores da memória consideram a memória de longo prazo, ou conhecimento prévio, uma série de redes **semânticas** (ou **associativas**). O Exemplo 7.3 representa a memória de um consumidor (ou conhecimento prévio) sobre a categoria chamada "férias", especificamente as associações que o consumidor tem com férias de esqui em St. Moritz, um membro da categoria "férias de esqui". Essa categoria, por sua vez, é parte da categoria "férias de luxo", de ordem mais alta. O conceito das férias de esqui em St. Moritz é conectado a um

Rede semântica ou associativa
Conjunto de associações na memória que estão ligadas a um conceito.

> **Exemplo 7.3**
> **Uma rede semântica (ou associativa)**
> Uma rede semântica é um conjunto de conceitos conectados por ligações. Quando um conceito é ativado, outros podem ser ativados por meio das ligações. Conceitos conectados por ligações fortes têm maior probabilidade de ativar um ao outro que aqueles conectados por ligações fracas.

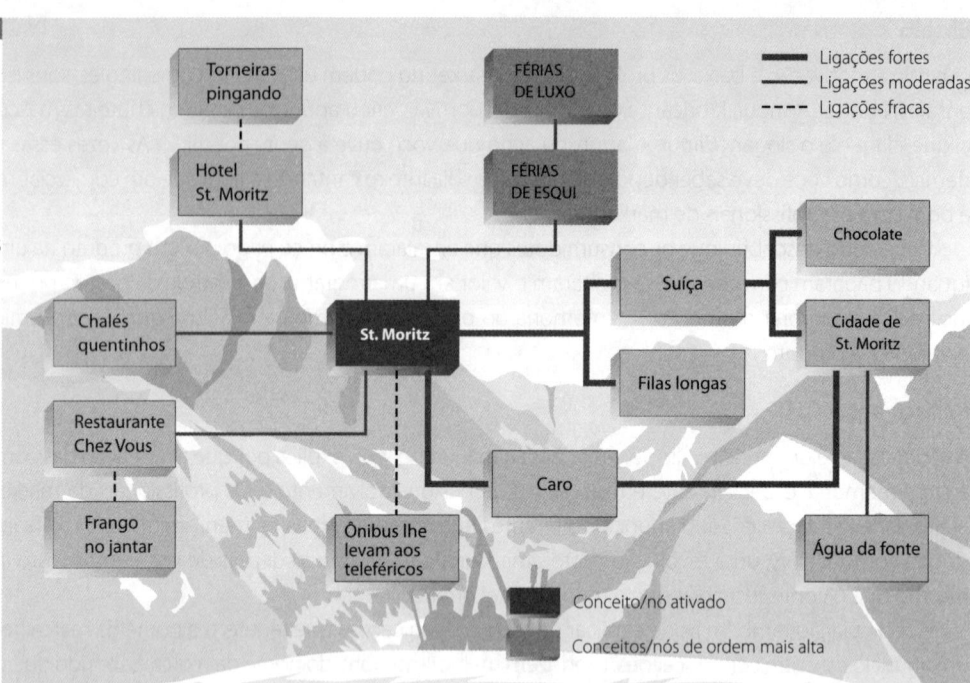

conjunto de ligações (chamadas *associações* e *crenças* em capítulos anteriores). Como essas ligações chegaram lá? Elas foram aprendidas e lembradas com base em experiências pessoais ou informações que o consumidor ouviu ou leu. Algumas ligações representam memórias autobiográficas; outras representam memória semântica. O grupo de associações ou ligações conectados ao conceito "férias de esqui em St. Moritz" é chamada *rede semântica* (ou *associativa*).

Note que, no Exemplo 7.3, as ligações na rede semântica variam em intensidade. Ligações fortes, representadas pelas linhas grossas, estão firmemente estabelecidas na memória. Outras, representadas pelas linhas pontilhadas, estão fracamente estabelecidas na memória. Algumas ligações são fortes porque foram ensaiadas, recirculadas, ordenadas em bloco e elaboradas extensivamente. Outras são fracas porque foram encontradas com pouca frequência, não foram acessadas por muito tempo ou foram processadas de forma muito limitada. A rede semântica completa representa o que está disponível na memória desse consumidor como "férias de esqui em St. Moritz".

A rede semântica

Temos muitas informações em nossa memória, mas só somos capazes de recuperar ou acessar parte dela de cada vez.[39] Todos já estivemos em situações nas quais tentamos lembrar de algo, mas não conseguimos. Dois fatores da rede semântica afetam o que lembramos: a força de associação e a disseminação da ativação.[40]

Força de associação

Força de associação O grau de força ou fraqueza de uma associação ou conexão com um conceito na memória.

Acessível O grau em que uma associação ou conexão pode ser recuperada da memória.

O primeiro fator que afeta a rede semântica é a força das ligações ou associações, conhecida como **força de associação**. Quanto mais forte é a ligação que conecta a informação à categoria, mais **acessível** fica a informação e mais fácil sua recuperação da memória. É mais provável que você se lembre de que a BMW é "a melhor direção" se tiver uma associação forte conectando o carro com esse *slogan*. Os profissionais de marketing tentam frequentemente fortalecer nossas ligações de memória. Por exemplo, depois que pesquisas revelaram que a maioria dos consumidores dos Estados Unidos acredita que as empresas familiares fazem produtos nos quais os consumidores podem confiar, a S. C. Johnson & Son acrescentou a linha "Uma Empresa Familiar" à sua publicidade e às suas embalagens. Fazer isso ajudou o fabricante de Glade, Raid e Windex a fortalecer a associação de seus produtos com a propriedade familiar nas mentes dos consumidores.[41]

Quanto mais os profissionais de marketing se envolvem em recirculação ou estimulam os consumidores a ensaiar ou elaborar as informações, maior a probabilidade de a ligação ser fortalecida e de os consumidores conseguirem recuperar essas informações.

Disseminação da ativação

Um segundo fator que explica o que é recuperado da memória é chamado **disseminação da ativação**. Pense em uma rede semântica como uma espécie de rede elétrica. Ligações fortes têm o potencial de gerar corrente de alta voltagem e ligações fracas, de baixa voltagem. Usando o Exemplo 7.3, se um conceito como "St. Moritz" é ativado na rede semântica do consumidor, a ligação forte entre "St. Moritz" e "caro" vai ser ativada, fazendo o consumidor pensar em "caro." Como a corrente conectando "St. Moritz" e "caro" é muito forte, o potencial elétrico dessa corrente vai se espalhar para itens adjacentes na rede semântica, especialmente ao longo de ligações fortes. Seguindo o Exemplo 7.3, essa disseminação da ativação provavelmente levará o consumidor a se lembrar da cidade de St. Moritz. A ativação do conceito "St. Moritz" também pode ativar "Suíça" e "filas longas." A ativação de "Suíça" pode, por sua vez, espalhar-se para o conceito "chocolate".

> **Disseminação da ativação** O processo pelo qual a recuperação de um conceito ou associação se espalha, levando à recuperação de um conceito ou associação relacionado.

É claro que conceitos como "Suíça", "chocolate" e "caro" são ligados a muitas redes semânticas, não a apenas uma. Nosso consumidor pode pensar sobre chocolate quando estimulado a pensar sobre St. Moritz, mas chocolate pode estar fortemente ligado a outras redes semânticas sugeridas pela disseminação da ativação. Esse consumidor pode começar a pensar que recentemente comprou chocolate em uma loja Godiva, algo que pode fazê-lo lembrar de um amigo que viu lá, o que, por sua vez, pode lembrá-lo de que deveria escrever para esse amigo. A disseminação da ativação explica por que às vezes temos pensamentos aparentemente aleatórios conforme a ativação se espalha de uma rede semântica para outra.

A MAO pode influenciar a disseminação da ativação. Se a motivação e a oportunidade para processar a informação são altas, o número de ligações ativadas também pode ser bastante alto. De outro modo, quando a motivação ou a oportunidade são baixas, somente as ligações mais fortes e mais próximas podem ser ativadas. Indivíduos com mais conhecimento sobre um conceito terão maior habilidade de processar uma rede semântica mais detalhada, dando origem a um número enorme de associações.[42]

Como as ligações fortes aumentam a acessibilidade de um item da memória, são muito importantes para os profissionais de marketing, contudo, as ligações fracas não deixam de ser importantes. A ativação se espalha para todas as ligações na rede semântica, mesmo que não seja suficiente para levar os consumidores a se lembrarem de um item. Diz-se que um conceito que foi ativado, porém não o suficiente para ser recuperado da memória, foi **preparado**. Ele recebeu um pontapé inicial. Suponha que nosso consumidor esteja tentando se lembrar de como chegou ao teleférico de St. Moritz. A ligação "ônibus" não está firmemente estabelecida em sua memória. Ativar "St. Moritz" pode preparar o conceito "ônibus", mas a ativação é fraca demais para o consumidor lembrar-se dos ônibus. Se ele passar por uma escola mais tarde, a ativação do conceito "escola" pode direcionar para "ônibus", e essa ativação pode ser o suficiente para que ele se lembre de que chegou ao teleférico do esqui em St. Moritz pegando um ônibus.

> **Preparação** Ativação de um nó na memória, frequentemente sem conhecimento consciente.

Falhas de recuperação

A força de associação e a disseminação da ativação ajudam a explicar o esquecimento – a falha em recuperar informações da memória. Esquecer é um fato da vida. Você pode se esquecer de levar seu carro para a revisão ou esquecer de que está cozinhando ovos (até eles explodirem). Falhas de recuperação afetam claramente os comportamentos de aquisição, consumo e descarte dos consumidores.

Decadência

Em alguns casos, esquecemos coisas porque a força de associação desaparece, ou seja, as ligações da memória **decaem** no decorrer do tempo, frequentemente porque não foram usadas. Assim, tendemos a nos esquecer de eventos da nossa infância porque aconteceram há muito tempo. A decadência é reduzida quando somos expostos repetidamente à informação pela recirculação ou quando a recuperamos frequentemente da memória. Às vezes os detalhes ou atributos da informação que obtivemos decaem.[43] Por exemplo, podemos ter ouvido muitos detalhes sobre um filme novo, como qual era a história e quem estrelava o filme e, entretanto, mais tarde nos lembramos somente de algo geral sobre o filme ("Ouvi que era bom").

> **Decadência** Enfraquecimento de nós ou ligações de memória ao longo do tempo.

O fato de os consumidores se esquecerem de atributos explica alguns fenômenos interessantes do marketing. Por exemplo, eles podem ter memórias igualmente fortes para marcas sobre as quais ouviram falar coisas muito boas ou muito ruins, mas se esquecem das informações recebidas sobre as marcas; tudo de que lembram é que as marcas estavam no noticiário. O esquecimento também explica o efeito dorminhoco, discutido no Capítulo 5, em que consumidores demonstram opiniões mais positivas com relação a um anúncio ruim conforme o tempo passa. Os pesquisadores acreditam que, no decorrer do tempo, os consumidores esquecem que faltava credibilidade a um anúncio e lembram simplesmente que a fonte disse sobre a marca. Basicamente, a memória para a fonte decai mais rapidamente que a memória para a mensagem.[44]

Interferência

Interferência O que causa confusão sobre que características são de uma marca ou conceito, em virtude do alinhamento muito próximo das redes semânticas.

A disseminação da ativação e a força de associação explicam uma segunda causa do esquecimento: interferência.[45] A **interferência** ocorre quando redes semânticas têm alinhamento tão próximo que não conseguimos lembrar quais características pertencem a qual marca ou conceito. Suponha que você esteja assistindo a um anúncio de carro que foca na segurança do automóvel. Se você tem muitas informações sobre carros semelhantes armazenadas na memória, pode confundir qual atributo é associado com qual carro. Além disso, quando os consumidores veem anúncios parecidos, a semelhança interfere na lembrança da marca.[46] A publicidade competitiva também afeta a interferência. Quando uma marca estabelecida promove um atributo novo, o conhecimento dos consumidores sobre os atributos antigos da marca pode interferir na recuperação da informação sobre o atributo novo. Porém, quando existe publicidade competitiva, os consumidores conseguem superar as informações sobre o atributo mais antigo e recuperar de forma eficaz a informação sobre o atributo novo, uma realização que funciona em benefício da marca.[47]

A interferência também afeta o marketing entre culturas. Por exemplo, um estudo sobre como a interferência afeta consumidores bilíngues conclui que mensagens no segundo idioma não são tão bem recuperadas como as mensagens no primeiro idioma. Para reduzir a interferência, os profissionais de marketing devem, então, usar pistas visuais e textuais que reforçam uma à outra. Essa tática ajuda consumidores a processarem mensagens no segundo idioma, melhorando, assim, a recuperação.[48]

Além disso, a interferência pode ocorrer quando um conceito é ativado tão frequentemente que não conseguimos ativar um conceito diferente. Suponha que você esteja tentando se lembrar dos dez itens que escreveu na lista de compras. A probabilidade de você conseguir se lembrar de vários itens é grande, e de mais alguns itens é menor, mas é praticamente impossível lembrar dos últimos itens da lista. Isso ocorre porque, quando tenta se lembrar dos itens que faltam, você recorda os itens de que você já lembrou, e essas lembranças interferem em sua habilidade de ativar os itens que faltam.[49] A ativação repetida da memória dos itens de que você lembrou inibe a ativação dos outros itens.

Prioridade e efeitos de recência

Prioridade e efeito de recência Tendência de demonstrar mais memória para informação que vem em primeiro ou último lugar em uma sequência.

A decadência e a interferência podem ser usadas para explicar **a prioridade e os efeitos de recência**, isto é, o fato de as coisas que encontramos primeiro ou por último em uma sequência frequentemente serem aquelas de que lembramos com mais facilidade. Como um exemplo dos efeitos de prioridade, é provável que você se lembre do primeiro anúncio que viu durante um intervalo comercial porque não havia nenhuma outra informação publicitária para interferir nele. Também pode ser menos provável que essa informação decaia se você ensaiá-la. O efeito de prioridade explica por que, quando você estuda para um exame, tende a se lembrar melhor do material que estudou primeiro.

Como exemplo dos efeitos de recência, é mais provável que você se lembre do que comeu no café da manhã que aquilo que comeu uma semana atrás, porque (1) a informação dessa manhã ainda não decaiu e (2) há muito menos informação interferindo na recuperação dessa informação. Considerando os efeitos de prioridade e de recência, muitos anunciantes acreditam que a melhor colocação para um anúncio é em primeiro ou em último lugar em uma sequência comercial ou em uma revista. Algumas pesquisas apoiam a importância de ser o primeiro; porém não há evidências tão fortes para ser o último.[50]

Erros de recuperação

O que lembramos nem sempre é preciso ou completo; nossa memória pode estar sujeita a distorção ou confusão. Você pode lembrar que seu amigo lhe falou sobre um filme novo fantástico, mas, na verdade, foi seu vizinho que mencionou o filme para você. A memória pode ser seletiva, o que significa que só recuperamos algumas informações, frequentemente aquelas que são muito positivas ou muito negativas. Ao planejar suas próximas férias, você pode se lembrar das coisas boas que aconteceram em suas últimas férias, mas não das coisas ruins. Por fim, a memória pode ser distorcida. Se você teve uma experiência ruim com um produto, mais tarde pode se lembrar de experiências ruins que não aconteceram de verdade. Talvez você se lembre de uma garçonete que o tratou mal em um restaurante ter batido sua xícara de café com força na mesa. Apesar de essa "memória" ser consistente com a experiência da "garçonete ruim", ela pode não ter acontecido de fato.[51] E a interação virtual com um produto leva a mais memórias falsas, porque gera imagens vívidas, que mais tarde os consumidores passam a acreditar que foram ocorrências reais.[52]

Quais são os tipos de recuperação?

Os consumidores podem recuperar informações por meio de dois sistemas de recuperação: memória explícita e implícita.

Memória explícita

A **memória explícita** é a lembrança de algum episódio anterior alcançada por meio de tentativas ativas para lembrar. Nessa situação, você está conscientemente tentando se lembrar de alguma coisa que aconteceu no passado. Por exemplo, você usaria a memória explícita para se lembrar de algo que pediu durante uma visita recente ao In-N-Out. Os consumidores tentam recuperar a informação da memória explícita por meio do reconhecimento ou da recordação.

Memória explícita Memória de algum episódio anterior alcançada por meio de tentativas ativas para lembrar.

> O **reconhecimento** ocorre quando identificamos alguma coisa que já vimos antes, como o reconhecimento da marca (lembramo-nos de ter visto a marca antes) e reconhecimento de anúncio (lembramo-nos de ter visto o anúncio antes). O reconhecimento da marca é particularmente decisivo para decisões feitas dentro da loja, porque nos ajuda a identificar ou localizar as marcas que queremos comprar. Logomarcas em marcas ou embalagens podem ser especialmente eficazes para aumentar o reconhecimento da marca. Você pode não se lembrar qual marca de xampu compra, mas pode reconhecê-la depois de vê-la na prateleira do mercado.

Reconhecimento Processo de determinar se um estímulo já foi encontrado antes.

> A **recordação** envolve uma ativação mais extensiva das ligações na memória, como quando vemos uma exposição da Pepsi e usamos a recordação para recuperar um conhecimento sobre a Pepsi como material para a tomada de decisão. A *recordação livre* ocorre quando podemos recuperar algo da memória sem qualquer ajuda, como o que jantamos na noite passada. A *recordação dirigida* ocorre se nos perguntam a mesma coisa (O que você jantou ontem à noite?), mas precisamos de uma dica (Foi um prato vegetariano?).

Recordação Habilidade de recuperar informações da memória.

Memória implícita

Às vezes nos lembramos de coisas sem conhecimento consciente, um fenômeno chamado **memória implícita**. Suponha que, enquanto você dirige em alta velocidade pela rodovia, passa por um *outdoor* com a palavra *Caterpillar* (empresa de tratores). Mais tarde, perguntam se você se lembra de ter visto um *outdoor* e, caso lembre, o que havia nele. Você não se lembra de ver um *outdoor* e muito menos o que tinha nele; você não tem memória explícita dele. Mas, se lhe perguntarem para dizer a primeira palavra que você pensar começando com *cat-*, você pode responder "caterpillar". Você pode ter codificado alguma coisa sobre o *outdoor* sem nem estar consciente de tê-lo visto.

Memória implícita Memória para coisas sem nenhuma tentativa consciente para lembrar delas.

Como você pode ter memória implícita de uma coisa de que não consegue lembrar explicitamente? Sua breve exposição ao nome Caterpillar ativou ou preparou a palavra *caterpillar* na sua memória. O nível de ativação não foi forte o suficiente para o nome ser recuperado conscientemente; no entanto, quando lhe pedem uma palavra que começa com *cat-*, essa ativação traz *Caterpillar* à mente.

IMPLICAÇÕES DE MARKETING

A recuperação é claramente um conceito importante para os profissionais de marketing.

Recuperação como um objetivo de comunicação

Algumas comunicações de marketing visam aumentar a recordação do nome da marca, atributo do produto ou vantagem da marca.[53] Outras comunicações pretendem aumentar o reconhecimento do nome da marca, logomarca ou símbolo da marca, embalagem, publicidade, personagem do anúncio, vantagem da marca, entre outros, por parte dos consumidores. Os novos entrantes (concorrentes mais novos) em um segmento já estabelecido trabalham bastante para aumentar a memória dos consumidores para os nomes de suas marcas. A Under Armour, conhecida por suas roupas esportivas masculinas, quer agora atingir as mulheres com anúncios que incorporam sons singulares – nesse caso, "Bum Bum Tap" – para facilitar a recuperação.[54]

A recuperação afeta as escolhas do consumidor

Um estudo descobriu que o uso de um banco por consumidores japoneses diminuiu conforme seu reconhecimento do nome do banco diminuiu.[55] Fazer os consumidores reconhecerem ou recordarem afirmações ou slogans específicos também é crucial. Além disso, saber e se lembrar dessa informação pode servir como um dado útil para as opiniões dos consumidores, e estes podem evocar essa informação quando fizerem escolhas entre marcas.

No entanto, os anúncios mais memoráveis não são necessariamente os mais eficazes. Você pode se lembrar de um anúncio porque era extremamente ruim, não porque aumentou seu desejo de comprar a marca anunciada. Anúncios memoráveis não são necessariamente eficazes em alcançar objetivos como o de ligar a informação àquela marca específica. Em um estudo, consumidores que assistiram ao Super Bowl e a seus comerciais atribuíram incorretamente o slogan publicitário de umas das empresas de telecomunicações anunciadas a até 13 outras empresas.[56] E nem todos os profissionais de marketing têm interesse na recordação. Por exemplo, embora consumidores nem sempre consigam recordar do preço verdadeiro de um produto, eles conseguem reconhecer quando um preço é um bom negócio.[57]

O reconhecimento e a recordação se relacionam à eficácia da publicidade

Os profissionais de marketing precisam desenvolver medidas apropriadas de reconhecimento, recordação e memória implícita para testar a eficácia da publicidade e do nome da marca.[58] Por exemplo, se você está pensando em onde você pode ir almoçar hoje, a lista de restaurantes que você vai considerar provavelmente dependerá daqueles que você conseguir recordar da memória. Nesses casos, os profissionais de marketing devem usar estratégias de mensagem que estimulem os consumidores a pensar na marca e no produto, um processo que melhora a recordação no momento em que as escolhas estão sendo feitas.[59]

A memória implícita também é importante para os profissionais de marketing. Embora as agências publicitárias normalmente meçam a memória explícita dos consumidores pelo que eles recordam e reconhecem de um anúncio, o conceito de memória implícita sugere que os consumidores podem ter alguma memória da informação em uma mensagem publicitária, mesmo quando não a reconhecem ou recordam. Dessa forma, os anunciantes podem ter de usar medidas de memória implícita para averiguar se seus anúncios afetaram a memória dos consumidores.

Segmentos de consumidor e memória

Embora a recuperação seja um objetivo importante para os profissionais de marketing, nem todos os consumidores conseguem se lembrar das coisas da mesma maneira. Em particular, consumidores mais velhos têm dificuldades para reconhecer e lembrar-se de nomes de marca e afirmações de anúncios.

Como se melhora a recuperação

Dada a importância da recuperação, os profissionais de marketing precisam entender como aumentar a probabilidade de os consumidores se lembrarem de algo sobre determinadas marcas. Eles não conseguem reconhecer ou recordar de algo a menos que seja antes armazenado na memória; o ordenamento em blocos, o ensaio e fatores similares aumentam a probabilidade de um item ser armazenado e disponibilizado para recuperação. Quatro fatores adicionais – alguns relacionados à força de associação e à disseminação da ativação – também afetam a recuperação: (1) o próprio estímulo, (2) a que o estímulo é ligado, (3) o modo em que é processado e (4) as características dos consumidores.

Características do estímulo

A recuperação é afetada pela saliência (proeminência) do estímulo (a mensagem ou o meio da mensagem). A recuperação também é afetada pelo grau de prototipicidade de um item como membro de uma categoria, se usa pistas redundantes e o meio que é usado para transmitir a informação.

Saliência

Algo é saliente quando se destaca do contexto maior em que está, por ser brilhante, grande, complexo, movente, ou ser proeminente em seu ambiente.[60] Se você visse um comercial muito longo em um anúncio de múltiplas páginas, ele poderia ser saliente em relação aos comerciais curtos ou aos anúncios de uma página que o rodeiam. Uma figura visualmente complexa em um anúncio será saliente em relação a um fundo simples, e um anúncio animado na Internet será saliente em relação a um sem movimento. Anúncios e demonstrações que oferecem critérios específicos para que os consumidores avaliem o produto promovido em comparação com produtos concorrentes também aumentam a saliência desses atributos. Como consequência, consumidores podem codificar e recuperar informações fundamentadas nesses atributos salientes mais facilmente.[61]

A saliência de um estímulo afeta a recuperação de várias maneiras. Objetos salientes tendem a atrair a atenção, distraindo a atenção das coisas que não são salientes. Como são proeminentes, estímulos salientes também induzem a maior elaboração, criando assim traços mais fortes na memória.[62] Esse fenômeno talvez explique por que algumas pesquisas mostraram que, consumidores tendem a lembrar de comerciais mais longos melhor que dos mais curtos, e de anúncios impressos maiores melhor que dos menores.[63]

Prototipicidade

Estamos mais aptos a reconhecer e recordar marcas prototípicas ou pioneiras em uma categoria de produto (veja o Capítulo 4 para uma discussão sobre prototipicidade). Como foi ensaiado e recirculado frequentemente, o traço da memória para marcas prototípicas é forte. Também é mais provável que tais marcas sejam ligadas a muitos outros conceitos na memória, tornando sua ativação altamente provável. O fato de tendermos a lembrar dessas marcas talvez explique por que elas têm sido tão bem-sucedidas no decorrer do tempo e por que tantas empresas lutam para se estabelecer como líderes de uma categoria.[64] A Coca-Cola, por exemplo, usa o marketing para se estabelecer como líder do mercado em muitos países. Graças a promoções nas lojas e outras técnicas, sua subsidiária Femsa aumentou dramaticamente as vendas no México, onde os consumidores agora bebem mais Coca-Cola *per capita* que os consumidores de todas as outras nações – quase 95 litros por ano – fazendo da marca o refrigerante prototípico.[65]

Sinais redundantes

A memória é melhorada quando os itens da informação a serem aprendidos parecem combinar naturalmente. Assim, nossa memória de nomes de marca, afirmações de publicidade e imagens exibidas em anúncios é melhor quando esses elementos expressam a mesma informação. Os profissionais de marketing também podem aumentar a memória dos consumidores para marcas divulgando dois produtos complementares juntos (como o Special K com suco de laranja Tropicana), explicando por que ele combinam naturalmente.[66] Pesquisas indicam que o patrocínio de eventos aumenta a memória quando a marca é prototípica – por causa de sua proeminência no mercado – e quando o evento se relaciona ao significado central da marca. Mesmo que não exista uma ligação clara entre o evento e o patrocinador, a recordação deste pode ser aumentada se a empresa explicar (elaborar para o consumidor) por que o patrocínio faz sentido.[67] Além disso, por causa da redundância entre o porta-voz e a categoria do produto, a recordação é melhorada quando um porta-voz é relevante para o produto.[68]

O meio no qual o estímulo é processado

Anunciantes frequentemente se perguntam se certas mídias são mais eficazes que outras para melhorar a memória do consumidor, um campo ainda pouco explorado pelos pesquisadores. Atualmente, os publicitários estão tentando determinar se investir dinheiro em anúncios na Internet é uma boa estratégia. Algumas pesquisas sugerem que os consumidores tendem a não olhar, ou se lembrar de, anúncios na Internet, ao passo que outros estudos sugerem que esses anúncios podem ser tão eficazes, ou até mais, em gerar memória da marca dos anúncios divulgados na mídia tradicional.[69]

A que os estímulos se conectam

Pista de recuperação
Estímulo que facilita a ativação de um nó na memória.

A recuperação também pode ser afetada pela ligação do estímulo à memória. O conceito de rede associativa explica uma maneira relacionada de facilitar a recuperação – fornecendo sinais de recuperação. Uma **pista de recuperação** é um estímulo que facilita a ativação da memória.[70] Por exemplo, se você quer lembrar de ir a uma liquidação da Macy's, você talvez deixe um recado com "Macy's" em sua mesa. O recado serve como uma pista de recuperação quando você o vê algum tempo depois e lembra-se da liquidação.

Sinais de recuperação podem ser gerados interna ou externamente. Internamente, um pensamento também pode gerar uma pista para outro pensamento, como "Hoje é 8 de dezembro. Ai, meu Deus, é o aniversário da mamãe!". Um estímulo externo, como uma máquina automática de vendas, um banner na Internet ou um expositor em uma loja também podem servir como uma pista de recuperação – "Ah, lá está o doce de que ouvi falar." Esses mesmos sinais de recuperação podem ser usados para ativar imagens armazenadas na memória autobiográfica. Se você vê um anúncio de sua marca favorita de sorvete, essa pista pode ativar tanto seus sentimentos positivos sobre sorvete, como sua memória de experiências passadas com o sorvete. Imagens ou vídeos de nós mesmos envolvidos em uma atividade podem servir como sinais de recuperação potentes para estimular lembranças.[71] Entretanto, sinais de recuperação eficazes podem diferir de cultura para cultura. Um estudo constatou que sons servem como sinais de recuperação mais eficazes para anúncios em inglês, ao passo que os visuais são sinais de recuperação mais eficazes para os anúncios em chinês.[72]

Nome de marca como uma pista de recuperação

Um dos tipos mais importantes de pista de recuperação é o nome da marca.[73] Se vemos nomes da marca como Panasonic, Kellogg e Reebok, podemos recuperar da memória informações sobre essas e outras marcas relacionadas a elas. Em particular, a revelação do nome da marca no início de uma mensagem de anúncio provavelmente fortalecerá a memória de associação entre a marca e a avaliação do consumidor do conteúdo da mensagem, um efeito que influencia a recuperação.[74] Contudo, o impacto do nome de uma marca como uma pista de recuperação não é o mesmo para o reconhecimento e para a recordação.[75] Marcas desconhecidas têm uma vantagem de recuperação quando o nome da marca se encaixa bem com a função do produto, ao passo que marcas familiares têm um vantagem de recuperação quando o nome exibe sonorização incomum.[76] Imagens muito relacionadas ao nome da marca também servem como pistas de recuperação.[77]

Se os profissionais de marketing querem que os consumidores *reconheçam* a marca na prateleira da loja, é importante ter palavras ou nomes de alta frequência aos quais os consumidores foram extensivamente expostos – por exemplo, Coast ou Crest. De outro modo, se o objetivo é que os consumidores *recordem* da marca e de suas associações, é mais importante ter nomes de marca que (1) evocam imaginação vívida (Passion ou Old El Paso), (2) são novos ou inesperados (Ruby Tuesday's ou Toilet Duck) ou (3) sugerem a oferta e suas vantagens (Minute Rice ou PowerBook).

Outras pistas de recuperação

Juntamente com nomes de marca, logomarcas e embalagens também podem agir como sinais de recuperação. Nomes de categoria são outro tipo de pista de recuperação, portanto, encontrar as categorias de produto "carros", "biscoitos" ou "computadores" pode sinalizar os nomes de marcas específicas dessas categorias nas memórias. Além disso, as propriedades visuais das fontes impressas podem servir como pistas de recuperação para destacar vantagens do produto anunciado, e essa resposta é o motivo pelo qual empresas de fast food como a Wendy's usam letras distintivas e imediatamente reconhecíveis para seus nomes de marca.[78]

IMPLICAÇÕES DE MARKETING

Pistas de recuperação têm implicações sobre as decisões de compra dos consumidores, que costumam se lembrar muito pouco do conteúdo publicitário quando estão tomando uma decisão na loja.[79] Isso acontece porque a publicidade é geralmente vista ou ouvida em um contexto totalmente diferente do ambiente de compra. Uma maneira de lidar com esse problema é colocar um sinal do anúncio na embalagem da marca ou em um expositor na loja para ativar a memória das ligações relacionadas à publicidade.[80] Assim, às vezes as embalagens são rotuladas "como na TV". Outra estratégia é colocar pistas conhecidas de anúncios na embalagem, como o urso dos amaciantes de roupas Snuggle ou "bolhas de sabão" no limpador de banheiro da S. C. Johnson.

Pistas de recuperação também têm implicações importantes para os profissionais de marketing. Primeiro, essas pistas podem afetar o que os consumidores lembram dos anúncios.[81] Algumas pesquisas mostraram que as pistas de recuperação mais efetivas combinam com os sinais usados em um anúncio. Portanto, se um anúncio usa a imagem de uma maçã, então a imagem de uma maçã, e não a palavra *maçã*, é a pista de recuperação mais eficaz. Se o anúncio usa uma palavra específica, então aquela palavra, e não uma imagem que ela representa, é a pista de recuperação mais eficaz. Outras pesquisas mostraram que a música é uma pista de recuperação eficaz para o conteúdo do anúncio, afetando as memórias do consumidor de imagens nesse anúncio.

Alguns profissionais de marketing desenvolveram características para ajudar os consumidores a gerar suas próprias pistas de recuperação. Por exemplo, a Hallmark.com oferece um serviço de lembrete para os consumidores que se inscrevem e listam as pessoas e outras ocasiões especiais de que desejam lembrar (enviando cartões ou de outras maneiras). O site envia um e-mail para lembrar de cada aniversário, aniversário de casamento ou outra ocasião importante com bastante antecedência. Esse serviço funciona como uma pista de recuperação e também facilita a busca e a tomada de decisão – assuntos estes que serão discutidos nos próximos capítulos.

Como um estímulo é processado na memória de curto prazo

Outro fator que afeta a recuperação é o modo como a informação é processada na memória de curto prazo. Uma constatação plausível é que as mensagens processadas pela imaginação tendem a ser mais bem lembradas que aquelas processadas discursivamente. Por exemplo, pesquisas mostram que a memória para informações publicitárias dos consumidores mais velhos pode ser melhorada se eles formarem uma imagem mental das coisas no anúncio, como as afirmações feitas. A imaginação aparentemente cria um número maior de associações na memória, o que, por sua vez, melhora a recuperação.[82] Talvez esse fenômeno ocorra porque as coisas processadas em forma de imaginação são processadas como imagens *e* como palavras. Essa **codificação dual** fornece ligações associativas extras na memória, aumentando assim a probabilidade de o item ser recuperado. No entanto, informações codificadas verbalmente são processadas de uma única maneira – discursivamente – e têm somente uma trajetória de recuperação.

Codificação dual A representação de um estímulo em duas modalidades, por exemplo, figuras e palavras na memória.

Contudo, o processamento de imaginação não é necessariamente induzido somente por imagens. Quando você lê um romance, frequentemente gera imagens bastante vívidas sobre a história e seus personagens. Dessa maneira, a informação verbal também pode possuir propriedades de geração de imaginação, portanto, induzir a imaginação por meio de imagens, palavras altamente imaginativas ou instruções imaginativas pode resultar na codificação dual.[83] A codificação dual é uma razão pela qual os profissionais de marketing frequentemente usam a porção de áudio dos anúncios de TV como comerciais de rádio. Quando os consumidores ouvem a mensagem verbal familiar, podem fornecer a parte visual de sua própria imaginação. O fato de eles terem se envolvido na codificação da mensagem verbal e dos visuais associados a ela facilita a recuperação de um se o outro estiver presente.

No caso de anúncios impressos, a capacidade de os consumidores recuperarem memórias de apresentações anteriores de um anúncio fortalece os traços da memória daquela mensagem. Porém variar o formato e conteúdo do anúncio quando as mensagens aparecem com intervalos mais longos diminui a probabilidade de os consumidores recuperarem memórias de apresentações anteriores durante as apresentações mais recentes.[84]

Características do consumidor que afetam a recuperação

Por fim, o humor e a especialização dos consumidores podem afetar a recuperação.

Humor

O humor tem efeitos bastante interessantes sobre a recuperação.[85] Primeiro, estar de bom humor pode melhorar nossa recordação dos estímulos em geral. Segundo, temos mais chances de recordar informações que sejam consistentes com nosso humor. Em outras palavras, se estamos de bom humor, temos maior probabilidade de recordar informações positivas. Da mesma forma, se estamos de mau humor, lembraremos de mais informações negativas. Da perspectiva do marketing, se um anúncio pode influenciar o humor de um consumidor de maneira positiva, a recordação de informações relevantes pode aumentar quando o consumidor se sentir bem.

Há varias explicações para esses efeitos do humor. Uma é que os sentimentos que os consumidores associam com um conceito são ligados ao conceito na memória. Assim, sua memória da Disney World pode ser associada com a sensação de diversão. Se você está a fim de se divertir, o conceito "divertido" pode ser ativado, e essa ativação pode se espalhar para o conceito "Disney World".[86] Pesquisas também sugerem que as pessoas processam informações em maiores detalhes quando seu humor é mais intenso que quando não é. O processamento mais detalhado leva a uma maior elaboração e níveis de recordação mais altos.[87]

Além disso, o humor influencia tanto a elaboração quanto o ensaio, dois processos que melhoram a memória, então, consumidores de bom humor têm maior probabilidade de aprender nomes de marca e se envolver com a marca mais rapidamente.[88]

Conhecimentos

O Capítulo 4 mencionou que, comparado aos novatos, os especialistas têm estruturas de categoria mais complexas na memória, com um número maior de categorias de nível mais alto e mais baixo, com mais detalhes dentro de cada categoria. Assim, as redes associativas dos especialistas são mais interconectadas que as redes dos novatos. As ligações complexas e a disseminação do conceito de ativação explicam por que os especialistas conseguem se lembrar de mais marcas, atributos da marca e vantagens que os novatos.[89]

Resumo

A memória consiste de três depósitos: a sensorial (icônica e ecoica) envolve uma análise muito rápida da informação recebida; a de curto prazo representa a memória que funciona ativamente e envolve a imaginação e o processamento discursivo, e a de longo prazo representa o depósito permanente de memória, incluindo a memória autobiográfica e a semântica. Os consumidores perdem informações do depósito sensorial e da memória de curto prazo se não processarem as informações mais a fundo.

A memória de longo prazo pode ser representada com um conjunto de redes semânticas com conceitos conectados por associações ou ligações. Embora a memória de longo prazo reflita o que armazenamos, nem tudo na memória é igualmente acessível, o que indica que a memória e a recuperação são fenômenos diferentes. Para aumentar a probabilidade de a informação ser armazenada na memória de longo prazo e reduzir a probabilidade das informações armazenadas serem perdidas, os profissionais de marketing podem melhorar a memória usando o ordenamento em blocos, a recirculação, o ensaio e a elaboração.

A recuperação é o processo de relembrar ou acessar o que armazenamos na memória. Os consumidores podem recuperar a informação quando conceitos são ativados na memória, tornando a informação acessível. Alguns conceitos também podem ser ativados pela disseminação da ativação, e mesmo que esta não seja suficiente para recuperar um item, ela pode ser forte o suficiente para preparar o conceito na memória, tornando-o mais fácil de recuperar quando outros sinais estão presentes. As pessoas esquecem por causa de falhas de recuperação (em virtude da decadência, da interferência, da prioridade e dos efeitos de recência) ou porque recuperam informações que não são exatas.

Existem dois tipos de tarefas de recuperação: aquelas que perguntam se conseguimos lembrar de coisas que já encontramos previamente – uma tarefa da memória explícita – e aquelas que *revelam* a memória de coisas das quais não temos memória consciente – uma tarefa da memória implícita. Por causa de sua importância para a recuperação, tanto a recordação como o reconhecimento servem como objetivos para comunicações de marketing, influenciam a escolha do consumidor e têm implicações estratégicas importantes. Fatores que facilitam o reconhecimento e a recordação incluem as características da informação (sua saliência, prototipicidade e redundância), a que ela é ligada (sinais de recuperação), o modo como é processada (particularmente no modo imaginativo) e as características dos consumidores (humor, especialização).

Perguntas para revisão e discussão

1. Como as memórias sensorial, de curto prazo e de longo prazo são ligadas?
2. Que técnicas podem melhorar o armazenamento de informações na memória de longo prazo?
3. Por que algumas ligações em uma rede semântica ou associativa são fracas e outras, fortes?
4. Como as falhas e erros de recuperação afetam a memória do consumidor?
5. Como o reconhecimento difere da recordação?
6. O que é memória implícita e como ela pode afetar a habilidade de um consumidor de recuperar um nome de marca?
7. Como o humor e a especialização afetam a recuperação de memórias?

CASO – COMPORTAMENTO DO CONSUMIDOR

Lembre-se da maçã

Graças a um fluxo constante de produtos inovadores que combinam tecnologia fácil de usar e design elegante, a parcela do mercado de eletrônicos da Apple aumenta a cada ano. No entanto, depois que a marca Apple atingiu o máximo com as vendas do iPod, a marca deu um grande passo no conhecimento do público – um salto que também aumentou as vendas de outros produtos da Apple.

A Apple tem um histórico de ir por um caminho enquanto o resto da indústria vai por outro. A marca é divertida, exclusiva e memorável por ser tão diferente das marcas que parecem ser sérias e corporativas. O nome original da empresa, Apple Computer (mudado para apenas Apple alguns anos atrás), ajudou a reforçar a ligação entre a extravagante "maçã" e o conceito de computadores. O computador Macintosh da Apple sempre se destacou por ser diferente de outros computadores pessoais e ter como base software que até novatos aprendem a usar. Como todos os produtos da Apple, o Mac e sua embalagem exibem a logomarca da empresa, uma maçã mordida.

E então veio o iPod. A Apple não inventou aparelhos tocadores de música digital, mas certamente os levou a um novo nível de estilo e conveniência com o iPod, que estreou em 2001. Apoiado por publicidade movida a música, o tocador com fones de ouvido brancos tornou-se imediatamente a escolha de muitos consumidores. Modelos mais novos, como o iPod Nano e o iPod Touch, continuaram a tradição de acrescentar características novas e atualizar o estilo para tornar o produto ainda mais irresistível tanto para clientes da marca como para novos compradores. Hoje a Apple vende US$ 8 bilhões em iPods todos os anos e ganha milhões em sua loja on-line iTunes, na qual clientes podem comprar músicas, filmes, programas de TV e outros produtos de entretenimento que podem ser baixados da Internet.

E então veio o iPhone, uma combinação nova de telefone celular, iPod e aplicativo de Internet/e-mail sem fio, com uma enorme tela de toque colorida para operação com um dedo e acessórios como os conhecidos fones de ouvido brancos. Instigados por publicidade extensiva e anúncios introdutórios que apresentavam as características inteligentes e o estilo moderno do telefone, compradores fizeram filas por dias para comprar os primeiros iPhones em 2007. Em poucos meses, a Apple começou uma segunda rodada de publicidade para estimular os não usuários do iPhone a trocar seus telefones atuais por iPhones. Em vez de se concentrar exclusivamente no produto, essa campanha mostrava clientes falando sobre como usavam seus iPhones.

O iPhone foi um sucesso instantâneo: a Apple vendeu 4 milhões de unidades do produto nos primeiros seis meses e, com uma redução de preço, as vendas continuam fortes. Mas, durante esses seis meses, aconteceu outra coisa que não tinha sido prevista pela Apple. Com tantos compradores passeando pelas lojas da Apple em busca de iPhones e iPods, a empresa começou a vender muito mais computadores Macintosh. Embora a fatia do mercado de computadores pessoais da Apple seja menor que 5%, ela pode aumentar conforme o ímpeto pelo Mac aumenta.

Desde então, a Apple expandiu a distribuição do Macintosh e aumentou sua publicidade em todas as mídias para aproveitar ao máximo a popularidade e aumento no conhecimento de sua marca. Uma campanha, intitulada simplesmente "Pegue um Mac", focou em consumidores que usam computadores que não são Mac exibindo comerciais divertidos sobre as características que tornam o Mac mais fácil de usar que os produtos de concorrentes. Essa campanha também foi divulgada no Reino Unido e no Japão, com atores locais e conteúdo customizado para cada cultura. Como ocorre com todos os anúncios da Apple, esses anúncios do Mac terminavam com uma imagem da logomarca da maçã.

Tanto as vendas quanto os lucros aumentam conforme a Apple vai mordendo cada vez mais o mercado global de computadores pessoais, telefones celulares, tocadores de música digital e outros eletrônicos. O segredo para aumentar a demanda entre categorias de produto é ajudar os consumidores a se lembrar da Apple.[90]

Perguntas sobre o caso

1. Use os conceitos de força de associação e de disseminação da ativação para explicar por que a marca Apple é memorável. O que a Apple faz para fortalecer a força de associação e por que fazer isso é importante para o sucesso da empresa no longo prazo?
2. Como a prototipicidade do iPod afetou a marca Apple?
3. Por que a Apple mudaria para uma publicidade nova logo após a introdução do iPhone? Explique, usando seu conhecimento de memória e recuperação.

O processo de tomada de decisões

Parte 3

8 Reconhecimento do problema e busca de informações

9 Julgamento e tomada de decisão baseada em alto esforço

10 Julgamento e tomada de decisão fundamentada em baixo esforço

11 Processos pós-decisão

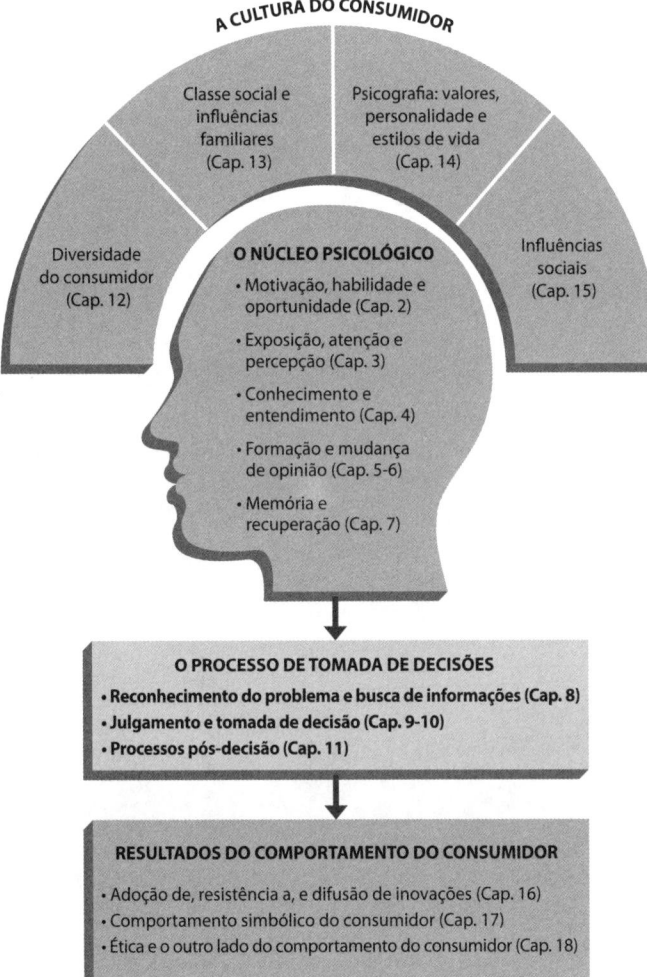

A **Parte 3** examina as etapas sequenciais do processo de tomada de decisão do consumidor. O Capítulo 8 explora as etapas iniciais desse processo – reconhecimento do problema e busca de informações. Os consumidores devem, primeiro, perceber que possuem um problema antes que possam começar o processo de tomar uma decisão para solucioná-lo e têm de coletar informações para auxiliá--los nessa decisão.

À medida que a opinião muda, a tomada de decisão é afetada pela quantidade de esforços que os consumidores despendem. O Capítulo 9 examina o processo de tomada de decisões quando o esforço do consumidor é alto e explora de que forma os profissionais de marketing podem influenciar esse abrangente processo de decisão. O Capítulo 10 foca na tomada de decisão quando o esforço do consumidor é baixo e discute como os profissionais de marketing podem influenciar esse tipo de processo de decisão. O Capítulo 11 observa como os consumidores determinam se estão satisfeitos ou insatisfeitos com suas decisões e como aprendem a partir da escolha e consumo de produtos e serviços.

Reconhecimento do problema e busca de informações

Capítulo 8

OBJETIVOS DE APRENDIZADO

Depois de estudar este capítulo, você estará apto a:

1. Descrever como os consumidores reconhecem um problema de consumo e mostrar o motivo pelo qual os profissionais de marketing devem compreender essa parte do processo de tomada de decisões.
2. Discutir o que acontece quando os consumidores conduzem uma busca interna para solucionar um problema de consumo e identificar algumas das formas em que os profissionais de marketing podem influenciar as buscas internas.
3. Explicar por que e como os consumidores

INTRODUÇÃO

Maravilhoso ou terrível? Leia a crítica

Com mais de 30 mil novos produtos sendo lançados todos os anos, como os consumidores podem localizar ofertas adequadas, aprender mais sobre cada uma delas e limitar suas opções sem passar por todas as lojas do mundo? Milhões de consumidores pesquisam na Internet para verificar críticas e avaliações de produtos. Críticas e avaliações de especialistas em sites confiáveis, tais como aqueles patrocinados por AAA e *Consumer Reports* oferecem informações objetivas, no entanto, as avaliações de consumidores são as grandes atrações de agentes de compras como Shopping.com, PriceGrabber.com e Retrovo.com, onde as avaliações aparecem ao lado de detalhadas descrições do produto, guias de compradores e comparações de preços.

Os consumidores que realizam avaliações on-line atribuem estrelas ou um número para avaliar um produto e adicionam comentários tais como "Fácil de usar!" ou "Não vale o preço". Para ajudar os possíveis compradores a determinar quais descrições são mais confiáveis, consumidores avaliam as críticas de outros consumidores em diversos sites. O Retrovo.com emprega uma técnica ligeiramente diferente para avaliar aparelhos eletrônicos. Ele analisa todo o *feedback* de especialistas e de consumidores para um item em particular e, então, publica uma única avaliação (positiva, neutra, negativa ou indecisa). Amazon.com, Bass Pro Shops e Best Buy são apenas alguns dos sites de varejo que encorajam os consumidores a publicarem avaliações, tanto positivas como negativas, para todos os que visitam o site.[1]

conduzem uma busca externa para resolver um problema de consumo.
4. Identificar oportunidades e desafios que os profissionais de marketing enfrentam ao tentar influenciar tais buscas.

As avaliações on-line são elementos cada vez mais importantes nos primeiros estágios do processo de tomada de decisões do consumidor. Suponha que Lindsey, uma consumidora comum, não possa utilizar sua câmera fotográfica de trabalho quando estiver de férias. Desapontada, ela percebe que precisa de uma substituta (reconhecimento do problema, conforme demonstrado no Exemplo 8.1). Ao chegar em casa, Lindsey tenta relembrar o que sabe sobre marcas e recursos de câmeras (busca interna de informações). No entanto, sabendo que suas informações estão desatualizadas, verifica anúncios de revistas e procura avaliações de câmeras on-line (busca externa de informações). Às vezes, assim como nesse exemplo, o reconhecimento do problema, a busca interna de informações e a busca externa de informações são realizadas sequencialmente; em outros momentos, tais processos podem ocorrer simultaneamente ou em uma ordem diferente. Independentemente de quando ocorrerem, esses três estágios são úteis na explicação de processos básicos que caracterizam a tomada de decisões dos consumidores.

Reconhecimento do problema

O processo de decisão do consumidor geralmente começa quando o consumidor identifica um problema de consumo que precisa ser resolvido ("Eu preciso de uma câmera nova" ou "Gostaria de comprar algumas roupas novas"). **Reconhecimento do problema** é a diferença percebida entre um estado real e um estado ideal. Esse é um estágio fundamental do processo de decisão, pois motiva a ação do consumidor.

Reconhecimento do problema
A diferença percebida entre um estado real e um estado ideal.

Estado ideal O modo como queremos que as coisas sejam.

Estado real A forma como as coisas realmente são.

O **estado ideal** é a forma que os consumidores desejam que uma situação fosse (ter uma câmera excelente ou usar roupas bonitas, modernas). O **estado real** é a situação verdadeira, como os consumidores a percebem no momento. O reconhecimento do problema ocorre se os consumidores estão cientes de uma discrepância entre o estado real e o estado ideal ("Minha câmera é muito velha" ou "Minhas roupas estão fora de moda").

O reconhecimento do problema está relacionado ao consumo e à disposição, bem como à aquisição, e os consumidores podem reconhecer problemas como a necessidade de decidir o que preparar para o jantar, qual roupa usar ou se substituem ou não aparelhos antigos. A Reckitt Benckiser iniciou o reconhecimento de um problema quando descobriu que os consumidores estavam descartando roupas pretas que desbotavam após repetidas lavagens. Em resposta, a empresa lançou o Woolite Dark Laundry, um detergente que limpa sem afetar a coloração da roupa.[2] Uma vez que o reconhecimento do problema estimula diversos tipos de tomada de decisão dos consumidores, é importante entender o que contribui para diferenciar entre os estados real e ideal.

O estado ideal: onde queremos estar

De onde obtemos nossa noção de estado ideal? Às vezes contamos apenas com expectativas simples, geralmente fundamentadas em experiências precedentes, sobre as situações de consumo e disposição do dia a dia e em como os produtos ou serviços satisfazem nossas necessidades. Pensamos, por exemplo, em como podemos ficar com certas roupas, o quão limpa nossa casa deve estar, o quão divertido seria passar férias em um lugar em especial, quais produtos devemos manter etc. O estado ideal também pode ser uma função de nossos objetivos ou aspirações futuras. Muitos consumidores podem desejar, por exemplo, dirigir determinado carro que ofereça a eles certo *status* social (Lexus, Mercedes ou Porsche) ou entrar em um grupo que proporcione a eles admiração e aceitação dos outros.

Tanto as expectativas como as aspirações são, muitas vezes, estimuladas por nossas motivações pessoais – o que queremos ser com base em nossa autoimagem – e por aspectos de nossa cultura. Algumas sociedades são muito mais materialistas que outras e, portanto, o desejo por muitos bens e serviços pode ser maior em tais culturas. Do mesmo modo, a classe social pode exercer influência, uma vez que muitos consumidores desejam ser aceitos por membros de

Reconhecimento do problema e busca de informações 175

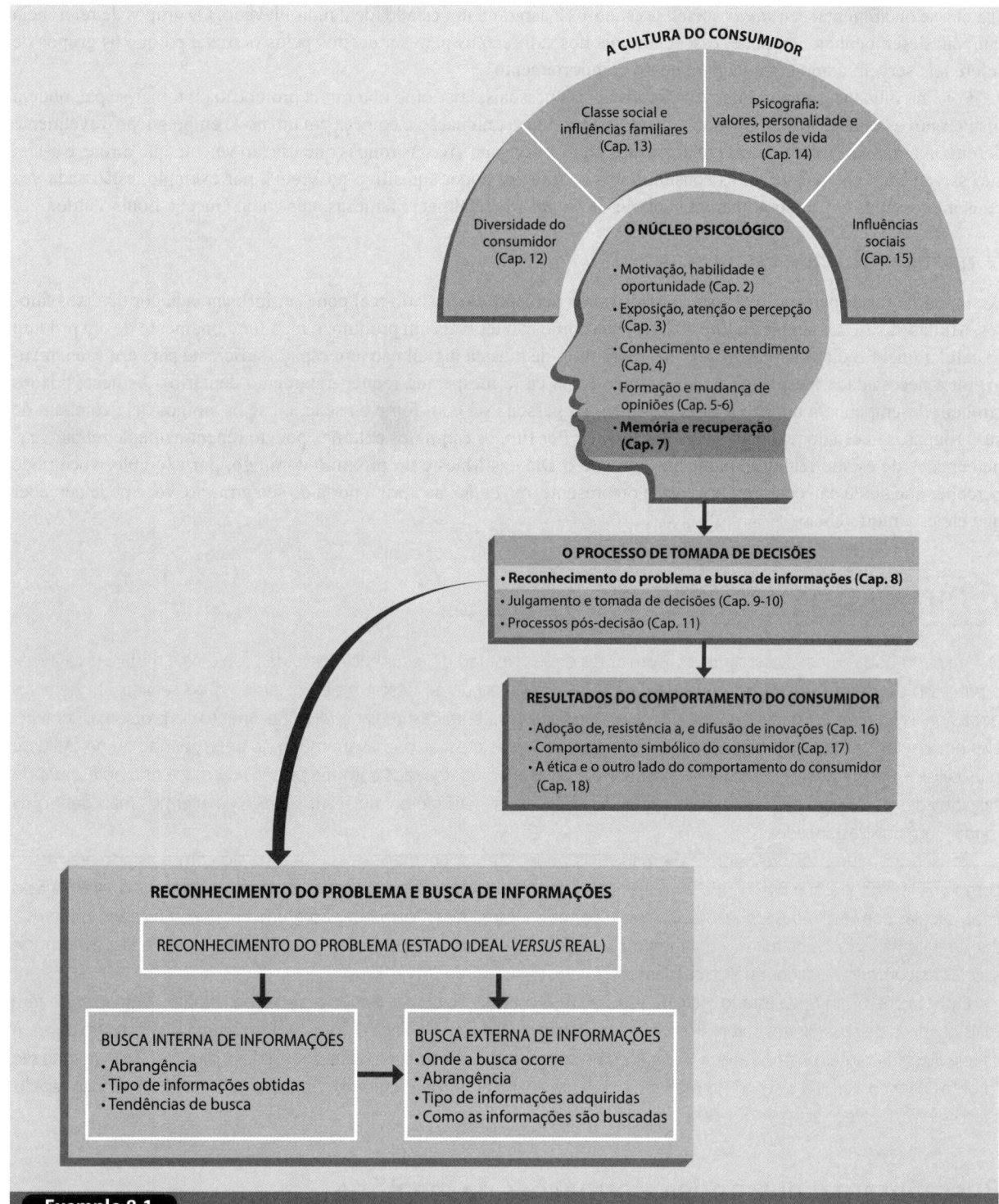

Exemplo 8.1
Visão geral do capítulo: reconhecimento do problema e busca de informações
A primeira etapa no processo de tomada de decisões do consumidor envolve o reconhecimento do problema (o consumidor reconhece um problema que precisa ser solucionado) e, em seguida, busca informações para resolver o problema, internamente, a partir da memória, ou externamente, a partir de outras fontes (tais como especialistas, revistas ou anúncios). Neste capítulo será discutido o quanto os consumidores pesquisam, o que eles procuram e o processo pelo qual passam ao buscar informação.

sua classe ou aumentar seu *status* social, levando-os a aspirar a um estado ideal mais elevado. Os grupos de referência também desempenham um papel essencial, pois nos esforçamos para ser aceitos pelos outros e porque os grupos de referência servem como um guia para nosso comportamento.

Por fim, mudanças importantes em circunstâncias pessoais, tais como obter uma promoção ou tornar-se pai, podem instigar novos estados ideais. Quando uma pessoa termina a graduação e começa em um novo emprego, provavelmente desenvolverá novos estados ideais relacionados ao local em que vive, às roupas que usa, ao veículo que dirige, e assim sucessivamente. Os mais recentes consumidores com maior poder aquisitivo no Vietnã, por exemplo, estão cada vez mais interessados em comprar marcas símbolos de *status* mundialmente famosas, tais como Gucci e Louis Vuitton.[3]

O estado real: onde estamos agora

Assim como nossa percepção de estado ideal, nossa percepção de estado real pode ser influenciada por diversos fatores. Muitas vezes, são simples fatores físicos, tais como não ter mais um produto, o mau funcionamento de um produto (o celular quebra) ou tornar-se obsoleto (o reprodutor de música digital não tem espaço suficiente para armazenamento) ou a necessidade inesperada de um serviço (uma cárie inesperada requer tratamento dentário). As necessidades também desempenham um papel essencial. Se uma pessoa está com fome ou sede, ou se os amigos dela zombam de suas roupas, seu estado real pode não ser aceitável. Por fim, os estímulos externos podem repentinamente mudar suas percepções de estado real. Caso alguém diga que o Dia das Mães é no próximo domingo, por exemplo, você pode perceber que ainda não comprou um cartão ou presente, ou, então, ao abrir a porta do seu armário, você pode perceber que ele está muito cheio.

IMPLICAÇÕES DE MARKETING

O marketing pode ajudar a colocar os consumidores em um estado de reconhecimento de problema e motivá-los a iniciar o processo de decisão, conduzindo-os à aquisição, ao consumo ou ao descarte de um produto ou serviço. Em geral, os profissionais de marketing utilizam duas técnicas principais para tentar estimular o reconhecimento do problema. Primeiro, eles podem tentar criar um novo estado ideal. Há trinta anos, as pessoas pensavam muito no desempenho ou no estilo de seus calçados destinados à prática de esportes. Hoje, somos bombardeados com mensagens de marketing apresentando calçados destinados à prática de esportes que nos farão correr mais rápido, pular mais alto e parecermos mais dentro da moda – um novo estado ideal.

Em segundo lugar, os profissionais de marketing podem tentar encorajar nossa insatisfação com o estado real, assim como a Saks Fifth Avenue fez criando a insatisfação dos compradores com as sacolas de compras comuns. Quando a Saks criou sacolas com estilo ousado, ecologicamente corretas e reutilizáveis para levar compras, encorajou os consumidores a considerarem as sacolas gratuitas. Atualmente, a Lord & Taylor e outros concorrentes estão distribuindo em todas as compras sacolas de compras cuidadosamente criadas.[4]

Embora criem um novo estado ideal ou estimulem a insatisfação com o estado real, os profissionais de marketing têm mais chances de suas ofertas serem escolhidas se as colocarem como a solução para um problema dos consumidores. A cadeia de restaurantes britânica Pret A Manger, como sugere seu nome francês, oferece refeições diárias para viagem que são "prontas para comer" – resolvendo o problema que os trabalhadores de escritórios têm para encontrar um almoço rápido, saudável e com preço acessível.[5]

Busca interna: buscando informações na memória

Busca interna Processo de relembrar informações armazenadas na memória.

Depois do reconhecimento do problema ser estimulado, o consumidor geralmente iniciará o processo de decisão para solucioná-lo. Normalmente, a próxima etapa é a **busca interna**. Conforme visto no Capítulo 7, quase todas as tomadas de decisão envolvem alguma forma de processamento de memória. Os consumidores armazenaram na memória uma grande quantidade de informações, sentimentos e experiências passadas que podem ser resgatadas durante a tomada de uma decisão.

Em razão de os consumidores possuírem capacidade ou habilidade limitadas para processar informações – e por conta de os traços de memória poderem decair ao longo do tempo – os consumidores tendem a resgatar apenas um pequeno conjunto de informações armazenadas quando efetuam uma busca interna. Os pesquisadores estão investigando (1) a extensão da busca, (2) a natureza da busca e (3) o processo pelo qual os consumidores resgatam informações, sentimentos e experiências e as inserem no processo de decisão.

Quanto nos empenhamos na busca interna?

O nível de busca interna pode variar amplamente do simples resgate de apenas um nome de marca até buscas mais extensas de informações, sentimentos e experiências relevantes por meio da memória. Em um nível geral, os pesquisadores sabem que o esforço que os consumidores dedicam à busca interna depende da MAO para processar as informações. Dessa forma, os consumidores tentarão resgatar mais informações quando sentirem envolvimento, perceberem risco ou quando a necessidade de cognição for alta, e, além disso, eles somente podem se empenhar na busca interna ativa se as informações estiverem armazenadas na memória. Os consumidores com um nível de conhecimento e de experiência maior, portanto, possuem habilidade maior para a busca interna. Por fim, os consumidores apenas podem resgatar informações da memória se tiverem oportunidade para fazê-lo, ou seja, a pressão do tempo ou distrações limitarão a busca interna.

Que tipo de informação é recuperado na busca interna?

Grande parte das pesquisas sobre o papel da busca interna no julgamento e na tomada de decisão dos consumidores se concentrou no que é resgatado. Especificamente, os pesquisadores examinaram o resgate de quatro tipos principais de informações: (1) marcas, (2) atributos, (3) avaliações e (4) experiências.[6]

Resgate de marcas

O conjunto de marcas que os consumidores resgatam da memória cada vez que o reconhecimento do problema tenha sido estimulado é um aspecto importante da busca interna e afeta muito a tomada de decisão. Em vez de se lembrarem de todas as marcas disponíveis em qualquer situação em particular, os consumidores tendem a resgatar um subconjunto de duas a oito marcas conhecidas como uma **consideração** ou um **conjunto evocado**.[7] Uma pessoa que compra uma garrafa d'água, por exemplo, pode considerar Perrier e Poland Spring em vez de todas as marcas possíveis, contudo a proliferação de produtos com o número de ofertas cresceu drasticamente. Por exemplo, a Nestlé oferece mais de 50 marcas de água (incluindo Perrier e Poland Spring), situação essa que aumenta a concorrência para a inclusão no conjunto de consideração.[8]

Consideração ou conjunto evocado O subconjunto de marcas "top of mind" avaliadas quando uma escolha é feita.

Em geral, o conjunto de consideração consiste em marcas que são top of mind, ou fáceis de serem lembradas, quando um consumidor está tomando uma decisão. Alguns consumidores norte-americanos preferem ir de avião a pegar um trem – mesmo quando o trem é a opção mais rápida e barata – simplesmente por não considerarem a possibilidade de uma viagem de trem. Em contrapartida, na Índia as companhias aéreas empregam o marketing para encorajar os consumidores a considerar voar em vez de tomar trens ou ônibus quando viajam para locais distantes.[9] Um pequeno conjunto de consideração geralmente é necessário, pois a habilidade de os consumidores resgatar informações de marcas diminui à medida que o tamanho do conjunto aumenta. Entretanto, ainda que eles não resgatem o conjunto inteiro a partir da memória, as informações armazenadas auxiliam o processo de reconhecimento. As informações armazenadas, por exemplo, podem ajudar os consumidores a reconhecer serviços nas páginas amarelas ou a identificar marcas nas prateleiras, e essa é a razão pela qual a Nestlé está utilizando a propaganda na TV para tornar sua barra de chocolate Aero mais memorável para os consumidores britânicos. "Com 50 ou 60 marcas para [os consumidores] escolherem, nosso principal objetivo era inserir o Aero no conjunto de considerações dos consumidores", diz um executivo da agência de publicidade da Nestlé.[10]

Estudos indicam que os conjuntos de consideração variam em termos de tamanho, estabilidade, variedade e *dispersão de preferências* (a igualdade de preferências com relação a marcas ou produtos do conjunto). Em ocasiões e locais mais familiares, tais como comprar salgadinhos no cinema mais próximo, os consumidores possuem conjuntos de considerações menos estáveis, maiores e ligeiramente mais variados. Em tais situações, os consumidores costumam ter preferências mais fortes por um ou dois itens do conjunto de considerações, e esse fenômeno sugere que uma empresa deve aprimorar a relação de seu produto com uma ocasião ou situação familiar para os consumidores – como comer enquanto se dirigem a algum lugar – a fim de aumentar a chance de que o produto seja recuperado da memória como parte do conjunto de considerações.[11]

De acordo com pesquisas, as marcas que são resgatadas têm mais chances de serem escolhidas.[12] Todavia, o simples resgate de uma marca não garante que ela estará no conjunto de considerações de um consumidor, pois os consumidores podem se lembrar de várias marcas e, em seguida, rejeitar as alternativas não desejáveis. Além disso, as escolhas dos consumidores podem ser alteradas pela simples manipulação de quais marcas eles resgatam, embora essa manipulação possa não mudar seus produtos favoritos. Assim, se os consumidores não podem resgatar marcas de memória para formar um conjunto de considerações, o conjunto tenderá a ser determinado por fatores externos, tais como disponibilidade de produtos nas prateleiras ou sugestões de vendedores.[13]

Os pesquisadores têm observado os seguintes fatores que aumentam a possibilidade de os consumidores resgatarem uma marca em particular durante a busca interna e de incluir tal marca em seu conjunto de considerações:

> *Prototipicidade.* Quando os consumidores se empenham em uma busca interna, lembram-se mais facilmente de marcas que estão mais próximas ao protótipo ou que se assemelham mais a membros de outras categorias.[14] A Armor All, por exemplo, criou a categoria de protetor de automóveis e tornou-se a marca dominante não somente nos Estados Unidos, mas também no México, no Canadá, na Alemanha, no Japão e na Austrália.[15] Essa marca tem maior probabilidade que outras de estar no conjunto de considerações quando há o reconhecimento de um problema relacionado ao produto.

> *Familiaridade da marca.* As marcas mais conhecidas são mais facilmente resgatadas durante a busca interna que as marcas não familiares, pois os elos de memória associados a essas marcas tendem a ser mais fortes. Como resultado, as empresas precisam repetir as comunicações de marketing continuamente para manter a alta conscientização da marca e associações fortes. Em culturas asiáticas, anúncios com figuras e palavras bastante significativas (como cercadinhos de Super-homem com uma figura do Super-homem) são muito eficazes no aumento da lembrança de uma marca.[16] Mesmo em situações de baixa MAO em que há pouco processamento, a exposição incidental de anúncios pode aumentar a probabilidade da inclusão de uma marca no conjunto de considerações.[17] Isso explica o motivo pelo qual marcas globais, tais como Sony, McDonald's e Coca-Cola possuem alta familiaridade em todo o mundo e têm chance de estar nos conjuntos de considerações de muitos consumidores. A familiaridade da marca ajuda os consumidores a reconhecer qual, entre várias marcas da loja, deve ser vista e reduz erros de identificação das marcas.[18]

> *Metas e situações de uso.* Conforme foi discutido no Capítulo 5, os consumidores possuem categorias de uso específico e derivadas de metas na memória, tais como bebidas para serem levadas à praia, e a ativação dessas categorias determinará quais marcas são resgatadas durante a busca interna.[19] Portanto, os profissionais de marketing podem tentar associar os produtos a determinadas metas e situações de uso. A Western Union, por exemplo – já conhecida por sua transferência segura e imediata de valores – deseja que os imigrantes associem sua marca ao sentimento positivo de ajudar familiares enviando-lhes dinheiro de casa. Seu slogan publicitário, "enviando muito mais que dinheiro", reforça tanto a meta quanto o uso.[20]

> *Preferência de marca.* As marcas para com as quais o consumidor possui opiniões positivas costumam ser lembradas mais facilmente e tendem a ser incluídas no conjunto de considerações mais frequentemente que as marcas que evocam opiniões negativas,[21] uma tendência que destaca a importância de desenvolver opiniões positivas da marca. A marca Dove da Unilever, por exemplo, tem sido associada à hidratação desde que o sabonete foi lançado, em 1955. A Dove criou opiniões positivas sobre sua marca por meio de anúncios que celebram a beleza real de mulheres reais.[22]

> *Sugestões de recuperação.* Ao associar fortemente a marca com uma sugestão de recuperação, os profissionais de marketing podem aumentar a chance de que a marca seja incluída no conjunto de considerações do consumidor. Pense nos arcos dourados do McDonald's. As embalagens podem ser uma importante sugestão de recuperação para os produtos alimentícios, e é por isso que o Listerine vem em uma distintiva garrafa quadrada e a garrafa em forma de ampulheta da Coca-Cola ainda aparece nas promoções da empresa.[23]

Resgate de atributos

Por diversas razões, acessamos apenas uma pequena parte das informações armazenadas na memória durante a busca interna. Muitas vezes, não conseguimos nos lembrar de fatos específicos sobre um produto ou serviço, pois nossa memória de detalhes diminui ao longo do tempo. Assim, as informações de atributos de que lembramos tendem a ser resumidas ou simplificadas em vez de trazer seus detalhes originais. Seria mais provável que nos lembrássemos de que um carro percorre uma boa distância com uma quantidade determinada de combustível ou que encher o tanque não é tão caro, que lembrarmos da quilometragem real por litro que o carro faz ou o preço exato do combustível.

Contudo, os consumidores muitas vezes podem resgatar *alguns* detalhes quando se empenham na busca interna, e as informações de atributos recordadas podem influenciar fortemente suas opções de marcas.[24] Como consequência, os pesquisadores estão bastante interessados em recordar as informações de atributos na busca de informações e nos processos de tomada de decisão. Algumas das principais variáveis identificadas foram:

> *Acessibilidade ou disponibilidade.* Informações mais acessíveis ou disponíveis – tendo os mais fortes elos associativos – são as mais propensas a serem lembradas e inseridas no processo de decisão.[25] Informações vistas como fáceis de recordar também possuem maior probabilidade de serem acessíveis,[26] e simplesmente lembrar os consumidores da facilidade de recuperação de informações pode afetar suas opiniões em algumas situações.[27] Os profissionais de marketing podem tornar as informações mais acessíveis chamando a atenção para estas de forma recorrente ou tornando as informações mais relevantes.[28]

> *Diagnosticidade.* A **informação diagnóstica** ajuda a distinguir objetos. Se todas as marcas de computadores têm o mesmo preço, esse valor não é um diagnóstico, ou não é útil, quando os consumidores tomam uma decisão. Por outro lado, se os preços variam, os consumidores podem distingui-los e, nesse caso, a informação é um diagnóstico.[29] Se a informação é tanto acessível quanto diagnóstica, possui uma influência bastante forte no processo de tomada de decisões.[30] No entanto, se uma informação acessível não é detectada, é menos provável que seja resgatada.

Informação diagnóstica Aquela que nos ajuda a discernir entre objetos.

Pesquisas mostram que as informações negativas tendem a ser mais diagnósticas que as neutras ou positivas, pois as primeiras são mais distintivas.[31] Em virtude de a maioria das marcas ser associada a atributos positivos, as informações negativas facilitam a categorização que o consumidor faz da marca como distinta das demais. Infelizmente, os consumidores tendem a conceder mais peso às informações negativas no processo de tomada de decisão, aumentando as chances de que as alternativas com qualidades negativas sejam rejeitadas. Por isso, os profissionais de marketing devem evitar associar suas ofertas a informações negativas, planejar campanhas com dois lados que contenham informações negativas ou desviar a atenção de características negativas. Além disso, eles podem identificar quais atributos tendem a ser mais diagnósticos para determinada categoria de produtos ou serviços e buscar uma vantagem competitiva em um ou mais desses atributos. Foi o que a Toyota fez com seu Prius, com um ótimo consumo de combustível e ecologicamente correto.[32]

> *Saliência.* Pesquisas demonstraram claramente que os consumidores podem recordar-se de diversos **atributos salientes (proeminentes)** mesmo quando sua oportunidade de processamento é baixa.[33] O distintivo painel de controle circular e os fones de ouvido brancos do iPod da Apple funcionam como atributos salientes para os consumidores interessados em tocadores de música digitais, por exemplo. Além disso, o preço é um atributo altamente saliente para diversos consumidores. Repare que eles nem sempre possuem uma crença forte com relação à saliência de um atributo.[34] Assim, um profissional de marketing de sistemas de som estéreo pode aprimorar a recordação da aparência de qualidade de seus produtos por meio do fornecimento de informações que tornem esse atributo mais saliente, uma ação que, por sua vez, facilita a escolha da marca.[35] Ao chamar a atenção de forma recorrente para um atributo em mensagens de marketing, os profissionais dessa área podem aumentar a saliência de um produto e seu impacto na decisão.[36] Em vista das pesquisas recentes, por exemplo, os produtores de vinho promovem atualmente os benefícios do vinho tinto, tais como a menor incidência de doenças cardíacas entre aqueles que bebem vinho tinto.[37]

Atributos salientes Atributos que são top of mind, ou mais importantes.

> Entretanto, um atributo pode ser altamente saliente, porém não necessariamente diagnóstico. Quando um relógio é comprado, por exemplo, o atributo "dá as horas" seria altamente saliente, mas não muito diagnóstico. Para que as informações sejam lembradas e inseridas na decisão, elas devem ter **determinação de atributos**, o que significa que as informações são tanto salientes como diagnósticas.[38] A linha ForceFlex da Glad Products, que apresenta sacos de lixo fortes, embora elásticos, é feita de plástico estampado com formas de diamantes distintivas que visam reforçar a saliência e a diagnosticidade do atributo força.[39]

Determinação de atributos Os atributos que são, ao mesmo tempo, salientes e diagnósticos.

> *Vivacidade.* Informações vívidas são apresentadas na forma de palavras concretas, imagens ou instruções para imaginar (por exemplo, "imagine que você está em uma praia deserta") ou por meio da comunicação boca a boca. Por exemplo, a imagem de uma mão segurando o iPod Nano, que tem o tamanho de um cartão de crédito, é uma informação vívida. As informações vívidas são mais fáceis de serem lembradas que informações menos drásticas, mas tendem a influenciar o julgamento e a tomada de decisões somente quando os consumidores ainda não tiverem formado uma avaliação anterior forte, especialmente se for negativa.[40] Além disso, a vivacidade afeta opiniões apenas quando o es-

forço exigido para o processamento das informações é igual ao esforço que o consumidor está disposto a despender.[41] Caso contrário, informações vívidas e não vívidas afetam as opiniões dos consumidores quase da mesma maneira.

> *Metas.* As metas do consumidor determinarão o atributo a ser resgatado a partir da memória. Por exemplo, se uma de suas metas durante as férias é economizar, é mais provável que se lembre de preços ao considerar possíveis destinos de férias. Os profissionais de marketing podem identificar metas importantes que orientam o processo para os consumidores e inserir suas ofertas no contexto de tais metas, como oferecer pacotes de férias econômicos.

Resgate de avaliações

Em virtude de nossa memória para detalhes específicos decair rapidamente ao longo do tempo, julgamos que é mais fácil lembrar de nossas avaliações ou opiniões gerais (isto é, nossos gostos e aversões) que de informações de atributos específicas. Além disso, nossas avaliações tendem a formar elos associativos fortes com a marca. Essa tendência é a razão pela qual é importante que um profissional de marketing encoraje opiniões positivas com relação à sua marca ou oferta, seja um produto, um serviço, uma pessoa ou um lugar. A campanha publicitária "Uniquely Singapore", por exemplo, apresenta turistas falando sobre o quanto gostaram de Cingapura. A cidade-estado também oferece incentivos financeiros para as empresas que realizam as filmagens de longa metragens e programas de TV com o objetivo de "criar maior conscientização sobre Cingapura e gerar furor em um competitivo mercado de turismo", diz um executivo.[42]

As avaliações também possuem maior probabilidade de serem resgatadas por consumidores que avaliam ativamente a marca ao serem expostos a informações relevantes. Caso você queira comprar um computador novo e repentinamente veja um anúncio de uma marca em particular, por exemplo, provavelmente determinará se gosta da marca ao ver o anúncio. Tal atividade é chamada **processamento on-line**.[43] Subsequentemente, é mais provável que você se recorde dessa avaliação que das informações específicas que conduziram a ela. Muitas vezes, no entanto, os consumidores não possuem uma meta de processamento de marcas ao ver ou ouvir um anúncio. Em tais casos, eles não realizam uma avaliação e, portanto, são mais capazes de se lembrarem de informações de atributos específicos, presumindo que seu envolvimento tenha sido grande e que as informações tenham sido processadas.[44] Além do mais, os consumidores estão mais propensos a utilizar o processamento on-line ao avaliar marcas familiares, quando as marcas pertencentes de tal família possuem pouca variabilidade e compartilham diversos atributos.[45]

Exemplo 8.2
Resgate de experiências
Os anúncios às vezes tentam evocar memórias ou experiências positivas. Este anúncio da Pandora tenta levar os consumidores a se lembrar de bons momentos com suas mães ou filhas.

Processamento on-line Quando o consumidor avalia ativamente uma marca ao ver seu anúncio.

Resgate de experiências

A busca interna pode envolver o resgate de experiências de memória autobiográfica na forma de imagens específicas e o efeito associado a elas (veja o Exemplo 8.2).[46] Assim como as informações da memória semântica, experiências mais vívidas, salientes ou frequentes possuem mais chances de serem recordadas. Caso tenha uma experiência com um produto ou serviço que seja excepcionalmente positiva ou excepcionalmente negativa, por exemplo, é provável que se lembre de tais experiências vívidas em um momento posterior. Além disso, se você tem uma experiência recorrentemente positiva com um produto ou serviço, será mais fácil se lembrar dele. Por exemplo, atualmente algumas pistas de boliche oferecem música alta e luzes intermitentes como atrativo para jogadores jovens a fim de tornar a experiência mais divertida, empolgante e memorável.[47] Pesquisas sugerem que, embora a publicidade possa afetar o quão precisamente os consumidores podem resgatar suas experiências com produtos, sua recordação das avaliações dos produtos não necessariamente é afetada.[48]

IMPLICAÇÕES DE MARKETING

Obviamente, os profissionais de marketing desejam que os consumidores resgatem experiências positivas relacionadas a determinados produtos ou serviços e muitas vezes associam deliberadamente seus produtos ou serviços a experiências ou imagens positivas comuns a fim de aumentar seu resgate da memória dos consumidores. Prudential e Sony são duas das grandes empresas que filmam anúncios no Grand Canyon por causa de sua "experiência quintessencial de tirar o fôlego", e elas esperam que os consumidores associem essa memória positiva às suas marcas.[49]

A busca interna é sempre exata?

Além de sermos influenciados por fatores que afetam o que recordamos, todos temos desvios de processamento que alteram a natureza da busca interna, os quais podem, por vezes, levar ao resgate de informações que resulta em um julgamento ou decisão inferior ao ideal. Três desvios possuem implicações importantes para o marketing: desvio de confirmação, inibição e humor.

Desvio de confirmação

O **desvio de confirmação** refere-se à nossa tendência de recordar informações que reforçam ou confirmam nossas crenças gerais em vez de contradizê-las, tornando nosso julgamento ou decisão mais positivo que deveria ser. Esse fenômeno está relacionado ao conceito de *percepção seletiva* – vemos aquilo que queremos ver – e ocorre porque nos esforçamos para manter a consistência em nossos pontos de vista. Quando nos empenhamos na busca interna, estamos mais propensos a lembrar de informações sobre marcas das quais gostamos ou as quais já escolhemos anteriormente que de informações sobre marcas das quais não gostamos ou que rejeitamos. Além disso, quando o desvio de confirmação está em operação, há mais chances de resgatarmos informações positivas em vez de negativas sobre nossas marcas favoritas. Tal reação pode ser um problema, pois, conforme mencionado anteriormente, as informações negativas tendem a ser mais diagnósticas.

Desvio de confirmação
Tendência de recordar informações que reforçam ou confirmam nossas crenças gerais em vez de contradizê-las, tornando nosso julgamento ou decisão mais positivo que deveria ser.

Contudo, às vezes nos lembramos de evidências contraditórias. De fato, podemos nos recordar de informações moderadamente contraditórias, porque pensamos conscientemente sobre elas quando tentamos compreendê-las pela primeira vez.[50] Na maioria dos casos, porém, os consumidores tendem a resgatar informações que reforçam suas crenças gerais.

Inibição

Outro desvio de busca interna é associado às limitações de capacidade de processamento dos consumidores.[51] Nesse caso, todas as variáveis que influenciam a recordação de certos atributos – tais como acessibilidade, vivacidade e saliência – podem conduzir na verdade à **inibição** do resgate de outros atributos diagnósticos.[52] Ao comprar uma casa, por exemplo, um consumidor pode se lembrar de informações tais como o preço de venda, o número de banheiros e a metragem da área construída, mas pode não resgatar outros atributos importantes, tais como o tamanho do terreno. A inibição também pode conduzir a um julgamento ou decisão desviados, pois os consumidores podem se lembrar, mas ainda assim ignorar informações importantes e úteis.

Inibição A recordação de um atributo que inibe a lembrança de outro.

Humor

Foi dito no Capítulo 7 que os consumidores envolvidos na busca interna são mais propensos a recordar informações, sentimentos e experiências que se adaptem a seu humor.[53] Com esse conhecimento em mente, os publicitários estão cientes de que as comunicações de marketing que deixam os consumidores de bom humor por meio do uso de humor ou de visuais atrativos podem aprimorar o resgate de informações de atributos positivos.

IMPLICAÇÕES DE MARKETING

De uma perspectiva de marketing, o desvio de confirmação representa um problema real quando os consumidores buscam internamente apenas informações positivas sobre a concorrência. Uma forma de os profissionais de marketing atacarem esse problema é chamar a atenção para os aspectos negativos das marcas concorrentes por meio da publicidade comparativa. A Apple fez isso com anúncios que comparam seus sistemas computacionais fáceis de serem utilizados com aqueles criados pela Microsoft para os PCs.[54] Apresentando informações comparativas de maneira convencível e confiável, os profissionais de marketing podem ser capazes de superar o desvio de confirmação.

A inibição é um aspecto importante da busca interna por duas razões. Primeiro, os consumidores podem nem sempre considerar os principais aspectos de uma marca ao tomar uma decisão, por se lembrarem de outros atributos mais acessíveis em vez disso. Caso esses atributos não recordados reflitam características que diferenciem a marca de outros (por exemplo, se os atributos são diagnósticos), a empresa pode desejar destacá-los nas comunicações de marketing. Às vezes, os profissionais de marketing podem compensar o efeito das desvantagens de sua marca e/ou das vantagens de seus concorrentes chamando a atenção para atributos mais vívidos ou acessíveis. Os anúncios para a carne de cervo Cervana, por exemplo, reforçam que a carne é saborosa, macia e possui pouca gordura, desviando a atenção da crença de que ela tem muito gosto de caça.[55]

Busca externa: buscando informações no ambiente

Às vezes, a decisão de um consumidor pode ser fundamentada completamente em informações resgatadas da memória, outras vezes, as informações podem estar incompletas ou alguma incerteza pode circundar as informações lembradas. Então, os consumidores se envolvem em uma **busca externa** de fontes externas, tais como negociantes, amigos ou familiares confiáveis, fontes publicadas (revistas, panfletos ou livros), anúncios, a Internet ou a embalagem de um produto. Os consumidores utilizam a busca externa para coletar informações adicionais sobre quais marcas estão disponíveis, bem como sobre os atributos e benefícios associados a elas no conjunto de considerações.

Busca externa Processo de coletar informações de fontes externas, como revistas, negociantes ou anúncios.

Busca pré-aquisição Uma busca por informações que auxiliem uma decisão específica de aquisição.

Busca contínua Uma busca que ocorre regularmente, independente de se o consumidor está fazendo uma escolha ou não.

Dois tipos de busca externa são a pré-aquisição e a contínua. A **busca pré-aquisição** ocorre em resposta a uma ativação de reconhecimento de problema. Por exemplo, os consumidores que procuram comprar um novo modelo de carro ou caminhão podem obter informações visitando negociantes, verificando rankings de qualidade, falando com amigos e lendo a revista *Consumer Reports*.[56] A **busca contínua** ocorre em uma base regular e constante, mesmo quando o reconhecimento do problema não tenha sido ativado.[57] Um consumidor pode ler revistas automotivas, visitar websites automotivos e ir a feirões de carros de forma consistente, pois possui um alto nível de envolvimento duradouro com carros.

Pesquisadores examinaram cinco aspectos do processo de busca externa: (1) a fonte das informações, (2) a extensão da busca externa, (3) o conteúdo da busca externa, (4) tipologias de busca e (5) o processo ou ordem da busca.

Onde podemos buscar informações?

Tanto para a busca pré-aquisição como para a busca contínua, os consumidores podem adquirir informações a partir de cinco categorias principais de fontes externas:[58]

> *Busca varejista*. Visitas ou ligações para lojas e negociantes, incluindo o exame das informações da embalagem ou panfletos sobre marcas; em particular, os consumidores acreditam que economizam tempo indo a lojas próximas umas das outras.[59]

> *Busca de mídia*. Informações de propagandas, anúncios on-line, websites patrocinados por fabricantes e outros tipos de comunicações produzidas pelos profissionais de marketing.

> *Busca interpessoal*. Conselhos de amigos, familiares, vizinhos, colegas de trabalho e/ou outros consumidores, seja pessoalmente, por telefone, on-line ou de outra forma.

➢ *Busca independente.* Contato com fontes independentes de informações, tais como livros, websites não patrocinados por marcas – como o Shopping.com –, panfletos do governo ou revistas.

➢ *Busca experimental.* Uso de amostras de produtos ou testes de produtos/serviços (tal como um *test drive*) ou experimentação do produto on-line.

Tradicionalmente, as buscas varejistas e de mídia, seguidas da busca experimental, têm sido as formas de busca mais frequentemente utilizadas. Elas aumentam quando o envolvimento do consumidor é mais alto e seu conhecimento, mais baixo.[60] Tal descoberta é significativa para os profissionais de marketing, pois tais fontes estão sob seu controle mais direto. Outras pesquisas indicam que os consumidores buscam duas ou mais fontes de informações (tais como a Internet e catálogos) antes de tomar uma decisão de compra,[61] portanto, os profissionais de marketing e os varejistas devem garantir que as informações de sua marca sejam consistentes ao longo das diversas fontes.[62]

Os consumidores aumentam seu uso de fontes interpessoais conforme seu conhecimento da marca diminui. Aparentemente, quando o conhecimento dos consumidores é limitado, eles são estimulados a buscar a opinião de outros. Além disso, quando acreditam que sua compra ou consumo de certos itens (geralmente produtos e serviços hedônicos ou simbólicos, tais como moda, música e móveis) será julgada por outros, eles tendem a procurar fontes interpessoais.[63]

A busca experimental também é essencial para os produtos e serviços hedônicos. Dada a importância da estimulação sensorial, os consumidores desejam "sentir" a oferta; portanto, eles muitas vezes experimentam roupas ou escutam um aparelho de som antes de comprar. O Chipotle Mexican Grill conta bastante com amostras gratuitas ao abrir uma nova loja. Na abertura de uma loja na cidade de Nova York, ele gastou US$ 35.000 para distribuir burritos para 6 mil pessoas. O custo valeu a pena, pois "a resposta à comida é quase sempre positiva", explica o diretor de marketing.[64]

As características culturais também desempenham um papel na busca externa. De acordo com pesquisas, os consumidores que são membros de grupos subculturais e não estão completamente assimilados na cultura – totalmente integrados na cultura circundante – tendem a conduzir uma busca de fontes externas mais ampla. Os membros de grupos subculturais que se identificam com a cultura circundante, por sua vez, são mais propensos a buscar informações entre propagandas da mídia. Assim, os profissionais de marketing devem criar mensagens de publicidade informativas ao focar nos segmentos desses clientes.[65] Embora a busca independente tenda a aumentar à medida que o tempo disponível aumenta, o tempo gasto nesse tipo de busca é geralmente bastante pequeno.

Fontes da Internet

Sem deixar seus teclados, os consumidores podem utilizar a Internet para buscar em meio a montanhas de dados on-line, para localizar quaisquer detalhes de que necessitem para tomar decisões de compra e para comprar. De fato, os consumidores podem utilizar a Internet para obter informações de todas as cinco fontes que acabamos de mencionar (veja o Exemplo 8.3). Às vezes, os consumidores buscam informações específicas; outras vezes, eles simplesmente dão uma olhada.[66] Um estudo sugere que as mulheres e os consumidores mais velhos visitam websites por mais tempo que outras pessoas.[67] A velocidade, o controle dos usuários e a capacidade de comunicação em duas vias são elementos fundamentais da interatividade de websites para a condução de buscas on-line.[68] Curiosamente, os consumidores podem ter a percepção de que um site realiza downloads mais rápidos quando sua cor possui um efeito relaxante.[69]

Em geral, os consumidores que têm uma experiência agradável com o website de uma empresa terão opiniões mais positivas para com o site e sua marca.[70] Os consumi-

Exemplo 8.3
Utilizando a Internet para buscar informações
No mercado atual, diversos consumidores (assim como os compradores do Brasil) têm acesso a quantidades quase ilimitadas de informações em toda a Internet.

dores relatam uma satisfação maior e mais forte de intenções de compra quando buscam e compram em sites que utilizam um avatar – uma "pessoa" animada – para fornecer informações.[71] Os anúncios na Internet podem ser especialmente eficazes ao encorajar os clientes atuais a comprar novamente, e as pesquisas mostram que o número de exposições a anúncios na Internet, de websites visitados e de páginas visualizadas, possuem um efeito positivo na compra contínua.[72]

Além de conduzir buscas por palavras-chave em sites como o Google, os consumidores podem utilizar agentes de compras para organizar seus resultados de busca de acordo com preço, fonte de varejo e outros atributos. Todavia, eles nem sempre avaliam de forma precisa se as recomendações de um agente de compras são apropriadas e eficazes em uma situação de compra específica. Assim, os consumidores podem tomar decisões de compra ruins utilizando um agente de compras inferior e escolhendo ofertas que deveriam ter evitado.[73] Além disso, quando os consumidores que utilizam um agente de compras recebem recomendações sobre produtos não familiares, verificam as recomendações adicionais de produtos familiares como um contexto no qual é possível avaliar os produtos não familiares.[74] Ao longo do tempo, os padrões de compra dos consumidores que analisam podem aprimorar as recomendações dos agentes de compras,[75] mas, ainda assim, os consumidores que visitam muitas vezes um website podem não comprar, mesmo que o site ofereça ferramentas para ajudá-los a tomar decisões melhores.[76]

Sobrecarga de informações

Atualmente, os consumidores têm acesso a tantas informações que podem realmente sofrer com uma sobrecarga de informações. Dependendo da forma com que as informações são estruturadas, uma sobrecarga pode levar a certa queda na qualidade da decisão.[77] Alguns sites de busca, portanto, aplicam técnicas de busca mais eficientes que priorizam resultados ao identificar os sites mais populares ou mais frequentemente acessados.[78] Uma lista ordenada com os "melhores" resultados apresentados primeiro pode, na verdade, encorajar os consumidores a continuar explorando opções inferiores ao ideal, resultando em decisões de compra inferiores às ideais. Em contrapartida, os consumidores cujas buscas expõem opções cada vez melhores podem ter avaliações de marca mais positivas e ser estimulados a buscar opções superiores.[79] Os sites de busca, tais como About.com, possuem especialistas na importância dos assuntos que selecionam as informações mais importantes e estreitam o conjunto de escolhas de acordo com critérios específicos. Os agentes de compras ordenam os resultados, apresentando os itens de acordo com o preço ou outro atributo selecionado pelo usuário. Embora alguns varejistas tentem evitar os agentes de compras, acreditando que as comparações de preços sejam muito fáceis, um número crescente está pagando pelos links ou anúncios em sites de compras populares, pois assim podem integrá-los ao conjunto de escolhas do consumidor.[80]

Simulações

Os avanços tecnológicos e gráficos melhoraram drasticamente a experiência on-line. Os designers de websites conseguem simular a experiência varejista, bem como os testes de produtos, criando sites que incorporam efeitos especiais e interativos, incluindo áudio, vídeo, zoom, vistas panorâmicas, mídia sob demanda e representações tridimensionais de produtos que podem ser manipuladas.[81] A criação de uma experimentação virtual do produto exerce um efeito positivo no conhecimento do consumidor sobre o produto e na opinião da marca, reduzindo o risco percebido e aumentando a intenção de compra.[82] O Realtor.com, um site de imóveis, oferece tours virtuais por 3 milhões de casas à venda, permitindo que os consumidores simulem uma visita pessoal.[83]

A comunidade on-line

Muitas vezes, as pessoas com interesses comuns ou condições relacionadas a um produto ou serviço procuram a Internet para compartilhar ideias utilizando websites, chat e outras ferramentas.[84] Pesquisas indicam que a maioria das interações são relativas a recomendações de produtos e conselhos sobre como utilizá-los.[85] Frequentemente, essas informações podem influenciar bastante o processo de decisão do consumidor, pois não são controladas por profissionais de marketing e são, portanto, vistas como mais confiáveis. Conhecendo essa dinâmica, Jeff Bezos, fundador da Amazon.com, não tenta evitar que os consumidores publiquem avaliações negativas de produtos. Ainda que a empresa possa perder algumas vendas, Bezos vê seu site como uma comunidade on-line de "vizinhos ajudando vizinhos a tomarem decisões de compra".[86]

Um número cada vez maior de varejistas e fabricantes está rastreando os padrões de compra e de busca de informações on-line dos consumidores a fim de oferecer assistência e recomendações adicionais. Os consumidores que alugam ou fazem o download de filmes do Netflix, por exemplo, são encorajados a avaliá-los de forma que o site possa recomendar outros filmes com base no que agradou ou desagradou consumidores. Cada descrição de filme inclui também uma avaliação geral da comunidade Netflix. Essas avaliações são a forma de o Netflix adicionar filmes ao conjunto de considerações e fornecer mais informações para a tomada de decisões dos consumidores.

IMPLICAÇÕES DE MARKETING

Os consumidores estão comprando pela Internet mais frequentemente, realizando compras maiores e escolhendo uma variedade mais ampla de produtos que no início da rede. Ainda assim, os profissionais de marketing on-line tendem a ter menos sucesso quando os compradores não podem julgar a qualidade de um produto, por exemplo um sofá (como o ex-varejista de móveis Living.com descobriu), ou quando os consumidores percebem que o custo de entrega é relativamente alto para o custo de itens individuais, como produtos alimentícios (como o ex-supermercado on-line Webvan.com descobriu).[87] Facilitar as buscas estendidas para itens ainda mais caros, como livros, pode aumentar as vendas significativamente, como a Amazon.com aprendeu com seu recurso "Search Inside the Book" (Procure no livro), que permite que os consumidores leiam páginas dos livros.[88] Ao comprar casas e ao realizar outras compras maiores, muitos consumidores utilizam a Internet para buscar informações e, em seguida, efetuar a compra pessoalmente, embora um pequeno número compre com um clique ou uma ligação sem qualquer experiência pessoal com a oferta.[89]

Vários consumidores veem a escolha de produtos como mais arriscada quando não têm acesso a informações experimentais até terem efetuado uma compra on-line.[90] Às vezes os consumidores buscam, mas em seguida abandonam seus carrinhos de compra on-line por causa da frustração com o tempo e o esforço necessários para realizar o *checkout*; alguns não compram porque não obtêm informações sobre taxas de entrega e impostos até atingirem a tela final.[91] O RugSale.com, um varejista on-line de tapetes de área, reduziu sua taxa de abandono de carrinhos diminuindo o número de páginas que os consumidores precisam visualizar antes de finalizar uma compra, e agora sua página inicial anuncia a entrega gratuita de compras e retornos, levando os consumidores a conhecer a política antes de clicarem para efetuar a compra.[92]

Para saber quais táticas on-line são mais eficazes para seu site e produtos, os profissionais de marketing rastreiam as buscas e os comportamentos de compra dos consumidores utilizando medições apropriadas. Como um exemplo, certo varejista da Internet como o RugSale.com rastreia quantos possíveis compradores abandonam seus carrinhos antes de efetuar a compra; um anunciante on-line rastreia a porcentagem de consumidores exposta a cada anúncio que realmente clica para saber mais.[93-94]

Quanto nos empenhamos na busca externa?

Boa parte das pesquisas de busca externa tem sido concentrada no exame da quantidade de informações que os consumidores adquirem antes de formar uma opinião ou de tomar uma decisão. Uma das principais descobertas é que o nível de atividade de busca é geralmente bastante limitado, ainda que as compras sejam tipicamente consideradas importantes.[95] Com mais compradores fechando negócio pela Internet, a atividade de busca está aumentando, pois as fontes on-line são muito convenientes, no entanto, a busca de informações pode variar amplamente de uma caça simples por uma ou duas informações até determinada busca bastante extensiva contando com diversas fontes. Em uma tentativa de explicar essa variação, os pesquisadores identificaram diversos fatores causais que se relacionam a nossa motivação, habilidade e oportunidade de processar informações.

Motivação para processar informações

À medida que a motivação para processar informações cresce, a busca externa geralmente será mais abrangente. Seis fatores aumentam nossa motivação para conduzir uma busca externa: (1) envolvimento e risco percebido, (2) os custos percebidos e os benefícios resultantes da busca, (3) a natureza do conjunto de considerações, (4) incerteza relativa da marca, (5) opiniões em relação à busca e (6) o nível de discrepância das novas informações.

> *Envolvimento e risco percebido.* Para compreender como o envolvimento se relaciona com a busca externa, lembre-se da distinção do Capítulo 2 entre envolvimento situacional – uma resposta para certa situação específica – e o envolvimento duradouro – uma resposta contínua. Um envolvimento situacional mais alto geralmente levará a uma busca pré-aquisição maior,[96] ao passo que o envolvimento duradouro se relaciona a uma busca contínua, independentemente de haver um reconhecimento de problema.[97] Assim, os consumidores com alto envolvimento duradouro com carros estão mais propensos a ler revistas automotivas, a visitar feirões de carros e websites relacionados a carros, e a buscar outras informações sobre carros regularmente.
>
> Em razão de o risco percebido ser um determinante importante de envolvimento, não deve ser surpreendente que, quando os consumidores enfrentam decisões mais arriscadas, empenhem-se mais em atividades de busca

externas. Um dos principais componentes do risco percebido é a incerteza relacionada às consequências de comportamento, e os consumidores utilizam a busca externa como uma maneira de reduzir essa incerteza.[98] Os consumidores estão mais propensos a buscar quando estão indecisos sobre qual marca escolher do que quando não estão certos sobre um atributo específico da marca. Os consumidores também buscam mais ao avaliar serviços em vez de produtos, pois os serviços são intangíveis e, portanto, vistos como mais incertos.[99] Por fim, os consumidores terão mais motivação para pesquisar se as consequências forem mais sérias, tais como aquelas envolvendo maior risco financeiro ou social. Essa situação explica o motivo pelo qual os consumidores muitas vezes buscam mais as informações sobre os produtos ou serviços caros.

> *Custos e benefícios percebidos.* A atividade de busca externa também é maior quando os benefícios percebidos são mais altos que seus custos relativos.[100] Em tais situações, os consumidores que buscam se beneficiarão ao reduzir sua incerteza e aumentarão a probabilidade de tomar uma decisão melhor, obtendo um valor melhor e aproveitando o processo de compra. Os custos associados à busca externa são tempo, esforço, inconveniência e dinheiro (incluindo a ida até lojas e negociantes). Todos esses fatores exercem pressão psicológica ou física sobre o consumidor. Em geral, os consumidores tendem a continuar buscando até que percebam que os custos compensam os benefícios. O desejo de reduzir os custos de busca explica por que diversos supermercados oferecem agora uma variedade de itens não tradicionais, como eletrônicos e móveis, tornando-se lugares "onde as pessoas compram todos os seus presentes".[101] Conforme foi observado anteriormente, os consumidores que descobrem opções cada vez melhores permanecerão estimulados a continuar buscando opções superiores.[102] Mesmo assim, os consumidores tendem a minimizar seu investimento de busca inicial, adiar buscas futuras após fazer uma escolha e subestimar os custos futuros (tanto de busca como de uso) de mudar para outra oferta.[103]

> *Conjunto de considerações.* Caso o conjunto de considerações contenha diversas alternativas atrativas, os consumidores estarão estimulados a se empenharem na busca externa para decidir qual alternativa selecionar. Em contrapartida, um conjunto de considerações que contém apenas uma ou duas marcas reduz a necessidade de buscar informações.

> *Incerteza relativa sobre a marca.* Quando os consumidores estão indecisos sobre qual marca é a melhor, estão estimulados a se envolverem na busca interna.[104]

> *Opiniões em relação à busca.* Alguns consumidores gostam de buscar informações e o fazem amplamente,[105] e geralmente possuem crenças positivas sobre o valor e os benefícios de sua busca. Particularmente, a atividade de busca extensiva parece estar fortemente relacionada à crença de que, "quando compras importantes são feitas de forma rápida, elas trazem arrependimento".[106] Outros consumidores simplesmente odeiam buscar e o fazem muito pouco.

  Os pesquisadores identificaram dois grupos de pessoas que pesquisam na Internet.[107] Os "buscadores" experientes são os mais ávidos e mais assíduos usuários de Internet, ao passo que os usuários moderados e leves a veem apenas como uma fonte de informações, não uma fonte de entretenimento ou diversão. Para atrair o segundo grupo, algumas empresas criaram interesse e se envolveram em jogos para estimular os consumidores a pesquisar.[108]

> *Discrepância de informações.* Sempre que os consumidores encontram algo novo em seu ambiente, tentarão categorizar esse elemento utilizando seu conhecimento armazenado. Caso um estímulo não se encaixe em uma categoria já existente, os consumidores tentarão resolver essa incongruência dedicando-se à busca de informações, especialmente quando a incongruência está em um nível moderado e o consumidor possui conhecimento limitado sobre a categoria de produto.[109] Os consumidores têm maior probabilidade de rejeitar informações altamente incongruentes,[110] e os profissionais de marketing podem capitalizar essa tendência apresentando discrepâncias moderadas entre sua marca e as outras. Um anúncio para os aspiradores de pó Miele, por exemplo, exibia a frase "controle do dano aos pulmões". Essa característica normalmente não é associada a aspiradores de pó (uma discrepância moderada) e, dessa forma, a mensagem pode motivar os consumidores a buscar e descobrir que a marca possui filtros que controlam a poluição e substâncias alérgicas.[111]

  O mesmo processo geral é aplicado à busca de informações sobre produtos novos. Se um produto novo é moderadamente discrepante ou incongruente em relação às categorias existentes de produtos, o consumidor será estimulado a solucionar essa discrepância.[112] Em particular, os consumidores podem explorar os atributos mais salientes em uma profundidade maior do que na busca por vários atributos adicionais. A partir de uma perspectiva de marketing, esse comportamento sugere que apresentar produtos novos como moderadamente diferentes das marcas existentes pode induzir os consumidores a buscar por mais informações que, por sua vez, podem afetar seu processo de tomada de decisões. Um bom exemplo é um aparelho de DVD que também pode gravar, em comparação àqueles que apenas reproduzem DVDs previamente gravados. Essa discrepância moderada entre os tipos de aparelhos pode estimular os consumidores a buscar informações adicionais sobre o produto que poderiam afetar de forma definitiva sua decisão de compra.

Habilidade de processar informações

A busca externa é fortemente influenciada pela habilidade do consumidor de processar informações. Pesquisadores estudaram as formas com que três variáveis afetam a extensão da busca de informações externa: (1) conhecimento do consumidor, (2) habilidades cognitivas e (3) fatores demográficos.

> *Conhecimento do consumidor.* O senso comum sugere que os consumidores especialistas buscam menos que aqueles que possuem conhecimentos mais complexos armazenados na memória. No entanto, os resultados de busca sobre esse assunto foram sobrepostos,[113] e parte desse problema deriva da forma com que *conhecimento* é definido. Alguns estudos têm medido o *conhecimento subjetivo*, a percepção do consumidor sobre o que ele sabe em comparação com o que os outros sabem. O *conhecimento objetivo* refere-se às informações reais armazenadas na memória que podem ser medidas com um teste de conhecimento formal. Os pesquisadores ligaram o conhecimento objetivo à busca de informações, embora ambos os tipos de conhecimento estejam relacionados de alguma forma. Um estudo descobriu que o conhecimento subjetivo influencia os locais em que os consumidores buscam informações, bem como a qualidade de suas escolhas.[114]

Especificamente, vários estudos descobriram uma relação de U invertido (a ativação aumenta e o desempenho acompanha até determinado ponto; e depois dele o desempenho tende a cair) entre conhecimento e busca,[115] e os consumidores com níveis moderados de conhecimento pesquisam mais. Eles tendem a ter um nível mais alto de motivação e no mínimo algum conhecimento básico, o que os ajuda a interpretar novas informações. Os especialistas, por outro lado, pesquisam menos, pois têm mais conhecimento armazenado na memória e também sabem como focar sua busca nas informações mais relevantes e diagnósticas, ignorando aquelas que são irrelevantes – exceto quando a busca envolve novos produtos. Em razão de os especialistas possuírem estruturas de memória mais desenvolvidas, têm uma vantagem ao aprender informações novas e podem adquirir mais informações sobre novos produtos.

> *Habilidades cognitivas.* Os consumidores com habilidades cognitivas básicas mais altas, tais como um QI alto e a habilidade de integrar informações complexas, não só são mais propensos a adquirir mais informações que os consumidores com pouco ou nenhum conhecimento, mas também são capazes de processar tais informações de maneiras mais complexas.[116]

> *Demografia.* Enquanto os pesquisadores continuam a investigar se certos tipos de consumidores pesquisam mais que outros, descobriram alguns padrões recorrentes. Os consumidores mais instruídos, por exemplo, tendem a pesquisar mais que os consumidores com menos estudo. Essa situação acontece porque os consumidores com mais estudo possuem ao menos níveis moderados de conhecimento e melhor acesso a fontes de informação que aqueles que possuem pouca instrução.[117]

Oportunidade para processar informações

Os consumidores que possuem motivação e habilidade para buscar informações ainda têm a oportunidade de processá-las antes de dar início a uma busca extensiva. Os fatores situacionais que podem afetar o processo de busca incluem (1) a quantidade de informações, (2) o formato das informações, (3) o tempo disponível e (4) o número de atos sendo escolhidos.

> *Quantidade de informações disponíveis.* Em qualquer situação de decisão, a quantidade de informações disponíveis para os consumidores pode variar muito, dependendo do número de marcas no mercado, as informações de atributos disponíveis sobre cada marca, o número de pontas de estoque e negociantes, e o número de outras fontes de informação, tais como revistas ou amigos bem informados. Em geral, os consumidores realizam mais buscas conforme a quantidade de informações aumenta, sugerindo que a Internet pode gerar mais busca externa. Se as informações forem restritas ou não estiverem disponíveis, contudo, os consumidores têm dificuldade para se empenharem em uma busca externa extensiva.

> *Formato das informações.* O formato em que as informações são apresentadas também pode influenciar bastante o processo de busca. Às vezes, elas estão disponíveis em diversas fontes e locais, mas os consumidores têm de

despender esforços consideráveis para coletá-las. Ao comprar seguros, por exemplo, os consumidores têm de contatar agentes ou empresas diferentes para coletar informações sobre apólices individuais. Em contrapartida, apresentar as informações de uma maneira que reduza o esforço do consumidor pode aprimorar a busca e o uso de informações, especialmente quando este está no momento de decisão.[118] Em um esforço para aumentar o uso de informações nutricionais, por exemplo, pesquisadores propuseram uma matriz que facilita a busca dessas informações pelos consumidores, aprimorando, dessa forma, a oportunidade.[119] Um estudo relacionado descobriu que os consumidores aumentam seu uso de informações nutricionais quando as recompensas da boa alimentação são mais explícitas.[120] Além disso, os consumidores se empenharão em buscas exploratórias mais prazerosas se as informações que circundam um objeto forem visualmente simples e organizadas.[121]

> *Disponibilidade de tempo.* Os consumidores que não enfrentam restrições de tempo têm mais oportunidades para pesquisar. Caso eles estejam sob pressão de tempo, entretanto, restringirão muito sua atividade de busca.[122] Além do mais, os consumidores gastarão menos tempo obtendo informações de fontes diferentes à medida que a pressão de tempo crescer.[123] Essa é uma das principais razões pelas quais os consumidores pesquisam e compram pela Internet. Um estudo descobriu que, quando os consumidores visitam novamente um website por motivos de busca, eles gastam menos tempo total no site, pois veem poucas páginas, e não porque gastam menos tempo visualizando cada página.[124]

> *Número de itens sendo escolhidos.* Pesquisas sugerem que, quando estão tomando decisões sobre vários itens, os consumidores conduzirão uma busca mais extensiva com menos variabilidade de padrões de busca que se a decisão envolvesse a compra ou o uso de apenas um item.[125]

IMPLICAÇÕES DE MARKETING

A extensão até a qual os consumidores buscam informações externas possui implicações importantes para a estratégia de marketing. Caso muitos consumidores tendam a buscar extensivamente por um produto ou serviço especial, os profissionais de marketing podem facilitar esse processo tornando as informações prontamente disponíveis e facilmente acessíveis ao custo mais baixo e com o menor esforço do consumidor. Para fazer isso, os profissionais de marketing devem pensar na possibilidade de recriar a embalagem de seus produtos, seus websites, anúncios e outros materiais promocionais para anunciar informações que alterarão as opiniões dos consumidores e mudarão seu comportamento de compra. A empresa Bankrate, que acompanha taxas de cartões de crédito e de hipoteca e publica artigos de finanças pessoais, analisou as palavras-chave que os consumidores utilizam para buscar informações financeiras a fim de aprimorar a visibilidade de seu website. Incluindo palavras-chave, tais como **taxas de hipoteca** em cabeçalhos e títulos de páginas, a Bankrate foi capaz de aprimorar a classificação de seu website nos resultados de busca.[126]

As empresas também devem fornecer informações sobre atributos salientes e diagnósticos, especialmente se a marca possui uma vantagem diferencial. Caso contrário, se os consumidores não conseguem obter as informações de que necessitam, podem eliminar a marca de seu conjunto de considerações. Os principiantes, em particular, costumam ser mais influenciados por sugestões visuais, tais como figuras e cores que focam sua atenção nos atributos selecionados, um fator que afeta sua busca externa e, em última instância, suas opções de marca.[127]

Além disso, os profissionais de marketing podem segmentar o mercado de um produto ou serviço de acordo com a atividade de busca. Por exemplo: um estudo identificou seis sugestões de pesquisadores na compra de um carro,[128] outro descobriu que os consumidores que buscam carros na Internet são mais jovens e mais instruídos e conduzem mais buscas que aqueles que não utilizam a Internet – e que eles teriam buscado mais se não pudessem ter utilizado a Internet.[129] Em mercados de alta tecnologia, os consumidores mais velhos tendem a buscar canais de informações bastante descomplicados, ao passo que os consumidores com mais instrução tendem a pesquisar todos os canais de informações.[130] Determinar quais atividades de busca são mais comumente utilizadas para um produto em particular ajuda os profissionais de marketing a planejar o atendimento das necessidades de informações de seus consumidores-alvo. Os consumidores que pesquisam pouco, por exemplo, focarão na obtenção de um bom negócio, ao passo que aqueles que realizam muitas buscas necessitarão de muito mais atenção e de informações para compensar seus baixos níveis de confiança e de satisfação anterior. Os profissionais de marketing podem ser muito seletivos ao fornecer informações às pessoas que pesquisam pouco, enfatizando somente os atributos que são mais salientes e diagnósticos.

Os profissionais de marketing podem tentar estimular a busca externa fornecendo informações de uma maneira altamente acessível. A Barnes & Noble, por exemplo, possui quiosques no interior das lojas para que os compradores possam buscar livros específicos, ver quantas cópias há no estoque, encontrar sua localização na loja e fazer pedidos de itens que estão em falta.[131] Em outro exemplo, os consumidores com celulares capazes de acessar a Internet podem localizar e contatar uma loja Office Depot local entrando no website do varejista, digitando um código postal e clicando no número de telefone da loja para conectar-se.[132] Tais oportunidades de busca adicional podem guiar as pessoas que fazem pouca pesquisa até informações que mudarão suas opiniões e afetarão suas decisões de compra. Os profissionais de marketing também podem fornecer incentivos aos consumidores para que estes pesquisem. Após a Gap.com, por exemplo, publicar um cupom on-line que poderia ser utilizado apenas nas lojas da Gap, as lojas da rede ficaram lotadas de consumidores segurando cupons enquanto examinavam as mercadorias.[133]

Que tipo de informação se adquire na busca externa?

Os pesquisadores se interessam pelos tipos de informações que os consumidores adquirem durante uma busca externa, pois essas informações podem potencialmente desempenhar um papel crucial influenciando as opiniões e a tomada de decisão dos consumidores. Ao buscar fontes externas, os consumidores geralmente adquirem informações sobre o nome da marca, o preço e outros atributos.

➢ O *nome da marca* é o tipo de informação mais frequentemente acessado, pois é um ponto central em torno do qual as informações podem ser organizadas na memória.[134] Assim, quando sabemos o nome da marca, podemos ativar imediatamente outros pontos relevantes, bem como nos valer de nosso conhecimento anterior, por exemplo, e de associações se soubermos que o nome da marca é Allstate.

➢ O *preço* é muitas vezes o foco da busca do consumidor, pois tende a ser diagnosticado e pode ser utilizado para a realização de inferências sobre outros atributos, tais como qualidade e valor.[135] Um estudo descobriu que, quando preço e qualidade não estão diretamente correlacionados a uma categoria de produtos, os consumidores que utilizam agentes de projeção de qualidade para buscar opções de compra on-line são, na verdade, mais sensíveis às diferenças de preços.[136] Ainda assim, a busca por preço é menos importante do que se pode imaginar (em virtude da baixa extensão geral da busca) e esta não se torna mais importante quando as variações de preço aumentam e os custos são maiores.[137] A importância do preço também pode depender da cultura. Em comparação com outros países, por exemplo, os consumidores do Japão tradicionalmente não gostam de descontos. Porém isso mudou, pois muitos deles agora buscam ofertas em lojas baratas, como a Uniqlo, por exemplo.[138]

Outros atributos

Após pesquisar nomes de marcas e preços, os consumidores buscarão informações adicionais, dependendo de quais atributos são salientes e diagnósticos na categoria de produtos ou de serviços, e estão mais propensos a acessar informações que sejam relevantes para suas metas. Se uma meta principal, por exemplo, ao escolher uma opção de férias é maximizar a animação, um consumidor provavelmente coletaria informações sobre as atividades, a vida noturna e os visitantes de um local. Quando os consumidores mudam suas metas de uma ocasião de compra para outra, ao procurar um carro econômico em vez de um veloz, a busca que eles realizam para a segunda tarefa é mais eficiente, pois podem transferir o conhecimento da primeira tarefa.[139]

A busca externa é sempre exata?

Os consumidores podem ser tão desviados em sua busca por informações externas quanto durante a busca interna. Em particular, os consumidores tendem a buscar informações externas que confirmam suas crenças gerais em vez de contradizê-las. Em um estudo, os consumidores com uma forte crença da relação entre preço e qualidade tendem a buscar marcas mais caras.[140] Infelizmente, os desvios de confirmação podem levar os consumidores a evitar informações importantes, resultando em uma decisão final inferior à ideal. Assim, se uma marca de alta qualidade com um preço mais baixo estivesse disponível, os consumidores poderiam nunca adquirir informações sobre ela e, portanto, nunca escolhê-la para suas compras.

Como nos envolvemos na busca externa?

A busca externa segue uma série de etapas sequenciais que podem fornecer mais *insights* para a decisão dos consumidores. Essas etapas incluem a orientação ou a obtenção de uma visão geral da disposição de um produto; a avaliação ou a comparação de opções sobre atributos-chave; e a verificação ou a confirmação da escolha.[141] Os pesquisadores examinaram a ordem de aquisição de informações durante a avaliação, em particular, por presumirem que as informações adquiridas anteriormente no processo de decisão desempenham um papel mais significativo que as informações adquiridas posteriormente.[142] Por exemplo, uma vez que determinada marca tenha emergido como líder anteriormente no processo de busca, a aquisição de informações e a avaliação subsequentes são distorcidas a favor dela.[143]

Estágios de busca

Os consumidores acessam fontes diferentes e utilizam critérios de decisão diferentes em estágios diversos do processo de busca. Nos primeiros estágios, a mídia de massa e as fontes relacionadas aos profissionais de marketing tendem a ser mais influentes, ao passo que as fontes interpessoais são mais importantes quando a decisão real é tomada.[144] No início de uma busca, os consumidores tendem mais a acessar informações especialmente salientes, diagnósticas e metas relacionadas. No entanto, se puderem recordar informações salientes e diagnósticas de memória, terão menos necessidade de buscá-las internamente. Assim, os consumidores buscarão primeiro informações sobre atributos que provocam maior incerteza ou são menos favoráveis.[145]

No início de uma busca, os consumidores utilizarão critérios mais simples para eliminar opções e aplicarão regras de decisão mais detalhas posteriormente nesse processo de busca. O quão alto uma marca é classificada na busca pode ter pouca influência na probabilidade de o consumidor selecioná-la posteriormente durante o processo.[146] Em razão de os consumidores tenderem a procurar primeiramente marcas com um poder de atração percebido mais alto, é importante que os profissionais de marketing encorajem opiniões positivas em relação à marca. Os consumidores que são novos em uma categoria de produtos ou de serviços iniciarão buscando informações sobre marcas famosas e de baixo risco; em seguida, eles buscam marcas menos conhecidas; e, então, consolidam as informações conduzindo a uma preferência por marcas que fornecem a maior utilidade.[147]

Busca por marca ou atributo

Busca por marca Coleta de informações sobre uma marca antes de mudar para outra.

Busca por opinião Comparação de marcas por seus atributos, um de cada vez.

Dois tipos principais de processos são (1) **busca por marca**, na qual os consumidores adquirem todas as informações necessárias sobre uma marca antes de passarem para a próxima, e (2) **busca por opinião**, em que os consumidores comparam marcas em termos de um atributo por vez, como preço.[148] Geralmente, os consumidores preferem processar por atributo, pois fazê-lo é mais fácil.

Os consumidores são muito sensíveis à maneira com que as informações são armazenadas na memória e ao formato em que são apresentadas na loja.[149] Se as informações são organizadas por marca, como é o caso na maioria das lojas em que todas as informações estão nas embalagens, os consumidores processarão as informações por marca. Os especialistas, particularmente, tendem a processar por marca porque possuem mais conhecimento fundamentado em marcas. O fato de os consumidores estarem acostumados a realizar o processamento por marcas pode desviar o processamento, contudo, mesmo quando as informações são organizadas por atributos.[150] Além disso, estratégias de busca diferentes afetam os processos de decisão dos consumidores de maneiras diferentes.[151] Os consumidores que processam por marca permanecem com incertezas altas até o verdadeiro fim de seu processo de busca, ao passo que aqueles que buscam por atributo reduzem gradualmente sua incerteza.

No entanto, os consumidores com menos conhecimento aproveitam as oportunidades para processar por atributos, tais como por meio da visualização de informações em uma matriz na *Consumers Reports* ou em outro formato que simplifique a busca. Um estudo descobriu que apresentar listas de informações nutricionais em supermercados é algo popular entre os consumidores. Os gráficos de avaliação da *Consumers Reports*, os quais fornecem informações sobre as melhores marcas e compras em diversas categorias de produto em um formato simples, são fontes de informações populares. Conforme observado anteriormente, as ferramentas de busca e os agentes de compras também facilitam que os consumidores processem por atributo, especialmente por preço.

IMPLICAÇÕES DE MARKETING

Os profissionais de marketing devem fazer com que as informações específicas que os consumidores buscam estejam disponíveis fácil e prontamente, enfatizando-as na publicidade, nas embalagens, em panfletos, em websites ou por meio da equipe de vendas. É importante lembrar que os consumidores estão menos propensos a escolher uma marca que tenha um desempenho ruim em atributos que são acessados frequentemente, portanto, os profissionais de marketing devem certificar-se de que suas ofertas tenham um bom desempenho em atributos que são bastante acessados, incluindo preço. Quando prometem cobrir o preço mais baixo que os consumidores possam encontrar, tais políticas conduzem a buscas mais extensivas quando os custos de pesquisa são baixos (à medida que os consumidores buscam o preço mais baixo), mas a buscas menos extensivas quando os custos de busca são altos (e os consumidores percebem que a política sinaliza preços baixos).[152] Por fim, as empresas podem pagar sites de busca, tais como o Google, para tornar as informações da marca disponíveis em um link patrocinado posicionado proeminentemente, quando os consumidores realizam buscas com determinadas palavras-chave.

Resumo

Este capítulo examinou os três estágios iniciais do julgamento e do processo de tomada de decisão dos consumidores. O reconhecimento do problema, o primeiro estágio, é a diferença percebida entre um estado real e um estado ideal. Quando há uma discrepância entre esses dois estágios, o consumidor pode ser estimulado a solucioná-la empenhando-se na tomada de decisões.

A busca interna é o resgate de informações, experiências e sentimentos a partir da memória. A extensão da busca interna geralmente aumenta, ao passo que a motivação, a habilidade e a oportunidade crescem. Os aspectos mais salientes, diagnósticos, vívidos e relacionados às metas de uma oferta geralmente são os que possuem maior probabilidade de serem lembrados. Há vários desvios na busca interna: desvio de confirmação, no qual as informações que reforçam nossas crenças gerais são recordadas; inibição, em que a lembrança de algumas informações pode inibir o resgate de outros atributos; e humor, nossa tendência de lembrarmos de informações que possuam humor.

Quando os consumidores precisam de mais informações ou estão indecisos com relação às informações recordadas, eles se empenham na busca externa, adquirindo informações a partir de fontes externas por meio da busca pré-aquisição (em resposta a um reconhecimento de problema) ou da busca contínua (a qual, por sua vez, perdura, independente do reconhecimento do problema). Durante uma busca externa, os consumidores podem adquirir informações de varejistas, da mídia, de outras pessoas e de fontes independentes, assim como por meio da experimentação do produto. As buscas em varejistas e na mídia são responsáveis pelo mais alto nível de atividade de busca, mas as fontes interpessoais têm sua importância aumentada à medida que o conhecimento do consumidor diminui e os fatores normativos aumentam.

Os consumidores conduzirão uma busca mais extensiva quando têm motivação e oportunidade maiores de processar informações. Os fatores situacionais afetam a oportunidade do consumidor de processar as informações.

O nome da marca e o preço são os atributos mais acessados em uma busca externa. Os consumidores também tendem a demonstrar desvios de confirmação em sua busca externa. As informações mais salientes e diagnósticas tendem a ser acessadas primeiro. Por fim, os consumidores tendem a processar por marca ou por atributo. A busca de atributo é mais fácil e mais adotada, mas muitas vezes as informações não estão organizadas para facilitar tal processamento.

Perguntas para revisão e discussão

1. Como uma discrepância entre o estado ideal e o estado real afeta o comportamento do consumidor?
2. Quais fatores afetam a inclusão de marcas no conjunto de considerações e por que uma empresa desejaria que sua marca estivesse no conjunto de considerações?
3. Como o desvio de confirmação opera nas buscas interna e externa por informações?
4. Quais são os seis grupos amplos de fontes que os consumidores podem consultar durante a busca externa? Onde a Internet se encaixa nesses grupos?
5. Como o envolvimento, o risco percebido, os benefícios e custos percebidos e o conjunto de considerações afetam a motivação de um consumidor de conduzir uma busca externa?
6. Quando seria mais provável que um consumidor conduzisse uma busca externa por marca em vez de por atributo? Qual processo de busca um profissional de marketing preferiria que os consumidores utilizassem e por quê?

CASO – COMPORTAMENTO DO CONSUMIDOR

O uso de telefones celulares para comparações de preço e produto

Chamando todos os compradores: para comparações fáceis e rápidas de produtos e preços, basta pegar seu celular e buscar informações de qualquer lugar e a qualquer hora. Os telefones móveis também estão são sendo utilizados para a pesquisa de quais lojas locais possuem determinados itens em estoque para que se saiba das últimas vendas e para que notícias sobre futuras promoções e descontos de varejo sejam recebidas. Em suma, buscar informações em celulares pode ajudar os consumidores a entender e avaliar melhor suas opções, a aprimorar seu conhecimento sobre o mercado e os produtos, a formularem ou estreitarem seu conjunto de considerações e a sentirem-se melhor ao tomar uma decisão fundamentada em informações.

Os usuários do Frucall, por exemplo, podem comparar preços via celular de três maneiras. Primeiramente, eles podem ligar para um número gratuito, inserir o código UPC ou a marca e o número do modelo de um item específico e, então, ouvir enquanto o sistema Frucall diz quais são os melhores preços para tal item disponível por meio de varejistas on-line. Uma segunda forma de utilizar o Frucall é enviar o código numérico UPC em uma mensagem de texto para o Frucall, o qual, então, responde com uma mensagem de texto contendo comparações de preços on-line para aquele item. Uma terceira maneira é utilizar um telefone habilitado para o uso de Internet para navegar no site do Frucall a fim de buscar comparações de preços.

Além disso, os usuários do Frucall podem verificar as avaliações dos produtos e as avaliações de comerciantes, salvar seus resultados de busca para verificá-los posteriormente e pedir para serem alertados quando um produto vai à venda ou pressionam um botão para comprar imediatamente. Outros serviços, como sugestões de presentes por categoria e preço, listas de produtos recentes buscados por outros usuários, listas de desejos e recomendações de produtos adicionam valor ao Frucall como uma busca pré-aquisição de informações.

Caso eles já estejam no shopping center ou pensando em sair para fazer compras, os consumidores podem descobrir se um produto está disponível em lojas locais utilizando um celular ou a Internet para conectar-se ao NearbyNow. Lojas de 200 shoppings abriram seus estoques para as buscas com NearbyNow e, assim, os consumidores podem determinar se um produto de determinado tamanho ou cor está disponível em um shopping das redondezas, verificar os preços para itens em diferentes lojas de um shopping e até reservar produtos para comprar e retirá-los alguns dias depois.

Em vez de ir ao shopping e andar de loja em loja procurando por algo, saindo de mãos vazias ou de efetuar uma compra somente para encontrar o mesmo produto à venda por um preço mais baixo em outra loja do mesmo shopping, os usuários do NearbyNow podem utilizar seus celulares para pesquisar um pouco mais e planejar com antecipação. Agora, eles saberão exatamente qual loja visitar, o que há no estoque e quanto cada loja cobra por um item antes de efetuar a compra; eles também podem se registrar para receber ofertas especiais dos comerciantes de shoppings em sua área. Esses serviços são especialmente úteis para os consumidores que gostam de comprar pessoalmente em vez de fazê-lo pela Internet, ou para quem está com tanta pressa que não pode esperar que um varejista on-line entregue a mercadoria.

Os consumidores que pedem descontos encontrarão diversos descontos e opções na Cellfire. Centenas de lojas e restaurantes norte-americanos, tais como Hollywood Video, Domino's Pizza, Hardee's, Supercuts e T.G.I. Friday's, oferecem descontos aos usuários do Cellfire, assim como fazem os principais profissionais de marketing como Procter & Gamble, Kimberly-Clark e General Mills. Após efetuarem o registro, os usuários simplesmente buscam as ofertas e descontos, vão até uma loja ou restaurante participante, clicam no cupom Cellfire que desejam resgatar e mostram a tela do celular ao vendedor ou operador de caixa. Dessa forma, os consumidores que têm consciência de preços sabem que obterão um bom negócio no balcão de *checkout*, apenas tendo seus celulares em mãos – sem a necessidade de tesouras.[153]

Perguntas sobre o caso

1. Por que a sobrecarga de informações seria uma preocupação para os consumidores que utilizam o Frucall para buscar uma compra específica? O que você recomendaria que o Frucall fizesse para evitar a criação desse problema?
2. Sabendo que os consumidores podem declinar de uma compra se o item que desejam não estiver disponível no shopping local, por que um varejista de shopping concordaria em abrir seu estoque para os usuários do NearbyNow?
3. Quem possui maior probabilidade de utilizar um serviço como o Cellfire e por quê? Sua resposta deve considerar a motivação, habilidade e oportunidade (MAO, sigla em inglês) do consumidor para processar informações.

Julgamento e tomada de decisão fundamentada em alto esforço

Capítulo 9

OBJETIVOS DE APRENDIZADO

Depois de estudar este capítulo, você estará apto a:

1. Distinguir entre julgamento e tomada de decisão e indicar o motivo pelo qual ambos os processos são importantes para os profissionais de marketing.

2. Explicar como os modelos de tomada de decisão cognitivos diferem dos modelos de tomada de decisão afetivos e por que os profissionais de marketing interessam-se por ambos.

3. Identificar os tipos de decisões enfrentadas pelos consumidores em situações de alto esforço

INTRODUÇÃO

Correndo para vendas maiores de veículos na Tailândia

A Tailândia é um país de oportunidades e de competição acirrada para quase todos os principais fabricantes de automóveis, embora a propriedade de carros não seja nem de perto tão difundida como é nos países desenvolvidos. Na Tailândia, a proporção de veículos por consumidor é de 1 para 12, um número bastante inferior à média mundial de 1 para 4 e à média dos Estados Unidos, que é de 1 para 2,5. No entanto, os tailandeses são apaixonados por carros, listando-os como a quinta necessidade, perdendo apenas para alimentação, moradia, assistência médica e roupas. De fato, a Tailândia é o segundo maior mercado do mundo de picapes, ficando atrás somente dos Estados Unidos.

Ford, General Motors, Mercedes, Toyota, Honda, Suzuki, Nissan e outros fabricantes de carros estão correndo para aumentar suas vendas na Tailândia, procurando saber mais sobre como os consumidores decidem comprar. Vários consumidores, por exemplo, possuem uma impressão positiva dos veículos utilitários esportivos fabricados nos Estados Unidos, mas apenas os tailandeses ricos podem pagar por esses modelos importados; além disso, muitas dessas pessoas não dirigem seus próprios carros. Ademais, o banco traseiro destes veículos não é criado para aqueles que passam o dia fazendo negócios pelo telefone enquanto seus motoristas dirigem os carros. Dessa maneira, conforto, *status* e imagem da marca podem explicar a razão pela qual a Mercedes-Benz detém uma fatia grande do mercado de carros luxuosos na Tailândia. Além disso, os consumidores

e discutir como os profissionais de marketing podem tentar influenciar tais decisões.

4. Delinear as formas pelas quais as características do consumidor, as características de decisão e outras pessoas podem influenciar as decisões de alto esforço.

tailandeses, estimulados pela preocupação com o meio ambiente, estão cada vez mais interessados em novos veículos com consumo eficiente de combustível e que poluem menos que os carros mais antigos.[1]

A maneira como os tailandeses compram carros e caminhões destaca a importância de saber os tipos de julgamentos que os consumidores fazem (tais como o de que os veículos importados são bem feitos) e os critérios que influenciam mais as decisões dos consumidores (conforto, preço, o que os outros pensam ou dizem sobre a compra etc.). Deve-se saber também quais são as marcas que os consumidores consideram e comparam em suas decisões. Além disso, os profissionais de marketing devem entender que as emoções e os sentimentos que influenciam as decisões dos consumidores (como que um carro leva você a se sentir bem). Este capítulo examina os julgamentos e decisões de alto esforço (veja o Exemplo 9.1), o tipo de julgamentos que os clientes fazem e decisões que tomam quando sua motivação, habilidade e oportunidade para processar informações relevantes para a decisão são altas. Analisando cuidadosamente os fatores que entram no julgamento e na tomada de decisão, os profissionais de marketing podem adquirir *insights* valiosos para o desenvolvimento e a comercialização de ofertas para os consumidores.

Processo de julgamento de alto esforço

Julgamentos Avaliações de um objeto ou estimativas de probabilidade de um resultado ou evento.

Tomada de decisão Fazer uma seleção entre as opções e os cursos de ação.

Pense na última vez que você foi a um restaurante. Ao analisar o cardápio, provavelmente você considerou alguns itens e pensou em quão bons eles seriam antes de tomar sua decisão final. Você estava fazendo **julgamentos** – avaliações ou estimativas da probabilidade de eventos. O julgamento tem uma contribuição essencial para o processo de decisão, mas não é o mesmo que a **tomada de decisão**, a qual envolve realizar uma seleção entre opções ou atividades.

No contexto dos consumidores, os *julgamentos* são avaliações ou estimativas com relação à probabilidade de que produtos e serviços possuam determinadas características ou de que ajam de certa maneira.[2] Os julgamentos não exigem uma decisão, portanto, caso você veja um anúncio de um novo restaurante italiano, pode fazer um julgamento com relação a ter gostado ou não dele, a quão diferente ele seria dos outros restaurantes italianos ou ao preço dos pratos. Esses julgamentos podem servir como colaborações importantes para sua decisão sobre comer no restaurante, mas não exigem que você decida se vai ou não até lá.

O julgamento e a tomada de decisão também podem envolver processos diferentes.[3] Por exemplo, um estudo constatou que os consumidores buscavam atributos de um tipo distinto ao fazer julgamentos com relação a quando estavam tomando decisões.[4] Outro estudo descobriu que o fato de os consumidores julgarem um produto pode tanto ser útil quanto pode prejudicar a quantidade de informações que eles realmente poderiam resgatar sobre ele, dependendo de se eles estão fazendo julgamentos ou tomando decisões sobre marcas.[5] Dada a importância do julgamento para o processamento de informações dos consumidores, os profissionais de marketing precisam entender os julgamentos de (1) probabilidade e (2) boa/má qualidade.

Julgamentos de probabilidade e boa/má qualidade

Estimativas de probabilidade Julgar a probabilidade de algo ocorrer.

Um tipo de julgamento é uma **estimativa de probabilidade**, ou seja, nossa determinação da probabilidade de algo acontecer. As estimativas de probabilidade aparecem em diversos contextos no dia a dia dos consumidores. Quando compramos uma mercadoria ou um serviço, por exemplo, podemos tentar estimar a probabilidade de ela quebrar, a probabilidade de os outros gostarem dele e a probabilidade de que satisfaça nossas necessidades. Quando vemos um anúncio, podemos avaliar a probabilidade de ele ser confiável.

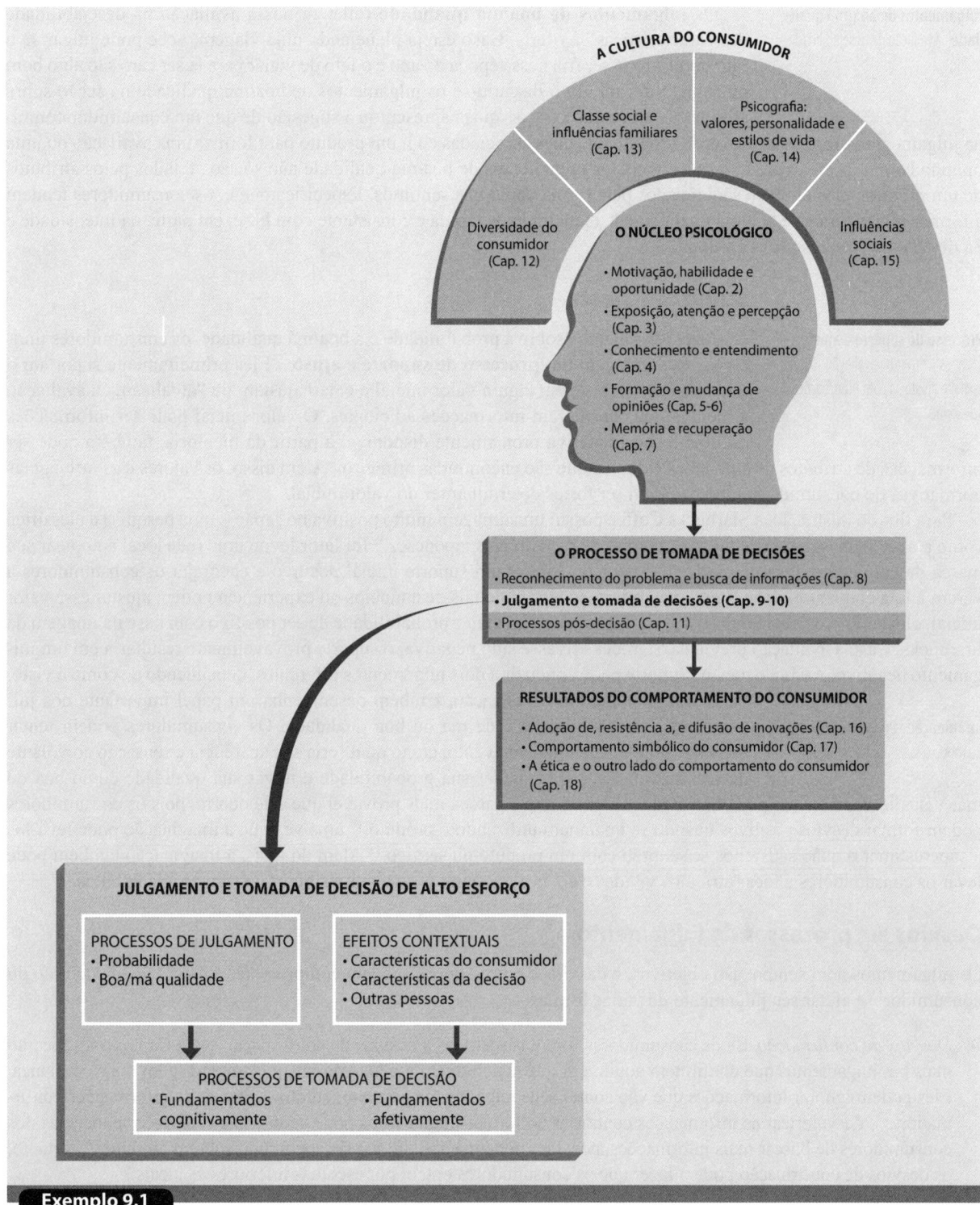

Exemplo 9.1

Visão geral do capítulo: julgamento e tomada de decisão fundamentada em alto esforço

Após o reconhecimento do problema e a busca de soluções, os consumidores podem se envolver em alguma forma de julgamento ou de tomada de decisão, que podem variar em termos de esforço de processamento (de alto até baixo). Este capítulo observa os processos de julgamento e decisão de alto esforço. Os julgamentos são estimativas da probabilidade de algo ocorrer e de quão bom ou ruim algo é, e servem como contribuições para a tomada de decisão, a qual pode ser fundamentada de forma cognitiva ou afetiva. Os efeitos contextuais também podem influenciar esse processo.

Julgamentos de boa/má qualidade Avaliação da desejabilidade de algo.

Os **julgamentos de boa/má qualidade** refletem nossa avaliação da desejabilidade das características da oferta. Caso esteja planejando uma viagem, você pode julgar se o fato de a Europa ser fria nessa época do ano e o fato de viajar para lá ser caro são algo bom ou ruim. No Capítulo 6 discutiu-se os julgamentos de boa/má qualidade na seção sobre atitudes de alto esforço. A pesquisa apresentou a sugestão de que um consumidor combina julgamentos sobre os atributos do produto ou ações associadas com um produto para formar uma avaliação ou uma opinião com relação ao produto ou serviço. Os julgamentos de boa/má qualidade não só são afetados pelos atributos de um produto; eles também são afetados pela forma como nos sentimos. Especificamente, os consumidores tendem a formar julgamentos de boa/má qualidade de maneira mais rápida e consistente com base, em parte, na intensidade e na direção de suas respostas afetivas.[6]

Suporte e ajuste

Processo de suporte e ajuste Começar com uma avaliação inicial e ajustá-la com informações adicionais.

Ao fazer julgamentos sobre a probabilidade e a boa/má qualidade, os consumidores muitas vezes empregam um **processo de suporte e ajuste**.[7] Eles primeiramente suportam o julgamento com base em algum valor inicial e então ajustam ou "atualizam" a avaliação à medida que consideram informações adicionais. O valor inicial pode ser informações ou uma resposta afetiva prontamente disponível a partir da memória; também pode ser informações de atributos de ambientes externos que são encontradas primeiro.[8] Além disso, os valores e as influências normativas do consumidor também podem ser fortes determinantes do valor inicial.

Para fins de ilustração, a Starbucks Coffee possui uma imagem muito positiva no Japão – uma pesquisa a classifica como a mais bem avaliada de todas as marcas de restaurantes japoneses.[9] Tal fator levou uma rede local a nomear sua marca de café como "Seattle Coffee", esperando formar um suporte inicial positivo e encorajar os consumidores a verem a loja como similar ao Starbucks. Informações adicionais de anúncios ou experiência podem ajustar esse valor inicial, elevando-o ou abaixando-o, mas o julgamento tem maior probabilidade de ser positivo com base na imagem da Starbucks. Caso a avaliação prévia da Starbucks tivesse sido negativa, o suporte provavelmente resultaria em um julgamento negativo. Assim, o mesmo suporte pode conduzir a dois julgamentos diferentes, dependendo de como é visto.

Imaginação Imaginar um evento de modo a fazer um julgamento.

A **imaginação**, ou visualização, também desempenha um papel importante nos julgamentos de probabilidade e de má ou boa qualidade. Os consumidores podem tentar construir uma imagem de um evento, como qual seria sua aparência e sensação ao volante de um carro novo, para calcular sua probabilidade e julgar sua qualidade como boa ou má. Visualizar um evento pode na verdade fazer com que pareça mais provável que este ocorra, pois os consumidores podem formar desvios positivos quando se imaginam utilizando o produto,[10] uma vez que a imaginação pode levá-los a superestimar o quão satisfeitos se sentirão com um produto ou serviço.[11] Além do mais, a imaginação também pode levar os consumidores a focar atributos vívidos e concedam maior peso a tais atributos ao formar julgamentos.[12]

Desvios em processos de julgamento

Os julgamentos nem sempre são objetivos, e desvios e outros fatores podem comprometer a qualidade da decisão do consumidor[13] e afetar seu julgamento de várias formas:

➢ *Desvios de confirmação*. Se os consumidores forem suscetíveis a desvios de confirmação (veja Capítulo 8), focarão mais em julgamentos que confirmem aquilo em que já acreditam e manterão tais julgamentos com mais confiança. Eles podem ignorar informações que vão contra seus julgamentos portanto, enfatizar demais as informações confirmadoras e desvalorizar as informações contrárias ao formar julgamentos pode certamente reduzir as tendências dos consumidores de buscar mais informações, pois eles podem acreditar que já sabem tudo sobre o produto.[14] Portanto, os desvios de confirmação podem fazer que os consumidores optem por escolhas inferiores às ideais.

➢ *Desvio de autopositividade*. Os consumidores podem fazer julgamentos sobre até que nível eles ou os outros estão vulneráveis a coisas ruins acontecerem com eles (tais como contrair AIDS ou sofrer um acidente de carro). Curiosamente, pesquisas descobriram que os consumidores possuem desvios de autopositividade ao fazer tais julgamentos sobre a probabilidade de resultados ruins acontecerem, ou seja, eles tendem a acreditar que é mais provável que coisas ruins aconteçam a outras pessoas que a eles próprios. Dessa forma, eles podem não processar mensagens que sugiram que eles próprios podem estar vulneráveis a determinados riscos.[15] Essa é uma má notícia para alguns profissionais de marketing (como os profissionais da área da saúde e de seguradoras) que desejam lembrar seus consumidores de que coisas ruins podem de fato acontecer a eles.

> *Desvios de negatividade.* Com os desvios de negatividade, os consumidores dão mais ênfase às informações negativas que às positivas ao formar julgamentos. Eles parecem atribuir maior peso a informações negativas em seus julgamentos ao formar opiniões sobre algo que seja muito importante e para o que eles desejam e ter um julgamento o mais preciso possível (por exemplo, qual faculdade cursar). No entanto, os consumidores não se envolvem em desvios de negatividade quando já estão comprometidos com uma marca. Se você ama a escola em que estuda atualmente, por exemplo, não é provável que pense muito em quaisquer informações negativas que ouça sobre ela (podendo até mesmo descartá-las).[16]

> *Humor e desvios.* O humor pode desviar os julgamentos dos consumidores de diversas formas.[17] Primeiro, seu humor pode servir como o suporte inicial para um julgamento. Se você está de bom humor ao comprar um CD, provavelmente reagirá positivamente a qualquer música nova que ouvir. Em segundo lugar, o humor desvia os julgamentos dos consumidores ao reduzir sua busca e a atenção dispensada a informações negativas. O motivo para esse fenômeno é que os consumidores desejam preservar seu bom humor, e deparar-se com informações negativas pode não servir para essa meta. Em terceiro lugar, o humor pode desviar os julgamentos, tornando os consumidores excessivamente confiantes com relação aos julgamentos que estão fazendo.[18]

> *Avaliações anteriores da marca.* Quando os consumidores julgam que uma marca é boa com base em sua exposição anterior a esta, podem subsequentemente não saber (e não ver como importantes) informações relevantes sobre os atributos da marca que afetam sua qualidade real.[19] Com efeito, a marca favorita "bloqueia" o conhecimento de atributos reveladores da qualidade de um produto que afetam os julgamentos dos consumidores.

IMPLICAÇÕES DE MARKETING

Os profissionais de marketing podem fazer diversas coisas para garantir que suas marcas sirvam como um suporte positivo no sustentamento de decisões de ajustes. Primeiramente, eles podem focar a atenção dos consumidores nos atributos que colocam a marca como a melhor em sua categoria. Concentrando a atenção no estilo e na facilidade de uso, por exemplo, a Apple fez de seu iPod a âncora dos tocadores de música digitais. Os profissionais de marketing também podem tentar afetar o conjunto de outros produtos que os consumidores utilizam em seu ajuste.[20] Para os consumidores norte-americanos com alto poder aquisitivo preocupados com segurança pessoal, por exemplo, a espaçosa Mercedes Maybach de US$ 300 mil pode parecer pomposa demais em comparação com o mais discreto e luxuoso cupê Bentley GT. Fazendo os consumidores apoiarem a Bentley e focando no Maybach (como oposto às demais marcas), os profissionais de marketing podem guiar as escolhas a favor da Bentley. Talvez esse processo explique o motivo pelo qual a Mercedes vende somente algumas centenas de Maybachs ao ano, ao passo que a Bentley vende milhares de cupês no mesmo período.[21]

Quando os consumidores são expostos à extensão de uma marca, o nome da marca existente e suas associações positivas muitas vezes servem como uma âncora para os julgamentos do novo produto. O país de origem de um produto também pode atuar como uma âncora e influenciar julgamentos subsequentes.[22] As marcas nacionais da China, por exemplo, tiveram de criar campanhas de marketing vigorosas, pois muitos consumidores preferem as versões ocidentais dos mesmos produtos, as quais servem como a âncora. Os fabricantes locais de refrigerantes estão tendo, por conta disso, de competir contra as marcas norte-americanas famosas, tais como Coca-Cola e Pepsi.[23]

Os profissionais de marketing também podem afetar os julgamentos sobre a boa ou má qualidade de diversas formas. Em primeiro lugar, fazer com que os consumidores se sintam bem (manipulando seus humores, por exemplo, ou *aparelhando* os consumidores com sentimentos positivos antes de fornecer-lhes informações) os levará a avaliar a oferta de maneira mais positiva.[24] Segundo, os profissionais de marketing podem afetar os julgamentos que é bom e ruim pedindo para que os consumidores imaginem os atributos ou benefícios de um produto ou serviço. Um determinado tipo de pizza será julgado como melhor que outros quando os consumidores imaginarem quão delicioso ele é, e será julgado como pior quando os consumidores imaginarem quanta gordura pode haver na sua cobertura.

Por fim, os profissionais de marketing podem afetar as percepções dos consumidores de quão prováveis são as coisas (isto é, estimativas de probabilidade). Pesquisas mostram que os consumidores aparelhados para considerar seus laços familiares são mais propensos a assumir um risco financeiro, pois percebem que sua família pode lhes ajudar a compensar uma perda monetária. Entretanto, os consumidores são menos propensos a assumir um risco social quando pensam em laços familiares em função da forma com que um resultado negativo possa afetar sua família.[25] Os profissionais de marketing também podem tentar reduzir os julgamentos de autopositividade dos consumidores. Um estudo mostrou que os desvios de autopositividade dos consumidores com relação à probabilidade de contraírem AIDS foram reduzidos quando foi mostrado aos consumidores que pessoas muito parecidas com eles contraíram AIDS, e quando eles foram levados a pensar nas ações que tiveram, mostrando que isso poderia resultar na contração da doença.[26] Enumerar vários (em vez de alguns) comportamentos de risco os quais podem tornar uma pessoa vulnerável a uma consequência ruim (contrair AIDS, por exemplo) também pode reduzir seus desvios de autopositividade.[27]

Decisões de alto esforço e processos de tomada de decisão de alto esforço

A aquisição, o uso e o descarte, todos envolvem algum tipo de decisão do consumidor – mesmo que a decisão não seja selecionar qualquer uma das alternativas, o que pode acontecer quando há uma incerteza muito grande.[28] Em alguns casos, primeiramente o consumidor toma uma decisão de comprar ou não, e então foca na decisão em si.[29] A decisão de seleção pode, por sua vez, envolver outros aspectos, tais como (a) quais ofertas considerar, (b) quais fatores são importantes para a escolha, (c) qual escolha realmente fazer, (d) tomar uma decisão agora ou adiá-la e (e) como fazer escolhas quando as alternativas não podem ser comparadas. Levamos em conta cada um desses tipos de decisão neste capítulo (veja o Exemplo 9.2). Quando a motivação, a habilidade e a oportunidade dos consumidores de processar informações relevantes para uma decisão são altas, eles concentram muitos esforços na tomada dessas decisões.

Decidindo quais marcas considerar

Conjunto inepto Opções inaceitáveis quando uma decisão é tomada.

Conjunto inerte Opções com relação às quais os consumidores são indiferentes.

Conjunto de considerações Subconjunto de marcas *top of mind* avaliadas quando uma escolha é feita.

Atualmente, os consumidores possuem mais opções que nunca.[30] Com tantas opções disponíveis, muitas vezes eles se encontram primeiramente decidindo se as marcas são classificadas como pertencentes a um **conjunto inepto** (as que são inaceitáveis), um **conjunto inerte** (as tratadas com indiferença) e um **conjunto de considerações** (aquelas entre as quais desejam escolher; veja o Capítulo 8).[31]

O conjunto de considerações é muito importante para os profissionais de marketing, pois afeta entre quais marcas os consumidores estão escolhendo e, portanto, contra quem o profissional de marketing está competindo. As decisões tendem a ser mais fáceis quando o conjunto de considerações contém marcas que podem ser facilmente comparadas.[32] Ainda assim, o simples fato de uma marca estar em um conjunto de considerações não significa que ela obterá muita atenção dos consumidores.[33] No entanto, caso ela obtenha bastante atenção, é mais provável que os consumidores a escolham e que estejam dispostos a pagar mais por esta que por outras alternativas.[34] Caso se concentrem em uma marca por vez, eles tendem a julgar a marca de forma mais positiva que a média das melhores marcas dentro daquela categoria.[35]

A avaliação do consumidor com relação a uma marca do conjunto de considerações depende das demais marcas às quais é comparada. Se uma marca certamente é mais atrativa ou dominante que as demais, fazer uma escolha não requer muito esforço, contudo, a mudança de alternativas do conjunto de considerações pode ter um impacto importante na decisão do consumidor, mesmo sem haver mudança nas preferências.[36] Uma boa marca, por exemplo, pode parecer ainda melhor quando uma marca inferior é adicionada ao conjunto de considerações. Esse **efeito de atração** ocorre porque a marca inferior aumenta a atratividade da marca dominante, tornando a decisão mais fácil.[37]

Efeito de atração Quando a adição de uma marca inferior a um conjunto de considerações aumenta a atratividade da marca dominante.

IMPLICAÇÕES DE MARKETING

A implicação mais importante é o fato de ser fundamental que uma empresa insira sua marca no conjunto de considerações dos consumidores; caso contrário, há poucas chances de que a marca seja escolhida. A repetição do nome da marca e das mensagens das comunicações de marketing é necessária para garantir que o nome da marca seja *top of mind*. Outra forma de tentar obter uma vantagem é promovendo comparações da marca com concorrentes inferiores em vez de iguais ou superiores. Fazer

Exemplo 9.2
Tipos de decisões que os consumidores enfrentam em situações de alto esforço
Em situações de alto esforço, os consumidores muitas vezes são confrontados com diferentes tipos de decisões a serem tomadas. Este quadro descreve as principais delas.

- Decidir quais marcas considerar
  - Conjunto de considerações
- Decidir o que é importante para a escolha
  - Objetivos
  - Tempo
  - Estrutura
- Decidir quais ofertas escolher
  - Decisões fundamentadas em reflexão
    - Marcas
    - Atributos do produto
    - Perdas e ganhos
  - Decisões fundamentadas em sentimentos
    - Avaliações e sentimentos
    - Previsões afetivas
- Decidir se é conveniente tomar uma decisão no momento
  - Adiamento da decisão
- Tomada de decisão quando as alternativas não podem ser comparadas

isso aumenta o efeito de atração e resulta em avaliações mais positivas da marca. Além disso, os profissionais de marketing podem aumentar as vendas de itens com alta margem simplesmente oferecendo uma opção mais cara.[38] Assim, a Panasonic poderia aumentar as vendas de um micro-ondas de US$ 179 oferecendo um modelo ligeiramente maior a US$ 199. O modelo com o preço mais alto pode não vender bem, mas faria que o modelo mais barato parecesse um ótimo negócio.

Decidindo quais critérios são importantes para a escolha

Antes que possam escolher uma oferta específica dentre um grupo de marcas do conjunto de considerações, os consumidores precisam determinar quais critérios são relevantes para a decisão e quão importante é cada critério para sua escolha. A relevância e a importância de vários critérios de decisão, por sua vez, dependem dos objetivos dos consumidores, do tempo de sua decisão e de como esta é estruturada ou representada.

Objetivos

Os objetivos certamente afetam os critérios que conduzirão à escolha do consumidor. Caso esteja tentando escolher entre pedir batatas fritas ou palitos de cenoura para um lanche, por exemplo, focará em diferentes atributos, considerando se o objetivo é "comer algo que não prejudique minha dieta" em vez de "comer algo que faça que eu me sinta bem". Você provavelmente utilizará critérios de decisão diferentes ao comprar cerveja para si mesmo e ao comprar cerveja para uma festa. Você pode comprar uma cerveja mais barata para a festa, pois precisa de uma grande quantidade, mas também pode preocupar-se mais com sua imagem.

Quando o objetivo é tomar uma decisão, os consumidores podem avaliar os produtos com atributos positivos únicos e compartilhar atributos negativos como mais favoráveis que os produtos com atributos negativos únicos que compartilham atributos positivos.[39] Se o objetivo é flexibilidade na hora da escolha, o consumidor buscará uma grande variedade de escolhas; se o objetivo é simplificar a escolha, o consumidor buscará uma pequena variedade.[40] Os consumidores cujo objetivo é influenciar os outros usarão diferentes critérios na hora de escolher entre as marcas usadas por consumidores que não têm esse objetivo.[41]

Além disso, os objetivos dos consumidores podem mudar durante o processo de decisão. Antes de ir a uma loja, por exemplo, você pode ter menos certeza sobre o que deseja comprar – porém, quando está no estabelecimento, seus objetivos podem tornar-se mais certos e concretos.[42] O fato de os objetivos dos consumidores serem focados na prevenção ou na promoção afetará suas decisões. Os consumidores focados em promoções, aqueles cujo objetivo é maximizar os ganhos e resultados positivos, enfatizarão mais sua reflexão sobre o fato de terem as habilidades e a capacidade de usar o produto para atingir o objetivo que buscam e darão menos ênfase à eficácia do produto em si. Os consumidores focados em prevenção, os quais possuem maior aversão ao risco, enfatizam a eficácia do produto em vez de suas habilidades e capacidades de utilizá-lo.[43]

Tempo

O espaço de tempo de uma decisão também afeta os critérios que conduzem nossas escolhas. Conforme discutido no Capítulo 4, a *teoria dos níveis de construção* relaciona como pensamos em (ou construímos) uma oferta. O fato de utilizarmos construções de alto nível (abstratas) ou de baixo nível (concretas) dependem de estarmos tomando uma decisão sobre o que comprar/fazer neste exato momento ou sobre algo que poderemos comprar/fazer no futuro.[44] Caso a decisão seja sobre algo que compraremos ou faremos imediatamente (como a qual restaurante ir neste exato momento), nossas escolhas tendem a ser fundamentadas em *construções de baixo nível* – elementos específicos, concretos, tais como qual é a distância de nossa casa até o restaurante, qual será o preço do jantar e com quem iremos. O oposto é válido para decisões que prevemos tomar posteriormente: nossos critérios tendem a ser mais gerais e abstratos (por exemplo, qual restaurante proporcionará a melhor experiência de jantar). Quando o resultado da decisão for realizado em um futuro distante, os consumidores podem considerar os aspectos hedônicos de uma decisão (o quão bem ela fará que se sintam) como mais importantes que os aspectos mais racionais da decisão (eu realmente posso pagar por isso?).[45]

Estrutura

Estrutura da decisão O ponto de referência inicial ou âncora no processo de decisão

A forma em que cada tarefa é definida ou representada, a **estrutura da decisão**, pode afetar quão importante um critério é para nossa escolha. A estrutura para a compra de um carro, por exemplo, seria (1) comprar um carro econômico pelo qual eu possa pagar ou (2) comprar um carro que impressionará meus amigos. Critérios claramente diferentes serão empregados em ambas as situações. Em função de a estrutura atuar como âncora inicial do processo de decisão, todas as informações subsequentes serão consideradas à luz de tal estrutura.

As primeiras pesquisas sobre estrutura estudaram a disposição das pessoas em assumir riscos em uma aposta. Os resultados mostraram que as pessoas são mais dispostas a assumir riscos quando uma escolha é estruturada de forma a evitar uma perda em vez de adquirir um ganho.[46] Outras pesquisas descobriram que as mensagens estruturadas em termos de perda são mais persuasivas quando os consumidores estão de bom humor, ao passo que as mensagens estruturadas em termos de ganho são mais persuasivas quando os consumidores estão de mau humor.[47] As estruturas de perdas e ganhos também são aplicadas aos processos de compra e venda: quando os resultados são igualmente positivos, os compradores sentem-se melhor com relação a não perder de dinheiro, ao passo que os vendedores sentem-se melhor com relação à conquista de ganhos. Todavia, quando os resultados são igualmente negativos, os compradores sentem-se pior com relação a perdas, ao passo que os vendedores sentem-se pior por não ganharem nada.[48]

As decisões também podem ser suportadas em termos de como o problema é estruturado no ambiente externo, como o fato de a carne ser apresentada como 75% magra ou como tendo 25% de gordura.[49] A estrutura do período de tempo também pode afetar as decisões. Os consumidores veem os prejuízos à saúde como mais imediatos e concretos se estes forem estruturados como ocorrendo todos os dias, mas os consideram menos imediatos e mais abstratos se forem estruturados como ocorrendo todos os anos.[50] Em outro estudo, os compradores industriais que utilizaram o preço baixo como um ponto de referência inicial estavam menos dispostos a assumir riscos que os compradores com um ponto de preço alto ou médio.[51] Da mesma forma, os consumidores reagem mais positivamente quando os profissionais de marketing estruturam o custo de um produto como uma série de pequenos pagamentos (centavos por dia) em vez de como uma despesa grande em uma única vez.[52] Além do mais, um produto estruturado em um contexto de opções com preços altos será considerado menos caro que um estruturado no contexto de opções de preço mais baixo.[53]

O fato de uma decisão ser estruturada positivamente (o quão bom é este produto?) ou negativamente (o quão ruim é este produto?) influencia a avaliação de formas diferentes.[54] Os consumidores são mais propensos a escolher uma marca com alegações negativas feitas a respeito de um concorrente quando a elaboração é baixa, mas uma elaboração mais alta pode levá-los a concluir que as táticas utilizadas são injustas.[55]

Preparar certos atributos, como confiabilidade e criatividade, pode alterar significativamente os julgamentos dos consumidores de ambas as alternativas comparáveis, tais como marcas de câmeras, e as alternativas não comparáveis, como computadores.[56] Essa preparação faz com que os consumidores concentrem seu processamento em atributos específicos em vez de em critérios abstratos. Preparar atributos simbólicos ou hedônicos – tais como associações – com preocupações políticas (reduzir o lixo não biodegradável, por exemplo) em vez de funcionais (sem mais problemas) pode criar uma disposição maior para pagar por itens ou programas sociais.[57] Os consumidores preparados para responder a uma pergunta sobre terem gostado de um produto (ou seja, um produto positivamente estruturado) responderam mais rápido que aqueles preparados para responder a uma questão sobre não terem gostado de um produto (um produto negativamente estruturado).[58]

IMPLICAÇÕES DE MARKETING

Os objetivos, tempo de decisão e a estrutura possuem implicações importantes para o posicionamento e para a segmentação de mercado. Primeiramente, os profissionais de marketing podem classificar uma oferta como consistente com os objetivos dos consumidores ou com as categorias de uso. Dessa forma, os profissionais de marketing podem influenciar a forma com que os consumidores estruturam a decisão e haverá maior probabilidade de que estes considerem a marca e informações importantes relacionadas. O carro Smart, por exemplo, é comercializado como um carro para viagens e para ser estacionado nas pequenas ruas das cidades europeias. Em segundo lugar, os profissionais de marketing podem identificar outros segmentos de consumidores que possuem objetivos relacionados e categorias de contexto de uso similares. Assim, o aplicador de maquiagem eletrônico SK-II Air Touch de US$ 150 é vendido a mulheres que desejam que seus rostos pareçam impecáveis.[59]

Outra estratégia de marketing é estruturar ou reestruturar a decisão. Por exemplo, a Western Union, focando nos recém-imigrados, reestruturou o uso de seus serviços de transferência de dinheiro para enfatizar o aspecto emocional de enviar dinheiro a familiares que permanecerão em casa em vez de focar na velocidade ou no custo da transação.[60] As promoções de vendas geralmente são mais bem-sucedidas quando estruturadas como ganhos em vez de como perdas reduzidas – os consumidores preferem ganhar algo gratuitamente em vez de obter um desconto. Além disso, as decisões dos consumidores também podem ser estruturadas pela localização dos produtos na loja, uma estratégia que influencia as comparações. Colocar o vinho próximo aos alimentos finos, por exemplo, pode estruturar a decisão do consumidor, ampliando-a, uma vez que este poderá planejar ter uma refeição boa e romântica em vez de simplesmente comprar uma garrafa de vinho.

Decidindo qual marca escolher: decisões fundamentadas em reflexões

Pesquisadores propuseram vários modelos de tomada de decisão, cada um dos quais pode descrever precisamente como os consumidores tomam essas decisões de alto esforço. Sendo oportunistas e adaptativos, os consumidores não seguem um processo uniforme todas as vezes que tomam uma decisão.[61] Em vez disso, eles escolhem um modelo ou usam pedaços e partes de diversos modelos, dependendo da situação, e podem empregar uma ou mais regras de decisão, por vezes apenas porque desejam sair da rotina.[62] Além do mais, as escolhas que os consumidores fazem podem estar relacionadas a outras. Tomar uma decisão (comprar um computador) pode conduzir a mais uma decisão (comprar uma impressora), por exemplo.[63]

Os **modelos cognitivos de tomada de decisão** descrevem a forma como os consumidores sistematicamente utilizam as informações sobre atributos para chegar a uma decisão. Pesquisadores também reconheceram que os consumidores podem tomar decisões com base em sentimentos ou emoções, utilizando **modelos afetivos de tomada de decisão**.[64] Portanto, os profissionais de marketing precisam saber como os consumidores fazem escolhas quando a decisão é cognitiva ou mais emocional por natureza.

Os estilos de tomada de decisão podem variar de acordo com as culturas.[65] Alguns norte-americanos, por exemplo, tendem a ser analíticos, a confiar em informações factuais e a buscar soluções para problemas. Em contrapartida, nas culturas asiáticas, e particularmente no Japão, a lógica por vezes tem menos importância que o *kimochi* – o sentimento. Da mesma forma, as pessoas nascidas na Arábia Saudita são mais intuitivas em sua tomada de decisão e evitam a persuasão fundamentada em raciocínios empíricos. Os russos podem dar mais ênfase aos valores que aos fatos, e os alemães tendem a ser mais teóricos e dedutivos. Nas culturas norte-americanas e europeias, as decisões geralmente são tomadas por pessoas que controlam seu próprio destino. Nas culturas asiáticas, o grupo possui importância primordial e as ações são relacionadas como surgidas aleatoriamente ou de outros acontecimentos, em vez de serem controladas pelas pessoas.

Os *modelos cognitivos* descrevem os processos pelos quais os consumidores combinam informações a respeito de atributos para chegar a uma decisão de maneira sistemática e racional. Dois tipos de modelos cognitivos são (1) compensatório *versus* não compensatório e (2) marca *versus* atributo (veja o Exemplo 9.3).

Com um **modelo compensatório**, os consumidores avaliam o quão bom é cada um dos atributos das marcas de seu conjunto de considerações (ou seja, eles fazem julgamentos sobre o que é bom e o que é ruim) e os pesam em termos do quão importantes são

Modelos cognitivos de tomada de decisão Processo pelo qual os consumidores combinam itens de informações sobre atributos para chegar a uma decisão.

Modelos afetivos de tomada de decisão Processo pelo qual os consumidores baseiam sua decisão em sentimentos e emoções.

Modelo compensatório Modelo de análise mental de custo-benefício em que as características negativas podem ser compensadas por características positivas.

Exemplo 9.3
Tipos de modelos cognitivos de escolha
Os modelos cognitivos de tomada de decisão podem ser classificados em duas dimensões principais: (a) se o processamento ocorre com uma marca por vez ou um atributo por vez e (b) se eles são compensatórios (os atributos ruins podem ser compensados por bons atributos) ou não compensatórios (um atributo ruim elimina a marca).

	Compensatório	Não compensatório
Processamento por marca	Modelos multiatributos	Modelo conjuntivo / Modelo disjuntivo
Processamento por atributo	Modelo de diferença aditiva	Modelo lexicográfico / Modelo de eliminação por aspectos

para suas decisões. A marca que obtiver a melhor pontuação geral (atributos bons vezes a importância somada ao longo de todos os atributos da marca) é aquela que o consumidor escolhe. Esse é um tipo de análise de custo-benefício mental em que uma avaliação negativa de um atributo pode ser compensada pelas características positivas dos demais (por conta disso, tem o nome *compensatório*). Por exemplo, para alguns consumidores norte-americanos, uma característica negativa dos produtos chineses é que eles não são feitos nos Estados Unidos. Entretanto, essa avaliação pode ser superada caso os produtos sejam avaliados positivamente em outros critérios considerados importantes, tais como o preço.

Modelo não compensatório
Modelo de decisão simples em que informações negativas levam à rejeição da opção.

Níveis de corte Para cada atributo, o ponto no qual uma marca é rejeitada por um modelo não compensatório.

Em um **modelo não compensatório**, os consumidores utilizam informações negativas para avaliar as marcas e imediatamente eliminar do conjunto de considerações aquelas que são inadequadas em qualquer um dos atributos, ou nos mais importantes.[66] Tais modelos são chamados *não compensatórios* porque uma avaliação negativa de um atributo-chave elimina a marca, como é o caso quando alguns consumidores norte-americanos rejeitam um produto por este ser produzido no exterior. Os modelos não compensatórios exigem menos esforço cognitivo que os modelos compensatórios, pois os consumidores definem **níveis de corte** para cada atributo e rejeitam qualquer marca com atributos avaliados como inferiores ao nível de corte. Assim, caso as marcas no conjunto de considerações dos consumidores sejam similares em questão de atratividade, eles devem despender mais esforços para tomar uma decisão e provavelmente utilizarão um modelo compensatório.[67]

IMPLICAÇÕES DE MARKETING

Dado que modelos diferentes podem levar a escolhas diferentes, às vezes os profissionais de marketing podem desejar mudar o processo pelo qual os consumidores tomam uma decisão. Por exemplo, se a maioria dos consumidores estiver utilizando uma estratégia compensatória, mudá-los para uma estratégia não compensatória pode ser vantajoso, especialmente se os produtos dos concorrentes possuem uma grande fraqueza. Convencendo os consumidores a não aceitarem nível mais baixo de um atributo importante – isto é, não compensar o atributo –, os profissionais de marketing podem instigar alguns consumidores a rejeitarem a consideração dos produtos dos concorrentes. Pense nos tênis Starbury de US$ 14,98 da Steve & Barry's, em homenagem à estrela do basquete Stephon Marbury. Ver Marbury usar esses tênis durante os grandes jogos levou alguns consumidores a rejeitarem tênis caros a favor dos tênis Starbury.[68]

Quando os consumidores rejeitam uma marca utilizando uma estratégia não compensatória, os profissionais de marketing podem tentar fazer com que mudem e utilizem uma estratégia compensatória, argumentando que os outros atributos compensam um atributo negativo. Para ilustrar, a propaganda de marcas *premium*, caras, muitas vezes reforça as razões pelas quais suas ofertas valem o dinheiro extra; dessa forma os consumidores não as rejeitam somente com base no preço.

Decisões fundamentadas em marcas

Ao tomar uma decisão, os consumidores podem avaliar *uma marca por vez*. Assim, um consumidor que compra um laptop pode coletar informações sobre um modelo da Apple e fazer um julgamento sobre ele antes de ir para a próxima marca. Esse tipo de **processamento de marca** ocorre frequentemente, pois o ambiente – propagandas, negociações etc. – é muitas vezes organizado por marcas.

Muitas pesquisas têm focado nos modelos compensatórios fundamentados em marcas, também chamados **modelos multiatributo de valor de expectativa**.[69] Um modelo multiatributo, a teoria da ação fundamentada (TORA, sigla em inglês), foi discutido no Capítulo 5. Observe que, ao considerar atributos múltiplos, os consumidores costumam dar maior peso àqueles que são compatíveis com seus objetivos.[70] Os modelos multiatributos podem ser pesados tanto emocionalmente como cognitivamente quando os consumidores precisam realizar compensações entre os atributos.[71] Por exemplo, os consumidores que enfrentam compensações emocionais difíceis entre preço e qualidade podem superá-las escolhendo a oferta de maior qualidade,[72] e alguns podem simplesmente evitar realizar compensações entre atributos conflitantes.[73]

Utilizando um **modelo conjuntivo**, os consumidores definem cortes *mínimos* para *cada* atributo que representem o valor absoluto mais baixo que estão dispostos a aceitar.[74] Por exemplo, um consumidor pode desejar pagar menos de US$ 20 por mês para financiar uma viagem curta e, portanto, rejeitar qualquer alternativa com um custo mensal maior. Assim, a companhia marítima Carnival providenciou financiamentos para permitir que os consumidores pagassem um cruzeiro de três dias que custava US$ 299 em dois anos por US$ 14 ao mês. "Algumas pessoas ainda veem os cruzeiros como algo muito caro", diz um executivo da Carnival. "Isso só nos ajudou a superar esse obstáculo."[75] Em função de os cortes representarem os níveis de força de crença mínimos, a psicologia de um modelo cognitivo é proibir as alternativas não adequadas (isto é, fugir das "alternativas ruins") o mais rápido possível, algo que os consumidores fazem pesando informações negativas.

O **modelo disjuntivo** é semelhante ao modelo conjuntivo, com duas importantes exceções. Primeira, o consumidor estabelece níveis *aceitáveis* para os cortes – níveis que são mais desejáveis (ou seja, encontrar os "bons"). Assim, mesmo que US$ 20 por mês possa ser o maior pagamento mensal que um consumidor aceite por uma viagem, US$ 14 por mês pode ser mais aceitável. Segunda, o consumidor fundamenta as avaliações em diversos dos atributos *mais importantes* em vez de em apenas um deles, colocando o peso nas informações positivas. Utilizando as descrições fornecidas, veja se consegue decidir qual marca escolheria entre o conjunto de marcas do Exemplo 9.4, utilizando primeiramente o modelo multiatributo de tomada de decisão, em seguida o conjuntivo e, por fim, o modelo disjuntivo. Observe que os consumidores podem utilizar diversos modelos de tomada de decisão. Quando o conjunto de considerações é grande, eles podem utilizar o modelo conjuntivo ou disjuntivo para eliminar marcas indesejáveis e, em seguida, realizam sua escolha final entre as marcas remanescentes, empregando o modelo de multiatributo.[76]

Processamento da marca Avaliação de uma marca por vez.

Modelo multiatributo de valor de expectativa Tipo de modelo compensatório fundamentado na marca.

Modelo conjuntivo Modelo não compensatório que estabelece cortes mínimos para rejeitar opções "ruins".

Modelo disjuntivo Modelo não compensatório que estabelece cortes aceitáveis para encontrar opções que sejam "boas".

IMPLICAÇÕES DE MARKETING

Os modelos compensatórios fundamentados em marcas ajudam os profissionais de marketing a compreender quais alternativas os consumidores podem rejeitar ou escolher e as crenças que estes têm com relação aos resultados ou atributos associados com um produto. Caso os consumidores não acreditem fortemente que resultados ou atributos positivos estejam associados com uma decisão, os profissionais de marketing devem reforçar esses resultados ou atributos por meio do marketing, a fim de reforçar as crenças dos consumidores (veja o Exemplo 9.5). O carro Tata Nano, minúsculo e sem firulas, comercializado na Índia, é o mais barato do mundo. A Tata promove a eficiência de consumo de combustível do Nano e a capacidade para quatro passageiros para compensar o tamanho do carro e a falta de ar-condicionado, de freios poderosos e de outras comodidades.[77]

Os profissionais de marketing podem atribuir limitações, alterando o produto e comunicando seus aprimoramentos aos consumidores. Contudo, quando as empresas realizam muitas mudanças para remover as desvantagens competitivas, podem afastar os consumidores de diversas ofertas competitivas, mas também podem estar reduzindo a diferenciação. Portanto, os profissionais de marketing devem considerar os efeitos a longo prazo dos aprimoramentos.[78]

Exemplo 9.4
Qual apartamento você escolheria?

Imagine que você tenha visitado cinco apartamentos (A, B, C, D e E) e esteja tentando decidir qual deles alugar. Você determinou quais atributos prefere (o custo é o atributo mais importante, seguido pelo tamanho e pela localização). Após visitar cada apartamento, você avalia quão bom cada um deles é em cada atributo. Qual apartamento você alugaria se empregasse as seguintes regras de decisão? Observe que regras de decisão diferentes podem conduzir a escolhas diversas.

Avaliações de marcas como boas ou ruins com base em informações recuperadas da memória ou geradas por meio de busca externa (5 = muito bom neste atributo; 1 = péssimo neste atributo).

Peso de importância deste atributo com base em necessidades, valores e objetivos (pontuações mais altas significam que são mais importantes: os pesos são somados até 100).

Critérios de avaliação	A	B	C	D	E	Importância
Custo	5	3	4	4	2	35
Tamanho	3	4	5	4	3	25
Localização	5	5	5	2	5	20
Vista	1	3	1	4	1	15
Possui uma piscina	3	3	4	3	5	5

Apartamento escolhido com base em:
1. Modelo compensatório (soma de Avaliação × Importância)) _____
2. Modelo conjuntivo (corte mínimo definido como 2) _____
3. Modelo disjuntivo (corte aceitável definido como 3) _____
4. Modelo lexicográfico (comparação de critérios de avaliação em ordem de importância) _____
5. Eliminação por modelo de aspectos (corte aceitável definido como 3) _____

Respostas: 1 = C; 2 = B ou D; 3 = B; 4 = A; 5 = B

Os modelos de decisão também podem ajudar os profissionais de marketing a planejar as comunicações de marketing, especialmente os anúncios comparativos. Pesquisas mostram que os consumidores com pouco compromisso com uma marca colocarão pouco peso em informações negativas, pois as veem como mais diagnósticas.[79] A Home Depot, por exemplo, compete com a Lowe's e outros rivais que fazem a propaganda de bons serviços e seleção de produtos. Para contrapor as percepções negativas de seu serviço de atendimento ao consumidor, a Home Depot contratou especialistas em encanamentos e eletricidade para trabalhar em suas lojas e alteraram o horário de reposição de mercadorias para o período noturno; assim, seus funcionários poderiam dedicar mais tempo ao atendimento aos clientes.[80]

Exemplo 9.5
Promovendo atributos compensatórios

Às vezes, os profissionais de marketing tentam superar as características negativas de um produto focando nas características positivas (um processo compensatório). Aqui, a característica positiva da carne (proteína) é reforçada para superar sua imagem de saúde negativa.

Decisões fundamentadas nos atributos do produto

A discussão anterior descreveu como os consumidores fazem escolhas quando processam primeiramente as informações de uma marca por vez. Aqui, discutiremos o **processamento de atributos**, o qual ocorre quando os consumidores comparam *um atributo por vez* entre as marcas, como o preço de cada uma delas. Embora a maior parte dos consumidores prefira o processamento de atributos, por ser mais fácil que o processamento de marcas, eles não podem sempre encontrar informações disponíveis de uma maneira que o facilite. Tal situação é responsável pelo aumento da popularidade dos agentes de compras. Um estudo descobriu que a inclusão de certo atributo na lista de recomendações de um agente de compras proporciona maior proeminência ao atributo.[81]

Processamento de atributos Comparação de marcas por seus atributos, um de cada vez.

De acordo com o **modelo de diferença aditiva**, as marcas são comparadas por atributos, *duas marcas por vez*.[82] Os consumidores avaliam as diferenças entre as duas marcas com relação a cada atributo e, então, as combinam em uma preferência geral. Esse processo permite a compensação entre atributos – isto é, determinada diferença positiva de um atributo pode anular uma diferença negativa de outro.

Modelo de diferença aditiva Modelo compensatório no qual marcas são comparadas por atributos, duas marcas de cada vez.

No **modelo lexicográfico**, os consumidores ordenam os atributos em termos de importância e comparam as opções destacando um atributo por vez, iniciando com o mais importante. Caso uma opção domine, o consumidor a seleciona. No caso de um empate, os consumidores recorrem ao segundo atributo mais importante e seguem nesse processo até que reste apenas uma opção. Um empate pode ocorrer se a diferença entre duas opções em qualquer atributo esteja abaixo da diferença notável: uma marca com preço de US$ 2,77 e outra precificada a US$ 2,79 poderiam ser consideradas empatadas com relação ao preço.

Modelo lexicográfico Modelo não compensatório que compara marcas por atributos, um de cada vez, em ordem de importância.

O **modelo de eliminação por aspectos** é semelhante ao modelo lexicográfico, porém incorpora a noção de um *corte aceitável*.[83] Esse modelo não é tão rígido quanto o modelo lexicográfico e é mais provável que mais atributos sejam levados em conta. Os consumidores ordenam os atributos primeiro em termos de importância e, em seguida, comparam as opções do atributo mais importante. As opções localizadas abaixo do corte são eliminadas, e os consumidores continuam o processo até que reste apenas uma opção. Utilizando novamente as informações do Exemplo 9.4, pense em qual marca você selecionaria caso utilizasse os diversos modelos de decisão descritos no quadro.

Modelo de eliminação por aspectos Semelhante ao modelo lexicográfico, porém com a adição da noção de cortes aceitáveis.

IMPLICAÇÕES DE MARKETING

O modelo de diferença aditiva ajuda os profissionais de marketing a determinar quais atributos ou resultados apresentam as maiores diferenças entre as marcas e a utilizarem tal conhecimento para aprimorar e posicionar de forma adequada sua marca. Caso uma marca tenha desempenho inferior ao de um concorrente importante em determinado atributo, a empresa precisa aprimorar as crenças dos consumidores com relação à superioridade do produto. Em contrapartida, se uma marca obtém um desempenho significativamente melhor que o dos concorrentes em um atributo-chave, os profissionais de marketing devem melhorar as crenças dos consumidores, enfatizando essa vantagem. Para ilustrar, o restaurante de *fast food* sul-africano Africa Hut tornou-se popular por diferir de todos os outros concorrentes em um atributo-chave: ele serve pratos tradicionais locais, tais como *pap* (creme de milho) e *malam-agodu* (miúdos).[84]

Caso muitos consumidores estejam empregando o modelo lexicográfico e a marca seja fraca no atributo mais importante, a empresa precisa aprimorar essa característica a fim de ter sua marca selecionada. Além disso, os profissionais de marketing podem tentar mudar a ordem de importância dos atributos para que uma vantagem de marca importante seja um atributo essencial.

Identificar os níveis de corte dos consumidores pode ser muito útil para os profissionais de marketing. Caso uma oferta esteja abaixo de qualquer um dos níveis de corte que vários consumidores definem, será frequentemente rejeitada, o que significa que os profissionais de marketing devem mudar as crenças dos consumidores com relação a esses atributos. Mais consumidores na China, por exemplo, estão considerando os utilitários esportivos em função da capacidade de carga desses veículos e do grande fator de segurança, mas também são muito conscientes com relação ao preço. Dessa forma, a ZXAuto e outros fabricantes locais produzem utilitários esportivos semelhantes aos modelos japoneses ou norte-americanos, mas com preços mais baixos que os dos modelos estrangeiros.[85] Os profissionais de marketing também podem influenciar a escolha da marca afetando a forma com que os atributos são estruturados (ou seja, se isso é feito de maneira negativa ou positiva). Os consumidores podem não gostar de escolher uma marca que esteja estruturada com 25% de gordura, e podem gostar mais de uma estruturada com 75% menos de gordura. Embora ambas as marcas tenham a mesma quantidade de gordura, uma é estruturada em termos positivos (magra) e a outra em termos negativos (gordura).[86]

Decisões fundamentadas em ganhos e perdas

A discussão anterior descreve os diferentes tipos de modelos que os consumidores podem utilizar para tomar decisões. Entretanto, pesquisas mostram que as decisões que os consumidores tomam também dependem de eles estarem estimulados a buscar ganhos ou a evitar perdas. De acordo com a *teoria do prospecto*, as perdas parecem maiores que os ganhos para os consumidores mesmo quando os dois resultados são da mesma magnitude.[87] Por exemplo, quando foi pedido que definissem um preço para um item que seria trocado, os vendedores tipicamente pediram um preço bem mais alto (pois estavam vivenciando a perda de um item) que os compradores estão dispostos a pagar (ganhando o item). Isso tem sido chamado **efeito de dotação**, pois a propriedade aumenta o valor associado ao item (assim como a perda).

Efeito de dotação Quando a propriedade aumenta o valor de um item.

Do mesmo modo, os consumidores têm uma reação muito mais forte a aumentos de preços que a reduções destes e podem ser mais relutantes para realizar *upgrades* de itens caros e duráveis. Assim, os consumidores podem evitar tomar decisões em um nível maior quando a decisão envolve perdas em comparação aos ganhos. Esse efeito tem sido demonstrado em meio a diversos produtos/serviços, incluindo vinho, bilhetes de loteria, ingressos para jogos de futebol e coberturas de pizza.

Além disso, os objetivos dos consumidores focados em promoções ou prevenções influenciarão esse processo. Os consumidores focados em prevenção, por exemplo, tendem a preservar o *status quo* em vez de tomar uma decisão que resultará em uma mudança, pois desejam evitar perdas. Em contrapartida, os consumidores focados em promoções são mais dispostos a experimentar coisas novas caso pensem que mudar o *status quo* vai ajudá-los a atingir seus objetivos de crescimento e desenvolvimento.[88]

(**IMPLICAÇÕES DE MARKETING**)

A teoria do prospecto possui diversas implicações importantes de marketing. Em primeiro lugar, os consumidores estarão mais avessos ao risco e não dispostos a comprar o produto quando a decisão envolver perdas. Assim, os profissionais de marketing devem realizar esforços para reduzir os riscos e possíveis perdas. Essa situação é um dos principais motivos pelos quais os fabricantes e os varejistas oferecem ofertas como "garantia de todo o dinheiro de volta" ou "nenhum aperto com dinheiro por 12 meses sem juros", bem como oferecem programas de garantia. Em segundo, os consumidores reagirão de forma mais negativa a aumentos de preço ou a itens caros se comparados à reação positiva à redução de preços. Assim, os profissionais de marketing precisam considerar cuidadosamente o montante de dinheiro do aumento de preço (isto é, quanto maior for o aumento, mais forte será a reação negativa). Adicionalmente, isso sugere que os profissionais de marketing devem, se possível, tentar estruturar esses aumentos como ganhos em vez de perdas (isto é, o benefício aumentado que o consumidor pode obter a partir de um item caro).

Decidindo qual marca escolher: decisões fundamentadas em sentimentos

Tomada de decisão afetiva Decisões fundamentadas em sentimentos e emoções.

Da mesma forma que os consumidores podem tomar decisões fundamentadas em reflexões de alto esforço, podem também tomar decisões fundamentadas em sentimentos de alto esforço. Em uma **tomada de decisão afetiva**, os consumidores tomam uma decisão porque sua escolha parece ser a certa, em vez de porque realizaram uma avaliação detalhada e sistemática das ofertas. Ou podem decidir que a opção escolhida parece o encaixe perfeito, independentemente de um processamento cognitivo anterior.[89] Os consumidores que tomam decisões fundamentadas em sentimentos tendem a ficar mais satisfeitos posteriormente que aqueles que tomam decisões com base nos atributos dos produtos.[90] Além disso, as emoções também podem ajudar a tomada de decisão fundamentada em reflexão, uma vez que podem ajudar os consumidores a organizar seus pensamentos e realizar julgamentos mais rapidamente.[91]

Conforme vimos no Capítulo 6, as marcas podem ser associadas a emoções positivas, como amor, felicidade, orgulho e júbilo, bem como a emoções negativas, como culpa, ódio, medo, ansiedade, raiva, tristeza, vergonha e ganância. Tais emoções podem ser resgatadas para desempenhar um papel central no processo de decisão, especialmente quando os consumidores as consideram relevantes para a oferta.[92] Esse processamento afetivo é frequentemente fundamentado em experiências.[93] Em outras palavras, os consumidores selecionam uma opção com base em seu resgate de experiências passadas e dos sentimentos associados. Quando os consumidores escolhem entre as marcas que guardaram na memória, têm de trabalhar mais duro para processar informações, portanto, seus sentimentos carregam um peso considerável. Por outro lado, quando escolhem entre marcas com base em informações de anúncios ou outros estímulos externos, eles podem focar mais nos atributos das ofertas e menos em seus sentimentos.[94]

Os sentimentos dos consumidores são particularmente essenciais para as ofertas com aspectos hedônicos, simbólicos ou estéticos,[95] e também influenciam as decisões com relação ao que consumiremos e por quanto tempo.[96] Costumamos comprar ofertas que nos fazem sentir bem mais frequentemente e por períodos mais longos que aquelas que não possuem tais efeitos. Observe que, às vezes, os consumidores compram um produto, como uma joia, simplesmente para se sentirem melhor. Em outras situações, fazem uma escolha por causa de um sentimento negativo, comprando um produto por culpa ou vergonha.

Avaliações e sentimentos

Conforme vimos no Capítulo 2, a *teoria da avaliação* examina como nossas emoções são determinadas pela forma como pensamos ou "avaliamos" uma situação.[97] Essa teoria também explica como e por que certas emoções (incluindo aquelas trazidas de decisões anteriores) podem afetar julgamentos e escolhas futuras. As pessoas que estão com medo tendem a ver mais risco em situações novas que aquelas que estão irritadas, por exemplo. Em situações que envolvem a disposição de objetos, as pessoas que não estão satisfeitas tendem a ver tal atividade como uma oportunidade para desfazer-se daquilo que possuem atualmente, ao passo que as pessoas tristes tendem a vê-las como oportunidades para mudar suas circunstâncias.[98] Até mesmo a reação emocional ao fato de um produto desejado não estar disponível em estoque pode afetar os sentimentos de um consumidor com relação a compras subsequentes no mesmo ambiente e as avaliações destas.[99]

Previsões e escolhas afetivas

As previsões dos consumidores que sentirão no futuro – a **previsão afetiva** – podem influenciar as escolhas que fazem hoje. Por exemplo, uma pessoa pode comprar uma lavadora de louça após prever o alívio que sentirá ao ter o aparelho para lidar com esse afazer que consome tempo. Pode-se decidir ir ao México em vez de ao Colorado nas férias por achar que a viagem ao México será mais relaxante. Conforme exibido no Exemplo 9.6, podemos prever (1) como achamos que nos sentiremos como consequência de uma decisão, (2) quão intensamente teremos esse sentimento e (3) por quanto tempo esse sentimento perdurará. Qualquer uma dessas previsões pode afetar nossa decisão de ir ou não ao México. É importante lembrar que a previsão afetiva, todavia, nem sempre é precisa e que nós podemos estar errados com relação a qualquer uma ou a todas as previsões observadas anteriormente.[100] Consequentemente, após nossas férias, em vez de nos sentirmos relaxados, podemos nos sentir estressados; em vez de nos sentirmos extremamente relaxados, podemos nos sentir apenas um pouco relaxados; ou, em vez de nos sentirmos relaxados por uma semana,

Previsão afetiva Uma previsão de como você se sentirá no futuro.

Exemplo 9.6
Previsão afetiva
A previsão afetiva ocorre quando os consumidores tentam prever como se sentirão em uma situação de consumo futura. Especificamente, eles podem tentar prever quais sentimentos terão, o quão forte serão esses sentimentos e por quanto tempo durarão.

O que sentirei?	O quanto sentirei?	Por quanto tempo me sentirei assim?
• Valência (boa ou ruim) • Natureza do sentimento (emoção específica, como felicidade, arrependimento, culpa, vergonha)	• Intensidade	• Duração

nossos sentimentos pós-férias de relaxamento podem durar somente até chegarmos em casa (e vermos a pilha de trabalho que temos de fazer a partir daquele momento).

Enquanto a antecipação de níveis de felicidade pós-decisão (ou relaxamento, conforme ilustrado no exemplo anterior) pode influenciar as escolhas que os consumidores fazem, o arrependimento antecipado de tomar uma decisão errada também pode. Por exemplo, se os consumidores estiverem participando de um leilão e pressentirem um sentimento de profundo arrependimento caso outro arrematante ganhe, farão uma oferta mais alta para um item do que fariam em outra situação.[101] Da mesma forma, os consumidores que antecipam o arrependimento de saber depois que o preço da liquidação de hoje era melhor que um preço futuro têm maior probabilidade de comprar o produto hoje.[102]

Imaginação

A imaginação desempenha um papel fundamental na tomada de decisão emocional.[103] Os consumidores podem tentar se imaginar consumindo o produto ou serviço e podem utilizar quaisquer emoções que sintam como contribuição para a decisão. Ao escolher o roteiro de férias, é possível imaginar a empolgação que se sentirá ao estar em cada destino. Caso essas imagens sejam agradáveis (ou negativas), exercerão uma influência positiva (ou negativa) em seu processo de decisão. A imaginação também pode inspirar no consumidor o desejo e a fantasia por determinados produtos.[104] Convidar o consumidor a interagir com um produto por meio de uma demonstração on-line pode evocar imagens mentais vívidas do uso do produto e aumentar as intenções de compra.[105]

Na verdade, a adição de informações torna o processamento imaginário mais fácil, pois mais informações permite que os consumidores formem uma imagem precisa mais facilmente (embora isso possa levar a uma *sobrecarga de informações* no processamento cognitivo). Por exemplo, os consumidores que veem um anúncio que pede que imaginem o quão bem se sentiriam utilizando o produto anunciado têm possibilidade de reagir positivamente e de gostar mais do produto.[106] Além disso, a imaginação encoraja o processamento com base na marca, pois as imagens são organizadas por marca e não por atributo. Ademais, as empresas que criam novos produtos encorajando os clientes a imaginar ou criar uma nova imagem em vez de resgatar uma imagem da memória podem produzir designs de produtos mais originais.[107]

IMPLICAÇÕES DE MARKETING

Os profissionais de marketing podem empregar diversas técnicas de propaganda, de vendas e promocionais para agregar uma experiência emocional e imaginária envolvendo uma oferta. O bom serviço ou uma atmosfera agradável em um hotel, um restaurante ou uma loja, por exemplo, podem produzir sentimentos e experiências positivas nos consumidores, as quais podem influenciar suas escolhas futuras. É por esse motivo que a rede de hotéis Ritz-Carlton gasta tanto tempo e dinheiro treinando seus 35 mil funcionários para que ofereçam serviços exemplares e façam que todos os hóspedes sintam-se mimados.[108]

A Nike tem utilizado a imaginação há muito tempo para ajudar os consumidores a sentirem a emoção e a satisfação de obter excelência nas atividades esportivas que amam. Sua famosa campanha "Just Do It" ofereceu encorajamento a atletas de todas as idades e categorias. De maneira semelhante, sua campanha "Become Legendary" ligou as aspirações da juventude a estrelas atualmente estabelecidas, como Derek Jeter, com o lançamento do novo tênis de alto desempenho Air Jordan.[109]

Decisões adicionais de alto esforço

Além de decidir quais marcas incluir em um conjunto de considerações, decidir o que é importante para a escolha e quais ofertas escolher, os consumidores em situações de alto esforço enfrentam mais duas decisões primordiais. Primeiro, eles devem adiar a decisão ou tomá-la imediatamente? E, em segundo lugar, como eles podem tomar uma decisão quando as alternativas não podem ser comparadas?

Adiamento da decisão

Caso os consumidores vejam a decisão como muito arriscada ou caso ela exija uma tarefa desagradável, eles podem adiar a tomada de uma decisão.[110] Outro motivo para adiar uma decisão é se os consumidores sentem-se incertos sobre como obter informações sobre o produto.[111] Adiar uma decisão pode afetar a avaliação de um consumidor com relação a marcas que possuam características em comum, independentemente de tais características serem positivas ou negativas. Especificamente, o adiamento parece tornar as características compartilhadas mais fáceis de resgatar e, por isso, possui um impacto maior nas avaliações dos consumidores das marcas em questão.[112]

(**IMPLICAÇÕES DE MARKETING**)

Os profissionais de marketing devem encorajar os consumidores a decidir uma compra imediatamente? Diversas técnicas de vendas, incluindo cupons e descontos, estão disponíveis somente aos consumidores que agem rapidamente. Em contrapartida, se os consumidores adiam a tomada de decisões, os profissionais de marketing podem ter mais tempo para oferecer informações adicionais a fim de reforçar as chances de sua marca ser escolhida. A Apple utilizou essa estratégia de vantagem positiva quando promoveu o lançamento de seu iPhone meses antes de o produto estar disponível. Na época em que o produto realmente estava disponível, vários consumidores estavam dispostos a esperar horas somente pela chance de estar entre os primeiros a comprar o iPhone.[113]

Tomada de decisão quando as alternativas não podem ser comparadas

Às vezes, os consumidores precisam escolher entre um conjunto de opções que não podem ser diretamente comparadas com relação aos mesmos atributos. Por exemplo, você pode estar tentando selecionar um entretenimento para o próximo fim de semana e pode ter a opção de ir ao cinema, comer em um bom restaurante, alugar um filme ou ir a uma festa. Cada alternativa possui atributos diferentes, tornando difíceis as comparações entre elas.

Ao tomar tais **decisões não comparáveis**, os consumidores adotam uma estratégia fundamentada em alternativas ou em atributos.[114] Utilizando a **estratégia fundamentada em alternativas** (também chamada *processamento de cima para baixo*), eles desenvolvem uma avaliação geral de cada opção – talvez utilizando uma estratégia compensatória ou afetiva – e fundamentam sua decisão nela. Caso esteja decidindo sobre a diversão do fim de semana, por exemplo, poderia avaliar os prós e contras de cada opção de forma independente e, em seguida, escolher aquela que mais lhe agradou.

Com o uso da **estratégia fundamentada em atributos**, os consumidores tornam as comparações mais fáceis para si mesmos, formando representações abstratas que vão permitir comparar as opções (Exemplo 9.7). Nesse tipo de processamento de baixo para cima, a escolha é construída ou criada. Para realizar uma comparação mais direta de opções para uma decisão sobre entretenimento, por exemplo, você poderia construir atributos abstratos para elas, como "divertido" ou "tem probabilidade de impressionar a pessoa com quem estou saindo". Em função do fato de se utilizar abstrações para simplificar o processo de tomada de decisão, os consumidores tendem a utilizá-las mesmo quando as opções são fáceis de ser comparadas.[115]

Observe que ambas as estratégias podem ser empregadas em circunstâncias diferentes, portanto, quando as alternativas são menos comparáveis, os consumidores tendem a utilizar uma estratégia fundamentada em alternativas, pois é mais difícil que criem abstrações de atributos.[116] As estratégias fundamentadas em alternativas também podem ser utilizadas por consumidores que têm objetivos bem definidos,

Exemplo 9.7
Utilizando estratégias fundamentadas em atributos para opções não comparáveis
Às vezes, os consumidores têm dificuldades para fazer escolhas não comparáveis, tais como escolher entre diferentes destinos de férias, e, por isso, utilizam atributos abstratos, como "diversão" ou "beleza".

Decisões não comparáveis Processo de tomar decisões sobre produtos ou serviços de categorias diferentes.

Estratégia fundamentada em alternativas Fazer uma escolha não comparável com base em uma avaliação geral.

Estratégia fundamentada em atributos Fazer escolhas não comparáveis por meio de representações abstratas de atributos comparáveis.

pois eles podem recordar facilmente as diversas opções e seus resultados. Por exemplo, se seu objetivo é encontrar coisas agradáveis para fazer com uma pessoa com quem esteja saindo, você pode recordar-se imediatamente de um conjunto de opções, como ir ao cinema ou jantar fora, juntamente com sua avaliação geral de cada opção. Então, você elegeria a opção com a avaliação mais forte. Por outro lado, quando os consumidores não têm objetivos bem definidos, tendem a utilizar o processamento fundamentado em atributos.

Lembre-se de que o preço muitas vezes é o único atributo em que as alternativas podem ser comparadas diretamente. Os consumidores tipicamente utilizam o preço para rastrear alternativas para o conjunto de considerações em vez de como uma base de comparação principal entre alternativas não comparáveis. Desse modo, ao escolher entre alternativas de entretenimento, você pode utilizar o custo para gerar um conjunto de opções que são razoavelmente acessíveis e, em seguida, utilizar uma estratégia fundamentada em alternativas ou atributos para tomar a decisão final.

IMPLICAÇÕES DE MARKETING

Em função da maneira como os consumidores abordam as decisões não comparáveis, os profissionais de marketing devem ver cada produto ou marca concorrente em termos amplos, bem como compreender de que modo o produto ou marca é classificada com relação a concorrentes específicos. Quando os consumidores estão decidindo seu destino de férias, por exemplo, suas alternativas podem refletir a concorrência entre diferentes tipos de destinos (tais como cidades ou praias), atividades (tais como ir a museus ou surfar), e assim sucessivamente. Portanto, os profissionais de marketing podem identificar os atributos abstratos que os consumidores utilizam para fazer essas avaliações não comparáveis. Destacar um atributo como "divertido", por exemplo, poderia facilitar a comparação de produtos por parte dos consumidores. Além disso, as comunicações sobre destinos turísticos, como a Escócia, poderiam conter diversos atributos (cursos de golfe, áreas de pesca, pontos roteiros históricos) e sugerem como visitar o destino se encaixará no atributo "divertido".[117] A precificação também é uma tática importante para que uma marca seja inserida no conjunto de considerações quando os consumidores não podem comparar diretamente os atributos das diversas alternativas. Dessa forma, os profissionais de marketing de turismo utilizam promoções de preços para atrair a atenção dos consumidores e para encorajá-los a fazer mais comparações com base em seus objetivos ou em atributos individuais.

O que afeta decisões de alto esforço?

Como já foi visto, os consumidores podem utilizar várias estratégias diferentes ao tomar decisões. Entretanto, a melhor estratégia a utilizar para tomar uma decisão específica depende do consumidor e da natureza da decisão.[118] Esta seção final abordará como as características de (a) consumidores, (b) a situação em que estão e (c) o grupo do qual são parte podem afetar suas decisões.

Características dos consumidores

As características associadas aos consumidores – tais como seus conhecimentos, humor, aversão a extremos, pressão de tempo e experiências metacognitivas – podem afetar as decisões que eles tomam.

Conhecimentos

Há mais chances de que os consumidores compreendam suas preferências e decisões quando possuem "vocabulários de consumo" (repertórios) detalhados – o que significa que eles podem articular exatamente por que gostam ou não das marcas. Por exemplo, um consumidor que é especialista em vinhos pode saber que gosta de vinhos macios, secos e suaves, ao passo que um novato pode não saber como articular essas preferências.[119] Os consumidores que possuem esse "vocabulário de consumo" podem utilizar mais atributos e informações ao tomar uma decisão. Os consumidores especialistas possuem experiência anterior mais fundamentada em marcas e conhecimentos e, como resultado, tendem a utilizar estratégias de decisão fundamentadas em marcas.[120] Tais consumidores sabem como identificar informações relevantes e ignorar atributos irrelevantes em sua tomada de decisão. Quando os consumidores consideram informações complexas, podem simplificar a tarefa de processamento focando mais em efeitos da marca e menos em atributos, especialmente se enfrentam mais que uma tarefa de escolha complexa.[121]

Humor

Os consumidores que estão razoavelmente de bom humor acabam ficando mais dispostos a processar informações e levar mais tempo para tomar uma decisão que aqueles que não estão de bom humor.[122] Quando estão de bom humor, os consumidores que prestam mais atenção a um conjunto de marcas que está sendo considerado e pensam em um número mais alto de atributos conectados a cada marca, processo este que pode resultar em avaliações mais extremas (tanto positivas como negativas).[123] Outro estudo mostrou que os consumidores em um estado de humor de maior agitação – sentindo-se empolgados ou muito tristes, por exemplo – costumam processar informações de modo menos minucioso. A recordação também é afetada, isto é, os consumidores que estão de mau humor acabam ficando mais propensos a recordar de maneira mais precisa o que uma mensagem de marketing diz, um fator que pode afetar quais atributos eles consideram ao fazer suas escolhas.[124]

O humor também pode influenciar o quão positivamente os consumidores julgam os produtos e seus atributos.[125] Um estudo descobriu que, quando os humores dos consumidores foram influenciados subconscientemente por músicas, aqueles que estavam de bom humor avaliaram uma lista de áudio mais positivamente que os consumidores que estavam de mau humor.[126] Curiosamente, os consumidores podem, de modo deliberado, manipular seus humores para ajudar a aprimorar o desempenho de decisão.[127] Finalmente, os consumidores de bom humor são mais propensos a experimentar novos produtos porque perceberam menos probabilidades de sofrer perdas.[128]

Pressão de tempo

À medida que a pressão de tempo aumenta, os consumidores inicialmente tentam processar as informações relevantes para suas escolhas de forma mais rápida.[129] Caso isso não funcione, eles fundamentam sua decisão em menos atributos e colocam maior peso em informações negativas, eliminando as alternativas ruins por meio de uma estratégia de decisão não compensatória. A pressão de tempo, uma das principais razões pelas quais os consumidores deixam de fazer compras intencionais, pode reduzir o tempo de compra e o número de compras impulsivas.[130] A pressão de tempo também afeta as decisões dos consumidores de adiar suas escolhas[131] e, além disso, o fato de um consumidor estar orientado para o presente ou para o futuro pode conduzir a diferentes motivações e escolhas para produtos diferentes.[132] Os *consumidores orientados para o presente* desejam melhorar seu bem-estar atual e preferem produtos que os ajudem a fazer isso, tais como férias relaxantes e livros interessantes. Os *consumidores orientados para o futuro* desejam se desenvolver e selecionar férias e livros que enriqueçam a vida.

Aversão a extremos

Os consumidores tendem a demonstrar **aversão a extremos**, o que significa que as opções para um atributo em particular que são vistas como extremas parecerão menos atrativas que aquelas vistas como intermediárias. Essa tendência é a razão pela qual as pessoas muitas vezes acham as opções moderadamente caras mais atrativas que as opções que são muito caras ou muito baratas. O varejista Williams-Sonoma, por exemplo, ofereceu uma máquina de fazer pão por US$ 275 e, em seguida, adicionou uma segunda unidade 50% mais cara. A introdução da unidade mais cara dobrou as vendas da primeira unidade.[133]

Quando os consumidores veem os atributos de uma alternativa como igualmente dispersos (em vez de muito próximos ou muito distantes), vão ver tal alternativa como a opção de aceitação mesmo quando esta não for o ponto central geral entre as opções.[134] De acordo com o **efeito de aceitação**, uma marca ganhará participação no mercado quando for vista como a opção de aceitação ou intermediária em vez de como uma opção extrema.[135] Além disso, os consumidores preferem uma marca com atributos que obtêm pontuações bem equilibradas em certos critérios a uma marca que obtém pontuações desiguais entre os atributos, um fenômeno conhecido como **equilíbrio de atributos**.[136]

Aversão a extremos Opções extremas em alguns atributos são menos atraentes que aquelas com nível moderado desses atributos.

Efeito de aceitação Quando uma marca ganha mercado porque é uma opção intermediária e não uma opção extrema.

Equilíbrio de atributos A escolha de uma marca e não da outra por ter certos bons atributos em vez de ter maus atributos.

Experiências metacognitivas

Um conjunto final de características do consumidor que afeta o processo de tomada de decisão é o das **experiências metacognitivas**, que são fatores fundamentados em nossa experiência de processamento de decisões, tais como quão fácil é recordar informações a partir da memória para formar pensamentos, bem como qual é a facilidade de processar novas informações.[137] As experiências metacognitivas afetam as decisões além do conhecimento formal influenciando a facilidade do resgate, as inferências e os desvios. Assim, não é apenas o conteúdo das informações que influencia a decisão; mas também, a *maneira como* tais informações são processadas é fundamental.

Experiências metacognitivas Como as informações são processadas além do conteúdo da decisão.

De acordo com um estudo, a agradável experiência de ser capaz de processar o nome de uma marca com facilidade pode levar a opiniões favoráveis dos consumidores com relação a tal marca. No entanto, em alguns casos em que os consumidores podem processar informações sobre a marca mais facilmente – tais como ver a menção dos benefícios de um produto em uma propaganda –, eles podem desenvolver opiniões menos favoráveis com relação a ela, pois podem atribuir a facilidade de processamento à persuasão das informações em vez de à atratividade da própria marca. Outros estudos descobriram que as pessoas são mais propensas a considerar uma afirmação verdadeira quando esta vem impressa em cores fáceis de serem lidas ou quando as palavras rimam.[138] Em suma, as experiências metacognitivas afetam as escolhas juntamente com estímulos e características dos consumidores, como o humor.[139]

Características da decisão

Além das características dos consumidores, as características de decisão podem afetar o modo como os consumidores podem fazer suas escolhas. Duas características de decisão de notoriedade especial são a disponibilidade de informações em que fundamentar uma decisão e a presença de atributos triviais.

Disponibilidade de informações

A quantidade, a qualidade e o formato das informações podem afetar a estratégia de tomada de decisão que os consumidores utilizam. Quando um consumidor possui mais informações, a decisão torna-se mais complexa, e o consumidor tem de utilizar uma estratégia de tomada de decisão mais detalhada, como a estratégia de escolha de multiatributos. No entanto, possuir mais informações levará a uma escolha melhor até certo ponto; após este, o consumidor experimentará uma sobrecarga de informações.[140] Por exemplo, exige-se legalmente que as empresas farmacêuticas forneçam informações de prescrição detalhadas em seus anúncios, embora a quantidade de tais informações possa ser esmagadora.

Caso as informações fornecidas sejam úteis e relevantes para nossos critérios de decisão, a tomada de decisão é menos exigente, e podemos tomar decisões melhores.[141] Essencialmente, somos capazes de estreitar o conjunto de considerações de forma relativamente rápida, pois podemos focar nos atributos que são mais importantes para nossa decisão. Portanto, é melhor para os profissionais de marketing que estes foquem no fornecimento de informações relevantes, e não apenas em mais informações. Se as informações fornecidas não são úteis ou se algumas informações estiverem faltando, teremos de inferir como o produto pode ser avaliado em tal atributo, talvez utilizando outros atributos da marca em questão para realizar tal inferência.[142]

Se as informações disponíveis forem ambíguas, é mais provável que os consumidores permaneçam com suas marcas atuais em vez de se arriscarem a comprar uma nova marca concorrente.[143] Eles também podem comparar informações numéricas de atributos mais rápida e facilmente do que informações verbais.[144] Por exemplo, para ajudar os pais a selecionar videogames, um grupo de fabricantes desenvolveu um sistema de classificação numérica que indica a quantidade de sexo e violência em seus jogos. Por fim, às vezes as decisões são afetadas por informações sobre atributos aos quais os consumidores foram expostos em uma escolha anterior.[145]

Formato das informações

O formato das informações – a forma como são organizadas ou apresentadas em um ambiente externo – também pode influenciar a estratégia de decisão que os consumidores utilizam. Se as informações forem organizadas por marca, os consumidores provavelmente empregarão uma estratégia de tomada de decisão fundamentada em marcas, tais como um modelo compensatório, conjuntivo ou disjuntivo. Caso as informações sejam organizadas por atributos ou em uma matriz, os consumidores podem utilizar uma estratégia de processamento de atributos. Por exemplo, um estudo descobriu que organizar iogurtes por sabor em vez de por marca encoraja mais comparações no momento da compra com base no processamento de atributos.[146] Às vezes, os consumidores até mesmo reestruturarão as informações em um formato mais útil, especialmente em matriz. Um estudo descobriu que havia menor probabilidade de que os consumidores escolhessem a marca mais barata de produtos eletrônicos de consumo quando as ofertas eram organizadas por modelo (ofertas similares de diferentes empresas agrupadas) em vez de por marca.[147] Assim, as empresas com marcas mais caras desejariam que a apresentação fosse organizada por modelos, ao passo que as empresas que oferecem marcas mais baratas prefeririam que a apresentação fosse fundamentada em marcas.

A presença de um formato narrativo para a apresentação de informações sobre as marcas também podem causar impacto nas escolhas dos consumidores. Quando pesquisadores apresentaram mensagens narrativas sobre férias aos consumidores, estes utilizaram o processamento holístico para processar a sequência e avaliar as informações. A estrutura narrativa é semelhante à forma com que os consumidores adquirem informações na vida diária, processando assim o que era mais fácil. Ao processar a narrativa, os consumidores não consideraram características individuais, uma situação que significou que as informações negativas tiveram menos impacto.[148]

Atributos triviais

Às vezes, os consumidores finalizam decisões observando atributos triviais. Por exemplo, se três marcas do conjunto de considerações são vistas como equivalentes com a exceção de que uma delas contém um atributo trivial, por exemplo, é mais provável que o consumidor escolha a marca com o atributo trivial (argumentando que sua presença pode ser útil). Se, no entanto, duas dessas três marcas do conjunto de considerações possuírem um atributo trivial em particular, é provável que o consumidor escolha aquele sem tal atributo (argumentando que o atributo é desnecessário). Em ambos os casos, o atributo trivial foi utilizado para completar e justificar a decisão.[149]

Contexto do grupo

Por fim, as decisões dos consumidores podem ser afetadas pela presença de um grupo, assim como quando um grupo de pessoas está jantando fora e cada membro está decidindo o que pedir. Como cada membro do grupo toma uma decisão por vez, ele tenta equilibrar dois conjuntos de objetivos: (1) objetivos que estão ligados à ação individual da pessoa (*indivíduo sozinho*) e (2) objetivos que são atingidos dependendo das ações tanto do indivíduo como do grupo (*grupo de indivíduos*).[150] Em razão de os consumidores terem de escolher uma alternativa diferente para atingir cada conjunto de objetivos, eles não conseguem sempre atingir ambos os conjuntos de objetivos simultaneamente em situações em grupo.

Em um grupo, os consumidores enfrentam três tipos de objetivos de grupo de indivíduos, conforme demonstrado no Exemplo 9.8:

> *Autoapresentação.* Os consumidores buscam exprimir determinada imagem por meio de decisões que tomam em um contexto de grupo. Quando eles desejam utilizar escolhas únicas, como sinais de autoapresentação positiva ou para expressar sua individualidade, o resultado será diversas buscas no nível do grupo. No entanto, os consumidores muitas vezes estão mais preocupados com as normas sociais e, por isso, fazem escolhas semelhantes para se integrar, resultando em uniformidade no nível do grupo.

> *Minimizando o arrependimento.* Os consumidores avessos ao risco e que desejam minimizar o arrependimento tenderão a fazer escolhas semelhantes àquelas realizadas pelo restante do grupo, levando a uma uniformidade no nível do grupo. Fazer tal escolha permite que os membros do grupo evitem quaisquer desapontamentos que possam ter se a escolha de outra pessoa parecer melhor que a sua.

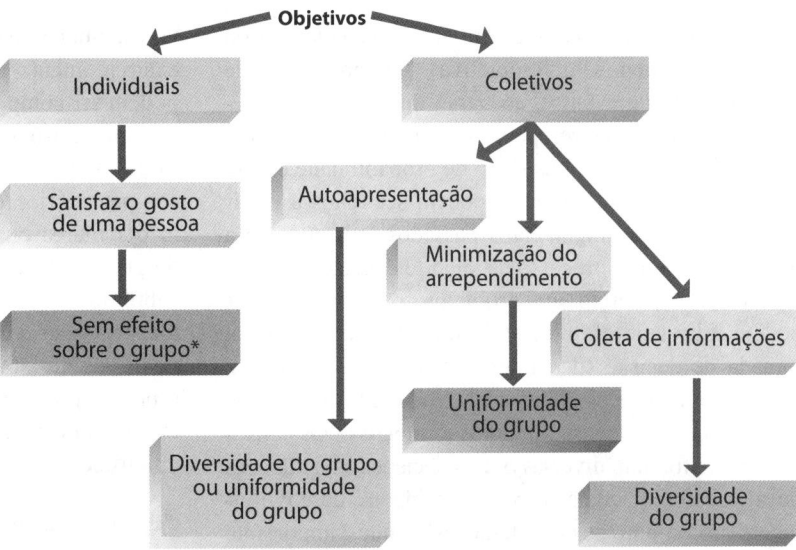

Exemplo 9.8
Classes de objetivos que afetam a tomada de decisão do consumidor
Os consumidores nem sempre são capazes de atingir tanto os objetivos individuais quanto os do grupo ao tomar decisões no contexto de um grupo. Tentar alcançar os objetivos do grupo pode resultar certa diversidade ou em uniformidade dele, ao passo que tentar atingir objetivos individuais permite que o consumidor satisfaça seu próprio gosto por meio da decisão.

Observação – Em casos nos quais a influência social informacional é apresentada durante o processo de decisão, pode-se obter a busca de certa uniformidade ou diversidade de grupo como resultado.

➢ *Coleta de informações.* Os consumidores podem saber mais sobre as diferentes opções que cada um deles fez por meio da interação com outros membros do grupo. Se os membros realmente compartilham as escolhas ou simplesmente compartilham suas reações, o resultado é certa diversidade na totalidade de opções no grupo quando os consumidores veem a coleta de informações como prioridade. Entretanto, quando os membros de um grupo estão mais preocupados com a autoapresentação ou a perda de aversão do que com a coleta de informações, farão escolhas similares, resultando em certa uniformidade do grupo.

Ao tomarmos uma decisão em um contexto de grupo, tentamos equilibrar esses três objetivos de grupo ou individuais. Na maior parte das situações, o resultado é a uniformidade do grupo, embora os membros possam sentir-se em última instância menos satisfeitos com o resultado.

IMPLICAÇÕES DE MARKETING

Os profissionais de marketing podem desenvolver algumas estratégias interessantes compreendendo como as características dos consumidores afetam as decisões de alto esforço. Uma técnica é vender um modelo novo e aprimorado ao lado de um antigo com o mesmo preço, uma tática que leva o novo a parecer melhor. Além disso, os profissionais de marketing precisam pensar nas informações de seus anúncios e de suas embalagens, pois informações irrelevantes às vezes podem influenciar as decisões dos consumidores – mesmo na presença de informações mais relevantes.[151]

Fornecer a quantidade correta de informações no tempo certo é um desafio que os profissionais de marketing enfrentam em todo o mundo. Um estudo descobriu que os consumidores da Romênia e da Turquia experimentaram muita confusão ao julgar a qualidade e ao fazer escolhas, pois "há tantas opções...".[152] Os profissionais de marketing devem, portanto, apresentar alguns pontos-chave, não uma enxurrada de informações. Contudo, fornecer informações de menos também pode dificultar a tomada de decisão, resultando em decisões de pior qualidade e em determinado nível mais baixo de satisfação. A falta tanto de produtos como de informações tem sido um grande problema em alguns países outrora comunistas.[153]

Por fim, os profissionais de marketing podem utilizar as comunicações para tornar os objetivos de grupo prioridade em situações de grupo, conduzindo a uma maior uniformidade de escolha a favor da marca anunciada. Os profissionais de marketing que trabalham com cervejas, por exemplo, muitas vezes mostram membros de grupos aproveitando apenas a marca anunciada, uma imagem que reforça as fortes normas sociais e que encoraja os consumidores a pedirem tal marca quando bebem em um ambiente social.

Resumo

Os julgamentos envolvem a formação de avaliações ou estimativas – nem sempre objetivas – da probabilidade da ocorrência de eventos, ao passo que as decisões requerem a escolha entre opções ou cursos de uma ação. Dois tipos de julgamentos são o de probabilidade e o do que é bom ou ruim, os quais podem ser feitos a partir da recordação de julgamentos passados utilizando-se a imaginação ou um processo de suporte e ajuste.

Ao reconhecerem um problema, os consumidores podem lidar com ele utilizando modelos cognitivos de tomada de decisão (decidindo de maneira sistemática, racional) ou modelos afetivos de tomada de decisão (decidindo com base em sentimentos e emoções). Os consumidores enfrentam diversas outras decisões em situações de alto esforço: quais marcas considerar (desenvolvimento do conjunto de considerações), o que é importante para a escolha (como ela é afetada pelos objetivos, pelo tempo de decisão e pela estrutura de decisão), quais ofertas escolher, se é conveniente tomar uma decisão naquele exato momento e o que fazer quando as alternativas não podem ser comparadas.

Em decisões fundamentadas em reflexões a respeito de ofertas, os consumidores podem utilizar modelos compensatórios ou não compensatórios, processamento por marca ou atributos e considerar ganhos em vez de perdas. As decisões fundamentadas em sentimentos sobre ofertas podem contar com avaliações e sentimentos, previsões e escolhas afetivas e imaginação. Por fim, três tipos de fatores contextuais que podem influenciar o processo de decisão são: (1) características do consumidor, (2) características de decisão e (3) a presença de um grupo.

Perguntas para revisão e discussão

1. Como o julgamento do consumidor difere da tomada de decisão do consumidor?

2. O que é o processo de suporte e ajuste e como afeta o julgamento do consumidor?
3. Como os consumidores utilizam os modelos de tomada de decisão compensatórios e não compensatórios?
4. Explique como os consumidores utilizam seus objetivos, o tempo da decisão e a estrutura para decidir quais critérios são importantes para uma escolha em especial.
5. Por que os profissionais de marketing precisam saber que o processamento de atributo é mais fácil para os consumidores que o processamento de marca?
6. Como as avaliações e sentimentos, bem como a previsão afetiva, afetam a tomada de decisão do consumidor?
7. Quais são os três elementos contextuais que afetam a tomada de decisão do consumidor?

CASO – COMPORTAMENTO DO CONSUMIDOR

Uma ideia brilhante: comercializar diamantes na Internet

Há uma década, especialistas acreditavam que os consumidores estariam dispostos a comprar livros ou músicas on-line, mas que seriam relutantes ao comprar itens caros, tais como anéis de noivado, sem tocá-los ou vê-los pessoalmente. A Blue Nile provou que os especialistas estavam errados. Fundada em 1999, a empresa tem crescido como o maior varejista de diamantes e joias pela Internet do mundo, com mais de US$ 300 milhões em vendas anuais.

A Blue Nile surgiu como Internet Diamonds, um website operado por uma pequena joalheria próxima ao aeroporto de Seattle. Mark Vadon, um consultor de negócios, estava procurando um anel de noivado quando se deparou com o site e leu as dicas do proprietário sobre como comprar um diamante. Tendo passado por grandes joalherias, Vadon gostou dos preços baixos e das informações detalhadas que encontrou no site Internet Diamonds. Ele clicou para comprar um anel e, após parar para ver o proprietário algumas semanas depois, ele fechou um negócio e comprou o e-business inteiro.

Vadon mudou o nome do site para Blue Nile (www.bluenile.com), reformulou sua aparência, aprimorou sua funcionalidade, adicionou um número de telefone para ligações gratuitas para dúvidas e pedidos, e incluiu mais detalhes sobre como julgar a qualidade de um diamante. Ele também acrescentou uma área de design virtual em que os visitantes podem combinar e associar milhares de diamantes e ambientes para o anel, os brincos ou o colar de seus sonhos (e que caiba no orçamento). Uma coisa que Vadon não alterou, no entanto, foram os preços com descontos, os quais estão bem abaixo do que as joalherias tradicionais cobram. Embora os anéis de noivado com diamantes sejam responsáveis por mais de dois terços dos negócios da Blue Nile, Vadon os expandiu para pedras preciosas e pérolas, e também tornou a empresa mundial, passando a comercializar para consumidores de 25 países.

Como um negócio exclusivamente on-line, a Blue Nile não precisa de um endereço prestigioso ou de uma decoração luxuosa para alcançar o sucesso. Ela necessita de um website que seja fácil de ser utilizado pelos usuários, que eduque os compradores com relação aos pontos bons de comprar joias finas e que reafirme a possibilidade de fazer uma compra tão grande com apenas alguns cliques. É por isso que toda compra é segurada por uma garantia de devolução do dinheiro e inclui entrega gratuita. Itens muito valiosos, como o diamante de 12,5 quilates vendido há pouco tempo, são entregues por caminhões blindados.[154]

Perguntas sobre o caso

1. Como a Blue Nile influencia as estimativas de probabilidade e o julgamento que é bom/ruim dos consumidores?
2. Por que a Blue Nile ofereceria a funcionalidade de design virtual para que os consumidores possam combinar e associar pedras preciosas e ambientes de diferentes formas?
3. Utilizando os conceitos do capítulo, explique a decisão de Mark Vadon de mudar o nome da empresa de Internet Diamonds para Blue Nile.

Julgamento e tomada de decisão fundamentada em baixo esforço

Capítulo 10

OBJETIVOS DE APRENDIZADO

Depois de estudar este capítulo, você estará apto a:

1. Identificar os tipos de heurística que os consumidores podem utilizar para fazer julgamentos simples.
2. Explicar por que os profissionais de marketing precisam compreender tanto o processo de tomada de decisão inconsciente como o consciente em situações de baixo esforço.
3. Demonstrar como a hierarquia de efeitos e o condicionamento operantes podem explicar a tomada de decisão de baixo esforço dos consumidores.

INTRODUÇÃO

Fidelidade à marca das garrafas de Jones Soda

Os clientes fiéis da Jones Soda são atraídos por seus refrigerantes excêntricos ou por sua imagem irreverente? Ambas as características ajudaram a Jones a construir uma empresa de US$ 56 milhões. Sabores únicos de refrigerantes, como Melão Amassado e Árvore de Natal, e marcas atrevidas como o energético Whoop Ass distingue a Jones das grandes empresas de refrigerantes. Os rótulos das garrafas de Jones Soda, os quais levam fotos tiradas pelos consumidores, são outro diferencial. Mesmo as fotos não escolhidas são publicadas no site da marca, onde os visitantes podem clicar para votar em suas favoritas, comprar produtos da marca, tais como skates, e obter as últimas notícias sobre praticantes de snowboard, surfistas e outros atletas radicais patrocinados pela Jones.

A imagem irreverente da marca também foi moldada por sua estratégia de distribuição. Primeiro, a Jones Soda estava disponível apenas em lojas de skateboard, estúdios de tatuagem, lojas de música e outros varejistas que geralmente não vendem refrigerantes. Em seguida, a empresa foi capaz de oferecer seus refrigerantes para locais maiores, tais como a livraria Barnes & Noble e os restaurantes Panera Bread, e, por fim, foi capaz de expandir-se para mais de 15 mil lojas nos Estados Unidos, incluindo alguns grandes supermercados. E como a Jones lança regularmente sabores excêntricos, tais como Peru e Caldo de Carne, quando os clientes fiéis da Jones desejam algo novo, são surpreendidos por diversas opções de sabores, garrafas com novos rótulos e diversos lugares para comprar.[1]

4. Discutir como os consumidores tomam decisões de baixo esforço fundamentadas em reflexão utilizando táticas relacionadas ao desempenho, ao hábito, à fidelidade à marca, táticas relacionadas ao preço e influências normativas.

5. Descrever como os consumidores tomam decisões de baixo esforço fundamentadas em afeto utilizando os sentimentos como uma estratégia simplificadora, a familiaridade da marca, a busca por diversidade e a compra por impulso.

As diversas maneiras como os consumidores agem com relação à Jones Soda ilustram vários fatores discutidos neste capítulo. Quando eles possuem baixa motivação, habilidade e oportunidade para processar informações (por exemplo, quando estão comprando produtos para o dia a dia, como refrigerantes), seus processos de julgamento e de decisão são diferentes e envolvem menos esforço do que quando a MAO é alta (ao comprar mercadorias luxuosas, por exemplo). Os consumidores podem simplificar suas decisões comprando recorrentemente uma marca de que gostam, ou podem ser guiados por seus sentimentos com relação a uma marca ou garrafa familiar (nesse caso, com rótulos contendo fotos de consumidores). Alguns consumidores podem simplesmente desejar variedade, como um novo sabor. Além disso, a marca pode tentar aumentar a agitação (ou o envolvimento situacional) oferecendo jogos, mercadorias e novidades em seu website ou por meio de outras fontes. Este capítulo examina a natureza do julgamento e da tomada de decisão de baixo esforço, conforme demonstrado no Exemplo 10.1. O foco aqui está nos atalhos ou na heurística cognitiva e afetiva que os consumidores utilizam para fazer julgamentos e tomar decisões, bem como na maneira com que eles tomam decisões conscientes e inconscientes em situações de baixo esforço.

Processos de julgamento de baixo esforço

O Capítulo 9 mostrou que, quando o esforço é alto, os julgamentos dos consumidores – tais como estimativas de probabilidade e de boa/má qualidade – podem ser cognitivamente complexos. Em contrapartida, quando a MAO é baixa, as pessoas são estimuladas a simplificar seu processo cognitivo utilizando a heurística, ou regras práticas, a fim de reduzir o esforço envolvido na realização de julgamentos.[2] Os dois tipos principais de heurística são a da representatividade e a da disponibilidade.

A heurística da representatividade

Heurística da representatividade
Fazer um julgamento pela simples comparação de um estímulo com o protótipo ou um exemplar da categoria.

Uma das maneiras pelas quais os consumidores podem fazer estimativas ou julgamentos simples é por meio de comparações com o protótipo ou o exemplar de uma categoria. Esse processo de categorização é chamado **heurística da representatividade**.[3] Por exemplo, se você deseja estimar a probabilidade de um novo enxaguante bucal ser de alta qualidade, pode compará-lo com seu protótipo de enxaguantes bucais, por exemplo o Listerine. Caso perceba que a nova marca é semelhante a seu protótipo, presumirá que ela também é de alta qualidade. Essa é a lógica por trás da embalagem das marcas de diversas lojas (marcas próprias), pois estas se parecem com as marcas líderes de diversas categorias de produtos. Os varejistas esperam que a similaridade externa sugira ao consumidor que os produtos da loja possuem as mesmas qualidades.

Assim como qualquer atalho, a heurística da representatividade também pode levar a julgamentos preconceituosos. Por exemplo, os consumidores que veem o McDonald's como o protótipo de hambúrgueres podem supor que os restaurantes que oferecem tal tipo de comida não possuem alimentos saudáveis ou que não são capazes de preparar boas saladas. Para superar tais julgamentos preconceituosos, o McDonald's adicionou saladas bem-feitas, *wraps* e sobremesas preparadas com vegetais e frutas de alta qualidade a seu cardápio.[4]

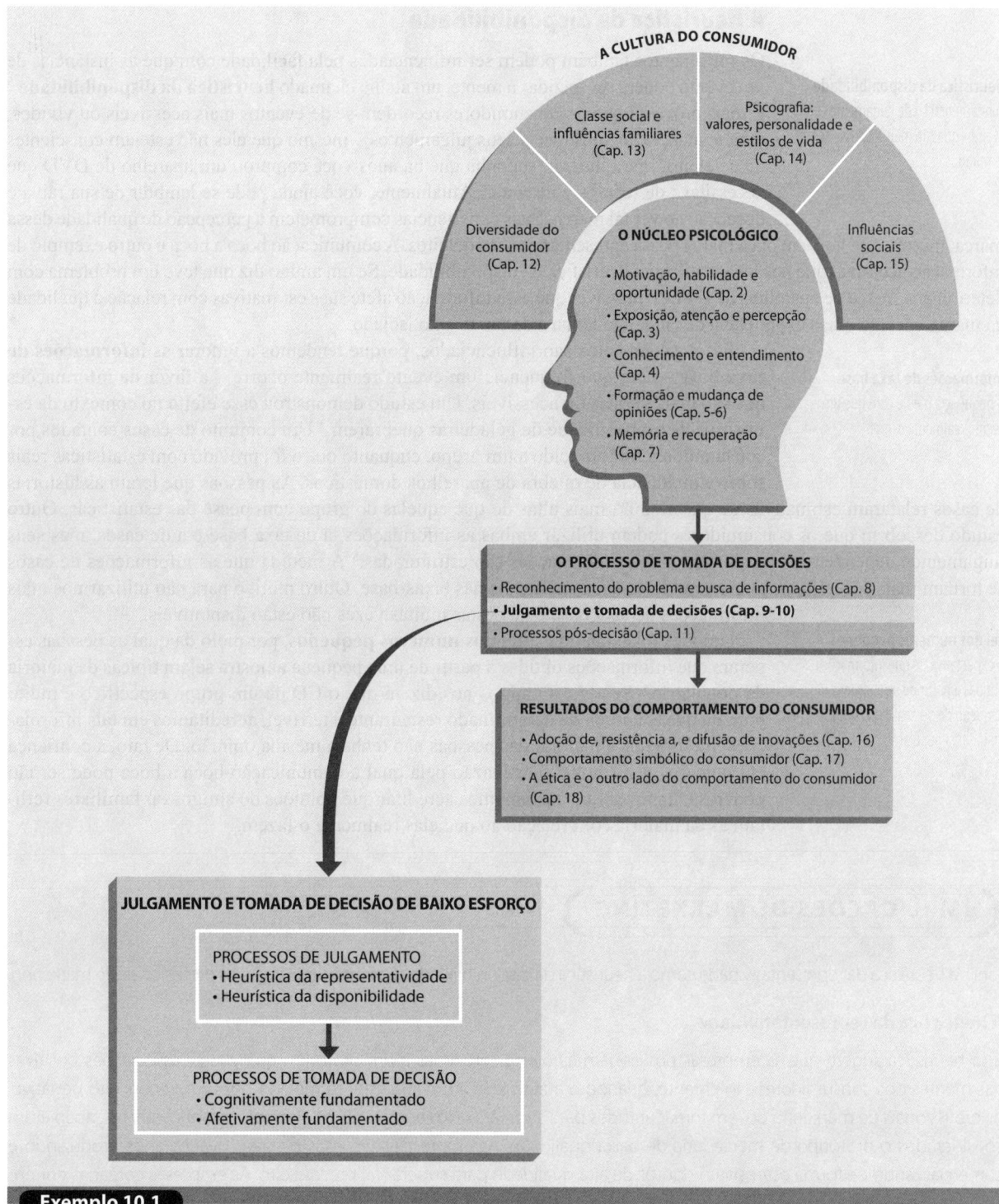

Exemplo 10.1

Visão geral do capítulo: julgamento e tomada de decisão – baixo esforço do consumidor

Em situações de processamento de baixo esforço, os consumidores costumam utilizar a heurística, ou seja, buscar formas de simplificar o julgamento ou decisão. Tanto a heurística cognitivamente fundamentada (táticas fundamentadas em desempenho, hábito, táticas relacionadas ao preço, fidelidade à marca e influências normativas) como a heurística afetivamente fundamentada (táticas relacionadas a afeto, busca de diversidade e impulso) são utilizadas para a tomada de decisões.

A heurística da disponibilidade

Heurística da disponibilidade
Fundamentação de julgamentos em eventos que são mais fáceis de serem lembrados.

Os julgamentos também podem ser influenciados pela facilidade com que as instâncias de um evento podem ser trazidas à mente, um atalho chamado **heurística da disponibilidade**.[5] É mais provável que os consumidores recordem-se de eventos mais acessíveis ou vívidos, uma tendência que influencia seus julgamentos – mesmo que eles não estejam conscientes desse efeito.[6] Para ilustrar, suponha que há anos você comprou um aparelho de DVD que necessitava de reparos constantes. Atualmente, você ainda pode se lembrar de sua raiva e decepção ao ver tal marca. Suas experiências comprometem a percepção de qualidade dessa marca, mesmo que hoje em dia a marca possa apresentar poucos defeitos. A comunicação boca a boca é outro exemplo de informação acessível que nos leva a utilizar a heurística da disponibilidade. Se um amigo diz que teve um problema com determinada marca de aparelhos de DVD, é provável que essa informação afete suas estimativas com relação à qualidade da marca, mesmo que a experiência de tal amigo tenha sido um evento isolado.

Informações de taxa base
A frequência média com que um evento realmente ocorre.

Esses julgamentos são influenciados, porque tendemos a ignorar as **informações de taxa base** – com que frequência um evento realmente ocorre – a favor de informações que são mais vívidas ou acessíveis. Um estudo demonstrou esse efeito no contexto da estimativa da probabilidade de geladeiras quebrarem.[7] Um conjunto de casos contados por consumidores foi fornecido a um grupo, enquanto outro foi provido com estatísticas reais sobre a incidência de quebra de aparelhos domésticos. As pessoas que leram as histórias de casos relataram estimativas de quebra 30% mais altas do que aquelas do grupo com posse das estatísticas. Outro estudo descobriu que os consumidores podem utilizar ambas as informações, a de taxa base e a de casos, mas seus julgamentos dependem da forma com que as informações são estruturadas.[8] À medida que as informações de casos se tornam mais específicas, os consumidores confiam menos nas taxas-base. Outro motivo para não utilizarmos mais informações de taxa base é que estas muitas vezes não estão disponíveis.

Lei dos números pequenos
A expectativa de que informações obtidas a partir de um número pequeno de pessoas represente a maioria da população.

Um viés relacionado é a **lei dos números pequenos**, por meio da qual as pessoas esperam que informações obtidas a partir de uma pequena amostra sejam típicas da maioria da população.[9] Se alguns amigos nos dizem que o CD de um grupo específico é muito bom ou que a comida de determinado restaurante é terrível, acreditamos em tais informações, mesmo que a maioria das pessoas não tenha a mesma opinião. De fato, a confiança em números pequenos é outra razão pela qual a comunicação boca a boca pode ser tão poderosa, uma vez que costumamos acreditar que opiniões de amigos ou familiares reflitam as da maioria com relação ao que elas realmente o fazem.

(IMPLICAÇÕES DE MARKETING)

Tanto a heurística da representatividade como a heurística da disponibilidade são importantes para os profissionais de marketing.

A heurística da representatividade

Essa heurística sugere que as empresas posicionam as ofertas próximas a um protótipo que possui associações positivas nas mentes dos consumidores. No entanto, quando o atalho leva a um julgamento movido por um preconceito negativo, os profissionais de marketing devem tomar atitudes para superá-lo. Nos anos 1960, os eletrônicos fabricados no Japão eram considerados o protótipo de mercadoria de baixa qualidade. As empresas japonesas passaram vários anos produzindo e comercializando de forma ostensiva produtos de alta qualidade para superar tal preconceito. As empresas coreanas enfrentaram o mesmo preconceito até pouco tempo.[10] Essa situação explica o motivo pelo qual a Samsung Electronics vende sua marca como de alta qualidade e alto estilo.[11]

A heurística da disponibilidade

Os profissionais de marketing podem tentar capitalizar ou superar os preconceitos de disponibilidade. Para capitalizar, eles podem fornecer aos consumidores experiências vívidas e positivas relacionadas ao produto, por meio do uso das comunicações de marketing, ou podem pedir que os consumidores imaginem tais situações. Ambas as estratégias aumentarão as estimativas dos consumidores de que esses eventos ocorrerão. Outra opção é tentar estimular a comunicação boca a boca positiva. Por exemplo, algumas redes de TV estão oferecendo *"widgets"*, visualizadores quadro a quadro que os consumidores podem publicar em seus blogs ou páginas de redes sociais para mostrar videoclipes ou personagens de seus programas de TV favoritos, uma prática que leva seus amigos a conversarem sobre os programas.[12]

Os profissionais de marketing podem tentar superar os preconceitos de disponibilidade fornecendo informações de taxa-base aos consumidores sobre a população geral. Caso tais informações sejam vívidas e específicas (como "a escolha de duas pessoas, em comparação a uma que opta pelos concorrentes"), podem ajudar os consumidores a realizar julgamentos menos influenciados. A Internet é um excelente veículo para oferecer informações de taxa-base. Os consumidores interessados em comprar livros ou músicas na Amazon.com, por exemplo, podem ver uma classificação resumida e ler avaliações realizadas por outros consumidores. O viés de disponibilidade também é um problema comum no contexto de loterias. Embora a probabilidade de vencer seja muito pequena, os consumidores muitas vezes superestimam suas chances, pois são expostos a imagens altamente vívidas e disponíveis de ganhadores na mídia. Entidades reguladoras tentam superar esse preconceito exigindo que as empresas publiquem de modo claro as chances de ganhar.

Processos de tomada de decisão de baixo esforço

A maior parte das situações de julgamento e decisão de baixo esforço não é muito importante na vida dos consumidores em comparação a outras decisões que eles têm de tomar ao longo da vida (carreira, casamento etc.) Certamente, as decisões com relação a carreira e família são muito mais importantes do que decidir qual creme dental ou qual margarina vegetal comprar. Assim, o consumidor não deseja dedicar muito tempo e esforço a essas decisões cotidianas.[13] Então, como os consumidores tomam decisões em tais situações de baixa elaboração? Pesquisadores sugerem que essas decisões por vezes são tomadas inconscientemente e outras conscientemente, mas com pouco esforço.

Tomada de decisão de baixo esforço inconsciente

Em algumas situações de baixo esforço, os consumidores podem tomar uma decisão sem estar conscientes de como ou por que estão fazendo isso. Tais escolhas inconscientes podem ser fortemente afetadas por estímulos ambientais, tais como a fragrância de um perfume em uma loja de departamentos.[14] Com "todos os outros sentidos, você pensa antes de responder, mas com o olfato, seu cérebro responde antes de você pensar", observa um especialista.[15] Outros estímulos ambientais que podem provocar escolhas e comportamentos sem os consumidores estarem conscientes do efeito são os logos de determinadas marcas, certos lugares ou situações sociais e a presença de outras pessoas.[16]

Alguns pesquisadores defendem que determinadas escolhas representam comportamentos relacionados a objetivos (por exemplo, comprar *fast food*), no entanto, os consumidores estejam buscando o objetivo quase de forma automática, sem pensamento consciente.[17] Outros apontam que, embora muitos comportamentos de consumidores operem em um nível consciente, as escolhas e comportamentos inconscientes também são importantes, ainda que sejam mal compreendidos e imprevisíveis.[18] São necessárias mais pesquisas para explicar como e por que os consumidores utilizam a tomada de decisão inconsciente.

Tomada de decisão de baixo esforço consciente

Na discussão sobre a tomada de decisão de alto esforço do Capítulo 9, você viu que os consumidores possuem certas crenças sobre cada alternativa que são combinadas para formar uma opinião que conduz a um comportamento consciente ou a uma escolha. O consumidor dedica-se ao *pensamento*, que leva aos *sentimentos*, os quais resultam em um *comportamento*, uma progressão conhecida como a hierarquia dos efeitos. Todavia, estudos mostram que esta **hierarquia dos efeitos tradicional** não se aplica a todas as situações de tomada de decisão.[19]

Hierarquia dos efeitos tradicional Etapas sequenciais utilizadas na tomada de decisões envolvendo o pensamento, em seguida o sentimento e, por fim, o comportamento.

Hierarquia dos efeitos de baixo esforço Sequência de pensamento-comportamento-sentimento.

Em vez disso, os pesquisadores propuseram uma **hierarquia dos efeitos para situações de baixo esforço** que segue a *sequência* pensamento-comportamento-sentimento.[20] O consumidor entra no processo de decisão com um conjunto de crenças de baixo nível, fundamentado na familiaridade e no conhecimento obtido a partir de exposições recorrentes a propagandas, exposição em lojas ou uso anterior. Na ausência de qualquer opinião, tais crenças servem como base para a decisão ou o comportamento. Após tomar a decisão e enquanto utiliza o produto, o consumidor avalia a marca e pode ou não formar uma opinião, dependendo do quanto a marca agrada ou satisfaz suas necessidades.

Alguns pesquisadores desafiaram a ligação entre comportamento e crença na hierarquia de baixo envolvimento, dizendo que às vezes os consumidores fundamentam uma decisão somente em como se sentem em vez de no que pensam.[21] Por exemplo, você pode selecionar um sabor de chiclete ou um DVD novo com base em sentimentos positivos em vez de crenças ou conhecimento. Nessa situação, a sequência seria sentimento, comportamento e pensamento. Esse tipo de tomada de decisão, o qual claramente ocorre, sugere que os consumidores podem processar tanto de maneira cognitiva como de maneira afetiva – um fator em diversas situações de baixa elaboração.

Utilizando estratégias de simplificação quando o esforço do consumidor é baixo

As compras de baixo esforço representam o tipo mais frequente de decisões que os consumidores tomam na vida diária (Exemplo 10.2). Um estudo realizado em uma loja a respeito das compras de detergente descobriu que a quantidade de tempo média para realizar uma escolha foi de apenas 8,5 segundos.[22] Um estudo sobre café e lenços de papel descobriu níveis muito baixos de atividade de decisão, especialmente entre consumidores que compraram o produto frequentemente e possuíam uma forte preferência de marca.[23] Algumas pesquisas examinaram os processos de decisão dos consumidores ao longo de diversas categorias de produtos e questionaram se realmente há algum processo de decisão.[24] Outra pesquisa sugere que, se uma pessoa tem baixa motivação e habilidade, pode simplesmente delegar a decisão de compra, pedindo que um amigo ou outra pessoa tome a decisão. É claro, o resultado dependerá do quão bem a outra pessoa conhece você.[25]

Sob baixa motivação e baixa oportunidade de processamento, o modo como uma mensagem de marketing é estruturada influenciará a maneira como os consumidores reagem. Uma mensagem de marketing estruturada de forma negativa é mais eficiente do que uma mensagem de marketing estruturada de forma positiva sob MAO, por exemplo.[26] Pesquisas mostram também que os consumidores com baixa necessidade de cognição são mais suscetíveis à influência de uma mensagem de marketing estruturada negativamente.[27] E, quando uma decisão é estruturada em termos de subtração de opções indesejadas de um produto repleto de opcionais, os consumidores escolherão mais opções com um preço de opção total mais alto do que se a decisão for estruturada em termos de adição de itens desejados para um modelo base.[28]

Exemplo 10.2
Compras de baixo esforço
A compra de mantimentos é uma atividade que envolve baixo esforço ou motivação para processar e, como resultado, a maioria dos consumidores não gosta de perder muito tempo nas lojas.

Satisfazer-se Encontrar determinada marca que satisfaça uma necessidade, mesmo que não seja a melhor delas.

Um processo de decisão provavelmente ocorre em situações de baixo esforço, porém, este é mais simples, envolve menos esforço e é qualitativamente diferente dos processos que ocorrem quando a MAO é alta. Há dois outros fatores influenciam o processo de decisão de baixa MAO. Primeiro, o objetivo não necessariamente é encontrar a melhor marca possível, o que é chamado *otimização*, como é o caso nas decisões de alta elaboração. Otimizar aqui exigiria mais esforço do que os consumidores tipicamente estão dispostos a despender. Em vez disso, os consumidores estão mais dispostos a **satisfazer-se**, ou seja, encontrar uma marca que seja boa o bastante para simplesmente satisfazer suas necessidades. O esforço necessário para encontrar a melhor marca pode simplesmente não valer a pena.[29]

Segundo, a maioria das decisões de baixa elaboração é tomada de maneira frequente e recorrente. Nessas decisões, os consumidores podem contar com informações prévias e julgamentos de satisfação ou insatisfação de consumo anterior. Pense em todas as vezes que comprou creme dental, cereal matinal e xampu. Você adquiriu informações utilizando esses produtos e vendo anúncios, conversando com amigos, e assim por diante. Em vez de buscar informações todas as vezes que estiver na loja, você pode simplesmente lembrar de decisões anteriores e utilizar tais informações para fazer sua próxima escolha.

Nessas situações comuns, de compras repetidas, os consumidores podem desenvolver decisões heurísticas chamadas **táticas de escolha** para a tomada de decisão rápida e sem esforços,[30] ou seja, em vez de comparar várias marcas detalhadamente, eles aplicam essas regras para simplificar o processo de decisão. O estudo sobre detergentes mencionado anteriormente apoia essa visão.[31] Quando os consumidores foram questionados sobre como fazem suas escolhas, diversas categorias importantes de táticas emergiram, incluindo *táticas de preço* (esta é a mais barata ou está em liquidação), *táticas de afeto* (gosto deste), *táticas de desempenho* (esta limpa melhor as roupas) e *táticas normativas* (minha mãe comprou isto). Outros estudos identificaram *táticas de hábito* (compro a mesma marca que comprei da última vez), *táticas de fidelidade à marca* (compro a mesma marca pela qual tenho uma forte preferência) e *táticas de diversidade de busca* (preciso tentar algo diferente). Pesquisas encontraram padrões similares em Cingapura, na Alemanha, na Tailândia e nos Estados Unidos.[32]

Táticas de escolha Regras simples utilizadas para a realização de escolhas com pouco esforço.

Os consumidores podem desenvolver uma tática de escolha para cada decisão de baixa elaboração, de compra repetida, na categoria de produto ou serviço. Caso a decisão do consumidor seja observada uma vez, parecerá muito limitada. Em razão de todas as compras anteriores servirem como contribuição para a decisão atual, é importante observar uma vasta quantidade de escolhas e situações de consumo para entender plenamente a tomada de decisão do consumidor. Dessa forma, a tomada de decisão de baixo esforço possui uma natureza muito dinâmica.

IMPLICAÇÕES DE MARKETING

Para um marketing eficaz, as empresas precisam compreender a tomada de decisão consciente e inconsciente em situações de baixo esforço.

Tomada de decisão inconsciente

Pelo fato de os estímulos ambientais influenciarem fortemente as escolhas inconscientes, várias lojas e restaurantes aromatizaram o ambiente com odores que servem como lembretes inconscientes de certos produtos ou situações. As lojas Sony Style fazem que as compradoras sintam-se em casa, aromatizando o ar com uma combinação de laranja, baunilha e cedro.[33] Os profissionais de marketing também podem utilizar música, exibições e outros sinais sensoriais.

Tomada de decisão consciente

Fazendo propagandas frequentemente, uma empresa pode ajudar os consumidores a desenvolverem uma consciência básica de sua marca e dos valores dela. Com base nessa familiaridade, os consumidores podem escolher a marca com pouco esforço na próxima vez que estiverem comprando um produto daquela categoria. Além disso, os profissionais de marketing podem atender à demanda de consumidores que utilizam táticas de preço ao destacar liquidações especiais ou valores especiais, como fazem diversas lojas que oferecem promoções do tipo "leve dois, pague um" como incentivo para a estocagem. Conforme observado no exemplo do início do capítulo, os consumidores que utilizam a busca por diversidade podem responder bem a novos sabores oferecidos por uma marca confiável.

Aprendendo táticas de escolha

A fim de compreender a tomada de decisão de baixa elaboração, os profissionais de marketing precisam saber como os consumidores aprendem a empregar táticas de escolha, e para compreender como os consumidores aprendem, é importante considerar determinados conceitos da tradição comportamentalista (behaviorista) da psicologia. O **condicionamento operante** vê o comportamento como uma função de ações anteriores e de reforços ou punições obtidos a partir dessas ações.[34] Enquanto você crescia, por exemplo, seus pais devem ter lhe dado uma

Condicionamento operante Visão segundo a qual o comportamento é uma função dos reforços e punições recebidos no passado.

recompensa por obter boas notas ou uma remuneração por cortar a grama. Você aprendeu que esses comportamentos eram bons e estava mais propenso a repeti-los por ter sido recompensado.

Reforço

O reforço geralmente vem de um sentimento de satisfação que ocorre quando nós, como consumidores, percebemos que nossas necessidades foram satisfeitas adequadamente. Esse reforço aumenta a probabilidade de comprarmos a mesma marca novamente. Se você compra Liquid Tide, ou, no Brasil, Omo, por exemplo, e fica impressionado por sua capacidade de limpar as roupas, sua compra será reforçada, e há maior probabilidade de que você compre tal marca novamente. Em um estudo, a experiência passada com um produto foi de longe o fator mais importante para a escolha de uma marca – mais importante do que qualidade, preço e familiaridade.[35] Outra pesquisa mostrou que as informações que os consumidores recebem a partir de experimentações de produtos tendem a ser mais poderosas e influentes do que aquelas recebidas de propagandas.[36] Os pensamentos e emoções experimentados durante um teste podem exercer uma influência particularmente poderosa sobre as avaliações.[37] O reforço na forma de recompensas frequentes ao comprador também pode ser eficaz. Um estudo descobriu que os consumidores realmente aceleraram suas compras conforme chegavam mais perto de ganhar uma recompensa.[38]

Observe que os consumidores muitas vezes notam poucas diferenças entre as marcas de vários produtos e serviços.[39] Assim, eles não são propensos a desenvolver uma opinião forte e positiva com relação à marca quando nenhuma marca é vista como sensivelmente melhor do que a outra. Contanto que o consumidor não esteja insatisfeito, a tática de escolha que utilizou será reforçada. Suponha que você compre a marca mais barata de toalhas de papel. Caso essa marca ao menos satisfaça minimamente suas necessidades, é provável que compre a marca mais barata novamente – e essa pode ser uma marca diferente da próxima vez. Portanto, o reforço pode ocorrer tanto para a marca como para a tática de escolha.

Punição

Alternativamente, os consumidores podem ter uma experiência ruim com um produto ou serviço, formando uma avaliação negativa dele, e nunca comprá-lo novamente. Em termos de condicionamento operante, tal experiência é chamada de *punição*. Se você fez algo ruim quando era criança, seus pais devem tê-lo punido para assegurar que não se comportaria da mesma maneira novamente. Em um contexto de consumidor, a punição ocorre quando uma marca não atende a nossas necessidades e ficamos insatisfeitos, portanto, aprendemos a não comprar tal marca novamente. A punição também pode levar os consumidores a reavaliarem a tática de escolha e a utilizarem uma tática diferente para uma próxima compra, isto é, se você compra a marca mais barata de sacos de lixo e eles estouram quando os tira, você empregará uma nova tática (comprar a marca mais cara ou mais familiar) ou buscará melhorar sua tática (comprar a marca *nacional* mais barata).

Compra repetida

Os consumidores aprendem quando o mesmo ato é repetidamente reforçado ou punido ao longo do tempo. Esse processo é resumido no Exemplo 10.3 e ocorre sempre que compramos um produto repetido, comum. Dessa forma, aprendemos e gradualmente adquirimos um conjunto de táticas de escolha que resultarão em uma escolha satisfatória em cada situação de decisão. Os modelos de tomada de decisão tradicionalmente ignoraram o papel fundamental do consumo no processo de decisão, concentrando maior atenção no processamento que ocorre imediatamente antes da decisão. Porém certamente o que ocorre enquanto o produto está sendo consumido possui implicações importantes para a aquisição, o uso e a disposição futuros. Em outras palavras, o fato de um consumidor formar uma avaliação positiva ou negativa de uma marca ou tática pode ser uma contribuição importante para decisões futuras.

A escolha da tática depende do produto

As táticas de escolha que utilizamos frequentemente dependem da categoria de produto que estamos considerando.[40] Por exemplo, podemos ser fiéis à marca de ketchup Heinz, mas sempre comprarmos os sacos de lixo mais baratos. A tática que aprendemos a partir de uma categoria de produto depende das marcas disponíveis e de nossas experiências com elas. A quantidade de publicidade, variações de preço e o número e semelhança das marcas também influenciam o tipo de tática que empregamos.[41] Curiosamente, o estudo de Cingapura mencionado anteriormente encontrou uma similaridade maior nas táticas que os consumidores utilizam para o mesmo produto em diferentes culturas (os Estados Unidos e Cingapura) do que nas táticas que utilizam para produtos diferentes na mesma cultura.[42] Em geral, nossas

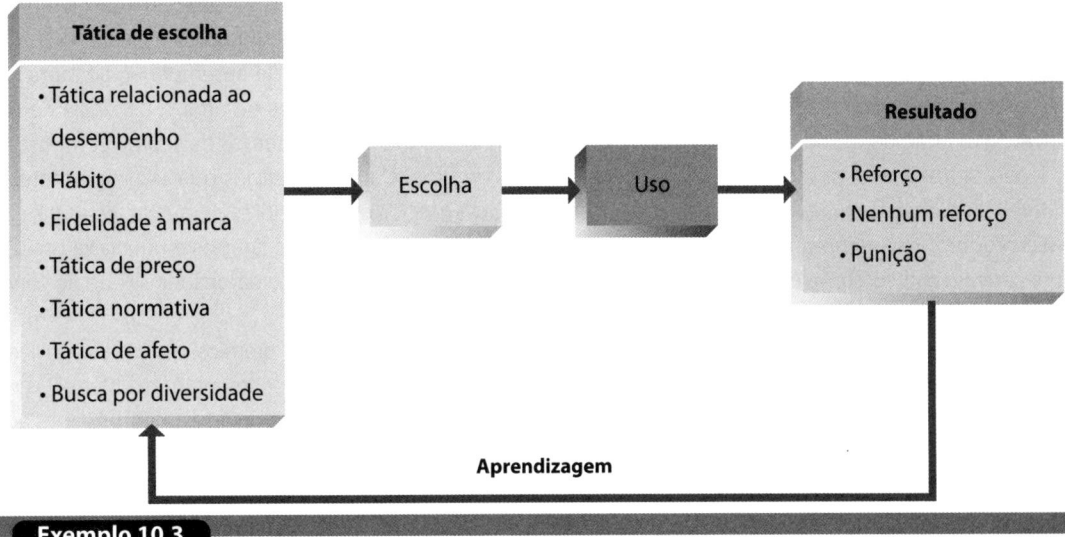

Exemplo 10.3
O processo de aprendizagem
Este diagrama mostra como o resultado de uma escolha pode ajudar os consumidores a aprender qual tática de escolha aplicar em determinada situação. Após aplicarem um dos sete tipos básicos de táticas para realizar uma escolha, os consumidores levam a marca para casa e a utilizam. Durante o consumo, eles podem avaliar a marca, uma ação que tem como consequência um dos três resultados básicos: reforço (satisfação conduzindo à opinião positiva e à recompra), nenhum reforço (levando a um reforço de tática, mas a nenhuma opinião com relação à marca) ou punição (conduzindo a uma opinião negativa, a nenhuma recompra e a uma reavaliação de tática).

experiências nos ajudam a aprender o que funciona para cada produto, e utilizamos tais táticas para minimizar nosso esforço de tomada de decisão para compras futuras.

Tomada de decisão de baixo esforço fundamentada em reflexão

Toda tática que os consumidores aprendem a partir da tomada de decisões de baixa elaboração pode ter implicações importantes para os profissionais de marketing. Assim como nas decisões de alta elaboração, tais estratégias podem ser divididas em duas amplas categorias: tomada de decisão fundamentada em reflexão e fundamentada em sentimentos. Esta seção examina a tomada de decisão fundamentada cognitivamente, a qual inclui táticas relacionadas ao desempenho, hábito, fidelidade à marca, táticas relacionadas ao preço e influências normativas.

O desempenho como estratégia de simplificação

Quando o resultado do processo de consumo é o reforço positivo, é provável que os consumidores utilizem **táticas relacionadas ao desempenho** para realizar suas escolhas. Tais táticas podem representar uma avaliação geral (funciona melhor) ou focar em um atributo ou benefício específico (limpa mais as roupas, tem um gosto melhor ou possui um serviço mais rápido). A satisfação é fundamental: consumidores satisfeitos estão propensos a desenvolver uma avaliação positiva da marca ou do serviço e a recomprá-lo com base em tais características.

Táticas relacionadas ao desempenho Táticas fundamentadas em benefícios, características ou avaliações da marca.

(**IMPLICAÇÕES DE MARKETING**)

Um dos principais objetivos da estratégia de marketing deveria ser aumentar a probabilidade de satisfação por meio do oferecimento de qualidade. Somente então uma marca conquista de modo consistente compras recorrentes e usuários fiéis. A Starbucks, por exemplo, recentemente fechou todas as suas 7 mil lojas nos Estados Unidos durante três horas para treinamento a fim de garantir que os baristas preparem os cafés da rede da mesma forma todas as vezes. Os funcionários também tiveram a memória refrescada com relação à apresentação do produto e habilidades de contato com clientes.[43]

A propaganda pode desempenhar um papel central para influenciar as avaliações de desempenho ao aumentar a expectativa do consumidor de reforço positivo e satisfação, e reduzir os efeitos negativos de uma experiência de consumo desfavorável.[44] Em razão de vermos o que desejamos ver e de formarmos nossas expectativas de acordo com esse aspecto, os profissionais de marketing devem selecionar as características de produtos ou benefícios que são importantes para os consumidores, ajudar a diferenciar a marca dos concorrentes e convencer os consumidores de que ficarão satisfeitos caso comprem o produto. Por exemplo, o barbeador Venus Embrace da Gillette possui cinco lâminas e uma faixa umidificadora envolvente para um barbear suave e rente. Essa combinação de características diferencia o barbeador Gillette do concorrente Schick Quattro for Women, o qual possui quatro lâminas.[45]

Promoções de vendas, tais como amostras grátis, negociações de preço, cupons ou prêmios (presentes ou mercadorias gratuitas), são frequentemente utilizadas como incentivo para levar o consumidor a experimentar uma oferta. Os profissionais de marketing esperam que, se os consumidores acharem o produto satisfatório, continuarão a comprá-lo após as promoções serem encerradas. Entretanto, tais estratégias funcionam somente se o desempenho do produto satisfaz o consumidor, e não superarão a insatisfação em razão da má qualidade do produto ou de outros fatores. O Snapple não obteve sucesso no Japão apesar da pesada promoção porque os consumidores japoneses não gostaram da aparência turva da bebida e dos elementos flutuando dentro da garrafa.[46] Outra advertência é que os consumidores podem ver uma promoção de preço como um sinal de baixa qualidade quando não são especialistas na categoria, quando a promoção não é típica do segmento e quando o comportamento passado da marca é inconsistente.[47]

O hábito como estratégia de simplificação

Hábito Agir do mesmo modo repetidas vezes.

Os seres humanos são criaturas que possuem **hábitos**. Uma vez que encontramos uma forma conveniente de fazer as coisas, costumamos repeti-la sem pensar: seguir a mesma rotina todas as manhãs, fazer o mesmo caminho até o trabalho ou a escola, fazer compras nas mesmas lojas. Fazemos tais coisas porque elas tornam a vida mais simples e mais maleável.

Às vezes, as decisões de aquisição, uso e descarte dos consumidores também são fundamentadas no hábito, que é um dos tipos mais simples e livre de esforços de tomada de decisão do consumidor, caracterizado por (1) pouca ou nenhuma informação de busca e (2) pouca ou nenhuma avaliação de alternativas. Contudo, o hábito não exige uma grande preferência por uma oferta; em vez disso, ele simplesmente envolve comportamento repetitivo e compra regular.[48] A tomada de decisão fundamentada no hábito também reduz o risco.[49] Os consumidores sabem que a marca vai satisfazer suas necessidades porque a compraram diversas vezes no passado. Pesquisas sustentam o efeito do hábito em produtos baratos e frequentemente comprados. Porém, quanto mais os consumidores esperam para efetuar sua próxima compra em uma categoria de produto, menor é a probabilidade de que eles comprem a marca que habitualmente compram.[50]

IMPLICAÇÕES DE MARKETING

A tomada de decisão fundamentada no hábito possui diversas implicações importantes para os profissionais de marketing que desejam desenvolver o comportamento de compras recorrentes e vender suas ofertas para compradores habituais tanto da marca como produtos concorrentes.

Desenvolvendo o comportamento de compras recorrentes

Moldagem Levar consumidores por uma série de etapas para criar a resposta desejada.

Levar os consumidores a adquirir ou utilizar uma oferta repetidamente é importante, pois vendas recorrentes levam à lucratividade. Os profissionais de marketing podem utilizar uma técnica de condicionamento operante chamada **moldagem**, que conduz os consumidores por uma série de etapas para uma resposta desejada: a compra.[51] As empresas muitas vezes utilizam promoções de vendas para moldar as compras recorrentes. Primeiro, eles podem oferecer uma amostra grátis para gerar a experimentação da marca, com um cupom de alto valor para induzir a experimentação (veja as amostras de produtos da Tailândia no Exemplo 10.4). A próxima etapa pode ser oferecer uma série de cupons de valor mais baixo para promover a recompra subsequente, esperando que, quando os incentivos tiverem fim, os consumidores continuarão a comprar o produto por hábito.

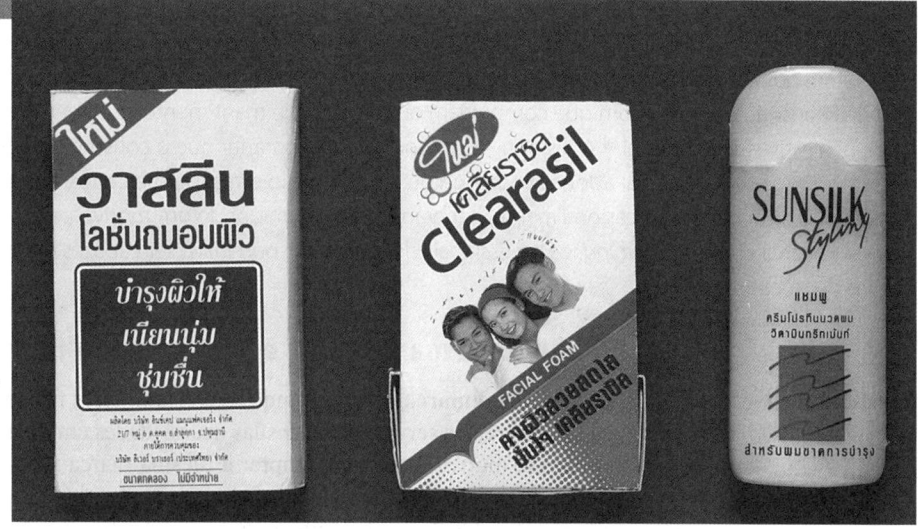

Exemplo 10.4
Amostras grátis
Estas são três amostras de produtos para a pele da Tailândia, onde o uso de amostras é uma ferramenta de marketing frequentemente utilizada. Várias amostras são distribuídas em centros de compras. Quais tipos de amostras de produtos você recebe?

Marketing para compradores habituais de outras marcas

Outro importante objetivo de marketing é quebrar os hábitos dos consumidores e induzi-los a mudar para a marca da empresa. Em razão de os consumidores habituais não possuírem uma forte preferência de marca, esse objetivo é mais fácil de ser atingido do que seria com os consumidores fiéis a uma marca. A empresa europeia Eat Natural, por exemplo, produz barras de cereais para o lanche diário. "Conhecemos pessoas que as comem no café da manhã, no lanche às 11 horas da manhã ou no almoço com um sanduíche", diz um executivo da empresa. Assim, a Eat Natural dispõe seus produtos próximos a salgadinhos (em vez de cereais matinais) para atrair os consumidores que poderiam, do contrário, comprar bolos de arroz ou alimentos similares.[52]

Técnicas de **promoção de vendas** para induzir a troca de marca incluem negociações de preço, cupons, amostras grátis e prêmios a fim de captar a atenção dos consumidores e fazer que experimentem a nova marca. A Procter & Gamble tem utilizado cupons gerados no caixa do supermercado para focar em usuários de um produto concorrente para a limpeza de louças. As pessoas que compram Electrasol Tabs recebem um cupom para uma caixa grátis de P&G's Cascade Power Tabs.[53] Uma vez que o antigo hábito é quebrado, os consumidores podem continuar a comprar a nova marca – neste caso, Cascade – por gostarem dela ou simplesmente porque desenvolveram um novo hábito.

Os profissionais de marketing também podem desfazer hábitos lançando **um benefício novo e único** que satisfaça mais as necessidades dos consumidores do que as marcas existentes. Essa vantagem diferencial precisa então ser fortemente anunciada para que os consumidores falem dela. Por exemplo, ao descobrir que seus clientes desejam mais bacon em seus hambúrgueres, a Wendy's lançou o Baconator, com seis tiras de bacon em cima de dois hambúrgueres e duas fatias de queijo, e tanto o nome do produto como sua propaganda destacaram o bacon extra dos sanduíches.[54]

Por fim, as **políticas de distribuição** são muito importantes para a compra habitual. Em geral, quanto maior for a quantidade de espaço que uma marca possui nas prateleiras de uma loja, mais provável será que chame a atenção dos consumidores. A localização de um produto pode ser o bastante para capturar a atenção do consumidor habitual e inserir em sua mente a ideia de comprar algo. Uma demonstração no fim do corredor pode aumentar de 100% a 400% as vendas de uma marca.[55] Em um estudo, demonstrações que prendiam a atenção aumentaram em 245% as vendas de alimentos congelados, em 207% as vendas de detergentes e em 172% as vendas de salgadinhos.[56] Em outro estudo, as vendas de xaropes para tosse e resfriado aumentaram 35% com as promoções no interior da loja ligadas a uma demonstração da marca em um ponto de compra.[57] Sendo assim, os profissionais de marketing muitas vezes tentam desenvolver demonstrações interessantes.

Marketing para compradores habituais de uma marca

Os profissionais de marketing não desejam que os clientes que realizam compras recorrentes quebrem seus hábitos de compra. Pelo fato de consumidores habituais serem suscetíveis a negociações de concorrentes, os profissionais de marketing precisam oferecer negociações comparáveis para criar resistência à troca. Tal situação explica por que uma redução de tarifas de uma companhia aérea é, em geral, igualada imediatamente por todos os seus principais concorrentes.

O controle de distribuição e o estoque também são táticas importantes utilizadas para evitar que os consumidores habituais migrem para outra marca. Sem uma preferência forte, há maior probabilidade de que os consumidores deixem o hábito e comprem outra marca em vez de irem até outra loja caso sua marca atual não esteja disponível em estoque. Em um estudo, 63% dos consumidores disseram que comprariam outra marca de mantimentos e alimentos enlatados caso sua marca preferida não estivesse disponível.[58] A distribuição difundida pode garantir que o consumidor não seja forçado a comprar algo diferente, uma razão pela qual a Jones Soda buscou a distribuição em supermercados. Por fim, a propaganda pode induzir a resistência à mudança, e, ocasionalmente, lembrando o consumidor de um motivo para comprar a marca e mantendo o nome da marca como *top of mind*, os profissionais de marketing poderiam ser capazes de manter os consumidores provenientes de trocas.

Fidelidade à marca como estratégia de simplificação

Fidelidade à marca Comprar repetidamente a mesma marca em virtude da forte preferência por ela.

A **fidelidade à marca** ocorre quando os consumidores fazem uma avaliação consciente de que uma marca ou serviço satisfaz suas necessidades em uma extensão maior do que outras e, por esse motivo, decidem comprar a mesma marca recorrentemente.[59] Em essência, a fidelidade à marca resulta de um reforço *muito* positivo de uma tática de escolha relacionada ao desempenho, mas também pode desenvolver-se quando um consumidor se torna habilidoso na utilização de uma oferta especial, como uma marca específica de software destinado à administração financeira. Diante da curva de aprendizagem necessária para migrar para uma marca de software diferente, o consumidor tende a permanecer fiel à marca em razão do *bloqueio cognitivo*.[60]

Observe que o nível de compromisso com a marca distingue a fidelidade à marca do hábito. Quanto mais forte essa avaliação se torna ao longo do tempo, mais alto é o nível de fidelidade à marca. Se você compra ketchup Heinz e decide que ele é mais consistente e saboroso do que outras marcas, vai comprá-lo novamente. Caso tal avaliação seja repetidamente reforçada, você desenvolverá uma forte fidelidade à marca. Os consumidores também podem ser **fiéis a múltiplas marcas**, comprometidos com duas ou mais marcas que compram repetidamente.[61] Se você prefere e compra somente Coca-Cola e Sprite, por exemplo, apresenta uma fidelidade a múltiplas marcas de refrigerantes.

Fidelidade a múltiplas marcas A aquisição repetida de duas ou mais marcas por causa da forte preferência por elas.

A fidelidade à marca resulta em uma tomada de decisão de baixo esforço, pois o consumidor não precisa processar as informações ao tomar uma decisão e simplesmente compra a mesma marca todas as vezes. Todavia, em virtude de seu forte comprometimento com a marca ou o serviço, os consumidores fiéis a uma marca possuem um nível relativamente alto de envolvimento com tal *marca*, independentemente de seu envolvimento com a categoria do produto ou serviço e alto ou baixo. Assim, embora o ketchup possa tipicamente ser imaginado como um produto de baixo envolvimento, o consumidor fiel à marca pode apresentar um nível alto de envolvimento com a marca Heinz.

IMPLICAÇÕES DE MARKETING

Os consumidores fiéis a uma marca formam uma base sólida na qual as empresas podem construir a lucratividade da marca, portanto identificando as características de tais consumidores, os profissionais de marketing podem descobrir formas de fortalecer a fidelidade à marca. Infelizmente, essa identificação é difícil, pois os profissionais de marketing não podem obter um perfil geral do consumidor fiel à marca que se aplique a todas as categorias de produtos.[62] De fato, a fidelidade à marca depende da categoria do produto; o consumidor que é fiel a ketchups pode não ser fiel a margarinas vegetais. Essa situação mostra que os profissionais de marketing devem avaliar a fidelidade à marca para cada categoria específica.

Identificando clientes fiéis à marca

Uma maneira de os profissionais de marketing identificarem consumidores fiéis à marca é focando nos padrões de compra dos consumidores, os quais apresentam uma sequência específica de compras (três a quatro compras consecutivas da mesma marca) ou proporção de compras (sete ou oito de dez compras da mesma marca) são considerados fiéis à marca.[63] O problema é que, em razão de a fidelidade à marca envolver tanto compras repetidas *quanto* um comprometimento com a marca, as medidas apenas de compras não realizam a distinção precisa entre consumidores habituais e fiéis à marca. A fim de identificar os verdadeiros consumidores fiéis à marca, os profissionais de marketing devem avaliar tanto o comportamento de compras recorrentes como a preferência de marca. Em um estudo, uma medida que observava apenas o comportamento de compras recorrentes identificou mais de 70% da amostra de consumidores como fiéis a marcas. Adicionar a preferência de marca como elemento qualificador reduziu o percentual para menos de 50%.[64]

Com a disponibilidade do exame de dados e as informações de compras on-line, os profissionais de marketing têm agora informações importantes sobre os padrões de compra dos consumidores, as quais podem ser analisadas para compreender como os cupons ou as alterações de preços afetam a compra. Entretanto, as empresas que desejam estudar a fidelidade à marca devem medir tanto os padrões de compra como as preferências.

Desenvolvendo fidelidade à marca

As empresas buscam desenvolver a fidelidade à marca por saberem que tais consumidores possuem um forte comprometimento com ela e são mais resistentes a esforços da concorrência e a mudanças do que outros consumidores. No entanto, o uso difundido de negociações de precificação nos Estados Unidos gradualmente diminuiu a fidelidade do consumidor com relação a diversas marcas, levando mais consumidores a comprarem com base no preço. Por isso, os profissionais de marketing estão batalhando agora para desenvolver a fidelidade do consumidor por meio de promoções não referentes ao preço. (É importante notar que, na Europa, as empresas utilizam menos promoções de preço, e a fidelidade à marca permaneceu relativamente estável.[65])

Desenvolvendo a fidelidade à marca por meio da qualidade do produto

Uma maneira óbvia e fundamental de desenvolver a fidelidade à marca é satisfazer o consumidor com um produto de alta qualidade. Os consumidores também podem se tornar fiéis a marcas de alta qualidade que apresentam preço justo, um resultado que explica o motivo pelo qual algumas empresas baixaram os preços de suas principais marcas.[66]

Desenvolvendo fidelidade à marca por meio de promoções de vendas

Diversas empresas cultivam a fidelidade à marca por meio de promoções de vendas, tais como cupons de desconto e brindes. Os programas de fidelidade a constroem encorajando os consumidores a adquirir um produto ou serviço de forma recorrente, podendo assim ganhar pontos para viagens gratuitas ou outras recompensas. Todavia os profissionais de marketing devem ter cuidado ao planejar as recompensas de fidelidade e os requisitos dos programas, isto é, a recompensa deve ter alguma conexão com a marca caso seu objetivo seja aumentar a acessibilidade de associações favoráveis à marca. Contudo, se a recompensa for muito valiosa, vai chamar mais a atenção do que a própria marca.[67] Além disso, os consumidores veem mais valor em um programa de fidelidade quando pensam que têm uma vantagem ao ganhar pontos,[68] e aqueles que precisam fazer mais para ganhar pontos de fidelidade tenderão a escolher recompensas luxuosas (especialmente quando se sentem culpados com relação ao consumo luxuoso).[69]

Marketing para consumidores fiéis a outras marcas

Os profissionais de marketing desejam induzir os usuários fiéis de marcas concorrentes a mudar para suas marcas, todavia, em razão de os consumidores serem fortemente comprometidos com outras marcas, é extremamente difícil fazer que mudem. Como consequência, geralmente é melhor evitar tais consumidores e tentar comercializar para consumidores não fiéis ou habituais, exceto quando uma marca possui um forte ponto de superioridade ou diferenciação em comparação ao concorrente. Nesse caso, o atributo superior pode ser suficiente para persuadir os consumidores fiéis a trocarem as marcas. A Subway, por exemplo, promove sua variedade de sanduíches e seus ingredientes saudáveis: "Temos 14 milhões de combinações ao contabilizarmos todas as diferentes combinações de vegetais e molhos", diz um executivo.[70]

O preço como estratégia de simplificação

É mais provável que os consumidores utilizem **táticas relacionadas ao preço**, tais como comprar a marca mais barata, comprar aquela que está em liquidação ou utilizar um cupom, ao perceberem poucas diferenças entre marcas ou quando possuem um baixo envolvimento com as marcas do conjunto de considerações. Um estudo descobriu que nove entre dez compradores entraram em uma loja com alguma estratégia para economizar dinheiro (veja o Exemplo 10.5).[71] Embora o preço seja um fator essencial em diversas decisões, os consumidores geralmente não se lembram de informações de preço, mesmo os de uma marca que acabaram de selecionar.[72]

Táticas relacionadas ao preço
Simplificação de heurísticas de decisão fundamentadas no preço.

Exemplo 10.5
Estratégias de economia de dinheiro
Os consumidores podem utilizar diferentes tipos de estratégias de economia de dinheiro em suas compras.
Que tipo de comprador você é?

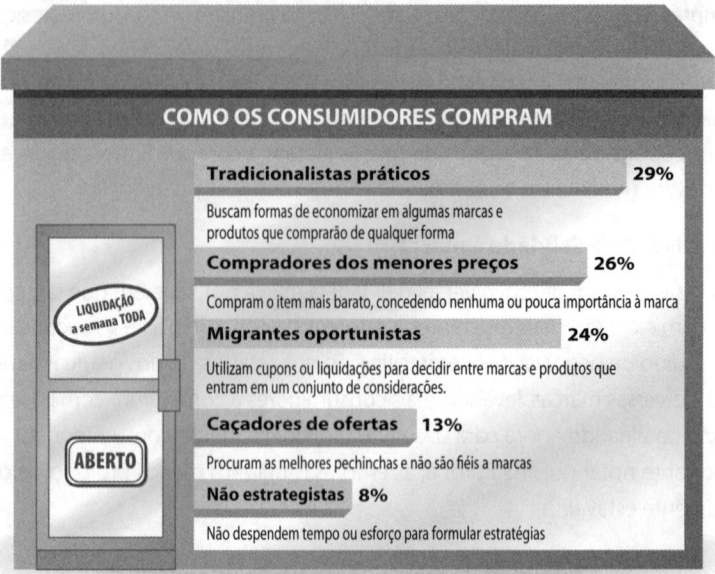

Tal reação ocorre porque as informações sobre preço estão sempre disponíveis nas lojas, portanto, os consumidores possuem pouca motivação para recordá-las. Observe que os consumidores que se preocupam com a perda de dinheiro preocupam-se mais com o preço, ao passo que aqueles que são sensíveis a lucros observam tanto as características da marca como o preço.[73]

IMPLICAÇÕES DE MARKETING

Zona de aceitação A variação aceitável de preços para qualquer decisão de compra.

Às vezes, os profissionais de marketing presumem equivocadamente que os consumidores sempre procuram o menor preço possível. Embora tal comportamento seja verdadeiro em algumas instâncias, uma afirmação mais precisa é a de que os consumidores possuem uma **zona de aceitação** com relação ao que constitui uma variação apropriada de preços para determinada categoria.[74] Contanto que uma marca esteja dentro da variação de preço, os consumidores a considerarão, mas rejeitarão as marcas que estejam acima ou abaixo de tal variação. Por exemplo, em um primeiro momento os consumidores evitaram os produtos de limpeza pelo fato de custarem mais do que toalhas de papel e fluidos de limpeza. Depois de os profissionais de marketing passarem a promover os benefícios do extermínio de germes e a conveniência, os consumidores começaram a comprar tais produtos – embora alguns ainda utilizem o preço como critério primordial para a escolha.[75]

Os consumidores podem rejeitar produtos baratos em razão de inferirem que algo está errado com eles. Por exemplo, os compradores suspeitariam de uma calça jeans estilizada e normalmente cara que estivesse em liquidação por US$ 9,99, pois, conforme observado anteriormente, os consumidores às vezes utilizam o preço como uma heurística para julgar a qualidade (preço mais alto significa maior qualidade). A estruturação é outro fator: sob baixa motivação e baixa oportunidade de processamento, os consumidores responderão mais a uma mensagem estruturada negativamente do que a uma estruturada positivamente,[76] e os varejistas também devem considerar que os consumidores veem o design da loja (disposição e atmosfera) como um sinal do preço e esperam que as lojas luxuosas tenham preços mais altos.[77] Finalmente, quando lojas luxuosas anunciam preços baixos, o eventual aumento de receita pode não justificar os custos gerados por atender a uma maior quantidade de clientes que responderão ao anúncio.[78]

Percepções de preço
As percepções dos consumidores desempenham um papel importante no uso de táticas relacionadas ao preço. Lembre-se de que, para que os consumidores percebam as diferenças entre dois preços, a variação deve estar na diferença

notável ou acima dela. Desse modo, os consumidores podem não se importar se o preço de uma marca de creme dental é US$ 1,95 e o de outra US$ 1,99. Eles também comparam o preço de certo produto com um preço de referência interno para tais produtos que é fundamentado nos preços pagos anteriormente, nos preços de produtos da concorrência e em outros fatores, incluindo produtos, incidentais em alguns casos.[79] Tipicamente, os consumidores utilizam uma variedade de preços em vez de um ponto de preço único quando pensam em produtos.[80]

Além disso, os processos de percepção afetam a reação dos consumidores diante de pontos de preços diferentes. Pesquisas têm indicado consistentemente que os consumidores veem os preços ímpares (aqueles que terminam com um número ímpar) como significativamente mais baixos do que os preços pares (aqueles terminados em um número par); um DVD tendo como preço US$ 15,99 será considerado menos caro do que um que custe US$ 16,00.[81] Os consumidores que veem determinado item com um preço muito mais alto em certo catálogo que também possui produtos de preços moderados formarão um ponto de referência mais alto para os itens de preços moderados.[82]

Os consumidores costumam ser mais receptivos a reduções de preços do que são a aumentos de preços,[83] ou seja, reduzir o preço de uma oferta aumentará as vendas até um nível mais alto do que o aumento de preço no mesmo montante reduzirá as vendas. Além disso, quando uma empresa concede grandes descontos de um produto sem fazê-lo com frequência, os consumidores verão o preço médio como mais baixo do que se o produto sempre estivesse em liquidação, mas com uma redução de preço menor.[84] Um estudo descobriu que, quando as empresas estabelecem um limite de compra ou tempo, os consumidores percebem a oferta como mais valiosa, no entanto, apenas quando a motivação para processar é baixa.[85]

A forma como as empresas descrevem a oferta também pode fazer diferença. Um estudo descobriu que comparar o preço de oferta com o "preço regular" funcionou melhor na loja, ao passo que a comparação com preços de concorrentes foi mais eficaz na análise feita na casa dos consumidores.[86] Além disso, pagar pelos produtos em uma moeda estrangeira (assim como quando se está viajando) afeta as percepções de preço e o comportamento de gasto: Quando a moeda estrangeira é calculada como um múltiplo da moeda nacional (como 40 rúpias indianas = US$ 1), os consumidores tendem a gastar mais do que quando a moeda estrangeira é calculada como uma fração (como 0,4 dinar de Bahrein = US$ 1).[87] Por fim, os consumidores tendem a perceber um aumento de preço como menos justo se tomam conhecimento deste a partir de uma fonte pessoal (como um representante de vendas) do que a partir de fontes impessoais, como uma placa na loja.[88]

O consumidor com propensão para ofertas

Os profissionais de marketing interessam-se por identificar **consumidores com propensão para ofertas** porque tal segmento é compatível com estratégias relacionadas ao preço diretamente focadas; contudo, as descobertas de pesquisas sobre a questão têm sido mistas. Um estudo descobriu que é mais provável que consumidores propensos a ofertas tenham renda mais baixa, sejam mais velhos e tenham menos educação formal do que os consumidores não propensos a ofertas; outros estudos descobriram que os consumidores que possuem renda mais alta têm mais acesso a informações sobre preços e, por isso, são mais capazes de agir com relação a estes.[89] Parte do problema é que os consumidores reagem de maneira diferente a diversos tipos de ofertas: alguns serão mais receptivos a cupons, outros a reduções de preços e descontos.[90]

Consumidores com propensão para ofertas Consumidores com maior probabilidade de serem influenciados pelo preço.

(**IMPLICAÇÕES DE MARKETING**)

Os profissionais de marketing podem utilizar várias técnicas de precificação, incluindo cupons, reduções de preços, descontos e "leve dois, pague um", contanto que a economia esteja na diferença notável ou acima dela e dentro da zona de aceitação.

Ofertas

A importância das ofertas é evidenciada pelas grandes reduções de preços que os supermercados têm feito, estimulados pela dura concorrência do Walmart, Costco, entre outros que concedem descontos. Diversas marcas baixaram seus preços em resposta à concorrência de outras marcas de lojas, as quais são promovidas como possuindo a mesma qualidade que as marcas nacionais, mas com preços mais baixos. Embora vários compradores gostem de comprar pela Internet por poderem procurar ofertas de preços, algumas empresas preferem não atrair consumidores que utilizam sites para comparar preços. O diretor de marketing da John Lewis Direct, uma empresa de catálogos do Reino Unido, diz que "clientes recrutados desses sites têm sido em geral os menos lucrativos, uma vez que eles não voltam. Eles estão sempre buscando as ofertas mais baratas... e demonstram pouca fidelidade".[91]

Exemplo 10.6
O preço como estratégia de simplificação
Às vezes, as empresas destacam o preço baixo e o bom valor em seus anúncios, assim como este do Burger King, o qual destaca sua oferta de US$ 1 para um sanduíche Spicy CHICK'N CRISP.

A importância do valor

Muitos consumidores buscam um bom valor – isto é, uma marca de alta qualidade a um bom preço (veja o Exemplo 10.6). As redes de *fast food*, como Burger King, McDonald's e Taco Bell, buscam, portanto, satisfazer os consumidores oferecendo ofertas especiais de "refeições valiosas". Valor nem sempre significa baixar preços, uma vez que os consumidores pagarão mais caso acreditem que a oferta oferece um benefício importante.[92] Os consumidores europeus, por exemplo, pagarão mais pela conveniência de tabletes de sabão pré-medidos comercializados sob marcas famosas como Wisk e Tide.[93] Uma forma de os profissionais de marketing proporcionarem valor sem baixar os preços é oferecer um benefício diferencial e convencer os consumidores de que a marca vale o custo extra. Por exemplo, a Colgate apostou – corretamente – que os consumidores pagariam mais pelo creme dental Total, o qual possui um ingrediente especial que combate os germes.[94]

Precificação especial

Se os profissionais de marketing utilizarem as ofertas de precificação muito frequentemente, os consumidores entenderão que o preço especial é o preço regular e não comprarão, a menos que a marca esteja em promoção – resultando em perda de lucros. Tal resultado foi obtido no passado por redes de restaurantes, tais como o Arby's. Ofertas demais também podem prejudicar a fidelidade à marca à medida que os consumidores se orientam a partir de ofertas e trocam de marcas com mais frequência. Assim, as ofertas tendem a funcionar melhor quando utilizadas seletiva e intermitentemente. A menor fidelidade à marca tornou-se uma grande preocupação em diversas categorias de produtos nos Estados Unidos, e essa é a razão pela qual várias empresas desejam migrar para estratégias de construção da marca, como propaganda e amostragem.[95]

O uso de ofertas de preço também varia de acordo com o país. Os cupons são comuns nos Estados Unidos: aproximadamente 50% de todos os varejistas os utilizam, e os consumidores economizam US$ 3 bilhões anualmente resgatando cupons.[96] Os sites de cupons on-line, como o RedPlum.com, contam com 20 milhões de visitantes todos os anos.[97] A tendência no Reino Unido e na Itália tem sido menos cupons, mas de valor mais alto.[98] Os cupons não são utilizados em todos os países; os varejistas não os aceitarão na Holanda e na Suíça, por exemplo, e a estrutura de comércio da Rússia e da Grécia não os acomoda.

A consciência de preço não é estática

Os consumidores costumam ter maior consciência de preço em tempos econômicos difíceis do que em tempos de prosperidade. Na morosa economia japonesa, as lojas de desconto e os cupons estão se tornando mais populares em um país que no passado desprezou ambos.[99] Na China, os consumidores se tornaram ainda mais conscientes com relação a preços agora que o Walmart e outros varejistas que trabalham com descontos estão se expandindo no local.[100]

Influências normativas como estratégia de simplificação

Às vezes outras pessoas podem influenciar a tomada de decisão de baixa elaboração dos consumidores. Um calouro universitário pode comprar o sabão que sua mãe utiliza em casa; um estudante pode comprar roupas de que seus amigos gostam. Nosso uso de tais **táticas de escolha normativas** podem ser resultantes de (1) *influência direta*, na qual os outros tentam nos manipular; (2) *observação indireta*, na qual observamos os outros guiarem nosso comportamento; e (3) *influência indireta*, na qual estamos preocupados com as opiniões dos outros. As táticas normativas são particularmente comuns entre os consumidores não experientes que possuem pouco conhecimento, e a comunicação on-line pode aumentar a importância da influência normativa na tomada de decisão, pois os consumidores podem contatar uns aos outros de forma muito fácil.

Táticas de escolha normativas Tomada de decisão de baixa elaboração fundamentada nas opiniões de outros.

(**IMPLICAÇÕES DE MARKETING**)

Caso as táticas normativas sejam particularmente evidentes em uma categoria de produto ou serviço, as empresas podem enfatizar tais motivações na propaganda. Um bom exemplo dessa estratégia é um anúncio da bolacha Ritz que mostra o quão felizes os convidados de uma festa ficarão quando você "serve Ritz". Os consumidores muitas vezes compram produtos importados e caros para impressionar os outros. Os profissionais de marketing também podem tentar estimular a comunicação boca a boca, conforme descrito no Capítulo 15.

Tomada de decisão de baixo esforço fundamentada em sentimentos

A categoria final das estratégias de baixo esforço abrange decisões que são fundamentadas em sentimentos em vez de no processamento cognitivo. Tais tipos de estratégia incluem táticas afetivas, busca por diversidade e compra por impulso.

Sentimentos como estratégia de simplificação

Às vezes, os consumidores selecionarão uma marca ou serviço por gostarem destes, embora possam não saber o porquê. Tal comportamento se apoia em sentimentos de baixo nível muito básicos ou no **afeto**. O afeto difere das estratégias cognitivas, como opiniões relacionadas ao desempenho, porque não necessariamente resulta de um reconhecimento consciente de satisfação de uma necessidade e geralmente é mais fraco do que uma opinião. Simplesmente estar na presença de alguém de quem você gosta e que esteja sorrindo feliz pode fazer que você sorria e sinta-se feliz – e, por sua vez, pode ter uma influência positiva em sua avaliação de um produto.[101]

Afeto Sentimentos de baixo nível.

É mais provável que o afeto seja parte do processo de decisão quando a oferta é hedônica (em vez de ser funcional) e quando outros fatores, tais como avaliações de desempenho, preço, hábito e influências normativas não estão em operação. Se você compra ketchup Heinz porque ele satisfaz mais suas necessidades, ou se geralmente compra apenas a marca mais barata de toalhas de papel, é menos provável que o afeto influencie sua decisão. Todavia, quando tais fatores não operam em situações de baixo esforço, o afeto pode desempenhar um papel central.

As **táticas relacionadas ao afeto** utilizam uma forma de processamento fundamentada em categorias.[102] Em outras palavras, associamos marcas com avaliações afetivas globais que recordamos da memória ao fazer uma escolha, um processo chamado **referência afetiva** ou heurística de "como eu me sinto com relação a isso?".[103] Ao ouvirmos o nome *Starbucks*, por exemplo, podemos associá-lo a sentimentos gerais de felicidade e podemos decidir tomar um café lá com base em tais sentimentos em vez de em uma avaliação detalhada da Starbucks. Em um estudo, os consumidores que escolhiam entre uma sobremesa saudável e um bolo de chocolate menos saudável escolheram a sobremesa associada ao afeto mais positivo (o bolo) quando tiveram pouca oportunidade de pensar na escolha. Quando tiveram mais tempo para pensar, escolheram a sobremesa mais saudável, uma reação que sugere que a referência afetiva é mais um fator sob baixo esforço de processamento.[104] Outro estudo descobriu que sentimentos positivos com relação a promoções também podem ser transferidos não apenas para o produto promovido, mas também a produtos não relacionados.[105]

Táticas relacionadas ao afeto Táticas fundamentadas em sentimentos.

Referência afetiva Tática de afeto simples por meio da qual simplesmente lembramos de nossos sentimentos pelo produto ou serviço.

Sempre que um consumidor encontra uma marca nova, também a compara com outras marcas da mesma categoria. À medida que a nova marca é semelhante às marcas previamente encontradas, o afeto associado à categoria pode ser transferido a uma nova instância e influenciar a escolha.[106] Por outro lado, caso a nova marca seja vista como não semelhante, é mais provável que o consumidor mude para o processamento fragmentado, avaliando atributos da forma descrita no Capítulo 9.[107] Por exemplo, o Listerine Whitening Quick Dissolving Strips, o qual ajuda a clarear os dentes, mas desaparece dentro de poucos minutos, não proporciona a sensação de formigamento do Listerine da qual algumas pessoas não gostam. Em função do nome do produto, dos benefícios e da sensação serem diferentes daqueles do antisséptico bucal Listerine, os consumidores podem ser capazes de avaliar os atributos do novo produto a partir de seus próprios méritos.[108]

Familiaridade da marca

Familiaridade da marca
Fácil reconhecimento de uma marca famosa.

O afeto também pode ser gerado a partir da **familiaridade da marca** (por meio do mero efeito de exposição). Em um estudo, consumidores de cerveja com preferências de marca bem estabelecidas não conseguiram distinguir sua marca preferida de outras em um teste de experimentação com os olhos vendados.[109] Entretanto, quando as cervejas foram identificadas, os consumidores classificaram o sabor de suas marcas preferidas significativamente acima do gosto das demais. Outro estudo descobriu que "comprar a marca mais familiar" era uma tática de escolha dominante de compradores inexperientes com relação a margarina vegetal. Mesmo quando a qualidade da marca mais familiar foi manipulada para ser inferior à das marcas não familiares, eles ainda preferiram maciçamente a marca familiar.[110] Outro estudo descobriu que o nome da marca era um sinal heurístico mais importante nas situações de baixa elaboração do que nas situações de alta elaboração.[111]

Essas descobertas se repetiram em um estudo em Cingapura, sugerindo que o impacto da familiaridade da marca possa ser uma fenômeno transcultural.[112] Coca-Cola é um nome familiar em parte por causa de seu marketing consistente e de alta visibilidade.[113] Todavia, marcas locais agressivamente promovidas, como a Crazy Cola, que trabalham duro para ganhar familiaridade de marca, estão superando as vendas da Coca-Cola e de outras marcas globais na Sibéria e em outras regiões.

Associação de marcas (co-branding) Acordo por meio do qual duas marcas formam uma parceria para se beneficiar da força de ambas.

Várias empresas têm se dedicado atualmente à **associação de marcas (*co-branding*)**, um acordo no qual duas marcas firmam uma parceria para se beneficiarem do poder e da familiaridade combinados dessas marcas (veja o Exemplo 10.7).[114] Às vezes, a Kellogg coloca duas de suas marcas próprias em um único produto, como os Eggo Froot Loops, os quais são waffles com pedaços de cereal.[115] As empresas de bebidas estão utilizando a associação de marcas para contornar as restrições de propaganda, colocando seus nomes em alimentos (por exemplo, Grill Jack Daniel's com o TGI Friday's).[116]

IMPLICAÇÕES DE MARKETING

Uma vez que os sentimentos podem desempenhar um papel importante no processo de decisão, os profissionais de marketing podem tentar criar e manter a familiaridade da marca, construir associações fundamentadas na categoria e gerar

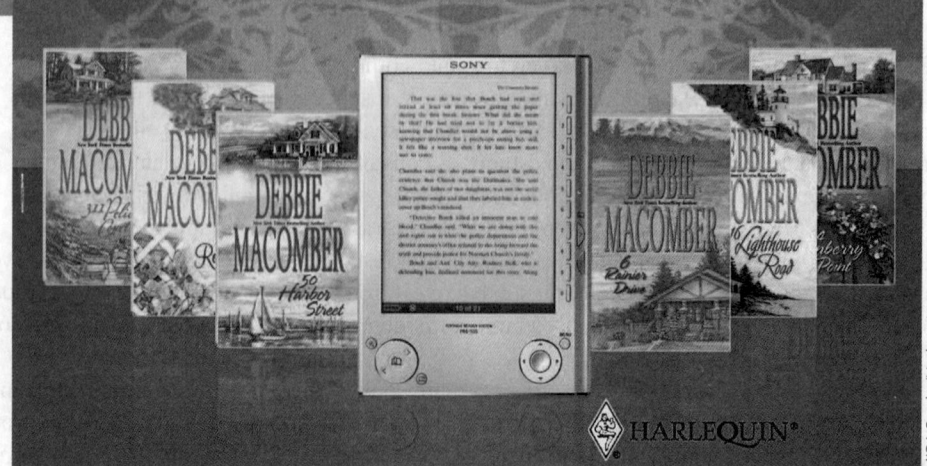

Exemplo 10.7
Associação de marcas (*co-branding*)
Por vezes as empresas se envolvem na associação de marcas fazendo a propaganda de duas marcas diferentes juntas. A seguir vemos um anúncio conjunto da Sony e da Harlequin Books.

afeto por meio da propaganda que cria opiniões positivas com relação ao anúncio. Criando afeto positivo com relação a sua marca, os profissionais de marketing podem aumentar a probabilidade de que, sendo todas as outras coisas iguais, sua marca seja selecionada.

O afeto desempenha um papel central na determinação de respostas estéticas a estímulos de marketing, especialmente quando as propriedades visuais são a única base para julgamento. Nos anúncios nas Páginas Amarelas, por exemplo, é mais provável que os consumidores considerem empresas com anúncios coloridos e são mais propensos a ligar para aqueles com cores que aprimoram o produto.[117] Um estudo mostrou que dois aspectos centrais do design de um produto geram mais respostas afetivas positivas ao produto.[118] Tais características são a **unidade**, o que significa que as partes visuais do design se conectam de uma forma significativa, e a **prototipicalidade**, a qual significa que o objeto representa sua categoria.

Unidade Quando todas as partes visuais de um design se encaixam.

Prototipicalidade Quando um objeto representa sua categoria.

As marcas que possuem afeto transcultural positivo podem ser comercializadas internacionalmente, e a imagem dos Estados Unidos tem beneficiado diversas empresas que atuam na China; o KFC, por exemplo, domina o segmeto de *fast food*.[119] De forma semelhante, o afeto positivo da culinária italiana ajudou a Barilla a conquistar 25% do mercado de massas nos Estados Unidos.[120] Em particular, as ofertas hedônicas – aquelas que envolvem estilo ou sabor – contam muito nas associações afetivas.

Tomada de decisão fundamentada nas necessidades de busca por diversidade

Outra tática de escolha comum dos consumidores em situações de baixo esforço é tentar algo diferente, um fenômeno chamado **busca por diversidade**. Um consumidor pode comprar shampoo Johnson's Baby regularmente, mas um dia desejar experimentar o shampoo Pantene – e, então, retornar ao shampoo da Johnson's nas compras posteriores. Os consumidores buscam diversidade por dois motivos principais: *satisfação* e *tédio*.[121] Se você tem as mesmas coisas para o jantar todos as noites ou se ouve apenas um CD várias vezes, pode haver uma saturação, levando-o a fazer algo diferente. As decisões dos consumidores que ocorrem repetidamente podem se tornar monótonas; esse resultado explica por que alguns consumidores migram em busca de mudanças, mesmo que obtivessem mais prazer imediato repetindo sua escolha de costume.[122] Outro motivo pelo qual os consumidores buscam diversidade em situações públicas é a previsão de que os outros avaliarão sua decisão mais positivamente.[123] Os consumidores podem se envolver na busca por diversidade por perceberem que os custos da mudança para um novo produto podem ser menores do que os dos consumidores que não buscam diversidade.[124]

Busca por diversidade Experimentar algo diferente.

No entanto, a busca por diversidade não acontece em todas as categorias de produtos. É mais provável que ela ocorra quando o envolvimento é baixo, quando há poucas diferenças entre as marcas e quando o produto é mais hedônico do que funcional.[125] Ela também tende a ocorrer quando os consumidores se tornam saturados com um atributo sensorial em especial de um produto, como seu cheiro, seu gosto, seu toque e sua aparência visual.[126] Os profissionais de marketing podem, portanto, reduzir o tédio dos consumidores simplesmente fornecendo mais variedade a uma categoria de produto.[127]

Os consumidores são estimulados a aliviar seu tédio porque seu nível de estimulação fica abaixo do **nível ótimo de estimulação (OSL, sigla em inglês)** – uma ideia interna de nível de estimulação.[128] A compra recorrente faz que o nível de estimulação interna fique abaixo do OSL, e comprar algo diferente é uma forma de recuperá-lo. Além disso, alguns consumidores precisam de mais estímulo e são menos tolerantes ao tédio do que outros. Esses **caçadores de sensações** são mais propensos a entrar em uma busca por diversidade e a estar entre os primeiros a experimentar produtos novos e que são tendência; portanto, tais consumidores são um bom mercado para novas ofertas.[129]

Nível ótimo de estimulação (OSL, sigla em inglês) Nível de estímulo que é o mais confortável para um indivíduo.

Caçadores de sensações Aqueles que buscam variedade ativamente.

Observe que comprar algo diferente é apenas uma forma de buscar estímulo. Os consumidores também podem expressar seu impulso por variedade dedicando-se à exploração indireta.[130] A **exploração indireta** ocorre quando os consumidores coletam informações sobre um produto, lendo sobre ele, falando com outras pessoas ou se colocando em ambientes de compras estimulantes. Por exemplo, muitas pessoas gostam de ir a lojas simplesmente para dar uma olhada – não para comprar, apenas para aumentar seu estímulo.

Exploração indireta Buscar informações por mero estímulo.

IMPLICAÇÕES DE MARKETING

Os profissionais de marketing devem reconhecer a necessidade de diversidade dos consumidores e acomodar tais necessidades de maneira apropriada, assim como faz a Jones Soda lançando novos sabores e novos rótulos de garrafa regularmente. Os profissionais de marketing podem tentar induzir a troca de marcas entre aqueles que buscam diversidade encorajando os consumidores a "pôr um pouco de tempero na vida" e experimentar algo diferente. A Stevens Point Brewery oferece atualmente uma variedade de embalagens com 12 unidades com duas garrafas de cada um de seus seis tipos de cerveja.[131] No entanto, os consumidores podem não gostar de diversidade *em excesso*. Observe que simplesmente alterar a forma com que o sortimento de produtos é apresentado (como os itens são dispostos nas prateleiras das lojas, por exemplo) pode aumentar as percepções de diversidade dos consumidores e impulsionar um consumo maior, uma descoberta que é particularmente importante para os comerciantes de alimentos.[132]

Compra por impulso

Compra por impulso
Uma compra inesperada fundamentada em um forte sentimento.

Outro processo de decisão comum que possui um forte componente afetivo é a **compra por impulso**, a qual ocorre quando os consumidores repentinamente decidem comprar algo que não haviam planejado comprar. As compras por impulso são caracterizadas por (1) uma intensa ou poderosa sensação de que é preciso comprar o produto imediatamente, (2) uma indiferença às possíveis consequências negativas da compra, (3) sentimentos de euforia e excitação, e (4) um conflito entre o controle e o exagero.[133] Os consumidores de países asiáticos, onde a interdependência e o controle emocional são enfatizados, tendem a se envolver em menos compras por impulso do que os consumidores de países ocidentais, onde a independência pessoal e os prazeres hedônicos são enfatizados.[134] A compra e o consumo por impulso, especialmente quando relacionados a necessidades de busca de prazer não satisfeitas, são muitas vezes provocados pela exposição dos consumidores a estímulos externos, tais como em uma demonstração em uma loja, um anúncio na Internet ou um anúncio na TV com um número de telefone.[135]

Algumas pesquisas sugerem que as compras por impulso são instigadas por uma falha no autocontrole dos consumidores.[136] Aplicar o autocontrole é difícil, um fator que explica por que os consumidores que empregam o autocontrole em uma área – como não comer doces quando se está seguindo uma dieta – podem ser menos capazes de manter o autocontrole em outra área e, portanto, comprar algo por impulso.[137] Tomar uma série de decisões pode reduzir ainda mais o autocontrole dos consumidores.[138] No entanto, eles podem ser incapazes de controlar a compra por impulso mesmo quando dedicam-se a um grande processamento consciente.[139]

Pesquisadores estimam que entre 27% a 62% das compras dos consumidores podem ser consideradas compras por impulso.[140] Todavia, é importante diferenciar a compra por impulso das compras parcialmente planejadas, ou aquelas em que o consumidor tem a intenção de comprar a categoria de produto, mas utiliza a demonstração da loja para decidir qual marca selecionar. Quando tal distinção é feita, a proporção de compras por impulso geralmente é mais baixa.[141] A tendência de comprar por impulso varia; alguns consumidores podem ser considerados compradores altamente impulsivos, ao passo que outros não.[142] A tendência de comprar por impulso provavelmente está relacionada a outros traços, tais como consumismo geral e materialismo, busca por sensações e um gosto por comprar por diversão.[143] Se os custos da impulsividade se tornam salientes ou se a pressão normativa (como quando a presença de outras pessoas com opiniões negativas) é alta, os consumidores se dedicarão menos à compra por impulso.[144] Por fim, a presença de colegas aumenta a necessidade de efetuar compras por impulso, enquanto a presença de familiares possui o efeito contrário.[145]

IMPLICAÇÕES DE MARKETING

Várias lojas organizam suas mercadorias de forma a aumentar as compras por impulso. Lojas de cartões geralmente colocam itens como cartões comemorativos próximos da parte de trás, pois assim os consumidores terão de passar por diversas demonstrações contendo itens de alta margem de impulso para pegá-los. Conforme discutido anteriormente, demonstrações na altura dos olhos e que prendem a atenção, incluindo demonstrações e luzes piscantes no fim de corredores, podem aumentar drasticamente as vendas – principalmente de itens por impulso.[146] O design da embalagem também pode aumentar as compras por impulso – a razão pela qual as embalagens do gel de barbear e a loção pós-barba NXT brilham na prateleira com a energia das luzes operadas por pilhas.[147]

A compra por impulso tende a cair em tempos de dificuldades econômicas. No Japão, por exemplo, onde uma longa recessão econômica levou muitos consumidores a comprar somente o que precisavam, os profissionais de marketing caracterizaram certos produtos como necessidades em vez de itens impulsivos.[148] Em contrapartida, alguns consumidores norte-americanos ainda gastam com itens de luxo selecionados quando o dinheiro está escasso, comprando marcas de alta qualidade, tais como o café Starbucks.[149]

Resumo

Este capítulo examinou a natureza do julgamento e da tomada de decisão do consumidor quando a motivação, habilidade e oportunidade – e, consequentemente, a elaboração – são baixas. Em tais situações, os consumidores muitas vezes fazem julgamentos utilizando heurísticas ou regras de decisão simplificadas. Ao utilizar a heurística da representatividade, os consumidores fundamentam seus julgamentos em comparações com um protótipo da categoria. Quando utilizam a heurística de disponibilidade, eles fundamentam seus julgamentos na acessibilidade de informações.

Algumas vezes as decisões de baixo esforço são tomadas inconscientemente e outras, conscientemente. As decisões inconscientes podem ser fortemente afetadas por sinais do ambiente. A tomada de decisão de baixo esforço consciente pode seguir uma hierarquia de efeitos em que a reflexão leva ao comportamento e os resultados, ao sentimento; em contrapartida, a hierarquia de efeitos da tomada de decisão de alto esforço é tipicamente reflexão-sentimento-comportamento. A fim de simplificar, os consumidores que tomam decisões de baixo esforço podem se satisfazer em vez de otimizar, e também podem planejar táticas de escolha ao longo de ocasiões de compras repetidas por meio de um processo semelhante ao condicionamento operante. As táticas de escolha fundamentadas cognitivamente incluem desempenho, hábito, fidelidade à marca, preço e influências normativas; as táticas de escolha fundamentadas afetivamente incluem referência afetiva, familiaridade da marca, busca por diversidade e compra por impulso.

Perguntas para revisão e discussão

1. Como as informações de taxa base e a lei dos números pequenos influenciam julgamentos feitos com base na heurística de disponibilidade?
2. O quão diferente e semelhante é a hierarquia de efeitos de alto esforço da hierarquia de baixo esforço?
3. Quais conceitos de condicionamento operante aplicam-se à aprendizagem do consumidor?
4. Por que a qualidade é um ingrediente importante na tomada de decisão fundamentada cognitivamente?
5. O que é fidelidade à marca e qual papel ela desempenha na tomada de decisão de baixo esforço?
6. Como as percepções de preço e de valor afetam a tomada de decisão de baixo esforço?
7. Quando é mais provável que o afeto seja um fator na tomada de decisão de baixo esforço?
8. Se o hábito é uma estratégia simplificadora, por que às vezes os consumidores buscam diversidade?

CASO – COMPORTAMENTO DO CONSUMIDOR

Experimente, você vai gostar: amostragem

A amostragem surgiu como uma técnica de marketing fundamental para uma longa lista de empresas, desde Starbucks e Stew Leonard's até Viva e Vitamin Water. Em uma tentativa de expandir seu apelo entre os amantes de café expresso e bebidas similares, a Starbucks recentemente lançou seu café diário Pike Place Roast com copos de 240 ml de amostra grátis em todas as suas 7.100 lojas dos Estados Unidos. Durante a mesma semana, algumas unidades do McDonald's da cidade de origem da Starbucks, Seattle, começaram a oferecer amostras grátis do novo expresso e bebidas à base de leite do McDonald's – uma tentativa de atrair os consumidores que desejam algo mais do que um copo de café de todos os dias. Esse é apenas um exemplo do uso de amostras do McDonald's a fim de encorajar a experimentação de novos itens do cardápio. Por exemplo, quando o restaurante ofereceu amostras de seu novo café premium-roast, a empresa obteve um aumento de 15% nas vendas de café em toda a rede.

Diversos restaurantes de *fast food* descobriram que a amostragem é eficaz na indução de experimentação e compra. Por exemplo, o Wendy's certa vez realizou uma excursão nacional de amostragem de hambúrgueres para atrair pessoas que não eram clientes, distribuindo milhares de hambúrgueres gratuitos em eventos especiais juntamente com cartões-prêmios que valiam hambúrgueres gratuitos nos restaurantes Wendy's locais. "Uma coisa é falar de um hambúrguer", diz um executivo do Wendy's. "Outra coisa é experimentá-lo de verdade." Não muito tempo atrás, a Pizza Hut realizou o "Free Slice of Pizza Day" (Dia da Fatia Gratuita de Pizza) para que os clientes pudessem experimentar suas aprimoradas pizzas feitas à mão. No primeiro dia da primavera, a Dunkin' Donuts distribuiu 3 milhões de copos de café gelado em todo o país para sinalizar o início da época de beber café gelado.

A Stew Leonard's, uma rede de supermercados situada em Norwalk, Connecticut, sempre tem algumas amostragens acontecendo em suas quatro lojas: copos gratuitos de chili de frango ou de sopa de mariscos distribuídos na porta de entrada, suco de laranja espremida na hora sendo oferecido na seção hortifrutigranjeira e *cookies* gratuitos em altas pilhas na seção "padaria". "Esta á uma forma de propaganda cara por conta do trabalho extra e da equipe envolvida", diz o presidente executivo. "Mas também é um bom negócio. Nós geralmente dobramos ou triplicamos as vendas dos produtos apresentados." E, completa, os clientes que experimentam algo e gostam podem muito bem comprá-lo da próxima vez que fizerem compras na Stew Leonard's.

A Kimberly-Clark tem utilizado a amostragem para fazer com que os consumidores sintam a maciez e a força de suas toalhas de papel Viva. Ao pensar em como distribuir uma única toalha de papel como amostra, a agência de publicidade da empresa sugeriu pregá-la em revistas como *Every Day with Rachel Ray* e *Reader's Digest*, pois assim os consumidores poderiam retirar a toalha e experimentá-la. Ao mesmo tempo, a Kimberly-Clark distribuiu cupons Viva nos caixas dos supermercados. Esses tipos de táticas de marketing ajudaram a Viva a aumentar a participação no mercado e a tornar-se a marca número dois no mercado de toalhas de papel, logo atrás da Bounty, a líder do mercado.

Lojas e revistas não são os únicos lugares em que os consumidores podem experimentar amostras. Os estudantes universitários que vão às praias da Flórida nas férias de primavera são um excelente público-alvo de amostras distribuídas por empresas que buscam iniciar ou reforçar o relacionamento com a marca. Algumas amostras são entregues nos balcões de registro de hotéis, juntamente com as chaves do quarto. Outras são objetos de concursos e atividades experimentais. Os estudantes que participam do concurso "Sand Castle Demolition" ("Demolição de Castelos de Areia") pisoteiam estruturas de areia e cavam fundo para encontrar garrafas escondidas de Vitamin Water, por exemplo. Na tenda Neutrogena's Acne Stress Control (Controle da Acne Causada por Estresse Neutrogena), os estudantes podem experimentar o Acne Stress Control Power-Foam Wash, inscreverem-se para concorrer a uma grande cesta com amostras e ficar para uma massagem gratuita. Os profissionais de marketing também utilizam esses contatos como uma oportunidade de pesquisar o que agrada e o que desagrada aos estudantes, seus hábitos de compra e suas marcas preferidas, buscando *insights* que tornarão seus programas de amostragem ainda mais eficazes durante as férias de primavera do ano seguinte.[150]

Perguntas sobre o caso

1. Por que a amostragem é uma boa ferramenta de marketing para influenciar as decisões de baixo esforço?
2. Em termos de táticas de escolha, explique o risco que a Starbucks assume caso os consumidores que recebam amostras do café Pike Place não gostem do produto.
3. Por que a Kimberly-Clark distribuiria cupons em supermercados ao mesmo tempo que anexou as toalhas de papel Viva em revistas?
4. Qual papel as influências normativas poderiam desempenhar nas decisões de produtos tomadas por estudantes que recebem amostras durante as férias de primavera?

Processos pós-decisão
Capítulo 11

OBJETIVOS DE APRENDIZADO

Depois de estudar este capítulo, você estará apto a:

1. Distinguir entre a dissonância e o arrependimento que os consumidores podem sentir após uma aquisição, consumo ou descarte.
2. Explicar como os consumidores podem aprender com base em de experiências e o motivo pelo qual os profissionais de marketing precisam compreender esse processo pós-decisão.
3. Discutir como os consumidores julgam a satisfação ou a insatisfação com suas decisões sobre aquisição, consumo ou descarte.

INTRODUÇÃO

A caça ao tesouro começou na Costco

Quem pagaria pelo privilégio de fazer compras em uma loja de armazém sem frescuras? Os 52 milhões de clientes da Costco pagam contentes uma taxa anual de associação, estão tão satisfeitos e são tão fiéis que aproximadamente 90% deles realizam renovações ano após ano. De fato, a associação está em alta à medida que mais consumidores buscam alimentos, livros, eletrônicos, combustível e outros bens e serviços de marca e com preços baixos nas 540 lojas da Costco ou em seu website. Embora os preços baixos sejam uma atração importante, os clientes também gostam da diversão de caçar ofertas únicas com relação a qualquer coisa, desde anéis de diamante até calças jeans.

Outra razão do sucesso da Costco é sua generosa política de devolução. Qualquer coisa pode ser devolvida para uma restituição a qualquer momento; até mesmo a taxa de associação será restituída caso um cliente esteja insatisfeito. As únicas exceções são itens eletrônicos, como TVs, câmeras, computadores e iPods, os quais não podem ser retornados após 90 dias. A pesquisa da Costco mostra que a maioria dos produtos eletrônicos são devolvidos porque os clientes não conseguem descobrir como operá-los, assim, agora o varejista oferece assistência técnica gratuita e uma garantia de dois anos para demonstrar seu compromisso com o oferecimento de satisfação completa.[1]

O exemplo da Costco ilustra diversos tópicos-chave deste capítulo. Primeiro, ele destaca a importância da satisfação do cliente como base para o sucesso do negócio. Segundo,

4. Descrever como os consumidores podem se desfazer de algo, por que tal processo é mais complexo para objetos significativos e o que influencia o comportamento de reciclagem do consumidor.

ele mostra como a satisfação do cliente depende do bom desempenho, da geração de sentimentos positivos e de percepções de igualdade (uma troca justa). Terceiro, ele ilustra como os consumidores aprendem sobre ofertas vivenciando-as diretamente, à medida que os clientes fazem compras na Costco ou utilizam seu website. Por fim, ele demonstra como uma empresa pode contrapor a insatisfação do cliente oferecendo garantias, suporte técnico e uma política de retorno generosa. Todos esses fenômenos ocorrem após o consumidor ter tomado uma decisão. Este capítulo examina os processos pós-decisão demonstrados no Exemplo 11.1: dissonância e arrependimento, aprendizagem do consumidor, satisfação/insatisfação e descarte, os quais possuem implicações importantes para os profissionais de marketing.

Dissonância e arrependimento pós-decisão

Nem sempre os consumidores estão seguros com relação às suas decisões de aquisição, consumo ou descarte. Eles podem sentir-se incertos com relação a terem feito ou não a escolha correta, ou podem até mesmo arrepender-se da decisão que tomaram, conforme mostram as próximas seções.

Dissonância

Após tomar uma decisão de aquisição, consumo ou descarte, às vezes você pode se sentir incerto com relação a ter feito ou não a escolha correta. Você pode pensar se deveria ter comprado uma camisa ou um vestido diferentes dos que comprou, ou se deveria ou não ter vestido alguma outra coisa em uma festa, se deveria ter guardado um ursinho de pelúcia velho em vez de jogá-lo fora. É mais provável que a **dissonância pós-decisão** ocorra quando mais de uma opção é atrativa e a decisão, importante.[2]

Dissonância pós-decisão
Sentimento de ansiedade com relação a uma decisão tomada ter sido correta ou não.

A dissonância pós-decisão pode influenciar o comportamento do consumidor, porque gera uma ansiedade que o consumidor gostaria de reduzir, especialmente quando a motivação, habilidade e oportunidade (MAO) são altas. Uma forma de reduzir a dissonância é buscando informações adicionais de fontes como especialistas e revistas. Tal busca é muito seletiva, e é definida de modo a tornar a alternativa escolhida mais atrativa e as rejeitadas menos atrativas, reduzindo, assim, a dissonância.

Arrependimento

Arrependimento pós-decisão
Sensação de que se deveria ter adquirido outra opção.

O **arrependimento pós-decisão** ocorre quando os consumidores percebem uma comparação não favorável entre o desempenho da opção escolhida e o desempenho das opções não escolhidas. Se você considera três carros antes de tomar sua decisão de compra e depois descobre que o valor de revenda do carro que comprou é muito mais baixo do que o das outras duas opções, pode se arrepender de sua compra e desejar que tivesse escolhido um dos outros carros. De fato, pesquisas indicam que é possível sentir-se arrependido mesmo se não possuir qualquer informação sobre as alternativas não escolhidas – especialmente se não for possível reverter a decisão, se houver um resultado negativo proveniente da alternativa de sua escolha ou caso tenha acontecido uma mudança de *status quo*.[3]

Além disso, embora os consumidores sintam um arrependimento a curto prazo caso não comprem durante uma oportunidade de compra de tempo limitado, tal arrependimento se dissipa ao longo do tempo.[4] Os consumidores que evitam a culpa exercitando o autocontrole e não ostentando uma escolha hedônica, como uma viagem cara, mas incrível, podem arrepender-se dessa decisão mais tarde e sentir que perderam a chance de viver o momento.[5]

Além do mais, suponha que os consumidores estejam insatisfeitos com o resultado de uma compra e decidam mudar para uma alternativa diferente. Eles vão se arrepender da troca? Ainda que essa nova alternativa tenha um resultado negativo, os consumidores se sentirão menos arrependidos, pois acreditam que sua decisão de mudar foi justificada.[6] Os consumidores também podem controlar o arrependimento pós-compra focando naquilo que podem aprender a partir

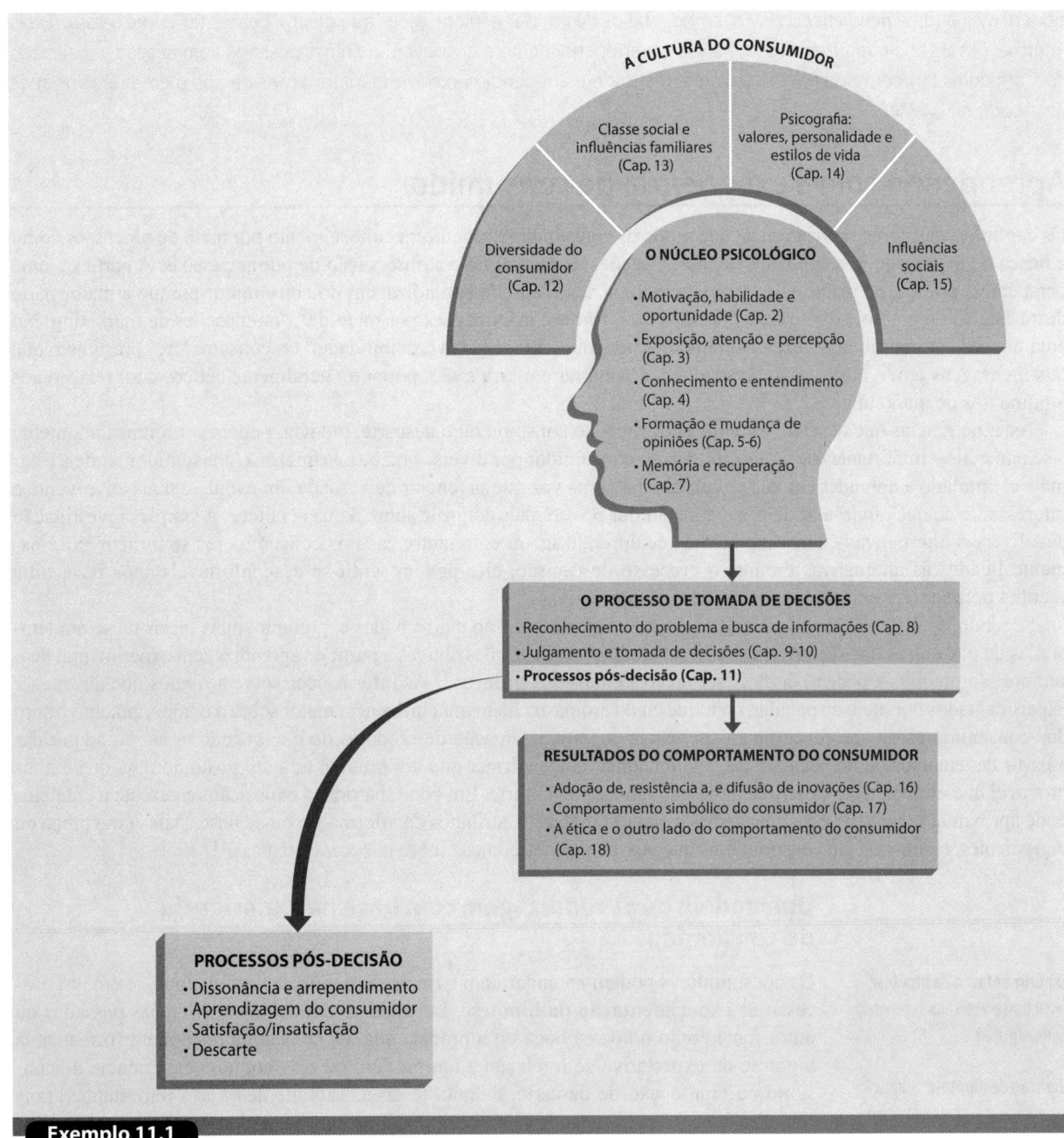

Exemplo 11.1

Visão geral do capítulo: processos pós-decisão
A decisão não termina depois que os consumidores fizeram uma escolha ou compra, uma vez que estes podem vivenciar dissonância (ansiedade com relação a terem tomado uma decisão correta ou não) ou arrependimento após uma compra, aprender mais sobre a oferta utilizando-a, experimentar satisfação ou insatisfação com esta e, por fim, descartá-la.

de tal decisão a fim de aprimorar decisões futuras.[7] Por fim, dividir uma decisão importante em uma série de decisões menores pode reduzir a dificuldade de fazer escolhas e a tendência de sentir arrependimento com relação à decisão geral.[8]

IMPLICAÇÕES DE MARKETING

Ao ajudar os consumidores a reduzirem a dissonância e o arrependimento pós-decisão, os profissionais de marketing podem diminuir sentimentos negativos relacionados à oferta. Por exemplo, os compradores da BMW recebem a *Revista BMW* e podem assinar uma *newsletter* da BMW, ambos cheios de notícias e informações que geram "bem-estar" sobre o carro. Essas informações de apoio reduzem a dissonância e o arrependimento e encorajam opiniões positivas com relação à marca. Os consumidores também podem reduzir a dissonância e o arrependimento lendo informações de apoio em anúncios após uma compra.

Aprendendo com a experiência do consumidor*

Os capítulos anteriores explicaram de que modo os consumidores adquirem conhecimento por meio de processos como a busca de informações, a exposição a comunicações de marketing e a observação de outras pessoas. A partir de uma perspectiva prática, na maioria das vezes pensamos nesse tipo de aprendizagem do consumidor porque a maior parte deste está sob o controle direto da empresa, a qual fornece informações por meio de comunicações de marketing. No entanto, tais esforços muitas vezes são limitados por causa de sua baixa credibilidade.[9] Os consumidores presumem que tais mensagens têm o objetivo de persuadi-los a comprar a oferta e são, portanto, geralmente céticos com relação aos argumentos de marketing.

As experiências que ocorrem durante a aquisição, o consumo ou o descarte, todavia, podem ser fontes igualmente – se não mais – importantes de conhecimento do consumidor por diversas razões. Primeiro, o consumidor tende a estar mais estimulado a aprender em tais circunstâncias, uma vez que vivenciar de verdade um evento é mais envolvente e interessante do que ouvir falar dele, e o consumidor possui mais controle sobre o que acontece. A simples investigação das diversas alternativas é uma experiência de aprendizagem, entretanto, caso os consumidores se tornem extremamente ligados às alternativas durante o processo de decisão, eles podem sentir-se desconfortáveis após fazer uma escolha porque tiveram de renunciar às demais alternativas.[10]

Segundo, as informações adquiridas a partir de experiências são mais vívidas e, portanto, mais fáceis de serem lembradas do que outros tipos de informações,[11] contudo, as informações obtidas a partir da aprendizagem experimental nem sempre são precisas e podem, de fato, ser preconceituosas e errôneas.[12] As informações sobre atributos que devem ser experimentados por meio do paladar, do toque ou do aroma exercem uma influência maior sobre o comportamento futuro dos consumidores no que concerne à experiência ou experimentação de produtos do que quando estas são adquiridas a partir de anúncios ou do boca a boca.[13] Um anúncio pode afirmar que um produto terá um gosto bom, já que é mais provável que efetivamente experimentá-lo gere uma opinião forte. Em contrapartida, a exposição recorrente a anúncios pode aproximar o efeito de experiência direta quando se trata de atributos de informação ou de busca, tais como preço ou ingredientes, resultando em consumidores que possuem fortes crenças sobre tais características.[14]

Um modelo de aprendizagem com base na experiência do consumidor

Experimentação da hipótese
Testar nossas expectativas por meio de experiências.

Geração de hipótese Formação de expectativas sobre o produto ou serviço.

Exposição à evidência
Experimentar de fato o produto ou serviço.

Codificação de evidência
Processamento da informação vivenciada.

Integração de evidência
Combinação de informações novas com conhecimentos armazenados.

Os consumidores podem aprender com base em experiências envolvendo-se em um processo de **experimentação da hipótese**. Levando-se em conta experiências passadas ou outra fonte como o boca a boca ou a propaganda, os consumidores podem formar uma hipótese ou expectativa com relação a um produto ou serviço, uma experiência de consumo ou uma opção de descarte, e então testá-la. Tais hipóteses são importantes, pois sem elas é menos provável que os consumidores reúnam as evidências de que necessitam para aprender. Pesquisadores propuseram que os consumidores passam por quatro estágios básicos ao testar hipóteses para aprender: (1) **geração de hipótese**, (2) exposição à evidência, (3) codificação de evidência e (4) integração de evidência e crenças anteriores.

Suponha que certo consumidor veja determinado anúncio para um novo filme de Steve Carrell. Ele também se lembra de alguns filmes anteriores dele, tais como *Agente 86*. Com base em todas essas informações, ele cria uma hipótese sobre a qualidade do novo filme ("Ele deve ser ótimo"). Em seguida, busca a **exposição à evidência** para confirmar ou desaprovar essa hipótese, assistindo ao novo filme. Enquanto o assiste, ele pode avaliar se o filme realmente é ótimo ou não, uma etapa chamada **codificação de evidência**. Após assistir ao filme, o consumidor pode **integrar a evidência** com seus conhecimentos e crenças já existentes. Caso realmente goste do filme, confirmando sua hipótese, ele pode ter aprendido que "sempre pode-se esperar que os filmes de Steve Carrell sejam

---

* Parte desta seção é fortemente fundamentada em um artigo de Stephen J. Hoch e John Deighton, "Managing What Consumers Learn from Experience", *Journal of Marketing*, abr. 1989, p. 1-20.

ótimos". Entretanto, caso não goste do filme, ele pode formar uma nova crença de que "nem todos os filmes de Steve Carrell são bons, e devo tomar cuidado da próxima vez".

Os consumidores podem formar hipóteses com relação a qualquer aspecto do comportamento do consumidor: aquisição ("comprar no eBay será divertido"), consumo ("ir ao show será divertido") ou descarte ("jogar fora os livros didáticos usados será fácil"). Aprender a partir de experiências também é importante quando os consumidores utilizam um agente de compras ou reagem a recomendações de sites de compras, tais como Amazon.com. Utilizando o *feedback* de testes de hipóteses recorrentes, o agente ou site aprende sobre o que o consumidor gosta e pode apresentar opções mais apropriadas.[15]

A hipótese do consumidor e a experiência de personalidade da marca também influenciam o processo de aprendizagem. Caso uma empresa com uma personalidade "sincera" de marca sofra uma crise, pode ter dificuldade para reconectar com os clientes, pois suas percepções de marca fundamentais teriam sido deterioradas. Todavia, as empresas com uma personalidade "empolgante" de marca podem revigorar os relacionamentos com clientes mais facilmente após uma crise, pois os consumidores são menos surpreendidos pelas experiências não rotineiras com tais marcas.[16]

O que afeta a aprendizagem com base na experiência?

Quatro fatores afetam a aprendizagem com base na experiência: (1) motivação, (2) familiaridade ou habilidade prévia, (3) ambiguidade do ambiente de informação ou falta de oportunidade e (4) desvios de processamento.

Motivação

Quando os consumidores estão estimulados para processar informações, geram diversas hipóteses e buscam informações para confirmá-las ou reprová-las, envolvendo-se ativamente no processo de aprendizagem a partir de experiência. Considere o que aconteceu quando os compradores disseram à QVC.com que não poderiam julgar o tamanho de determinada bolsa a partir da foto do produto. A empresa rapidamente publicou fotos mostrando mulheres de diferentes alturas segurando a bolsa, e tal informação ajudou os consumidores a saberem mais sobre a bolsa; de fato, seria mais provável que aqueles que viram as fotos comprassem a bolsa do que aqueles que não as viram.[17] Observe que, quando a motivação é baixa, os consumidores gerarão nenhuma ou poucas hipóteses, e estarão menos propensos a saber mais, exceto se o processo de aprendizagem envolver os processos mais simples de condicionamento clássico ou operante (veja os capítulos 6 e 10). E os profissionais de marketing ainda podem facilitar a aprendizagem quando a motivação é baixa, conforme será demonstrado posteriormente neste capítulo.

Conhecimento ou habilidade prévia

O conhecimento ou a habilidade prévia dos consumidores afeta o quanto eles aprendem a partir de experiências. Quando o conhecimento é alto, é provável que os consumidores tenham crenças e expectativas bem definidas e, portanto, não é provável que criem novas hipóteses. Além disso, é menos provável que especialistas busquem informações do que aqueles com conhecimentos moderados,[18] uma vez que ambos os fatores inibem a aprendizagem. Em contrapartida, os consumidores com baixo conhecimento não possuem habilidades para desenvolver hipóteses a fim de guiar o processo de aprendizagem.[19] Sem hipóteses orientadoras, os consumidores têm dificuldade em reunir evidências e aprendizagem, portanto, os consumidores com conhecimentos moderados são os mais propensos a criar hipóteses e a aprender a partir de experiências. Curiosamente, os especialistas realmente possuem uma vantagem na aprendizagem de informações sobre produtos e serviços novos em razão de sua base de conhecimento maior.[20]

Ambiguidade do ambiente de informação ou falta de oportunidade

Algumas situações não fornecem oportunidade para que o consumidor aprenda a partir de experiências, o que significa que eles podem não ter informações suficientes para confirmar ou refutar hipóteses.[21] Tal **ambiguidade de informações** ocorre em razão de muitas ofertas serem similares em qualidade e pelo fato de os consumidores serem capazes de compilar poucas informações a partir de experiências. Além do mais, o fato de se realizar a escolha inicial em um contexto de ambiguidade afeta a certeza dos consumidores sobre a decisão e, caso a experiência real não seja informativa, pode levar a preferências persistentes para os atributos da opção escolhida.[22]

Ambiguidade de informações
Quando não há informações suficientes para confirmar ou refutar hipóteses.

Informações ambíguas podem afetar fortemente a capacidade de os consumidores aprender a partir de experiências. Quando os consumidores têm dificuldade para determinar a qualidade dos produtos (no caso de produtos como cerveja e óleo de motor), tendem a sustentar suas hipóteses com informações de propagandas ou de boca a boca.

Como os consumidores não são capazes de refutar as informações experimentando o produto, este é visto como consistente com suas expectativas anteriores.[23] Assim, durante vários anos os consumidores acreditaram que o Listerine previnia resfriados, pois tal alegação não poderia ser refutada pelo uso. Obviamente, o profissional de marketing em tal situação possui uma vantagem injusta, uma situação que explica por que a trapaça na propaganda é um assunto importante.

Por outro lado, quando a evidência não é ambígua e o produto é claramente bom ou ruim, os consumidores fundamentam suas percepções na experiência real e aprendem uma grande lição. As informações não ambíguas tendem a ser mais lembradas e a ter mais impacto em decisões futuras[24] e, quando a evidência é ambígua, as avaliações, tanto de especialistas como de novatos, são fortemente influenciadas pelas expectativas do país de origem (isto é, saber que um produto foi fabricado no Japão), porém, quando a evidência não é ambígua, os especialistas ignoram tal informação e realizam avaliações com base na qualidade real.[25]

Desvios de processamento

Os desvios de confirmação e a "superconfiança" podem impor barreiras importantes ao processo de aprendizagem, especialmente quando a evidência é ambígua.[26] Em especial, esses desvios inibem a aprendizagem levando os consumidores a evitar as informações negativas e altamente diagnósticas. Por exemplo, um consumidor que acredita que todos os produtos japoneses são de alta qualidade pode ignorar evidências contrárias e não aprender nada novo sobre tais produtos. Além disso, as informações negativas são importantes para o processo de aprendizagem, pois oferecem uma ideia mais equilibrada da situação e permitem que os consumidores testem hipóteses de forma mais precisa. Pesquisas têm mostrado também que a aquisição de evidências contrárias possui um forte e rápido impacto sobre a aprendizagem do consumidor.[27]

IMPLICAÇÕES DE MARKETING

Informações ambíguas e desvios de processamento muitas vezes inibem a aprendizagem do consumidor com relação a produtos e serviços. Esses desvios possuem importantes implicações estratégicas, dependendo da posição de mercado da oferta.[28]

Estratégias líderes

Líder Líder de mercado ou marca que detém a grande parcela do mercado.

Um produto, serviço ou negócio que é líder de mercado ou possui uma grande participação de mercado é chamado **líder**. As limitações de aprendizagem são vantajosas para os líderes, pois os consumidores simplesmente confirmarão as crenças e expectativas já existentes e se tornarão superconfiantes, especialmente quando a motivação para aprender é baixa. Quando a motivação de aprendizagem é alta, o consumidor tentará adquirir informações que poderiam ser contrárias, o que poderia implicar uma troca. A fim de evitar essa situação, o líder pode realizar alegações específicas que justifiquem a avaliação da marca feita pelos consumidores, ou, então, encorajar os consumidores a não adquirir novas informações, o que é chamado *bloqueio de exposição a evidências*. Caso a evidência líder não seja ambígua, o consumidor simplesmente precisa reforçar a mensagem dizendo o motivo pelo qual a marca é satisfatória – o que é chamado *explicação da experiência* – e encorajar a experimentação desta. O slogan publicitário do McDonald's "Amo muito tudo isso" é um bom exemplo.

Estratégias de perdedores

Perdedores Marcas com parcelas menores de mercado.

Os **perdedores** (marcas com participação de mercado menor) desejam encorajar a aprendizagem dos consumidores, pois novas informações podem levar os consumidores a trocar de marca. Quando os consumidores não são estimulados, os perdedores podem instigar a aprendizagem por meio de comparações de sua marca com o líder de mercado, de demonstrações lado a lado ou de informações fornecidas on-line. O perdedor precisa de uma forte e distinta vantagem caso deseje vencer a superconfiança e os desvios de confirmação.

Em segundo lugar, os profissionais de marketing podem criar expectativas e utilizar promoções para proporcionar experiências reais aos consumidores. Caso a evidência seja ambígua, não é provável que as expectativas dos consumidores sejam refutadas. Por exemplo, a Walnut Crest fez propaganda para criar expectativas por seu vinho Chilean Merlot encorajando os consumidores norte-americanos a realizar o "Desafio do Sabor de US$ 1.000.000" e fez que restaurantes oferecessem comparações de sabor de seu produto com vinhos caros.[29] Por fim, facilitar a experimentação de produto é fundamental quando a motivação dos consumidores para aprender é baixa e a evidência não é ambígua, pois a evidência conduzirá a uma experiência de aprendizagem positiva.

Como os consumidores fazem julgamentos de satisfação ou insatisfação?

Depois de terem tomado uma decisão de aquisição, consumo ou descarte, os consumidores podem avaliar os resultados de suas decisões. Caso suas avaliações sejam positivas – se acreditarem que suas necessidades ou objetivos foram atingidos – eles sentem **satisfação**. Dessa forma, você poderia sentir-se satisfeito com a compra de um novo aparelho de DVD, um corte de cabelo, uma experiência de compra, um vendedor ou uma ponta de estoque de varejo.[30] Quando os consumidores possuem uma avaliação negativa de um resultado, sentem **insatisfação**, a qual ocorre caso você não goste de um filme, fique infeliz com um vendedor ou deseja que não tivesse jogado algo fora. A insatisfação pode ser relacionada a sentimentos de tolerância, angústia, tristeza, arrependimento, agitação e ultraje.[31]

Satisfação Sentimento resultante de quando os consumidores fazem uma avaliação positiva ou estão felizes com uma decisão.

Insatisfação Sentimento resultante de quando os consumidores fazem uma avaliação negativa ou estão infelizes com uma decisão.

A maior parte das pesquisas sobre satisfação e insatisfação tem se concentrado em ofertas que os consumidores podem avaliar em *dimensões utilitárias*, ou o quão bem o produto ou serviço funciona (bom ou ruim), bem como em *dimensões hedônicas*, ou como o produto faz que alguém se sinta (feliz, animado, encantado, triste, arrependido ou bravo).[32] Ao julgar a satisfação, os consumidores realizam uma comparação consciente entre o que pensaram que aconteceria e o desempenho real.[33] A satisfação também varia com o envolvimento do consumidor, as características deste e o tempo.[34] Os consumidores altamente envolvidos tendem a expressar uma satisfação maior logo após a compra, provavelmente por causa de sua avaliação mais abrangente, porém, sua satisfação diminui ao longo do tempo. Consumidores pouco envolvidos exibem uma satisfação menor em um primeiro momento, no entanto, sua satisfação aumenta com o uso maior ao longo do tempo.

(IMPLICAÇÕES DE MARKETING)

A satisfação do cliente é fundamental para o sucesso da empresa, pois os clientes satisfeitos estão dispostos a pagar preços mais altos, especialmente se eles compram o produto de forma recorrente.[35] Também é mais provável que eles permaneçam sendo clientes, sejam fiéis à marca e comprometidos com o produto,[36] e, além disso, eles contarão sobre suas experiências aos outros, aumentando a probabilidade de que tais consumidores comprem o produto.[37] Atrair novos clientes é mais caro do que fazer marketing para os clientes já existentes, uma situação que significa que reter clientes satisfeitos é mais eficiente em matéria de custos.[38] Quando a categoria do produto é importante para o consumidor, a satisfação também pode levar à compra mais frequente, especialmente quando é conveniente para o consumidor efetuar a compra.[39] Os consumidores também tendem a gastar mais com a marca com que estão satisfeitos quando realizam compras em tal categoria de produto.[40] A Disney, por exemplo, calculou que o valor a longo prazo de um cliente fiel a seu parque temático é US$ 50.000.[41] Assim, alguns estudos têm sido capazes de ligar a satisfação do cliente à lucratividade da empresa.

Sendo assim, não é surpresa que diversas empresas monitoram ativamente a satisfação do cliente. A Holiday Chevrolet em St. Cloud, Flórida, por exemplo, utiliza pesquisas por telefone para avaliar a satisfação dos clientes um dia após um carro ter sido comprado ou consertado.[42] O American Customer Satisfaction Index (ACSI) monitora a satisfação de várias indústrias e empresas (veja o Exemplo 11.2). Os profissionais de marketing também devem ter a satisfação como meta ao responder às perguntas e preocupações dos clientes, pois (1) estes tendem a ser altamente fiéis e (2) tais consumidores influenciarão outros por meio do boca a boca após o contato.[43]

Por fim, os profissionais de marketing precisam entender as raízes da insatisfação em virtude do potencial de resultados negativos, tais como comunicação boca a boca negativa, reclamações e vendas e lucros menores. Se uma loja de departamento perde 167 clientes por mês, perderá US$ 2,4 milhões em vendas (e US$ 280.000 em lucros) em apenas um ano.[44]

248 Comportamento do consumidor

Exemplo 11.2
O índice de satisfação do consumidor norte-americano
O Índice de Satisfação do Consumidor Norte-americano mede o desempenho da satisfação do cliente em diversos segmentos. Aqui estão alguns exemplos.

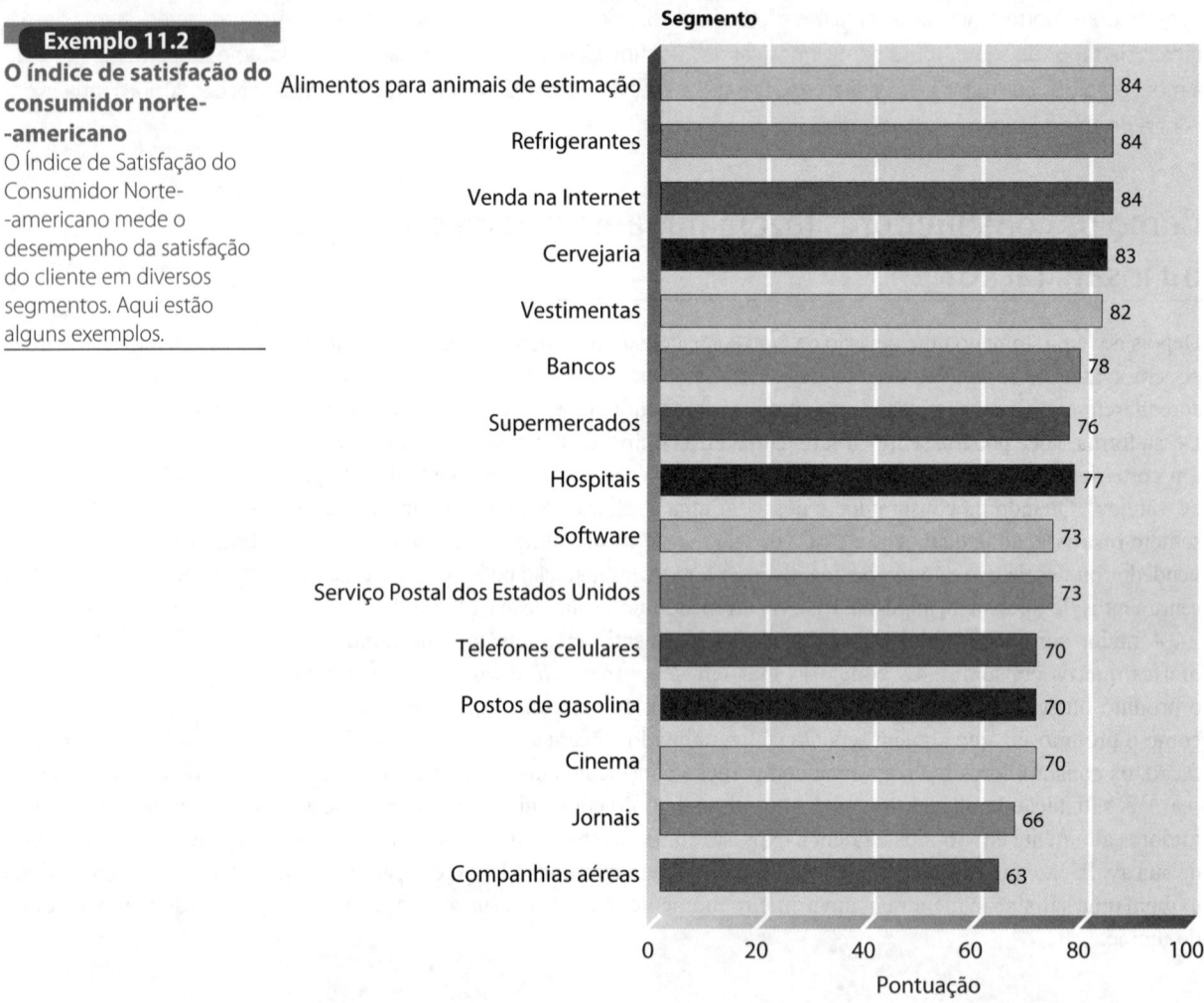

Fonte: Dados do ACSI, 2007.

Observação: pontuações mais altas indicam maior satisfação.

Um estudo descobriu que são necessárias 12 experiências positivas para a superação de uma única experiência negativa e que o custo de atrair um novo cliente é cinco vezes o custo de manter um cliente já existente.[45]

Satisfação/insatisfação fundamentada em reflexão

Da mesma forma que tomam decisões com base em reflexões e sentimentos, os consumidores também julgam a satisfação ou insatisfação fundamentando-se nesses mesmos fatores. Os julgamentos de satisfação/insatisfação fundamentados em reflexão podem relacionar-se a (1) se as reflexões e expectativas dos consumidores com relação à oferta são confirmados ou não por seu desempenho real, (2) reflexões sobre causalidade e culpa e (3) reflexões sobre justiça e igualdade.

Expectativas e desempenho: o paradigma de desconfirmação

Desconfirmação A existência de uma discrepância entre as expectativas e o desempenho.

Expectativas Crenças sobre como será o desempenho de um produto/serviço.

Conforme mostrado no Exemplo 11.3, a **desconfirmação** ocorre quando há uma discrepância, positiva ou negativa, entre nossas expectativas anteriores e o desempenho real do produto (veja as setas cinza no quadro).[46] Neste caso, as **expectativas** são resultados esperados do produto/serviço e incluem "crenças pré-consumo sobre um desempenho geral ou [...] os níveis ou atributos possuídos por um produto [ou serviço]".[47] Você pode esperar, por exemplo, que um carro japonês seja confiável e tenha um consumo eficiente de combustível, expectativas estas fundamentadas em propagandas, experiência anterior com ofertas similares, inspeção do produto e as experiências de outros consumidores referentes.[48]

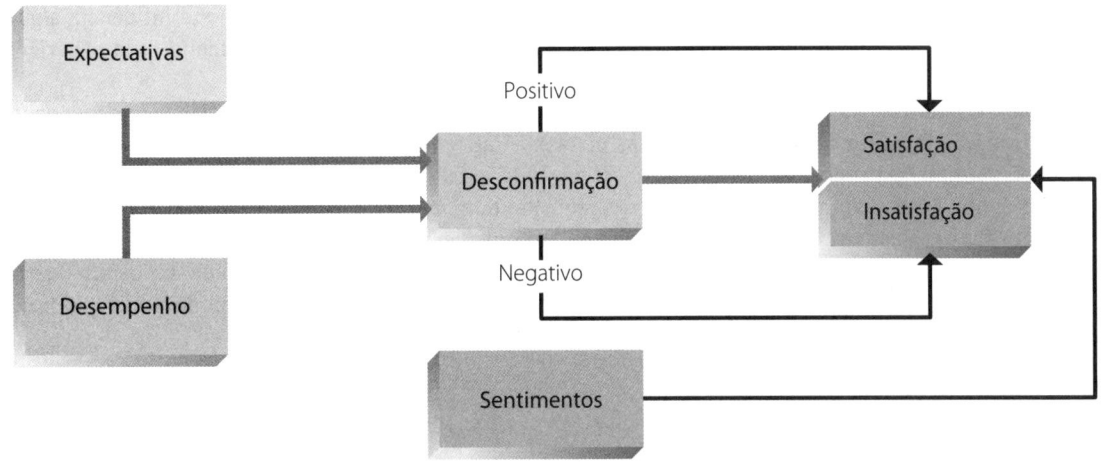

Exemplo 11.3
O paradigma de desconfirmação
Aqui, o paradigma de desconfirmação mostra como a satisfação ou a insatisfação podem ocorrer. Utilizando novamente o exemplo do novo filme de Steve Carrell, o consumidor entra na situação com expectativas ("Os filmes de Steve Carrell são divertidos"). Uma vez que vê o filme, ele pode avaliá-lo (desempenho). Caso ache que o filme é mais divertido do que esperava, ocorre uma desconfirmação positiva e ele ficará satisfeito. Se o filme for menos interessante do que imaginava, uma desconfirmação negativa e uma insatisfação serão as consequências. Expectativas (a probabilidade de assistir a um filme interessante), desempenho (se o filme realmente é bom) e sentimentos (emoções positivas ou negativas vivenciadas no momento em que o filme é assistido) também afetarão a satisfação/insatisfação (independente da desconfirmação).

O **desempenho** mede se tais resultados esperados foram atingidos ou não, e pode ser *objetivo* – fundamentado no desempenho real, o qual é bastante constante entre os consumidores – ou *subjetivo* – fundamentado em sentimentos individuais, os quais podem variar de acordo com os consumidores. O desempenho objetivo de um carro descreve quão bem ele funciona e quão econômico é com relação ao combustível gasto, ao passo que o desempenho subjetivo pode incluir uma avaliação de quão bonito ele é ou "de quão bem ele me faz sentir". Um desempenho melhor do que o esperado conduz a uma *desconfirmação positiva* e à satisfação. Caso o desempenho seja tão bom quanto o esperado, uma *confirmação simples* ocorre, e tal condição também levará à satisfação. Em contrapartida, caso o desempenho seja mais baixo do que o esperado, o resultado é uma *desconfirmação negativa* e uma insatisfação.

Desempenho A medição da satisfação das necessidades do consumidor pelo produto/serviço.

A avaliação de serviços por parte dos clientes também é suscetível à desconfirmação.[49] Aqui, os clientes têm expectativas relacionadas ao preço e ao desempenho do serviço, e a características intangíveis das instalações e dos funcionários.[50] Uma forma de os varejistas on-line, como a Amazon, evitar a insatisfação é fornecer muitas informações, tais como estabelecer a data limite para realizar pedidos de mercadorias para que estas sejam entregues no Natal.[51] As pesquisas descobriram também que, se os consumidores participam de um serviço esperando atingir um objetivo, como perder peso, eles tornam-se mais satisfeitos quando seguem as instruções corretamente e atingem esse objetivo.[52]

Embora o paradigma de desconfirmação seja semelhante ao processo de aprendizagem, a satisfação e a insatisfação são fundamentadas em uma avaliação formal, ao passo que o processo de aprendizagem pode não ser. Além disso, a satisfação não precisa ser relativa especificamente à transação e sujeita a mudanças – de fato, ela pode ser afetada por influências sociais, tais como de familiares, e pode estar intimamente relacionada à satisfação dos consumidores com suas próprias vidas.[53] Os consumidores que possuem várias opções se sentirão mais satisfeitos ao escolher uma opção que dá certo e concedem crédito a si mesmos por tomar uma boa decisão (mas ficarão insatisfeitos caso escolham uma opção que não dê certo, pois se culparão por tomar uma decisão ruim).[54]

Curiosamente, os consumidores que possuem diversas opções podem estar otimistas com relação ao desempenho dos produtos que escolheram em um primeiro momento, porém, tal otimismo desaparecerá no decorrer do tempo.[55] Quando eles esperam avaliar uma oferta, prestarão mais atenção a aspectos negativos durante o consumo e, portanto, terão avaliações de qualidade e satisfação menos favoráveis – a menos que tenham expectativas baixas no princípio.[56] Além do mais, os consumidores que compram com descontos podem perceber que se beneficiam menos do consumo do produto que se tivessem pago o preço completo.⁵⁷ Mesmo quando o preço não possui influência alguma na qualidade do produto, as crenças dos consumidores acerca da relação preço/qualidade afetarão sua experiência de desempenho do produto.⁵⁸

O Exemplo 11.3 mostra que desempenho, expectativas e sentimentos podem afetar a satisfação, *independentemente* da desconfirmação (conforme refletido pelas setas pretas).⁵⁹ Para compreender completamente o motivo pelo qual a satisfação ou a insatisfação ocorrem, devemos considerar todas essas dimensões tanto em conjunto como separadamente, pois o simples fato de um produto ter bom desempenho terá uma influência positiva sobre a satisfação, independentemente das expectativas.⁶⁰ Da mesma maneira, o desempenho ruim de um produto ou serviço por si só pode levar à insatisfação.⁶¹ Se você comprar um novo reprodutor de música digital e ele não funcionar bem, poderia ficar insatisfeito – mesmo sem ter quaisquer expectativas anteriores com relação ao produto. O modo como os sentimentos afetam a satisfação e a insatisfação será explorado posteriormente neste capítulo.

IMPLICAÇÕES DE MARKETING

Com base no paradigma de desconfirmação, um desempenho melhor leva a expectativas e satisfação atingidas. As expectativas criadas pelos profissionais de marketing com relação ao desempenho do produto também podem influenciar a satisfação ou insatisfação, portanto, aumentar as expectativas dos consumidores de quão bom será o desempenho do produto ou serviço pode aumentar as avaliações do desempenho deste.⁶² Quando a Pizza Hut abriu seu primeiro restaurante na China, a pizza não era familiar para a maioria dos consumidores chineses. Então, a empresa criou cartões para cobrir a mesa 1 a fim de informar os clientes de que a pizza é um alimento saudável com ingredientes naturais, criando expectativas positivas.⁶³ Em contrapartida, os profissionais de marketing estarão configurando possíveis desconfirmações negativas e insatisfações para si mesmos caso as expectativas dos clientes sejam muito altas e as empresas façam promessas que não podem cumprir.

Oferecer uma boa garantia aos consumidores pode criar expectativas positivas que levarão à satisfação.⁶⁴ Por exemplo, o Pinemoor West Golf Course em Englewood, Flórida, diferencia-se garantindo que os jogadores de golfe possam completar uma rodada em menos de quatro horas e meia, pois os membros da equipe de apoio entregam carrinhos e bolsas de golfe para economizar o tempo e o esforço dos clientes.⁶⁵

Causalidade e culpa: teoria da atribuição

Teoria da atribuição
Teoria de como indivíduos encontram explicações para eventos.

A **teoria da atribuição** esclarece como as pessoas pensam em explicações, causas de efeitos ou comportamentos.⁶⁶ Em um contexto de marketing, quando um produto ou serviço não atende às necessidades dos consumidores, eles tentarão encontrar uma explicação com base em três fatores:

➢ *Estabilidade*. A causa do evento é temporária ou permanente?

➢ *Foco*. O problema é relacionado ao consumidor ou ao comerciante?

➢ *Controlabilidade*. O evento está sob o controle do cliente ou do comerciante?

É mais provável que os clientes fiquem insatisfeitos se a causa for vista como permanente, relacionada ao comerciante e não esteja sob o controle do cliente. Suponha que você encontre uma rachadura no para-brisa de seu carro novo. Caso veja tal ocorrência como temporária ou casual, além do controle do comerciante (talvez uma pedra tenha batido no vidro enquanto você estava dirigindo) ou talvez como sua própria falha, provavelmente não ficará insatisfeito. Por outro lado, caso descubra que diversos outros consumidores tiveram um problema semelhante – isto é, a causa é mais permanente, relacionada à empresa e está sob o controle da empresa – você provavelmente ficará insatisfeito.

A teoria da atribuição também se aplica aos serviços. Por exemplo, os consumidores ficariam insatisfeitos com uma agência de viagens se o problema que vivenciaram fosse permanente e estivesse sob o controle da empresa.⁶⁷ Em um estudo com passageiros atrasados em um aeroporto, atribuições foram encontradas para explicar o desejo de reclamar ou de voar novamente com a mesma companhia. Caso os consumidores vissem o atraso como permanente e sob o controle da companhia aérea, estariam mais propensos a reclamar e menos propensos a voar com a mesma companhia mais uma vez.⁶⁸ Os consumidores que podem escolher participar ou não de um serviço são propensos a atribuir ao menos parte de qualquer resultado negativo a seu próprio envolvimento, embora atribuam uma boa parte de qualquer resultado positivo à sua própria participação.⁶⁹ A satisfação com serviços depende também de o consumidor manter ou não a empresa responsável pelo resultado e acreditar ou não que o resultado decorre de uma causa estável ou instável.⁷⁰ Por fim, os consumidores ficam mais satisfeitos quando as empresas realizam esforços extras para servi-los, mesmo quando as ofertas não são tão boas.⁷¹

IMPLICAÇÕES DE MARKETING

A teoria da atribuição pode oferecer orientação aos profissionais de marketing com relação a como lidar com potenciais ou já existentes percepções de insatisfação do consumidores. Se a causa da insatisfação realmente for permanente, relacionada ao fabricante/empresa e esteja sob o controle deste, algo deve ser feito para corrigir o problema ou fornecer uma restituição ao consumidor. No segmento bancário, diversos bancos estão comercializando serviços de valor agregado, tais como consultoria financeira, cotações de ações e pagamentos de contas, em uma tentativa de satisfazer os clientes.⁷²

Justiça e equidade: teoria da equidade

A **teoria da equidade** foca na natureza das trocas entre pessoas e suas percepções de tais trocas. Em marketing, ela tem sido aplicada ao exame da troca entre um comprador e um vendedor ou em uma instituição mais geral.⁷³ De acordo com a teoria da equidade, os consumidores formam percepções de suas próprias contribuições e retornos em uma troca em especial, e comparam tais percepções com suas percepções das contribuições e retornos do vendedor, do negociante ou da empresa. Por exemplo, ao comprar um carro, as contribuições do consumidor podem incluir busca de informações, esforço de tomada de decisão, ansiedade psicológica e dinheiro. O retorno poderia ser um carro satisfatório. As contribuições do vendedor podem incluir um produto de qualidade, o esforço de venda e um plano de financiamento; o retorno do vendedor pode ser um lucro justo.

Teoria da equidade Teoria que foca na equidade das trocas entre indivíduos, o que ajuda a entender a satisfação e a insatisfação do consumidor.

Para que haja equidade, o comprador deve ver **imparcialidade na troca**. Assim, o comprador do carro pode perceber uma troca como justa se comprou um carro desejável por um preço justo, e a satisfação é ainda maior se os consumidores perceberem que conseguiram uma barganha.⁷⁴ Os consumidores ficarão insatisfeitos caso percebam injustiça em uma troca – por exemplo, se o vendedor não prestou atenção suficiente no comprador. Para que haja equidade, o consumidor deve perceber que o produto vendido também está sendo negociado de forma justa. No entanto, as percepções de justiça tendem a ser centradas em si mesmas, desviadas mais em direção aos resultados do comprador e das colaborações do vendedor do que às contribuições do comprador e aos resultados do vendedor.⁷⁵

Imparcialidade na troca A percepção de que os investimentos das pessoas são iguais a seus retornos em uma troca.

Além do mais, pesquisas mostram que os consumidores julgam a equidade de pagamento trocado pelo uso do serviço perguntando a si mesmos: "Estou utilizando o serviço o suficiente, dado o que paguei por ele?" Eles considerarão a troca mais equilibrada quando possuem expectativas altas de níveis de uso do serviço em um primeiro momento ou quando o desempenho do serviço excede suas expectativas normativas. Quando eles percebem a troca preço/uso como mais equilibrada, ficarão mais satisfeitos.⁷⁶ Além disso, as percepções de equidade podem mudar ao longo do tempo. Por exemplo, conforme chega o fim do período de garantia de um carro, os proprietários se tornam cada vez mais insatisfeitos com os atributos que acreditavam que poderiam ser remediados; esses atributos, por sua vez, tornam-se relacionados mais altamente à satisfação com a qualidade do produto.⁷⁷

A teoria da equidade complementa o paradigma de desconfirmação, pois especifica outra forma de ocorrência da insatisfação. Em outras palavras, ambos os tipos de processos podem operar ao mesmo tempo, no entanto, enquanto o paradigma de desconfirmação se concentra em expectativas e desempenho, a teoria da equidade preocupa-se com normas interpessoais mais gerais governando o que é certo ou errado e com uma consideração dos resultados tanto para o vendedor como para o comprador.

IMPLICAÇÕES DE MARKETING

Contanto que os consumidores percebam que suas contribuições e retornos estão equilibrados com relação àqueles do vendedor, eles ficarão satisfeitos. Tal reação é verdadeira em termos da oferta em si, bem como em termos de interações com funcionários ao resolver uma reclamação. Em outras palavras, os consumidores que percebem que foram tratados de forma justa no processo de reclamação ficarão mais satisfeitos, estarão mais propensos a comprar novamente e a fazer um boca a boca positivo.⁷⁸ Contudo, caso exista uma iniquidade, os consumidores ficarão insatisfeitos.

Os profissionais de marketing devem trabalhar em direção a trocas justas, embora as percepções de justiça dos consumidores tendam a ser desviadas para si mesmos. Uma área em que os profissionais de marketing podem afetar diretamente as percepções de equidade é na interação vendedor-cliente. Os vendedores devem realizar todos os esforços para garantir que suas contribuições sejam iguais às contribuições do cliente, ouvindo as necessidades dos consumidores, fazendo perguntas e tentando oferecer um bom negócio.

As promoções também podem aumentar as percepções de justiça em uma troca, portanto, oferecer um preço mais baixo ou um presente gratuito com a compra pode fazer os consumidores sentirem que estão obtendo mais da troca. Além disso, as empresas devem garantir que os retornos sejam satisfatórios oferecendo um produto de qualidade a um preço justo, assim como os clientes fiéis da Target estão satisfeitos com os armazéns com preços acessíveis da loja.

Satisfação/insatisfação fundamentada em sentimentos

Os consumidores também podem julgar a satisfação e a insatisfação com base em sentimentos, especificamente (1) emoções vivenciadas (e a superação dessas emoções) e (2) previsões erradas sobre emoções.

Emoções vivenciadas e superação

Sentimentos pós-decisão
Emoções positivas ou negativas experimentadas no momento em que produtos ou serviços são utilizados.

Os **sentimentos pós-decisão** positivos e negativos que vivenciamos ajudam a explicar os julgamentos de satisfação ou insatisfação (independentemente da desconfirmação, conforme visto no Exemplo 11.3).[79] Se nos sentimos bem (ou mal) ao utilizar um produto ou serviço, é mais provável que fiquemos satisfeitos (ou insatisfeitos), independentemente de nossas expectativas e avaliações de seu desempenho. É mais provável que os consumidores que estão felizes fiquem satisfeitos, seguidos por aqueles que vivenciaram uma surpresa agradável. De fato, a maioria dos consumidores em todo o mundo encontra prazer e satisfação em suas experiências de compra. Um estudo descobriu que mais de 90% das compras de bens duráveis eram associadas a sentimentos positivos.[80] É mais provável que a insatisfação atinja consumidores que estão se sentindo com raiva ou chateados, seguidos por aqueles que vivenciaram uma surpresa desagradável.[81] Os sentimentos expressados pelos funcionários também afetam a satisfação dos clientes e, quando os funcionários parecem expressar emoções positivas de forma autêntica, os consumidores ficam mais satisfeitos com o serviço que recebem.[82]

Os consumidores que estão insatisfeitos com uma decisão de compra, consumo ou descarte podem precisar lidar com os sentimentos de estresse que a insatisfação envolve.[83] O modo como superam depende de sentirem-se ou não ameaçados ou desafiados pelo estresse, e de pensarem ou não que possuem a motivação, habilidade e oportunidade para lidar com esse sentimento. Um consumidor pode lidar com uma falha de um produto tecnológico, por exemplo, lendo o manual de instruções (superação ativa), ligando para um amigo que conhece tal tecnologia (busca de apoio instrumental) ou negando que a falha ocorreu.

As avaliações de satisfação dos consumidores também costumam estar ligadas a situações de consumo específicas – podemos estar satisfeitos (ou não) com a oferta ao utilizá-la no tempo presente. Mesmo que estejamos insatisfeitos agora, podemos não ficar insatisfeitos da próxima vez em que a utilizarmos. Assim, satisfação difere de uma opinião, a qual é relativamente duradoura e menos dependente da situação específica.[84] Além disso, pesquisas mostram que os sentimentos tendem a ter mais influência nos julgamentos de satisfação no início, mas essa influência diminui ao longo do tempo. Contrariamente, as reflexões exercem uma influência maior sobre os julgamentos de satisfação à medida que o tempo passa.[85] Observe que uma avaliação pós-decisão pode ser diferente de uma avaliação pré-decisão, pois, após o uso do produto, um consumidor pode julgar atributos e níveis de corte diferentes dos que fez anteriormente.[86] Por exemplo, após experimentar pizza de micro-ondas congelada, você pode decidir que aprecia menos o sabor do que pensou que gostaria.

Previsões erradas acerca das emoções

Embora os sentimentos pós-decisão possam afetar os julgamentos de satisfação, também podem fazer a diferença entre como pensamos que o produto poderia nos fazer sentir e como ele realmente faz que nos sintamos, um fenômeno conhecido como **previsão afetiva**. Em outras palavras, tendemos a ficar mais satisfeitos não somente quando um produto não tem o desempenho que imaginamos, mas também quando um produto faz que nos sintamos pior do que previmos que faria. Tal fenômeno pode ser uma ocorrência bastante comum, pois as pessoas costumam não prever corretamente como suas decisões, suas experiências e seus resultados farão que se sintam.[87]

Previsão afetiva Quando tentamos prever como um produto nos fará sentir.

> **IMPLICAÇÕES DE MARKETING**
>
> Os profissionais de marketing devem assegurar que os sentimentos dos clientes com relação a experimentar, comprar e utilizar suas ofertas sejam os mais positivos possíveis. Alguns desses profissionais utilizam promoções para aumentar os sentimentos positivos dos consumidores. O St. Paul Saints, um time de beisebol da liga amadora, concede aos fãs um sentimento bom com relação ao time por meio de promoções, tais como ter seus jogadores lendo para os fãs jovens no campo central e dando autógrafos.[88] As empresas e organizações sem fins lucrativos podem construir relacionamentos com os consumidores e colaboradores encorajando seu envolvimento e identificação com a organização por meio de comunicações e outras atividades.[89] Ao saber que os consumidores insatisfeitos podem se estressar, as empresas podem auxiliar no processo de superação fornecendo um mecanismo de *feedback* e aconselhamento de especialistas. Por exemplo, os especialistas do Genius Bar nas lojas da Apple estão prontos para ouvir as reclamações ou dúvidas dos clientes e para oferecer ideias e soluções especializadas.

Respostas à insatisfação

Os profissionais de marketing devem compreender a natureza das respostas à insatisfação dos consumidores, pois diversas consequências negativas podem resultar destas. Especificamente, os consumidores insatisfeitos podem decidir (1) não realizar ação alguma, (2) parar de comprar o produto ou serviço, (3) reclamar para a empresa ou terceiros e talvez devolver o item ou (4) iniciar uma comunicação boca a boca negativa.[90] Os dois últimos comportamentos são de interesse especial para os pesquisadores do consumidor.

Reclamações

Surpreendentemente, a maior parte dos consumidores insatisfeitos não reclama,[91] todavia, até mesmo algumas poucas reclamações de consumidores podem indicar problemas, sinalizando ao comerciante que precisa de ajuda ou atenção. Quando os consumidores reclamam, podem expressar sua insatisfação para um fabricante, um varejista, para agências regulamentadoras ou para a mídia. Às vezes, os consumidores buscam uma reparação formal por meios legais ou de agências do governo. Assim, os profissionais de marketing precisam estar atentos ao momento em que as reclamações estão propensas a ocorrer e quais consumidores tendem a reclamar.

A reclamação está mais propensa a acontecer quando a motivação, habilidade e oportunidade são altas, e também é mais provável que ela ocorra à medida que o nível de insatisfação ou de gravidade do problema aumenta.[92] Nos termos da teoria da equidade, a injustiça da troca é mais alta, e o consumidor fica mais estimulado a agir.[93] No entanto, a gravidade da insatisfação por si só não explica o comportamento de reclamar. Em particular, é menos provável que os consumidores ajam se eles perceberem que reclamar levará muito tempo e esforço, que suas chances de se beneficiar são baixas ou que a oferta é insignificante.[94]

Quanto mais a culpa ou a atribuição da insatisfação estiverem concentradas em outra pessoa, especialmente na empresa ou na sociedade em geral, maiores serão a probabilidade da reclamação e a motivação para tomar tal atitude.[95] Dessa forma, os consumidores estão mais propensos a reclamar quando se sentem isentos do problema – isto é, quando a causa é permanente, relacionada ao comerciante e voluntária.[96] Caso a insatisfação seja tão grande que os reclamantes desejam "vingança" contra a empresa, eles recorrerão até mesmo a uma alternativa não ideal, como migrar para um produto mais caro da concorrência.[97]

Poderia se esperar que os consumidores mais agressivos e autoconfiantes estariam mais propensos a reclamar que aqueles que não são[98] ou que os consumidores com mais experiência ou conhecimento sobre como reclamar poderiam estar mais propensos a fazê-lo do que seus colegas menos experientes. Nenhumas das ideias foi fortemente apoiada por evidências, embora descobertas sugiram que a experiência pode influenciar a probabilidade das reclamações de consumidores. É mais provável que os consumidores reclamem quando estes possuem o tempo e os canais de comunicação formais para fazê-lo.

Pesquisas sugerem que há quatro tipos de reclamantes.[99] *Os passivos* são os menos propensos a reclamar; os *voicers* são suscetíveis a se queixar diretamente com o varejista ou com o prestador de serviços; os *irados* são consumidores bravos que estão mais propensos a se envolver no boca a boca negativo, a deixar de ser cliente e a reclamar com o fornecedor, mas não a terceiros, tais como a mídia ou o governo; e os *ativistas* se envolvem fortemente em todos os tipos de reclamação, incluindo aquela realizada a terceiros. Atualmente, os ativistas podem atingir milhares de pessoas publicando comentários negativos em blogs ou websites.[100]

IMPLICAÇÕES DE MARKETING

Embora uma ampla porcentagem de consumidores não reclame, continua sendo de interesse dos profissionais de marketing ser receptivo quando algum consumidor o fizer. A resposta rápida é importante: em uma pesquisa, 57% dos consumidores disseram que a rapidez com que um website responde a e-mails influencia sua decisão de comprar daquele site no futuro.[101] Contudo, 45% das grandes empresas participantes em um estudo recente não diziam aos consumidores com que rapidez estes poderiam aguardar uma resposta a um e-mail com uma reclamação ou dúvida.[102] Certamente, os consumidores ficarão mais satisfeitos e estarão mais propensos a comprar novamente se obtiverem uma resposta rápida, especialmente se há o envolvimento de retorno de dinheiro ou de uma política de restituição/troca justa.

Os consumidores insatisfeitos que forem tratados de forma justa podem se tornar ainda mais fiéis no futuro. Por exemplo, um consumidor que criou um website de reclamações para publicar seus problemas com os produtos eletrônicos da Sony transformou o site em um ponto de encontro de fanáticos pela marca após a empresa resolver o seu problema.[103] Entretanto, se os consumidores passarem por mais de um problema com uma empresa, sua satisfação e intenção de recompra tende a cair, ainda que os problemas sejam rapidamente solucionados. De fato, eles avaliarão o segundo problema como ainda mais grave do que o primeiro e estarão mais propensos a ver um padrão em que a empresa é a culpada.[104] Portanto, as empresas não necessitam apenas de um mecanismo eficiente e receptivo para lidar com problemas; elas também precisam realizar mudanças a fim de evitar lapsos semelhantes no futuro.

A desconfirmação positiva de garantia e expectativas de serviço – uma resposta melhor do que a esperada – pode resultar em satisfação com a resolução da reclamação.[105] Observe também que às vezes uma empresa pode desejar encorajar reclamações, pois consumidores insatisfeitos que não reclamam são mais propensos a parar de comprar.[106] Porém, quando as empresas são receptivas demais às reclamações – isto é, ávidas demais para agradar –, pode ser mais provável que os clientes reclamem, mesmo quando uma reclamação não é justificada, pois eles percebem uma probabilidade maior de compensação.[107] Além disso, encorajando reclamações quando estas são justificadas e gerenciando ativamente os problemas dos clientes, a empresa pode reter consumidores valiosos.

Respondendo à recuperação do serviço

Se os clientes estão insatisfeitos, os profissionais de marketing têm de encontrar formas de compensar a insatisfação para ganhar novamente a preferência deles. A maneira com que os consumidores responderão aos esforços de recuperação de serviço dependerá de suas expectativas.[108] Quando eles esperam manter um bom relacionamento apesar de um contratempo, a empresa deve se desculpar sinceramente e prometer prevenir tais contratempos no futuro. Quando os consumidores esperam responder de forma agressiva e controlar a situação, a empresa deve levar suas reclamações a sério, oferecer-lhes escolhas e ajudá-los a sentir-se no controle. Quando os consumidores esperam uma resposta racional com base em custos e benefícios, a empresa deve oferecer um desconto ou algum outro benefício para recuperar certo nível de satisfação.

IMPLICAÇÕES DE MARKETING

Pesquisas indicam que os consumidores preferem os esforços de recuperação de serviço que correspondem ao tipo de falha vivenciada.[109] No caso de um serviço desatento, por exemplo, recuperar o bom serviço e rapidamente desculpar-se pode reduzir a insatisfação e ajudar a recuperar a satisfação. Quando os consumidores insatisfeitos percebem que a causa do problema do serviço é permanente, relacionada ao comerciante e está sob o controle da empresa quando na verdade não está, os profissionais de marketing precisam corrigir tais percepções errôneas. Oferecer explicações lógicas para a falha do serviço aos consumidores, especialmente se esta não foi culpa da empresa, ou proporcionar alguma forma de compensação, como um presente ou uma restituição, muitas vezes pode reduzir os sentimentos de insatisfação dos consumidores.[110]

Respondendo por propaganda boca a boca negativa

Quando os consumidores estão infelizes com um produto ou serviço, muitas vezes estão estimulados a contar isso aos outros a fim de aliviar sua frustração e de convencer os outros a não comprar o produto ou a fazer negócios com a empresa. É mais provável que a **comunicação boca a boca negativa** ocorra quando o problema é grave, quando os consumidores estão infelizes com a receptividade da empresa e quando eles percebem que a empresa é culpada.[111] A propaganda boca a boca negativa pode ser problemática, porque tende a ser altamente persuasiva e muito vívida (e, portanto, facilmente lembrada) e porque os consumidores dão grande peso a esta ao tomar decisões.[112] Além disso, ela também pode influenciar outros consumidores a parar de (ou nunca começar a) fazer negócios com a empresa. A comunicação boca a boca negativa podem se espalhar da mesma forma que a opinião dos consumidores em blogs e websites como o PlanetFeedback.com.[113] Esses sites são uma ameaça em potencial para os negócios, pois estão disponíveis para os consumidores do mundo inteiro, e as informações podem ser injustas, desagradáveis ou inapropriadas.[114]

Comunicação boca a boca negativa Ato de dizer coisas negativas a respeito de um produto ou serviço para outros consumidores.

IMPLICAÇÕES DE MARKETING

Os profissionais de marketing precisam ser receptivos à propaganda boca a boca negativa, realizar um esforço para identificar a razão ou a fonte da dificuldade e tomar atitudes para retificar ou eliminar o problema com restituições ou comunicações. Considere a forma como a Hertz lidou com um coro de reclamações de consumidores relacionado a uma taxa de reserva de US$ 2,50 para os veículos alugados nos Estados Unidos. A empresa procurava compensar custos mais altos, porém anunciou que não instituiria a taxa após centenas de consumidores protestarem diretamente para Hertz e em grupos de discussão na Internet.[115]

A satisfação do cliente é o suficiente?

Ainda que a satisfação do cliente devesse ser um objetivo extremamente importante para qualquer empresa, algumas questionam se a satisfação por si só não é o bastante para manter a fidelidade dos clientes. Como evidência, elas apontam que 65% a 85% dos clientes que abandonam as marcas concorrentes dizem que estavam satisfeitos ou muito satisfeitos com o produto ou serviço que abandonaram.[116] Quando os consumidores não estão fortemente satisfeitos, estão mais propensos a desertar.[117] Outros estudos descobriram uma baixa correlação entre satisfação e recompra.[118] Assim, os clientes podem precisar estar "extremamente satisfeitos" ou necessitam de uma razão mais forte a fim de permanecer com uma marca ou empresa.[119] Além do mais, a fidelidade depende de o produto ser competitivamente superior ou não, de os consumidores julgarem sua superioridade desejável ou não, e de o produto poder ser parte de uma rede social que a empresa é capaz de manter ou não.[120]

Uma meta fundamental para qualquer empresa deveria ser, portanto, a **retenção de clientes**, a prática de trabalhar para satisfazer os clientes com a intenção de desenvolver relacionamentos de longo prazo com eles. Uma estratégia de retenção de clientes tenta construir o compromisso e a fidelidade do cliente prestando atenção continuamente em todos os aspectos da interação com o cliente, especialmente o serviço pós-vendas. Veja o Exemplo 11.4 para obter um bom exemplo de tal estratégia. Os programas de fidelidade dos clientes podem, a longo prazo, reforçar os relacionamentos com clientes e aumentar as compras.[121] Especificamente, os lucros podem ser aumentados por meio de vendas recorrentes, custos reduzidos e indicações,[122] e os sistemas de gerenciamento do relacionamento com o cliente podem ajudar as empresas a saber mais sobre seus clientes, informações que, por sua vez, ajudam os comerciantes a servir melhor, satisfazer e reter clientes.[123]

Retenção de clientes A prática de manter clientes pelo ato de estabelecer relacionamentos a longo prazo.

IMPLICAÇÕES DE MARKETING

Dado o custo de adquirir novos clientes e o lucro potencial nas compras recorrentes, para reter seus clientes as empresas devem tomar as seguintes atitudes:[124]

> *Preocupe-se com os clientes.* Dois terços dos consumidores desertam porque acreditam que as empresas não se preocupam com eles. Portanto, um pouco de cuidado pode significar muito. Um cliente da Starbucks elogia entusiasmado a atenção personalizada: "Eles realmente sorriem e lembram de você. Tratam-no como um amigo. Eu acho que muitas empresas poderiam aprender com eles".[125]

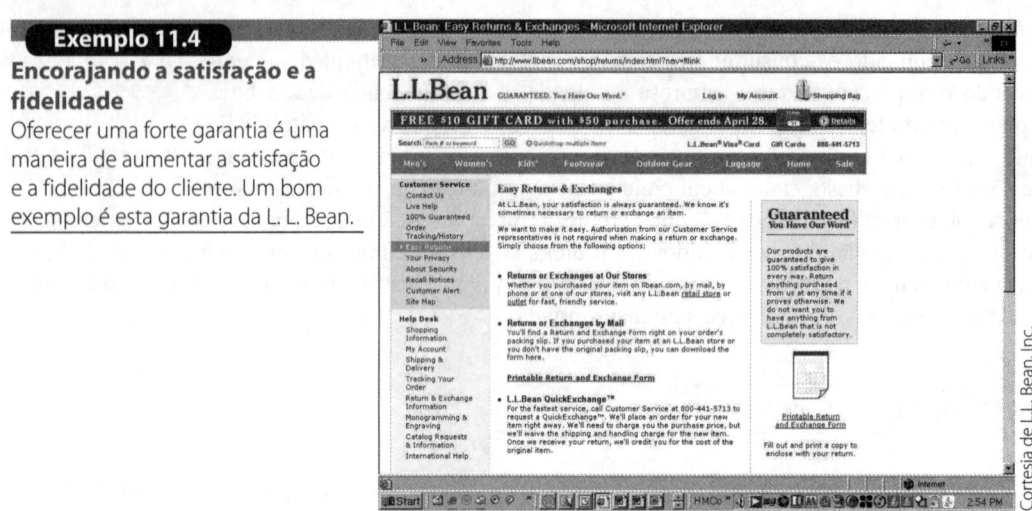

Exemplo 11.4
Encorajando a satisfação e a fidelidade
Oferecer uma forte garantia é uma maneira de aumentar a satisfação e a fidelidade do cliente. Um bom exemplo é esta garantia da L. L. Bean.

➢ *Lembre-se dos clientes entre uma venda e outra.* As empresas podem contatar os consumidores para certificarem-se de que estes não estão tendo problemas com a oferta ou para reconhecer ocasiões especiais, tais como aniversários. O proprietário do restaurante Number 5 em Auckland, Nova Zelândia, envia uma newsletter semanal e liga para seus clientes para perguntar sobre suas impressões do restaurante, especialmente sobre o jantar. "Essas coisas não nos custam muito, mas fazem o cliente sentir-se importante e especial", diz ela.[126]

➢ *Construa relacionamentos de confiança.* Ofereça ofertas especializadas e de alta qualidade aos consumidores. É assim que a Craiglist atrai 30 milhões de consumidores mensalmente, os quais publicam ou leem anúncios classificados de empregos, apartamentos e outras mercadorias em seus websites específicos de 450 cidades. "Eu apenas desejava fornecer o tipo de atendimento ao cliente que apreciaria em outras empresas", explica o fundador Craig Newmark. "Se você proporciona às pessoas um ambiente em que elas podem confiar umas nas outras e serem justas, na maioria dos casos, as pessoas quase sempre retornarão tal confiança."[127]

➢ *Monitore o processo de fornecimento de serviços.* As empresas devem realizar todos os esforços para responder e mostrar preocupação quando uma oferta exige serviço ou reparo. Após o proprietário da Mr. Magic Car Wash em Mt. Lebanon, Pensilvânia, ver que os clientes estavam frustrados com a espera em longas filas, ele abriu duas pistas. A pista automatizada seria para os clientes que desejam uma lavagem normal e utilizam um cartão de pagamento recarregável. A pista de serviço completo seria para os clientes cujos carros necessitam de atenção extra. Tal mudança aumentou a satisfação e a fidelidade dos clientes.[128]

➢ *Forneça esforços extras.* As empresas que concentram esforços extras em satisfazer os clientes estão mais propensas a construir relacionamentos duradouros do que as empresas que fazem o mínimo. A Dell, por exemplo, criou um centro de serviços na China para oferecer suporte técnico, de forma que os clientes locais poderiam ter seus sistemas "funcionando e com *backup* o mais rápido possível", diz o vice-presidente da Dell.[129]

Descarte

Em seu nível mais básico, o *descarte* é o ato de jogar fora itens insignificantes ou utilizados sem refletir muito sobre a ação, embora pesquisas mostrem que o descarte é, na verdade, um processo muito mais complexo e detalhado.[130] Nós costumamos pensar em posses como coisas físicas, mas elas podem ser definidas de forma muito mais ampla como qualquer coisa que reflita uma extensão do indivíduo, incluindo o corpo de alguém e partes do corpo, outras pessoas, animais de estimação, lugares, serviços, períodos de tempo e acontecimentos. Por exemplo, você poderia terminar um relacionamento, dar uma ideia a um amigo, doar um órgão, abandonar um estilo de vida que não seja saudável, esgotar todo o seu tempo de lazer ou encerrar sua associação com uma dada empresa. Dessa forma, o estudo do descarte refere-se a todos esses tipos de posses.

Diversas opções estão disponíveis quando um consumidor decide que uma posse não é mais de uso imediato, conforme delineado no Exemplo 11.5.[131] Observe que o descarte pode ser *temporário* (obter o item por empréstimo ou aluguel) ou *involuntário* (perder ou destruir o item).[132] Trataremos aqui do descarte permanente e voluntário.

UMA TAXONOMIA DO DESCARTE VOLUNTÁRIO

Métodos	Foco pessoal	Foco interpessoal	Foco social
Doar: geralmente para alguém que pode utilizar o item.	Necessariamente exige outra pessoa como receptora.	Doar órgãos; doar roupas aos necessitados; dar um bebê para a adoção; dar uma ideia a um amigo.	Dar terras a novos colonos; dar suprimentos alimentícios aos pobres; dar aconselhamento militar a um aliado.
Comercializar ou trocar por outra coisa.	Transplante de pele; trocar tempo de sono por tempo de trabalho; trocar tempo de trabalho por buscar ofertas.	Negociar um carro; negociar ações; permutar; trocar ideias com um colega; trocar de namorados(as). Trocar encontros.	Comercializar tanques em troca de petróleo; trocar a água de efluentes por um campo de golfe.
Reciclar: transformar o item em algo novo.	Transformar vigas de celeiros em painéis; fazer uma colcha de retalhos; comer sanduíches de peru após o Dia de Ação de Graças.	Reciclar jornais; reciclar latas de alumínio; reciclagem de fabricantes de peças defeituosas.	Reciclar água residual; transformar uma favela em um bairro, modelo; reciclar ruínas de guerra, como monumentos nacionais.
Vender: transformar o item em dinheiro.	Necessariamente exige outra pessoa como comprador; prostituição; vender a obra de arte de alguém; vender ideias.	Negócios; vender sangue; vender ideais a fim de atingir metas políticas.	Vender trigo; vender armas; vender terras.
Usar: o consumo é equivalente ao descarte.	Comer comida; dirigir o carro utilizando todo o combustível; atirar com uma arma de fogo; gastar o tempo de alguém; queimar madeira.	Utilizar o tempo e a energia dos funcionários; utilizar o dinheiro de alguém; utilizar o combustível de alguém.	Utilizar eletricidade ou combustíveis naturais; utilizar a capacidade de produção de um país; utilizar pessoas como soldados em guerras.
Jogar fora: descartar de uma maneira socialmente aceita.	Colocar coisas no lixo; dar a descarga; utilizar uma coleta de lixo; descartar uma ideia.	Limpeza no bairro; divórcio; terminar um relacionamento; demitir-se ou aposentar-se de um emprego.	Descartar lixo no mar; queimar lixo nuclear.
Abandonar: descartar de uma forma que não é aceita socialmente.	Abandonar um carro no acostamento; abandonar a moral; abandonar um estilo de vida infeliz e não saudável.	Abandonar o filho ou a família; abandonar um animal de estimação na porta de alguém; abandonar a confiança de outra pessoa.	Abandonar o Vietnã; abandonar o xá do Irã; abandonar satélites antigos no espaço; abandonar os pobres.
Destruir: dano físico causado intencionalmente.	Rasgar correspondências pessoais; cometer suicídio; queimar a casa; picotar fotos antigas.	Demolir um prédio; assassinato; eutanásia; cremação; abortar uma criança; cometer um incêndio premeditado.	Conduzir uma guerra; genocídio; executar prisioneiros; fazer uma revolução; queimar uma bandeira.

Fonte: Melissa Martin Young e Melanie Wallendorf, "Ashes to Ashes, Dust to Dust: Conceptualizing Consumer Disposition of Possessions", em Proceedings, Marketing Educators' Conference (Chicago, American Marketing Association, 1989), p. 33-39. Reimpresso com permissão.

Exemplo 11.5
Opções de descarte

Descartar muitas vezes significa jogar coisas fora; entretanto, há diversas outras formas de descartar uma oferta (por exemplo, doar, negociar ou reciclar). Além disso, o descarte pode envolver uma pessoa (foco pessoal), duas ou mais pessoas (foco interpessoal) ou a sociedade em geral (foco social).

Os consumidores muitas vezes possuem motivos lógicos e razoáveis por trás de suas ações de descarte.[133] Por exemplo, as pessoas vendem coisas para obter um retorno econômico e sair ganhando. Em contrapartida, eles podem optar por doar algo sem obter uma dedução de impostos ou podem passar um item adiante a fim de ajudar alguém, bem como para não deixar o produto ir para o lixo. Os fatores situacionais e relacionados ao produto também podem afetar as opções de descarte.[134] Por exemplo, quando os consumidores possuem tempo ou espaço de armazenamento limitado, podem estar mais dispostos a descartar uma posse jogando-a fora, dando-a ou abandonando-a. É provável que os consumidores que estão se desfazendo de uma posse de alto valor vendam-na ou doem-na para alguém especial em vez de jogá-la fora. Em geral, a frequência de diferentes comportamentos de descarte varia de acordo com a categoria do produto.

Pesquisas têm examinado como os consumidores se desfazem de presentes indesejados.[135] Estes podem ser lateralmente reciclados (trocados, vendidos ou passados adiante para alguém), destruídos ou devolvidos. A destruição é uma forma de vingança contra a pessoa que deu o presente, porém, geralmente é mais uma fantasia do que uma ação real. Os varejistas têm de estar conscientes de que devolver um presente a uma loja pode ser uma experiência emocionalmente negativa para os consumidores. O descarte pode envolver mais do que uma pessoa, assim como quando os consumidores doam roupas velhas para alguém, vendem um carro ou participam de uma limpeza no bairro, ou pode consistir de atividades de uma natureza coletiva ou social, tais como reciclar água residual.[136]

Descarte de objetos significativos

Embora descartar signifique muitas vezes simplesmente livrar-se de posses indesejadas, sem significado ou usadas, o processo é mais complicado para certos itens significativos. As posses podem às vezes ser reflexos importantes do "eu" que são incutidas com um significado simbólico significativo,[137] uma vez que definem quem nós somos e registram nossa história pessoal.[138] Em tais situações, o descarte envolve dois processos: a separação física e o desapego emocional.

Distanciamento físico
Descarte físico de um item.

Desapego emocional
Descarte emocional de uma posse.

Na maioria das vezes, pensamos em descarte em termos de **distanciamento físico**, o processo pelo qual o item é fisicamente transferido para outra pessoa ou lugar. No entanto, o **desapego emocional** é um processo mais detalhado, demorado e às vezes doloroso. Frequentemente, os consumidores permanecem emocionalmente ligados a posses por muito tempo depois de terem sido fisicamente separados destas. Por exemplo, uma pessoa pode levar anos para se acostumar por ter vendido um carro caro ou uma casa valiosa. Dar um bebê ou um animal de estimação para adoção é um exemplo de desapego emocional difícil, que por vezes resulta em mágoa e luto. De fato, algumas pessoas com mania de guardar coisas têm dificuldades ao descartar até mesmo posses de valor mínimo – conforme evidenciado pelos porões, armários e garagens abarrotados. Até mesmo quando um item pode ser comercializado com um desconto em uma nova reposição, o vínculo emocional aumenta o valor que os consumidores veem no antigo item, complicando o descarte e a decisão de compra.[139]

O processo de descarte pode ser especialmente importante durante períodos de transição de papéis, tais como a puberdade, a graduação e o casamento.[140] Em tais instâncias, os consumidores se desfazem de posses que são símbolos de antigos papéis. Ao casar, por exemplo, muitas pessoas se desfazem de itens que representam relacionamentos antigos, tais como fotos, joias e presentes. O descarte de posses compartilhadas é um processo complicadíssimo durante o divórcio. Foram identificados dois tipos de descarte: *descarte para libertação*, no qual o objetivo é libertar alguém do antigo relacionamento, e *descarte para manutenção*, no qual o intuito é prender-se a posses com a esperança de que o relacionamento seja retomado.[141] Os consumidores também especificam como suas posses serão distribuídas na ocasião de seu falecimento, tal ação pode incluir dar itens valiosos para familiares importantes, para outras pessoas e para organizações, tais como instituições de caridade e escolas, bem como a distribuição de riquezas por meio de um testamento.

(**IMPLICAÇÕES DE MARKETING**)

Os profissionais de marketing precisam compreender o descarte em virtude de diversas razões. Primeiro, as decisões de descarte frequentemente influenciam decisões de aquisição posteriores. Assim, alguém que precisa comprar uma nova geladeira porque a antiga parou de funcionar pode decidir que a antiga não durou o bastante e eliminar essa marca de considerações futuras. Compreendendo o motivo pelo qual os consumidores descartam as marcas mais velhas, especialmente quando ocorreu um problema, os profissionais de marketing podem ser capazes de aprimorar suas ofertas para o futuro.

Segundo, os profissionais de marketing tornaram-se interessados no modo como os consumidores negociam, vendem ou doam itens para compras de segunda mão por meio de pontas de estoque de comércio de mercadorias usadas e websites, mercados de pulga, vendas de garagem e anúncios classificados em jornais e na Internet. Os mercados de pulga são populares não apenas porque são uma maneira diferente de descartar e adquirir novos produtos, mas também por conta da experiência hedonista que eles proporcionam.[142] Os consumidores gostam de procurar e pechinchar por itens, da atmosfera festiva – quase como uma feira medieval – e das oportunidades sociais. Tal divertimento também é real para os consumidores que utilizam sites como eBay e Craigslist para procurar e compras mercadorias.

Terceiro, os comportamentos de descarte de produtos podem às vezes possuir uma grande influência na sociedade em geral. Se a vida útil de um produto pode ser estendida à medida que os consumidores comercializam ou revendem itens, por exemplo, o desperdício e o esgotamento de recursos poderiam ser reduzidos. Quarto, ao examinar amplos padrões de descarte, os profissionais de marketing podem obter *insights* importantes. Um estudo examinou, por exemplo, o lixo doméstico para identificar diferenças de grupos no consumo de alimentos.[143] Os pesquisadores descobriram que a região do país é fortemente responsável pelas diferenças nos padrões de consumo, seguida pelo *status* cultural. Por exemplo, as pessoas consomem mais feijão no sudoeste dos Estados Unidos, porque a comida mexicana é mais popular naquela região.

Reciclagem

Em razão das preocupações com a conservação dos recursos naturais, o estudo dos comportamentos de descarte pode oferecer *insights* valiosos para o desenvolvimento de programas de reciclagem (veja Exemplo 11.16). À luz de tal fato, vários pesquisadores têm se interessado em examinar os fatores relacionados à reciclagem.[144] Por exemplo, estudos mostram que opiniões relacionadas à reciclagem influenciam a reciclagem de lixo e a reciclagem dos comportamentos de compra.[145] As variáveis mais úteis na compreensão da reciclagem do consumidor são a motivação, a habilidade e a oportunidade para reciclar.

Motivação para reciclar

Os consumidores são mais propensos a reciclar quando percebem que os benefícios superam os custos, incluindo dinheiro, tempo e esforço.[146] Benefícios e objetivos imediatos incluem evitar o enchimento de aterros, a redução do

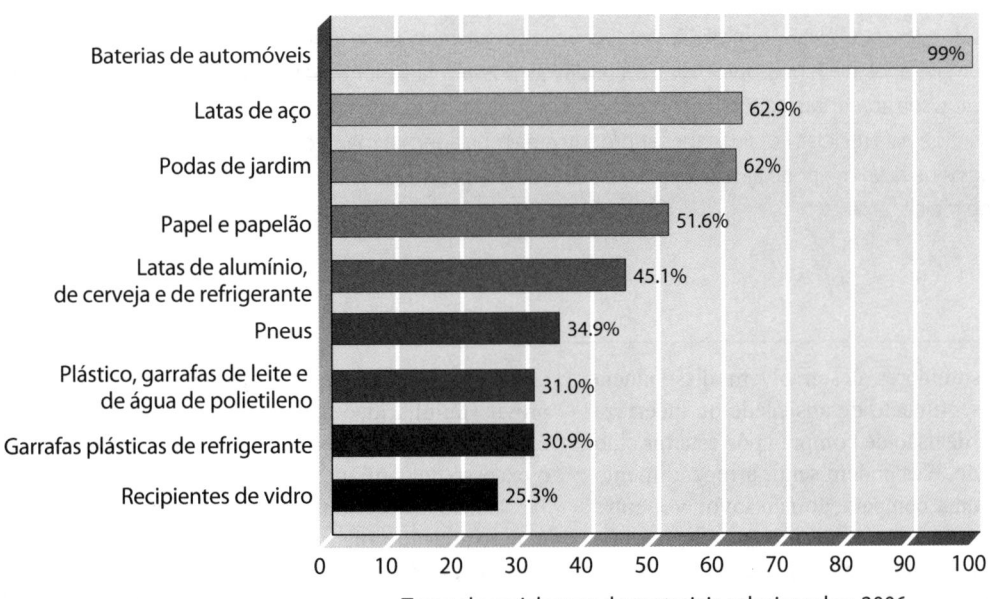

Fonte: U.S. Environmental Protection **Agency,** www.epa.gov/epaoswer/non-hw/muncpl/facts.htm.

Exemplo 11.6
O que os consumidores norte-americanos reciclam?
Baterias de automóveis são de longe os produtos mais reciclados nos Estados Unidos.

lixo, a reutilização de materiais e a preservação do meio ambiente. Objetivos de ordem maior são a promoção da saúde e o ato de evitar doenças, o ato de atingir os fins de sustento de vida e o fornecimento para as gerações futuras,[147] e esses benefícios tendem a variar ao longo dos segmentos. Por exemplo, o foco em efeitos ambientais pode ter pouca importância em bairros em que a violência é um problema grave.[148] Além disso, os consumidores que percebem que seus esforços terão influência são mais estimulados a reciclar do que aqueles que não o percebem,[149] visto que ter um local limpo e conveniente para se levar materiais recicláveis também aumenta a motivação do consumidor.

Habilidade para reciclar

É mais provável que os consumidores que sabem como reciclar adotem essa prática com mais frequência do que aqueles que não sabem.[150] Um estudo dos consumidores alemães descobriu que um lapso de conhecimento levou ao descarte incorreto e, portanto, a menos reciclagem.[151] Os consumidores também devem possuir conhecimentos gerais sobre os efeitos positivos da reciclagem para o meio ambiente e lembrar da reciclagem como parte de sua rotina diária.

Oportunidade para reciclar

Caso separar, armazenar e remover materiais recicláveis seja difícil ou inconveniente, os consumidores geralmente evitarão fazê-lo. Um programa da Alemanha que ofereceu grandes recipientes plásticos com códigos de cores e rodas para materiais recicláveis foi bastante bem-sucedido. Além disso, os consumidores devem abandonar antigos hábitos de descarte e desenvolver novos comportamentos de reciclagem, e fornecer recipientes fáceis de serem utilizados também ajuda os consumidores com relação a esse aspecto. Os consumidores que compram produtos, tais como refrigerantes para uma viagem, também têm menos oportunidades para reciclar as latas e garrafas vazias.[152]

IMPLICAÇÕES DE MARKETING

Os profissionais de marketing podem facilitar a reciclagem aumentando a MAO para reciclar dos consumidores. Incentivos especiais, tais como concursos, podem aumentar a motivação. Comunicações que foquem nas consequências negativas de não reciclar e que são realizadas pessoalmente são especialmente eficazes no aumento da motivação.[153] A única desvantagem é que tais técnicas devem ser reintroduzidas periodicamente, pois seus efeitos são, em geral, temporários.

Os profissionais de marketing podem aumentar a habilidade dos consumidores para reciclar ensinando-lhes como reciclar por meio de comunicações pessoais e fáceis de serem lembradas a partir de líderes do bairro ou da comunidade, panfletos ou comunicados de serviço público. Além disso, oferecer ímãs de geladeira pode lembrar os consumidores de reciclar.[154] Fornecer recipientes separados de forma que os itens recicláveis possam facilmente ser colocados para fora e coletados juntamente com o lixo pode aumentar a oportunidade de reciclar. Oferecer produtos facilmente recicláveis é outro modo de aumentar a oportunidade para reciclar. Por fim, fabricar produtos e embalagens o mais ecologicamente corretos possível – e promover os benefícios de fazê-lo – pode ajudar os profissionais de marketing a atrair consumidores que gostem da conveniência de *não* ter de reciclar.

Resumo

Às vezes, os consumidores desenvolvem dissonância pós-decisão – um sentimento de ansiedade ou incerteza com relação a uma decisão de compra após esta ter sido realizada. Na ocasião, eles podem sentir arrependimento quando percebem uma comparação não favorável entre o desempenho da opção escolhida e o das opções não escolhidas. Tais sentimentos de arrependimento podem influenciar diretamente a intenção do consumidor de comprar o mesmo produto no futuro. Os consumidores podem aprender a partir da experiência por meio de testes de hipóteses, nos quais tentam confirmar ou desaprovar expectativas envolvendo-se de verdade no processo de aquisição, consumo ou descarte de um produto. Tal processo é influenciado pela motivação, pelo conhecimento prévio (familiaridade), pela ambiguidade de informações e por dois tipos de desvios: os desvios de confirmação e o excesso de confiança.

A satisfação é tanto um sentimento subjetivo como uma avaliação objetiva de que uma decisão atendeu a uma necessidade ou a um objetivo. A insatisfação ocorre quando os consumidores têm sentimentos negativos e acreditam que seus objetivos ou necessidades não foram atendidos. Os julgamentos de satisfação/insatisfação fundamentados em reflexão podem relacionar-se a (1) se as reflexões e expectativas dos consumidores com relação à oferta são confirmadas ou desconfirmadas por seu desempenho (o paradigma de desconfirmação), (2) reflexões sobre causalidade e culpa (teoria da atribuição) e (3) reflexões sobre justiça e igualdade (teoria da equidade). Os consumidores também julgam a satisfação e a insatisfação com base em sentimentos, especificamente (1) emoções vivenciadas (e a superação dessas emoções) e (2) previsões erradas a respeito de emoções.

Os consumidores podem responder à insatisfação reclamando, reagindo à recuperação do serviço e se envolvendo na propaganda boca a boca negativa. Por fim, os consumidores podem descartar produtos de diversas formas, que possuem implicações importantes para a estratégia de marketing e para uma compreensão do comportamento do consumidor. A reciclagem, uma das formas de descarte, depende da motivação, habilidade e oportunidade dos consumidores para agir.

Perguntas para revisão e discussão

1. Como a dissonância pós-decisão difere do arrependimento pós-decisão e qual efeito eles têm sobre os consumidores?
2. Descreva como os consumidores adquirem informações sobre bens e serviços aprendendo a partir de suas experiências com as mercadorias.
3. Como as expectativas e o desempenho contribuem para a desconfirmação?
4. Defina a *teoria da atribuição* e a *teoria da equidade*, e explique como elas se relacionam com a insatisfação.
5. Por que a reclamação é importante para os profissionais de marketing e como se deve lidar com essas manifestações?
6. Quais influências as emoções experimentadas e as previsões errôneas sobre emoções podem ter sobre a satisfação ou insatisfação do consumidor?
7. Quais os oito modos como os consumidores podem descartar algo?
8. Por que é importante que os profissionais de marketing levem em conta tanto os aspectos de desligamento físico como emocional do descarte do consumidor?

CASO – COMPORTAMENTO DO CONSUMIDOR

A recuperação de serviços ajuda a JetBlue a voar mais alto

A JetBlue Airways sabe que todo voo representa outra oportunidade para satisfazer os passageiros e ganhar ou reforçar sua fidelidade. Com sede no Aeroporto JFK de Nova York, a JetBlue taxiou seu primeiro avião na pista em 2000 e agora voa para dezenas de cidades norte-americanas, além de pontos de férias no Caribe. A companhia aérea orgulha-se de suas baixas taxas e do serviço amigável com benefícios que diversas empresas de custo menor não oferecem. Seus espaçosos jatos com assentos de couro, TV e rádio via satélite para todos, e cafés Dunkin' Donuts gratuitos em todos os voos.

Não é grande surpresa que os clientes fiéis tenham votado na JetBlue como a melhor em diversas pesquisas do segmento e tenham escolhido a companhia aérea sempre que possível. Nem a JetBlue ficou tímida ao alardear seus prêmios e ao aumentar as expectativas dos clientes para uma experiência de viagem superior do início ao fim. O cumprimento de suas promessas de serviços ajudou a JetBlue a aumentar suas receitas anuais em aproximadamente US$ 3 bilhões.

No entanto, o que acontece quando os clientes da JetBlue chegam ao aeroporto esperando um voo tranquilo e em vez disso se veem dormindo no terminal ou presos em um avião parado? Esse pesadelo de serviços teve início quando uma tempestade de gelo atingiu Nova York no Dia dos Namorados em 2007. Acreditando que a tempestade logo passaria e que alguns voos estariam aptos a decolar, a JetBlue permitiu que os passageiros embarcassem em nove aviões, fechou as portas e enviou os jatos para a pista de decolagem. À medida que a tempestade continuou a atingir o aeroporto, a JetBlue manteve os jatos estacionados na pista. A tempestade alastrou-se, a comida e a água acabaram, os banheiros ficaram sujos, porém os jatos permaneceram parados durante nove horas, até que a JetBlue os trouxe de volta ao terminal e permitiu que os furiosos passageiros desembarcassem.

Nesse dia, a JetBlue cancelou mais de 250 voos e deixou milhares de passageiros em seu terminal no JFK. O dia seguinte não foi muito melhor, pois a JetBlue não pôde obter aviões e tripulantes suficientes para Nova

York rápido o bastante para fazer que os passageiros presos voassem para seus destinos. Nem os aviões presos em Nova York puderam ir para outras cidades servidas pela JetBlue, uma situação que rompeu a escala inteira da companhia aérea. Dois dias após a tempestade, a companhia teve de deter o serviço a 11 cidades e cancelar 23% de seus voos enquanto mobilizava aviões e pessoas para os postos. No total, mais de mil voos foram cancelados em um período de cinco dias, deixando os clientes da JetBlue furiosos e frustrados.

Entretanto, mesmo com esse pesadelo da prestação de serviços estampado em manchetes dos jornais em todo o país, os executivos de alto escalão da companhia aérea estavam tomando atitudes para desfazer a confusão, evitar uma nova ocorrência e tratar da insatisfação dos clientes. "Esta será uma empresa diferente por conta disso", prometeu o presidente executivo. "Será caro. Porém o mais importante é reconquistar a confiança das pessoas." Dentro de alguns dias, a JetBlue anunciou sua Declaração de Direitos do Consumidor, a qual oferece restituições ou vouchers para os clientes que tiverem seus voos cancelados ou atrasados e se compromete a retirar os passageiros dos aviões caso estes estejam aguardando a decolagem por mais de cinco horas.

No total, a JetBlue pagou US$ 40 milhões em vouchers e restituições aos clientes afetados pela tempestade. Todavia, o maior desafio foi reparar sua reputação manchada. Algumas semanas após a tempestade, a revista *BusinessWeek* removeu a JetBlue de sua lista de Campeões de Atendimento ao Cliente de 2007; antes da crise, a companhia aérea ocupava o quarto lugar da lista. A JetBlue continuou a promover sua Declaração de Direitos do Consumidor, agregou mais representantes de atendimento ao cliente, treinou sua força de trabalho para lidar de maneira mais eficaz com os atrasos e redobrou seus esforços para satisfazer todos os clientes em todos os voos. Tais medidas de recuperação de serviço estão compensando: as receitas da JetBlue estão crescendo e a companhia garantiu o sétimo lugar na lista de Campeões de Atendimento ao Cliente de 2008 da *BusinessWeek*.[155]

Perguntas sobre o caso

1. Utilize o paradigma de desconfirmação para explicar por que você acha que a JetBlue deveria ou não aumentar as expectativas dos clientes ao promover seu serviço como competitivamente superior.
2. Qual é a probabilidade de a rápida implementação de uma Declaração dos Direitos do Consumidor afetar os sentimentos pós-decisão dos clientes da JetBlue que possuam passagens para voos futuros?
3. É provável que os clientes da JetBlue afetados pela tempestade tenham sentido dissonância ou arrependimento? Por quê?
4. A JetBlue poderia ter feito algo diferente para deixar os clientes mais felizes?

A cultura do consumidor

Parte 4

12 Diversidade do consumidor
13 Classe social e influências familiares
14 Psicografia: valores, personalidade e estilos de vida
15 Influências sociais no comportamento do consumidor

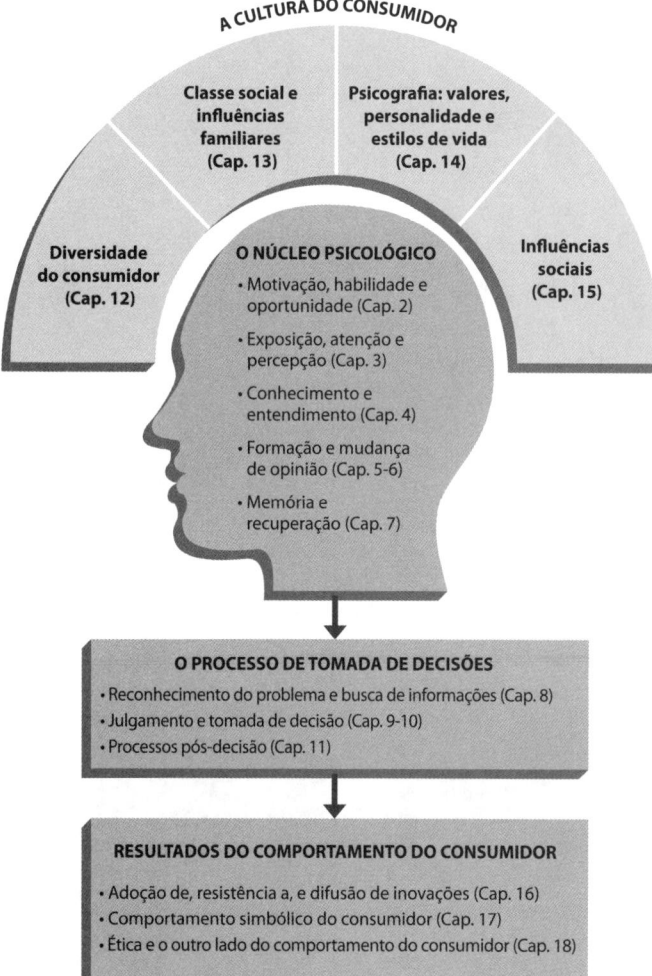

A **Parte 4** reflete uma visão geral do comportamento do consumidor, examinando como vários aspectos da cultura do consumidor afetam seu comportamento. O Capítulo 12 aborda a diversidade, especificamente os papéis que idade, gênero, orientação sexual e influências regionais, étnicas e religiosas desempenham no comportamento do consumidor.
O Capítulo 13 explora como a classe social é determinada em diversas culturas e como ela afeta as decisões e comportamentos do consumidor. O capítulo também examina vários tipos de domicílios e famílias, e o modo como os membros de uma casa influenciam as decisões de consumo e aquisição.

A combinação de diversidade, classe social e influências familiares podem afetar nossos valores, nossa personalidade e nosso estilo de vida, os temas abordados no Capítulo 14. Além disso, como explica o Capítulo 15, nosso comportamento e nossas decisões podem ser influenciados por certas pessoas, grupos específicos (tais como amigos, colegas de trabalho ou membros de clubes) e diversas mídias. Todos esses fatores influenciam o comportamento do consumidor e, portanto, possuem várias implicações para os profissionais de marketing.

Diversidade do consumidor

Capítulo 12

OBJETIVOS DE APRENDIZADO

Depois de estudar este capítulo, você estará apto a:

1. Explicar como a idade dos consumidores afeta o comportamento de aquisição, de consumo e de descarte, e o motivo pelo qual os profissionais de marketing precisam considerar as influências de idade ao planejar atividades de marketing.

2. Descrever como o gênero e a orientação sexual afetam o comportamento do consumidor e como as empresas podem criar um marketing mais eficaz ao compreender essas duas influências.

3. Discutir como as influências regionais,

INTRODUÇÃO

Conectando-se com os clientes tendo como alvo as comemorações da *quinceañera*

Empresas como Disneyland Resort, Royal Caribbean Cruises e Hallmark estão conectando-se com os consumidores hispano-americanos tendo como alvo a *quinceañera*, a tradicional celebração hispânica de quando uma menina completa 15 anos. Embora suas famílias estejam nos Estados Unidos há muitas gerações, diversos hispano-americanos mantêm o costume de apresentar (como adulta) uma jovem de 15 anos em sua igreja católica e, em seguida, em uma festa para a família e amigos.

As ofertas de marketing relacionadas à *quinceañera* tornaram-se um segmento de US$ 400 milhões nos Estados Unidos, especialmente forte em regiões com grandes populações hispano-americanas. A *Quince Girl*, uma revista criada em 2005, contém artigos e anúncios que visam ajudar as garotas e seus pais a planejar essa celebração especial, e o Disneyland Resort da Califórnia, por exemplo, acolhe três grandes celebrações da *quinceañera* todos os meses, no valor de US$ 7.500 ou mais. A Royal Caribbean Cruises forma parcerias com agências de viagem para cruzeiros de *quinceañera* personalizados para 1.200 pessoas por festa. A Mattel vende uma Barbie Quinceañera especial, e a Hallmark vende cartões de *quinceañera*. Contudo, embora algumas adolescentes hispano-america-

étnicas e religiosas podem afetar o comportamento do consumidor e a razão pela qual os profissionais de marketing devem considerar tais influências ao focar em grupos específicos.

nas estejam ansiosas por sua quinceañera, outras estão adotando os costumes norte-americanos, optando por uma festa "Sweet 16" ou por ganhar um carro em vez de celebrar uma festa pelos seus aniversários de quinze anos.[1]

Este exemplo ilustra várias influências da diversidade que afetam o comportamento do consumidor, todas as quais serão discutidas neste capítulo (veja o Exemplo 12.1). Primeiro idade e gênero podem influenciar a aquisição e o consumo: uma *quinceañera* impulsiona diversas vendas e resulta no consumo de uma variedade de ofertas. Em segundo lugar, a região em que os consumidores residem – nos Estados Unidos ou em qualquer outro lugar do mundo – pode influenciar o comportamento destes. Por fim, o comportamento do consumidor pode variar entre subgrupos de pessoas com padrões únicos de etnicidade e religião em virtude de seus diferentes costumes, suas tradições e suas preferências. Por exemplo, os bolos de quinceañera favoritos das famílias com raízes no México podem ser diferentes daqueles das famílias com raízes no Chile ou na Nicarágua. Certamente, para desenvolver e implementar estratégias e táticas de marketing eficazes, as empresas devem compreender como essas influências de diversidade afetam os consumidores.

Como a idade afeta o comportamento do consumidor

Os profissionais de marketing muitas vezes segmentam os consumidores por idade, seguindo a lógica básica de que as pessoas da mesma idade estão passando por experiências de vida semelhantes e, portanto, compartilham diversas necessidades, experiências, símbolos e recordações em comum, o que, por sua vez, pode conduzir a padrões de consumo semelhantes.[2] Independentemente do país, os grupos etários estão constantemente mudando à medida que nascem os bebês, que as crianças crescem, que os adultos amadurecem e que as pessoas morrem. Esta seção tem início com uma visão geral das tendências etárias norte-americanas e avança com um exame dos quatro principais grupos etários que são alvos dos profissionais de marketing: (1) adolescentes e geração Y; (2) geração X; (3) *boomers*; e (4) veteranos.

Tendências de idade nos Estados Unidos

A idade média dos consumidores dos Estados Unidos, a qual era de 30 anos em 1980, atualmente é de 36,4 anos, o que reflete um enorme aumento da população de 40 a 60 anos de idade. Os adultos de 18 anos ou mais correspondem atualmente a 75% da população geral dos Estados Unidos (veja o Exemplo 12.2). Graças, em parte, à melhor assistência médica e aos estilos de vida mais saudáveis, as pessoas estão vivendo mais, tornando o mercado da terceira idade um alvo atrativo para os profissionais de marketing. O número de adultos na faixa etária dos 20 aos 34 anos (abrangendo as gerações X e Y) tem diminuído, mas tal tendência está mudando, abrindo novas oportunidades para que os profissionais de marketing construam e sustentem a fidelidade à marca durante esses anos importantíssimos de formação familiar.[3]

Adolescentes e a geração Y

Sua própria experiência pode confirmar que esse segmento possui uma influência considerável nas compras para a casa e que desfruta de uma boa quantidade de independência financeira. Dado o alto número de pais e mães de família com dois empregos e de pais solteiros, muitas vezes são os próprios adolescentes que fazem as compras para si e que são responsáveis por mais decisões do que eram as gerações anteriores.[4] Eles costumam comprar mais nos finais de semana, e as meninas compram mais do que os meninos.[5] Os amigos são uma fonte importante de informações sobre os produtos, e a interação é uma das principais razões pelas quais os adolescentes gostam de fazer compras. Muitos adolescentes e membros da geração Y conversam a respeito de marcas por mensagens de texto, mensagens instantâneas, blogs, redes sociais e avaliações on-line.[6] Tendo crescido juntamente com a reciclagem, diversas pessoas desse segmento consideram o impacto ambiental de um produto antes de adquiri-lo.

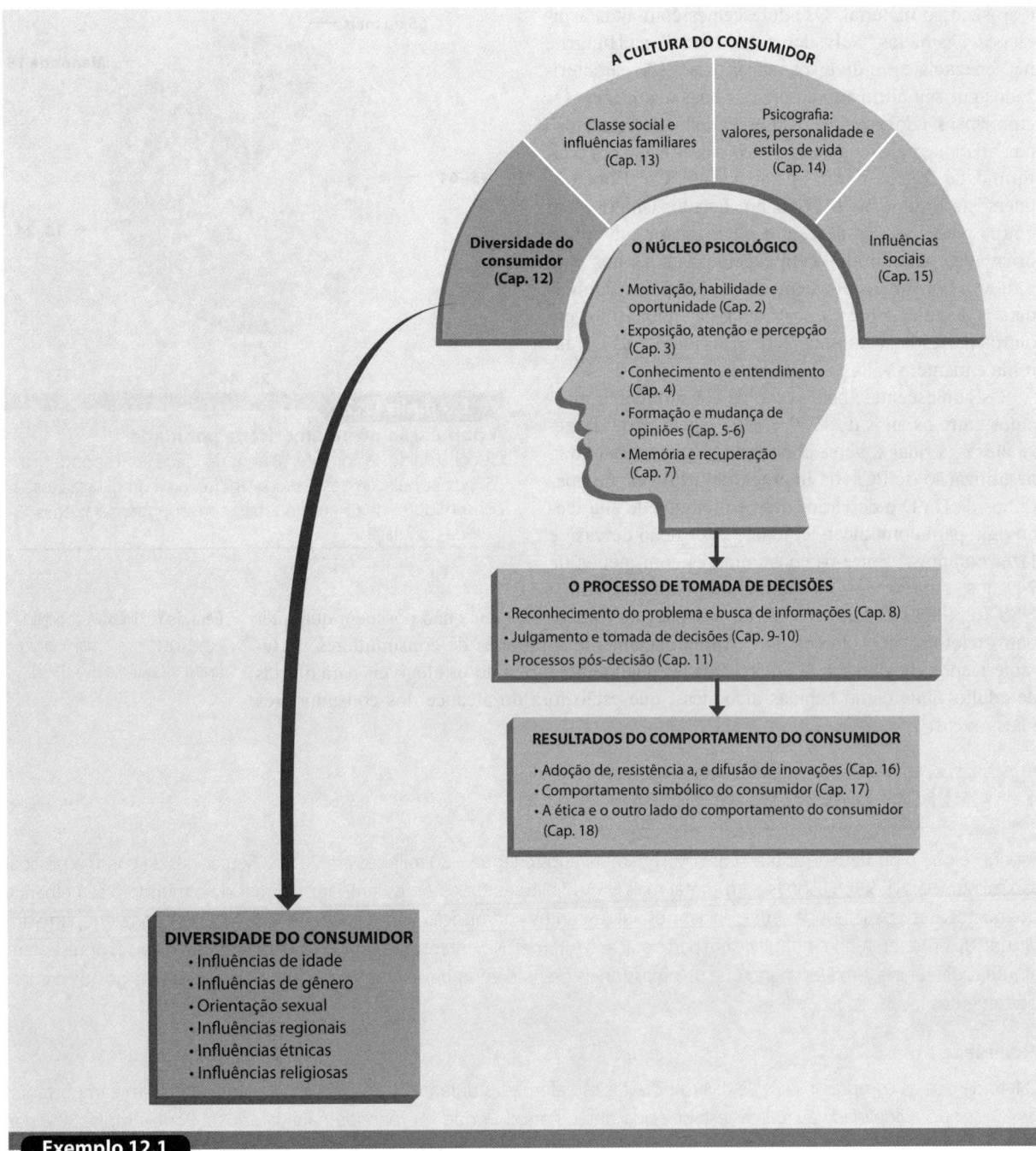

Exemplo 12.1

Visão geral do capítulo: diversidade do consumidor
Este capítulo examina como as influências de diversidade, tais como idade, gênero, orientação sexual, a região em que alguém mora, grupos étnicos e a religião podem afetar o comportamento do consumidor.

Uma "cultura" teen comum está se espalhando por todo o mundo, embora os profissionais de marketing tenham de tomar cuidado para não ignorar a cultura local e seus efeitos sobre o comportamento do consumidor adolescente.[7] Um estudo com adolescentes de 44 países revela características e opiniões comuns que ultrapassam as fronteiras nacionais em seis segmentos distintos.[8] O segmento "Thrills and Chills" ("Emoções e Arrepios"), o qual inclui adolescentes dos Estados Unidos, da Alemanha e de outros países, consiste em consumidores que buscam diversão e que podem gastar livremente, pois pertencem à classe média ou à classe alta. Os adolescentes do segmento "Resignado", que abrange Dinamarca, Coreia e outros países, são alienados da sociedade e possuem baixas expectativas com relação ao futuro e ao sucesso material. Os adolescentes com altas aspirações, chamados "Salvadores do Mundo", na Hungria, na Venezuela e em diversos outros países são caracterizados por seu altruísmo e por suas boas avaliações. Os ambiciosos adolescentes "Empreendedores Discretos" na Tailândia, na China e em outros países estão em conformidade com as normas da sociedade. Os "Bootstrappers" na Nigéria, no México, nos Estados Unidos e em outros países são adolescentes que buscam conquistas orientados pela família, com esperanças e sonhos para o futuro. Por fim, os obedientes e conformados "Upholders" ("Mantenedores") no Vietnã, na Indonésia e em outros países buscam uma recompensadora vida em família e mantêm valores tradicionais.

Os adolescentes, bem como os consumidores, nascidos entre os anos de 1979 e 1994 fazem parte da **geração Y**, a qual é versada em tecnologia e em mídia, na utilização de PCs, da Internet, de celulares, de aparelhos de DVD e de vários outros produtos de alta tecnologia para comunicar-se, jogar, fazer lição de casa e fazer compras.[9] Entre os consumidores com menos de 24 anos, por exemplo, o mercado de celulares atinge US$ 16 bilhões anualmente; várias pessoas por volta dos 20 anos não possuem qualquer outro telefone além do celular.[10] Aproximadamente 4 milhões de consumidores norte-americanos chegam sos 21 anos de idade anualmente, tornando-os elegíveis para ofertas de adultos, tais como bebidas alcoólicas, que estão fora do alcance dos consumidores mais jovens.[11]

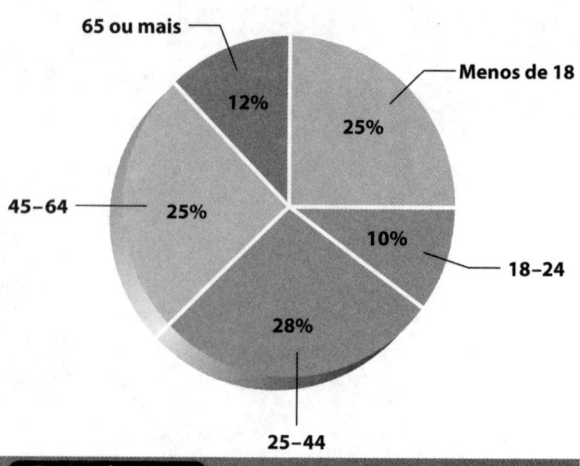

Exemplo 12.2
A população norte-americana por idade
Os consumidores com até 18 anos de idade correspondem a 25% da população dos Estados Unidos; em comparação, os consumidores de 65 anos ou mais correspondem a apenas 12% da população.

Geração Y Miniexplosão populacional dos filhos dos *baby boomers* (ano de nascimento 1979-1991).

IMPLICAÇÕES DE MARKETING

Espera-se que o número de adolescentes norte-americanos chegue a 30 milhões em 2015.[12] Seu poder de compra pessoal são substanciais US$ 108 bilhões, sem contar mais US$ 47 bilhões em compras familiares.[13] Em todo o mundo, a semelhança dos gostos, das opiniões e das preferências dos adolescentes por músicas, filmes, roupas e videogames ocorre em parte em virtude do entretenimento popular e em parte graças à Internet. No entanto, os adolescentes de regiões diversas apresentam algumas diferenças, um fenômeno que os profissionais de marketing devem pesquisar antes de abordar os gostos e comportamentos locais.[14]

Fidelidade à marca

O fato de que as compras iniciais de diversas ofertas são efetuadas durante os anos da adolescência também é importante, uma vez que a fidelidade às marcas estabelecida nesse período pode ser mantida na vida adulta. Por exemplo, 50% das adolescentes do sexo feminino desenvolveram fidelidade a marcas de cosméticos aos 15 anos.[15] O McDonald's reforçou a fidelidade à marca entre os adolescentes antes dos Jogos Olímpicos de verão em Pequim por meio de um jogo on-line com vários participantes chamado The Lost Ring (O Anel Perdido). "Nosso objetivo é realmente reforçar nosso vínculo com a cultura jovem mundial", explicou o diretor de marketing mundial da empresa.[16]

Posicionamento

Alguns profissionais de marketing posicionam seus produtos como úteis para lidar com as pressões da adolescência: estabelecer uma identidade, ter uma postura rebelde e ser aceito pelos colegas. No Reino Unido e na Ásia, as companhias de cartão de crédito e débito estão se concentrando em adolescentes com menos de 16 anos, pois eles são mais propensos a utilizar seus cartões e a comprar pela Internet do que seus pais.[17] Conforme sabemos, os adolescentes também podem ser criadores de tendências, particularmente em áreas como moda e música, e esse é o motivo pelo qual empresas como Coca-Cola e Pepsi estão constantemente pesquisando os desejos desse público.[18] Entretanto, os gostos dos adolescentes podem mudar muito rapidamente, e produtos e lojas populares podem tornar-se superexpostos e rapidamente perder seu apelo.[19]

Mensagens de publicidade

A publicidade eficaz muitas vezes inclui símbolos, questões e linguagens com os quais os adolescentes possam relacionar-se. Como a música e os esportes tendem a ser as linguagens universais dos adolescentes, músicas famosas e personalidades do esporte frequentemente são apresentados nos anúncios. Todavia, os adolescentes muitas vezes são cautelosos com as tentativas óbvias de influenciá-los,[20] portanto, as mensagens precisam falar com os adolescentes, e não para eles. Além do mais, em virtude de terem crescido com vídeos e computadores, os adolescentes de hoje parecem processar as informações mais rapidamente do que os consumidores mais velhos.[21] Como resultado, eles preferem frases curtas e sucintas a explicações longas. Por exemplo, uma campanha publicitária antifumo utilizou o slogan "Tabaco: hábito causador de tumores, manchador de dentes e com um cheiro nojento."[22] Utilizar gírias pode ser perigoso às vezes, pois, se uma frase está desatualizada no momento em que o anúncio aparece, a oferta terá a aparência de que "não é legal". Além disso, muitos adolescentes estão menos preocupados com a publicidade do que com o preço.

Mídia

Os profissionais de marketing podem atingir a geração Y por meio de determinadas redes ou programas de TV, de revistas, de estações de rádio e da Internet.[23] Por exemplo os profissionais de marketing de produtos relacionados a esportes podem atingir os adolescentes por meio de revistas especializadas, programas de TV e websites dedicados ao snowboarding e a outros esportes.[24] No entanto, os adolescentes tendem a não ser fiéis a sites individuais, a menos que haja um apelo específico, e tal tendência explica por que a Nike e a Alloy recorrentemente publicam novos vídeos e recursos interativos para levar os adolescentes de volta a seus websites.[25]

Outras ações de marketing

Alguns profissionais de marketing atingem os adolescentes por meio de recreação ou de eventos especiais. A Heeling Sports, a qual fabrica tênis com rodas retráteis, contrata adolescentes para representarem o produto realizando performances em parques de diversão, shoppings, parques de skate e campi de faculdades, bem como publica os vídeos de suas equipes no YouTube para gerar furor.[26] Além disso, os profissionais de marketing estão repensando suas estratégias de distribuição para levar seus produtos às lojas nas quais os adolescentes e a geração Y compram. Por exemplo, a divisão Simon Spotlight Entertainment da Viacom decidiu vender livros destinados aos adolescentes por meio da rede de vestuário Urban Outfitters.[27]

Geração X

As pessoas nascidas de 1965 a 1976 frequentemente são chamadas **geração X**. Dentro desse diverso grupo de 49 milhões, algumas pessoas malsucedidas de 30 anos ou mais permanecem com a "angústia" da geração X, ao passo que os membros mais velhos desse grupo estão construindo carreiras, famílias e comprando casas.[28] Apesar disso, os membros da geração X que não acreditam ser capazes de atingir ou superar o nível de sucesso de seus pais podem sentir-se um pouco desiludidos e menos materialistas do que outros grupos etários. De fato, comparados aos consumidores que tinham de 30 a 40 anos há uma década, menos membros da geração X possuem casa própria atualmente.[29] Entretanto, eles tendem a encontrar sucesso e conquista, estando na vanguarda da tecnologia e tentando equilibrar suas vidas pessoais e profissionais.

> **Geração X** Indivíduos nascidos entre 1965 e 1976.

Alguns membros da geração X são *boomerang kids* ("jovens bumerangues"), jovens adultos que voltam para casa após a faculdade ou não se mudam até estarem com cerca de trinta anos para economizar dinheiro.[30] Pelo fato de os pais pagarem por muitos produtos básicos, os *boomerang kids* possuem mais renda extra para gastar com entretenimento e são mais propensos a comprar itens como um carro novo ou eletrônicos do que os outros membros da geração X que têm de pagar contas e outros custos domésticos. Os *boomerang kids* sentem-se menos pressionados a se estabelecer do que as gerações anteriores, e muitas vezes adiam o casamento. Tal tendência conduziu a relacionamentos mais próximos com os pais, os quais frequentemente são vistos como amigos ou colegas de quarto. Os *boomerang kids* também influenciam as decisões da família de remodelar ou expandir a casa, criando oportunidades para as construtoras, os fabricantes de móveis e outros comerciantes.[31]

IMPLICAÇÕES DE MARKETING

O mercado da geração X representa mais de US$ 120 bilhões em poder aquisitivo. Esse grupo utiliza o tempo que for necessário para pesquisar uma compra e gosta de ofertas personalizadas de acordo com suas necessidades e seus gostos pessoais.[32]

É um segmento-chave para música, filmes, orçamento de viagens, cerveja e álcool, *fast food*, roupas, calçados esportivos e cosméticos.33 Os membros da geração X também são um alvo importante dos comerciantes de aparelhos eletrônicos, serviços on-line e outras ofertas relacionadas à alta tecnologia.

Mensagens de publicidade

Nascidos e criados com a TV, os membros da geração X tendem a ser cínicos com relação a técnicas de marketing óbvias.34 Às vezes eles classificam como ofensivos anúncios que contêm reivindicações exageradas, estereótipos, produtos não populares, como cigarros e álcool, e mensagens sociais, religiosas, políticas e sexuais explícitas. No entanto, os membros da geração X reagem positivamente a mensagens que consideram inteligentes ou em sintonia com seus valores, suas opiniões e seus interesses. A Toyota, por exemplo, utiliza músicas de hip-hop e heavy metal em seus comerciais de carros focando nos membros da geração X.35

Mídia

Os profissionais de marketing podem atingir os membros da geração X por meio de veículos de mídia, tais como estações de rádio populares ou de música alternativa e redes de TV aberta ou a cabo,36 embora este grupo assista menos à TV do que outros grupos. Anúncios em publicações relacionadas a música e mensagens exibidas em shows, eventos esportivos e pontos de turismo populares também podem ser eficazes. Sendo assim, a Mountain Dew, entre outras empresas, patrocina eventos e equipes de esportes radicais para atingir os membros da geração X por meio de interesses especiais.37 Cada vez mais, os profissionais de marketing estão utilizando a Internet para atingir os consumidores conectados.38 A fim de promover seu seguro para automóveis, a State Farm tem veiculado anúncios em ritmo acelerado no Rollingstone.com e em outros sites que têm como público os membros da geração X.39

Boomers

Baby boomers Indivíduos nascidos entre 1946 e 1964.

Os 78 milhões de ***baby boomers*** nascidos entre 1946 e 1964 formam o maior grupo demográfico dos Estados Unidos. Em virtude de seus números e do fato de vários deles estarem em seus anos de maiores ganhos, os *boomers* possuem muito poder de compra e são um segmento de consumidores influente. Embora esse seja um grupo diverso, eles compartilham diversas experiências em comum dos anos 1960 e 1970, enquanto cresciam. Os *boomers* valorizam fortemente o individualismo e desejam a liberdade de fazer o que quiserem, quando e onde desejarem.40 A maioria deles cresceu com a TV e, à medida que envelhecem, tendem a assisti-la ainda mais, além de também gastarem mais tempo pesquisando na Internet do que outros grupos.41

Alguns pesquisadores identificaram cinco subgrupos de *boomers* com base em divisões de cinco anos (1946-1951, 1951-1956, e assim sucessivamente). Outros sugerem três subsegmentos: *boomers* líderes (nascidos em 1946-1950), *boomers* centrais (1951-1959) e *boomers* retardatários (1960-1964). Os consumidores desses subgrupos possuem experiências de vida em comum e podem compartilhar mais atributos uns com os outros do que os outros segmentos.42 Caso isso seja verdade, os subgrupos mais jovem e mais velho tenderiam a ser mais diferentes – principalmente porque os mais velhos são atualmente pessoas da terceira idade. Pesquisas sugerem que os *boomers* de todo o mundo, assim como os adolescentes de todo o mundo, compartilham certas opiniões e valores. Por exemplo, uma grande parte dos *boomers* do Reino Unido acredita que a vida atual é mais estressante do que a de 50 anos atrás – uma visão reproduzida pela maioria dos *boomers* do México, da França e de Hong Kong.43

IMPLICAÇÕES DE MARKETING

Pelo fato de os *baby boomers* possuírem tanto poder de compra, eles são alvo de diversos produtos e serviços, incluindo carros, casas, viagens, entretenimento, equipamentos de recreação e trailers.44 A Harley-Davidson tem lucrado produzindo motocicletas pesadas – no valor de US$ 17.000 ou mais – para esse segmento.45 Os *boomers* são grandes consumidores de serviços financeiros à medida que anseiam pela aposentadoria e, simultaneamente, pagam pelos estudos de nível superior de seus filhos,46 e aqueles pressionados pelo tempo ainda gostam de *fast food*, porém muitos deles estão comprando sanduíches gourmet da Panera e de outras redes de restaurantes como uma alternativa mais saudável e variada com relação aos hambúrgueres e às batatas fritas.47

Algumas empresas estão desenvolvendo ofertas especificamente para as necessidades dos *baby boomers*. Por exemplo, os comerciantes de roupas criaram jeans em tamanhos maiores e em estilos diferentes para acomodar o físico de meia idade.[48] A rede Chico's cresceu para mais de 450 lojas especializando-se em roupas casuais folgadas para as mulheres *baby boom*.[49] Produtos de cuidados pessoais, mercadorias e serviços fitness, cirurgias plásticas e ofertas similares são particularmente atrativas para os boomers preocupados com a ideia do envelhecimento.[50] A Procter & Gamble, por exemplo, tem sido bem-sucedida com os cremes faciais anti-idade e cremes clareadores Olay para as mulheres *boomer*.[51]

Terceira idade

No **mercado cinza** dos consumidores com mais de 65 anos, as mulheres superam os homens em número, porque tendem a viver mais.[52] Em virtude de as capacidades de processamento de informações tenderem a se deteriorar com a idade, é menos provável que as pessoas na terceira idade busquem informações, e mais provável que tenham dificuldade de lembrar-se de informações e de tomar decisões complexas.[53] Assim, elas tendem a se envolver em processamentos mais simples e esquemáticos.[54] Além do mais, a baixa memória de reconhecimento torna as pessoas da terceira idade suscetíveis ao "efeito de verdade" (crença de que as afirmações frequentemente repetidas são verdadeiras – veja o Capítulo 6).[55] Como resultado, elas podem precisar de ajuda ou de instrução ao tomar decisões.[56]

Mercado cinza Indivíduos acima de 65 anos.

IMPLICAÇÕES DE MARKETING

A terceira idade representa um mercado fundamental e crescente para produtos e serviços relacionados à saúde e para comunidades de aposentadoria (particularmente nos estados nos quais faz mais calor).[57] Em geral, a terceira idade tende a ser mais fiel à marca, a saber mais sobre marcas a partir de experiências anteriores, pode não buscar extensivamente ao planejar compras caras e tem menos motivação e capacidade cognitiva para lidar com marcas novas e não familiares.[58]

Comunicações de marketing

Os profissionais de marketing podem atingir os *boomers* por meio do uso de mídias voltadas para os interesses do grupo, incluindo programas de TV e de rádio de rock 'n' roll antigo, programas de TV e publicações de atividades específicas e eventos relacionados ao estilo de vida, tais como mostras para casa e eventos esportivos.[59] As pessoas que estão na terceira idade veem os anúncios positivos com atores mais velhos como mais confiáveis do que aqueles com atores mais jovens,[60] no entanto, por conta da cultura jovem norte-americana, é menos provável que pessoas da terceira idade apareçam em anúncios – ou que sejam positivamente representados –, embora tal situação esteja mudando ao longo do tempo.[61] Dessa forma, os anúncios devem mostrar as pessoas que estão na terceira idade como membros ativos e contribuintes para com a sociedade (veja o Exemplo 12.3) e as mensagens devem focar apenas em alguns atributos fundamentais. Além disso, os consumidores mais velhos podem recordar-se melhor de mensagens que focam no impedimento

Exemplo 12.3
Atingindo a terceira idade
As pessoas que estão na terceira idade atualmente têm o pensamento mais jovem do que aquelas das gerações anteriores. Este anúncio tem como alvo pessoas da terceira idade, reforçando tal valor.

de emoções negativas e gostam mais desse tipo de mensagens, provavelmente porque desejam evitar os resultados negativos associados à idade.[62]

Técnicas de vendas e promoções especializadas

Os comerciantes podem criar suas lojas de forma a oferecer um ambiente de compras mais amigável para *boomers* e para a terceira idade, com características como corredores mais amplos e bem iluminados, e estacionamentos.[63] As pessoas da terceira idade valorizam o serviço, um fator que explica o motivo pelo qual a rede de varejo Chico's oferece assistência personalizada.[64] Os profissionais de marketing de diversas categorias de serviços e produtos oferecem descontos aos cidadãos da terceira idade para atrair e reter clientes nesse segmento,[65] entretanto, em função de os consumidores mais velhos que buscam interação social em ligações de telemarketing poderem não reconhecer ofertas fraudulentas, instrução e proteção são elementos necessários para evitar que esse segmento seja vítima de golpes.[66]

Como gênero e orientação sexual afetam o comportamento do consumidor

De certo, as pessoas pertencentes ao sexo feminino e ao sexo masculino podem diferir em traços, opiniões e atividades que podem afetar o comportamento do consumidor. As seções a seguir discutem algumas questões que têm sido o foco da pesquisa do consumidor, pois uma cobertura completa dos contrastes entre homens e mulheres está além do escopo deste texto. Lembre-se de que essas seções descrevem somente tendências gerais, as quais estão sujeitas a variações individuais consideráveis.

Os papéis dos sexos

Na maioria das culturas, espera-se que homens e mulheres comportem-se de acordo com as normas dos papéis dos sexos aprendidas desde muito cedo na infância. Até recentemente, esperava-se que os homens da sociedade ocidental fossem fortes, assertivos e que não fossem emotivos. Eles eram os provedores primários e eram guiados por **objetivos agênticos** que reforçavam o domínio, a autoassertividade e a autoeficácia.[67] As mulheres, em contrapartida, têm sido orientadas por **objetivos comunitários** de formar afiliação e de estabelecer relações harmoniosas com os outros, e espera-se que sejam submissas, emocionais e orientadas para os afazeres de casa.

Objetivos agênticos Objetivos que ressaltam o domínio, a autoassertividade, a autoeficiência, a força e nenhuma emoção.

Objetivos comunitários Objetivos que enfatizam a afiliação e o estabelecimento de relações harmoniosas com outros, a submissão, a emocionalidade e a orientação doméstica.

Em um nível bastante geral, os homens tendem a ser mais competitivos, independentes, estimulados externamente e dispostos a assumir riscos.[68] A expressão da masculinidade do "homem de ação" pode assumir a forma de um comportamento de provedor hipercompetitivo ou de uma abordagem rebelde (incluindo o comportamento provedor empreendedor).[69] As mulheres, ao contrário, tendem a ser cooperativas, interdependentes, estimuladas intrinsecamente e adversas ao risco. Ao longo do tempo, todavia, os papéis masculino e feminino têm evoluído. Em particular, mais mulheres norte-americanas estão adiando o casamento e a criação de filhos em favor da construção de uma carreira. Tal tendência levou a padrões de vida mais altos para as mulheres e a mudanças nas opiniões das mulheres, especialmente a uma ênfase na independência.[70] Há mais mulheres viajando sozinhas e rejeitando papéis tradicionais relacionados à submissão, às tarefas domésticas e à inibição sexual.

Os papéis tradicionais dos sexos estão mudando em diversos países, mesmo naqueles mais conservadores e dominados por homens. Na Índia, por exemplo, onde os casamentos arranjados ainda são a norma, as opiniões das mulheres com relação a carreira, casamento e família estão passando por mudanças radicais à medida que mais mulheres constroem carreiras – especialmente em empresas de alta tecnologia – e buscam independência.[71] Contudo, os papéis dos sexos e os comportamentos apropriados podem variar de uma cultura para outra. Nos Estados Unidos, por exemplo, alguns homens não se sentem confortáveis em abraçar outros, ao passo que esse comportamento é amplamente aceito nas sociedades europeias e latinas, muitas vezes como um cumprimento. Os papéis dos sexos em anúncios também podem provocar respostas diferentes: as mulheres da República Checa, por exemplo, reagem de forma menos favorável a anúncios em que os modelos femininos são representados em papéis que parecem superiores àqueles dos modelos masculinos.[72]

Gênero e orientação sexual

O **gênero** refere-se a um estado biológico (masculino ou feminino), ao passo que a **orientação sexual** reflete a preferência de uma pessoa com relação a certos comportamentos. Os indivíduos *masculinos* (sejam estes do gênero masculino ou feminino) tendem a apresentar traços de orientação masculina, e os indivíduos *femininos* tendem a apresentar características femininas. Além disso, alguns indivíduos podem ser andróginos, possuindo tanto traços masculinos como femininos. As orientações sexuais são importantes, porque podem influenciar as preferências e o comportamento do consumidor. As mulheres que são mais masculinas, por exemplo, tendem a preferir anúncios que representam mulheres não tradicionais.[73]

Gênero Estado biológico de pertencer ao sexo masculino ou feminino.

Orientação sexual A preferência de uma pessoa por certos comportamentos.

Um crescente número de profissionais de marketing está utilizando a orientação sexual para focar nos consumidores gays e nas consumidoras lésbicas em uma ampla variedade de ofertas, e tal estratégia deve-se em parte a um drástico aumento no número de casais do mesmo sexo nos Estados Unidos. De acordo com estatísticas do Census Bureau, os Estados Unidos possuem mais de 601.000 famílias do mesmo sexo (304.000 casais de gays e 297.000 casais de lésbicas), principalmente em grandes áreas metropolitanas, tais como São Francisco e a cidade de Nova York.[74] Embora os consumidores gays e as consumidoras lésbicas tenham a tendência de não gostar e de confiar menos em mensagens publicitárias do que os consumidores heterossexuais, eles tendem a responder a símbolos de orientação sexual em anúncios, tais como as fitas vermelhas da AIDS e a anúncios que "refletem suas vidas e sua cultura".[75] Eles respondem ao marketing que percebe o gay como amigável (e condenam ações de marketing aparentemente antigay).[76] Por exemplo, anúncios promovendo o turismo na Filadélfia com o tema "Venha para a Filadélfia. Obtenha sua história hetero e sua vida noturna gay" foram bem recebidos pelos consumidores gays.[77]

Diferenças nos comportamentos de aquisição e consumo

Apesar das mudanças dos papéis dos sexos, homens e mulheres ainda apresentam várias diferenças em seus comportamentos de consumo. As mulheres são mais propensas a se envolverem em exames detalhados e completos de uma mensagem e a tomar decisões com base em atributos dos produtos (semelhante à tomada de decisão de alta MAO), ao passo que os homens processam informações de modo mais seletivo, são mais conduzidos por temas gerais e heurísticas simplificadoras (semelhante à tomada de decisão de baixa MAO).[78] Os homens tendem a ser mais sensíveis a informações relevantes pessoalmente (de acordo com os objetivos agênticos) e as mulheres prestam atenção tanto nas informações pessoalmente relevantes como nas informações relevantes para os outros (de acordo com os objetivos comunitários).[79]

Enquanto é mais provável que os homens utilizem hemisférios específicos de seus cérebros para determinadas tarefas (por exemplo, o lado direito do cérebro para o visual e o lado esquerdo para o verbal), as mulheres utilizam ambos os hemisférios de seus cérebros para a maior parte das tarefas. Os homens também parecem ser mais sensíveis a tendências com emoções positivas vivenciadas durante o consumo, tais como sentirem-se entusiasmados ou fortes, ao passo que as mulheres exibem uma tendência por emoções negativas, tais como sentirem-se amedrontadas ou nervosas.[80] Além disso, homens e mulheres diferem no significado simbólico que atribuem a produtos e serviços.[81] As mulheres são mais propensas a ter estereótipos de marcas para produtos de moda, ao passo que os homens são mais consistentes com relação às imagens de seus carros.

Em geral, as mulheres norte-americanas veem a atividade de fazer compras como prazerosa e estimulante, e como uma forma de obter interação social, ao passo que os homens veem as compras como simplesmente uma maneira de adquirir mercadorias e como uma tarefa entediante, especialmente se carregam estereótipos tradicionais de papéis dos sexos. Tais padrões também são válidos em outros países, como Turquia e Holanda. Por fim, homens e mulheres tendem a exibir diferentes padrões de alimentação. Em especial, as mulheres são mais propensas a se envolver na **alimentação compensatória** – reação à depressão ou compensação de deficiências, tais como a falta de contato social, por meio da alimentação.[82]

Alimentação compensatória Compensar uma depressão ou uma falta de contatos sociais por meio da alimentação.

IMPLICAÇÕES DE MARKETING

Obviamente, diversos produtos (tais como roupas para homens e produtos de higiene feminina para mulheres) são direcionados às necessidades específicas dos gêneros. Além disso, certas ofertas podem ser vistas como mais apropriadas para um gênero do que para o outro. Uma gravata ou um boné podem ser vistos como mais masculinos, ao passo que um processador de alimentos ou uma loção para as mãos podem ser vistos como mais femininos. No entanto, alguns produtos estão se tornando menos estereotípicos à medida que os papéis dos sexos evoluem. Por exemplo, mais de 12% das vendas de motocicletas da Harley-Davidson são para mulheres, e a empresa está atraindo ainda mais clientes do sexo feminino com novas bicicletas rebaixadas e postos de montagem especiais.[83] Enquanto isso, a Nivea está sendo bem-sucedida nas vendas de produtos de cuidados para a pele especialmente formulados para homens.[84]

Atingindo um gênero específico

Os profissionais de marketing muitas vezes focam em um gênero em especial. Na Rússia, a vodka Damskaya foca em mulheres de 24 a 45 anos com uma graciosa garrafa de lavanda e o slogan publicitário "Between us girls" ("Entre nós garotas").[85] A Lowe's renovou suas lojas dos Estados Unidos com uma iluminação mais brilhante e com mais demonstrações informativas do tipo "faça você mesmo" voltadas para mulheres. "As mulheres coletam informações – elas desejam que as lojas sejam inspiradoras", explica um gerente.[86]

Estudos demonstram que homens e mulheres reagem de formas diferentes à publicidade emocional.[87] Com a troca de papéis dos sexos, os homens são cada vez mais mostrados em papéis emocionais e de cuidado na publicidade, ao passo que as mulheres estão aparecendo mais frequentemente em situações e posições profissionais importantes. Um estudo dos anúncios de revistas encontrou uma tendência similar também no Japão.[88] No entanto, os papéis tradicionais não desapareceram: na China, onde as mulheres estão se tornando cada vez mais assertivas e independentes, os homens agora são direcionados ao marketing que "sugere ou reforça um sentimento de controle", diz o gerente de uma agência de publicidade.[89] Pesquisas mostram que os anúncios que focam em homens para um produto específico do gênero, tais como perfumes (comprados como um presente), são mais eficazes quando um representante masculino é utilizado. Em contrapartida, os anúncios que visam atingir mulheres que compram perfumes para si mesmas são mais eficazes com uma representante feminina.[90]

Padrões da mídia

Algumas diferenças entre os sexos ainda existem nos padrões da mídia. Os profissionais de marketing podem atingir homens por meio de determinados programas de TV, especialmente esportivos, e revistas como *Sports Illustrated*, *Esquire* e publicações sobre carros e motocicletas. A fim de atingir as apaixonadas por ginástica na Malásia, a Nike tem patrocinado eventos especiais com demonstrações de kickboxing, escalada de paredes e outros esportes.[91] Há mais possibilidades de que mulheres assistam a novelas e canais de compras do que os homens, uma tendência que explica por que os produtos de cuidados pessoais de mulheres são muitas vezes anunciados em tais mídias.[92] Algumas empresas estão lançando websites para produtos específicos dos gêneros ou para um público de um gênero específico, tais como NikeWomen.com.

Como as influências regionais afetam o comportamento do consumidor

Pelo fato de as pessoas tenderem a morar e trabalhar na mesma área, os residentes de uma parte do país podem desenvolver padrões de comportamento diferentes daqueles de outra região. Um consumidor de New England, por exemplo, pode gostar de lagosta e de esquiar, ao passo que alguém do Texas pode preferir churrascos e rodeios. Esta seção explora como a região em que as pessoas moram pode afetar seu comportamento de consumo, tanto nos Estados Unidos como em diversas regiões em todo o mundo.

Regiões nos Estados Unidos

Embora possamos falar de uma cultura norte-americana geral, os Estados Unidos são um país vasto em que diversas regiões desenvolveram identidades distintas com base em diferenças culturais e étnicas. Por exemplo, a Califórnia e o sudoeste eram originalmente parte do México e, portanto, refletem um caráter mexicano; o sudoeste também possui americanos nativos e raízes fronteiriças. A costa leste que vai de New England até a Geórgia reflete as raízes da região como as 13 colônias britânicas originais. As grandes expansões do oeste e o noroeste são refletidas nas personalidades de espírito de liberdade dessas regiões, e o extremo sul de Louisiana até a Flórida deve algo de seu caráter à agricultura, bem como à rebelião dos confederados durante a Guerra Civil. Por fim, o centro-oeste é conhecido por suas fazendas e sua agricultura.

Tais afirmações representam generalizações bastante amplas, e, ainda que cada região tenha também diversas influências e variações únicas que são numerosas demais para serem mencionadas, as diferenças regionais podem afetar os padrões de consumo. Os padrões de imigração, tais como um grande número de consumidores nascidos no México mudando-se para a Califórnia e para o Texas, também podem agregar influências étnicas a determinadas regiões.[93] Em virtude de uma forte influência mexicana, por exemplo, os consumidores do sudoeste preferem alimentos e pratos apimentados, tais como tortillas e salsa (veja Exemplo 12.4). Curiosamente, alguns pratos mexicanos-texanos, incluindo nachos e chili dogs, foram desenvolvidos primeiramente nos Estados Unidos e, então, tornaram-se populares no México.[94]

Em razão da existência de uma variação considerável de valores e de estilos de vida entre os consumidores de uma região, os pesquisadores procuraram formas de descrever os consumidores com base em características mais específicas, uma técnica chamada agrupamento.

O **agrupamento** fundamenta-se no princípio do "dize-me com quem andas e te direi quem és".[95] Tal ideia sugere que os consumidores de um mesmo bairro tendem a comprar o mesmo tipo de carro, de casa, de aparelhos eletrônicos e de outros produtos e serviços.[96] Sistemas como o Mosaic (da Experian) e PRIZM NE (da Claritas) reúnem áreas e bairros em agrupamentos mais precisos com base nas similaridades dos consumidores a respeito de características demográficas e de consumo. Esses sistemas podem definir um agrupamento de acordo com a similaridade de renda, educação, idade, tipo de família, nível de urbanização, opiniões e preferências de produtos e serviços, incluindo o tipo de carro possuído e o formato de rádio preferido.

Agrupamento Agrupamento de consumidores de acordo com características comuns, utilizando-se técnicas estatísticas.

O PRIZM NE, por exemplo, identificou 66 segmentos de consumidores norte-americanos. A seguir, apresentamos uma amostra:[97]

➢ *Crosta superior*. Este segmento é formado por casais ricos de 45 anos de idade ou mais, que vivem em áreas suburbanas e possuem no mínimo educação superior.

➢ *Conquistadores urbanos*. Consumidores de renda média menor, citadinos e solteiros que possuem menos de 35 anos e possuem educação superior ou formação no ensino médio.

➢ *País criança, Estados Unidos*. Este segmento é formado por famílias de renda média mais baixa que moram em cidades, encabeçadas por adultos com menos de 45 anos que possuem ensino médio.

➢ *Blues de mobilidade*. Estes consumidores de baixa classe social vivem em cidades menores, têm menos de 35 anos e possuem formação no ensino médio.

Exemplo 12.4
Influências regionais
Às vezes, fortes influências regionais podem se difundir em outras áreas. Por exemplo, tortillas e salsa são aperitivos populares em restaurantes mexicanos no sudoeste dos Estados Unidos. Por sua vez, tais restaurantes são populares em todo o território dos Estados Unidos e em outras partes do mundo.

IMPLICAÇÕES DE MARKETING

Os profissionais de marketing podem desenvolver uma oferta ou comunicação para atrair consumidores de diferentes regiões dos Estados Unidos. O McDonald's vende salsichão em Minnesota, burritos na Califórnia e sanduíches de lagosta em Maine.[98] Vários profissionais de marketing do Texas infundem seus anúncios com um sabor "country", ao passo que os anúncios direcionados à costa leste podem assumir um tema mais urbano. Além disso, alguns produtos são identificados com certas regiões: o suco de laranja e a macadâmia havaiana na Flórida, as lagostas em Maine e a carne bovina no Texas são alguns exemplos. As empresas menores que servem os gostos locais podem desenvolver uma fidelidade seguindo certas regiões. Embora a Frito-Lay venda mais batatas chips em toda a América do que todos os seus pequenos concorrentes juntos, as batatas chips Utz são populares na Pensilvânia, e as batatas chips Jays, em Chicago.[99]

Os profissionais de marketing podem utilizar os sistemas de agrupamento para ajudar a encontrar novos clientes e saber mais sobre os gostos deles, desenvolver novos produtos, comprar propagandas, localizar sites de lojas e focar em consumidores por meio da mídia.[100] A rede de jornal Gannett aumentou com sucesso os níveis de resposta utilizando o PRIZM para focar em promoções de assinatura por e-mail direto.[101] Os varejistas podem utilizar o agrupamento para identificar bairros de consumidores que apresentam maior probabilidade de comprar certas mercadorias. A Petco, a qual vende produtos para animais de estimação, utiliza o agrupamento para localizar os bairros em que a propriedade dos domicílios é alta porque "geralmente os inquilinos não possuem animais de estimação", diz um gerente.[102] Os sistemas de agrupamento também estão disponíveis para outros países. O sistema Global Mosaic da Experian agrupa consumidores em algumas categorias de estilos de vida em comum e, dessa forma, os anunciantes mundiais podem focar nos consumidores com características semelhantes em diferentes partes do mundo.[103]

Regiões do planeta

Certamente, a área do mundo em que o consumidor nasceu pode influenciar padrões de consumo; conforme foi visto, as variações interculturais existem em todos os aspectos do comportamento do consumidor. Por exemplo, a Coca-Cola é mais consumida na América do Norte, seguida pelas comunidades latino-americana e europeia. O mais baixo consumo se dá na Ásia, no Oriente Médio e na África. Alguns países são fortemente associados a certos produtos (tais como a cerveja na Alemanha e o sushi no Japão), ao passo que o consumo de tipos específicos de produtos é proibido em outras regiões. Consumir bebidas alcoólicas e fumar não é permitido nos países islâmicos, e as restrições religiosas proíbem o consumo de carne suína em Israel e de carne bovina na Índia.

As influências culturais também afetam comportamentos como a paciência. Os consumidores de culturas ocidentais tendem a ser menos pacientes e a valorizar mais o consumo imediato do que os consumidores das culturas orientais, por exemplo.[104] Em um sentido mais amplo, os modos como as culturas diferenciam-se podem afetar a maneira como os consumidores pensam e se comportam, e tais diferenças podem ser percebidas em três dimensões principais:

➢ *Individualismo* versus *coletivismo*. Os consumidores de culturas altamente individualistas (diversas culturas ocidentais) atribuem mais ênfase em si mesmo como indivíduos do que como parte de um grupo, ao passo que os consumidores de culturas de alto coletivismo (várias culturas orientais) enfatizam as conexões com as demais pessoas em vez de sua própria individualidade.[105] Os profissionais de marketing podem aplicar tal distinção à forma com que representam os consumidores em anúncios para cada cultura – como vigorosamente individuais ou como parte de um grupo, por exemplo.

➢ *Orientação horizontal* versus *orientação vertical*. Os consumidores de culturas com uma orientação horizontal valorizam a igualdade, ao passo que os consumidores de culturas com uma orientação vertical dão mais ênfase à hierarquia.[106] Tal distinção é especialmente importante para os anunciantes de produtos que são símbolos de status e atrairão os consumidores influenciados pela orientação vertical.

➢ *Masculinidade* versus *feminilidade*. Os consumidores de culturas masculinas (tais como a dos Estados Unidos) tendem a ser mais agressivos e focados no avanço individual; em contrapartida, os consumidores de culturas femininas (tais como a da Dinamarca) tendem a ser mais preocupados com os relacionamentos sociais.[107] Dessa forma, é mais provável que a publicidade com temas agressivos ganhe a simpatia das pessoas em culturas masculinas do que em culturas femininas.

No entanto, o conjunto dos consumidores de uma cultura em especial pode não ser afetado pelas influências culturais da mesma forma, uma vez que a extensão da influência depende de como cada consumidor processa informações e do conhecimento pessoal com que conta ao fazer um julgamento.[108]

IMPLICAÇÕES DE MARKETING

Os profissionais de marketing necessitam compreender as diferenças globais do comportamento do consumidor, pois assim podem alterar a estratégia de marketing, quando necessário, para atingir países e regiões específicas. Por exemplo, as garantias de devolução de dinheiro proporcionam confiança aos consumidores dos Estados Unidos, mas os latino-americanos não acreditam nisso, pois nunca esperam obter seu dinheiro de volta. Além disso, as estratégias de utilizar endossadores famosos ou de ser o produto oficial de um evento esportivo são muito mais eficazes na Venezuela e no México do que nos Estados Unidos.

Muitas empresas ajustam suas ações de marketing de forma a acomodar as diferenças mundiais dos consumidores.[109] Para atrair os consumidores no Japão, onde as lojas geralmente são pequenas, a Office Depot teve de reduzir suas lojas grandes estilo armazém e diminuir o número de artigos de escritório nas prateleiras.[110] E a Procter & Gamble desenvolveu diferentes versões de um anúncio de TV para as fraldas descartáveis Pampers de modo a contemplar as variações de gírias e de sotaque em diversas regiões do mundo que falam a língua alemã. Não levar em conta importantes diferenças interculturais pode constranger uma empresa e fazer que seus produtos fracassem. Na Alemanha, a Vicks teve de mudar o nome de sua marca para Wicks, pois o termo anterior era uma gíria para relações sexuais em alemão. Por fim, os profissionais de marketing devem se lembrar de que, assim como nos Estados Unidos, os consumidores de diferentes partes de um país podem apresentar diferentes tipos de comportamento de compra. Os consumidores de Pequim e Xangai preferem alimentos diferentes, por exemplo – as diferenças são comuns em várias das 2 mil cidades chinesas.[111]

Como as influências étnicas afetam o comportamento do consumidor

As influências étnicas são outro fator importante que afeta o comportamento do consumidor. É importante enfatizar que as generalizações sobre grupos étnicos discutidas neste capítulo são apenas amplas tendências de grupo e podem ou não ser aplicadas aos consumidores individuais. O marketing voltado a qualquer grupo exige pesquisa cuidadosa para que se possa ir além dos estereótipos e para que seja possível identificar características específicas e padrões comportamentais que podem ser direcionados utilizando-se estratégias e táticas apropriadas.

Pessoas de várias culturas diferentes migraram para os Estados Unidos ao longo dos anos. Essa longa história de imigração criou não somente uma cultura nacional única, mas também várias subculturas ou **grupos étnicos** dentro de uma sociedade maior. Os membros desses grupos étnicos compartilham uma herança, um conjunto de crenças, uma religião e experiências que os distinguem das outras pessoas da sociedade. Os maiores grupos incluem as subculturas hispânica, afro-americana, asiática, italiana, irlandesa, judaica, escandinava e polonesa.

Grupos étnicos Subculturas com herança e valores semelhantes.

Esses grupos são unidos por elos culturais que podem, por sua vez, influenciar fortemente o comportamento de consumo. Além do mais, por meio do processo de **aculturação**, membros de uma subcultura devem aprender a adaptar-se à cultura anfitriã. No processo de aculturação, os consumidores adquirem conhecimentos, habilidades e comportamentos por meio da interação social, da modelagem do comportamento dos outros e do reforço ou recepção de recompensas por certos comportamentos.[112] A aculturação é fortemente influenciada por família, amigos e instituições, como a mídia, o local de trabalho e a escola, e une-se a costumes tradicionais para formar uma cultura de consumidor única. Enquanto isso, os membros de uma cultura maior que gostam de aprender a respeito de novas culturas e pensam que a diversidade cultural é importante adotarão, por vezes, produtos orientados à etnicidade de subgrupos.[113] O racismo pode gerar o efeito contrário, incitando os consumidores racistas a evitarem produtos associados com determinados grupos étnicos.[114]

Aculturação O processo de aprender a se adaptar a uma nova cultura.

Grupos étnicos dentro dos Estados Unidos

A maioria dos consumidores norte-americanos (comumente chamados anglo-saxões) pode buscar sua ancestralidade com um ou mais países europeus. Entretanto, a imigração e as tendências populacionais estão conduzindo a uma diversidade maior dentro dos Estados Unidos. Em 2010, os três maiores grupos étnicos da população dos Estados Unidos eram os hispano-americanos (15,5% da população), afro-americanos (13,1%) e asiático-americanos (4,6%).[115] Em 2030, aproximadamente metade da população jovem dos Estados Unidos não será anglo-saxônica – será principalmente hispânica (veja o Exemplo 12.5).[116]

Certamente, as tendências da população norte-americana possuem grandes implicações para os profissionais de marketing. O conjunto das três principais subculturas norte-americanas controlará em breve US$ 4 trilhões em po-

Exemplo 12.5
Composição étnica dos consumidores com menos de 18 anos nos Estados Unidos

Nos próximos anos, a população jovem não anglo-saxônica continuará a crescer muito mais rápido do que a população jovem anglo-saxônica nos Estados Unidos. Em 2030, os jovens não anglo-saxônicos com menos de 18 anos compreenderão aproximadamente metade da população norte-americana jovem total.

Nós somos o mundo
As crianças e adolescentes de diferentes etnias estão alimentando o crescimento do mercado jovem

(MENORES DE 18 ANOS)	2001	2010	2020	2030	MUDANÇA % (2001–2030)
Juventude total	71,0 mil	72,5 mil	77,6 mil	83,4 mil	+18%
Hispânicos	11,3 (16%)	13,7 (16%)	17,2 (22%)	21,0 (25%)	+85%
Brancos não hispânicos	45,2 (64%)	42,7 (59%)	42,4 (55%)	42,3 (51%)	−6%
Negros não hispânicos	10,7 (15%)	11,3 (16%)	12,2 (16%)	13,2 (16%)	+24%
Asiáticos / vindos das ilhas do Pacífico	3,2 (5%)	4,0 (6%)	5,0 (7%)	6,1 (7%)	+94%
Outros não hispânicos	0,7 (1%)	0,7 (1%)	0,8 (1%)	0,9 (1%)	+27%

(em milhões, porcentagem do total de jovens)
As porcentagens podem não ser iguais a 100 em função de arredondamentos
Fonte: U,S, Census Bureau; cálculos realizados pela American Demographics

der de compra, visto que tais grupos continuam a crescer muito mais rápido do que a população geral dos Estados Unidos.[117] Não é de se admirar que diversas empresas estejam focando em certos grupos étnicos com abordagens de marketing apropriadas. Todavia, os profissionais de marketing não devem focar em apenas um grupo: podem ter como alvo diversas culturas ao mesmo tempo.

Marketing multicultural
Estratégias utilizadas para atrair diversas culturas ao mesmo tempo.

O **marketing multicultural**, o uso de estratégias que atraem simultaneamente várias culturas, é bastante popular. A SoftSheen-Carson, a qual originalmente é especializada em produtos de cuidados para os cabelos para consumidores afro-americanos, ampliou seu foco por meio do marketing multicultural. "Como somos uma cultura vinda de várias cores", diz o presidente da empresa, "a publicidade deve representar todas as cores das quais somos oriundos",[118] abordagem esta que exige tanto compromisso a longo prazo como a consideração dos grupos étnicos desde o princípio, não como um pensamento posterior.[119]

Consumidores hispano-americanos

Os hispano-americanos representam um dos grupos étnicos mais numerosos, mais diversos e que cresce mais rapidamente nos Estados Unidos hoje, com uma força de mais de 42 milhões com uma idade média de 27 anos, logo abaixo da faixa etária média geral norte-americana de 36,4.[120] Tal subcultura pode ser dividida em quatro grupos principais: norte-americanos mexicanos (58,5%), vivendo principalmente no sudoeste e na Califórnia; porto-riquenhos (9,6%), concentrados em Nova York; oriundos das américas Central e do Sul (8,6%); e norte-americanos cubanos (3,5%), localizados principalmente no sul da Flórida.[121]

Os hispânicos também podem ser divididos em diversos grupos com base em seu nível de aculturação para a cultura anfitriã: (1) os *aculturados*, os quais falam mais em inglês e possuem um alto nível de assimilação; (2) os *biculturais*, que podem se expressar em inglês ou espanhol; e (3) os *tradicionais*, os quais falam na maior parte das vezes o espanhol.[122] A taxa de aculturação pode ser lenta, geralmente sendo necessárias quatro gerações, pois 80% de todos os hispânicos casam com outros hispânicos. No entanto, alguns hispano-americanos resistem à assimilação e desejam manter sua identidade étnica.[123]

Intensidade da identificação étnica
Quão fortemente as pessoas se identificam com seu grupo étnico.

O nível de aculturação dos consumidores afeta os padrões de consumo, assim como faz a **intensidade da identificação étnica**.[124] Os consumidores que se identificam fortemente com seus grupos étnicos e são menos aculturados e inseridos na cultura principal são mais propensos a demonstrar padrões de consumo do grupo étnico. A forte identificação hispânica leva um nível mais alto de decisões dominadas pelos maridos (o que será discutido em mais detalhes no Capítulo 13).[125] Além disso, as pessoas que se identificam fortemente são mais propensas a ser influenciadas por anúncios de rádio, outdoors, familiares e colegas de trabalho, e menos propensas a utilizar cupons do que aquelas que se identificam pouco.[126]

IMPLICAÇÕES DE MARKETING

Os hispano-americanos possuem um poder de compra combinado de US$ 800 bilhões.[127] Os profissionais de marketing estão utilizando várias ações para atender tal segmento, conforme demonstram os exemplos a seguir.

Desenvolvimento do produto

Os profissionais de marketing estão criando a fidelidade do cliente ao desenvolver ofertas especificamente para hispano-americanos. A Frito-Lay criou Doritos mais picantes para o segmento hispano-americano e, dentro de um ano, os produtos estavam atingindo mais de US$ 100 milhões em vendas anuais.[128] Os Laboratórios Newhall estabelecidos na Califórnia são especializados em produtos de cuidados para cabelos com aromas de frutas desenvolvidos especialmente para os consumidores hispano-americanos.[129]

Atingindo por meio da mídia

Pelo fato de os hispano-americanos tenderem a se concentrar em determinadas áreas e compartilhar uma mesma língua, vários deles podem ser atingidos na mídia em língua espanhola, incluindo TV, rádio, publicações, outdoors e websites. Dessa forma, quando a Miller Brewing quis aumentar as vendas de sua cerveja aos hispano-americanos fez um acordo com a rede de língua espanhola Univision para patrocinar as partidas de futebol da Copa do Mundo e os programas de boxe.[130] A ESPN Deportes transmite uma programação esportiva para atrair subsegmentos específicos do mercado hispano-americano, tais como partidas de futebol mexicanas e jogos de basquete dominicanos.[131]

Mensagens de publicidade

Há outras empresas criando anúncios que têm como alvo os hispano-americanos, incluindo Procter & Gamble, AT&T e Toyota.[132] A publicidade é particularmente importante neste segmento porque vários hispânicos preferem marcas de prestígio ou que são anunciadas nacionalmente. Quando a Hanes iniciou uma campanha publicitária visando atingir os consumidores hispânicos em Chicago e San Antonio, suas vendas de meias-calças cresceram 8%.[133]

Os hispano-americanos tendem a reagir positivamente a anúncios que utilizam representantes étnicos, os quais são vistos como mais dignos de confiança, levando os consumidores a ter opiniões mais positivas com relação à marca anunciada.[134] Tal estratégia é mais eficaz em ambientes em que a etnicidade é mais saliente (isto é, o grupo está na minoria).[135] Os anúncios que chamam a atenção para a etnicidade podem aumentar a "autoconsciência étnica" e gerar respostas mais favoráveis por parte do grupo em foco.[136] Os profissionais de marketing que desenvolvem anúncios especialmente para os hispano-americanos ou outros grupos devem perceber que, embora os membros da cultura geral também possam ser expostos aos anúncios, não é provável que reajam da mesma forma que o grupo focado, porque estão menos familiarizados com os sinais dos anúncios.[137] Além disso, alguns anunciantes tentam tornar a representação étnica nos anúncios proporcional ao tamanho do grupo em comparação à população geral.[138]

A **teoria da acomodação** também pode ser aplicada quando os profissionais de marketing desenvolvem anúncios para os hispânicos. Essa teoria prevê que, quanto maior for o esforço concentrado por uma fonte na comunicação com um grupo – por exemplo, utilizando atores apropriados e a língua nativa – maior será a resposta dos membros desse grupo e mais positivos serão seus sentimentos. Portanto, a publicidade em espanhol aumenta as percepções da sensibilidade e da solidariedade da empresa no que diz respeito à comunidade hispânica, criando sentimentos positivos dos consumidores com relação à marca e à empresa.[139] Entretanto, utilizar apenas mensagens em espanhol pode levar a percepções negativas do anúncio. Diversos anúncios dirigidos aos hispano-americanos são apresentados em inglês, pois esses consumidores muitas vezes são bilíngues ou bastante aculturados. Uma estratégia ainda mais eficaz pode envolver o uso tanto do inglês como do espanhol, método empregado pela Anheuser-Busch ao planejar seus comerciais de TV para hispano-americanos.[140] Quando um anúncio que visa atingir os hispano-americanos mistura inglês e espanhol, há maior probabilidade de que este seja mais persuasivo se o texto é apresentado principalmente em espanhol com uma palavra em

Teoria da acomodação Quanto maior o esforço investido na comunicação com um grupo étnico, mais positiva é a reação.

inglês, em vez de uma prevalência do inglês com uma palavra em espanhol. Observe que os consumidores podem gostar menos de uma mensagem de troca de código caso as palavras sejam misturadas incorretamente.[141]

Distribuição

Alguns profissionais de marketing estão realizando a distribuição sob medida para os consumidores hispano-americanos. As lojas de departamento La Curacao, em Los Angeles, e os supermercados Carnival, no Texas, são dois dos diversos varejistas que visam atingir os compradores hispano-americanos.[142] Aproveitando o foco que essa subcultura tem na família, a rede de varejo Target posiciona as roupas de crianças próximas da entrada de suas lojas nas áreas com uma alta população hispano-americana.[143]

Consumidores afro-americanos

Mais de 39 milhões de afro-americanos vivem nos Estados Unidos, com uma faixa etária média de 30 anos (em comparação à idade média geral dos norte-americanos de 36,4 anos).[144] Os afro-americanos representam um grupo amplo e diverso, consistindo de vários subsegmentos ao longo de diferentes níveis de renda e educação, profissões e regiões. Entre as famílias afro-americanas, aproximadamente 30% possuem uma renda de US$ 50.000 ou mais, 46% são proprietários de casas e há mais famílias formadas por apenas um dos pais e lideradas por mulheres do que o encontrado na população geral. A região sul dos Estados Unidos é o lar de mais da metade dos todos os consumidores afro-americanos, com uma alta proporção vivendo majoritariamente nas áreas urbanas. Aproximadamente 15% dos afro-americanos possuem formação superior, em comparação com 24% da população geral norte-americana.[145]

Assim como acontece com qualquer subcultura, os consumidores afro-americanos possuem semelhanças com a população geral e também diferenças em determinados sentidos. Por exemplo, há maior probabilidade de que os afro-americanos acreditem que as pessoas devam sentir-se livres para viver, se vestir e ter a aparência que quiserem.[146] Eles também não necessariamente aspiram a assimilar cultura principal.[147] No entanto, à medida que cresce a renda, desenvolve-se também um desejo de preservar a identidade cultural. Um elemento definidor nos padrões de consumo dos afro-americanos é a importância do estilo, da autoimagem e da elegância, e os padrões de consumo também são relacionados a um forte desejo de ser reconhecido e de demonstrar status. De acordo com pesquisas, os afro-americanos frequentemente compram roupas de marcas de primeira para garotos a fim de se autoafirmarem.[148]

(IMPLICAÇÕES DE MARKETING)

Os consumidores afro-americanos possuem um poder de compra total que excede US$ 800 bilhões,[149] respondem positivamente a ofertas e comunicações voltadas para si e são menos propensos a confiar ou a comprar marcas que não são anunciadas.[150]

Desenvolvimento do produto

Vários profissionais de marketing focam principalmente nos produtos para necessidades únicas do mercado afro-americano. A SoftSheen-Carson e a African Pride, por exemplo, criaram marcas de cuidados para cabelos para esse mercado.[151] Os comerciantes que fabricam produtos para a população mais ampla dos Estados Unidos estão criando agora filiais para desenvolver também produtos especificamente para consumidores negros, conforme evidenciado pelos fabricantes de roupas que estão criando estilos mais atraentes para o físico das mulheres afro-americanas.

Atingindo por meio da mídia

Os afro-americanos assistem mais à TV e possuem opiniões mais positivas com relação aos anúncios do que os consumidores anglo-saxônicos.[152] Pesquisas mostram que as pessoas que se identificam fortemente com sua etnia entre os afro-americanos reagem mais positivamente do que aquelas que possuem fracas identificações aos anúncios realizados em mídias voltados especificamente para eles.[153] De fato, 82,3% dos consumidores afro-americanos buscam informações em revistas especificamente voltadas para eles.[154] Por esse motivo, o SUV Lincoln Navigator é anunciado aos consumidores afro-americanos por meio de anúncios na *Black Enterprise*, na *Ebony* e em outras revistas altamente lidas nesse segmento.[155] As redes de TV, como Black Entertainment Television, e os websites direcionados, tais como BET.com também atingem esse segmento.[156]

Mensagens de publicidade

Alguns dos maiores anunciantes norte-americanos, incluindo General Motors, Procter & Gamble e Johnson & Johnson, estão investindo em campanhas publicitárias especialmente para esse segmento.[157] Conforme observado anteriormente, as subculturas como os afro-americanos se identificarão mais fortemente e terão avaliações mais positivas quando a fonte de publicidade é do mesmo grupo étnico do alvo.[158] Dessa maneira, os profissionais de marketing devem levar em conta os valores e expectativas únicos dos afro-americanos ao planejar comunicações, principalmente porque os consumidores desse segmento prestam atenção às formas como são representados nos anúncios.[159]

Os profissionais de marketing também devem estar cientes do efeito que os modelos e atores afro-americanos dos anúncios possuem sobre os consumidores externos ao segmento visado. De acordo com o diretor de marketing étnico da cerveja Coors, a propaganda focada da empresa aumentou as vendas gerais do produto, e não apenas as vendas para os consumidores afro-americanos, "pois os consumidores afro-americanos dos mercados urbanos exercem muita influência sobre o que é 'legal' no mercado geral".[160] Em contrapartida, um estudo descobriu que alguns consumidores anglo-saxônicos tiveram opiniões menos favoráveis e eram menos propensos a comprar o produto quando os anúncios apresentavam atores afro-americanos em vez de anglo-saxônicos.[161] Esse problema é mais evidente quando os consumidores anglo-saxônicos têm preconceito em relação a pessoas de outras etnias, todavia, pesquisas sugerem que os consumidores anglo-saxônicos mais jovens aceitam mais os atores não anglo-saxônicos, um fator que pode reduzir o problema ao longo do tempo.[162]

Distribuição

Os profissionais de marketing também podem configurar as estratégias de distribuição para atrair os consumidores afro-americanos. Em áreas em que eles representam mais de 20% da população, a J. C. Penney desenvolveu "autênticas butiques africanas", que oferecem roupas, bolsas, chapéus e outros acessórios importados da África.

Consumidores asiático-americanos

Os 12 milhões de asiático-americanos dos Estados Unidos são a terceira subcultura no país e a que cresce mais rápido, com uma idade média de 33,2 anos.[163] As maiores concentrações estão no estado da Califórnia, na cidade de Nova York e em seus subúrbios, e no Havaí, onde mais de 65% da população é descendente de asiáticos. O crescimento também tem sido alto em outras áreas urbanas, incluindo Chicago e Washington.[164] A comunidade asiático-americana é formada por pessoas de mais de 29 países do subcontinente indiano até o oceano Pacífico, cada qual com seus próprios valores e costumes. Os seis maiores grupos incluem imigrantes da China, das Filipinas, da Índia, da Coreia, do Vietnã e do Japão.[165] À luz dessa tremenda diversidade, os profissionais de marketing devem pesquisar o subsegmento específico em que desejam focar.

Um denominador comum da maior parte das culturas asiáticas é a forte ênfase na família, na tradição e na cooperação.[166] Tais consumidores fazem compras frequentemente e gostam de fazê-lo na companhia de amigos. Eles desejam marcas e estão dispostos a pagar pela qualidade mais alta, embora reajam positivamente a pechinchas. Além disso, os asiático-americanos frequentemente recomendam ofertas a amigos e parentes.[167] Por exemplo, os Consolidated Restaurants em Seattle lançaram uma campanha de duas semanas no Japão nas principais estações de rádio. "Sabemos que uma população significativa de japoneses é bilíngue e que eles falarão uns com os outros", disse o profissional de marketing idealizador da campanha.[168] Os asiático-americanos são mais de duas vezes mais propensos do que o consumidor médio a pesquisar preços e produtos na Internet antes de comprar,[169] e também costumam economizar dinheiro e detêm uma porcentagem mais alta de cargos profissionais e de gerência do que a população em geral.[170] Mais da metade deles vive em subúrbios integrados em vez de viver em áreas étnicas, tais como, Chinatown, e a maioria tende a ser altamente assimilada na segunda ou terceira geração.

IMPLICAÇÕES DE MARKETING

Como os asiático-americanos são um grupo que vem crescendo rapidamente com poder de compra que atinge os US$ 450 bilhões anuais, essa subcultura é atrativa para muitos profissionais de marketing.[171] Outra razão para a atração é que a renda média dos asiático-americanos é de aproximadamente US$ 55 mil, um número bem acima da renda média norte-americana de US$ 43 mil. Além do mais, 22% das famílias asiático-americanas possuem uma renda anual de US$ 100 mil ou mais, em comparação com 14% dos ganhos das famílias norte-americanas em geral nesse nível de renda.[172]

Desenvolvimento de produtos e serviços

Os profissionais de marketing estão desenvolvendo cada vez mais ofertas para os asiático-americanos.[173] Para acomodar 48 ônibus cheios de asiático-americanos que vão para a Mohegan Sun, em Connecticut, todos os dias a partir de Boston e Nova York, o casino criou uma seção especial com 46 mesas de jogos asiáticos como Sic Bo, além de quiosques de comida ao estilo dos vendedores de rua de Hong Kong.[174] Ainda assim, é preciso cautela para que se evite medidas equivocadas: uma empresa erroneamente ofereceu bolas de golfe em embalagens de quatro em vez das usuais embalagens com três unidades, sem saber que a palavra quatro traz má sorte, pois seu som é semelhante ao da palavra morte em japonês e em chinês.

Atingindo por meio da mídia

Para atingir esse grupo diverso, os profissionais de marketing muitas vezes utilizam jornais, revistas, TV a cabo e aberta, rádio e a Internet da língua nativa. A Ford empregou tal estratégia, publicando anúncios de jornal em mandarim, coreano e cantonês, e veiculando comerciais de TV em cantonês, mandarim e vietnamita.[175] A Charles Schwab possui uma versão em chinês de seu site de corretagens, e o HSBC, um banco mundial, patrocinou o site de futebol da Copa do Mundo em chinês.[176]

Mensagens de publicidade

As mensagens transmitidas aos asiático-americanos em sua língua nativa muitas vezes são mais eficazes do que aquelas realizadas em inglês. Apesar da diversidade de idiomas dentro dessa subcultura, os profissionais de marketing podem achar que o esforço vale a pena quando vários consumidores de um único subgrupo estão concentrados em uma área. As concessionárias Toyota em Seattle, por exemplo, veiculam comerciais no International Channel em mandarim, cantonês, tagalog, vietnamita e coreano.[177] Aproveitando a popularidade de Yao Ming e outras estrelas do basquetebol recrutadas da China, a National Basketball Association promoveu o esporte com anúncios em chinês em jornais de seis cidades norte-americanas.[178] Os asiático-americanos tendem a responder a mensagens sutis que focam na tradição, na família e na cooperação, bem como a anúncios com modelos asiáticos.[179]

Promoções e distribuição

Relacionar as promoções e sinalização ao idioma, aos interesses ou aos estilos de vida de um grupo asiático-americano específico pode gerar bastante sucesso. O shopping center Pacific Place, em Seattle, atrai compradores nipo-americanos imprimindo cupons e ofertas especiais em inglês em um lado e em japonês no outro. Após os Boston Red Sox terem contratado o astro japonês de beisebol Daisuke Matsuzaka, alguns restaurantes e empresas criaram cartazes em japonês para atrair os fãs nipo-americanos que passavam pelo Fenway Park.[180]

Grupos étnicos pelo mundo

As subculturas étnicas existem em vários países. Embora esteja além do escopo deste livro discutir cada um dos numerosos grupos étnicos em todo o mundo, alguns exemplos ilustram sua importância e os desafios e oportunidades de atingir grupos específicos dentro de um país em especial.

No Canadá, a subcultura falante de francês possui motivações e hábitos de compra únicos.[181] Em comparação com o restante da população canadense, os franco-canadenses utilizam mais alimentos básicos para a culinária "a partir do zero"; bebem mais refrigerantes, cerveja, vinho e bebidas instantâneas; e consomem menos vegetais congelados, bebidas dietéticas e bebidas destiladas. O patriotismo e o orgulho étnico são extremamente fortes, e esses temas têm sido incorporados com sucesso no marketing dessa subcultura pelo McDonald's e pelo KFC, entre outros.[182]

A antiga União Soviética era um país diverso, com mais de cem grupos étnicos diferentes que falavam mais de 50 idiomas diferentes. A divisão dessa grande nação rendeu vários países com fortes núcleos étnicos, incluindo Rússia, os países bálticos (Lituânia, Estônia e Letônia), Bielorrússia e Ucrânia.

Na Tailândia, mais de 80% da população é de origem tailandesa, mas diversas subculturas étnicas consideráveis ainda surgem. A maior, correspondente a 10% da população, possui raízes chinesas (Exemplo 12.6) e esse segmento tem influenciado a cultura tailandesa em um nível significativo.[183] Os consumidores chineses na Tailândia exercem uma força econômica poderosa, pois são proprietários de diversas empresas, e sua influência também é sentida na arte, na religião e na culinária. Outros grupos étnicos menores da Tailândia incluem pessoas de origem laosiana, indiana e birmanesa.

A Índia possui uma população étnica diversa, com mais de 80 idiomas e 120 dialetos sendo falados no país. Alguns habitantes precisam viajar apenas 50 quilômetros a partir de casa para encontrar um destino em que não são capazes de falar o idioma oficial. O KFC e a Pizza Hut, ambos de propriedade da Yum Brands, tiveram bons resultados na Índia

Exemplo 12.6
Subculturas étnicas ao redor do mundo
As subculturas étnicas existem em vários países, incluindo a Tailândia, onde 10% da população possuem raízes chinesas.

personalizando seus menus de estilo norte-americano aos gostos de consumidores de cidades específicas, utilizando ingredientes e sabores locais que atraem cada subsegmento.[184]

A influência da religião

Um tipo final de subcultura é fundamentado nas crenças religiosas. A religião proporciona às pessoas um conjunto de crenças e valores estruturado que funciona como um código de conduta ou guia de comportamento e que também fornece elos que unem as pessoas e diferenciam um grupo de outro. De acordo com pesquisas, a maior parte dos norte-americanos é protestante ou católica. Em comparação, apenas um pequeno número de norte-americanos identifica-se como judeu, mórmon, muçulmano ou seguidor de outra religião.[185]

Embora as diferenças individuais sejam certamente importantes, algumas influências ou tradições religiosas podem afetar o comportamento do consumidor. Os cristãos renascidos, por exemplo, são menos propensos a comprar a crédito, a comprar marcas nacionais ou a assistir a shows ou filmes de rock.[186] A religião também pode evitar o consumo de determinados produtos ou serviços. Os mórmons são proibidos de consumir álcool, tabaco e cafeína, incluindo refrigerante de cola; os judeus ortodoxos não comem carne de porco ou moluscos, e todas as carnes e aves a serem consumidas devem ser certificadas como apropriadas; os muçulmanos não podem comer carne suína ou beber bebidas alcoólicas; e os consumidores católicos podem optar por abster-se de comer carne às sextas-feiras durante a Quaresma.

As subculturas religiosas estão claramente presentes em diversas partes do mundo. Na Índia, por exemplo, a maior parte da população é hindu, mas grupos grandes – como os muçulmanos, os cristãos e os siques – apresentam padrões diferentes de consumo. Em virtude de os hindus serem predominantemente vegetarianos, os fabricantes indianos de alimentos e cosméticos precisam utilizar óleos e gorduras vegetais em vez de animais em seus produtos. A religião siquista proíbe o consumo de carne bovina e de tabaco, e as vendas de tais produtos são baixas em áreas onde vivem muitos siques. Por fim, a cor verde possui um significado para os muçulmanos, um fator que tem levado a um uso frequente dessa cor em embalagens de produtos destinados a tal grupo.

IMPLICAÇÕES DE MARKETING

Os profissionais de marketing podem segmentar o mercado focando na afiliação religiosa, apresentando mensagens e promoções focadas ou utilizando determinadas mídias para apresentá-las. Eles podem atingir os consumidores cristãos por meio de estações de rádio, de redes de TV a cabo e de programas televisivos, os quais atingem milhões de consumidores norte-americanos. Muitos profissionais de marketing atingem consumidores cristãos por meio das estações de rádio de música cristã da Salem Communications, de publicações e de websites.[187] Além disso, os profissionais de marketing podem fazer propaganda em uma das várias publicações voltadas a afiliações religiosas específicas.

As táticas de marketing devem demonstrar compreensão e respeito pelas crenças e pelos costumes do grupo que se objetiva atingir, uma estratégia que também gerará um boca a boca positivo. O Walmart encontrou-se com líderes islâmicos locais por dois anos antes de abrir um Supercenter próximo a Detroit com alimentos e outros produtos apropriados para vários dos consumidores muçulmanos da região. A maioria dos funcionários da nova loja fala no mínimo dois idiomas de modo que podem auxiliar os compradores com os mais diversos perfis. O Walmart pediu até mesmo que a Hallmark criasse cartões de boas-vindas especificamente para os consumidores muçulmanos.[188]

Os profissionais de marketing também podem distribuir produtos religiosos por meio de lojas especializadas, como a King's House em Scottsdale, no Arizona. Há mais instituições religiosas abrindo lojas de presentes, lanchonetes e até mesmo academias, proporcionando oportunidades de distribuição de mercadorias e serviços adequados.[189] Alguns profissionais de marketing utilizam temas religiosos em seus esforços de marketing, tais como a venda de produtos ou pacotes especiais durante os feriados religiosos. Entretanto, alguns profissionais de marketing evitam produtos ou mensagens com significado religioso evidente. A rede de varejo teen Hot Topic não vende roupas contendo símbolos religiosos. "Se alguém que não está familiarizado com nossa loja passa por nossa vitrine e se ofende com o que vê, não vamos conquistá-lo", explica o gerente geral de mercadorias.[190]

Resumo

Há seis aspectos majoritários da diversidade do consumidor que possuem efeitos importantes no comportamento do consumidor: idade, gênero, orientação sexual, diferenças regionais, diferenças étnicas e diferenças religiosas. A idade é um fator essencial, pois as pessoas da mesma idade possuem experiências de vida, necessidades, símbolos e lembranças semelhantes que podem conduzir a padrões de consumo similares. Os consumidores adolescentes, assim como os pertencentes à geração Y por volta dos vinte anos, possuem um poder de compra significativo e influenciam as compras da família. Os consumidores da geração X nasceram entre 1965 e 1976. Os *baby boomers*, nascidos de 1946 a 1964, são a maior categoria etária nos Estados Unidos. A terceira idade é formada pelo segmento de pessoas com mais de 65 anos de idade.

As diferenças de gênero também afetam o comportamento do consumidor, incluindo a influência da mudança dos papéis dos sexos. Homens e mulheres diferem em termos de características de consumidores, de estilos de processamento de informações, de estilos de tomada de decisões e de padrões de consumo. Além disso, há mais profissionais de marketing utilizando a orientação sexual para atingir os consumidores gays e as consumidoras lésbicas de diversas mercadorias e serviços.

Os padrões de consumo podem diferir nas variadas regiões dos Estados Unidos e do mundo, levando alguns profissionais de marketing a traçarem suas estratégias sob medida especificamente para tais regiões. O agrupamento ajuda os profissionais de marketing a descrever os consumidores de diferentes regiões com base em características demográficas e de consumo similares, em vez de apenas com fundamentação na localização geográfica. Os três maiores grupos étnicos dos Estados Unidos são os afro-americanos, os hispano-americanos e os asiático-americanos. Muitos profissionais de marketing estão assumindo uma postura multicultural, tentando assim atrair diversas subculturas em vez de apenas uma. Por fim, os valores e costumes religiosos podem influenciar o comportamento do consumidor e formam a base de algumas estratégias de marketing.

Perguntas para revisão e discussão

1. Que tipo de consumidores norte-americanos está nos segmentos geração X, geração Y e *baby boomer*?
2. Qual é a diferença entre gênero e orientação sexual, e por que essa distinção é importante para os profissionais de marketing?
3. O que é agrupamento, e por que os profissionais de marketing o utilizam?
4. Quais são as três principais subculturas na população norte-americana?
5. Como a aculturação e a intensidade da identificação étnica afetam o comportamento do consumidor?
6. Defina a teoria da acomodação e explique sua importância para os profissionais de marketing que focam nos hispano-americanos.
7. Por que uma empresa adotaria o marketing multicultural em vez de ter como alvo uma única subcultura?

8. Por que os profissionais de marketing têm de considerar as influências regionais ao focar em consumidores nos Estados Unidos ou em outro país?

9. Identifique algumas formas em que a religião pode influenciar o comportamento do consumidor.

CASO – COMPORTAMENTO DO CONSUMIDOR

A sopa enlatada pode ser traduzida?

Na primeira vez que a Campbell Soup, estabelecida em Nova Jersey, tentou comercializar suas sopas na China, os consumidores simplesmente não as compraram. Era o início dos anos 1990, e os profissionais de marketing da Campbell viram uma enorme oportunidade de vendas em uma nação populosa que consome muita sopa – mais de 241 porções por pessoa no ano, ou 320 bilhões de porções no total. Em contrapartida, os consumidores norte-americanos tomam 14 bilhões de porções de sopa por ano.

Tradicionalmente, a grande maioria das vendas da Campbell vem dos mercados dos Estados Unidos, onde a sopa é tão madura quanto uma categoria de produto pode ser. Com a desaceleração do crescimento de vendas no país, a empresa viu um grande potencial para a comercialização de sopa para a grande e cada vez mais próspera população chinesa. No entanto, em vez de pesquisar os padrões de consumo e compras locais a fim de averiguar quais mudanças poderiam ser necessárias, a Campbell decidiu exportar sua linha padrão de sopas condensadas para a China. As latas permaneceram por muito tempo nas prateleiras, até que a empresa decidiu retirar-se do mercado.

Na segunda vez em que a Campbell planejou comercializar sopas para os consumidores chineses, em 2007, seus profissionais de marketing fizeram muita lição de casa nos meses próximos do lançamento de seus produtos. Seus pesquisadores viajaram para diferentes regiões da China para ver como os consumidores preparam sopas em casa e para fazer perguntas sobre preferências e hábitos de consumo de alimentos. Eles aprenderam que os consumidores chineses quase sempre preparam as sopas desde o zero. Embora eles adicionem glutamato monossódico para realçar o sabor da sopa caseira, o aditivo pode causar dores de cabeça e outros problemas de saúde. Os consumidores chineses "sabem que o glutamato monossódico não é bom para eles e estão buscando uma alternativa", diz o diretor da divisão internacional da Campbell. Utilizando tais descobertas, a empresa não adicionou glutamato monossódico às suas sopas.

Como parte dessa pesquisa, a Campbell ofereceu às mulheres de Xangai sopas diferentes e receitas para observar suas reações. Nem todas utilizaram as receitas – de fato, uma mulher disse que o caldo seria um bom substituto para o óleo e a água ao refogar os alimentos. Os pesquisadores concluíram que seria mais provável que os consumidores chineses utilizassem as sopas Campbell principalmente como base para carnes, vegetais e massas em vez de apenas como sopa. Eles também determinaram que, assim como seus parceiros em diversos países, os consumidores chineses estariam interessados na conveniência de economia de tempo dos caldos pré-preparados.

Os especialistas de produtos da Campbell criaram dois tipos de caldos totalmente naturais e com baixo teor de gordura para o mercado da China sob a marca Swanson. Um deles foi um caldo de galinha de sabor forte e claro, que as pesquisas mostraram que seria da preferência dos consumidores chineses. O segundo era um caldo ainda mais encorpado, preparado a partir de galinha, porco e presunto. A fim de lançar esses novos produtos, os profissionais de marketing da Campbell distribuíram 10 milhões de amostras, além de panfletos com receitas nas principais cidades. Sabendo que os celulares são extremamente populares na China, eles também criaram promoções por mensagens de texto para construir a marca Swanson e encorajar a experimentação do produto e a recompra.

Seguindo sua pesquisa, os profissionais de marketing da Campbell decidiram distribuir os novos produtos em dois estágios. Primeiro, eles planejaram vender os caldos em supermercados grandes, sustentando a campanha com demonstrações na loja para mostrar o quão bem funcionam os produtos como base para sopas e vegetais. À medida que a marca e a imagem Swanson tornaram-se mais bem estabelecidas, o segundo estágio seria distribuir os caldos para as redes de supermercados menores.

A segunda incursão da Campbell no mercado da China foi tranquila e a empresa também está se expandindo para a Rússia, onde lançou diversas novas sopas feitas sob medida especificamente para os hábitos de consumo do país e sustentadas pela amostragem e por cupons para estimular a experimentação e a recompra. Hoje, a Campbell atinge anualmente até US$ 7 bilhões em vendas em 120 países. O que ela terá de fazer para vender para os clientes de sopa de amanhã?[191]

Perguntas sobre o caso

1. Qual é a diferença entre o comportamento do consumidor com relação à sopa na China e no seu país?

2. Você concorda com o plano de distribuição com dois estágios da Campbell para o marketing de suas novas sopas na China? Explique sua resposta.

3. Para a Campbell, quais são as prováveis implicações de marketing do gênero, da idade e das influências regionais na forma com que os consumidores compram e utilizam a sopa na China?

4. Agora que a Campbell está utilizando mensagens de texto para fazer a propaganda da marca Swanson na China, ela deveria utilizar a mesma técnica promocional na Rússia?

Classe social e influências familiares

Capítulo 13

OBJETIVOS DE APRENDIZADO

Depois de estudar este capítulo, você estará apto a:

1. Definir a hierarquia de classes sociais e identificar os principais determinantes da posição das classes sociais.
2. Explicar como a classe social influencia o comportamento do consumidor e a razão pela qual os profissionais de marketing devem considerar tais influências ao planejar estratégias e táticas.
3. Discutir as três maiores forças que estão mudando, ao longo do tempo, a estrutura das classes sociais em vários países.

INTRODUÇÃO

Marketing para a crescente classe média da Índia

Os mais de 100 milhões de consumidores de classe média da Índia representam um mercado vasto, lucrativo e em rápida expansão para carros, celulares, viagens aéreas e vários outros serviços e mercadorias. Durante os anos 1990, a Índia era responsável por menos de 1% das vendas mundiais de carros, mas, atualmente, graças ao poder de compra da classe média, a Índia é responsável por 2,4% das vendas mundiais de automóveis, e empresas locais, como a Tata Motors, competem com empresas globais, tais como Hyundai e Honda, pela participação no mercado. O Nano, da Tata, o carro mais barato do mundo, é uma opção de transporte simples para famílias que, caso contrário, estariam com as crianças montadas no guidão de motocicletas ou utilizariam o transporte público.

Os celulares são outra área com altas vendas: mais de 211 milhões de pessoas já possuem aparelhos, e as vendas estão multiplicando-se rapidamente conforme a renda aumenta e as famílias buscam manter contato por telefone. Com mais consumidores indianos buscando empregos nas cidades e viajando para fora do país a trabalho e a lazer, a demanda por viagens aéreas cresceu de forma significativa. Esse desenvolvimento está colocando as operadoras locais que prestam serviços completos, como a Jet Airways, por exemplo, contra aquelas operadoras locais que concedem descontos, como a Kingfisher Airlines, e contra rivais internacionais respeitados, como a Singapore Airlines. Como observa o fundador da Jet Airways, "Muitos indianos têm dinheiro e desejam serviços de

4. Descrever os vários tipos de domicílios e famílias, e explicar como o ciclo de vida da família e outros fatores afetam a estrutura domiciliar.

5. Delinear os papéis que os membros dos domicílios desempenham nas decisões de aquisição e de consumo e mostrar como as empresas podem utilizar seu conhecimento desses papéis para comercializar seus produtos ou serviços de forma mais eficaz.

alta qualidade quando voam para o exterior – padrões não inferiores ao da Singapore [Airlines] e da Cathay [Pacific Airways]".[1]

Esse exemplo ilustra como a classe social e as influências familiares podem afetar o comportamento do consumidor (veja o Exemplo 13.1). O conceito de classe social sugere que algumas pessoas possuem mais poder, riqueza e oportunidade do que outras, uma situação que faz diferença no que os consumidores compram e o modo como agem. Entre os consumidores de classe média da Índia estão graduados no ensino superior, gerentes de empresas e do governo, mantenedores de lojas e fazendeiros cujas oportunidades profissionais e rendas em ascensão permitem que comprem e utilizem produtos e serviços melhores e em maior quantidade do que no passado. Outra consideração é a influência que os membros da família exercem com relação às decisões de compra de itens caros, como carros (por exemplo, comprar um Nano em vez de uma motocicleta ou de tomar um ônibus) e do planejamento de viagens. À medida que ler este capítulo, lembre-se de que as generalizações sobre classe social e família são tendências de grupos amplos e podem ou não ser aplicadas aos consumidores individuais.

Classe social

Hierarquia de classe social
Agrupamento de membros da sociedade de acordo com o status.

A maioria das sociedades possui uma **hierarquia de classe social** que confere status mais alto a algumas classes de pessoas do que a outras. Essas classes sociais são formadas por grupos identificáveis de pessoas cujos comportamentos e estilos de vida diferem daqueles dos membros de outras classes. Os membros de determinada classe social tendem a compartilhar valores e padrões comportamentais semelhantes. Observe que as classes sociais são categorias não uniformes de indivíduos com experiências de vida similares, não grupos formais com uma forte identidade.[2]

Diversas sociedades veem essas distinções como importantes em razão do fato de reconhecerem que todos possuem papel necessário a ser desempenhado a fim de que a sociedade funcione corretamente. Todavia, alguns papéis, tais como o de médicos e executivos, possuem maior prestígio e são mais valorizados do que outros, tais como cobrador de pedágio ou zelador. No entanto, o conceito de classe social não é inerentemente negativo, uma vez que, mesmo com as desigualdades, as distinções das classes sociais podem ajudar as pessoas a determinar quais são seus papéis na sociedade ou quais gostariam que estes fossem (suas aspirações). Além disso, todos os níveis da hierarquia de classes sociais realizam uma contribuição importante para a sociedade.

Tipos de sistemas de classe social

A maior parte das sociedades possui três classes principais: alta, média e baixa. Muitas vezes, contudo, são feitas distinções mais precisas.[3] Embora a maior parte das sociedades tenha algum tipo de estrutura hierárquica, a dimensão e a composição das classes dependem da prosperidade relativa de determinado país.[4]

Comparados com os Estados Unidos, o Japão e a Escandinávia possuem uma classe média ainda maior e mais predominante com muito mais grupos menores acima e abaixo dela. Tal distribuição significa que há uma igualdade maior entre as pessoas desses dois países do que em outras sociedades. A estrutura japonesa representa um esforço conjunto do governo para abolir o sistema de classes sociais e misturar as pessoas de todos os níveis da sociedade.[5] No entanto, o sistema educacional japonês, altamente competitivo e seletivo, ainda restringe o acesso a cargos de maior status em empresas e no governo. Em áreas em desenvolvimento, tais como a América Latina e a Índia, as maiores concentrações estão nas classes baixas.

Curiosamente, as classes mais altas da maioria das sociedades são mais semelhantes entre si do que são similares às demais classes em seus países, pois as classes mais altas tendem a ser mais cosmopolitas e orientadas internacio-

Classe social e influências familiares

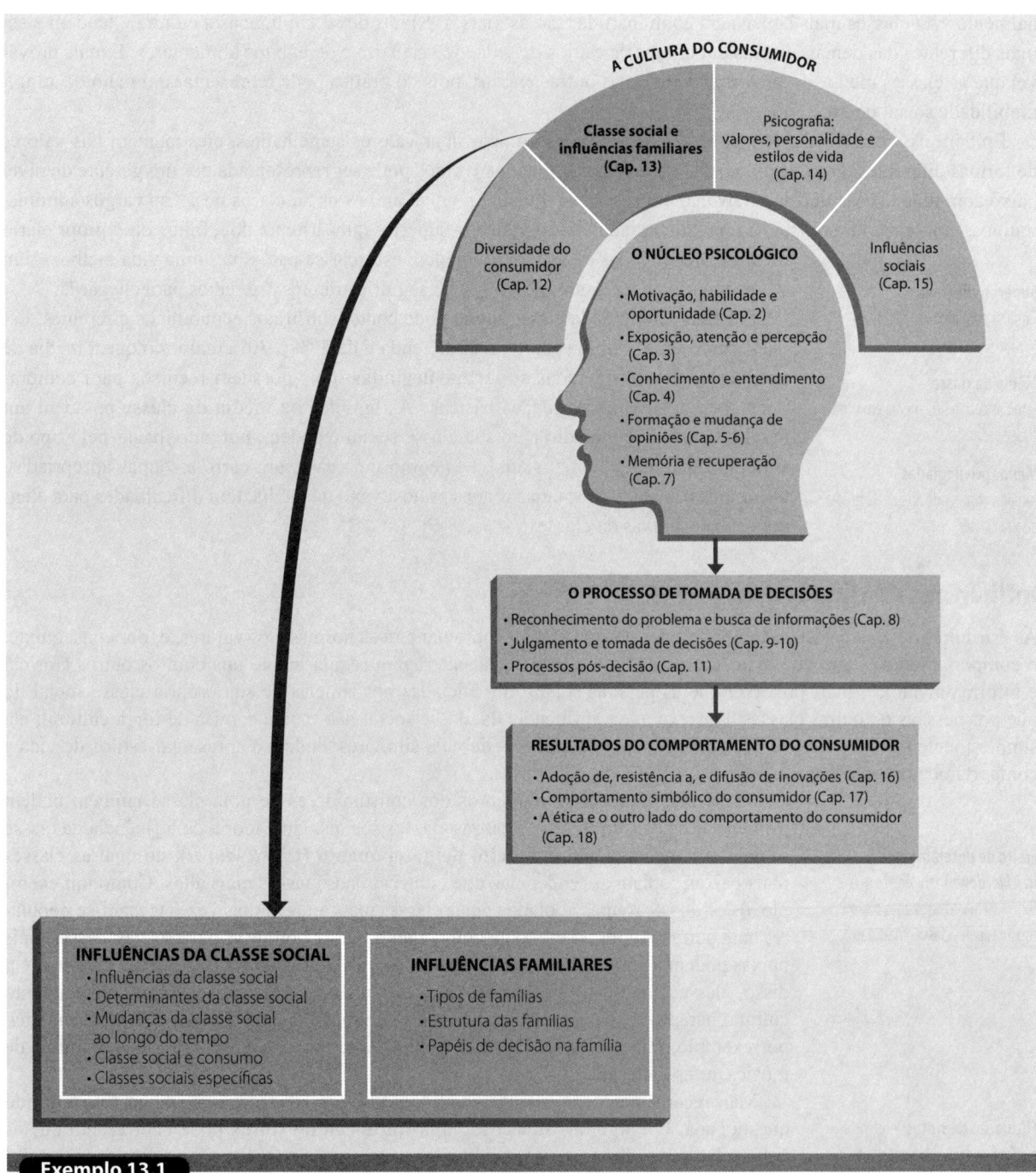

Exemplo 13.1
Visão geral do capítulo: classe social e influências familiares
Este capítulo examina as influências da classe social e da família no comportamento do consumidor. Esta primeira seção discute os determinantes da classe social (isto é, profissão, educação e renda), as mudanças da classe social ao longo do tempo e como a classe social influencia o consumo. Em seguida, há uma discussão sobre as influências familiares no comportamento do consumidor, incluindo os diversos tipos de famílias, as tendências na estrutura familiar e os papéis de decisão que os membros da família desempenham ao adquirir e utilizar uma oferta.

nalmente.⁶ As classes mais baixas, em contrapartida, são as mais passíveis de serem ligadas à cultura e tendem a ser mais diferentes das demais classes em termos de estilos de vida, de vestuário e de hábitos alimentares. É mais provável que as classes médias façam empréstimos das outras classes, pois tal prática pode representar um meio de atingir mobilidade social de ascensão.

Embora os membros de determinada classe possam compartilhar valores semelhantes, eles mantêm tais valores de formas diferentes. Por exemplo, a classe média nos Estados Unidos pode ser representada por um gerente de nível baixo com uma esposa que não trabalha, um casal que trabalha no qual ambos os parceiros possuem cargos administrativos, um vendedor solteiro, um pai divorciado com graduação superior que sustenta dois filhos ou o proprietário de um boliche. Todas essas pessoas podem esforçar-se para obter uma vida melhor – um valor importante da classe média –, mas seguir caminhos diferentes para chegar lá.

Superprivilegiadas
Famílias com renda maior que a média de sua classe social.

Média da classe
Famílias com renda média em uma classe específica.

Menos privilegiadas
Famílias com renda abaixo da média de sua classe.

Por fim, determinada classe social pode conter substratos econômicos diferentes. Especificamente, as famílias cujo nível de renda é de 20% a 30% maior do que a média de sua classe são consideradas **superprivilegiadas**, pois possuem recursos para comprar itens além de suas necessidades básicas.⁷ As famílias **na média da classe** possuem um nível de renda que é médio para sua classe social e podem, portanto, pagar pelo tipo de símbolo esperado para seu status, tais como uma casa, um carro e roupas apropriadas. Os **menos privilegiados**, cujas rendas estão abaixo da média, têm dificuldades para atender às expectativas da classe.

Influências da classe social

As estruturas de classe social são importantes porque afetam sobremaneira as normas e os valores, e, por conseguinte, o comportamento. Dado que os membros de uma classe social interagem regularmente uns com os outros (formal e informalmente), é mais provável que as pessoas sejam influenciadas por aqueles de sua própria classe social do que por pessoas de outras classes. Observe que a influência da classe social não é uma camisa de força cultural; ela simplesmente reflete o fato de que pessoas com experiências de vida similares tendem a apresentar estilos de vida e comportamentos semelhantes.⁸

Efeito de gotejamento (trickle-down) Tendências que começam nas classes altas e são copiadas pelas classes mais baixas.

As normas e os comportamentos dos consumidores de uma classe também podem influenciar os consumidores de outras classes sociais. Uma teoria de influência da classe social comumente citada é o **efeito de gotejamento (*trickle-down*)**, no qual as classes mais baixas copiam as tendências que começam nas classes mais altas. Como um exemplo, os estilos de roupas adotados pelas classes mais altas muitas vezes tornam-se populares com outros grupos. O efeito de gotejamento ocorre porque as pessoas das classes mais baixas podem aspirar a alavancar seu status social imitando as classes mais altas e, além disso, elas aceitam a influência das classes mais altas caso não tenham conhecimento cultural para fazer seus próprios julgamentos do que é ou não aceitável.⁹ A classe média, por exemplo, muitas vezes olha para a classe alta como guia em questões culturais de música, artes e literatura.

Flutuação de *status* Tendências que começam nas classes mais baixas e médias e atingem as classes mais altas.

Mais recentemente, no entanto, a validade universal da teoria do gotejamento tem sido questionada. Em algumas situações, uma **flutuação de status** pode ocorrer, em que as tendências começam nas classes média e baixa e, então, são difundidas na classe alta. Tal fenômeno tem ocorrido com as tatuagens, as quais tiveram início nas classes mais baixas e se estenderam para as classes mais altas, o que também aconteceu com o jeans, o qual ganhou popularidade nos anos 1950 e 1960 entre os jovens das classes baixas e médias dos Estados Unidos por simbolizar a rebeldia contra o *status quo*.¹⁰ A certa altura, tal mensagem ganhou popularidade entre os jovens das classes altas que desejam revoltar-se contra seus pais e, por fim, o jeans transformou-se em um item de moda mundial até mesmo com etiquetas de estilistas.

Como a classe social é determinada

Examinar a maneira como a classe social afeta o comportamento do consumidor requer uma forma de classificação dos consumidores em diferentes classes sociais. Infelizmente, essa é uma tarefa complexa, e os determinantes exatos das classes sociais têm sido submetidos a debates consideráveis ao longo dos anos.

Renda *versus* classe social

Muitas pessoas acreditam que mais dinheiro significa status social mais alto. Você pode surpreender-se ao saber, todavia, que a renda não está fortemente relacionada à classe social por diversas razões.[11] Primeiro, os níveis de renda muitas vezes ultrapassam as classes sociais, particularmente nos níveis mais baixo e médio. Por exemplo, muitas pessoas da classe operária norte-americana possuem rendas mais altas do que outras, embora não tenham um status social mais alto. Em segundo lugar, a renda aumenta consideravelmente com a idade, mas os trabalhadores mais velhos não atingem status sociais mais altos automaticamente. Por fim, em diversos países, um número crescente de famílias com duas carreiras gera uma renda maior do que a média, mas elas não necessariamente detêm um status mais alto. Assim, embora a renda seja um fator relacionado à classe social, outros fatores também exercem forte influência.

Alguns pesquisadores argumentam que a renda pode ser um prognóstico melhor do comportamento do consumidor do que a classe social. Entretanto, uma visão mais comum é a de que ambos os fatores são importantes ao explicar-se o comportamento em situações diversas.[12] A classe social tende a ser um prognóstico melhor do consumo quando reflete os estilos de vida e valores, e não envolvem altas despesas monetárias, tais como a compra de roupas ou móveis. Os consumidores de classe média e baixa, por exemplo, favorecem diferentes estilos de móveis, mas os consumidores de classe média tendem a gastar mais dinheiro com móveis para a casa mesmo quando os níveis de renda de ambas as classes de consumidores são aproximadamente similares. A renda, por outro lado, é mais útil para explicar o consumo de ofertas não relacionadas aos símbolos da classe – tais como barcos –, mas que envolvem gastos substanciais. Tanto a classe social como a renda são necessárias para explicar os comportamentos que envolvem símbolos de status e despesas significativas, tais como a compra de uma casa ou de um carro.

Embora a renda não possa explicar a classe social, a classe social muitas vezes pode explicar como a renda é utilizada. Por exemplo, os consumidores das classes mais altas estão mais propensos a investir dinheiro, ao passo que é mais provável que as classes mais baixas mantenham contas de poupança em bancos. O ponto central é que a classe social auxilia na compreensão do comportamento do consumidor e que o status social é determinado por diversos de fatores além da renda.

Profissão e instrução

O maior determinante do status social é a profissão, particularmente nas culturas ocidentais. Algumas profissões, em especial aquelas que exigem níveis mais altos de educação, habilidade ou treinamento, são consideradas de um status mais elevado do que outras. Além disso, as pessoas com a mesma profissão tendem a compartilhar rendas, estilos de vida, conhecimentos e valores similares. Os pesquisadores podem avaliar facilmente as profissões perguntando aos consumidores o que fazem da vida. Eles podem codificar as respostas e compará-las às escalas publicadas de prestígio profissional, tais como o amplamente utilizado *socioeconomic index* (SEI, do inglês, índice socioeconômico) ou a escala de Nam e Powers.[13]

É necessário observar que o status percebido de uma profissão pode variar de cultura para cultura. Em comparação com sua situação nos Estados Unidos, por exemplo, os professores têm status mais altos na Alemanha, no Japão, na China, na Tailândia e na Nigéria, pois tais países concedem maior ênfase à educação. Os engenheiros tipicamente possuem status mais altos em países em desenvolvimento do que nos países desenvolvidos, em virtude da importância do papel que desempenham na integração de indústria e tecnologia com a sociedade.

A instrução também desempenha um papel fundamental, pois é um dos fatores que determina a profissão e, por conseguinte, a classe social. De fato, a realização educacional é considerada o determinante mais confiável do poder de renda e dos padrões de gastos dos consumidores.[14] A renda média de uma família norte-americana mediana liderada por alguém com graduação superior (ou uma formação mais avançada) é US$ 71.400, o dobro da renda média das famílias com formação de ensino médio. Os consumidores com alto nível de formação não apenas ganham mais, mas também leem e viajam mais, são mais saudáveis e muitas vezes são mais receptivos a novas ofertas do que o restante da população.[15]

Uma graduação de nível superior é particularmente importante para proporcionar acesso a profissões de status mais altos. Mais de 66% das pessoas com bacharelados ou níveis avançados estão nos cargos gerenciais e especializados, em comparação com 22% que possuem apenas alguma educação universitária.

Outros indicadores de classe social

Fatores como área de residência, posses, histórico familiar e interações sociais também podem indicar o nível de classe. O bairro em que moramos e o número e os tipos de posses que temos são sinais visíveis que muitas vezes comunicam o status de classe. Em termos de histórico familiar, os pesquisadores distinguem entre **status herdado**, o qual é herdado dos pais no nascimento, e **status ganho**, o qual é adquirido posteriormente na

Status herdado Status que deriva dos pais no momento do nascimento.

Status ganho Status adquirido mais tarde na vida por meio de conquistas.

vida por meio de conquistas pessoais.[16] O status herdado é o ponto inicial a partir do qual os valores são aprendidos e a mobilidade ascendente ou descendente pode ocorrer. Conforme mencionado anteriormente, os membros de uma classe social frequentemente interagem uns com os outros; assim, nosso círculo de convivência também nos ajuda a identificar nosso status social.

A importância relativa desses determinantes de classe social varia de país para país. Nos antigos países comunistas, tais como Romênia, dinheiro e posses são atualmente os mais fortes determinantes de status social, em oposição ao antigo critério de cargo no partido comunista.[17] No mundo árabe, o status é determinado primordialmente pelos contatos sociais e pela posição da família, ambos considerados muito mais importante que o dinheiro.[18]

Índices de classe social

Todos os fatores anteriores devem ser levados em conta na determinação do status de classe social, e os sociólogos desenvolveram diversos índices para cumprir essa tarefa. Ferramentas mais antigas, como o *Index of Status Characteristics* (Índice de Características de Status) e o *Index of Social Position* (Índice de Posição Social), têm sido criticadas como desatualizadas e inapropriadas para avaliação do status das famílias com duas carreiras.[19] Dessa forma, os pesquisadores agora utilizam índices mais atuais, como o **Computerized Status Index** (CSI, do inglês, – Índice Computadorizado de Status). Esse índice avalia o grau de instrução, a profissão, a área de residência e a renda dos consumidores.

Índice Computadorizado de Status (CSI) Índice moderno utilizado para determinar a classe social por meio do grau de instrução, da ocupação, da residência e da renda.

Cristalização de status Quando os consumidores permanecem nos mesmos indicadores de renda, educação, ocupação etc. de uma classe social.

Quando os consumidores são consistentes em várias dimensões, a classe social é fácil de ser determinada, e a **cristalização de status** ocorre. Às vezes, no entanto, as pessoas são "baixas" em alguns fatores, mas "altas" em outros. Assim, um médico novo de um bairro central da cidade pode ter inconsistências em fatores como profissão, renda, bairro e histórico familiar. Os consumidores em tal situação podem experimentar estresse e ansiedade, pois não sabem exatamente em que classe estão.[20] Também é difícil para os profissionais de marketing categorizar de maneira organizada tais consumidores em uma classe social ou em outra.

Como a classe social muda com o tempo

As estruturas de classes sociais não são necessariamente estáticas ou sistemas imutáveis. Três das principais forças que estão promovendo uma evolução nas estruturas das classes sociais em vários países são (1) a mobilidade ascendente, (2) a mobilidade descendente e (3) a fragmentação das classes sociais.

Mobilidade ascendente

Mobilidade ascendente Aumentar o nível do status social de alguém.

Em muitas culturas, os consumidores podem aumentar seu nível de status social por meio da **mobilidade ascendente**, geralmente por meio da conquista educacional ou profissional (Exemplo 13.2). Em outras palavras, as pessoas pertencentes à classe média ou baixa podem aproveitar oportunidades educacionais, especialmente uma formação superior, para ganhar acesso a profissões de status mais alto. "O grau de instrução é o maior passaporte para a classe média", diz um economista sobre as oportunidades de mobilidade ascendente para os consumidores de classe baixa.[21] Nos Estados Unidos, mais de um terço dos filhos dos trabalhadores da classe operária possuem graduação superior, e cerca de 30% de chance de aumentar seu status profissional.[22] Entretanto, a porcentagem de pessoas com graduação superior entre as famílias pobres dos Estados Unidos permaneceu abaixo de 5% durante décadas, refletindo o desafio de pagar a faculdade e a dificuldade de diminuir a diferença entre as classes média e baixa enquanto estão na faculdade.[23]

Obviamente, a mobilidade ascendente não é garantida. As classes mais baixas, particularmente algumas minorias, ainda enfrentam os recursos culturais e econômicos limitados, bem como as oportunidades educacionais limitadas, e são estatisticamente menos propensos do que as classes superiores a ter acesso a profissões de maior status.[24] As pessoas oriundas de famílias de status mais altos têm duas vezes mais chances de manter seu status do que os membros das classes inferiores de conquistar um status mais alto. Mesmo após conquistar a mobilidade ascendente, o comportamento de uma pessoa ainda pode ser fortemente influenciado por seu nível de classe anterior, pois os comportamentos associados com a classe social em que a pessoa cresceu são aprendidos de maneira marcante.[25]

É digno de nota que o nível de mobilidade ascendente pode variar ao longo das culturas. Tipicamente, as nações ocidentais oferecem a maior parte das oportunidades para o avanço ascendente, embora as oportunidades para a mobilidade ascendente tenham, na verdade, diminuído no Canadá e nos Estados Unidos durante alguns períodos.[26] Nos antigos países comunistas, os velhos membros do partido e os burocratas estatais formaram a nova classe superior, pois possuem as habilidades e o conhecimento econômico para prosperar no ambiente moderno.[27] Nos países árabes, as classes alta e média estão crescendo rapidamente como resultado do dinheiro proveniente do petróleo e de um aumento na educação superior ocidental.[28] O tamanho da classe média está explodindo em diversos países em desenvolvimento porque o comércio internacional está possibilitando o acesso a mercadorias mais disponíveis, as famílias de dupla carreira estão obtendo uma renda maior e mais profissionais, como gerentes e contadores, são necessários para sustentar as economias em crescimento.[29]

Mobilidade descendente

Mobilidade descendente, ou a mudança para uma classe mais baixa, é uma tendência crescente em algumas sociedades industrializadas. Nos últimos 20 anos, milhões de famílias norte-americanas caíam à medida que alguns serviços eram terceirizados em outros países ou eliminados pela tecnologia, motivo pelo qual as empresas baixavam os salários ou demitiam trabalhadores.[30] Embora muitos pais sonhassem em oferecer uma vida melhor e um status mais alto aos seus filhos, alguns podem ter dificuldade em atingir o status social de seus pais, um fenômeno rotulado como **pânico de status**.[31] Enquanto isso, em razão dos crescentes desejos materiais, mais famílias de classe média e de classe média alta vêm tendo dificuldades para manter um estilo de vida característico de seu status social. Mesmo as famílias com carteiras de aposentadoria consideráveis podem sentir o aperto quando as oscilações dos mercados de ações derrubam o valor de suas posses, as quais, por sua vez, podem afetar o comportamento de consumo atual e os padrões de consumo após a aposentadoria.[32]

Exemplo 13.2
Mobilidade de classe social
Às vezes, os anúncios apresentam símbolos de mobilidade ascendente. Este anúncio da ShowHouse é um bom exemplo.

Mobilidade descendente
Perda de posição social.

Pânico de status Incapacidade dos filhos de atingir o status social de seus pais.

A mobilidade descendente cria desapontamento e desilusão, e as pessoas em tal situação enfrentam uma luta constante para prover suas famílias, evitar a depressão e manter sua dignidade. Por vezes, a aquisição e o consumo podem ajudar a proteger a autoestima pessoal. Por exemplo, um consumidor pode comprar um caminhão novo ou algum outro item para se sentir bem consigo mesmo.[33] Em virtude de os consumidores de classe média do Japão estarem acostumados a expressar status por meio da compra de bens luxuosos, muitos ainda gastam excessivamente, apesar dos prolongados problemas econômicos do país.[34] De outro modo, a mobilidade descendente pode levar a uma perda de posses, tais como um carro ou uma casa, ou a uma queda no consumo caso as pessoas optem por gastar menos em itens de menor importância.

Fragmentação de classe social

Curiosamente, as antigas distinções de classe social estão começando a se desfazer – um fenômeno chamado **fragmentação de classe social** – em razão de diversos fatores.[35] Primeiro, tanto a mobilidade ascendente quanto a descendente turvaram as divisões de

Fragmentação de classe social
O desaparecimento das distinções de classe.

classes. Segundo, a crescente disponibilidade da mídia de massa, em especial a TV e a Internet, está expondo os consumidores de todo o mundo a valores e normas de diversas classes e culturas, levando algumas pessoas a incorporar as idiossincrasias desses grupos em seu próprio comportamento. Uma terceira razão para a fragmentação das classes sociais é que os avanços na tecnologia de comunicação aumentaram a interação entre as linhas das diferentes classes, assim como quando os usuários da Internet conversam on-line sem menção à classe social. Tais fatores levam à emersão de vários subsegmentos de classes sociais com seus padrões de valores e comportamentos distintos. Atualmente, os Estados Unidos possuem desde dúzias de classes de elites suburbanas (famílias super ricas) até aqueles que lutam desesperadamente para sobreviver (famílias pobres, de pais solteiros).[36] Tendências similares estão ocorrendo em outros países também.

Como a classe social afeta o consumo?

A classe social é frequentemente vista como uma causa ou uma motivação para os comportamentos de aquisição, consumo e descarte do consumidor. Esta seção examina três tópicos principais: (1) consumo conspícuo e símbolos de status, (2) consumo compensatório e (3) o significado do dinheiro.

Consumo conspícuo e símbolos de status

Consumo conspícuo Aquisição e exibição de bens e serviços para mostrar o status de alguém.

O **consumo conspícuo**, também relacionado à classe social, é uma tentativa de compensar as deficiências ou a falta de estima dedicando atenção ao consumo.[37] Os itens conspicuamente consumidos são importantes para seus proprietários em virtude do que dizem aos outros.[38] A mensagem será transmitida somente se esses itens estiverem visíveis. De acordo com pesquisas, tanto a unicidade como a conformidade desempenham papéis no consumo conspícuo.[39] Outra explicação, da *teoria do gerenciamento do terror*, sugere que tal materialismo alivia a ansiedade dos consumidores com relação à inevitabilidade da morte.[40]

O consumo conspícuo pode ser observado na maior parte das classes sociais.[41] Pessoas de todos os níveis podem "tentar manter as aparências" – adquirindo e exibindo os ornamentos que são característicos de um membro respeitado de sua classe. No mundo árabe, as novas classes altas ricas se envolvem no consumo conspícuo de itens como aviões. A concorrência de consumo conspícuo também ocorre nos antigos países comunistas, onde alguém que não pode acompanhar os demais pode ser "a vergonha do lugar".[42]

Desperdício conspícuo Compra de produtos e serviços que nunca serão utilizados.

Além disso, os consumidores podem dedicar-se ao **desperdício conspícuo**. Por exemplo, pessoas ricas podem comprar casas que nunca utilizam, pianos que nunca tocam e carros que ninguém dirige.[43] No entanto, alguns consumidores estão mudando do consumo conspícuo para os "facilitadores de experiências", itens e passatempos que os distinguem da multidão.[44] Muitos consumidores, por exemplo, que satisfizeram seu desejo por posses materiais estão pagando por experiências fora do comum, tais como viagens com tours de aventura.[45]

Símbolos de status e o julgamento dos outros

Símbolos de status Produtos ou serviços que informam aos outros, algo sobre a posição de alguém na classe social.

A noção de que as pessoas muitas vezes julgam as outras com base naquilo que possuem está altamente relacionada ao consumo conspícuo. Em outras palavras, os bens e serviços tornam-se **símbolos de status** para indicar o lugar de seus proprietários na hierarquia social.[46] Alguém que possui um relógio ou um automóvel caro tende a ser visto como pertencente à classe alta. Entre os super ricos, um iate customizado equipado com um helicóptero ou um mini submarino está tornando-se um símbolo de status *must-have* (necessário de se ter).[47] Fazer um cruzeiro caro indica status na Tailândia; o mesmo é válido para a posse de um jardim de rochas ou para o fato de ser membro de um clube de golfe no Japão. No Brasil, comer em um restaurante de *fast-food* como o Burger King é um símbolo de status para os consumidores da classe média baixa.[48]

A busca dos consumidores para adquirir itens que refletem não apenas sua classe social atual, mas também suas aspirações de classe social, podem explicar algumas aquisições e alguns comportamentos de consumo. Por exemplo, é típico que os consumidores de classe média desejem possuir uma boa casa em um bairro respeitável, de modo que os outros os julgarão de maneira positiva. Adquirindo itens que os membros de sua própria classe social não podem em geral possuir, os consumidores podem aumentar sua percepção de autoestima. Representações do sucesso material de colegas podem estimular o desejo por símbolos de status luxuosos também,[49] e até mesmo luxos relativamente acessíveis – como um sanduíche Panera de US$ 6 ou o carro Mercedes mais barato – "permitem que os consumidores menos afluentes mudem para níveis mais elevados de qualidade, gosto e aspiração", diz um especialista do Boston Consulting Group. "Esses são luxos que continuam a vender mesmo quando a economia está instável, pois muitas vezes eles atendem a necessidades emocionais muito poderosas."[50]

Curiosamente, os símbolos de status, às vezes, podem mover-se em uma direção inversa, o que é chamado **exibição de paródia**.[51] Por exemplo, as classes média e alta no Brasil sentem-se na moda se praticam capoeira, uma mistura de dança e artes marciais que era tradicionalmente popular entre os membros da classe baixa.[52] Além disso, se certos símbolos de status tornam-se amplamente possuídos, podem perder sua conotação de status e se tornarem **símbolos fraudulentos**. Por exemplo, percebendo que as marcas luxuosas são frequentemente copiadas para a produção de imitações de baixo preço para o mercado de massa, a Coach e outras marcas destacadas redesenharam seus produtos com logos mais sutis. Os novos produtos são inconfundivelmente superiores, mas não "gritam 'Coach, Coach, Coach'", observa um designer da marca.[53]

Exibição de paródia Símbolos de status que começam nas classes sociais mais baixas e ascendem.

Símbolos fraudulentos Símbolos que se tornam tão amplamente utilizados que perdem seu status.

Consumo compensatório

O comportamento de **consumo compensatório**, também relacionado à classe social, é uma tentativa de compensar as deficiências ou a falta de estima dedicando atenção ao consumo.[54] Um consumidor que está vivenciando frustrações ou dificuldades, particularmente com relação a avanço na carreira ou nível de status, pode compensar essa falta de sucesso comprando símbolos de status desejados, como carros, casas ou boas roupas. Tais aquisições ajudam a restaurar a autoestima.

Consumo compensatório Comportamento do consumidor de comprar produtos ou serviços para compensar frustrações ou dificuldades da vida.

Tradicionalmente, o consumo compensatório tornou peculiares os padrões de aquisição das classes trabalhadoras, as quais arriscariam seu futuro para comprar uma casa, um carro e outros símbolos de status. Mais recentemente, todavia, vários consumidores das classes média e média alta dos Estados Unidos exibiram comportamento de consumo compensatório. Alguns desses consumidores não desfrutaram do nível de avanço profissional e prosperidade de que desfrutaram seus pais, em parte por causa da maior competitividade do mercado de trabalho, da redução corporativa e da incerteza econômica. Para compensar seu desapontamento, muitos consumidores buscarão gratificação por meio do consumo compensatório,[55] e conhecendo tal tendência, algumas empresas criaram ofertas que são de alguma forma mais acessíveis do que as marcas luxuosas já existentes. A Tiffany, por exemplo, está abrindo pequenas lojas para atender aos compradores de classe média enquanto continua a vender joias de qualidade mais refinada em suas lojas Tiffany originais.[56]

O significado do dinheiro

Um importante conceito relacionado à classe social é o dinheiro. Os economistas definem *dinheiro*, em seu nível mais básico, como um meio de troca ou um padrão de pagamento. Desse ponto de vista, o dinheiro atende a um propósito bastante funcional ou utilitário, permitindo que as pessoas adquiram itens necessários à vida diária. Contudo, o dinheiro simboliza segurança, poder, amor e liberdade.

Os consumidores aprendem o significado do dinheiro no início da infância. Os pais descobrem facilmente que podem controlar seus filhos distribuindo recompensas e punições fundamentadas em dinheiro, e comprando ou deixando de comprar coisas.[57] As crianças aprendem que, caso se comportem, obtenham boas notas ou realizem suas tarefas, seus pais comprarão coisas para elas. Tal aprendizagem se dá cedo, e posteriormente é traduzida para a vida adulta, quando o dinheiro é visto como um meio de adquirir coisas que trarão não apenas felicidade e recompensa, mas também uma ideia de status e prestígio. Em algumas sociedades, essa crença pode levar a um desejo quase insaciável e a uma busca de obter dinheiro, a qual é complementada pela cobertura da mídia daqueles que "se deram bem" e pela crença de que "poderia acontecer com qualquer um, inclusive comigo". Essa crença é uma razão pela qual as loterias são populares entre determinadas classes.

Os profissionais de marketing devem compreender o dinheiro e o que ele significa a fim de entender os padrões de consumo, uma vez que ele permite que os consumidores adquiram objetos de status como indicadores de uma posição social. Ele também é visto como uma forma de ascensão a um nível mais alto quando se adquire mais. Entretanto, o aumento contínuo do uso de cartões de débito e crédito mostra que o dinheiro não precisa envolver o suporte físico, pois mesmo em países como o Quênia, onde o dinheiro tem sido por muito tempo a forma de pagamento mais aceita, os consumidores estão fazendo cartões de crédito, pois assim podem comprar agora e pagar depois.[58] Os compradores de um número crescente de países podem criar carteiras eletrônicas que permitem que efetuem compras pela Internet. Os consumidores da Holanda podem inscrever-se para obter a carteira eletrônica MiniTix e, então, apenas clicar para ter o montante de qualquer compra eletronicamente transferido para um varejista on-line.[59]

Obviamente, consumidores diferentes tratam o dinheiro de maneiras diferentes, ou seja, alguns gastarão dinheiro para adquirir o que querem agora, ao passo que outros se envolverão na autorrecusa para economizar. Um estudo descobriu que os gastadores tendem a ser mais saudáveis e felizes do que os autorrecusadores, os quais tendem a ser infelizes com relação a finanças, crescimento pessoal, amigos e trabalho.[60] Porém, ao longo do tempo, os consumidores que consistentemente gastam mais do que possuem estarão com grandes dívidas e podem até mesmo declarar falência.

O dinheiro como vilão e mocinho

O dinheiro pode ser visto como a recompensa justa pelo trabalho duro e pode conduzir à aquisição de itens necessários, a uma qualidade de vida maior e à possibilidade de ajudar os outros e a sociedade em geral. Do lado negativo, a busca por dinheiro pode levar a obsessão, ganância, desonestidade e a práticas potencialmente prejudiciais, como apostas em jogos de azar, prostituição e tráfico de drogas (veja o Capítulo 18). A busca por dinheiro também pode levar a emoções negativas, como ansiedade, depressão, raiva e desamparo.[61] Embora as pessoas ricas geralmente sejam respeitadas, frequentemente se desdenha o desejo obsessivo por dinheiro, uma reação que significa que as pessoas ricas podem sentir-se alienadas das demais.[62] Além do mais, as pessoas que não compartilham sua riqueza com os outros podem ser vistas como egoístas e gananciosas. Curiosamente, os consumidores com renda familiar anual abaixo de US$ 25.000 doam cerca de 4% de sua renda para instituições de caridade, ao passo que os consumidores com renda familiar de US$ 100.000 ou mais contribuem com menos de 3% de sua renda para instituições de caridade.[63]

Dinheiro e felicidade

A crença popular (especialmente nos países ocidentais) de que dinheiro pode comprar felicidade raramente é verdadeira. Após algumas pessoas adquirirem uma riqueza enorme, o dinheiro pode tornar-se insignificante e não mais ser altamente desejado. Além disso, as pessoas ricas muitas vezes podem contratar outras pessoas para lidar com muitas das atividades de que costumavam gostar, como jardinagem e projetos "faça você mesmo". E, é claro, o dinheiro simplesmente não pode comprar amor, saúde, amizade verdadeira e filhos, entre outras coisas. Assim, a busca incansável por dinheiro pode não acabar com a realização de sonhos que muitos pensam que acabaria.

IMPLICAÇÕES DE MARKETING

Aproveitar o desejo de sinais visíveis de mobilidade ascendente pode ser eficaz para o marketing de determinadas ofertas. Nem todos podem pagar US$ 72.500 por um celular Vertu incrustado com pedras preciosas, mas até mesmo o modelo mais barato de US$ 6.500 pode simbolizar status para os consumidores recém-enriquecidos da Rússia e da China.[64] Focando em consumidores de classe alta que desejam usar sinais de riqueza, a Luxottica oferece um par de óculos escuros estilizado de US$ 10 mil.[65] E entre os consumidores da classe média alta, um elevador doméstico, usado em casas de alto luxo – com um valor estimado de US$ 25.000 ou mais –, está se tornando um símbolo popular de status.[66]

O uso de cartões de crédito e débito está crescendo em diversos países, apresentando tanto oportunidades como desafios. Na Rússia, por exemplo, o uso de tais cartões aumentou drasticamente e agora corresponde a uma média de US$ 4 mil em gastos anuais.[67] A dívida de cartões de crédito está aumentando não apenas nos Estados Unidos, mas também na Austrália, no Canadá, no Reino Unido e em todos os outros lugares. Todavia, o uso excessivo do cartão de crédito também está contribuindo para as maiores taxas de falência dos consumidores em tais países, uma situação que origina questões éticas e de políticas públicas.

Padrões de consumo de classes sociais específicas

As seções anteriores examinaram como a classe social influencia a aquisição e o consumo em geral. Esta seção estende a discussão examinando, de maneira geral, os padrões de consumo de classes sociais específicas. Embora as distinções de classes estejam tornando-se turvas, a fim de simplificar, esta discussão focará em: (1) a classe alta, (2) a classe média, (3) a classe trabalhadora e (4) os sem-teto. Lembre-se de que essas são tendências amplas; os profissionais de marketing devem aprofundar-se para identificar subsegmentos de consumidores com padrões de consumo únicos e específicos.

A classe alta

A **classe alta** da maioria das sociedades é um grupo variado de pessoas que inclui a aristocracia, a nova elite social (ou novos-ricos) e a classe média alta (especialistas). Nos Estados Unidos, a classe alta geralmente significa os consumidores de "dinheiro antigo" – 0,1% da sociedade norte-americana cujos ancestrais adquiriram riqueza e poder há muito tempo e que agora vivem do dinheiro herdado. Tais consumidores tendem a investir dinheiro e a economizar mais do que os membros de outras classes.[68] Ainda assim, muitos são conscientes dos preços.[69] Ao fazer as compras de natal, apenas 49% visitam lojas de alto padrão; o restante compra em lojas medianas, tais como Macy's, e em lojas de ponta de estoque e que proporcionam descontos.[70] Os consumidores da classe alta também são mais propensos do que as outras classes a pesquisar cuidadosamente suas compras e a utilizar as características dos produtos, e não o preço, como um indicador de qualidade.

Classe alta A aristocracia, a nova elite social e a classe média alta.

Embora pequena, a classe alta é diversa, e seus membros compartilham vários valores e estilos de vida em comum que se relacionam ao comportamento de consumo. Tais consumidores tendem a se ver como intelectuais, política e socialmente conscientes, levando a um crescimento de comportamentos como ir ao teatro, investir em arte e antiguidades, viagens e doar tempo e dinheiro para instituições de caridade e questões civis.[71] A autoexpressão também é importante, resultando na compra de marcas de alta qualidade e prestígio em bom gosto. A Rolls-Royce, a qual vende carros de ponta, como o Phantom de US$ 320.000, diz que seu cliente médio possui um patrimônio líquido de mais de US$ 30 milhões.[72]

Os novos-ricos são os consumidores da classe alta que adquiriram bastante status e riqueza em suas vidas. Esse grupo gosta de colecionar itens que são símbolos de riqueza e poder adquiridos, tais como móveis, objetos de arte, carros, joias finas ou jatos customizados com interiores luxuosos.[73] A maioria dos milionários não corresponde à imagem tradicional de magnatas com mansões imponentes, e um terço de todas as famílias norte-americanas com bens de até US$ 1 milhão são lideradas por consumidores com 39 anos ou menos.[74] O milionário norte-americano médio tem 54 anos, é casado, possui três filhos e possui um patrimônio líquido familiar médio de US$ 9,2 milhões.[75] Mais de 1,1 milhão de famílias norte-americanas possui um patrimônio líquido que excede US$ 5 milhões.[76]

Exemplo 13.3
Focando nos consumidores de classe alta
Alguns anúncios focam em consumidores de classe alta com itens de luxo, assim como este da Marlow Yachts.

A classe média

A **classe média** dos Estados Unidos consiste primariamente de trabalhadores de colarinho-branco, muitos dos quais frequentaram cursos universitários (embora alguns ainda não tenham se graduado). Os padrões de valores e consumo dos consumidores da classe média variam, já que muitos observam a classe superior para obter orientação com relação a determinados comportamentos, tais como etiqueta de jantar adequada, vestuário (especialmente importante para aqueles com aspirações de mobilidade ascendente) e atividades de lazer populares, tais como golfe e tênis. Essa tendência estende-se à ida a teatros, às férias e às aulas de etiqueta para o autoaprimoramento. Os consumidores da classe média acreditam que controlam seus prospectos e veem oportunidades no futuro.[77] Os valores da classe média também podem determinar os tipos de produtos e marcas que os consumidores da classe média baixa adquirem e consomem. Somente como um exemplo, em comparação com os consumidores de classe baixa, uma porcentagem maior de consumidores de classe média assina canais *premium* de TV a cabo.[78]

Classe média Na maioria, trabalhadores de colarinho-branco.

Padrões similares de comportamento da classe média foram encontrados em outros países. A classe média do México, por exemplo, possui diversas semelhanças com a classe média dos Estados Unidos, gastando grande parte de sua renda disponível em carros, roupas, férias e bens para a casa. No entanto, as famílias de classe média baixa do México possuem uma renda média menor (cerca de US$ 14.400) que a de seus parceiros norte-americanos.[79] Na Rússia, 5 milhões de consumidores formam a classe média, com uma renda mensal média de US$ 500. Aproximadamente 85% desse grupo possuem carros e muitos preferem restaurantes *fast-food* de marcas ocidentais.[80] De fato, a classe média está crescendo em muitos países em desenvolvimento, especialmente na Índia, na China, na Indonésia e na Coreia do Sul.[81]

A classe trabalhadora

A **classe trabalhadora** é representada principalmente por operários. O estereótipo de um homem de meia idade que usa capacete está mudando à medida que a classe média torna-se mais jovem, mais etnicamente diversa, mais feminina, de alguma forma mais instruída e mais alienada dos empregadores.[82] Os consumidores da classe trabalhadora dependem fortemente de várias áreas, incluindo oportunidades de emprego e consultoria – particularmente para compras fundamentais e ajuda durante tempos difíceis.[83] Como resultado, eles tendem a ter uma orientação social, psicológica e geográfica mais local do que outras classes. Por exemplo, os homens da classe trabalhadora exibem fortes preferências por times, agências de notícias e férias locais. A classe trabalhadora também tem demonstrado uma forte resistência à mudança dos papéis dos sexos, comprando carros não fabricados nos Estados Unidos e abandonando o símbolo de masculinidade de um carro ou caminhão grande e potente.

Classe trabalhadora Na maioria, operários.

Os consumidores da classe trabalhadora são mais propensos a gastar do que a economizar; entretanto, quando economizam, muitos optam por contas de poupança em vez de investimentos e buscam estabilidade financeira.[84] Além disso, é mais provável que os consumidores da classe trabalhadora julguem a qualidade dos produtos com base no preço (preço mais alto significa maior qualidade) para comprar mercadorias de massa ou em lojas de descontos e também é mais provável que tenha menos informações sobre o produto ao comprar.[85] E eles podem apresentar preferências por produtos diferentes de forma distinta daquela dos consumidores das demais classes sociais. Por exemplo, apenas 15% dos adultos norte-americanos com renda abaixo de US$ 25 mil dizem que bebem vinho, em comparação com 52% dos adultos da faixa de renda superior e 28% da faixa de renda média.[86]

Os sem-teto

Na extremidade mais baixa da hierarquia de status estão os consumidores **sem-teto**, os quais não têm abrigo e vivem nas ruas ou em estruturas improvisadas, carros ou casas abandonadas.[87] Os sem-teto representam um segmento considerável da sociedade em alguns países. Estimativas oficiais dos Estados Unidos indicam que cerca de 750 mil pessoas ficam sem abrigo em certa noite, embora outras estimativas dessa população apresentem números de até 7 milhões.[88] Esse grupo crescente é formado primariamente por viciados em drogas e álcool, antigos pacientes com doenças mentais, membros de famílias lideradas por mulheres e pessoas que sofreram contratempos financeiros. Os consumidores sem-teto não necessariamente estão desempregados: de acordo com uma pesquisa realizada em Austin, Texas, onde há estimativas de que vivem 6 mil pessoas sem-teto, 51% das pessoas que responderam à pesquisa estavam empregadas, mas não ganhavam o suficiente para manter uma residência permanente.[89]

Sem-teto Pessoas na extremidade mais baixa da hierarquia de status.

Uma característica predominante dos sem-teto é a luta pela sobrevivência. Com pouca ou nenhuma renda, os consumidores sem-teto têm dificuldades para adquirir necessidades básicas, como alimentos e cuidados médicos.[90]

Eles não são impotentes, mas sim um "grupo determinado e capaz que lida proativamente com sua falta de recursos no ambiente de consumo".[91] Eles tendem a manter sua autoestima distanciando-se de pessoas mais dependentes da assistência social ou de abrigos e de instituições como o Exército da Salvação, aceitando sua identidade das ruas ou contando histórias fictícias sobre realizações passadas ou futuras.[92]

Uma atividade de sobrevivência particularmente importante para os consumidores sem-teto é o *vasculhamento*, ou seja, encontrar bens usados ou parcialmente usados que foram descartados. Vários deles variam seus padrões de vasculhamento para evitar a detecção à medida que se movem entre as áreas para encontrar os itens necessários, fazendo desta uma sociedade móvel ou nômade. Apesar de sua pobreza, a maior parte dos consumidores sem-teto tem algumas posses de valor e utiliza ao máximo os itens, descartando algo somente se não vislumbram absolutamente nenhum uso futuro para estes.

IMPLICAÇÕES DE MARKETING

A classe social pode servir como uma forma eficaz de segmentar o mercado, influenciando, assim, o desenvolvimento de produtos e serviços, de mensagens, de seleção de mídia e de seleção de canais.

Desenvolvimento de produtos e serviços

Os motivos e valores da classe social podem determinar quais ofertas os consumidores desejam. Por exemplo, para satisfazer a necessidade de prestígio e luxo, muitos consumidores da classe alta preferem automóveis de ponta, vinhos importados, restaurantes luxuosos, férias exóticas ou luxuosas e roupas de alta costura. A classe trabalhadora, por outro lado, deseja boa qualidade a um preço justo, e muitas ofertas são criadas de modo a atender esse desejo. Exemplos incluem hotéis com taxa familiar, restaurantes self-service e carros econômicos ou usados. No México, as 823 lojas da rede Elektra atendem os clientes da classe trabalhadora disponibilizando crédito para compras de televisões, eletrodomésticos e até mesmo carros.[93]

Às vezes, os profissionais de marketing desenvolvem linhas de produtos diferenciadas para as diversas classes. Tendo como alvo os consumidores das classes alta e média, a Procter & Gamble desenvolveu uma linha *premium* das fraldas descartáveis Pampers, Baby Stages of Development (estágios de desenvolvimento do bebê), comercializadas com base nas características inovadoras em vez do preço.[94] Além disso, os profissionais de marketing podem criar produtos que atraiam as aspirações dos consumidores para a mobilidade ascendente. Por exemplo, o estilista Michael Kors oferece roupas com preços moderados com base em sua linha de vestuário de ponta, moda que ele chama "alta costura solidária" que "tem aparência aspiracional".[95]

Mensagens

Os publicitários que focam em uma classe social em particular na população maior podem ser eficazes entrando nas distinções do grupo; ao focar nas classes altas, por exemplo, o publicitário pode sugerir o status do grupo como de elite, pequeno.[96] Outras mensagens para as classes altas podem focar em temas como "apenas uma recompensa pelo trabalho duro", "você chegou lá" ou "conceda um mimo a si mesmo, pois você merece". Certas ofertas podem ser anunciadas como cobiçados símbolos de status; assim, a Jaguar faz a propaganda de seu XJ8 como um carro que os consumidores ricos cobiçam, pois combina "beleza e inteligência". As mensagens para a classe trabalhadora norte-americana podem assumir uma orientação mais localizada, focando na casa e nos amigos, bem como em atividades preferidas, como caçar e assistir a eventos de esportes. Além disso, as mensagens podem utilizar membros típicos de uma classe social como modelos. O anúncio do Exemplo 13.4, por exemplo, representa um apelo para a classe trabalhadora.

Exposição à mídia

As classes diferem em sua exposição a certas mídias. Os publicitários tentam atingir a classe alta, especialmente os novos-ricos, por meio de revistas e jornais dirigidos ao público, tais como *The Robb Report*, *Modern Luxury* e *ForbesLife Executive Woman*.[97] Muitos consumidores da classe alta assistem às emissoras de TV aberta e aos programas culturais, e é mais provável que se encaixem no perfil daqueles que fazem compras pela Internet, com maior renda e educação.[98] Os consumidores da classe baixa tendem a ser grandes espectadores de TV e menos propensos do que as demais classes a ler revistas e jornais. Os consumidores da classe média, especialmente aqueles que estão cursando o nível universitário, são únicos, pois tendem a ser grandes espectadores de TV e também leitores de revistas.

Seleção de canais

Os profissionais de marketing que focam em consumidores da classe alta podem disponibilizar os bens por meio de canais que vendem mercadorias exclusivas com serviço personalizado.[99] Por exemplo, a butique de ponta Bijan na Rodeo Drive, em

Exemplo 13.4
Apelo à classe trabalhadora
Este anúncio apela para os valores e as preferências de produto da classe trabalhadora (isto é, ter um veículo grande para rebocar coisas como um trailer, bem como comer um cheeseburger "suculento e gorduroso").

Los Angeles, vende apenas com hora marcada, oferecendo roupas de luxo, tais como gravatas de seda de US$ 1.000.[100] O consumo conspícuo pode exercer uma função quando os consumidores desejam adquirir itens na loja "certa", especialmente se podem ser vistos fazendo isso.[101] Mesmo os comerciantes de massa estão vendendo produtos com apelo um pouco mais esnobe, assim como a Target que vende roupas e utensílios domésticos "chiques e baratos" muito semelhantes àqueles oferecidos por varejistas mais caros.[102] As lojas Dollar, tais como a Dollar Tree, atraem consumidores da classe trabalhadora com mercadorias de qualidade a preços populares.

Nota de precaução

Os profissionais de marketing vêm tendo dificuldades em utilizar a classe social como uma variável de segmentação por diversas razões. Conforme foi observado, é difícil avaliar a classe social porque diversos fatores, como profissão e renda, podem ter efeitos opostos na classe. Além disso, as variações em uma classe fazem da classe social um prognóstico melhor de amplos padrões de comportamento, tais como a escolha conspícua de nível de produtos, em vez de comportamentos específicos, tais como a escolha de marcas. Por fim, em virtude da fragmentação das classes sociais, as distinções tradicionais de classe podem estar se tornando demasiado amplas para serem realmente úteis e, por isso, os profissionais de marketing estão utilizando a tecnologia para segmentar mercados e para focar nos consumidores de maneira mais precisa por meio do marketing de banco de dados, da Internet, de mala direta e de outras ferramentas.

Como a família influencia o comportamento do consumidor

Alguns pesquisadores argumentam que a própria família é a unidade mais importante de análise para o comportamento do consumidor, pois as famílias tomam muito mais decisões de aquisição, consumo e descarte do que os indivíduos isoladamente. Esta seção define famílias e domicílios, examina os diferentes tipos de domicílios, descreve o ciclo de vida da família e observa como as famílias influenciam as decisões e o consumo.

Tipos de famílias

Família nuclear Pai, mãe e um ou mais filhos.

Família estendida A família nuclear com a adição de parentes como avós, tias, tios e primos.

Uma *família* geralmente é definida como um grupo de pessoas que moram juntas e que possuem um parentesco por meio do casamento, do sangue ou da adoção. A unidade mais típica é a **família nuclear**, a qual consiste de um pai, uma mãe e um ou mais filhos. A **família estendida** é formada pela família nuclear com a adição de parentes, como avós, tias, tios e primos, e aproximadamente 4 milhões de famílias norte-americanas possuem três ou mais gerações de pais morando com filhos e netos.[103] Nos Estados Unidos, frequentemente pensamos em *família* em termos de família nuclear, embora a família estendida seja a unidade definidora em vários países. Embora a família seja importante em quase todos os lugares do mundo, alguns países e algumas culturas exibem uma orientação familiar mais forte do que outros. No Japão e na China, por exemplo, a família é um ponto de foco, e a maior parte das pessoas sente um senso de obrigação muito forte para com ela.[104]

Lar é um termo mais amplo que inclui uma única pessoa ou um grupo de indivíduos que moram juntos em uma casa em comum, independentemente de possuírem parentesco. Esse termo inclui casais que vivem juntos (um homem e uma mulher que não são casados e vivem juntos), casais gays, ou solteiros que são colegas de quarto. Em função de o número de famílias estar crescendo – aumentando em mais de 1,35 milhão todos os anos – os profissionais de marketing e os pesquisadores estão pensando cada vez mais em termos de lares do que de famílias.[105]

Lar Uma única pessoa ou um grupo de indivíduos que moram juntos em uma casa em comum, independentemente de possuírem parentesco.

O estereótipo tradicional da família norte-americana é formado por um marido como o ganhador de salário principal, uma esposa que não recebe salário e permanece em casa e dois filhos com menos de 18 anos. Atualmente, em razão dos casamentos mais tardios, dos casais que moram juntos, do divórcio, das carreiras duplas, das crianças bumerangue, das pessoas viverem mais e de uma taxa de nascimentos menor, o número de famílias não tradicionais cresceu muito.[106] De fato, os lares formados por apenas uma pessoa superam hoje as famílias com filhos.[107] Enquanto isso, o número de famílias de pais solteiros lideradas por mulheres cresceu três vezes mais rápido do que o número de famílias com os dois pais.[108] Observe que 29% de todas as famílias norte-americanas são formadas por casais oficialmente unidos em matrimônio sem filhos (em decorrência de uma escolha consciente de não ter nenhum filho ou porque os filhos saíram de casa).[109]

Lares e o ciclo de vida familiar

Os lares também podem ser diferentes em termos de estágio do **ciclo de vida familiar**. As famílias podem ser caracterizadas em relação a idade dos pais, do número de pais presentes, do número e da idade de filhos que moram em casa, e assim sucessivamente.[110] Os lares também podem ser formados por um ou mais solteiros, casais sem filhos e casais cujos filhos cresceram e saíram de casa. Mudanças, como o falecimento ou o divórcio, podem alterar a estrutura familiar, por exemplo, criando famílias com pais únicos.

Ciclo de vida familiar Estágios diferentes da vida familiar, dependendo da idade dos pais e de quantas crianças moram em casa.

Os profissionais de marketing devem considerar a grande variação de necessidades ao longo do ciclo de vida familiar e o efeito sobre o comportamento do consumidor nos lares. Em geral, os gastos aumentam à medida que os lares mudam de jovens solteiros para jovens casados e, então, permanecem altos até caírem bruscamente nos estágios de casados mais velhos ou solteiros mais velhos.[111] Contudo, esse padrão depende do que é comprado. Os novos pais tendem a gastar mais com assistência médica, roupas, domicílio e alimentos (e menos com álcool, transporte e educação). O mercado dos Estados Unidos para produtos de bebê por si só vale aproximadamente US$ 9 bilhões de dólares.[112] À medida que as famílias crescem, os pais gastam mais com habitação e móveis, cuidados com crianças e serviços relacionados à família. Os jovens com ninhos vazios gastam mais com veículos e roupas, ao passo que os lares de solteiros e casais mais velhos gastam mais com produtos para a casa, assistência médica e viagens. Por fim, é mais provável que os lares em meio a uma mudança no ciclo de vida mudem suas preferências de marcas e sejam mais receptivas a esforços de marketing.[113]

Contudo, esses estágios não abrangem todos os tipos de famílias. É notável que faltam os casais do mesmo sexo e as mães solteiras que nunca casaram, dois importantes segmentos do mercado. Os gays e as lésbicas, por exemplo, representam de 11 a 23 milhões de consumidores nos Estados Unidos e são relativamente afluentes e altamente instruídos.[114] Além disso, mais de 4 milhões de mulheres que são mães entre 15 e 44 anos nunca se casaram.[115] Por fim, conforme será discutido no Capítulo 17, mais de 60% dos lares norte-americanos incluem um animal de estimação (cão, gato ou outro) que muitas vezes é considerado um membro da família muito especial e pode, portanto, ser uma influência importante para os gastos da família.[116]

Tendências de mudança na estrutura familiar

Cinco fatores principais estão alterando a estrutura básica e as características dos lares, os quais incluem (1) casamento adiado, (2) casais que vivem juntos, (3) carreiras duplas, (4) divórcio e (5) famílias menores.

Casamento adiado

Em muitas sociedades ocidentais, um número crescente de pessoas está adiando ou evitando o casamento. Atualmente, a idade média com que os homens norte-americanos se casam pela primeira vez é 27 anos; para as mulheres norte-americanas, a idade média é 25 anos.[117] Como resultado, 27% de todas as famílias norte-americanas (27 milhões de pessoas, mais mulheres do que homens) são formadas por pessoas que moram sozinhas.[118] O adiamento do matrimônio pode ocorrer porque a carreira é vista como uma prioridade maior, porque atualmente é mais aceitável que homens e mulheres vivam juntos antes de se casarem ou porque os consumidores com empréstimos universitários desejam primeiro reduzir sua dívida.

A tendência dos casamentos adiados é importante para os profissionais de marketing, porque os lares com apenas uma pessoa apresentam padrões de consumo únicos. Os homens solteiros, por exemplo, gastam mais com álcool, carros novos, roupas e estudos do que os homens casados. Em comparação com as mulheres casadas, as solteiras tendem a gastar mais com carros novos, sapatos, entretenimento, doces e habitação (para viver em uma área segura).[119] As solteiras tendem a ter mais renda discricionária e, portanto, podem gastar mais do que os casais da mesma classe social e mesmo nível de renda.[120] As solteiras não somente gastam mais em refeições em restaurantes, como também comem fora mais frequentemente.[121]

Adiando o casamento, os casais tipicamente se veem em uma situação financeira melhor e podem pagar mais por uma casa e móveis, roupas de bebê e serviços de empregadas domésticas do que poderiam caso tivessem se casado antes. Os pais com mais de 35 anos com filhos com menos de 6 anos gastam mais com habitação, móveis, cuidados com as crianças, transporte e alimentos do que os pais mais jovens. Além disso, quando os casais adiam o casamento, eles também adiam a concepção de filhos, um desenvolvimento que levou a um aumento no uso de medicamentos de fertilidade e na incidência de gêmeos ou trigêmeos.[122]

Coabitação

Como consequência das alterações das normas sociais, mais consumidores estão decidindo morar com membros do sexo oposto fora do casamento. Entre as 5 milhões de famílias formadas por pessoas de sexos opostos nos Estados Unidos, mais da metade nunca foram casadas. A maioria das pessoas que moram juntas (38%) tem entre 25 a 34 anos e 20% têm entre 35 a 44 anos.[123] Além disso, mais de 600 mil de lares norte-americanos são formados por casais do mesmo sexo.[124] Em comparação com os casais unidos em matrimônio, as pessoas que coabitam tendem a ser mais orientadas para si mesmas e muitos veem as posses como pessoais em vez de itens conjuntos caso o relacionamento não perdure.[125] Contudo, muitos parceiros não casados dividem despesas e, como provavelmente ambos trabalham, muitas vezes possuem renda discricionária maior do que os casados da idade semelhante (com uma esposa que não trabalha). Desse modo, os casais não oficialmente casados são consumidores mais frequentes de entretenimento, transportes e férias do que os casais oficialmente casados.

Famílias de carreira dupla

Os dois principais tipos de famílias de carreira dupla são (1) aquelas em que as mulheres buscam avanço profissional e realização pessoal e (2) aquelas em que as mulheres trabalham fora por necessidades financeiras e consideram seu emprego "apenas um trabalho".[126] As mulheres do segundo grupo tendem a se parecer mais com as donas de casa tradicionais em termos de perspectiva e comportamento, ao passo que as mulheres do primeiro grupo são mais contemporâneas e progressistas.

As famílias de carreira dupla possuem várias implicações importantes para o comportamento do consumidor. Primeiro, ter duas rendas aumenta o gasto discricionário.[127] As famílias de carreira dupla tendem a gastar mais do que outras famílias com os cuidados com as crianças, comendo fora e com serviços em geral. As esposas estão contribuindo para as finanças da família, o que permite que influenciem as decisões de aquisição e consumo com relação a férias, carros, habitação e outras ofertas.[128] Em segundo lugar, a carga aumentada de ter tanto carreira como família, ou a *sobrecarga de papéis*, proporciona menos tempo para cozinhar, realizar tarefas domésticas, fazer compras e outras atividades, motivo pelo qual as famílias de carreira dupla valorizam em especial ofertas que economizam tempo, tais como refeições de micro-ondas, alimentos pré-preparados, empregadas domésticas, cuidados com as crianças, *fast food* e serviços de entrega de comida. Em razão de as mulheres que se encontram em tais famílias terem um tempo limitado para fazer compras, é mais provável que sejam fiéis a marcas, comprem por impulso e comprem de catálogos ou pela Internet.

Em terceiro, há mais maridos assumindo as responsabilidades familiares, incluindo fazer compras, cozinhar e – para uma pequena, mas crescente porcentagem de famílias – ficar em casa para cuidar dos filhos.[129] Como resultado, mais anúncios estão se voltando para os homens que, por exemplo, estão compartilhando de algumas responsabilidades de cozinhar para a família. Na Ásia, no entanto, tais anúncios suscitam uma reação negativa tanto de homens como de mulheres, pois os papéis dos sexos são vistos de maneira mais tradicional, ainda que mais homens estejam lidando com os trabalhos domésticos.

Divórcio

Mais de quatro entre dez casamentos nos Estados Unidos têm chances de acabar em divórcio.[130] Embora a tendência tenha se estabilizado recentemente, muitos divórcios ainda ocorrem todos os anos, e tais separações têm implicações importantes para o comportamento do consumidor.[131] Passar por um divórcio representa uma transição importante em que os consumidores realizam diversas tarefas essenciais, formam uma nova família e criam novos padrões de consumo.[132] O divórcio pode conduzir a uma mudança importante no estilo de vida, e adquirir bens e serviços pode ser uma parte integrante da formação de uma nova identidade e do alívio do estresse durante essa transição. Por exemplo, um consumidor recentemente divorciado pode comprar uma casa, um carro, móveis ou roupas novas, um novo corte de cabelo; ou ir a eventos para solteiros a fim de assumir uma nova imagem ou de sentir-se melhor.

O divórcio também influencia a estrutura familiar. Se o casal não possuía filhos, os novos divorciados frequentemente adotam vários dos padrões de consumo e aquisição dos solteiros discutidos anteriormente. Entretanto, esses novos solteiros são tipicamente mais velhos e possuem uma renda discricionária maior para habitação, transporte e roupas caso estejam trabalhando. Além disso, o divórcio cria famílias de pais solteiros quando há filhos envolvidos. As estimativas são de que uma em cada três famílias nos Estados Unidos atualmente possui apenas um dos pais, e a maioria dessas famílias tem uma mulher como líder, embora a proporção de pais solteiros esteja crescendo.[133] Pelo fato de que o pai solteiro deve ter uma renda e criar os filhos, as ofertas de conveniência – tais como comida congelada ou *fast foods* – são uma necessidade.[134] Em comparação com seus correspondentes casados, é provável que os pais solteiros tenham renda mais baixa do que a média, que gastem relativamente menos na maior parte das coisas e que sejam inquilinos em vez de proprietários de casas.

Por fim, as pessoas divorciadas que têm filhos estão casando novamente com grande frequência, criando mais famílias com padrastos e madrastas.[135] Os demógrafos estimam que mais de um terço das famílias norte-americanas pertençam a tal categoria. Em aproximadamente dois terços de tais famílias, as crianças vivem com sua mãe biológica; muitas dessas famílias possuem renda e grau de instrução menores, e são mais jovens do que as famílias intactas. Em função do estresse potencial e das emoções conflitantes, cerca de metade dessas famílias também terminará em divórcio. Assim como outras famílias, as famílias com padrastos e madrastas podem ter necessidades de consumo únicas. Por exemplo, as crianças que viajam de uma família a outra precisam de suprimentos duplicados de roupas, escovas de dentes e brinquedos.[136]

Famílias menores

Em vários países, o tamanho médio da família está diminuindo. Nos Estados Unidos, os casais pertencentes às gerações *boomer* e X estão tendo menos filhos por conta das carreiras duplas, dos encargos financeiros e da preocupação com a superpopulação – alguns casais acreditam que ter mais de dois filhos é uma irresponsabilidade social. O tamanho médio da família nos Estados Unidos é atualmente 3,14 pessoas.[137] Uma família menor significa mais renda discricionária a ser gasta com itens de recreação, férias, educação, brinquedos e entretenimento. As famílias menores também gastam mais com cada criança e os casais sem filhos, um dos tipos de família que cresce mais rápido, possuem mais renda discricionária do que outras famílias. Em comparação com os casais que possuem filhos, os casais que não os possuem gastam mais com comida, refeições em restaurante, entretenimento, bebidas alcoólicas, roupas e animais de estimação.[138]

IMPLICAÇÕES DE MARKETING

Os produtos e serviços que oferecem conveniência podem ser comercializados especificamente para as famílias de carreira dupla e divorciadas. Pelo fato de muitos maridos de famílias de carreira dupla e homens solteiros ou divorciados comprarem mantimentos e outros itens, os varejistas estão cada vez mais focando nos homens.[139] As esposas das famílias de carreira dupla exercem mais influência em decisões caras, de forma que os profissionais de marketing de produtos e serviços caros devem atrair tanto o marido como a esposa. As famílias não tradicionais também estão servindo como alvo: a Hallmark desenvolveu cartões comemorativos que lidam com os relacionamentos de famílias com padrastos e madrastas e de coabitação.[140]

Homens e mulheres solteiros são alvo atrativo para muitos profissionais de marketing. Algumas lojas da rede de supermercados Trader Joe's designaram uma "noite dos solteiros" especial e criaram demonstrações com temas românticos de chocolate e vinho para os clientes que procuram socializar-se enquanto fazem compras.[141]

Os profissionais de marketing estão focando em alguns casais do mesmo sexo por meio de eventos como paradas do orgulho gay, anúncios em revistas dirigidas ao público, tais como *Out* e *The Advocate*, sites especializados, *outdoors* em bairros selecionados e – cada vez mais – em anúncios de TV que apresentam casais formados por duas pessoas do mesmo sexo.[142] Seguindo a iniciativa de Subaru, Ford e outras montadoras, a Cadillac começou a fazer a propaganda de seus veículos para consumidores gays.[143] Ao focar abertamente em consumidores gays e lésbicas, no entanto, alguns desses profissionais de marketing tornaram-se alvos de grupos conservadores e líderes religiosos que se opõem à homossexualidade.[144] Os profissionais de marketing que focam em casais do mesmo sexo também precisam compreender como esses consumidores tomam decisões; por exemplo, as decisões de compra de casais de lésbicas tendem a ser tomadas de uma forma mais igualitária do que as decisões de famílias tradicionais dominadas pelo marido ou pela esposa.[145]

Papéis desempenhados por membros da família

Papéis decisórios na família
Papéis que membros diferentes têm em uma decisão familiar.

Um aspecto fundamental das famílias é que mais de uma pessoa pode envolver-se na aquisição e no consumo. Esta seção discute os diversos elementos do comportamento do consumidor na família, com ênfase especial nos **papéis decisórios na família** e em como os membros da família influenciam os processos de decisão.

Em uma família com várias pessoas, os membros podem desempenhar uma variedade de tarefas ou papéis ao adquirir e consumir um produto ou serviço:

> *Coordenadores.* Membros familiares que coletam e controlam informações importantes para a decisão.
> *Influenciadores.* Membros da família que tentam expressar suas opiniões e influenciar a decisão.
> *Tomador de decisão.* A pessoa ou as pessoas que realmente determinam qual produto ou serviço será escolhido.
> *Comprador.* O membro da família que adquire fisicamente o produto ou serviço.
> *Usuários.* Os membros da família que consomem o produto.

Cada papel pode ser desempenhado por membros diferentes da família ou por uma única pessoa, por subgrupos de pessoas ou por toda a família. Por exemplo, ao decidir qual filme alugar ou baixar, os pais podem tomar a decisão final, mas os filhos podem desempenhar um papel, de forma direta (declarando suas preferências) ou indireta (quando os pais têm em mente as preferências de seus filhos). Um pai pode realmente obter o filme, mas toda a família pode assisti-lo (ou consumi-lo). Os pais frequentemente são os tomadores de decisão e os compradores de itens consumidos por seus filhos, como roupas, brinquedos, alimentos e filmes. De maneira semelhante, mais de 70% das roupas íntimas e dos perfumes dos homens são comprados pelas esposas ou namoradas.

Papéis instrumentais
Papéis relacionados a tarefas que afetam a decisão de compra.

Os papéis decisórios na família podem ser **instrumentais**, o que significa que se relacionam com as tarefas que afetam a decisão de compra, tais como quando e o quanto comprar.

Papéis expressivos Papéis que envolvem uma indicação das normas familiares.

Os papéis também podem ser **expressivos**, o que significa que indicam normas familiares, tais como uma opção de cor ou estilo.[146] Tradicionalmente, o marido preenchia o papel instrumental e a esposa, o papel expressivo, mas as mudanças dos papéis dos sexos estão alterando esse padrão.

Podem ocorrer conflitos com frequência no preenchimento de diferentes papéis domésticos com base nos seguintes fatores: (1) as razões para comprar, (2) quem deve tomar a decisão, (3) qual opção escolher e (4) quem utiliza o serviço ou produto.[147] Em razão de todos os membros da família terem aumentado seu uso do computador, por exemplo, muitas vezes surgem conflitos com relação a quem utilizará o computador e por quanto tempo.[148] Os conflitos também podem ocorrer em decisões com relação ao consumo "ecologicamente correto", tais como o uso de alimentos orgânicos e a economia de água e energia.[149] Em geral, as famílias resolvem os conflitos por meio da solução de problemas, da persuasão, da barganha e de políticas, com a persuasão e a solução de problemas sendo os métodos mais frequentemente utilizados.[150] Vale ressaltar que, todavia, que a resolução muitas vezes não é sistemática e racional, mas sim um processo desordenado em que a família toma uma série de pequenas decisões para chegar a uma solução.[151] Além disso, muitas famílias evitam conflitos para não ter de resolvê-los.

Os profissionais de marketing devem reconhecer que as decisões familiares são mais frequentes em determinadas circunstâncias do que em outras. Especificamente, as decisões conjuntas são mais prováveis quando o risco percebido associado com a decisão é alto, a decisão é muito importante, há um amplo tempo para a tomada da decisão e a família é jovem. Além disso, os membros da família podem influenciar uns aos outros em termos de preferências e fidelidade a marcas, padrões de busca de informações, confiança na mídia e sensibilidades ao preço.[152]

Os papéis dos cônjuges

Maridos e esposas desempenham papéis diferentes na tomada de decisões, e a natureza de sua influência depende da oferta e do relacionamento do casal. Ao examinar a influência marido-esposa, um estudo de referência conduzido na Bélgica (e reproduzido nos Estados Unidos) identificou quatro categorias de decisão principais:[153]

➢ Uma **decisão dominada pelo marido** é tomada principalmente pelo líder masculino da família (por exemplo, a compra de cortadores de grama e de ferramentas).

➢ Uma **decisão dominada pela esposa** é tomada principalmente pelo líder feminino da família (por exemplo, as roupas das crianças, as roupas das mulheres, mantimentos e cosméticos).

➢ Uma **decisão autônoma** pode ser tomada igualmente pelo marido ou pela esposa, mas não por ambos (por exemplo, as roupas dos homens, bagagem, brinquedos e jogos, equipamentos esportivos e câmeras).

➢ Uma **decisão sincrática** é tomada em conjunto pelo marido e pela esposa (por exemplo, férias, geladeiras, TVs, móveis para a sala, serviços de planejamento financeiro e o carro da família).

Decisão dominada pelo marido Decisão tomada principalmente pelo líder masculino da família.

Decisão dominada pela esposa Decisão tomada principalmente pelo líder feminino da família.

Decisão autônoma Decisão que pode ser tomada igualmente pelo marido ou pela esposa, mas não por ambos.

Decisão sincrática Decisão tomada em conjunto pelo marido e pela esposa.

À medida que os cônjuges chegam mais perto de uma decisão final, o processo tende a mover-se em direção à decisão sincrática e a distanciar-se dos outros três tipos, em particular para as decisões mais importantes. Contudo, as estruturas dos papéis são apenas generalizações; a influência real exercida depende de diversos fatores. Primeiro, um cônjuge terá mais influência quando traz mais recursos financeiros para a família e quando possui um alto nível de envolvimento na decisão.[154] Em segundo lugar, fatores demográficos, tais como a renda familiar total, profissão e instrução, também estão relacionados ao grau de influência marido-esposa.[155] Combinados, tais fatores oferecem uma percepção de poder a um cônjuge em uma situação de tomada de decisão. Quanto mais alto for o grau de poder percebido, maior será a probabilidade de que o cônjuge exerça influência.

Quando a família possui uma forte orientação tradicional dos papéis dos sexos, certas tarefas são consideradas masculinas ou femininas de forma estereotípica e mais decisões tendem a ser dominadas pelo marido do que nas famílias menos tradicionais.[156] As famílias mexicanas americanas, por exemplo, tendem a ter uma orientação tradicional e decisões dominadas pelo marido. Entretanto, as mudanças dos papéis dos sexos, conforme observado anteriormente, estão influenciando as decisões de maridos e esposas. Na Tailândia, aproximadamente metade dos maridos ouvidos em uma pesquisa disseram que decidiam quais alimentos suas famílias comeriam e que faziam as compras de alimentos para a família, uma tarefa tradicionalmente considerada parte do papel da esposa.[157] Nos Estados Unidos, a tomada de decisão conjunta é mais comum entre as famílias anglo-saxônicas, o domínio do marido é mais provável em famílias nipo-americanas e o domínio da esposa é mais prevalente em famílias afro-americanas.

Pesquisadores encontraram apoio para os quatro principais papéis de decisão conjugais em vários países, embora os Estados Unidos, a França e a Holanda exibam um nível mais alto de decisão conjunta do que a Venezuela e o Gabão, onde as decisões autônomas prevalecem.[158] Outros aspectos da tomada de decisão conjugal também têm sido estudados. Por exemplo, por meio dos processos de **barganha** (que envolve uma troca justa) ou **concessão** (no qual um cônjuge cede em alguns pontos para obter o que deseja em outras áreas) os casais tendem a tomar decisões igualitárias que resultam dos acordos.[159] Eles não seguem tipicamente um processo formal e sistemático para a tomada de decisões; em vez disso, utilizam um processo informal em que têm consciência limitada do conhecimento um do outro e da estratégia de decisão.[160] Maridos e esposas geralmente não são bons em estimar a influência e as preferências de seus cônjuges, embora cada um deles aprenda a partir do resultado de decisões anteriores e ambos façam ajustes ao longo do tempo.[161]

Barganha Troca justa de preferências.

Concessão Ceder em alguns pontos para obter o que se deseja em outras áreas.

Os papéis dos filhos

Os filhos desempenham um importante papel nas decisões familiares ao tentar influenciar o comportamento de aquisição, uso e descarte de seus pais. O estereótipo mais comum é que os filhos reclamam até que seus pais finalmente cedam. Pesquisas descobriram que o sucesso de tais tentativas depende do tipo de oferta, das características dos pais, da idade dos filhos e do estágio do processo de decisão.[162] É mais provável que os filhos utilizem sua influência para produtos relacionados a crianças, como cereais, biscoitos, salgadinhos, carros, férias e novas tecnologias da informática. Para roupas e brinquedos, as crianças muitas vezes utilizam o argumento de que "todos os outros têm um" e, como os pais desejam evitar ser identificados como "mãos de vaca", frequentemente darão o que os filhos querem.[163]

Curiosamente, os filhos consistentemente superestimam o quanto influenciam a maioria das decisões.[164] Eles tendem a ter menos influência quando os pais envolvem-se mais com o processo de decisão ou são mais tradicionais e conservadores. Os pais solteiros e que trabalham, em contrapartida, são mais propensos a ceder, porque enfrentam mais pressões de tempo.[165] Quando os pais definem mais restrições para o ato de assistir TV, eles tendem a ceder menos, mas as tentativas dos filhos de influenciar os pais aumentam conforme os pais assistem mais TV com eles.

Outra descoberta importante é que, quanto mais velho for o filho, mais influência ele exercerá.[166] Uma razão para tal situação é que as crianças mais novas tendem a ter menos envolvimento no processo de decisão, e é mais provável que os pais neguem os pedidos dos filhos mais jovens. Como evidência, os adolescentes acreditam que possuem uma influência maior quando a decisão é importante para eles e para a família. Os filhos mais velhos muitas vezes também geram sua própria renda, o que lhes concede maior poder.[167] No entanto, mesmo quando a família inclui dois ou mais filhos, os pais ainda exercem a influência maior com relação a decisões de compra e consumo de novas ofertas.[168]

Um estudo examinou as estratégias que os adolescentes utilizam ao tentar influenciar a tomada de decisão dos pais e da família, as quais incluem barganha (fazer acordos), persuasão (tentar influenciar a decisão a seu favor), apelos emocionais (utilizar a emoção para obter o que desejam) e pedidos (pedir diretamente).[169] Os pais, por sua vez, podem utilizar não somente as mesmas estratégias com seus filhos, como também estratégias de especialidade (conhecimento), legitimidade (poder) e diretivas (autoridade de pais).

O tipo de família determina a natureza da influência dos filhos:

- As famílias autoritárias reforçam a obediência.
- As famílias negligentes exercem pouco controle.
- As famílias democráticas encorajam a autoexpressão.
- As famílias permissivas removem as restrições.

Há maior probabilidade de que os filhos tenham o controle direto de decisão em famílias permissivas e negligentes, e é mais provável que influenciem as decisões em famílias democráticas e permissivas.[170] Além disso, a influência dos filhos varia em diferentes estágios do processo de decisão sendo maior no início do processo (reconhecimento do problema e busca de informações) e caindo significativamente nas fases de avaliação e escolha.[171]

IMPLICAÇÕES DE MARKETING

Os profissionais de marketing precisam reconhecer que os papéis decisórios familiares existem e precisam ser realizados por diferentes membros da família. Assim, apelar somente para os tomadores de decisão ou para os compradores pode ser uma estratégia limitada e relativamente ineficaz. Os profissionais de marketing que focam exclusivamente em crianças para a venda de brinquedos ou cereais matinais, por exemplo, ignoram o fato de que os pais geralmente são influenciadores, tomadores de decisões e compradores desses produtos. Dessa forma, os profissionais de marketing devem determinar quais membros da família estão envolvidos em cada decisão de aquisição e atrair todas as partes importantes. Para ilustrar, o parque temático Kidzania, em Tóquio – criado para crianças de 2 a 15 anos – foca nos pais japoneses que desejam dar a seus filhos uma amostra de diferentes carreiras. A taxa de entrada permite que as crianças "brinquem" em uma variedade de profissões, de dentista a engenheiro elétrico.[172]

Mais crianças norte-americanas estão utilizando a Internet para trocar e-mails, visitar sites e jogar em mundos virtuais criados especialmente para os mais jovens.[173] Tal desenvolvimento criou oportunidades tanto para as marcas estabelecidas como para os recém-chegados. O Club Penguin da Disney está carregado de jogos e atividades para crianças e possui 700 mil jovens membros, cujos pais pagam uma taxa mensal de US$ 6.[174] O marketing para crianças mais jovens, em particular, suscita questões éticas e legais; por esse motivo, os sites para crianças com menos de 13 anos devem estar de acordo com a Children's On-line Privacy Protection Act (Lei de Proteção da Privacidade On-line das Crianças) e obter permissão dos pais antes de coletar informações das crianças.

Resumo

As pessoas em uma sociedade podem ser agrupadas em níveis de status (alto, médio e baixo), criando uma hierarquia de classes sociais. As distinções de classe são importantes, porque os membros de uma classe em especial compartilham experiências de vida em comum e, portanto, dividem também valores e padrões de comportamento de consumo, embora diversas variações possam ocorrer nos grupos. É mais provável que as pessoas sejam influenciadas por membros de sua própria classe, pois interagem regularmente com estes. Ainda assim, a influência pode cruzar as fronteiras das classes por meio do *efeito de gotejamento* (*trickle-down effect*, quando as classes mais baixas copiam os valores e o comportamento das classes mais altas) ou do *efeito de flutuação de status* (quando as tendências começam nas classes mais baixas e difundem-se nas altas).

Diversos fatores determinam a classe social, sendo os mais importantes a profissão e a instrução. Os pesquisadores utilizam uma série de itens, tais como o Índice Computadorizado de Status, para medir a classe social. As três principais tendências que produzem uma evolução na estrutura das classes sociais são a mobilidade ascendente, a mobilidade descendente e a fragmentação das classes sociais. A classe social influencia o comportamento do consumidor de três maneiras principais: (1) por meio do consumo conspícuo, a aquisição e a exibição de ofertas que simbolizam status para demonstrar o status social; (2) por meio do consumo compensatório, tentando compensar algumas deficiências por meio do envolvimento em um consumo maior do que o usual; e (3) por meio do significado do dinheiro.

Os lares incluem tanto famílias com parentesco como pessoas sem parentesco que moram juntas, bem como pessoas solteiras. A proporção de famílias não tradicionais cresceu em virtude de fatores como (1) casamentos mais tardios, (2) coabitação, (3) famílias de carreira dupla, (4) divórcio e (5) famílias menores. As famílias exercem uma influência considerável sobre os padrões de aquisição e consumo, e os membros desta podem desempenhar papéis diferentes no processo de decisão (coordenador, influenciador, tomador de decisão, comprador e usuário). Além disso, maridos e esposas variam em sua influência no processo de decisão, dependendo de se a situação é dominada pelo marido, pela esposa, se é autônoma ou sincrática. Os filhos podem influenciar o processo de decisão fazendo pedidos aos pais, e a natureza dessa influência depende em parte de a família ser autoritária, negligente, democrática ou permissiva. Em geral, quanto mais velha for a criança, maior será sua influência.

Perguntas para revisão e discussão

1. O que é a hierarquia de classes sociais?
2. Quais são os determinantes das classes sociais?
3. Por que a fragmentação das classes sociais está ocorrendo?
4. Por que um consumidor se envolveria no consumo conspícuo e no desperdício conspícuo?
5. Como a exibição de paródia difere dos símbolos de status?
6. Em que circunstâncias ocorre o consumo compensatório?
7. Por que uma empresa desenvolveria ofertas diferentes para consumidores de classes sociais diferentes?
8. Defina os termos *família nuclear*, *família estendida* e *lar*.
9. Quais os cinco fatores que alteraram a estrutura básica e as características das famílias?
10. Quais são os cinco papéis que um membro familiar pode desempenhar na ocasião da aquisição e do consumo de um produto ou serviço?

CASO – COMPORTAMENTO DO CONSUMIDOR

Marketing para mães

Do que as famílias precisam, o que desejam, utilizam e compram? Mais profissionais de marketing estão conhecendo as mães à medida que reúnem informações sobre as preferências e padrões de aquisição e consumo de famílias com filhos. Algumas empresas monitoram o que as mães estão dizendo sobre os produtos e problemas em sites e blogs utilizados por pais. Um número crescente de profissionais de marketing está patrocinando áreas especiais em sites de redes sociais direcionados a mães, sendo seu objetivo pesquisar questões específicas ou gerar *feedback* e boca a boca sobre determinadas marcas.

O McDonald's, por exemplo, criou o Global Moms Advisory Panel para oferecer conselhos sobre seu menu e restaurantes, pois as "mães são muito importantes para o nosso negócio", diz o diretor de marketing mundial da rede. "Pretendemos ouvir e aprender a partir de nosso Global Moms Panel, com o objetivo de proporcionar a melhor experiência possível para as famílias em nossos restaurantes de todo o mundo". As mães do KFC são importantes! O Conselho Consultivo desempenha uma função semelhante, funcionando como um conselho de sondagem para produtos e promoções sob consideração. Buscando *insights* sobre tendências futuras das famílias, os profissionais de marketing do KFC também fizeram perguntas a essas mães com relação a questões além de comer fora, tais como a forma com que administram o estresse diário e as responsabilidades familiares.

A Procter & Gamble é outra empresa que está buscando ativamente a colaboração e os *insights* das mães. Particularmente, ela deseja saber mais sobre as necessidades e os interesses das mamães que têm entre 28 e 45 anos e possuem filhos com 19 anos ou menos. Vocalpoint, o site de networking da P&G, recrutou mais de 600 mil mães que se encaixam em tal perfil demográfico. Uma vez que se tornaram membros da rede, essas mães receberam amostras de produtos da P&G, disseram à empresa o que achavam desses produtos e expressaram suas opiniões em grupos de discussão periódicos e em pesquisas de opinião. O Vocalpoint envia às mães um e-mail semanal com atualizações sobre o que há no site e questões específicas, como de que forma e quando preferem comunicar suas opiniões.

Além disso, o site convida as mães a se envolverem em campanhas boca a boca dos produtos P&G, como o ambientador Febreze e a espuma de limpeza Dawn. Não só a P&G está conhecendo as mães; ela também está conhecendo as mães que conhecem seus produtos e falam sobre os produtos de que gostam e que utilizam.

Ao saber do poder de influência que as mães têm nas compras familiares, as empresas muitas vezes focam nelas com campanhas especiais. A divertida campanha publicitária das Warrior Mums ("Mamães Guerreiras") do Burger King veiculada no Reino Unido, por exemplo, brincou de forma sutilmente irônica com a batalha para fazer que as crianças comam bem. Essa campanha ajudou a empresa a apresentar o BK Mini-Angus Burger como uma nova opção em seu menu *kids*. A Johnson & Johnson, a qual produz produtos para cuidados pessoais, também faz propaganda diretamente para as mães. Durante as Olímpiadas de Verão em Pequim, ela veiculou um comercial de TV em dialetos que focava no estreito relacionamento da estrela do pingue-pongue Deng Yaping com a mãe. O comercial terminava dizendo: "Produtos Johnson's Baby – torça para o amor da mamãe". Quantos outros comerciais você viu que tinha como alvo as mães?[175]

Perguntas sobre o caso

1. Quais papéis as mães desempenham no processo de tomada de decisão familiar? É provável que tais papéis mudem de uma situação para outra?
2. Você concorda com as campanhas da Procter & Gamble que fazem as mães falarem a respeito de seus produtos? Explique sua resposta.
3. Qual era o objetivo da Johnson & Johnson ao veicular um comercial que destaca o amor entre mãe e filha?
4. Você acha que outros membros da família prestarão atenção ou responderão a uma mensagem de marketing que foca nas mães? Justifique sua resposta.

Psicografia: valores, personalidade e estilos de vida
Capítulo 14

OBJETIVOS DE APRENDIZADO

Depois de estudar este capítulo, você estará apto a:

1. Definir valores e sistemas de valores e mostrar como eles podem ser descritos.
2. Identificar alguns valores que caracterizam as culturas ocidentais, delinear os principais fatores que influenciam valores e descrever como os valores podem ser medidos.
3. Discutir as características de personalidade mais relacionadas aos padrões de comportamento do consumidor e mostrar por que são importantes na perspectiva do marketing.

INTRODUÇÃO

A atração do luxo *versus* de volta ao básico

As tendências contrastantes da "atração do luxo" e "de volta ao básico" estão ativas no mundo todo enquanto consumidores compram e usam bens e serviços para expressar o que é importante para eles, quem são e como vivem. Consumidores abastados que compram itens de alto nível, como uma bolsa de US$ 14 mil para exibir seu sucesso financeiro são o esteio de marcas de luxo como Louis Vuitton e Gucci, que têm suas maiores vendas fora da América do Norte. Enquanto isso, um número cada vez maior de consumidores está se presenteando com itens de "luxo acessível", como uma bolsa Coach de US$ 300,00 ou uma churrasqueira BeefEater de US$ 6.900,00, talvez para se igualar aos vizinhos ou para satisfazer um *hobby* ou interesse.

Apesar da atração do luxo, alguns consumidores estão se distanciando do apelo das marcas e se voltando aos itens básicos. Alguns se revoltam contra o que veem como muita ênfase em coisas materiais, alguns se preocupam em não desperdiçar recursos naturais, alguns querem se livrar do molde da marca e outros querem simplesmente economizar dinheiro. Como consequência, as vendas de bens de marca própria comercializados por varejistas como Rite Aid têm aumentado (elevando as margens de lucros das lojas). Voltar ao básico pode também significar comprar um produto de marca por menos em uma loja de descontos como Walmart ou Costco. Mesmo os consumidores que mudam seus hábitos de compra por motivos ambientais podem fazer uma afirmação sobre si mesmos

4. Explicar como estilos de vida são representados por atividades, interesses e opiniões, e descrever como aplicações psicográficas em marketing combinam variáveis de valores, personalidade e estilo de vida.

Psicografia Descrição de consumidores fundamentada em suas características psicológicas e comportamentais.

por meio de suas decisões. Por exemplo, o carro ecológico Prius é tão diferente que ninguém o confundiria com um carro comum.[1]

Essas tendências duplas ilustram a influência dos valores, da personalidade e dos estilos de vida sobre o comportamento do consumidor – tópicos que serão discutidos neste capítulo. Valores determinam quais produtos as pessoas acham que são "certos" para comprar ou possuir (se estão mais preocupadas em adquirir posses ou salvar o meio ambiente, por exemplo). Se a personalidade do consumidor tende à frugalidade, ele deve colocar mais ênfase em obter o melhor valor pelo preço que pagou (daí a popularidade de marcas próprias). Pessoas que amam cozinhar ao ar livre podem ver uma churrasqueira chique como uma necessidade para seu estilo de vida.

Juntos, valores, personalidade e estilos de vida constituem os componentes básicos da **psicografia**, a descrição dos consumidores fundamentada em suas características psicológicas e comportamentais (veja o Exemplo 14.1). No passado, a psicografia media apenas os estilos de vida do consumidor, mas aplicações mais modernas também incluem a formação psicológica, de valores, personalidade e comportamento dos consumidores com relação a produtos específicos (padrões de uso, opiniões e emoções). Os profissionais de marketing usam a psicografia para obter uma compreensão melhor do comportamento do consumidor com relação àquela que pode ser obtida de variáveis demográficas, como etnia classe social, idade, gênero e religião.

Valores

Valores Crenças duradouras sobre o que é certo ou errado.

Sistema de valores Nosso conjunto total de valores e sua importância relativa.

Os **valores** são crenças duradouras de que certo comportamento ou resultado é bom ou ruim.[2] Por exemplo, você pode acreditar que é bom ser saudável, manter sua família segura, ter autorrespeito e ser livre. Por serem crenças duradouras, seus valores servem como padrões que guiam seu comportamento em situações e no decorrer do tempo. Assim, o quanto você valoriza o meio ambiente geralmente determina a frequência com que você joga lixo fora, recicla ou compra produtos feitos de materiais reciclados. Os valores são tão arraigados que as pessoas geralmente não têm consciência deles e têm dificuldade para descrevê-los.

Nosso conjunto total de valores e sua importância relativa constituem nossos **sistemas de valores**, e o modo como nos comportamos em uma situação é frequentemente influenciado por quão importante um valor em comparação a outros.[3] Por exemplo, a decisão de passar o sábado à tarde relaxando com sua família ou fazendo exercícios será determinada pela importância relativa que você dá a sua família e a sua saúde. Você sente um *conflito de valores* quando faz algo que é consistente com um valor, mas inconsistente com outro valor igualmente importante. Essa dinâmica pode ser ilustrada com o exemplo de pais que atribuem igual valor à conveniência e à preocupação com o meio ambiente, pois eles podem experimentar conflito de valores se compram fraldas descartáveis para seus bebês. Consumidores confrontados com tais decisões não consideram somente os resultados imediatos do consumo deste produto, mas também o efeito geral do produto sobre a sociedade, inclusive a postura do fabricante (com relação ao meio ambiente, por exemplo).[4]

Como os valores estão entre as primeiras coisas que as crianças aprendem, com frequência os sistemas de valores estão arraigados aos 10 anos de idade. Como veremos no Capítulo 15, as pessoas aprendem os valores pelo processo de socialização, que resulta da exposição a grupos de referência e a outras fontes de influência.[5] Por exemplo, você pode valorizar a educação porque seus pais foram à universidade e porque eles e seus professores estimularam esse valor. Como indivíduos aprendem valores pela exposição a outros em instituições e culturas, pessoas do mesmo grupo frequentemente têm os valores semelhantes.

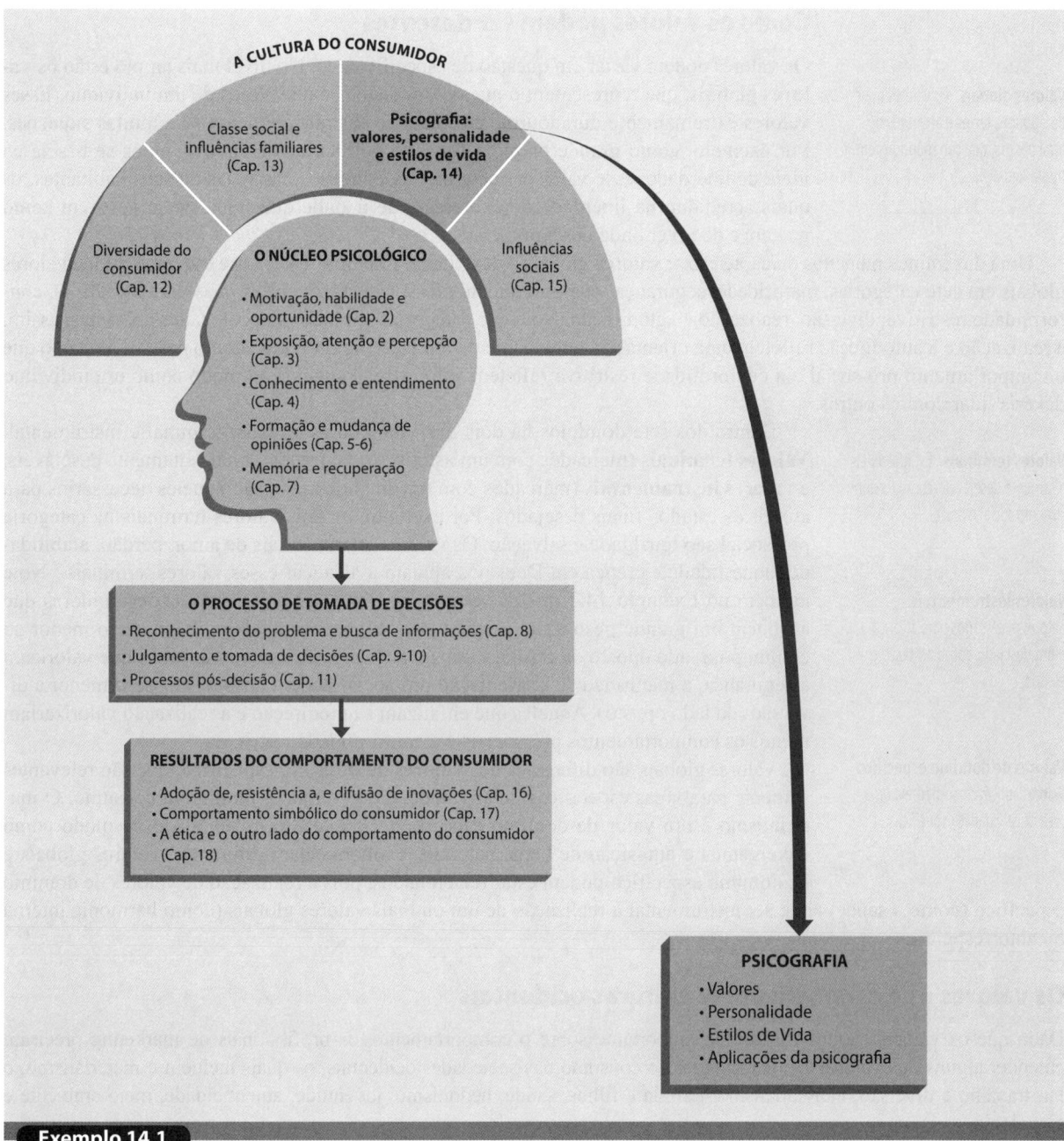

Exemplo 14.1
Visão geral do capítulo: psicografia: valores, personalidade e estilos de vida
Capítulos anteriores demonstraram como a associação de certos grupos culturais (regional, étnico, classe social, e assim por diante) pode afetar comportamentos de grupo. Este capítulo examina o efeito dessas influências culturais no nível do indivíduo – ou seja, sobre valores (crenças profundas), personalidade (traços característicos do consumidor) e estilos de vida (padrões comportamentais que são manifestações dos valores e da personalidade). Cada um desses fatores é útil para entender o comportamento do consumidor; além disso, os profissionais de marketing frequentemente combinam os fatores e obtêm um perfil psicográfico geral dos consumidores.

A *aculturação* é o processo pelo qual indivíduos aprendem os valores e comportamentos de uma cultura diferente (veja o Capítulo 12). Por exemplo, imigrantes chegando aos Estados Unidos têm de aprender valores novos para se aculturar à vida norte-americana. É mais provável que os consumidores adotem os valores de uma cultura diferente se considerarem que tal cultura é atraente e tem valores semelhantes aos seus. A aculturação também acontece mais rapidamente quando pessoas na cultura diferente são coesivas, dão muitos sinais verbais e não verbais sobre quais são seus valores e expressam orgulho dos valores que têm.[6]

Como os valores podem ser descritos

Valores globais Os valores mais duradouros, fortes e abstratos de uma pessoa, que são mantidos em muitas situações.

Os valores podem variar em questão de especificidade. No nível mais amplo estão os **valores globais**, que representam o núcleo dos sistemas de valores de um indivíduo. Esses valores extremamente duradouros, profundos e abstratos aplicam-se a muitas situações. Por exemplo, como grande parte da filosofia política dos Estados Unidos se baseia na ideia de liberdade, esse valor permeia muitos domínios das vidas de seus habitantes, os quais acreditam na liberdade de expressão, de ir onde quiserem, de se vestirem como gostam e de viver onde desejam.

Uma das muitas maneiras de caracterizar valores globais é descrita no Exemplo 14.2. Esse esquema divide valores globais em sete categorias: maturidade, segurança, comportamento pró-social (fazer coisas boas para os outros), conformidade restritiva, diversão, realização e autodireção. Note que categorias similares são colocadas próximas, assim, a realização e a autodireção refletem uma orientação semelhante com relação ao indivíduo como pessoa, ao passo que o comportamento pró-social e a conformidade restritiva refletem valores relacionados ao modo como um indivíduo deveria lidar com os outros.

Valores terminais Estados finais altamente desejáveis, como reconhecimento social e prazer.

Valores instrumentais Valores necessários para alcançar o fim desejado, como ambição e alegria.

Dentro dos sete domínios há dois tipos de valores globais: terminal e instrumental. **Valores terminais** (marcados com um asterisco) são estados finais altamente desejáveis, e **valores instrumentais** (marcados com um sinal de mais) são aqueles necessários para atingir os estados finais desejados. Por exemplo, os dois valores terminais na categoria pró-social são igualdade e salvação. Os valores instrumentais de amor, perdão, afabilidade, honestidade e crença em Deus nos ajudam a alcançar esses valores terminais.[7] Note também no Exemplo 14.2 que os valores tendem a ser polarizados: consumidores que atribuem um grande peso a um conjunto de valores terminais atribuem peso menor ao conjunto no lado oposto da figura. Essa situação significa que indivíduos que valorizam a segurança, a maturidade e a orientação pró-social podem atribuir um peso menor à diversão (do lado oposto). Aqueles que enfatizam a autodireção e a realização valorizariam menos os comportamentos pró-sociais e a conformidade restritiva.

Valores de domínio específico Valores aplicáveis somente a uma área de atividades específica.

Valores globais são diferentes dos **valores de domínio específico**, que são relevantes somente para áreas específicas de atividade, como religião, família ou consumo. O materialismo é um valor de domínio específico, porque está relacionado ao modo como enxergamos a aquisição de bens materiais. Embora sejam diferentes, valores globais e de domínio específico podem estar relacionados, pois a realização de valores de domínio específico (como a saúde) pode ser instrumental à realização de um ou mais valores globais (como harmonia interna ou autorrespeito).

Os valores que caracterizam as culturas ocidentais

Dado que os valores são uma influência importante sobre o comportamento, os profissionais de marketing precisam entender alguns dos valores que caracterizam o consumo nas sociedades ocidentais, os quais incluem o materialismo, o lar, trabalho e diversão, individualismo, família e filhos, saúde, hedonismo, juventude, autenticidade, meio ambiente e tecnologia.

Materialismo

Materialismo Atribuir importância ao dinheiro e aos bens materiais.

Um valor que tem se tornado cada vez mais prevalente nas culturas ocidentais é o **materialismo**.[8] Em uma sociedade materialista, as pessoas medem a satisfação com relação ao que adquiriram ou não, e em termos de posses desejadas. Os indivíduos materialistas tendem a valorizar itens como carros, joias e barcos. Por outro lado, itens simbólicos, como o vestido de casamento de sua mãe, recordações de família e fotos são mais importantes para aqueles com materialismo baixo.[9] Consumidores materialistas talvez acreditem que poderiam ser felizes se tivessem uma casa maior, um carro melhor ou roupas mais caras – crenças que podem levar ao estresse se mudanças na família ou na vida perturbam sua situação financeira.[10]

Teoria da gestão do terror Teoria que explica como indivíduos tentam lidar com a ansiedade gerada pela inevitabilidade da morte.

O materialismo pode se relacionar com vários dos valores terminais citados no Exemplo 14.2 – por exemplo, posses podem ser instrumentais em conquistar o valor do reconhecimento social, de ordem mais alta – ou pode refletir um valor mais alto de realização se as pessoas julgam seu valor próprio pelo que adquiriram ou pela sua conquista de uma vida confortável. De acordo com a **teoria da gestão do terror**, uma parte da origem do

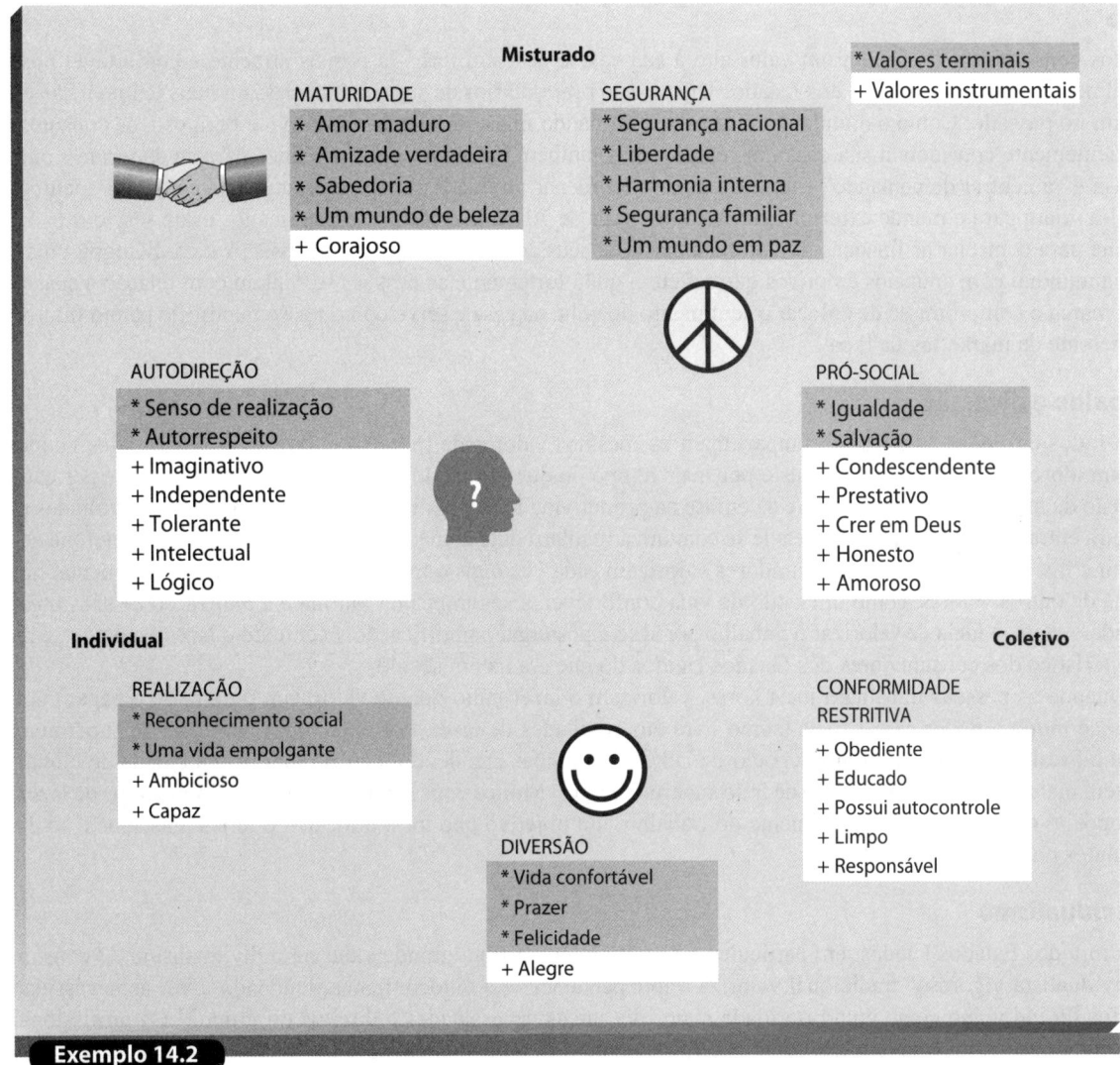

Exemplo 14.2
Valores globais e categorias de valores
Um esquema para classificar os valores globais identifica sete categorias principais. Alguns valores são voltados para o indivíduo (por exemplo, auto direção, realização); outros são mais coletivos ou voltados para o grupo (por exemplo, pró-social, conformidade restritiva). Observe que categorias próximas são similares; aquelas mais distantes são menos parecidas. Valores terminais (ou estados finais altamente desejáveis) estão marcados com um asterisco (*); valores instrumentais têm um sinal de mais (+).

materialismo vem da compulsão dos consumidores em aliviar sua ansiedade sobre a inevitabilidade da morte derivando autoestima e status da aquisição e da posse de coisas.[11] Por outro lado, membros de comunas e de certas ordens religiosas escolheram um estilo de vida que rejeita as posses materiais,[12] e um número cada vez maior de pessoas muda suas prioridades, rejeitando o materialismo, simplificando suas vidas, ganhando e gastando menos. Pesquisas mostram que o conflito de valores entre a orientação do indivíduo para o materialismo e a orientação do grupo para valores familiares é associada a um senso de bem-estar menor, uma descoberta que pode ajudar a explicar o movimento de oposição ao materialismo.[13]

Mesmo assim, consumidores dos Estados Unidos geralmente têm uma inclinação materialista, assim como os do Japão, da China e de muitas outras nações.[14] Em uma sociedade materialista, os consumidores serão receptivos a táticas de marketing que facilitam a aquisição de bens, como pedidos por telefone ou on-line, preços especiais, distribuição conveniente e comunicações que associam a aquisição à realização e ao status, como anúncios de relógios Rolex. Eles também querem proteger suas posses, criando oportunidades para serviços como seguros e empresas de segurança que os protegem contra perdas, furtos ou danos.

Casa

Muitos consumidores atribuem um valor alto à sua casa e desejam torná-la o mais atraente e confortável possível. Atualmente, 69% dos cidadãos dos Estados Unidos são proprietários de suas casas e passam mais tempo nelas do que faziam no passado. Como o mundo exterior está se tornando mais complexo, cansativo e perigoso, os consumidores frequentemente consideram sua casa um refúgio, mas também procuram oportunidades para se conectar a outros.[15] A casa é "a central de comando" – um lugar para coordenar atividades e juntar recursos antes que os membros da família saiam para o mundo exterior. Por exemplo, mais de 70 milhões de norte-americanos usam serviços bancários on-line para controlar as finanças da família a partir de seus computadores domésticos.[16] A Ikea divulgou uma campanha mundial com anúncios emotivos que refletem quão fortemente as pessoas se sentem com relação a suas casas. "Ela marca o compromisso de colocar o sentimento de volta na casa e serve como nosso manifesto para o futuro", diz um gerente de marketing da Ikea.[17]

Trabalho e diversão

Nem todos em todas as culturas compartilham os mesmos valores de trabalho e diversão. Nos Estados Unidos, os consumidores estão trabalhando mais e por mais tempo do que em qualquer outra época, parcialmente por causa de redução da mão de obra corporativa e da ênfase na produtividade. Na realidade, quando consumidores voltados para a carreira entram de férias, quase a metade se comunica regularmente com seus colegas de trabalho por telefone celular, e-mail e fax.[18] No entanto, os consumidores valorizam cada vez mais o trabalho por sua função instrumental na conquista de outros valores, como um estilo de vida confortável, a segurança da família e a realização de seus objetivos de vida. Assim, a ideia de valorizar o trabalho por si só e postergar a gratificação, excluindo o lazer e o prazer, é menos característico dos consumidores dos Estados Unidos do que era há um século.

Quando as pessoas trabalham mais horas, valorizam o lazer tanto quanto valorizam o dinheiro e pagam por serviços de modo a poder passar mais tempo livre em atividades de lazer. Por exemplo, o varejista de supermercados on-line FreshDirect construiu um negócio de US$ 200 milhões atendendo a consumidores da cidade de Nova York que têm mais coisas para fazer além de ir ao supermercado.[19] Muitos consumidores optam por momentos de lazer com o propósito de se afastar completamente do trabalho, um objetivo que tornou locais de férias afastados e *spas* mais populares nos últimos anos.[20]

Individualismo

A cultura dos Estados Unidos, em particular, há muito tempo atribui grande valor ao individualismo. O consumidor "individualista vigoroso" tradicional valoriza a independência e a autoconfiança, tendendo a ver as necessidades e direitos do indivíduo como uma prioridade maior do que as necessidades e direitos do grupo.[21] Os profissionais de marketing que focam em produtos, como equipamento de caça para homens, frequentemente usam imagens e palavras publicitárias para tornar a conexão entre possuir e usar esses produtos e expressar seu individualismo vigoroso. Apesar das raízes do individualismo nos Estados Unidos, alguns consumidores se preocupam com a violência e com outras consequências negativas possíveis do individualismo exacerbado.

Mesmo em uma sociedade geralmente individualista, existem consumidores *alocêntricos* que preferem interdependência e relacionamentos sociais; por outro lado, consumidores *idiocêntricos* tendem a colocar mais ênfase na liberdade e na assertividade do indivíduo. O comportamento desses dois tipos de consumidores reflete tais diferenças, pois idiocêntricos nos Estados Unidos exibem mais interesse em esportes e aventura, satisfação financeira, apostas e conhecimento da marca, ao passo que alocêntricos exibem mais interesse em conhecimentos sobre saúde, socialização em grupo, leitura e preparação de comidas.[22]

Família e filhos

As culturas também diferem nos valores que atribuem a suas famílias e a filhos. Os pais na Europa e na Ásia, por exemplo, tendem a valorizar mais a instrução do que os pais norte-americanos. Entre famílias asiáticas de classe média, educar os filhos aparece como prioridade logo após a alimentação, contudo, os consumidores norte-americanos ainda atribuem um valor alto aos filhos. Em vez de se mudar com suas famílias quando trocam de emprego ou são promovidos, alguns pais viajam para trabalhar em outra cidade e usam o e-mail e outras tecnologias para ficar em contato com o cônjuge e seus filhos durante a semana.[23]

Nos Estados Unidos os pais geralmente são bastante receptivos a produtos relacionados a crianças. Por exemplo, a Walt Disney construiu um negócio de US$ 4 bilhões comercializando roupas, acessórios, filmes e experiências temáticas de princesas para meninas.[24] Itens personalizados estão em alta demanda à medida que pais ou avós indulgentes compram ursinhos de pelúcia Gund com o nome e a data de nascimento do bebê bordados, ou camisetas para bebês com o nome de todos os membros da família bordados – inclusive o do gato ou o do cachorro.[25] Os profissionais de marketing estão focando em crianças, usando uma variedade infinita de cereais, sucos, sobremesas, refrigerantes e outros salgadinhos, além de brinquedos, jogos e afins.

Saúde

Muitos consumidores dos Estados Unidos atribuem um alto valor à saúde por razões de autoestima (a aparência do corpo) e preocupações sobre longevidade e sobrevivência. O valor da saúde se reflete na popularidade de alimentos com baixo teor de gordura, poucas calorias, carboidratos, sal, açúcar ou colesterol, bem como em comidas com benefícios nutricionais especiais. As bebidas Gatorade são comercializadas para consumidores que malham ou praticam esportes, porque os produtos oferecem a vantagem de repor fluidos e eletrólitos.[26] A maior preocupação com pesticidas, aditivos, doenças relacionadas a alimentos e contaminantes aumentou a demanda por alimentos orgânicos e vegetarianos. A Heinz é apenas uma de muitas empresas que lançaram versões orgânicas de alimentos como o ketchup.[27] A renda anual da Whole Foods Market, que comercializa somente itens de mercearia orgânicos e naturais, chega agora a US$ 6 bilhões.[28] Na Europa, preocupações com a saúde levaram muitos consumidores a resistirem a alimentos geneticamente modificados.[29]

A ênfase na saúde também preparou o caminho para comidas com baixo teor de gordura e de calorias, academias e dietéticos. Assim como a Nabisco e outras empresas foram bem-sucedidas na comercialização de pacotes de salgadinhos de 100 calorias para pessoas que querem controlar o tamanho das porções, empresas como a Wichita's Blue Dog Bakery estão oferecendo pacotes de petiscos de 100 calorias para cães.[30] Revistas como *Health* e *Runners' World* também exemplificam valores de saúde, e a CVS, o Walmart e outros varejistas estão abrindo clínicas médicas em suas lojas, que oferecem serviços médicos básicos, como o tratamento de otite e a aplicação de vacinas contra a gripe.[31] Campanhas antifumo, a proibição do fumo em lugares públicos e rótulos que informam sobre os riscos do álcool e do tabaco em muitas nações ocidentais são consistentes com valores de saúde.

Entretanto, os valores e o comportamento podem ser diferentes. Embora muitos norte-americanos falem a respeito de uma dieta saudável, 33% dos adultos nos Estados Unidos são obesos, em comparação com 17% dos adultos europeus.[32] Enquanto a controvérsia sobre a epidemia de obesidade continua, alguns profissionais de marketing foram criticados por oferecer porções ou pacotes muito grandes de comida, ao passo que outros foram criticados pelos ingredientes que colocam em (ou que não retiram de) produtos alimentares (veja o Capítulo 18 para uma discussão mais aprofundada). A crítica levou restaurantes de *fast foods* a postar informações nutricionais em seus sites e em suas lojas, e a acrescentar itens mais saudáveis ao menu. Por exemplo, o McDonald's acrescentou opções ao Lanche Feliz: maçãs nos Estados Unidos, iogurte na França, uvas-passas na Austrália e uvas na Grã-Bretanha.[33] Enquanto isso, ofertas como roupas de tamanho grande aumentaram.[34]

Hedonismo

Cada vez mais os consumidores operam no princípio do **hedonismo**, ou a busca pelo prazer, buscando bens, serviços e experiências que simplesmente os façam sentir-se bem, como carros de luxo, sistemas de entretenimento doméstico e férias empolgantes. Por exemplo, o apelo hedonístico do Tao Las Vegas, um restaurante sofisticado com atmosfera elegante, músicos itinerantes e delícias como o bife de Kobe, atrai 600 mil clientes a cada ano, gerando uma renda anual de US$ 55 milhões.[35] O hedonismo levou a alguns padrões de alimentação interessantes que contradizem os valores da saúde, como provam o sucesso da Häagen-Dazs (o primeiro sorvete superrefinado) de um lado, e o dos alimentos saudáveis com baixo teor de gordura da Choice (uma marca de US$ 700 milhões) de outro.[36] Além disso, apesar de suas preocupações com a saúde, os consumidores não vão mudar para variedades de baixa gordura e baixas calorias a menos que sejam saborosas. Na realidade, um estudo descobriu que os consumidores possuem uma intuição implícita de que comidas saudáveis têm gosto ruim.[37] Assim, o adoçante Splenda No Calorie conquistou uma fatia de 51% do mercado dos Estados Unidos para substitutos do açúcar em apenas seis anos, porque os consumidores perceberam seu sabor como o mais parecido com o açúcar entre todos os produtos concorrentes.[38]

Hedonismo O princípio de buscar prazer.

Juventude

Comparados a outras culturas, os Estados Unidos há muito atribuem grande valor à juventude, como evidenciado pela grande variedade de ofertas para combater ou reduzir os sinais do envelhecimento (pense em cremes antirrugas, tinturas para cabelos e implantes de cabelos). A cirurgia plástica é uma das especialidades médicas que mais cresce para homens e mulheres. Uma forte orientação para a juventude também é evidente na América Latina, onde consumidores gastam mais de US$ 1,6 bilhão por ano em cosméticos, e na China, onde são gastos mais de US$ 20 bilhões no mesmo segmento (principalmente com marcas estrangeiras).³⁹ Comunicações de marketing também indicam o valor atribuído à juventude. A Coca-Cola, por exemplo, criou anúncios especiais e um site acessado por telefone celular para promover seu refrigerante Sprite para adolescentes em todo o mundo. "Por adotarem a tecnologia desde cedo, os adolescentes também representam o maior e mais importante grupo da marca Sprite", diz um diretor mundial da marca.⁴⁰

Autenticidade

As pessoas geralmente valorizam coisas autênticas, o artigo original (como a mobília que pertenceu a George Washington, exposta na casa dele em Mount Vernon) ou uma reprodução fiel (mobília feita para parecer com a de George Washington e exibida em um museu ou disponível para compra).⁴¹ Cópias malfeitas ou falsificações baratas tendem a ser bem menos valorizadas. Os consumidores podem sentir uma ligação próxima com marcas que consideram "autênticas" – e podem abandonar ou criticar marcas que deixam de parecer autênticas.⁴² Um serviço ou experiência também pode ser valorizado por sua autenticidade. Por exemplo, alguns consumidores podem perceber a experiência de bebericar um café expresso em uma pequena cafeteria local como mais autêntica do que ir a uma cafeteria Starbucks, que tem presença mundial e uma identidade de marca consistente em todas as lojas.

O meio ambiente

A proteção ambiental tornou-se um valor importante entre consumidores dos Estados Unidos e da Europa (veja o Exemplo 14.3) que estão interessados em conservar os recursos naturais, evitar a poluição e apoiar bens, atividades e serviços ecologicamente corretos. Em um estudo, 87% dos consumidores dos Estados Unidos disseram que escolheriam características de economia de energia em uma casa nova em vez de outros confortos, como armários de cozinha melhores.⁴³ O Toyota Prius é apenas um exemplo de um número crescente de carros que atraem os compradores porque são mais limpos e têm maior eficiência de combustível.⁴⁴ Entre consumidores ecologicamente conscientes, 90% compram produtos com partes recicladas ou embalados em materiais reciclados; e muitos também compram de empresas que oferecem produtos ecológicos ou contribuem para causas ambientais.⁴⁵ Os estabelecimentos podem lucrar com vários aspectos dos valores ambientais. A ReCellular, por exemplo, recicla 10 toneladas de telefones celulares todos os dias, evitando que acabem em aterros sanitários.⁴⁶

Exemplo 14.3
Valorizando o meio ambiente
Preocupações ambientais são uma tendência de valor cada vez mais importante. Organizações como a SFI, Sustainable Forestry Initiative (iniciativa florestal sustentável), dedicam-se a essa causa.

Tecnologia

Consumidores em muitas culturas são fascinados pelos avanços tecnológicos e, mais do que nunca, os consumidores nos Estados Unidos, no Japão e em outras nações acreditam que computadores, telefones celulares, câmeras digitais e a Internet melhoram a qualidade de suas vidas. Já se podem vislumbrar os produtos da nanotecnologia, como tintas que não descascam e raquetes de tênis leves e potentes.⁴⁷ Apesar disso, as mudanças tecnológicas podem ser tão rápidas que não conseguimos acompanhar, o que resulta em uma ênfase renovada na simplicidade ou em pelo menos administrar a complexidade. Tal tendência é refletida no aumento de revistas como *Real Simple*, que mostra aos leitores como remover parte da complexidade de suas vidas diárias. Ainda assim, produtos com funções automáticas são populares porque tornam seu uso correto mais fácil.[48] Por exemplo, muitos telefones celulares são programados para ativação de voz para que os consumidores possam fazer chamadas sem apertar nenhum botão. Assim, parece que os consumidores valorizam a tecnologia pelo que ela pode fazer para tornar suas vidas mais fáceis do que por si mesma, tornando a tecnologia um valor instrumental, e não terminal.

Por que os valores mudam

Como as sociedades e suas instituições estão em constante evolução, os sistemas de valores também mudam. Além das principais tendências já discutidas, os valores nos Estados Unidos estão indo em direção à descontração no viver, maior sofisticação no comportamento, a uma mudança nos papéis dos sexos e ao desejo de ser moderno.[49] Embora os Estados Unidos fossem diferentes da Europa ocidental há cem anos, as duas culturas (e até certo ponto o Japão também) estão se tornando mais similares em valores, apesar de ainda haver diferenças. Esse aumento na consistência de valores é parcialmente em razão do aumento da comunicação global. Por exemplo, europeus ocidentais consideram alguns padrões de consumo dos Estados Unidos atraentes, e os consumidores japoneses abastados começam a atribuir maior valor a preferências pessoais, uma vida equilibrada e experiências e menor valor a expectativas tradicionais, trabalho e posses.[50]

Influências sobre valores

De que forma os valores diferem entre grupos de consumidores? Esta seção analisa como cultura, etnia, classe social e idade podem influenciar nossos valores.

Cultura e valores

Pessoas em países diferentes são expostas a experiências culturais diferentes, uma situação que leva a diferenças interculturais de valores. Um estudo constatou que os três valores mais importantes entre os brasileiros são amizade verdadeira, amor maduro e felicidade, ao passo que os consumidores dos Estados Unidos citaram segurança da família, paz mundial e liberdade.[51] Consumidores na China atribuem a maior importância a valores como preservar o melhor que já foi conquistado, ser compreensivo com os outros, ter autocontrole e integrar diversão, ação e contemplação. Um estudo de mulheres na Alemanha, na França e no Reino Unido descobriu que o valor "ter uma rotina familiar" é o mais importante para mulheres alemãs, mas vem em décimo lugar em importância para as britânicas e em 23º para as francesas.[52]

Em um estudo clássico, Geert Hofstede constatou que as culturas podem variar em quatro principais dimensões de valores:[53]

➢ *Individualismo* versus *coletivismo*. O grau em que uma cultura dá ênfase aos indivíduos em vez do grupo.

➢ *Impedimento de incerteza*. O grau em que uma cultura prefere situações estruturadas a situações não estruturadas.

➢ *Masculinidade* versus *feminilidade*. O grau em que uma cultura exalta valores masculinos (conforme definidos por Hofstede) como a assertividade, o sucesso e a competição em vez de valores femininos, como qualidade de vida, relacionamentos pessoais e cuidados.

➢ *Distância do poder*. O grau de igualdade dos membros de uma sociedade em relação a status.

Todas as culturas podem ser classificadas de acordo com essas quatro dimensões, por isso entender em qual delas uma cultura se encaixa pode fornecer uma percepção das diferenças interculturais. Por exemplo, pesquisas mostraram que dar gorjetas em restaurantes ocorrem menos em países onde a distância do poder é maior e as incertezas são altas, os valores femininos são fortes e o individualismo é alto.[54] Outro estudo descobriu que é mais provável que temas de anúncio humorísticos foquem em grupos em sociedades coletivistas, como a Tailândia e a Coreia do Sul, e que foquem na não qualidade de relações de status em países com alta distância de poder, como os Estados Unidos e a Alemanha.[55] Por fim, alguns estudos sugerem que homens dos Estados Unidos usam o consumo diário para apoiar sua visão de si mesmos como homens de ação, um valor de uma cultura alta em masculinidade.[56]

Identificação étnica e valores

Grupos étnicos em uma cultura maior podem ter alguns valores que diferem daqueles de outras subculturas étnicas. Tal como mencionado no Capítulo 12, hispânico-americanos valorizam fortemente a família e a casa; do mesmo modo, consumidores afro-americanos e asiático-americanos atribuem um valor forte à família estendida.[57] Consumidores em países diferentes podem ter valores étnicos diferentes. Por exemplo, consumidores na China tendem a manter o valor confuciano tradicional do respeito aos membros mais velhos da família. Sabendo disso, a Nestlé anuncia suplementos alimentares com base de leite para adultos apelando a seu respeito e responsabilidade por seus pais idosos.[58]

Classe social e valores

Diferentes classes sociais têm valores específicos, como discutido no Capítulo 13, o que pode afetar seus padrões de aquisição e consumo. Conforme alguns países na Europa Ocidental e outras nações abraçam economias de mercado, o tamanho da classe média global aumenta drasticamente, juntamente com valores da classe média, como o materialismo, um desejo por menor controle do governo sobre suas vidas e maior acesso a informações. Consumidores de classe mais alta valorizam retribuir à sociedade, uma característica que explica por que se tornam ativos em causas sociais, culturais e cívicas. Esses consumidores também valorizam a autoexpressão, como refletido em suas casas, roupas e outras formas de consumo.[59]

Idade e valores

Os membros de uma geração frequentemente compartilham valores semelhantes que diferem daqueles de outras gerações. Por exemplo, seus avós podem valorizar a segurança mais que o hedonismo, não porque são mais velhos, mas porque cresceram durante a Grande Depressão e passaram por dificuldades econômicas na infância. Por isso, muitos membros daquela geração veem atividades hedônicas como frívolas e inaceitáveis. Os *baby boomers*, que crescerem nos anos 1960 – uma época de reviravoltas políticas, autoindulgência e rebelião –, valorizam o hedonismo, a moralidade, a autodireção e a realização.[60] Note que algumas vezes é muito difícil distinguir os valores que adquirimos com a idade daqueles que aprendemos de nossa época, entretanto, as diferenças em virtude de idade ou companhia existem e influenciam o modo como nos comportamos como consumidores.

IMPLICAÇÕES DE MARKETING

Os profissionais de marketing precisam entender como os valores do consumidor afetam os padrões de consumo, segmentação de mercado, desenvolvimento de produtos novos, estratégia de desenvolvimento de anúncio e ética.

Padrões de consumo

Os consumidores geralmente compram, usam e descartam produtos de maneira consistente com seus valores.[61] Assim, os profissionais de marketing podem saber mais sobre o que os consumidores gostam se entenderem seus valores. Por exemplo, aqueles que valorizam relações íntimas com os outros têm mais probabilidade de comprar presentes e enviar cartões do que os que atribuem menor valor às relações.[62] Quando a rede de supermercados Tesco, do Reino Unido, estudou os valores de seus clientes, descobriu preocupações tão fortes com o meio ambiente que lançou um programa para rotular as quantidades de carbono de todos os produtos que vende.[63] No entanto, os profissionais de marketing às vezes adotam uma perspectiva etnocêntrica, supondo que consumidores de outras culturas têm valores similares aos deles. A sopa Campbell fracassou na América do Sul porque, nessa região, o comportamento de uma mãe é julgado por sua devoção às tarefas domésticas. Servir sopa enlatada é como dizer que você não se importa o suficiente com sua família para preparar a sopa para eles.

Segmentação do mercado

Segmentação de valor
O agrupamento de consumidores por valores comuns.

Os profissionais de marketing podem identificar grupos de consumidores que têm um conjunto de valores comuns diferentes daqueles de outros grupos, um processo chamado **segmentação de valor**. Mesmo o mercado para algo tão básico quanto lápis pode ser segmentado dessa maneira. A Faber-Castell, que vende 2 bilhões de lápis todos os anos, oferece produtos para diferentes segmentos de valor, incluindo consumidores que valorizam a qualidade, a criatividade, o ambiente, o status e o estilo.[64] Os profissionais de marketing também podem usar valores para entender os atributos que os consumidores em um segmento específico podem achar importantes em um produto e que podem motivá-los a escolher uma marca em vez de outra. Quando compram roupas, indivíduos que valorizam o status podem buscar atributos como preço e luxo, aqueles que valorizam ser parte do grupo podem buscar algo que esteja na moda e aqueles que valorizam a singularidade podem buscar estilos novos ou que não sejam gerais.

Ideias de novos produtos

Valores também podem influenciar as reações dos consumidores a produtos novos e diferentes. Quanto mais consistente um produto novo é com valores importantes para o consumidor, maior é a probabilidade de seu sucesso. Por exemplo, pratos principais congelados com sabor bom, pouca gordura e baixas calorias, preparados no micro-ondas, foram bem-sucedidos em parte porque tais itens são consistentes com valores múltiplos, como hedonismo, tempo, conveniência, saúde e tecnologia. Aparelhos que economizam tempo, como o limpador Mr. Clean MagicReach, exploram o valor de usar o tempo livre para a diversão; o produto é anunciado com o significado de "reconquiste suas manhãs de sábado".[65]

Estratégia de desenvolvimento de anúncios

Examinar o perfil de valores do segmento-alvo pode ajudar os profissionais de marketing a planejar anúncios mais atraentes,[66] uma vez que, quanto mais compatível o texto de um anúncio é com os valores dos consumidores, maior a probabilidade de os consumidores se envolverem com a mensagem e a acharem relevante. Para ilustrar, a "Campanha para a Beleza Real" que promove a marca Dove, da Unilever, recebeu prêmios – e conquistou clientes – porque as mensagens refletem os valores de beleza e autenticidade do público-alvo.[67] Evidentemente, os profissionais de marketing devem conectar os atributos e as vantagens do produto aos valores do consumidor, porque estes representam o estado final que os consumidores desejam atingir – a força motriz do seu consumo do produto. Os profissionais de marketing também devem evitar comunicações que entrem em conflito com os valores culturais. Por exemplo, grupos de consumidores na Tailândia protestaram contra um anúncio que mostrava Hitler comendo uma marca inferior de batatas fritas e sendo transformado em um cara legal quando comia a marca anunciada.[68]

Considerações éticas

Consumidores usam valores para medir a adequação do comportamento dos outros – incluindo o comportamento dos profissionais de marketing. Por exemplo, aqueles que valorizam a moralidade podem desaprovar produtos como cigarros e filmes pornográficos, práticas de consumo como a prostituição e o jogo, e anúncios sexualmente explícitos. Os consumidores também avaliam o comportamento dos profissionais de marketing com relação a justiça, ética e adequação.[69] Como será explicado em mais detalhes no Capítulo 18, os profissionais de marketing devem estar cientes de que os consumidores podem boicotar, protestar ou reclamar de práticas que parecem ser inconsistentes com seus valores de justiça.

Como valores podem ser medidos

Para segmentar o mercado de acordo com valores, os profissionais de marketing precisam de um modo de identificar os valores dos consumidores, medindo sua importância e analisando as mudanças ou tendências desses valores. Infelizmente, com frequência é difícil medir valores, e um dos motivos é que as pessoas não pensam sobre seus valores frequentemente e podem, por isso, ter dificuldades em discorrer sobre o que é realmente importante para eles. Outra razão é que as pessoas às vezes podem sentir pressão social para responder a questionários de valores de modo a demonstrar serem melhores aos olhos do pesquisador. Portanto, os profissionais de marketing normalmente usam meios menos invasivos ou mais indiretos de avaliar valores.

Inferindo valores do meio cultural

O modo menos invasivo de medir valores é fazer inferências com base no meio cultural. A publicidade tem sido utilizada como um indicador de valores.[70] Pesquisas que examinam os valores exibidos em anúncios impressos nos Estados Unidos entre 1900 e 1980 revelaram que praticidade, família, modernidade, frugalidade, sabedoria e singularidade estavam entre os valores que apareciam com maior frequência. Os pesquisadores também podem usar anúncios para descobrir diferenças interculturais e rastrear tendências em valores. Um estudo descobriu que, como as pessoas da República da China, de Taiwan e de Hong Kong estão em níveis diferentes de desenvolvimento econômico e têm ideologias políticas diferentes, valores diferentes eram refletidos nos anúncios de cada país.[71] Na época, anúncios da China focaram em temas utilitários e prometiam uma vida melhor, anúncios de Hong Kong focavam no hedonismo e numa vida mais fácil e anúncios de Taiwan ficavam em um meio-termo dos outros dois. Na atualidade, com as mudanças econômicas ocorrendo na China, a tendência da publicidade local foge dos temas utilitários e vai em direção à variedade de produtos e garantias do produto.

Os profissionais de marketing podem inferir valores com um olhar para o nome do produto, isto é, nomes de produtos que refletem valores do materialismo (hotéis Grand Hyatt), hedonismo (perfume Obsession), tempo (Minute Rice), tecnologia (Microsoft) e conveniência (cobertura Reddi-wip) são comuns nos Estados Unidos.

Valores também são refletidos nos nomes de revistas (como *Money*), nos títulos de livros e filmes, nos programas de TV, nos tipos de pessoas consideradas heróis ou heroínas e nas músicas que fazem sucesso. Por exemplo, muitas pessoas estão preocupadas que letras violentas de músicas sejam uma indicação de decadência dos valores.

Uma crítica ao uso do meio cultural como indicador de valores é que pesquisadores nunca sabem se a cultura reflete os valores ou os cria. Em face desse problema, eles introduziram outros métodos para medir valores.

Análise da cadeia meio-fim

Análise da cadeia meio-fim
Uma técnica que nos ajuda a entender como valores são ligados a atributos em produtos e serviços.

Os profissionais de marketing podem usar a **análise da cadeia meio-fim** para obter dados sobre os valores dos consumidores, entendendo melhor quais atributos são considerados importantes nos produtos. Armados com tais informações, os pesquisadores podem trabalhar no sentido inverso para descobrir os valores que levam às decisões do consumidor.[72]

Uma maneira de fazer isso é pelo *escalonamento de valor*, determinando os valores-base relacionados aos atributos do produto que são importantes para os consumidores.[73] Suponha que um consumidor goste de cerveja light porque tem menos calorias do que a cerveja comum. Se um pesquisador pergunta por que é importante ter uma cerveja com menos calorias, o respondente pode dizer "porque eu não quero engordar". Se o pesquisador perguntar por que não, o consumidor talvez responda dizendo, "Eu quero ser saudável". Se perguntado novamente por que, o consumidor talvez diga, "porque quero me sentir bem comigo mesmo". Esse exemplo é ilustrado na linha inicial do Exemplo 14.4.

Observe que essa cadeia meio-fim tem vários níveis potenciais. Primeiro, o consumidor mencionou um atributo importante seguido por um benefício concreto que tal atributo oferece, em seguida, indicou que esse benefício era importante porque servia a algum valor instrumental. Esse processo é chamado *cadeia de meio-fim*, porque o atributo oferece o meio para um estado final desejado ou valor terminal (nesse caso, a autoestima).

Analisando o Exemplo 14.4, você também pode ver que um atributo específico pode ser associado com valores muito diferentes. Por exemplo, em vez de valorizar a cerveja light por seus benefícios para a saúde, alguns consumidores podem gostar de cerveja light porque bebem em um contexto social que leva a um senso de pertencimento maior. Segundo, o mesmo valor pode ser associado a produtos e atributos muito diferentes. Assim, atributos associados tanto com cerveja light como com arroz podem apelar igualmente ao senso de pertencimento. Terceiro, certo atributo pode ser ligado a benefícios e/ou valores múltiplos, o que significa que um consumidor pode gostar de cerveja light porque se sente mais saudável e porque a cerveja facilita o pertencimento.

Exemplo 14.4
Um exemplo de cadeias meio-fim

De acordo com a análise da cadeia meio-fim, atributos do produto ou serviço (por exemplo, menos calorias) levam a benefícios (por exemplo, "eu não vou engordar") que refletem valores instrumentais (por exemplo, "me ajuda a ficar saudável") e valores terminais (por exemplo, "sinto-me bem comigo mesmo"). Essa análise ajuda os profissionais de marketing a identificar valores importantes e os atributos associados a eles. Você consegue desenvolver uma cadeia meio-fim para um creme dental ou um desodorante?

Produto	Atributo	Benefício	Valor instrumental (força motriz)	Valor terminal
Cerveja light (I)	Menos calorias	Eu não vou engordar	Me ajuda a ficar saudável	Sinto-me bem comigo mesmo (autoestima).
Cerveja light (II)	Menos calorias Sabor excelente Sabor leve	Estufa menos Divertida/relaxante Refrescante	Tempo legal/ divertida Amizade Compartilhamento	Pertencimento
Arroz	Vem em um saquinho	Conveniente Não precisa limpar a panela	Economiza tempo	Posso curtir mais tempo com minha família (pertencimento).

Fonte: Adaptado de Jonathan Gutman, "A Means-End Chain Model Based on Consumer Categorization Processes", *Journal of Marketing*, 1982, p. 60-72; Thomas J. Reynolds e John P. Rochan, "Means-End Based Advertising Research: Copy Testing Is Not Strategy Assessment", *Journal of Business Research*, mar. 1991, p. 131-142.

Os profissionais de marketing podem usar a análise da cadeia meio-fim para identificar atributos do produto que serão consistentes com determinados valores.[74] Não faz muito tempo, os consumidores em geral consideravam os carros esportivos caros e desconfortáveis, e possuir um carro desses dava a impressão de "arrogância e irresponsabilidade". Em consequência, os fabricantes passaram a oferecer carros confortáveis para "pessoas que têm amigos", de modo a estar mais alinhados com os valores atuais.[75] O modelo da cadeia meio-fim também é útil para desenvolver uma estratégia de publicidade, pois, sabendo quais atributos os consumidores consideram importantes e que valores eles associam a tais atributos, os publicitários podem planejar anúncios que apelam para esses valores e enfatizam os atributos relacionados. Observe que o anúncio não precisa ligar determinado atributo explicitamente a um motivo, mas pode permitir que os consumidores façam a conexão implicitamente (veja o Exemplo 14.5).

Por fim, os profissionais de marketing podem usar a cadeia meio-fim para segmentar mercados globais e apelar a consumidores com base em benefícios específicos e valores relacionados.[76] Para comercializar iogurte, por exemplo, uma empresa poderia identificar um segmento que valoriza a saúde e atingir esse segmento focando em atributos do produto como baixo teor de gordura e poderiam identificar um segundo segmento que valoriza a diversão e atingir este segmento por meio de atributos como pedaços de frutas.

Questionários de Valor

Os profissionais de marketing podem avaliar valores de forma direta por meio de questionários. Alguns tipos de questionários, como a escala de valores materiais, analisam somente aspectos específicos do comportamento do consumidor,[77] ao passo que outros cobrem um amplo espectro de valores. Um dos mais conhecidos entre estes é o **Rokeach Value Survey (RVS)**, que pergunta aos consumidores que importância eles atribuem aos 19 valores instrumentais e 18 valores terminais identificados no Exemplo 14.2. Esse questionário é padronizado, e todos respondem ao mesmo conjunto de itens, um procedimento que ajuda os pesquisadores a identificarem os valores específicos que são os mais importantes para determinado grupo de consumidores, averiguar se os valores mudam no decorrer do tempo e aprender se os valores diferem para vários grupos de consumidores. Uma desvantagem é que alguns valores medidos pelo RVS são menos relevantes para o comportamento do consumidor (como salvação, perdão e ser obediente). Consequentemente, alguns pesquisadores recomendam o uso de uma versão mais curta do RVS, que contém somente os valores mais relevantes para o contexto do consumidor.[78]

Outros defendem o uso da **Lista de valores (LOV)**. Os consumidores recebem nove valores primários e é pedido que identifiquem os dois mais importantes ou classifiquem todos os nove valores em ordem de importância. Os nove valores são (1) autorrespeito, (2) relacionamentos calorosos com os outros, (3) senso de realização, (4) autorrealização, (5) alegria e diversão na vida, (6) empolgação, (7) senso de pertencimento, (8) ser respeitado e (9) segurança.[79] Os seis primeiros valores são internos porque derivam do indivíduo; os outros são valores externos. Os valores também podem ser descritos em termos de realização por meio de relacionamentos interpessoais (relacionamentos calorosos com os outros, senso de pertencimento), fatores pessoais

Exemplo 14.5
Campanha "We Know Why You Fly" da American Airlines
Às vezes, os profissionais de marketing tentam ressaltar os fortes valores subjacentes ao comportamento do consumidor. Este anúncio da campanha "We Know Why You Fly" (sabemos por que você voa) da American Airlines identifica um dos valores centrais que influencia a escolha de uma empresa aérea.

Rokeach Value Survey (RVS, sigla em inglês) Pesquisa que mede valores instrumentais e terminais.

Lista de Valores (LOV, sigla em inglês) Pesquisa que mede os nove valores principais no comportamento do consumidor.

(autorrespeito, ser respeitado, autorrealização) ou coisas não pessoais (senso de realização, diversão, segurança e empolgação).

Em um estudo, o LOV previu que as respostas dos consumidores para afirmações que descrevem suas características de consumo relatadas (por exemplo, "sou um gastador, não um poupador"), seus comportamentos reais de consumo (a frequência com que assistem a filmes ou noticiários, leem determinadas revistas e se envolvem em atividades, como jogar tênis) e suas crenças sobre o mercado ("Acredito que o movimento dos consumidores levou ao aumento dos preços"). Comparado ao RVS, o LOV é melhor para prever o comportamento do consumidor, mais curto e mais fácil de aplicar. Por fim, o LOV é útil para identificar os segmentos dos consumidores com sistemas de valores similares.[80]

Personalidade

Embora indivíduos com históricos comparáveis costumem ter valores semelhantes, é importante lembrar que as pessoas nem sempre agem da mesma maneira, mesmo quando têm os mesmos valores. Ao ouvir uma oferta, um consumidor pode dizer recatadamente que acha o produto interessante, porém não está pronto para decidir no momento. Outro pode ser mais assertivo, interrompendo o vendedor no meio de sua oferta para indicar que não tem nenhum interesse no produto. Portanto, consumidores podem variar em termos de personalidade ou o modo como respondem a uma situação específica.

Personalidade Característica interna que determina como os indivíduos se comportam em várias situações.

A **personalidade** consiste em padrões distintivos de comportamentos, tendências, qualidades ou disposições pessoais que tornam um indivíduo diferente de outro e conduzem a uma resposta consistente a estímulos ambientais. Esses padrões são características internas com as quais nascemos ou que resultam do modo como fomos criados. O conceito de personalidade nos ajuda a entender por que as pessoas se comportam de maneiras diversas em situações diferentes.

Abordagens de pesquisa à personalidade

As ciências sociais oferecem várias abordagens para estudar a personalidade. Esta seção revisa cinco abordagens utilizadas por pesquisadores do consumidor: abordagens psicanalíticas, teorias dos traços, abordagens fenomenológicas, teorias sociopsicológicas e abordagens comportamentais.

Abordagens psicanalíticas

De acordo com teorias psicanalíticas, a personalidade surge de um conjunto de lutas inconscientes e dinâmicas que ocorrem na mente.[81] Sigmund Freud, famoso psicanalista, propôs que passamos por várias etapas de desenvolvimento na formação de nossa personalidade. Na primeira, a etapa oral, o bebê depende totalmente dos outros para satisfazer suas necessidades e recebe gratificação oral de mamar, comer e morder. Na etapa anal, a criança se depara com o problema de treinar para ir ao banheiro. Então vem a etapa fálica; o jovem torna-se consciente de seus genitais e tem de lidar com os desejos pelo pai ou pela mãe (o de sexo oposto ao seu).

Freud acreditava que o fracasso em resolver os conflitos de cada etapa poderia influenciar a personalidade da pessoa. Por exemplo, o indivíduo que recebeu estimulação oral insuficiente enquanto bebê pode revelar essa crise na idade adulta por meio de atividades de estimulação oral, como mascar chicletes, fumar e comer demais, ou desconfiando dos motivos dos outros (inclusive aqueles dos profissionais de marketing). Na etapa anal, um indivíduo cujo treinamento de ir ao banheiro foi muito restritivo pode tornar-se obcecado com controle e ser extremamente organizado, teimoso ou sovina, resultando em armários e registros muito bem organizados, e economia e colecionamento excessivo. Esses indivíduos também podem se envolver na busca por informações e deliberações extensivas quando tomam decisões. Por outro lado, aqueles cujo treinamento de banheiro foi suave demais podem tornar-se adultos bagunceiros, desorganizados.

Embora algumas das teorias de Freud tenham sido questionadas por muitos pesquisadores, o ponto central é que o subconsciente pode influenciar o comportamento. Consequentemente, algumas agências de publicidade conduzem pesquisas para entrar na psique dos consumidores e descobrir motivos subconscientes que os levem a comprar um produto específico.[82] Esse tipo de pesquisas levou à descoberta da existência de um desejo profundo por leite que o segmento de laticínios usou em sua campanha "Got Milk?".

Teorias dos traços

Teóricos dos traços propõem que a personalidade é composta por características que descrevem e diferenciam os indivíduos.[83] Por exemplo, pessoas podem ser descritas como agressivas, tranquilas, caladas, mal-humoradas, tímidas ou inflexíveis. O psicólogo Carl Jung desenvolveu um dos esquemas mais básicos de teorias dos traços, sugerindo que os indivíduos podem ser categorizados de acordo com seus níveis de introversão e extroversão.[84] Introvertidos são tímidos, preferem ficar sozinhos e ficam ansiosos na presença de outros. Eles tendem a evitar canais sociais e podem não descobrir nada sobre produtos novos dos outros. Eles também são menos estimulados por pressões sociais e têm maior probabilidade de fazer coisas que lhes dão prazer. Por outro lado, extrovertidos são sociáveis e tipicamente convencionais.

Pesquisas em psicologia social descobriram que os cinco principais traços da personalidade tendem a ser responsáveis por quase todas as variações de personalidade (os "cinco grandes"): afabilidade, consciência, franqueza, neuroticismo e extroversão.[85] Trabalhos recentes também descobriram que o traço de estabilidade, ou consistência de comportamento, quando combinado com a dimensão de introversão/extroversão, pode ser usado como uma base para representar vários tipos de personalidade (veja o Exemplo 14.6). Por exemplo, uma pessoa que é confiável tende a ter introversão e estabilidade altas. Em contrapartida, uma pessoa passiva é introvertida, mas não é nem estável nem altamente instável. Uma característica interessante desse esquema é que os tipos de personalidade identificados por essas duas dimensões combinam com os quatro temperamentos identificados pelo médico grego Hipócrates séculos atrás: por exemplo, uma pessoa indiferente é introvertida e estável; uma pessoa melancólica é introvertida e instável.

Abordagens fenomenológicas

Abordagens fenomenológicas propõem que a personalidade é formada em grande parte pelas interpretações que um indivíduo dá aos acontecimentos de sua vida.[86] Por exemplo, de acordo com essa abordagem, a depressão é causada pela maneira como algumas pessoas interpretam eventos centrais e a natureza dessa interpretação em vez dos conflitos internos ou traços.

Um conceito central das abordagens fenomenológicas é o *locus* **de controle**, ou as interpretações das pessoas sobre o motivo de coisas específicas acontecerem.[87] Indivíduos com um *locus* de controle interno atribuem mais responsabilidade a si mesmos para resultados bons ou ruins, então talvez se culpem ou se considerem descuidados quando um produto falha. Indivíduos controlados externamente atribuem responsabilidade a outras pessoas, acontecimentos ou lugares em vez de a si mesmos, por isso, elas podem atribuir falhas do produto a fabricação defeituosa ou embalagens ruins.

Locus de controle
Como as pessoas interpretam o motivo de as coisas acontecerem (interno *versus* externo).

Exemplo 14.6
A concepção de traços de tipos de personalidade

Consumidores podem ser classificados de acordo com seus traços de personalidade: introvertidos ou extrovertidos, os quais podem levar à identificação de vários tipos de personalidade (por exemplo, bem humorado, tranquilo, vivaz e agressivo). Curiosamente, esses traços podem ser coletados em quatro grupos principais que correspondem aos temperamentos básicos identificados pelo filósofo grego Hipócrates há muitos séculos. Como você classificaria sua personalidade de acordo com este esquema?

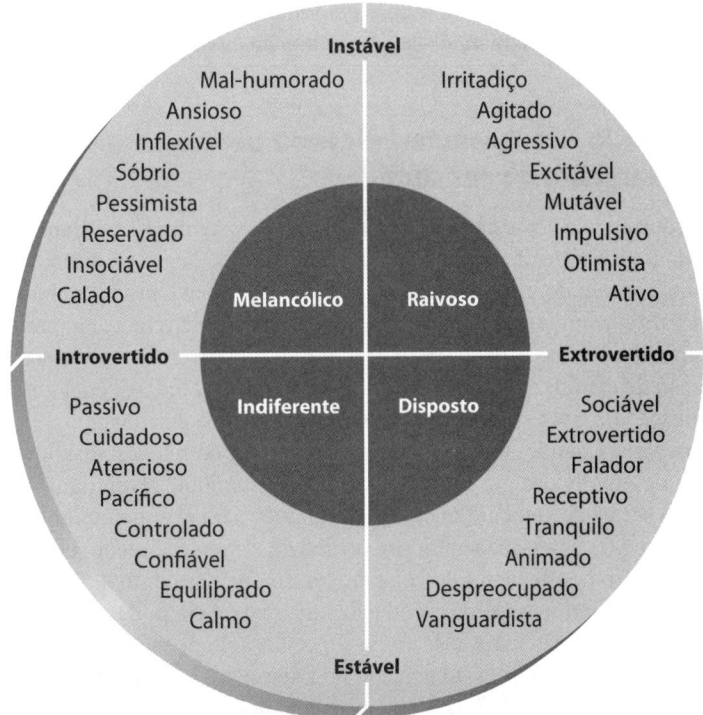

Adaptado de Hans Eysenck e S. Rachman, The Causes and Cures of Neurosis: An introduction to Modern Behaviour Therapy Based on Learning Theory and Principles of Conditioning (San Diego: Calif.: Knapp. 1965, p.16.) Reimpresso com permissão da EdITS.

O *locus* de controle pode influenciar bastante as percepções dos consumidores a respeito da satisfação de uma experiência de consumo e determina como o consumidor se sente. Para ilustrar, consumidores que se culpam pela falha de um produto podem sentir vergonha, ao passo que aqueles que atribuem a falha do produto a uma fonte externa podem sentir raiva e irritação. Além disso, os temas ou objetivos de vida de algumas pessoas (preocupações com que lidamos em nossas vidas diárias) podem influenciar muito os significados que elas tiram de anúncios.[88] Em consequência, uma pessoa mais preocupada com a família talvez interprete um anúncio de modo diferente de alguém mais preocupado com seu eu privado.

Teorias sociopsicológicas

Outro grupo de teorias foca em explicações sociais, não biológicas, propondo que, em situações sociais, os indivíduos agem de modo a satisfazer suas necessidades. A pesquisadora Karen Horney, por exemplo, acreditava que o comportamento pode ser caracterizado por três orientações principais.[89] Indivíduos *submissos* são dependentes de outros e são humildes, confiantes e ligados a um grupo. Indivíduos *agressivos* precisam de poder, distanciam-se dos outros e são extrovertidos, autoconfiantes e firmes. Indivíduos *isolados* são independentes e autossuficientes, mas duvidosos e introvertidos. Essas três orientações são medidas pela escala CAD.[90] Um estudo descobriu que a assertividade e a agressividade foram significativamente relacionados a estilos de interação com instituições de marketing.[91] Em particular, pessoas altamente assertivas e agressivas tinham probabilidade de perceber reclamações como aceitáveis, e gostavam de reclamar.

Em teorias sociopsicológicas, os pesquisadores distinguem entre consumidores orientados para o estado, que têm maior probabilidade de confiar em normas subjetivas para guiar seu comportamento, e consumidores orientados para a ação, cujo comportamento é em grande parte fundamentado em suas próprias opiniões.[92] Consumidores também variam em termos de atenção às informações que os ajudam a se comparar com outros (informações de comparação social). Indivíduos com esse fator alto são mais sensíveis à pressão normativa do que aqueles com este fator baixo.

Abordagens comportamentais

Ao contrário de outras explicações da personalidade, as abordagens comportamentais propõem que as diferenças de personalidade são o resultado de como os indivíduos foram recompensados ou punidos no passado. De acordo com abordagens comportamentais, é mais provável que indivíduos tenham traços ou se envolvam em comportamentos pelos quais receberam reforço positivo. Eles têm menor probabilidade de manter características e comportamentos pelos quais foram punidos.[93] Dessa forma, um indivíduo pode ser extrovertido porque seus pais, cuidadores e outros indivíduos recompensaram comportamentos extrovertidos e puniram comportamentos introvertidos. Da mesma forma, um consumidor talvez prefira roupas coloridas se anteriormente recebeu reforços positivos por usá-las. Note que essas abordagens comportamentais de personalidade envolvem os princípios de condicionamento operante discutidos no Capítulo 10.

Determinando se as características da personalidade afetam o comportamento do consumidor

Muitas pesquisas relacionadas à personalidade do consumidor seguiram a abordagem dos traços e focaram na identificação de traços específicos de personalidade que explicam as diferenças no comportamento de aquisição, uso e descarte dos consumidores. Apesar de alguns estudos terem tentado encontrar uma relação entre personalidade e comportamento do consumidor, a personalidade nem sempre é eficiente em prever o comportamento do consumidor.[94] Um dos principais problemas é que os pesquisadores desenvolveram muitos dos instrumentos de medição dos traços para a identificação de distúrbios da personalidade em cenários clínicos, então esses instrumentos podem não ser aplicáveis na identificação de traços relacionados a comportamentos de consumo.

Embora alguns estudos tenham sido problemáticos, outros pesquisadores acreditam que medições mais confiáveis dos traços, desenvolvidas em um contexto do consumidor, revelariam uma relação.[95] Por exemplo, pesquisadores criaram uma escala de autoconfiança do consumidor para examinar como esse traço afeta a escolha de alternativas de preço mais alto.[96] A associação entre personalidade e comportamento do consumidor também pode ser mais forte para alguns tipos de comportamento do consumidor do que para outros. Por exemplo, embora a personalidade possa não ser muito útil na compreensão da escolha de uma marca, ela pode ajudar os profissionais de marketing a entender por que algumas pessoas são mais suscetíveis a persuasão, em especial determinado anúncio, ou a se envolver mais no processamento de informações. O anúncio no Exemplo 14.7 tem apelo à personalidade.

Os profissionais de marketing também podem achar a personalidade mais útil como alvo para alguns produtos e categorias de serviço do que outros. Em particular, nossa escolha de ofertas que envolvem características subjetivas

Psicografia: valores, personalidade e estilos de vida

Exemplo 14.7
Personalidade e apelo do anúncio
Frequentemente as mensagens do anúncio são planejadas para apelar para certas personalidades. Este anúncio é direcionado para aqueles que têm personalidade mais aventureira.

ou hedônicas, como aparência, estilo e estética pode ser um pouco relacionada à personalidade. Um bom exemplo é a escolha de um cartão, que representa uma mensagem pessoal e, portanto, é uma extensão da personalidade do remetente. Por fim, certos tipos de traços de personalidade podem ser mais relacionados ao comportamento do consumidor do que outros. Conforme descrito a seguir, estes incluem o nível excelente de estimulação, dogmatismo, necessidade de singularidade, criatividade, necessidade de cognição, suscetibilidade a influências, frugalidade, comportamento automonitorado, caráter nacional e competitividade.

Nível excelente de estimulação

Algumas atividades têm o potencial de oferecer algum tipo de estímulo psicológico. Por exemplo, você pode se sentir mais animado quando dirige rapidamente na rodovia, anda em uma montanha-russa, assiste a um filme de terror ou vai a um lugar novo e desconhecido. Coisas que são fisicamente estimulantes, emocionalmente energizantes ou novas têm o potencial de despertar a empolgação, porém, atividades altamente estimulantes nem sempre são desejáveis. De acordo com a teoria do **nível excelente de estimulação (OSL)**, as pessoas preferem coisas que são moderadamente empolgantes a coisas que são empolgantes demais ou que não proporcionam estímulo.[97] Por exemplo, você pode preferir comer em um restaurante que oferece comida moderadamente imaginativa a um que oferece comida tediosa ou um que oferece comida incomum.

Nível excelente de estimulação (OSL, sigla em inglês) Nível de estimulação preferido pelas pessoas, geralmente moderado.

Mesmo que as pessoas geralmente prefiram níveis moderados de estimulação, os indivíduos diferem no nível de excitação que consideram moderado e excelente. Indivíduos com baixo nível de estimulação tendem a preferir atividades menos empolgantes, porque querem evitar passar do seu limite. Ao contrário, indivíduos com alto nível de estimulação têm mais probabilidade de buscar atividades muito empolgantes, novas, complexas e diferentes. Consumidores com alta necessidade de estimulação podem se divertir em atividades como paraquedismo, jogos de azar e *rafting* em rios.[98] Também é mais provável que sejam inovadores e criativos.

A maneira conforme a qual indivíduos com necessidade de estimulação alta e baixa abordam o mercado também difere. Aqueles com alta necessidade de estimulação tendem a ser os primeiros a comprar produtos novos, a buscar informações sobre eles e a se envolver na busca por variedade (comprar algo diferente).[99] Eles são mais curiosos a respeito dos anúncios que veem, mas também podem se entediar facilmente com eles. É mais provável que tais consumidores comprem produtos associados a riscos maiores, gostem de fazer compras em shoppings com muitas lojas e produtos, e prefiram ofertas que desviam das práticas de consumo estabelecidas.

Dogmatismo

Dogmatismo Uma tendência a ser resistente a mudanças ou ideias novas.

Consumidores podem ser liberais ou conservadores. O **dogmatismo** se refere a uma tendência do indivíduo de ser resistente a mudanças ou ideias novas. Consumidores dogmáticos ou conservadores são relativamente resistentes a produtos, promoções e anúncios novos. Para dar suporte a essa ideia, um estudo descobriu que a aceitação de produtos novos por consumidores nigerianos dependia de quão dogmáticos estes eram. O estudo também descobriu que muçulmanos eram mais dogmáticos do que cristãos.[100]

Necessidade de singularidade

Necessidade de singularidade (NFU, sigla em inglês) O desejo por novidades por meio da aquisição, uso e descarte de produtos e serviços.

Os consumidores que buscam a novidade por meio da aquisição, uso e descarte de bens e serviços apresentam uma **necessidade de singularidade (NFU)**.[101] A necessidade de singularidade abarca três dimensões comportamentais: contraconformidade da escolha criativa (a escolha do consumidor reflete as distinções sociais, mas é uma que será aprovada pelos outros), contraconformidade de escolha impopular (a escolha de produtos e marcas que não se conformem em estabelecer distinção apesar da possível desaprovação social) e impedimento de similaridade (perda de interesse em posses que se tornaram comuns para evitar a norma e, dessa forma, restabelecer a distinção). Em um estudo, consumidores com alta necessidade de singularidade que tinham de explicar suas decisões fizeram escolhas não convencionais, mostrando que estavam cientes de que suas escolhas e seu raciocínio estavam fora da norma.[102] Assim, consumidores com alta necessidade de singularidade podem evitar marcas conhecidas mundialmente em favor de marcas pequenas ou regionais,[103] bem como descartar roupas que ficaram muito populares em troca de tendências emergentes, buscar itens personalizados ou feitos artesanalmente e customizar produtos de acordo com suas próprias especificações.

Criatividade

Em termos de comportamento do consumidor, a *criatividade* significa "um desvio da prática convencional de consumo para um modo novo e funcional".[104] Por exemplo, se confrontado com um problema diário como a falta dos ingredientes certos para preparar o jantar, um consumidor com alta criatividade localizaria substitutos, solução que possibilitaria ao consumidor completar a atividade de um modo novo, porém prático. Tal criatividade também melhora o humor do consumidor.[105] O site da Kraft Foods incentiva a criatividade, oferecendo vídeos que demonstram técnicas diferentes de cozinhar, permitindo que os consumidores busquem receitas que usem os ingredientes que eles têm e convidando-os a trocar ideias sobre cardápios, pratos para entreter, e assim por diante.

Necessidade de cognição

Necessidade de cognição (NFC, sigla em inglês) Traço que descreve o quanto as pessoas gostam de pensar.

Consumidores que gostam de pensar extensivamente sobre coisas, como produtos, atributos e benefícios, têm alta **necessidade de cognição (NFC)**.[106] Aqueles com baixa necessidade de cognição não gostam de pensar e preferem pegar atalhos ou confiar em seus sentimentos. Consumidores com diferentes necessidades de cognição diferem em termos de seu interesse pelo produto, busca por informações e reação a diferentes anúncios. Especificamente, aqueles com alta necessidade de cognição gostam de produtos e experiências que envolvem um componente de aprendizagem e domínio como xadrez, jogos educativos e programas de TV, como *Jeopardy*. Eles obtêm satisfação ao buscar e descobrir novas características do produto e reagem de forma positiva a anúncios longos e tecnicamente sofisticados, com detalhes sobre produtos ou serviços, e também podem examinar mensagens de maneira mais cuidadosa do que outros consumidores, considerando a credibilidade ou os méritos da mensagem.[107] Por outro lado, consumidores com baixa necessidade de cognição reagem mais positivamente a mensagens curtas, que usam modelos atraentes, humor ou outras pistas. Tais indivíduos tendem a tomar decisões que envolvem pouco esforço para pensar.

Suscetibilidade a influências

A suscetibilidade dos consumidores a tentativas de persuasão também varia, especialmente aquelas interpessoais ou face a face. Alguns consumidores têm maior desejo de melhorar sua imagem percebida pelos outros e, portanto, estão dispostos a ser influenciados ou guiados por eles.[108] Consumidores com menos confiança social e menor processamento de informações tendem a ser mais influenciados por anúncios do que aqueles com autoconfiança mais alta.

Frugalidade

A *frugalidade* é o grau em que os consumidores fazem uma abordagem disciplinada a aquisições de curto prazo e são criativos em usar produtos e serviços para atingir objetivos de prazo mais longo. (Exemplo 14.8). Consumidores que têm alta frugalidade levarão sobras de comida para seu almoço no trabalho (em vez de comprar comida fora ou almoçar em um restaurante). Tais consumidores são menos materialistas, menos suscetíveis à influência dos outros e mais conscientes de preço e valor.[109] Às vezes, governos ou empresas estimulam ativamente a frugalidade para preservar recursos limitados, como energia elétrica.[110] A revista japonesa *Hot Pepper* apela à frugalidade com cupons de desconto e artigos sobre economia de dinheiro. "Quando a revista foi publicada pela primeira vez quatro anos atrás, havia pessoas que disseram 'O que são cupons?' ou 'Descontos são mesquinhos'", diz um executivo da *Hot Pepper*. Agora as lojas e os restaurantes apresentados na revista têm mais movimento – e a *Hot Pepper* tem muita concorrência pela atenção dos consumidores frugais.[111]

Exemplo 14.8
Anúncio apelando à frugalidade
Alguns consumidores possuem o valor da frugalidade, especialmente em épocas de economia difícil. Alguns anúncios ressaltam tal valor, como este da Honda.

Comportamento automonitorado

O grau em que os indivíduos olham para os outros em busca de pistas sobre como se comportar difere. Tipicamente, automonitores fortes são sensíveis a desejos e influências dos outros como guias do comportamento, ao passo que automonitores fracos são guiados mais por suas próprias preferências e desejos e são menos influenciados por expectativas normativas.[112] Automonitores fortes e fracos também diferem em suas respostas a apelos publicitários. Automonitores fortes respondem melhor a anúncios orientados para imagens e mais dispostos a experimentar, e são mais propensos a pagar mais por produtos anunciados com uma imagem consistente com automonitoramento forte. Ao contrário, automonitores fracos geralmente respondem melhor a anúncios que fazem afirmações sobre qualidade e estão mais dispostos a experimentar tais produtos e a pagar a mais por eles.

Caráter nacional

Às vezes, traços de personalidade podem ser usados para estereotipar pessoas de um país específico como tendo um **caráter nacional**. Essas caracterizações representam somente generalizações

Caráter nacional A personalidade de um país.

abrangentes a respeito de um país específico; obviamente, os indivíduos variam muito. Para ilustrar, franceses e italianos são frequentemente caracterizados como emotivos e românticos e os britânicos, como mais reservados; cidadãos alemães, franceses e norte-americanos já foram caracterizados como mais assertivos que seus colegas britânicos, russos ou italianos. Consumidores alemães, britânicos e russos podem ser vistos como "mais fechados" se comparados aos consumidores "mais abertos" da França, da Itália e dos Estados Unidos. [113]

Consumidores dos Estados Unidos são considerados mais impulsivos, orientados para riscos e autoconfiantes do que os canadenses, que são estereotipados como mais cautelosos, contidos e reservados. Os pesquisadores caracterizaram como os países diferem em suas necessidades de realização, níveis de introversão e extroversão, percepções da natureza humana e flexibilidade,[114] e os profissionais de marketing devem considerar como as diferenças no caráter nacional podem influenciar as reações à publicidade e outras comunicações. Por exemplo, na China, a Nike teve de retirar um comercial da TV que mostrava o astro do basquetebol LeBron James lutando com personagens animados vestidos com roupas marciais depois que o governo chinês disse que o anúncio insultava a dignidade nacional.[115]

Competitividade

O traço de personalidade da competitividade foi associado ao desejo de fazer melhor que os outros por meio do consumo conspícuo de itens materiais, como aparelhos eletrônicos. A competitividade também tem parte no querer fazer melhor que os outros de modo direto (por meio de um esporte ou de apostas, por exemplo) ou de modo indireto (como assistir a um evento esportivo).[116] Os profissionais de marketing que querem apelar a consumidores competitivos frequentemente usam mensagens enfatizando a oportunidade de estar entre os primeiros a experimentar ou comprar um produto ou serviço novo.

IMPLICAÇÕES DE MARKETING

Como alguns traços de personalidade podem estar relacionados ao comportamento de consumo, os profissionais de marketing podem desenvolver ofertas e comunicações que apelam a vários tipos de personalidade. Por exemplo, anúncios que têm por objetivo atingir consumidores submissos ou extremamente automonitorados deveriam focar na aprovação dos outros, ao passo que anúncios e promoções que apelam aos consumidores com alto nível de estimulação ou àqueles com forte necessidade de singularidade poderiam focar em tentar algo novo e diferente. A revista *Sole Collector* e o site niketalk.com (patrocinado por apaixonados por calçados tipo tênis, não pela Nike) apresentam tênis pintados à mão e outras peças exclusivas com certa frequência, focando em consumidores com alta necessidade de singularidade.[117] Buscando atingir consumidores versados na Web com alta necessidade de estimulação que são competitivos, a MTV Networks criou uma série de jogos on-line que mudam constantemente e de mundos virtuais com concursos, experiências e colocação de produtos de marcas como a Pepsi.[118]

Estilos de vida

Estilos de vida Padrões de comportamento das pessoas.

Atividades, interesses e opiniões (AIOs, sigla em inglês) Os três componentes do estilo de vida.

Os estilos de vida estão intimamente relacionados aos valores e à personalidade dos consumidores. Enquanto os valores e a personalidade representam estados ou características internos, os **estilos de vida** são manifestações ou padrões de comportamento reais. Em particular, eles são representados por **atividades, interesses e opiniões (AIOs)** do consumidor. O que as pessoas fazem no seu tempo livre é geralmente um bom indicador de seu estilo de vida, isto é, um consumidor pode gostar de atividades externas, como esquiar, enquanto outro talvez prefira navegar na Internet. Opiniões políticas, ideologia e envolvimento também podem afetar as decisões de aquisição, consumo e descarte.[119]

Os consumidores que se envolvem em atividades diferentes e têm opiniões e interesses divergentes podem, na verdade, representar segmentos de estilo de vida distintos para os profissionais de marketing. Por exemplo, um segmento de estilo de vida consiste de pessoas com afinidade para a *nostalgia*, ou o desejo por coisas antigas.[120] Tal segmento claramente representa um mercado importantíssimo para filmes e livros antigos, e para antiguidades. Outro exemplo é o de consumidores que participam de esportes radicais, como o *snowmobiling*, que são são um mercado crucial para empresas que vendem equipamentos relacionados a tais práticas.[121]

Pesquisas de estilo de vida podem ajudar os profissionais de marketing a entender como um produto se encaixa no padrão geral de comportamento dos consumidores. Por exemplo, estilos de vida relacionados a cozinhar incluem *speed scratch cooking* (o uso de técnicas e equipamentos que economizam tempo para preparar refeições) e *investment cooking* (cozinhar muitos pratos ou uma grande quantidade de comida de uma vez, armazenando uma parte para consumo posterior).[122]

Por fim, os consumidores em países diferentes podem ter estilos de vida característicos. Por exemplo, comparadas às mulheres dos Estados Unidos, as japonesas são mais voltadas para o lar, menos sensíveis a preços e têm menor probabilidade de dirigir.[123] Considerando essas preferências, as mulheres japonesas provavelmente passariam mais tempo que as dos norte-americanas na preparação de refeições em casa e, portanto, pagariam mais por produtos que melhoram a qualidade da refeição. Atividades do estilo de vida popular entre consumidores russos incluem ir ao cinema e ao teatro, e participar de esportes como futebol, hóquei no gelo e patinação artística.[124]

IMPLICAÇÕES DE MARKETING

O estilo de vida do consumidor pode ter implicações importantes para a segmentação do mercado, para a comunicação e para ideias de novos produtos.

Segmentação do mercado

Os profissionais de marketing podem usar os estilos de vida para identificar segmentos de mercado para ofertas específicas. Por exemplo, para atingir amantes de vinho com estilos de vida ocupados, Francis Ford Coppola introduziu uma dose única de vinho espumante, que vem com um canudo.[125] Serviços como creches e serviços de limpeza doméstica economizam tempo e oferecem conveniência, dois benefícios que atraem particularmente casais com carreiras duplas, mulheres que trabalham e outros consumidores com estilos de vida ocupados.[126] No outro extremo do espectro estão os consumidores que curtem o ritmo mais lento da jardinagem, um alvo para as lojas de jardinagem locais, bem como do Home Depot e de outro gigantes do varejo.[127]

A segmentação do estilo de vida também tem implicações interculturais importantes. Um estudo de 12 países europeus usou demografia, atividades, comportamento de mídia, inclinações políticas e humor para identificar seis segmentos de estilo de vida europeu: tradicionalistas (18% da população), caseiros (14%), racionalistas (23%), buscadores de prazer (17%), batalhadores (15%) e ditadores de moda (13%).[128] Por fim, os profissionais de marketing frequentemente monitoram as mudanças de estilo de vida para identificar novas oportunidades. No Missouri, todas as filiais do Fifth Third Bank ficam abertas até mais tarde – mesmo aos sábados e domingos – para que seus clientes com falta de tempo possam realizar as transações pessoalmente. "Deveria ser tão fácil para [os clientes] obterem um empréstimo habitacional como é comprar um par de sapatos", diz o presidente do banco.[129]

Comunicação

Os profissionais de marketing podem planejar mensagens de anúncio e promoções para apelar a certos estilos de vida, apresentando produtos no contexto do estilo de vida desejado.[130] O uso da Internet pode ser um meio muito direcionado para se comunicar com uma variedade de segmentos de estilo de vida, particularmente aqueles que navegam na Internet com maior frequência. É por isso que os sites JonesSoda.com, MyCoke.com e outros postam novidades como música e jogos com regularidade para fazer os visitantes mais jovens voltarem sempre.

Por fim, os padrões de uso da mídia podem ser relacionados a estilos de vida.[131] Por exemplo, consumidores que leem revistas e jornais tendem a ser educados e a ter bons empregos, além de estar envolvidos com a comunidade e com a política. Curiosamente, os consumidores que adoram navegar na Internet também costumam assistir bastante à TV.[132] Uma pesquisa nacional encontrou conexões entre estilos de vida e uso de mídia aparentemente não relacionados, como apaixonados por pescaria que gostam de escutar rock cristão e de ler a revista *Southern Living*.[133]

Ideias de produtos novos

Os profissionais de marketing podem desenvolver novas ideias de produtos e serviços com frequência descobrindo necessidades de certos segmentos de estilo de vida. Por exemplo, a Bertolli reconheceu que os estilos de vida ocupados de casais que trabalham deixam pouco tempo para fazer compras e cozinhar, mas muitos desejavam jantares com a qualidade de um restaurante em casa. A resposta da empresa foi lançar a linha Dinner for Two de pratos congelados com toques da moda, como cogumelos portobello. A embalagem reforça o posicionamento mostrando uma taça de vinho ao lado do prato.[134]

Psicografia: combinando valores, personalidade e estilos de vida

Este capítulo iniciou com a observação de que, na atualidade, pesquisas psicográficas combinam variáveis de valores, personalidade e estilo de vida. Para ilustrar esse ponto-chave, esta última seção fornece uma breve descrição de diversas aplicações da psicografia em marketing.

VALS

Pesquisa de Valores e Estilo de Vida (VALS, sigla em inglês)
Ferramenta psicográfica que mede variáveis demográficas, de valor, de opinião e de estilo de vida.

Uma das ferramentas de psicografia mais conhecidas é **VALS**, chamada anteriormente **Pesquisa de Valores e Estilo de vida**, conduzida pela SRI Consulting Business Intelligence. A VALS analisa o comportamento de consumidores dos Estados Unidos para criar segmentos fundamentados em dois fatores: o primeiro é o dos recursos, incluindo renda, educação, autoconfiança, saúde, disposição para comprar, inteligência e nível de energia; e o segundo é a motivação primária. Os consumidores estimulados por ideais são guiados por aspectos intelectuais, não por sentimentos nem pelas opiniões de outras pessoas, e aqueles que são estimulados pela realização baseiam suas opiniões nas ações e opiniões de outros, e batalham para conseguir sua aprovação. E aqueles que são estimulados pela autoexpressão desejam ação social ou física, variedade, atividade e desafio pessoal.[135]

Combinando as variáveis de recursos e motivação, a VALS identificou oito segmentos de consumidor (veja o Exemplo 14.9). Na extremidade inferior da hierarquia de recursos estão os Sobreviventes, que têm a menor renda. Seu

Exemplo 14.9
Segmentos norte-americanos da VALS
A VALS classifica os consumidores em oito segmentos principais com base em duas dimensões: recursos (instrução, renda, inteligência, e assim por diante) e motivação primária (ideais, realização e autoexpressão), conforme descrito neste exemplo. Em que grupo você está?

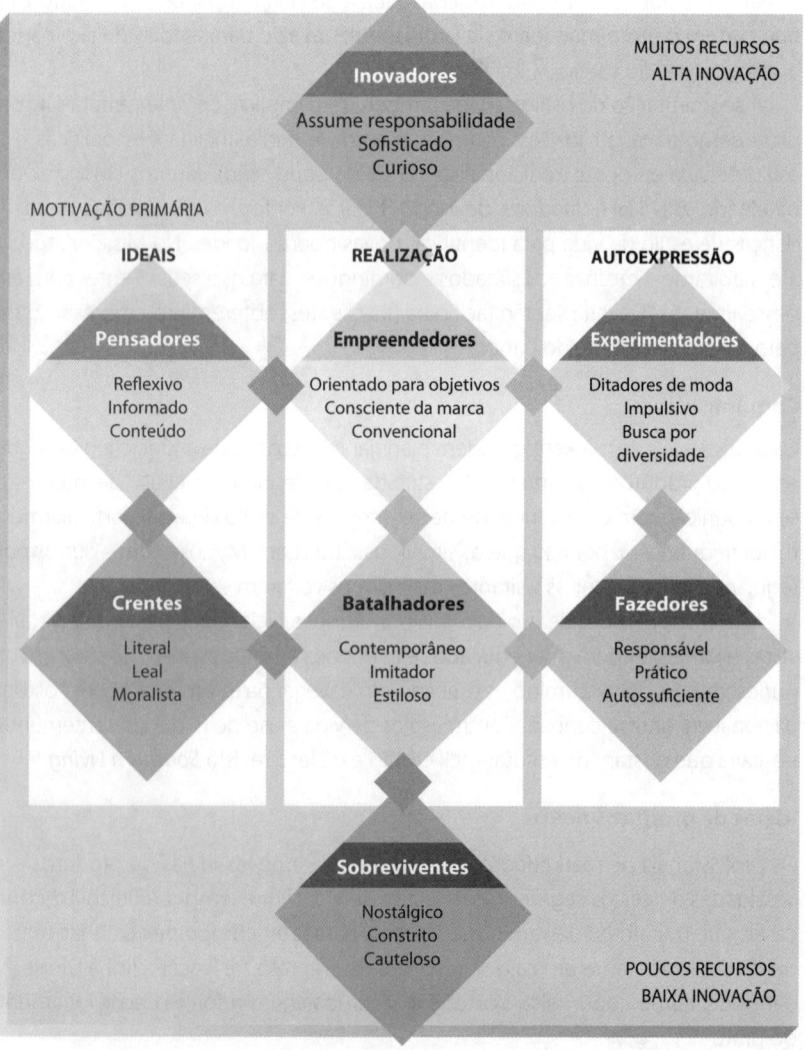

foco é na sobrevivência, então não são descritos por uma motivação primária. Os Crentes são conservadores e estimulados por ideais; eles têm recursos modestos e, como não mudam facilmente, tendem a preferir produtos e marcas estabelecidos e familiares. Outro grupo estimulado por ideais é o dos Pensadores, que são maduros e bem instruídos, e que fazem buscas ativas por informações quando planejam alguma aquisição. Os Pensadores têm mais recursos, e suas práticas de consumo são orientadas para o valor.

Os dois segmentos orientados para a realização são Batalhadores (que têm pouca renda discricionária, mas batalham para emular pessoas mais bem-sucedidas) e Empreendedores (que têm mais recursos, são focados em seu trabalho e em sua família, e preferem produtos com símbolos de status). No segmento de autoexpressão, os Fazedores valorizam a autossuficiência, compram produtos básicos e são focados na família, no trabalho e em atividades construtivas. Os Experimentadores têm mais recursos que os Fazedores, permanecem ativos, buscam estimulação e novidade, e gastam dinheiro com socialização e entretenimento. Os Inovadores têm a maior base de recursos, com autoconfiança abundante, renda alta e instrução, então podem entregar-se a todas as três motivações primárias. Tais consumidores aceitam novos produtos e tecnologias, e escolhem ofertas de alto nível que refletem seu estilo pessoal.

Outras pesquisas psicográficas aplicadas

Embora a VALS seja a ferramenta psicográfica mais conhecida e mais usada, há uma variedade de outras pesquisas em andamento. A LifeMatrix, por exemplo, examina valores pessoais, estilos e etapas da vida para segmentar mercados de consumidor em dez categorias básicas (veja o Exemplo 14.10). Por exemplo, as "Duplas dinâmicas" (11% da população dos Estados Unidos) são casadas, têm carreiras de sucesso e são otimistas com relação ao futuro. Esses consumidores são usuários pesados da Internet e leitores de jornais ávidos, embora escutem rádio ocasionalmente e tenham tempo e dinheiro para viajar e manter *hobbies*.[136] No âmbito mundial, alguns dos elementos usados para desenvolver a LifeMatrix também estão sendo incluídos nos estudos da empresa em 30 países para entender melhor o que estimula o comportamento do consumidor em outras nações.[137]

Outra ferramenta, o Yankelovich MindBase, é um sistema de segmentação psicográfica com oito segmentos amplos e 24 subsegmentos para foco mais preciso.[138] Fundamentado em opiniões, dados da etapa de vida, gênero, idade e outros dados, o MindBase determina como consumidores em cada segmento se comportam e por quê, e então interpreta essa informação para propósitos de marketing. Consumidores no segmento "Estou no limite" do MindBase, por exemplo, têm como lema "O tempo é essencial", porque são extremamente ocupados; portanto, tal segmento valoriza a conveniência, o controle e a simplificação.

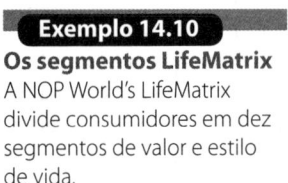

Exemplo 14.10
Os segmentos LifeMatrix
A NOP World's LifeMatrix divide consumidores em dez segmentos de valor e estilo de vida.

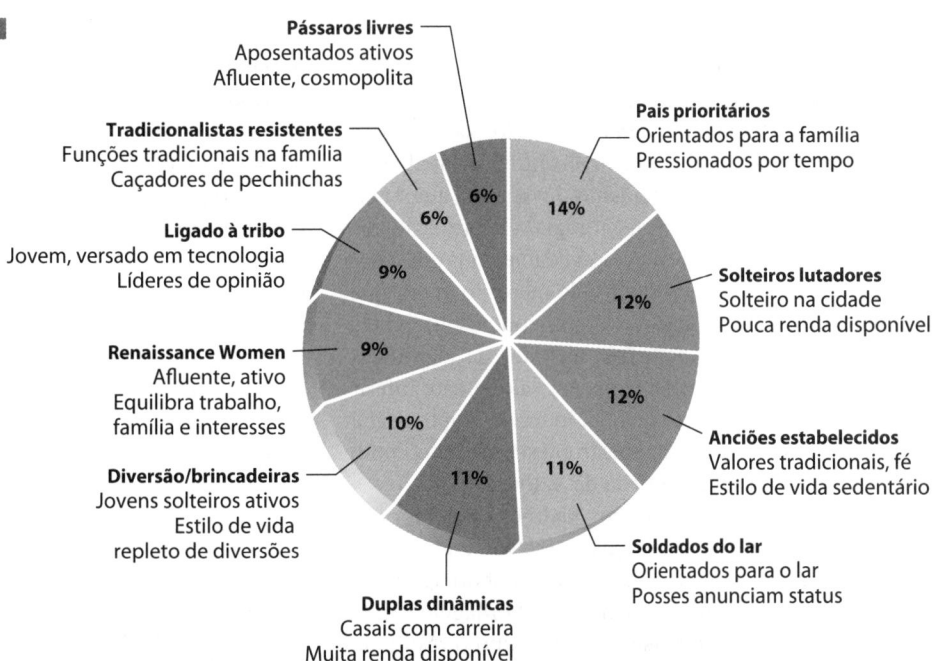

Fonte: "It's 2004: Do You Know Who Your Shoppers Are?" e artigos relacionados, *Drug Store News*, 21 jun. 2004, p. 95ss.

Alguns pesquisadores questionam se as técnicas psicográficas capturam completamente todas as variações no estilo de vida dos consumidores. Em vez de confiar nos traços medidos na pesquisa anterior, um pesquisador identifica alguns padrões de consumo que não se encaixam no esquema VALS, os quais incluem estética canônica (relacionada ao pensamento e gosto por arte e cultura ocidental tradicional), mãe maternal (em que o consumo é centrado no lar e em cuidar dos filhos) e na América de Jefferson (relacionada aos estilos e tradições pastorais dos Estados Unidos).[139] Outro pesquisador avisa que os segmentos podem modificar-se com mudanças na sociedade, mudanças tecnológicas e mudanças competitivas.[140]

IMPLICAÇÕES DE MARKETING

Ferramentas como VALS, LifeMatrix, MindBase e outras aplicações psicográficas podem ser úteis para a segmentação do mercado, ideias de novos produtos e desenvolvimento de anúncios. A Hyundai usou dados da LifeMatrix para segmentar o mercado de carros dos Estados Unidos, identificar os consumidores com maior probabilidade de comprar sua marca, escolher as mídias mais eficazes para atingir esses consumidores e criar publicidade que apela para os valores e interesses desses consumidores.[141] Chris Bole, gerente de desenvolvimento do cliente do PowerBar, vê uma oportunidade para vender para homens Ligados à Tribo exibindo seus produtos na seção de cuidados pessoais em drogarias. Ele comenta, "Este seria um bom exemplo de 'como isso se encaixa em um estilo de vida?'"[142] Coors está usando psicografia para focar em segmentos diferentes de bebedores de cerveja em Boston utilizando anúncios na TV a cabo que têm finais diferentes e com ofertas para diferentes eventos promocionais.[143]

Resumo

Consumidores aprendem valores – crenças duradouras sobre coisas que são importantes – por meio dos processos de socialização e aculturação. Nossos valores existem em sistemas organizados, nos quais alguns são vistos como mais importantes do que os outros. Valores terminais são estados finais desejados que guiam o comportamento em muitas situações, ao passo que valores instrumentais ajudam as pessoas a alcançarem esses estados finais desejados. Valores de domínio específico são relevantes dentro de uma esfera de atividade específica.

As culturas ocidentais tendem a valorizar muito o materialismo, o lar, trabalho e diversão, individualismo, família e filhos, saúde, hedonismo, juventude, autenticidade, o meio ambiente e a tecnologia. Os profissionais de marketing usam segmentação fundamentada em valores para identificar grupos dentro do mercado maior que compartilham um conjunto de valores comuns diferentes daqueles de outros grupos. Três métodos de identificação de segmentos fundamentados em valores são: inferir valores fundamentados no meio cultural do grupo, usar a análise da cadeia meio-fim e usar questionários como o Rokeach Value Survey e a Lista de Valores.

A personalidade consiste nos padrões de comportamentos, tendências e disposições pessoais que tornam as pessoas diferentes uma da outra. As abordagens ao estudo da personalidade incluem (1) a abordagem psicanalítica, que enxerga a personalidade como o resultado de lutas inconscientes para completar etapas centrais no desenvolvimento; (2) teorias do traço, que tentam identificar um conjunto de características de personalidade que descrevem e diferenciam indivíduos; (3) abordagens fenomenológicas, que propõem que a personalidade é moldada pela interpretação que um indivíduo dá aos eventos de sua vida; (4) teorias sociopsicológicas, que focam nos modos como indivíduos agem em situações sociais; e (5) abordagens comportamentais, que enxergam a personalidade em termos de respostas comportamentais a recompensas e punições passadas. Os profissionais de marketing também estão interessados em analisar os estilos de vida, que são padrões de comportamento ou atividades, interesses e opiniões, para mais informações a respeito do comportamento do consumidor. Por fim, alguns pesquisadores de marketing utilizam técnicas psicográficas que envolvem valores, personalidade e estilos de vida para prever o comportamento do consumidor.

Perguntas para revisão e discussão

1. Explique as diferenças entre valores globais, valores terminais, valores instrumentais e valores de domínio específico.
2. Quais são as quatro principais dimensões nas quais as culturas nacionais podem variar?
3. Como os profissionais de marketing usam a análise da cadeia meio-fim, a Rokeach Value Survey e a Lista de Valores?
4. Como o *locus* de controle afeta a personalidade?

5. Quais são os três componentes do estilo de vida de um consumidor?

6. Defina "psicografia" e discuta seu uso e limitações potenciais.

CASO – COMPORTAMENTO DO CONSUMIDOR

O McDonald's se sofistica de Paris a Peoria

Um Big Mac, fritas e... um cappuccino? Atualmente, quando os consumidores de Paris a Peoria vão a um McDonald's próximo, eles podem pedir refeições feitas com produtos frescos e locais, e tomar bebidas mais sofisticadas. É claro que os hambúrgueres da rede de *fast foods* ainda são a atração principal, mas não é só a comida que está mudando. Os restaurantes também parecem mais luxuosos, alguns têm cafeteria e cadeiras charmosas, que dão aos clientes um lugar confortável onde ficar depois do café.

O plano de sofisticação do McDonald's começou na Europa, uma área que é responsável por quase US$ 4,00 de cada US$ 10,00 que a empresa ganha. No entanto, há apenas uma década, as vendas europeias do McDonald's caíam à medida que os consumidores europeus se afligiam com as poucas escolhas saudáveis e rejeitavam a decoração sem graça. O movimento começou na França, onde as pessoas são famosas por escolherem muito bem o que comem. "Para que o McDonald's e o Big Mac funcionassem no país da *slow food*, sentimos que tínhamos de dar maior atenção ao espaço e à exibição", lembra Denis Hennequin, que era o responsável pelo McDonald's na França e hoje é diretor do McDonald's na Europa.

Hennequin e sua equipe começaram modificando o menu para se adequar aos gostos locais, introduzindo saladas, sobremesas e vitaminas com frutas e verduras frescas de fornecedores franceses. Eles também mudaram os sanduíches do McDonald's, incluindo cheeseburgers com queijo francês e um sanduíche quente de queijo e presunto chamado Croque McDo, a resposta da rede aos sanduíches mais populares da França, Croque Monsieur. Para reforçar a ideia de que o McDonald's estava fazendo as coisas de maneira diferente, a empresa convidou consumidores para visitar as cozinhas de seus restaurantes e até para conhecer seus fornecedores.

O próximo passo era dar aos restaurantes McDonald's na França um visual moderno, sofisticado, para mostrar o menu mais sofisticado e convidar os consumidores a saborearem a *fast food*. Hennequin montou um estúdio de design em Paris para desenvolver nove decorações de restaurante diferentes, desde interiores com linhas simples e neutras até interiores coloridos com quadros grandes de vegetais e legumes frescos. Nos interiores novos, os designers substituíram o vermelho vivo do McDonald's por uma cor de vinho forte e diminuíram as luzes neon brilhantes, instalando um visual mais sutil.

Os consumidores franceses notaram a diferença: as vendas nos restaurantes McDonald's com cardápio e interior novos aumentaram em quase 5%. O McDonald's começou então a dar a seus outros restaurantes europeus uma transformação de cardápio e de visual, uma medida que aumentou seu crescimento de vendas na Europa em 15%. Agora os clientes do McDonald's em Lisboa podem pedir sopa para o almoço ou jantar, ao passo que clientes em Londres podem se acomodar em poltronas de couro para acessar a Internet sem fio. Refletindo mudanças nos estilos de vida, o McDonald's também está entrando na cultura do café em grande estilo. Na Alemanha, onde a Starbucks ainda não é uma grande força, as cafeterias McCafé localizadas em restaurantes McDonald's dominam o mercado.

O McDonald's também levou seu movimento de sofisticação para os Estados Unidos, onde os cappuccinos, cafés gelados e chás aromatizados servidos em seus mil McCafés estão atraindo muitos consumidores que teriam ido para lojas do Starbucks. Um menu sempre crescente, formado de produtos tradicionais, e de antigos e alternativas mais novas, como saladas, oferece mais escolhas para clientes do McDonald's do que nunca. Alguns de seus restaurantes norte-americanos agora oferecem comodidades, como TVs de tela grande e lareiras, assim como acesso à Internet sem fio, deixando que os clientes relaxem e aproveitem se tiverem tempo disponível. "Queríamos garantir que éramos o destino escolhido pelos clientes", diz o diretor de operações, acrescentando que esse objetivo significa oferecer "conveniência, assentos confortáveis, [e] ótimas localizações, juntamente com valor e as ofertas certas".[144]

Perguntas sobre o caso

1. Como as inovações, feitas pelo McDonald's para se sofisticar atingem as mudanças no estilo de vida do consumidor?

2. Que valores parecem estar refletidos nas mudanças feitas pelo McDonald's?

3. A que aspectos da personalidade você acha que os profissionais de marketing do McDonald's deveriam prestar atenção quando planejarem mudanças futuras de cardápio e de restaurantes?

Influências sociais no comportamento do consumidor

Capítulo 15

OBJETIVOS DE APRENDIZADO

Depois de estudar este capítulo, você estará apto a:

1. Explicar como as fontes de influência diferem em quatro modos-chave dependendo de como são entregues, se por meio da mídia de massa ou pessoalmente, e se são entregues por profissionais de marketing ou outros profissionais.
2. Discutir por que os profissionais de marketing devem prestar atenção específica na influência dos líderes de opinião.
3. Descrever os tipos e as características de grupos de referência, e mostrar como cada um pode afetar o comportamento do consumidor.

INTRODUÇÃO

Aumentando as vendas aumentando os comentários

Aumentar as vendas aumentando os comentários boca a boca tornou-se um grande negócio. BZZAgent, Tremor e outras agências especializadas agora recrutam consumidores voluntários para divulgar novidades a respeito de uma marca ou um produto gratuitamente. Os 400 mil "agentes" da BZZAgent gostam da sensação de ser os primeiros a saber de algo novo; eles, assim como os 230 mil voluntários adolescentes que pertencem à rede da Tremor, podem escolher a quem contar, o que dizer (bom ou ruim) e como dizer (via e-mail, blog, conversas pessoais, e assim por diante).

Quando a Philips queria aumentar as vendas de sua escova elétrica Sonicare após uma campanha nacional na TV, a empresa contratou a BZZAgent para fazer comentários de marketing. As amostras da Sonicare foram enviadas para 500 participantes da BZZAgent na área de Atlanta para que pudessem testar o produto, formar suas próprias opiniões e depois comentar sobre ela com seus amigos, parentes e outros. Como os agentes distribuíram cupons de desconto quando discutiam o produto, a BZZAgent pôde rastrear quantas vendas resultaram dos comentários. O teste foi tão bem-sucedido que a Philips expandiu o programa para 30 mil e depois, para 45 mil agentes.[1]

Às vezes, as informações que as pessoas oferecem, como **influências sociais**, podem ter forte impacto sobre os consumidores. Informações apresentadas por algumas pessoas podem ser muito confiáveis, e algumas pessoas podem comunicar uma mensagem de

4. Distinguir entre influência normativa e informacional, e discutir como os profissionais de marketing podem usar seus conhecimentos desses tipos de influência para fazer um marketing mais eficaz.

Influências sociais Informações e pressões implícitas ou explícitas de indivíduos, grupos e da mídia de massa que afetam o modo como uma pessoa se comporta.

marketing amplamente. A influência social também é poderosa quando os indivíduos dentro de grupos estão em contato frequente e têm muitos contatos e muitas oportunidades de comunicar informações e perspectivas da maneira como os voluntários da BZZAgent constroem os comentários. Certas pessoas têm influência porque seu poder ou especialização faz os outros seguirem o que eles acreditam, fazem ou dizem. Grupos podem influenciar não apenas o que as pessoas sabem, mas também o que fazem, afetando se seus comportamentos são socialmente apropriados ou não, ou até mesmo pessoalmente destrutivos (como o uso de drogas ilícitas). Portanto, os profissionais de marketing precisam entender que tipos de entidades sociais criam influência, que tipos de influência eles criam e que efeitos suas tentativas de influenciar podem ter sobre outros consumidores. O Exemplo 15.1 resume as influências sociais que podem afetar os consumidores.

Fontes de influência

Muitas pessoas aprendem sobre determinados produtos por meio de publicidade, da Internet, anúncios, amostras e cupons, experiência pessoal, pessoas e outras fontes. O fenômeno descrito na abertura do capítulo, o *marketing de comentários*, é a amplificação de esforços iniciais de marketing pela influência de terceiros[2] (como os agentes da Tremor e BZZAgents). Mas quais fontes têm o maior impacto e por quê? O Exemplo 15.2 oferece algumas respostas para essas perguntas.

Fontes de marketing e não marketing

A influência pode vir de fontes de marketing e de não marketing, e pode ser entregue por meio da mídia de massa ou pessoalmente.

Fontes de marketing entregues por meio da mídia de massa

Fonte de marketing
Influência entregue por um agente de marketing, por exemplo, propaganda e venda pessoal.

Fontes de marketing que entregam influência por meio da mídia de massa (coluna 1 no Exemplo 15.2) incluem anúncios, promoções de vendas, publicidade e eventos especiais. A Macy's e a Target tentam influenciar seu comportamento de compra promovendo liquidações nos jornais e na televisão. Com frequência, as empresas geram estímulos por novas ofertas por meio de eventos especiais e cobertura da mídia. Ampla publicidade sobre o jogo Halo 3, lançado pela Microsoft exclusivamente para seu console, o Xbox 360, levou 1 milhão de consumidores a anteciparem seus pedidos meses antes do lançamento. Nos dias antes do lançamento, milhares de consumidores formaram longas filas para obter suas cópias quando o jogo foi posto à venda à meia-noite.[3]

Fontes de marketing entregues pessoalmente

Fontes de marketing também podem entregar informações pessoalmente (coluna 2 no Exemplo 15.2). Vendedores, representantes de serviços e agentes de atendimento ao cliente são fontes de influência de marketing que entregam informações pessoalmente em lojas varejistas, nas casas ou nos escritórios dos consumidores, por telefone, via e-mail ou chat on-line. Em algumas situações, os consumidores respondem a um agente de marketing, como um vendedor, fazendo uso do conhecimento e da assistência do agente para promover seus objetivos pessoais. Quando os consumidores se preocupam com persuasão indevida, no entanto, eles adotam técnicas para se livrar de atenção indesejada.[4] Observe que algumas táticas de construção de comentários, como aquelas no exemplo de abertura, extrapolam a linha entre fontes de marketing e fontes de não marketing, visto que os agentes dos comentários não são vendedores ou representantes de marketing pagos, mas voluntários trabalhando em nome dos profissionais de marketing para entregar as mensagens de marketing.

Influências sociais no comportamento do consumidor **337**

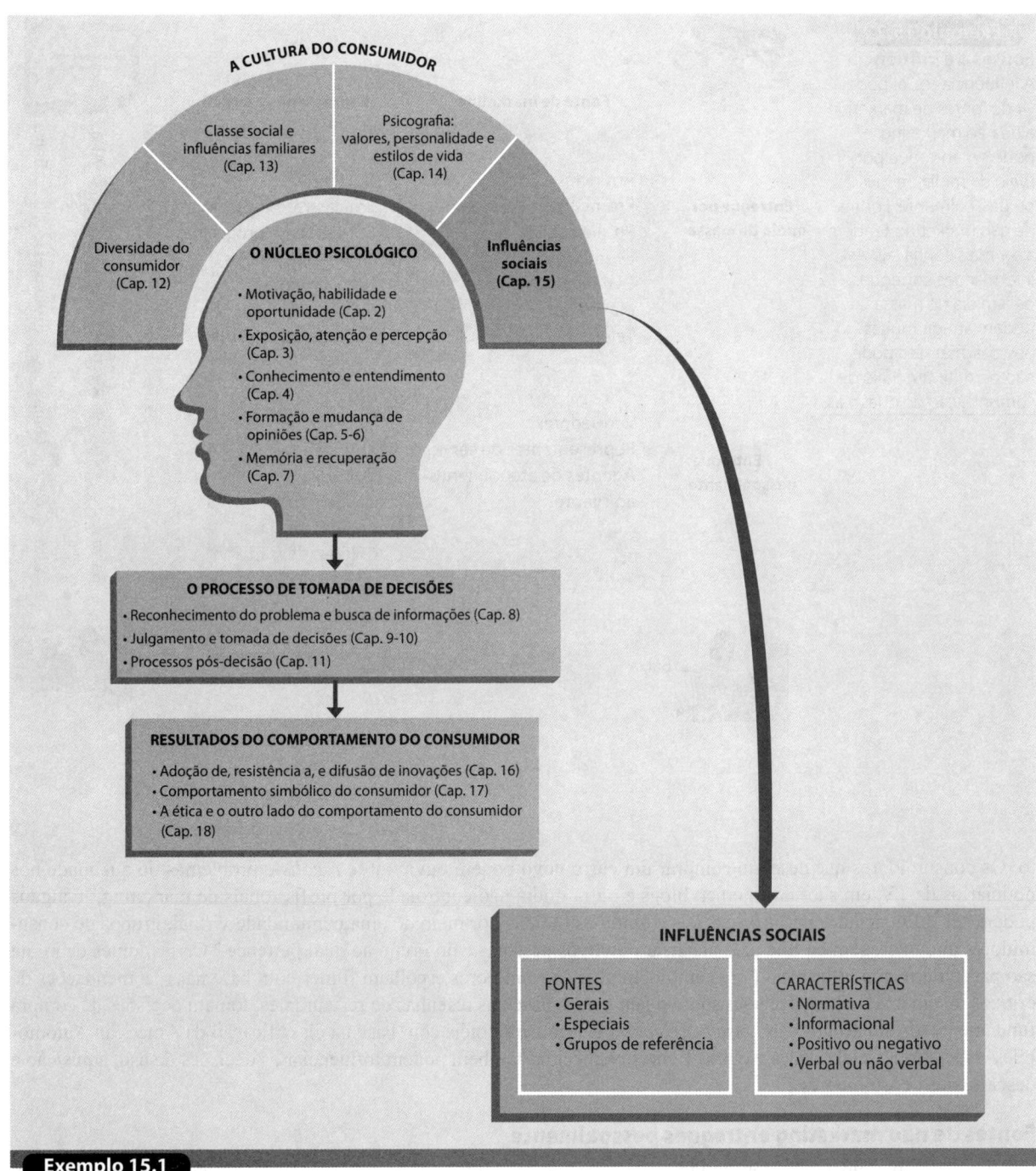

Exemplo 15.1
Visão geral do capítulo: influências sociais
Este capítulo descreve várias fontes de influência (fontes gerais, fontes especiais e grupos) e como elas exercem essa influência (oferecendo influência normativa ou informacional, informações positivas e/ou negativas, e de forma verbal ou não verbal).

Fontes de não marketing entregues por meio da mídia de massa

Como a coluna 3 no Exemplo 15.2 mostra, fontes que não trabalham para empresas de marketing (**fontes de não marketing**) também podem exercer influência por meio de mensagens entregues pela mídia de massa. O comportamento do consumidor pode ser afetado por notícias sobre produtos novos, filmes e restaurantes; contaminação do produto; acidentes envolvendo produtos; e incidência de abuso ou mau uso do produ-

Fonte de não marketing
Influência de uma entidade fora de uma organização de marketing, por exemplo, amigos, família, e a mídia.

Exemplo 15.2
Fontes de influência

A influência social pode vir de fontes de marketing e de não marketing, e pode ser entregue por meio da mídia de massa ou pessoalmente. Fontes de não marketing tendem a ser mais confiáveis. As informações entregues pela mídia de massa podem atingir muitas pessoas, mas isso pode não permitir um fluxo de comunicação de duas vias.

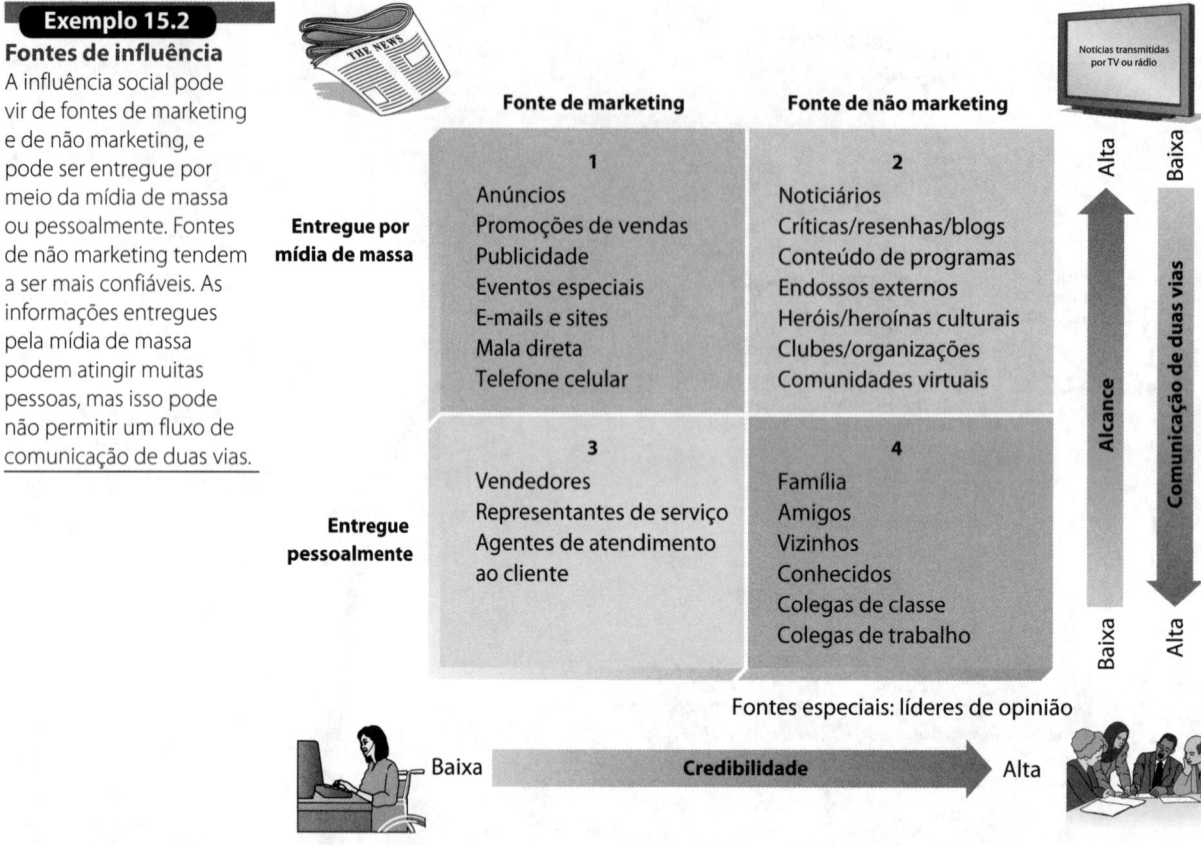

to. Os consumidores que desejam comprar um carro novo podem ouvir sobre *recalls* e problemas de qualidade nos noticiários da TV, em sites da Internet, blogs e outra mídia não controlada por profissionais de marketing,[5] e alguns podem ser influenciados por informações e opiniões obtidas por meio de uma comunidade virtual, grupos de consumidores que interagem on-line para alcançar objetivos pessoais e do grupo ao qual pertence.[6] Certas fontes de mídia são particularmente influentes. Por exemplo, muitos consumidores escolhem filmes com base nas recomendações de críticos de cinema, tomam decisões sobre o jantar com base nas resenhas de restaurantes, tomam decisões de compra fundamentados em artigos da *Consumer Reports* e escolhem hotéis com base na classificação da American Automobile Association. Celebridades e outras figuras conhecidas também podem influenciar as decisões de uso, aquisição e descarte dos consumidores.

Fontes de não marketing entregues pessoalmente

Por fim, o comportamento do consumidor é influenciado por fontes de não marketing que entregam informações pessoalmente (coluna 4 no Exemplo 15.2).[7] Nosso comportamento de consumo pode ser afetado observando como outros se comportam ou pelo **boca a boca**, informações sobre ofertas comunicadas verbalmente por amigos, família, vizinhos, conhecidos e até estranhos. Por exemplo, de acordo com uma enquete da Consumer Electronics Association, 64% dos adultos descobrem novos produtos eletrônicos conversando com amigos, família ou colegas de trabalho; 65% dos adultos pedem recomendações a essas pessoas quando começam a pesquisar para comprar um eletrônico.[8]

Publicidade boca a boca
Influência entregue verbalmente de uma pessoa para outra ou para um grupo de pessoas.

Como essas fontes gerais diferem?

As fontes de influência mostradas no Exemplo 15.2 diferem em termos de alcance, capacidade para comunicação de duas vias e credibilidade. Tais características, por sua vez, afetam quanta influência cada fonte pode ter nos consumidores.

Alcance

Fontes de mídia de massa são importantes para os profissionais de marketing porque atingem maiores audiências de consumidores. Um comercial de TV de 30 segundos durante o Super Bowl pode atingir mais de 90 milhões de pessoas. Atualmente, a TV e o rádio via satélite, a Internet, os telefones celulares e outras tecnologias espalham as mensagens de marketing, notícias sobre produtos, informações sobre o comportamento de figuras públicas e programas de TV para uma audiência cada vez maior, expandindo drasticamente o alcance dos profissionais de marketing.

Capacidade para comunicação de duas vias

Fontes de influência entregues pessoalmente são valiosas porque permitem um fluxo de informações de duas vias. Por exemplo, um vendedor de carros pode ter mais influência que um anúncio de carro, porque ele pode customizar informações de venda que sejam adequadas às necessidades de informação do comprador, rebater contra-argumentos, reiterar informações importantes e/ou complexas, fazer perguntas e responder às perguntas do comprador. As conversas pessoais são geralmente mais casuais e têm menos propósito do que as informações entregues pela mídia de massa. Durante uma conversa, as pessoas têm menor probabilidade de antecipar o que será dito, portanto, têm menos chances de tomar medidas para evitar informações inconsistentes com suas próprias estruturas de referência. Informações de uma fonte pessoal também podem parecer mais vívidas do que informações da mídia de massa, porque a pessoa falando torna as informações mais reais de alguma maneira, um fator que pode torná-la mais persuasiva.[9]

Credibilidade

Enquanto as fontes pessoais e de mídia de massa diferem em seu alcance e capacidade de comunicação em duas vias, as fontes de marketing e não marketing diferem em sua credibilidade. Os consumidores tendem a perceber as informações entregues por meio de fontes de marketing como menos confiáveis, mais tendenciosas e manipuladoras. Por outro lado, fontes de não marketing parecem ser mais confiáveis, porque não acreditamos que elas tenham interesse pessoal em nossas decisões de aquisição, consumo ou descarte. É mais provável que acreditemos em um artigo da *Consumer Reports* sobre carros do que nas informações dadas por um vendedor de carros (veja o Exemplo 15.3). Como fontes de não marketing são confiáveis, elas tendem a ter mais influência sobre as decisões do consumidor do que as fontes de marketing.[10] David Pogue, um colunista de tecnologia do *New York Times*, diz aos consumidores que verifiquem as críticas em sites independentes, como dcresource.com (mantido por um apaixonado por fotografia digital) antes de comprar uma câmera digital.[11]

A credibilidade de fontes pessoais e de mídia de massa específicas pode variar. Tendemos a acreditar nas informações que ouvimos de pessoas com quem nos relacionamos mais intimamente, em parte por causa de sua semelhança conosco (e nossos valores e nossas preferências), que torna suas opiniões críveis.[12] Certas pessoas também são consideradas mais confiáveis do que outras porque são especialistas, ou geralmente reconhecidas como tendo opiniões imparciais; Tiger Woods é uma fonte confiável para equipamentos relacionados a golfe, por exemplo.

Da mesma maneira, determinadas mídias têm maior credibilidade porque baseiam suas opiniões em informações cuidadosamente adquiridas e confiáveis: é mais provável que consumidores acreditem nos artigos da revista *Time* do que nos artigos do *National Enquirer*.

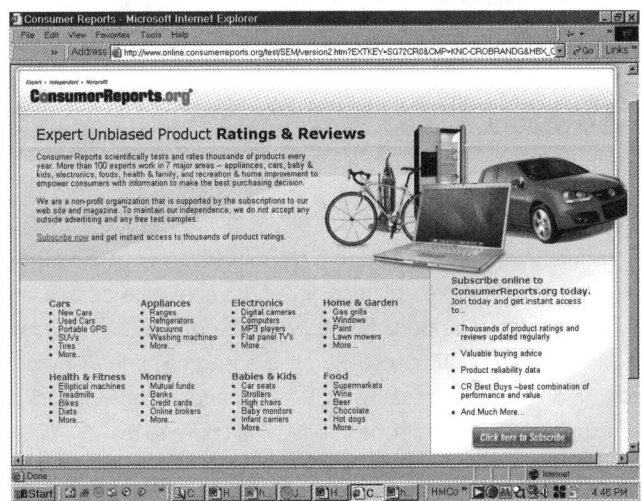

Copyright 2011 de Consumers Union of U.S., Inc. Yonkers, NY 10703-1057, a nonprofit organization. Reimpresso com permissão de ConsumerReports.org® for educational purposes only. Não permitido para uso comercial ou reprodução. www.ConsumerReports.org

Exemplo 15.3
Fontes de não marketing aumentam a credibilidade
Fontes de influência de não marketing como a *Consumer Reports* podem ter forte impacto nas decisões de compra dos consumidores porque são consideradas altamente confiáveis.

IMPLICAÇÕES DE MARKETING

Os profissionais de marketing podem discorrer sobre essas diferenças em credibilidade, alcance e capacidade de comunicação em duas vias para influenciar o comportamento do consumidor de várias formas.

Exemplo 15.4
Celebridades como líderes de opinião
Fontes de não marketing podem ter influências poderosas porque frequentemente são vistas como mais objetivas e menos tendenciosas.

O uso de fontes de não marketing aumenta a credibilidade

Quando possível, os profissionais de marketing devem tentar ter fontes de não marketing apresentando suas ofertas (veja o Exemplo 15.4). Testemunhos e referências boca a boca podem ter impacto considerável, particularmente se entregues mediante comunicações pessoais.[13] Da mesma maneira, a mídia tem um tremendo poder para influenciar as tendências de consumo e comportamento, e para alterar percepções. Por exemplo, a revista *Teen Magazine* trabalhou com a American Cancer Society para divulgar histórias que ridicularizam o ato de fumar. Um editor observa: "Temos o poder de guiar esses adolescentes e dizer para eles quais marcas são modernas... Temos de alavancar esse poder e fazer não fumar ser legal".[14]

Nem sempre os consumidores podem determinar se as informações na mídia são de uma fonte de marketing ou não marketing, porque alguns anúncios de revistas parecem conteúdo editorial e alguns artigos de revistas citam os nomes de anunciantes. Por outro lado, os consumidores que visitam o site Allrecipes.com – no qual marcas como a Kraft patrocinam alguns conteúdos – podem dizer que é uma fonte de não marketing para cozinheiros domésticos trocarem receitas e dicas de cozinha.[15] Conectar-se com uma comunidade virtual que é estruturada em torno dos interesses comuns dos consumidores (como cozinhar) pode ser uma maneira confiável e eficaz de profissionais de marketing atingirem um grupo-alvo.[16]

O uso de fontes pessoais melhora a comunicação em duas vias

Os esforços de marketing podem ser mais eficazes quando fontes de informações pessoais são usadas. Anfitriões de grupos de compras são representantes de vendas confiáveis porque "as pessoas querem comprar de pessoas que elas conhecem e gostam", diz o diretor da Tastefully Simple, que vende comidas *gourmet* para tais grupos.[17] Algumas empresas estimulam gestores e funcionários a escreverem blogs, jornais informativos on-line com opiniões e ideias pessoais sobre diversos assuntos. Alguns dos compradores do Walmart agora blogam sobre produtos – de que gostam e não gostam – porque, diz um funcionário, "A personalidade real sai lá na conversa real".[18]

O uso de uma mistura de fontes aumenta o impacto

Como o impacto das fontes de marketing e não marketing difere, o efeito sobre os consumidores pode ser maior quando os profissionais de marketing usam fontes de influência complementares. Um anunciante de vitaminas, por exemplo, descobriu que, embora o boca a boca tivesse sustentado a empresa, a concorrência a forçou a ter maior abrangência por meio de publicidade. Do mesmo modo, por causa da concorrência de provedores de serviços não bancários, referências por boca a boca são menos eficazes em levar os consumidores a experimentar ou optar por determinado banco.[19] Algumas empresas estimulam referências contemplando seus clientes com descontos ou prêmios quando indicam outras pessoas.[20]

Líder de opinião Indivíduo que atua como corretor de informações entre a mídia de massa e as opiniões e comportamentos de um indivíduo ou grupo.

Líderes de opinião

Uma fonte de influência social especial é o **líder de opinião**, que atua como corretor de informações entre a mídia de massa e as opiniões e os comportamentos de um indivíduo ou grupo. Líderes de opinião têm alguma posição, especialização ou conhecimento em primeira mão que os tornam fontes particularmente importantes de informações confiáveis e relevantes, geralmente em um domínio ou categoria de produto específico. Assim, Serena Williams é uma líder de opinião para roupas esportivas, não para computadores. Na Índia rural, o chefe da aldeia serve como um líder de opinião para TVs, telefones celulares e muitas coisas. "Se eu disser [aos aldeões] que gosto de uma marca específica, eles vão sair e comprar a marca", diz o chefe de Kaler, uma pequena vila em Punjab.[21]

Líderes de opinião são considerados fontes de influência de não marketing, uma percepção que acrescenta à sua credibilidade. Elas não são pessoas necessariamente famosas; podem ser amigos e conhecidos, ou profissionais, como médicos, dentistas ou advogados que aconselham pacientes e clientes. Enquanto os críticos de cinema, de restaurante e da *Consumer Reports* podem ser líderes de opinião para algumas ofertas, celebridades e modelos podem ser líderes de opinião para outras. Líderes de opinião são parte de uma categoria geral de **guardiões**, pessoas que têm influência especial ou poder para decidir se um produto ou informação será disseminada para um mercado. Por exemplo, o governo chinês atua como guardião, proibindo a exibição de programas sexualmente explícitos e vídeos de música de outros países na TV, assim como blogs com viés político.[22]

Guardiões Fontes que controlam o fluxo de informações.

Pesquisadores que estudam líderes de opinião observaram várias características.[23] Líderes de opinião tendem a aprender muito sobre produtos, são usuários pesados da mídia de massa e tendem a comprar produtos novos quando são lançados. Eles também são autoconfiantes, sociáveis e estão dispostos a compartilhar informações a respeito do produto. Eles podem tornar-se líderes de opinião por causa de um interesse intrínseco e pelo aproveitamento de certos produtos – em outras palavras, têm envolvimento duradouro com uma categoria de produto.[24] Líderes de opinião também gostam de ter o poder de ter a informação e compartilhá-la com outros, ou comunicam a informação porque acreditam que suas ações ajudarão outras pessoas.[25]

Líderes de opinião têm influência porque geralmente não têm interesses pessoais em ter suas opiniões consideradas, por isso suas opiniões são percebidas como imparciais e críveis. Eles também são considerados conhecedores sobre opções de aquisição, uso e descarte por causa de seu conhecimento e de sua experiência do produto. Tais características explicam por que compradores de câmeras digitais valorizam os comentários de líderes de opinião como David Pogue, um colunista de tecnologia do *New York Times*, e porque os profissionais de marketing de câmeras querem que Pogue analise seus produtos. O fato de serem vistos como guardiões não significa que a informação flui dos líderes de opinião para os consumidores. Na verdade, líderes de opinião frequentemente obtêm informações buscando de consumidores, fabricantes e varejistas.[26]

Enquanto os líderes de opinião são importantes fontes de influência sobre uma categoria específica de produto ou serviço, pesquisadores também identificaram outra fonte de influência especial – um **especialista do mercado**, alguém que parece ter muita informação sobre o mercado em geral[27] e parece saber tudo sobre os melhores produtos, as melhores liquidações e as melhoras lojas.

Especialista do mercado Consumidor em que outros confiam para informações sobre o mercado em geral.

IMPLICAÇÕES DE MARKETING

Os profissionais de marketing usam diversas táticas para influenciar os líderes de opinião.

Focar em líderes de opinião

Por causa de seu impacto potencial e do fato de serem buscadores e provedores de informações sobre o mercado, uma estratégia óbvia é identificar os líderes de opinião e focar diretamente neles.[28] Por exemplo, como Esther Bushell lidera dez clubes do livro em Connecticut, editores enviam cópias de livros novos para ela e organizam encontros entre alguns autores e Bushell e seus clubes.[29]

O uso de líderes de opinião em comunicações de marketing

Embora a influência de líderes de opinião possa ser menos eficaz quando entregue por meio de uma fonte de marketing, seus conhecimentos e suas associações podem apoiar uma oferta. Como alternativa, os profissionais de marketing podem usar um líder de opinião simulado. Por exemplo, as principais redes de TV não permitem que médicos ou atores interpretando médicos endossem produtos. Em vez disso, o creme dental Mentadent usou mulheres, maridos e filhos de dentistas, porque sua afiliação com especialistas de verdade lhes dá, teoricamente, alguma credibilidade.[30] (veja o Exemplo 15.4.)

Consultar os consumidores a respeito dos líderes de opinião

Os profissionais de marketing pedem que consumidores entrem em contato com um líder de opinião com conhecimentos do assunto. Muitos anúncios de medicamentos vendidos com prescrição médica fazem isso ao sugerir que os consumidores consultem seus médicos (líderes de opinião) sobre como o produto anunciado pode ajudá-los. Uma campanha de anúncios no Reino Unido, de pastilhas NiQuitin CQ, um produto de reposição de nicotina, focou em farmacêuticos que podem sugerir produtos para consumidores que desejam parar de fumar. Depois de um mês, as vendas por recomendação do pessoal da farmácia aumentaram de 5% a 20% com relação a antes da campanha – e as vendas ao consumidor aumentaram até 34% em algumas áreas.[31]

Grupos de referência como fontes de influência

A influência social é exercida por indivíduos, como líderes de opinião, bem como por grupos específicos de pessoas. Um grupo de referência é um conjunto de pessoas com quem os indivíduos se comparam para orientação a respeito do desenvolvimento de suas próprias opiniões, seu conhecimento e/ou seus comportamentos.

Tipos de grupos de referência

Grupo de referência aspiracional
Um grupo que admiramos e ao qual queremos nos igualar.

Consumidores podem se relacionar com três tipos de grupos de referência: aspiracional, associativo e dissociativo. **Grupos de referência aspiracional** são grupos que admiramos e com os quais queremos nos igualar, mas ao qual ainda não pertencemos. Por exemplo, um irmão mais novo pode querer ser como seu irmão mais velho e outras crianças mais velhas. De acordo com um estudo dos Estados Unidos, consumidores com idade entre 18 e 34 anos frequentemente admiram celebridades por suas posses, suas qualidades ou seus estilos de vida.[32] Por causa do alto respeito atribuído à educação na Coreia, frequentemente os professores são um grupo de referência aspiracional para estudantes lá.

Grupo de referência associativa
Um grupo ao qual pertencemos no momento.

Grupos de referência associativa são grupos aos quais pertencemos no momento, como um grupo de amigos, uma família estendida, um grupo específico no trabalho, um clube ou um grupo da escola. Os grupos étnicos, geográficos, de gênero e de idade aos quais você pertence também são grupos de referência associativa com os quais você talvez se identifique (veja o Exemplo 15.5). Mesmo os consumidores que pensam em si mesmos como orientados para o indivíduo reagem bem a produtos ligados aos grupos de referência associativa apropriados.[33]

Comunidade da marca
Grupo especializado de consumidores com conjunto estruturado de relações envolvendo uma marca específica, consumidores daquela marca e o produto em uso.

Grupos de referência associativa podem ser formados ao redor de uma marca, como o caso de clubes como o HOG (Proprietários de Harley Davidson, em inglês, Harley Owners Group), que é formado por fãs de Harley Davidson. Uma **comunidade de marca** é um grupo especializado de consumidores com um conjunto de relações estruturadas en-

---

Exemplo 15.5
Grupos de referência do ensino médio
Os pesquisadores descobriram que não importa onde você cursou o ensino médio: seus colegas provavelmente pertenciam a uma das cinco categorias a seguir: elites, atletas, revoltados, acadêmicos e outros. Em que categoria você estava e como os estudantes de sua escola chamavam seu grupo? Que "outros" grupos existiam em sua escola?

- **Elites** têm alto status e envolvimento social, e estão de alguma forma envolvidos com o universo acadêmico.
- **Atletas** têm alto status e envolvimento social e estão muito pouco envolvidos com o ambiente acadêmico.
- **Revoltados** têm status e envolvimento social médio, e baixo envolvimento acadêmico. Eles tendem a se rebelar contra a escola.
- **Acadêmicos** têm alto envolvimento acadêmico, status médio e envolvimento social relativamente baixo.
- **Outros** tendem a ter status, envolvimento social e envolvimento acadêmico baixos.

Fonte: Steve Sussman, Pallav Pokhrel, Richard D. Ashmais e B. Bradford Brown, Adolescent peer group Identification and characteristics: a review of the literature, *Addictive Behaviors*, ago. 2007, p. 1620-1627.

volvendo uma marca específica, clientes daquela marca e o produto em uso.³⁴ Membros de uma comunidade de marca compram o produto de forma recorrente e são extremamente comprometidos com tal produto, compartilham suas informações e entusiasmo com outros consumidores, e influenciam outros membros a permanecerem leais.³⁵ Curiosamente, tais comunidades sobrevivem mesmo depois que a marca é descontinuada.³⁶

Grupos de referência dissociativa são grupos cujas opiniões, valores e comportamentos desaprovamos e com os quais não queremos nos igualar. Grupos de "*gangsta rap*" que promovem a violência são grupos de referência dissociativa para algumas pessoas. Cidadãos dos Estados Unidos servem como grupos de referência dissociativa para grupos religiosos em alguns países árabes, e neonazistas servem como grupos de referência dissociativa para muitas pessoas na Alemanha e nos Estados Unidos. Pesquisas mostram que fãs da música *country* são um grupo de referência dissociativa para alguns nos Estados Unidos – apesar de esses consumidores secretamente gostarem da música.³⁷ Observe que a influência de grupos de referência dissociativa podem depender, em parte, de se um produto é consumido em público ou em privado.³⁸

Grupo de referência dissociativa
Um grupo ao qual não queremos nos igualar.

(IMPLICAÇÕES DE MARKETING)

A influência de vários grupos de referência tem algumas implicações importantes para os profissionais de marketing.

Associar produtos com grupos de referência aspiracional

Conhecer o grupo de referência aspiracional do seu público-alvo permite que os profissionais de marketing associem seu produto com aquele grupo e usem porta-vozes que o representem. Como as celebridades são um grupo de referência aspiracional para alguns, muitas empresas usam celebridades para endossar seus produtos, como fez a Nokia quando contratou rappers para promover seus telefones celulares para pessoas que gostam de rap.³⁹

Representar de forma precisa os grupos de referência associativa

Os profissionais de marketing também podem identificar e representar adequadamente consumidores-alvo em anúncios refletindo de forma precisa as roupas, os penteados, os acessórios e o comportamento geral de seus grupos de referência associativa.⁴⁰ Para vender produtos como pranchas de skate e equipamento para escalar montanhas, por exemplo, muitos profissionais de marketing do segmento esportivo desenvolvem promoções em que exibiam skatistas e alpinistas.⁴¹

Ajudar a desenvolver comunidades de marca

A Harley-Davidson construiu suas comunidades de marca em parte por meio de um site especial para o grupo Proprietários de Harley e seus 1 milhão de membros no mundo todo.⁴² Outro exemplo é o do time de beisebol Boston Red Sox, cujo site abriga as comunidades de marca Kid Nation e Red Sox Nation, com 35 mil membros no mundo inteiro.⁴³

Evitar usar grupos de referência dissociativa

Quando apropriado, as empresas não devem usar grupos de referência dissociativa em seu marketing. O McDonald's decidiu evitar usar o Ronald McDonald em suas promoções no Oriente Médio porque sabia que muçulmanos religiosos não considerariam um palhaço bobo e colorido como um ídolo.⁴⁴ Do mesmo modo, alguns profissionais de marketing abandonam celebridades porta-voz que cometem crimes ou exibem outro comportamento ofensivo ao mercado-alvo.

Características de grupos de referência

Grupos de referência podem ser descritos de acordo com o grau de contato, formalidade e similaridade entre membros; atratividade do grupo, assim como sua densidade, grau de identificação e força dos laços que conectam seus membros.

Grau de contato

O grau de contato varia nos grupos de referência. Podemos ter contato direto e extensivo com alguns grupos de referência, como nosso círculo próximo de amigos ou família, mas ter menos contato com outros, como *gangsta rappers*. Grupos de referência com os quais temos contato considerável tendem a exercer a maior influência.⁴⁵ Um grupo com

Grupo de referência primária
Grupo com quem temos interação face a face.

Grupo de referência secundária
Grupo com quem não temos contato direto.

o qual temos interação face a face, como a família, colegas e professores é um **grupo de referência primária**. Em contrapartida, um **grupo de referência secundária** é um que pode nos influenciar mesmo que não tenhamos contatos pessoais com a maioria de seus membros. Podemos ser membros de grupos como um grupo de bate-papo na Internet ou um fã-clube musical e, embora possamos interagir com alguns membros do grupo apenas por meio de canais de comunicação impessoais, como boletins de notícia, o comportamento e os valores do grupo ainda podem influenciar nosso comportamento.

Formalidade

A formalidade também varia nos grupos de referência. Grupos como fraternidades, equipes atléticas, clubes e turmas são estruturados formalmente, com regras delineando os critérios para associação ao grupo e o comportamento esperado dos membros. Por exemplo, você deve satisfazer certas exigências – ser admitido, preencher os pré-requisitos da classe – antes de poder se matricular em determinados cursos na faculdade. Uma vez matriculado, você deve seguir as regras de conduta especificadas, chegando às aulas no horário e fazendo anotações. Outros grupos são mais *ad hoc*, menos organizados e menos estruturados. Por exemplo, seu grupo próximo de amigos não é estruturado formalmente e provavelmente não tem um conjunto rígido de regras. Do mesmo modo, um grupo informal de moradores do bairro pode formar um grupo de vigilância da vizinhança. Pessoas que frequentam as mesmas festas ou tiram férias no mesmo cruzeiro também podem caracterizar um grupo informal.

Homofilia: a semelhança entre membros do grupo

Homofilia A similaridade geral entre membros do sistema social.

Grupos variam em sua **homofilia**, a similaridade entre os membros. Quando os grupos são homófilos, é provável que a influência do grupo de referência seja forte, porque pessoas semelhantes tendem a enxergar as coisas da mesma maneira, interagir frequentemente e desenvolver ligações sociais fortes.[46] Os membros do grupo talvez tenham mais oportunidade de trocar informações, e é mais provável que aceitem informações um do outro. Como remetentes e receptores são similares, é provável que a informação que eles partilham também seja percebida como crível.

Atratividade do grupo

A atratividade de um grupo específico pode afetar o quanto os consumidores se adaptam a ele.[47] Quando membros percebem um grupo como muito atraente, eles têm intenções mais fortes de se adaptar ao que o grupo faz – até mesmo a seu comportamento ilícito de consumo. Essa situação mostra que apresentar o grupo de dependentes de drogas como um grupo menos atraente pode ajudar as crianças e adolescentes dos Estados Unidos a resistirem a atividades ilícitas.

Densidade

Grupos densos são aqueles nos quais todos os membros se conhecem. Por exemplo, uma família estendida que se reúne todos os domingos opera como uma rede social densa. Em contrapartida, a rede da faculdade em uma grande universidade é menos densa, porque seus membros têm menos oportunidades para interagir, compartilhar informações ou influenciar um ao outro. Na Coreia, a densidade das redes varia de acordo com a área geográfica. Uma vila rural pode ter alta densidade porque suas famílias se conhecem há gerações, ao passo que muitos dos 10 milhões de residentes de Seul podem não conhecer um ao outro, e por isso a densidade da rede é baixa ali.

Grau de identificação

Algumas características de um indivíduo em um grupo contribuem para o modo como os grupos variam. Uma dessas características é o grau de identificação que um consumidor tem com certo grupo. Só porque as pessoas são membros de um grupo não quer dizer que elas o usam como um grupo de referência. Embora as pessoas possam ser hispânicas ou idosas, ela não precisam necessariamente considerar indivíduos semelhantes como parte de seu grupo de referência.[48] A influência que um grupo tem sobre o comportamento de um indivíduo é afetada pelo grau em que ele se identifica com o grupo. Um estudo constatou que consumidores que frequentam eventos esportivos tinham maior probabilidade de comprar os produtos de um patrocinador quando eles se identificavam fortemente com o time e encaravam tais compras como uma norma do grupo.[49] Além disso, um estímulo de marketing que concentra a atenção na identificação dos consumidores com determinado grupo (como a identidade étnica ou religiosa) e é relevante para essa identificação tem maior probabilidade de obter uma resposta positiva.[50]

Força de ligação

Outra característica que descreve indivíduos em um grupo é a **força de ligação**.[51] Uma ligação forte significa que duas pessoas são conectadas por um relacionamento próximo e caloroso, comumente caracterizado por contato interpessoal frequente. Uma ligação fraca significa que as pessoas têm um relacionamento mais distante, não íntimo e com contato interpessoal limitado. O Exemplo 15.6 ilustra esses conceitos.

Força de ligação O grau em que um relacionamento próximo e íntimo conecta as pessoas.

IMPLICAÇÕES DE MARKETING

As características de grupos de referência têm algumas implicações importantes para os profissionais de marketing.

Entendendo como se transmitem as informações

Homofilia, grau de contato, força da ligação e densidade da rede podem influenciar significativamente se, quanto e quão rapidamente a informação é transmitida em um grupo. Em redes densas, em que consumidores estão em contato frequente e são conectados por ligações fortes, informações sobre aquisição, uso e descarte de uma oferta – ou de ofertas relacionadas – provavelmente serão transmitidas rapidamente. A melhor maneira de os profissionais de marketing disseminarem informações rapidamente em um mercado é focar em indivíduos em redes densas caracterizadas por ligações fortes e contato frequente.

Grupos de referência formal como alvos potenciais

Grupos de referência formal podem fornecer aos profissionais de marketing alvos claros para seus esforços. Por exemplo, o Mothers Against Drunk Driving (Mães contra a direção alcoolizada) pode focar em grupos formais, como as Associações de pais e mestres da região, conselhos de escolas, e assim por diante. Para criar expectativa para viagens à Disneylândia de Hong Kong, a Disney focou em 70 milhões de membros da Liga da Juventude Comunista da China, oferecendo programas com contadores de histórias e visitas de personagens.[52]

Consumidores homófilos como alvos

Os profissionais de marketing podem usar o conceito de homofilia para comercializar seus produtos. Se você acessar o site Amazon.com e encontrar um livro do qual gosta, o sistema de recomendação indica mais livros dos quais você talvez goste com base nas compras de consumidores que compraram o primeiro livro. O princípio é que você pode ter o mesmo gosto de leitura das pessoas que o site considera similares a você.

Focando na rede

Às vezes, faz sentido para os profissionais de marketing focar seus esforços na rede. Por exemplo, a Verizon Wireless oferece um grande número de minutos de ligações celulares para serem divididos entre membros da família mensalmente. Academias focam em redes quando oferecem um desconto a consumidores se um amigo deles se matricular. Os profissionais de

Exemplo 15.6
Força do elo e influência social
A linha contínua grossa mostra que Anne tem elos fortes com três amigos da escola: Maria, Kyeung e Keshia. A linha pontilhada indica que Anne é menos ligada a Jeff, alguém que ela conhece da academia que frequenta. Outra linha pontilhada indica que Maria não tem uma relação próxima com seu primo distante Tyrone. Se você fosse um profissional de marketing, quem nesta rede seria seu alvo? Por quê?

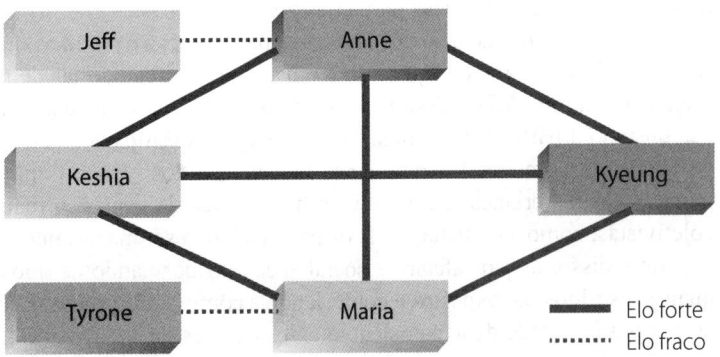

marketing também podem incentivar indicações pedindo aos consumidores para indicar pessoas do seu grupo de referência – "fale de nós para um amigo".

Entendo a força das ligações fracas

Embora as ligações fracas pareçam ter pouco potencial para os profissionais de marketing, na verdade acontece o oposto. Como as ligações fracas frequentemente servem de "pontes" conectando grupos, elas podem ter um papel poderoso na propagação de informações *entre* redes.[53] No Exemplo 15.6, por exemplo, Maria é uma ponte entre seus amigos próximos e seu primo distante. Depois de fornecer informações a Tyrone, ele pode comunicá-las a outros com quem tem ligações. Na realidade, pesquisadores descobriram que o boca a boca se espalha de maneira mais eficaz entre pessoas com ligações fracas; esse fenômeno contribuiu para vendas durante um programa de marketing de comentários do Restaurante e Cervejaria Rock Bottom.[54]

Os profissionais de marketing podem usar ligações fracas para identificar novas redes para esforços de marketing. Por exemplo, organizações como a Tupperware e a Cutco, e grupos de caridade como a American Cancer Society (Sociedade norte-americana do câncer) têm como alvo consumidores individuais que trabalham como agentes de vendas (ou para angariar fundos) e dependem de suas redes interpessoais para atingir outros consumidores.[55] Os indivíduos podem usar consumidores com os quais têm ligações fortes e também aqueles com os quais têm ligações fracas. As escoteiras vendem biscoitos para amigos e parentes, e também para vizinhos, colegas de trabalho de seus pais e para as pessoas que estão fazendo compras em supermercados. Tais mercados são chamados **mercados inseridos**, porque as relações sociais entre compradores e vendedores mudam a maneira como o mercado opera.[56] Assim, sua relação social com um vendedor pode influenciar o modo como você reage aos esforços de venda dele. É provável que você compre biscoitos da filha de um vizinho que você nunca viu por desejar ter uma boa relação com esse vizinho.

Mercados inseridos
Mercados nos quais os relacionamentos sociais entre vendedores e compradores mudam o modo como o mercado opera.

Grupos de referência afetam a socialização do consumidor

Uma maneira por meio da qual os grupos de referência influenciam o comportamento do consumidor é a socialização, processo pelo qual os indivíduos adquirem habilidades, conhecimento, valores e opiniões que são relevantes para funcionar em certo domínio. A **socialização do consumidor** é o processo pelo qual aprendemos a ser consumidores e a saber o valor do dinheiro; a conveniência de economizar *versus* gastar; e como, quando e onde os produtos devem ser comprados e utilizados.[57] Por meio da socialização, os consumidores aprendem valores de consumo e adquirem conhecimentos e habilidades de consumo.[58] A socialização do consumidor pode ocorrer de muitas formas, como mostram as seções a seguir.

Socialização do consumidor
Processo pelo qual aprendemos a ser consumidores.

Pessoas como agentes de socialização

Grupos de referência, como a família e os amigos, têm função importante como agentes de socialização. Por exemplo, os pais podem infundir valores de parcimônia ensinando diretamente a seus filhos a importância de economizar dinheiro, deixando que os vejam sendo parcimoniosos ou recompensando sua parcimônia. Um estudo descobriu que o ensino direto era mais eficaz para infundir habilidades de consumo em crianças mais novas e que o aprendizado observacional era mais eficaz para crianças mais velhas.

A influência intergeracional – informações, crenças e recursos que são transmitidos de uma geração (pais) para a seguinte (filhos) – afeta a aquisição e o uso de certas categorias de produto e marcas preferidas pelos consumidores (veja o Exemplo 15.7).[59] Pesquisas mostram que as crianças têm usado nomes de marca como pistas para decisões de consumo a partir dos 12 anos.[60] Observe que os estilos dos pais variam de cultura para cultura.[61] Em culturas individualistas, como na Austrália e nos Estados Unidos (veja o Capítulo 14), nas quais muitos pais são relativamente permissivos, as crianças desenvolvem habilidades de consumo mais cedo. Em contrapartida, crianças em culturas coletivistas, como a da Índia, onde os pais tendem a ser mais rígidos, entendem as práticas publicitárias mais tarde.

Além disso, os pais afetam a socialização influenciando os tipos de produtos, programas de TV e anúncios aos quais seus filhos são expostos e controlando a compra dos produtos que eles querem. Alguns estudiosos se preocupam com a possibilidade de a exposição a esses agentes de socialização incentivar as crianças a ver a aquisição de bens

Exemplo 15.7
Influência intergeracional
Filhos, pais e avós podem influenciar as decisões de consumo um do outro.

materiais como um caminho para a felicidade, o sucesso e a realização.[62] Alguns pais estão muito preocupados com a exposição de seus filhos a programação e produtos violentos ou sexualmente explícitos e controlam ativamente o que seus filhos assistem e os jogos que utilizam para se divertir.[63] Mesmo os avós podem ter uma função socializadora importante. Esse fator explica por que o Office of National Drug Control Policy (Departamento Nacional de Política de Controle de Drogas) faz publicidade para incentivar os avós a falarem sobre drogas com seus netos. A relação dos avós com seus netos, que tem menor carga emocional, faz que às vezes eles sejam melhores fontes de informação do que os pais.[64]

O efeito de grupos de referência, como os agentes de socialização, pode mudar com o tempo. Os pais têm influência considerável sobre filhos pequenos, mas sua influência decresce conforme os filhos ficam mais velhos e interagem mais com os colegas.[65] Da mesma maneira, seus amigos do ensino médio tiveram maior efeito sobre seus valores, suas opiniões e seus comportamentos quando você era um adolescente do que têm agora. Como nos associamos a muitos grupos no decorrer de nossas vidas, a socialização é um processo que dura a vida inteira.

A mídia e o mercado como agentes de socialização

Programas de TV, filmes e vídeos, música, jogos eletrônicos, a Internet e anúncios também podem servir como agentes de socialização. Às vezes os meninos são representados em anúncios como tendo mais conhecimento e sendo mais agressivos, ativos e voltados para a ação do que as meninas; esses estereótipos de papéis sexuais podem afetar as concepções das crianças sobre o que é ser um menino em vez de ser uma menina.[66] Produtos de consumo podem ser usados como agentes de socialização, uma situação em que nossos brinquedos infantis podem influenciar quem somos e o que é esperado de nós.[67] É provável que os pais deem equipamento esportivo, brinquedos militares e veículos para os meninos. Por outro lado, é mais provável que deem bonecas, casas de bonecas e brinquedos domésticos para as meninas.[68] Estudos mostram que bebês de 20 meses de idade já conseguem distinguir brinquedos "de menino" de brinquedos "de menina", e tais efeitos parecem ocorrer em parte porque os pais estimulam o uso do que eles consideram brinquedos apropriados ao gênero da criança e desencorajam interesses pelos do outro gênero, especialmente para meninos.[69] Porém, à medida que as crianças amadurecem, elas ficam mais desconfiadas dos agentes de socialização da mídia e do mercado; os adolescentes tendem a ser especialmente céticos com relação a afirmações publicitárias.[70]

Influência normativa

Até agora, você aprendeu sobre várias fontes de influência – geral, especial e de grupos –, as quais podem exercer dois tipos de influência: normativa e informacional (veja o Exemplo 15.8). Suponha que você esteja em um jantar, sendo entrevistado por um possível empregador que lhe diz que é vegetariano. Você talvez relute em pedir carne, que adora, porque quer causar uma boa impressão.

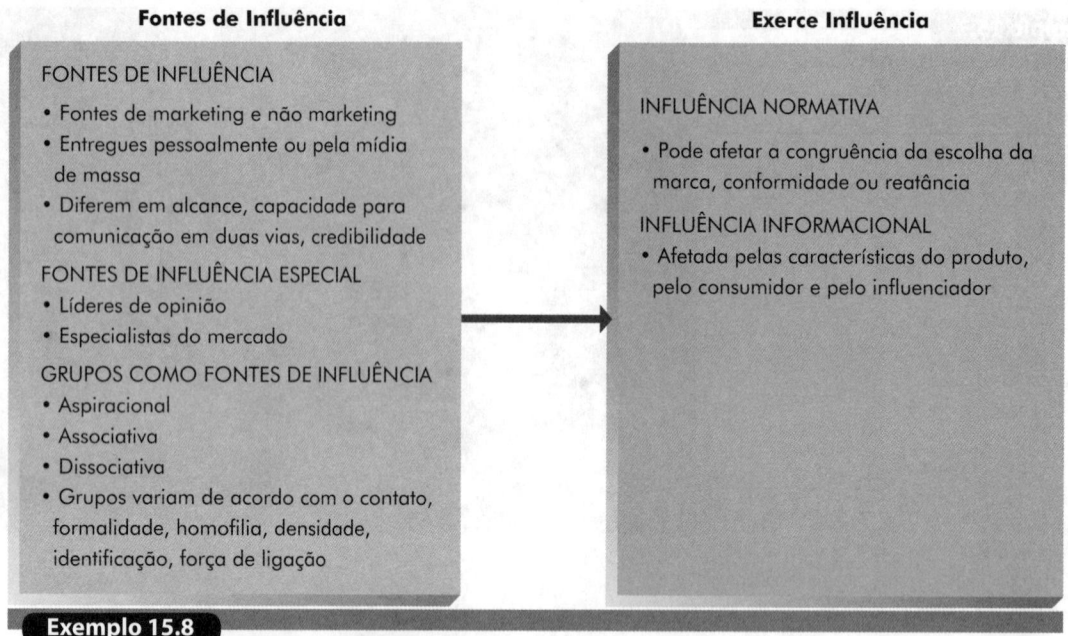

Exemplo 15.8
Fontes de influência e tipos de influência
Fontes de marketing e de não marketing, fontes especiais de influência e determinados grupos podem afetar o comportamento do consumidor exercendo influências normativas e/ou informacionais.

A influência normativa, que foi o que você experimentou no exemplo hipotético, é a pressão social que incentiva a conformidade às expectativas dos outros.[71] O Capítulo 5 discutiu as influências normativas no contexto de como elas afetam as intenções e as decisões de consumo. O termo *influência normativa* deriva de **normas**, as decisões coletivas da sociedade a respeito de como deveria ser o comportamento. Por exemplo, temos normas para quais marcas e lojas estão na moda, assim como normas que desencorajam furtar e comprar por impulso.[72] A moral também exerce influência normativa sobre o que é certo e errado, e pode ter forte influência sobre as opiniões – como na visão das pessoas sobre fumar cigarros, por exemplo.[73]

Normas Decisões coletivas sobre o que constitui comportamento adequado.

A influência normativa implica que os consumidores serão sancionados, punidos ou ridicularizados se não seguirem as normas,[74] assim como implica também que serão recompensados por se comportar de acordo com os comportamentos esperados. Para ilustrar, um possível empregador pode lhe recompensar com uma oferta de emprego ou lhe negar um emprego, dependendo do seu comportamento na entrevista. Alunas do ensino fundamental impõem sanções tratando suas colegas de maneira diferente quando elas não seguem as normas de vestuário.[75]

Como a influência normativa pode afetar o comportamento do consumidor

A influência normativa pode ter vários efeitos importantes sobre os comportamentos de consumo.

Congruência da escolha de marca e conformidade

Congruência da escolha de marca
A aquisição da mesma marca que os membros de um grupo.

A influência normativa afeta **a congruência da escolha de marca** – a probabilidade de os consumidores comprarem o que outros em seu grupo compram. Se você compara os tipos de roupas, músicas, penteados e carros que compra com as escolhas dos seus amigos, provavelmente descobrirá que você e seus amigos fazem escolhas parecidas.[76] A presença de outros pode influenciar o aproveitamento de estímulos compartilhados (como ir ao cinema juntos) e também afeta a congruência.[77] Amigos, parentes e outros em sua rede social também podem influenciar os tipos de bens e serviços que você compra, como presentes.[78] O mero ensaio do que dizer antes de discutir a aquisição de uma marca específica com outras pessoas pode mudar a maneira como os consumidores pensam e acham sobre o produto e suas características.[79]

Influências sociais no comportamento do consumidor 349

A influência normativa também pode afetar a **conformidade**, a tendência de um indivíduo se comportar da mesma forma que o grupo. A conformidade e a congruência da escolha da marca podem estar relacionadas. Por exemplo, você pode estar conforme ao comprar as mesmas marcas que outros em seu grupo,[80] embora a congruência da escolha da marca não seja a única maneira de fazer isso. Você também pode estar conforme ao desempenhar atividades que o grupo quer que você desempenhe, como participar de ritos de iniciação ou agir do modo que o grupo age. Por exemplo, suas ações em uma festa talvez dependam do fato de você estar lá com seus pais ou seus amigos. Em cada caso, você se conforma a um conjunto de expectativas a respeito do comportamento adequado. Um estudo constatou que as normas estabelecidas por relações sociais e de marca também podem influenciar o comportamento do consumidor.[81]

Conformidade Tendência de se comportar de maneira esperada.

Pressões para estar conforme podem ser consideráveis.[82] Pesquisas que examinaram a pressão do grupo com relação a beber e consumir drogas com menos de 18 anos de idade descobriram que os estudantes se preocupavam com o que os outros pensariam deles se eles se recusassem a agir conforme o comportamento esperado pelo grupo. Outros estudos mostraram que a conformidade aumenta à medida que mais pessoas no grupo estão conformes. No entanto, o pensamento fundamentado na identidade ("Eu sou um ambientalista") é muito forte e resistente a pressões de conformidade.[83] Observe que a conformidade varia de acordo com a cultura. Comparados aos consumidores dos Estados Unidos, por exemplo, consumidores japoneses tendem a ser mais orientados para o grupo e se conformam mais aos desejos deste.

Conformidade *versus* reatância

Conformidade, um efeito diferente da influência normativa, significa fazer o que alguém lhe pede explicitamente para fazer. Você está conforme se, quando solicitado, preenche um questionário de pesquisa de marketing ou adquire os produtos oferecidos em um evento de vendas. Pais se conformam aos filhos ao adquirir comidas ou brinquedos ou ao permitir atividades (como festas) solicitadas pelos filhos. Em uma comunidade virtual, os membros podem *não* estar tão prontamente conformes com os desejos do grupo porque os membros são anônimos e podem sair quando desejam.[84]

Conformidade Fazer o que o grupo ou influenciador social pede.

Quando acreditamos que nossa liberdade está sendo ameaçada, um efeito bumerangue ocorre e nos envolvemos em **reatância** – fazer o oposto do que uma pessoa ou grupo quer que façamos. Por exemplo, se um vendedor pressiona você demais, você pode se envolver em reatância, recusando-se a comprar o que ele estiver vendendo.[85] A reatância também pode ocorrer em comunidades de marca. Quando um membro sente muita pressão para desempenhar determinados rituais ou assumir certas funções, o desejo de participar da comunidade ou de comprar a marca no futuro pode diminuir.[86]

Reatância Fazer o oposto do que um indivíduo ou grupo quer que façamos.

Teoria sociorrelacional

De acordo com a teoria sociorrelacional, os consumidores conduzem suas interações sociais de acordo com (1) os direitos e as responsabilidades de sua relação com os membros do grupo, (2) um equilíbrio de ações recíprocas com membros do grupo, (3) seu status e sua autoridade relativos, e (4) o valor atribuído a objetos e atividades diferentes. Por sua vez, essas relações e regras implícitas têm influência normativa sobre o comportamento do consumidor.[87] Por exemplo, alguns consumidores podem considerar tabu as transações em que têm de pagar por algo que eles consideram ter valor moral, como amor, amigos, família ou mesmo votos em uma eleição. Tabus fundamentados em elementos culturais ou históricos também podem ser aplicados a transações de compra e venda.[88]

O que afeta a força da influência normativa

A força da influência normativa depende das características do produto, do consumidor e do grupo ao qual este pertence.

Características do produto

Grupos de referência podem influenciar dois tipos de decisões: (1) se compramos um produto dentro de certa categoria e (2) que marca compramos. Entretanto, a influência dos grupos de referência nas decisões sobre o produto e a marca também depende de se o produto é geralmente consumido em privado ou em público, e se é uma necessidade ou um luxo.[89] Como mostrado no Exemplo 15.9, colchões e aquecedores de água são necessidades consumidas em privado, ao passo que câmeras digitais e aparelhos de DVD são considerados luxos consumidos publicamente. Esse exemplo reflete as previsões sobre quando os grupos de referência afetam essas decisões.

Exemplo 15.9
Influências do grupo de referência sobre produtos consumidos privadamente e publicamente

Os grupos de referência tendem a influenciar o consumo de uma *categoria de produto* somente quando o produto é um luxo (não uma necessidade). Os grupos de referência tendem a influenciar o consumo de uma *marca* específica somente quando o produto é consumido em público (não quando é consumido em privado). Dê alguns exemplos para ilustrar a matriz.

	ONDE O PRODUTO É CONSUMIDO?	
QUE TIPO DE PRODUTO É?	**Em privado**	**Em público**
Necessidade	Colchão Aquecedor de água Papel higiênico Desodorante	Roupas Relógios Automóvel Sapatos
Luxo	Massageador Cobertor elétrico Banheira de hidro Aparelho de DVD	Câmera digital *Mountain bike* Joias Patins *inline*

Influência sobre a marca adquirida: Baixa ↔ Alta

Influência na compra ou não do produto: Baixa ↔ Alta

Uma previsão é que, como precisamos comprar itens de necessidade, é provável que os grupos de referência tenham pouca influência sobre nossa compra desses produtos. No entanto, os grupos de referência podem exercer alguma influência sobre nossa compra de um item de luxo. Por exemplo, seus amigos provavelmente não influenciarão na compra de lenços de papel, uma necessidade que você compraria de qualquer maneira. Mas seus amigos talvez influenciem sua compra de um iPod, em parte porque produtos de luxo comunicam o status – algo que pode ser valorizado por membros do grupo. Os itens podem comunicar seus interesses especiais e os valores, transmitindo assim quem você é e com quem você se associa.

Uma segunda previsão é que os produtos consumidos em público – como os carros que dirigimos – dão aos outros a oportunidade de observar qual marca adquirimos (por exemplo, se é um Hummer ou um Prius). Em contrapartida, poucas pessoas veem qual marca de colchão compramos, porque consumimos esse produto em privado. As imagens de marca diferentes comunicam coisas diferentes às pessoas, então é provável que os grupos de referência tenham uma influência considerável sobre a marca que compramos quando o produto é consumido publicamente, mas não quando é consumido privadamente. Além disso, um produto consumido publicamente oferece oportunidades para sanções, ao passo que seria difícil para os grupos desenvolverem normas e sanções para violações quando o produto é consumido privadamente. Assim, os grupos de referência influenciam a escolha da categoria do produto para artigos de luxo, mas não para necessidades, e influenciam a escolha da marca para produtos consumidos em público, mas não para aqueles consumidos reservadamente.[90]

O significado do produto para o grupo também afeta a influência normativa,[91] visto que alguns deles designam a associação a certo grupo. Uma jaqueta desportiva de uma faculdade pode significar associação ao time e ter papel significativo para definir o status de pertencer ao grupo ou não. Quanto mais central um produto é para o grupo, maior a influência normativa que o grupo exerce sobre sua aquisição. Por fim, o fato de um produto ser percebido como embaraçoso também pode influenciar o comportamento de aquisição e consumo que ocorre em um ambiente mais público.[92]

Características do consumidor

As personalidades de alguns consumidores os tornam mais suscetíveis à influência de outros.[93] O traço de competitividade, por exemplo, pode influenciar o comportamento de consumo conspícuo.[94] Desse modo, anúncios do cortador de grama sofisticado Dixie Chopper perguntam: "Você quer o direito de se exibir? Este cortador vai fazer seus concorrentes invejarem você".[95] Vários pesquisadores desenvolveram a escala de "suscetibilidade a influência interpessoal", que inclui os seis primeiros itens mostrados no Exemplo 15.9. Consumidores suscetíveis à influência interpessoal tentam melhorar sua autoimagem adquirindo produtos que acreditam que serão aprovados pelos outros. Tais consumidores também estão dispostos a estar conformes às expectativas dos outros sobre que produtos e marcas comprar.

Além disso, uma característica de personalidade chamada "atenção para informações de comparação social" (ATSCI, sigla em inglês) é relacionada à influência normativa. O Exemplo 15.10 mostra diversos itens de uma escala ATSCI. As pessoas que têm esse traço de personalidade alto prestam muita atenção ao que os outros fazem e usam essas informações para orientar seu próprio comportamento. Por exemplo, as pesquisas mostram que algumas pessoas sentem baixa autoestima quando são expostas a imagens idealizadas de anúncios de sucesso financeiro ou de atração física.[96] Quando os consumidores são suscetíveis à influência normativa, tendem a reagir de forma mais positiva a comunicações ressaltando as vantagens do produto que os ajudam a evitar a desaprovação social.[97]

A força das ligações também afeta o grau da influência normativa. Quando as ligações são fortes, os indivíduos presumivelmente querem manter seus relacionamentos com os outros, então são estimulados a se conformar às normas e desejos do grupo.[98] A influência normativa também é afetada pela identificação de um consumidor com o grupo,[99] pois, quando um membro de um grupo, como uma família ou uma subcultura, não se identifica com os comportamentos, as opiniões e os valores daquele grupo, a influência normativa de referência do grupo será fraca.

Características do grupo

Por fim, as características do grupo podem impactar o grau de influência normativa. Uma característica é o grau em que o grupo pode oferecer recompensas e sanções, conhecido como o poder de recompensa ou a **força coerciva**.[100] Para ilustrar, seus amigos provavelmente têm mais influência sobre suas escolhas de roupas do que seus vizinhos, porque amigos têm mais força coerciva, isto é, eles têm mais habilidade para aplicar sanções se considerarem suas roupas inadequadas ou fora de moda. A coesão e a semelhança do grupo também afetam o grau de influência normativa,[101] visto que grupos coesos e com membros semelhantes podem se comunicar e interagir regularmente. Dessa forma, eles têm mais oportunidade de transmitir influências normativas e aplicar recompensas e sanções. As pesquisas também mostram que se uma empresa atrai a atenção dos consumidores para sua identidade cultural, o maior conhecimento de sua associação a um grupo específico pode influenciar suas decisões com base nas normas do grupo.[102] A influência normativa tende a ser maior quando grupos são grandes e quando os membros do grupo são especialistas.[103] Por exemplo, você pode estar mais inclinado a comprar uma garrafa de vinho recomendada por um grupo de especialistas do que uma recomendada por um conhecido.

Força coerciva O grau máximo de recompensas e sanções que o grupo é capaz de entregar.

Exemplo 15.10
Medindo a suscetibilidade a influência interpessoal e a atenção a informações de comparação social
Os indivíduos diferem em sua suscetibilidade à influência dos outros e na atenção que prestam ao que os outros fazem. A que conclusões você pode chegar a respeito de si mesmo com base em suas respostas para estas perguntas? Que implicações estas perguntas têm para os profissionais de marketing?

Itens que indicam suscetibilidade a influência interpessoal

1. Eu raramente compro a última moda antes de ter a certeza de que meus amigos a aprovam.
2. Se outras pessoas podem me ver usando um produto, eu frequentemente compro a marca que elas esperam que eu compre.
3. Eu frequentemente me identifico com outras pessoas comprando os mesmos produtos e marcas que elas compram.
4. Para garantir que compro o produto ou marca certa, eu frequentemente observo o que os outros estão comprando e usando.
5. Se tenho pouca experiência com um produto, eu frequentemente pergunto aos meus amigos a respeito desse produto.
6. Eu frequentemente obtenho informações de amigos ou familiares sobre um produto antes de comprá-lo.

Itens que indicam atenção a informações de comparação social

1. Acho que, se todos em um grupo se comportam de determinada maneira, essa deve ser a maneira correta de se comportar.
2. Evito usar roupas que não estão na moda.
3. Em festas, geralmente me comporto de modo a me enturmar.
4. Quando estou incerto sobre como agir em uma situação social, busco dicas no comportamento dos outros.
5. Tenho a tendência de prestar atenção ao que os outros estão usando.
6. O menor olhar de desaprovação de uma pessoa com quem estou interagindo é o suficiente para mudar minha abordagem.

Susceptibility to Interpersonal Influence Scale de William O. Bearden, Richard G. Netemeyer e Jesse E. Teel, "Measurement of Consumer Susceptibility to Interpersonal Influence," Journal of Consumer Research, March 1989, pp. 472-481. Reimpresso com permissão da The University of Chicago Press

IMPLICAÇÕES DE MARKETING

Os profissionais de marketing podem tomar diversas medidas fundamentados em influências normativas e nos fatores que afetam sua força.

Demonstrar recompensas e sanções para o uso/não uso do produto

Os profissionais de marketing podem criar uma influência normativa usando a publicidade para demonstrar recompensas ou sanções que podem seguir o uso ou não uso de um produto. Por exemplo, anúncios de cerveja ou bebidas alcoólicas às vezes mostram amigos aprovando a compra ou consumo da marca anunciada.

Criar normas para o comportamento do grupo

Organizações de marketing podem criar grupos com normas para orientar o comportamento dos consumidores. Os membros do Vigilantes do Peso que aderiram às normas (ou seja, perderam peso) são recompensados recebendo elogios do grupo. Como a influência é maior quando o consumo é público, outra estratégia é tornar público um comportamento privado. Manter conversas em grupo sobre comportamentos alimentares é uma maneira que o Vigilantes do Peso encontrou de tornar públicas as informações privadas.

Criar pressões de conformidade

Os profissionais de marketing também podem tentar criar conformidade. Por exemplo, eles podem associar um produto a um grupo específico, de modo que seu produto seja transformado em um emblema de associação ao grupo. Eles podem simular conformidade ao mostrar atores em um anúncio comportando-se de maneira semelhante com relação a um produto, como fazem algumas campanhas antifumo ao mostrar adolescentes que não fumam.[104] A conformidade também pode ser aumentada divulgando a conformidade dos outros, uma situação que acontece em encontros da Tupperware e em angariações de fundos para a caridade como o Teleton.

Usar técnicas de conformidade

Técnica "pé na porta" Técnica que objetiva induzir conformidade fazendo que um indivíduo primeiro concorde em fazer um pequeno favor, depois um maior e, então, um maior ainda.

Com a **técnica "pé na porta"**, os profissionais de marketing tentam induzir a conformidade fazendo que um indivíduo primeiro concorde em fazer um pequeno favor, depois um maior, e, então, um maior ainda. Por exemplo, um vendedor pode perguntar a um consumidor seu nome e, em seguida, perguntar o que a pessoa pensa sobre determinado produto. Depois de atender a esses pedidos, o consumidor pode estar mais inclinado a concordar com a solicitação que o vendedor faz para que adquira o produto.[105]

Técnica "porta na cara" Técnica que objetiva induzir a conformidade pedindo a um indivíduo uma solicitação enorme e provavelmente absurda, seguida de uma solicitação menor e mais razoável.

Com a **técnica "porta na cara"**, o profissional de marketing primeiro faz uma solicitação enorme e provavelmente absurda ao consumidor, solicitando em seguida algo menor e mais razoável. Por exemplo, um vendedor pode perguntar a uma consumidora se ela quer comprar uma joia de US$ 500. Quando a consumidora diz não, o vendedor pergunta se ela gostaria de comprar um par de brincos por apenas US$ 25.[106] Como a consumidora percebe que o solicitador cedeu algo grande em troca de algo menor, ela pode sentir a obrigação de retribuir atendendo à solicitação menor.

Técnica "até mesmo uma moeda ajuda" Técnica concebida para induzir conformidade pedindo aos indivíduos a realização de um pequeno favor – tão pequeno que quase não se classifica como um favor.

Uma terceira abordagem é a **técnica "até mesmo uma moeda ajuda"**.[107] Nesse caso, os profissionais de marketing pedem ao consumidor um pequeno favor – tão pequeno que quase não se classifica como um favor. Os profissionais de marketing que coletam dinheiro para uma caridade podem indicar que até mesmo uma moeda ajudará a quem precisa. Os vendedores que fazem telefonemas de vendas podem dizer a possíveis clientes que apenas um minuto de seu tempo é valioso. Como as pessoas pareceriam tolas ao negar um pedido tão pequeno, elas geralmente aceitam e, na verdade, frequentemente doam uma quantia apropriada para a situação.

Pedir aos consumidores para prever seu comportamento

Pedir aos consumidores para prever seu próprio comportamento ao tomar determinada ação frequentemente aumenta a probabilidade de eles realmente se comportarem daquela maneira.[108] Por exemplo, um anunciante de produtos que contêm partes recicladas pode pedir aos consumidores para prever seu comportamento de apoio ao ambiente comprando ou usando produtos feitos com materiais reaproveitados.[109] Tal solicitação pode lembrar os consumidores de que eles não têm feito o bastante para manter seus próprios padrões de apoio ao meio ambiente – levando, por sua vez, a aquisições que cumpram as autoprofecias dos consumidores.

Oferecer liberdade de escolha

Como a reatância geralmente ocorre quando as pessoas sentem que sua liberdade está sendo ameaçada, os profissionais de marketing precisam garantir que os consumidores acreditem que têm liberdade de escolha. Por exemplo, um vendedor talvez mostre a um consumidor uma variedade de aparelhos de DVD, discutindo as vantagens de cada um deles. Nessa situação o consumidor sentirá que tem maior controle sobre comprar ou não e, caso compre, qual item comprar.

Usar provedores de serviços especializados que são semelhantes aos clientes-alvo

Algumas pesquisas mostram que é mais provável que os consumidores concordem com o que um provedor de serviços pede (e fiquem mais satisfeitos com o resultado) quando o provedor e o consumidor têm opiniões semelhantes e quando o especialista esclarece a função do cliente.[110]

Influência informacional

Além da influência normativa, grupos de referência e outras fontes de influência podem exercer **influência informacional** fornecendo informações para ajudar a pessoa a tomar decisões.[111] Por exemplo, grupos de chat em sites de viagens na Internet exercem influência informacional ao fornecer dicas de destinos para futuros viajantes. Os amigos exercem influência informacional contando para você qual filme está passando nos cinemas, e a mídia exerce influência informacional relatando que certos alimentos podem ser prejudiciais à saúde.

Influência informacional
A medida da influência de fontes sobre consumidores pelo simples fornecimento de informações.

Como a influência informacional pode afetar o comportamento do consumidor

A influência informacional pode afetar quanto tempo e esforço os consumidores dedicam à busca de informações e à tomada de decisão. Se você pode obter informações de um amigo facilmente, talvez relute em conduzir uma busca longa e trabalhosa por informações de quando tomar uma decisão. Portanto, se você quer um telefone celular novo e um amigo de confiança diz que aquele que ele comprou é simplesmente o melhor que já teve, você talvez compre o mesmo aparelho.

Fatores que afetam a força da influência informacional

O grau de força da influência informacional depende das características do produto, do consumidor, do influenciador e do grupo.

Características do produto

Os consumidores tendem a ser suscetíveis à influência informacional quando consideram produtos complexos, como aparelhos eletrônicos que não sabem usar.[112] Eles também são mais suscetíveis à influência informacional quando percebem a aquisição do produto ou seu uso como arriscados.[113] Assim, os consumidores podem ser afetados pelas informações que recebem a respeito de cirurgias plásticas, por causa de seus riscos financeiros e de segurança. Os consumidores também podem ser mais receptivos à influência informacional quando eles próprios não conseguem diferenciar entre marcas.[114]

Características do consumidor e do influenciador

Tanto as características do consumidor como as do influenciador afetam o grau da influência informacional, e é provável que tal influência seja maior quando a fonte ou o grupo que comunica a informação for um especialista,[115] em particular se o consumidor não tem conhecimentos ou já teve experiências ambíguas com o produto. Por exemplo, pela falta de conhecimento e confiança sobre o processo de compra de imóveis, aqueles que estão prestes a comprar sua primeira casa, podem considerar cuidadosamente as informações dadas por especialistas, como corretores de imóveis. Traços de personalidade, como a suscetibilidade dos consumidores à influência de um grupo de referência e a atenção a informações de comparação social, também influenciam à medida que os consumidores buscam dicas sobre características do produto.[116]

Como a influência normativa, a influência informacional é afetada pela força da ligação. Os indivíduos com ligações fortes tendem a interagir frequentemente, uma situação que oferece mais oportunidades para que os consumidores aprendam a respeito de produtos e sobre as reações dos outros a estes. Observe que a influência informacional pode influenciar de fato as ligações entre indivíduos, pois, quando as pessoas estabelecem relações sociais que envolvem o compartilhamento informações, por exemplo, elas podem tornar-se amigas no processo.[117]

Por fim, a cultura pode afetar a influência informacional. Um estudo constatou que consumidores dos Estados Unidos tinham maior probabilidade de ser persuadidos por anúncios cheios de informações do que consumidores coreanos. Como a cultura coreana, em geral, foca no grupo e na conformidade com o grupo, consumidores coreanos podem ser mais suscetíveis à influência normativa do que os norte-americanos.[118]

Características do grupo

A coesão do grupo também afeta a influência informacional. Em especial, os membros de grupos coesos têm maior oportunidade e talvez maior motivação para compartilhar informações.

IMPLICAÇÕES DE MARKETING

Os profissionais de marketing podem aplicar a influência informacional de várias maneiras.

Criar influência informacional usando especialistas

Como a especialização da fonte e a credibilidade afetam a influência informacional, os profissionais de marketing podem usar fontes consideradas especializadas ou confiáveis para a categoria do produto, como faz a Saucony quando usa estrelas do esporte em seus anúncios.

Criar um contexto para a influência informacional

Os profissionais de marketing devem tentar criar um contexto para que ocorra a influência informacional, e uma maneira de fazer isso é receber ou patrocinar eventos especiais relacionados a esportes nos quais as pessoas podem falar sobre os produtos da empresa umas com as outras. Outra maneira é de permitir chats on-line ou blogs em uma área especial do site de um produto ou de uma empresa. O site da Marriott International requisita um *feedback* do público aos *podcasts* e postagens do presidente executivo da empresa no blog.[119]

Criar influência informacional e normativa

Esforços de marketing podem ser mais bem-sucedidos quando *tanto* a influência normativa *quanto* a influência informacional estão envolvidas. Um estudo descobriu que somente 2% dos consumidores doaram sangue sem qualquer tipo de influência, mas entre 4% e 8% fizeram isso sob influência informacional ou normativa. No entanto, quando as duas formas de influência foram usadas, 22% dos consumidores doaram sangue.[120] Como a semelhança entre fontes aumenta tanto a influência informacional quanto a influência normativa, publicitários podem aumentar a influência utilizando fontes que são parecidas com seu público alvo. Usar sistemas de recomendação pela Internet é outra abordagem ao uso da influência informacional e da influência normativa.[121]

Dimensões descritivas das informações

No contexto do comportamento do consumidor, as informações podem ser descritas pelas dimensões da valência e da modalidade.

Valência: as informações são positivas ou negativas?

Valência Se as informações sobre algo são boas (valência positiva) ou ruins (valência negativa).

A **valência** descreve se as informações são positivas ou negativas, distinção que é muito importante porque os pesquisadores descobriram que informações negativas e positivas afetam o comportamento do consumidor de maneiras diferentes.[122] Mais da metade dos consumidores insatisfeitos envolve-se com o boca a boca negativo e, além disso, consumidores insatisfeitos falam com três vezes mais pessoas sobre suas experiências ruins do que consumidores satisfeitos sobre suas experiências boas.[123] As pessoas que gostam de postar comentários on-line sobre produtos reagem mais a informações negativas do que pessoas que leem sem postar – talvez porque os comentaristas queiram demonstrar que têm padrões altos.[124]

Os pesquisadores conjecturam que as pessoas prestam mais atenção e atribuem maior peso a informações negativas do que a informações positivas.[125] As informações negativas podem ser diagnósticas – isto é, podem ter mais significado, porque parecem nos dizer como as ofertas diferem uma da outra. A maioria das informações que recebemos a respeito de ofertas é positiva, então uma informação negativa recebe mais atenção porque é surpreendente, incomum e diferente.[126] As informações negativas também podem levar os consumidores a atribuir problemas à própria oferta, não ao consumidor que a utiliza.[127] Assim, se você ouve que um amigo passou mal depois de comer em um restaurante, você pode atribuir o resultado à comida ruim em vez de ao excesso de comida que ele ingeriu.

Modalidade: a informação vem de canais verbais ou não verbais?

Outra dimensão que descreve a influência é a modalidade em que é entregue – ela é comunicada de forma verbal ou não verbal? Embora normas sobre o comportamento do grupo possam ser explicitamente comunicadas por descrição verbal, os consumidores também podem inferir normas por meio da observação. Por exemplo, um consumidor pode descobrir que uma marca específica de abridores de lata é ruim observando alguém lutando com o abridor ou ouvindo pessoas falarem de suas experiências com o produto.

A influência penetrante e persuasiva do boca a boca

Os profissionais de marketing estão particularmente interessados no boca a boca, que pode afetar muitos comportamentos do consumidor. Seu vizinho pode recomendar um cabeleireiro ou você pode ouvir um estranho dizer que a liquidação semestral da Nordstrom's será na semana seguinte.[128] Ou você pode assistir a um filme novo porque seu amigo disse que é excelente. Na realidade, o boca a boca antes de um filme ser lançado e durante sua primeira semana nos cinemas influencia fortemente as intenções de ir ao cinema de outros consumidores.[129] Mais de 40% dos consumidores dos Estados Unidos pedem conselhos à família e aos amigos quando escolhem um médico, advogado ou mecânico, embora homens e mulheres difiram em quão frequentemente pedem conselhos e para quem pedem.[130] Além disso, algumas pesquisas mostram que o boca a boca positivo é mais comum que o boca a boca negativo.[131]

O boca a boca não é somente *penetrante*; ele também é mais *persuasivo* do que a informação escrita.[132] Um estudo constatou que o boca a boca foi a fonte que mais afetou a aquisição de alimentos e produtos domésticos, pois foi sete vezes mais eficaz que a mídia impressa, teve o dobro da eficácia da mídia transmitida e foi quatro vezes mais eficaz do que vendedores em afetar a mudança de marca.[133] Fóruns on-line, blogs, sites e e-mails podem aumentar o efeito do boca a boca, porque consumidores podem contar aos outros sobre experiências boas ou ruins com apenas um clique do mouse. Mais de 15 milhões de pessoas são blogueiros ativos, e há um número muito maior de leitores de blogs,[134] por isso muitas empresas monitoram as menções de seus produtos em blogs e sites. A Volkswagen, por exemplo, de acordo com o gerente de relações públicas, encara blogs como "primeiro, uma escuta ativa para a empresa e, segundo, como um meio ou um instrumento por meio do qual podemos apresentar nossa posição".[135]

O **marketing viral**, a divulgação rápida de informações sobre uma marca/produto entre um grupo de pessoas, é poderoso e confiável porque a fonte não é o profissional de marketing e porque a mensagem é entregue pessoalmente. A organização sem fins lucrativos Girl Scouts of America (escoteiras dos Estados Unidos) já usou o marketing viral para vender seus biscoitos, por exemplo. Ela posta comerciais de biscoitos no YouTube e em outros sites nos quais os visitantes podem descobrir os comerciais e compartilhá-los com outras pessoas. A organização também criou uma página no MySpace para sua venda anual de biscoitos, completa e com perfis do biscoito Thin Mints e de outros biscoitos.[136]

Marketing viral Difusão rápida de informações da marca/produto entre um grupo de pessoas.

IMPLICAÇÕES DE MARKETING

O boca a boca pode ter um efeito drástico sobre as percepções dos consumidores a respeito do produto e do desempenho de uma oferta no mercado, e muitos pequenos negócios, como cabeleireiros, professores particulares de piano e pré-escolas, não podem gastar com publicidade e dependem quase exclusivamente de referências feitas pelo boca a boca. Médicos, dentistas e advogados não raro dependem bastante do boca a boca, porque temem que a publicidade extensiva possa prejudicar sua imagem profissional. Além disso, o sucesso em alguns segmentos (como o do entretenimento) está ligado ao boca a boca favorável.

Prevenir e responder ao boca a boca negativo

Os profissionais de marketing devem tentar prevenir o boca a boca negativo e retificá-lo assim que ocorre.[137] Em vez de ignorar tais reclamações, as empresas que sentem empatia pelas reclamações dos consumidores e respondem com bens gratuitos ou de outra maneira significante terão mais sucesso na redução do boca a boca negativo. Por exemplo, os zoológicos têm sido atacados por ativistas que temem que os animais estejam sofrendo maus-tratos, então, quando um jacaré escapou por cima de um muro do Zoológico de Los Angeles, um pouco antes do horário de abertura logo de manhã, os representantes do zoológico não tentaram esconder a fuga. Em vez disso, chamaram a mídia para mostrar que "este é um jacaré bem esperto e saudável".[138] Em caso de grandes crises, as empresas devem tomar medidas para restaurar a confiança do consumidor (veja o Exemplo 15.11).[139]

Engendrando um boca a boca favorável

Além de criar ofertas de qualidade,[140] os profissionais de marketing pode tentar engendrar um boca a boca favorável focando nos líderes de opinião e usando oportunidades de comunicação em rede em feiras de negócios, conferências e eventos públicos. Por exemplo, a Panasonic, a Sony e todos os seus concorrentes montam exibições elaboradas para chamar a atenção da mídia e dos compradores para seus novos produtos durante o Consumer Electronics Show, um evento gigantesco que atrai 140 mil visitantes para Las Vegas todos os anos em janeiro.[141]

Lidando com boatos e escândalo

Boatos são um caso especial de boca a boca negativo.[142] Escândalos também podem desencadear o boca a boca negativo – afetando até mesmo os concorrentes de uma empresa.[143] As empresas devem estar cientes do que os consumidores estão dizendo sobre suas marcas e produtos,[144] offline e on-line, e estar prontas para lidar com rumores e escândalos.[145]

➢ *Não fazer nada.* As empresas frequentemente preferem não fazer nada, porque mais consumidores podem ouvir sobre um boato a partir das tentativas dos profissionais de marketing para corrigi-lo. Todavia, essa estratégia também pode não

Exemplo 15.11
Restabelecendo a confiança do público
Os gestores profissionais de crises recomendam estes passos quando a empresa estiver sob ataque:

FAÇA:	NÃO FAÇA:
• *Reconheça que a velocidade é essencial.* "Se você não tem uma resposta ou uma solução para o problema, é melhor você dizer a seu público que você está trabalhando em uma", diz Rich Blewitt, presidente da Rowan & Blewitt.	• *Esconda o que você sabe.* Estar um passo atrás quando a evidência do malfeito aparece prejudica sua credibilidade e também impede sua habilidade de controlar os acontecimentos, diz Victor Kamber, presidente executivo do The Kamber Group.
• *Coloque os interesses dos clientes acima dos seus.* Uma empresa deve "dar a impressão de querer ajudar as pessoas em crise primeiro, e [colocar] os próprios interesses corporativos por último", diz Larry Kramer, diretor de marketing do GCI Group.	• *Fique amarrado aos detalhes do cotidiano de conduzir uma empresa.* Faça desta crise sua prioridade número 1. "Você deve ter um grupo de pessoas que deixam tudo de lado e lidam somente com isso", diz Mark Braverman, responsável pela CMG Associates Inc.
• *Tenha visão de longo prazo.* Como o enorme recall do Tylenol mostrou, sacrificar a imagem de um produto a curto prazo pode demonstrar responsabilidade a longo prazo.	• *Esqueça que a percepção do público é mais importante que a realidade.* Mesmo que você não tenha feito nada errado, se os consumidores pensam que você fez, a visão deles é o que importa, diz Steven Fink, presidente da Lexicon Communications Corp.

De Kathryn Kranbold e Erin White, "The Perils and Potential Rewards of Crisis Management for Firestone," Wall Street Journal, 8 de setembro de 2000. p. B1. Copyright © 2000 de Dow Jones & Company, Inc. Reproduzido dom permissão da Dow Jones & Company Inc. via Copyright Clearance Center

dar certo. Quando a Nike foi acusada de aprovar os salários baixos e as condições abusivas em suas fábricas asiáticas, sua imagem sofreu quando a empresa não respondeu de forma vigorosa aos ataques. Depois disso, a empresa respondeu de diversas maneiras, inclusive inserindo links para padrões de trabalho em seu site e cortando relações com fornecedores que violaram tais padrões.[146]

› *Faça algo localmente.* Algumas empresas reagem localmente, acabando com o rumor caso a caso. A Procter & Gamble enviou um pacote de informações sobre seu símbolo do homem na lua, há muito vítima de um boato sobre sua conotação de adoração ao diabo, somente para aqueles consumidores que ligaram para seu serviço de atendimento. Em casos assim, as empresas devem informar os funcionários a respeito do rumor e sobre como devem responder aos consumidores.

› *Faça algo discretamente.* As empresas podem querer responder a um boato discretamente. Por exemplo, quando circularam boatos sobre empresas de petróleo que causavam a falta de abastecimento por ganância, as empresas divulgaram uma campanha de relações públicas ressaltando suas atividades socialmente desejáveis. O boato não foi mencionado, mas a essência da campanha era claramente mostrar o oposto do que dizia o boato.

› *Faça algo grande.* Em determinados momentos, as empresas podem responder com todos os recursos de mídia a seu dispor. Elas podem usar a publicidade para confrontar e refutar o boato diretamente, criar notícias que refutam o boato, conduzir entrevistas na mídia para comunicar a verdade e contratar líderes de opinião externos confiáveis para dispersar o boato. Quando circularam rumores no Alaska sobre a descontinuação do biscoito Sailor Boy Pilot Bread, da empresa Interbake, a empresa enviou seu gerente de negócios regional a Anchorage para esclarecer as dúvidas. Ele declarou ao jornal *Anchorage Daily News* que os biscoitos estavam sendo produzidos em uma fábrica diferente, em fornos novos, e distribuiu amostras do biscoito em uma loja Costco da região, pedindo aos clientes que dessem seu *feedback*.[147]

Rastreando o boca a boca

Seja o boca a boca positivo (como referências) ou negativo (como boatos), as empresas podem querer identificar sua origem. Os profissionais de marketing podem descobrir onde os consumidores ouviram a informação e depois perguntar a todas as fontes das quais eles, por sua vez, ouviram a história.[148] Os profissionais de marketing também podem pedir aos consumidores detalhes específicos sobre o que ouviram da fonte para rastrear a distorção da informação e descobrir as fontes iniciais que originam as distorções. Depois disso a empresa pode ir adiante, agradecendo ou recompensando indivíduos que fazem boca a boca positivo e oferecem referências.

Resumo

Os consumidores são influenciados por muitas fontes – marketing e não marketing, aquelas que são entregues pela mídia de massa e aquelas que são entregues pessoalmente. Os consumidores consideram as fontes de não marketing mais confiáveis do que as fontes de marketing. As informações entregues pessoalmente têm menor alcance, porém maior capacidade para comunicação em duas vias do que informações de fontes de mídia de massa. Os profissionais de marketing podem querer focar em líderes de opinião, que são fontes de influência, pois eles são especialistas em uma categoria de produto.

Os grupos de referência, pessoas com as quais os indivíduos se comparam, podem ser associativos, aspiracionais ou dissociativos, e podem ser descritos de acordo com seu grau de contato, formalidade, homofilia, atratividade do grupo, densidade, identificação e força das ligações. Os grupos de referência podem ter papel importante na socialização, influenciando as ações-chave, os valores e os comportamentos dos consumidores.

Essas fontes de influência exercem influência normativa e informacional. A influência normativa tende a ser maior para produtos que são consumidos publicamente, considerados luxos ou aspectos significativos de associação a um grupo; além disso, essa influência também é forte para os indivíduos que tendem a prestar atenção à informação social. A teoria sociorrelacional sugere que as regras implícitas de relações com membros do grupo exercem influência normativa sobre o comportamento do consumidor. As ligações fortes e a identificação com o grupo aumentam a probabilidade de os consumidores sucumbirem a influências normativas. Por fim, a influência normativa é maior quando os grupos são coesos, os membros são parecidos e o grupo tem o poder de entregar recompensas e sanções.

A influência informacional opera quando indivíduos afetam outros fornecendo informações. É mais provável que consumidores busquem e sigam a influência informacional quando os produtos são complexos, a aquisição ou uso é arriscado e as marcas são distintivas. Quanto mais especializado é o influenciador e quanto mais predispostos os consumidores estão a ouvir os outros, maior a influência informacional, que também é maior quando os grupos são mais coesos. A influência social varia em valência e modalidade. As informações negativas são comunicadas para mais pessoas e recebem maior peso na tomada de decisão do que as informações positivas, e os profissionais de marketing têm interesse específico no boca a boca, tanto positivo como negativo.

Perguntas para revisão e discussão

1. Como as fontes de influência diferem em termos de domínio e entrega?
2. Por que algumas vezes as empresas focam o esforço de marketing em líderes de opinião?
3. Quais são os três tipos de grupos de referência e como podem ser descritos?
4. Como os consumidores podem responder à influência normativa?
5. Quais as três técnicas que os profissionais de marketing podem usar para incentivar a conformidade do consumidor?
6. Qual é a diferença entre valência e modalidade da informação?
7. Por que o boca a boca é tão importante para os profissionais de marketing?

CASO – COMPORTAMENTO DO CONSUMIDOR

Clique! É o marketing viral

Não importa se a verba de marketing é enorme ou modesta: mais empresas e organizações sem fins lucrativos estão atingindo cada vez mais consumidores no mundo todo usando vídeos on-line, cartões eletrônicos identificados e outras formas de marketing viral. Às vezes, os profissionais de marketing simplesmente postam um vídeo ou outra mensagem on-line sem alarde e esperam que os consumidores a "descubram" e contem para seus amigos. Em outros casos, esses profissionais buscam o maior público possível apoiando seus esforços de marketing viral com publicidade sofisticada em outras mídias. De qualquer maneira, a mensagem é mais confiável e mais potente porque os consumidores ouvem sobre ela dos outros, e não diretamente do anunciante.

No mundo sem fins lucrativos, por exemplo, o Unicef (Fundo das Nações Unidas para Crianças) tem seu próprio canal no YouTube e carrega vídeos novos regularmente para fornecer informações sobre assuntos relacionados a crianças e para incentivar contribuições. Outro exemplo é o do Cancer Research UK, que usa o marketing viral para aumentar a conscientização sobre o câncer de mama, explicar a missão do grupo e aumentar as doações. Sua campanhas incluem sites especiais, vídeos no YouTube e publicações no Facebook.

Muitos negócios usam o marketing viral para se conectar com os consumidores de modo pessoal. A Royal Canin Canada, que vende rações selecionadas para raças específicas de cães e gatos, criou uma série de vídeos para distribuição no YouTube, cada um deles para uma raça específica. Os consumidores que visitam o site da empresa podem aprender mais sobre como cuidar de animais de estimação e se inscrever para receber boletins customizados por e-mail, para chamar o dono e o animal pelo nome.

Até os anunciantes do Super Bowl, que contam com verba significativa, descobriram que o marketing viral gera comentários a respeito de suas marcas antes e depois do grande jogo. Alguns anunciantes postam uma prévia em seus sites e no YouTube; outros disponibilizam os comerciais para exibição em sites diferentes durante a partida e depois que ela termina. O Edmunds.com, site popular de automóveis, já exibiu comerciais feitos pela Audi, Hyundai, Toyota e por outros fabricantes de carros, e convidou os visitantes a participar da discussão. Como resultado, alguns dos anúncios ganham uma audiência ainda maior que os 100 milhões de espectadores que assistem ao Super Bowl todos os anos.[149]

Perguntas sobre o caso

1. Como a socialização do consumidor pode afetar o sucesso do marketing viral?
2. Com relação às influências sociais sobre o comportamento do consumidor, o que um anunciante pode ganhar ao postar seu comercial do SuperBowl on-line antes do jogo?
3. Você acha que a influência normativa tem uma função no marketing viral? Explique sua resposta.

Questões e resultados do comportamento do consumidor

Parte 5

16 Adoção de, resistência a, e difusão de inovações
17 Comportamento simbólico do consumidor
18 Ética, responsabilidade social e o outro lado do comportamento do consumidor e do marketing

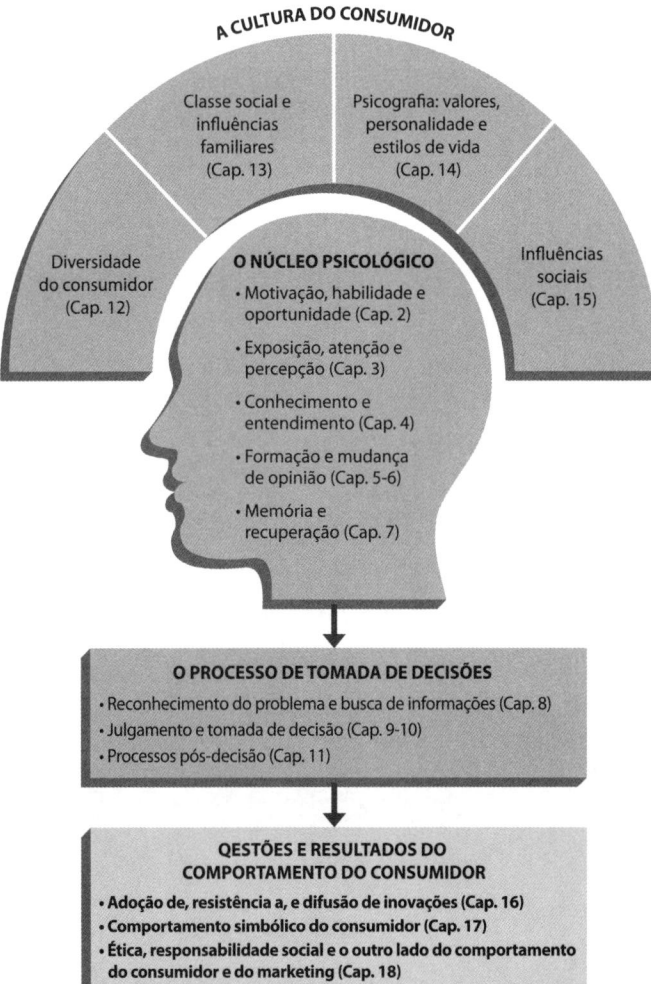

A **Parte 5** analisa os resultados e as questões relacionadas a muitas influências e processos discutidos nas partes Dois, Três e Quatro. O Capítulo 16 consolida os tópicos de tomada interna de decisão e comportamento do grupo pela análise de como os consumidores adotam novas ofertas e como suas decisões de adoção afetam a difusão de uma oferta pelo mercado. Esse capítulo também analisa os fatores que fazem diferença na resistência dos consumidores a uma inovação, a adoção de uma inovação e a difusão de uma oferta em um mercado.

O Capítulo 17 discute o fascinante tópico do comportamento simbólico do consumidor. Tanto bens quanto serviços podem ter significados profundos e expressivos para os consumidores, significados simbólicos afetados por rituais relacionados a aquisição, consumo e descarte. Além disso, o significado de uma oferta pode ser transferido pelo ato de presentear.

O Capítulo 18 examina o lado obscuro do comportamento do consumidor e do marketing, inclusive alguns resultados negativos de comportamentos de aquisição (como comprar compulsivamente) e as principais questões éticas relacionadas ao comportamento do consumidor (como a influência dos esforços de marketing na promoção da obesidade). Esse capítulo final também explora questões importantes de responsabilidade social em marketing.

Adoção de, resistência a, e difusão de inovações

Capítulo 16

OBJETIVOS DE APRENDIZADO

Depois de estudar este capítulo, você estará apto a:

1. Descrever como se podem classificar inovações em termos de seu tipo, as vantagens que oferecem e seu alcance.
2. Explicar como os consumidores adotam uma inovação, por que eles resistiriam à adoção de uma inovação e por que os profissionais de marketing devem entender o prazo de decisões de adoção.
3. Definir *difusão* e discutir como curvas de difusão se relacionam com o ciclo de vida do produto.

INTRODUÇÃO

Um gosto por inovação

Como consumidores famintos reagirão a novos itens no menu? A Panera Bread e o McDonald's encaram esse desafio o tempo todo. A Panera acrescenta um novo prato ao seu cardápio a cada oito semanas para aumentar as vendas e satisfazer clientes fiéis que buscam variedade. Quando o chefe de desenvolvimento de produtos da empresa criou um novo tipo de salada, notou que o interesse dos clientes por grãos integrais aumentou e experimentou alguns dos ingredientes incomuns usados por cozinheiros em restaurantes refinados. Juntando essas tendências, ele criou uma salada de salmão grelhado com grãos de trigo e suco de limão, que foi bem recebida nas 30 unidades da Panera nas quais foi testada. A salada agora faz parte do cardápio em todas as mil unidades da Panera. A rede também está testando inovações para aumentar o movimento no café da manhã e no jantar.

O McDonald's almejava seus clientes de ***drive thru*** quando seu diretor de inovação culinária criou uma combinação de taco/quesadilla com frango e queijo derretido. A "tacadilla" não teve bons resultados em testes realizados com clientes, então o cozinheiro-chefe mudou, enrolando em fatias de frango, molho rancheiro, queijo ralado e alface em uma tortilha de trigo. Esse lanche, o Snack Wrap, teve resultados tão bons que foi lançado em todas as unidades dos Estados Unidos em seis meses – entrada rápida, se comparada

4. Descrever os principais fatores que afetam a adoção, a resistência e a difusão, e mostrar como os profissionais de marketing podem usar seus conhecimentos destes fatores para anunciar de maneira mais eficaz.

aos 18 a 24 meses geralmente necessários para introduzir um item novo no cardápio. Essa foi a introdução de um produto novo mais bem-sucedida do McDonald's.[1]

O modo como as redes de restaurantes desenvolvem e comercializam novos itens do cardápio ilustra alguns dos fatores que influenciam as decisões dos consumidores com relação a ofertas inovadoras, o assunto deste capítulo (veja o Exemplo 16.1). Primeiro o capítulo descreve tipos de inovações, que podem variar em novidade e vantagens. O Snack Wrap, por exemplo, era novo para o McDonald's, bastante diferente das opções normais das redes de hambúrguer e oferecia a vantagem da conveniência. Depois analisamos o que afeta uma eventual resistência dos consumidores a um produto novo (como a "tacadilla" do McDonald's) ou a adoção das novidades (como a salada de salmão grelhado da Panera). A seção final examina os fatores que afetam quão rapidamente um produto novo é difundido em um mercado.

Inovações

A habilidade de desenvolver produtos novos de sucesso é vital para as vendas e o crescimento futuro de uma empresa. Vender 10 milhões de iPhones no primeiro ano do produto aumentou os lucros da Apple e firmou a empresa como um concorrente formidável em uma categoria de produto em que não tinha experiência anterior.[2] A inovação é tão importante para o futuro da Nestlé que a equipe de diretores recebe relatórios mensais dos dez produtos em desenvolvimento mais promissores.[3] Em virtude do papel que os produtos novos têm nas vendas e nos lucros de uma empresa, é muito importante que os profissionais de marketing entendam tais produtos novos e o que leva estes ao sucesso.

Definindo uma inovação

Inovação Oferta percebida como nova por consumidores de um segmento do mercado e que tem efeito sobre padrões de consumo existentes.

Um produto novo, ou uma **inovação**, é uma oferta que é nova no mercado. De maneira mais formal, uma inovação é um produto, um serviço, um atributo ou uma ideia que os consumidores em um segmento de mercado percebem como novo e que tem um efeito sobre os padrões de consumo existentes.[4] Por exemplo, o Snack Wrap do McDonald's era novo para seus clientes de *drive thru*. Serviços como downloads de filmes e a identificação de fraudes de seguros podem ser inovações, assim como ideias também podem. Por exemplo, os profissionais de marketing sociais têm ativamente persuadido consumidores a adotar ideias como a prática do sexo seguro e a prevenção do *bullying*.

Produtos, serviços, atributos, pacotes e ideias são inovações se forem *percebidos* como novos pelos consumidores, não importando se realmente são novos ou não. Quando o Propecia foi introduzido como um medicamento para reduzir a calvície masculina, poucos consumidores perceberam que, na realidade, é a mesma droga que é vendida como Proscar e usada para o tratamento de problemas na próstata.[5] Por outro lado, embora alguns produtos possam ser comercializados como ofertas novas, eles podem fracassar se os consumidores não perceberem alguma vantagem diferente neles.[6]

Os profissionais de marketing também definem uma *inovação* com relação a um segmento de mercado. Por causa das cozinhas domésticas pequenas e das tradições arraigadas, a lavadora de louças automática é vista como uma inovação no Japão, onde somente 7% das residências têm uma.[7] Consumidores em países do Terceiro Mundo podem considerar certos eletrodomésticos e aparelhos eletrônicos completamente novos, mesmo que os norte-americanos e consumidores em outros países ocidentais considerem esses itens necessidades.

Inovações podem gerar mudanças nos padrões de aquisição, consumo e descarte. Graças ao acesso de alta velocidade à Internet, um número crescente de consumidores faz compras on-line em vez de ir a lojas.[8] Fornos de micro-ondas mudaram o modo como cozinhamos, o e-mail mudou o modo como nos comunicamos e as câmeras digitais e câmeras em telefones mudaram o modo como tiramos fotos e as compartilhamos com os outros. Um interesse maior pela reciclagem trouxe inovações como embalagens recicláveis e reutilizáveis e, por fim, sites de leilões on-line, como o eBay, oferecem uma maneira inovadora para que os consumidores descartem itens indesejados.

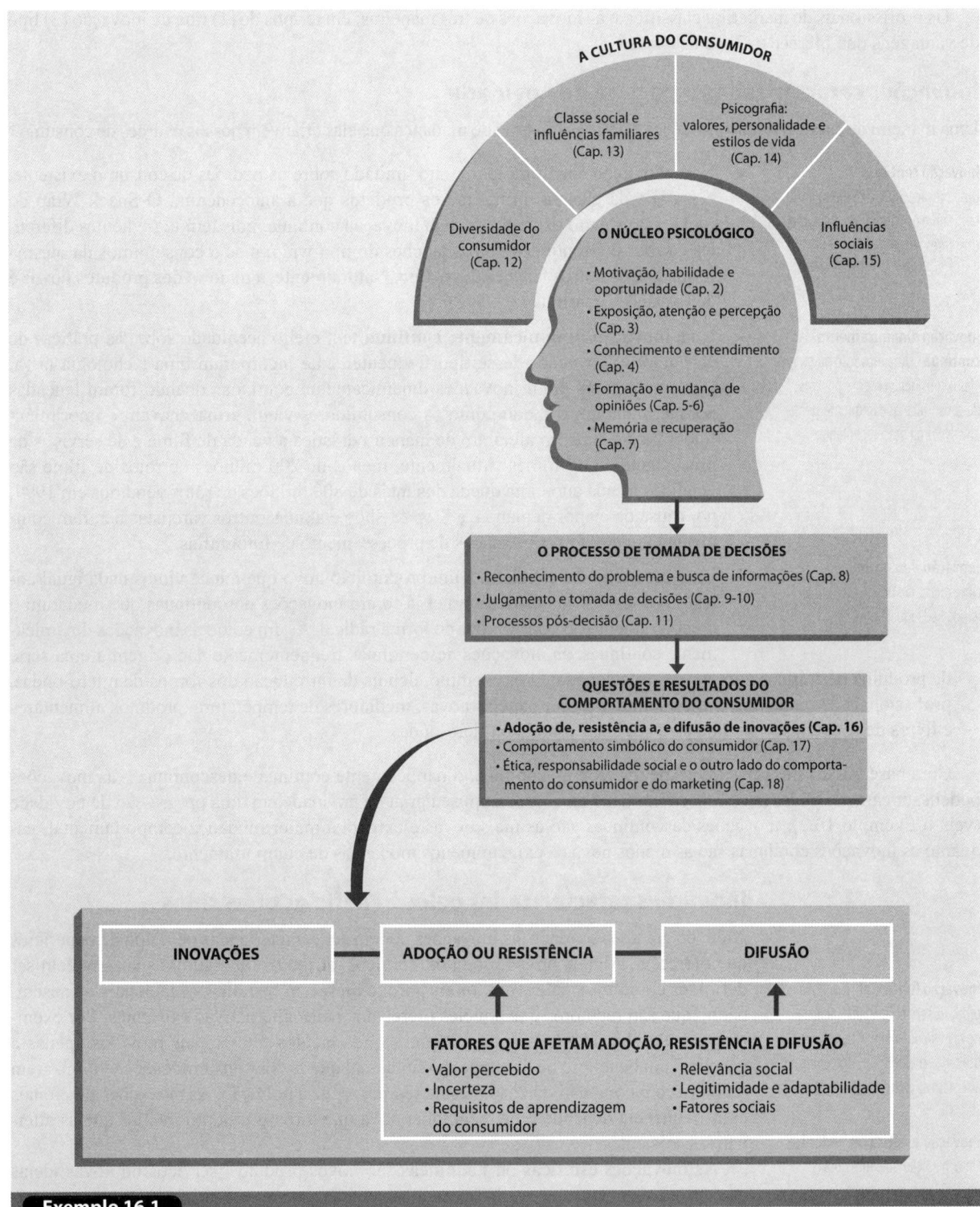

Exemplo 16.1
Visão geral do capítulo: adoção de, resistência a, e difusão de inovações
Os consumidores podem decidir adotar (por exemplo, adquirir) ou resistir à adoção de uma nova oferta (uma inovação). A difusão reflete quão rapidamente uma inovação se espalha em um mercado. A adoção, a resistência e a difusão podem ser influenciadas pelo tipo da inovação, seu alcance, suas características e pelo sistema social no qual é introduzida.

Os profissionais de marketing classificam as inovações de três maneiras: em termos de (1) tipo de inovação (2) tipo de vantagens que oferece e (3) seu alcance.

Inovações caracterizadas pelo grau de novidade

Uma maneira de caracterizar as inovações é descrever o grau de mudança que elas criam em nossos padrões de consumo.[9]

Inovação contínua
Uma inovação que tem efeito limitado sobre os padrões de consumo existentes.

› Uma **inovação contínua** tem efeito limitado sobre os padrões de consumo existente, e é usada da mesma forma que os produtos que a antecederam. O Snack Wrap do McDonald's é um exemplo de uma inovação contínua, pois tem ingredientes diferentes e sabor diferente dos outros lanches do tipo wrap, mas o consumimos da mesma forma que os outros lanches desse tipo. Naturalmente, a maioria dos produtos novos é de inovações contínuas.

Inovação dinamicamente contínua Uma inovação que tem efeito considerável sobre práticas de consumo e que frequentemente envolve uma nova tecnologia.

› Uma **inovação dinamicamente contínua** tem efeito acentuado sobre as práticas de consumo, e inovações desse tipo frequentemente incorporam uma tecnologia nova. Câmeras digitais eram inovações dinamicamente contínuas quando foram lançadas porque mudaram o modo como os consumidores viam, armazenavam e imprimiam fotografias e também afetaram de maneira drástica a venda de filme e de serviços de processamento de filmes. Atualmente, menos de 200 milhões de rolos de filme são vendidos a cada ano, uma queda dos mais de 800 milhões de rolos vendidos em 1999; por causa da menor demanda, a Stop & Shop e alguns outros varejistas pararam completamente de oferecer serviços de processamento de fotografias.[10]

Inovação descontínua
Uma oferta tão nova que nunca vimos nada igual antes.

› Uma **inovação descontínua** é um produto tão novo que nunca vimos nada igual antes.[11] Aviões e serviços de Internet já foram inovações descontínuas que mudaram o comportamento do consumidor de forma radical. Assim como as inovações dinamicamente contínuas, as inovações descontínuas frequentemente dão origem a uma série de produtos periféricos e inovações relacionadas. Por exemplo, depois da introdução dos fornos de micro-ondas, profissionais de marketing começaram a oferecer panelas novas, medidores de temperatura, produtos alimentares e livros de receitas sob medida para cozinhar usando o micro-ondas.

Com base nesses três tipos gerais de inovação – contínua, dinamicamente contínua e descontínua – as inovações podem ser caracterizadas mais especificamente de acordo com seu grau de novidade em uma progressão de novidade (veja o Exemplo 16.2). Inovações descontínuas são as mais novas e exigem a maior mudança comportamental, enquanto as inovações contínuas são as menos novas e exigem menos mudanças de comportamento.

Inovações caracterizadas pelos benefícios oferecidos

Além do grau de novidade, as inovações podem ser caracterizadas pelo tipo de benefícios que oferecem. Alguns novos produtos, serviços, atributos ou algumas ideias podem ser definidos como **inovações funcionais** porque oferecem benefícios funcionais de desempenho que são melhores que aqueles oferecidos pelas alternativas existentes. Por exemplo, veículos híbridos são mais eficientes que veículos tradicionais movidos apenas a gasolina, um benefício de desempenho funcional que faz os consumidores economizarem dinheiro com combustível e, ao mesmo tempo, reduz a poluição. As inovações funcionais com frequência dependem de tecnologia nova que torna o produto melhor que as alternativas existentes.

Inovação funcional Um novo produto, serviço, atributo ou uma nova ideia que oferece benefícios utilitários melhores ou diferentes das alternativas existentes.

Inovação estética ou hedônica
Uma inovação que atrai nossas necessidades estéticas, de prazer e/ou sensoriais.

As **inovações estéticas** ou **hedônicas** são novos produtos, serviços ou novas ideias que apelam às nossas necessidades estéticas, de prazer e/ou sensoriais.[12] Danças ou exercícios novos, novos tipos de música, roupas com estilos novos e novos tipos de comidas são classificados como inovações estéticas ou hedônicas.

Inovação simbólica Um produto, serviço, atributo ou ideia que tem novo significado social.

As **inovações simbólicas** são produtos, serviços, atributos ou ideias que têm um novo significado social. Em alguns casos, uma inovação simbólica é uma nova oferta que é usada exclusivamente por um grupo específico de consumidores. Assim, usar a inovação transmite um significado a respeito da associação de um consumidor a um grupo. Roupas com estilos novos que transmitem a associação a um grupo específico (por exemplo, étnico, etário ou de gênero) podem ser consideradas inovações simbólicas.

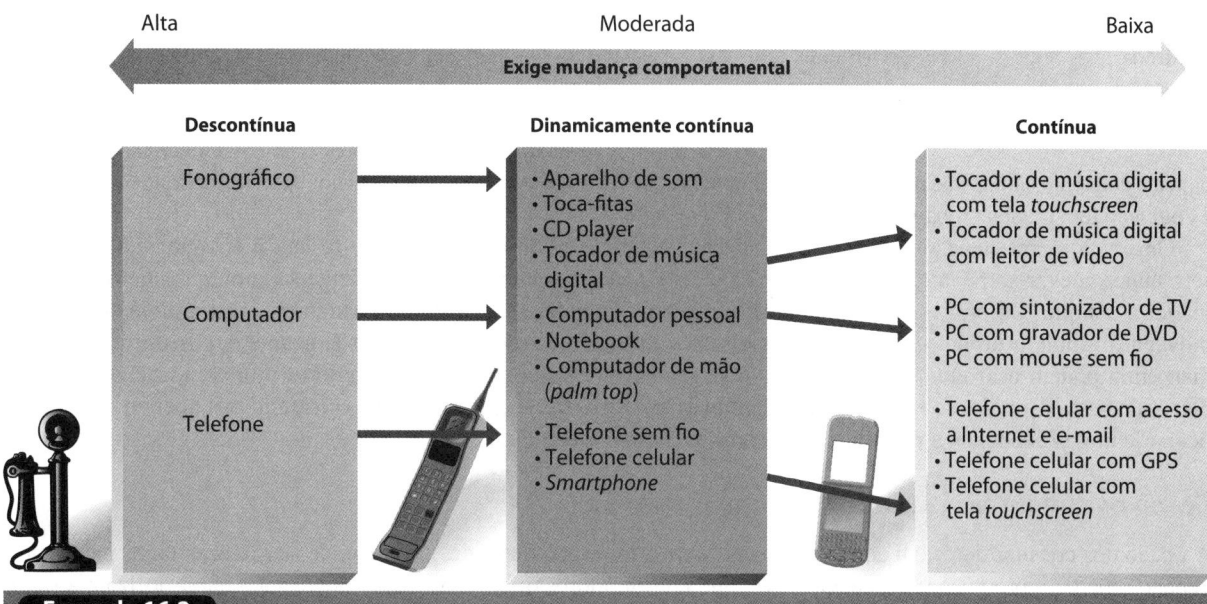

Exemplo 16.2

A progressão da inovação

A proporção de mudança comportamental exigida da parte dos consumidores varia de acordo com as inovações. As inovações descontínuas (produtos que são radicalmente novos quando lançados pela primeira vez) exigem mudanças consideráveis nos padrões de consumo, ao passo que as inovações contínuas (com frequência, extensões de produtos existentes) exigem pouquíssimas mudanças.

Em alguns casos, o significado do produto (e não o próprio produto) é novo. Por exemplo, embora existam preservativos há muito tempo, atualmente seu significado é expresso em termos da disseminação da AIDS, e não para o controle da natalidade. Brincos, que eram usados somente por mulheres, agora são moda para homens também. Por fim, tatuagens, que já foram um símbolo do machismo, têm hoje forte apelo e diferentes significados entre vários grupos de consumidores. Muitos produtos novos também representam misturas de tipos de inovação. Barras nutritivas foram planejadas para oferecer os benefícios funcionais de proteínas e vitaminas, com o benefício hedônico de serem saborosas.

Inovações caracterizadas pela amplitude

Por fim, as inovações podem ser caracterizadas em termos de sua *amplitude*, ou o alcance de usos novos e diferentes para um produto específico. Por exemplo, o fermento em pó teve uma vida longa por ter amplitude de inovação; já foi usado como ingrediente para cozimento, polidor de dentes, desodorizante de tapetes e de geladeiras. O Teflon, desenvolvido originalmente para evitar que a comida grudasse nas panelas, agora é usado em luvas de forno e em outros acessórios de cozinha, bem como em ternos masculinos para repelir manchas causadas por derramamentos.[13]

Resistência *versus* adoção

Como o sucesso de suas novas ofertas é muito importante para as empresas, os profissionais de marketing precisam entender como um consumidor ou uma família decidem comprar ou adotar uma inovação. De início, os profissionais de marketing estão interessados em saber se os consumidores considerariam a **adoção** de uma inovação ou se optariam por resistir em comprá-la. Os profissionais de marketing também querem saber como os consumidores adotam produtos e como decidem comprar ou não uma inovação. Finalmente, eles estão interessados em saber quando um consumidor compraria uma inovação com relação a quando outros consumidores a comprariam.

Adoção A compra de uma inovação por um consumidor indivíduo ou por uma família.

Se os consumidores adotam uma inovação

A adoção acontecerá somente se os consumidores não resistirem à inovação. Os consumidores que resistem a uma inovação escolhem não comprá-la, mesmo quando pressionados para tal.[14] Às vezes, os consumidores resistem a adotar

Resistência Desejo de não comprar a inovação, mesmo quando sob pressão para fazê-lo.

uma inovação porque é mais simples ou parece preferível continuar usando um produto ou serviço mais familiar. A **resistência** também pode ser alta se os consumidores acham que usar o novo produto envolve algum risco. Por exemplo, as batalhas entre padrões de tecnologia incompatíveis afetaram a adoção de produtos como aparelhos de DVD nos últimos 20 anos.[15-16] As pesquisas também indicam que consumidores com baixa necessidade de mudança e cognição são os que mais resistem a inovações, ao passo que os consumidores com alta necessidade de mudança e cognição têm menos probabilidade de resistir a inovações.[17]

Observe que resistência e adoção são conceitos separados. Um indivíduo pode resistir a comprar uma inovação sem nunca chegar ao ponto da adoção, mas, se ele adota um produto, presumivelmente superou qualquer resistência inicial à compra. Os profissionais de marketing devem entender se, por que e quando os consumidores resistem a inovações – pois o produto será um fracasso se a resistência for demasiado alta. Tipicamente, os profissionais de marketing podem usar uma série de táticas para reduzir a resistência dos consumidores a uma inovação. Como já discutido neste capítulo, as características da inovação, o sistema social no qual os consumidores operam e as táticas de marketing influenciam a resistência dos consumidores a inovações.

Como os consumidores adotam uma inovação

A opção dos consumidores em adotar ou resistir a uma inovação depende, em parte, de se são orientados para a prevenção ou para a promoção. É mais provável que consumidores orientados para a prevenção, que priorizam a segurança e a proteção, resistam a ofertas novas por causa do risco percebido e da incerteza que estas acarretam.[18] É mais provável que os consumidores orientados para a promoção, que priorizam o avanço e o crescimento, adotem ofertas novas, ao menos quando os riscos não são salientes.[19]

Hierarquia de efeitos de alto esforço Aquisição de uma inovação com base em esforço considerável na tomada de decisão.

O modo como os consumidores adotam as inovações pode variar, dependendo da decisão de adoção – se é de alto esforço ou de baixo esforço. A **hierarquia de efeitos de alto esforço** ilustrada na parte superior do Exemplo 16.3 corresponde a busca de informações, formação de opinião, julgamento e processos de escolha de alto esforço descritos em capítulos anteriores. Aqui, o consumidor fica ciente de uma inovação, pensa nela, coleta informações a respeito dela e forma uma opinião com base nessas informações. Se a opinião for favorável, o consumidor pode experimentar o produto. Se a experiência de experimentação for favorável, o consumidor pode decidir adotar o novo produto.

A motivação, habilidade e oportunidade (MAO) dos consumidores determina se um processo de adoção de alto esforço ocorre ou não. Um processo de adoção de alto esforço com frequência ocorre quando os consumidores pensam que a inovação acarreta riscos psicológicos, sociais, econômicos, financeiros ou de segurança. Por exemplo, o consumidor pode pensar que usar roupas com um estilo novo é socialmente arriscado e vai esperar que outros as comprem primeiro. Antigamente, os consumidores consideravam os benefícios de comprar um aparelho de DVD com cuidado em virtude do alto custo de substituir uma coleção inteira de fitas de vídeo ou álbuns por DVDs.

É mais provável que os consumidores sigam um processo de adoção de alto esforço quando a inovação é descontínua (o contrário de uma contínua), porque eles sabem menos a respeito da inovação e devem aprender sobre ela.

A hierarquia de efeitos de alto esforço

Conscientização → Coleta/busca de informações → Formação de opinião → Experimentação → Adoção

A hierarquia de efeitos de baixo esforço

Conscientização → Experimentação → Formação de opinião → Adoção

Exemplo 16.3
Processo de decisão de adoção
A quantidade de esforço que despendemos antes de decidir adotar uma inovação varia. Em alguns casos, nos envolvemos em esforços consideráveis (por exemplo, busca extensiva por informações e avaliação de uma oferta). Em outros casos, o processo de adoção envolve esforço limitado. Aqui, primeiro adotamos a inovação e depois decidimos se gostamos dela.

Consumidores novatos precisam de mais informações antes de entender e dar valor aos benefícios de uma inovação descontínua.[20] Um processo de adoção de alto esforço também pode ser usado quando muitas pessoas estão envolvidas na decisão, como no caso de uma família ou de uma organização.[21]

Quando o novo produto envolve menos risco (como no caso de uma inovação contínua) e quando menos pessoas estão envolvidas no processo de aquisição, a tomada de decisão pode seguir a **hierarquia de efeitos de baixo esforço** ilustrada na parte inferior do Exemplo 16.3. Aqui, os consumidores dedicam menos esforço para a tomada de decisão para considerar e pesquisar o produto antes de experimentá-lo e, então, formam opiniões fundamentadas na experimentação. Se suas opiniões forem positivas, eles talvez adotem a inovação. Com uma hierarquia de efeitos de baixo esforço, o tempo entre a conscientização sobre a inovação e sua experimentação ou adoção pode ser curto.

Hierarquia de efeitos de baixo esforço Aquisição de uma inovação fundamentada em pouco esforço na tomada de decisão.

IMPLICAÇÕES DE MARKETING

Entender se as decisões de adoção dos consumidores são fundamentadas em um processo de adoção de alto ou baixo esforço tem implicações importantes para os profissionais de marketing. Por exemplo, se a adoção envolve baixo esforço, esses profissionais precisam fazer todo o possível para incentivar a experimentação. Como o tempo entre a experimentação e a aquisição é pouco, a experimentação pode ser muito eficaz para incentivar os consumidores a adquirir o produto. Quando a Meow Mix lançou a comida de gato Wet Pouches, montou o Meow Mix Café em Nova York e convidou consumidores para levarem amostras do produto para casa, ou para levar seus gatos para experimentarem os diversos sabores. A cafeteria foi um grande sucesso: a empresa distribuiu 14 mil amostras em apenas 12 dias.[22]

Se o processo de adoção é de alto esforço, os profissionais de marketing devem fazer tudo o que puderem para reduzir o risco percebido de adotar a inovação. Por exemplo, os consumidores foram bastante resistentes à adoção da Segway Human Transporter, um patinete elétrico com velocidade máxima de aproximadamente 20 km/h e autonomia de 24 km entre cargas de bateria. Parte dessa resistência pode ser devida ao preço alto (mais de US$ 3.000), às preocupações dos consumidores sobre aprender a pilotar, à confusão com relação às regras de uso dos capacetes. Embora muitos consumidores tenham ouvido falar do produto pela cobertura da mídia após seu lançamento, relativamente poucos foram vistos pilotando ou tentando pilotar um Segway. Ainda assim, a cobertura da mídia sobre os Segways usados para o turismo e outros propósitos deu aos consumidores mais informações. A empresa também oferece treinamento gratuito e um vídeo sobre segurança em patinetes, além de um manual de instruções detalhadas para cada comprador.[23]

Quando os consumidores adotam inovações

Os consumidores diferem ao adotar uma inovação. Um esquema identifica cinco grupos de adotantes com base no prazo de suas decisões de adoção.[24] Os primeiros 2,5% do mercado a adotarem a inovação são descritos como *inovadores*; os próximos 13,5% são chamados *adotantes iniciais*; os outros 34% são chamados *maioria inicial*; a *maioria tardia* representa os outros 34% dos adotantes; e os últimos 16% do mercado a adquirirem o produto são chamados *retardatários*.

Características de grupos de adotantes

Os grupos de adotantes tendem a exibir características diferentes. Algumas pesquisas indicam que inovadores apaixonados por tecnologia querem ser os primeiros a ter um novo produto de alta tecnologia, mesmo que tenha alguns defeitos ou ineficiências.[25] Fabricantes de centros de mídia digital – aparelhos que conectam ou incorporam um PC, TV, aparelho de som e outros componentes de um centro de entretenimento doméstico – inicialmente almejavam os inovadores.[26]

Adotantes iniciais são visionários na categoria do produto, visto que admiram um produto tecnologicamente novo não por suas características, mas por suas habilidades para criar um avanço na maneira como as coisas são feitas. Uma empresa de pesquisas sugeriu que aproximadamente 16% das residências nos Estados Unidos são famílias tecnologicamente avançadas – ou seja, adotantes iniciais. Tais famílias querem produtos mais rápidos, mais novos e mais avançados que ajudam a tornar a vida em casa e no trabalho mais eficiente e divertida. Apesar de saber que os produtos adicionais que virão depois da introdução do produto novo provavelmente serão mais baratos, mais rápidos e mais fáceis de usar que a inovação disponível agora no mercado, eles não querem esperar pelos produtos futuros.

Famílias tecnologicamente avançadas tendem a ser mais jovens e mais instruídas, e a ter mais filhos que a média dos Estados Unidos.[27]

A maioria inicial é pragmática, buscando inovações que oferecem melhorias adicionais e previsíveis para uma tecnologia existente. Como não gostam de riscos, preocupam-se muito com quem faz a inovação e com a reputação da empresa, pois estão interessados em quão bem a inovação vai se encaixar com seu estilo de vida atual e com os produtos que têm agora, e estão preocupados com a confiabilidade da inovação. São sensíveis aos preços e ficam felizes quando os concorrentes entram no mercado, porque podem comparar as características e ficar mais confiantes sobre a viabilidade do produto.

Os consumidores da maioria tardia são mais conservadores, cautelosos sobre o progresso e confiam na tradição. Eles frequentemente temem produtos de alta tecnologia, e seu objetivo de compra é o de não sair prejudicados. Eles gostam de comprar produtos pré-montados que incluem tudo em um pacote único, fácil de usar. Os retardatários, o grupo mais lento no processo de adoção, são céticos. Embora os retardatários resistam a inovações, os profissionais de marketing podem obter informações ao entender por que esse grupo é cético com relação a uma inovação. Por exemplo, por que algumas pessoas desprezam PCs em favor de outros métodos de armazenamento, análise e comunicação de informações? Elas temem perder dados que não estão impressos? Elas se preocupam com a segurança das informações ou têm medo de nunca aprender a usar o produto corretamente? Saber as respostas para essas perguntas pode ajudar as empresas a comercializar de maneira mais eficaz para esse grupo, além de ajudar as empresas a desenvolver outras características para a inovação, que resolveriam os medos dos consumidores.

Aplicação das categorias de grupos de adotantes

Uma implicação importante dos grupos adotantes é que, se uma inovação precisa ser difundida no mercado, ela deve apelar a todos os grupos. Infelizmente, muitas inovações potencialmente úteis nunca tiveram apelo para os mercados de massas, porque os esforços de marketing realizados para essas inovações não reconheceram as características dos grupos adotantes. Esse foi o resultado no caso de produtos de vida curta, como o computador de mão Apple Newton e o sistema de compra de créditos on-line Flooz.[28]

Alguns pesquisadores criticam o esquema de cinco categorias de grupos adotantes, porque ele supõe que tais categorias existem para todos os tipos de inovações. Os críticos dizem que pode haver mais ou menos categorias, dependendo da inovação.[29] A suposição de que o número de consumidores nas categorias adotantes forma uma curva em forma de sino pode não ser verdadeira. Por exemplo, em vez de atrair os percentuais de adotantes que formam a curva de sino, determinados produtos podem atrair primeiro 1% de adotantes como inovadores, os próximos 60% como adotantes iniciais, os 30% a seguir como a maioria inicial, seguidos dos 5% da maioria tardia e pelos últimos 4% de retardatários.

Na verdade, alguns pesquisadores rejeitam a definição de *inovadores* como certo percentual de pessoas que adotaram um produto assim que ele apareceu no mercado, pois acreditam que os inovadores são aqueles que tomam uma decisão de comprar um produto novo apesar de não terem ouvido ninguém falar a respeito deste.[30] Com frequência, tais consumidores compram o produto assim que ele aparece no mercado, mas fazem isso fundamentados em seus próprios sentimentos, não na opinião dos outros.

Outras pesquisas sugerem que analisar a taxa de uso e a variedade de uso pode ajudar os profissionais de marketing a entender como uma inovação se difunde no mercado.[31] Como demonstração, o modelo de uso-difusão no Exemplo 16.4 identifica tipos específicos de usuários de tecnologia doméstica, como PCs: usuários intensos (que têm muitos usos para uma inovação e apresentam alta taxa de uso), usuários especializados (alta taxa de uso, mas pouca variedade), usuários não especializados (alta variedade de uso, mas baixa taxa de uso) e usuários limitados (baixa variedade e baixa taxa de uso).

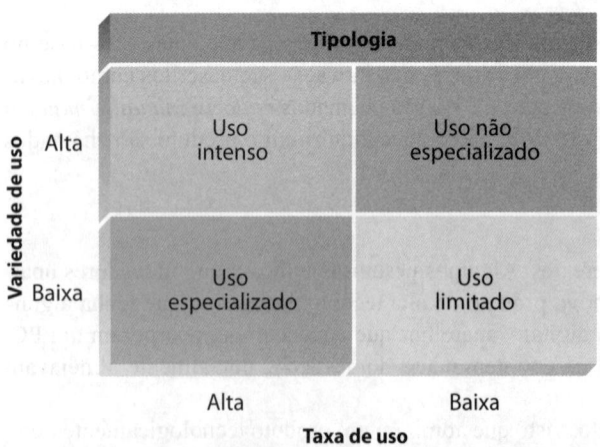

From R. James H. McAlexander, John W. Schouten, e Harold F. Koening, "Building Brand Community" Journal of Marketing, janeiro de 2004. Reimpresso com permissão da American Marketing Association.

Exemplo 16.4
Padrões de uso-difusão para inovações de tecnologia doméstica

IMPLICAÇÕES DE MARKETING

Independentemente da aceitação ou não do esquema de cinco categorias de adotantes por parte dos profissionais de marketing, estes reconhecem que os primeiros consumidores a comprar um produto novo são importantes por diversos motivos. Primeiro, como os inovadores adotam produtos novos independentemente das opiniões de outras pessoas, é mais provável que sejam mais receptivos a informações sobre lançamentos, incluindo informações fornecidas pelos profissionais de marketing. Depois, em virtude de sua experiência com a inovação, eles também podem comunicar informações para outros e, dessa maneira, exercer influência normativa e informacional por meio das decisões de adoção dos outros (veja o Capítulo 15). Considerando essas questões, muitos pesquisadores querem entender melhor quem são os inovadores e como eles podem ser atingidos por comunicações de marketing e pela mídia apropriada.

Demografia

Muitas das variáveis demográficas descritas nos Capítulos 12 e 13 foram ligadas aos inovadores.[32] Por exemplo, inovadores tendem a ser mais jovens, mais abastados e mais bem instruídos que outros consumidores; retardatários são mais velhos, têm renda menor e *status* ocupacional mais baixo. Às vezes a religião é ligada à adoção ou não de uma inovação. Consumidores amish, por exemplo, evitam muitas inovações, incluindo carros, eletricidade e telefones.

A ligação entre essas variáveis demográficas e a inovação faz sentido. Primeiro, pessoas com maior grau de escolaridade tendem a ser usuários pesados de mídias e, portanto, tendem a aprender sobre novos produtos antes do que as pessoas com menos estudo. Em segundo lugar, consumidores de alta renda podem pagar pelas inovações e podem perceber menos risco financeiro em adotar algo novo. Variáveis demográficas, como a cultura de origem, também foram ligadas à inovação. Os consumidores na Coreia do Sul e no Japão, por exemplo, são considerados inovadores para tecnologias novas, um fator que explica por que esses mercados se tornaram locais de lançamento para ofertas de alta tecnologia, como serviços entregues via acesso à Internet de banda larga.[33]

Influência social

Os inovadores foram ligados com os fatores de influência social discutidos no Capítulo 15.[34] Eles costumam ter muita influência social além de seus grupos imediatos e tendem a ser líderes de opinião. Embora essa descoberta não tenha sido observada em todas as pesquisas, faz sentido que os inovadores sejam influentes, porque suas opiniões são compartilhadas e respeitadas por não adotantes.

Personalidade

Várias características de personalidade também foram ligadas à adoção de inovações.[35] Por exemplo, inovadores têm alta necessidade de estimulação, são direcionados para dentro e são menos dogmáticos que outros consumidores. No entanto, as relações entre traços de personalidade e inovação não são muito fortes.[36] Inovadores planejam menos e deliberam menos que outros consumidores quando tomam decisões de aquisição.[37]

Alguns pesquisadores propõem que, em vez de medir a "inovação inata" (como um traço de personalidade), uma abordagem mais coerente seria a análise da vontade dos consumidores de serem inovadores em um domínio específico de consumo. Por exemplo, um inovador de música alternativa pode responder de forma positiva a afirmações como "No geral, estou entre os primeiros no meu círculo de amigos a baixar um CD novo de rock alternativo" ou "Sei os nomes de grupos novos de rock alternativo antes das outras pessoas". Entretanto, os inovadores no campo da moda podem não responder a essas afirmações da mesma maneira.[38]

Valores culturais

A adoção de inovações foi ligada à cultura de origem e aos valores ligados a essa cultura. Um estudo realizado em 11 países europeus constatou que a inovação era associada com culturas que valorizam o individualismo sobre o coletivismo, aquelas que valorizam a assertividade sobre o cuidado, e aquelas que valorizam a receptividade a mudanças sobre o conservadorismo.[39]

Envolvimento da mídia

Outras pesquisas sugerem que os inovadores são usuários frequentes de mídias e que dependem extensivamente de informações externas.[40] Eles tendem a pensar em si mesmos como buscadores e disseminadores ativos de informações.[41] Essa descoberta faz sentido porque, para afetar as decisões de adoção dos outros, os inovadores devem não apenas obter suas informações de algum lugar como também estão dispostos a transmiti-las.

Uso

Por fim, os inovadores podem ser usuários pesados dentro da categoria do produto.[42] Consumidores que bebem refrigerantes com frequência podem ser inovadores de bebidas novas porque estão no mercado frequentemente e, assim, é mais provável que notem esses novos produtos. Além disso, os inovadores geralmente são especialistas na categoria do produto, talvez por causa de seu uso e envolvimento com a mídia.

Difusão

Conforme um maior número de consumidores em um mercado adota uma inovação, esta se espalha pelo mercado. Enquanto a adoção reflete o comportamento de um indivíduo, a **difusão** reflete o comportamento de mercado dos consumidores como grupo. Mais especificamente, a difusão reflete o percentual da população que adotou uma inovação em um momento específico. Para exemplificar, os telefones celulares são usados por mais de três quartos da população de Estados Unidos, Argentina, Chile, África do Sul e muitos países europeus.[43]

Difusão Percentual da população que adotou uma inovação em um momento específico.

Como os profissionais de marketing têm interesse em espalhar sua oferta com sucesso em um mercado, desejam entender dois pontos importantes da difusão: como uma oferta se difunde em um mercado e quão rapidamente isso acontece.

Como as ofertas são difundidas em um mercado

Uma forma de analisar como as ofertas são difundidas em um mercado é olhar para o padrão de adoção no decorrer do tempo. Da perspectiva dos profissionais de marketing, a vida seria mais fácil se todos adotassem a nova oferta assim que fosse introduzida no mercado. Entretanto, isso raramente ocorre; na verdade, vários padrões de difusão foram identificados.

A curva de difusão em S

Curva de difusão em S Curva de difusão caracterizada por crescimento inicial lento seguido de um aumento rápido de difusão.

Algumas inovações exibem uma **curva de difusão em S**, como mostrado no Exemplo 16.5(a).[44] Seguindo esse padrão, a adoção de produtos começa relativamente lenta; como o exemplo mostra, um percentual relativamente pequeno do mercado total adotou o produto entre o tempo 1 e o tempo 2. Contudo, depois de determinado período, a taxa de adoção aumenta drasticamente, com muitos consumidores adotando o produto em um espaço de tempo relativamente curto. Entre os tempos 2 e 3, há um aumento drástico no número de consumidores que adotam o produto. Em seguida, as adoções acontecem a uma taxa menor, e a curva fica nivelada.

Para ilustrar, a difusão de fornos de micro-ondas foi muito lenta inicialmente, mas depois aumentou drasticamente conforme os consumidores tomavam mais conhecimento da tecnologia de micro-ondas e os profissionais de marketing introduziram mais produtos compatíveis para que se cozinhasse usando o micro-ondas (receitas, lanches, utensílios, e assim por diante). Agora há uma aceitação geral dos micro-ondas, e muitos consumidores têm um em casa ou no escritório.

A curva de difusão exponencial

Curva de difusão exponencial Curva de difusão caracterizada por crescimento inicial rápido.

Outro tipo de curva de adoção é a **curva de difusão exponencial**, ilustrada no Exemplo 16.5(b).[45] Em contraste com a curva em S, a curva de difusão exponencial começa muito mais rapidamente, com maior percentual do mercado adotando o produto assim que este esteja disponível. Entretanto, com cada período adicional de tempo, a taxa de adoção aumenta em um ritmo mais lento.

Fatores que afetam o formato de uma curva de difusão

Muitos fatores influenciam o formato final de uma curva de difusão. No geral, os profissionais de marketing podem esperar uma curva de difusão em S quando a inovação está associada a algum risco social, psicológico, econômico, de desempenho ou físico. Nessas situações, os consumidores talvez queiram esperar para ver como outras pessoas usam e reagem à inovação antes de adotá-la. A difusão também pode ser lenta no início se os consumidores não têm certeza que o produto ficará no mercado por muito tempo ou se tem alto custo de mudança. A difusão dos computadores e

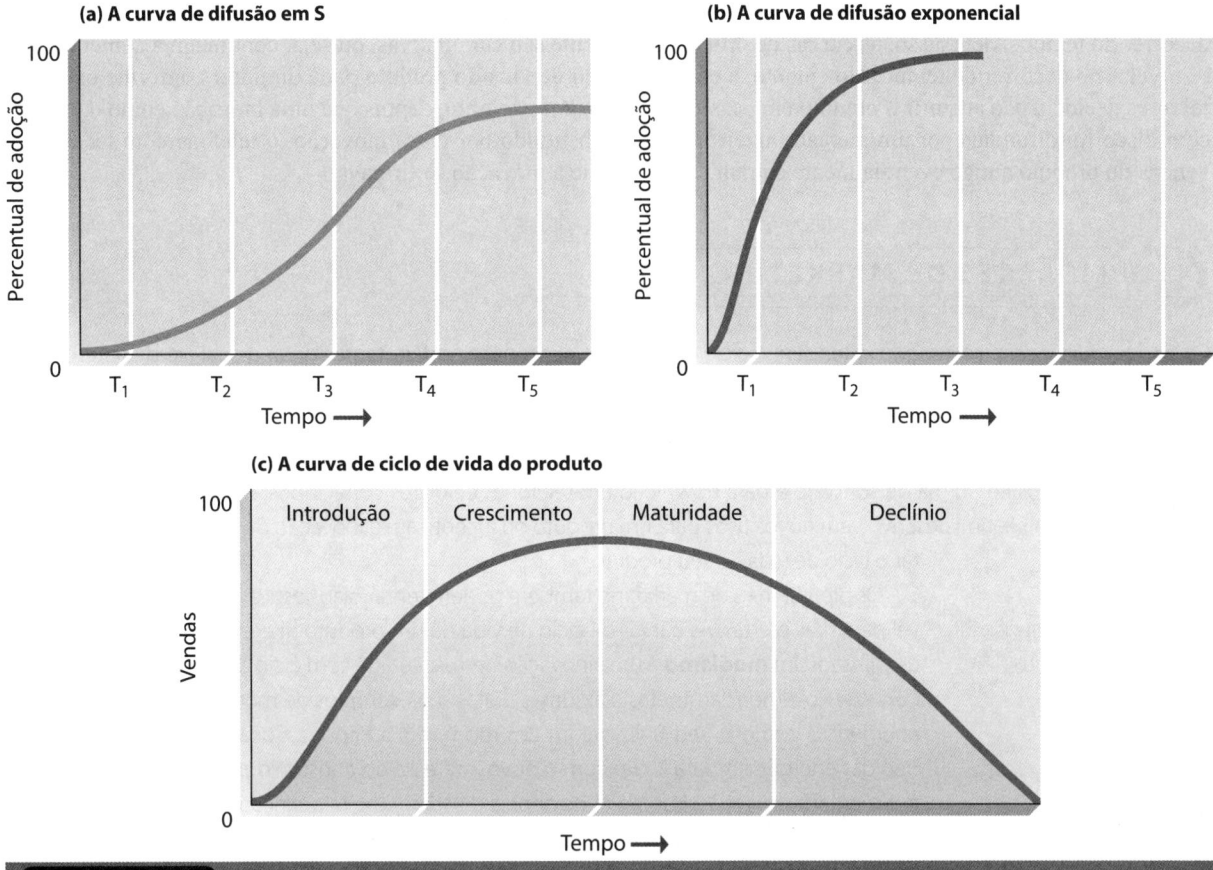

Exemplo 16.5
Curvas de difusão e ciclo de vida do produto
Foram identificados vários padrões de difusão. (a) Em uma curva de difusão em S, a difusão começa de forma lenta, aumenta rapidamente e depois é mais uma vez nivelada. (b) Em uma curva de difusão exponencial, muitas pessoas adotam a inovação rapidamente. (c) A curva do ciclo de vida do produto descreve as vendas (e não a difusão cumulativa) de uma oferta no decorrer do tempo.

---

dos CD players seguiu esse modelo de curva em S, padrão que também pode ocorrer quando os consumidores estão fisicamente distantes, não discutem a inovação com outros ou não partilham das mesmas crenças.

Em contrapartida, quando a inovação envolve pouco risco, quando os custos de mudança são baixos, quando os consumidores são parecidos em suas crenças e valores e/ou quando as pessoas falam sobre o produto com frequência e disseminam o conhecimento rapidamente por todo o sistema social, o produto pode ter um período de lançamento rápido que segue a curva exponencial para a difusão. Observe que tais curvas refletem somente a taxa com que os consumidores no mercado adotam um produto, não o período de tempo sendo analisado. Em outras palavras, uma curva em S ou uma curva exponencial podem refletir a difusão que ocorreu em um período de um ano ou de 30 anos. Além do mais, as curvas poderiam refletir a difusão de uma inovação funcional, simbólica ou hedônica.

Como a difusão está relacionada ao ciclo de vida do produto

O conceito de **ciclo de vida do produto**, ilustrado no Exemplo 16.5(c), propõe que os produtos passem inicialmente por um período de introdução seguido de um crescimento relativamente rápido à medida que mais concorrentes entram no mercado e mais consumidores adotam o produto. Com mais competição, os concorrentes mais fracos saem, e as vendas do produto se estabilizam. Porém, em algum momento a aceitação do consumidor diminui, e as vendas do produto decrescem.

A difusão e o ciclo de vida do produto são conceitos relacionados, porém diferentes. A difusão foca no *percentual do mercado* que adotou o produto e está completa quando

Ciclo de vida do produto
Conceito que sugere que produtos passam por um período introdutório inicial seguido por períodos de aumento de vendas, maturidade e declínio.

100% do mercado adquiriu o produto. Por outro lado, o ciclo de vida do produto lida com as *vendas do produto* no decorrer do tempo. Além disso, as curvas de difusão geralmente são cumulativas, ou seja, continuam a aumentar ou a se nivelar no decorrer do tempo. No entanto, a curva do ciclo de vida do produto pode diminuir conforme os consumidores decidem não adquirir o produto em ocasiões futuras. Por exemplo, depois que uma inovação como o telefone com disco foi difundida por um mercado inteiro, ele foi substituído por outra inovação, o telefone com teclas, e as vendas do produto antigo eventualmente caíram à medida que a inovação se firmava.

IMPLICAÇÕES DE MARKETING

Os profissionais de marketing que entendem o ciclo de vida de um produto podem tentar evitar o declínio de determinado item – talvez encontrando novos usos para ele. Por exemplo, o náilon teve um ciclo de vida longo em virtude dos muitos usos que teve desde sua introdução na década de 1940 – como um componente em roupas, cordas, linhas de pesca, e assim por diante. A Rand McNally está prolongando o ciclo de vida de seus mapas detalhados embalando-os em atlas impressos, também oferecidos em forma de software e para download em telefones celulares conectados à Internet.[46] À medida que profissionais de marketing desenvolvem novos usos para um produto ou incentivam a inovação do seu uso, podem aumentar o ciclo de vida de seu produto.

Modismo Inovação bem-sucedida com curto ciclo de vida do produto.

Os profissionais de marketing também podem tentar diagnosticar o padrão do ciclo provável para suas ofertas. As curvas de ciclo de vida de um produto diferem, assim como as curvas de difusão. Um **modismo** é uma inovação bem-sucedida com ciclo de vida de produto curto. *Cards* de Pokémon, lambretas e algumas dietas são exemplos de modismos. Quando bebidas energéticas como o Red Bull viraram um modismo, a Pepsi, a Coca-Cola e outras lançaram bebidas energéticas para lucrar com o novo interesse do consumidor.[47] Alguns modismos experimentam um renascimento anos depois de sua primeira aparição. Os bambolês voltaram, mais de 40 anos depois do modismo original, como um produto para ser usado para entrar em forma e manter-se assim.[48]

Moda Inovação bem-sucedida que tem ciclo de vida do produto moderadamente longo e potencialmente cíclico.

Uma **moda** ou tendência é uma inovação de sucesso com uma vida mais longa e potencialmente cíclica. Por exemplo, determinados estilos estéticos, como a *art deco*, têm ciclos, assim como certos estilos de roupas, como calças cargo e sapatos plataforma. Alguns tipos de comidas, como tailandesa ou mexicana, reaparecem em ciclos, como certas práticas de consumo (por exemplo, amamentação *versus* mamadeira para bebês). Os restaurantes no estilo polinésio eram moda nos anos 1950, mas saíram de moda em algumas décadas. Hoje eles estão de volta em Nova York, Dallas e outras cidades onde novos restaurantes "tiki" estão sendo abertos.[49] Em contrapartida, um **clássico** é uma inovação de sucesso que tem longo ciclo de vida do produto. As calças jeans são um clássico norte-americano, assim como o rock'n'roll, a Coca-Cola e os hambúrgueres.

Clássico Inovação bem-sucedida com longo ciclo de vida do produto.

Embora os termos *modismo*, *moda* e *clássico* tenham sido aplicados com mais frequência a inovações estéticas ou hedônicas, também podem descrever inovações funcionais e simbólicas, pois o ciclo de vida dessas inovações também pode ser variável.

Influências sobre adoção, resistência e difusão

Sabendo que as inovações podem se difundir de forma rápida ou lenta em um mercado, e que o sucesso de um produto novo depende de quantas pessoas dentro do mercado o adotam, gerentes de marketing precisam entender os fatores que afetam a resistência, a adoção e a difusão. Inúmeros fatores, incluindo as características da inovação e do sistema social no qual o produto é introduzido, são descritos a seguir.

Características da inovação

As características da inovação que podem afetar a resistência, a adoção e a difusão incluem valor, benefícios e custos percebidos.

Valor percebido

Os consumidores percebem que uma inovação tem valor se ela oferece mais benefícios percebidos ou menos custos percebidos que as alternativas já existentes. Produtos com alto valor percebido podem ser adotados mais facilmente do que aqueles com baixo valor percebido.

Benefícios percebidos

O valor de uma inovação para os consumidores é afetado por sua **vantagem relativa** percebida, isto é, o grau que oferece vantagens superiores àquelas dos produtos existentes. Algo novo oferece uma vantagem relativa se puder ajudar os consumidores a evitar riscos, satisfazer suas necessidades, resolver problemas ou atingir seus objetivos – critérios que afetam as decisões de adoção destes. Na verdade, pesquisas indicam que a vantagem do produto é um dos indicadores mais importantes do sucesso de um produto novo.[50] Observe que a vantagem relativa é algo que o produto faz para o consumidor – não algo que existe no produto. Assim, a vantagem relativa de carros híbridos como o Toyota Prius não está em suas características, mas na habilidade do proprietário de economizar o dinheiro da gasolina e de ajudar a salvar o meio ambiente.

> **Vantagem relativa** Benefícios de uma inovação superiores àqueles encontrados em produtos existentes.

Entretanto, se os consumidores não percebem a vantagem de um produto novo sobre os benefícios das alternativas existentes ou pensam que a vantagem não é importante, a inovação enfrentará resistência. A empresa Campbell Soup enfrentou essa situação, diz uma gerente sênior da Soup at Hand. "Lançamos uma sopa em uma embalagem plástica que ficou no mercado por três anos", diz ela, "mas o consumidor não entendia o que era diferente na embalagem plástica [quando comparada com] a lata".[51]

É provável que os consumidores percebam os benefícios do produto como mais valiosos quando eles podem ser adaptados para usos em contextos diferentes. **Inovação de uso** significa usar produtos de um modo novo e criativo, como no uso do fermento em pó para resolver problemas como desodorizar uma caixa de areia para gatos.[52] De fato, o uso da inovação por parte de seus clientes levou a Arm & Hammer a introduzir um novo produto desodorizante para caixas de areia.

> **Inovação de uso** Achar um uso diferente do uso original pretendido para um produto.

Custos percebidos

Outro aspecto do valor de um produto é seu custo percebido. Quanto mais alto o custo da aquisição, maior a resistência e mais lenta a difusão. Considere carros híbridos movidos a eletricidade e a gasolina, como o Prius, que tendem a ter um custo inicial mais alto que os carros convencionais compatíveis. Embora o custo percebido mais alto tenha inicialmente abrandado sua adoção, a vantagem relativa do carro tornou-se aparente depois que o preço da gasolina aumentou muito, o que resultou em uma maior demanda por carros eficientes em termos de combustível. Por outro lado, os aparelhos de DVD experimentaram uma difusão muito mais rápida pela eficácia de sua fabricação, que baixou os custos e os preços.[53] Os custos de mudança – os custos de mudar do produto atual para um novo – também podem ser um problema. Portanto, os consumidores que possuem muitos jogos de PlayStation devem pesar os custos de mudança percebidos quando consideram a compra de um Nintendo Wii.

IMPLICAÇÕES DE MARKETING

Se os consumidores não percebem que uma inovação tem vantagem relativa, os profissionais de marketing podem ter de acrescentar uma, redesenhando ou reformulando a inovação fisicamente.

Comunique e demonstre a vantagem relativa

A empresa deve educar os consumidores que não entendem um produto ou suas vantagens relativas. Quando a Amazon.com introduziu o Kindle, seu aparelho de leitura sem fio, a empresa postou demonstrações em vídeo em seu site, que mostravam como o produto funciona. Durante meses após o lançamento do leitor, a página principal da Amazon incluía um link para os vídeos e para informações adicionais sobre o produto.[54] Outra maneira de comunicar a vantagem de uma inovação é por meio de líderes de opinião altamente confiáveis e visíveis. A Amazon fez isso ao enviar amostras do Kindle para críticos influentes do *New York Times* e de outros meios de comunicação importantes.

Use as promoções de preço para reduzir os custos percebidos

Se os consumidores percebem que um produto custa muito, a empresa pode usar promoções de vendas orientadas especialmente para a redução de preços ou descontos para reduzir o custo percebido. A FluMist, uma vacina nasal contra a gripe, ofereceu um desconto de US$ 25 para aumentar a adoção e reduzir o custo percebido do produto quando comparado ao das vacinas injetáveis contra gripe.[55] Os profissionais de marketing também podem oferecer garantias que fazem o produto parecer menos caro, bem como encontrar uma maneira mais barata de fabricar o produto e repassar a economia na forma de preços mais baixos para os consumidores, uma estratégia usada por profissionais de marketing de relógios digitais.

Oferecer incentivos para mudar

Se as inovações não são adotadas porque os consumidores consideram os custos de mudança muito altos, os profissionais de marketing podem oferecer incentivos para que eles mudem. Essa situação explica por que as empresas de lâminas de barbear frequentemente oferecem o aparelho para que os consumidores mudem para lâminas da nova geração. As empresas também podem usar a publicidade para informar os consumidores sobre os custos associados a *não* mudar. Por fim, os profissionais de marketing podem forçar sua inovação a ser o padrão do segmento, por exemplo, tendo qualidade tão alta, tamanha a facilidade de uso ou preço tão baixo que se torna a alternativa dominante.

Incerteza

Além das características da inovação, a incerteza que cerca a inovação pode afetar sua adoção, resistência e difusão. Vários aspectos da incerteza são particularmente importantes. Um deles é a dúvida sobre qual será o padrão na indústria. Quando a Sony introduziu seu console PlayStation 3, que incluía uma entrada para DVD Blu-ray, começou uma batalha para saber se o Blu-ray ou o HD DVD seria o novo padrão da indústria de DVD. As vendas ficaram abaixo das projeções até que o Blu-ray venceu e tornou-se o padrão da indústria.[56]

Outro aspecto é a incerteza sobre a vantagem relativa de um produto que exige que o consumidor faça mudanças significativas de comportamento.[57] Os consumidores frequentemente têm mais incertezas sobre a utilidade de uma vantagem descontínua (com relação a uma contínua).[58] Surpreendentemente, dar aos consumidores mais informações sobre um produto de alta tecnologia que combina uma interface nova com uma funcionalidade nova torna os consumidores ainda mais incertos sobre as vantagens do produto. Esse fenômeno pode ocorrer porque os consumidores prestam mais atenção à interface nova e, ao processar as informações, pensam nos possíveis resultados negativos da adoção do produto.[59]

Um terceiro aspecto da incerteza é a duração do ciclo de vida do produto. É mais provável que os consumidores resistam à compra de um modismo do que uma moda ou um clássico. Por exemplo, você pode abdicar de gastar US$ 80 em sapatos de saltos finos se acha que logo sairão de moda. Preocupações com a duração do ciclo de vida são legítimas com relação ao mercado de roupas e de produtos de alta tecnologia, que mudam ou melhoram com frequência.

(**IMPLICAÇÕES DE MARKETING**)

Quando os consumidores resistem a inovações porque estão preocupados com o ciclo de vida curto de uma oferta, os profissionais de marketing podem mostrar como o produto é adaptável e que, por isso, é provável que tenha um ciclo de vida longo. Por exemplo, os anunciantes de gravadores de vídeo digital podem se dirigir aos medos dos consumidores de que o produto fique obsoleto rapidamente demonstrando como seu produto pode ser atualizado, conectado a sistemas avançados ou usado de outras maneiras que prolongam o ciclo de vida continuando a entregar o valor percebido.

Requisitos de aprendizagem do consumidor

Uma terceira característica que afeta a resistência, adoção e difusão são os requisitos de aprendizagem do consumidor – o que os consumidores precisam fazer para usar a inovação de maneira eficaz. Tais requisitos de aprendizagem envolvem a compatibilidade, a experimentabilidade e a complexidade.

Compatibilidade O grau de consistência de uma inovação com os valores, as normas ou os comportamentos de alguém.

Compatibilidade

Os consumidores frequentemente resistem a inovações porque as veem como incompatíveis com seus valores, suas necessidades, normas ou seus comportamentos.[60] Quanto mais **compatível** a inovação é com os valores, as normas e os comportamentos dos consumidores, menor será sua resistência e maior será a difusão do produto. Os lenços desinfetantes Clorox Disinfecting Wipes, um produto novo de sucesso, são compatíveis com a maneira que as pessoas limpam suas cozinhas e banheiros tradicionalmente, mas oferecendo também a vantagem relativa da conveniência.[61] Por outro lado, os pratos "semidescartáveis" Ziploc Tabletops não eram totalmente compatíveis com o comportamento do consumidor de jogar fora pratos descartáveis depois de usar uma vez. Eles eram mais duráveis do que pratos descartáveis comuns, mas tinham o preço de pratos permanentes mais baratos. Em consequência, a S.C. Johnson eliminou o produto menos de dois anos após sua introdução.[62] O Exemplo 16.6 mostra outro exemplo de compatibilidade.

Algumas consequências potencialmente graves podem surgir quando uma inovação é incompatível com os valores, objetivos e comportamentos do consumidor. Um caso específico é o das tentativas dos profissionais de marketing de incentivar a alimentação de bebês com mamadeiras em países em desenvolvimento na América Latina, na África e na Ásia. Os anúncios dos fabricantes mostravam imagens de mães com bebês lindos, gordos e saudáveis. O texto do anúncio dizia "Dê amor e Lactogen para seu bebê". (O Lactogen é uma formula infantil.) O visual moderno do anúncio era atraente para consumidores de alta renda e alto grau de instrução, e também atraía famílias de camponeses que queriam ser como os mais abastados. Infelizmente, a maioria das famílias camponesas não podia pagar pela fórmula, então diluíam o pó com água, deixando seus bebês malnutridos. Além disso, eles não estavam familiarizados com práticas como a esterilização de bicos e mamadeiras; em consequência, as bactérias nesses itens deixaram alguns bebês doentes. Assim, a falta de compatibilidade entre a inovação e o comportamento dos consumidores causou problemas imprevistos.[63]

Exemplo 16.6
Compatibilidade
Produtos se difundem mais rapidamente em um mercado quando são compatíveis com as normas, os valores e os comportamentos dos consumidores.

Experimentabilidade

Um segundo aspecto dos requisitos de aprendizagem do consumidor é a **experimentabilidade** da inovação, isto é, o grau em que uma inovação pode ser testada em base limitada antes de ser adotada. Produtos como refeições de micro-ondas podem ser testados e experimentados em apenas alguns minutos. No entanto, a experimentabilidade é praticamente impossível com inovações como a cirurgia a laser nos olhos. Como um experimento permite que um consumidor avalie as vantagens relativas e os riscos potenciais do produto, os produtos fáceis de testar tendem a ser difundidos no mercado mais rapidamente que aqueles que não têm essa facilidade.

A experimentabilidade é com frequência muito importante para inovadores e adotantes iniciais porque eles têm poucas coisas em que basear o valor da inovação. A experimentabilidade pode ser menos importante para adotantes tardios, que possivelmente conhecem muitas pessoas que já adotaram a inovação e podem falar sobre sua eficácia.[64]

Experimentabilidade
O grau que uma inovação pode ser testada em base limitada antes de ser adotada.

Complexidade

Complexidade Em que medida uma inovação é complicada ou difícil de entender ou usar.

A **complexidade** é um requisito final de aprendizado relacionado à adoção e à difusão. É provável que a difusão seja lenta quando os consumidores percebem que têm dificuldades para entender ou usar um produto novo. Os produtos que têm muitas características podem parecer úteis, mas o fato de terem tantas características leva à percepção de que são complexos demais.[65] Na realidade, os consumidores podem formar uma avaliação mais baixa de um produto complexo com atributos novos porque se preocupam com o tempo necessário para entender essas novas características.[66] Tal percepção é um problema para os profissionais de marketing, porque os consumidores tendem a subvalorizar quão bem lidam com a complexidade.[67] A fotografia digital foi inicialmente difundida a uma taxa lenta, porque os consumidores percebiam a complexidade em aprender a transferir imagens digitais da câmera para o computador, entender o software para melhorar as imagens e imprimir fotos em alta qualidade.[68] Outros produtos, como aparelhos de DVR, foram difundidos mais rapidamente, em parte porque são fáceis de usar.

IMPLICAÇÕES DE MARKETING

Os profissionais de marketing podem usar várias táticas para reduzir a resistência dos consumidores a inovações.

Aumentar a compatibilidade ou reduzir a complexidade

Os profissionais de marketing podem conseguir reposicionar uma inovação para que seja vista como mais consistente com as necessidades e os valores dos consumidores. A sopa Campbell's aproveitou sua popularidade renovada quando foi reposicionada distante do sabor e próxima da nutrição e de baixas calorias.[69] No entanto, às vezes as empresas devem projetar novamente uma oferta para superar a incompatibilidade e reduzir a complexidade. Por exemplo, o site de compartilhamento de fotos Flickr hospeda mais de 2 bilhões de imagens, por meio de contribuições de usuários do mundo todo. Para que os consumidores encontrem tipos específicos de imagens mais facilmente, o Flickr acrescentou uma característica que permite a eles navegar por localização e por busca de palavra-chave. O site também oferece uma turnê virtual ensinando "como fazer" no site e destaca as principais vantagens de usar essa página da web.[70]

Instruir sobre a compatibilidade

As empresas podem usar promoções para mostrar como suas inovações são compatíveis com as necessidades, os valores, as normas ou os comportamentos dos consumidores. Por exemplo, os consumidores em alguns países em desenvolvimento não estão acostumados à medicina moderna e às técnicas usadas para evitar doenças. Uma maneira usada por entidades como a Organização Mundial da Saúde para lidar com essa situação é o lançamento de programas educacionais para demonstrar a importância da vacinação e dos procedimentos que podem evitar doenças como a diarreia.[71] A publicidade também pode mostrar como é mais fácil usar uma oferta nova ou uma que tem mais vantagens que as alternativas atuais, mesmo que isso exija a adoção de novos comportamentos.

Usar agentes de mudança

Outro modo de aumentar a compatibilidade percebida é o uso de agentes de mudança, como líderes de opinião. Os profissionais de marketing em áreas tão diversas quanto a de equipamentos agrícolas, medicina e computadores já focaram seus novos produtos para pessoas influentes e altamente respeitadas que podem ser convencidas dos méritos de um produto novo e que difundirão um boca a boca positivo para os outros.[72]

Combinar com um sistema de produtos

Alguns profissionais de marketing lidam com a incompatibilidade ao planejar a inovação de modo que combine com um sistema de produtos existentes. O spray limpador de carros Mr. Clean AutoDry, da Procter & Gamble, foi projetado para ser conectado a qualquer mangueira de jardim, tornando o produto simples e fácil de usar. A taxa de difusão foi "além do que poderíamos imaginar", comenta um porta-voz da P&G.[73]

Forçar a inovação como o padrão da indústria

Às vezes, os profissionais de marketing podem trabalhar com reguladores para exigir a adoção da inovação. Por exemplo, detectores de fumaça, cintos de segurança e gasolina sem chumbo são inovações cujo uso foi forçado por decretos do governo. Os fabricantes estão lançando mais carros híbridos porque as exigências nacionais sobre a limpeza do ar determinam que haja carros com emissão zero.[74]

Usar promoções para aumentar a experimentabilidade

As empresas podem estimular a experimentação por meio de várias promoções. Amostras grátis, por exemplo, estimulam a experimentação por parte de pessoas que, de outra maneira, resistiriam ao uso do produto. Quando o NutraSweet foi introduzido, seus fabricantes superaram problemas potenciais de experimentabilidade enviando amostras grátis de balas de chiclete adoçadas com NutraSweet para milhões de consumidores. A empresa optou por essa abordagem porque o NutraSweet é experimentado melhor como um ingrediente em produtos alimentares, não como um produto por si só.

Demonstrar compatibilidade e simplicidade

Demonstrações ao vivo (em feiras de negócios ou por vendedores) e demonstrações em anúncios e em vídeos on-line podem mostrar a facilidade do uso de um produto e sua compatibilidade com os valores, as necessidades e os comportamentos dos consumidores. As vendas dos liquidificadores Blendtec aumentaram em 500% depois que a empresa postou vídeos no YouTube para demonstrar como os liquidificadores são fortes e quão rápida e facilmente funcionam.[75]

Simular a experiência

Às vezes, uma empresa pode precisar simular a experiência em vez de os consumidores experimentarem o produto. No site da Benjamin Moore, os consumidores podem usar um "visor pessoal de cores" para prever como diversas cores diferentes de tinta ficam nas paredes de cômodos diferentes.

Relevância social

O quarto fator principal que afeta a resistência, adoção e difusão é a **relevância social** da inovação, particularmente sua observabilidade e seu valor social. *Observabilidade* é o grau que os consumidores podem ver outros usando a inovação e, no geral, quanto mais os consumidores puderem observar outros usando a inovação, maior será a probabilidade de a adotarem.[76] Por exemplo, uma alça nova para o ombro, feita para distribuir o peso de um saco de golfe, foi aceita entre os *caddies* depois que eles viram outros usando o produto.[77] Por outro lado, é improvável que uma balança nova que anuncia seu peso seja muito observável, porque poucas pessoas querem se pesar em público (ou querem que os outros saibam seu peso!).[78] Assim, a difusão também é afetada pela natureza pública ou privada do produto, como descrito no Capítulo 15.

Relevância social A medida que uma inovação tem de ser vista ou a medida que tem de ser percebida como tendo prestígio social.

O valor social reflete o grau de peso social que o produto tem, o que quer dizer que o produto é visto como socialmente desejável e/ou apropriado e, portanto, gera imitação, acelerando a difusão. Um estudo descobriu que fazendeiros adotavam certas inovações porque eram caras e, portanto, tinham valor de prestígio social. Esses estudos também constataram que quanto mais cedo alguém adota a inovação, maior é o prestígio associado a esta.[79] Às vezes os consumidores adotam inovações estéticas, como modas, penteados e carros com base no prestígio social que dão ao usuário.

Embora o valor social possa aumentar a difusão, difundir um produto fundamentado em uma imagem de prestígio pode, na verdade, encurtar seu ciclo de vida, porque depois que um produto é adotado pelas massas, ele já não é mais prestigioso. Por exemplo, jeans exclusivos, que já foram associados a prestígio e a exclusividades, perderam seu prestígio quando todos no mercado passaram a usá-los.[80]

IMPLICAÇÕES DE MARKETING

A observabilidade pode ser ampliada pelo uso de embalagens, estilos e cor distintivas, ou por promoções exclusivas,[81] usando as técnicas de aumento da atenção e da percepção descritas no Capítulo 3. Associar o produto a uma pessoa conhecida (como o Gatorade Tiger é associado ao golfista Tiger Woods) ou criar anúncios para sugerir que o consumidor será recompensado socialmente por usar o produto também podem aumentar a observabilidade. A relevância social de uma inovação pode ser ampliada por meio da publicidade – particularmente a publicidade que liga o uso do produto a uma potencial aprovação social. Por fim, os profissionais de marketing podem aumentar o valor social associando o produto a alguma entidade, causa ou valor social. Ter uma bebida nova como a bebida oficial da equipe olímpica, por exemplo, pode aumentar seu valor social.

Legitimidade e adaptabilidade

Legitimidade A medida que a inovação segue diretrizes estabelecidas para o que parece ser apropriado na categoria.

A legitimidade e a adaptabilidade também influenciam a resistência, a adoção e a difusão, particularmente para inovações simbólicas e estéticas.[82] A **legitimidade** se refere à medida que a inovação segue diretrizes estabelecidas para o que parece ser apropriado na categoria. Uma inovação que é radical demais ou que não deriva de um precursor legítimo, não dispõe de legitimidade. Por exemplo, o rock'n'roll e o rap foram vistos inicialmente como formas anormais de música e tiveram, portanto, uma difusão lenta. Em contrapartida, parte do sucesso de artistas como k. d. lang surgiu de sua habilidade de fundir dois estilos musicais legítimos (country e rock) em um estilo que soava novo.

Adaptabilidade O quanto novos estilos podem ser estimulados pela inovação.

A **adaptabilidade**, o potencial da inovação de se encaixar com produtos ou estilos existentes, é outro fator que afeta a adoção e a difusão.[83] Por exemplo, certas modas ou mobílias são altamente adaptáveis porque podem combinar com várias outras tendências de moda ou mobílias. Alguns produtos funcionais, como telefones celulares, têm alta adaptabilidade porque podem desempenhar uma variedade de funções.

(IMPLICAÇÕES DE MARKETING)

Os profissionais de marketing podem aumentar a legitimidade demonstrando como a inovação surgiu ou fazendo seu marketing de maneira consistente com as percepções dos consumidores sobre o que é apropriado para uma categoria. A Frito-Lay fez isso quando tentou comercializar seus Doritos e batatas fritas Lay's com sabor latino para hispano-americanos. A adoção foi lenta, porque os consumidores-alvo "estavam procurando por sabores autênticos, mas não esperavam tê-los nessas marcas", diz o diretor de marketing da Frito-Lay. Em vez disso, a empresa começou a importar suas pimentas Sabritones e salgadinhos de limão do México, que foram abastecidos somente em lojas que atendiam a comunidades mexicano-americanas. A adoção foi tamanha que o produto foi logo disponibilizado em outras lojas.[84]

Inversamente, se os consumidores acreditam que falta adaptabilidade ao produto, os profissionais de marketing podem mostrar que ele tem usos além de sua função original. Por exemplo, os fabricantes do molho de mirtilo pedem que os consumidores considerem outros usos para produto além de ser servido como um condimento no jantar de Ação de Graças.[85]

Características do sistema social

As inovações são difundidas de forma rápida ou lenta em parte por causa das características do produto e em parte por causa das características do sistema social no qual são introduzidas. Tanto os tipos de pessoas no mercado-alvo quanto a natureza das relações entre as pessoas no sistema social afetam a aceitação da inovação.

Modernidade À medida que os consumidores no sistema social têm opiniões positivas com relação a mudanças.

> *Modernidade.* A resistência, a adoção e a difusão são afetadas pela **modernidade** do sistema social, ou seja, à medida que os consumidores no sistema social têm opiniões positivas com relação a mudanças. Os consumidores em sistemas modernos valorizam a ciência, a tecnologia e a educação, e são orientados tecnologicamente em termos dos bens produzidos e da qualificação da mão de obra.[86] Quanto mais moderno o sistema social, mais receptivos seus consumidores são para produtos novos.

> *Homofilia.* A homofilia, ou semelhança geral entre os membros de um sistema, afeta a aceitação. A difusão é geralmente mais rápida quando os consumidores no mercado têm instrução, valores, necessidades, renda e outras dimensões muito parecidas.[87] Por quê? Primeiro, quanto mais parecidas as experiências das pessoas, maior a probabilidade de terem necessidades, preferências e valores parecidos; em segundo lugar, é mais provável que pessoas parecidas interajam umas com as outras e transmitam informações; em terceiro, pessoas parecidas tendem a se espelhar umas nas outras. Também é provável que a influência normativa seja mais alta conforme a homofilia aumenta, elevando a pressão pela adoção da inovação e acelerando a adoção e a difusão.

> *Distância física.* A difusão tende a ser mais lenta quando membros do sistema social estão espalhados. Alguns profissionais de marketing no Japão descobriram que alunas do ensino médio são excelentes em lançar tendências, e não há dúvidas de que essa habilidade se deve à proximidade física e emocional das meninas e sua tendência de

falar sobre produtos novos que viram e usaram.[88] Da mesma maneira, uma inovação pode ter uma difusão mais lenta quando os consumidores estão fisicamente separados.[89]

> *Liderança de opinião*. Como mencionado no Capítulo 15, pessoas com credibilidade, como especialistas ou líderes de opinião, podem ter influência considerável sobre a adoção e a difusão do produto porque podem divulgar informações positivas ou negativas sobre ele para outros.[90] Um estudo que analisou a difusão de informações a respeito de práticas de planejamento familiar entre mulheres em uma aldeia coreana descobriu que os líderes de opinião eram fontes de informação muito importantes. Não apenas as informações comunicadas por essas mulheres eram importantes, as líderes de opinião também serviam como pontes que conectavam grupos relacionados pelo espaço, mas que viviam separados na aldeia.[91]

IMPLICAÇÕES DE MARKETING

Os esforços de marketing podem influenciar a resistência, a adoção e a difusão, afetando o sistema social. Por exemplo, se membros do mercado-alvo são muito diferentes uns dos outros, talvez seja necessário que as empresas usem comunicações focadas, que mostrem a relevância do produto para as necessidades, as normas ou os valores específicos dos consumidores, e talvez as empresas tenham de divulgar essas mensagens em mídias especializadas (específicas para o mercado-alvo) para atingir esses consumidores.

As empresas talvez tenham de identificar os consumidores que não adotaram a inovação. De acordo com pesquisas, não adotantes podem ser divididos em três grupos: (1) consumidores passivos que experimentaram o produto, mas é improvável que deem muitas informações sobre o produto aos outros; (2) rejeitores ativos, que experimentaram o produto, mas provavelmente farão uma comunicação boca a boca negativa para outros; e (3) adotantes potenciais, que ainda não experimentaram o produto, mas podem ser influenciados pelos rejeitores ativos, aceitadores ativos ou profissionais de marketing. Diferentes estratégias de marketing podem ser adequadas para grupos diferentes de adotantes e não adotantes.[92] Se os adotantes potenciais desconhecem a inovação, por exemplo, a publicidade pode ajudar a criar o conhecimento e incentivar a adoção. No entanto, pode ser necessário realizar melhorias no produto para atrair os rejeitores ativos.

Como as atividades de marketing podem influenciar a difusão afetando tanto a inovação como o sistema social, não é surpreendente que, quanto mais intenso for o esforço de marketing, mais rapidamente a inovação se espalhará em um mercado.[93] Como observado no Capítulo 15, a cobertura da mídia de uma inovação (por exemplo, o iPhone) geralmente tem mais credibilidade que as comunicações da empresa. Focar em líderes de opinião e nas redes sociais, em vez de focar no consumidor, também pode estimular o boca a boca positivo, o que também pode ocorrer quando há demonstrações do novo produto em feiras de negócios e em vídeos on-line. Os profissionais de marketing podem tomar uma série de medidas para rastrear o boca a boca, gerando um boca a boca positivo e combatendo o negativo.

As consequências das inovações

Embora as inovações frequentemente ofereçam vantagens relativas que talvez não existissem anteriormente, elas nem sempre são boas para a sociedade. Um estudo analisou a difusão do machado de aço entre uma tribo de aborígenes que moravam na mata australiana.[94] Antes da introdução da inovação, o machado de pedra era a principal ferramenta da tribo. Somente os homens usavam o machado de pedra, que era dado como presente e como pagamento por trabalhos realizados. O machado era considerado um símbolo de masculinidade e respeito, porém, chegaram missionários ao sistema social trazendo o machado de aço, que foi distribuído para homens, mulheres e crianças. Esse esquema de distribuição perturbou as funções sociais do sexo e da idade entre os membros da tribo, afetando assim o sistema social.

As inovações também podem ter consequências socioeconômicas negativas. Por exemplo, um estudo que examinou a difusão do tomógrafo computadorizado na comunidade médica identificou duas consequências sociológicas importantes. Primeiro, a inovação tendia a ser difundida em mercados ricos, deixando a tecnologia indisponível para famílias que moravam em áreas rurais mais pobres. Em segundo lugar, a inovação era cara e vista como um adicional aos custos dos cuidados médicos.[95] Por causa desses tipos de consequências sociais e econômicas inesperadas, nós, como consumidores, deveríamos ser cuidadosos e evitar adotar uma tendência completamente a favor da inovação.

Resumo

As inovações são produtos, serviços, ideias ou atributos que os consumidores em um segmento de mercado percebem como novos. Elas podem ser caracterizadas como funcionais, simbólicas ou hedônicas, e o grau de mudança comportamental que sua adoção exige pode variar. As inovações de produtos variam em uma progressão, de contínuas a descontínuas, e podem representar modismos, modas ou clássicos, além de exibir um ciclo de vida curto, moderado ou longo, respectivamente. Os profissionais de marketing podem prolongar o ciclo de vida de um produto aumentando o alcance da inovação e incentivando os consumidores a encontrar usos inovadores para produtos conhecidos.

As estratégias para os anunciantes de inovações incluem reduzir a resistência dos consumidores a inovações, facilitar a adoção da inovação pelos consumidores e afetar a difusão da inovação no mercado. Um processo de adoção com hierarquia de efeitos de alto esforço ocorre quando a inovação é vista como arriscada. Alguns indivíduos, chamados *inovadores*, estão entre os primeiros a adotar produtos novos, independentemente das decisões de outras pessoas, e, as empresas podem focar nos inovadores, porque sua adoção de produtos influencia as decisões de adoção de outros consumidores por meio de boca a boca ou de modelagem social.

A adoção, a resistência e a difusão são afetadas pelas características da inovação e pelo sistema social no qual esta é introduzida. É mais fácil superar a resistência quando se considera que a inovação agrega valor aos consumidores, como uma vantagem relativa, preço baixo ou baixos custos de mudança, e a resistência será menor quando a inovação exige aprendizado mínimo e quando é altamente compatível com os valores, necessidades, comportamentos existentes dos consumidores; fácil de testar; fácil de usar; e de baixo risco. Inovações consideradas de alta relevância social, legitimidade e adaptabilidade encontram menos resistência do que aquelas consideradas baixas com relação a esses fatores. As características do sistema social no qual a inovação opera também afetam a resistência, a adoção e a difusão, e quanto mais densa a rede social e quanto mais homofílicos forem os consumidores dentro de um sistema social, maior a probabilidade de os adotantes transmitirem informações para não adotantes, afetando, assim, sua probabilidade de adotar o produto. Entretanto, é possível que a difusão de uma inovação acarrete algumas consequências sociais e econômicas negativas.

Perguntas para revisão e discussão

1. Como as inovações podem ser descritas em termos do grau de novidade e dos tipos de benefícios? Como o grau de novidade afeta a mudança de comportamento dos consumidores?
2. Qual é a diferença entre adoção e difusão? Como o conceito de *resistência* está relacionado à adoção?
3. Em que circunstâncias um consumidor talvez siga a hierarquia de efeitos de alto esforço ao adotar uma inovação?
4. Como podemos categorizar os consumidores em termos do prazo de sua adoção com relação àquele de outros consumidores?
5. O que é o ciclo de vida do produto e como ele difere da difusão do produto?
6. Como os requisitos de aprendizagem e relevância social do consumidor afetam a resistência, a adoção e a difusão?
7. Que características do sistema social afetam a aceitação de uma inovação em um mercado?

CASO – COMPORTAMENTO DO CONSUMIDOR

CFL: chegando em breve a um soquete de lâmpada perto de você

Em uma nação com 4 bilhões de soquetes de lâmpadas, uma lâmpada por residência pode fazer a diferença. Se cada residência norte-americana substituísse uma lâmpada incandescente comum por uma lâmpada fluorescente compacta (CFL, sigla em inglês), a energia economizada seria o suficiente para iluminar 3 milhões de residências. Essa simples mudança seria o equivalente ambiental de tirar 800 mil carros das ruas e evitar que 204 quilos de gases estufa atingissem a atmosfera. Trocar uma lâmpada, ajudar o planeta e diminuir os custos de eletricidade – parece uma situação na qual só se ganha.

Mas desde a invenção da CFL, há mais de 30 anos, a lâmpada ainda não é muito usada. Enquanto isso, a lâmpada incandescente, que já era comercializada há mais de um século, é responsável por mais de 90% de todas as lâmpadas vendidas nos Estados Unidos. Por que as CFLs não são mais populares?

- *Preço mais alto.* Um forte motivo para que as CFLs não tenham vendido bem é que cada uma custa de cinco a sete vezes mais do que uma lâmpada incandescente. Uma CFL pode durar até doze vezes mais que uma lâmpada incandescente e sua instalação faz uma grande diferença na conta mensal de eletricidade de uma residência, no entanto, a despesa inicial desencorajou muitas pessoas a mudar.
- *Não é a mesma lâmpada de antigamente.* Um segundo motivo é que as CFLs não funcionam tão bem quanto as lâmpadas incandescentes em algumas circunstâncias, como em instalações com *dimmers* ou *spots*. Como os dois tipos de lâmpadas não são totalmente intercambiáveis, os consumidores têm de fazer no mínimo alguma pesquisa e possivelmente alguma experimentação para determinar quando podem ou não instalar uma CFL no lugar de uma lâmpada incandescente. Em vez disso, a maioria dos consumidores permanece com o que conhece e continua comprando o mesmo tipo de lâmpada que sempre usou.
- *Ainda é muito nova.* Até bem recentemente, encontravam-se poucas CFLs nas prateleiras das lojas; as que estavam disponíveis competiam com fileiras e mais fileiras de lâmpadas incandescentes, e as CFLs raramente eram anunciadas na publicidade. Apesar de alguma publicidade, nem todos entendiam a mensagem sobre a eficiência energética das CFLs nem sobre os benefícios da mudança no longo prazo.
- *Preocupações com o descarte.* Como as CFLs contêm uma quantidade mínima de mercúrio, devem ser manuseadas como lixo perigoso em vez de serem descartadas como lâmpadas comuns. A Sylvania oferece aos clientes embalagens especiais para devolver CFLs queimadas para a reciclagem, que são entregues em lojas do FedEx Kinko's ou nos correios. Entretanto, mesmo quando os consumidores conhecem as vantagens das CFLs, eles podem não saber como descartá-las com segurança.

Agora a CFL está se consolidando, em meio a um coro crescente de campanhas de varejistas, fabricantes, prestadores de serviços e agências governamentais. O Walmart está fazendo um tremendo esforço de marketing a favor das CFLs, exibindo as lâmpadas em anúncios e na Internet para incentivar seus 100 milhões de clientes a comprar pelo menos uma lâmpada nova. O varejista chegou a acrescentar as CFLs a sua lista de material escolar de produtos amigos do meio ambiente que postou em sua página no Facebook para atingir os "adolescentes verdes". Prestadores de serviços, como a Pacific Gas & Electric, na Califórnia, distribuíram CFLs gratuitamente ou as ofereceram a preços reduzidos para incentivar seus clientes a pelo menos experimentar as lâmpadas.

Os principais fabricantes de lâmpadas, como a General Electric, a Philips e a Sylvania estão ajudando a instruir os consumidores a respeito das CFLs por meio de informações nas embalagens e de comunicações de marketing como anúncios e entrevistas na mídia. Com os novos padrões governamentais, que exigem a eliminação de lâmpadas incandescentes comuns nos próximos 10 anos, os fabricantes também estão testando alternativas de iluminação com eficiência elétrica, como lâmpadas incandescentes de baixo calor, novas lâmpadas de halogênio e lâmpadas de diodo emissor de luz (LED). Em breve os soquetes de luz nos Estados Unidos serão iluminados por CFLs e outros novos tipos de lâmpadas.[96]

Perguntas sobre o caso

1. Você caracterizaria a CFL como descontínua, dinamicamente contínua ou contínua? Como esse nível de inovação ajuda a explicar por que as CFLs se difundiram de forma relativamente lenta no mercado?
2. A decisão de adotar CFLs segue uma hierarquia de efeitos de alto esforço ou de baixo esforço? Quais são as implicações para os profissionais de marketing que fazem ou vendem as CFLs?
3. Como as características da inovação e os requisitos de aprendizagem do consumidor afetaram a resistência à adoção das CFLs pelos consumidores?

Comportamento simbólico do consumidor

Capítulo 17

OBJETIVOS DE APRENDIZADO

Depois de estudar este capítulo, você estará apto a:

1. Discutir a maneira como produtos, posses especiais e atividades de consumo ganham significado simbólico e como esse significado é transmitido de um consumidor para outro.

2. Ressaltar como os profissionais de marketing podem influenciar o significado simbólico.

3. Distinguir entre entidades sagradas e profanas, e mostrar por que essa distinção é importante para a estratégia de marketing.

INTRODUÇÃO

Mimar animais de estimação = um grande negócio

O quanto os norte-americanos gostam de seus animais de estimação? O suficiente para gastar US$ 41 bilhões anualmente em bens, serviços, experiências e atividades relacionadas a animais de estimação – mais que o valor total gasto pelos consumidores dos Estados Unidos para ir ao cinema, jogar vídeogames e comprar música em um ano. Mais de 60% das residências norte-americanas têm um animal, que pode ser cachorro, gato, peixe, coelho, lagarto, pônei ou outro tipo de animal. Frequentemente, animais mimados são tratados como membros da família ou como uma extensão de seus donos, que dão nomes a eles, os vestem com roupas especiais, compram presentes de Natal, passam perfume neles, fotografam ou filmam o que fazem, enviam cartões deles ou para eles, levam-nos nas férias e a clínicas de massagem terapêutica e até compram planos de saúde.

Mimar animais de estimação criou oportunidades lucrativas para todos os tipos de negócios. Os consumidores que já se sentiram tristes ou culpados por deixar um animal sozinho enquanto trabalhavam ou o deixaram em um hotel para animais quando viajaram buscam atualmente serviços de cuidados diários, hotéis que aceitam animais e acomodação sofisticada, como as suítes equipadas com TV do PetSmart, o maior varejista de produtos para animais do mundo. Os animais de estimação especiais precisam de comida especial, uma situação que explica por que empresas como a Procter & Gamble e a Nestlé gastam US$ 300 milhões por ano na publicidade de uma enorme variedade de ração

4. Entender o processo de presentear e descrever como os profissionais de marketing podem usar seu conhecimento sobre tal processo para fazer um marketing mais eficaz.

e investem milhões na pesquisa de novos alimentos, mimos e embalagens. E se os animais de estimação ficam doentes, muitos donos abrem suas carteiras e pagam por tratamentos especiais, cuidados hospitalares e medicamentos.[1]

Os animais de estimação podem ter um significado simbólico, e esse é o foco deste capítulo. A primeira seção analisa como o significado simbólico é desenvolvido em experiências de produtos ou de consumo, as funções desempenhadas pelo consumo simbólico e como este pode afetar nosso autoconceito. A próxima seção explica por que alguns produtos são mais significativos do que outros. Alguns são especiais – até sagrados – e exigem práticas de consumo para permanecer assim. A seção final discute como o significado é transferido de pessoa para pessoa por meio do ato de presentear (veja o Exemplo 17.1). Saber como o significado simbólico afeta o comportamento do consumidor pode ajudar os profissionais de marketing a desenvolver e identificar mercados-alvo, a criar ofertas que satisfazem necessidades e a planejar comunicações adequadas.

Fontes e funções de significado simbólico

Para entender por que alguns consumidores mimam seus animais de estimação, considere de onde vem o significado associado aos animais de estimação e às ofertas relacionadas, e que funções essas ofertas e práticas satisfazem. Como mostrado no Exemplo 17.2, esse significado pode originar-se de nossa cultura ou de nós mesmos individualmente.

Significado derivado da cultura

Categorias culturais Agrupamento natural de objetos que refletem nossa cultura.

Parte do significado associado aos produtos vem de nossa cultura (veja o Exemplo 17.3).[2] Os antropólogos sugerem que temos **categorias culturais** para coisas como o tempo (por exemplo, o reservado para o trabalho ou para o lazer), espaço (a casa, o escritório e lugares seguros ou não) e ocasiões (como eventos festivos *versus* eventos sombrios). Também temos categorias culturais que refletem as características das pessoas, como gênero, idade, classe social e etnia.

Princípios culturais Ideias ou valores que especificam como os aspectos de nossa cultura são organizados e/ou como deveriam ser percebidos ou avaliados.

Nas categorias culturais estão implícitos os **princípios culturais** – ideias ou valores que especificam o modo de pensarmos e avaliarmos aspectos da nossa cultura. Por exemplo, os princípios culturais associados com o "tempo de trabalho" determinam um tempo que é estruturado, organizado e preciso; entretanto, os princípios associados com o "tempo de lazer" são bastante diferentes. Princípios culturais dão significado aos produtos, e isso explica por que as roupas que associamos ao tempo de trabalho também são mais estruturadas e organizadas que as roupas que associamos ao tempo de lazer. Além disso, temos categorias para ocasiões, incluindo ocasiões festivas (vibrante, ativa e energética) e sombrias (escura, discreta e inativa). As roupas que consideramos adequadas para tais ocasiões refletem essas qualidades.

Também temos princípios culturais ligados a status social, gênero, idade e etnia. Por exemplo, a categoria "mulheres" tem sido historicamente associada a conceitos como delicada, caprichada, expressiva e mutável. Em contrapartida, a categoria "homens" tem sido historicamente associada a conceitos como disciplinado, estável e sério. Os profissionais de marketing fazem produtos, e os consumidores os usam de maneira que são consistentes com esses princípios. Assim, as roupas femininas têm sido tradicionalmente mais delicadas, caprichadas, expressivas e mutáveis que as roupas masculinas. Ao combinar as características do produto com princípios e categorias culturais, transferimos o significado associado ao princípio cultural para o produto. Por exemplo, podemos classificar certas roupas como "femininas" ou como "adequadas para trabalhar", porque as associamos com os princípios e categorias culturais correspondentes.

Muitos agentes podem desempenhar um papel nesse processo de associação e combinação. Primeiro, designers e fabricantes de produtos introduzem produtos novos com características que refletem princípios culturais. Por exemplo, a motocicleta Harley-Davidson tem características que a tornam "máscula". Essa combinação entre princípios

Comportamento simbólico do consumidor **385**

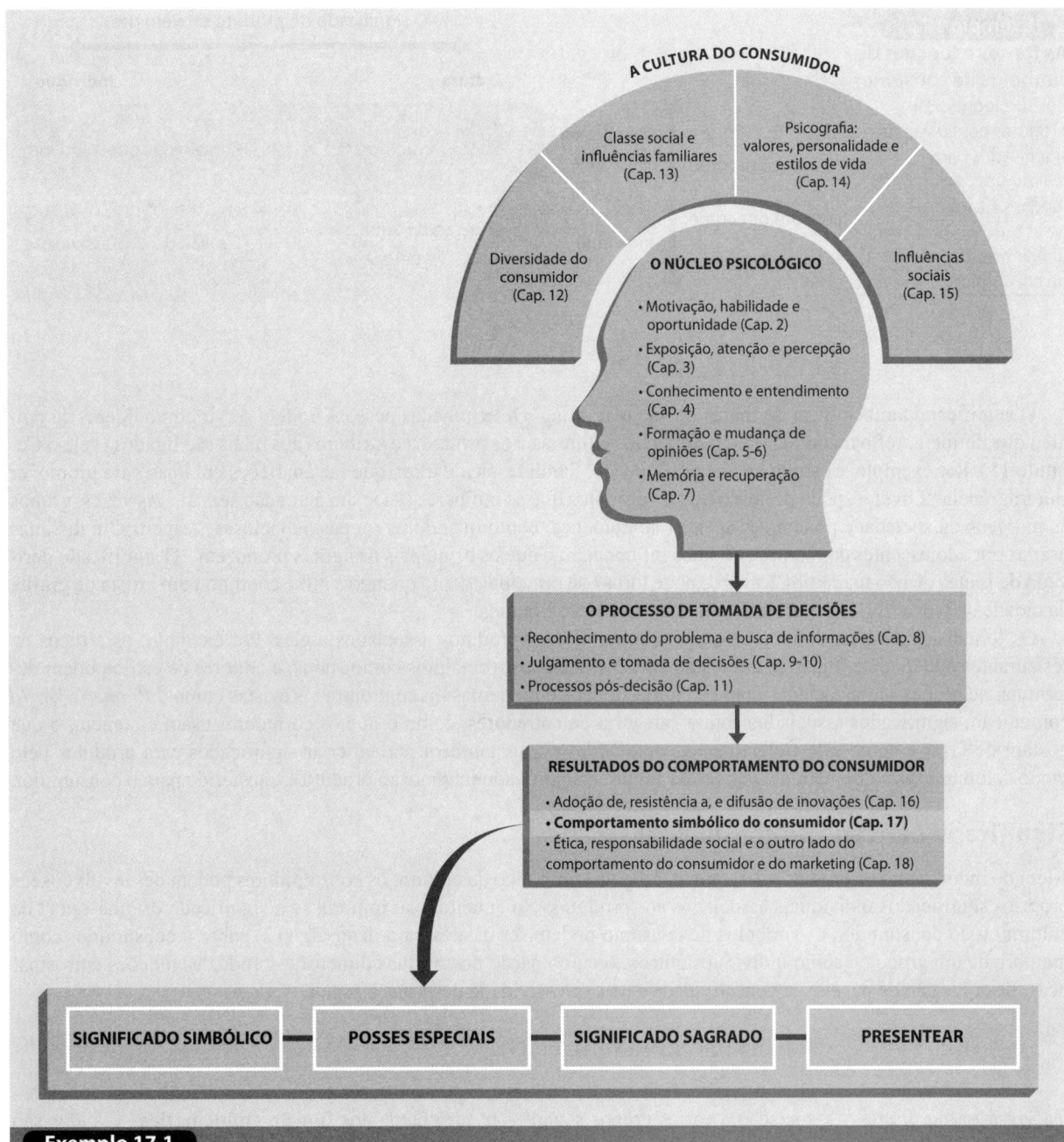

Exemplo 17.1
Visão geral do capítulo: comportamento simbólico do consumidor
Produtos e atividades de consumo podem simbolizar algo a respeito de nós mesmos e de nossas relações com os outros. Neste capítulo, discorremos sobre como produtos e atividades de consumo recebem e comunicam significados. Também mostramos como algumas posses e atividades de consumo recebem significados especiais ou até mesmo sagrados. Por fim, discutimos de que maneira presentear pode simbolizar como nos sentimos com relação a quem recebe um presente.

culturais e ofertas explica por que consumidores dos Estados Unidos percebem um rodeio como mais autêntico se ele reflete a liberdade, a independência e a competição, qualidades intimamente associadas ao oeste norte-americano.[3] Os profissionais de marketing também podem atribuir significado a suas ofertas associando-as com certas categorias culturais ou mitos. Portanto, a Harley-Davidson desenvolve roupas, acessórios e informações que comunicam o que significa ser um "motoqueiro".[4]

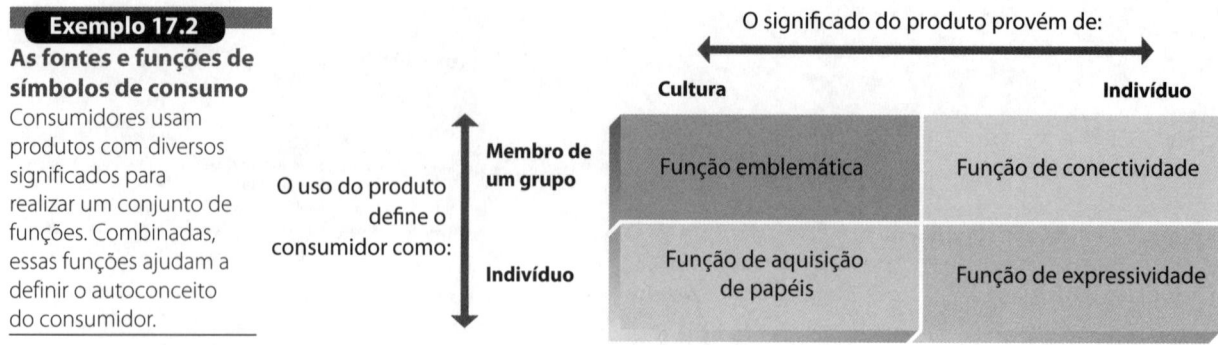

Exemplo 17.2
As fontes e funções de símbolos de consumo
Consumidores usam produtos com diversos significados para realizar um conjunto de funções. Combinadas, essas funções ajudam a definir o autoconceito do consumidor.

O significado também vem de fontes de não marketing. Determinadas pessoas podem servir como líderes de opinião que definem, refinam ou redefinem princípios culturais e os produtos e atributos aos quais são ligados (veja o Capítulo 15). Por exemplo, a estrela de *Sex and the City*, Sarah Jessica Parker, que faz aparições em lojas para promover sua fragrância "Lovely", pode definir o tipo de produtos que as mulheres associam à atração sexual.[5] Às vezes, grupos às margens da sociedade podem ser agentes de mudança, como quando as roupas audaciosas, "espertas" e distintas usadas por adolescentes dos centros urbanos influenciam o que os principais designers produzem.[6] O significado derivado de fontes de não marketing às vezes pode tornar-se principal, como quando a Nike contratou um artista de grafite da cidade de Nova York para projetar um tênis de edição limitada.[7]

Os jornalistas também definem princípios culturais e os produtos associados a eles. Por exemplo, os críticos de restaurantes podem determinar se um restaurante é associado a princípios como status, e editores de estilo podem determinar se roupas são associadas com categorias jovens e modernas ou com outras. Revistas como a *Runner's World* comunicam significados associados com a categoria de corredores, como o que os corredores usam e comem, o que gostam de fazer e como são. Celebridades como Miley Cyrus também podem criar significados para produtos pelo modo como os usam. Por meio de todas essas fontes, o significado inerente ao produto é transferido para o consumidor.

Significado derivado do consumidor

Além do modo como os produtos derivam significado simbólico da cultura, os consumidores podem desenvolver seus próprios significados individuais associados aos produtos. No entanto, não importa se o significado origina-se (1) da cultura ou do consumidor, os símbolos de consumo podem ser usados para dizer algo (2) sobre o consumidor como membro de um grupo ou como indivíduos únicos. A combinação dessas duas dimensões produz as funções emblemáticas, de aquisição de papéis, de conectividade e de expressividade descritas a seguir.

A função emblemática

Função emblemática O uso de produtos para simbolizar a adesão a grupos sociais.

O significado derivado da cultura nos permite usar produtos para simbolizar nossa associação a vários grupos sociais – o que chamamos **função emblemática**. Vestidos são associados a mulheres e batinas, a padres. A música que ouvimos pode simbolizar nossa idade e o carro que dirigimos pode simbolizar nosso status social. De forma consciente ou não, usamos marcas e produtos para simbolizar os grupos aos quais pertencemos (ou desejamos pertencer[8]). Ao mesmo tempo, pessoas que nos observam usando tais produtos podem consciente ou inconscientemente nos categorizar ou fazer inferências a respeito de nós e dos grupos aos quais pertencemos (veja o Capítulo 4). Com apenas um olhar para alguém e suas posses, talvez possamos dizer se uma pessoa é um membro das categorias sociais dos "surfistas", do "grêmio universitário" ou um "riquinho".[9] Em particular, as ofertas podem servir como emblemas geográficos, étnicos ou de classe social.

Emblemas geográficos

Produtos podem simbolizar a identificação geográfica. Por exemplo, roupas muito coloridas e largas simbolizam a identificação com as regiões mais ensolaradas dos Estados Unidos, como a Califórnia, o Arizona e o Havaí, ao passo que as roupas para o ar livre fabricadas pela Roots simbolizam lugares como o Canadá.[10] Produtos também podem simbolizar a identificação geográfica com uma região mesmo que sejam usados por pessoas que moram em outro lugar.

Emblemas étnicos

Produtos e atividades de consumo podem simbolizar a identificação com uma cultura ou subcultura específica. Afro-americanos às vezes usam roupas africanas para simbolizar sua identificação com aquela cultura. Na Índia, homens Sikh usam cinco Ks como símbolos de sua afiliação étnica e religiosa: *kesh* (cabelos), *kada* (pulseira), *kangha* (pente), *kacha* (cuecas) e *kirpan* (adaga). Alguns consumidores usam emblemas étnicos de outras culturas ou subculturas para se diferenciar.

Os consumidores também usam os alimentos para expressar a identidade étnica. Por exemplo, frango grelhado, frango ao mole e peixe ao vapor refletem as identidades dos Estados Unidos, do México e da China, respectivamente. O fubá serve como emblema étnico para haitianos que imigram para os Estados Unidos.[11] Além disso, podemos expressar a identidade étnica por como e quando comemos. As culturas diferem na maneira em que os elementos de uma refeição são servidos, isto é, se todos de uma vez ou um a cada vez.[12] Famílias dos Estados Unidos tipicamente jantam antes das 19 horas, mas a hora do jantar é muito mais tarde na Espanha e na Itália.

Emblemas da classe social

Produtos também podem simbolizar a classe social. Na China, emblemas de status incluem TV em cores, conhaques (para consumidores mais velhos) e vinho fino importado (para consumidores mais jovens).[13] Entre os consumidores norte-americanos ricos, os símbolos da classe social incluem helicópteros, campos de golfe no quintal de casa e residências que parecem palácios.[14] Os princípios culturais de associação à classe mais alta incluem características de refinamento, sobriedade discreta e disciplina, e os produtos e atividades de consumo dessa classe refletem isso.

Classes sociais diferentes usam símbolos diferentes em rituais de consumo. Por exemplo, nos Estados Unidos há muita diferença entre os tipos de roupas usadas nas férias pelas classes sociais mais altas e mais baixas, na importância atribuída à etiqueta, nos tipos de pratos servidos em jantares formais em família e até mesmo no modo como servem determinadas comidas. Para combater esse tipo de função emblemática de classe social, um número cada vez maior de escolas norte-americanas (tanto públicas quanto privadas) exige que seus estudantes usem uniformes. O objetivo dessa política é ajudar a diminuir atividades de gangues, remover emblemas de classe social, reduzir a ansiedade dos estudantes sobre ficarem iguais aos colegas e incentivar a identificação com a comunidade escolar.[15]

Emblemas de gênero

Comidas, roupas, joias e bebidas alcoólicas são apenas algumas das categorias de produtos associadas à adesão nas categorias de gêneros masculino e feminino. Um estudo de consumidores na França revelou que a carne e alguns outros alimentos são vistos como comidas "para homem", ao passo que o aipo e outros alimentos são vistos como comidas "para mulher". A maneira como um alimento é comido também reflete sua adequação ao gênero: em algumas culturas, bifes e carnes que podem ser cortadas grosseiramente e mastigadas de forma intensa são vistas como mais consistentes, com características masculinas.[16] Outros pesquisadores encontraram diferenças de gênero em preferências alimentares, como meninos preferindo manteiga de amendoim espessa e meninas, a variedade macia. Essas preferências podem estar relacionadas a associações com meninos (espesso) e meninas (não espesso), derivadas culturalmente.[17]

Veículos grandes, resistentes e potentes, como picapes, são frequentemente associados a características masculinas e seu marketing é feito primariamente para homens. Por exemplo, depois que a Toyota reformulou sua picape Tundra, lançou o novo produto patrocinando concursos de pesca de robalo, mostras de gado e outros eventos que atraem homens. A empresa também ofereceu *test drives* gratuitos em lugares que atraíam compradores masculinos, como a rede de lojas esportivas Bass Pro Shops.[18]

Emblemas de grupos de referência

A promoção da Harley-Davidson é um bom exemplo de como alguns produtos podem servir como emblemas de adesão a um grupo de referência. Um motivo para que os consumidores da Harley adotem símbolos "fora da lei" é que eles gostam de pertencer a um grupo de referência com uma ideologia de contracultura e independência. No geral, os consumidores gostam mais de um emblema de um grupo de referência (como uma camiseta com a logomarca da Harley) quando um aspecto de identidade consistente com seu autoconceito (por exemplo, a imagem de si mesmos como ferozmente independentes) é ativado.[19] Jaquetas universitárias, chapéus especiais, cores específicas ou joias que designam um grupo também podem simbolizar a adesão a um grupo de referência. Por outro lado, os consumidores podem evitar certos produtos para não serem vistos como membros de um grupo de referência – o que, por sua vez, simboliza associação a outros grupos de referência. No segmento automobilístico, uma reação contra os utilitários esportivos está levando alguns consumidores a comprar carros híbridos com maior eficiência de combustível. Assim, tais motoristas se tornam membros do grupo de consumidores que agem sobre suas preocupações com o ambiente, comprando produtos ecológicos.[20]

Às vezes, além dos produtos, os rituais são indicadores importantes e afirmações da adesão ao grupo. Por exemplo, rituais como participar de uma formatura podem reforçar nossa associação ao grupo de "formados na faculdade". Outros rituais servem como confirmação pública de que nos tornamos membros de um grupo. Na classe mais alta, o baile de debutante é um ritual que formalmente apresenta meninas de 15 anos ao grupo de mulheres que podem namorar.[21]

IMPLICAÇÕES DE MARKETING

Os profissionais de marketing podem ter três funções no estabelecimento da função emblemática dos produtos.

Desenvolvimento do símbolo

O marketing pode ligar um produto e seus atributos a uma categoria cultural específica e a seus princípios. Quando a Toyota quis desenvolver as associações simbólicas de sua caminhonete picape Tundra reformulada, focou em líderes de opinião chamados "picapeiros de verdade", homens que trabalham em situações duras, como na construção ou na fazenda, porque "são eles que testam, que influenciam", explicou um executivo da Toyota.[22] Às vezes, os profissionais de marketing precisam garantir que os atributos do produto são adequadamente ligados aos princípios culturais. A Miller, por exemplo, posicionou a palavra *lite* na Miller Lite como significando "que enche menos e tem menos carboidratos" – um atributo apropriado para homens – em vez de *diet*, que teria feito a cerveja parecer mais feminina.[23]

Comunicação de símbolos

Uma empresa pode usar a publicidade para imbuir significado a um produto por meio da ambientação do anúncio (se é uma fantasia ou natural, interior ou exterior, rural ou urbano) e por meio de outros detalhes, como a hora do dia e os tipos de pessoas no anúncio – seu gênero, sua idade, sua etnia, sua ocupação, suas roupas, suas posturas corporais, e assim por diante.[24] Cada elemento do anúncio reforça o significado associado ao produto, situação que ilustra por que anúncios para a Tundra reformulada da Toyota mostraram a força bruta e o desempenho da picape sob condições extremas, como carregar cargas demasiado pesadas.[25]

Reforço do símbolo

As empresas podem planejar outros elementos do *mix* de marketing para reforçar a imagem simbólica.[26] Por exemplo, uma empresa pode usar várias estratégias de preço, distribuição e produto para manter a imagem de *status* de um produto. Ela pode atribuir um preço superior ao produto, distribuí-lo em lojas com imagem sofisticada e incorporar certas características que são adequadas somente para o segmento-alvo. Entretanto, os profissionais de marketing podem afetar a imagem simbólica de um produto se os elementos do *mix* de marketing estiverem em conflito uns com os outros.

Remoção do símbolo

Para alguns profissionais de marketing, o negócio é ajudar os consumidores a apagar símbolos associados a grupos com os quais eles já não se identificam. Por exemplo, o mercado de remoção de tatuagens está crescendo, pois não raro alguns consumidores desejam remover tatuagens porque elas representam uma época anterior de suas vidas ou de um grupo de referência já abandonado e impedem, assim, o desenvolvimento de novas identidades pessoais.[27]

A função de aquisição de papéis

Função de aquisição de papéis
O uso de produtos como símbolos para nos ajudar a sentir mais confortáveis em um novo papel.

Além de servir como emblemas de associação a um grupo, algumas ofertas podem ajudar a nos sentir mais confortáveis em novos papéis, função que é chamada **função de aquisição de papéis** (veja novamente o Exemplo 17.2).

Fases de aquisição de papéis

Durante a vida, os consumidores desempenham muitos papéis, que mudam constantemente. No momento, você talvez ocupe o papel de estudante, filho ou filha, irmão ou irmã e trabalhador. Em alguns momentos de sua vida (talvez agora), você pode ocupar o papel de marido ou esposa, tio ou tia, pai, divorciado, avô, aposentado, viúvo ou viúva, e assim por diante.

As pessoas normalmente saem de um papel para outro em três fases.[28] A primeira é a *separação* do papel antigo, o que com frequência significa descartar produtos associados com o papel que estamos abandonando, do mesmo modo que as crianças abandonam seus cobertores de segurança em sua transição de bebês para crianças. Os consumidores que estão rompendo um relacionamento podem simbolizar o fim da relação dando, descartando ou destruindo produtos que os lembram de seus antigos parceiros.[29] A segunda fase é a *transição* de um papel para outro, que pode ser acompanhada pela experimentação com identidades novas. Durante essa transição, os consumidores podem estar dispostos a aceitar posses ou estilos novos que teriam rejeitado de outro modo. Os consumidores também podem construir uma nova identidade por meio de cirurgias plásticas, dietas, penteados, marcas, piercings e tatuagens. A fase final é a *incorporação*, na qual o consumidor assume o novo papel e a identidade associada a ele.

O uso de símbolos e rituais em transições de papéis

Com frequência nos sentimos desconfortáveis em um novo papel, porque não temos experiência nele e temos pouco conhecimento sobre como desempenhá-lo. Uma reação comum é usar produtos estereotipicamente associados com o papel. Por exemplo, é mais provável que MBAs inseguros sobre suas perspectivas de trabalho usem símbolos geralmente associados ao papel de um homem de negócios que outros MBAs.[30] Nós frequentemente usamos um grupo de produtos para simbolizar a adoção de um papel legal, e ter a combinação de produtos correta é importante, pois sem ela talvez não consigamos obter a resposta apropriada dos outros. Imagine a reação que você teria ao chegar para trabalhar usando meias brancas ou tênis com um terno.

Os rituais são uma parte importante das transições de papéis. Por exemplo, nos Estados Unidos uma série de rituais marca a transição do status de solteiro para o de casado – festa de noivado, chá de cozinha, despedida de solteiro, jantar de ensaio, casamento, recepção e lua de mel –, cada um com seus produtos.[31] O casamento em si inclui as roupas dos participantes, o vestido da noiva, os músicos, fotógrafo, e assim por diante. Em diferentes culturas, os rituais funerários envolvem atividades de consumo simbólico, como a apresentação ou o consumo de alimentos especiais, a compra de flores e cartões, e a exposição de imagens e preciosidades que refletem o falecido e quem está de luto.[32]

Rituais frequentemente envolvem outros agentes/personagens cuja participação ajuda a validar a transição de papel. Usamos símbolos e nos envolvemos em rituais para obter *feedback* dos participantes a respeito do nosso desempenho correto do papel ou não. Esse *feedback*, chamado **avaliação reflexiva**, nos ajuda a ter mais confiança em nosso papel e valida nosso novo status. Por exemplo, MBAs recém-formados podem ter mais confiança em seu papel quando pessoas com experiência em negócios os reconhecem como iguais. A próxima seção foca em transições do papel marital e nos produtos como símbolos deste processo de transição.

Avaliação reflexiva *Feedback* de outros que nos diz se estamos cumprindo nosso papel corretamente.

Transições maritais

Os produtos são frequentemente um componente importante na transição do status de solteiro para o de casado. Como parte da separação da fase antiga, o casal deve decidir quais de suas posses descartar e quais levar para a nova residência. Frequentemente, os presentes de namoradas ou namorados antigos são descartados, assim como produtos que simbolizam o status de solteiro da pessoa. Como parte da fase de incorporação, o casal adquire produtos novos que são culturalmente adequados para o papel de casados e que os ajudam a criar uma história mútua. É óbvio que culturas diferentes têm rituais maritais diferentes. Por exemplo, a sogra geralmente dá as chaves da casa para uma noiva hindu após o casamento, entregando simbolicamente a responsabilidade da casa a ela.

Um processo parecido opera na transição do status de casado para o de divorciado. Aqui, cada pessoa pega de volta aquilo que era seu, e o casal divide suas posses conjuntas. As pessoas podem descartar posses que as lembram da outra pessoa. Como um conjunto de pesquisadores observou, "Livrar-se de símbolos do ex-esposo [...] pode ser psicologicamente necessário no processo de terminar a relação".[33] Algumas pessoas destroem posses, uma ação que talvez sirva a vários propósitos – representando simbolicamente a destruição do casamento, punindo o ex-esposo e eliminando posses que simbolizam o matrimônio.

As pessoas podem ter dificuldades para desempenhar outras funções simbólicas como consequência do fim de um casamento. Por exemplo, um esposo pode não ter mais os itens conspícuos de consumo que antes informavam seu status social. Assim, alguém que perde uma casa e um carro (dois símbolos importantes de prestígio social) pode sentir uma perda de identidade. Por outro lado, as pessoas podem adquirir produtos simbólicos de seu novo status de solteiro durante essa transição de papéis, como fazem algumas pessoas ao comprar um carro esportivo nesse momento.

Transições culturais

Os consumidores também podem mudar de papéis quando se mudam para uma cultura nova, frequentemente abandonando ou descartando costumes e símbolos antigos, e adotando novos no processo. Pesquisas sugerem que imigrantes mexicanos encaram experiências diferentes, às vezes difíceis, quando se mudam para os Estados Unidos.[34] Entre estas, a de viver em acomodações densamente povoadas, fazer compras em lojas com um número esmagador de opções e lidar com uma moeda desconhecida. Outro estudo mostra que os indianos que se mudam para os Estados Unidos precisam adquirir símbolos de status que não precisavam ter na Índia, onde a casta e a família determinam sua associação a uma classe.[35]

Expatriados frequentemente lidam com barreiras frustrantes e terríveis para se incluir em uma cultura nova. Para reduzir essas barreiras, eles podem participar de eventos e rituais na região, adaptar seu consumo aos hábitos da região e ficar cientes de marcas, mesmo que mantenham alguns aspectos de sua própria cultura, como a alimentação, o idioma, vídeos, fotos e joias.[36] O abandono ou a manutenção de posses que simbolizam o papel anterior depende de quanto tempo se espera que o novo papel dure. O estudo de expatriados da Índia mostrou que esses consumidores mantiveram posses remanescentes de sua cultura de origem porque ainda consideravam a possibilidade de voltar para a Índia.

Transições de status social

Indivíduos que enriqueceram recentemente, os "novos-ricos", usam posses – geralmente ostensivas – para demonstrar seu status adquirido e validar seu papel, um comportamento consistente com o modelo de transições de símbolos e papéis, que mostra a importância da avaliação reflexiva dos outros para indicar o desempenho bem-sucedido de um status. Como observa um autor, "a satisfação do consumidor deriva das reações dos espectadores à riqueza exibida pelo comprador de um produto ou serviço em vez dos atributos positivos do item em questão".[37]

IMPLICAÇÕES DE MARKETING

Os profissionais de marketing podem aplicar seu conhecimento a respeito das transições de papéis dos consumidores de várias maneiras.

Transições de papéis e consumidores-alvo

Os consumidores em transição representam um mercado-alvo importante para muitas empresas. Como afirma o representante mundial de marketing da Procter & Gamble, "De algum modo, os recém-casados são o consumidor final".[38] Muitas empresas focam em casais de noivos que em breve comprarão ofertas relacionadas ao casamento, à lua de mel e à nova residência. Uma campanha da De Beers's Diamond Trading Company foca suas mensagens, que reforçam como o uso de joias em mãos diferentes pode simbolizar o casamento ou a autoexpressão, em mulheres. O lema da campanha é "Sua mão esquerda diz 'nós'. Sua mão direita diz 'eu'".[39]

Transições de papéis como meio de criar inventário

Como o descarte de um produto pode ser um aspecto importante da separação de papéis, os profissionais de marketing de produtos usados podem adquirir inventário comercializando para pessoas envolvidas em transições de papéis. Por exemplo, lojas de produtos usados podem focar em universitários antes de sua formatura, sabendo que em suas transições de papéis muitos querem se livrar de parafernália relacionada ao seu tempo de estudantes, como mobília e roupas. Da mesma forma, sites de leilões on-line, como o eBay, lucram quando consumidores decidem descartar itens que se tornaram obsoletos ou irrelevantes por causa da transições de papéis.

Transições de papéis e promoções de produtos

Os profissionais de marketing podem achar útil promover seus produtos como instrumentais para a incorporação de um novo papel. Por exemplo, os profissionais de marketing agenciam de tudo, desde chuveiros até ações, como presentes de casamento aceitáveis. A Bloomingdale's é um dos muitos varejistas que foca em parceiros que planejam casamentos do mesmo sexo e listas de casamento estão aparecendo em locais tão diversos como as lojas Ace Hardware e as lojas do Metropolitan Museum of Art.[40] Listas para bebês viraram um negócio de US$ 240 milhões, ajudando novos pais a adquirir produtos importantes para seu novo papel.[41]

Vender constelações de produtos

Os profissionais de marketing podem ressaltar a importância de categorias de produtos para os consumidores no processo de aquisição de papéis.[42] Negócios que exibem constelações de produtos incluem sites como o TheKnot.com e Wedding-

Channel.com, que oferecem acesso a lojas de roupas para casamentos, fotógrafos, floristas, limusines, empresas de bufê e ofertas relacionadas. A publicidade de uma empresa pode sugerir que os consumidores receberão uma avaliação reflexiva positiva dos outros se usarem uma constelação de produtos adequada, associada a um papel específico.

Gerenciar rituais

Os profissionais de marketing também podem ser instrumentais no desenvolvimento de serviços que ajudam no planejamento e na implantação de rituais que cercam as transições, assim como as agências funerárias fazem quando desempenham seus serviços durante o ritual da morte.

A função de conectividade

Embora o significado de ofertas que servem a funções emblemáticas ou de aquisição de papéis advenha da cultura, o significado do produto também pode vir dos grupos aos quais os consumidores pertencem (reveja o Exemplo 17.2).[43] Produtos e atividades de consumo que servem à **função de conectividade** expressam nossa associação a um grupo e simbolizam nossas conexões pessoais com indivíduos, eventos ou experiências significativos em nossas vidas (veja o Exemplo 17.3). Por exemplo, você pode gostar de uma pintura ou de um chapéu em particular porque os ganhou de um amigo íntimo. Heranças e estudos genealógicos conectam as pessoas a seus ancestrais; fotos de família as conectam a seus descendentes. As pessoas também podem valorizar programas de shows, canhotos de bilhetes e outros suvenires, como lembretes de pessoas, eventos e lugares especiais.[44]

Função de conectividade
O uso de produtos como símbolos de nossas conexões pessoais com indivíduos, eventos ou experiências significativos.

Outros produtos e atos também podem simbolizar a conectividade. Por exemplo, os consumidores chineses usam grandes mesas redondas nos restaurantes para simbolizar a integração e a conectividade do grupo; as comemorações do ano-novo chinês enfatizam os laços de família. Durante as festas muçulmanas, todos compartilham a comida de um prato comunitário; aqueles que solicitam um prato separado são considerados rudes. Rituais como a celebração de Ação de Graças nos Estados Unidos também podem simbolizar a conectividade. Frequentemente, os membros da família demonstram seu compromisso com a família ao participar de uma reunião desse tipo – mesmo que tenham de percorrer grandes distâncias. Além disso, culturas como aquelas dos Estados Unidos e da Inglaterra enfatizam a conectividade da família durante o ritual de Natal. Em outras culturas, como as de algumas aldeias esquimós do Alasca, o ritual de Natal é mais focado na comunidade.[45]

Cada família mantém suas próprias tradições que estimulam a conectividade. Com frequência, os membros da família têm forte resistência a mudar essas tradições (como experimentar uma nova receita de recheio). Muitas famílias

Exemplo 17.3
Rituais que promovem a conectividade
Os produtos frequentemente têm uma função importante em rituais de consumo, como aqueles que conectam as pessoas umas às outras.

estimulam a conectividade olhando fotos em álbuns antigos ou assistindo a vídeos e contando histórias de família. Outras famílias passam certos objetos queridos de uma geração para a outra como símbolos da conectividade da família, com cada proprietário atuando como um guardião das posses especiais.[46] Esse senso de conectividade pode não apenas reafirmar os elos sociais, mas também nos trazer nostalgia do passado.

A função de expressividade

Função de expressividade
O uso de produtos como símbolos para demonstrar nossa singularidade – como nos destacamos diferentemente uns dos outros.

Como símbolo, um produto tem o potencial de dizer algo sobre nossa singularidade.[47] Essa **função de expressividade** reflete o quão singulares somos, e não como nos relacionamos com as outras pessoas. De acordo com pesquisas, jovens orientais gostam de produtos ocidentais porque essas ofertas são usadas para criar uma aparência diferente que os separa dos outros.[48] Expressamos nossas personalidades únicas por meio de ofertas como roupas, decoração doméstica, arte, atividades de lazer e consumo de alimentos. Podemos considerar certas categorias de produto, como penteados ou música, especialmente adequadas para indicar quem somos.[49] Alguns consumidores usam piercings e tatuagens para simbolizar sua individualidade e expressividade.[50]

(**IMPLICAÇÕES DE MARKETING**)

As funções de conectividade e expressividade levam a várias implicações de marketing. Por exemplo, os profissionais de marketing podem querer evocar sentimentos de nostalgia conectando seu produto a pessoas, lugares ou acontecimentos (veja o Capítulo 7). Os profissionais de marketing de brinquedos e jogos, filmes e música tiveram sucesso ao estimular os consumidores a conectarem esses produtos com épocas especiais em suas vidas.[51] A Pacific Cycle reviveu a marca de bicicletas Schwinn Sting-Ray para aproveitar a conectividade das famílias ao oferecer estilos retrôs que as mamães e os papais aproveitaram quando eram crianças. "Esta é uma oportunidade [para os pais] permitirem que seus filhos vivam experiências com uma bicicleta semelhante", diz Kristen Rumble, responsável pelos serviços de criação e marcas. Além disso, os profissionais de marketing podem sugerir que seus produtos aumentam a singularidade. A Pacific Cycle faz isso ao se aliar aos Orange County Choppers e oferecer acessórios que podem ser usados para customizar as bicicletas Sting-Ray. "Oferecemos um *hobby* para pai e filho, e a filha também, para 'montar' uma bicicleta do mesmo jeito que o pai 'monta' o carro dele", acrescenta Rumble.[52]

Funções múltiplas

Determinado produto pode servir a várias das funções que acabamos de descrever. Um conjunto de taças de vinho de cristal recebido como presente de casamento dos avós da noiva pode servir a uma função emblemática, porque seu alto preço comunica status social. As taças também podem servir a uma função de aquisição de papéis, ajudando os recém-casados a internalizar seus novos papéis maritais. Como foi um presente dos avós, as taças também podem servir a uma função de conectividade – simbolizando a relação especial entre os recém-casados e seus avós. Finalmente, se as taças forem pessoalmente atraentes para o casal, elas podem simbolizar o gosto estético individual dos recém-casados, servindo assim também a uma função de expressividade. Nem sempre estamos cientes da função simbólica de um produto. Podemos esperar certos tipos de presentes quando passamos por transições de papéis como a formatura e o casamento, mas provavelmente não estamos conscientes do fato de que estes produtos estão ajudando a nos ajustarmos a nossos novos papéis. Por fim, podemos realmente gostar de um item que recebemos de presente sem perceber que reagimos dessa maneira porque ele serve como um lembrete de quem nos presenteou.

Símbolos e autoconceito

Esquemas de identidade real
O conjunto de identidades múltiplas e salientes que refletem nosso autoconceito.

As funções simbólicas de produtos e de rituais de consumo são importantes porque, juntas, elas nos ajudam a definir e manter nosso autoconceito, nossa concepção mental de quem somos.[53] A teoria da identidade social propõe que nós avaliamos marcas em termos de sua consistência com nossas identidades próprias.[54] De acordo com a teoria, nosso autoconceito pode ser decomposto em várias identidades separadas, chamadas **esquemas de identidade real**, incluindo o de estudante, trabalhador, filha, e assim por diante.

Essas identidades podem ser impulsionadas, pelo menos em parte, pelas funções que desempenhamos, e algumas podem ser especialmente salientes ou centrais para o nosso autoconceito. Nossa identidade real pode ser formada por um **esquema de identidade ideal** – um conjunto de ideais sobre como a identidade que buscamos seria realizada em sua forma ideal.

Esquema de identidade ideal
Conjunto de ideias sobre como a identidade seria mostrada em sua forma ideal.

Nossos esquemas de identidade real e ideal influenciam quais produtos usamos e em que práticas de consumo nos envolvemos, mesmo entre consumidores que são contra a supercomercialização da cultura contemporânea[55] (veja o Capítulo 18 para mais detalhes sobre o outro lado do marketing). Nossa identidade real pode afetar quais símbolos de nós mesmos (como fotos de família ou canecas pessoais) levamos para nosso local de trabalho para refletir quem somos.[56]

O fato de algumas posses ajudarem a formar nossa identidade talvez explique por que as pessoas que perdem suas posses em desastres naturais ou em guerras e pessoas que estão em instituições como o exército, asilos ou prisões às vezes sentem uma perda de identidade.[57] De fato, a perda de posses pode induzir um estado de luto que se assemelha à morte de alguém querido. Algumas instituições, como o exército e as prisões, tiram as posses dos indivíduos deliberadamente para apagar suas identidades anteriores.[58] Por outro lado, milhões de consumidores têm sites, blogs e outros locais pessoais on-line em que usam palavras, imagens, áudio, links e outros elementos para construir e projetar suas identidades no mundo digital, formando e compartilhando seu autoconceito com amigos no ciberespaço.[59]

IMPLICAÇÕES DE MARKETING

Os profissionais de marketing precisam considerar as várias implicações que surgem dos conceitos citados.

Marketing e o desenvolvimento de autoconceitos do consumidor

Os profissionais de marketing podem desempenhar um papel influente na produção e na manutenção do autoconceito de um indivíduo. Embora os produtos possam ajudar a definir quem somos, nós também mantemos nosso autoconceito por meio da seleção de produtos com imagens consistentes com ele. Por exemplo, um anúncio da Karastan fala para as mulheres "Faça uma afirmação. A sua", usando os tapetes da marca para demonstrar seu senso de moda em casa. "Quando elas estão nesse clima, são divas da decoração", comenta uma executiva da agência de publicidade da Karastan.[60]

Combinação do produto com autoconceitos

Os profissionais de marketing devem entender como seu produto combina com as identidades de seus consumidores-alvo e tentar criar uma combinação entre a imagem da marca e a identidade real ou ideal do consumidor. Quanto mais a imagem de um produto é semelhante à autoimagem de um consumidor, mais ele gosta do produto.[61] No Japão, a Nissan comercializa uma versão *kawaii* ("fofa") do seu minicarro Pino, com toques como calotas em formato de flocos de neve, focando em mulheres que veem a si mesmas como "fofas" e disponíveis.[62]

Combinação do produto com autoconceitos múltiplos

Como as autoimagens são multifacetadas, os profissionais de marketing também devem determinar se produtos consistentes com um aspecto da identidade do cliente-alvo podem ser inconsistentes em outros aspectos. Por exemplo, um pai recente pode reagir de forma negativa a fraldas descartáveis porque, embora o produto seja consistente com sua nova identidade paterna, ele é inconsistente com sua identidade ecologicamente consciente.

Combinação da publicidade com autoconceitos

Por fim, os anúncios devem apelar ao conceito de identidade adequado para o gênero e a cultura do segmento-alvo.[63] Assim, alguns anúncios que focam em mulheres podem enfatizar a confiança mútua, ao passo que alguns anúncios que focam em homens podem enfatizar a autonomia. Da mesma maneira, anúncios direcionados a consumidores na China podem enfatizar temas culturalmente adequados de objetivos e realizações em grupo, ao passo que anúncios para consumidores nos Estados Unidos podem enfatizar temas culturalmente adequados a objetivos e realizações pessoais.

Posses especiais e marcas

Podemos nos sentir ligados emocionalmente a determinadas posses (como um tapete feito por um membro da família) e a certas marcas (como um iPod da Apple), porque os vemos como parte de nós mesmos.[64] Contudo, alguns produtos passam a ter uma posição especial e valorizada em nossas mentes, não importando se são relevantes para nosso autoconceito ou não.[65] Por exemplo, um consumidor pode considerar seu cortador de grama como uma posse especial, porque é muito funcional, ao passo que outro pode considerar seus esquis como especiais porque proporcionam muita diversão, mas talvez nenhum dos dois considere esses itens relevantes para seu autoconceito.[66] Esta seção analisa o que torna uma marca ou produto especial para um consumidor.

Marcas especiais

Uma marca se torna especial para os consumidores quando eles se sentem emocionalmente ligados a ela de alguma maneira e, à medida que essa ligação emocional fica mais forte, é mais provável que os consumidores comprem essa marca especial mais vezes. Por fim, uma marca especial pode ter a capacidade de exigir um preço superior e reter clientes leais mesmo depois de uma crise, como um *recall* do produto.[67]

Tipos de posses especiais

Embora seja possível considerar qualquer posse especial, pesquisadores constataram que posses especiais geralmente entram em uma de várias categorias: animais de estimação, objetos carregados de memórias, símbolos de realização e coleções.[68]

Animais de estimação

Como mostrado no exemplo na abertura deste capítulo, os consumidores dos Estados Unidos tendem a considerar seus animais de estimação como muito especiais. Agora que 71 milhões de residências norte-americanas têm um animal de estimação, varejistas como o PetSmart e a Petco veem uma maior demanda para rações gourmet a animais de estimação e outros produtos *premium*.[69] O diretor executivo da Petco diz que "as pessoas projetam o que sentem sobre si mesmas e o que querem para suas vidas nos animais. A mania por rações *premium* reflete o interesse humano por uma alimentação melhor".[70] Nem todas as culturas tratam os animais de estimação como posses especiais. Por exemplo, cães e gatos não são apreciados como animais de estimação no Oriente Médio, e donos de cães na Coreia tipicamente alimentam seus animais de estimação com restos de comida em vez de ração.

Objetos carregados de memórias

Alguns produtos adquirem significado especial, porque evocam memórias ou emoções de pessoas, lugares ou experiências especiais.[71] Podemos citar como exemplos heranças, antiguidades, suvenires e presentes de pessoas especiais. Você pode valorizar o canhoto de um bilhete – que de outro modo seria apenas um pedaço de papel – porque evoca memórias de assistir ao show de sua banda favorita. Tais posses podem ser terapêuticas para as pessoas mais velhas, porque evocam ligações com outras pessoas e épocas felizes. Vários pesquisadores relatam o caso de um indivíduo que teve de vender um automóvel favorito por causa de um divórcio, mas guardou as placas como uma recordação dessa posse especial. Muitos consumidores consideram fotografias como especiais porque são lembranças de pessoas especiais, e elas criam "templos" expondo as fotos sobre móveis, escrivaninhas e pianos.[72] Posses que simbolizam a conectividade têm o claro potencial de se tornarem especiais.

Símbolos de realização

As pessoas também consideram especiais as posses que simbolizam a realização. Um pesquisador que estudou a migração mórmon para o estado de Utah na década de 1800 descobriu que as pessoas frequentemente levavam consigo posses que demonstravam competência. Por exemplo, homens levavam ferramentas e mulheres, máquinas de costura e outros objetos que tinham uma função prática, mas também simbolizavam realização doméstica.[73] Símbolos modernos de realização podem incluir diplomas universitários, troféus esportivos, placas de reconhecimento ou até itens consumidos conspicuamente, como relógios Rolex ou Porsches.

Coleções

Coleções são posses especiais para muitas pessoas. Itens colecionáveis comuns incluem carros de montar, lembranças desportivas, conchas do mar, minerais, moedas e objetos da infância, como cartões de beisebol e bonecas.[74] Itens colecionáveis incomuns incluem tomadas e ladrilhos. Empresas como Bradford Exchange, Franklin Mint, GovMint.com e Danbury Mint produzem colecionáveis para os consumidores, mas a raridade torna alguns itens particularmente especiais: um colecionador pagou mais de US$ 1 milhão por um catavento em formato de locomotiva que veio do topo de uma estação ferroviária em Rhode Island.[75]

Os colecionadores frequentemente consideram suas coleções extensões de si mesmos – às vezes simbolizando um aspecto de sua ocupação, herança familiar ou aparência. Os pesquisadores estudaram o dono de um mercado que colecionava embalagens antigas, um engenheiro que colecionava relógios de bolso antigos, uma mulher chamada Bunny que colecionava réplicas de coelhos e mulheres ricas que colecionavam colheres de prata monogramadas.[76] Para alguns, as coleções representam uma imagem fantasiada do "eu". Por exemplo, homens que colecionam cartões de beisebol podem estar mantendo viva a fantasia de si mesmos como jogadores de beisebol. Com frequência, as pessoas que têm posses especiais tendem a acreditar que cuidam melhor de suas coleções que qualquer outra pessoa faria.[77]

Características que descrevem posses especiais

Posses especiais têm várias características diferentes.[78] Primeiro, os consumidores não as vendem por seu valor de mercado (se venderem) e frequentemente compram posses especiais com pouca consideração por seu preço. Por exemplo, nunca poderíamos vender o animal de estimação da família ou uma colcha feita por nossa avó. Colecionadores podem pagar preços exorbitantes para adquirir objetos muito procurados, como moedas raras.

Segundo, posses especiais (como o cão da família) têm poucos ou nenhum substituto. O seguro pode pagar para substituir móveis danificados em um incêndio, mas móveis novos não podem compensar peças herdadas que foram passadas de geração em geração. Na verdade, os consumidores veem posses especiais como insubstituíveis por causa de suas associações com certos eventos e pessoas na vida dos consumidores.[79] Uma terceira característica é que as pessoas não descartam posses especiais, mesmo quando estas perdem seu valor funcional. Crianças frequentemente relutam em abandonar seu cobertor de segurança e bichinhos de pelúcia, e ficarão com esses objetos favoritos até que sejam apenas pedaços de tecido. Seus pais ainda guardam seus boletins antigos e os desenhos que você fez para eles?

Posses especiais não são sempre usadas para seu propósito original. Algumas pessoas que compram pastilhas Altoids "Curiously Strong" guardam a lata para manter suas posses especiais seguras.[80] Alguns consumidores acreditam que uma posse pode perder propriedades valorizadas se for usada para desempenhar sua função original. Um estudo descreveu uma mulher que colecionava quebra-nozes, mas nem pensava em usá-los para quebrar nozes.[81]

Por fim, os consumidores frequentemente personificam posses especiais, e alguns chegam a dar nomes individuais a itens em uma coleção, nomeiam suas casas ou conversam com seus carros ou barcos como se fossem pessoas. Talvez o mais significativo seja que às vezes tratamos essas posses como se fossem nossos parceiros, sentindo tamanhos compromisso e ligação que ficamos devastados por sua perda.[82]

Por que alguns produtos são especiais

Algumas posses recebem um significado especial por vários motivos, incluindo seu valor simbólico, propriedades que alteram o humor e sua importância instrumental. O Exemplo 17.4 mostra razões subjacentes mais específicas dessas três categorias gerais.

> *Valor simbólico*. As posses podem ser especiais, em parte porque cumprem as funções emblemática, de adoção de papel, de conectividade e de expressividade mencionadas anteriormente neste capítulo. Por exemplo, podemos valorizar arte, heranças e joias porque expressam nosso estilo ou porque foram presentes e nos ligam a pessoas especiais.[83] Assim, os consumidores relutam muito em se desligar de uma posse que tem significado simbólico porque foi adquirida de um membro muito querido da família ou de um amigo próximo.[84]

> *Propriedades de alteração de humor*. As posses podem ser especiais porque têm propriedades de alteração de humor. Por exemplo, troféus, placas, coleções e diplomas podem evocar sentimentos de orgulho, felicidade e alegria.[85] Animais de estimação podem evocar sentimentos de conforto. Em um estudo, uma consumidora descreveu seu refrigerador como uma posse especial, porque fazer lanches sempre a alegrava. Outros consumidores citaram música e tocadores de música como suas posses favoritas, porque os deixam de bom humor.[86]

> *Importância instrumental*. As posses também podem ser especiais porque são extremamente úteis. Uma consumidora que descreve seu telefone celular ou computador como especial, porque o usa constantemente para fazer coisas durante o dia, se refere a seu valor instrumental.

Pense em uma posse que você considera especial e responda às questões a seguir usando uma escala de 7 pontos (1 = não é verdadeiro para mim; 7 = muito verdadeiro para mim).

Esta posse é importante por causa de ...

Valor simbólico	Simboliza história pessoal	Representa ligações interpessoais Me lembra de eventos ou lugares específicos É um registro de minha história pessoal
	Representa realização	Exigiu muito esforço para adquirir ou manter Me lembra de minhas habilidades, conquistas ou objetivos Me lembra de meu relacionamento com uma pessoa específica Me lembra de minha família ou de um grupo de pessoas ao qual pertenço Representa minha herança ou história familiar
	Facilita ligações interpessoais	Permite-me passar tempo ou dividir atividades com outras pessoas
	Demonstra status	Tem valor de prestígio social Me dá status social Faz os outros pensarem bem de mim
	É autoexpressiva	Permite me expressar Expressa o que é único sobre mim, diferente dos outros
Propriedades de alteração de humor	Oferece diversão	Oferece diversão, entretenimento ou relaxamento Melhora meu humor Oferece conforto ou segurança emocional
	É espiritual	Oferece uma ligação espiritual com forças divinas ou superiores
	É relacionada à aparência	É linda ou tem aparência atraente Melhora minha aparência ou o modo como me veem
Valor utilitário	É utilitária	Permite-me ser eficiente em minha vida diária ou no trabalho Tem muita utilidade prática Me dá liberdade ou independência
	Tem aspectos financeiros	É valioso em termos de dinheiro

Fonte: Adaptado de Marsha Richens, "Valuing Things: The Public and Private Meanings of Possessions", *Journal of Consumer Research* 21, dez. 1994, p. 504-21.

Exemplo 17.4
Motivos para as posses serem especiais
Pense em uma posse que você considera especial. É provável que seja especial para você porque tem valor simbólico, propriedades que mudam seu humor e/ou valor utilitário.

Características do consumidor afetam o que é especial

A classe social, o gênero e a idade estão entre as características que afetam os tipos de coisas que se tornam especiais para cada um de nós.

> *Classe social.* Um estudo examinou os significados que as pessoas de diferentes classes sociais na Inglaterra atribuíam a suas posses. Pessoas na classe executiva estavam preocupadas com posses que simbolizavam sua história pessoal e seu autodesenvolvimento, ao passo que pessoas desempregadas estavam preocupadas com posses que tinham valor utilitário.[87] Além disso, os consumidores que aspiram a uma classe social mais alta podem usar posses específicas para se associar àquela classe social, mesmo que não representem os produtos para apoiar a autoimagem de pertencer à classe mais alta.[88]

> *Gênero.* Para os homens, produtos são especiais quando simbolizam atividade e realização física e quando têm características instrumentais e funcionais. Por outro lado, as mulheres frequentemente valorizam símbolos de identidade e produtos que simbolizam sua ligação com outras pessoas.[89] Um estudo de consumidores na Nigéria e nos Estados Unidos descobriu que as posses especiais de mulheres eram aquelas que simbolizavam as realizações de seus filhos ou que conectavam os consumidores aos outros. Para as mulheres dos Estados Unidos, essas posses incluíam heranças e imagens; para as nigerianas, incluíam tapeçarias, joias e outros itens passados de geração em geração. Os homens escolhiam objetos que demonstravam conforto material e posses que indicavam o domínio do ambiente.[90] É mais provável que homens colecionem carros, livros e objetos relacionados a esportes; já as mulheres têm maior probabilidade de colecionar joias, travessas e prataria.[91]

> *Idade.* Embora os indivíduos tenham posses especiais em todas as idades, o que eles consideram especial muda com a idade. Bichos de pelúcia são muito importantes para crianças, a música e os veículos motores são muito valorizados entre adolescentes, e as fotografias ganham cada vez mais importância conforme os consumidores chegam à idade adulta e a velhice.

Rituais usados com posses especiais

Com frequência nos envolvemos em rituais projetados para criar, energizar ou aumentar o significado de posses especiais, os quais podem ocorrer no estágio de aquisição, uso ou descarte do consumo.

No estágio de aquisição, os **rituais de posse** permitem que o consumidor reivindique a posse pessoal de bens novos.[92] Por exemplo, quando você compra jeans novos, pode mudar o comprimento deles, cortá-los nos joelhos ou acrescentar enfeites. Você pode adornar um carro novo com marcadores pessoais como placas personalizadas, CDs favoritos, um aroma especial, capas de assentos e assim por diante. Quando você se muda para uma casa ou apartamento novo, você pendura quadros, compra cortinas e coloca a mobília no lugar.

Rituais de posse Rituais que fazemos quando adquirimos um produto pela primeira vez, que nos ajuda a torná-lo "nosso".

Rituais de posse para bens que anteriormente pertenciam a alguém incluem apagar os traços do dono anterior.[93] Por exemplo, quando compra uma casa nova, você a limpa muito bem, tira o papel de parede e remove marcadores pessoais como o nome na caixa de correio. Entretanto, nem sempre é possível apagar o significado. Na China, por exemplo, os consumidores frequentemente constroem casas novas porque as estruturas velhas estão "contaminadas" pelos ocupantes anteriores.

No estágio de consumo, os consumidores podem se envolver em **rituais de cuidados** para destacar ou manter o melhor de produtos especiais.[94] Alguns consumidores passam horas lavando e encerando seus carros ou limpando a casa antes da chegada de visitas. Às vezes, o ritual de cuidados se estende até você, como quando passa muito tempo se arrumando para ficar com boa aparência para um evento especial.

Rituais de cuidados Rituais que fazemos para destacar ou manter o melhor de produtos especiais.

Por fim, quando a oferta perde seu significado simbólico, os consumidores se envolvem em **rituais de alienação** – apagando todos os traços de significado pessoal.[95] Por exemplo, muitas pessoas removem as etiquetas de endereço antes de entregar revistas das quais são assinantes ou apagam arquivos pessoais antes de vender ou doar um computador. Podemos até nos desfazer de uma posse em etapas, transferindo-a da sala de estar para o porão antes de vender ou jogá-la fora.

Rituais de alienação Rituais planejados para apagar todos os traços de nosso significado pessoal em um produto, realizados no estágio de descarte.

Descarte de posses especiais

Pessoas descartam posses especiais por motivos diferentes e de maneiras diferentes. Estudos mostram que consumidores mais velhos tomam decisões de descarte quando passam por momentos de crise, quando se mudam para uma instituição, quando se aproximam da morte e quando marcam ritos de passagem e progressão – embora alguns transfiram suas posses especiais somente após sua morte, por meio de um testamento. Às vezes o consumidor espera que dar o objeto para um parente evoque memórias, expresse amor ou leve a uma imortalidade simbólica; em outros momentos o consumidor busca controlar as decisões de descarte e seu momento. Um consumidor mais velho geralmente considera qual recebedor apreciará mais o significado especial do objeto, continuará a usar ou cuidar dele ou manterá as tradições da família, ou pode simplesmente dá-lo para a pessoa que o pedir primeiro.[96]

Significado sagrado

Entidades sagradas Pessoas, coisas e lugares que são separados, reverenciados, adorados e tratados com grande respeito.

Coisas profanas Coisas que são triviais e, portanto, não têm poder especial.

Embora muitas posses sejam consideradas especiais, algumas são tão especiais a ponto de serem consideradas sagradas. **Entidades sagradas** são pessoas, coisas e lugares separados, reverenciados, adorados e tratados com grande respeito. Podemos achar tais entidades extremamente comoventes e podemos sentir raiva e repulsa quando não são respeitadas. Em contrapartida, as **coisas profanas** são aquelas triviais e, portanto, não têm poder especial. Objetos profanos frequentemente se distinguem dos objetos sagrados pelo fato de serem usados para propósitos mais mundanos.[97]

Estrelas de cinema, cantores populares, figuras históricas como John F. Kennedy e Martin Luther King Jr., e líderes religiosos como o papa, Buda e Gandhi são considerados sagrados por muitas pessoas. O status sagrado de pessoas famosas é exemplificado pelas multidões que visitam os túmulos de celebridades, como a princesa Diana, e que passam ou visitam as residências de celebridades vivas ou mortas, como Graceland, de Elvis Presley. Fãs de beisebol japoneses e norte-americanos consideram sagrado o batedor Ichiro Suzuki, do Seattle Mariners. A parafernália de Suzuki é popular, repórteres japoneses cobrem todos os jogos dele e fãs viajam de longe para vê-lo jogar.[98]

Uma razão pela qual as heranças e fotografias de ancestrais possuem um status sagrado é que podemos considerar nossos ancestrais como sagrados. Um fenômeno parecido explica por que tratamos itens associados a estadistas famosos, a exemplo de George Washington e Winston Churchill, como sagrados. Embora não sejam parte de nosso passado, esses heróis foram importantes na formulação de identidades nacionais, e os consumidores demonstram sua reverência visitando os lugares que marcam essas figuras históricas.[99]

Muitos consumidores também consideram sagrados objetos como bandeiras nacionais, canções patrióticas, arte, coleções, receitas de família, a Bíblia e lugares como museus, o Taj Mahal e a Grande Muralha da China. Tais objetos e lugares sagrados evocam emoções fortes, às vezes levando as pessoas a chorar ou se engasgar quando os veem. Além de pessoas, objetos e lugares sagrados, podemos identificar certos momentos e eventos, feriados religiosos, casamentos, nascimentos, mortes e orações antes de refeições como sagrados. Entidades sagradas envolvem algum mistério ou mito que os eleva acima do comum.[100] O papa, por exemplo, é visto como quase um deus, e figuras lendárias como Jim Morrison, Elvis Presley, Marilyn Monroe e John F. Kennedy são associadas com mistério. Segundo, entidades sagradas têm qualidades que transcendem o tempo, o lugar ou o espaço. Por exemplo, quando você visita o Museu do Ipiranga, pode se sentir como se estivesse de volta à época em que os fatos históricos aconteceram.

Objetos sagrados também possuem fortes características de abordagem/impedimento e criam um forte sentimento de poder e fascinação. Por exemplo, você pode desejar simultaneamente estar próximo, mas observar de longe as pessoas que considera heróis ou heroínas. Encontrar entidades sagradas pode evocar certos sentimentos, como o êxtase ou a sensação de ser menor e mais humilde que elas. Por exemplo, algumas pessoas podem sentir que realizaram muito pouco em comparação com as realizações de heróis como Martin Luther King Jr., e algumas pessoas se sentem humildes perante a massa humana representada pelo Memorial do Vietnã. Além disso, objetos sagrados podem criar fortes sentimentos de ligação, como a necessidade de cuidar e nutrir a entidade sagrada. Objetos sagrados frequentemente envolvem rituais que ditam como deveríamos nos comportar na presença do objeto, como a maneira certa e errada de tratar a bandeira dos Estados Unidos.

O sagrado pode ser mantido pela escassez e pela exclusividade.[101] Por exemplo, o status sagrado de obras de arte especiais deriva de sua singularidade, e seu alto preço mantém sua exclusividade. Entidades que já foram sagradas podem se tornar profanas se não forem tratadas com o devido respeito ou caso seu status sagrado seja eliminado pela comercialização. Podemos nos sentir zangados e enojados pela profanação de uma pessoa ou objeto sagrado. Em um estudo, alguns fãs de *Jornada nas estrelas* disseram que "mal conseguiam assistir ao programa" por causa da maneira pela qual a série estava sendo explorada comercialmente.[102]

(**IMPLICAÇÕES DE MARKETING**)

Os profissionais de marketing precisam estar cientes dos significados sagrados de pessoas, objetos, lugares e eventos.

Criando e mantendo o sagrado

Às vezes, os profissionais de marketing criam o sagrado em objetos ou pessoas. Por exemplo, os promotores de uma estrela de cinema famosa podem aumentar seu status sagrado aumentando o mistério e o mito a seu redor, tornando-a exclusiva e promovendo o efeito emocional potente que ela tem sobre as pessoas. Os profissionais de marketing também podem ajudar a manter o sagrado – por exemplo, mantendo o preço de objetos sagrados, como coleções, arte fina e joias raras, muito alto.

Evitando a profanação de objetos sagrados

Os profissionais de marketing sem sofisticação às vezes profanam objetos sagrados por meio da comercialização. Alguns consumidores acreditam que Elvis Presley foi profanado por causa da comercialização em torno dele A venda de objetos religiosos fora da propriedade sagrada de certos locais religiosos também pode profanar esses lugares.

Envolvimento do produto em atividades e rituais sagrados

Em alguns casos, os profissionais de marketing vendem produtos considerados instrumentais para a continuação ou condução de ocasiões e rituais sagrados. Os anunciantes como a Hallmark Cards investem de maneira lucrativa em rituais sagrados, como as comemorações do Natal, vendendo produtos (enfeites de árvores, fitas, papel de presente, cartões) considerados parte importante dos eventos.

Transferência de significado simbólico pelo ato de presentear

Este capítulo mostrou como os consumidores conferem um significado simbólico a produtos, momentos, atividades, lugares e pessoas. Alguns significados aumentam o status especial e/ou sagrado do produto, e alguns são instrumentais para o desenvolvimento ou a manutenção do autoconceito do consumidor. Outro aspecto importante do consumo simbólico envolve a transferência de significado de um indivíduo para outro por meio de presentes na forma de bens físicos (como roupas) ou experiências (um vale-presente de um restaurante, por exemplo).[103]

A hora dos presentes

Algumas ocasiões são culturalmente determinadas e marcadas para presentear. Nos Estados Unidos, elas incluem o Dia dos Namorados, o Dia das Mães e o Dia dos Pais.[104] Na Coreia, celebra-se o centésimo dia da vida de um bebê, ao passo que famílias na China comemoram o primeiro mês de um bebê. Os coreanos também presenteiam os idosos e os membros da família no Dia de Ano-Novo. Os consumidores em culturas ao redor do mundo também celebram vários feriados em que presentes são trocados, como o Natal, Hanukkah e Kwanzaa.[105]

Algumas ocasiões para dar presentes são recomendadas culturalmente, mas ocorrem em um momento que é específico para cada indivíduo.[106] Com frequência, essas ocasiões são as transições discutidas anteriormente: aniversários de casamento, formaturas, aniversários, casamentos, chás de panela e de bebês, aposentadoria e transições religiosas como batismo, primeira comunhão ou bar mitzvah. Outras ocasiões para presentear são específicas, como quando damos presentes como parte de uma tentativa de reconciliação, para comemorar o nascimento de uma criança, para alegrar alguém que está doente ou para agradecer alguém por nos ajudar.

Exemplo 17.5
Um modelo do processo de presentear
O processo de presentear pode ser descrito em termos de três estágios:
(1) o *estágio de gestação*, quando pensamos no presente e o compramos;
(2) o *estágio de apresentação*, no qual damos o presente; e
(3) o *estágio de reformulação*, no qual reavaliamos nossa relação com base na natureza da experiência de presentear. É possível identificar várias questões que afetam o processo de presentear em cada estágio.

Estágio de gestação
- Motivos
- Natureza do presente
- Valor do presente
- Tempo gasto na busca

Estágio de apresentação
- Cerimônia
- Prazo e elementos-surpresa
- Atenção para o recebedor
- Reação do recebedor

Estágio de reformulação
- Ligação de relacionamento
- Reciprocidade

Três etapas do presentear

Presentear consiste em três etapas, como mostrado no Exemplo 17.5. No **estágio de gestação**, consideramos o que dar ao recebedor. O **estágio de apresentação** ocorre quando o presente é dado. Por fim, no **estágio de reformulação**, reavaliamos a relação com base na experiência de presentear.

Estágio de gestação O primeiro estágio de presentear, quando pensamos no que dar para alguém.

Estágio de apresentação O segundo estágio de presentear, quando damos o presente.

Estágio de reformulação Estágio final de presentear, quando reavaliamos o relacionamento com base na experiência de presentear.

O estágio de gestação

O estágio de gestação antes de um presente ser dado envolve os motivos e as emoções que envolvem presentear, a natureza e o significado do presente, o valor do presente e a quantidade de tempo gasta procurando o presente.

Motivos e emoções envolvendo o presentear Durante o estágio de gestação desenvolvemos motivos para presentear.[107] Por um lado, as pessoas podem oferecer razões altruístas – para ajudar ou mostrar amor pelo recebedor. Por exemplo, um parente pode dar uma grande quantia de dinheiro de presente para um casal jovem começar sua vida de casados, e também podemos presentear por razões agnósticas, porque derivamos prazer emocional positivo do ato de presentear. Ou podemos dar um presente por razões instrumentais, esperando que o recebedor dê alguma coisa em troca, como quando um estudante dá um pequeno presente a um professor na esperança de obter uma nota mais alta. Os consumidores também podem presentear por razões puramente obrigatórias, porque sentem que a situação ou a relação requer isso. De fato, às vezes não reagimos de maneira positiva a presentes dados por outros porque sentimos a obrigação de retribuir.

Às vezes, damos presentes porque queremos diminuir nossa culpa ou aliviar ressentimentos. Por exemplo, em um divórcio, o esposo que se sente responsável pelo fim da relação tende a dar ao parceiro mais que a parte justa, no que é chamado *presentear compensatório*.[108] Às vezes as pessoas têm motivos antagônicos para presentear. Por exemplo, se você é convidado para o casamento de alguém que você não gosta, pode dar ao casal algo que você não acha bonito. Às vezes os presenteadores sentem ansiedade em dar um presente[109] e podem sentir que o presente tem de ser absolutamente perfeito, ou se preocupam se não têm tempo ou dinheiro para um presente adequado.

A adequação e o significado do presente A adequação do presente depende da situação e da relação entre quem dá e quem recebe o presente. Por exemplo, um funcionário não daria lingerie de presente para uma chefe, porque tal item é muito pessoal. Da mesma forma, você não daria um presente simbólico no casamento de seus bons amigos, porque a relação exige algo mais substancial. Embora presentes simbólicos possam não ser adequados em uma ocasião em que presentear é esperado, eles podem ser altamente significativos quando um presente não é esperado. Dar um presente espontaneamente, mesmo algo pequeno, pode significar amor e carinho.[110]

Assim, você pode se sentir comovida quando seu parceiro compra "uma coisinha" para você. Presentes simbólicos são bastante importantes para recebedores com os quais não temos ligações fortes, e é adequado e desejável mandar cartões de aniversário e datas comemorativas para pessoas que não vemos frequentemente.[111]

O presente também pode simbolizar um significado particular para o recebedor.[112] Por exemplo, os presentes podem representar valores que consideramos adequados para o recebedor, como a domesticidade para noivas e noivos ou um novo conjunto de expectativas. Um anel de noivado simboliza expectativas com relação a compromisso e fidelidade no futuro, assim como dar tacos de golfe a alguém que se aposenta simboliza expectativas com relação ao lazer futuro. Presentes também podem simbolizar o "eu", como quando se dá uma peça de arte ou algo que o presenteador criou.

O valor do presente O valor do presente é um elemento importante de seu processo de seleção. Você pode gastar muito em um presente de Dia das Mães, porque quer que sua mãe saiba o quanto você a ama. A cultura do consumidor pode influenciar decisões sobre o valor de um presente. No Japão, por exemplo, as pessoas ficam envergonhadas se o presente que recebem excede o valor do presente que deram;[113] e, curiosamente, os consumidores percebem que os presentes que eles compram para os outros são mais valiosos, em termos econômicos, que os presentes recebidos dos outros. Quando o presenteador e o recebedor têm relações próximas, no entanto, o recebedor percebe maior valor econômico no presente.[114]

A quantidade de tempo gasta procurando A quantidade de tempo gasta procurando por um presente simboliza a natureza e a intensidade da relação do doador com o recebedor. A quantidade de tempo e esforço investida na busca por um presente difere entre homens e mulheres. Mulheres se envolvem mais em compras de presente para ocasiões comemorativas que homens.[115] Também parece que mulheres gastam mais tempo procurando o presente perfeito, ao passo que é mais provável que homens escolham algo que "serve".[116]

Estágio de apresentação

O estágio de apresentação descreve a troca dos presentes em si. Aqui, os aspectos rituais ou cerimoniais do processo de presentear tornam-se muito importantes.[117]

Cerimônia Durante o estágio de apresentação, o doador decide se embrulha o presente e como faz isso. Embrulhar o presente em um papel adequado e bonito ajuda a tornar um produto feito em série mais pessoal;[118] entretanto, a importância da embalagem do presente depende da formalidade e espontaneidade da ocasião. Por exemplo, presentes inesperados, como um presente surpresa de um chefe para um funcionário ou de uma esposa para seu marido, podem ser embrulhados de uma forma menos formal e podem até ficar sem embalagem.

Momento e surpresa Tanto o momento e a possibilidade de surpresa podem ser importantes para presentear. Por exemplo, embora saibamos que presentear é uma parte do ritual do Natal e que os presentes embrulhados são exibidos debaixo da árvore – às vezes por dias antes de a troca acontecer – ficar surpreso pelo que os pacotes contêm frequentemente é um elemento-chave. A emoção de desembrulhar um item é aumentada quando o recebedor tenta adivinhar o que há no pacote e, embora a surpresa seja uma parte valiosa do ritual, nem sempre é possível tê-la. Um estudo descobriu que, um pouco antes do Natal, alguns maridos compram itens escolhidos anteriormente por suas esposas. Aqui, o presentear é um evento orquestrado em que o marido desempenha o papel de "agente comprador".[119]

Atenção ao recebedor Prestar atenção ao recebedor pode ser um fator essencial no estágio de apresentação. Por exemplo, espera-se que as participantes de um chá de cozinha observem atentamente a noiva abrir todos os seus presentes.

Reação do recebedor Outro aspecto é a reação que o doador espera gerar no recebedor, a reação real do recebedor e a resposta do doador à reação do recebedor. Se você gastou muito tempo e esforço procurando o presente perfeito, e o recebedor abre ao pacote rapidamente e segue para o próximo presente sem dizer nada, é provável que você fique magoado. Como já mencionado, você também pode ficar ansioso no estágio de apresentação se não tem certeza se o recebedor vai gostar de seu presente.[120]

Estágio de reformulação

O estágio de reformulação é a terceira e última etapa do processo de presentear. Nessa etapa, o doador e o recebedor reavaliam sua relação com base no processo de presentear.

Ligação de relação Um presente pode afetar a relação entre o doador e o recebedor de maneiras diferentes, ou seja, pode manter, fortalecer ou enfraquecer a relação entre o doador e o recebedor. Um estudo descobriu que os presentes podiam fortalecer uma relação, expressando sentimentos de conexão, ligação e compromisso. Presentes também podem reafirmar a relação, validando sentimentos de compromisso já existentes. Pesquisas sugerem que um relacionamento romântico pode durar mais quando um parceiro dá ao outro um presente que anuncia seu relacionamento publicamente. Por outro lado, presentes inadequados ou aqueles que mostram interesse ou esforço de busca para satisfazer os desejos do recebedor criam a percepção negativa de que falta ligação e conectividade no relacionamento.[121]

Reciprocidade O estágio de reformulação também tem implicações sobre se o recebedor retribuirá na próxima ocasião para presentear e de que forma fará isso. Se você dá um bom presente para alguém em uma ocasião, geralmente espera que o recebedor retribua na próxima oportunidade. Se, por outro lado, você deu um presente que enfraqueceu a ligação entre você e o recebedor, este pode não lhe dar um presente muito bom ou pode até não dar presente nenhum na próxima oportunidade de presentear.

Alguns tipos de situações para presentear ou alguns recebedores são isentos de reciprocidade.[122] Por exemplo, se você deu um presente para alguém que está doente ou passou por experiências difíceis (um incêndio destruiu a casa da pessoa, por exemplo), você não espera ser recompensado. No entanto, se alguém lhe dá um presente de Natal inesperadamente, você geralmente se sentirá culpado e vai querer sair e comprar um presente para essa pessoa. Pessoas com recursos financeiros limitados (crianças, estudantes) ou de status mais baixo (uma secretária comparada a um chefe) podem ser consideradas isentas de presentear pessoas de status mais alto. Então, é apropriado que pais presenteiem seus filhos sem esperar nada em troca. Mulheres também se sentem menos obrigadas a retribuir presentes recebidos durante o namoro, talvez por causa das noções culturais que os homens geralmente têm maior poder econômico.[123] Observe que as expectativas de reciprocidade dependem da cultura e da relação entre o doador e o recebedor. Na China e em Hong Kong, por exemplo, onde há trocas de presentes durante determinados festivais e outras ocasiões importantes, a reciprocidade é desencorajada entre membros da família e amigos íntimos porque não há necessidade de formar laços por meio da troca de presentes.[124]

IMPLICAÇÕES DE MARKETING

Para vender de maneira mais eficiente aos consumidores, as empresas podem discorrer sobre diversos aspectos do presentear.

Promover produtos e serviços como presentes

Muitos profissionais de marketing promovem seus produtos para ocasiões de presentear, que frequentemente são o principal foco de seu negócio. Considere o ramo de cartões comemorativos, que tem suas maiores vendas nos Estados Unidos na época do Natal/Hanukkah/Kwanzaa, quando mais de 2,2 bilhões de cartões são comprados e enviados.[125] Em alguns casos, presentes incomuns são promovidos como adequados para várias ocasiões de presentear. Por exemplo, produtos como liquidificadores, lingerie, ações da bolsa e até ferramentas são alardeados como presentes adequados para o Dia das Mães. Empresas de hipotecas agora oferecem listas de casamento em que presenteadores podem contribuir em dinheiro para ajudar o casal a pagar sua hipoteca. Algumas lojas de varejo são conhecidas exclusivamente como "lojas de presentes". Aqui os serviços oferecidos pela loja aumentam a apresentação do presente e as habilidades dos vendedores em indicar presentes com significados especiais pode ser importante.

Tecnologia e compras de presentes

A tecnologia gerou grandes mudanças no processo de presentear. Fazer compras on-line é mais rápido e mais conveniente do que nunca, e muitos sites varejistas convidam os consumidores a postarem "listas de desejos" mostrando os presentes que gostariam de receber em datas festivas, casamentos e outras ocasiões. Outra grande mudança que afeta os consumidores e os varejistas é o uso crescente de vales-presente, que virou um negócio de US$ 26 bilhões.[126] Sabendo que os consumidores que recebem vales-presente no Natal com frequência fazem compras imediatamente depois do feriado, os varejistas colocam nas prateleiras produtos com preço cheio e também oferecem descontos em mercadorias da época para compradores pós-feriado, estratégia que aumenta as margens de lucro dos negócios, porque os presenteados tendem a gastar mais livremente quando têm um vale-presente.[127]

Alternativas a presentes tradicionais

Sabendo que os consumidores estão cansados do mercantilismo, das dificuldades e do materialismo que envolvem as ocasiões de presentear como o Natal, algumas entidades de caridade pedem aos consumidores que presenteiem pessoas que necessitam. Por exemplo, o catálogo de férias sem fins lucrativos Heifer International convida os consumidores a comprar animais de "presente", como gansos ou abelhas, para ajudar famílias ao redor do mundo a se tornar autossuficientes, e viagens estão sendo oferecidas como um presente de férias pelos mesmos motivos. Famílias com duas fontes de renda têm menos tempo, mais dinheiro e mais distância que as separa dos seus entes queridos, criando uma tendência para viajar e ter reuniões de família em resorts luxuosos ao redor do mundo.[128]

Resumo

Algumas ofertas têm significado simbólico. Os consumidores, consciente ou inconscientemente, usam alguns produtos como rótulos que designam as diversas categorias sociais às quais pertencem. Produtos e rituais têm significado simbólico quando as pessoas passam por transições de papéis; servem como símbolos de conexão para pessoas, épocas e lugares significativos; e são símbolos de individualidade e singularidade. Os usos simbólicos de produtos e rituais influenciam o autoconceito do consumidor.

Os consumidores consideram algumas posses e marcas como muito especiais e insubstituíveis, e tais itens podem ser adquiridos com pouca consideração pelo preço e são raramente descartados, mesmo que seu valor funcional tenha terminado; eles podem nem ser usados para seu propósito original. Personificamos essas posses, sentimos fortes emoções em sua presença e sentimos medo ou tristeza por sua perda, real ou potencial. Em parte, posses são especiais porque servem como emblemas, facilitam transições de papéis, nos conectam aos outros ou expressam nossos estilos únicos. Elas são especiais porque indicam domínio pessoal e realizações, ou porque mudam o humor. Características importantes como classe social, gênero e idade influenciam o tipo de objeto que alguém considera especial.

Algumas entidades (posses, pessoas, lugares, objetos, momentos e acontecimentos) são tão especiais que são consideradas sagradas. Objetos sagrados transcendem o tempo e o espaço, e têm forte potencial de abordagem/ impedimento, exercendo grande fascinação. Os consumidores cuidam e nutrem essas posses, e com frequência criam rituais especiais para lidar com elas. No entanto, objetos sagrados podem ser profanados ou se tornar comuns por sua comercialização, uso inapropriado ou padrões de alienação.

Presentear é um processo de transferência do significado de produtos de uma pessoa para outra e ocorre em três etapas: gestação, apresentação e reformulação. O momento de tais ocasiões pode variar, mas elas são frequentemente uma consequência cultural. O modo como as duas primeiras fases de presentear são protagonizadas pode afetar a viabilidade da relação entre doador e recebedor a longo prazo.

Perguntas para revisão e discussão

1. Compare a função emblemática de um produto com a função de aquisição de papéis; compare também a função de conectividade de um produto com a função de expressividade.
2. O que é avaliação reflexiva e como ela afeta a aquisição de papéis?
3. Como o esquema de identidade ideal se relaciona com os esquemas de identidades reais de uma pessoa?
4. Quais são as três razões principais que dão significados especiais às posses?
5. Por que os consumidores se envolvem em rituais de posse, cuidados e alienação?
6. O que são entidades sagradas e como são profanadas?
7. Identifique as três etapas de presentear e explique como este ato pode afetar as relações entre o doador e o recebedor.

CASO – COMPORTAMENTO DO CONSUMIDOR

Comprando aquela coisa especial on-line

Leiloar partes da placa original de Hollywood, de 1923, os brinquedos do McLanche Feliz do McDonald's, de 1979, cartões-postais do Havaí, de 1897 e o chiclete mascado por Britney Spears em 2004; tudo isso faz do eBay, o maior mercado mundial de itens colecionáveis. O site facilita a compra de US$ 60 bilhões em bens e serviços a cada ano, desde objetos do dia a dia até coisas especiais que atraem centenas de pessoas dispostas a dar o lance vencedor; brinquedos raros do McLanche Feliz são vendidos por US$ 200,00; o cartão-postal de 1897 (um dos 160 mil cartões-postais listados em algum dia) foi vendido por US$ 1.085,00; e o chiclete da Britney foi comprado por mais de US$ 15.000,00.

O que torna tais itens tão especiais? Os brinquedos do McLanche Feliz podem despertar a nostalgia de adultos pelas visitas que fizeram ao McDonald's durante sua infância. Os cartões-postais oferecem uma oportunidade de possuir um pequeno pedaço do passado ou uma lembrança de um lugar que tem significado pessoal, como a cidade natal do consumidor ou o local de sua lua de mel. E possuir o chiclete mascado pela Britney dá ao comprador uma conexão pequena, porém direta, com uma celebridade conhecida.

De acordo com pesquisas do eBay, os consumidores que montam uma coleção sem intenções de fazer isso o fazem, em parte, porque sentem prazer em usar esses itens especiais em sua vida diária, e os consumidores que se consideram colecionadores tendem a comprar mais frequentemente e a gastar mais dinheiro para expandir suas coleções que os outros. Alguns buscam itens específicos, que têm significado por causa de tradições familiares, ao passo que outros adquirem itens que representam seus interesses ou aspirações. Mesmo os colecionadores ocasionais entram no eBay quando itens específicos são leiloados, como quando 60 mil pessoas visitaram o site durante um leilão de recordações de Walt Disney em benefício de uma caridade infantil, que durou uma semana. Um consumidor ganhou o direito de ter seu nome e uma coisa engraçada dita por ele gravada em um túmulo de mentira na atração Mansão Assombrada, na Disneylândia, por US$ 37.500,00. Um porta-voz da Disney observa que a empresa tem sido parte da experiência da infância para muitas pessoas e "aquela era uma oportunidade de ser parte disso em grande escala".

Outros eventos de leilões on-line também satisfazem os desejos dos consumidores de adquirir algo especial. Quando os St. Louis Cardinals demoliram o antigo estádio Busch Stadium, o time leiloou assentos, pedaços do muro, equipamento dos bancos de reservas, telefones, instalações sanitárias, armários dos jogadores e até mesmo a mesa do diretor do time. Depois que o zagueiro direito Larry Walker autografou seu armário, além de uma lixeira, um telefone e vários outros itens, o lote foi vendido por US$ 11.553,00. No total, mais de 17 mil fãs deram lances em mais de 50 mil pedaços do antigo estádio. "As pessoas querem essas coisas. Não é que as coisas sejam ornamentais ou tenham boa aparência, é porque significa algo elas", diz um dos responsáveis pelo time.

O preço nem sempre é a maior preocupação. Os consumidores que desejam um pedaço da história ou um assento de seu estádio favorito podem estar dispostos a pagar o quanto for para adquirir este algo especial. Os arrematantes às vezes se envolvem tanto na emoção que pagam mais que planejavam gastar. É claro que sites de leilões como o eBay frequentemente oferecem aos consumidores a opção de pagar um preço fixo para comprar algo imediatamente, um meio de evitar o atraso e a incerteza de participar de um leilão. Porém, para apaixonados por leilões, o processo de comprar de um leilão on-line aumenta a diversão e o suspense – e dá ao vendedor uma história especial sobre como adquiriu aquele algo especial.

Perguntas sobre o caso

1. Um consumidor que compra um assento do estádio Busch encontraria um significado cultural ou um significado emblemático nesse assento? Por quê?

2. Que fator levaria um consumidor a fazer um lance alto para ter seu nome na Mansão Assombrada da Disneylândia: o valor simbólico, as propriedades de alteração de humor ou o valor utilitário?

3. Em que circunstâncias uma pessoa que presenteia outra com um item usado comprado no eBay informaria ao recipiente o preço que foi pago?

Ética, responsabilidade social e o outro lado do comportamento do consumidor e do marketing

Capítulo 18

OBJETIVOS DE APRENDIZADO

Depois de estudar este capítulo, você estará apto a:

1. Comparar compras por dependência, compulsivas e impulsivas, e discutir suas implicações para os profissionais de marketing.
2. Explicar por que os profissionais de marketing devem entender os comportamentos anormais do consumidor, como o furto, mercados negros e o consumo de bebidas e cigarros por menores de idade.
3. Discutir algumas questões éticas importantes enfrentadas pelos profissionais de marketing e o que as empresas estão fazendo em resposta a tais questões.

INTRODUÇÃO

A publicidade de alimentos infantis entra em dieta

Nos Estados Unidos, no Canadá e na Europa, mais profissionais de marketing estão colocando a publicidade de alimentos infantis na dieta. Burger King, Coca-Cola, General Mills, Hershey, Kellogg, Kraft, Mars, McDonald's, Nestlé, Pepsi e Unilever estão entre um número crescente de empresas que concordaram em restringir o que e como fazem publicidade para crianças. Preocupados com o aumento da obesidade infantil, grupos como o Centro para a Ciência em Favor do Interesse Público (*Center for Science in the Public Interest*), a Campanha por uma Infância sem Publicidade (*Campaign for a Commercial-Free Childhood*) e a Campanha pelos Alimentos Infantis (*Children's Food Campaign*) pressionam os anunciantes de alimentos para que mudem o modo como focam e se comunicam com crianças menores de 12 anos.

Em resposta, os anunciantes de alimentos introduziram alimentos infantis com menos gorduras e açúcares, bem como mudaram suas mensagens e estratégias de mídia. Por exemplo, a General Mills só usa personagens porta-voz que atraem crianças em salgadinhos saudáveis e está lançando uma linha de legumes congelados do Bob Esponja Calça Quadrada para crianças. A Kellogg parou de almejar crianças com publicidade impressa, transmitida e on-line de marcas que não atingem o critério nutritivo de baixa gordura e baixo conteúdo de açúcar. Muitos anunciantes de alimentos estão direcionando a metade ou mais da metade de sua verba publicitária para a promoção de escolhas alimentares mais saudáveis e estilos de vida ativos para o público abaixo de 12 anos. Para garantir que a publicidade de alimentos das crianças entre no regime, o Better Business Bureau's Children's Food and Beverage Advertising Initiative vai monitorar o progresso dos profissionais de marketing.[1]

4. Descrever o significado do comportamento do consumidor relacionado à consciência ambiental e à conservação e suas implicações nas estratégias atuais de marketing.

5. Mostrar como os consumidores podem resistir às práticas de marketing, tanto individualmente como em grupos.

Como este exemplo mostra, consumidores e grupos de consumidores às vezes questionam o uso de determinadas práticas de marketing e tentam forçar uma mudança. Questões éticas, como a contribuição da publicidade para a obesidade, representam parte do "outro lado" do marketing. Outras questões discutidas neste capítulo representam o outro lado do *comportamento do consumidor*: comportamentos anormais do consumidor que se originam de fontes incontroláveis (compras compulsivas, jogo compulsivo e o vício em fumo e álcool), assim como comportamentos que são anormais porque são ilegais (furto pelo consumidor, menores que fumam e bebem, e transações no mercado negro). O capítulo também explora o comportamento consciente e o comportamento ecológico, questões centrais na responsabilidade social. Por fim, o capítulo descreve de que maneiras os consumidores podem, individualmente e em grupos, resistir aos esforços de marketing e à pressão dos profissionais de marketing para que tomem determinadas medidas. O Exemplo 18.1 resume essas questões.

Comportamento anormal do consumidor

Grande parte deste livro focou no comportamento do consumidor comum, dentro de um contexto de consumo diário. Contudo, se tal comportamento for inesperado ou não for sancionado pelos membros da sociedade, ele é considerado anormal e pode ser problemático para o consumidor e/ou para a sociedade. Como o Exemplo 18.2 indica, algumas formas de comportamento anormal do consumidor ocorrem durante a *aquisição* do produto e outras durante o *consumo* do produto. O comportamento anormal do consumidor inclui os comportamentos de dependência, compulsivo e impulsivo; o furto cometido pelo consumidor; o uso de mercados negros; menores que consomem bebidas alcoólicas e cigarros.

Comportamento de dependência e compulsivo

É importante fazer uma distinção entre comportamento de dependência (realizar uma ação em consequência de uma dependência fisiológica), comportamento compulsivo (a incapacidade de deixar de fazer alguma coisa) e comportamento impulsivo (ação impensada – agir por impulso). Os consumidores podem exibir qualquer um desses comportamentos com relação à aquisição ou ao consumo, com resultados problemáticos caso os consumidores não façam um esforço para exercer seu autocontrole.[2] As seções a seguir analisam cada um desses tipos de comportamento.

Comportamento de dependência

Vício Comportamento excessivo causado tipicamente por dependência química.

Um **vício** reflete comportamentos excessivos causados tipicamente por dependência química. Os consumidores viciados sentem grande fixação e dependência de um produto ou atividade e acreditam que devem usá-lo para "funcionar".[3] Indivíduos podem tornar-se viciados em muitos bens e serviços, incluindo cigarros, drogas, álcool, uso de Internet e jogos eletrônicos. Em muitos casos, um vício envolve o uso repetido de um produto, mesmo que seu consumo seja perigoso e, embora alguns indivíduos viciados queiram parar, acreditam que fazer isso está fora de seu controle ("Eu não posso me ajudar"). Tais indivíduos frequentemente sentem vergonha e culpa por seu vício e tentam escondê-lo. Alguns consumidores viciados encontram forças em programas como os Alcoólicos Anônimos e os Smoke Enders.

Comportamentos de dependência podem ser prejudiciais para os viciados e para quem os rodeia. Por exemplo, fumar cigarros é a causa de morte previsível número um nos Estados Unidos e um causador de câncer, de doenças cardiovasculares e de doença pulmonar obstrutiva crônica. Além disso, fumantes usam mais benefícios médicos, tiram mais licenças médicas e têm mais acidentes e ferimentos relacionados ao trabalho que não fumantes. Na verdade, o custo anual da produtividade mais baixa causada por fumar passa dos US$ 90 bilhões.[4] Embora apenas 20% da população dos Estados Unidos fumem atualmente,[5] os mais vulneráveis entre aqueles que fumam ou que podem vir a fumar estão cientes dos efeitos nocivos desse vício.

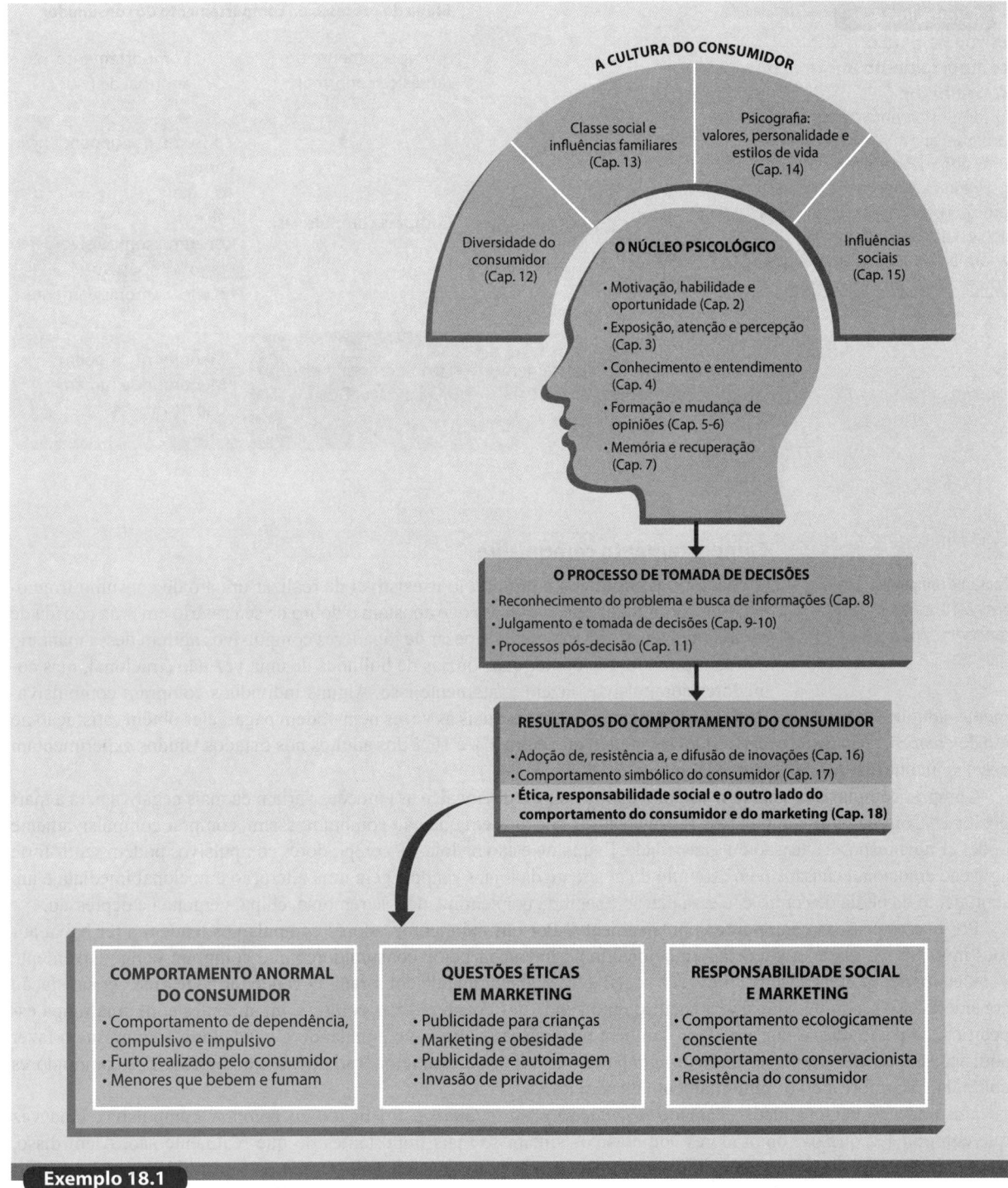

Exemplo 18.1

Visão geral do capítulo: ética, responsabilidade social e o outro lado do comportamento do consumidor e do marketing

Os tópicos neste capítulo abordam (1) comportamentos anormais do consumidor, como o comportamento de dependência e o furto, (2) questões éticas, como a publicidade para crianças e (3) marketing e responsabilidade social, como o comportamento ecologicamente consciente.

Exemplo 18.2
Esquema para o comportamento anormal do consumidor

O comportamento do consumidor pode ser anormal quando envolve uma anormalidade física ou psicológica ou porque envolve um comportamento considerado ilegal. Tais comportamentos anormais podem ser associados à aquisição ou o uso de ofertas.

Por que anormal?

	Etapa do processo do comportamento do consumidor	
	Comportamento de aquisição anormal	Comportamento anormal de uso
Anormalidade física/psicológica	Compras compulsivas	Consumo por dependência • fumo • drogas • álcool Consumo compulsivo • jogo compulsivo • comer compulsivamente
Comportamento ilegal	Furto pelo consumidor Mercados negros	Menores que bebem Menores que fumam Uso de drogas

Comportamento compulsivo

Consumo compulsivo Desejo irresistível de realizar um ato de consumo irracional.

O **consumo compulsivo** é um desejo irresistível de realizar um ato de consumo irracional. Por exemplo, os consumidores que apostam o dobro de seu salário em uma corrida de cavalos não agem racionalmente, apesar de jogadores compulsivos agirem dessa maneira.

Da mesma forma, comer duas dúzias de bolinhos de uma vez não é racional, mas comedores compulsivos fazem exatamente isso. Alguns indivíduos compram compulsivamente, adquirindo muitos itens de que não precisam e pelos quais às vezes nem podem pagar; eles obtêm satisfação no ato de *comprar*, não de *possuir*.[6] Estudos sugerem que entre 2% e 16% dos adultos nos Estados Unidos experimentam desejos incontroláveis de comprar.[7]

Comprar compulsivamente tem um forte componente emocional, e as emoções variam da mais negativa para a mais positiva.[8] Compradores compulsivos ficam ansiosos nos dias em que não compram; assim, comprar compulsivamente pode ser uma resposta à tensão ou à ansiedade. Enquanto estão na loja, os compradores compulsivos podem sentir forte agitação emocional causada pelo estímulo do ambiente da loja. Comprar gera uma alteração emocional imediata e um sentimento de perda de controle, e essa reação é seguida por sentimentos de remorso, culpa, vergonha e depressão.

Por que as pessoas compram compulsivamente? Por um lado, compradores compulsivos tendem a ter baixa autoestima. Na realidade, a alteração emocional experimentada pelos consumidores que compram compulsivamente vem, em parte, da atenção e da aprovação social que recebem quando compram. O vendedor pode oferecer satisfação considerável – sendo um ajudante atencioso ou dizendo aos consumidores como ficam atraentes com uma roupa específica, ao passo que os consumidores também podem sentir que estão agradando o vendedor e a empresa ao fazer aquisições. Essa atenção e a sensação de agradar os outros pode elevar temporariamente a autoestima dos compradores compulsivos, reforçando o comportamento de compra.

Um traço de personalidade chamado *orientação para a fantasia* foi ligado ao comprar compulsivo, uma vez que comprar faz que os compradores compulsivos sintam-se mais importantes do que realmente são. Além disso, os compradores compulsivos tendem a ser um pouco alienados da sociedade. Como os consumidores podem sentir que são amigos de um vendedor que já vendeu para eles itens em maio de uma ocasião, eles podem se sentir menos alienados que se sentiriam de outro modo. Fatores familiares também podem desempenhar um papel: é mais provável que compradores compulsivos venham de famílias cujos membros demonstram comportamentos compulsivos ou de dependência, inclusive disfunções alimentares, como comer compulsivamente.

As consequências financeiras, emocionais e interpessoais de comprar compulsivamente podem ser devastadoras, pois esses consumidores dependem extensivamente de cartões de crédito, têm dívidas altas no cartão e costumam pagar somente o valor mínimo mensal. Também é mais provável que paguem suas compras com cheques, mesmo que não tenham fundos para isso. E compradores compulsivos têm maior probabilidade de pegar dinheiro emprestado dos outros para se manter entre seus salários.[9] Por fim, crianças, esposos e amigos podem ser afetados pelos hábitos de consumo dos compradores compulsivos.

Uma avaliação que incorpora muitos desses elementos é mostrada no Exemplo 18.3.[10]

Outra questão relevante para o consumo compulsivo é o jogo compulsivo, um mal que afeta entre 6 e 9 milhões de norte-americanos. Em um estudo, 85% dos respondentes com idade entre 18 e 24 anos disseram que jogavam, e 5% admitiram ter problemas com o jogo.[11] Quase um terço dos estudantes no ensino médio dizem que jogam regularmente.[12] É mais provável que esses consumidores venham de famílias nas quais outros membros já apresentavam comportamento de dependência, e eles têm maior probabilidade de ser impulsivos em geral e de encarar o materialismo como uma medida do sucesso.[13] Cientistas estabeleceram uma forte ligação entre o jogo compulsivo e o consumo de álcool, tabaco e drogas ilícitas.[14]

Tipicamente, o comportamento do jogador compulsivo evolui em uma série de etapas. Às vezes, mas nem sempre, o consumidor primeiro experimenta o prazer de "ganhar muito".[15] Em seguida, o jogo fica mais irresponsável, as perdas se acumulam e o jogo vira a força central na vida do indivíduo. O jogador compulsivo promete parar de jogar, mas não consegue; diante de dívidas que aumentam e da necessidade de jogar compulsivamente, muitos jogadores se envolvem em crimes como a fraude. A etapa final acontece quando o jogador percebe que chegou ao fundo do poço.

Comportamento impulsivo

Dois tipos específicos de comportamento impulsivo relacionados à aquisição e ao consumo são as compras impulsivas e o comer impulsivo. Um **impulso** é um desejo súbito de agir, como acontece quando você faz algo com base em uma vontade emocional em vez de em uma análise lógica, não emocional.[16] Alguns consumidores parecem ter personalidades impulsivas, comprando impulsivamente com regularidade;[17] no entanto, outros consumidores podem se comportar de maneira bastante racional na maioria das situações, mas se comportam impulsivamente em situações que tornam a ação (por exemplo, comprar/comer) fácil ou muito atraente. Você pode comprar uma revista impulsivamente ou pedir um bolinho em um café só porque ele está na sua frente e parece gostoso[18] ou porque você viu alguém fazer

Impulso Desejo súbito de agir.

---

1. Indique o quanto você concorda ou discorda com a afirmação abaixo.
Coloque um X na linha que melhor indica o que você sente.

	Concordo muito (1)	Concordo mais ou menos (2)	Não concordo nem discordo (3)	Discordo um pouco (4)	Discordo muito (5)
a. Se eu tiver algum dinheiro no final do mês, eu tenho de gastar.					

2. Indique com que frequência você fez cada uma das coisas a seguir marcando um X na linha apropriada.

	Muito frequentemente (1)	Frequentemente (2)	Algumas vezes (3)	Raramente (4)	Nunca (5)
a. Senti que os outros ficariam apavorados se soubessem dos meus hábitos de consumo					
b. Comprei coisas mesmo sabendo que não podia pagar por elas					
c. Passei um cheque quando sabia que não tinha fundos suficientes no banco para cobri-lo					
d. Comprei algo para mim mesmo para me sentir melhor					
e. Fiquei ansioso ou nervoso nos dias em que não fiz compras					
f. Paguei somente o mínimo em meus cartões de crédito					

Equação dos pontos = $-9,69 + (Q1a \times 0,33) + (Q2a \times 0,34) + (Q2b \times 0,50) + (Q2c \times 0,47) + (Q2d \times 0,33) + (Q2e \times 0,38) + (Q2f \times 0,31)$.
Se o total for $\leq -1,34$, o sujeito é classificado como um comprador compulsivo.

Exemplo 18.3
Uma avaliação clínica para compradores compulsivos
Você tem tendência para comprar compulsivamente? Faça esta avaliação para descobrir.

isso.[19] Curiosamente, comprar uma coisa por impulso pode aumentar a probabilidade de você comprar um segundo item impulsivamente, talvez porque a compra inicial crie uma mentalidade de compras por impulso.[20]

O comportamento impulsivo também é afetado pelo foco em prevenção ou promoção do consumidor. Comedores impulsivos que são expostos a alimentos com apelo hedônico, como biscoitos de chocolate, podem desenvolver um foco para a promoção ali mesmo, e fazer isso pode levar comedores impulsivos a dar mais ênfase no que é positivo no consumo (como aproveitar o sabor) do que nos riscos potenciais (como engordar) quando tomam a decisão de comer as "gostosuras".[21]

IMPLICAÇÕES DE MARKETING

As atividades de marketing estimulam comportamentos de dependência, compulsivos e impulsivos?

Algumas pessoas podem argumentar que as atividades de marketing estimulam tais comportamentos. Por exemplo, cigarros são promovidos fortemente nos Estados Unidos, e a nicotina nos cigarros causa dependência. Os decisores de políticas públicas veem os profissionais de marketing como perpetuadores dessa forma de consumo por dependência. Alguns países baniram a publicidade de cigarros e exigem rótulos de aviso nos maços de cigarro, ações que afetam as práticas de marketing.

A indústria e as práticas de marketing também podem perpetuar comportamentos como o jogo compulsivo.[22] O jogo é um segmento de US$ 900 bilhões que cresce rapidamente.[23] Ao ver o potencial de maior renda, alguns estados norte-americanos gastam milhões de dólares anunciando suas loterias (veja Exemplo 18.4). Recentemente, Cingapura retirou o banimento de cassinos para aumentar o turismo e o número de empregos.[24] Jogos on-line representam hoje um ramo de US$ 12 bilhões – embora cidadãos dos Estados Unidos não possam apostar legalmente em cassinos on-line.[25] E, embora existam poucas pesquisas sobre esse assunto, é provável que vendas tentadoras, exposições chamativas, vendedores atenciosos e crédito facilmente disponível incentivem as compras compulsivas.

Atividades de marketing que lidam com consumo por dependência e compulsivo

Algumas atividades de marketing visam reduzir o consumo por dependência e compulsivo. Por exemplo, alguns estados norte-americanos e cassinos criaram linhas diretas para ajudar jogadores compulsivos, e muitos cassinos exibem placas e distribuem panfletos mencionando fontes de ajuda para resolver problemas de jogo. Ainda assim, algumas pessoas se preocupam que o crescimento do segmento do jogo seja seguido por um aumento no número de consumidores que se tornam jogadores compulsivos e/ou um aumento nas oportunidades para aqueles que já estão viciados.

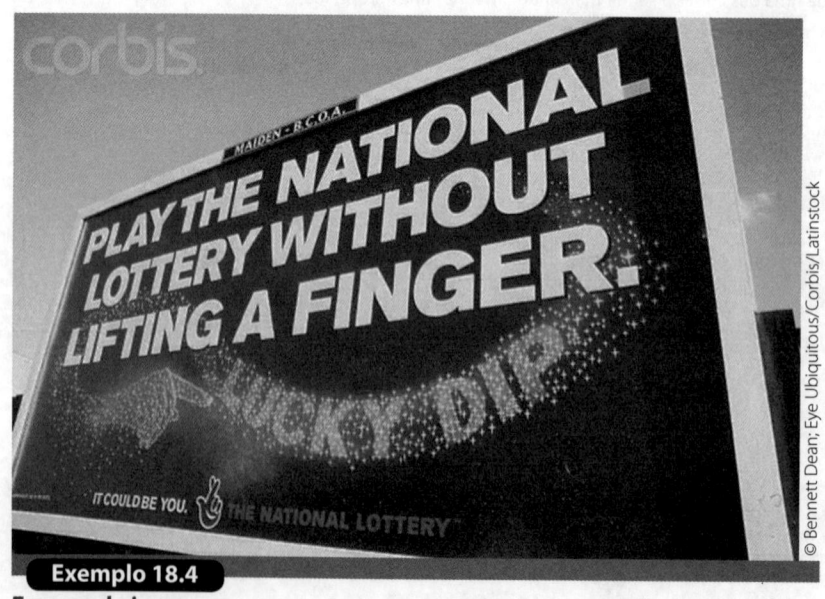

Exemplo 18.4
Formas de jogo
Os cassinos e as loterias são formas de jogo comuns.

Atividades de marketing que estimulam o comportamento impulsivo

Os profissionais de marketing também podem ser acusados de incentivar os consumidores a comprar ou consumir impulsivamente. Na realidade, em supermercados alguns bens como doces e revistas são chamados "bens de impulso" e são colocados bem na frente dos caixas, para que os consumidores nem precisem procurar por eles. Outras atividades de marketing podem tornar o produto ou o seu ambiente tão atraente que os consumidores focam de maneira muito forte em quanto eles querem o produto, em vez de pensar se realmente precisam dele.

Furto realizado pelo consumidor

Enquanto a compra compulsiva reflete um desejo incontrolável para *comprar* coisas, o furto realizado pelo consumidor reflete um desejo de *furtar* coisas.

Prevalência de furtos por consumidores

Para varejistas nos Estados Unidos, o furto é difundido e significativo, com perdas anuais de mercadorias chegando aos US$ 41,6 bilhões.[26] Os furtos nesse país envolvem em média US$ 855,00 em mercadorias (no Reino Unido, a cifra é de US$ 312,00).[27] O furto pelo consumidor é um problema também para não varejistas.[28] Fraude de seguro de automóvel; fraude de cartão de crédito; furto de serviços de TV a cabo, pirataria de música, filmes e software; fraude de cupons; devoluções fraudulentas; e a troca ou alteração de etiqueta de preço são apenas algumas das formas de furtos realizados pelo consumidor com as quais as empresas devem arcar.[29] Atualmente, muitos consumidores se preocupam com o roubo de sua identidade.[30] Reclamações sobre fraude em leilões on-line, em que consumidores roubam de outros consumidores, são maiores que todos os outros crimes relatados on-line.[31]

Fatores que afetam o furto pelo consumidor

Embora você possa pensar que o furto pelo consumidor é gerado por necessidade econômica, poucas variáveis demográficas estão associadas ao furto. Algumas *formas* de roubo pelo consumidor são associadas a determinados grupos demográficos: o furto em lojas é mais comum entre adolescentes, e a fraude de cartão de crédito é normalmente associada aos consumidores com mais instrução. No entanto, consumidores de todo tipo já se envolveram com furto em algum momento. Por exemplo, aproximadamente dois terços do público admitem já ter furtado em lojas e 15% admitem ter ocultado renda para evitar a taxação.[32]

Como mostrado no Exemplo 18.5, dois fatores psicológicos parecem explicar o furto: (1) a tentação para furtar e (2) a habilidade para racionalizar o comportamento de furto. Como o exemplo indica, esses fatores são, por sua vez, afetados por aspectos do produto, o ambiente da compra e o consumidor.

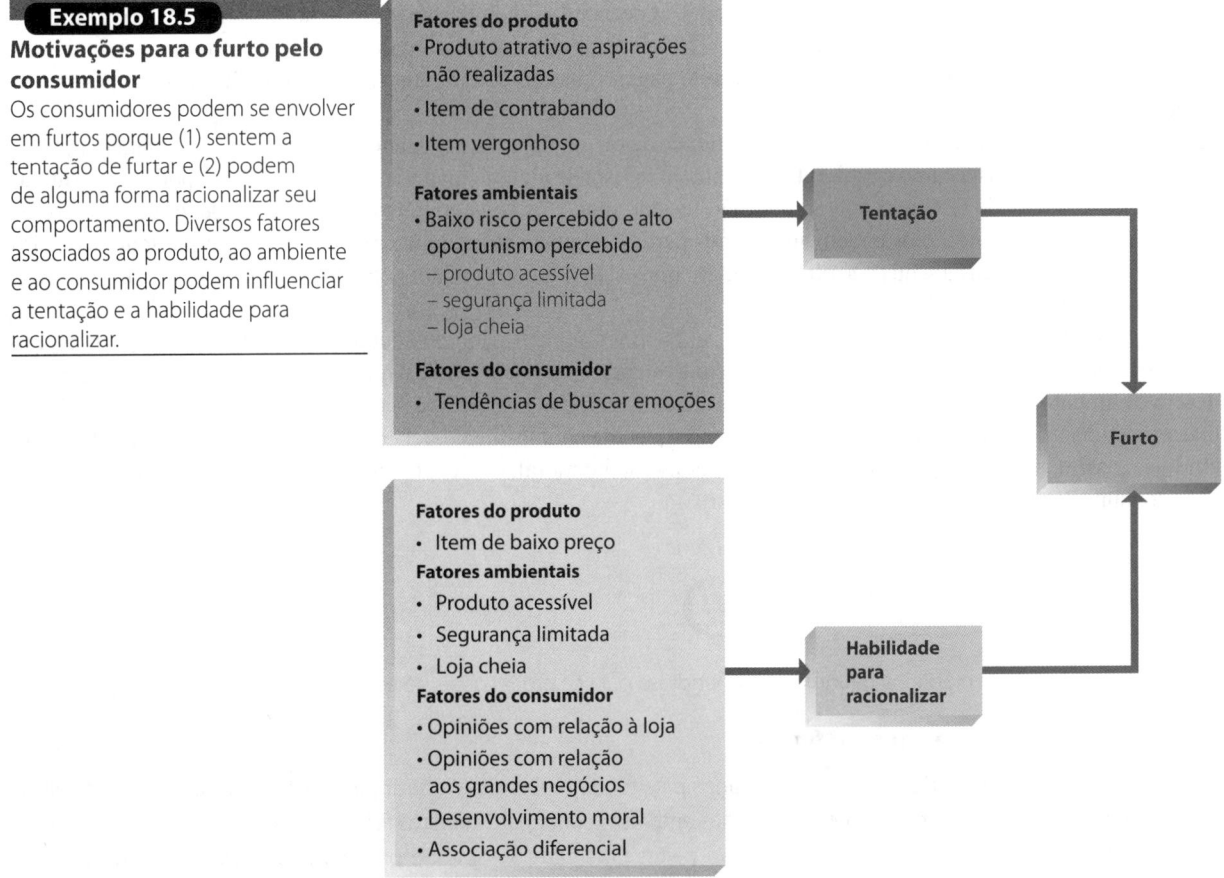

Exemplo 18.5
Motivações para o furto pelo consumidor
Os consumidores podem se envolver em furtos porque (1) sentem a tentação de furtar e (2) podem de alguma forma racionalizar seu comportamento. Diversos fatores associados ao produto, ao ambiente e ao consumidor podem influenciar a tentação e a habilidade para racionalizar.

Tentação para furtar A *tentação* para furtar surge quando os consumidores desejam produtos que não podem comprar legitimamente. Alguns desses desejos são gerados por necessidades reais, como a mãe que rouba leite em pó para alimentar seu bebê, mas outros refletem a ganância, como no caso de consumidores de classe alta que roubam dinheiro ou itens de preço alto, como joias. Alguns pesquisadores sugerem que os profissionais de marketing estão envolvidos na perpetuação de tendências materialistas e na criação de desejos insaciáveis por bens e serviços novos.[33] Os consumidores também podem ser tentados a roubar itens que têm vergonha de comprar por meios tradicionais (por exemplo, preservativos) ou que não podem comprar legalmente (por exemplo, um consumidor menor que rouba bebidas alcoólicas).[34]

O Exemplo 18.5 mostra que fatores ambientais também influenciam a tentação para furtar, que é maior quando os consumidores pensam que podem furtar e fugir, e que vale a pena. Assim, os consumidores podem avaliar os riscos associados ao furto e a serem pegos, e podem considerar as vantagens de ter um produto ou usar um serviço pelo qual não pagaram.[35] Muitos fatores no ambiente afetam os riscos percebidos de furtar em lojas[36] ou seja, as lojas podem ser barulhentas ou estar cheias, ter pouca segurança ou não ter nenhuma, ter políticas de devolução descuidadas, ter poucos vendedores, ter cantinhos escondidos ou usar etiquetas de preço que são fáceis de trocar – levando os consumidores a acreditar que seu furto passará despercebido. Uma tendência com relação à busca de emoções foi associada com muitas formas de furtos pelo consumidor, incluindo a troca de etiquetas de preço e furtos em lojas.[37] A percepção de que bens roubados podem ser vendidos facilmente em leilões on-line também pode ser um fator.[38]

Racionalizações para furtar Como o Exemplo 18.5 mostra, consumidores também furtam porque podem de alguma maneira *racionalizar* seu comportamento como justificável ou gerado por forças externas a eles mesmos. Por exemplo, os consumidores podem justificar o furto de um item barato como uma uva de um cacho na mercearia porque o custo do item é tão pequeno que a palavra *furtar* parece não ser aplicável. Alguns consumidores podem raciocinar que um comerciante "pediu por isso" deixando as mercadorias expostas, não tendo funcionários na segurança ou usando etiquetas de preço que podem ser trocadas com facilidade. Os consumidores em lojas cheias podem ficar tão frustrados depois de esperar por atendimento que desistem e saem com alguns itens, justificando seu furto como uma compensação pela inconveniência da longa espera.[39]

É também provável que alguns consumidores racionalizem quando as influências sociais incentivam o furto, como no caso de alguém que furta como resultado de um desafio.[40] Curiosamente, pesquisadores descobriram pouca evidência que desafios realmente desempenhem um papel importante no comportamento de adolescentes.[41] "Todo mundo faz isso" é outra racionalização. Em um estudo, 11% dos respondentes concordaram que era errado fazer o download de músicas on-line sem pagar e copiar software sem pagar – mas acreditam que "todo mundo faz isso", então podem fazer o mesmo.[42]

Os consumidores também têm maior probabilidade de racionalizar furtos quando as lojas têm uma imagem pública negativa. Se a loja é vista como hostil, intimidadora ou injusta de alguma maneira, os consumidores podem considerar o furto uma maneira de se vingar do varejista. Do mesmo modo, os consumidores podem furtar de grandes empresas porque acham que tais negócios podem absorver as perdas. Alguns consumidores podem furtar porque sentem distância psicológica do varejista – ou seja, eles acreditam que estão lidando com um negócio enorme, sem rosto, e não com um dono de loja individual.[43]

Os consumidores que têm desenvolvimento moral fraco podem não considerar o furto algo errado. Um estudo descobriu que pessoas que furtam em lojas tendem a quebrar regras em geral. Alguns especulam que o nível geral de desenvolvimento moral de nossa sociedade está mudando, então menos pessoas veem o furto como algo errado. Algumas evidências sugerem que a restrição moral é enfraquecida simplesmente pela observação de seus colegas furtando em lojas; assim, a socialização pode afetar o desenvolvimento moral, o que, por sua vez, pode afetar o furto cometido pelo consumidor.[44]

IMPLICAÇÕES DE MARKETING

O furto é claramente um problema difundido e dispendioso para os profissionais de marketing.

Uso maior de aparelhos para reduzir furtos

As empresas gastam bilhões de dólares todos os anos para tentar prevenir ou reduzir furtos, por meio do uso de aparelhos antifurto e sistemas de segurança melhores. Algumas empresas combinam circuitos fechados de TV com software de computador sofisticado para rastrear comportamentos suspeitos. O varejista Brookstone, por exemplo, usa software especial para determinar quais produtos estão mais propensos a furtos, de modo a organizar os expositores e procedimentos de saída da loja para minimizar suas perdas.⁴⁵

Cobrindo os custos dos furtos

O furto afeta os consumidores porque os varejistas têm de aumentar os preços para pagar por mercadorias e equipamentos perdidos, cobrir o custo do seguro de furto e cobrir os altos custos dos sistemas de segurança.⁴⁶ Além disso, o furto aumenta os custos da pesquisa e do desenvolvimento à medida que as empresas experimentam sistemas de segurança mais novos e melhores, um fator que também resulta em preços mais altos.

Reduzindo a habilidade para atender clientes

Sistemas e procedimentos de segurança podem interferir com a habilidade do varejista em atender seus clientes. Por exemplo, os varejistas podem ter de manter mercadorias em expositores de vidro, armários fechados, e assim por diante. Essa maior segurança aumenta os esforços de busca dos consumidores, tornando a análise dos produtos pelos consumidores e o atendimento dos vendedores mais difíceis e mais demorados.

Mercados negros

Enquanto o furto representa situações em que os consumidores se recusam a pagar por itens disponíveis, os **mercados negros** representam situações em que os consumidores *pagam* (quantias em geral exorbitantes) por itens *que não* estão facilmente disponíveis. Estes são chamados mercados "negros", porque os vendedores não são autorizados, o que significa que o processo de compra e venda é geralmente ilegal. Mercados negros de bens como açúcar, sal, cobertores, fósforos e pilhas satisfazem necessidades funcionais; mercados negros de drogas, entretenimento e serviços sexuais satisfazem necessidades experienciais; e mercados negros para relógios e joias podem satisfazer necessidades simbólicas.

Mercado negro Mercado ilegal em que os consumidores pagam preços exorbitantes por itens não facilmente disponíveis.

Alguns itens vendidos no mercado negro são legais, mas têm pouca oferta. Por exemplo, alguns consumidores compram blocos de ingressos para eventos esportivos populares e shows, e os vendem a preços muito mais altos. A Universidade de Princeton e outras universidades estão combatendo a venda de ingressos para formaturas no mercado negro.⁴⁷ Mercados negros para *airbags* de carros e charutos cubanos também têm prevalecido nos Estados Unidos recentemente.⁴⁸ Alguns mercados negros lidam com o comércio de bens de consumo básico, como evidenciado quando prisioneiros trocam dinheiro e cigarros por comida, livros e roupas.⁴⁹

Alguns bens e serviços que *não podem ser vendidos legalmente* para consumidores, como armas destinadas à construção de bombas, são vendidas nos mercados negros.⁵⁰ Mercados negros de drogas também são comuns. Por exemplo, existe um grande mercado negro mundial para a droga para impotência masculina Viagra – assim como um negócio crescente de Viagra falso.⁵¹ Produtos falsificados, como sapatos Gucci, também são vendidos em mercados negros.⁵² Nos Estados Unidos, os consumidores que moram em estados com impostos altos sobre os cigarros às vezes usam canais do mercado negro para comprar cigarros contrabandeados de estados que cobram menos impostos.⁵³

IMPLICAÇÕES DE MARKETING

Os profissionais de marketing estão tomando uma série de providências para impedir a existência de mercados negros, especialmente o de compra e venda on-line. Por exemplo, um advogado da World Wrestling Entertainment vasculha a Internet atrás de leilões que oferecem DVDs e roupas falsificadas da WWE e toma medidas legais contra os vendedores.⁵⁴ Farmácias on-line não podem impedir que versões falsas ou diluídas de Viagra e outras drogas sejam vendidas por sites inescrupulosos. Contudo, ao exibir o selo de certificação da Associação Nacional de Conselhos de Farmácia (National Association of Boards of Pharmacy), a CVS e outras farmácias podem garantir que oferecem somente medicamentos de marcas genuínas aos consumidores.⁵⁵

Menores que bebem e fumam

Como já mencionado, os vícios do álcool e do tabaco representam uma forma de comportamento anormal do consumidor. O *uso ilegal* destes produtos por menores é outro comportamento anormal do consumidor.⁵⁶ Metade de todos os estudantes do ensino médio já consumiu álcool, e a idade média do primeiro uso é de menos de 16 anos.⁵⁷ Quase um terço dos estudantes do ensino médio e quase 45% dos universitários já "beberam exageradamente" (beber mais de cinco drinques de uma vez). Quatro milhões de crianças ingerem álcool ou têm problemas com a bebida, e o consumo excessivo de álcool contribui para a morte de 4.500 menores que bebem todos os anos.[58] Um milhão de jovens consumidores começam a fumar todos os anos, e 90% dos novos fumantes são adolescentes. Quase 12% dos estudantes do ensino fundamental e 28% dos estudantes do ensino médio declararam que já fumam,[59] e esses números são ainda maiores em países onde há poucas proibições sobre a publicidade de cigarros.

A existência de menores que bebem e fumam traz consequências para o indivíduo e para a sociedade.[60] O abuso de álcool tem implicado em violência nos *campi*, danos à propriedade dos *campi*, fracasso acadêmico e mortes por trotes em calouros. Agora que as universidades são responsabilizadas por incidentes de embriaguez no *campus*, o álcool é um fator para o aumento dos custos das taxas, porque as escolas têm de cobrir seus gastos com seguros. Acidentes causados por embriaguez também contribuem para o alto custo dos seguros de automóveis para consumidores jovens.

Fumar cigarros também é prejudicial, contribuindo para problemas graves de saúde, como câncer de pulmão e doença cardíaca. Além disso, não fumantes podem ser prejudicados pela exposição indireta à fumaça. O uso de produtos de tabaco também torna consumidores jovens mais vulneráveis aos problemas do consumo por dependência, como notado anteriormente. Ademais, os fumantes adolescentes frequentemente têm tanta dificuldade quanto os adultos para parar de fumar.[61] Assim como acontece com os menores que bebem, grupos de interesse público e organizações governamentais estão divulgando ativamente as consequências negativas do cigarro para a saúde.

IMPLICAÇÕES DE MARKETING

Uma série de questões de marketing está relacionada a menores que bebem e fumam.

Disponibilidade do produto

Os críticos dizem que é muito fácil para os consumidores menores de idade comprarem álcool e tabaco, uma vez que nem sempre se pede comprovação de idade quando eles compram esses produtos.

Exposição à publicidade

Outros dizem que as crianças veem muitos anúncios para tais produtos, anúncios estes indicando que o uso de determinados produtos faz destes usuários pessoas mais atraentes.[62] Crianças *são* expostas a grande quantidade de publicidade de álcool, bem como a publicidade de tabaco fora da TV,[63] uma situação que levou algumas pessoas a sugerirem que as empresas deveriam limitar a exposição das crianças à publicidade desses produtos.[64] Apesar do acordo da indústria do tabaco de evitar fazer marketing para crianças, algumas marcas continuam a ser anunciadas em publicações para consumidores adultos que também são lidas por adolescentes. A maioria dos anúncios exibe beber álcool como um comportamento positivo e apropriado de pessoas bonitas e socialmente ativas. Evidências sugerem que quanto mais os consumidores jovens veem anúncios de álcool, mais sabem sobre estes produtos, e maior a probabilidade de os usarem.[65]

Do mesmo modo, a maioria dos fumantes jovens escolhe as marcas mais anunciadas – denunciando ainda mais a publicidade como uma das causas do comportamento tabagista. Os adolescentes que têm maior exposição a publicidade de cigarro tendem, no geral, a fumar mais, e as marcas que fazem mais publicidade tendem a atrair uma maior proporção de adolescentes que de adultos. Em particular, descobriu-se que anúncios de tabaco e álcool que exibem atores ou modelos humanos produzem opiniões mais positivas com relação ao anúncio, à marca e à categoria do produto,[66] e a exposição pode até ser maior à medida que as empresas procuram maneiras de contornar proibições publicitárias.[67] Por exemplo, em países onde a publicidade de tabaco é proibida, alguns anunciantes usam patrocínios e bens licenciados para ficar aos olhos do público.[68]

No entanto, outros argumentam que a publicidade desses produtos tem pouco efeito sobre as crianças; determinantes mais essenciais incluem a influência dos colegas, pais que fumam e autoestima. Ainda assim, considerando as propriedades viciantes do tabaco e as leis que proíbem que menores comprem cigarros, os Estados Unidos proibiram comerciais de cigarros. O Canadá proíbe quase toda a publicidade de cigarros, não apenas anúncios na TV.

Focando nos jovens

Uma terceira preocupação é a questão de os fabricantes de cigarros e álcool focarem em consumidores jovens retratando imagens publicitárias que os jovens consideram relevantes.[69] Muitos anúncios de cigarro evocam imagens como a liberdade da autoridade – temas que atraem consumidores jovens. O conteúdo publicitário que mostra indivíduos envolvidos em comportamentos arriscados enquanto consomem álcool também foi criticado.

Alguns reguladores e críticos afirmam que anunciantes de tabaco focam em consumidores jovens por meio do uso de personagens fictícios e animados, embora as empresas contestem essa acusação.[70] Ao sugerir que tal publicidade com personagens tem impacto limitado sobre as crianças, um anunciante notou que as crianças não estão exigindo apólices de seguro da Metropolitan Life, endossadas pelo Snoopy.[71] A indústria do álcool ressalta que não foca em consumidores jovens e diz que tem investido muito na promoção da imagem de beber com responsabilidade. Por exemplo, Anheuser-Busch por si só já gastou mais de US$ 100 milhões na última década para promover essa imagem (Exemplo 18.6).[72]

Mensagens inapropriadas na mídia principal e anúncios

Em quarto lugar, há também uma preocupação que os anunciantes principais e as ofertas de entretenimento podem enviar mensagens inapropriadas sobre cigarros e álcool. O conselho autorregulatório da indústria do álcool faz cumprir seu código de práticas responsáveis agindo quando há reclamações sobre anúncios de bebidas, especialmente o uso de termos sexualmente explícitos para vender uma marca.[73] Enquanto isso, anunciantes de tabaco como a Philip Morris estão pedindo a estúdios de cinema que não divulguem marcas de cigarros ou imagens da marca.[74] Ainda assim, pesquisas indicam que até um terço das crianças que veem o fumo em filmes classificados como Livre, Para Público Geral e Para Maiores de 13 anos começarão a fumar.[75]

Etiquetas e anúncios de aviso

Os anunciantes de cigarros e álcool são obrigados por lei a exibir avisos nas embalagens dos produtos e em anúncios,[76] e alguns estados norte-americanos exigem avisos adicionais. O Arizona exige que as lojas que vendem álcool exibam cartazes sobre os riscos de beber durante a gravidez; entretanto, essas etiquetas e esses pôsteres de avisos não têm sido muito eficazes em mudar o comportamento de consumidores jovens por longos períodos.[77] Talvez um dos motivos seja que as defesas perceptuais dos consumidores os fazem desviar a atenção dessas mensagens. Mesmo quando os anunciantes de álcool apresentam mensagens como "se beber, não dirija", os consumidores podem reagir negativamente porque a fonte é um patrocinador corporativo.[78]

O Surgeon General tem pedido avisos mais explícitos nas etiquetas, e os fabricantes agora listam os níveis de álcool em seus produtos para que os consumidores entendam claramente quão forte é a bebida. Alguns pesquisadores também estão fazendo experiências com avisos que atraem a atenção. Um estudo descobriu que, quando estudantes do ensino médio assistiram a um anúncio antifumo antes de um filme no qual os personagens adolescentes fumavam, o anúncio ajudava a reposicionar a atitude de fumar como uma atividade contaminada.[79] Outro estudo descobriu que consumidores menores de idade que reagiram positivamente a anúncios antifumo tinham mais probabilidade de restringir suas intenções de fumar.[80]

Exemplo 18.6
Avisos de saúde para produtos alcoólicos
Tanto as empresas quanto os grupos de interesse público promovem as consequências negativas do consumo de drogas e álcool.

Questões éticas em marketing

O marketing contribui para outros resultados sociais negativos, não necessariamente relacionadas à aquisição ou consumo anormais? Analisamos aqui quatro questões éticas importantes: anunciar para crianças, questões sobre marketing e obesidade, publicidade e autoimagem e preocupações sobre privacidade.

Os profissionais de marketing deveriam fazer anúncios para crianças?

Anunciar para crianças é um tema cheio de controvérsias, especialmente quando consideramos os efeitos que esses anúncios podem ter sobre consumidores jovens e facilmente influenciáveis. Um estudo recente descobriu que aos dois anos de idade, 90% das crianças assistem a vídeos ou à TV regularmente;[81] conforme ficam mais velhas, as crianças têm maior probabilidade de ter uma TV no quarto, fazendo que assistam aos anúncios com mais facilidade.[82] As redes agrupam a programação infantil em certos momentos do dia, tornando o foco nas crianças mais fácil e o gasto na promoção de brinquedos e outros produtos para esse segmento mais alto por parte dos profissionais de marketing.[83]

Um problema com anúncios para crianças é que os jovens, especialmente aqueles abaixo dos sete anos de idade, não conseguem distinguir entre o anúncio e o programa.[84] Mesmo em uma idade quando as crianças podem reconhecer essa diferença, elas podem não entender que o propósito do anúncio é de vender algo para elas.[85] Assim, as crianças pequenas não possuem o mesmo ceticismo dos adultos e têm maior chance de acreditar no que veem nos anúncios. Observe, no entanto, que as crianças entendem melhor a intenção informacional ("anúncios informam coisas para você") que a intenção persuasiva.[86]

Mensagens de anúncios também podem se aproveitar das necessidades de satisfação sensual, de brincadeira e de afiliação que as crianças têm, influenciando-as para escolher objetos materiais em preferência a opções socialmente orientadas.[87] Os críticos argumentam que os anúncios ensinam as crianças a se tornarem materialistas, a agir de maneira impulsiva e a esperar gratificação imediata.

Infelizmente, muitos pais não assistem à televisão com seus filhos e não os educam sobre a publicidade. Em consequência, as crianças podem ser particularmente influenciáveis e sujeitas a ter suas opiniões e seus comportamentos influenciados pelos anúncios. A exposição a anúncios frequentemente leva as crianças a intensificarem pedidos para que seus pais comprem produtos, em especial brinquedos, gerando conflito familiar e desapontamentos. As crianças também são expostas a anúncios de produtos que formam, muitas vezes negativamente, suas impressões sobre o que significa ser um adulto.[88] Outra controvérsia está centrada nos tipos de produtos anunciados. Até recentemente, muitos anúncios direcionados às crianças promoviam alimentos açucarados, como balas e cereais adoçados; os críticos dizem que tais anúncios incentivam hábitos alimentares ruins. As empresas estão respondendo a essas preocupações de diversas maneiras, como mostra o exemplo de abertura deste capítulo.

Também surgiram preocupações sobre o fato de que muitos sites que focam em crianças exibem alguma forma de publicidade.[89] Apesar de os pais poderem usar software para bloquear o acesso a alguns sites, as crianças podem não entender a necessidade de evitar fornecer dados pessoais e endereços de e-mail. O acesso à Internet gera, dessa forma, preocupações sobre a privacidade da família, assim como sobre a habilidade das crianças de diferenciar entre o material publicitário e não publicitário na Internet.

IMPLICAÇÕES DE MARKETING

À luz dessas questões relacionadas a anúncios que focam em crianças, tanto a Federal Trade Commission (FTC) como a Federal Communications Commission (FCC) recomendam que as emissoras de televisão usem um aviso separador entre o programa e o anúncio sempre que o programa for direcionado para crianças mais novas. As instituições recomendam a inclusão de uma mensagem antes e imediatamente depois dos anúncios – algo como "Voltaremos depois destas mensagens" antes do intervalo comercial, seguido de "Voltamos a apresentar [nome do programa]" ao final do intervalo – para ajudar as crianças a distinguir entre os anúncios e a programação.[90] A FCC também exige que as emissoras de TV aberta e a cabo limitem a publicidade para crianças num total de 12 minutos por hora nos dias de semana e 10,5 minutos por hora nos finais de semana.[91]

A FTC também estimula o uso de anúncios de utilidade pública (PSAs, sigla em inglês) para ensinar hábitos nutricionais adequados às crianças. Esse programa teve apenas sucesso limitado, porque os PSAs tendem a ser exibidos sem muita frequência e porque simplesmente oferecer informações nutricionais básicas para crianças não é o suficiente para incutir nelas bons hábitos alimentares. Outros programas, em escolas, tentam educar as crianças sobre a nutrição, na esperança de que estas influenciem seus pais a serem mais conscientes sobre esse assunto. Empresas como a Red Lobster estão fornecendo pacotes de informações nutricionais às escolas (nesse caso, as informações nutricionais dos frutos do mar).

O segmento publicitário desenvolveu diretrizes para a publicidade infantil que são impostas pelo Children's Advertising Review Unit (CARU), uma ala do Council of Better Business Bureaus; porém, nem todos os anunciantes estão dispostos a seguir essas diretrizes,[92] as quais incentivam a publicidade verdadeira e precisa, que reconhece as limitações cognitivas das crianças e evitam promover expectativas irreais sobre o que os produtos podem fazer.

Os esforços de marketing promovem a obesidade?

Alguns críticos argumentam que o marketing está contribuindo para o que os cientistas chamam de epidemia mundial de obesidade.[93] A Organização Mundial da Saúde acredita que há evidências conectando a publicidade de comida sem qualidade (*junk food*) e a obesidade infantil, sendo convincentes o suficiente para que governos não apoiem atividades de marketing que promovem hábitos alimentares não saudáveis entre jovens.[94] O Center for Science in the Public Interest, um grupo de defesa dos direitos do cidadão, quer a proibição de anúncios de *junk food* durante programas de TV que tenham 25% ou mais dos espectadores com menos de 18 anos de idade.[95] Como você viu no exemplo de abertura deste capítulo, os profissionais de marketing estão respondendo a tais preocupações com a mudança de seus produtos e da publicidade.

Os pesquisadores investigam várias questões que podem contribuir para a superalimentação e para a obesidade. Por exemplo, os consumidores se sentem menos culpados por comer lanches "com pouca gordura" e, portanto, comem demais? Os profissionais de marketing podem ajudar a combater essa tendência tornando mais explícitas as informações sobre as porções.[96] Os consumidores avaliam corretamente o conteúdo calórico das refeições que consomem? Na realidade, eles tendem a subestimar o conteúdo calórico, uma situação que explica por que alguns legisladores e defensores da saúde querem que os restaurantes divulguem informações nutricionais sobre os alimentos servidos por eles.[97] Outra questão é que os consumidores tendem a perceber alimentos não saudáveis como mais saborosos e gostosos que alimentos saudáveis e, para lidar com essa percepção, os anunciantes de alimentos podem reformulá-los de modo a torná-los mais saudáveis e mais saborosos, como ilustrado no exemplo de abertura deste capítulo.[98]

(IMPLICAÇÕES DE MARKETING)

Mais empresas e veículos de comunicação estão usando o marketing para incentivar comportamentos mais saudáveis. O Monstro do Biscoito da Vila Sésamo agora diz para as crianças que biscoitos "às vezes são comida".[99] Fabricantes de alimentos também enfatizam o sabor gostoso dos alimentos saudáveis e oferece informações nutricionais. A publicidade da marca de creme vegetal Promise da Unilever enfatiza que o creme é "endossado por cardiologistas e pelas papilas gustativas", e menciona a quantidade de gorduras por porção.[100] Alguns anunciantes de alimentos também estão remodelando sites da marca para torná-los menos atraentes para crianças pequenas. A Kellogg, por exemplo, retirou os jogos dos sites de seus cereais.[101]

A publicidade afeta a autoimagem?

Há muito tempo a publicidade é acusada de exibir imagens idealizadas de pessoas e de suas vidas. Por exemplo, poucas pessoas têm casas como aquelas exibidas em anúncios de produtos domésticos, e poucas aproveitam suas férias da maneira idealizada que é representada pela Hallmark e pela Royal Caribbean. A publicidade pode criar uma imagem idealizada de como a vida de alguém *deveria ser* e, se não chegarmos a essa imagem desejada, podemos ficar insatisfeitos. Esta seção avalia duas questões sobre a publicidade e a autoimagem: (1) A publicidade faz os consumidores se sentirem insatisfeitos com sua aparência? (2) A publicidade torna os consumidores materialistas?

Imagens idealizadas do corpo

A maioria dos modelos mostrados em anúncios é magra, com músculos bem desenvolvidos e feições bonitas. Como esses anúncios representam a imagem que a sociedade tem de um homem ou uma mulher ideal, eles exemplificam traços que muitos homens e mulheres jamais terão. Uma questão especialmente saliente para homens e mulheres é como seus corpos se comparam aos dos modelos magros. Na verdade, um estudo descobriu que 11% dos homens disseram que trocariam mais de cinco anos de suas vidas para atingir objetivos pessoais de peso — estatísticas muito parecidas com as respostas das mulheres.[102]

Em muitos países, em particular os ocidentalizados, a magreza é encarada como uma característica de homens e mulheres atraentes. Infelizmente, esse valor pode ser levado a extremos e pode ocasionar distúrbios alimentares, como a anorexia e a bulimia, que afetam aproximadamente 10 milhões de mulheres e 1 milhão de homens nos Estados Unidos. Esses distúrbios também estão aumentando drasticamente entre mulheres jovens no Japão.[103] Por outro lado, comer compulsivamente é um problema para aproximadamente 25 milhões de norte-americanos.[104] Mas anúncios com modelos magros servem de impulso para os consumidores com predisposição a distúrbios alimentares? A identificação com modelos muito magros cria uma insatisfação com o próprio corpo e a aparência?[105] Algumas evidências sugerem que a resposta para essas perguntas é sim.

Teoria da comparação social
Uma teoria que propõe que os indivíduos têm o impulso de comparar a si mesmos com outras pessoas.

A **teoria da comparação social** propõe que os indivíduos têm uma ânsia de se comparar com outras pessoas.[106] Pesquisas consistentes com esta teoria mostram que mulheres jovens se comparam a modelos em anúncios e que essas autocomparações podem afetar a autoestima.[107] Como resultado, os consumidores se sentem inadequados se não estiverem à altura da pessoa com a qual se comparam, e aqueles que se sentem ameaçados por tais comparações mentem sobre seu comportamento para proteger sua autoestima.[108] Curiosamente, algumas pesquisas também constataram que os consumidores que veem anúncios com modelos lindas reduzem sua classificação de atratividade para mulheres de aparência comum. Com base nessas pesquisas, uma conclusão potencialmente forte é a de que a publicidade pode ter um impacto negativo não intencional sobre quão satisfeitos os homens e as mulheres estão com sua aparência.[109] Observe que os consumidores não se sentem mal sobre a comparação se os modelos nos anúncios são extremamente magros.[110]

IMPLICAÇÕES DE MARKETING

Felizmente, algumas empresas estão se tornando mais sensíveis aos efeitos de mensagens desse tipo. Na indústria da moda, a demanda por modelos de tamanhos grandes está aumentando – talvez em resposta às exigências dos consumidores por tipos diferentes de mulheres em produtos e anúncios de moda.[111] Varejistas on-line também oferecem aos consumidores a opção de comprar e provar as roupas em casa.[112] Apesar de algumas mulheres estarem insatisfeitas por como se comparam às modelos nos anúncios, outras estão confortáveis consigo mesmas e são hostis com relação a anunciantes que perpetuam imagens irreais de mulheres.[113] Como parte da Campanha Dove pela Beleza Real, anúncios de sua loção firmadora Dove exibem mulheres com curvas em vez de modelos ultramagras; a campanha recebeu atenção positiva dos consumidores e dos especialistas em marketing.[114] Contudo, como algumas mulheres ainda estão dispostas a usar produtos que envolvem alguns riscos para atingir uma imagem idealizada do corpo, os profissionais de marketing devem revelar os riscos (de um produto farmacêutico, por exemplo) para que as consumidoras possam avaliar quaisquer resultados negativos que possam ocorrer.

Materialismo

Há muito tempo a publicidade é criticada por perpetuar valores materialistas e fazer os consumidores se sentirem menos satisfeitos com suas vidas.[115] Por exemplo, conforme o conteúdo da publicidade retrata cada vez mais temas materialistas, os norte-americanos se tornaram mais materialistas. Os consumidores em outros países também se tornaram mais materialistas, uma tendência que coincide com sua compra de produtos dos Estados Unidos e sua exposição a anúncios desse país. As pesquisas mostram que consumidores que assistem a muita TV e acham que os comerciais são realistas tendem a ser mais materialistas que consumidores que assistem pouco à TV.[116] Os programas de TV podem oferecer uma visão tendenciosa ou distorcida da realidade, mostrando personagens que parecem ter tudo a sua disposição.

As influências familiares podem ser bastante fortes: filhos de pais materialistas tendem a ser mais materialistas do que outras crianças.[117] Adolescentes materialistas fazem mais compras, economizam menos e respondem melhor a esforços de marketing.[118] E com mais marketing e maior ênfase da mídia em marcas, não é surpresa que as crianças conheçam mais de 200 marcas quando chegam ao primeiro ano do ensino fundamental.[119] O foco materialista de nossa sociedade também pode incentivar os valores materialistas em crianças.[120]

A teoria da comparação social prevê que, se a publicidade e a mídia mostrassem indivíduos com muitas posses materiais, os consumidores poderiam usar esses anúncios como um meio de julgar suas próprias realizações. Os consumidores que percebem que têm menos que a população com a qual se comparam podem ficar menos satisfeitos com suas vidas, e algumas evidências apoiam essa ideia. Os consumidores expostos a muita publicidade tendem a superestimar quão boa é a vida de um consumidor comum,[121] uma percepção errônea que cria um esquema de referência potencialmente falso com relação a quanto o consumidor comum possui. Além disso, consumidores materialistas podem prestar atenção indevida nas posses dos outros e fazer inferências sobre essas pessoas com base nas posses que elas possuem.[122]

Como a "boa vida" material frequentemente retratada na publicidade está fora do alcance da maioria, é criada uma insatisfação potencial para os consumidores. Alguns governos têm relutado em mostrar anúncios oriundos dos Estados Unidos por temer que os anúncios criarão uma onda de exigências por produtos que o país não pode produzir e/ou que as pessoas não podem comprar.[123] Embora não tenha sido provado que a publicidade causa o materialismo e a insatisfação, a conexão merece mais atenção e pesquisas.

As práticas de marketing invadem a privacidade dos consumidores?

Muitas organizações, incluindo varejistas, bancos, agências de crédito, negócios na Internet, empresas de telefonia e seguradoras, coletam e trocam informações de consumidores por meio de cartões de registro do produto, solicitações de crédito, monitoramento da atividade do produto, dados da venda e outras técnicas. A privacidade tem recebido mais atenção recentemente porque a Internet dá a oportunidade de coletar um grande volume de informações detalhadas sobre os consumidores.[124]

Os consumidores se preocupam com a quantidade e o tipo de informações que os profissionais de marketing têm a respeito deles.[125] De acordo com algumas pesquisas, os consumidores acreditam que as empresas coletam muitas informações pessoais e eles estão preocupados com ameaças a sua privacidade.[126] Um estudo constatou que 61% dos respondentes decidiram não usar um site financeiro por causa de suas preocupações com a maneira como seus dados pessoais seriam manipulados.[127] Os consumidores também se preocupam com o roubo de identidade, especialmente após incidentes envolvendo o roubo de números da seguridade social e de cartões de crédito.[128] Por exemplo, depois do vazamento de informações pessoais de 121 mil portadores de passes anuais para o parque de entretenimento Disney de Tóquio, centenas deles receberam trotes por telefone ou e-mail.[129]

Os consumidores também reclamam que, enquanto as empresas de cartão de crédito, editoras e empresas de catálogos (entre outras) ganham dinheiro vendendo seus nomes para outras empresas, os próprios consumidores não ganham nada com isso. Além disso, os consumidores gastam tempo limpando mensagens de e-mail de empresas que compram seus nomes e informações de contato.

O grau de preocupação do consumidor e a disposição de fornecer informações pessoais varia de acordo com o tipo de informação que os profissionais de marketing querem coletar.[130] No entanto, embora os consumidores reclamem frequentemente sobre suas preocupações com a privacidade, muitos ainda fornecem informações que poderiam comprometer sua privacidade.[131] Algumas pesquisas sugerem que uma empresa pode aumentar a privacidade oferecendo mais controle e informações sobre as vantagens que os consumidores podem ter (como a oferta customizada de produtos ou serviços) quando permitem que informações pessoais sejam coletadas.[132] A maioria dos sites posta suas políticas de privacidade para explicar quais dados do consumidor são coletados, o que é feitos com eles, como os consumidores podem revê-los, e como esses dados são protegidos – mesmo que tais declarações não ofereçam explicações completas.[133]

(IMPLICAÇÕES DE MARKETING)

Por que os consumidores estão tão preocupados com o uso de suas informações pessoais por profissionais de marketing?

Histórias de horror atingem todos os profissionais de marketing

Alguns profissionais de marketing inescrupulosos usam técnicas de marketing para prejudicar consumidores, como algumas empresas que usaram o telemarketing para fazer consumidores idosos gastarem suas economias. Essas histórias recebem muita atenção da mídia e mancham a imagem de todos os profissionais de marketing. Os consumidores também se preocupam com a falta de privacidade em geral, como perder um emprego porque seu histórico de saúde vazou para um empregador.

Comunicar como a informação ajuda os consumidores

Os consumidores precisam saber mais sobre o uso das informações coletadas e como eles serão beneficiados por isso. Por exemplo, empresas de catálogos coletam detalhes sobre as características das residências dos consumidores, suas preferências de estilo e tamanhos, para que possam customizar seus catálogos. Essa prática (1) elimina o desperdício, porque os profissionais de marketing podem focar nos consumidores-alvo de maneira mais eficaz, (2) faz uma combinação melhor entre os produtos e as necessidades do consumidor e (3) mantém os custos baixos, de modo que a economia é repassada para os consumidores.

Leis e regulamentos autoimpostos

Os consumidores estão ganhando mais poder contra esforços de marketing indesejados. Mais de 145 milhões de consumidores nos Estados Unidos adicionaram seus números de telefone à lista "não me ligue" da FTC.[134] Os consumidores norte-americanos também podem escrever para a Associação do Marketing Direto (*Direct Marketing Association*) ou entrar em seu site (www.the-dma.org) e solicitar que seus nomes não sejam vendidos a outras empresas.

Mercados para a proteção da privacidade

Preocupações a respeito da privacidade também criam oportunidades para que os profissionais de marketing desenvolvam novas ofertas projetadas para proteger a privacidade do consumidor. Conforme a privacidade continua a ser desgastada, os consumidores podem se interessar mais por esses serviços.[135]

Questões de responsabilidade social em marketing

Os consumidores e as empresas estão cada vez mais preocupados com as consequências ambientais de produtos e do marketing. Duas questões de responsabilidade social que recebem atenção específica nessa área são como estimular o comportamento ecologicamente consciente e como estimular o comportamento conservacionista. Outra questão central é como os consumidores podem resistir a esforços de marketing indesejados e censuráveis.

Comportamento ecologicamente consciente

Os profissionais de marketing estão envolvidos de maneira tanto direta quanto indireta em esforços para estimular o comportamento ecologicamente consciente e para lidar com preocupações sobre o aquecimento global. Fabricantes de carros, seus fornecedores e empresas de gasolina devem seguir os requisitos do governo, como o uso de gasolina sem chumbo e a adesão a controles mais rígidos de emissões para diminuir os danos ambientais. Esses esforços às vezes aumentam os custos de marketing, porém abrem também novas oportunidades de lucros.

Outra preocupação é o aumento da quantidade de lixo em nosso meio ambiente. Atualmente, muitos produtos (como o amaciante de roupas Lenor, na Alemanha, a loção Jergen e os limpadores Windex) são vendidos em embalagens com refil.[136] Consumidores na Romênia e em outros países reduzem o lixo usando garrafas reutilizáveis para vinho, cerveja, água com gás, óleo e leite. Muitas empresas também estão sendo forçadas, tanto por consumidores como pelos varejistas, a usar menos embalagens nos produtos, ou a usar embalagens ecológicas.[137] Sites como *www.catalogchoice.org* oferecem aos consumidores a oportunidade de não receber catálogos indesejados, economizando papel. A tendência para o uso de produtos ecológicos está crescendo, preparando o caminho para empresas como a Seventh Generation, que comercializa produtos de limpeza doméstica ecológicos.[138] Os telefones celulares "Refeitos" da Nokia usam 100% de peças recicladas, o mais recente esforço da empresa em direção a produtos "mais verdes".[139]

As pesquisas a respeito da reciclagem demonstram que crenças específicas sobre a importância da reciclagem e as opiniões com relação à reciclagem em geral podem influenciar diretamente no envolvimento dos consumidores em comportamentos de reciclagem, e se percebem que a reciclagem é inconveniente.[140] Por outro lado, comportamentos ecologicamente conscientes têm maior probabilidade de ocorrer quando consumidores percebem que suas ações fazem a diferença – a *eficácia percebida do consumidor*.[141]

Comportamento conservacionista

Comportamento conservacionista Limitação do uso de recursos naturais escassos com o propósito de preservar o meio ambiente.

Um segundo aspecto importante da proteção ambiental é o **comportamento conservacionista**. A necessidade de conservar é especialmente vital na visão dos aumentos dos problemas do descarte de lixo e da escassez de recursos naturais. As empresas percebem agora que o lixo foi um recurso mal utilizado e estão encontrando formas criativas de tornar os produtos mais duráveis e de reutilizar materiais. Em particular, pesquisadores que estudam o comportamento dos consumidores têm se interessado por dois aspectos do comportamento conservacionista: quando é provável que os consumidores conservem e como os consumidores podem ser estimulados a agir de modo mais ecológico?

Quando é provável que os consumidores conservem?

É mais provável que os consumidores conservem quando aceitam a responsabilidade pessoal pelo problema da poluição.[142] Por exemplo, consumidores que percebem que há falta de energia em função do comportamento de todos os consumidores (incluindo a si mesmos) têm maior probabilidade de aceitar a responsabilidade pessoal e fazer algo com relação a disso. No entanto, os consumidores frequentemente não se sentem responsáveis por muitos problemas ambientais e não são estimulados a agir. Assim, para que os programas de conservação sejam bem-sucedidos, as mensagens devem tornar o problema relevante pessoalmente. Por exemplo, para que os consumidores economizem energia baixando o termostato, as mensagens poderiam focar em quanta energia e dinheiro os consumidores economizarão por ano e por um período mais longo. Também é mais provável que os consumidores conservem quando não há barreiras para que façam isso.[143]

Um estudo na Holanda aponta para a importância de usar normas sociais para influenciar os comportamentos ambientais dos consumidores. Esse estudo constatou que os consumidores geralmente percebem que estão mais estimulados a se envolver em um comportamento que outras famílias estão, mas que têm menos habilidade para fazer isso.[144] Além disso, eles acreditam que a habilidade é o maior determinante e que seu próprio comportamento é influenciado por outros.

Os consumidores podem ser estimulados a ser ecológicos?

Muitas organizações e agências estão tentando estimular consumidores a ser mais ecológicos, e às vezes os anúncios incentivam os consumidores a usarem produtos ou embalagens que conservam recursos ou para se envolver em comportamentos conservacionistas. Outra abordagem é o uso de comunicações, auditorias domésticas e etiquetas de eletrodomésticos para oferecer informações detalhadas sobre como ser ecologicamente correto.[145] Uma abordagem mais promissora é a de oferecer aos consumidores incentivos para conservar. Dar aos consumidores um equipamento para reduzir o fluxo de água do chuveiro, por exemplo, aumentou significativamente a participação em um programa de conservação de energia. Os consumidores preferem incentivos, como créditos em impostos, a táticas coercivas, como impostos mais altos. Além disso, o estabelecimento de objetivos e o *feedback* constante pode ajudar os consumidores a reduzir seu uso de energia.

IMPLICAÇÕES DE MARKETING

Os consumidores estão cada vez mais cientes de esforços e oportunidades de conservação, graças aos esforços de marketing do governo e das empresas. O programa Energy Star, da Agência de Proteção Ambiental (*Environmental Protection Agency*), promovido por meio de etiquetagem em embalagens e da participação na publicidade dos fabricantes, ajuda os consumidores a escolherem eletrodomésticos e computadores com eficiência energética. A eliminação gradual de produtos que consomem muita energia como lâmpadas incandescentes nos Estados Unidos, na Austrália, na Europa e em outros países dá tempo para instruir os consumidores sobre alternativas de conservação, como as lâmpadas fluorescentes compactas.[146] Enquanto isso, os profissionais de marketing estão apelando para consumidores com mentalidade ecológica por meio da certificação de seus produtos por grupos independentes, como o Green Seal, que tranquilizam os consumidores de que determinados padrões de conservação e eficiência estão sendo seguidos.[147] Algumas empresas, como a Coca-Cola, estão desenvolvendo campanhas de marketing divulgando as ações que estão tomando para ser mais ecologicamente corretos.[148]

Como os consumidores podem resistir às práticas de marketing?

Se os consumidores estão incomodados com relação a determinadas práticas de marketing, podem resistir a elas e tentar gerar mudanças individualmente por meio de grupos de defesa e por meio de boicotes.[149] Os consumidores que estão insatisfeitos ou infelizes com práticas de marketing podem escolher não comprar mais dessas empresas no futuro, reclamar e fazer boca a boca negativo. Essas estratégias de resistência individuais do consumidor podem ser muito eficazes.

Estratégias de grupo são potencialmente ainda mais poderosas do que esforços desorganizados feitos por consumidores e alguns grupos de defesa formalmente organizados envolvem-se em resistência informando ao público sobre práticas de negócios que são consideradas socialmente inapropriadas.[150] O Centro para o Estudo do Comercialismo (Center for the Study of Commercialism), por exemplo, distribui informações e usa a pressão para parar práticas de marketing como a publicidade em escolas. *Adbusters*, uma revista publicada pela Media Foundation do Canadá, infor-

Boicote Atividade organizada na qual os consumidores evitam adquirir produtos ou serviços de uma empresa cujas políticas ou práticas são consideradas injustas ou parciais.

ma consumidores sobre excessos comerciais.[151] Adolescentes em Minnesota formaram o Target Market, um grupo de advocacia para desencorajar menores de fumar.[152]

Um **boicote** é uma atividade organizada na qual os consumidores evitam adquirir produtos ou serviços de uma empresa cujas políticas ou práticas são consideradas injustas ou parciais. O boicote é uma maneira de os consumidores responsabilizarem as empresas por ações percebidas como censuráveis. Assim, muitos consumidores são estimulados pela oportunidade e pela probabilidade de fazer a diferença. Os consumidores que são particularmente suscetíveis às influências normativas dos grupos de referência que conduz o boicote têm maior probabilidade de participar que aqueles que são menos suscetíveis. Por fim, os consumidores podem tentar se sentir menos culpados e melhorar ou sustentar sua autoestima juntando-se a um boicote específico.[153]

Os boicotes organizados conseguem obter publicidade, e é mais provável que tenham mais impacto que o mesmo número de consumidores agindo sozinhos.[154] A Nike, por exemplo, foi boicotada por causa das péssimas condições de trabalho em algumas de suas fábricas no exterior, onde seus tênis e roupas são fabricados. Em resposta, a Nike reviu as condições das fábricas, chamou a organização sem fins lucrativos Fair Labor Association para verificar as instalações e abandonou fornecedores que não mantinham condições adequadas.[155]

Às vezes, os boicotes são direcionados contra as atividades de uma empresa em vez de contra um produto. A American Family Association boicotou a Ford porque algumas das doações da empresa para instituições de caridade foram feitas para grupos que apoiam casamentos de pessoas do mesmo sexo e porque alguns dos anúncios da empresa apareceram na mídia orientada para gays. O boicote terminou depois de dois anos, quando a Ford, lutando contra grandes perdas não relacionadas ao boicote, cortou sua verba publicitária e parou de fazer doações para muitos grupos, inclusive para aqueles combatidos pela American Family Association.[156] Os indicadores primários de que um boicote teve sucesso não é que este causou efeitos financeiros, mas que (1) levou a mudanças nas políticas ofensivas, (2) fez as empresas se responsabilizarem mais por seus planos para atividades futuras e (3) forçou mudanças no comportamento de empresas que não eram o alvo do boicote, mas que se envolvem em práticas semelhantes.

Resumo

O comportamento anormal do consumidor abarca tanto o comportamento ilegal quanto aquele que é psicológica e/ou fisicamente anormal. Comportamentos anormais de aquisição incluem comprar compulsivamente, o furto e a compra em mercados negros; comportamentos de consumo anormal incluem o consumo por dependência e compulsivo, e beber e fumar abaixo da idade permitida. Esses comportamentos são relativamente difundidos e, embora alguns (como os mercados negros) possam oferecer certas vantagens para o consumidor, a maioria tem efeitos relativamente negativos nos consumidores e nos grupos sociais em que operam.

Os críticos questionaram se e/ou quanto às práticas de marketing influenciam esses comportamentos.

A publicidade foi acusada de promover a obesidade, perpetuando imagens idealizadas do corpo, criando valores materialistas e invadindo a privacidade do consumidor. Em resposta, muitas empresas estão adotando estratégias para reduzir as críticas do público e para colocar as práticas de marketing sob uma luz mais favorável. Os profissionais de marketing também estão interessados nas questões de responsabilidade social dos comportamentos conservacionista e ecológico. Os consumidores demonstram sua desaprovação de práticas consideradas indesejadas, malconceituadas, censuráveis e/ou antiéticas por meio da resistência individual, do apoio de grupos de advocacia e da participação em boicotes.

Perguntas para revisão e discussão

1. O que é comprar compulsivamente e por que é um problema?
2. Como a tentação e a racionalização afetam o furto cometido pelo consumidor?
3. Como o comportamento de dependência difere do comportamento compulsivo e do comportamento impulsivo?
4. O que é a teoria da comparação social e como é aplicada à publicidade?
5. O que influencia o comportamento ecologicamente consciente do consumidor?
6. O que os consumidores podem fazer para resistir às práticas de marketing que percebem como indesejadas ou antiéticas?

CASO – COMPORTAMENTO DO CONSUMIDOR
Seus dados pessoais são privados? Estão seguros?

Sempre que você usa um cartão de crédito ou de débito para comprar alguma coisa – on-line, em uma loja, pelo correio ou pelo telefone –, sua aquisição é registrada e armazenada na base de dados do varejista (bem como na base de dados do banco). A análise de seus padrões de aquisição ajuda as empresas a desenvolver ofertas mais adequadas e comunicações mais focadas. No entanto, um número crescente de consumidores mostra preocupação que os nomes e números nestas bases de dados podem ser roubados eletronicamente, ou pelo roubo de laptops ou de fitas de computadores. Foi exatamente isso que aconteceu quando hackers invadiram a rede de computadores da matriz da empresa varejista TJ Maxx e roubaram mais de 45 milhões de números de cartões de crédito e de débito. Por causa do roubo, milhões de consumidores tiveram de pedir que seus cartões fossem cancelados pelos bancos e que cartões novos fossem emitidos.

Todos os anos, milhões de consumidores dos Estados Unidos são vítimas de roubo de identidade e os números de seus cartões de crédito ou outros detalhes são roubados e usados para fazer compras fraudulentas. O governo estima que US$ 50 bilhões em bens, serviços e fundos são roubados anualmente por meio do roubo de identidade. Com tantos dados sendo coletados e armazenados por tantas empresas e agências governamentais, a segurança é uma preocupação importante. Às vezes os consumidores são enganados e revelam informações em resposta a e-mails, cartas ou ligações telefônicas que parecem legítimas, mas não são.

Mesmo quando você está apenas clicando na Internet, alguns sites estão coletando informações pessoais a seu respeito e você pode nem saber disso. Muitos sites instalam *cookies* – pequenos arquivos de dados – no disco rígido de seu computador para rastrear seus movimentos em cada site e para determinar quais páginas e itens você olhou, quanto tempo ficou e em que links clicou. O benefício obtido desse rastreamento é que os sites podem customizar sua experiência on-line conhecendo os itens que você buscou ou olhou. Ao mesmo tempo, seu comportamento on-line pode ser rastreado por softwares que determinam quais anúncios você verá com base nos sites que você visitou. Essa situação preocupa os defensores da privacidade, que querem que as empresas revelem claramente o que estão rastreando e por que, e que obtenham a permissão do consumidor antes de rastrear. O Center for Digital Democracy e outros grupos têm pressionado por uma lista federal de "não me rastreie" – parecida com a lista "não me ligue" – para que os consumidores possam optar por não ser rastreados on-line.

Embora muitos sites postem políticas de privacidade para explicar suas práticas de coleta de dados, os consumidores nem sempre notam essas políticas nem entendem para que os dados estão sendo usados. O Google, por exemplo, lidou com essas preocupações mudando sua política de guardar informações sobre pesquisas realizadas por consumidores por até 18 meses e depois apagar esses dados. Os consumidores também podem ver os dados de suas pesquisas arquivadas no Google, editar seus detalhes pessoais e ter todos os dados apagados, se desejarem.

Entretanto, às vezes empresas tomam ações que parecem inconsistentes com suas políticas de privacidade. Por exemplo, a empresa farmacêutica Eli Lilly violou sua política de privacidade revelando inadvertidamente os nomes de pessoas que tinham se inscrito para receber informações do seu site Prozac.com. Em resposta, a Federal Trade Commission ordenou que a Eli Lilly instalasse um sistema para proteger os dados do cliente pelos próximos 20 anos e para relatar seus processos de segurança anualmente.

O site de relacionamento social Facebook, no qual os usuários postam todo tipo de pensamentos, fotos, vídeos e mais informações pessoais, também teve problemas com a privacidade. Não faz muito tempo, foi lançado um artigo publicitário no qual as ações do usuário (como uma alta pontuação em um jogo on-line ou a compra de uma entrada de cinema) apareciam na página do usuário e no site do anunciante. Depois de protestos de usuários e de defensores da privacidade, o Facebook mudou o artigo de modo que as ações só seriam visíveis quando os usuários permitissem especificamente que fossem postadas.[157]

Perguntas sobre o caso

1. O que você recomendaria que a TJ Maxx fizesse para tranquilizar compradores que os dados de seus cartões de crédito e débito estarão seguros no futuro?

2. A partir da perspectiva do profissional de marketing, quais são as vantagens e desvantagens de adotar uma lista de "não me rastreie" que não permitiria que você coletasse os dados comportamentais dos consumidores listados?

3. Se você fizesse parte do quadro de marketing do Facebook, como lidaria com as preocupações expressadas pelos defensores da privacidade?

Notas

Capítulo 1

1. Kenji Hall, Japan: Google's real-life lab, *BusinessWeek*, 25 fev. 2008, p. 55-58; Ian Rowley, Testing what's hot in the cradle of cool, *BusinessWeek*, 7 maio 2007, p. 46.
2. Jacob Jacoby, Consumer psychology: an octennium. In: (Ed.) Paul Mussen; Mark Rosenzweig, *Annual Review of Psychology* (Palo Alto: Annual Reviews, 1976), p. 331-358. Com permissão da *Annual Review of Psychology*, v. 27, 1976, por Annual Reviews.
3. Pauline Maclaran; Stephen Brown, The center cannot hold: consuming the utopian marketplace, *Journal of Consumer Research* 32, n. 2, 2005, p. 311-323; Dawn R. Deeter-Schmelz; Jane L. Sojka, Wrestling with American values: an exploratory investigation of world wrestling entertainment as a product-based subculture, *Journal of Consumer Behaviour* 4, n. 2, 2004, p. 132-143; Stuart Elliott, Crossing the street is anything but pedestrian, *New York Times*, 25 maio 2004, www.nytimes.com.
4. Veja, por exemplo, C. A. Russell; A. T. Norman; S. E. Heckler, The consumption of television programming: development and validation of the connectedness scale, *Journal of Consumer Research*, jun. 2004, p. 150-161; S. P. Mantel; J. J. Kellaris, Cognitivedeterminants of consumers' time perceptions: the impact of resources required and available, *Journal of Consumer Research*, mar. 2003, p. 531-538; e J. Cotte; S. Ratneshwar; D. G. Mick, The times of their lives: phenomenological and metaphorical characteristics of consumer lifestyles, *Journal of Consumer Research*, set. 2004, p. 333-345.
5. Joachim Vosgerau; Klaus Wertenbroch; Ziv Carmon, Indeterminancy and live television, *Journal of Consumer Research* 32, n. 4, 2006, p. 487-495.
6. Erica Mina Okada; Stephen J. Hoch, Spending time versus spending money, *Journal of Consumer Research* 31, n. 2, 2004, p. 313-323.
7. Morris B. Holbrook, What Is consumer research? *Journal of Consumer Research*, jun. 1987, p. 128-132; Russell W. Belk, Manifesto for a consumer behavior of consumer behavior, *Scientific Method in Marketing*, 1984, AMA Winter Educators' Conference, St. Petersburg, FL. Robyn A. LeBoeuf, Discount rates for time versus dates: the sensitivity of discounting to time-interval description, *Journal of Marketing Research*, fev. 2006, p. 59-72.
8. Baba Shiv; Ziv Carmon; Dan Ariely, Placebo effects of marketing actions: consumers may get what they pay for, *Journal of Marketing Research*, nov. 2005, p. 383-393.
9. Jonathan Arndt, Role of product-related conversations in the diffusion of a new product, *Journal of*
10. *Marketing Research*, ago. 1967, p. 291-295; Vijay Mahajan; Eitan Muller; Frank M. Bass, New Product Diffusion models in marketing: a review and directions, *Journal of Marketing*, jan. 1990, p. 1-27.
11. Jacob Jacoby; Carol K. Berning; Thomas F. Dietworst, What about disposition? *Journal of Marketing*, abril 1977, p. 22-28.
12. Easwar S. Iyer; Rajiv K. Kashyap, Consumer recycling: role of incentives, information, and social class, *Journal of Consumer Behaviour* 6, n. 1, 2007, p. 32-47.
13. Nigel F. Maynard, Waste Not, *Building Products*, jul. -ago. 2004, p. 45+.
14. Veja Peter Francese, A new era of cold hard cash, *American Demographics*, jun. 2004, p. 40-41.
15. Joydeep Srivastava; Priya Raghubir, Debiasing using decomposition: the case of memory-based credit card expense estimates, *Journal of Consumer Psychology* 12, n. 3, 2002, p. 253-264.
16. Average annual expenditures of all consumer units and percent changes, U. S. Department of Labor, U. S. Bureau of Labor Statistics, *Consumer Expenditure Survey 2003-2005*, fev. 2007, Tabela A.
17. Mathis Chazanov, Body Language, *Los Angeles Times: Westside News*, 30 abr. 1995, p. 10-15.
18. Kristine R. Ehrich; Julie R. Irwin, Willful ignorance in the request for product attribute information, *Journal of Marketing Research*, ago. 2005, p. 266-277; Markus Giesler, Consumer gift systems, *Journal of Consumer Research* 33, n. 2, 2006, p. 283-290.
19. Michael Basnjak; Dirk Obermeier; Tracy L. Tuten, Predicting and explaining the propensity to bid in online auctions: a comparison of two action-theoretical methods, *Journal of Consumer Behaviour* 5, n. 2, 2006, p. 102-116; Barbara B. Stern; Maria Royne Stafford, Individual and social determinants of winning bids in online auctions, *Journal of Consumer Behaviour* 5, n. 1, 2006, p. 43-55; Charles M. Brooks; Patrick J. Kaufmann; Donald R. Lichtenstein, Travel configuration on consumer trip-chained Store Choice, *Journal of Consumer Research* 31, n. 2, 2004, p. 241-248.
20. Matthew J. Bernthal; David Crockett; Randall L. Rose, Credit cards as lifestyle facilitators, *Journal of Consumer Research* 32, n. 1, 2005, p. 130-145; President of eBay's PayPal reportedly sees no e-commerce Slowdown, *MarketWatch*, 17 mar. 2008, www.marketwatch.com.
21. Veja, por exemplo, Valerie S. Folkes; Ingrid M. Martin; Kamal Gupta, When to say when: effects of supply on usage, *Journal of Consumer Research*, dez. 1993, p. 467-477.
22. Pui-Wing Tam, Entreaty to Camera-Phone Photographers: Please Print, *Wall Street Journal*, 28 dez. 2004, p. B1, B3.
23. Mark A. Le Turck; Gerald M. Goldhaben, Effectiveness of product warning labels: effects of consumer information processing objectives, *Journal of Public Affairs*, 1989, p. 111-125.
24. Russell W. Belk, Collecting as luxury consumption: effects on individuals and households, *Journal of Economic Psychology*, set. 1995, p. 477-490.
25. Jacoby; Berning; Dietworst, What about disposition?
26. June Cotte; S. Ratneshwar; David Glen Mick, The times of their lives: phenomenological and metaphorical characteristics of consumer timestyles, *Journal of Consumer Research* 31, n. 2, 2004, p. 333-345.
27. Michael Arndt, McDonald's 24/7, *BusinessWeek*, 5 fev. 2007, p. 64+.

28. Rongrong Zhou de Dilip Soman, Looking back: exploring the psychology of Queuing and the effect of the number of people behind, *Journal of Consumer Research*, mar. 2003, p. 517-530.
29. Stephen M. Nowlis, Naomi Mandel e Deborah Brown McCabe, The Effect of a Delay Between Choice and Consumption on Consumption Enjoyment, *Journal of Consumer Research*, dez. 2004, p. 502-210.
30. Erica Mina Okada, Trade-ins, mental accounting, and product replacement decisions, *Journal of Consumer Research* 27, mar. 2001, p. 433-446.
31. John Fetto, Supershoppers, *American Demographics*, maio 2003, p. 17.
32. Ylan Q. Mui, Paging through the holidays, *Washington Post*, 1 dez. 2007, p. D1.
33. Kuan-Pin Chiang; Ruby Roy Dholakia, Factors driving consumer intention to shop online: an empirical investigation, *Journal of Consumer Psychology* 13, n. 1, 2003, p. 177-183; David Whelan, A Tale of Two Consumers, *American Demographics*, 1º set. 2001, p. 54-57.
34. Jonathan Birchall, How to cut in the middleman, *Financial Times*, 12 mar. 2008, p. 12.
35. Rebecca Buckman; David Pringle, Cellphones Help with Disaster Relief, *Wall Street Journal*, 3 jan. 2005, p. B5; Hassan Fattah, America Untethered, *American Demographics*, mar. 2003, p. 34-41; Hassan Fattah; Pamela Paul, Gaming gets serious, *American Demographics*, maio 2002, p. 39-43.
36. Linda L. Price; Eric J. Arnould; Carolyn Folkman Curasi, Older consumers' disposition of special possessions, *Journal of Consumer Research*, set 2000, p. 179-201.
37. Harriet Blake, Don't toss it, freecycle it, *Boston Globe*, 5 mar. 2008, www.boston.com.
38. Morris B. Holbrook; Meryl P. Gardner, How motivation moderates the effects of emotion on the duration of consumption, *Journal of Business Research*, jul. 1998, p. 241-252.
39. Rasul Bailay, A Hindu Festival Attracts the Faithful e U. S. Marketers, *Wall Street Journal*, 12 fev. 2001, p. A18.
40. Pierre Chandon; Brian Wansink, When are tockpiled products onsumed faster? *Journal of Marketing Research*, ago. 2002, p. 321-335.
41. Joseph C. Nunes, A cognitive model of people's usage estimations, *Journal of Marketing Research* 38, nov. 2000, p. 397-409.
42. Kathleen D. Vohs; Ronald J. Faber, Spent resources: self--regulatory resource availability affects impulse buying, *Journal of Consumer Research* 33, n. 4, 2007, p. 537-548; Suresh Ramanathan and Geeta Menon, Time-varying effects of chronic hedonic goals on impulsive behavior, *Journal of Marketing Research*, nov. 2006, p. 628-641; Fritz Strack; Lioba Werth; Roland Deutsch, Reflective and impulsive determinants of consumer behavior, *Journal of Consumer Psychology* 16, n. 3, 2006, p. 205-216; Xueming Luo, How does shopping with others influence impulsive purchasing? *Journal of Consumer Psychology* 15, n. 4, 2005, p. 288-294; Rosellina Ferraro; Baba Shiv; James R. Bettman, Let us eat and drink, for tomorrow we shall die: effects of mortality salience and self-esteem on self-regulation in consumer choice, *Journal of Consumer Research* 32, n. 1, 2005, p. 65-75; Anirban Mukhopadhyay; Gita Venkataramani Johar, Where there is a will, is there a way? Effects of lay theories of self-control on setting and keeping resolutions, *Journal of Consumer Research* 31, n. 4, 2005, p. 779-786.
43. Allison R. Johnson; David W. Stewart, A re-appraisal of the role of emotion in consumer behavior: traditional and contemporary approaches, em editor Naresh Malhotra, *Review of Marketing Research*, v. 1, 2004, p. 1-33; R. P. Bagozzi; M. Gopinath; P. U. Nyer, The role of emotions in marketing, *Journal of the Academy of Marketing Science* 27, n. 2, 1999, p. 184-206.
44. Deborah J. MacInnis; Gustavo de Mello, The concept of hope and its relevance to product evaluation and choice, *Journal of Marketing*, jan. 2005, p. 1-14; Gustavo De-Mello, Deborah J. MacInnis; David W. Stewart, Threats to hope: effects on reasoning about product information, *Journal of Consumer Research* 34, n. 2, 2007, p. 153-161.
45. Kirsten Passyn; Mita Sujan, Self-accountability emotions and fear appeals: motivating behavior, *Journal of Consumer Research* 32, mar. 2006, p. 583-589; O. Shehryar e D. Hunt, A terror management perspective on the persuasiveness of fear appeals, *Journal of Consumer Psychology*, 15, n. 4, 2005, p. 275-287.
46. Eric A. Greenleaf, Reserves, regret e rejoicing in open english auctions, *Journal of Consumer Research* 31, n. 2, 2004, p. 264-273; Marcel Zeelenberg; Rik Pieters, A theory of regret regulation 1. 0, *Journal of Consumer Psychology* 17, n. 1, 2007, p. 3-18; Ran Kivetz and Anat Keinan, Repenting hyperopia: an analysis of self-control regrets, *Journal of Consumer Research* 33, n. 2, 2006, p. 273-282; Lisa J. Abendroth; Kristin Diehl, Now or never: effects of limited purchase opportunities on patterns of regret over time, *Journal of Consumer Research* 33, n. 3, 2006, p. 342-351.
47. Darren W. Dahl; Heather Honea; Rajesh V. Manchanda, The three Rs of interpersonal consumer guilt: relationship, reciprocity, reparation, *Journal of Consumer Psychology* 15, n. 4, 2005, p. 307-315; Brian Wansink; Pierre Chandon, Can 'Low-Fat' Nutrition Labels Lead to Obesity? *Journal of Marketing Research*, nov. 2006, p. 605-617.
48. Darren Dahl; Rajesh V. Manchanda; Jennifer J. Argo, Embarrassment in consumer purchase: the roles of social presence and purchase familiarity, *Journal of Consumer Research*, dez. 2001, p. 473-483.
49. Georgios A. Bakamitsos, A cue alone or a probe to think: the dual role of affect in product evaluations, *Journal of Consumer Research*, dez. 2006, p. 403-412; Eduardo Andrade, Behavioral consequences of affect: combining evaluative and regulatory mechanisms, *Journal of Consumer Research*, dez. 2005, p. 355-362; Harper A. Roehm; Michelle L. Roehm, Revisiting the effect of positive mood on variety seeking, *Journal of Consumer Research*, set. 2005, p. 330-336.
50. Aaron C. Ahuvia, Beyond the extended self: loved objects and consumers' identity narratives, *Journal of Consumer Research* 32, jun. 2005, p. 171-184.
51. Joel B. Cohen; Eduardo B. Andrade, Affective intuition and task-contingent affect regulation, *Journal of Consumer Research* 31, n. 2, 2004, p. 358-367; Nitika G. Barg; Brian Wansink; J. Jeffrey Inman, The influence of incidental affect on consumers' food intake, *Journal of Marketing*, jan. 2007, p. 194-206.

52. Thorsten Hennig-Thurau; Markus Groth; Michael Paul, Are all smiles created equal? How emotional contagion and emotional labor affect service relationships, *Journal of Marketing*, jul. 2006, p. 58-73.
53. Adam Duhachek; Dawn Iacobucci, Consumer personality and coping: testing rival theories of process, *Journal of Consumer Psychology* 15, n. 1, 2005, p. 52-63; Adam Duhachek, Coping: a multidimensional, hierarchical framework of responses to stressful consumption episodes, *Journal of Consumer Research* 32, n. 1, 2005, p. 41-53.
54. Sheena Leek; Suchart Chanasawatkit, Consumer confusion in the Thai mobile phone market, *Journal of Consumer Behavior* 5, n. 6, 2006, p. 518-532.
55. Teresa M. Pavia; Marlys J. Mason, The reflexive relationship between consumer behavior and adaptive coping, *Journal of Consumer Research* 31, n. 2, 2004, p. 441-454.
56. Linda L. Price; Eric Arnould; Carolyn Folkman Curasi, Older consumers' dispositions of special possessions, *Journal of Consumer Research*, set. 2000, p. 179-201.
57. Natalie Ross Adkins; Julie L. Ozanne, The low literate consumer, *Journal of Consumer Research* 32, n. 1, 2005, p. 93-105.
58. John G. Lynch; G. Zauberman, Construing consumer decision making, *Journal of Consumer Psychology* 17, n. 2, 2007, p. 107-112.
59. John A. Bargh, Losing consciousness: automatic influences on consumer judgment, behavior, and motivation, *Journal of Consumer Research*, set. 2002, p. 280-285; Stewart Shapiro, When an ad's influence is beyond our conscious control: perceptual and conceptual fluency effects caused by incidental ad exposure, *Journal of Consumer Research*, jun. 1999, p. 16-36; Ap Dijksterhuis; Pamela K. Smith; Rick B. Van Baaren; Daniel H. J. Wigboldus, The unconscious consumer: effects of environment on consumer behavior, *Journal of Consumer Psychology* 15, n. 3, 2005, p. 193-202.
60. Deborah J. MacInnis; Vanessa M. Patrick; C. Whan Park, Not as happy as I thought I'd be? Affective misforecasting and product evaluations, *Journal of Consumer Research*, mar. 2007, p. 479-490; Deborah J. MacInnis; Vanessa M. Patrick; C. Whan Park, Looking through the crystal ball: affective forecasting and misforecasting in consumer behavior, *Review of Marketing Research 2*, 2006, p. 43-80.
61. Vohs; Faber, Spent resources: self-regulatory resource availability affects impulse buying.
62. Lisa Guernsey, A site to bring parents up to speed on video games, *New York Times*, 31 jan. 2008, p. C8; Colin Moynihan, Council finds unfit games sold to youths, *New York Times*, 19 dez. 2004, p. 53; Groups assail most violent Video games, industry rating system, *Los Angeles Times*, 24 nov. 2004, p. A34.
63. News analysis: Tobacco's last stand? *Marketing*, 27 out. 2004, p. 15.
64. Douglas Bowman; Carrie M. Heilman; P. B. Seetharaman, Determinants of product-use compliance behavior, *Journal of Marketing Research*, ago. 2004, p. 324-338.
65. Dipankar Chakravarti, Voices unheard: the psychology of consumption in poverty and development, *Journal of Consumer Psychology* 16, n. 4, 2006, p. 363-376.
66. James R. Bettman, *An information processing theory of consumer choice* (Reading, Mass. : Addison-Wesley, 1979).
67. Michael Marriott, Gadget designers take aim at women, and not just by adding pink, *New York Times*, 7 jun. 2007, p. C7.
68. Lisa Sanders, Major marketers get wise to the power of assigning personas, *Advertising Age*, 9 abril 2007, p. 36; Lorri Freifeld, Focus on retail: best buy connects with customers, *Training*, 1 ago. 2007, n. p. ; Matthew Boyle, Best buy's giant gamble, *Fortune*, 29 mar. 2006, www. cnnmoney. com; Brad Anderson, Minding the store: analyzing customers, best buy decides not all are welcome, *Wall Street Journal*, 8 nov. 2004, p. A13; Laura Heller, The sound a big kid makes, *DSN Retailing Today*, jan. 2006, p. 12.
69. Dale Buss, Can harley ride the new wave? *Brandweek*, 25 out. 2004, p. 203.
70. Robert D. Jewell; H. Rao Unnava, Exploring differences in attitudes between light and heavy brand users, *Journal of Consumer Psychology* 14, v. 1-2, 2004, p. 75-80.
71. Mike Beirne, Virgin mobile goes after Phone poets, *Brandweek*, 24 mar. 2008, www. brandweek. com; Todd Wasserman, Virgin mobile's new call placed to teens' parents, *Brandweek*, 13 dez. 2004, p. 14.
72. Veja Claudiu V. Dimofte; Richard F. Yalch, Consumer response to polysemous brand slogans, *Journal of Consumer Research* 33, n. 4, 2007, p. 515-522.
73. Veja Alexander Chernev, Jack of all trades or master of one? Product differentiation and compensatory reasoning in consumer choice, *Journal of Consumer Research* 33, n. 4, 2007, p. 430-444.
74. Mark Rechtin, Online assembly line allows built-to-order scions, delivered fast, *Automotive News*, 4 fev. 2008, www. autonews. com; Phil Patton, Mad Scionists: Young, Hip, and a Bit Less Square, *New York Times*, 17 jun. 2007, p. AU-2.
75. Ellen Byron, Ad campaign and sharper styles help gold shed Its frumpy image, *Wall Street Journal*, 24 dez. 2004, p. A7, A9.
76. Stuart Elliott, And the winning flavor is… *New York Times*, 20 set. 2007, p. C3.
77. Rob Walker, Risky business, *New York Times Magazine*, 28 nov. 2004, p. 68.
78. Joe Keohane, Fat profits, *Conde Nast Portfolio*, fev. 2008, p. 90+.
79. Robert McNatt, Hey, it's green—It must be healthy, *BusinessWeek*, 13 jun. 1998, p. 6.
80. Michael Fielding, A clean slate, *Marketing News,* 1º maio 2007, p. 9.
81. Charlotte Clarke, Language classes, *Marketing Week*, 24 jul. 1997, p. 35-39.
82. Asim Ansari; Carl Mela, E-customization, *Journal of Marketing Research*, maio 2003, p. 131-145.
83. Carolyn J. Simmons; Karen L. Becker-Olsen, Achieving marketing objectives through social sponsorships, *Journal of Marketing*, out. 2006, p. 154-169.
84. Brendan I. Koerner, Frozen stroganoff in just 10 hours, *New York Times*, 1 ago. 2004, sec. 3, p. 2.
85. Jeff Borden, Good cheer, *Marketing News*, 15 mar. 2008, p. 24+.
86. Laurence Ashworth; Peter R. Darke; Mark Schaller, No one wants to look cheap: trade-offs between social disincentives and the economic and psychological incentives to redeem coupons, *Journal of Consumer Psychology* 15, n. 4, 2005, p. 295-306.

87. Del Monte Squeezes Out More Sales, *Incentive Today*, nov.-dez. 2004, p. 8.
88. Sucharita Chandran; Vicki G. Morwitz, The price of 'free'-dom: consumer sensitivity to promotions with negative contextual influences, *Journal of Consumer Research* 33, n. 3, 2006, p. 384-392; Priya Raghubir, Free gift with purchase: promoting or discounting the brand? *Journal of Consumer Psychology* 14, n. 1/2, p. 181-186; Luc Wathieu; A. V. Muthukrishnan; Bart J. Bronnenberg, The asymmetric effect of discount retraction on subsequent choice, *Journal of Consumer Research* 31, n. 3, 2004, p. 652-657.
89. Stephanie Dellande; Mary C. Gilly; John L. Graham, Gaining compliance and losing Wwight: the role of the service provider in health care services, *Journal of Marketing* 68, jul. 2004, p. 78-91, Sean Dwyer; Orlando Richard; C. David Shepherd, An exploratory study of gender and age matching in the salesperson-prospective customer dyad: testing similarity-performance predictions, *Journal of Personal Selling and Sales Management*, out. 1998, p. 55-69.
90. Thomas E. DeCarlo, The effects of sales message and suspicion of ulterior motives on salesperson evaluation, *Journal of Consumer Psychology* 15, n. 3, 2005, p. 238-249.
91. Thomas Manoj; Vicki Morwitz, Penny wise and pound foolish: the left-digit effect in price cognition, *Journal of Consumer Research* 32, n. 1, 2005, p. 54-64; Robert M. Schindler; Patrick N. Kirby, Patterns of rightmost digits used in advertising prices: implications for nine-ending effects, *Journal of Consumer Research*, set. 1997, p. 192-201.
92. Jacob Jacoby; Jerry Olson; Rafael Haddock, Price, brand name, and product composition characteristics as determinants of perceived quality, *Journal of Applied Psychology*, dez. 1971, p. 470-479, Kent B. Monroe, The influence of price differences and brand familiarity on brand preferences, *Journal of Consumer Research*, jun. 1976, p. 42-49.
93. Devon DelVecchio; H. Shanker Krishnan; Daniel C. Smith, Cents or percent? The effects of promotion framing on price expectations and choice, *Journal of Marketing*, jul. 2007, p. 158-170. Para saber mais sobre efeitos de preço associados a preços regulares ou aos descontos, veja Keith S. Coulter; Robin A. Coulter, Distortion of price discount perceptions: the right digit effect, *Journal of Consumer Research*, ago. 2007, p. 162-173.
94. Laura Bird, Catalogs cut shipping, handling fees to inspire early Christmas shopping, *Wall Street Journal*, 24 out. 1995, p. B1, B11.
95. Daniel J. Howard; Roger A. Kerin, Broadening the scope of reference price advertising research: a field study of consumer shopping involvement, *Journal of Marketing*, out. 2006, p. 185-204; Tridib Mazum-dar; S. P. Raj; Indrajit Sinha, Reference price research: review and propositions, *Journal of Marketing*, out. 2005, p. 84-102; Ziv Carmon; Dan Ariely, Focusing on the forgone: how value can appear so different to buyers and sellers, *Journal of Consumer Research* 27, dez. 2000, p. 360-370; Tridib Mazumdar; Purushottam Papatla, An investigation of reference price segments, *Journal of Marketing Research* 37, maio 2000, p. 246-258.
96. Dilip Soman; John T. Gourville, Transaction decoupling: how price bundling affects the decision to consume, *Journal of Marketing Research* 38, fev. 2001, p. 30-44.
97. Joseph C. Nunes; Peter Boatwright, Incidental prices and their effect on willingness to pay, *Journal of Consumer Research*, nov. 2004, p. 457-466.
98. Dhananjay Nayakankuppam; Himanshu Mishra, The endowment effect: rose-tinted and dark-tinted glasses, *Journal of Consumer Research* 32, n. 3, 2005, p. 390-395.
99. Martha Brannigan, Sailing on sale: travelers ride a wave of discounts on cruise ships, *Wall Street Journal*, 17 jul. 2000, p. B1, B4.
100. Steven Gray; Amy Merrick, Latte letdown: starbucks set to raise prices, *Wall Street Journal*, 2 set. 2004, p. B1, B5.
101. Ronald E. Milliman, The influence of background music on the behavior of restaurant patrons, *Journal of Consumer Research*, set. 1986, p. 286-289; Richard Yalch; Eric Spannenberg, Effects of store music on shopping behavior, *Journal of Services Marketing*, 1990, p. 31-39; Joseph A. Bellizi; Ayn E. Crowley; Ronald W. Hasty, The effects of color in store design, *Journal of Retailing*, 1983, p. 21-45.
102. Velitchka D. Kaltcheva; Barton A. Weitz, When should a retailer create an exciting store environment? *Journal of Marketing*, jan. 2006, p. 107-118.
103. Risto Moisio; Eric J. Arnould, Framework in marketing: drama structure, drama interaction and drama content in shopping experiences, *Journal of Consumer Behavior* 4, n. 4, 2005, p. 246-256; Robert V. Kozinets; John F. Sherry; Diana Storm; Adam Duhachek; Krittinee Nuttavuthisit; Benét DeBerry-Spence, Ludic agency and retail spectacle, *Journal of Consumer Research* 31, n. 3, 2004, p. 658-672.
104. Timothy C. Barmann, Apple polishes its store layout, design, *Providence Journal*, 23 abril 2004, www. projo. com.
105. Swatch group sales up 18 percent, *National Jeweler*, 18 jan. 2008, n. p. ; Jennifer Fishbein, An uptick for Swatch on Tiffany Deal, *BusinessWeek Online*, 7 dez. 2007, www. businessweek. com; Ed Taylor, Luxe Lines Drive Swatch Gains, *Wall Street Journal*, 25 ago. 2004, p. B3; Lorna Strickland, Time trials, *Duty-Free International*, 15 out. 2004, p. 190+; Barbara Green, Watch retailers gear up for graduation, *National Jeweler*, 16 mar. 2004, p. 10.

Aprimoramento

1. Steve Hamm; Kenji Hall, Perfect: the quest to design the ultimate portable PC, *BusinessWeek*, 25 fev. 2008, p. 42-48; Lenovo ranks first in China's PC market, *China Business News*, 24 jan. 2008, n. p. ; Lenovo's idea' brand to reach China in february, *China Business News*, 4 jan. 2008, n. p.; Steve Hamm, Lenovo thinks beyond the ThinkPad, *BusinessWeek Online*, 4 jan. 2008, www. businessweek. com; ZIBA designs search for the soul of the Chinese consumer, *BusinessWeek Innovation*, set. 2006, p. 6-10.
2. Louise Witt, Inside Intent, *American Demographics*, mar. 2004, p. 35-39.
3. Christopher T. Heun, Procter & Gamble readies market--research push, *Information Week*, 15 out. 2001, p. 26.
4. Witt, Inside intent.
5. Randy Garner, Post-it note persuasion: a sticky influence, *Journal of Consumer Psychology* 15, n. 2, 2005, p. 230-237.
6. Stuart Elliott, For marketing, the most valuable player might be YouTube, *New York Times*, 5 fev. 2008, p. C3.
7. Getting close to the customer, *Knowledge@ Wharton*, 5 maio 2004, http: //knowledge. wharton. upenn. edu.
8. Melanie Scarborough, Customers as advisers: one Florida Bank Established Community Boards to give guidance to its staff, *Community Banker*, jan. 2008, p. 20.

9. Jean Halliday, Volvo ads inspired by... Valets, *Advertising Age*, 17 set. 2007, www. adage. com.
10. Chad Rubel, Two research techniques probe shoppers' minds, *Marketing News*, 29 jul. 1996, p. 16.
11. Ronald B. Lieber; Joyce E. Davis, Storytelling: a new way to get close to your customer, *Fortune*, 3 fev. 1997, p. 102-108.
12. Sandra Yin, Marketing tools: the power of images, *American Demographics*, nov. 2001, p. 32-33.
13. Deborah D. Heisley; Sidney J. Levy, Autodriving: a photoelicitation technique, *Journal of Consumer Research*, dez. 1991, p. 257-272.
14. Robin A. Coulter; Gerald Zaltman; Keith S. Coulter, Interpreting consumer perceptions of advertising: an application of the Zaltman Metaphor Elicitation Technique, *Journal of Advertising* 30, 2001, p. 1-21; Morris B. Holbrook, Collective stereographic photo essays: an integrated approach to probing consumption experiences in depth, *International Journal of Research in Marketing*, jul. 1998, p. 201-221.
15. How sweet it is, *American Demographics*, mar. 2000, p. S18.
16. Christine Bittar, Up in arms, *Brandweek*, 18 jun. 2001, p. 17-18.
17. Faith Keenan, Dear diary, I had Jell-O today, *BusinessWeek*, 10 abril 2001, www. businessweek. com/ technology/ icontent/apr2001/tc20010410_958. htm.
18. Julie Schlosser, Scanning for dollars, *Fortune*, 10 jan. 2005, p. 60.
19. Kortney Stringer, Dallas is hurdle, testing ground for players in restaurant game, *Wall Street Journal*, 3 jan. 2005, p. B4.
20. Roy C. Anderson; Eric N. Hansen, The impact of environmental certification on preferences for wood furniture: a conjoint analysis approach, *Forest Products Journal*, mar. 2004, p. 42-50.
21. Ellen Byron, A virtual view of the store Aisle, *Wall Street Journal*, 3 out. 2007, p. B1.
22. Robyn Weisman, Web trackers: the spies in your computer, *NewsFactor Network*, 8 nov. 2001, www. newsfactor. com/ perl/story/14662. html.
23. Patrick Thibodeau, Senate panel spars over internet privacy, *ComputerWorld*, 13 jul. 2001, www. cnn. com/ 2001/ TECH/industry/07/13/privacy. legislation. idg.
24. Alison Stein Wellner, Watch me now, *American Demographics*, out. 2002, p. S1-S4.
25. Jack Neff, IRI snares Campbell Soup market-research account, *Advertising Age*, 26 abr. 2004, p. 8.
26. Emily Steel, The new focus groups: online networks, *Wall Street Journal*, 14 jan. 2008, p. B6.
27. Jennifer Lach, Data mining digs in, *American Demographics*, jul. 1999, p. 38-45.
28. Steve Lohr, Reaping results: data-mining goes mainstream, *New York Times*, 20 maio 2007, p. BU-3; Constance L. Hays, What they know about you, *New York Times*, 14 nov. 2004, seção 3, p. 1, 9.
29. Janet Logan, Most e-mail marketing never gets read, *East Bay Business Times*, 22 out. 2001, eastbay. bcen-tral. com/ eastbay/stories/2001/10/22/ smallb4. html.
30. Frederick's retention e-mail program, *Internet Week*, 30 jun. 2004, n. p.
31. Caterina Sismeiro; Randolph E. Bucklin, Modeling purchase behavior at an e-commerce web site: a task-completion approach, *Journal of Marketing Research*, ago. 2004, p. 306-323.
32. Carolyn Yoon; Angela H. Gutchess; Fred Feinberg; Thad A. Polk, A functional magnetic resonance imaging study of neural dissociations between brand and person judgments, *Journal of Consumer Research* 33, n. 1, 2006, p. 31-40; Colin F. Camerer; George F. Loewensteinm; Drazen Prelec, Neuroeconomics: how neuroscience can inform economics, *Journal of Economic Literature*, mar. 2005, p. 9-64.
33. Amber Haq, This is your brain on advertising, *BusinessWeek Online*, 8 out. 2007, www. businessweek. com.
34. Laurel Wentz, Best buy's first Hispanic ads target family Elders, *AdAge. com*, 2 ago. 2004, www. adage. com.
35. Brooks Barnes, TV Drama: for Nielsen, fixing old ratings system causes new static, *Wall Street Journal*, 16 set. 2004, p. A1.
36. Rebecca Dana, Fox scores super bowl record: 97 million viewers, *Wall Street Journal*, 5 fev. 2008, p. B3.
37. Nick Wingfield, Nielsen tracker may benefit videogames as an ad medium, *Wall Street Journal*, 26 jul. 2007, p. B2.
38. Christopher Lawton, We Are All Marketers Now, *Wall Street Journal*, 1º ago. 2007, p. D9.
39. www. arfsite. org, 1º jan. 2003.
40. Jacob Jacoby; George J. Szybillo, Consumer research in FTC versus Kraft (1991): A case of heads we win, tails you lose, *Journal of Public Policy and Marketing*, 1995, p. 1-14; David W. Stewart, Deception, materiality, and survey research: some lessons from Kraft, *Journal of Public Policy and Marketing*, 1995, p. 15-28.
41. Chris Pullig; Carolyn J. Simmons; Richard G. Ne-temeyer, Brand dilution: when do new brands hurt existing brands? *Journal of Marketing*, abr. 2006, p. 52-66.
42. Joe Mandese, Observers rock research, *Television Week*, 1º mar. 2004, p. 35.
43. Marlise Simons, In the Netherlands, eat, drink, and be monitored, *New York Times*, 26 nov. 2007, p. A4.
44. John F. Gaski; Michael J. Etzel, National aggregate consumer sentiment toward marketing: a thirty-year retrospective and analysis, *Journal of Consumer Research 31*, n. 4, 2005, p. 859-867.
45. Kenneth C. Schneider; Cynthia K. Holm, Deceptive practices in marketing research: the consumer's viewpoint, *California Management Review*, 1982, p. 89-97.
46. Office max brings back elf viral campaign, *Promo*, 11 dez. 2007, www. promomagazine. com; Bob Thacker, Senior VP-Marketing and Advertising, Office-Max, *Advertising Age*, 17 set. 2007, p. S-4; Reena Jana, The revenge of the generic, *BusinessWeek Online*, 27 dez. 2006, www. businessweek. com; Kenneth Chang, Enlisting science's lessons to entice more shoppers to spend more, *New York Times*, 19 set. 2006, p. F3.

Capítulo 2

1. Mark Rechtin, Which brand is stronger—scion or prius? *Automotive News*, 21 jan. 2008, p. 24B; Bernard Simon, Prius overtakes explorer in the US, *Financial Times*, 11 jan. 2008, p. 13; Keith Naughton, A case of Prius Envy, *Newsweek*, 3 set. 2007, p. 40; Steve Miller, Supply of priuses rebounds, So Toyota Creates Demand, *Brandweek*, 30 abr. 2007, p. 18; Mark Rechtin, Spiffs help lift mainstream sales of Prius, *Automotive News*, 9 abr. 2007, p. 49.
2. C. Whan Park; Banwari Mittal, A Theory of Involvement in Consumer Behavior: Problems and Issues, em editor J.

N. Sheth, *Research in Consumer Behavior* (Greenwich, Conn. : JAI Press, 1979), p. 201-231; Deborah J. MacInnis, Christine Moorman e Bernard J. Jaworski, Enhancing and Measuring Consumers' Motivation, Opportunity, and Ability to Process Brand Information from Ads, *Journal of Marketing*, out. 1991, p. 32-53.

3. Deborah J. MacInnis; Bernard J. Jaworski, Information processing from advertisements: toward an integrative framework, *Journal of Marketing*, 53, out. 1989, p. 1-23; Scott B. MacKenzie; Richard A. Spreng, How does motivation moderate the impact of central and peripheral processing on brand attitudes and intentions? *Journal of Consumer Research*, mar. 1992, p. 519-529; Richard E. Petty; John T. Cacioppo, *Communication and Persuasion* (Nova York: Springer-Verlag, 1986); Anthony Greenwald; Clark Leavitt, Audience Involvement in Advertising: Four Levels, *Journal of Consumer Research*, 11 jun. 1984, p. 581-592; Ronald C. Goodstein, Category-based applications and extensions in advertising: motivating more extensive ad processing, *Journal of Consumer Research*, jun. 1993, p. 87-99; Ellen Garbarino; Julie A. Edell, Cognitive effort, affect, and choice, *Journal of Consumer Research*, set. 1997, p. 147-158.

4. Wayne D. Hoyer, An examination of consumer decision making for a common repeat purchase product, *Journal of Consumer Research*, dez. 1984, p. 822-829.

5. Kurt A. Carlson; Margaret G. Meloy; J. Edward Russo, Leader-driven primacy: using attribute order to affect consumer choice, *Journal of Consumer Research* 32, n. 4, 2006, p. 513-518; Nidhi Agrawal; Durairaj Maheswaran, Motivated reasoning in outcome-bias effects, *Journal of Consumer Research* 31, n. 4, 2005, p. 798-805; Getta Menon; Lauren G. Block; Suresh Ramanathan, We're at as much risk as we're led to believe: the effect of message cues on judgments of health risk, *Journal of Consumer Research*, mar. 2002, p. 533-549, Shailendra Jain; Durairai Maheswaran, Motivated reasoning: a depth-of-processing perspective, *Journal of Consumer Research*, 2000, 26, n. 4, p. 358-371; Ziva Kunda, The case for motivated reasoning, *Psychological Bulletin*, 1990, p. 480-498.

6. Lisa E. Bolton; Joel B. Cohen; Paul N. Bloom, Does marketing products as remedies create 'get out of jail free cards'? *Journal of Consumer Research* 33, n. 1, 2006, p. 71-81.

7. Ying-Ching Lin; Chien-Huang Lin; Priya Raghubir, Avoiding anxiety, being in denial, or simply stroking self-esteem: why self-positivity? *Journal of Consumer Psychology*, 13, n. 4, 2003, p. 464-477.

8. Gustavo de Mello; Deborah J. MacInnis; David W. Stewart, Threats to hope: effects on reasoning about product information, *Journal of Consumer Research*, ago. 2007, p. 153-161; Deborah J. MacInnis; Gustavo de Mello, The concept of hope and its relevance to product evaluation and choice, *Journal of Marketing*, jan. 2005, p. 1-14.

9. Richard L. Celsi; Jerry C. Olson, The role of involvement in attention and comprehension processes, *Journal of Consumer Research*, set. 1988, p. 210-224.

10. Marsha L. Richins; Peter H. Bloch; Edward F. Mc-Quarrie, How enduring and situational involvement combine to create involvement responses, *Journal of Consumer Psychology*, set. 1992, p. 143-154; Peter H. Bloch; Marsha L. Richins, A theoretical model for the study of product importance perceptions, *Journal of Marketing*, 1983, p. 69-81; Celsi and Olson, The role of involvement in attention and comprehension processes; Andrew A. Mitchell, The dimensions of advertising involvement, em editors. Kent Monroe, *Advances in Consumer Research* 8 (Ann Arbor, Mich.: Association for Consumer Research, 1981), p. 25-30; Marsha L. Richins; Peter H. Bloch, After the new wears off: the temporal context of product involvement, *Journal of Consumer Research*, set. 1986, p. 280-285.

11. Michael J. Houston; Michael L. Rothschild, Conceptual and methodological perspectives on involvement, em edição. S. Jain, *Research Frontiers in Marketing: Dialogues and Directions* (Chicago: American Marketing Association, 1978), p. 184-187, Richins; Bloch, After the new wears off; Gilles Laurent; Jean-Noel Kapferer, Measuring consumer involvement profiles, *Journal of Marketing Research*, fev. 1985, p. 41-53.

12. C. Whan Park; S. Mark Young, Consumer response to television commercials: the impact of involvement and background music on brand attitude formation, *Journal of Marketing Research*, fev. 1986, p. 11-24.

13. Judith Lynne Zaichkowsky, Measuring the involvement construct, *Journal of Consumer Research*, dez. 1985, p. 341-352; Laurent; Kapferer, Measuring consumer involvement profiles.

14. Nina Michaelidou; Sally Dibb, Product involvement: an application in clothing, *Journal of Consumer Behaviour 5*, n. 5, 2006, p. 442-453.

15. Jennifer Aaker; Susan Fournier; S. Adam Brasel, When good brands do bad, *Journal of Consumer Research*, jun. 2004, p. 1-16; Matthew Thomson; Deborah J. MacInnis; C. W. Park, The ties that bind: measuring the strength of consumers' emotional attachments to brands, *Journal of Consumer Psychology* 15, n. 1, 2005, p. 77-91.

16. J. Craig Andrews; Syed H. Akhter; Srinivas Durvasula; Darrel D. Muehling, The effect of advertising dis-tinctiveness and message content involvement on cognitive and affective responses to advertising, *Journal of Current Issues and Research in Advertising*, 1992, p. 45-58; Laura M. Bucholz; Robert E. Smith, The role of consumer involvement in determining cognitive response to broadcast advertising, *Journal of Advertising*, mar. 1991, p. 4-17, Darrel D. Muehling; Russell N. Laczniak; Jeffrey J. Stoltman, The Moderating Effects of Ad Message Involvement: A Reassessment, *Journal of Advertising*, jun. 1991, p. 29-38, Scott B. MacKenzie; Richard J. Lutz, An empirical examination of the structural antecedents of attitude toward the ad in an advertising pretesting context, *Journal of Marketing*, abr. 1989, p. 48-65.

17. Barbara Mueller, Standardization vs. specialization: an examination of Westernization in Japanese advertising, *Journal of Advertising Research*, jan. -fev. 1992, p. 15-24.

18. Arizona teenager wins 'American idol', *New York Times*, 24 maio 2007, p. A23.

19. Ann E. Schlosser, Computers as situational cues: implications for consumers product cognitions and attitudes, *Journal of Consumer Psychology* 13, n. 1&2, 2003, p. 103-112. Charla Mathwick; Edward Rigdon, Play, flow, and the online search experinece, *Journal of Consumer Research* 31, n. 2, 2004, p. 324-332.

20. Houston; Rothschild, Conceptual and methodological perspectives in involvement, Peter H. Bloch; Daniel Sherrell; Nancy Ridgway, Consumer search: an extended framework, *Journal of Consumer Research*, jun. 1986, p. 119-126; Peter H. Bloch; Nancy M. Ridgway; Scott A. Dawson, The shopping mall as consumer habitat, *Journal of Retailing*, 1994, p. 23-42, Richard L. Celsi; Randall L. Rose; Thomas W. Leigh, An exploration of high-risk leisure consumption through skydiving, *Journal of Consumer Research*, jun. 1993, p. 1-23, Eric J. Arnould; Linda L. Price, River magic: extraordinary experience and the extended service encounter, *Journal of Consumer Research*, jun. 1993, p. 24-45; Morris B. Holbrook; Elizabeth C. Hirschman, The experiential aspects of consumption: consumer fantasies, feelings, and fun, *Journal of Consumer Research*, set. 1982, p. 132-140, Elizabeth C. Hirschman; Morris B. Holbrook, Experience seeking: emerging concepts, methods, and propositions, *Journal of Marketing*, verão de 1982, p. 92-101; Morris B. Holbrook; Robert W. Chestnut; Terence A. Oliva; Eric A. Greenleaf, Play as a consumption experience: the roles of emotions, performance, and personality in the enjoyment of games, *Journal of Consumer Research*, set. 1984, p. 728-739.

21. Yinlong Zhang; Vikas Mittal, Decision difficulty: effects of procedural and outcome accountability, *Journal of Consumer Research* 32, n. 3, 2005, p. 465-472.

22. Celsi ; Olson, The role of involvement in attention and comprehension processes, Greenwald; Leavitt, Audience involvement in advertising, Laurent; Kapferer, Measuring consumer involvement profiles; Zaichkowsky, Measuring the involvement construct, Michael L. Rothschild, Perspectives on involvement: current problems and future directions, em edição. Tom Kinnear, *Advances in Consumer Research* 11 (Ann Arbor, Mich.: Association for Consumer Research, 1984), p. 216-217; Andrew A. Mitchell, Involvement: a potentially important mediator of consumer behavior, em edição. William L. Wilkie, *Advances in Consumer Research*, v. 6 (Ann Arbor: Association for Consumer Research, 1979), p. 191-196; Petty; Cacioppo, *Communication and Persuasion*.

23. Tiffany Barnett White, Consumer disclosure and disclosure avoidance: a motivational framework, *Journal of Consumer Psychology* 14, n. 1 e 2, 2004, p. 41-51.

24. Banwari Mittal, I, me, and mine: how products become consumers' extended selves, *Journal of Consumer Behaviour* 5, n. 6, 2006, p. 550-562.

25. Americus Reed II, Activating the self-importance of consumer selves: exploring identity salience effects on judgments, *Journal of Consumer Research* 31, n. 2, 2004, p. 286-295.

26. Lorna Stevens; Pauline Maclaran; Stephen Brown, Red time is me time, *Journal of Advertising*, 2003, p. 35-45.

27. Randall L. Rose; Stacy L. Wood, Paradox and the consumption of authenticity through reality television, *Journal of Consumer Research* 32, n. 2, 2005, p. 284-296.

28. C. Miguel Brendl; Arthur B. Markman; Claude Messner, The devaluation effect: activating a need devalues unrelated objects, *Journal of Consumer Research*, mar. 2003, p. 463-473.

29. Abraham H. Maslow, *Motivation and personality*, 2. ed. (Nova York: Harper & Row, 1970).

30. C. Whan Park; Bernard J. Jaworski; Deborah J. Mac-Innis, Strategic brand concept-image management, *Journal of Marketing*, out. 1986, p. 135-145.

31. Martha Visser, Entrée new, *American Demographics*, dez. 2003-jan. 2004, p. 20-23.

32. Judy Harris; Michael Lynn, The manifestations and measurement of the desire to be a unique consumer, Proceedings of the 1994 AMA Winter Educators' Conference, Chicago; Kelly Tepper, Need for uniqueness: an Individual difference factor affecting nonconformity in consumer responses, Proceedings of the 1994 AMA Winter Educators' Conference, Chicago. Kelly Tepper Tian; William O. Bearden; Gary L. Hunter, Consumers' need for uniqueness: scale development and validation, *Journal of Consumer Research* 28, jun. 2001, p. 50-66.

33. Russell W. Belk; Güliz Ger; Soren Askegaard, The fire of desire: a multisited inquiry into consumer passion, *Journal of Consumer Research*, dez. 2003, p. 632-351.

34. Benjamin Spillman, Shiny new shoppes at Palazzo, *Las Vegas Review-Journal*, 18 jan. 2008, http: //www. lvrj. com/business/13890922. html.

35. John T. Cacioppo; Richard E. Petty, The need for cognition, *Journal of Personality and Social Psychology*, fev. 1982, p. 116-131; Douglas M. Stayman; Frank R. Kardes, Spontaneous inference processes in advertising: effects of need for cognition and self-monitoring on inference generation and utilization, *Journal of Consumer Psychology* 1, n. 2, 1992, p. 125-142, John T. Cacioppo; Richard Petty; Katherine Morris, Effects of need for cognition on message evaluation, recall, and persuasion, *Journal of Personality and Social Psychology*, out. 1993, p. 805-818.

36. P. S. Raju, Optimum stimulation level: its relationship to personality, demographics, and exploratory behavior, *Journal of Consumer Research*, dez. 1980, p. 272-282, ; Jan-Benedict E. M. Steenkamp; Hans Baumgartner, The role of optimum stimulation level in exploratory consumer behavior, *Journal of Consumer Research*, dez. 1992, p. 434-448.

37. Stuart Elliott, Study tries to help retailers understand what drives the shopping habits of women, *New York Times*, 17 jan. 2001, p. C6.

38. Robert Roth, *International marketing communications* (Chicago: Crain Books, 1982), p. 5.

39. H. Murray, *Thematic apperceptiontest manual* (Cambridge: Harvard University Press, 1943); Harold Kassarjian, Projective methods, em edição. Robert Ferber, *Handbook of marketing research* (Nova York: McGraw-Hill, 1974), p. 85-100, Ernest Dichter, *Packaging the sixth sense: a guide to identifying consumer motivation* (Boston: Cahners Books, 1975); Dennis Rook, Researching consumer fantasy, em edição. Elizabeth C. Hirschman, *Research in consumer behavior*, v. 3 (Greenwich, Conn.: JAI Press, 1990), p. 247-270, David Mick; M. De Moss; Ronald Faber, A projective study of motivations and meanings of self-gifts: implications for retail management, *Journal of Retailing*, 1992, p. 122-144; Mary Ann McGrath; John F. Sherry; Sidney J. Levy, Giving voice to the gift: the use of projective techniques to recover lost meanings, *Journal of Consumer Psychology* 2, n. 2, 1993, p. 171-191.

40. Harold H. Kassarjian; Joel B. Cohen, Cognitive dissonance and consumer behavior: reaction to the surgeon general's

report on smoking and health, *California Management Review*, out. 1965, p. 55-65; veja também Kenneth E. Runyon; David W. Stewart, *Consumer behavior*, 3. ed. (Columbus, Ohio: Merrill, 1987).
41. Sharon Shavitt; Suzanne Swan; Tina M. Lowrey; Michaela Wanke, The interaction of endorser attractiveness and involvement in persuasion depends on the goal that guides message processing, *Journal of Consumer Psychology*, n. 2, 1994, p. 137-162; Robert Lawson, Consumer decision making within a goal-driven framework, *Psychology and Marketing*, ago. 1997, p. 427-449; Ingrid W. Martin; David W. Stewart, The differential impact of goal congruency on attitudes, intentions, and the transfer of brand equity, *Journal of Marketing Research*, nov. 2001, p. 471-484.
42. Richard P. Bagozzi; Utpal Dholakia, Goal setting and goal striving in consumer behavior, *Journal of Marketing* 63, 1999, p. 19-32.
43. Dilip Soman; Amar Cheema, When goals are counterproductive: the effects of violation of a behavioral goal on subsequent performance, *Journal of Consumer Research*, jun. 2004, p. 52-62.
44. Ayelet Fishbach; Ravi Dhar, Goals as excuses or guides: the liberating effect of perceived goal progress on choice, *Journal of Consumer Research* 32, n. 3, 2005, p. 370-377;
45. Joseph C. Nunes; Xavier Dreze, The endowed progress effect: how artificial advancement increases effort, *Journal of Consumer Research* 32, n. 4, 2006, p. 504-512.
46. Richard P. Bagozzi; Utpal Dholakia, Goal setting and goal striving in consumer behavior, *Journal of Marketing* 63, 1999, p. 19-32.
47. Rui (Juliet) Zhu; Joan Meyers-Levy, Exploring the cognitive mechanism that underlies regulatory focus effects, *Journal of Consumer Research* 34, n. 1, 2007, p. 89-98; Jing Wang; Angela Y. Lee, The role of regulatory focus in preference construction, *Journal of Marketing Research*, fev. 2006, p. 28-38; Utpal M. Dholakia; Mahesh Gopinath; Richard P. Bagozzi; Rajan Nataraajan, The role of regulatory focus in the experience and self-control of desire for temptations, *Journal of Consumer Psychology* 16, n. 2, 2006, p. 163-175, Jens Förster; E. Tory Higgins; Lorraine Chen Idson, Approach and avoidance strength during goal attainment: regulatory focus and the "goal looms larger" effect", *Journal of Personality and Social Psychology*, nov. 1998, p. 1115-1131.
48. Eduardo B. Andrade, Behavioral consequences of affect: combining evaluative and regulatory mechanisms, *Journal of Consumer Research* 32, n. 2, 2005, p. 355-362.
49. Nathan Novemsky; Ravi Dhar, Goal fulfillment and goal targets in sequential choice, *Journal of Consumer Research* 32, n. 3, 2005, p. 396-404.
50. Anirban Mukhopadhyay; Gita Venkataramani Johar, Where there is a will, is there a way? Effects of lay theories of self-control on setting and keeping resolutions, *Journal of Consumer Research* 31, n. 4, 2005, p. 779-786.
51. Allison R. Johnson; David W. Stewart, A reappraisal of the role of emotion in consumer behavior: traditional and contemporary approaches, em edição. Naresh K. Malhotra, *Review of Marketing Research*, (Londres: M. E. Sharpe, 2005), p. 3-34.
52. Seunghee Han; Jennifer S. Lerner; Dacher Keltner, Feelings and consumer decision making: the appraisal-tendency framework, *Journal of Consumer Psychology* 17, n. 3, 2007, p. 158-168.
53. Tiffany Barnett White, Consumer disclosure and disclosure avoidance: a motivational framework, *Journal of Consumer Psychology* 14, n. 1 e 2, 2004, p. 41-51.
54. Jane L. Levere, Public service ads are seeking young blood, *New York Times*, 20 jul. 2004, www.nytimes.com.
55. Jennifer Edson Escalas, Narrative processing: building consumer connections to brands, *Journal of Consumer Psychology* 14, n. 1-2, 2004, p. 168-180.
56. Nidhi Agrawal; Durairaj Maheswaran, The effects of self-construal and commitment on persuasion, *Journal of Consumer Research* 31, n. 4, 2005, p. 841-849; S. Christian Wheeler; Richard E. Petty; George Y. Bizer, Self-schema matching and attitude change: situational and dispositional determinants of message elaboration, *Journal of Consumer Research* 31, n. 4, 2005, p. 787-797.
57. Sara Schaefer Munoz, 'Whole grain': food labels' new darling? *Wall Street Journal*, 12 jan. 2005, p. B1, B4.
58. Jonathan Welsh, Checkered-flag past helps Ferrari unload a fleet of used cars, *Wall Street Journal*, 11 jan. 2005, p. A1, A10.
59. Eric Wilson, Goes well with eggnog, *New York Times*, 21 dez. 2006, p. G12; Rob Walker, Quack addicts, *New York Times Magazine*, 10 out. 2004, p. 30.
60. Kim Painter, Grasping at strands, *USA Today*, 19 mar. 2007, p. 4D.
61. Ravi Dhar; Itamar Simonson, Making complementary choices in consumption episodes: highlighting versus balancing, *Journal of Marketing Research* 36, fev. 1999, p. 29-44.
62. Subway launches program to help consumers keep diet resolutions, *Nation's Restaurant News*, 2 jan. 2006, p. 18.
63. Park, Jaworski; MacInnis, Strategic brand concept-image management. *Journal of Marketing*, 50, out., p. 135-145
64. Alexander Chernev, Goal orientation and consumer preference for the status quo, *Journal of Consumer Research* 31, n. 3, 2004, p. 557-565.
65. Raymond A. Bauer, Consumer Behavior as Risk Taking, em editor Robert S. Hancock, *Dynamic Marketing for a Changing World* (Chicago: American Marketing Association, 1960), p. 389-398; Grahame R. Dowling, Perceived Risk: The Concept and Its Measurement, *Psychology and Marketing,* Fall 1986, p. 193-210; Lawrence X. Tarpey; J. Paul Peter, A Comparative Analysis of Three Consumer Decision Strategies, *Journal of Consumer Research*, jun. 1975, p. 29-37.
66. James R. Bettman, Perceived risk and its components: a model and empirical test, *Journal of Marketing Research*, maio 1973, p. 184-190.
67. Dana L. Alden; Douglas M. Stayman; Wayne D. Hoyer, The evaluation strategies of American and Thai consumers: a cross cultural comparison, *Psychology and Marketing*, mar.-abr. 1994, p. 145-161, Ugur Yavas; Bronislaw J. Verhage; Robert T. Green, Global consumer segmentation versus localmarket orientation: empirical findings, *Management International Review*, jun. 1992, p. 265-272.
68. Vincent W. Mitchell de Michael Greatorex, Consumer purchasing in foreign countries: a perceived risk analysis, *International Journal of Advertising* 9, n. 4, 1990, p. 295-307.
69. Anônimo, Marketing briefs, *Marketing News*, mar. 1995, p. 11.

70. Jacob Jacoby; Leon Kaplan, The components of perceived risk. , In: (Ed.) M. Venkatesan, *Advances in Consumer Research*, v. 3 (Chicago: Association for Consumer Research, 1972), p. 382-383; Tarpey; Peter, A comparative analysis of three consumer decision strategies.
71. Jean Halliday, GM Ads assure used car buyer, *Advertising Age*, 11 jun. 2001, p. 10.
72. Vanitha Swaminathan, The impact of recommendation agents on consumer evaluation and choice, *Journal of Consumer Psychology* 13, n. 1-2, 2003, p. 93-102.
73. Michael Tsiros; Carrie M. Heilman, The effect of expiration dates and perceived risk on purchasing behavior in grocery store perishable categories, *Journal of Marketing*, abr. 2005, p. 114-129.
74. Cornelia Pechmann; Guangzhi Zhao; Marvin E. Goldberg; Ellen Thomas Reibling, What to convey in antismoking advertisements for adolescents, *Journal of Marketing*, abr. 2003, p. 1-18.
75. Craig J. Thompson, Consumer risk perceptions in a community of reflexive doubt, *Journal of Consumer Research* 32, n. 2, 2005, p. 235-248.
76. Campaign Summary: Flu 2006/07 Post-campaign Evaluation, Scottish Government Publications, jul. 2007, http://www. scotland. gov. uk/Publications/2007/07/31095 955/1.
77. Priya Raghubir; Geeta Menon, AIDS and me, never the Twain shall meet: the effects of information accessibility on judgments of risk and advertising effectiveness, *Journal of Consumer Research*, jun. 1998, p. 52-63.
78. Shailendra Pratap Jain; Durairaj Maheswaran, Motivated reasoning: a depth-of-processing perspective, *Journal of Consumer Research* 26, mar. 2000, p. 358-371, Joan Meyers-Levy; Alice Tybout, Schema-congruity as a basis for product evaluation, *Journal of Consumer Research*, jun. 1989, p. 39-54.
79. MacInnis; Jaworski, Information processing from advertisements. *Journal of Marketing*, 53, out. 1989, p. 1-23.
80. Joseph W. Alba; J. Wesley Hutchinson, Dimensions of consumer expertise, *Journal of Consumer Research*, mar. 1987, p. 411-454. Para uma excelente visão geral de medidas de conhecimentos ou competências do consumidor, veja Andrew A. Mitchell; Peter A. Dacin, The assessment of alternative measures of consumer expertise, *Journal of Consumer Research*, dez. 1996, p. 219-239.
81. Eric J. Johnson; J. Edward Russo, Product familiarity and learning new information, *Journal of Consumer Research*, jun. 1984, p. 542-550; Merrie Brucks, The effects of product class knowledge on information search behavior, *Journal of Consumer Research*, jun. 1985, p. 1-16; Alba; Hutchinson, Dimensions of consumer expertise. *Journal of Consumer Research*, mar. 1987, p. 411-454.
82. Oscar Suris, New data help car lessees shop smarter, *Wall Street Journal*, 11 jul. 1995, p. 1, B12.
83. Durairaj Maheswaran; Brian Sternthal, The effects of knowledge, motivation, and type of message on ad processing and product judgments, *Journal of Consumer Research*, jun. 1990, p. 66-73.
84. Jennifer Gregan-Paxton; Deborah Roedder John, Consumer learning by analogy: a model of internal knowledge transfer, *Journal of Consumer Research*, dez. 1997, p. 266-284.
85. Michelle L. Roehm de Brian Sternthal, The moderating effect of knowledge and resources on the persuasive impact of analogies, *Journal of Consumer Research*, set. 2001, p. 257.
86. Michael K. Hui; Xiande Zhao; Xiucheng Fan; Kevin Au, When does the service process matter? A test of two competing theories, *Journal of Consumer Research* 31, n. 2, 2004, p. 465-475.
87. Richard Yalch; Rebecca Elmore-Yalch, The effect of numbers on the route to persuasion, *Journal of Consumer Research*, jun. 1984, p. 522-527.
88. Noel Capon; Roger Davis, Basic cognitive ability measures as predictors of consumer information processing strategies, *Journal of Consumer Research*, jun. 1984, p. 551-564.
89. Nicole H. Lurie; Charlotte H. Mason, Visual representation: implications for decision making, *Journal of Marketing*, jan. 2007, p. 160-177.
90. Joe Goldeen, Spanish-language web site aims to educate California Latinos on health care, *The Record* (Stockton, CA), 6 abr. 2004, www. recordnet. com.
91. Jennifer Gregan-Paxton; Deborah Roedder John, Are young children adaptive decision makers? A study of age differences in information search behavior, *Journal of Consumer Research*, mar. 1995, p. 567-580.
92. Catherine A. Cole; Gary J. Gaeth, Cognitive and age-related differences in the ability to use nutrition information in a complex environment, *Journal of Marketing Research*, maio 1990, p. 175-184.
93. Elizabeth Olson, Catching the bouquet, in a dress you bought online, *New York Times*, 2 set. 2007, p. B-7.
94. Cynthia Crossen, 'Merry Christmas to Moi' Shoppers say, *Wall Street Journal*, 11 dez. 1997, p. B1, B14.
95. June Fletcher; Sarah Collins, The lazy gardener, *Wall Street Journal*, 6 jun. 2001, p. W1, W16.
96. Peter Wright, The time harassed consumer: time pressures, distraction, and the use of evidence, *Journal of Applied Psychology*, out. 1974, p. 555-561.
97. Rajneesh Suri; Kent B. Monroe, The effects of time constraints on consumers' judgments of prices and products, *Journal of Consumer Research*, jun. 2003, p. 92-104.
98. C. Page Moreau; Darren W. Dahl, Designing the solution: the impact of constraints on consumers' creativity, *Journal of Consumer Research* 32, n. 1, 2005, p. 13-22.
99. Danny L. Moore; Douglas Hausknecht; Kanchana Thamodaran, Time compression, response opportunity, and persuasion, *Journal of Consumer Research*, jun. 1986, p. 85-99; Priscilla LaBarbera; James MacLaughlin, Time compressed speech in radio advertising, *Journal of Marketing*, jan. 1979, p. 30-36; Shelly Chaiken; Alice Eagly, Communication modality as a determinant of message persuasiveness and message comprehensibility, *Journal of Personality and Social Psychology*, mar. 1976, p. 605-614; Herbert Krugman, The impact of television advertising: learning without involvement, *Public Opinion Quarterly*, 1965, p. 349-356; Patricia A. Stout; Benedicta Burda, Zipped commercials: are they effective? *Journal of Advertising*, 1989, p. 23-32.
100. Park e Young, Consumer response to television commercials; Deborah J. MacInnis; C. Whan Park, The differential role of characteristics of music on high- and low-involvement consumers' processing of ads, *Journal of Consumer Research*, set. 1991, p. 161-173, Shelly Chaiken; Alice Eagly, Communication modality as a determinant of persuasion: the role of communicator salience, *Journal of Personality and Social Psychology*, ago. 1983, p. 605-614.
101. Kenneth Lord; Robert Burnkrant, Attention versus distraction: the interactive effect of program involvement and

attentional devices on commercial processing, *Journal of Advertising*, mar. 1993, p. 47-61; Kenneth R. Lord; Robert E. Burnkrant, Television program effects on commercial processing, (Ed.) Michael J. Houston, *Advances in Consumer Research* 15 (Provo, Utah: Association for Consumer Research, 1988), p. 213-218, Gary Soldow; Victor Principe, Response to commercials as a function of program context, *Journal of Advertising Research*, fev. -mar. 1981, p. 59-65.
102. Baba Shiv; Stephen M. Nowlis, The effect of distractions while tasting a food sample: the interplay of informational and affective components in subsequent choice, *Journal of Consumer Research*, dez. 2004, p. 599-608.
103. Rajeev Batra; Michael L. Ray, Situational effects of advertising repetitions: the moderating influence of motivation, ability, and opportunity to respond, *Journal of Consumer Research*, mar. 1986, p. 432-435; Carl Obermiller, Varieties of mere exposure: the effects of processing style and repetition on affective response, *Journal of Consumer Research*, jun. 1985, p. 17-30, Arno Rethans; John L. Swazy; Lawrence J. Marks, The effects of television commercial repetition, receiver knowledge, and commercial length: a test of the two-factor model, *Journal of Marketing Research*, fev. 1986, p. 50-61, Sharmistha Law; Scott A. Hawkins, Advertising repetition and consumer beliefs: the role of source memory, em editor William Wells, *Measuring advertising effectiveness* (Mahwah, N. J.: Lawrence Erlbaum Associates, 1997), p. 67-75; Giles D'Sousa; Ram C. Rao, Can repeating an advertisement more frequently than the competition affect brand preference in a mature market? *Journal of Marketing* 59, n. 2, 1995, p. 32-43.
104. Margaret C. Campbell; Kevin Lane Keller, Brand familiarity and advertising repetition effects, *Journal of Consumer Research*, set. 2003, p. 292-304.
105. Dan Ariely, Controlling the information flow: effects on consumers' decision making and preferences, *Journal of Consumer Research* 27, set. 2000, p. 233-248.
106. Ibidem.
107. Fred Vogelstein, Can Schwab get its mojo back? *Fortune*, 17 set. 2001, p. 93-97.
108. Linda Daily, Umpqua Bank debuts innovation lab, *Community Banker*, jan. 2008, p. 11; Renee Kimmel, Bank aids early entrepreneurs, *Brandweek*, 23 jul. 2007, p. 38; Karen Krebsbach, Is Umpqua cool? Maybe. Quirky? Yup. Successful? No question about it, *U. S. Banker*, jun. 2007, p. 24; Bill Breen, The mind reader, *Fast Company*, out. de 2006, p. 71-72; Rob Walker, Branching out: Umpqua Bank, *New York Times Magazine*, 24 set. 2006, p. 21.

Capítulo 3

1. Adaptado de Gillespie/Jeannet/Hennessey, *Global Marketing*, 2. ed. (Boston : Houghton Mifflin Company, 2007), p. 478. Com base em Duane D. Stanford, Anheuser-Busch InBev Plans to Cut 1, 400 Jobs in U. S., *Bloomberg News*, 8 dez. 2008, www. bloomberg. com; Andrea Welsh, Brewers in Brazil may water down their sales pitch, *Wall Street Journal*, 24 set. 2003, p. B4; Dan Bilefsky; Christopher Lawton, In Europe, Marketing Beer asAmerican' may not be a plus, *Wall Street Journal*, 21 jul. 2004, p. B1; Sarah Ellison, Bad beer ads, *Wall Street Journal Europe*, 15 maio 2000.
2. Visa Rolls with new multimedia advertising campaign, *Wireless News*, 20 set. 2007; 'Game of life' takes Visa, *San Francisco Chronicle*, 27 mar. 2007, p. B6; Maria Aspan, Small and plastic, with an upscale tilt, *New York Times*, 13 fev. 2007, p. C7; Visa will relaunch advertising campaign aimed at Hispanics, *Cardline*, 20 ago. 2004, p. D2.
3. Adam Finn, Print ad recognition readership scores: an information processing perspective, *Journal of Marketing Research*, maio 1988, p. 168-177.
4. John Battle, Cashing in at the register, *Aftermarket Business*, 1º set. 1994, p. 12-13.
5. Laura Petrecca, Wal-Mart TV sells marketers flexibility, *USA Today*, 29 mar. 2007, p. 3B; Ann Zimmerman, Wal-Mart adds in-store TV sets, lifts advertising, *Wall Street Journal*, 22 set. 2004, p. A20.
6. Douglas A. Blackmon, New ad vehicles: police cars, school buses, garbage trucks, *Wall Street Journal*, 20 fev. 1996, p. B1, B6; Suzanne Vranica, Think graffiti is all that's hanging in subway tunnels? Look again, *Wall Street Journal*, 4 abr. 2001, p. B1, B6; Leslie Chang, Online Ads in China go offline, *Wall Street Journal*, 30 jul. 2000, p. B1, B6.
7. Panasonic signs deal with road ads, *Marketing*, 8 jan. 2004, p. 6.
8. Para saber mais sobre controle do consumidor e publicidade por e-mail, veja Ray Kent; Hege Brandal, Improving email response in a permission marketing context, *International Journal of Market Research*, 2003, p. 489-504.
9. Steven M. Edwards; Hairong Li; Joo-Hyun Lee, Forced exposure and psychological reactance, *Journal of Advertising*, out. 2002, p. 83-95.
10. Paul Surgi Speck; Michael T. Elliott, Predictors of advertising avoidance in print and broadcast media, *Journal of Advertising*, 1997, p. 61-76.
11. Amy L. Webb, More consumers are ignoring ads, survey shows, *Wall Street Journal Europe*, 18 jun. 2001, p. 29.
12. Kevin Downey, Commercial zapping doesn't matter, *Broadcasting & Cable*, 3 set. 2007, p. 8.
13. Steve McClellan, It's inescapable: DVRs here to stay, *Television Week*, 29 nov. 2004, p. 17.
14. Brian Steinberg, How to stop them from skipping: TiVo tells all, *Advertising Age*, 16 jul. 2007, p. 1; Gina Piccalo, TiVo will no longer skip past advertisers, *Los Angeles Times*, 17 nov. 2004, p. A1.
15. Dean M. Krugman; Glen T. Cameron; Candace McKearney White, Visual attention to programming and commercials: the use of in-home observations, *Journal of Advertising*, 1995, p. 1-12; S. Sid-darth and Amitava Chattopadhyay, To zap or not to zap: a study of the determinants of channel switching during commercials, *Marketing Science* 17, n. 2, 1998, p. 124-138.
16. Bill Carter, NBC is hoping short movies keep viewers from zapping, *New York Times*, 4 ago. 2003, p. C1.
17. Kids see, kids do? TV ads and obesity, *Marketing News*, 15 dez. 2007, p. 4.
18. Sarah Ellison, Kraft limits on kids' ads may cheese off rivals, *Wall Street Journal*, 13 jan. 2005, p. B3; Todd Wasserman, Curbing their appetite, *Brandweek*, 6 dez. 2004, p. 24-26; 28; Annie Seeley; Martin Glenn, Kids and junk food: are ads to blame? *Grocer*, 15 maio 2004, p. 30.
19. Burt Helm, Cutting the stack of catalogs, *BusinessWeek*, 20 dez. 2007, www. businessweek. com.

20. Christopher Conkey, FTC wins order to shut down spam from adult web sites, *Wall Street Journal*, 12 jan. 2005, p. D2; FCC Adopts rules under the CAN-SPAM act to protect wireless subscribers, *Computer & Internet Lawyer*, out. 2004, p. 39.
21. Allison Enright, (Third) Screen Tests, *Marketing News*, 15 mar. 2007, p. 17-18.
22. Bob Tedeschi, Reaching more customers with a simple text message, *New York Times*, 16 jul. 2007, p. C6.
23. Cynthia H. Cho, Outdoor ads, here's looking at you, *Wall Street Journal*, 12 jul. 2004, p. B3; Bradley Johnson, Cracks in the foundation, *Advertising Age*, 8 dez. 2003, p. 1, 10.
24. New TiVo service monitors skipping habits, *MediaWeek*, 12 nov. 2007, p. 3; Brian Steinberg, How to stop them from skipping: TiVo tells all, *Advertising* Age, 16 jul. 2007, p. 1.
25. Sarah Lacy, Web numbers: what's real? *BusinessWeek*, 23 out. 2007, p. 98; Jessi Hempel, The online numbers game, *Fortune*, 3 set. 2007, p. 18.
26. Rik Pieters; Edward Rosbergen; Michel Wedel, Visual attention to repeated print advertising: a test of scanpath theory, *Journal of Marketing Research* 36, nov. 1999, p. 424-438.
27. Rik Pieters; Michel Wedel, Goal control of attention to advertising: the Yarbus implication, *Journal of Consumer Research*, ago. 2007, p. 224-233.
28. Trebor Banstetter, American sues Google over 'Sponsored Links, *Fort Worth Star-Telegram*, 18 ago. 2007, www. dfw. com.
29. Scott B. MacKenzie, The role of attention in mediating the effect of advertising on attribute importance, *Journal of Consumer Research*, set. 1986, p. 174-195; Richard E. Petty; Timothy C. Brock, Thought disruption and persuasion: assessing the validity of attitude change experiments, (Ed.) Richard E. Petty; Thomas Ostrom; Timothy C. Brock, *Cognitive responses in persuasion* (Hillsdale: Lawrence Erlbaum, 1981), p. 55-79.
30. Joe Flint, Disappearing act: the amount of TV screen devoted to show Shrinks, *Wall Street Journal*, 29 mar. 2001, p. B1, B6.
31. L. Hasher; R. T. Zacks, Automatic and effortful processes in memory, *Journal of Experimental Psychology: General*, set. 1979, p. 356-388; W. Schneider; R. M. Shiffrin, Controlled and automatic humaninformation processing: I. detection, search, and attention, *Psychological Review*, jan. 1977, p. 1-66; R. M. Shiffrin; W. Schneider, Controlled and automatic human information processing: II. Perceptual Learning, automatic attending, and a general theory, *Psychological Review*, mar. 1977, p. 127-190.
32. Chris Janiszewski, Preconscious processing effects: the independence of attitude formation and conscious thought, *Journal of Consumer Research*, set. 1988, p. 199-209; Joan Meyers-Levy, Priming effects on product judgments: a hemispheric interpretation, *Journal of Consumer Research*, jun. 1989, p. 76-87.
33. Janiszewski, Preconscious processing effects; Chris Janiszewski, The influence of print advertisement organization on affect toward a brand name, *Journal of Consumer Research*, jun. 1990, p. 53-65.
34. Chris Janiszewski, Preattentive mere exposure effects, *Journal of Consumer Research*, dez. 1993, p. 376-392; Janiszewski, Preconscious processing effects; Janiszewski, The influence of print advertisement organization on affect toward a brand name.
35. Janiszewski, Preattentive mere exposure effects; Stewart Shapiro; Deborah J. MacInnis, Mapping the relationship between preattentive processing and attitudes, (Ed.) John Sherry; Brian Sternthal, *Advances in Consumer Research*, v. 19 (Provo: Association for Consumer Research, 1992), p. 505-513.
36. Stewart Shapiro, When an ad's influence is beyond our conscious control: perceptual and conceptual fluency effects caused by incidental ad exposure, *Journal of Consumer Research* 26, jun. 1999, p. 16-36; Stewart Shapiro; Deborah J. MacInnis; Susan E. Heckler, The effects of incidental ad exposure on the formation of consideration sets, *Journal of Consumer Research*, jun. 1997, p. 94-104.
37. Richard L. Celsi; Jerry C. Olson, The role of involvement in attention and comprehension processes, *Journal of Consumer Research*, set. 1988, p. 210-224.
38. Paula Lehman, Social networks that break a sweat, *BusinessWeek*, 4 fev. 2008, p. 68.
30. Arch Woodside; J. William Davenport Jr. , The effect of salesman similarity and expertise on consumer purchasing behavior, *Journal of Marketing Research*, maio 1974, p. 198-202.
40. Robert E. Burnkrant; Daniel J. Howard, Effects of the use of introductory rhetorical questions versus statements on information processing, *Journal of Personality and Social Psychology*, dez. 1984, p. 1218-1230.
41. Grant McCracken, Who is the celebrity endorser? Cultural foundations of the endorsement process, *Journal of Consumer Research*, dez. 1989, p. 310-321; Jeffrey Burroughs; Richard A. Feinberg, Using response latency to assess spokesperson effectiveness, *Journal of Consumer Research*, set. 1987, p. 295-299.
42. Martin Lindstrom, Martin Lindstrom's weekly video reports: spotlighting branding practices from around the world, *Advertising Age*, 4 jun. 2007, www. adage. com.
43. Deborah J. MacInnis; C. Whan Park, The differential role of characteristics of music on high- and low-involvement consumers' processing of ads, *Journal of Consumer Research*, set. 1991, p. 161-173; David W. Stewart; David H. Furse, *Effective television advertising: a study of 1000 commercials* (Lexington: Lexington Books, 1986); James J. Kellaris; Robert J. Kent, An exploratory investigation of responses elicited by music varying in tempo, tonality, and texture, *Journal of Consumer Psychology,* mar. 1993, p. 381-402; James J. Kellaris; Anthony Cox; Dena Cox, The effects of background music on ad processing contingency explanation, *Journal of Consumer Research*, out. 1993, p. 114-126.
44. Chris Gaerig, With feist and the books, ads take aim at new audience, *The Michigan Daily*, 15 jan. 2008, www. michigandaily. com; Jamie LaReau, Music is key to carmakers' marketing, *Automotive News*, 20 dez. 2004, p. 22.
45. Brian Sternthal e Samuel Craig, Humor in Advertising, *Journal of Marketing,* outubro de 1973, p. 12-18; Thomas Madden; Marc G. Weinberger, The effect of humor on attention in magazine advertising, *Journal of Advertising,* set. de 1982, p. 8-14.
46. Martin Lindstrom, Martin Lindstrom's weekly video reports: spotlighting branding practices from around the world, *Advertising Age*, 4 jun. 2007, www. adage. com.

47. Josephine L. C. M. Woltman Elpers; Ashesh Mukherjee; Wayne D. Hoyer, Humor in television advertising: a moment-to-moment analysis, *Journal of Consumer Research*, dez. 2004, p. 592-598.
48. Sherman So, Unsolicited messages still a novelty in the mainland, *Asia Africa Intelligence Wire*, 9 nov. 2004, n. p.
49. Kate Fitzgerald, In-stadium tech reinvents ad game, *Advertising Age*, 27 out. 2003, p. S-6.
50. Satya Menon de Dilip Soman, Managing the power of curiosity for effective web strategies, *Journal of Advertising*, 2002, p. 1-14; Yih Hwai Lee, Manipulating ad message involvement through information expectancy: effects on attitude evaluation and confidence, *Journal of Advertising* 29, n. 2, 2000, p. 29-42; Joan Meyers-Levy de Alice Tybout, Schema congruity as a basis for product evaluation, *Journal of Consumer Research*, jun. 1989, p. 39-54. As características da música também podem causar surpresa; veja James Kellaris; Ronald Rice (1993), The influence of tempo, loudness e gender of listener on responses to music, *Psychology e Marketing* 10, n. 1, p. 15-29.
51. Dana L. Alden; Ashesh Mukherjee; Wayne D. Hoyer, The effects of incongruity, surprise and positive moderators on perceived humor in television advertising, *Journal of Advertising* 29, n. 2, 2000, p. 1-15; Elpers; Mukherjee; Hoyer, Humor in television advertising: a moment-to-moment analysis.
52. Anthony Malakian, Ad beat: provident introduces the iconoclastic Mrs. P, *Banking Wire*, 19 nov. 2007, p. 34.
53. Nigel K. Li Pope; Kevin E. Voges; Mark R. Brown, The effect of provocation in the form of mild erotica on attitude to the ad and corporate image, *Journal of Advertising*, 2004, p. 69-82.
54. Edward F. McQuarrie; David Glen Mick, Visual rhetoric in advertising: text-interpretive, experimental, and reader-response analyses, *Journal of Consumer Research 26*, jun. 1999, p. 37-54.
55. Finn, Print ad recognition readership scores.
56. Avery M. Abernethy; David N. Laband, The impact of trademarks and advertisement size on yellow page call rates, *Journal of Advertising Research*, mar. 2004, p. 119-125.
57. Rik Pieters de Michel Wedel, Attention Capture and Transfer in Advertising: Brand, Pictorial, and Text-size Effects, *Journal of Marketing*, abr. 2004, p. 36-50.
58. Roseanne Harper, Secondary Produce Displays Boost Sales, *Supermarket News*, 15 nov. 2004, p. 54.
59. S. Shyam Sundar; Sriram Kalyanaraman, Arousal, Memory, and Impression-Formation Effects of Animation Speed in Web Advertising, *Journal of Advertising*, 2004, p. 7-17; Werner Krober-Riel, Activation Research: Psychobiological Approaches in Consumer Research, *Journal of Consumer Research,* mar. de 1979, p. 240-250; Morris B. Holbrook; Donald R. Lehmann, Form vs. Content in Predicting Starch Scores, *Journal of Advertising Research*, ago. 1980, p. 53-62.
60. Mackenzie, The role of attention in mediating the effect of advertising on attribute importance.
61. Walter Nicholls, The U. S. Is turned on to wine, *Washington Post*, 2 jan. 2008, www. washingtonpost. com.
62. Karen V. Fernandez; Dennis L. Rosen, The effectiveness of information and color in yellow pages advertising, *Journal of Advertising* 29, n. 2, 2000, p. 61-73.
63. Chris Janiszewski, The influence of display characteristics on visual exploratory search behavior, *Journal of Consumer Research*, dez. 1998, p. 290-301.
64. Edward Rosbergen; Rik Pieters; Michel Wedel, Visual attention to advertising: a segment-level analysis, *Journal of Consumer Research*, dez. 1997, p. 305-314.
65. Jean Halliday, Auto shopping website vehix to now fill three screens, *Advertising Age*, 26 jul. 2007, www. adage. com; Louise Story, Toyota's latest commercial is not on TV. Try the Xbox console, *New York Times*, 8 out. 2007, p. C6.
66. Priya Raghubir; Eric A. Greenleaf, Ratios in proportion: what should the shape of the package be? *Journal of Marketing*, abr. 2006, p. 95-107; Priya Raghubir; Aradhna Krishna, Vital dimensions in volume perception: can the eye fool the stomach? *Journal of Marketing Research* 36, ago. 1999, p. 313-326; Aradhna Krishna, Interaction of senses: the effect of vision versus touch on the elongation bias, *Journal of Consumer Research* 32, n. 4, 2006, p. 557-566.
67. Valerie Folkes; Shashi Matta, The effect of package shape on consumers' judgments of product volume, *Journal of Consumer Research*, set. 2004, p. 390-401.
68. John R. Doyle; Paul A. Bottomley, Dressed for the occasion: font-product congruity in the perception of logotype, *Journal of Consumer Psychology* 16, n. 2, 2006, p. 112-123.
69. Peter H. Lindsay; Donald A. Norman, *Human information processing: an introduction to psychology* (Nova York: Academic Press, 1973).
70. Ibidem.
71. Ibidem.
72. Gerald J. Gorn; Amitava Chattopadhyay; Tracey Yi, Effects of color as an executional cue: they're in the shade, *Management Science*, out. 1997, p. 1387-1401.
73. Greg Morago, Shapely stuff makes waves, *Hartford Courant*, 23 mar. 2007, p. H1.
74. Cathy Horyn, A new year, a new color. But are we blue? *New York Times*, 20 dez. 2007, p. G1.
75. Marnell Jameson, The palette patrol, *Los Angeles Times*, 13 jun. 1997, p. E1, E8.
76. Lindsay; Norman, *Human information processing*.
77. Amitava Chattopadhyay; Darren W. Dahl; Robin J. B. Ritchie; Kimary N. Shahin, Hearing voices: the impact of announcer speech characteristics on consumer response to broadcast advertising, *Journal of Consumer Psychology* 13, n. 3, 2003, p. 198-204.
78. Hannah Booth, Sound minds: brands these days need to sound good aswell as look good, *Design Week*, 15 abr. 2004, p. 163.
79. Eric Yorkston; Geeta Menon, A sound idea: phonetic effects of brand names on consumer judgments, *Journal of Consumer Research*, jun. 2004, p. 43-51.
80. Ronald E. Milliman, Using background music to affect the behavior of supermarket shoppers, *Journal of Marketing*, 1982, p. 86-91.
81. Colleen Bazdarich, In a buying mood? Maybe it's the muzak, *Business 2. 0*, mar. 2002, p. 100.
82. Ronald E. Millman, The influence of background music on the behavior of restaurant patrons, *Journal of Consumer Research*, set. 1986, p. 286-289; Richard Yalch; Eric Spannenberg, Effects of store music on shopping behavior, *Journal of Services Marketing*, 1990, p. 31-39.

83. Mark I. Alpert; Judy Alpert, The effects of music in advertising on mood and purchase intentions, *Working paper* n. 85/86-5-4, Department of Marketing Administration, University of Texas, 1986.
84. Gerald J. Gorn, The effects of music in advertising on choice behavior, *Journal of Marketing*, 1982, p. 94-101, C. Whan Park; S. Mark Young, Consumer response to television commercials: the impact of involvement and background music on brand attitude formation, *Journal of Marketing Research*, fev. 1986, p. 11-24; MacInnis e Park, The differential role of characteristics of music on high-and low-involvement consumers' processing of ads.
85. Kate Fitzgerald, In-store media ring cash register, *Advertising Age*, 9 de fev. 2004, p. 43.
86. Kellogg's launches on-pack promotion for nutri-grain, *Talking Retail*, 8 jan. 2008, www.talkingretail.com.
87. JoAndrea Hoegg; Joseph W. Alba, Taste perception: more (and less) than meets the tongue, *Journal of Consumer Research*, mar. 2007, p. 490-498.
88. Jeanne Whalen, Foul taste is part of the cure, *Wall Street Journal*, 5 nov. 2007, p. B4.
89. Trygg Engen, *The perception of odors* (New York: Academic Press, 1982); Trygg Engen, Remembering Odors and Their Names, *American Scientist*, set.-out. 1987, p. 497-503.
90. T. Schemper; S. Voss; W. S. Cain, Odor identification in young and elderly persons, *Journal of Gerontology*, dez. 1981, p. 446-452, J. C. Stevens; W. S. Cain, Smelling via the Mouth: Effect of Aging, *Perception and Psychophysics*, set. 1986, p. 142-146.
91. W. S. Cain, Odor identification by males and females: prediction vs. performance, *Chemical Senses*, fev. 1982, p. 129-142.
92. Beryl Leiff Benderly, Aroma, *Health*, dez. 1988, p. 62-77.
93. M. S. Kirk-Smith; C. Van Toller; G. H. Dodd, Unconscious odor conditioning in human subjects, *Biological Psychology* 17, 1983, p. 221-231.
94. Pamela Weentraug, Sentimental journeys: smells have the power to arouse our deepest memories, our most primitive drives, *Omni*, ago. 1986, p. 815, Howard Erlichman; Jack N. Halpern, Affect and memory: effects of pleasant and unpleasant odors on retrieval of happy and unhappy memories, *Journal of Personality and Social Psychology*, maio 1988, p. 769-779; Frank R. Schab, Odors and the remembrance of things past, *Journal of Experimental Psychology: Learning, Memory and Cognition*, jul. 1990, p. 648-655.
95. Theresa Howard, Who needs ads when you've got hot doughnuts now? *USA Today*, 31 maio 2001, p. B3.
96. Anick Bosmans, Scents and sensibility: when do (in) congruent ambient scents influence product evaluations? *Journal of Marketing*, jul. 2006, p. 32-43.
97. Marty Hair, Artificial tree owners hunt for smell of Christmas, *Detroit Free Press*, 26 nov. 2004, www.freep.com.
98. Maureen Morrin; S. Ratneshwar, Does it make sense to use scents to enhance brand memory? *Journal of Marketing Research*, fev. 2003, p. 10-25.
99. Susan Reda, Dollars and scents, *Stores*, ago. 1994, p. 38.
100. Thomas K. Grose, That odd smell may be your e-mail, *U. S. News & World Report*, 6 ago. 2001, p. 33.
101. Karen A. Newman, Parry and advance: P&G's Martin Hettich builds on the febreze promise one move at a time, *Global Cosmetic Industry*, dez. 2007, p. 46+.
102. Maxine Wilkie, Scent of a market, *American Demographics*, ago. de 1995, p. 40-49.
103. Joann Peck; Terry L. Childers, Individual differences in haptic information processing, *Journal of Consumer Research*, dez. 2003, p. 430-442.
104. Jacob Hornik, Tactile stimulation and consumer response, *Journal of Consumer Research*, dez. 1992, p. 449-458.
105. Sak Onkvisit; John J. Shaw, *International marketing: analysis and strategy* (Columbus: Merrill, 1989).
106. Joann Peck; Jennifer Wiggins, It just feels good: customers' affective response to touch and its influence on persuasion, *Journal of Marketing*, out. 2006, p. 57-69.
107. Deborah Brown McCabe; Stephen M. Nowlis, The effect of examining actual products or product descriptions on consumer preference, *Journal of Consumer Psychology* 13, n. 4, 2003, p. 431-439.
108. M. Eastlake Stevens, REI's X-Treme sports retailing, *Colorado Biz*, ago. 2000, p. 56-57.
109. Alison Fahey, Party Hardly, *Brandweek*, 26 out. 1992, p. 24-25.
110. Selling it: nips are nipped, *Consumer Reports*, dez. 2007, p. 67.
111. Richard Gibson, Bigger burger by McDonald's: a two ouncer, *Wall Street Journal*, 18 abr. 1996, p. B1.
112. Stuart Rogers, How a publicity blitz created the myth of subliminal advertising, *Public Relations Quarterly*, 1992, p. 12-18.
113. Martha Rogers; Christine A. Seiler, The answer is no, *Journal of Advertising Research*, mar.-abr. 1994, p. 36-46; W. B. Key, *Subliminal Seduction* (Englewood Cliffs.: Prentice-Hall, 1973); Matthew Fitzgerald, *Media sexploitation* (Englewood Cliffs: Prentice-Hall, 1976); W. B. Key, *The clamplate orgy* (Englewood Cliffs: Prentice-Hall, 1980); Martha Rogers; Kirk H. Smith, Public perceptions of subliminal advertising: why practitioners shouldn't ignore this issue, *Journal of Advertising Research*, mar.-abr. 1993, p. 10-19; Michael Lev, No hidden meaning here: survey sees subliminal ads, *New York Times*, 16 jun. 1991, p. 22, S12.
114. Sharon Beatty; Del I. Hawkins, Subliminal stimulation: some new data and interpretation, *Journal of Advertising*, jun. 1989, p. 4-9, Myron Gable; Henry T. Wilkens, Lynn Harris; Richard Feinberg, An evaluation of subliminally embedded sexual stimuli and graphics, *Journal of Advertising*, mar. 1987, p. 26-32; Dennis L. Rosen e Surendra N. Singh, An investigation of subliminal embed effect on multiple measures of advertising effectiveness, *Psychology and Marketing*, mar.-abr. 1992, p. 157-173; J. Steven Kelly, Subliminal embeds in print advertising: a challenge to advertising ethics, *Journal of Advertising*, set. de 1979, p. 20-24; Anthony R. Pratkanis; Anthony G. Greenwald, Recent perspectives on unconscious processing: still no marketing applications, *Psychology and Marketing*, 1988, p. 337-353; Joel Saegert, Why marketing should quit giving subliminal advertising the benefit of the doubt, *Psychology and Marketing*, mar.-abr. 1987, p. 157-173.
115. A. J. Marcel, Conscious and unconscious perception: experiments on visual masking and word recognition, *Cognitive Psychology*, jun. 1983, p. 197-237; A. J. Marcel, Conscious and unconscious perception: an approach to the relations between phenomenal experience and perceptual processes, *Cognitive Psychology*, set. de 1983, p. 238-300.

116. Ronald C. Goodstein; Ajay Kalra, Incidental exposure and affective reactions to advertising, *Working paper* n. 239, School of Management, University of California at Los Angeles, jan. 1994.
117. Timothy E. Moore, Subliminal advertising: what you see Is what you get, *Journal of Marketing*, 1982, p. 38-47.
118. David Penn, Looking for the emotional unconscious in advertising, *International Journal of Market Research* 48, n. 5, 2006, p. 515-524.
119. Laura A. Peracchio; Joan Meyers-Levy, How ambiguous cropped objects in ad photos can affect product evaluations, *Journal of Consumer Research*, jun. 1994, p. 190-204.
120. Himanshu Mishra; Arul Mishra; Dhananjay Naya-kankuppam, Money: a bias for the whole, *Journal of Consumer Research* 32, n. 4, 2006, p. 541-549.
121. Cathay Pacific's change for good programme collects millions for Unicef, *Asia Travel Tips*, 18 jan. de 2008, www. aisatraveltips. com.
122. Daniel Lovering, Heinz expands global tastes, *Associated Press*, 4 fev. 2008, www. ohio. com; Carrie Coolidge, Anticipation: H. J. Heinz, *Forbes*, 10 dez. 2007, p. 188; Donna Kardos; Matt Andrejczak, Food: Heinz net rises as sales offset costs, *Wall Street Journal*, 30 nov. 2007, p. C11; Christopher Megerian, The prize in the parking lot, *BusinessWeek*, 3 de set. 2007, p. 11; The sauces and condiments aisle was shaken up in march this year by Heinz, *Grocer*, 22 de set. 2007, p. 44; Ketchup passed as art, *UPI News Track*, 6 abr. 2007, www. upi. com/newstrack; Louise Story, Putting amateurs in charge, *New York Times*, 26 maio 2007, p. C1, C9; Heinz launches its organic tomato ketchup, *Marketing*, 7 fev. 2007, p. 45.

Capítulo 4

1. Steven Scheer, De beers sees 'challenging' 2008 for diamond sector, *Reuters*, 11 fev. 2008, www. reuters. com; Christina Passariello, European jewelers engage in global battle for brides, *Wall Street Journal*, 3 de ago. de 2007, p. B1; De beers uses consumer site to push diamond quality standard, *New Media Age*, 17 maio 2007, p. 2; Changing facets: diamonds, *The Economist*, 24 fev. 2007, p. 76.
2. Kevin Lane Keller, Brand synthesis: the multidimen-sionality of brand knowledge, *Journal of Consumer Research*, mar. 2003, p. 595-600.
3. Brian T. Ratchford, The economics of consumer knowledge, *Journal of Consumer Research*, mar. 2001, p. 397-411.
4. Lawrence W. Barsalou, *Cognitive psychology: an overview for cognitive scientists* (Hillsdale: Lawrence Erlbaum, 1992); James R. Bettman, Memory factors in consumer choice: a review, *Journal of Marketing*, 1979, p. 37-53; Merrie Brucks; Andrew A. Mitchell, Knowledge structures, production Systems and Decision Strategies, em editor Kent B. Monroe, *Advances in Consumer Research*, v. 8 (Ann Arbor: Association for Consumer Research, 1982), p. 750-757.
5. Kevin L. Keller, Conceptualizing, measuring, and managing customer-based brand equity, *Journal of Marketing*, jan. 1993, p. 1-22; Deborah J. MacInnis; Kent Nakamoto; Gayathri Mani, Cognitive associations and product category comparisons: the role of knowledge structure and context. In: (Ed.) John F. Sherry; Brian Sternthal, *Advances in consumer research*, v. 19 (Provo: Association for Consumer Research, 1992), p. 260-267.
6. Janet Adamy, For McDonald's it's a wrap, *Wall Street Journal*, 30 jan. 2007, p. B1.
7. Stephanie Kang, Regaining footing: after a slump, pay-less tries on fashion for size, *Wall Street Journal*, 10fev. 2007, p. A1.
8. Stijn M. J. Van Osselaer; Chris Janiszewski, Two ways of learning brand associations, *Journal of Consumer Research*, set. de 2001, p. 202-223.
9. Vanitha Swaminathan; Karen L. Page; Zeynep Gurhan-Canli, 'My' brand or 'our' brand: the effects of brand relationship dimensions and self-construal on brand evaluations, *Journal of Consumer Research*, ago. 2007, p. 248-259.
10. Burleigh B. Gardner; Sidney Levy, The product and the brand, *Harvard Business Review*, mar. -ab. 1955, p. 33-39; veja também David Ogilvy, *Confessions of an advertising man* (Nova York: Atheneum, 1964).
11. Zeynep Gurhan-Canli; Rajeev Batra, When corporate image affects product evaluations: the moderating role of perceived risk, *Journal of Marketing Research*, maio 2004, p. 197-205.
12. Joseph T. Plummer, How personality makes a difference, *Journal of Advertising Research*, dez. 1984–jan. 1985, p. 27-31; William D. Wells; Frank J. Andriuli; Fedele J. Goi; Stuart Seader, An Adjective Check List for the Study of Product Personality, *Journal of Applied Psychology*, out. 1957, p. 317-319; Jennifer L. Aaker, Dimensions of brand personality, *Journal of Marketing Research*, ago. 1997, p. 347-356.
13. Tim Triplett, Brand personality must be managed or it will assume a life of its own, *Marketing News*, 9 maio 1994, p. 9.
14. Katheryn Kranhold, Whirlpool conjures up appliance divas, *Wall Street Journal*, 27 abr. 2000, p. B14.
15. Rajeev Batra; Pamela Miles Homer, The situational impact of brand image beliefs, *Journal of Consumer Psychology* 14, n. 3, 2004, p. 318-330.
16. Yongjun Sung; Spencer F. Tinkham, Brand personality structures in the United States and Korea: common and culture-specific factors, *Journal of Consumer Psychology* 15, n. 4, 2005, p. 334-350.
17. Gita V. Johar; Jaideep Sengupta; Jennifer L. Aaker, Two roads to updating brand personality impressions: trait versus evaluative inferencing, *Journal of Marketing Research*, nov. 2005, p. 458-469.
18. Veja Girish N. Punj; Clayton L. Hillyer, A cognitive model of customer-based brand equity for frequently purchased products: conceptual framework and empirical results, *Journal of Consumer Psychology* 14, n. 1-2, 2004, p. 124-131; Kevin Lane Keller, *Building, measuring, and managing brand Equity*, 2. ed. (Upper Saddle River: Prentice-Hall, 2003), p. 60; Roland T. Rust; Valarie Z. Zeithaml; Katherine N. Lemon, *Driving customer equity* (Nova York: Free Press, 2000), p. 80-87.
19. Deborah Roedder John; Barbara Loken; Kyeonghui Kim; Alokparna Basu Monga, Brand concept maps: a methodology for identifying brand association networks, *Journal of Marketing Research*, novembro de 2006, p. 549-563.
20. Lan Nguyen Chaplin; Deborah Roedder John, The development of self-brand connections in children and adolescents, *Journal of Consumer Research* 32, n. 1, 2005, p. 119-129.

21. David Gianatasio, Benefit Plan: Colonial Life Chases Aflac, *Adweek*, 6 fev. 2008, www. adweek. com; Bethany McLean, Duck and coverage, *Fortune*, 13 ago. 2001, p. 142-143.
22. Peter Valdes-Dapena, Can that stroller run the rubicon trail? *CNN Money*, 25 ago. 2005, money. cnn. com; Gregory L. White, New Jeep is sure to turn heads, on the playground, *Wall Street Journal*, 9 jan. 2001, p. B1, B4.
23. Tom Meyvis; Chris Janiszewski, When are broader brands stronger brands? An accessibility perspective on the success of brand extensions, *Journal of Consumer Research* 31, n. 2, 2004, p. 346-357, Sheri Bridges; Kevin Lane Keller; Sanjay Sood, Communication strategies for brand extensions: enhancing perceived fit by establishing explanatory links, *Journal of Advertising* 29, n. 4, 2000, p. 1-11, Elyette Roux; Frederic Lorange, Brand extension research: a review. In: (Ed.) Fred von Raiij; Gary Bamoussy, *European advances in consumer research*, v. 1 (Provo: Association for Consumer Research, 1993), p. 492-500, C. Whan Park; Bernard J. Jaworski; Deborah J. MacInnis, Strategic brand concept-image management, *Journal of Marketing*, out. 1986, p. 135-145, David A. Aaker; Kevin L. Keller, Consumer evaluations of brand extensions, *Journal of Marketing*, jan. 1990, p. 27-41; Bernard Simonin; Julie A. Ruth, Is a company known by the company it keeps?: Assessing the spillover effects of brand alliances on consumer brand attitudes, *Journal of Marketing Research*, fev. 1998, p. 30-42; C. Whan Park; Sung Youl Jun; Allan D. Shocker, Composite branding alliances: an investigation of extension and feedback effects, *Journal of Marketing Research*, nov. 1996, p. 453-466, MacInnis; Nakamoto; Mani, Cognitive associations and product category comparisons, p. 260-267, David M. Bousch et al., Affect generalization to similar and dissimilar brand extensions, *Psychology and Marketing*, 1987, p. 225-237; Susan M. Baroniarczyk; Joseph W. Alba, The importance of the brand in brand extension, *Journal of Marketing Research*, maio 1994, p. 214-228.
24. Catherine W. M. Yeung; Robert S. Wyer Jr. , Does loving a brand mean loving its products? The role of brand-elicited affect in brand extension evaluations, *Journal of Marketing Research*, nov. 2005, p. 495-506.
25. Stijn M. J. Van Osselaer; Joseph W. Alba, Locus of equity and brand extension, *Journal of Consumer Research,* mar. de 2003, p. 539-550.
26. Huifang Mao; H. Shanker Krishnan, Effects of prototype and exemplar fit on brand extension evaluations: a two-process contingency model, *Journal of Consumer Research* 33, n. 1, 2006, p. 41-49; Franziska Volkner; Henrik Sattler, Drivers of brand extension success, *Journal of Marketing*, ab. 2006, p. 18-34, David Bousch; Shannon Shipp; Barbara Loken; Esra Genturk; Susan Crocket; Ellen Kennedy; Bettie Minshall; Dennis Misurell; Linda Rochford; John Strobel, Affect generalization to similar and dissimilar brand extensions, *Psychology and Marketing* 4, n. 3, 1987, p. 225-237, Rainer Greifender; Herbert Bless; Thorston Kurschmann, Extending the brand image on new products: the facilitative effect of happy mood states, *Journal of Consumer Behavior* 6, n. 1, 2007, p. 19-31.
27. Ingrid Martin; David Stewart, The differential impact of goal congruence on attitudes, intentions, and the transfer of brand equity, *Journal of Marketing Research*, nov. 2001, p. 471-484, Sandra Milberg; C. W. Park; Robert Lawson, Evaluation of brand extensions: the differential impact of goal congruence on attitudes, intentions, and the transfer of brand equity, *Journal of Consumer Research* 18, n. 2, 1991, p. 185-193.
28. Alokparna Basu Monga; Deborah Roedder John, Cultural differences in brand extension evaluation: the influence of analytic versus holistic thinking, *Journal of Consumer Research* 33, n. 4, 2007, p. 529-536. Veja também Shailendra Pratap Jain; Kalpesh Kaushik Desai; Huifang Mao, The influence of chronic and situational self-construal on categorization, *Journal of Consumer Research* 34, n. 1, 2007, p. 66-76.
29. Mao; Krishnan, Effects of prototype and exemplar fit on brand extension evaluations.
30. Michael J. Barone, The interactive effects of mood and involvement on brand extension evaluations, *Journal of Consumer Psychology* 15, n. 3, 2005, p. 263-270.
31. Deborah Roedder John; Barbara Loken; Christopher Joiner, The negative impact of extensions: can flagship products be diluted? *Journal of Marketing* 62, jan. 1998, p. 19-32.
32. Tom Meyvis; Chris Janiszewski, When are broader brands stronger brands? An accessibility perspective on the success of brand extensions, *Journal of Consumer Research*, set. 2004, p. 346-357.
33. Subramanian Balachander; Sanjoy Ghose, Reciprocal spillover effects: a strategic benefit of brand extensions, *Journal of Marketing*, jan. 2003, p. 4-13.
34. Rohini Ahluwalia; Zeynep Gürhan-Canli, The effects of extensions on the family brand name: an accessibility--diagnosticity perspective, *Journal of Consumer Research*, dez. 2000, p. 371-381; Zeynep Gürhan-Canli; Durairaj Maheswaran, The effects of extensions on brand name dilution and enhancement, *Journal of Marketing Research*, nov. 1998, p. 464-473, Sandra Milberg; C. Whan Park; Michael S. McCarthy, Managing negative feedback effects associated with brand extensions: the impact of alternative branding strategies, *Journal of Consumer Psychology* 6, n. 2, 1997, p. 119-140; Barbara Loken; Deborah Roedder--John, Diluting brand beliefs: when do brand extensions have a negative impact? *Journal of Marketing*, jul. 1993, p. 71-84; David A. Aaker, *Managing brand equity* (Nova York: The Free Press, 1991).
35. C. Whan Park; Bernard J. Jaworski; Deborah J. MacInnis, Strategic brand concept-image management.
36. Kathryn A. LaTour; Michael S. LaTour, Assessing the long--term impact of a consistent advertising campaign on consumer memory, *Journal of Advertising*, 2004, p. 49-61.
37. Kevin P. Gwinner; John Eaton, Building brand image through event sponsorship: the role of image transfer, *Journal of Advertising* 28, n. 4, 1999, p. 47-57.
38. Claudia H. Deutsch, Two growing markets that start at your tap, *New York Times*, 10 nov. 2007, p. C6.
39. Jay Greene, Return of the easy rider, *BusinessWeek*, 17 set. de 2007, p. 78-81.
40. Abbey Klaassen, St. Joseph: from babies to boomers, *Advertising Age*, 9 jul. 2001, p. 1, 38.
41. Niraj Dawar; Madan M. Pillutla, Impact of product-harm crises on brand equity: the moderating role of consumer expectations, *Journal of Marketing Research*, maio 2000, p. 215-226.

42. Jennifer Aaker; Susan Fournier; S. Adam Brasel, When good brands do bad, *Journal of Consumer Research*, jun. 2004, p. 1-16.
43. Narayan Janakiraman; Robert J. Meyer; Andrea C. Morales, Spillover effects: how consumers respond to unexpected changes in price and quality, *Journal of Consumer Research* 33, n. 3, 2006, p. 361-369.
44. Thomas W. Leigh; Arno J. Rethans, Experiences in script elicitation within consumer decision-making contexts. In: (Ed.) Richard P. Bagozzi; Alice M. Tybout, *Advances in Consumer Research*, v. 10 (Ann Arbor: Association for Consumer Research, 1983), p. 667-672, Roger C. Shank; Robert P. Abelson, *Scripts, plans, goals e understanding: an inquiry into human knowledge structures* (Hillsdale: Lawrence Erlbaum, 1977), Ruth Ann Smith; Michael J. Houston, A psychometric assessment of measures of scripts in consumer memory, *Journal of Consumer Research*, set. 1985, p. 214-224, R. A. Lakshmi-Ratan; Easwar Iyer, Similarity analysis of cognitive scripts, *Journal of the Academy of Marketing Science*, 1988, p. 36-43, C. Whan Park; Easwar Iyer; Daniel C. Smith, The effects of situational factors on in-store grocery shopping behavior: the role of store environment and time available for shopping, *Journal of Consumer Research*, mar. 1989, p. 422-432.
45. Eleanor Rosch, Principles of categorization. In: (Ed.) E. Rosch; B. Lloyd, *Cognition and categorization* (Hillsdale: Lawrence Erlbaum, 1978), p. 119-160, Barsalou, *Cognitive psychology*.
46. Rosch, Principles of categorization; Barsalou, *Cognitive psychology*. Madhubalan Viswanathan; Terry L. Childers, Understanding how product attributes influence product categorization: development and validation of fuzzy set-based measures of gradedness in product categories, *Journal of Marketing Research*, fev. 1999, p. 75-94.
47. Lawrence Barsalou, Ideals, central tendency, and frequency of instantiation as determinants of graded Structure in Categories, *Journal of Experimental Psychology: Learning, Memory and Cognition*, out. 1985, p. 629-649, Barbara Loken; James Ward, Alternative approaches to understanding the determinants of typicality, *Journal of Consumer Research*, set. 1990, p. 111-126; James Ward; Barbara Loken, The quintessential snack food: measurement of product prototypes. In: (Ed.) Richard J. Lutz, *Advances in Consumer Research*, v. 13 (Provo: Association for Consumer Research, 1986), p. 126-131; Gregory S. Carpenter; Kent Nakamoto, Consumer preference formation and pioneering advantage, *Journal of Marketing Research*, ago. 1989, p. 285-298.
48. Hyeong Min Kim, Evaluations of moderately typical products: the role of within-versus cross-Manufacturer Comparisons, *Journal of Consumer Psychology* 16, n. 1, 2006, p. 70-78.
49. Luk Warlop; Joseph W. Alba, Sincere flattery: trade-dress imitation and consumer choice, *Journal of Consumer Psychology* 14, n. 1/2, 2004, p. 21-27.
50. Gerald J. Gorn; Charles B. Weinberg, The impact of comparative advertising on perception and attitude: some positive findings, *Journal of Consumer Research*, set. 1984, p. 719-727; Cornelia Pechmann; S. Ratneshwar, The use of comparative advertising for brand positioning: association versus differentiation, *Journal of Consumer Research*, set. 1991, p. 145-160; Rita Snyder, Comparative advertising and brand evaluation: toward developing a categorization approach, *Journal of Consumer Psychology* 1, n. 1, 1992, p. 15-30.
51. Sholnn Remand; Norihiko Shirouzu, Toyota's Gen Y Gamble, *Wall Street Journal*, 30 jul. 2003, p. B1.
52. Ronald W. Niedrich; Subhash Sharma; Douglas H. Wedell, Reference price and price perceptions: a comparison of alternative models, *Journal of Consumer Research*, dez. 2001, p. 339-354.
53. Veja Amos Tversky; Daniel Kahneman, Extensional versus intuitive reasoning: the conjunction fallacy, *Psychological Review*, out. 1983, p. 293-315.
54. Bob Garfield, Softly lit or blunt, "less toxic" cigarette ads hint at health, *Advertising Age*, 12 nov. 2001, p. 58, Gordon Fairclough, Tobacco titans bid for "organic' cigarette maker, *Wall Street Journal*, 10 dez. 2001, p. B1, B4; Suein Hwang, Smokers may mistake "clean" cigarette for safe, *Wall Street Journal*, 30 set. 1995, p. B1, B2.
55. Hans Baumgartner, On the utility of consumers' theories in judgments of covariation, *Journal of Consumer Research*, mar. 1995, p. 634-643; James R. Bettman, Deborah Roedder John; Carol A. Scott, Covariation assessment by consumers, *Journal of Consumer Research*, dez. 1986, p. 316-326; Susan M. Broniarczyk; Joseph W. Alba, Theory versus data in prediction and correlation tasks, *Organizational Behavior e Human Decision Processes*, jan. 1994, p. 117-139.
56. Barbara Loken; Christopher Joiner; Joann Peck, Category attitude measures: exemplars as inputs, *Journal of Consumer Psychology*, n. 2, 2002, p. 149-161.
57. Lea Goldman, A cry in the wilderness, *Forbes*, 15 maio 2000, p. 322.
58. Barsalou, *Cognitive Psychology*.
59. Yaacov Trope; Nira Liberman; Cheryl Wakslak, Construal levels and psychological distance: effects on representation, prediction, evaluation, and behavior, *Journal of Consumer Psychology* 17, n. 2, 2007, p. 83-95.
60. John G. Lynch; G. Zauberman, Construing consumer decision making, *Journal of Consumer Psychology* 17, n. 2, 2007, p. 107-112.
61. Klaus Fiedler, Construal level theory as an integrative framework for behavioral decision-making research and consumer psychology, *Journal of Consumer Psychology* 17, n. 2, 2007, p. 101-106.
62. Frank R. Kardes; Maria L. Cronley; John Kim, Construal-level effects on preference stability, preference-behavior correspondence, and the suppression of competing brands, *Journal of Consumer Psychology* 16, n. 2, 2006, p. 135-144.
63. Michael Fitzpatrick, Japan: kit kat sales boosted by Lucky Translation, *Just-Food. com*, 3 fev. 2005, www. just-food.com.
64. Eleanor Rosch, Human categorization. In: (Ed.) N. Warren, *Studies in cross-cultural psychology* (Nova York: Academic Press, 1977), p. 1-49; A. D. Pick, Cognition: psychological perspectives In: (Ed.) H. C. Triandis; W. Lonner, *Handbook of cross-cultural psychology* (Boston: Allyn & Bacon, 1980), p. 117-153, Bernd Schmitt; Shi Zhang, Language structure and categorization: a study of classifiers in consumer cognition, judgment and choice, *Journal of Consumer Research*, set. 1998, p. 108-122.

65. Beth Snyder Bulik, Philips: we're not just light bulbs, *Advertising Age*, 25 jun. 2007, www. adage. com.
66. Joseph W. Alba; J. Wesley Hutchinson, Dimensions of consumer expertise, *Journal of Consumer Research*, mar. 1987, p. 411-454; Deborah Roedder John; John Whitney Jr., The development of consumer Knowledge in Children: A Cognitive Structure Approach, *Journal of Consumer Research*, mar. de 1986, p. 406-417; Merrie Brucks, The effects of product class knowledge on information search behavior, *Journal of Consumer Research*, jun. 1985, p. 1-16; Deborah Roedder John e Mita Sujan, Age Differences in product categorization, *Journal of Consumer Research*, mar. 1990, p. 452-460. Veja também Andrew A. Mitchell; Peter A. Dacin, The assessment of alternative measures of consumer expertise, *Journal of Consumer Research*, dez. 1996, p. 219-239; C. Whan Park; David L. Mothersbaugh; Lawrence Feick, Consumer knowledge assessment, *Journal of Consumer Research*, jun. 1994, p. 71-82.
67. Elizabeth Cowley; Andrew A. Mitchell, The moderating effect of product knowledge on the learning and organization of product information, *Journal of Consumer Research*, dez. 2003, p. 443-454; Stacy L. Wood; John G. Lynch Jr. , Prior knowledge and complacency in new product learning, *Journal of Consumer Research*, dez. 2002, p. 416-426.
68. Joseph W. Alba; J. Wesley Hutchinson, Knowledge calibration: what consumers know and what they think they know, *Journal of Consumer Research*, set. 2000, p. 123-156.
69. Chingching Chang, The interplay of product class knowledge and trial experience in attitude formation, *Journal of Advertising*, 2004, p. 83-92.
70. Maureen Morrin, The impact of brand extensions on parent brand memory structures and retrieval processes, *Journal of Marketing Research*, nov. 1999, p. 517-525.
71. Yumiko Ono, Will *Good Housekeeping Translate* into Japanese? *Wall Street Journal*, 30 dez. 1997, p. B1, B6.
72. Stuart Elliott, Timberland's cause-related marketing, *New York Times*, 16 nov. 2004, www. nytimes. com.
73. Shashi Matta; Valerie S. Folkes, Inferences about the brand from counterstereotypical service providers, *Journal of Consumer Research* 32, n. 2, 2005, p. 196-206.
74. The fruit formerly known as… prunes to be sold as "Dried Plums" in bid to sweeten image, *Washington Post*, 16 abr. 2001, p. A4; Lee Gomes, Korean knock-offs, Prunes vs. Dried Plums, and Intel's new hire, *Wall Street Journal*, 20 de set. de 2004, p. B1.
75. C. Page Moreau; Arthur B. Markman; Donald R. Lehmann, "What is it?" Categorization flexibility and consumers' responses to really new products, *Journal of Consumer Research*, mar. 2001, p. 489-498.
76. Ronald C. Goodstein, Category-based applications and extensions in advertising: motivatingmore extensive ad processing, *Journal of Consumer Research*, jun. 1993, p. 87-99; Mita Sujan, Consumer knowledge: effects on evaluation strategies mediating consumer judgments, *Journal of Consumer Research*, jun. 1985, p. 31-46.
77. Susan T. Fiske, Schema triggered affect: applications to social perception. In: (Ed.) Margaret S. Clark; Susan T Fiske, *Affect and cognition: the 17th annual Carnegie Symposium on Cognition* (Hillsdale: Lawrence Erl-baum, 1984), p. 55-78, Susan T. Fiske; Mark A. Pavelchak, Category-based vs. piecemeal-based affective responses: developments in Schema-Triggered Affect. In: (Ed. Richard M. Sorrentino; E. Tory Higgins, *Handbook of motivation and cognition* (Nova York: Guil-ford, 1986), p. 167-203, Joel B. Cohen, The role of affect in categorization: toward a reconsideration of the Concept of Attitude. In: (Ed.) Andrew A. Mitchell, *Advances in consumer research*, v. 9 (Ann Arbor: Association for Consumer Research, 1982), p. 94-100.
78. Douglas M. Stayman; Dana L. Alden; Karen H. Smith, Some effects of schematic processing on consumer expectations and disconfirmation judgments, *Journal of Consumer Research*, set. 1992, p. 245-255.
79. David G. Mick, Levels of subjective comprehension in advertising processing and their relations to ad perceptions, attitudes, and memory, *Journal of Consumer Research*, mar. 1992, p. 411-424.
80. Jacob Jacoby; Wayne D. Hoyer; David A. Sheluga, *Miscomprehension of televised communication* (Nova York: American Association of Advertising Agencies, 1980), Jacob Jacoby; Wayne D. Hoyer, *The comprehension and miscomprehension of print communications: an investigation of mass media magazines* (Nova York: Advertising Education Foundation, 1987), veja também Jacob Jacoby; Wayne D. Hoyer, The miscomprehension of mass-media advertising claims: a re-analysis of benchmark data, *Journal of Advertising Research*, jun.-jul. 1990, p. 9-17, Jacob Jacoby; Wayne D. Hoyer, The comprehension-miscomprehension of print communication: selected findings, *Journal of Consumer Research*, mar. 1989, p. 434-444; Fliece R. Gates, Further comments on the miscomprehension of televised advertisements, *Journal of Advertising*, 1986, p. 4-10.
81. Suzanne Vranica, Aflac partly muzzles iconic duck, *Wall Street Journal*, 2 dez. 2004, p. B8.
82. Gary J. Gaeth; Timothy B. Heath, The cognitive processing of misleading advertising in young and old adults, *Journal of Consumer Research*, jun. 1987, p. 43-54, Deborah Roedder; John e Catherine A. Cole, Age differences in information processing: understanding deficits in young and elderly consumers, *Journal of Consumer Research*, dez. 1986, p. 297-315, Catherine A. Cole; Michael J. Houston, Encoding and media effects on consumer learning deficiencies in the elderly, *Journal of Marketing Research*, fev. 1987, p. 55-63.
83. Richard L. Celsi; Jerry C. Olson, The role of involvement in attention and comprehension processes, *Journal of Consumer Research*, set. 1988, p. 210-224.
84. Jacob Jacoby; Robert W. Chestnut; William Silberman, Consumer use and comprehension of nutrition information, *Journal of Consumer Research*, set. de 1977, p. 119-127.
85. C. Page Moreau; Donald R. Lehmann; Arthur B. Markman, Entrenched knowledge structures and consumer response to new products, *Journal of Marketing Research*, fev. 2001, p. 14-29.
86. Edward T. Hall, *Beyond culture* (Garden City: Anchor Press/Doubleday, 1976), Sak Onkvisit; John J. Shaw, *International marketing: analysis and strategy* (Columbus: Merrill, 1989), p. 223-224.
87. Robert Frank, Big boy's adventures in Thailand, *Wall Street Journal*, 12 abr. 2000, p. B1, B4.
88. Scott Baldauf, A Hindi-English jumble, spoken by 350 million, *Christian Science Monitor*, 23 nov. 2004, p. 1.
89. Onkvisit; Shaw, *International marketing*.

90. Wayne D. Hoyer; Rajendra K. Srivastava; Jacob Jacoby, Examining sources of advertising miscomprehension, *Journal of Advertising*, jun. 1984, p. 17-26, Julie A. Edell; Richard Staelin, The information processing of pictures in print advertisements, *Journal of Consumer Research*, jun. 1983, p. 45-61; Ann Beattie; Andrew A. Mitchell, The relationship between advertising recall and persuasion: an experimental investigation. In: (Ed.) Linda F. Alwitt; Andrew A. Mitchell, *Psychological processes and advertising effects* (Hills-dale: Lawrence Erlbaum, 1985), p. 129-156.
91. David Luna, Integrating ad information: a text-processing perspective, *Journal of Consumer Psychology* 15, n. 1, p. 38-51.
92. Angela Y. Lee; Aparna A. Labroo, The effect of conceptual and perceptual fluency on brand evaluation, *Journal of Marketing Research*, maio 2004, p. 151-165.
93. Mick, Levels of subjective comprehension in advertising processing and their relations to perceptions, attitudes, and memory, Deborah J. MacInnis; Bernard J. Jaworski, Information processing from advertisements: toward an integrative framework, *Journal of Marketing*, out. 1989, p. 1-23.
94. Caroline E. Mayer, KFC misled consumers on health benefits, FTC says, *Washington Post*, 4 jun. 2004, p. E1.
95. Mick, Levels of subjective comprehension in advertising processing and their relations to ad perceptions, attitudes, and memory, ; David G. Mick; Claus Buhl, A meaning-based model of advertising experiences, *Journal of Consumer Research*, dez. 1992, p. 317-338.
96. Jennifer Gregan-Paxton; Deborah Roedder John, Consumer learning by analogy: a model of internal knowledge transfer, *Journal of Consumer Research*, dez. 1997, p. 266-284.
97. Richard D. Johnson; Irwin P. Levin, More than meets the eye: the effect of missing information on purchase evaluations, *Journal of Consumer Research*, set. 1985, p. 169-177, Frank Kardes, Spontaneous inference processes in advertising: the effects of conclusion omission and involvement in persuasion, *Journal of Consumer Research*, set. 1988, p. 225-233, Alba and Hutchinson, Dimensions of consumer expertise.
98. Pamela W. Henderson; Joan L. Giese; Joseph A. Cote, Impression management using typeface design, *Journal of Marketing*, out. 2004, p. 60-72.
99. Michaela Wänke; Herbert Bless; Norbert Schwarz, Context effects in product line extensions: context is not destiny, *Journal of Consumer Psychology* 7, n. 4, 1998, p. 299-322.
100. Shi Zhang; Bernd H. Schmitt, Creating local brands in multilingual international markets, *Journal of Marketing Research*, ago. 2001, p. 313-325.
101. Teresa Pavia; Janeen Arnold Costa, The winning number: consumer perceptions of alpha-numeric brand names, *Journal of Marketing*, jul. 1993, p. 85-99, France Leclerc; Bernd H. Schmitt; Laurette Dube, Foreign branding and its effects on product perceptions and attitudes, *Journal of Marketing Research*, maio 1994, p. 263-270, Mary Sullivan, How brand names affect the demand for twin automobiles, *Journal of Marketing Research*, maio 1998, p. 154-165.
102. Akshay R. Rao; Lu Qu; Robert W. Ruekert, Signaling unobservable product quality through a brand ally, *Journal of Marketing Research*, maio 1999, p. 258-268.
103. Bonnie B. Reece; Robert H. Ducoffe, Deception in brand names, *Journal of Public Policy and Marketing* 6, 1987, p. 93-103.
104. Marilyn Chase, Pretty soon the word "organic" on foods will mean one thing, *Wall Street Journal*, 18 ago. 1997, p. B1.
105. Benjamin A. Holden, Utilities pick new, nonutilitarian names, *Wall Street Journal*, 7 abr. 1997, p. B1, B5.
106. Wendy M. Grossman, Generic names lose their luster, *Smart Business*, abr. 2001, p. 58.
107. The Culinary Institute of America (CIA) and American Culinary Institute, Inc. (ACI) have Settled the Lawsuit the CIA filed in february, *Food Management*, set. 2004, p. 22.
108. Susan M. Broniarczyk; Joseph W. Alba, The role of consumers' intuitions in inference making, *Journal of Consumer Research*, dez. 1994, p. 393-407.
109. Gary T. Ford; Ruth Ann Smith, Inferential beliefs in consumer evaluations: an assessment of alternative processing strategies, *Journal of Consumer Research*, dez. 1987, p. 363-371.
110. Rajagopal Raghunathan; Rebecca Walker Naylor; Wayne D. Hoyer, The unhealthy = tasty intuition and its effects on taste inferences, enjoyment, and choice of food products, *Journal of Marketing*, out. 2006, p. 170-184.
111. Elizabeth G. Miller; Barbara E. Kahn, Shades of meaning: the effect of color and flavor names on consumer choice, *Journal of Consumer Research* 32, n. 1, 2005, p. 86-92.
112. Irwin P. Levin; Aron M. Levin, Modeling the role of brand alliances in the assimilation of product evaluations, *Journal of Consumer Psychology* 9, n. 1, 2000, p. 43-52.
113. Tom Meyvis; Chris Janiszewski, Consumers' beliefs about product benefits: the effect of obviously irrelevant information, *Journal of Consumer Research*, mar. 2002, p. 618-635.
114. Alexander Chernev; Gregory S. Carpenter, The role of market efficiency intuitions in consumer choice: a case of compensatory inferences, *Journal of Marketing Research*, ago. 2001, p. 349-361.
115. Peeter W. J. Verlegh; Jan-Benedict E. M. Steenkamp; Matthew T. G. Meulenberg, Country-of-origin effects in consumer processing of advertising claims, *International Journal of Research in Marketing*, jun. 2005, p. 127-139, Sung-Tai Hong; Robert S. Wyer Jr. , Determinants of product evaluation: effects of time interval between knowledge of a product's country of origin and information about its specific attributes, *Journal of Consumer Research*, dez. 1990, p. 277-288, Durairaj Maheswaran, Country of origin as a stereotype: effects of consumer expertise and attribute strength on product evaluations, *Journal of Consumer Research*, set. de 1994, p. 354-365, Sung-Tai Hong; Robert S. Wyer Jr. , Effects of country of origin and product-attribute information on product evaluation: an information processing perspective, *Journal of Consumer Research*, set. 1989, p. 175-187, Johny K. Johansson; Susan P. Douglas; Ikujiro Nonaka, Assessing the impact of country of origin on product evaluations, *Journal of Marketing Research*, nov. 1985, p. 388-396; Maheswaran, Country of origin as a stereotype, Wai-Kwan Li; Robert S. Wyer Jr. , The role of country of origin in product evaluations: informational and standard-of-comparison effects, *Journal of Consumer Psychology* 2, 1994, p. 187-212.
116. Rajeev Batra; Venkatram Ramaswamy; Dana L. Alden; Jan-Benedict E. M. Steenkamp; S. Ramachander, Effects of brand local and non-local origin on consumer attitudes in developing countries, *Journal of Consumer Psychology* 9, n. 2, 2000, p. 83-95.

117. Sung-Tai Hong; Dong Kyoon Kang, Country-of-origin influences on product evaluations: the impact of animosity and perceptions of industriousness brutality on judgments of typical and atypical products, *Journal of Consumer Psychology* 16, n. 3, 2006, p. 232-239.
118. Zeynep Gürhan-Canli; Durairaj Maheswaran, Cultural variations in country of origin effects, *Journal of Marketing Research*, ago. de 2000, p. 309-317.
119. Zeynep Gürhan-Canli; Durairaj Maheswaran, Determinants of country-of-origin evaluations, *Journal of Consumer Research*, jun. 2000, p. 96-108.
120. Luk Warlop; Joseph W. Alba, Sincere flattery: trade-dress imitation and consumer choice, *Journal of Consumer Psychology*, 2004, p. 21-27.
121. Paul Glader; Christopher Lawton, Beer and wine makers use fancy cans to court new fans, *Wall Street Journal*, ago. 2004, p. B1-B2.
122. Simon Mowbray, Spot the difference: tesco once told suppliers that its days of copying their brands were over, *Grocer*, set. 2004, p. 363.
123. Maxine S. Lans, Supreme court to rule on colors as trademarks, *Marketing News*, 2 jan. 1995, p. 28.
124. Ayn Crowley, The two-dimensional impact of color on shopping, *Marketing Letters*, 1993, p. 59-69.
125. Donald Lichtenstein; Scott Burton, The relationship between perceived and objective price-quality, *Journal of Marketing Research*, novembro de 1989, p. 429-443; Etian Gerstner, Do Higher Prices Signal higher quality? *Journal of Marketing Research*, maio 1985, p. 209-215, Kent Monroe; R. Krishnan, The effects of price on subjective product evaluations. In: (Ed.) Jacob Jacoby; Jerry C. Olson, *Perceived quality: how consumers view stores and merchandise* (Lexington: D. C. Heath, 1985), p. 209-232, Susan M. Petroshius; Kent B. Monroe, Effect of product-line pricing characteristics on product evaluations, *Journal of Consumer Research*, mar. 1987, p. 511-519; Akshay R. Rao; Kent B. Monroe, The moderating effect of prior knowledge on cue utilization in product evaluations, *Journal of Consumer Research*, set. 1988, p. 253-264, Cornelia Pechmann; S. Ratneshwar, Consumer covariation judgments: theory or data driven? *Journal of Consumer Research*, dez. 1992, p. 373-386.
126. Thomas T. Nagle; Reed K. Holden, *The strategy and tactics of pricing*, 2. ed. (Englewood Cliffs: Prentice-Hall, 1995), p. 84-85.
127. Maria L. Cronley; Steven S. Posavac; Tracy Meyer; Frank R. Kardes; James J. Kellaris, Selective hypothesis testing perspective on price-quality inference and inference-based choice, *Journal of Consumer Psychology* 15, n. 2, 2005, p. 159-169.
128. Frank R. Kardes; Maria L. Cronley; James J. Kellaris; Steven S. Posavac, The role of selective information processing in price-quality inference, *Journal of Consumer Research*, set. 2004, p. 368-374.
129. Priya Raghubir, Free gift with purchase: promoting or discounting the brand? *Journal of Consumer Psychology*, 2004, p. 181-186.
130. Ann E. Schlosser, Applying the functional theory of attitudes to understanding the influence of store atmosphere on store inferences, *Journal of Consumer Psychology* 7, n. 4, 1998, p. 345-369.
131. Lauranne Buchanan; Carolyn J. Simmons; Barbara A. Bickart, Brand equity dilution: retailer display and context brand effects, *Journal of Marketing Research*, ago. 1999, p. 345-355.
132. Becky Sunshine, Temporary shops make lasting impressions, *Financial Times*, 18 fev. 2008, www. lat. com/ business; Amanda Fortini, Anti-concept concept store, *New York Times Magazine*, 12 dez. 2004, p. 54.
133. Tsune Shirai, What is an "International" Mind? *PHP*, jun. 1980, p. 25.
134. Barbara Mueller, Standardization vs. specialization: an examination of Westernization in Japanese advertising, *Journal of Advertising Research*, jan.-fev. 1992, p. 15-22.
135. Margaret C. Campbell; Amna Kirmani, Consumers' use of persuasion knowledge: the effects of accessibility and cognitive capacity on perceptions of an influence agent, *Journal of Consumer Research*, jun. 2000, p. 69-83.
136. Onkvisit; Shaw, *International Marketing*.
137. Laura A. Peracchio; Joan Meyers-Levy, Using stylistic properties of ad Pictures to communicate with consumers, *Journal of Consumer Research* 32, n. 1, 2005, p. 29-40.
138. John W. Pracejus; G. Douglas Olsen; Thomas C. O'Guinn, How nothing became something: white space, rhetoric, history, and meaning, *Journal of Consumer Research* 33, n. 1, 2006, p. 82-90.
139. Richard J. Harris; Julia C. Pounds; Melissa J. Maiorelle; Maria Mermis, The effect of type of claim, gender, and buying history on the drawing of pragmatic inferences from advertising claims, *Journal of Consumer Psychology* 2, n. 1, 1993, p. 83-95; Richard J. Harris; R. E. Sturm; M. L. Kalssen; J. I. Bechtold, Language in advertising: a psycholinguistic approach, *Current Issues and Research in Advertising* (Ann Arbor: University of Michigan Press, 1986), p. 1-26, Raymond R. Burke; Wayne S. DeSarbo; Richard L. Oliver; Thomas S. Robertson, Deception by implication: an experimental investigation, *Journal of Consumer Research*, mar. 1988, p. 483-494.
140. J. Craig Andrews; Scot Burton; Richard G. Nete-meyer, Are some comparative nutrition claims misleading? The role of nutrition knowledge, ad claim type e disclosure conditions, *Journal of Advertising* 29, n. 3 (out. 2000), p. 29-42, Terence Shimp, Do incomplete comparisons mislead? *Journal of Advertising Research*, dez. 1978, p. 21-27, Harris et al. , The effect of type of claim, gender e buying history on the drawing of pragmatic inferences from advertising claims; Gita Johar, Consumer involvement and deception from implied advertising claims, *Journal of Marketing Research*, ago. de 1995, p. 267-279.
141. Ken Bensinger; Alana Semuels, A pivotal play for Hyundai, *Los Angeles Times*, 2 fev. 2008, www. latimes. com; Jean Halliday; Brian Steinberg, Why Hyundai didn't forfeit spots, *Advertising Age*, 21 jan. 2008, p. 4; Moon Ihlwan, Hyundai targets the lexus set, *BusinessWeek Online*, 10 dez. 2007, www. businessweek. com; Stuart Elliott, A brand tries to invite thought, *New York Times*, 7 set. 2007, p. C7; Hyundai in £10m "quality" drive to shed budget tag, *Marketing*, 5 jan. 2005, p. 3.

Capítulo 5

1. Matt Higgins, It's a kids' world on the halfpipe, *New York Times*, 15 jul. 2007, sec. 8, p. 1, 6; Cycling team's anti-

-doping stance prompts chipotle to increase sponsorship, *Nation's Restaurant News*, 1 out. 2007, p. 20; By Georgie! Mapei to back olympic hopeful, *Contract Flooring Journal*, set. de 2007, p. 50.
2. Richard E. Petty; H. Rao Unnava; Alan J. Strathman, Theories of attitude change. In: (Ed.) Thomas S. Robertson; Harold H. Kassarjian, *Handbook of Consumer Behavior* (Englewood Cliffs: Prentice-Hall, 1991), p. 241-280.
3. Ida E. Berger; Andrew A. Mitchell, The effect of advertising on attitude accessibility, attitude confidence, and the attitude-behavior relationship, *Journal of Consumer Research*, dez. 1989, p. 269-279, Joel B. Cohen; Americus Reed II, A multiple pathway anchoring and adjustment (MPAA) model of attitude generation and recruitment, *Journal of Consumer Research 33*, n. 1, 2006, p. 1-15.
4. Rohini Ahluwalia, Examination of psychological processes underlying resistance to persuasion, *Journal of Consumer Research*, set. 2000, p. 217-232.
5. Joseph R. Priester; Richard E. Petty, The gradual threshold model of ambivalence, *Journal of Personality and Social Psychology 71*, 1996, p. 431-449, Joseph R. Priester; Richard E. Petty; Kiwan Park, Whence univalent ambivalence? From the anticipation of conflicting reactions, *Journal of Consumer Research 34*, n. 1, 2007, p. 11-21; Martin R. Zemborain; Gita Venkataramani Johar, Attitudinal ambivalence and openness to persuasion: a framework for interpersonal influence, *Journal of Consumer Research 33*, n. 4, 2007, p. 506-514.
6. Martin Fishbein; Icek Ajzen, *Belief, attitude, intention, and behavior: an introduction to theory and research* (Reading: Addison-Wesley, 1975).
7. Lizbieta Lepkowska-White; Thomas G. Brashear; Marc G. Weinberger, A test of ad appeal effectiveness in Poland and the United States, *Journal of Advertising*, 2003, p. 57-67.
8. Kevin E. Voss; Eric R. Spangenburg; Bianca Grohmann, Measuring the hedonic and utilitarian dimensions of consumer attitude, *Journal of Marketing Research*, ago. 2003, p. 310-320.
9. Petty; Unnava; Strathman, Theories of attitude change; Richard Petty; John T. Cacioppo, *Communication and persuasion* (Nova York: Springer, 1986).
10. Cohen e Reed, A Multiple Pathway Aanchoring and djustment (MPAA) Model of Attitude Generation and Recruitment; F. P. Bone; S. P. Ellen, The generation and consequences of communication-evoked imagery, *Journal of Consumer Research*, jun. 1992, p. 93-104, Punam Anand Keller; Ann L. McGill (1994), Differences in the relative influence of product attributes under alternative processing conditions: attribute importance versus attribute Ease of imagability, *Journal of Consumer Psychology*, n. 1, p. 29-49; Pham; Michel Tuan; Joel B. Cohen; John W. Pracejus; G. David Hughes, Affect monitoring and the primacy of feelings in judgment, *Journal of Consumer Research 28*, set. 2001, p. 167-188.
11. Jennifer Gregan-Paxton; Deborah Roedder John, Consumer learning by analogy: a model of internal knowledge transfer, *Journal of Consumer Research 24*, dez. 1997, p. 266-284.
12. Cohen; Reed, A Multiple Pathway Anchoring and Adjustment (MPAA) Model of Attitude Generation and Recruitment.
13. Americus Reed II, Activating the self-importance of consumer selves: exploring identity salience effects on judgments, *Journal of Consumer Research 31*, set. 2004, p. 286-295, Sharon Shavitt; Michelle R. Nelson, The social-identity function in person perception: communicated meanings of product preferences. In: editors(Ed.) Gregory Maio; James M. Olson, *Why we evaluate: functions of attitudes* (Mah-wah: Lawrence Erlbaum, 2000), p. 37-57.
14. Peter L. Wright, Message-evoked thoughts: persuasion research using thought verbalizations, *Journal of Consumer Research*, set. 1980, p. 151-175.
15. Jerry C. Olson; Daniel R. Toy; Philip A. Dover, Do cognitive responses mediate the effects of advertising content on cognitive structure? *Journal of Consumer Research*, dez. 1982, p. 245-262.
16. Marian Friestad; Peter Wright, The persuasion knowledge model: how people cope with persuasion attempts, *Journal of Consumer Research*, jun. 1994, p. 1-31.
17. Peter Wright, Marketplace metacognition and social intelligence, *Journal of Consumer Research*, mar. de 2002, p. 677-682.
18. Zakary L. Tormala; Richard E. Petty, Source credibility and attitude certainty: a metacognitive analysis of resistance to persuasion, *Journal of Consumer Psychology 14*, n. 4 (2004), p. 427-442.
19. Daniel R. Toy, Monitoring communication effects: cognitive structure/cognitive response approach, *Journal of Consumer Research*, jun. 1982, p. 66-76.
20. Petty, Unnava; Strathman, Theories of attitude change.
21. Punam Anand; Brian Sternthal, The effects of program involvement and ease of message counterarguing on advertising persuasiveness, *Journal of Consumer Psychology 1*, n. 3, 1992, p. 225-238, Kenneth R. Lord; Robert E. Burnkrant, Attention versus distraction: the interactive effect of program involvement and attentional devices on commercial processing, *Journal of Advertising*, mar. 1993, p. 47-60.
22. Bob M. Fennis; Enny H. H. J. Das; Ad Th. H. Pruyn, 'If you can't dazzle them with brilliance, baffle them with nonsense': extending the impact of the disrupt-then-reframe technique of social influence, *Journal of Consumer Psychology 14*, n. 3, 2004, p. 280-290, B. P. Davis; E. S. Knowles, A disrupt-then-reframe technique of social influence, *Journal of Personality and Social Psychology 76*, p. 192-199, 1999.
23. Deborah J. MacInnis; C. Whan Park, The differential role of characteristics of music on high- and low-involvement consumers' processing of ads, *Journal of Consumer Research*, set. de 1991, p. 161-173, Rajeev Batra; Douglas M. Stayman, The role of mood in advertising effectiveness, *Journal of Consumer Research*, set. 1990, p. 203-214.
24. William L. Wilkie; Edgar A. Pessemier, Issues in marketing's use of multi-attribute models, *Journal of Marketing Research*, nov. 1973, p. 428-441.
25. Richard P. Bagozzi; Nancy Wong; Shuzo Abe; Massimo Bergami, Cultural and situational contingencies and the theory of reasoned action: application to fast-food restaurant consumption, *Journal of Consumer Psychology 9*, n. 2, 2000, p. 97-106.
26. Icek Ajzen; Martin Fishbein, Prediction of goal-directed behavior: attitudes, intentions, and perceived behavioral control, *Journal of Experimental Social Psychology*, set. 1980, p. 453-474; Blair H. Sheppard; Jon Hartwick; Paul R. Warshaw, The theory of reasoned action: a meta-analysis

26. of past research with recommendations for modifications and future research, *Journal of Consumer Research*, dez. 1988, p. 325-342.
27. Cohen e Reed, A Multiple pathway anchoring and adjustment (MPAA) model of attitude generation and recruitment.
28. Arti Sahni Notani, Moderators of perceived behavioral control's predictiveness in the theory of planned behavior: a meta-analysis, *Journal of Consumer Psychology* 7, n. 3, 1998, p. 247-271.
29. Nick Bunkley, Another spin for "made american", *Nova York Times*, 14 jun. 2007, p. C5; David Welch, Will these rockets rescue Saturn? *BusinessWeek*, 17 jan. 2005, p. 78-79.
30. Neil Eisberg, US companies are misunderstood, says ACC (American Chemistry Council), *Chemistry and Industry*, 8 out. 2007, p. 12; Thaddeus Herrick, Ads' aim is to fix bad chemistry, *Wall Street Journal*, 8 out. 2003, p. B6.
31. Amitav Chakravarti; Chris Janiszewski, The influence of generic advertising on brand preferences, *Journal of Consumer Research*, mar. 2004, p. 487-502.
32. Stephen M. Nowlis; Itamar Simonson, The effect of new product features on brand choice, *Journal of Marketing Research*, fev. 1996, p. 36-46.
33. Ashesh Mukherjee; Wayne D. Hoyer, The effect of novel attributes on product evaluation, *Journal of Consumer Research*, dez. 2001, p. 462-472.
34. Petia K. Petrova; e Robert B. Cialdini, Fluency of consumption imagery and the backfire effects of imagery appeals, *Journal of Consumer Research* 32, n. 3, 2005, p. 442-452; Punam Anand Keller; Ann L. McGillDifferences in the relative influence of product attributes under alternative processing conditions: attribute importance versus attribute ease of imaga-bility, *Journal of Consumer Psychology* 3, n. 1, 1994, p. 29-49; Michel Tuan Pham, Representativeness, relevance, and the use of feelings in decision making, *Journal of Consumer Research* 25, set. 1998, p. 144-159.
35. YouTube videos stir up new sales for "willit blend' maker, *InformationWeek*, 27 set. 2007, www. informationweek. com.
36. Mark Frauenfelder, Social-Norms Marketing, *Nova York Times Magazine*, 9 dez. 2001, p. 100.
37. Laura Bird, Condom Campaign Fails to Increase Sales, *Wall Street Journal*, 23 de jun. 1994, p. B7
38. Barbara Mueller, Reflections of Culture: An Analysis of 50. Japanese and American Advertising Appeals, *Journal of Advertising Research*, jun.-jul. 1987, p. 51-59.
39. Yong-Soon Kang; Paul M. Herr, Beauty and the Be-51. holder: toward an integrative model of communication source effects, *Journal of Consumer Research* 33, n. 1, 2006, p. 123-130, Ronald E. Goldsmith, Barbara A. Lafferty; Stephen J. Newell, The impact of Corporate 52. Credibility and celebrity credibility on consumer reaction to advertisements and brands, *Journal of Advertising* 29, n. 3, 2000, p. 43-54; veja também Brian 53. Sternthal; Ruby R. Dholakia; Clark Leavitt, The persuasive effect of source credibility: a situational analysis, *Public Opinion Quarterly*, 1978, p. 285-314.
40. Joseph R. Priester, The influence of Spokesperson 55. Trustworthiness on message elaboration, attitude strength, and advertising effectiveness, *Journal of Consumer Psychology* 13, n. 4, 2003, p. 408-421. 56.
41. Bob Tedeschi, For BizRate, a new identity and a new site, Shopzilla. com, *New York Times*, 15 nov. 2004, p. C4; Rob Pegoraro, Logging on: comparison shop till you just must stop, *Washington Post*, 14 nov. 2000, p. G16.
42. Ignacio Galceran; Jon Berry, A new world of consumers, *American Demographics*, mar. 1995, p. 263. Pepsi signs multi-year pact with Colombian pop star, *Brandweek*, 11 jun. 2001, p. 10.
43. Amna Kirmani; Baba Shiv, Effects of source congruity on brand attitudes and beliefs: the moderating Role of issue--relevant elaboration, *Journal of Consumer Psychology* 7, n. 1, 1998, p. 25-48; Matt Higgins, It's a kids' world on the halfpipe, *New York Times*, 15 jul. 2007, sec. 8, p. 1, 6.
44. Pablo Briñol; Richard E. Petty; Zakary L. Tormala, Self--validation of cognitive responses to advertisements, *Journal of Consumer Research*, mar. 2004, p. 61. 559-573.
45. Chenghuan Wu; David R. Schaffer, Susceptibility to persuasive appeals as a function of source credibility and prior experience with the attitude object, *Journal* 62. *of Personality and Social Psychology*, abr. 1987, p. 677-688.
46. Carolyn Tripp; Thomas D. Jensen; Les Carlson, The effects of multiple endorsements by celebrities on consumers' attitudes and intentions, *Journal of Consumer Research*, mar. 1994, p. 535-547.
47. Judith A. Garretson; Ronald W. Niedrich, Spokes-characters: creating character trust and positive brand attitudes, *Journal of Advertising* 33, n. 2.
48. Bob Garfield, Amex spots make emotional connections. . . But to what? *Advertising Age*, 17 jan. 2005, p. 29; Arlene Weintraub, Marketing champ of the world, *BusinessWeek*, 20 dez. 2004, p. 64-65.
49. Joan Voight, Selling confidence, *Adweek Southwest*, 20 ago. 2001, p. 9.
50. Ignacio Galceran; Jon Berry, A new world of consumers, *American Demographics*, mar. 1995, p. 26-33.
51. Joe Nocera, Buy it and be great, *New York Times Magazine Play*, set. de 2007, p. 34; Greg Johnson, He won't be sold short, *Los Angeles Times*, 30 jan. 2007, p. D1.
52. Kevin Goldman, Women endorsers more credible than men, a survey suggests, *Wall Street Journal*, 22 out. 1995, p. B1.
53. Cathy Yingling, Beware the lure of celebrity endorsers: not worth it, *Advertising Age*, 24 set. 2007, p. 19.
54. Sternthal; Dholakia; Leavitt, The persuasive effect of source credibility.
55. Darlene B. Hannah; Brian Sternthal, Detecting and explaining the sleeper effect, *Journal of Consumer Research*, set. 1984, p. 632-642.
56. Marvin E. Goldberg; Jon Hartwick, The effects of advertiser reputation and extremity of advertising claim on advertising effectiveness, *Journal of Consumer Research*, set. 1990, p. 172-179.
57. Karen L. Becker-Olsen, And now, a word from our sponsor, *Journal of Advertising*, 2003, p. 17-32.
58. Tülin Erdem; Joffre Swait, Brand credibility, brand consideration, and choice, *Journal of Consumer Research*, jun. 2004, p. 191-198.
59. BP's chief to retire early after a series of problems, *Los Angeles Times*, 23 jan. 2007, p. C3.
60. Petty; Unnava; Strathman, Theories of attitude change; Charles S. Areni; Richard J. Lutz, The role of argument qua-

lity in the elaboration likelihood model, em edição. Michael J. Houston, *Advances in Consumer Research*, v. 15 (Provo: Association for Consumer Research, 1987), p. 197-203.
61. Parthasarathy Krishnamurthy; Anuradha Sivararman, Counterfactual thinking and advertising responses, *Journal of Consumer Research*, mar. 2002, p. 650-658.
62. Jennifer Edson Escalas; Mary Frances Luce, Process versus outcome thought focus and advertising, *Journal of Consumer Psychology*, 2003, p. 246-254, Jennifer Edson Escalas; Mary Frances Luce, Understanding the effects of process-focused versus outcome-focused thought in response to advertising, *Journal of Consumer Research*, set. 2004, p. 274-285.
63. Brett A. S. Martin; Bodo Lang; Stephanie Wong, Conclusion explicitness in advertising, *Journal of Advertising*, 2003-2004, p. 57-65.
64. Keith S. Coulter; Girish N. Punj, The effects of cognitive resource requirements, availability, and argument quality on brand attitudes, *Journal of Advertising* 33, n. 4, 2004, p. 53-64.
65. Sally Beatty, Companies push for much bigger, more complicated on-line ads, *Wall Street Journal*, 20 ago. 1998, p. B1.
66. Timothy B. Heath; Michael S. McCarthy; David L. Mothersbaugh, spokesperson fame and vividness effects in the context of issue-relevant thinking: the moderating role of competitive setting, *Journal of Consumer Research*, mar. 1994, p. 520-534.
67. Laura A. Peracchio, Evaluating persuasion-enhancing techniques from a resource matching perspective, *Journal of Consumer Research*, set. 1997, p. 178-191.
68. Jeanne Whalen, Foul taste is part of the cure, *Wall Street Journal*, 5 nov. 2007, p. B4.
69. Veja Gerd Bohner; Sabine Einwiller; Hans-Peter Erb; Frank Siebler, When small means comfortable: relations between product attributes in two-sided advertising, *Journal of Consumer Psychology*, n. 13, v. 4, 2003, p. 454-463.
70. Martin Eisend, Two-sided advertising: a meta-analysis, *International Journal of Research in Marketing 2*, n. 2, jun. 2006, p. 187-198.
71. Michael A. Kamins; Henry Assael, Two-sided versus one-sided appeals: a cognitive perspective on argumentation, source derogation, and the effect of disconfirming trial on belief change, *Journal of Marketing Research*, fev. 1984, p. 29-39.
72. Stephanie Kang, Hardee's fesses up to shortcomings, *Wall Street Journal*, 24 jun. 2003, p. B4.
73. Cornelia Pechmann; David W. Stewart, The effects of comparative advertising on attention, memory, and purchase intentions, *Journal of Consumer Research*, set. 1990, p. 180-191.
74. Pechmann; Stewart, The effects of comparative advertising on attention, memory, and purchase intentions; Rita Snyder, Comparative advertising and brand evaluation: toward developing a categorization approach, *Journal of Consumer Psychology* 1, n. 1, 1992, p. 15-30.
75. Yung Kyun Choi; Gordon E. Miracle, The effectiveness of comparative advertising in Korea and the United States, *Journal of Advertising* 33, n. 4, 2004, p. 75-87.
76. Matthew Creamer, Microsoft plans blitz to fend off apple, *Advertising Age*, 3 dez. 2007, www.adage.com.
77. Patrick Meirick, Cognitive responses to negative and comparative political advertising, *Journal of Advertising*, 2002, p. 49-62.
78. Bruce E. Pinkleton; Nam-Hyun Um; Erica Wein-traub Austin, An exploration of the effects of negative political advertising on political decision making, *Journal of Advertising*, 2002, p. 13-25.
79. Dhruv Grewal; Sukumar Kavanoor; Edward F. Fern; Carolyn Costley; James Barnes, Comparative versus noncomparative advertising: a meta-analysis, *Journal of Marketing*, out. 1997, p. 1-15.
80. Pechmann; Stewart, The effects of comparative advertising on attention, memory, and purchase intentions.
81. Kenneth C. Manning; Paul W. Miniard; Michael J. Barone; Randall L. Rose, Understanding the mental representations created by comparative advertising, *Journal of Advertising* 3, n. 2, 2001, p. 27-39.
82. Joseph R. Priester; John Godek; D. J. Nayankuppum; Kiwan Park, Brand congruity and comparative advertising: when and why comparative advertisements lead to greater elaboration, *Journal of Consumer Psychology* 14, n. 1-2, 2004, p. 115-123.
83. Jerry B. Gotlieb; Dan Sarel, Comparative advertising effectiveness: the role of involvement and source credibility, *Journal of Advertising* 20, n. 1, 1991, p. 38-45; Koprowski, Theories of Negativity.
84. Cornelia Pechmann; S. Ratneshwar, The use of comparative advertising for brand positioning: association versus differentiation, *Journal of Consumer Research*, set. 1991, p. 145-160.
85. Paul W. Miniard; Michael J. Barone; Randall L. Rose; Kenneth C. Manning, A further assessment of indirect comparative advertising claims of superiority over all competitors, *Journal of Advertising* 35, n. 4, 2006, p. 53-64.
86. A. V. Muthukrishnan; S. Ramaswami, Contextual effects on the revision of evaluative judgments: an extension of the omission-detection framework, *Journal of Consumer Research*, jun. 1999, p. 70-84.
87. Shailendra Pratap Jain; Steven S. Posavac, Valenced comparisons, *Journal of Marketing Research* 41, n. 1, fev. 2004, p. 46-58.
88. Shailendra Pratap Jain; Nidhi Agrawal; Durairaj Maheswaran, When more may be less: the effects of regulatory focus on responses to different comparative frames, *Journal of Consumer Research* 33, n. 1, 2006, p. 91-98.
89. Shailendra Pratap Jain; Charles Lindsey; Nidhi Agrawal; Durairaj Maheswaran, For better or for worse? Valenced comparative frames and regulatory focus, *Journal of Consumer Research* 34, n. 1, 2007, p. 57-65.
90. Anne L. Roggeveen; Dhruv Grewal; Jerry Gotlieb, Does the frame of a comparative ad moderate the effectiveness of extrinsic information cues? *Journal of Consumer Research* 33, n. 1, 2006, p. 115-122.
91. Pechmann; Stewart, The effects of comparative advertising on attention, memory, and purchase intentions.
92. Debora Viana Thompson; Rebecca W. Hamilton, The effects of information processing mode on consumers' responses to comparative advertising, *Journal of Consumer Research* 32, n. 4, 2006, p. 530-540.
93. Kate Macarthur, Why big brands are getting into the ring, *Advertising Age*, 21 maio 2007, p. 6.

94. A. V. Muthukrishnan; Amitava Chattopadhyay, Just give me another chance: the strategies for brand recovery from a bad first impression, *Journal of Marketing Research*, maio 2007, p. 334-345.
95. John Tylee, New "honesty" laws could render many campaigns illegal, *Campaign*, 17 mar. 2000, p. 16.
96. Barbara Mueller, Reflections of culture: an analysis of Japanese and American advertising appeals, *Journal of Advertising Research*, jun.-jul. 1987, p. 51-59.
97. Paschalina (Lilia) Ziamou; S. Ratneshwar, Innovations in productfunctionality: when and why are explicit comparisons effective? *Journal of Marketing*, abr. 2003, p. 49-61.
98. H. Onur Bodur; David Brinberg; Eloïse Coupey, Belief, affect, and attitude: alternative models of the determinants of attitude, *Journal of Consumer Psychology* 9, n. 1, 2000, p. 17-28.
99. Stephen D. Rappaport, Lessons from online practice: new advertising models, *Journal of Advertising Research*, jun. 2007, p. 135-141.
100. Michel Tuan Pham, Representativeness, relevance, and the use of feelings in decision making, *Journal of Consumer Research*, set. 1998, p. 144-159.
101. MacInnis; Park, The differential role of characteristics of usic on high- and low-involvement consumers' processing of ads.
102. Deborah J. MacInnis; Douglas M. Stayman, Focal and emotional integration: constructs, measures and preliminary evidence, *Journal of Advertising*, dez. 1993, p. 51-66, Chris T. Allen; Karen A. Machleit; Susan Schultz Kleine, A comparison of attitudes and emotions as predictors of behavior at diverse levels of behavioral experience, *Journal of Consumer Research*, mar. 1992, p. 493-504.
103. Deborah J. MacInnis; Bernard J. Jaworski, Two routes to persuasion in advertising: review, critique, and research directions, *Review of Marketing* 10, 1990, p. 1-25.
104. Veja Nancy Spears; Richard Germain, 1900-2000, Review: the shifting role and face of animals in print advertisements in the twentieth century, *Journal of Advertising*, 2007, p. 19ss.
105. Tamar Avnet; E. Tory Higgins, How regulatory fit affects value in consumer choices and opinions, *Journal of Marketing Research*, fev. 2006, p. 1-10, Tamar Avnet; E. Tory Higgins, Response to comments on 'how regulatory fit affects value in consumer choices and opinions, *Journal of Marketing Research*, fev. 2006, p. 24-27, Jennifer L. Aaker; Angela Y. Lee, Understanding regulatory fit, *Journal of Marketing Research*, fev. 2006, p. 15-19, Aparna A. Labroo; Angela Y. Lee, Between two brands: a goal fluency account of brand evaluation, *Journal of Marketing Research*, ago. 2006, p. 374-385, Junsang Yeo; Jongwon Park, Effects of parent-extension similarity and self-regulatory focus on evaluations of brand extensions, *Journal of Consumer Psychology* 16, n. 3, 2006, p. 272-282.
106. C. Whan Park; S. Mark Young, Consumer response to television commercials: the impact of involvement and background music on brand attitude formation, *Journal of Marketing Research*, fev. 1986, p. 11-24.
107. Rajeev Batra; Michael L. Ray, Affective responses mediating acceptance of advertising, *Journal of Consumer Research*, set. 1986, p. 234-249.
108. Jooyoung Kim; Jon D. Morris, The power of affective response and cognitive structure in product-trial attitude formation, *Journal of Advertising* 36, n. 1, 2007, p. 95-106.
109. Hans Baumgartner; Mita Sujan; Dan Padgett, Patterns of affective reactions to advertisements: the integration of moment-to-moment responses into overall judgments, *Journal of Marketing Research*, maio 1997, p. 219-232.
110. Deborah J. MacInnis; Bernard J. Jaworski, Information processing from advertisements: toward an integrative framework, *Journal of Marketing*, out. 1989, p. 1-23.
111. Michel Tuan Pham; Tamar Avnet, Ideals and oughts and the reliance on affect versus substance in persuasion, *Journal of Consumer Research*, mar. 2004, p. 503-518.
112. Jennifer L. Aaker; Patti Williams, Empathy versus pride: the influence of emotional appeals across cultures, *Journal of Consumer Research*, dez. 1998, p. 241-261.
113. Richard R Bagozzi; David J. Moore, Public service announcements: emotions and empathy guide prosocial behavior, *Journal of Marketing*, jan. 1994, p. 56-57.
114. May Frances Luce, Choosing to avoid: coping with negatively emotion-laden consumer decisions, *Journal of Consumer Research*, mar. 1998, p. 409-433.
115. Joel B. Cohen; Charles S. Areni, Affect and consumer behavior. In: (Ed.) Thomas S. Robertson; Harold H. Kassarjian, *Handbook of Consumer Behavior* (Englewood Cliffs: Prentice-Hall, 1991), p. 188-240.
116. Robert D. Jewell; H. Rao Unnava, Exploring differences in attitudes between light and heavy brand users, *Journal of Consumer Psychology* 14, n. 1/2, 2004, p. 75-80.
117. James Lardner, Building a customer-centric company, *Business 2.0*, 10 jul. 2001, p. 55-59.
118. Petty; Unnava; Strathman, Theories of attitude change.
119. Harry C. Triandis, *Attitudes and attitude change* (Nova York: Wiley, 1971).
120. Stuart Elliott, American Express gets specific and asks, are you a cardmember?' *New York Times*, 6 abr. 2007, p. C3.
121. Brian D. Till; Michael Busler, The match-up hypothesis: physical attractiveness, expertise, and the role of fit on brand attitude, purchase intent, and brand beliefs, *Journal of Advertising* 29, n. 3, 2000, p. 1-13.
122. Peter H. Reingen; Jerome B. Kernan, Social perception and interpersonal influence: some consequences of the physical attractiveness stereotype in a personal selling situation, *Journal of Consumer Psychology* 2, n. 1, 1993, p. 25-38.
123. Scott Ward; Frederick E. Webster Jr., Organizational buying behavior. In: (Ed.) Thomas S. Robertson; Harold H. Kassarjian, *Handbook of Consumer Behavior* (Englewood Cliffs: Prentice-Hall, 1991), p. 419-458.
124. Herbert Simon; Nancy Berkowitz; John Moyer, Similarity, credibility, and attitude change, *Psychological Bulletin*, jan. 1970, p. 1-16.
125. Mei Fong, Yao gives Reebok an assist in China, *Wall Street Journal*, 28 set. 2007, p. B1; Eric Pfanner, For 2008 Olympics campaigns, the Starter's Gun went off this month, *New York Times*, 23 ago. 2007, p. C3; China Unicom sells Motorola Z1 handsets endorsed by Yao Ming, *China Business News*, 27 abr. 2006.
126. Terence A. Shimp; Elnora W. Stuart, The role of disgust as an emotional mediator of advertising effects, *Journal of Advertising*, 2004, p. 43-53.
127. Sally Goll Beatty, Just what goes in a Viagra ad? Dancing couples, *Wall Street Journal*, 17 jun. 1998, p. B1, B8.
128. Betsy Spethmann, Value ads, *Promo*, 1 mar. 2001, p. 743.
129. Jennifer Edson Escalas; Marian Chapman Moore; Julie Edell Britton, Fishing for feelings? Hooking viewers helps! *Journal of Consumer Psychology* 14, n. 1 e 2, 2004, p. 105-114.

130. Patti Williams; Jennifer L. Aaker, Can mixed emotions peacefully coexist? *Journal of Consumer Research*, mar. 2002, p. 636-649.
131. Batra; Stayman, The role of mood in advertising effectiveness.
132. 'Enjoy Life'? Hey, we're trying! *Automotive News*, 10 set. 2001, p. 4; Kevin Goldman, Volvo seeks to soft-pedal safety image, *Wall Street Journal*, 16 mar. 1993, p. B7.
133. Rajesh K. Chandy; Gerard J. Tellis; Deborah J. MacInnis; Pattana Thaivanich, 'What to say when' advertising appeals in evolving markets, *Journal of Marketing Research*, nov. 2001, p. 399-414.
134. Moinak Mitra, Emotion "Ads" More value than celebrities, *Economic Times*, 3 out. 2007.
135. Vicks push drops jargon to refocus on "Emotion", *Marketing*, 3 out. 2007, p. 6.
136. Valerie S. Folkes; Tina Kiesler, Social cognition: consumers' inferences about the self and others. In: Thomas S. Robertson; Harold H. Kassarjian, *Handbook of consumer behavior* (Englewood Cliffs: Prentice-Hall, 1991), p. 281-315.
137. John F. Tanner; James B. Hunt; David R. Eppright, The protection motivation model: a normative model of fear appeals, *Journal of Marketing*, jul. 1991, p. 36-45.
138. Michael L. Ray; William L. Wilkie, Fear: the potential of an appeal neglected by marketing, *Journal of Marketing*, jan. 1970, p. 54-62.
139. Ibidem.
140. Kirsten Passyn; Mita Sujan, Self-accountability emotions and fear appeals: motivating behavior, *Journal of Consumer Research* 32, n. 4 , 2006, p. 583-589.
141. Omar Shehryar; David M. Hunt, A terror management perspective on the persuasiveness of fear appeals, *Journal of Consumer Psychology* 15, n. 4, 2005, p. 275-287.
142. Herbert J. Rotfeld, Fear appeals and persuasion: assumptions and errors in advertising research. In: James H. Leigh; Claude R. Martin, *Current issues and research in advertising* (Ann Arbor: Graduate School of Business Administration, University of Michigan, 1990), p. 155-175.
143. John J. Wheatley, Marketing and the use of fear – or anxiety-arousing appeals, *Journal of Marketing,* abr. 1971, p. 62-64; Peter L. Wright, Concrete action plans in TV messages to increase reading of drug warnings, *Journal of Consumer Research*, dez. 1979, p. 256-269.
144. John J. Burette; Richard L. Oliver, Fear appeal effects in the field: a segmentation approach, *Journal of Marketing Research*, maio 1979, p. 181-190.
145. MacInnis; Jaworski, Two routes to persuasion in advertising.
146. Thomas J. Olney; Morris B. Holbrook; Rajeev Batra, Consumer responses to advertising: the effects of ad content, emotions, and attitude toward the ad on viewing time, *Journal of Consumer Research*, mar. 1991, p. 440-453.
147. Paul W. Miniard; Sunil Bhatla; Randall L. Rose, On the formation and relationship of ad and brand attitudes: an experimental and causal analysis, *Journal of Marketing Research*, ago. 1990, p. 290-303.
148. Sally Goll Beatty, Executive fears effects of political ads, *Wall Street Journal*, 29 abr. 1996, p. B6.
149. Julie A. Edell; Richard E. Staelin, The information processing of pictures in print advertisements, *Journal of Consumer Research*, jun. 1983, p. 45-60.
150. Scott B. MacKenzie; Richard J. Lutz ; George E. Belch, The role of attitude toward the ad as a mediator of advertising effectiveness: a test of competing explanations, *Journal of Marketing Research*, maio 1986, p. 130-143, Pamela M. Homer, The mediating role of attitude toward the ad: some additional evidence, *Journal of Marketing Research*, fev. 1990, p. 78-86.
151. Stuart Elliott, Mercury, a division of Ford Motor, tries an online campaign in an effort to create a cooler image, *New York Times*, 30 dez. 2004, p. C3.
152. Matthew Haeberle, More than holiday, *Chain Store Age*, nov. 2004, p. 74.
153. Richard E. Petty; John T. Cacioppo; David W. Schumann, Central and peripheral routes to advertising persuasion, *Journal of Consumer Research*, set. 1983, p. 134-148.
154. Jaideep Sengupta; Gita Venkataramani Johar, Effects of inconsistent attribute information on the predictive value of product attitudes: toward a resolution of opposing perspectives, *Journal of Consumer Research*, jun. 2002, p. 39-56.
155. Robert E. Smith; William R. Swinyard, Attitude-behavior consistency: the impact of product trial versus advertising, *Journal of Marketing Research* 20, n. 3, ago. 1983, p. 257-267, Russell H. Fazio; Mark R Zanna, Direct experience and attitude-behavior consistency, In: (Ed.) Leonard Berkowitz, *Advances in experimental social psychology* (Nova York: Academic Press, 1981), p. 162-202.
156. Jaideep Sengupta; Gavan J. Fitzsimons, The effects of analyzing reasons for brand preferences: disruption or reinforcement? *Journal of Marketing Research* 37, ago. 2000, p. 318-330.
157. Russell H. Fazio; Martha C. Powell; Carol J. Williams, The role of attitude accessibility in the Attitude-to-behavior process, *Journal of Consumer Research*, dez. 1989, p. 280-288, Berger; Mitchell, The effect of advertising on attitude accessibility, attitude confidence, and the attitude-behavior relationship.
158. Smith; Swinyard, Attitude-behavior consistency, Alice A. Wright; John G. Lynch, Communication effects of advertising vs. direct experience when both search and experience attributes are present, *Journal of Consumer Research,* mar. 1995, p. 708-718.
159. Vicki G. Morwitz; Gavan J. Fitzsimons, The mere-measurement effect: why does measuring intention change actual behavior? *Journal of Consumer Psychology* 14, n. 1, 2, 2004, p. 64-74, Pierre Chandon; Vicki G. Morwitz; Werner J. Reinartz, Do intentions really predict behavior? Self-generated validity effects in survey research, *Journal of Marketing* 69, n. 2, abr. 2005, p. 1-14.
160. Berger, The nature of attitude accessibility and attitude confidence.
161. Joseph R. Priester; Dhananhjay Nayakankuppam; Monique A. Fleming; John Godek, The A^2SC^2 model: the influence of attitudes and attitude strength on consideration and choice, *Journal of Consumer Research*, mar. 2004, p. 574-587.
162. Fishbein; Ajzen, *Belief, Attitude, Intention, and Behavior.*
163. H. Shanker Krishnan; Robert E. Smith, The relative endurance of attitudes, confidence, and attitude-behavior consistency: the role of information source and delay, *Journal of Consumer Psychology* 7, n. 3, 1998, p. 273-298.
164. Matt Thomson; Deborah J. MacInnis; C. W. Park, The ties that bind: measuring the strength of consumers' emotional

attachments to brands, *Journal of Consumer Psychology* 15, n. 1, 2005, p. 77-91; C. W. Park; Deborah J. MacInnis, What's in and what's out: questions on the boundaries of the attitude construct, *Journal of Consumer Research* 33, n. 1, 2006, p. 16-18, C. W. Park; Deborah J. MacInnis; Joseph Priester, Brand attachment as a strategic brand exemplar, em próxima editor Bernd H. Schmitt, *Handbook of brand and experience management*; Rohini Ahluwalia; Robert Burnkrant; H. Rao Unnava, Consumer response to negative publicity: the moderating role of commitment, *Journal of Marketing Research* 37, n. 2, maio 2000, p. 203-214, Michael D. Johnson; Andreas Herrmann; Frank Huber, The evolution of loyalty intentions, *Journal of Marketing* 70, abr. 2006, 122-132, Matthew Thomson, Human brands: investigating antecedents to consumers' strong attachments to celebrities, *Journal of Marketing* 70, n. 3, jul. 2006, p. 104-119.
165. Sekar Raju; H. Rao Unnava, The role of arousal in commitment: an explanation for the number of counterarguments, *Journal of Consumer Research* 33, n. 2, 2006, p. 173-178.
166. Krishnan; Smith, The relative endurance of attitudes, confidence, and attitude-behavior consistency.
167. John T. Cacioppo; Richard E. Petty; Chuan Fang Kao; Regina Rodriguez, Central and peripheral routes to persuasion: an individual difference perspective, *Journal of Personality and Social Psychology* 51, 1986, p. 1032-1043.
168. Mark Snyder; William B. Swan Jr., When actions reflect attitudes: the politics of impression management, *Journal of Personality and Social Psychology* 34, 1976, p. 1034-1042.
169. Mya Frazier, GEICO: runner-up, *Advertising Age*, 15 out. 2007, p. 50; Mya Frazier, Geico's $500M Outlay Pays Off, *Advertising Age*, 9 jul. 2007, p. 8; Frank Ahrens, Geico goes cruising for motorcyclists in cyberspace, *Washington Post*, 2 jul. 2007, p. D1; www.geico.com.

Capítulo 6

1. Jeremiah McWilliams, A-B sees web as fertile ground for advertising efforts, *St. Louis Post-Dispatch*, 19 dez. 2007, www.stltoday.com; Suzanne Vranica, An-heuser-Busch kicks edgy super bowl ad to curb, *Wall Street Journal*, 26 jan. 2005, p. B3; Eleftheria Parpis, Truly tasteless jokes, *Adweek*, 26 abr. 2004, p. 28; Christopher Lawton, Beck's hopes sexy, brainy ads get attention but not catcalls, *Wall Street Journal*, 14 mar. 2003, p. B2.
2. Norbert Schwarz, Attitude research: between Ockham's razor and the fundamental attribution error, *Journal of Consumer Research* 33, n. 1, 2006, p. 19-21.
3. Richard E. Petty; John T. Cacioppo, *Attitudes and persuasion: classic and contemporary approaches* (Dubuque: William C. Brown, 1981), Richard E. Petty; John T. Cacioppo; David Schumann, Central and peripheral routes to advertising effectiveness: the moderating role of involvement, *Journal of Consumer Research*, set. 1983, p. 135-146.
4. Jaideep Sengupta; Ronald C. Goodstein; David S. Boninger, All cues are not created equal: obtaining attitude persistence under low involvement conditions, *Journal of Consumer Research*, mar. 1997, p. 315-361.
5. Ap Dijksterhuis; Pamela K. Smith; Rick B. Van Baaren; Daniel H. J. Wigboldus, The unconscious consumer: effects of environment on consumer behavior, *Journal of Consumer Psychology* 15, n. 3, 2005, p. 193-202.
6. Nalini Ambady; Mary Ann Krabbenhoft; Daniel Hogan, The 30-Sec sale: using thin-slice judgments to evaluate sales effectiveness, *Journal of Consumer Psychology* 16, n. 1, 2006, p. 4-13.
7. Frank R. Kardes, When should consumers and managers trust their intuition? *Journal of Consumer Psychology* 16, n. 1, 2006, p. 20-24.
8. Jens Förster, How body feedback influences consumers' evaluation of products, *Journal of Consumer Psychology* 14, n. 4, 2004, p. 416-426. Veja também Ronald S. Friedman; Jens Förster, The effects of approach and avoidance motor actions on the elements of creative insight, *Journal of Personality and Social Psychology* 79, n. 4, 2000, p. 477-492.
9. Itamar Simonson, In defense of consciousness: the role of conscious and unconscious inputs in consumer choice, *Journal of Consumer Psychology* 15, n. 3, 2005, p. 211-217.
10. Gita V. Johar; Anne L. Roggeveen, Changing false beliefs from repeated advertising: the role of claim-refutation alignment, *Journal of Consumer Psychology* 17, n. 2, 2007, p. 118-127.
11. Jennifer Edson Escalas; Mary Frances Luce, Understanding the effects of process-focused versus outcome-focused thought in response to advertising, *Journal of Consumer Research* 13, n. 2, 2004, p. 274-285.
12. Ronald C. Goodstein, Category-based applications and extensions in advertising: motivating more extensive ad processing, *Journal of Consumer Research*, jun. 1993, p. 87-99.
13. Valerie S. Folkes, Recent attribution research in consumer behavior: a review and new directions, *Journal of Consumer Research*, mar. 1988, p. 548-656.
14. Scott Boeck, Marbury shoe line gaining steam, *USA Today*, 7 fev. 2007, p. 7C.
15. Shelly Chaiken, Heuristic versus systematic information processing and the use of source versus message cues in persuasion, *Journal of Personality and Social Psychology* 39, 1980, p. 752-766; veja tambémThe heuristic model of persuasion. In: (Ed.) Mark P. Zanna; J. M. Olson; C. R Herman, *Social influence: the Ontario Symposium*, v. 5 (Hillsdale: Lawrence Erlbaum, 1987), p. 3-49.
16. Amna Kirmani, Advertising repetition as a signal of quality: if it's advertised so much, something must be wrong, *Journal of Advertising*, 1997, p. 77-86.
17. Joseph W. Alba; Howard Marmorstein, The effects of frequency knowledge on consumer decision making, *Journal of Consumer Research*, jun. 1987, p. 14-25.
18. Scott A. Hawkins; Stephen J. Hoch, Low-involvement learning: memory without evaluation, *Journal of Consumer Research*, set. 1992, p. 212-225, Lynn Hasher; David Goldstein; Thomas Toppino, Frequency and the Conference of Referential Validity, *Journal of Verbal Learning and Verbal Behavior*, fev. 1977, p. 107-112.
19. S. Ratneshwar; Shelly Chaiken, Comprehension's role in persuasion: the case of its moderating effect on the persuasive impact of source cues, *Journal of Consumer Research*, jun. 1991, p. 52-62.
20. Alice M. Tybout; Brian Sternthal; Prashant Malaviya; Georgios A. Bakamitsos; Se-Bum Park, Information ac-

20. cessibility as a moderator of judgments: the role of content versus retrieval ease, *Journal of Consumer Research* 32, n. 1, 2005, p. 76-85.
21. Nancy Spears, On the use of time expressions in promoting product benefits, *Journal of Advertising*, 2003, p. 33-44.
22. Jennifer Edson Escalas, Self-referencing and persuasion: narrative transportation versus analytical elaboration, *Journal of Consumer Research* 33, n. 4, 2007, p. 421-429.
23. Patricia M. West; Joel Huber; Kyeong Sam Min, Altering experienced utility: the impact of story writing and self--referencing on preferences, *Journal of Consumer Research* 31, n. 3, 2004, p. 623-630; Robert E. Burnkrant; H. Rao Unnava, Effects of self-referencing on persuasion, *Journal of Consumer Research*, jun. 1995, p. 17-26, Sharon Shavitt; Timothy C. Brock, Self-relevant responses in commercial persuasion. In: (Ed.) Jerry C. Olson; Keith Sentis, *Advertising and consumer Psychology* (Nova York: Praeger, 1986), p. 149-171, Kathleen Debevec; Jean B. Romeo, Self-referent processing in perceptions of verbal and visual commercial information, *Journal of Consumer Psychology* 1, n. 1, 1992, p. 83-102, Joan Myers-Levy; Laura A. Peracchio, Moderators of the impact of self-reference on persuasion, *Journal of Consumer Research*, mar. 1996, p. 408-423.
24. Daniel J. Howard; Charles Gengler; Ambuj Jain, What's in a name? A complimentary means of persuasion, *Journal of Consumer Research*, set. 1995, p. 200-211.
25. Jennifer L. Aaker, The malleable self: the role of self-expression in persuasion, *Journal of Marketing Research* 36, fev. 1999, p. 45-57.
26. Jenn Abelson, Sneaker company taps chief, *Boston Globe*, 18 abr. 2007, p. F1.
27. Anne M. Brumbaugh, Source and nonsource cues in advertising and their effects on the activation of cultural and subcultural knowledge on the route to persuasion, *Journal of Consumer Research*, set. 2002, p. 258+.
28. Robert E. Burnkrant; Daniel J. Howard, Effects of the use of introductory rhetorical questions versus Statements on information processing, *Journal of Personality and Social Psychology*, dez. 1984, p. 1218-1230, James M. Munch; Gregory W. Boller; John L. Swazy, The effects of argument structure and affective tagging on product attitude formation, *Journal of Consumer Research*, set. 1993, p. 294-302.
29. Rohini Ahluwalia; Robert E. Burnkrant, Answering questions about questions: a persuasion knowledge perspective for understanding the effects of rhetorical questions, *Journal of Consumer Research*, jun. 2004, p. 26-42.
30. Russell H. Fazio; Paul M. Herr; Martha C. Powell, On the development and strength of category-brand associations in memory: the case of mystery ads, *Journal of Consumer Psychology* 1, n. 1, 1992, p. 1-14.
31. Liz C. Wang; Julie Baker; Judy A. Wagner; Kirk Wakefield, Can a retail website be social? *Journal of Marketing*, jul. 2007, p. 143-157.
32. David A. Griffin; Qimei Chen, The influence of Virtual Direct Experience (VDE) on on-line ad message effectiveness, *Journal of Advertising*, 2004, p. 55-68.
33. Hiawatha Bray, 'Advergames' spark concerns of kids being targeted, *Boston Globe*, 30 jul. 2004, www.boston.com/globe.
34. Gregory Solman, 2nd splash for 'got milk?' Steroid parodies, *Adweek*, 28 dez. 2007, www.adweek.com.
35. Joseph W. Alba; J. Wesley Hutchinson; John G. Lynch, Memory and decision making. In: (Ed.) Thomas S. Robertson; Harold H. Kassarjian, *Handbook of onsumer behavior* (Englewood Cliffs: Prentice-Hall, 1991).
36. Chris Janiszewski; Tom Meyvis, Effects of brand logo complexity, repetition, and spacing on processing fluency and judgment, *Journal of Consumer Research*, jun. 2001, p. 18-32; H. Rao Unnava; Robert E. Burnkrant, Effects of repeating varied ad executions on brand name memory, *Journal of Marketing Research*, nov. 1991, p. 406-416.
37. Ida E. Berger; Andrew A. Mitchell, The effect of attitude accessibility, attitude confidence, and the attitude-behavior relationship, *Journal of Consumer Research*, dez. 1989, p. 269-279.
38. Prashant Malaviya; Brian Sternthal, The persuasive impact of message spacing, *Journal of Consumer Psychology* 6, n. 3, 1997, p. 233-256.
39. Patrick De Pelsmacker; Maggie Geuens; Pascal Anckaert, Media context and advertising effectiveness: the role of context appreciation and context/ad similarity, *Journal of Advertising*, set. 2002, p. 49-61.
40. Marjolein Moorman; Peter C. Neijens; Edith G. Smit, The effects of magazine-induced psychological responses and thematic congruence onmemory and attitude toward the life in a real-life setting, *Journal of Advertising*, 2002, p. 27-40.
41. Veja, por exemplo, Xiang Fang; Surendra Singh; Rohini Ahluwalia, An examination of different explanations for the mere exposure effect, *Journal of Consumer Research* 34, n. 1, 2007, p. 99-103.
42. Carl Obermiller, Varieties of mere exposure: the effects of processing style and repetition in affective response, *Journal of Consumer Research*, jun. 1985, p. 17-30.
43. Arno Rethans; John L. Swazy; Lawrence J. Marks, The effects of television commercial repetition, receiver knowledge, and commercial length: a test of a two factor model, *Journal of Marketing Research*, fev. 1986, p. 50-61.
44. William E. Baker, When Can Affective Conditioning and Mere Exposure Directly Influence Brand Choice? *Journal of Advertising* 28, n. 4, inverno de 1999, p. 31-46.
45. Chris Janiszewski e Tom Meyvis, Effects of Brand Logo Complexity, Repetition, and Spacing on Processing Fluency and Judgment, *Journal of Consumer Research* 28, jun. 2001, p. 18-32.
46. Bruce Mohl, Humor not part of their policies; new to ads, mass. Insurers emphasize safety, *Boston Globe*, 2 out. 2007, p. C1.
47. Herbert Krugman, Why three exposures may be enough, *Journal of Advertising Research*, dez. 1972, p. 11-14.
48. George E. Belch, The effects of television commercial repetition on cognitive response and message acceptance, *Journal of Consumer Research*, jun. 1982, p. 56-65.
49. Margaret Henderson Blair, An empirical investigation of advertising wearin and wearout, *Journal of Advertising Research* 40, nov. 2000, p. 95.
50. Margaret C. Campbell; Kevin Lane Keller, Brand familiarity and advertising repetition effects, *Journal of Consumer Research*, set. 2003, p. 292-304.
51. Deborah J. MacInnis; Ambar G. Rao; Allen M. Weiss, Assessing when increased media weight of real-world advertisements helps sales, *Journal of Marketing Research*, nov. 2002, p. 391-407.

52. Christie L. Nordhielm, The influence of level of processing on advertising repetition effects, *Journal of Consumer Research*, dez. 2002, p. 371-373.
53. Marian Burke; Julie A. Edell, Ad reactions over time: capturing changes in the real world, *Journal of Consumer Research*, jun. 1986, p. 114-118, Curtis P. Haugtvedt; David W. Schumann; Wendy L. Schneier; Wendy L. Warren, Advertising repetition and variation strategies: implications for understanding attitude strength, *Journal of Consumer Research*, jun. 1994, p. 176-189.
54. Stuart Elliott, Thepursuit of happiness in a grilled cheese sandwich, *New York Times*, 1 out. 2007, p. C6.
55. Prashant Malaviya, The moderating influence of advertising context on ad repetition effects: the role of amount and type of elaboration, *Journal of Consumer Research* 34, n. 1, 2007, p. 32-40.
56. Gerald J. Gorn, The effects of music in advertising on choice behavior: a classical conditioning Approach, *Journal of Marketing*, 1982, p. 94-101.
57. Calvin Bierley; Frances K. McSweeny; Renee Vannieuwkerk, Classical conditioning of preferences for stimuli, *Journal of Consumer Research*, dez. 1985, p. 316-323, James J. Kellaris; Anthony D. Cox, The effects of background music in advertising: a reassessment, *Journal of Consumer Research*, jun. 1989, p. 113-118, Chris T. Allen; Thomas J. Madden, A closer look at classical conditioning, *Journal of Consumer Research*, dez. 1985, p. 301-315.
58. Bierley; McSweeny; Vannieuwkerk, Classical conditioning of preferences for stimuli, Elnora W. Stuart; Terence A. Shimp; Randall W. Engle, Classical conditioning of consumer attitudes: four experiments in an advertising context, *Journal of Consumer Research*, dez. 1987, p. 334-349, Terence A. Shimp, Elnora W. Stuart; Randall W. Engle, A program of classical conditioning experiments testing variations in the conditioned stimulus and context, *Journal of Consumer Research*, jun. 1991, p. 1-12, Chris T. Allen; Chris A. Janiszewski, Assessing the role of contingency awareness in attitudinal conditioning with implications for advertising research, *Journal of Marketing Research*, fev. 1989, p. 30-43.
59. Randi Priluck Grossman; Brian D. Till, The persistence of classically conditioned brand attitudes, *Journal of Advertising*, 1998.
60. Terence A. Shimp, Neo-Pavlovian conditioning and its implications for consumer theory and research. In: (Ed.) Thomas S. Robertson; Harold H. Kassarjian, *Handbook of consumer behavior* (Englewood Cliffs: Prentice-Hall, 1991), p. 162-187, Steve DiMeglio, Tiger pulls Nike's latest drivers from bag of tricks, *USA Today*, 6 dez. 2007, www.usatoday.com.
61. Mike Hughlett, Tiger Puts New Face on Tie-ins, *Chicago Tribune*, 17 out. 2007, www.chicagotribune.com.
62. Aparna A. Labroo e Suresh Ramanathan, The influence of experience and sequence of conflicting emotions on ad attitudes, *Journal of Consumer Research* 33, n. 4, 2007, p. 523-528, Steven P. Brown; Douglas M. Stayman, Antecedents and consequences of attitude toward the ad: a meta-analysis, *Journal of Consumer Research*, jun. 1993, p. 34-51, Andrew A. Mitchell; Jerry C. Olson, Are product attributes beliefs the only mediator of advertising effects on brand attitudes? *Journal of Marketing Research*, ago. 1981, p. 318-322; Terence A. Shimp, Attitude toward the ad as a mediator of consumer brand choice, *Journal of Advertising* 10, n. 2, 1981, p. 9-15; Christian M. Derbaix, The impact of affective reactions on attitudes toward the advertisement and the brand: a step toward ecological validity, *Journal of Marketing Research*, nov. 1995, p. 470-479.
63. Mitchell; Olson, Are product attributes beliefs the only mediator of advertising effects on brand attitudes?
64. Srinivas Durvasula; J. Craig Andrews; Steven Lysonski; Richard G. Netemeyer, Assessing the cross-national applicability of consumer behavior models: a model of attitude toward advertising in general, *Journal of Consumer Research*, mar. 1993, p. 626-636.
65. Russell I. Haley; Allan L. Baldinger, The ARF copy research validity project, *Journal of Advertising Research*, abr.-maio 1991, p. 11-32.
66. Elizabeth S. Moore; Richard J. Lutz, Children, advertising, and product experiences: a multimethod inquiry, *Journal of Consumer Research*, 27 jun. 2000, p. 31-48, Scott B. MacKenzie; Richard J. Lutz; George E. Belch, The role of attitude toward the ad as a mediator of advertising effectiveness: a test of competing explanations, *Journal of Marketing Research*, maio 1986, p. 130-143, Pamela M. Homer, The mediating role of attitude toward the ad: some additional evidence, *Journal of Marketing Research*, fev. 1990, p. 78-86, Brown; Stayman, Antecedents and consequences of attitude toward the ad.
67. Ellen Byron, How P&G Led Also-Ran To Sweet Smell of Success, *Wall Street Journal*, 4 set. 2007, p. B2.
68. Brown; Stayman, Antecedents and consequences of attitude toward the ad.
69. Marian Chapman Burke; Julie A. Edell, Ad reactions over time: capturing changes in the real world, *Journal of Consumer Research*, jun. 1986, p. 114-118, Amitava Chattopadhyay; Prakash Nedungadi, Does attitude toward the ad endure? The moderating effects of attention and delay, *Journal of Consumer Research*, jun. 1992, p. 26-33.
70. Margaret G. Meloy, Mood driven distortion of product information, *Journal of Consumer Research*, 27 dez. 2000, p. 345-359.
71. Michael J. Barone; Paul W. Miniard; Jean B. Romeo, The influence of positive mood on brand extension evaluations, *Journal of Consumer Research* 26 mar. 2000, p. 386-400.
72. Anick Bosmans; Hans Baumgartner, Goal-relevant emotional information: when extraneous affect leads to persuasion and when it does not, *Journal of Consumer Research* 32, n. 3 (2005), p. 424-434.
73. Rashmi Adaval, Sometimes it just feels right: the differential weighting of affect-consistent and affect-inconsistent product information, *Journal of Consumer Research*, 28 jun. 2001, p. 1-17.
74. Charles S. Areni; David Kim, The influence of instore lighting on consumers' examination of merchandise in a wine store, *International Journal of Research in Marketing*, mar. 1994, p. 117-125.
75. Ayn E. Crowley, The two-dimension impact of color on shopping, *Marketing Letters* 4, n. 1, 1993, p. 59-69.
76. Nancy M. Puccinelli, Putting your best face forward: the impact of customer mood on salesperson evaluation, *Journal of Consumer Psychology* 16, n. 2, 2006, p. 156-162.
77. Julie A. Edell; Marian Chapman Burke, The power of feelings in understanding advertising effects, *Journal of Con-

sumer Research, dez. 1987, p. 421-433, Douglas M. Stayman; David A. Aaker, Are all effects of ad-induced feelings mediated by aad? Journal of Consumer Research, dez. 1988, p. 368-373, Morris B. Holbrook; Rajeev Batra, Assessing the role of emotions as mediators of consumer responses to advertising, Journal of Consumer Research, dez. 1987, p. 404-420.

78. Rajeev Batra; Michael L. Ray, Affective responses mediating acceptance of advertising, Journal of Consumer Research, set. 1986, p. 234-249.
79. David A. Aaker; Douglas M. Stayman; Michael R. Hagerty, Warmth in advertising: measurement, impact, and sequence effects, Journal of Consumer Research, mar. 1986, p. 365-381.
80. Joseph A. Bellizzi; Ayn E. Crowley; Ronald W. Hasty, The effects of color in store design, Journal of Retailing, 1983, p. 21-45.
81. Arik Hesseldahl, Apple forecasts: not just hype, BusinessWeek Online, 10 dez. 2007, www.businessweek.com.
82. Curt Haugtvedt; Richard E. Petty; John T. Cacioppo; T. Steidley, Personality and ad effectiveness: exploring the utility of need for cognition. In: (Ed.) Michael J. Houston, Advances in consumer research, v. 15 (Provo: Association for Consumer Research, 1988), p. 209-212.
83. Susan M. Petroshius; Kenneth E. Crocker, An empirical analysis of spokesperson characteristics on advertisement and product evaluations, Journal of the Academy of Marketing Science, 1989, p. 217-225, Lynn R. Kahle; Pamela M. Homer, Physical attractiveness of the celebrity endorser: a social adaptation perspective, Journal of Consumer Research, mar. 1985, p. 954-961.
84. Michael A. Kamins, An investigation into the "match-up" hypothesis in celebrity advertising: when beauty may be only skin deep, Journal of Advertising 19, n. 1, 1990, p. 4-13, Marjorie J. Caballero; Paul J. Solomon, Effects of model attractiveness on sales response, Journal of Advertising 13, n. 1, 1984, p. 17-23.
85. Kahle; Homer, Physical attractiveness of the celebrity endorser, Kathleen Debevec; Jerome B. Kernan, More evidence on the effects of a presenter's physical attractiveness: some cognitive, affective, and behavioral consequences. In: (Ed.) Thomas C. Kinnear, Advances in consumer research, v. 11 (Provo: Association for Consumer Research, 1984), p. 127-132, Caballero; Solomon, Effects of model attractiveness on sales response, Marjorie J. Caballero; William M. Pride, Selected effects of salesperson sex and attractiveness in direct mail advertising, Journal of Marketing, jan. 1984, p. 94-100, Shelly Chaiken, Communicator physical attractiveness and persuasion, Journal of Personality and Social Psychology, ago. 1979, p. 1387-1397, Peter H. Reingen; Jerome B. Kernan, Social perception and interpersonal influence: some consequences of the physical attractiveness stereotype in a personal selling situation, Journal of Consumer Psychology 2, n. 1, 1993, p. 25-38.
86. Tommy E. Whittper; Joan Scattone Spira, Model's race: a peripheral cue in advertising messages? Journal of Consumer Psychology 12, n. 4, 2002, p. 291-301.
87. M. Reinhard, M. Messner; S. Ludwig Sporer, Explicit persuasive intent and its impact on success at ersuasion – the determining roles of attractiveness and likeableness, Journal of Consumer Psychology 16, n. 3, 2006, p. 249-259.
88. Yong-Soon Kang; Paul M. Herr, Beauty and the beholder: toward an integrative model of communication source effects, Journal of Consumer Research 33, n. 1, 2006, p. 123-130, Richard E. Petty; H. Rao Unnava; Alan J. Strathman, Theories of attitude change. In: (Ed.) Thomas S. Robertson; Harold H. Kassarjian, Handbook of consumer behavior (Englewood Cliffs: Prentice-Hall, 1991), p. 241-280, Kahle; Homer, Physical attractiveness of the celebrity endorser.
89. Anthony Faiola, U. S. stars shine again in Japan ads, Washington Post, 14 jan. 2007, p. A1.
90. Mark R. Forehand; Andrew Perkins, Implicit assimilation and explicit contrast: a set/reset model of response to celebrity voice-overs, Journal of Consumer Research 32, n. 3, 2005, p. 435-441.
91. Joshua Harris Prager, Disability can enable a modeling career, Wall Street Journal, 17 out. 1997, p. B1, B6.
92. Sengupta; Goodstein; Boninger, All cues are not created equal.
93. Greg Sandoval, James's value shows in numbers, Washington Post, 16 abr. 2004, p. D8.
94. Alan J. Bush; Craig A. Martin; Victoria D. Bush, Sports celebrity influence on the behavioral intentions of generation Y, Journal of Advertising Research, mar. 2004, p. 108-118.
95. Claire Atkinson, Brawny man now a metrosexual, Advertising Age, 16 fev. 2004, p. 8.
96. Judith A. Garretson; Ronald W. Niedrich, Spokes-characters, Journal of Advertising, 2004, p. 25-36.
97. Marla Royne Stafford; Thomas F. Stafford; Ellen Day, A aontingency approach: the effects of spokesperson type and service type on service advertising perceptions, Journal of Advertising, 2002, p. 17-34.
98. Peter Ford; Gloria Goodale, Why stars and charities need each other, Christian Science Monitor, 13 jan. 2005, p. 1.
99. Therese A. Louie; Carl Obermiller, Consumer response to a Firm's Endorser (Dis)Association Decisions, Journal of Advertising, 2002, p. 41-52.
100. Mitchell e Olson, Are product attributes beliefs the only mediator of advertising effects on brand attitudes? Andrew A. Mitchell, The effect of verbal and visual components of advertisements on brand attitudes and attitude toward the advertisement, Journal of Consumer Research, mar. 1986, p. 12-24; Paul W. Miniard; Sunil Bhatla; Kenneth R. Lord; Peter R. Dickson; H. Rao Unnava, Picture-based persuasion processes and the moderating role of involvement, Journal of Consumer Research, jun. 1991, p. 92-107.
101. Paul W. Miniard; Deepak Sirdeshmukh; Daniel E. Innis, Peripheral persuasion and brand choice, Journal of Consumer Research, set. 1992, p. 226-239.
102. Andrea Petersen, The quest to make URL's look cool in ads, Wall Street Journal, 26 fev. 1997, p. B1, B3.
103. Brian Steinberg, The times are a-changin' for musicians and marketers, Advertising Age, 29 out. 2007, p. 1.
104. Mark Sandman, An instant classic; a familiar sound; a dead man's legacy, Wall Street Journal, 28 dez. 2004, p. D8.
105. Gordon C. Bruner, Music, mood, and marketing, Journal of Marketing, out. 1990, p. 94-104; Gorn, The effects of music in advertising on choice behavior, Judy I. Alpert; Mark I. Alpert, Background music as an influence in consumer mood and advertising responses, em edição. Thomas K. Srull, Advances in consumer research, v. 16 (Provo: Asso-

ciation for Consumer Research, 1989), p. 485-491, Meryl Paula Gardner, Mood states and consumer behavior: a critical review, *Journal of Consumer Research*, dez. 1985, p. 281-300, C. Whan Park; S. Mark Young, Consumer response to television commercials: the impact of involvement and background music on brand attitude formation, *Journal of Marketing Research*, fev. 1986, p. 11-24.
106. Juliet Rui; Joan Meyers-Levy, Distinguishing between the meanings of music: when background music affects product perceptions, *Journal of Marketing Research*, ago. 2005, p. 333-345.
107. Mark Alpert; Judy Alpert, Background music as an influence in consumer mood and advertising responses, *Advances in Consumer Research* 16, 1989, p. 485-491, Stout; Leckenby, Let the music play.
108. Noel M. Murray; Sandra B. Murray, Music and lyrics in commercials: a cross-cultural comparison between commercials run in the Dominican Republic and the United States, *Journal of Advertising*, 1996, p. 51-64.
109. Marc G. Weinberger; Harlan E. Spotts, Humor in U. S. vs. U. K. TV Advertising, *Journal of Advertising* 18, n. 2, 1989, p. 39-44; Paul Surgi Speck, The humorous message taxonomy: a framework for the study of humorous ads. In: (Ed.) James H. Leigh; Claude R. Martin, *Current research and issues in advertising* (Ann Arbor: University of Michigan, 1991), p. 1-44.
110. Thomas J. Madden; Marc G. Weinberger, Humor in advertising: a practitioner view, *Journal of Advertising Research*, ago.-set. 1984, p. 23-29, Stewart; Furse, *Effective television advertising*; Thomas J. Madden; Marc C. Weinberger, The effects of humor on attention in magazine advertising, *Journal of Advertising* 1, n. 3, 1982, p. 8-14; Marc C. Weinberger; Leland Campbell, The use and impact of humor in radio advertising, *Journal of Advertising Research*, dez.-jan. 1991, p. 44-52.
111. George E. Belch; Michael A. Belch, An investigation of the effects of repetition on cognitive and affective reactions to humorous and serious television commercials. In: (Ed.) Thomas C. Kinnear, *Advances in Consumer Research*, v. 11 (Provo Association for Consumer Research, 1984), p. 4-10, Calvin P. Duncan; James E. Nelson, Effects of humor in a radio advertising experiment, *Journal of Advertising* 14, n. 2, 1985, p. 33-40, 64, Betsy D. Gelb; Charles M. Pickett, Attitude-toward-the-ad: links to humor and to advertising effectiveness, *Journal of Advertising* 12, n. 2, 1983, p. 34-42; Betsy D. Gelb; George M. Zinkhan, The effect of repetition on humor in a radio advertising study, *Journal of Advertising* 15, n. 2, 1986, p. 15-20, 34.
112. Harlan E. Spotts; Marc. G. Weinberger; Amy L. Parsons, Assessing the use and impact of humor on advertising effectiveness: a contingency approach, *Journal of Advertising*, 1997, p. 17-32.
113. Brian Sternthal; Samuel Craig, Humor in advertising, *Journal of Marketing* 37, n. 4, 1973, p. 12-18, Calvin P. Duncan, Humor in advertising: a behavioral perspective, *Journal of the Academy of Marketing Science* 7, n. 4, 1979, p. 285-306, Weinberger; Campbell, The use and impact of humor in radio advertising.
114. Thomas W. Cline; James J. Kellaris, The influence of humor strength and humor-message relatedness on ad memorability, *Journal of Advertising*, 2007, p. 55-67.
115. Thomas W. Cline; Moses B. Altsech; James J. Kellaris, When does humor enhance or inhibit ad responses? *Journal of Advertising*, 2003, p. 31-45.
116. Josephine L. C. M. Woltman Elpers; Ashesh Mukherjee; Wayne D. Hoyer, Humor in television advertising: a moment-to-moment analysis, *Journal of Consumer Research*, dez. 2004, p. 592-598.
117. Madden; Weinberger, Humor in advertising, Weinberger; Campbell, The use and impact of humor in radio advertising, Weinberger; Spotts, Humor in U. S. vs. U. K. TV Advertising.
118. Stuart Elliott, Old spice tries a dash of humor to draw young men, *New York Times*, 8 jan. 2007, p. C6.
119. Madden; Weinberger, Humor in advertising, Thomas W. Whipple; Alice E. Courtney, How men and women judge humor: advertising guidelines for action and research. In: (Ed.) James H. Leigh; Claude R. Martin, *Current research and issues in advertising* (Ann Arbor: University of Michigan, 1981), p. 43-56.
120. Yong Zhang, Responses to humorous advertising: the moderating effect of need for cognition, *Journal of Advertising*, 1996: Amitava Chattopadhyay; Kunal Basu, Prior brand evaluation as a moderator of the effects of humor in advertising, *Journal of Marketing Research*, nov. 1989, p. 466-476.
121. Dana L. Alden; Wayne D. Hoyer; Chol Lee, Identifying global and culture-specific dimensions of humor in advertising: a multinational analysis, *Journal of Marketing*, abr. 1993, p. 64-75, Dana L. Alden; Wayne D. Hoyer; Chol Lee; Guntalee Wechasara, The use of humor in Asian and Western Advertising: a four-country comparison, *Journal of Asian-Pacific Business* 1, n. 2, 1995, p. 3-23.
122. Weinberger; Spotts, Humor in U. S. vs. U. K. TV Advertising.
123. Durex kicks off integrated ad push for pleasure aax, *New Media Age*, 25 nov. 2004, p. 2; Alessandra Galloni. In: New global campaign, durex maker uses humor to sell condoms, *Wall Street Journal*, 27 jul. 2001, p. B1.
124. Yumiko Ono, Can racy ads help revitalize old fragrances? *Wall Street Journal*, 26 nov. 1996, p. B1, B10.
125. Nigel K. , L1. Pope, Kevin E. Voges; Mark R. Brown, The effect of provocation in the form of mild erotica on attitude to the ad and corporate image, *Journal of Advertising*, 2004, p. 69-82.
126. Lawrence Soley; Gary Kurzbard, Sex in advertising: a comparison of 1964 and 1984 magazine *Advertisements*, *Journal of Advertising* 15, n. 3, 1986, p. 46-54.
127. Cyndee Miller, We've been "Cosbyized", *Marketing News*, 16 abr. 1990, p. 1-2, Joshua Levine; Marketing: fantasy, not flesh, *Forbes*, 22 jan. 1990, p. 118-120.
128. Vranica, Anheuser-busch kicks edgy super bowl ad to curb.
129. Robert S. Baron, Sexual content and advertising effectiveness: comments sobre Belch et al. (1981); Caccavale et al. (1981). In: (Ed.) Andrew A. Mitchell, *Advances in consumer research*, v. 9 (Ann Arbor: Association for Consumer Research, 1982), p. 428-430.
130. Michael S. LaTour; Robert E. Pitts; David C. Snook-Luther, Female nudity, arousal, and ad response: an experimental investigation, *Journal of Advertising* 19, n. 4, 1990, p. 51-62.
131. Laura Petrecca, Axe ads turn up the promise of sex appeal, *USA Today*, 17 abr. 2007, p. 3B.

132. Marilyn Y. Jones; Andrea J. S. Stanaland; Betsy D. Gelb, Beefcake and cheesecake: insights for advertisers, *Journal of Advertising*, 1998, p. 33-52.
133. Rebecca Piirto, The romantic sell, *American Demographics*, ago. 1989, p. 38-41.
134. John Fetto, Where's the lovin'? *American Demographics*, 28 fev. 2001.
135. Miller, We've been "Cosbyized".
136. Poll on ads: too sexy, *Wall Street Journal*, 8 mar. 1993, p. B5.
137. Robert A. Peterson; Roger A. Kerin, The female role in advertisements: some experimental evidence, *Journal of Marketing*, out. 1977, p. 59-63.
138. Sak Onkvisit; John J. Shaw, A view of marketing and advertising practices in Asia and its meaning for marketing managers, *Journal of Consumer Marketing*, 1985, p. 5-17.
139. Sarah Ellison, Sex-themed ads often don't travel well, *Wall Street Journal*, 31 mar. 2000, p. B7.
140. M. Friestad; Esther Thorson, Emotion-eliciting advertising: effect on long-term memory and judgment, em edição, R. J. Lutz, *Advances in consumer research,* v. 13 (Provo: Association for Consumer Research, 1986), p. 111-116.
141. Theresa Howard, Coke adds spark to ad campaign, *USA Today*, 3 abril 2006, p. 3B, Christina Cheddar Berk, Coke to debut "real' ad on 'idol", *Wall Street Journal*, 17 jan. 2005, p. B3, Betsy McKay, Coke aims to revive "feel good' factor", *Wall Street Journal*, 20 abr. 2001, p. B8.
142. Barbara B. Stern, Classical and vignette television advertising dramas: structural models, formal analysis, and consumer effects, *Journal of Consumer Research*, mar. 1994, p. 601-615, William D. Wells, Lectures and dramas. In: (Ed.) Pat Cafferata; Alice M. Tybout, *Cognitive and affective responses to advertising* (Lexington: D. C. Heath, 1988), John Deighton; Daniel Romer; Josh McQueen, Using dramas to persuade, *Journal of Consumer Research*, dez. 1989, p. 335-343.
143. Jennifer Edson Escalas; Barbara B. Stern, Sympathy and empathy: emotional responses to advertising dramas, *Journal of Consumer Research*, mar. 2003, p. 566-578.
144. Eleftheria Parpis, A bite-size series, *Adweek*, 12 nov. 2007, p. 19, Becky Ebenkamp; Todd Wasserman, Sunsilk's "micro series" affers latest twist for soap operas, *Brandweek*, 11 set. 2006, p. 10.
145. Marvin E. Goldberg; Gerald J. Gorn, Happy and sad TV programs: how they affect reactions to commercials, *Journal of Consumer Research*, dez. 1987, p. 387-403, John P. Murray Jr. ; Peter A. Dacin, Cognitive moderators of negative-emotion effects: implications for understanding media context, *Journal of Consumer Research*, mar. 1996, p. 439-447.
146. John P. Murray; John L. Lastovicka; Surendra Singh, Feeling and liking responses to television programs: an examination of two explanations for media-context effects, *Journal of Consumer Research*, mar. 1992, p. 441-451.
147. S. N. Singh; Gilbert A. Churchill, Arousal and advertising effectiveness, *Journal of Advertising* 16, n. 1, 1987, p. 4-10.
148. Mark A. Pavelchak; John H. Antil; James M. Munch, The super bowl: an investigation into the relationship among program context, emotional experience, and ad recall, *Journal of Consumer Research*, dez. 1988, p. 360-367.
149. Sally Beatty, Madison avenue should rethink television violence, study finds, *Wall Street Journal*, 1º dez. 1998, p. B8.
150. Suzanne Vranica, Ad houses will need to be more nimble, *Wall Street Journal*, 2 jan. 2008, p. B3, Gary McWilliams; Suzanne Vranica, Wal-Mart raises its emotional pitch, *Wall Street Journal*, 20 jul. 2007, p. B3, Michael Barbaro, Old notions put aside, Penney takes aim at the heartstrings, *New York Times*, 11 jul. 2007, p. C4; Bob Garfield, Is it love? Saatchi's Penney ads make bob go all gooey inside, *Advertising Age*, 19 mar. 2007, p. 29; Stuart Elliott; Michael Barbaro, Wal-Mart wants to carry Its Christmas ads beyond price, *New York Times*, 1 nov. 2007, p. C3.

Capítulo 7

1. Natasha Singer, The U. S. S. R. is coming back (At least on clothing racks), *New York Times*, 27 nov. 2007, p. A1, Carla Bova, Latina clothing line for girls in stores next month, *Marin Independent Journal*, 30 jun. 2007, www. marinij. com, Rachel Brown, Eyeing Hispanic market, Palomita Line seeks to build on nostalgia (Licen-Zing), *WWD*, 31 jan. 2007, p. 13, Jamie LaReau, Mustang ads blend nostalgia, newness, *Automotive News*, 6 dez. 2004, p. 24 Ostalgie: East German products, *The Economist*, 13 set. 2003, p. 57.
2. Darrel D. Muehling; David E. Sprott, The power of reflection: an empirical examination of nostalgia advertising effects, *Journal of Advertising*, 2004, p. 25-36.
3. Loraine Lau-Gesk, Understanding consumer evaluations of mixed affective experiences, *Journal of Consumer Research* 32, n. 1, 2005, p. 23-28.
4. G. Sperling, The information available in brief visual presentations, *Psychological Monographs*, v. 74, 1960, p. 1-25; U. Neisser, *Cognitive psychology* (Nova York: Appleton-Century-Crofts, 1967).
5. R. N. Haber, The impending demise of the icon: a critique of the concept of iconic storage in visual information processing, *The Behavioral and Brain Sciences*, mar. 1983, p. 1-54.
6. William James (1890) conforme descrito em Henry C. Ellis; R. Reed Hunt, *Fundamentals of human memory and cognition* (Dubuque: William C. Brown, 1989), p. 65-66.
7. Nader T. Tavassoli; Jin Ki. Han, Scripted thought: processing Korean Hancha and Hangul in a multimedia context, *Journal of Consumer Research*, dez. 2001, p. 482-493.
8. Deborah J. MacInnis e Linda L. Price, The role of imagery in information processing: review and extensions, *Journal of Consumer Research*, mar. 1987, p. 473-491.
9. Allan Paivio, Perceptual comparisons through the mind's eye, *Memory and Cognition*, nov. 1975, p. 635-647, Stephen M. Kosslyn, The medium and the message in mental imagery: a theory, *Psychological Review*, jan. 1981, p. 46-66, MacInnis; Price, The role of imagery in information processing.
10. Morris B. Holbrook; Elizabeth C. Hirschman, The experiential aspects of consumption: consumer fantasies, feelings, and fun, *Journal of Consumer Research*, set. 1982, p. 132-140, MacInnis; Price, The role of imagery in information processing; Alan Richardson, Imagery: definitions and types. In: (Ed.) Aness Sheikh, *Imagery: current theory, research, and application* (Nova York: Wiley, 1983), p. 3-42.
11. Martin S. Lindauer, Imagery and the arts. In: (Ed.) Aness Sheikh, *Imagery: current theory, research and application* (Nova York: Wiley, 1983), p. 468-506.

12. Jennifer Edson Escalas, Imagine yourself in the product, *Journal of Advertising*, 2004, p. 37-48.
13. Victor Godinez, Game review: 'Pac-Man Championship Edition,' *Dallas Morning News*, 26 jun. 2007, www. dallasnews. com.
14. Amy Martinez, Online Seattle jeweler sparkles, traditional jewelers bristle, *Seattle Times*, 22 dez. 2007, www.seattletimes.com.
15. E. Tulving, Episodic and semantic memory., In: (Ed.) E. Tulving; W. Donaldson, *Organization and Memory* (Nova York: Academic Press, 1972), p. 381-403.
16. Hans Baumgartner; Mita Sujan; James R. Bettman, Autobiographical memories, affect, and consumer information processing, *Journal of Consumer Psychology* 1, n. 1, 1992, p. 53-82.
17. Ver Kathryn A. Braun-LaTour; Michael S. LaTour; George M. Zinkham, Using childhood memories to gain insight into brand meaning, *Journal of Marketing*, abr. 2007, p. 45-60.
18. Keith S. Coulter; Robin A. Coulter, Size does matter: the effects of magnitude representation congruency on price perceptions and purchase likelihood, *Journal of Consumer Psychology* 15, n. 1, 2005, p. 64-76.
19. Marc Vanhuele; Gilles Laurent; Xavier Drèze, Consumers' immediate memory for prices, *Journal of Consumer Research* 33, n. 2, 2006, p. 163-172.
20. Morris B. Holbrook, Nostalgia and consumer preferences: some emerging patterns of consumer tastes, *Journal of Consumer Research*, set. 1993, p. 245-256, Morris B. Holbrook; Robert M. Schindler, Echoes of the dear departed past: some work in progress on nostalgia. In: (Ed.) Rebecca H. Holman; Michael R. Solomon, *Advances in consumer research*, v. 18 (Provo: Association for Consumer Research, 1991), p. 330-333.
21. Kelly Crow, Wanted: a few good men (with Scissors), *Wall Street Journal*, 6 abr. 2007, p. W1.
22. Annamma Joy; Ruby Roy Dholakia, Remembrances of things past: the meaning of home and possessions of Indian professionals in Canada. In: (Ed.) Floyd W. Rudmin, *To have possessions: a handbook on ownership and property, Journal of Social Behavior and Personality* [Special Issue], nov. 1991, p. 385-402, Melanie Wallendorf; Eric J. Arnould, My favorite things: A Cross-cultural inquiry into object attachment, possessiveness, and social linkage, *Journal of Consumer Research*, mar. 1988, p. 531-547.
23. Kathryn A. Braun-LaTour; Michael S. LaTour; Jacqueline E. Pickrell; Elizabeth F. Loftus, How and when advertising can influence memory for consumer experience, *Journal of Advertising*, 2004, p. 7-25.
24. Kathryn A. Braun, Postexperience advertising effects on consumer memory, *Journal of Consumer Research*, mar. 1999, p. 319-334.
25. R. C. Atkinson; R. M. Shiffrin, Human memory: a proposed system and its control processes. In: (Ed.) K. W. Spence; J. T. Spence, *The Psychology of learning and motivation: advances in theory and research*, v. 2 (Nova York: Academic Press, 1968), p. 89-195.
26. George A. Miller, The magical number seven, plus or minus two: some limits on our capacity for processing information, *Psychological Review*, mar. 1956, p. 81-97, James N. McGregor, Short-term memory capacity: limitations or optimization? *Psychological Review*, jan. 1987, p. 107-108.
27. Noel Hayden, The spacing effect: enhancing memory for repeated marketing stimuli, *Journal of Consumer Psychology* 16, n. 3, 2006, p. 306-320.
28. F. I. M. Craik; R. S. Lockhart, Levels of processing: a framework for memory research, *Verbal Learning and Verbal Behavior*, dez. 1972, p. 671-684.
29. Ylan Q Mui, Equipping a new wave of female athletes: under armour's ads target nascent sector, *Washington Post*, 6 ago. 2007, p. D1.
30. Dilip Soman, Effects of payment mechanism on spending behavior: the role of rehearsal and immediacy of payments, *Journal of Consumer Research*, 27 mar. 2001, p. 460-474.
31. Alan G. Sawyer, The effects of repetition: conclusions and suggestions about experimental laboratory research. In: (Ed.) G. David Hughes; Michael L. Ray, *Buyer/consumer information processing* (Chapel Hill: University of North Carolina Press, 1974), p. 190-219, George E. Belch, The effects of television commercial repetition on cognitive response and message acceptance, *Journal of Consumer Research*, jun. 1982, p. 56-66, H. Rao Unnava; Robert E. Burnkrant, Effects of repeating varied ad executions on brand name memory, *Journal of Marketing Research*, nov. 1991, p. 406-416; Murphy S. Sewall; Dan Sarel, Characteristics of radio commercials and their recall effectiveness, *Journal of Marketing*, jan. 1986, p. 52-60.
32. Eileen Gunn, Product placement prize: repetition factor makes videogames valuable medium, *Advertising Age*, 12 fev. 2001, p. S10.
33. Chris Janiszewski; Hayden Noel; Alan G. Sawyer, Re-inquiries: a meta-analysis of the spacing effect in verbal learning: implications for research on advertising repetition and consumer memory, *Journal of Consumer Research*, jun. 2003, p. 138-149, veja também Sara L. Appleton; Robert A. Bjork; Thomas D. Wickens, Examining the spacing effect in advertising: encoding variability, retrieval processes and their interaction, *Journal of Consumer Research* 32, n. 2, 2005, p. 266-276.
34. Sharmistha Law, Can repeating a brand claim lead to memory confusion? The effects of claim similarity and concurrent repetition, *Journal of Marketing Research*, ago. 2002, p. 366-378.
35. Susan E. Heckler; Terry L. Childers, The role of expectancy and relevancy in memory for verbal and visual information: what is incongruency? *Journal of Consumer Research*, mar. 1992, p. 475-492.
36. Sally Beatty, Ogilvy's TV-ad study stresses "holding power" Instead of ratings, *Wall Street Journal*, 4 jun. 1999, p. B2.
37. Catherine A. Cole; Michael J. Houston, Encoding and media effects on consumer learning deficiencies in the elderly, *Journal of Marketing Research*, fev. 1987, p. 55-64, Deborah Roedder John; John C. Whitney Jr. , The development of consumer knowledge in children: a cognitive structure approach, *Journal of Consumer Research*, mar. de 1986, p. 406-418.
38. H. Shanker Krishnan, A process analysis of the effects of humorous advertising executions on brand claims memory, *Journal of Consumer Psychology*, 2003, p. 230-245.
39. Gabriel Biehal; e Dipankar Chakravarti, Consumers' use of memory and external information in choice: macro and micro perspectives, *Journal of Consumer Research*, mar.

1986, p. 382-405, John G. Lynch; Howard Marmorstein; Michael F. Weigold, Choices from sets includng remembered brands: use of recalled attributes and prior overall evaluations, *Journal of Consumer Research*, set. 1988, p. 225-233, Valerie S. Folkes, The availability heuristic and perceived risk, *Journal of Consumer Research*, jun. 1988, p. 13-23.

40. A. M. Collins; E. F. Loftus, A spreading activation theory of semantic processing, *Psychological Review*, nov. 1975, p. 407-428, Lawrence W. Barsalou, *Cognitive psychology: an overview for cognitive scientists* (Hillsdale: Lawrence Erlbaum, 1991), John R. Anderson, *Cognitive psychology and its implications* (New York: W. H. Freeman, 1990); Michael Pham; Gita Venkataramani Johar, Contingent processes of source identification, *Journal of Consumer Research*, dez. 1997, p. 249-265.

41. Jack Neff, S. C. Johnson ads to stress "family owned", *Advertising Age*, 13 nov. 2001, www.adage.com.

42. Joseph W. Alba; J. Wesley Hutchinson, Dimensions of consumer expertise, *Journal of Consumer Research*, mar. 1987, p. 411-454.

43. David C. Riccio; Vita C. Rabinowitz; Shari Axelrod, Memory: when less is more, *American Psychologist*, nov. 1994, p. 917-926.

44. Anthony Pratkanis; Anthony G. Greenwald; M. R. Leipe; M. Hans Baumgartner, In search of reliable persuasion effects: III. The sleeper effect is dead: long live the sleeper effect, *Journal of Personality and Social Psychology*, fev. 1988, p. 203-218.

45. Raymond Burke; Thomas K. Srull, Competitive interference and consumer memory for advertisements, *Journal of Consumer Research*, jun. 1988, p. 55-68, Kevin Keller, Memory and evaluation effects in competitive advertising environments, *Journal of Consumer Research*, mar. 1991, p. 463-476; Rik G. M. Pieters; Tammo H. A. Bijmolt, Consumer memory for television advertising: a field study of duration, serial position and competition effects, *Journal of Consumer Research*, mar. 1997, p. 362-372, Tom J. Brown; Michael L. Rothschild, Reassessing the impact of television advertising clutter, *Journal of Consumer Research*, jun. 1993, p. 138-147, Robert J. Kent; Chris T. Allen, Competitive interference effects in consumer memory for advertising: the role of brand familiarity, *Journal of Marketing*, jul. 1994, p. 97-105, H. Rao Unnava; Deepak Sirdeshmukh, Reducing competitive ad interference, *Journal of Marketing Research*, ago. 1994, p. 403-411.

46. Anand Kumar; Shanker Krishnan, Memory interference in advertising: a replication and extension, *Journal of Consumer Research*, mar. 2004, p. 602-61, Anand Kumar, Interference effects of contextual cues in advertisements on memory for ad content, *Journal of Consumer Psychology* 9, n. 3, 2000, p. 155-166.

47. Robert D. Jewell; H. Rao Unnava, When competitive interference can be beneficial, *Journal of Consumer Research*, set. 2003, p. 283-291.

48. David Luna; Laura A. Peracchio, Moderators of language effects in advertising to bilinguals: a psycho-linguistic approach, *Journal of Consumer Research*, set. 2001, p. 28-43.

49. Joseph W. Alba; Amitava Chattopadhyay, Effects of context and part-category cues on recall of competing brands, *Journal of Marketing Research*, ago. 1985, p. 340-349; Joseph W. Alba; Amitava Chattopadhyay, Salience effects in brand recall, *Journal of Marketing Research*, nov. 1986, p. 363-369, Manoj Hastak; Anusre Mitra, Facilitating and inhibiting effects of brand cues on recall, consideration set, and choice, *Journal of Business Research*, out. 1996, p. 121-126.

50. Burke; Srull, Competitive interference and consumer memory for advertising, Rik Pieters; Tammo H. A. Bijmolt, Consumer memory for television advertising: a field study of duration, serial position, and competition effects, *Journal of Consumer Research*, mar. 1997, p. 362-372.

51. Elizabeth F. Loftus, When a lie becomes memory's truth: memory and distortion after exposure to misinformation, *Current Directions in Psychological Science*, ago. 1992, p. 121-123.

52. Ann E. Schlosser, Learning through virtual product experiences: the role of imagery on true versus false memories, *Journal of Consumer Research* 33, n. 3, 2006, p. 377-383.

53. Larry Percy; John R. Rossiter, A model of brand awareness and brand attitude in advertising strategies, *Psychology and Marketing*, jul.-ago. 1992, p. 263-274.

54. Mui, Equipping a new wave of female athletes: under armour's ads target nascent sector.

55. John Furniss, Rating American banks in Japan: survey shows importance of image, *International Advertiser*, abr. 1986, p. 22-23.

56. Bonnie Tsui; Bowl poll: ads don't mean sales, *Advertising Age*, 5 fev. 2001, p. 33.

57. Marc Vanhuele; Xavier Drèze, Measuring the price knowledge shoppers bring to the store, *Journal of Marketing*, out. 2002, p. 72-85.

58. H. Shanker Krishnan; Dipankar Chakravarti, Memory measures for pretesting advertisements: an integrative conceptual framework and a diagnostic template, *Journal of Consumer Psychology* 8, n. 1, 1999, p. 1-37.

59. Angela Y. Lee, Effects of implicit memory on memory-based versus stimulus-based brand choice, *Journal of Marketing Research*, nov. 2002, p. 440-454.

60. Susan T. Fiske; Shelley E. Taylor, *Social Cognition* (Nova York: McGraw-Hill, 1991).

61. Stewart Shapiro; Mark T. Spence, Factors affecting encoding, retrieval, and alignment of sensory attributes in a memory-based brand choice task, *Journal of Consumer Research*, mar. 2002, p. 603-617.

62. Joseph W. Alba; J. Wesley Hutchinson; John G. Lynch Jr., Memory and decision making. In: (Ed.) Thomas S. Robertson; Harold Kassarjian, *Handbook of consumer behavior* (Englewood Cliffs: Prentice-Hall, 1991), p. 1-49.

63. Rik G. M. Pieters; Tammo H. A. Bijmolt, Consumer memory for television advertising: a field study of duration, serial position, and competition effects, *Journal of Consumer Research*, mar. 1997, p. 362-372, David W. Stewart; David H. Furse, *Effective television advertising: a study of 1000 Commercials* (Cambridge: Marketing Science Institute, 1986), Pamela Homer, Ad size as an indicator of perceived advertising costs and effort: the effects on memory and perceptions, *Journal of Advertising*, 1995, p. 1-12.

64. Frank R. Kardes; Gurumurthy Kalyanaram, Order of entry effects on consumer memory and judgment: an information integration perspective, *Journal of Marketing Research*, ago. 1992, p. 343-357, Frank Kardes; Murali Chandra-

shekaran; Ronald Dornoff, Brand retrieval, consideration set composition, consumer choice, and the pioneering advantage, *Journal of Consumer Research*, jun. 1993, p. 62-75, Frank H. Alpert; Michael A. Kamins, An empirical investigation of consumer memory, attitude, and perceptions toward pioneer and follower brands, *Journal of Marketing*, out. 1995, p. 34-44.
65. Claudia Penteado, Coca-cola expects to grow by 7% in Brazil, *Advertising Age*, 16 maio 2001, www.adage.com, Hillary Chura; Richard Linnett, Coca-cola readies massive global campaign, *Advertising Age*, 2 abr. 2001, www.adage.com.
66. Sridar Samu; H. Shankar Krishnan; Robert E. Smith, Using advertising alliances for new product introduction: interactions between product complementarity and promotional strategies, *Journal of Marketing*, jan. 1999, p. 57-74.
67. T. Bettina Cornwell; Michael S. Humphreys; Angela M. Maguire; Clinton S. Weeks; Cassandra L. Tellegen, Sponsorship-linked marketing: the role of articulation in memory, *Journal of Consumer Research* 33, n. 3, 2006, p. 312-321.
68. Gita Venkatatarmani Johar; Michel Tuan Pham, Re-latedness, prominence, and constructive sponsor identification, *Journal of Marketing Research* 36, ago. 1999, p. 299-312.
69. Rex Briggs; Nigel Hollis, Advertising on the web: is there response before click-through? *Journal of Advertising Research*, mar.-abr. 1997, p. 33-45.
70. Michael Pham; Gita Venkataramani Johar, Contingent processes of source identification, *Journal of Consumer Research*, dez. 1997, p. 249-265.
71. Deborah D. Heisley; Sidney J. Levy, Autodriving: a photo-elicitation technique, *Journal of Consumer Research*, dez. 1991, p. 257-272.
72. Nader T. Tavassoli; Yih Hwai Lee, The differential interaction of auditory and visual advertising elements with Chinese and English, *Journal of Marketing Research*, nov. 2003, p. 468-480.
73. Charles D. Lindsey; H. Shanker Krishnan, Retrieval disruption in collaborative groups due to brand cues, *Journal of Consumer Research* 33, n. 4, 2007, p. 470-478.
74. William E. Baker; Heather Honea; Cristel Antonia Russell, Do not wait to reveal the brand name, *Journal of Advertising*, 2004, p. 77-85.
75. Joan Meyers-Levy, The influence of a brand name's association set size and word frequency on brand memory, *Journal of Consumer Research*, set. 1989, p. 197-207, Alba; Hutchinson, Dimensions of consumer expertise.
76. Tina M. Lowrey; L. J. Shrum; Tony M. Dubitsky, The relation between brand-name linguistic characteristics and brand-name memory, *Journal of Advertising*, 2003, p. 7-17.
77. Jaideep Sengupta; Gerald J. Gorn, Absence makes the mind grow sharper: effects of element omission on subsequent recall, *Journal of Marketing Research*, maio 2002, p. 186-201.
78. Terry L. Childers; Jeffrey Jass, All dressed up with something to say: effects of typeface semantic associations on brand perceptions and consumer memory, *Journal of Consumer Psychology*, 2002, p. 93-106.
79. Cathy J. Cobb; Wayne D. Hoyer, The influence of advertising at the moment of brand choice, *Journal of Advertising*, dez. 1986, p. 5-27.
80. Keller, Memory factors in advertising, *Journal of Consumer Research*, dez. 1987, p. 316-333, J. Wesley Hutchinson; Daniel L. Moore, Issues surrounding the examination of delay effects of advertising, em edição. Thomas C. Kinnear, *Advances in consumer research*, v. 11 (Provo: Association for Consumer Research, 1984), p. 650-655.
81. Carolyn Costley; Samar Das; Merrie Brucks, Presentation medium and spontaneous imaging effects on consumer memory, *Journal of Consumer Psychology* 6, n. 3, 1997, p. 211-231, David W. Sewart; Girish N. Punj, Effects of using a nonverbal (Musical) cue on recall and playback of television advertising: implications for advertising tracking, *Journal of Business Research*, maio 1998, p. 39-51.
82. Cole; Houston, Encoding and media effects on consumer learning deficiencies in the elderly, Sharmistha Law; Scott A. Hawkins; Fergus I. M. Craik, Repetition-induced belief in the elderly: rehabilitating age-related memory deficits, *Journal of Consumer Research*, set. 1998, p. 91-107.
83. H. Rao Unnava; Robert E. Burnkrant, An imagery-processing view of the role of pictures in print advertisements, *Journal of Marketing Research*, maio 1991, p. 226-231.
84. Sara L. Appleton-Knapp; Robert A. Bjork; Thomas D. Wickens, Examining the spacing effect in advertising: encoding variability, retrieval processes, and their interaction, *Journal of Consumer Research* 32, n. 2, 2005, p. 266-276.
85. Alice M. Isen, Some ways in which affect influences cognitive processes: implications for advertising and consumer behavior, em edição. Alice M. Tybout; P. Cafferata, *Advertising and consumer psychology* (Lexington: Lexington Books, 1989), p. 91-117; veja também Patricia A. Knowles; Stephen J. Grove; W. Jeffrey Burroughs, An experimental examination of mood effects on retrieval and evaluation of advertisement and brand information, *Journal of the Academy of Marketing Science*, 1993, p. 135-143, Gordon H. Bower, Mood and memory, *American Psychologist*, fev. 1981, p. 129-148, Gordon H. Bower; Stephen Gilligan; Kenneth Montiero, Selectivity of learning caused by affective states, *Journal of Experimental Psychology: General*, dez. 1981, p. 451-473, Alice M. Isen; Thomas Shalker; Margaret Clark; Lynn Karp, Affect, accessibility of material in memory, and behavior: a cognitive loop?" *Journal of Personality and Social Psychology*, 1978, p. 1-12.
86. Alice M. Isen, Toward understanding the role of affect in cognition, em edição. Robert S. Wyer; Thomas K. Srull, *Handbook of social cognition* (Hillsdale: Lawrence Erlbaum, 1984), p. 179-236.
87. Alice M. Isen, Some ways in which affect influences cognitive processes: implications for advertising and consumer behavior, em edição. Patricia Cafferata; Alice M. Tybout, *Cognitive and affective responses to advertising* (Lexington: Lexington Books, 1989), p. 91-118.
88. Angela Y. Lee; Brian Sternthal, The effects of positive mood on memory, *Journal of Consumer Research* 26, set. 1999, p. 115-127.
89. Alba; Hutchinson, Dimensions of consumer expertise.
90. Dan Moren, Apple's ad game, *MacWorld*, fev. 2008, p. 32; Mike Elgan, Elgan: a new iPhone this summer? *ComputerWorld*, 25 jan. 2008, www.computerworld.com; Saul Hensell, Can the touch revive apple's iPod sales? *New York Times*, 22 jan. 2008, www.nytimes.com; Troy Wolverton, Meet Apple's New Star, the Mac Computer, *San Jose Mer-*

cury News, 26 out. 2007, www.mercurynews.com; Anastasia Goodstein, Teen marketing: Apple's the Master, *BusinesWeek Online*, 17 ago. 2007, www.businessweek.com.

Capítulo 8

1. Cliff Edwards, A One-Stop Guide to Gadgets, *BusinessWeek*, dez. 10, 2007, p. 76; Joe Sharkey, An Inspector Calls, and Hotels Listen, *New York Times*, 9 set. 2007, p. BU2; Jessica Mintz, Stores lean more on shopper reviews, *International Business Times*, 6 dez. 2006, www.ibtimes.com.
2. Micheline Maynard, Wrapping a familiar name around a new product, *New York Times*, 22 maio 2004, p. C1.
3. Betsy Lowther, Vietnam's changing retail landscape, *WWD*, 25 abr. 2007, p. 10.
4. Michael Barbaro, Never mind what's in them, bags are the fashion, *New York Times*, 16 dez. 2007, www.nytimes.com.
5. Pret a manger: bread winners, *Marketing Week*, 2 ago. 2007, p. 24.
6. Joseph W. Alba; J. Wesley Hutchinson; John G. Lynch, Memory and decision making, em edição. Thomas C. Roberton; Harold H. Kassarjian, *Handbook of consumer behavior* (Englewood Cliffs: Prentice-Hall, 1991).
7. John R. Hauser; Birger Wernerfelt, An evaluation cost model of consideration sets, *Journal of Consumer Research*, mar. 1990, p. 393-408.
8. Emily Bryson York, Nestle, Pepsi and Coke face their Waterloo, *Advertising Age*, 8 out. 2007, p. 1.
9. Heather Timmons, For India's Airlines, passengers are plentiful but profits are scarce, *New York Times*, 8 maio 2007, p. C8; Susan Carey, Even when it's quicker to travel by train, many fly, *Wall Street Journal*, 29 ago. 1997, p. B1, B5.
10. Emma Reynolds, Nestlé moves away from indulgence angle for aero ad, *Marketing*, 21 jun. 2001, p. 22.
11. Kalpesh Kaushik Desai; Wayne D. Hoyer, Descriptive characteristics of memory-based consideration sets: influence of usage occasion frequency and usage location familiarity, *Journal of Consumer Research* 27, dez. 2000, p. 309-323.
12. Prakash Nedungadi; J. Wesley Hutchinson, The prototypicality of brands: relationships with brand awareness, preference, and usage, em edição. Elizabeth C. Hirschman; Morris B. Holbrook, *Advances in consumer research*, v. 12 (Provo: Association for Consumer Research, 1985), p. 498-503, Prakash Nedungadi, Recall and consumer consideration sets: influencing choice without altering brand evaluations, *Journal of Consumer Research*, dez. 1990, p. 263-276.
13. Alba; Hutchinson; Lynch, Memory and decision making.
14. Nedungadi; Hutchinson, The prototypicality of brands; James Ward; Barbara Loken, The quintessential snack food: measurement of product prototypes, em edição. Richard J. Lutz, *Advances in Consumer Research*, v. 13 (Provo: Association for Consumer Research, 1986), p. 126-131.
15. Armor All Wants to Clean Some Son of a Gun's Clock, *Brandweek*, 18 de outubro de 1993, p. 32-33.
16. Siew Meng Leong; Swee Hoon Ang; Lai Leng Tham, Increasing brand name recall in print advertising among Asian consumers, *Journal of Advertising*, 1996, p. 65-82.
17. Stewart Shapiro; Deborah J. MacInnis; Susan E. Heckler, The effects of incidental ad exposure on the formation of consideration sets, *Journal of Consumer Research*, jun. 1997, p. 94-104.
18. Alba; Hutchinson; Lynch, Memory and decision making.
19. S. Ratneshwar; Allan D. Shocker, Substitution in use and the role of usage context in product category structures, *Journal of Marketing Research*, ago. 1991, p. 281-295.
20. Jason DeParle, A Western Union Empire moves migrant cash home, *New York Times*, 22 nov. 2007, p. A1, A20.
21. Nedungadi; Hutchinson, The prototypicality of brands, Ward; Loken, The quintessential snack food.
22. Bernd Schmitt, To build truly global brands, you've got to break the rules, *Advertising Age*, 11 fev. 2008, www.adage.com.
23. Louise Story, Product packages now shout to grab your fckle attention, *New York Times*, 10 ago. 2007, p. A1, A16, Arlene Weintraub, J&J's New Baby, *BusinessWeek*, 18 jun. 2007, p. 48+.
24. Gabriel Biehal; Dipankar Chakravarti, Consumers' use of memory and external information in choice: macro and micro perspectives, *Journal of Consumer Research*, mar. 1986, p. 382-405.
25. Gabriel Biehal; Dipankar Chakravarti, Information accessibility as a moderator of consumer choice, *Journal of Consumer Research*, jun. 1983, p. 1-14.
26. Michaela Waenke; Gerd Bohner; Andreas Jurko-witsch, There are many reasons to drive a BMW: does imagined ease of argument generation influence attitudes? *Journal of Consumer Research*, set. 1997, p. 170-177.
27. Shai Danziger; Simone Moran; Vered Rafaely, The influence of ease of retreival on judgment as a function of attention to subjective experience, *Journal of Consumer Psychology* 16, n. 2, 2006, p. 191-195.
28. Meryl Paula Gardner, Advertising effects on attributes recalled and criteria used for brand evaluations, *Journal of Consumer Research*, dez. 1983, p. 310-318, Scott B. Mackenzie, The role of attention in mediating the effect of advertising on attribute importance, *Journal of Consumer Research*, set. 1986, p. 174-195, Priya Raghubir, Geeta Menon, Aids and me, Never the Twain shall meet: the effects of information accessibility on judgments of risk and advertising effectiveness, *Journal of Consumer Research*, jun. 1998, p. 52-63.
29. Fellman; Lynch, Self-generated validity and other effects of measurement, John G. Lynch; Howard Mar-morstein; Michael F. Weigold, Choices from sets including remembered brands: use of recalled attributes and prior overall evaluations, *Journal of Consumer Research*, set. 1988, p. 169-184.
30. Carolyn L. Costley; Merrie Brucks, Selective recall and information use in consumer preferences, *Journal of Consumer Research*, mar. 1992, p. 464-474, Geeta Menon; Priya Raghubit; Norbert Schwarz, Behavioral frequency judgments: an accessibility-diagnosticity framework, *Journal of Consumer Research*, set. 1995, p. 212-228.
31. Paul M. Herr; Frank R. Kardes; John Kim, Effects of word-of-mouth and product-attribute information on persuasion: an accessibility-diagnosticity perspective, *Journal of Consumer Research*, mar. 1991, p. 454-462.
32. Bernard Simon, Prius overtakes explorer in the US, *Financial Times*, 11 jan. 2008, p. 13.
33. Walter Kintsch; Tuen A. Van Dyk, Toward a model of text comprehension and production, *Psychological Review*,

33. set. 1978, p. 363-394, S. Ratneshwar; David G. Mick; e Gail Reitinger, Selective attention in consumer information processing: the role of chronically accessible attributes, em edição. Marvin E. Goldberg; Gerald Gorn; Richard W. Pollay, *Advances in consumer research*, v. 17 (Provo: Association for Consumer Research, 1990), p. 547-553.
34. Jacob Jacoby; Tracy Troutman; Alfred Kuss; David Mazursky, Experience and expertise in complex decision making, em edição. Richard J. Lutz, *Advances in consumer research*, v. 13 (Provo: Association for Consumer Research, 1986), p. 469-475.
35. Stewart Shapiro; Mark T. Spence, Factors affecting encoding, retrieval, and alignment of sensory attributes in a memory-based brand choice task, *Journal of Consumer Research*, mar. 2002, p. 603-617.
36. Gardner, Advertising effects on attributes recalled, Mackenzie, The role of attention in mediating the effect of advertising.
37. Vanessa O'Connell, Labels Suggesting the Benefits of Drinking Wine Look Likely, *Wall Street Journal*, 26 out. 1998, p. B1, B3.
38. Mark I. Alpert, Identification of determinant attributes: a comparison of methods, *Journal of Marketing Research*, maio 1971, p. 184-191.
39. Brendan I. Koerner, The Mercedes of trash bags, *New York Times*, 23 jan. 2005, www. nytimes. com.
40. Jolita Kiselius; Brian Sternthal, Examining the vividness controversy: an availability-valence interpretation, *Journal of Consumer Research*, mar. 1986, p. 418-431, Herr; Kardes; Kim, Effects of word-of-mouth and product-attribute information.
41. Punam Anand Keller; Lauren G. Block, Vividness effects: a resource-matching perspective, *Journal of Consumer Research*, dez. 1997, p. 295-304.
42. Christian Caryl, Visitors Wanted Now, *Newsweek*, 15 out. 2007, p. 14.
43. Reid Hastie; Bernadette Park, The relationship between memory and judgment depends on whether the judgment task is memory-based or on-line, *Psychological Review*, jun. 1986, p. 258-268, Barbara Loken; Ronald Hoverstad, Relationships between information recall and subsequent attitudes: some exploratory findings, *Journal of Consumer Research*, set. 1985, p. 155-168.
44. Biehal; Chakravarti, Consumers' use of memory and external information in choice, Jong-Won Park; Manoj Hastak, Memory-based product judgments: effects of involvement at encoding and retrieval, *Journal of Consumer Research*, dez. 1994, p. 534-547.
45. Zeynep Gürhan-Canli, The effect of expected variability of product quality and attribute uniqueness on family brand evaluations, *Journal of Consumer Research*, jun. 2003, p. 105-114.
46. Hans Baumgartner, Mita Sujan; James R. Bettman, Autobiographical memories, affect, and consumer information processing, *Journal of Consumer Psychology* 1, n. 1, 1992, p. 53-82.
47. Rodney Ho, Bowling for dollars, alleys try updating, *Wall Street Journal*, 24 jan. , 1997, p. B1, B2.
48. Elizabeth Cowley; Eunika Janus, Not necessarily better, but certainly different: a limit to the advertising misinformation effect on memory, *Journal of Consumer Research*, jun. 2004, p. 229-235.
49. Fara Warner, The place to be this year, *Brandweek*, 30 nov. 1992, p. 24.
50. Michael J. Houston; Terry L. Childers; Susan E. Heckler, Picture-word consistency and the elaborative processing of advertisements, *Journal of Marketing Research*, nov. 1987, p. 359-369.
51. Joseph W. Alba; Amitava Chattopadhyay, Salience effects in brand recall, *Journal of Marketing Research*, nov. 1986, p. 363-369, Kiselius; Sternthal, Examining the vividness controversy.
52. Alba; Chattopadhyay, Salience effects in brand recall, Kiselius; Sternthal, Examining the vividness controversy.
53. Gordon H. Bower, Mood and memory, *American Psychologist*, fev. 1981, p. 129-148; Gordon H. Bower; Stephen Gilligan; Kenneth Montiero, Selectivity of learning caused by affective states, *Journal of Experimental Psychology: General*, dez. 1981, p. 451-473, Alice M. Isen; Thomas Shalker; Margaret Clark; Lynn Karp, Affect, accessibility of material in memory, and behavior: a cognitive loop? *Journal of Personality and Social Psychology*, jan. 1978, p. 1-12.
54. Matthew Creamer, Microsoft plans blitz to fend off Apple, *Advertising Age*, 3 dez. 2007, www.adage.com.
55. Game Farmers Brand Deer Meat So It's Less Gamey, *Brandweek*, 11 jan. 1993, p. 7.
56. Robert L. Simison; Joseph B. White, Reputation for poor quality still plagues Detroit, *Wall Street Journal*, 4 maio 2000, p. B1, B4.
57. Peter H. Bloch; Daniel L. Sherrell; Nancy M. Ridgway, Consumer search: an extended framework, *Journal of Consumer Research*, jun. 1986, p. 119-126.
58. Sharon E. Beatty; Scott M. Smith, External search effort: an investigation across several product categories, *Journal of Consumer Research*, jun. 1987, p. 83-95.
59. Charles M. Brooks; Patrick J. Kaufmann; Donald R Lichtenstein, Travel configuration on consumer trip-chained store choice, *Journal of Consumer Research* 31, n. 2, 2004, p. 241-248.
60. Beatty e Smith, External Search Effort.
61. Veja Judi Strebel; Tulim Erdem; Joffre Swait, Consumer search in high technology markets: exploring the use of traditional information channels, *Journal of Consumer Psychology* 14, n. 1-2, 2004, p. 96-104.
62. Lorraine Mirabella, As shoppers change ways, retailers lag, *Baltimore Sun*, 21 jan. 2001, p. 1D.
63. David F. Midgley, Patterns of interpersonal information seeking for the purchase of a symbolic product, *Journal of Marketing Research*, fev. 1983, p. 74-83.
64. Michael Arndt, Burrito Buzz – and so few ads, *BusinessWeek*, 12 mar. 2007, p. 84-85.
65. Denver D'Rozario; Susan P. Douglas, Effect of assimilation on prepurchase external information-search tendencies, *Journal of Consumer Psychology* 8, n. 2, 1999, p. 187-209.
66. Niranjan J. Raman, A qualitative investigation of web-browsing behavior, em edição. Merrie Brucks; Deborah J. MacInnis, *Advances in Consumer Research*, v. 24 (Provo: Association for Consumer Research, 1997), p. 511-516.
67. Peter J. Danaher; Guy W. Mullarkey ; Skander Esse-gaier, Factors affecting web site visit duration: a cross-domain analysis, *Journal of Marketing Research*, maio 2006, p. 182-194.

68. Sally J. McMillan; Jang-Sun Hwang, Measures of perceived interactivity: an exploration of the role of direction of communication, user control, and time in shaping perceptions of interactivity, *Journal of Advertising*, 2002, p. 29-42, Yuping Liu; L. J. Shrum, What is interactivity and is it always such a good thing? Implications of definition, person, and situation for the influence of interactivity on advertising effectiveness, *Journal of Advertising*, 2002, p. 53-64.
69. Gerald J. Gorn; Amitava Chattopadhyay; Jaideep Sengupta; Shashank Tripathi, Waiting for the web: how screen color affects time perception, *Journal of Marketing Research*, maio 2004, p. 215-225.
70. Charla Mathwick; Edward Rigdon, Play, flow, and the online search experience, *Journal of Consumer Research*, set. 2004, p. 324-332.
71. Martin Holzwarth; Chris Janiszewski; Marcus M. Neumann, The influence of avatars on online consumer shopping behavior, *Journal of Marketing*, jun. 2006, p. 19-36.
72. Puneet Manchanda; Jean-Pierre Dubé; Khim Yong Goh; Pradeep K. Chintagunta, The effect of banner advertising on internet purchasing, *Journal of Marketing Research*, fev. 2006, p. 98-108.
73. Andrew D. Gershoff; Susan M. Broniarczyk; Patricia M. West, Recommendation or evaluation? Task sensitivity in information source selection, *Journal of Consumer Research*, dez. 2001, p. 418-438.
74. Alan D. J. Cooke; Harish Sujan; Mita Sujan; Barton A. Weitz, Marketing the unfamiliar: the role of context and item-specific information in electronic agent recommendations, *Journal of Marketing Research*, nov. 2002, p. 499.
75. Dan Ariely; John G. Lynch Jr.; Manuel Aparicio IV, Learning by collaborative and individual-based recommendation agents, *Journal of Consumer Psychology* 14, n. 1-2, 2004, p. 81-95.
76. Caterina Sismeiro; Randolph E. Bucklin, Modeling purchase behavior at an e-commerce web site: a task-completion approach, *Journal of Marketing Research*, ago. 2004, p. 306-323.
77. Nicholas H. Lurie, Decision making in information-rich environments: the role of information structure, *Journal of Consumer Research*, mar. 2004, p. 473-486.
78. Ross Kerber, Direct ghit uses popularity to narrow internet searches, *Wall Street Journal*, 2 jul. 1998, p. B4.
79. Kristen Diel, When two rights make a wrong: searching too much in ordered environments, *Journal of Marketing Research*, ago. 2005, p. 313-322, Kristen Diel; Gal Zauberman, Searching ordered sets: evaluations from sequences under search, *Journal of Consumer Research* 31, n. 4, 2005, p. 824-832.
80. Michelle Slatalla, Price-comparison sites do the leg-work, *New York Times*, 3 fev. 2005, p. G3.
81. Robyn Weisman, Technologies that changed 2001, *Newsfactor. com*, 3 jan. 2002, www.newsfactor.com/perl/story/?id=15569, Sally Beatty, IBM HotMedia aims to speed online ads, *Wall Street Journal*, 27 out. 1998, p. B8.
82. Hairong Li; Terry Daugherty; Frank Biocca, Impact of 3-D advertising on product knowledge, brand attitude, and purchase intention: the mediating role of presence, *Journal of Advertising*, out. 2002, p. 43-57.
83. Rebecca Fairley Raney, Forget gimmicks: buyers want numbers, *New York Times*, 11 fev. 2007, sec. 11, p. 1, June Fletcher, The home front: blind date with a bungalow, *Wall Street Journal*, 7 maio 2004, p. W14.
84. Eileen Fischer; Julia Bristor; Brenda Gainer, Creating or escaping community? An exploratory study of internet consumers' behaviors, em edição. Kim P. Corfman; John G. Lynch, *Advances in consumer research*, v. v. 23 (Provo: Association for Consumer Research, 1996), p. 178-182, John Buskin, Tales from the front, *Wall Street Journal*, 7 dez. 1998, p. R6.
85. Neil A. Granitz; James C. Ward, Virtual community: a sociocognitive analysis, em edição. Kim P. Corfman; John G. Lynch, *Advances in consumer research*, v. 23 (Provo: Association for Consumer Research, 1996), p. 161-166.
86. Brady, Cult brands.
87. Holly Vanscoy, Life after living. com, *Smart Business*, fev. 2001, p. 68-10, Clare Saliba, With webvan gone, where will online shoppers turn? *E-Commerce Times*, 10 jul. 2001, www. ecommercetimes. com/perl/story/11884. html.
88. John C. Ryan, Dipping into books online, *Christian Science Monitor*, 13 nov. 2003, p. 12.
89. Fletcher, The home front: blind date with a bungalow.
90. Stacy L. Wood, Remote purchase environments: the influence of return policy leniency on two-stage decision process, *Journal of Marketing Research* 38, maio 2001, p. 157-169.
91. Marcelo Prince, Online retailers try to streamline checkout process, *Wall Street Journal*, 11 nov. 2004, p. D2.
92. Jayne O'Donnell, Online shopping: a blessing and a curse? *USA Today*, 2 dez. 2007, www. usatoday. com.
93. Michael Totty, So much information. . . , *Wall Street Journal*, 9 dez. 2002, p. R4, Subodh Bhat; Michael Bevans; Sanjit Sengupta, Measuring users' web activity to evaluate and enhance advertising *Effectiveness, Journal of Advertising*, 2002, p. 97-106.
94. Bruce Einhorn; Chi-Chu Tschang, China's e-tail awakening, *BusinessWeek*, 19 nov. 2007, p. 44.
95. Jacob Jacoby; Robert W. Chestnut; Karl Weigl; William A. Fisher, Prepurchase information acquisition: description of a process methodology, research paradigm, and pilot investigation, em edição. Beverlee B. Anderson, *Advances in Consumer Research*, v. 3 (Cincinnati: Association for Consumer Research, 1976), p. 306-314, Jacob Jacoby; Robert W. Chestnut; William Silberman, Consumer use and comprehension of nutrition information, *Journal of Consumer Research*, set. 1977, p. 119-128.
96. John O. Claxton; Joseph N. Fry; Bernard Portis, A taxonomy of prepurchase information gathering patterns, *Journal of Consumer Research*, dez. 1974, p. 35-42.
97. Bloch; Sherrell; Ridgway, Consumer search.
98. R. A. Bauer, Consumer behavior as risk taking, em edição. Robert S. Hancock, *Dynamic marketing for a changing world* (Chicago: American Marketing Association, 1960), p. 389-398, Rohit Deshpande; Wayne D. Hoyer, Consumer decision making: strategies, cognitive effort, and perceived risk. In: *1983 Educators' Conference Proceedings* (Chicago: American Marketing Association, 1983), p. 88-91.
99. Keith B. Murray, A test of services marketing theory: consumer information acquisition activities, *Journal of Marketing*, jan. 1991, p. 10-25, Joel E. Urbany; Peter R. Dickson; William

L. Wilkie, Buyer uncertainty and information search, *Journal of Consumer Research*, set. 1989, p. 208-215.
100. David J. Furse; Girish N. Punj; David W. Stewart, A typology of individual search strategies among purchasers of new automobiles, *Journal of Consumer Research*, mar. 1984, p. 417-431; Narasimhan Srinivasan; Brian T. Ratchford, An empirical test of a model of external search for automobiles, *Journal of Consumer Research*, set. 1991, p. 233-242, Jacob Jacoby; James J. Jaccard; Imran Currim; Alfred Kuss; Asim Ansari; Tracy Troutman, Tracing the impact of item-by-item information accessing on uncertainty reduction, *Journal of Consumer Research*, set. 1994, p. 291-303.
101. Calmetta Y. Coleman, Selling jewelry, dolls, and TVs next to corn flakes, *Wall Street Journal*, 19 nov. 1997, p. B1, B8.
102. Diehl; Zauberman, Searching ordered sets.
103. Gal Zauberman, The intertemporal dynamics of consumer lock-in, *Journal of Consumer Research*, dez. 2003, p. 405-419.
104. Sridhar Moorthy; Brian T. Ratchford; Debabrata Talukdar, Consumer information search revisited: theory and empirical analysis, *Journal of Consumer Research*, mar. 1997, p. 263-277.
105. Calvin P. Duncan; Richard W. Olshavsky, External search: the role of consumer beliefs, *Journal of Marketing Research*, fev. 1982, p. 32-43, Girish N. Punj; Richard Staelin, A model of information search behavior for new automobiles, *Journal of Consumer Research*, set. 1983, p. 181-196.
106. Duncan; Olshavsky, External search.
107. Kathy Hammond; Gil McWilliam; Andrea Narholz Diaz, Fun and work on the web: differences in attitudes between novices and experienced users, em edição. Joseph W. Alba; J. Wesley Hutchinson, *Advances in Consumer Research*, v. 25 (Provo: Association for Consumer Research, 1998), p. 372-378.
108. Joan E. Rigdon, Advertisers give surfers games to play, *Wall Street Journal*, 28 out. 1996, p. B1, B6.
109. Laura A. Peracchio; Alice M. Tybout, The moderating role of prior knowledge in schema-based product evaluation, *Journal of Consumer Research*, dez. 1996, p. 177-192.
110. Joan Meyers-Levy; Alice Tybout, Schema-congruity as basis for product evaluation, *Journal of Consumer Research*, jun. 1989, p. 39-54.
111. Jonathan Welsh, Vacuums make sweeping health claims, *Wall Street Journal*, 9 set. 1996, p. B1, B2.
112. Julie L. Ozanne; Merrie Brucks; Dhruv Grewal, A study of information search behavior during categorization of new products, *Journal of Consumer Research*, mar. 1992, p. 452-463.
113. Punj; Staelin, A model of consumer information search behavior for new automobiles, Kiel; Layton, Dimensions of consumer information seeking.
114. Christine Moorman; Kristin Diehl; David Brinberg; Blair Kidwell, Subjective knowledge, search locations, and consumer choice, *Journal of Consumer Research*, dez. 2004, p. 673-680.
115. Merrie Brucks, The effects of product class knowledge on information search behavior, *Journal of Consumer Research*, jun. 1985, p. 1-16, James R. Bettman; C. Whan Park, Effects of prior knowledge and experience and phase of the choice process on consumer decision processes: a protocol analysis, *Journal of Consumer Research*, dez. 1980, p. 234-248, Eric J. Johnson; J. Edward Russo, Product familiarity and learning new information, *Journal of Consumer Research*, jun. 1984, p. 542-550, P. S. Raju; Subhas C. Lonial; W. Glyn Mangold, Differential effects of subjective knowledge, objective knowledge, and usage experience on decision making; an exploratory investigation, *Journal of Consumer Psychology* 4, n. 2, 1995, p. 153-180, Joseph W. Alba; J. Wesley Hutchinson, Dimensions of consumer expertise, *Journal of Consumer Research*, mar. 1987, p. 411-454.
116. Noel Capon; Roger Davis, Basic cognitive ability measures as predictors of consumer information processing strategies, *Journal of Consumer Research*, jun. 1984, p. 551-563.
117. Para um resumo de diversos estudos, veja Joseph W. Newman, Consumer external search: amount and determinants, em edição. Arch Woodside; Jagdish Sheth; Peter Bennett, *Consumer and industrial buying behavior* (Nova York: North-Holland, 1977), p. 79-94, Charles M. Schaninger; Donald Sciglimpaglia, The influences of cognitive personality traits and demographics on consumer information acquisition, *Journal of Consumer Research*, set. 1981, p. 208-216.
118. Scott Painton; James W. Gentry, Another look at the impact of information presentation format, *Journal of Consumer Research*, set. 1985, p. 240-244.
119. J. Edward Russo; Richard Staelin; Catherine A. Nolan; Gary J. Russell; Barbara L. Metcalf, Nutrition information in the supermarket, *Journal of Consumer Research*, jun. 1986, p. 48-70.
120. Christine Moorman, The effects of stimulus and consumer utilization of nutrition information, *Journal of Consumer Research*, dez. 1990, p. 362-374.
121. Chris Janiszewski, The influence of display characteristics on visual exploratory search behavior, *Journal of Consumer Research*, dez. 1998, p. 290-301.
122. William L. Moore; Donald L. Lehman, Validity of information display boards: an assessment using longitudinal data, *Journal of Marketing Research*, nov. 1980, p. 296-307, C. Whan Park; Easwar S. Iyer; Daniel C. Smith, The effects of situational factors on in-store grocery shopping behavior: the role of store environment and time available for shopping, *Journal of Consumer Research*, mar. 1989, p. 422-433.
123. John R. Hauser; Glen L. Urban; Bruce D. Weinberg, How consumers allocate their time when searching for information, *Journal of Marketing Research*, nov. 1993, p. 452-466.
124. Randolph E. Bucklin; Catarina Sismeiro, A model of web site browsing behavior estimated on click-stream data, *Journal of Marketing Research*, ago. 2003, p. 249-267.
125. Alhassan G. Abdul-Muhmin, Contingent decision behavior: effect of number of alternatives to be selected on consumers' decision processes, *Journal of Consumer Psychology* 8, n. 1, 1999, p. 91-111.
126. Laura Lorber, Raising your profile: beyond the basics, *Wall Street Journal*, 27 ago. 2007, p. B4.
127. Naomi Mandel; Eric J. Johnson, When web pages influence choice: effects of visual primes on experts and novices, *Journal of Consumer Research*, set. de 2002, p. 235-245.
128. Furse; Punj; Stewart, A typology of individual search strategies among purchasers of new automobiles.

129. Brian T. Ratchford; Myung-Soo Lee; Debabrata Talukdar, The impact of the internet on information search for automobiles, *Journal of Marketing Research*, maio 2003, p. 193-209.
130. Judi Strebel; Tülin Erdem; Joffre Swait, Consumer search in high technology markets: exploring the use of traditional information channels, *Journal of Consumer Psychology*, 2004, p. 96-104.
131. Nanette Byrnes, More clicks at the bricks, *BusinessWeek*, 17 dez. 2007, p. 50-52.
132. Office Depot, *Chain store age*, nov. 2007, p. 72.
133. Troy Wolverton; Greg Sandoval, Net shoppers wooed by in-store deals, *CNET News. com*, 12 dez. 2001, http://news.cnet.com/news/0-1007-200-8156745. html.
134. Jacob Jacoby; Robert W. Chestnut; William A. Fisher, A behavioral process approach to information acquisition in nondurable purchasing, *Journal of Marketing Research*, nov. 1978, p. 532-544.
135. Kent B. Monroe, The influence of price differences and brand familiarity on brand preferences, *Journal of Consumer Research*, jun. 1976, p. 42-49.
136. Kristin Diehl; Laura J. Kornish; John G. Lynch Jr. , Smart agents: when lower search costs for quality information increase price sensitivity, *Journal of Consumer Research*, jun. 2003, p. 56-71.
137. Dhruv Grewal; Howard Marmorstein, Market price variation, perceived price variation, and consumers' price search decision for durable goods, *Journal of Consumer Research*, dez. 1994, p. 453-460.
138. Japan's fast retailing rebuilds units by papping uniqlo strength, *AsiaPulse News*, 27 dez. 2007, n. p.
139. Cynthia Huffman, Goal change, information acquisition, and transfer, *Journal of Consumer Psychology* 5, n. 1, 1996, p. 1-26.
140. Deborah Roedder John; Carol A. Scott; James R. Bettman, Sampling data for covariation assessment, *Journal of Consumer Research*, mar. 1986, p. 406-417.
141. J. Edward Russo; France Leclerc, An eye-fixation analysis of choice for consumer nondurables, *Journal of Consumer Research*, set. 1994, p. 274-290.
142. Jacoby et al. , Prepurchase information acquisition.
143. J. Edward Russo; Margaret G. Meloy; Husted Medvec, Predecisional distortion of product information, *Journal of Marketing Research*, nov. 1998, p. 438-452.
144. Carol A. Berning; Jacob Jacoby, Patterns of information acquisition in new product purchases, *Journal of Consumer Research*, set. 1974, p. 18-22.
145. Itamar Simonson; Joel Huber; John Payne, The relationship between prior brand knowledge and information acquisition order, *Journal of Consumer Research*, mar. 1988, p. 566-578.
146. Wendy W. Moe, An empirical two-stage choice model with varying decision rules applied to internet click-stream data, *Journal of Marketing Research*, nov. 2006, p. 680-692, Amitav Chakravarti; Chris Janiszew-ski; Gulden Ulkumen, The neglect of prescreening information, *Journal of Marketing Research*, nov. 2006, p. 642-653.
147. Carrie M. Heilman; Douglas Bowman; Gordon P. Wright, The evolution of brand preference and choice behaviors of consumers new to a market, *Journal of Marketing Research* 37, maio 2000, p. 139-155.
148. Jacoby et al. , Prepurchase information acquisition, James R. Bettman, *An information processing theory of consumer choice* (Reading: Addison-Wesley, 1979).
149. Eric J. Johnson; J. Edward Russo, Product familiarity and learning new information, *Journal of Consumer Research*, jun. 1984, p. 542-550, James R. Bettman; P. Kakkar, Effects of information presentation format on consumer information acquisition strategies, *Journal of Consumer Research*, mar. 1977, p. 233-240.
150. Raj Sethuraman; Catherine Cole; Dipak Jain, Analyzing the effect of information format and task on cutoff search strategies, *Journal of Consumer Psychology* 3, 1994, p. 103-136.
151. Jacoby et al. , Tracing the impact of item-by-item information accessing on uncertainty reduction.
152. Joydeep Srivastava; Nicholas Lurie, A consumer perspective on price-matching refund policies: effect on price perceptions and search behavior, *Journal of Consumer Research*, set. 2001, p. 296-307.
153. Elizabeth Woyke, Wireless: the next killer mobile App, *Forbes. com*, 3 abr. 2008, www.forbes.com, Jayne O'Donnell, Shop by phone gets new meaning, *USA Today*, 18 dez. 2007, www. usatoday. com; Louise Story, Brokering a deal, carefully, between malls and the web, *New York Times*, 18 out. 2007, www.ny-times.com; www.frucall.com; www.nearbynow.com; www.cellfire.com.

Capítulo 9

1. Suzuki Motor/Nissan Motor: Thailand allows tax break for eco-car projects, *Wall Street Journal*, 10 dez. 2007, www.wsj.com; James Hookway, Thailand shows signs of economic revival; Ford-Mazda plan reflects optimism ahead of elections, *Wall Street Journal*, 10 out. 2007, p. A13; Thailand's eco-drive, *Global Agenda*, 21 jun. 2007, n. p.; Mercedes-Benz (Thailand) sees slower growth, *Asia Africa Intelligence Wire*, 4 fev. 2005, n. p.; Evelyn Iritani, Road warriors, *Los Angeles Times*, 9 jul. 1995, p. D1, D6.
2. Michael D. Johnson; Christopher P. Puto, A review of consumer judgment and choice, em edição. Michael J. Houston, *Review of Marketing* (Chicago: American Marketing Association, 1987), p. 236-292.
3. Eloise Coupey; Julie R. Irwin; John W. Payne, Product category familiarity and preference construction, *Journal of Consumer Research*, mar. 1998, p. 459-468.
4. Itamar Simonson, Joel Huber; John Payne, The relationship between prior brand knowledge and information acquisition order, *Journal of Consumer Research*, mar. 1988, p. 566-578.
5. Eric J. Johnson; J. Edward Russo, Product familiarity and learning new information, *Journal of Consumer Research*, jun. 1984, p. 528-541.
6. Michel Tuan Pham; Joel B. Cohen; John W. Pracejus; G. David Hughes, Affect monitoring and the primacy of feelings in judgment, *Journal of Consumer Research*, set. 2001, p. 167-188.
7. Gita Venkataramani Johar; Kamel Jedidi; Jacob Jacoby, A varying-parameter averaging model of online brand evaluations, *Journal of Consumer Research*, set. 1997, p. 232-247, Daniel Kahneman; Amos Tversky, On the psychology of prediction, *Psychology Review*, jul. 1973, p. 251-275.

8. Joan Meyers-Levy; Alice M. Tybout, Context effects at encoding and judgment in consumption settings: the role of cognitive resources, *Journal of Consumer Research*, jun. 1997, p. 1-14.
9. Starbucks Coffee Company, *Food Engineering and Ingredients*, jun. 2004, p. 7.
10. John Carroll, The effect of imagining an event on expectations for the event, *Journal of Experimental Social Psychology*, jan. 1978, p. 88-96.
11. Deborah J. MacInnis; Linda L. Price, The role of imagery in information processing: review and extensions, *Journal of Consumer Research*, mar. 1987, p. 473-491.
12. Baba Shiv; Joel Huber, The impact of anticipating satisfaction on consumer choice, *Journal of Consumer Research* 27, set. 2000, p. 202-216.
13. Arul Mishra; Dhananjay Nayakankuppam, Consistency and validity issues in consumer judgments, *Journal of Consumer Research* 33, n. 3, 2006, p. 291-303.
14. Calvin P. Duncan; Richard W. Olshavsky, External search: the role of consumer beliefs, *Journal of Marketing Research*, fev. 1982, p. 32-43.
15. Geeta Menon; Lauren G. Block; Suresh Ramanathan, We're at as much risk as we are led to believe: effects of message cues on judgments of health risk, *Journal of Consumer Research*, mar. 2002, p. 533-549.
16. Rohini Ahluwalia, Re-Inquiries: how prevalent is the negativity effect in consumer environments? *Journal of Consumer Research*, set. 2002, p. 270-279, Rohini Ahluwalia; H. Rao Unnava; Robert E. Burn-krant, The moderating effect of commitment on the spillover effect of marketing communications, *Journal of Marketing Research*, nov. 2001, p. 458-470.
17. Meryl Paula Gardner, Mood states and consumer behavior: a critical review, *Journal of Consumer Research*, dez. 1985, p. 281-300.
18. Margaret G. Meloy; J. Edward Russo; Elizabeth Gel-fand, Monetary incentives and mood, *Journal of Marketing Research*, maio 2006, p. 267-275.
19. Stijn M. J. Van Osselaer; Joseph W. Alba, Consumer learning and brand equity, *Journal of Consumer Research* 27, jun. 2000, p. 1-16.
20. Paul M. Herr, Priming price: prior knowledge and context effects, *Journal of Consumer Research*, jun. 1989, p. 67-75.
21. Jim Henry, Bentley is king of ultraluxury sales in America, *Automotive News*, 4 fev. 2007, p. 78; Conspicuous non-consumption, *The Economist*, 8 jan. 2005, p. 56-57.
22. Sung-Tai Hong; Robert S. Wyer Jr., Effects of country-of-origin and product-attribute information: an information processing perspective, *Journal of Consumer Research*, set. 1989, p. 175-187.
23. Normandy Madden, Study: Chinese youth aren't patriotic purchasers, *Advertising Age*, 5 jan. 2004, p. 6, Craig S. Smith, Chinese government struggles to rejuvenate national brands, *Wall Street Journal*, 24 jun. 1996, p. B1, B6.
24. James R. Bettman; Mita Sujan, Effects of framing on evaluation of comparable and noncomparable alternatives by expert and novice consumers, *Journal of Consumer Research*, set. 1987, p. 141-151.
25. Naomi Mandel, Shifting selves and decision making: the effects of self-construal priming on consumer risk-taking, *Journal of Consumer Research*, jun. 2003, p. 30-40.
26. Raghubir; Menon, Aids and me, never the twain shall meet.
27. Menon, Block; Ramanathan, 2002.
28. Ravi Dhar; Itamar Simonson, The effect of forced choice on choice, *Journal of Marketing Research*, maio 2004, p. 146-160, Ravi Dhar, Consumer preference for a no-choice option, *Journal of Consumer Research*, set. 1997, p. 215-231.
29. Ravi Dhar; Stephen M. Nowlis, To buy or not to buy, *Journal of Marketing Research*, nov. 2004, p. 423-432.
30. The rise of the superbrands, *The Economist*, 5 fev. 2005, p. 63-65.
31. F. May; R. Homans, Evoked set size and the level of information processing in product comprehension and choice criteria, em edição. William D. Perrault, *Advances in Consumer Research*, v. 4 (Chicago: Association for Consumer Research, 1977), p. 172-175.
32. Amitav Chakravarti; Chris Janiszewski, The influence of macro-level motives on consideration set composition in novel purchase situations, *Journal of Consumer Research*, set. 2003, p. 244-258.
33. Frank R. Kardes; David M. Sanbonmatsu; Maria L. Cronley; David C. Houghton, Consideration set overvaluation: when impossibly favorable ratings of a set of brands are observed, *Journal of Consumer Psychology*, 2002, p. 353-361.
34. Steven S. Posavac; David M. Sanbonmatsu; Edward A. Ho, The effects of selective consideration of alternatives on consumer choice and attitude-decision consistency, *Journal of Consumer Psychology*, 2002, p. 203-213.
35. Steven S. Posavac; David M. Sanbonmatsu; Frank R. Kardes; Gavan J. Fitzsimons, The brand positivity effect: when evaluation confers preference, *Journal of Consumer Research*, dez. 2004, p. 643-651.
36. Ryan Hamilton; Jiewen Hong; Alexander Chernev, Perceptual focus effects in choice, *Journal of Consumer Research*, ago. 2007, p. 187-199, Itamar Simonson; Amos Tversky, Choice in context: tradeoff contrast and extremeness aversion, *Journal of Marketing Research*, ago. 1992, p. 281-295.
37. Jongwon Park; JungKeun Kim, The effects of decoys on preference shifts: the role of attractiveness and providing justification, *Journal of Consumer Psychology* 15, n. 2, 2005, p. 94-107, Joel Huber; John W. Payne; Christopher Puto, Adding asymmetrically dominated alternatives: violations of regularity and the similarity hypothesis, *Journal of Consumer Research*, jun. 1982, p. 90-98, Srinivasan Ratneshwar; Allan D. Shocker; David W. Stewart, Toward understanding the attraction effect: the implications of product stimulus meaning-fulness and familiarity, *Journal of Consumer Research*, mar. 1987, p. 520-533; Sanjay Mishra; U. N. Umesh; Donald E. Stem, Antecedents of the attraction effect: an information processing approach, *Journal of Marketing Research*, ago. 1993, p. 331-349, Yigang Pan; Sue O'Curry; Robert Pitts, The attraction effect and political choice in two elections, *Journal of Consumer Psychology* 4, n. 1, 1995, p. 85-101, Sankar Sen, Knowledge, information mode, and the attraction effect, *Journal of Consumer Research*, jun. 1998, p. 64-77; Timothy B. Heath; Subimal Chatterjee, Asymmetric decoy effects on lower-quality versus higher-quality brands: meta-analytic and experimental evidence, *Journal of Consumer Research*, dez. 1995, p. 268-284, Elizabeth Cowley; John R. Ros-siter, Range

model of judgments, *Journal of Consumer Psychology* 15, n. 3, 2005, p. 250-262.
38. Simonson, Get closer to your consumers by understanding how they make choices.
39. Jim Wang; Robert S. Wyer Jr., Comparative judgment processes: the effects of task objectives and time delay on product evaluations, *Journal of Consumer Psychology*, 2002, p. 327-340.
40. Alexander Chernev, Decision focus and consumer choice among assortments, *Journal of Consumer Research 33*, n. 1, 2006, p. 50-59.
41. Rebecca W. Hamilton, Why do people suggest what they do not want? Using context effects to influence others' choices, *Journal of Consumer Research*, mar. 2003, p. 492-506.
42. Leonard Lee; Dan Ariely, Shopping goals, goal concreteness, and conditional promotions, *Journal of Consumer Research 33*, n. 1, 2006, p. 60-70.
43. Punam A. Keller, Regulatory focus and efficacy of health messages, *Journal of Consumer Research* 33, n. 1, 2006, p. 109-114.
44. John G. Lynch; G. Zauberman, Construing consumer decision making, *Journal of Consumer Psychology* 17, n. 2, 2007, p. 107-112.
45. Ran Kivetz; Itamar Simonson, Self-control for the righteous: toward a theory of precommitment to indulgence, *Journal of Consumer Research*, set. 2002, p. 199-217.
46. Daniel Kahneman; Amos Tversky, Prospect theory: an analysis of decisions under risk, *Econometrica*, mar. 1979, p. 263-291.
47. Punan Anand Keller; Isaac M. Lipkus; Barbara K. Rimer, Affect, framing, and persuasion, *Journal of Marketing Research*, fev. 2003, p. 54-64.
48. Ashwani Monga; Rui Zhu, Buyers versus sellers: how they differ in their responses to framed outcomes, *Journal of Consumer Psychology* 15, n. 4, 2005, p. 325-333.
49. Levin, Associative effects of information framing.
50. Sucharita Chandran; Geeta Menon, When a day means more than a year: effects of temporal framing on judgments of health risk, *Journal of Consumer Research*, set. 2004, p. 375-389.
51. Christopher P. Puto; W. E. Patton; Ronald H. King, Risk handling strategies in industrial vendor selection decisions, *Journal of Marketing*, jan. 1987, p. 89-98.
52. John T. Gourville, Pennies-a-day: the effect of temporal reframing on transaction evaluation, *Journal of Consumer Research*, mar. 1998, p. 395-408.
53. Rashmi Adaval; Kent B. Monroe, Automatic construct and use of contextual information for product and price evaluations, *Journal of Consumer Research*, mar. 2002, p. 572-588.
54. Yaacov Schul; Yoav Ganzach, The effects of accessibility of standards and decision framing on product evaluations, *Journal of Consumer Psychology* 4, n. 1, 1995, p. 61-83.
55. Baba Shiv, Julie A. Edell; John W. Payne, Factors affecting the impact of negatively and positively framed ad messages, *Journal of Consumer Research*, dez. 1997, p. 285-294.
56. Bettman; Sujan, Effects of framing on evaluation of comparable and noncomparable alternatives by expert and novice consumers.
57. Donald P. Green; Irene V. Blair, Framing and price elasticity of private and public goods, *Journal of Consumer Psychology* 4, n. 1, 1995, p. 1-32.

58. Paul M. Herr; Christine M. Page, Asymmetric association of liking and disliking judgments: so what's not to like? *Journal of Consumer Research*, mar. 2004, p. 588-601.
59. Robert Berner, Welcome to Procter & Gamble, *BusinessWeek*, fev. 7, 2005, p. 76-77.
60. Brian Steinberg, Western Union to court immigrants, *Wall Street Journal*, 2 maio 2003, p. B2.
61. Itamar Simonson, Get closer to your consumers by understanding how they make choices, *California Management Review*, 1993, p. 68-84, John W. Payne; James R. Bettman; Eric J. Johnson, The adaptive decision-maker, em edição. Robin M. Hogarth, *Insights in decision making: a tribute to Hillel Einhorn* (Chicago: University of Chicago Press, 1990).
62. Aimee Drolet, Inherent rule variability in consumer choice: changing rules for change's sake, *Journal of Consumer Research*, dez. 2002, p. 293-305, James R. Bettman; Mary Frances Luce; John W. Payne, Constructive consumer choice processes, *Journal of Consumer Research*, dez. 1998, p. 187-217, James R. Bettman; Mary Frances Luce; John W. Payne, Constructive consumer choice processes, *Journal of Consumer Research*, dez. 1998, p. 187-217, Denis A. Lussier; Richard W. Olshavsky, Task complexity and contingent processing in brand choice, *Journal of Consumer Research*, set. 1979, p. 154-165, Eric J. Johnson; Robert J. Meyer, Compensatory choice models of noncompensatory processes: the effect of varying context, *Journal of Consumer Research*, jun. 1984, p. 542-551.
63. Sanjay Sood; Yuval Rottenstreich; Lyle Brenner, On decisions that lead to decisions: direct and derived evaluations of preference, *Journal of Consumer Research*, jun. 2004, p. 17-18.
64. Seymour Epstein, Integration of the cognitive and the psychodynamic unconscious, *American Psychologist*, ago. 1994, p. 709-724.
65. Mariele K. De Mooij; Warren Keegan, *Worldwide Advertising* (London: Prentice-Hall International, 1991).
66. Peter Wright, Consumer choice strategies: simplifying vs. optimizing, *Journal of Marketing Research*, fev. 1975, p. 60-67, Noreen Klein; Stewart W. Bither, An investigation of utility-directed cutoff selection, *Journal of Consumer Research*, set. 1987, p. 240-256.
67. Simonson, Get closer to your consumers by understanding how they make choices.
68. Becky Aikman, Steve & Barry's gets boost with starpower, *Newsday*, 3 mar. 2008, www.newsday.com.
69. Para revisão dos modelos de multiatributos, veja William L. Wilkie; Edgar A. Pessemier, Issues in marketing's use of multiattribute models, *Journal of Marketing Research*, nov. 1983, p. 428-441, Blair H. Sheppard; Jon Hartwick; Paul R. Warshaw, The theory of reasoned action: a meta-analysis of past research with recommendations for modifications and future research, *Journal of Consumer Research*, dez. 1988, p. 325-342.
70. Alexander Chernev, Goal-attribute compatibility in consumer choice, *Journal of Consumer Psychology*, 2004, p. 141-150.
71. Mary Frances Luce, Choosing to avoid: coping with negatively emotion-laden consumer decisions, *Journal of Consumer Research*, mar. 1998, p. 409-433, Ellen C. Garbarino; Julie A. Edell, Cognitive effort, affect, and choice, *Journal of Consumer Research*, set. 1997, p. 147-158.

72. Mary Frances Luce; John W. Payne; James R. Bett-man, Emotional trade-off difficulty and choice, *Journal of Marketing Research* 36, maio 1999, p. 143-159.
73. Aimee Drolet; Mary Frances Luce, The rationalizing effects of cognitive load on emotion-based tradeoff avoidance, *Journal of Consumer Research*, jun. 2004, p. 63-77, veja também Tiffany Barnett White, Consumer trust and advice acceptance: the moderating roles of benevolence, expertise, and negative emotions, *Journal of Consumer Psychology* 15, n. 2, 2005, p. 141-148.
74. David Grether; Louis Wilde, An analysis of conjunctive choice: theory and experiments, *Journal of Consumer Research*, mar. 1984, p. 373-385.
75. Evan Perez, Cruising on credit: carnival introduces vacation financing to get more aboard, *Wall Street Journal*, 12 abr. 2001, p. B12.
76. Lussier; Olshavsky, Task complexity and contingent processing in brand choice, Johnson; Meyer, Compensatory choice models of noncompensatory processes.
77. John Hagel; John Seely Brown, Learning from Tata's Nano, *BusinessWeek*, 27 fev. 2008, www.business-week.com.
78. Timothy B. Heath; Gangseog Ryu; Subimal Chatterjee; Michael S. McCarthy; David L. Mothersbaugh; Sandra Milberg; Gary J. Gaeth, Asymmetric competition in choice and the leveraging of competitive disadvantages, *Journal of Consumer Research* 27, dez. 2000, p. 291-308.
79. Rohini Ahluwalia; Robert E. Burnkrant; H. Rao Unnava, Consumer response to negative publicity: the moderating role of commitment, *Journal of Marketing Research* 37, maio 2000, p. 203-214.
80. Home depot's quarterly net off 27% with "challenging' outlook", *Reuters*, 26 fev. 2008, www.cnnmoney.com; Chad Terhune, Home depot's home improvement, *Wall Street Journal*, 8 mar. 2001, p. B1, B4.
81. Gerald Häubl; Kyle B. Murray, Preference construction and persistence in digital marketplaces: the role of electronic recommendation agents, *Journal of Consumer Psychology*, 2003, p. 75-91.
82. Amos Tversky, Intransitivity of preferences, *Psychological Review*, jan. 1969, p. 31-48.
83. Amos Tversky, Elimination by aspects: a theory of choice, *Psychological Review*, jul. 1972, p. 281-299.
84. Donna Bryson, Traditional fare goes fast-food in S. Africa, *Austin American Statesman*, 4 jun. 1994, p. A16.
85. John Reed, ZXAuto to lead Chinese assault on US Market, *Financial Times*, 16 jan. 2008, www.ft.com, Joseph B. White, China's SUV Surge, *Wall Street Journal*, 10 jun. 2004, p. B1, B3.
86. Irwin Levin, Associative effects of information framing, *Bulletin of the Psychonomic Society*, mar. 1987, p. 85-86.
87. Nathan Novemsky; Daniel Kahneman, The boundaries of loss aversion, *Journal of Marketing Research*, maio 2005, p. 119-128, Colin Camerer, Three cheers – psychological, theoretical, empirical – for loss aversion, *Journal of Marketing Research*, maio 2005, p. 129-133, Dan Ariely; Joel Huber; Klaus Wertenbroch, When do losses loom larger than gains? *Journal of Marketing Research*, maio 2005, p. 134-138.
88. Alexander Chernev, Goal orientation and consumer preference for the status quo, *Journal of Consumer Research* 31, n. 3, 2004, p. 557-565.
89. Douglas E. Allen, Toward a theory of consumer choice as sociohistorically shaped practical experience: the fits-like-a-glove (FLAG) framework, *Journal of Consumer Research*, mar. 2002, p. 515-532.
90. Peter R. Darke; Amitava Chattopadhyay; Laurence Ashworth, The importance and functional significance of affective cues in consumer choice, *Journal of Consumer Research* 33, n. 3, 2006, p. 322-328; Stephen J. Hoch; George F. Lowenstein, Time-inconsistent preferences and consumer self-control, *Journal of Consumer Research*, mar. 1991, p. 492-507.
91. Michel Tuan Pham, The logic of feeling, *Journal of Consumer Psychology* 14, n. 4, 2004, p. 360-369.
92. Michel Tuan Pham, Representativeness, relevance, and the use of feelings in decision making, *Journal of Consumer Research*, set. 1998, p. 144-159.
93. Epstein, Integration of the cognitive and the psycho-dynamic unconscious.
94. Yuval Rottenstreich; Sanjay Sood; Lyle Brenner, Feeling and thinking in memory-based versus stimulus-based choices, *Journal of Consumer Research* 33, n. 4, 2007, p. 461-469.
95. Pham, Representativeness, relevance, and the use of feelings in decision making, Morris B. Holbrook; Elizabeth C. Hirschman, The experiential aspects of consumption: consumer fantasies, feelings, and fun, *Journal of Consumer Research*, set. 1982, p. 132-140, Erica Mina Okada, Justification effects on consumer choice of hedonic and utilitarian goods, *Journal of Marketing Research*, fev. 2005, p. 43-53,
96. Stacy L. Wood; James R. Bettman, Predicting happiness: how normative feeling rules influence (and even reverse) durability bias, *Journal of Consumer Psychology* 17, n. 3, 2007, p. 188-201, Morris B. Holbrook; Meryl P. Gardner, An approach to investigating the emotional determinants of consumption durations: why do people consume what they consume for as long as they consume it? *Journal of Consumer Psychology* 2, n. 2, 1993, p. 123-142.
97. Veja Jennifer S. Lerner; Seunghee Han; Dacher Kelt-ner, Feelings and consumer decision making: extending the appraisal-tendency framework, *Journal of Consumer Psychology* 17, n. 3, 2007, p. 184-187, J. Frank Yates, Emotional appraisal tendencies and carryover: how, why, and. . . therefore? *Journal of Consumer Psychology* 17, n. 3, 2007, p. 179-183, Baba Shiv, Emotions, decisions, and the brain, *Journal of Consumer Psychology* 17, n. 3, p. 174-178.
98. Seunghee Han; Jennifer S. Lerner; Dacher Keltner, Feelings and consumer decision making: the appraisal-tendency framework, *Journal of Consumer Psychology* 17, n. 3, 2007, p. 158-168.
99. Lisa A. Cavanaugh; James R. Bettman; Mary Frances Luce; John W. Payne, Appraising the appraisal-tendency framework, *Journal of Consumer Psychology* 17, n. 3, 2007, p. 169-173.
100. Deborah J. MacInnis; Vanessa M. Patrick; C. Whan Park, Not as happy as I thought I'd be? Affective misfo recasting and product evaluations, *Journal of Consumer Research*, mar. 2007, p. 479-490, Deborah J. MacInnis; Vanessa M. Patrick; C. Whan Park, Looking through the crystal ball: affective forecasting and misforecasting in consumer behavior, *Review of Marketing Research* 2, 2006, p. 43-80.
101. Eric A. Greenleaf, Reserves, regret, and rejoicing in open English auctions, *Journal of Consumer Research* 31, n. 2, 2004, p. 264-273.

102. I. Simonson, The influence of anticipating regret and responsibility on purchase decisions, *Journal of Consumer Research* 19, 1992, p. 105-118.
103. Ann L. McGill; Punam Anand Keller, Differences in the relative influence of product attributes under alternative processing conditions: attribute importance versus ease of imaginability, *Journal of Consumer Psychology 3*, n. 1, 1994, p. 29-50, MacInnis; Price, The role of imagery in information processing.
104. Russell W. Belk; Güliz Ger; Søren Askegaard, The fire of desire: a multisited inquiry into consumer passion, *Journal of Consumer Research*, dez. 2003, p. 326.
105. Ann E. Schlosser, Experiencing products in the virtual world: the role of goal and imagery in influencing attitudes versus purchase intentions, *Journal of Consumer Research*, set. 2003, p. 184-198.
106. Jennifer Edson Escalas, Imagine yourself in the product, *Journal of Advertising*, 2004, p. 37-48.
107. Darren W. Dahl; Amitava Chattopadhyay; Gerald J. Gorn, The use of visual mental imagery in new product design, *Journal of Marketing Research* 36, fev. 1999, p. 18-28.
108. Carmine Gallo, Employee motivation the Ritz-Carlton way, *BusinessWeek Online*, 29 fev. 2008, www.businessweek.com.
109. Lewis Lazare, Nike remains at top of advertising game, *Chicago Sun-Times*, 7 fev. 2008, www.sun-times.com.
110. Eric A. Greenleaf; Donald R. Lehmann, Reasons for substantial delay in consumer decision making, *Journal of Consumer Research*, set. 1995, p. 186-199.
111. Greenleaf ; Lehmann, Reasons for substantial delay in consumer decision making.
112. Thomas A. Brunner; Michaela Wänke, The reduced and enhanced impact of shared features on individual brand evaluations, *Journal of Consumer Psychology* 16, n. 2, 2006, p. 101-111.
113. Olga Kharif, Making the iPhone Mean Business, *BusinessWeek*, 23 jul. 2007, p. 30.
114. Michael D. Johnson, Consumer choice strategies for comparing noncomparable alternatives, *Journal of Consumer Research*, dez. 1984, p. 741-753, Michael D. Johnson, Comparability and hierarchical processing in multialternative choice, *Journal of Consumer Research*, dez. 1988, p. 303-314.
115. Kim P. Corfman, Comparability and comparison levels used in choices among consumer products, *Journal of Marketing Research*, ago. 1991, p. 368-374.
116. C. Whan Park; Daniel Smith, Product-level choice: a top-down or bottom-up process? *Journal of Consumer Research*, dez. 1989, p. 289-299.
117. Visit scotland targets golfers with latest tourism campaign, *New Media Age*, 31 jan. 2008, n. p.
118. Girish N. Punj; David W. Stewart, An interaction framework of consumer decision making, *Journal of Consumer Research*, set. 1983, p. 181-196.
119. Patricia M. West; Christina L. Brown; Stephen J. Hoch, Consumption vocabulary and preference formation, *Journal of Consumer Research*, set. 1996, p. 120-135.
120. Johnson; Russo, Product familiarity and learning new information, James R. Bettman; C. Whan Park, Effects of prior knowledge and experience and phase of the choice process on consumer decision processes, a protocol analysis, *Journal of Consumer Research*, dez. 1980, p. 234-248.
121. Joffre Swait; Wiktor Adamowicz, The influence of task complexity on consumer choice: a latent choice model of decision strategy switching, *Journal of Consumer Research*, jun. 2001, p. 135-148.
122. Elaine Sherman; Ruth Belk Smith, Mood states of shoppers and store image: promising interactions and possible behavioral effects, em edição. Paul Anderson; Melanie Wallendorf, *Advances in Consumer Research*, v. 14 (Provo: Association for Consumer Research, 1987), p. 251-254.
123. Rashmi Adaval, How good gets better and bad gets worse: understanding the impact of affect on evaluations of known brands, *Journal of Consumer Research*, dez. 2003, p. 352-367.
124. Stewart Shapiro; Deborah J. MacInnis; C. Whan Park, Understanding program-induced mood effects: decoupling arousal from valence, *Journal of Advertising*, 2002, p. 15-26.
125. Catherine W. M. Yeung; Robert S. Wyer Jr. , Affect, appraisal, and consumer judgment, *Journal of Consumer Research*, set. 2004, p. 412.
126. Gerald J. Gorn; Marvin E. Goldberg; Kunal Basu, Mood, awareness, and product evaluation, *Journal of Consumer Psychology* 2, n. 3, 1993, p. 237-256.
127. Joel B. Cohen; Eduardo B. Andrade, Affective intuition and task-contingent affect regulation, *Journal of Consumer Research*, set. 2004, p. 358-367.
128. Alexander Fedorikhin; Catherine A. Cole, Mood effects on attitudes, perceived risk, and choice: moderators and mediators, *Journal of Consumer Psychology* 14, n. 1-2, 2004, p. 2-12.
129. Payne; Bettman; Johnson, The adaptive decision-maker.
130. C. Whan Park; Easwar S. Iyer; Daniel C. Smith, The effects of situational factors on in-store grocery shopping behavior: the role of store environment and time available for shopping, *Journal of Consumer Research*, mar. 1989, p. 422-433.
131. Ravi Dhar; Stephen M. Nowlis, The effect of time pressure on consumer choice deferral, *Journal of Consumer Research* 25, mar. 1999, p. 369-384.
132. Michelle M. Bergadaa, The role of time in the action of the consumer, *Journal of Consumer Research*, dez. 1990, p. 289-302.
133. Simonson, Get closer to your consumers by understanding how they make choices.
134. Alexander Chernev, Extremeness aversion and attribute-balance effects in choice, *Journal of Consumer Research*, set. 2004, p. 249-263.
135. Ran Kivetz; Oded Netzer; V. Srinivasan, Alternative models for capturing the compromise effect, *Journal of Marketing Research*, ago. 2004, p. 237-257, Ravi Dhar; Anil Menon; Bryan Maach, Toward extending the compromise effect to complex buying contexts, *Journal of Marketing Research*, ago. 2004, p. 258-261.
136. Alexander Chernev, Context effects without a context: attribute balance as a reason for choice, *Journal of Consumer Research* 32, n. 2, 2005, p. 213-223.
137. Norbert Schwarz, Metacognitive experiences in consumer judgment and decision making, *Journal of Consumer Psychology* 14, n. 4, 2004, p. 332-348.
138. Rolf Reber; Norbert Schwarz, Effects on perceptual fluency on judgments of truth, *Consciousness and Cognition*, n. 8, 1999, p. 338-342, Matthew S. McGlone; Jessica Tofigh-

bakhsh, Birds of a feather flock conjointly?: rhyme as reason in aphorisms, *Psychological Science* 11, n. 1, 2000, p. 424-428.
139. Veja Joel Huber, A comment on metacognitive experiences and consumer choices, *Journal of Consumer Psychology* 14, n. 4, 2004, p. 356-359, Norbert Schwarz, Metacognitive experiences: response to commentaries, *Journal of Consumer Psychology* 14, n. 4, 2004, p. 370-373.
140. Jacob Jacoby, Perspectives on information overload, *Journal of Consumer Research*, mar. 1984, p. 569-573, Kevin Lane Keller; Richard Staelin, Effects of quality and quantity of information on decision effectiveness, *Journal of Consumer Research*, set. 1987, p. 200-213.
141. Keller; Staelin, Effects of quality and quantity of information on decision effectiveness.
142. Ran Kivetz; Itamar Simonson, The effects of incomplete information on consumer choice, *Journal of Marketing Research* 37, nov. 2000, p. 427-448.
143. A. V. Muthukrishnan, Decision ambiguity and incumbent brand advantage, *Journal of Consumer Research*, jun. 1995, p. 98-109.
144. Madhubalan Viswanathan; Sunder Narayanan, Comparative judgments of numerical and verbal attribute labels, *Journal of Consumer Psychology* 3, n. 1, 1994, p. 79-100.
145. Joseph R. Priester; Utpal M. Dholakia; Monique A. Fleming, When and why the background contrast effect emerges: thought engenders meaning by influencing the perception of applicability, *Journal of Consumer Research* 31, n. 3, 2004, p. 491-501, Joel Huber; John W. Payne; Christopher Puto, Adding asymmetrically dominated alternatives: violations of regularity and the similarity hypothesis, *Journal of Consumer Research*, jun. 1982, p. 90-98, Ravi Dhar; Itamar Simonson (1999), Making complementary choices in consumption episodes: highlighting versus balancing, *Journal of Marketing Research*, fev. 1999, p. 29-44.
146. Itamar Simonson; Russell S. Winer, The influence of purchase quantity and display format on consumer preference for variety, *Journal of Consumer Research*, jun. 1992, p. 133-138.
147. Itamar Simonson; Stephen Nowlis; Katherine Lemon, The effect of local consideration sets on global choice between lower price and higher quality, *Marketing Science*, out. 1993.
148. Rashmi Adaval; Robert S. Wyer Jr., The role of narratives in consumer information processing, *Journal of Consumer Psychology* 7, n. 3, 1998, p. 207-245.
149. Christina L. Brown; Gregory S. Carpenter, Why is the trivial important? A reasons-based account for the effects of trivial attributes on hoice, *Journal of Consumer Research*, mar. 2000, p. 372-385.
150. Dan Ariely; Jonathan Levav, Sequential choice in group settings: taking the road less traveled and less enjoyed, *Journal of Consumer Research* 27, dez. 2000, p. 279-290.
151. Stijn M. J. van Osselaer; Joseph W. Alba; Puneet Manchanda, Irrelevant information and mediated intertemporal choice, *Journal of Consumer Psychology* 14, n. 3, 2004, p. 257-270.
152. Guliz Ger, Problems of marketization in Romania and Turkey, em edição. Clifford Schultz; Russell Belk; Guliz Ger, *Consumption in Marketizing Economies* (Greenwich: JAI Press, 1995).
153. Sabrina Tavernise, In Russia, capitalism of a certain size, *New York Times*, jul. 29, 2001, sec. 3, p. 6, Guliz Ger; Russell Belk; Dana-Nicoleta Lascu, The development of consumer desire in marketing and developing economies: the cases of Romania and Turkey, em edição. Leigh McAlister; Michael L. Rothschild, *Advances in Consumer Research*, v. 20 (Provo: Association for Consumer Research, 1993), p. 102-107.
154. Bernadine Williams, RV deliveries decline 3. 4% in december, *Automotive News*, 3 mar. 2008, p. 30, Bob Ashley, ARC's derrick Crandall identifies top 10 challenges facing outdoor recreation – and the RV Industry, *RV Business*, mar. 2008, p. 18, Juston Jones, Rolling homes aren't just for the rich, *New York Times*, 28 abr. 2007, p. C3, Mark Yost, Luxury RVs with all the comforts of home, *Wall Street Journal*, 20 fev. 2007, p. D7; Martin Zimmerman, RVs retaining their luster, *Los Angeles Times*, 4 ago. 2007, p. C3, ; Henry Sanderson, Winnebago rides a "knife edge" In its attempt to regain business, *Wall Street Journal*, 1º nov. 2006, p. B3E; www. winnebagoind. com.

Capítulo 10

1. Minet Schindehutte, Understanding market-driving behavior: the role of entrepreneurship, *Journal of Small Business Management*, 23 jan. 2008, p. 46; Ben Steverman, Jones Soda: on ice, *BusinessWeek Online*, 6 dez. 2007, www.businessweek.com, Christopher C. Williams, Sales pressures could take the fizz out of Jones Soda, *Wall Street Journal*, 3 jun. 2007, p. A3; Kate Macarthur, Quirky Jones Soda Steps into Mainstream, *Advertising Age*, 27 mar. 2006, p. 12.
2. Rohit Deshpande; Wayne D. Hoyer; Scott Jeffries, Low involvement decision processes: the importance of choice tactics, em edição. R. F. Bush; S. D. Hunt, *Marketing theory: Philosophy of Science perspectives* (Chicago: American Marketing Association, 1982), p. 155-158, Alan Newell; Herbert A. Simon, *Human Problem Solving* (Englewood Cliffs: Prentice-Hall, 1972), Daniel Kahneman; Amos Tversky, On the psychology of prediction, *Psychological Review*, jul. 1973, p. 237-251.
3. Daniel Kahneman; Amos Tversky, Subjective probability: a judgment of representativeness, *Cognitive Psychology*, jul. 1972, p. 430-454.
4. Janet Amady, For McDonald's, it's a wrap, *Wall Street Journal*, 30 jan. 2007, p. B. 1.
5. Valerie S. Folkes, The availability heuristic and perceived risk, *Journal of Consumer Research*, jun. 1988, p. 13-23, Johnson; Puto, A review of consumer judgment and choice, em edição. Michael J. Houston, *Review of Marketing* (Chicago: American Marketing Association, 1987), p. 236-292.
6. Geeta Menon; Priya Raghubir, Ease-of-retrieval as an automatic input in judgments: a mere-accessibility framework? *Journal of Consumer Research*, set. 2003, p. 230-243.
7. Peter R. Dickson, The Impact of enriching case and statistical information on consumer judgments, *Journal of Consumer Research*, mar. 1982, p. 398-408.
8. Chezy Ofir; John G. Lynch Jr., Context effects on judgment under uncertainty, *Journal of Consumer Research*, set. 1984, p. 668-679.
9. Amos Tversky; Daniel Kahneman, Belief in the law of small numbers, *Psychological Bulletin*, ago. 1971, p. 105-

110, Amos Tversky; Daniel Kahneman, Judgment under uncertainty: heuristics and biases, *Science*, set. 1974, p. 1124-1131.
10. David Welch; David Kiley; Moon Ihlwan, My way or the highway at Hyundai, *BusinessWeek*, 17 mar. 2008, p. 48-51; The Hyundai syndrome, *Adweek's Marketing Week*, 20 abr. 1992, p. 20-21.
11. Samsung: as good as it gets? *The Economist*, 10 mar. 2005, Claudia Deutsch, To change its image and attract new customers, Samsung Electronics is putting on a show, *New York Times*, 20 set. 2004, p. C11.
12. Sam Diaz, A new way to create buzz, *Washington Post*, 25 ago. 2007, p. D1
13. Wayne D. Hoyer, An examination of consumer decision making for a common repeat purchase product, *Journal of Consumer Research*, dez. 1984, p. 822-829.
14. Ap Dijksterhuis; Pamela K. Smith; Rick B. van Baaren; Daniel H. J. Wigboldus, The unconscious consumer: effects of environment on consumer behavior, *Journal of Consumer Psychology* 15, n. 3, 2005, p. 193-202.
15. James Vlahos, Scent and sensibility, *Key (New York Times Real Estate Magazine)*, 2007, p. 68-73.
16. Tanya L. Chartrand, The role of conscious awareness in consumer behavior, *Journal of Consumer Psychology* 15, n. 3, p. 203-210.
17. Chris Janiszewski; Stijn M. J. van Osselaer, Behavior activation is not enough, *Journal of Consumer Psychology* 15, n. 3, 2005, p. 218-224.
18. Ap Dijksterhuis; Pamela K. Smith, What do we do unconsciously? And how? *Journal of Consumer Psychology* 15, n. 3, 2005, p. 225-229.
19. Herbert E. Krugman, The impact of television advertising: learning without involvement, *Public Opinion Quarterly*, 1965, p. 349-356.
20. Michael L. Ray, *Marketing communications and the hierarchy of effects* (Cambridge: Marketing Science Institute, 1973).
21. Robert B. Zajonc, Feeling and thinking: preferences need no inferences, *American Psychologist*, fev. 1980, p. 151-175, Robert B. Zajonc; Hazel B. Markus, Affective and cognitive factors in preferences, *Journal of Consumer Research*, set. 1982, p. 122-131.
22. Hoyer, An examination of consumer decision making for a common repeat purchase product.
23. Cathy J. Cobb; Wayne D. Hoyer, Direct observation of search behavior in the purchase of two nondurable products, *Psychology and Marketing*, 1983, p. 161-179.
24. Richard W. Olshavsky; Donald H. Granbois, Consumer decision making: fact or fiction? *Journal of Consumer Research*, set. 1979, p. 93-100.
25. Andrew D. Gershoff; Gita Venkataramani Johar, Do you know me? Consumer calibration of friends' knowledge, *Journal of Consumer Research* 32, n. 4, 2006, p. 496-503.
26. Baba Shiv; Julie A. Edell Britton; John W. Payne, Re-inquiries: does elaboration increase or decrease the effectiveness of negatively versus positively framed messages? *Journal of Consumer Research*, jun. 2004, p. 199-208.
27. Yong Zhang; Richard Buda, Moderating effects of need for cognition on responses to positively versus negatively framed advertising messages, *Journal of Advertising*, 1999, p. 1-15.
28. C. Whan Park; Sung Youl Jun; Deborah J. MacInnis, Choosing what I want versus rejecting what I do not want: an application of decision framing to product option choice decisions, *Journal of Marketing Research*, maio 2000, p. 187-202.
29. William E. Baker; Richard J. Lutz, An empirical test of an updated relevance-accessibility model of advertising effectiveness, *Journal of Advertising* 29, n. 1, 2000, p. 1-13.
30. Deshpande; Hoyer; Jeffries, Low involvement decision processes.
31. Hoyer, An examination of consumer decision making for a common repeat purchase product.
32. Siew Meng Leong, Consumer decision making for common, repeat-purchase products: a dual replication, *Journal of Consumer Psychology* 2, n. 2, 1993, p. 193-208, Dana L. Alden; Wayne D. Hoyer; Gun-talee Wechasara, Choice strategies and involvement, a cross-cultural analysis, em edição. Thomas K. Srull, *Advances in Consumer Research*, v. 16 (Provo: Association for Consumer Research, 1989), p. 119-126.
33. James Vlahos, Scent and sensibility, *Key (New York Times Real Estate Magazine)*, 2007, p. 68-73.
34. Walter A. Nord; J. Paul Peter, A behavior modification perspective on marketing, *Journal of Marketing*, 1980, p. 36-47, Michael Rothschild; William C. Gaidis, Behavioral learning theory: its relevance to marketing and promotions, *Journal of Marketing*, 1981, p. 70-78.
35. Holly Heline, Brand loyalty isn't dead – but you're not off the hook, *Brandweek*, 7 jun. 1994, p. 14.
36. Robert E. Smith; William R. Swinyard, Information response models: an integrated approach, *Journal of Marketing*, 1982, p. 81-93, Robert E. Smith; William R. Swinyard, Attitude-behavior consistency: the impact of product trial vs. advertising, *Journal of Marketing Research*, ago. 1983, p. 257-267.
37. Deanna S. Kempf; Robert E. Smith, Consumer processing of product trial and the influence of prior advertising: a structural modeling approach, *Journal of Marketing Research*, ago. 1998, p. 325-338.
38. Ran Kivetz; Oleg Urminsky; Yuhuang Zheng, The goal-gradient hypothesis resurrected: purchase acceleration, illusionary goal progress, and customer retention, *Journal of Marketing Research*, fev. 2006, p. 39-58.
39. Michael L. Rothschild; Michael J. Houston, The consumer involvement matrix: some preliminary findings, em edição. Barnett A. Greenberg; Danny N. Bellenger, *Proceedings of the American Marketing Association Educators' Conference*, Series n. 41, 1977, p. 95-98.
40. Wayne D. Hoyer, Variations in choice strategies across decision contexts: an examination of contingent factors, em edição. Richard J. Lutz, *Advances in Consumer Research*, v. 13 (Provo: Association for Consumer Research, 1986), p. 32-36.
41. Wayne D. Hoyer; Cathy J. Cobb-Walgren, Consumer decision making across product categories: the influence of task environment, *Psychology and Marketing*, 1988, p. 45-69.
42. Leong, Consumer decision making for common, repeat-purchase products.
43. Janet Adamy, Starbucks closes stores to retrain baristas, *Wall Street Journal*, 26 fev. 2008, www.wsj.com.
44. Robert E. Smith, Integrating information from advertising and trial: processes and effects on consumer response to

45. Jenn Abelson, Were 5 blades worth the wait for women? *Boston Globe*, 22 fev. 2008, p. C1.
46. Norihiko Shirouzu, Snapple in Japan: how a splash dried up, *Wall Street Journal*, 15 abr. 1996, p. B1, B3.
47. Priya Raghubir; Kim Corfman, When do price promotions affect pretrial brand evaluations? *Journal of Marketing Research* 36, maio 1999, p. 211-222.
48. Adwait Khare; J. Jeffrey Inman, Habitual behavior in American eating patterns: the role of meal occasions, *Journal of Consumer Research* 32, n. 4, 2006, p. 567-575, Jacob Jacoby; David B. Kyner, Brand loyalty vs. Repeat purchasing behavior, *Journal of Marketing Research*, fev. 1973, p. 1-9.
49. Ted Roselius, Consumer rankings of risk reduction methods, *Journal of Marketing,* jan. 1971, p. 56-61.
50. P. B. Seetharaman; Andrew Ainslie; Pradeep K. Chintagunta, Investigating household state dependence effects across categories, *Journal of Marketing Research* 36, nov. 1999, p. 488-500.
51. Rothschild; Gaidis, Behavioral learning theory.
52. No bar to expansion, *Grocer*, 22 jan. 2005, p. 54.
53. Jack Neff, Coupons get clipped, *Advertising Age*, 5 nov. 2001, p. 1, 47.
54. Joe Keohane, Fat profits, *Condé Naste Portfolio*, fev. 2008, p. 90.
55. Gary F. McKinnon; J. Patrick Kelly; E. Doyle Robinson, Sales effects of point-of-purchase in-store signing, *Journal of Retailing*, 1981, p. 49-63.
56. Kathleen Deveny, Displays pay off for grocery marketers, *Wall Street Journal*, 15 out. 1992, p. B1, B5.
57. Study claims effectiveness of point-of-purchase, *Advertising Age*, 24 jul. 2001, www.adage.com.
58. Brand loyalty in the food industry, *The Food Institute Report*, 5 nov. 2001, p. 3.
59. George S. Day, A two-dimensional concept of brand loyalty, *Journal of Advertising Research,* ago.-set. 1969, p. 29-36, Jacoby; Kyner, Brand loyalty vs. repeat purchasing Behavior, Jacob Jacoby; Robert W. Chestnut, *Brand loyalty: measurement and management* (Nova York: Wiley, 1978).
60. Kyle B. Murray; Gerald Häubl, Explaining cognitive lock-in: the role of skill-based habits of use in consumer choice, *Journal of Consumer Research* 34, n. 1, 2007, p. 77-88.
61. Jacob Jacoby, A model of multi-brand loyalty, *Journal of Advertising Research*, jun.-jul. 1971, p. 26.
62. Ronald E. Frank; William F. Massy; Thomas L. Lodahl, Purchasing behavior and personal attributes, *Journal of Advertising Research*, dez. 1969-jan. 1970, p. 15-24.
63. R. M. Cunningham, Brand loyalty. What, where, how much, *Harvard Business Review*, jan. -fev. 1956, p. 116-128; Customer loyalty to store and brand, *Harvard Business Review*, nov.-dez. 1961, p. 127-137.
64. Day, A two-dimensional concept of brand loyalty.
65. Marnik G. Dekimpe; Martin Mellens; Jan-Benedict E. M. Steenkamp; Piet Vanden Abeele, Erosion and Variability in brand loyalty, *Marketing Science Institute Report* n. 96-114, ago. 1996, p. 1-25.
66. Heline, Brand loyalty isn't dead.
67. Michelle L. Roehm; Ellen Bolman Pullins; Harper A. Roehm Jr., Designing loyalty-building programs for packaged goods brands, *Journal of Marketing Research*, maio 2002, p. 202-213.
68. Ran Kivetz; Itamar Simonson, The idiosyncratic fit heuristic: effort advantage as a determinant of consumer response to loyalty programs, *Journal of Marketing Research*, nov. 2003, p. 454-467.
69. Ran Kivetz; Itamar Simonson, Earning the right to indulge: effort as a determinant of customer preferences toward frequency program rewards, *Journal of Marketing Research*, maio 2002, p. 155-170.
70. Kenneth Hein, McD's, Sam Adams in line with shifting loyalty drivers, *Brandweek*, 18 fev. 2008, p. 8.
71. Laurie Petersen, The strategic shopper, *Adweek's Marketing Week*, 30 mar. 1992, p. 18-20.
72. Peter D. Dickson; Alan G. Sawyer, Methods to research shoppers' knowledge of supermarket prices, em edição. Richard J. Lutz, *Advances in consumer research*, v. 12 (Provo: Association for Consumer Research, 1986), p. 584-587.
73. Tulin Erdem; Glenn Mayhew; Baohung Sun, Understanding reference-price shoppers: a within − and cross-category analysis, *Journal of Marketing Research*, nov. 2001, p. 445-457.
74. Chris Janiszewski; Donald R. Lichtenstein, A range theory account of price perception, *Journal of Consumer Research* 25, mar. 1999, p. 353-368, Kent B. Monroe; Susan M. Petroshius, Buyers' perception of price: an update of the evidence, em edição. Harold H. Kassarjian; Thomas S. Robertson, *Perspectives in consumer behavior*, 3. ed. (Dallas: Scott-Foresman, 1981), p. 43-55.
75. Adrian Atterby, Household wipes market struggles to win over new customers, *Nonwovens Industry*, fev. 2008, p. 26-28.
76. Baba Shiv; Julie A. Edell Britton; John W. Payne, Re-inquiries: does elaboration increase or decrease the effectiveness of negatively versus positively framed messages? *Journal of Consumer Research*, jun. 2004, p. 199-208.
77. Julie Baker; A. Parasuraman; Dhruv Grewal; Glenn B. Voss, The influence of multiple store environment cues on perceived merchandise value and patronage intentions, *Journal of Marketing*, ab. 2002, p. 120-141.
78. Jiwoong Shin, The role of selling costs in signaling price image, *Journal of Marketing Research*, ago. 2005, p. 302-312.
79. Lisa E. Bolton; Luk Warlop; Joseph W. Alba, Consumer perceptions of price (un)fairness, *Journal of Consumer Research*, mar. 2003, p. 474, Joseph C. Nunes; Peter Boatwright, Incidental prices and their effect on willingness to pay, *Journal of Marketing Research*, nov. 2004, p. 457-466.
80. Tuo Wang; R. Venkatesh; Rabikar Chatterjee, Reservation price as a range: an incentive-compatible measurement approach, *Journal of Marketing Research*, maio 2007, p. 200-213.
81. Mark Stiving; Russell S. Winer, An empirical analysis of price endings with scanner data, *Journal of Consumer Research*, jun. 1997, p. 57-76, Zarrel V. Lambert, Perceived prices as related to odd and even price endings, *Journal of Retailing*, 1975, p. 13-22.
82. Aradhna Krishna; Mary Wagner; Carolyn Yoon; Rashmi Adaval, Effects of extreme-priced products on consumer reservation prices, *Journal of Consumer Psychology* 16, n. 2, 2006, p. 176-190.

(product information, *Journal of Marketing Research*, maio 1993, p. 204-219.)

83. Kent B. Monroe, The influence of price differences and brand familiarity on brand preferences, *Journal of Consumer Research*, jun. 1976, p. 42-49.
84. Joseph W. Alba; Carl F. Mela; Terence A. Shimp; Joel E. Urbany, The effect of discount frequency and depth on consumer price judgments, *Journal of Consumer Research*, set. 1999, p. 99-114.
85. J. Jeffrey Inman; Anil C. Peter; Priya Raghubir, Framing the deal: the role of restrictions in accentuating deal value, *Journal of Consumer Research*, jun. 1997, p. 68-79.
86. Dhruv Grewal; Howard Marmorstein; Arun Sharma, Communicating price information through semantic cues: the moderating effects of situation and discount size, *Journal of Consumer Research*, set. 1996, p. 148-155.
87. Priya Raghubir; Joydeep Srivastava, Effect of face value on product valuation in foreign currencies, *Journal of Consumer Research*, dez. 2002, p. 335-347.
88. Margaret C. Campbell, 'Says Who?!' How the source of price information and affect influence perceived Price (un) fairness, *Journal of Marketing Research*, maio 2007, p. 261-271.
89. *Supermarket shoppers in a period of economic uncertainty* (Nova York: Yankelovich, Skelly, & White, 1982), p. 53, Robert Blattberg; Thomas Buesing; Peter Peacock; Subrata K. Sen, Who is the deal-prone consumer? In: (Ed.) H. Keith Hunt, *Advances in consumer research*, v. 5 (Ann Arbor: Association for Consumer Research, 1978), p. 57-62.
90. Donald R. Lichtenstein; Richard G. Netemeyer; Scot Burton, Assessing the domain specificity of deal proneness: a field study, *Journal of Consumer Research*, dez. 1995, p. 314-326.
91. Vox Pop: what does the future hold for price comparison on the web? *Revolution*, 18 maio 2004, p. 22.
92. Betsy Spethmann, Re-engineering the price-value equation, *Brandweek*, 20 set. 1993, p. 44-47.
93. Christine Bittar, Tablets, scents, and sensibility, *Brandweek*, 4 jun. 2001, p. S59.
94. Nelson Schwartz, Colgate cleans up, *Fortune*, abr. 2000, www.adage.com, Tara Parker-Pope, Colgate places a huge bet on a germ-fighter, *Wall Street Journal*, 29 dez. 1997, p. B1, B2.
95. Kathleen Deveny, How country's biggest brands are faring at the supermarket, *Wall Street Journal*, 24 mar. 1994, p. B1.
96. Manufacturers offered more than $250 billion in coupons in 2003 at a cost of $ 7 billion, according to the promotion marketing association, *Incentive*, jan. 2005, p. 14.
97. Dan Levin, Shifting coupons, from clip and save to point and click, *New York Times*, 27 dez. 2007, p. C3.
98. International coupon trends, *Direct Marketing*, ago. 1993, p. 47-49, 83.
99. William J. Holstein, Why Wal-Mart can't find happiness in Japan, *Fortune*, 6 ago. 2007, p. 73.
100. Wal-Mart opening more retail outlets (China Expansion), *World Trade*, fev. 2008, p. 12.
101. Daniel J. Howard; Charles Gengler, Emotional contagion effects on product attitudes, *Journal of Consumer Research*, set. 2001, p. 189-201.
102. Susan T. Fiske, Schema triggered affect: applications to social perception. In: (Ed.) Margaret S. Clark; Susan T. Fiske, *Affect and cognition: the 17th Annual Carnegie Symposium on Cognition* (Hillsdale: Lawrence Erl-baum, 1982), p. 55-77, Mita Sujan; James R. Bettman; Harish Sujan, Effects of consumer expectations on information processing and selling encounters, *Journal of Marketing Research*, nov. 1986, p. 346-353.
103. Peter L. Wright, An adaptive consumer's view of attitudes and choice mechanisms as viewed by an equally adaptive advertiser, em edição. William D. Wells, *Attitude research at bay* (Chicago: American Marketing Association, 1976), p. 113-131.
104. Baba Shiv e Alexander Fedorikhin, Heart and mind in conflict: the interplay of affect and cognition in consumer decision making, *Journal of Consumer Research* 26, dez. 1999, p. 278-292.
105. Rebecca Walker Naylor; Rajagopal Raghunathan; Suresh Ramanathan, Promotions spontaneously induce a positive evaluative response, *Journal of Consumer Psychology* 16, n. 3, 2006, p. 295-305.
106. Susan T. Fiske; Mark A. Pavelchak, Category-based versus piecemeal-based affective responses: developments in schema-triggered affect. In: (Ed.) R. M. Sorrentino; E. T. Higgins, *The handbook of motivation and cognition: foundations of social behavior* (Nova York: Guilford, 1986), p. 167-203, David M. Boush; Barbara Loken, A process-tracing study of brand extension evaluation, *Journal of Marketing Research*, fev. 1991, p. 16-28.
107. Fiske, Schema triggered affect; Mita Sujan, Consumer knowledge: effects on evaluation strategies mediating consumer judgments, *Journal of Consumer Research*, jun. 1985, p. 31-46.
108. Claire Atkinson, Whiten your teeth even while walking the dog, *New York Times*, 27 jul. 2007, p. C5.
109. Ralph I. Allison; Kenneth P. Uhl, Influence of beer brand identification on taste perception, *Journal of Marketing Research*, ago. 1964, p. 36-39.
110. Wayne D. Hoyer; Stephen P. Brown, Effects of brand awareness on choice for a common, repeat-purchase product, *Journal of Consumer Research*, set. 1990, p. 141-148.
111. Leong, Consumer decision making for common, repeat-purchase products.
112. M. Carole Macklin, Preschoolers' learning of brand names from visual cues, *Journal of Consumer Research*, dez. 1996, p. 251-261.
113. Jim Stafford, Fame of brand names has changed with time, *Daily Oklahoman*, 2 fev. 2005, www.newsok.com; Richard W. Stevenson, The brands with billion dollar names, *New York Times*, 28 out. 1988, p. A1.
114. Eric Yang, Co-brand or be damned, *Brandweek*, 21 nov. 1994, p. 21-24.
115. Frozen breakfast: kid power, *Frozen Food Age*, jan. 2005, p. S6.
116. T. G. I. Friday's, Based here, has added two dishes to its Jack Daniel's grill line, *Nation's Restaurant News Daily NewsFax*, 18 out. 2006, n. p., Laurie Snyder; Elizabeth Jensen, Liquor logos pop up in some surprising places, *Wall Street Journal*, 26 ago. 1997, p. B1, B15.
117. Karen V. Fernandez; Dennis L. Rosen, The effectiveness of information and color in Yellow Pages advertising, *Journal of Advertising* 29, n. 2, 2000, p. 61-73.
118. Robert W. Veryzer; J. Wesley Hutchinson, The influence of unity and prototypicality on aesthetic responses to new pro-

duct designs, *Journal of Consumer Research*, mar. 1998, p. 374-394.
119. McDonald's China strategy, *Los Angeles Times*, 17 set. 2007, p. C4.
120. Big Portions: Barilla, *The Economist*, 23 jun. 2007, p. 75.
121. M. Venkatesan, Cognitive consistency and novelty seeking. In: (Ed.) Scott Ward; Thomas S. Robertson, *Consumer behavior: theoretical sources* (Englewood Cliffs: Prentice-Hall, 1973), p. 354-384, Leigh McAlister, A dynamic attribute satiation model of variety seeking behavior, *Journal of Consumer Research*, set. 1982, p. 141-150.
122. Rebecca K. Ratner; Barbara E. Kahn; Daniel Kahne-man, Choosing less-preferred experiences for the sake of variety, *Journal of Consumer Research* 26, jun. 1999, p. 1-15.
123. Rebecca K. Ratner; Barbara E. Kahn, The impact of private versus public consumption on variety-seeking behavior, *Journal of Consumer Research*, set. 2002, p. 246.
124. Rosario Vázquez-Carrasco; Gordon R. Foxall, Positive versus negative switching barriers: the influence of service consumers' need for variety, *Journal of Consumer Behavior 5*, n. 4, 2006, p. 367-379.
125. Hans C. M. Van Trijp; Wayne D. Hoyer; J. Jeffrey Inman, Whyswitch? Product category-level explanations for true variety seeking, *Journal of Marketing Research*, ago. 1996, p. 281-292; Wayne D. Hoyer; Nancy M. Ridgway, Variety seeking as an explanation for exploratory purchase behavior: a theoretical model, em edição. Thomas C. Kinnear, *Advances in Consumer Research*, v. 11 (Ann Arbor: Association for Consumer Research, 1984), p. 114-119.
126. J. Jeffrey Inman, The role of sensory-specific satiety in attribute-level variety seeking, *Journal of Consumer Research* 28, jun. 2001, p. 105-120.
127. Saatya Menon; Barbara E. Kahn, The impact of context on variety seeking in product choices, *Journal of Consumer Research*, dez. 1995, p. 285-295.
128. Erich A. Joachimsthaler; John L. Lastovicka, Optimal stimulation level-exploratory behavior models, *Journal of Consumer Research*, dez. 1984, p. 830-835.
129. Albert Mehrabian; James Russell, *An approach to environmental Psychology* (Cambridge: MIT Press, 1974).
130. Linda L. Price; Nancy M. Ridgway, Use innovativeness, vicarious exploration and purchase exploration: three facets of consumer varied behavior, em edição. Bruce Walker, *American Marketing Association Educators' Conference Proceedings* (Chicago: American Marketing Association, 1982), p. 56-60.
131. Brewing Variety, *Beverage industry*, nov. 2004, p. 39.
132. Barbara E. Kahn; Brian Wansink, The influence of assortment structure on perceived variety and consumption quantities, *Journal of Consumer Research*, mar. 2004, p. 519-533.
133. Fritz Strack; Lioba Werth; d Roland Deutsch, Reflective and impulsive determinants of consumer behavior, *Journal of Consumer Psychology* 16, n. 2, 2006, p. 205-216, Dennis W. Rook, The buying impulse, *Journal of Consumer Research*, set. 1987, p. 189-199, Craig J. Thompson; William B. Locander; Howard R. Pollio, The lived meaning of free choice: existential-phenomenological description of everyday consumer experiences of contemporary married women, *Journal of Consumer Research*, dez. 1990, p. 346-361.
134. Jacqueline J. Kacen; Julie Anne Lee, The influence of culture on consumer impulsive buying behavior, *Journal of Consumer Psychology* 12, n. 2, 2002, p. 163-176.
135. Veja Suresh Ramanathan; Geeta Menon, Time-varying effects of chronic hedonic goals on impulsive behavior, *Journal of Marketing Research*, nov. 2006, p. 628-641.
136. Roy F. Baumeister, Yielding to temptation: self-control failure, impulsive behavior, and consumer behavior, *Journal of Consumer Research*, mar. 2002, p. 670-676.
137. Kathleen D. Vons; Ronald J. Faber, Spent resources: self-regulatory resource availability affects impulse buying, *Journal of Consumer Research* 33, n. 4, 2007, p. 537-548.
138. Kathleen D. Vohs, Self-regulatory resources power the reflective system: evidence from five domains, *Journal of Consumer Psychology* 16, n. 3, 2006, p. 217-223.
139. Deborah J. MacInnis; Vanessa M. Patrick, Spotlight on affect: affect and affective forecasting in impulse control, *Journal of Consumer Psychology* 16, n. 3, 2006, p. 224-231.
140. J. Jeffrey Inman; Russell S. Winer, Where the rubber meets the road: a model of in-store consumer decision making, *Marketing Science Institute Report Summary*, dez. 1998, p. 98-122; How we shop. . . from mass to market, *Brandweek*, 9 jan. 1995, p. 17, Danny Bellenger; D. H. Robertson; Elizabeth C. Hirschman, Impulse buying varies by product, *Journal of Advertising Research*, dez. 1978–jan. 1979, p. 15-18.
141. Cathy J. Cobb; Wayne D. Hoyer, Planned vs. impulse purchase behavior, *Journal of Retailing*, 1986, p. 384-409.
142. Rook, The buying impulse.
143. Russell W. Belk, Materialism: rait aspects of living in a material world, *Journal of Consumer Research*, dez. 1985, p. 265-280, R S. Raju, Optimum stimulation level: its relationship to personality, demographics, and exploratory behavior, *Journal of Consumer Research*, dez. 1980, p. 272-282, Danny Bellenger; P. K. Korgaonkar, Profiling the recreational shopper, *Journal of Retailing*, 1980, p. 77-92.
144. Dennis W. Rook; Robert J. Fisher, Normative influences on impulsive buying behavior, *Journal of Consumer Research*, dez. 1995, p. 305-313, Radhika Puri, Measuring and modifying consumer impulsiveness: a cost-benefit accessibility framework, *Journal of Consumer Psychology* 5, n. 2, 1996, p. 87-114.
145. Xueming Luo, How does shopping with others influence impulsive purchasing? *Journal of Consumer Psychology* 15, n. 4, 2005, p. 288-294.
146. Inman; Winer, Where the rubber meets the road.
147. Andrew Adam Newman, A package that lights up on the shelf, *New York Times*, 4 mar. 2008, p. C2.
148. Bussey, Japan's wary shoppers worry two capitals.
149. Patricia O'Connell, The middle class's urge to splurge, *BusinessWeek Online*, 3 dez. 2003, www.business-week.com.
150. Melissa Allison, Starbucks to offer Free cups of new brew today, *Seattle Times*, 8 abr. 2008, www. seattle-times. com; Korky Vann, Buying into free samples, *Hartford Courant*, 6 mar. 2008, p. G1; Kate Macarthur, Banking on a free lunch, *Crain's Chicago Business*, 25 jun. 2007, p. 14; Sampling lets fast-food chains engage new, existing customers, *PR Week (US)*, 18 jun. 2007, p. 11, Jack Neff, Viva Viva! K-C boosts brand's marketing, *Advertising Age*, 11 jun. 2007, p. 4, Libby Copeland, An ocean of promotion: for spring

breakers, the selling never stops, *Washington Post*, 28 mar. 2007, p. A1.

Capítulo 11

1. Amy Bickers, Put Costco on Your 'To Buy' List? *WashingtonPost. com*, 28 mar. 2008, www.washingtonpost.com, Kris Hudson, Turning shopping trips into treasure hunts, *Wall Street Journal*, 27 de ago. 2007, p. B1, Kris Hudson, Costco seeks to lift margins by tightening return policy, *Wall Street Journal*, 27 fev. 2007, p. B4; costco.com.
2. Para revisão, veja William H. Cummings; M. Venkatesan, Cognitive dissonance and consumer behavior: a review of the evidence, *Journal of Marketing Research*, ago. 1976, p. 303-308; veja também Dieter Frey; Marita Rosch, Information seeking after decisions: the roles of novelty of information and decision reversibility, *Personality and Social Psychology Bulletin*, mar. 1984, p. 91-98.
3. Michael Tsiros; Vikas Mittal, Regret: a model of its antecedents and consequences in consumer decision making, *Journal of Consumer Research* 26, mar. 2000, p. 401-417.
4. Lisa J. Abendroth; Kristin Diehl, Now or never: effects of limited purchase opportunities on patterns of regret over time, *Journal of Consumer Research* 33, n. 3, 2006, p. 342-351.
5. Ran Kivetz; Anat Keinan, Repenting hyperopia: an analysis of self-control regrets, *Journal of Consumer Research* 33, n. 2, 2006, p. 273-282.
6. J. Jeffrey Inman; Marcel Zeelenberg, Regret in repeat purchase versus switching decisions: the attenuating role of decision justifiability, *Journal of Consumer Research*, jun. 2002, p. 116-128.
7. Rik Pieters; Marcel Zeelenberg, A theory of regret regulation 1.0, *Journal of Consumer Psychology* 17, n. 1, 2007, p. 3-18, J. Jeffrey Inman, Regret regulation: disentangling self-reproach from learning, *Journal of Consumer Psychology* 17, n. 1, 2007, p. 19-24; Rik Pieters e Marcel Zeelenberg, A Theory of regret regulation 1. 1, *Journal of Consumer Psychology* 17, n. 1, 2007, p. 29-35.
8. Neal J. Roese; Amy Summerville; Florian Fessel, Regret and behavior: comment on Zeelenberg and Pieters, *Journal of Consumer Psychology* 17, n. 1, 2007, p. 25-28.
9. Stephen J. Hoch; John Deighton, Managing what consumers learn from experience, *Journal of Marketing*, abr. 1989, p. 1-20.
10. Ziv Carmon; Klaus Wertenbroch; Marcel Zeelenberg, Option attachment: when deliberating makes choosing feel like losing, *Journal of Consumer Research*, jun. 2003, p. 15-29.
11. Allan Pavio, *Imagery and Verbal Processes* (Nova York: Holt, Rinehart, & Winston, 1981).
12. Eric M. Eisenstein; J. Wesley Hutchinson, Action-based learning: goals and attention in the acquisition of Market Knowledge, *Journal of Marketing Research*, maio de 2006, p. 244-258.
13. Robert E. Smith e William R. Swinyard, Information Response Models: An Integrated Approach, *Journal of Marketing*, inverno de 1982, p. 81-93; Deanna S. Kempf e Robert E. Smith, Consumer Processing of Product Trial and the Influence of Prior Advertising: A Structural Modeling Approach, *Journal of Marketing Research*, ago. de 1998, p. 325-338.
14. Ida E. Berger eAndrew A. Mitchell, The Effect of Advertising on Attitude Accessibility, Attitude Confidence, and the Attitude-Behavior Relationship, *Journal of Consumer Research*, dezembro de 1989, p. 269-279; Alice A. Wright e John G. Lynch Jr. , Communication Effects of Advertising vs. Direct Experience When Both Search and Experience Attributes Are Present, *Journal of Consumer Research*, mar. 1995, p. 708-718.
15. Patricia M. West, Predicting preferences: an examination of agent learning, *Journal of Consumer Research*, jun. 1996, p. 68-80.
16. Jennifer Aaker; Susan Fournier; S. Adam Brasel, When good brands do bad, *Journal of Consumer Research*, jun. 2004, p. 1-16.
17. Bob Tedeschi, To raise shopper satisfaction, web merchants turn to videos, *New York Times*, 2 jul. 2007, p. C4.
18. Merrie Brucks, The effects of product class knowledge on information search behavior, *Journal of Consumer Research*, jun. 1985, p. 1-16.
19. Joseph W. Alba; J. Wesley Hutchinson, Dimensions of consumer expertise, *Journal of Consumer Research*, mar. 1987, p. 411-454.
20. Eric J. Johnson; J. Edward Russo, Product familiarity and learning new information, *Journal of Consumer Research*, jun. 1984, p. 542-551.
21. Stephen J. Hoch; Young-Won Ha, Consumer learning: advertising and the ambiguity of product experience, *Journal of Consumer Research*, out. 1986, p. 221-233.
22. A. V. Muthukrishnan; Frank R. Kardes, Persistent preferences for product attributes: the effects of theinitial choice context and uninformative experience, *Journal of Consumer Research*, jun. 2001, p. 89-104.
23. Paul Herr; Steven J. Sherman; Russell H. Fazio, On the consequences of priming: assimilation and contrast effects, *Journal of Experimental Social Psychology*, jul. 1983, p. 323-340, Hoch; Ha, Consumer learning.
24. Reid Hastie, Causes and effects of causal attributions, *Journal of Personality and Social Psychology*, jul. 1984, p. 44-56, Thomas K. Srull; Meryl Lichtenstein; Myron Rothbart, Associative storage and retrieval processes in person memory, *Journal of Experimental Psychology: General 11*, n. 6, 1985, p. 316-435.
25. Durairaj Maheswaran, Country of origin as a stereotype: effects of consumer expertise and attribute strength on product evaluations, *Journal of Consumer Research*, set. 1994, p. 354-365.
26. John Deighton, The interaction of advertising and evidence, *Journal of Consumer Research*, dez. 1984, p. 763-770, Hoch; Ha, Consumer learning.
27. Bernard Weiner, Spontaneous causal thinking, *Psychological Bulletin*, jan. 1985, p. 74-84.
28. Hoch; Deighton, Managing what consumers learn from experience.
29. Kenneth Hein, This fine wine Is worth a cool million, *Brandweek*, 5 fev. 2001, p. 40.
30. Youjae Yi, A critical review of consumer satisfaction, *Review of Marketing* (Chicago: American Marketing Association, 1992), p. 68-123.
31. Richard L. Oliver, Processing of the satisfaction response in consumption: a suggested framework and research propositions, *Journal of Consumer Satisfaction, Dissatis-*

faction, and complaining behavior 2, 1989, p. 1-16, Haim Mano; Richard L. Oliver, Assessing the dimensionality and structure of the consumption experience: evaluation, feeling, and satisfaction, *Journal of Consumer Research*, dez. 1993, p. 451- 466.

32. Haim Mano; Richard L. Oliver, Assessing the dimensionality and structure of the consumption experience: evaluation, feeling, and satisfaction, *Journal of Consumer Research*, dez. 1993, p. 451-466.
33. Michael D. Johnson; Eugene W. Anderson; Claes Fornell, Rational and adaptive performance expectations in a customer satisfaction framework, *Journal of Consumer Research*, mar. 1995, p. 695-707.
34. Marsha L. Richins; Peter H. Bloch, Post-purchase satisfaction: incorporating the effects of involvement and time, *Journal of Business Research*, set. 1991, p. 145-158, Vikas Mittal; Wagner A. Kamakura, Satisfaction, repurchase intent, and repurchase behavior: investigating the moderating effect of customer characteristics, *Journal of Marketing Research*, fev. 2001, p. 131-142.
35. Christian Homburg; Nicole Koschate; Wayne D. Hoyer, Do satisfied customers really pay more? A study of the relationship between customer satisfaction and willingness to pay, *Journal of Marketing*, abr. 2005, p. 84-96.
36. David M. Szymanski; David H. Henard, Customer satisfaction: a meta-analysis of the empirical evidence, *Journal of the Academy of Marketing Science* 29, n. 1, 2001, p. 16-35, Anders Gustafsson; Michael D. Johnson; Inger Roos, The effects of customer satisfaction, relationship commitment dimensions, and triggers on customer retention, *Journal of Marketing*, out. 2005, p. 210-218.
37. Todd A. Mooradian; James M. Oliver, "I can't get no satisfaction": the impact of personality and emotion on postpurchase processes, *Psychology and Marketing* 14, n. 4, 1997, p. 379-393, Xueming Luo; Christian Homburg, Neglected outcomes of customer satisfaction, *Journal of Marketing*, abr. 2007, p. 133-149.
38. Gustafsson et al. , The effects of customer satisfaction, relationship commitment dimensions, and triggers on customer retention.
39. Kathleen Seiders; Glenn B. Voss; Dhruv Grewal, Do satisfied customers buy more? Examining moderating influences in a retailing context, *Journal of Marketing*, out. 2005, p. 26-43.
40. Bruce Cooil; Timothy L. Keiningham; Lerzan Aksoy, A longitudinal analysis of customer satisfaction and share of wallet: investigating the moderating effect of customer characteristics, *Journal of Marketing*, jan. de 2007, p. 67-83.
41. Tom Edmonds, Speakers examine caring, loyalty issues, *Furniture Today*, 25 fev. 2005, www.furnituretoday.com.
42. Gail Kachadourian, NADA Promotes 24-hour surveys, *Automotive News*, 31 jan. 2005, p. 32.
43. Douglas Bowman; Das Narayandas, Managing customer-initiated contacts with manufacturers: the impact of share of category requirements and word-of-mouth behavior, *Journal of Marketing Research*, ago. de 2001, p. 281-297.
44. Vavra, Learning from your losses.
45. Klopp; Sterlickhi, Customer satisfaction just catching on in Europe.
46. Richard L. Oliver, A cognitive model of the antecedents and consequences of satisfaction decisions, *Journal of Marketing Research*, nov. 1980, p. 460-469, Yi, A critical review of consumer satisfaction, p. 92; veja também Douglas M. Stayman; Dana L. Alden; Karen H. Smith, Some effects of schematic processing on consumer expectations and disconfirmation judgments, *Journal of Consumer Research*, set. 1992, p. 240-255.
47. Yi, A critical review of consumer satisfaction, p. 92; veja também Stayman; Alden; Smith, Some effects of schematic processing on consumer expectations and disconfirmation judgments, p. 240-255.
48. Praveen K. Kopalle; Donald R. Lehman, The effects of advertised and observed quality on expectations about new product quality, *Journal of Marketing Research*, ago. 1995, p. 280-291, Stephen A. LaTour; Nancy C. Peat, The role of situationally-produced expectations, others' experiences, and prior experiences in determining satisfaction, em edição. Jerry C. Olson, *Advances in consumer research* (Ann Arbor.: Association for Consumer Research, 1980), p. 588-592, Ernest R. Cadotte; Robert B. Woodruff; Roger L. Jenkins, Expectations and norms in models of consumer satisfaction, *Journal of Marketing Research*, ago. 1987, p. 305-314.
49. Ruth N. Bolton; James H. Drew, A multistage model of customers' assessments of service quality and value, *Journal of Consumer Research*, mar. 1991, p. 375-384, Michael D. Johnson; Eugene W. Anderson; Claes Fornell, Rational and adaptive performance expectations in a customer satisfaction framework, *Journal of Consumer Research*, mar. 1995, p. 695-707.
50. Glenn B. Voss; A. Parasuraman; Dhruv Grewal, The roles of price, performance, and expectations in determining satisfaction in service exchanges, *Journal of Marketing*, out. 1998, p. 46-61, A. Parasuraman; Valerie A. Zeithaml; Leonard L. Berry, SERVQUAL: a multiple-item scale for measuring consumer perceptions of service quality, *Journal of Retailing*, 1988, p. 12-36.
51. Bob Tedeschi, Online retailers say they are ready to deliver goods to Christmas shoppers who waited until the last minute, *New York Times*, 20 dez. 2004, p. C4.
52. Stephanie Dellande; Mary C. Gilly; John L. Graham, Gaining compliance and losing weight: the role of the service provider in health care services, *Journal of Marketing*, jul. 2004, p. 78-91.
53. Susan Fournier; David Glen Mick, Rediscovering satisfaction, *Journal of Marketing* 63, out. 1999, p. 5-23.
54. Simona Botti; Ann L. McGill, When choosing is not deciding: the effect of perceived responsibility on satisfaction, *Journal of Consumer Research* 33, n. 2, 2006, p. 211-219.
55. Ashwani Monga; Michael J. Houston, Fading optimism in products: temporal changes in expectations about performance, *Journal of Marketing Research*, nov. 2006, p. 654-663.
56. Chezy Ofir; Itamar Simonson, In search of negative customer feedback: the effect of expecting to evaluate on satisfaction evaluations, *Journal of Marketing Research* 38, maio 2001, p. 170-182.
57. Baba Shiv; Ziv Carmon; Dan Ariely, Placebo effects of marketing actions: consumers may get what they pay for, *Journal of Marketing Research*, nov. 2005, p. 383-393.
58. Caglar Irmak; Lauren G. Block; Gavan J. Fitzsimons, The placebo effect in marketing: sometimes you just have to

want it to work, *Journal of Marketing Research*, nov. 2005, p. 406-409.
59. David K. Tse; Peter C. Wilson, Models of consumer satisfaction formation: an extension, *Journal of Marketing Research*, maio 1988, p. 204-212, Richard L. Oliver, Cognitive, affective, and attribute bases of the satisfaction response, *Journal of Consumer Research*, dez. 1993, p. 418-430, Richard L. Oliver; Wayne S. DeSarbo, Response determinants in satisfaction judgments, *Journal of Consumer Research*, mar. 1988, p. 495-507.
60. Gilbert A. Churchill; Carol Supranant, An investigation into the determinants of customer satisfaction, *Journal of Marketing Research*, nov. 1982, p. 491-504, Richard L. Oliver; William O. Bearden, The role of involvement in satisfaction processes. In: Richard P. Bagozzi; Alice M. Tybout, *Advances in Consumer Research*, v. 10 (Ann Arbor: Association for Consumer Research, 1983), p. 250-255, Paul G. Patterson, Expectations and product performance as determinants of satisfaction for a high involvement purchase, *Psychology and Marketing*, set.-out. 1993, p. 449-465.
61. Robert A. Westbrook; Michael D. Reilly, Value-percept disparity: an alternative to the disconfirmation of expectations theory of consumer satisfaction. In: (Ed.) Richard P. Bagozzi; Alice M. Tybout, *Advances in consumer research*, v. 10 (Ann Arbor: Association for Consumer Research, 1983), p. 256-261.
62. Richard W. Olshavsky; John A. Miller, Consumer expectations, product performance, and perceived product quality, *Journal of Marketing Research*, fev. 1972, p. 469-499.
63. Goll, Pizza Hut tosses its pies into the ring.
64. Diane Halstead; Cornelia Droge; M. Bixby Cooper, Product warranties and post-purchase service, *Journal of Services Marketing* 7, n. 1, 1993, p. 33-40, Joshua Lyle Wiener, Are warranties accurate signals of product reliability? *Journal of Consumer Research*, set. 1985, p. 245-250.
65. Gavin Off, Renovated Englewood, Fla., golf course back in business, *The Sun (Port Charlotte, Florida)*, 20 nov. 2004, www.sun-herald.com.
66. Bernard Weiner, Reflections and reviews: attributional thoughts about consumer behavior, *Journal of Consumer Research* 27, dez. 2000, p. 382-287, Valerie S. Folkes, Consumer reactions to product failure: an attributional approach, *Journal of Consumer Research*, mar. 1984, p. 398-409, Valerie S. Folkes, Recent attribution research in consumer behavior: a review and new directions, *Journal of Consumer Research*, mar. 1988, p. 548-565, Richard W. Mizerski; Linda L. Golden; Jerome B. Kernan, The attribution process in consumer decision making, *Journal of Consumer Research*, set. 1979, p. 123-140.
67. Mary Jo Bitner, Evaluating service encounters: the effects of physical surroundings and employee responses, *Journal of Marketing*, abr. 1990, p. 69-82.
68. Valerie S. Folkes; Susan Koletsky; John L. Graham, A field study of causal inferences and consumer reaction: the view from the airport, *Journal of Consumer Research*, mar. 1987, p. 534-539.
69. Neeli Bendapudi; Robert R Leone, Psychological implications of customer participation in co-production, *Journal of Marketing*, jan. 2003, p. 14-28.
70. Michael Tsiros; Vikas Mittal; William T. Ross Jr., The role of attributions in customer satisfaction: a reex-amination, *Journal of Consumer Research*, set. 2004, p. 476-483.
71. Andrea C. Morales, Giving firms an E for Effort: consumer responses to high-effort firms, *Journal of Consumer Research* 31, n. 4, 2005, p. 806-812.
72. David L. Margulius, Going to the A. T. M. for more than a fistful of twenties, *New York Times*, 17 jan. 2002, p. D7, Eleena de Lisser, Banks court disenchanted customers, *Wall Street Journal*, 30 ago. 1993, p. B1.
73. Richard L. Oliver; John E. Swan, Equity and disconfirmation paradigms as influences on merchant and product satisfaction, *Journal of Consumer Research*, dez. 1989, p. 372-383, Elaine G. Walster; G. William Walster; Ellen Berscheid, *Equity: theory and research* (Boston: Allyn & Bacon, 1978).
74. Peter R. Darke; Darren W. Dahl, Fairness and discounts: the subjective value of a bargain, *Journal of Consumer Psychology* 13, n. 3, 2003, p. 328-338.
75. Richard L. Oliver; John L. Swan, Consumer perceptions of interpersonal equity and satisfaction in transactions, a field survey approach, *Journal of Marketing*, abr. 1989, p. 21-35.
76. Ruth N. Bolton; Katherine N. Lemon, A dynamic model of customers' usage of services: usage as an antecedent and consequence of satisfaction, *Journal of Marketing Research* 36, maio 1999, p. 171-186.
77. Rebecca J. Slotegraaf; J. Jeffrey Inman, Longitudinal shifts in the drivers of satisfaction with product quality: the role of attribute resolvability, *Journal of Marketing Research*, ago. 2004, p. 269-280.
78. James G. Maxhamm III; Richard G. Netemeyer, Firms reap what they sow: the effects of shared values and perceived organizational justice on customers' evaluations of complaint handling, *Journal of Marketing*, jan. 2003, p. 46-62.
79. Diane M. Phillips; Hans Baumgartner, The role of consumption emotions in the satisfaction response, *Journal of Consumer Psychology* 12, n. 3, 2002, p. 243-252, Westbrook, Product/consumption-based affective responses and postpurchase processes, Robert A. Westbrook; Richard L. Oliver, The dimensionality of consumption emotion patterns and consumer satisfaction, *Journal of Consumer Research*, jun. 1991, p. 84-91, Mano; Oliver, Assessing the dimensionality and structure of the consumption experience.
80. Westbrook, Product/consumption-based affective responses and postpurchase processes.
81. Westbrook; Oliver, The dimensionality of consumption emotion patterns.
82. Thorsten Hennig-Thurau; Markus Groth; Michael Paul, Are all smiles created equal? How emotional contagion and emotional labor affect service relationships, *Journal of Marketing*, jul. 2006, p. 58-73.
83. Adam Duhachek; Dawn Iacobucci, Consumer personality and coping: testing rival theories of process, *Journal of Consumer Psychology* 15, n. 1, 2005, p. 52-63, Adam Duhachek, Coping: a multidimensional, hierarchical framework of responses to stressful consumption episodes, *Journal of Consumer Research* 32, jun. 2005, p. 41-53.
84. Richard L. Oliver, Measurement and evaluation of satisfaction processes in retail settings, *Journal of Retailing*, 1981, p. 25-48.
85. Christian Homburg; Nicole Koschate; Wayne D. Hoyer, The role of cognition and affect in the formation of customer satisfaction: a dynamic perspective, *Journal of Marketing*, jul. 2006, p. 21-31, Stacy L. Wood; C. Page Moreau, Loathing? How emotion influences the evaluation and

early use of innovations, *Journal of Marketing*, jul. 2006, p. 44-57.
86. Sarah Fisher Gardial; D. Scott Clemons; Robert B. Woodruff; David W. Schumann; Mary Jane Burns, Comparing consumers' recall of prepurchase and postpurchase evaluation experiences, *Journal of Consumer Research*, mar. 1994, p. 548-560.
87. Vanessa M. Patrick; Deborah J. MacInnis; C. Whan Park, Not as happy as I thought I'd be? Affective misforecasting and product evaluations, *Journal of Consumer Research* 33, n. 4, 2007, p. 479-489, Daniel T. Gilbert; Elizabeth C. Pinel; Timothy D. Wilson; Stephen J. Blumberg; Thalia P. Wheatley, Immune neglect: a source of durability bias in affective forecasting, *Journal of Personality and Social Psychology* 75, n. 3, 1998, p. 617-638, George Loewenstein; David A. Schkade, Wouldn't it be nice? Predicting future feelings. In: (Ed.) N. Schwartz; D. Kahneman; E. Diener, *Well-being: the foundations of hedonic psychology* (Nova York: Russell Sage Foundation, 1999), p. 85-105.
88. Susan Greco, Saints alive! *Inc.* , ago. de 2001, p. 44-45.
89. C. B. Bhattacharya; Sankar Sen, Consumer-company identification: a framework for understanding consumers' relationships with companies, *Journal of Marketing*, abr. 2003, p. 76-88, Dennis B. Arnett; Steve D. German; Shelby D. Hunt, The identify salience model of relationship marketing success: the case of nonprofit marketing, *Journal of Marketing*, abr. 2003, p. 89-105.
90. Day, Modeling choices among alternative responses to dissatisfaction, Marsha L. Richins, Word-of-mouth communication as negative information, *Journal of Marketing*, 1983, p. 68-78.
91. Day, Modeling choices among alternative responses to dissatisfaction; Arthur Best; Alan R. Andreasen, Consumer response to unsatisfactory purchases, *Law and Society*, 1977, p. 701-742.
92. William O. Bearden; Jesse E. Teel, Selected determinants of consumer satisfaction and complaint reports, *Journal of Marketing Research*, fev. 1983, p. 21-28.
93. Cathy Goodwin; Ivan Ross, Consumer evaluations of responses to complaints: what's fair and why, *Journal of Services Marketing*, 1990, p. 53-61.
94. Day, Modeling choices among alternative responses to dissatisfaction, Jagdip Singh; Roy D. Howell, Consumer complaining behavior: a review. In: H. Keith Hunt; Ralph L. Day, *Consumer satisfaction, dissatisfaction, and complaining behavior* (Bloomington: Indiana University Press, 1985).
95. S. Krishnan; S. A. Valle, Dissatisfaction attributions and consumer complaint behavior. In: (Ed.) William L. Wilkie, *Advances in consumer research* (Miami: Association for Consumer Research, 1979), p. 445-449.
96. Folkes, Consumer reactions to product failure.
97. Nada Nasr Bechwati; Maureen Morrin, Outraged customers: getting even at the expense of getting a good deal, *Journal of Consumer Psychology* 13, n. 4, 2003, p. 440-453.
98. Kjell Gronhaug; Gerald R. Zaltman, Complainers and non-complainers revisited: another look at the data. In: (Ed.) Kent B. Monroe, *Advances in consumer research* (Ann Arbor: Association for Consumer Research, 1981), p. 159-165.
99. Jagdip Singh, A typology of consumer dissatisfaction response styles, *Journal of Retailing*, 1990, p. 57-99.
100. Dan Fost, On the internet, everyone can hear your complaint, *New York Times*, 25 fev. 2008, p. C6.
101. Tiffany Kary, Online retailers fumble on customer care, *CNET News.com*, 3 jan. 2002, http://news.com. com/2100-1017-801668. html.
102. Marlon A. Walker, Online service lags at big firms, *Wall Street Journal*, 1 jul. 2004, p. B4.
103. Lou Hirsh, Consumer gripe sites – Hidden treasure? *CRM Daily.com*, 2 jan. 2002, www.crmdaily.com/perl/story/?id=15555.
104. James G. Maxham III; Richard G. Netemeyer, A longitudinal study of complaining customers' evaluations of multiple service failures and recovery efforts, *Journal of Marketing*, out. 2002, p. 57-71.
105. Halstead, Droge; Cooper, Product warranties and post-purchase service.
106. Claes Fornell; Nicholas M. Didow, Economic constraints on consumer complaining behavior, em edição. Jerry C. Olson, *Advances in consumer research,* v. 7 (Ann Arbor: Association for Consumer Research, 1980), p. 318-323, Claes Fornell; Birger Wernerfelt, Defensive marketing strategy by customer complaint management, *Journal of Marketing Research*, nov. 1987, p. 337-346.
107. Claes Fornell; Robert A. Westbrook, The vicious cycle of consumer complaints, *Journal of Marketing,* 1984, p. 68-78.
108. Torsten Ringberg; Gaby Odekerken-Schröder; Glenn L. Christensen, A cultural models approach to service recovery, *Journal of Marketing*, jul. 2007, p. 194-214.
109. Amy K. Smith; Ruth N. Bolton; Janet Wagner, A model of customer satisfaction with service encounters involving failure and recovery, *Journal of Marketing Research* 36, ago. 1999, p. 356-372.
110. Bitner, Evaluating service encounters.
111. Richins, Word-of-mouth communication as negative information.
112. Yi, A critical review of consumer satisfaction, Johan Arndt, Word-of-mouth advertising and perceived risk. In: (Ed.) Harold H. Kassarjian; Thomas R. Robertson, *Perspectives in consumer behavior* (Glenview: Scott-Foresman, 1968).
113. Fost, On the internet, everyone can hear your complaint.
114. James McNair, Company backlash strikes gripe sites, *Cincinnati Enquirer*, 7 fev. 2005, www.usatoday.com.
115. Keith L. Alexander, Consumers exercise their growing clout, *Washington Post*, 22 fev. 2005, p. E1, Keith L. Alexander, Hertz kills fee for bookings; car-rental firm cites complaints, *Washington Post*, 16 fev. 2005, p. E3.
116. Frederick F. Reichheld, *The loyalty effect: the hidden force behind growth* (Boston: Harvard Business School Press, 1996).
117. Murali Chandrashekaran; Kristin Rotte; Stephen S. Tax; Rajdeep Grewal, Satisfaction strength and customer loyalty, *Journal of Marketing Research*, fev. 2007, p. 153-163.
118. Priscilla La Barbera; David W. Mazursky, A longitudinal assessment of consumer satisfaction/dissatisfaction: the dynamic aspect of cognitive processes, *Journal of Marketing Research*, nov. 1983, p. 393-404, Ruth Bolton, A dynamic model of the duration of the customer's relationship with a continuous service provider, *Marketing Science* 17, n. 1, 1998, p. 45-65.
119. Thomas O. Jones; W. Earl Sasser, Why customers defect, *Harvard Business Review*, nov.-dez. 1995, p. 88-99.

120. Richard L. Oliver, Whence consumer loyalty? *Journal of Marketing* 63, 1999, p. 33-44.
121. Michael Lewis, The influence of loyalty programs and short-term promotions on customer retention, *Journal of Marketing Research*, ago. 2004, p. 281-292.
122. Frederick F. Reichheld; W. Earl Sasser, Zero defections: quality comes to services, *Harvard Business Review*, set. 1990, p. 105-111, Eugene Anderson; Claes Fornell; Donald H. Lehman, Customer satisfaction, market share, and profitability: findings from sweden, *Journal of Marketing*, jul. 1994, p. 53-66, Rajendra K. Srivastava; Tassadduq A. Shervani; Liam Fahey, Market-based assets and shareholder value: a framework for analysis, *Journal of Marketing* 62, n. 1, 1998, p. 2-18.
123. Werner Reinartz; Manfred Krafft; Wayne D. Hoyer, The customer relationship management process: its measurement and impact on performance, *Journal of Marketing Research*, ago. 2004, p. 293-305, Suni Mithas; M. S. Krishnan; Claes Fornell, Why do customer relationship management applications affect customer satisfaction? *Journal of Marketing*, out. 2005, p. 201-209.
124. Becky Ebenkamp, The complaint department, *Brandweek*, 18 jun. 2001, p. 21, Reichheld, *The loyalty effect*.
125. Abigail Sullivan Moore, Cream and sugar, and the milk of human kindness, *New York Times*, 28 mar. 2004, sec. 14, p. 5.
126. Vikki Bland, Keeping the customer (Satisfied), *NZ Business*, set. 2004, p. 16-20.
127. Todd R. Weiss, Craig Newmark, *ComputerWorld*, 4 fev. 2008, p. 17, Tom Spring, The craig behind craigslist, *PC World*, nov. 2004, p. 32, Elizabeth Millard, Making the list, *Computer User*, nov. 2004, p. 24, Matt Richtel, Craig's to--do list, *New York Times*, 6 set. 2004, p. C1, C3.
128. Corilyn Shropshire, More mom and pop stores use new technology to boost customer satisfaction, *Pittsburgh Post--Gazette*, 10 fev. 2005, www.post-gazette.com.
129. Dan Zehr, Dell opening high-tech service center in China, *Austin American-Statesman*, 8 set. 2004, p. B1, C3.
130. Melissa Martin Young; Melanie Wallendorf, Ashes to ashes, dust to dust: conceptualizing consumer disposition of possessions. In: *Proceedings, Marketing Educators' Conference* (Chicago: American Marketing Association, 1989), p. 33-39.
131. Young; Wallendorf, Ashes to ashes, dust to dust: conceptualizing consumer disposition of possessions; veja também Erica Mina Okada, Trade-ins, mental accounting, and product replacement decisions, *Journal of Consumer Research*, mar. 2001, p. 433-446, Jacob Jacoby; Carol K. Berning; Thomas F. Dietvorst, What about disposition? *Journal of Marketing*, abr. 1977, p. 22-28, Gilbert D. Harrell; Diane M. McConocha, Personal factors related to consumer product disposal, *Journal of Consumer Affairs*, 1992, p. 397-417.
132. Jacoby; Berning; Dietvorst, What about disposition?, Young; Wallendorf, Ashes to ashes, dust to dust.
133. Harrell; McConocha, Personal factors related to consumer product disposal tendencies.
134. Jacoby; Berning; Dietvorst, What about disposition?
135. John B. Sherry; Mary Ann McGrath; Sidney J. Levy, The disposition of the gift and many unhappy returns, *Journal of Retailing*, 1992, p. 40-65.
136. Young; Wallendorf, Ashes to ashes, dust to dust.
137. Russell W. Belk, Possessions and the extended self, *Journal of Consumer Research*, set. 1988, p. 139-168.
138. Young; Wallendorf, Ashes to ashes, dust to dust.
139. Okada, Trade-ins, mental accounting, and product replacement decisions.
140. Melissa Martin Young, Disposition of possessions during role transitions. In: (Ed.) Rebecca H. Holman; Michael R. Solomon, *Advances in consumer research*, v. 18 (Provo: Association for Consumer Research, 1991), p. 33-39.
141. James H. Alexander, Divorce, the disposition of the relationship, and everything. In: (Ed.) Rebecca H. Holman; Michael R. Solomon, *Advances in consumer research*, v. 18 (Provo: Association for Consumer Research, 1991), p. 43-48.
142. Ibidem, Russell W. Belk; John F. Sherry; Melanie Wallendorf, A naturalistic inquiry into buyer and seller behavior at a swap meet, *Journal of Consumer Research*, mar. 1988, p. 449-470.
143. Michael D. Reilly; Melanie Wallendorf, A comparison of group differences in food consumption using household refuse, *Journal of Consumer Research*, set. 1987, p. 289-294.
144. Para revisão, veja L. J. Shrum; Tina M. Lowrey; John A. McCarty, Recycling as a marketing problem: a framework for strategy development, *Psychology and Marketing*, jul.-ago. 1994, p. 393-416.
145. Abhijit Biswas; Jane W. Licata; Daryl McKee; Chris Pullig; Christopher Daughtridge, The recycling cycle: waste recycling and recycling shopping behaviors, *Journal of Public Policy and Marketing* 19, 2000, p. 93-105.
146. Rik G. M. Pieters, Changing garbage disposal patterns of consumers: motivation, ability, and performance, *Journal of Public Policy and Marketing*, 1991, p. 59-76.
147. Richard P. Bagozzi; Pratibha Dabholkar, Consumer recycling goals and their effect on decisions to recycle, *Psychology and Marketing*, jul.-ago. de 1994, p. 313-340.
148. E. Howenstein, Marketing segmentation for recycling, *Environment and Behavior*, mar. 1993, p. 86-102.
149. Shrum, Lowrey; McCarty, Recycling as a marketing problem.
150. Susan E. Heckler, The role of memory in understanding and encouraging recycling behavior, *Psychology and Marketing*, jul.-ago. 1994, p. 375-392.
151. Pieters, Changing garbage disposal patterns of consumers.
152. Susan Warren, Recycler's nightmare: beer in plastic, *Wall Street Journal*, 16 nov. 1999, p. B1, B4.
153. Kenneth R. Lord, Motivating recycling behavior: a quasi-experimental investigation of message and source strategies, *Psychology and Marketing*, jul.-ago. 1994, p. 341-358.
154. Heckler, The role of memory in understanding and encouraging recycling behavior.
155. Peter Pae, JetBlue's expansion has rivals scrambling, *Los Angeles Times*, 16 abr. 2008, p. A1; The customer service elite, *BusinessWeek*, 21 fev. 2008, www.businessweek.com; Jena McGregor, An extraordinary stumble at JetBlue, *BusinessWeek*, 5 mar. 2007, p. 58-59, Dan Reed, "JetBlue Tries to Make Up with Fliers, *USA Today*, 21 fev. 2007, p. 1B, Jeff Bailey, Chief 'mortified' by JetBlue crisis, *New York Times*, 19 fev. 2007, p. A1.

Capítulo 12

1. Chandra Johnson-Greene, Hispanic magazine advertising up 22 percent, *Folio*, 28 mar. 2008, www.foliomag.com; In

Hispanic ritual, a place for faith and celebration, *New York Times*, 5 jan. 2008, p. B5, Walter Nicholls, A rite of passage, a slice of tradition, *Washington Post*, 23 ago. 2006, p. F1, Becky Tiernan, Understanding quinceañera can mean business, *Daily Oklahoman*, 20 fev. 2005, www.newsok.com; Deborah Hirsch, Quinceañera parties evolve as Hispanics assimilate into American culture, *Orlando Sentinel*, 25 ago. 2003, Amy Chozick, Fairy-tale fifteenths, *Wall Street Journal*, 15 out. 2004, p. B1, B6.
2. Charles D. Schewe; Geoffrey Meredith, Segmenting global markets by generational cohorts: determining motivations by age, *Journal of Consumer Behavior* 4, n. 1, 2004, p. 51-63.
3. Peter Francese, Trend Spotting, *American Demographics*, jul.-ago. 2002, p. 50, Vickery; Greene; Branch; Nelson, Marketers tweak strategies as age groups realign.
4. Laura Zinn, Teens: here comes the biggest wave yet, *BusinessWeek*, 11 abr. 1994, p. 76-86; Lisa Marie Petersen, I bought what was on sale, *Brandweek*, 22 fev. 1993, p. 12-13.
5. Dennis H. Tootelian; Ralph M. Gaedecke, The teen market: an exploratory analysis of income, spending, and shopping patterns, *Journal of Consumer Marketing*, 1994, p. 35-44, George P. Moschis; Roy L. Moore, Decision making among the young: a socialization perspective, *Journal of Consumer Research*, set. 1979, p. 101-112.
6. Rick Garlick; Kyle Langley, Reaching gen Y on both sides of the cash register, *Retailing Issues Letter*, Center for retailing studies at Texas A&M University, v. 18, n. 2, 2007, p. 1-2.
7. Dannie Kjeldgaard; Søren Askegaard, The globalization of youth culture: the global youth segment as structures of common difference, *Journal of Consumer Research* 33, n. 2, 2006, p. 231-247.
8. The six value segments of global youth, *Brandweek*, 22 maio 2000, p. 38-44.
9. David Murphy, Connecting with online teenagers, *Marketing*, 27 set. 2001, p. 31-32.
10. Noah Rubin Brier, Coming of age, *American Demographics*, nov. 2004, p. 16- 19.
11. Peter Francese, Ahead of the next wave, *American Demographics*, set. 2003, p. 42-43, Robert Guy Matthews, Spirits makers aim to shake up stodgy brands with youth push, *Wall Street Journal*, 11 nov. 2004, p. B5.
12. Resident population projections by sex and age: 2010 to 2050, *U. S. Interim Projections by Age, Sex, Race, and Hispanic Origin*, U. S. Census Bureau, mar. 2004, www.census.gov.
13. Teen clout grows; chains react, *MMR*, 20 ago. 2001, p. 29.
14. Kerry Capell, MTV's World, *BusinessWeek*, 18 fev. 2001, p. 81-84, Sally Beatty; Carol Hymowitz, How MTV stays tuned in to teens, *Wall Street Journal*, 21 mar. 2000, p. B1, B4.
15. Paula Dwyer, The euroteens (and how to sell to them), *BusinessWeek*, 11 abr. 1994, p. 84.
16. Stephanie Clifford, An online game so mysterious its famous sponsor is hidden, *New York Times*, 1 abr. 2008, p. C5.
17. Murphy, Connecting with online teenagers, Fara Warner, Booming Asia lures credit-card firms, *Wall Street Journal*, 24 nov. 1995, p. B10.
18. Beatty e Hymowitz, How MTV stays tuned in to teens.
19. Maureen Tkacik, Fast times for retail chain behind the "euro" Shoe Trend, *Wall Street Journal*, 21 nov. 2002, p. B1.
20. Matthew Grimm, Irvington, 10533, *Brandweek*, 17 ago. 1993, p. 11-13.
21. Helene Cooper, Once again, ads woo teens with slang, *Wall Street Journal*, 29 mar. 1993, p. B1, B6; Adrienne Ward Fawcett, When using slang in advertising: BVC, *Advertising Age*, 23 ago. 1993, p. S-6.
22. Barbara Martinez, Antismoking ads aim to gross out teens, *Wall Street Journal*, 21 mar. 1997, p. B1, B8.
23. Jennie L. Phipps, Networks drill deeper into teen market, *Electronic Media*, 12 mar. 2001, p. 20, Erin White, Teen mags for guys, not dolls, *Wall Street Journal*, 10 ago. 2000, p. B1, B4; Wendy Bounds, Teen-magazine boom: beauty, fashion, stars, and sex, *Wall Street Journal*, 7 dez. 1998, p. B1, B10.
24. Cristina Merrill, Keeping up with teens, *American Demographics*, out. 1999, p. 27-31.
25. Bob Tedeschi, Online retailers say they are ready to deliver goods to Christmas shoppers who waited until the last minute, *New York Times*, 20 dez. 2004, p. C4.
26. Jennifer Gill, Contagious commercials, *Inc.*, nov. 2006, www.inc.com, Leigh Muzslay, Shoes that morph from sneakers to skates are flying out of stores, *Wall Street Journal*, 26 jul. 2001, p. B1.
27. Jeffrey A. Trachtenberg, Targeting young adults, *Wall Street Journal*, 4 out. 2004, p. B1, B5.
28. Christina Duff, It's sad but true: good times are bad for real slackers, *Wall Street Journal*, 6 ago. 1998, p. A1, A5, Carol Angrisani, X marks the spot, *Brand-marketing*, abr. 2001, p. 18.
29. Farther along the axis, *American Demographics*, maio 2004, p. 21.
30. Pamela Paul, Echo boomerang, *American Demographics*, jun. 2001, p. 45-49.
31. Debra O'Connor, Home stretch: families remodel houses to accommodate parents or "Boomerang" children, *Pioneer Press*, 18 mar. 2003, www.twincities.com/mld/pioneerpress.
32. Angrisani, X marks the spot.
33. Cyndee Miller, X Marks the lucrative spot, but some advertisers can't hit target, *Marketing News*, 2 ago. 1993, p. 1, 14, Pat Sloan, Xers brush off cosmetics marketers, *Advertising Age*, 27 set. 1993, p. 4.
34. Alfred Schreiber, Generation X the next big event target, *Advertising Age*, 21 jun. 1993, p. S-3; Robert Gustafson, Marketing to generation X? Better practice safe sex, *Advertising Age*, 7 mar. 1994, p. 26.
35. Joseph B. White, Toyota, seeking younger drivers, uses hip hop, web, low prices, *Wall Street Journal*, 22 set. 1999, p. B10.
36. Horst Stipp, Xers are not created equal, *Medi-aweek*, 21 mar. 1994, p. 20, Lisa Marie Petersen, Previews of coming attractions, *Brandweek*, mar. 1993, p. 22-23.
37. Angrisani, X marks the spot.
38. Laura Koss-Feder, Want to catch gen X? Try looking on the web, *Marketing News*, 8 jun. 1998, p. 20.
39. Insurance gets hip, *American Demographics*, 1º jan. 2002, p. 48.
40. Cheryl Russell, The power of one, *Brandweek*, 4 out. 1993, p. 27-28, 30, 32.
41. Pamela Paul, Targeting boomers, *American Demographics*, mar. 2003, p. 24.

42. Alison Stein Wellner, Generational divide, *American Demographics*, out. 2000, p. 52-58.
43. Pamela Paul, Global generation gap, *American Demographics*, mar. 2002, p. 18-19.
44. More at home on the road, *American Demographics*, jun. 2003, p. 26-27.
45. Ken Brown, After roaring through the '90s, Harley's engine could sputter, *Wall Street Journal*, 12 fev. 2002, www.wsj.com; Joseph Weber, Harley investors ay get a wobbly ride, *BusinessWeek*, 11 fev. 2002, p. 65.
46. Peter Francese, Trend ticker: big spenders, *American Demographics*, set. 2001, p. 30-31; Susan Mitchell, How boomers save, *American Demographics*, set. 1994, p. 22-29; Baby boomers are top dinner consumers, *Frozen Food Age*, fev. 1994, p. 33.
47. Shirley Leung, Fast-food chains upgrade menus, and profits, with pricey sandwiches, *Wall Street Journal*, 5 fev. 2002, p. B1-B3.
48. Cyndee Miller, Jeans marketers loosen up, adjust to expanding market, *Marketing News*, 31 de ago. 1992, p. 6-7.
49. John Finotti, Back in fashion: after a strong start and then a stumble, specialty retailer Chico's FAS is riding the baby boomer wave, *Florida Trend,* janeiro de 2002, p. 16.
50. Michael J. Weiss, Chasing youth, *American Demographics*, out. 2002, p. 35; John Fetto, Queen for a Day, *American Demographics,* mar. de 2000, p. 31-32.
51. Michelle Edgar, Olay ramping up skin care offering, *WWD*, 4 maio 2007, p. 7; Cris Prystay; Sarah Ellison, Time for marketers to grow up? *Wall Street Journal*, 27 fev. 2003, p. B1, B4.
52. Carol M. Morgan, The psychographic landscape of 50-Plus, *Brandweek*, 19 jul. 1993, p. 28-32; Phil Goodman, Marketing to age groups is all in the mind set, *Marketing News*, 6 dez. 1993, p. 4.
53. Catherine A. Cole; Gary J. Gaeth, Cognitive and age-related differences in the ability to use nutritional information in a complex environment, *Journal of Marketing Research*, maio 1990, p. 175-184; Catherine A. Cole e Siva K. Balasubramanian, Age Differences in Consumers' Search for Information: Public policy implications, *Journal of Consumer Research*, jun. 1993, p. 157-169, Deborah Roedder John; Catherine A. Cole, Age differences in information processing: understanding deficits in young and elderly consumers, *Journal of Consumer Research*, dez. 1986, p. 297-315.
54. Carolyn Yoon, Age differences in consumers' processing strategies: an investigation of moderating differences, *Journal of Consumer Research*, dez. 1997, p. 329-342.
55. Sharmistha Law; Scott A. Hawkins; Fergus I. M. Craik, Repetition-induced belief in the elderly: rehabilitating age--related memory deficits, *Journal of Consumer Research*, set. 1998, p. 91-107.
56. Catherine A. Cole; Gary J. Gaeth, Cognitive and age-related differences in the ability to use nutritional information in a complex environment, *Journal of Marketing Research*, maio 1990, p. 175-184, Cole; Balasubramanian, Age differences in consumers' search for information: public policy implications, John; Cole, Age differences in information processing: understanding deficits in young and elderly consumers.
57. Michael Moss, Leon black bets big on the elderly, *Wall Street Journal*, 24 jul. 1998, p. B1, B8.
58. Raphaelle Lambert-Pandraud; Gilles Laurent; Eric Lapersonne, Repeat purchasing of new automobiles by older consumers: empirical evidence and interpretations, *Journal of Marketing*, abr. 2005, p. 97-113.
59. Patrick M. Reilly, What a long strange trip it's been, *Wall Street Journal*, 7 abr. 1999, p. B1, B4.
60. Ronald E. Milliman; Robert C. Erffmeyer, Improving advertising aimed at seniors, *Journal of Advertising Research*, dez. 1989-jan. 1990, p. 31-36.
61. Robin T. Peterson, The depiction of senior citizens in magazine advertisements: a content analysis, *Journal of Business Ethics*, set. 1992, p. 701-706, Anthony C. Ursic; Michael L. Ursic; Virginia L. Ursic, A longitudinal study of the use of the elderly in magazine advertising, *Journal of Consumer Research*, jun. 1986, p. 131-133, John J. Burnett, Examining the media habits of the affluent elderly, *Journal of Advertising Research*, out.-nov. 1991, p. 33-41.
62. Patti Williams; Aimee Drolet, Age-related differences in responses to emotional advertisements, *Journal of Consumer Research* 32, n. 3, 2005, p. 343-354.
63. America's aging consumers, *Discount Merchandiser*, set. 1993, p. 16-28, John; Cole, Age differences in information processing.
64. Amy Merrick, Gap's greatest generation? *Wall Street Journal*, 15 set. 2004, p. B1, B3.
65. Lisa D. Spiller; Richard A. Hamilton, Senior citizen discount programs: which seniors to target and why, *Journal of Consumer Marketing*, 1993, p. 42-51, Kelly Tepper, The role of labeling processes in elderly consumers' responses to age segmentation cues, *Journal of Consumer Research*, mar. 1994, p. 503-519.
66. Jinkook Lee; Loren V. Geistfeld, Elderly consumers' receptiveness to telemarketing fraud, *Journal of Public Policy & Marketing* 18, n. 2, 1999, p. 208-217, John R. Emshwiller, Having lost thousands to con artists, elderly widow tells cautionary tale, *Wall Street Journal*, 9 ago. 1996, p. B1, B5.
67. Joan Meyers-Levy, The influence of sex roles on judgment, *Journal of Consumer Research*, mar. 1988, p. 522-530.
68. Charles S. Areni; Pamela Kiecker, Gender differences in motivation: some implications for manipulating task-related involvement, em edição. Janeen Arnold Costa, *Gender and consumer behavior* (Salt Lake City: University of Utah Printing Service, 1993), p. 30-43, Brenda Giner; Eileen Fischer, Women and arts, men and sports: two phenomena or one? Janeen Arnold Costa, *Gender and consumer behavior* (Salt Lake City: University of Utah Printing Service, 1993), p. 149.
69. Douglas B. Holt; Craig J. Thompson, Man-of-action heroes: the pursuit of heroic masculinity in everyday consumption, *Journal of Consumer Research*, set. 2004, p. 425-440.
70. Elia Kacapyr, The well-being of American women, *American Demographics*, ago. 1998, p. 30, 32; Women in the United States: mar. 2000 (PPL-121), *U. S. Department of Commerce*, mar. 2000, www.census.gov/population/www/socdemo/ppl-121.html.
71. Chen May Yee, High-tech lift for India's women, *Wall Street Journal*, 1 nov. 2000, p. B1, B4, Alladi Venkatesh, Gender identity in the Indian context, a socio-cultural construction of the female consumer, Costa, *Gender and consumer behavior*, p. 119-129.
72. Timothy M. Smith; Srinath Gopalakrishna; Paul M. Smith, Men's and women's responses to sex role portrayals in ad-

vertisements, *Journal of Marketing Research*, mar. 2004, p. 61-77.
73. Lynn J. Jaffe; Paul D. Berger, Impact on purchase intent of sex-role identity and product positioning, *Psychology and Marketing*, 1988, p. 259-271.
74. David Whelan, Do ask, do tell, *American Demographics*, nov. 2001, p. 41.
75. John Fetto, In broad daylight, *American Demographics*, fev. 2001, p. 16-20, Ronald Alsop, Cracking the gay market code, *Wall Street Journal*, 29 jun. 1999, p. B1.
76. Steven M. Kates, The dynamics of brand legitimacy: an interpretive study in the gay men's community, *Journal of Consumer Research*, set. 2004, p. 455-464.
77. Stuart Elliott, A whole new meaning for the phrase "city of brotherly love", *New York Times*, 22 jun. 2004, www.nytimes.com.
78. Joan Meyers-Levy; Durairaj Maheswaran, Exploring differences in males' and females' processing strategies, *Journal of Consumer Research*, jun. 1991, p. 63-70, William K. Darley; Robert E. Smith, Gender differences in information processing strategies: an empirical test of the selectivity model in advertising response, *Journal of Advertising*, 1995, p. 41-56, Barbara B. Stern, "Feminist literary criticism and the deconstruction of ads: a postmodern view of advertising and consumer responses, *Journal of Consumer Research*, mar. 1993, p. 556-566.
79. Meyers-Levy, The influence of sex roles on judgment, Joan Meyers-Levy, Priming effects on product judgments: a hemispheric interpretation, *Journal of Consumer Research*, jun. 1989, p. 76-86.
80. Laurette Dube; Michael S. Morgan, Trend effects and gender differences in retrospective judgments of consumption emotions, *Journal of Consumer Research*, set. 1996, p. 156-162.
81. Richard Elliot, Gender and the psychological meaning of fashion brands. In: (Ed.) Janeen Arnold Costa, *Gender and consumer behavior* (Salt Lake City: University of Utah Printing Service, 1993), p. 99-105.
82. Suzanne C. Grunert, On gender differences in eating behavior as compensatory consumption, em edição. Costa, *Gender and Consumer Behavior*, p. 74-86.
83. Clifford Krauss, Women, hear them roar, *New York Times*, 25 jul. 2007, p. C1, C9.
84. Linda Bock, Bye-bye barber, *Telegram & Gazette* (Worcester), 1 abr. 2008, www.telegram.com.
85. Michael Schwirtz, Russian vodka with a feminine kick, *New York Times*, 30 mar. 2008, p. ST-2.
86. Amy Tsao, Retooling home improvement, *BusinessWeek*, 14 fev. 2005, www.businessweek.com.
87. Robert J. Fisher; Laurette Dubé, Gender differences in responses to emotional advertising: a social desirability perspective, *Journal of Consumer Research* 31, n. 4, 2005, p. 850-858.
88. John B. Ford; Patricia Kramer; Earl D. Honeycutt Jr.; Susan L. Casey, Gender role portrayals in Japanese advertising: a magazine content analysis, *Journal of Advertising*, 1998, p. 113-124.
89. Geoffrey A. Fowler, Marketers take heed: the macho Chinese man is back, *Wall Street Journal*, 18dez. 2002, p. B1.
90. Thomas W. Whipple; Mary K. McManamon, Implications of using male and female voices in commercials: an exploratory study, *Journal of Advertising*, 2002, p. 79-91.
91. An all-women fitness event, *Malaysia Star*, 20 mar. 2008, http://thestar.com.my.
92. Patrick M. Reilly, Hard-nosed allure wins readers and ads, *Wall Street Journal*, 27 ago. 1992, p. B8, Seema Nayyar, Net TV soap ads: lever alone hit men, *Brandweek*, 13 jul. 1992, p. 10.
93. Sandra Yin, Home and away, *American Demographics*, mar. 2004, p. 15.
94. Ignacio Vazquez, Mexicans are buying 'made in USA food, *Marketing News*, 31 ago. 1998, p. 14.
95. Susan Mitchell, Birds of a feather, *American Demographics*, fev. 1995, p. 40-48.
96. Michael Weiss, Parallel universe, *American Demographics*, out. 1999, p. 58-63.
97. Adaptado de Claritas, PRIZM NE target finder report ranked by segment.
98. Greg Johnson, Beyond Burgers: new McDonald's menu makes run for the border, *Los Angeles Times*, 13 ago. 2000, p. C1.
99. Chad Terhune, Snack giant's boats sting regional rivals, *Wall Street Journal*, 29 jul. 2004, p. B1-B2.
100. Mitchell, Birds of a feather.
101. Ray Schultz, ZIP + 4 + 2 = ZIP + 6, *Direct* Magazine, 1º fev. 2007, n. p.
102. Mike Freeman, Clusters of customers, *San Diego Union-Tribune*, 19 dez. 2004, www.signosandiego.com.
103. Weiss, Parallel Universe.
104. Haipeng (Allan) Chen; Sharon Ng; Akshay R. Rao, Cultural differences in consumer impatience, *Journal of Marketing Research*, ago. 2005, p. 291-301.
105. Veja Daphna Oyserman, High power, low power, and equality: culture beyond individualism and collectivism, *Journal of Consumer Psychology* 16, n. 4, 2006, p. 352-356.
106. Sharon Shavitt; Ashok K. Lalwani; Jing Zhang; Carlos J. Torelli, The horizontal/vertical dimension in cross-cultural consumer research, *Journal of Consumer Psychology* 16, n. 4, 2006, p. 325-342, Joan Meyers-Levy, Using the horizontal/vertical distinction to advance insights into consumer psychology, *Journal of Consumer Psychology* 16, n. 4, 2006, p. 347-351, Jennifer L. Aaker, Delineating culture, *Journal of Consumer Psychology* 16, n. 4, 2006, p. 343-347 Sharon Shavitt; Ashok K. Lalwani; Jing Zhang; Carlos J. Torelli, Reflections on the meaning and structure of the horizontal/vertical dimension, *Journal of Consumer Psychology* 16, n. 4, 2006, p. 357-362.
107. Michelle R. Nelson; Frédéric F. Brunel; Magne Supphellen; Rajesh V. Manchanda, Effects of culture, gender, and moral obligations on responses to charity advertising across masculine and feminine cultures, *Journal of Consumer Psychology* 16, n. 1, 2006, p. 45-56.
108. Donnel A. Briley; Jennifer L. Aaker, When does culture matter? Effects of personal knowledge on the correction of culture-based judgments, *Journal of Marketing Research*, ago. 2006, p. 395-408.
109. Steven M. Kates; Charlene Goh, Brand morphing, *Journal of Advertising*, 2003, p. 59-68.
110. Yumiko Ono, U. S. superstores find Japanese are a hard sell, *Wall Street Journal*, 14 fev. 2000, p. B1, B4.
111. Normandy Madden, Inside the Asian colossus, *Advertising Age*, 16 ago. 2004, www. adage. com.
112. George P. Moschis, *Consumer socialization* (Lexington: D. C. Heath, 1987), Lisa Penaloza; Atravesando fronteras/border crossings: a critical ethnographic exploration of the consumer acculturation of Mexican immigrants, *Journal of Consumer Research*, jun. 1994, p. 32-54.

113. Sonya A. Grier; Anne M. Brumbaugh; Corliss G. Thornton, Crossoverdreams: consumer responses to ethnic-oriented products, *Journal of Marketing*, abr. 2006, p. 35-51.
114. Jean-Francois Ouellet, Consumer racism and its effects on domestic cross-ethnic product purchase: an empirical test in the United States, Canada, and France, *Journal of Marketing*, jan. 2007, p. 113-128.
115. U. S. Census Bureau, Projected population of the United States, by race and Hispanic origin: 2000-2050, 18 mar. 2004, www.census.gov/ipc/www/usinterimproj.
116. Rebecca Gardyn, Habla english? *American Demographics*, abr. 2001, p. 54-57.
117. Rebecca Gardyn; John Fetto, Race, ethnicity, and the way we shop, *American Demographics*, fev. 2003, p. 30-33, Joan Raymond, The multicultural report, *American Demographics*, nov. 2001, p. S3-S6, Rebecca Gardyn, True colors, *American Demographics*, abr. 2001, p. 14-17.
118. Kimberly Palmer, Ads for ethnic hair care show a new face, *Wall Street Journal*, 21 jul. 2003, p. B1, B3.
119. Marlene Rossman, Inclusive marketing shows sensitivity, *Marketing News*, 10 out. 1994, p. 4.
120. Nation's population one-third minority, *U. S. Census Bureau News*, 10 maio 2006, www.census.gov.
121. Pamela Paul, Hispanic heterogenity, *Forecast*, 4 jun. 2001, p. 1, Geoffrey Paulin, A growing market: expenditures by Hispanics, *Monthly Labor Review*, mar. 1998, p. 3-21.
122. Carrie Goerne, Go the extra mile to catch up with Hispanics, *Marketing News*, 24 dez. 1990, p. 13, Marlene Rossman, *Multicultural marketing* (New York: American Management Association, 1994).
123. Penaloza, Atravesando fronteras/border crossings.
124. Humberto Valencia, Developing an Index to measure Hispanicness. In: (Ed.) Elizabeth C. Hirschman; Morris B. Holbrook, *Advances in consumer research*, v. 12 (Provo: Association for Consumer Research, 1981), p. 18-21, Rohit Deshpande; Wayne D. Hoyer; Naveen Donthu, The intensity of ethnic affiliation: a study of the sociology of Hispanic consumption, *Journal of Consumer Research*, set. 1986, p. 214-220.
125. Cynthia Webster, Effects of Hispanic ethnic identification on marital roles in the purchase decision process, *Journal of Consumer Research*, set. 1994, p. 319-331.
126. Cynthia Webster, The effects of Hispanic subcultural identification on information search behavior, *Journal of Advertising Research*, set.-out. 1992, p. 54-62, Naveen Donthu; Joseph Cherian, Hispanic coupon usage: the impact of strong and weak ethnic identification, *Psychology and Marketing*, nov.-dez. 1992, p. 501-510.
127. Dianne Solis, Latino buying power still surging: it will exceed that of blacks in 2007, report says, *Dallas Morning News*, 1 set. 12006, www.dallasnews.com.
128. Hillary Chura, Sweet spot, *Advertising Age*, 12 nov. 2001, p. 1, 16, Roberta Bernstein, Food for thought, *American Demographics*, maio 2000, p. 39-42.
129. Claire Hoffman, Small business; taking a shine to hair care business, *Los Angeles Times*, 13 set. 2006, p. C1.
130. Suzanne Vranica, Miller turns eye toward Hispanics, *Wall Street Journal*, 8 out. 2004, p. B3.
131. The best way to court hispanics may be to get granular and local, *MediaWeek*, 3 mar. 2008, www.mediaweek.com.
132. 10 largest advertisers to the Hispanic market, 1999 vs. 2000, *Marketing News*, 2 jul. 2001, p. 17.
133. Jones, Translating for the Hispanic market.
134. Rossman, *Multicultural Marketing*.
135. Rohit Deshpande; Douglas M. Stayman, A tale of two cities: distinctiveness theory and advertising effectiveness, *Journal of Marketing Research*, fev. 1994, p. 57-64.
136. Veja Claudia V. Dimofte; Mark R. Forehand; Rohit Deshpandé, Ad schema incongruity as elicitor of ethnic self-awareness and differential advertising response, *Journal of Advertising*, 2003-2004, p. 7-17, Mark R. Forehand; Rohit Deshpandé, What we see makes us who we are: priming ethnic self-awareness and advertising response, *Journal of Marketing Research*, ago. 2001, p. 336-348.
137. Anne M. Brumbaugh, Source and nonsource cues in advertising and their effects on the activation of cultural and subcultural knowledge on the route to persuasion, *Journal of Consumer Research*, set. 2002, p. 258-269.
138. Robert E. Wilkes; Humberto Valencia, Hispanics and blacks in television commercials, *Journal of Advertising*, mar. 1989, p. 19-25.
139. Scott Koslow; Prem N. Shamdasani; Ellen E. Touchstone, Exploring language effects in ethnic advertising: a sociolinguistic perspective, *Journal of Consumer Research*, mar. 1994, p. 575-585.
140. Laurel Wentz, Cultural cross over, *Advertising Age*, 7 jul. 2003, p. S-4.
141. David Luna; Laura A. Peracchio, Advertising to bilingual consumers: the impact of code-switching on persuasion, *Journal of Consumer Research* 31, n. 4, 2005, p. 760-765, David Luna; Dawn Lerman; Laura A. Peracchio, Structural constraints in code-switched advertising, *Journal of Consumer Research* 32, n. 3, 2005, p. 416-423.
142. Kris Hudson; Ana Campoy, Hispanics' hard times hit Wal-Mart, *Wall Street Journal*, 29 ago. 2007, p. A8.
143. The DNR List: latino logistics, *Daily News Record*, 23 ago. 2004, p. 136.
144. Nation's population one-third minority.
145. William H. Frey, Revival, *American Demographics*, out. 2003, p. 27; Black population surged during '90s: U. S. census, *Jet*, 27 ago. 2001, p. 18.
146. Where blacks, whites diverge, *Brandweek*, 3 maio 1993, p. 22.
147. Howard Schlossberg, Many marketers still consider blacks "dark-skinned whites", *Marketing News*, 18 jan. 1993, p. 1, 13.
148. Alan J. Bush; Rachel Smith; Craig Martin, The influence of consumer socialization variables on attitude toward advertising: a comparison of African-Americans and Caucasians, *Journal of Advertising* 28, n. 3, 1999, p. 13-24.
149. Solis, Latino buying power still surging: it will exceed that of blacks in 2007, report says.
150. Corliss L. Green, Ethnic evaluations of advertising: interaction effects of strength of ethnic identification, media placement, and degree of racial composition, *Journal of Advertising* 28, n. 1, 1999, p. 49-64, Pepper Miller; Ronald Miller, Trends are opportunities for targeting African-Americans, *Marketing News*, 20 jan. 1992, p. 9.
151. African-Americans go natural, *MMR*, 17 dez. 2001, p. 43.
152. Alan J. Bush; Rachel Smith; Craig Martin, The influence of consumer socialization variables on attitude toward advertising: a comparison of African-Americans and Caucasians, *Journal of Advertising* 28, n. 3, 1999, p. 13-24.
153. Green, Ethnic evaluations of advertising.

154. Jake Holden, The ring of truth, *American Demographics*, out. 1998, p. 14.
155. Mary Connelly, Lincoln ads target blacks; campaign features stories of success, *Automotive News*, 30 out. 2006, p. 6.
156. Mike Shields, BET Digital launches new African-American ad net, *Mediaweek*, 14 jan. 2008, p. 8.
157. 10 largest advertisers to the African American market, 2000, *Marketing News*, 2 jul. 2001, p. 17.
158. Jennifer L. Aaker; Anne M. Brumbaugh; Sonya A. Grier, Nontarget markets and viewer distinctiveness: the impact of target marketing on advertising attitudes, *Journal of Consumer Psychology* 9, n. 3, 2000, p. 127-140.
159. Donnel A. Briley; L. J. Shrum; Robert S. Wyer Jr., Subjective impressions of minority group representation in the media: a comparison of majority and minority viewers' judgments and underlying processes, *Journal of Consumer Psychology* 17, n. 1, 2007, p. 36-48, William J. Qualls; David J. Moore, Stereotyping effects on consumers' evaluation of advertising: impact of racial difference between actors and viewers, *Psychology and Marketing*, 1990, p. 135-151.
160. Sonia Alleyne, The magic touch, *Black Enterprise*, 1º jun. 2004, n. p.
161. Tommy E. Whittler; Joan DiMeo, Viewers' reactions to racial cues in advertising stimuli, *Journal of Advertising Research*, dez. 1991, p. 37-46.
162. Tommy E. Whittler, Viewers' processing of source and message cues in advertising stimuli, *Psychology & Marketing*, jul.-ago. 1989, p. 287-309.
163. Nation's population one-third minority.
164. Diversity in America: Asians, *American Demographics*, nov. 2002, p. S14, William H. Frey, Micro 165. Melting pots, *American Demographics* 25, n. 6, 2001, p. 20-23.
165. Diversity in America: Asians.
166. Jonathan Burton, Advertising targeting Asians, *Far Eastern Economic Review*, 21 jan. 1993, p. 40-41.
167. Saul Gitlin, An optional data base, *Brandweek*, 5 jan. 1998, p. 16.
168. Bill Kossen, Japanese-language ads demonstrate novel marketing approach, *Seattle Times*, 3 jul. 2001, www.seattletimes.com.
169. Rebecca Gardyn; John Fetto, The way we shop, *American Demographics*, fev. 2003, p. 31.
170. Asian Americans lead the way online, *Min's New Media Report*, 31 dez. 2001.
171. Rebecca Gardyn; John Fetto, The way we shop, *American Demographics*, fev. 2003, p. 31.
172. U. S. Census Bureau, Income 2002, *Current Population Survey*, 2002, www.census.gov; Diversity in America: Asians.
173. Chui Li, The Asian market for personal products, *Drug & Cosmetic Industry*, nov. 1992, p. 32-36; William Dunn, The move toward ethnic marketing, *Nation's Business*, jul. 1992, p. 39-41, Rossman, *Multicultural Marketing*.
174. Mark Peters, An Asian niche at mohegan sun, *Hartford Courant*, 11 ago. 2007, p. E1.
175. Marty Bernstein, Auto advertisers shift some attention to Asian-Americans, *Automotive News*, 13 out. 2003, p. 4M, Julie Cantwell, Zero gives new life to Big 3 in the West; New plans include more dealer ad money and multicultural marketing, *Automotive News*, 12 nov. 2001, p. 35.
176. HSBC Banks on world cup soccer web site, in Chinese, *Brandweek*, 1º abr. 2002, p. 30.
177. Wayne Karrfalt, Case study: cruising to new customers, *Cable TV: the multicultural connection*, n. d., p. S10.
178. NBA drops Chinese insert to salute Yao, Wang e Bateer, *People's Daily Online*, 30 out. 2003, www.english.people.com.cn.
179. Jonathan Burton, Advertising targeting Asians, *Far Eastern Economic Review*, 21 jan. 1993, p. 40-41, Brett A. S. Martin; Christina Kwai-Choi Lee; Yang Feng, The influence of ad model ethnicity and self-referencing on attitudes, *Journal of Advertising*, 2004, p. 27-37.
180. Linda Laban, Crossing cultures, *Boston Globe*, 5 abr. 2007, p. 6.
181. Onkvisit; Shaw, *International Marketing*, Charles M. Schaninger; Jacques C. Bourgeois; W. Christian Buss, French-English Canadian subcultural consumption differences, *Journal of Marketing*, 1985, p. 82-92.
182. Brian Dunn, Nationalism in advertising: dead or alive? *Ad week*, 22 nov. 1993.
183. Hans Hoefer, *Thailand* (Boston: Houghton Mifflin, 1993).
184. Saritha Rai, India's boom spreads to smaller cities, *New York Times*, 4 jan. 2005, p. C5.
185. Pamela Paul, Religious identity and mobility, *American Demographics*, mar. 2003, p. 20-21, Pamela Paul, One nation, under God? *American Demographics*, jan. 2002, p. 16-17.
186. Priscilla L. Barbera, Consumer Behavior and Born-Again Christianity. In: (Ed.). Jagdish N. Sheth; Elizabeth C. Hirschman, *Research in consumer behavior* (Greenwich: JAI Press, 1988), p. 193-222.
187. Salem communications income down in 4Q, *Los Angeles Business*, 4 mar. 2008, www.bizjournals.com, Rodney Ho, Rappin' and rockin' for the lord, *Wall Street Journal*, 28 fev. 2001, p. B1, B4.
188. Jennifer Youssef, New Wal-Mart draws crowd, *Detroit News*, 6 mar. 2008, www.detnews.com.
189. Lisa Miller, Registers ring in sanctuary stores, *Wall Street Journal*, 17 dez. 1999, p. B1, B4; Elizabeth Bernstein, Holy frappuccino! *Wall Street Journal*, 3 ago. 2001, p. W1, W8.
190. Stephanie Kang, Pop culture gets religion, *Wall Street Journal*, 5 maio 2004, p. B1, B2.
191. Julie Jargon, Can M'm, M'm good translate? *Wall Street Journal*, 9 jul. 2007, p. A16; Campbell soup aims at China, Russia, *Los Angeles Times*, 10 jul. 2007, p. C2; Campbell soup entering Russia and China with customized products and promotions, *The Food Institute Report*, 16 jul. 2007, p. 1.

Capítulo 13

1. John Hagel; John Seely Brown, Learning from Tata's Nano, *BusinessWeek Online*, 28 fev. 2008, www.businessweek.com, Greg Keenan, Car sales "epicentre' shifts to new ground, *The Globe and Mail*, 28 mar. 2008, www.theglobeandmail.com, The in-betweeners: economics focus, *The Economist*, 2 fev. 2008, p. 88, Diana Farrell; Eric Beinhocker, The world's next big spenders, *Newsweek International*, 28 maio 2007, n. p., Joe Sharkey, Indian airline makes its case as a premier-class contender, *New York Times*, 31 jul. 2007, p. C8.
2. Pierre Bourdieu, *Language and Symbolic Power* (Cambridge: Harvard University Press, 1991).
3. Richard P. Coleman, The continuing significance of social class to marketing, *Journal of Consumer Research*, dez.

1983, p. 265-280; Wendell Blanchard, *Thailand, its people, its society, its culture* (New Haven: HRAF Press, 1990), como citado em Sak Onkvisit; John J. Shaw, *International marketing: analysis and strategy* (Columbus: Merrill, 1989), p. 293.
4. Edward W. Cundiff; Marye T. Hilger, *Marketing in the international environment* (Englewood Cliffs: Prentice-Hall, 1988), como citado em Mariele K. DeMooij; Warren Keegan, *Advertising worldwide* (Englewood Cliffs: Prentice-Hall, 1991), p. 96.
5. Onkvisit; Shaw, *International Marketing*.
6. Ernst Dichter, The world consumer, *Harvard Business Review*, jul.-ago. 1962, p. 113-123, citado em Cundiff; Hilger, *Marketing in the International Environment*, p. 135.
7. Richard P. Coleman, The significance of social stratification in selling, em edição. Martin L. Bell, *Marketing: a maturing discipline* (Chicago: American Marketing Association, 1960), p. 171-184.
8. Douglas E. Allen; Paul F. Anderson, Consumption and social stratification: Bourdieu's distinction. In: (Ed.) Chris T. Allan; Deborah Roedder John, *Advances in consumer research*, v. 21 (Provo: Association for Consumer Research, 1994), p. 70-73.
9. Pierre Bourdieu, *Distinction: a social critique of the judgment of taste* (Cambridge: Harvard University Press, 1984).
10. Michael R. Solomon, Deep seated materialism: the case of Levi's 501 jeans, em edição. Richard J. Lutz, *Advances in consumer research*, v. 13 (Provo: Association for Consumer Research, 1986), p. 619-622.
11. Coleman, The Continuing significance of social class to marketing.
12. Veja Joan M. Ostrove; Elizabeth R. Cole, Privileging class: toward a critical psychology of social class in the context of education, *Journal of Social Issues*, 2003, p. 677, e Charles M. Schaninger, Social class versus income revisited: an empirical investigation, *Journal of Marketing Research*, maio 1981, p. 192-208.
13. Gillian Stevens; Joo Hyun Cho, Socioeconomic indexes and the new 1980 census occupational classification scheme, *Social Science Research*, mar. 1985, p. 142-168, Charles B. Nam; Mary G. Powers, *The socioeconomic approach to status measurement* (Houston: Cap and Gown Press, 1983).
14. Diane Crispell, The real middle Americans, *American Demographics*, out. 1994, p. 28-35, Michael Hout, More universalism, less structural mobility: the American occupational structure in the 1980s, *American Journal of Sociology*, maio 1988, p. 1358-1400.
15. Peter Francese, The college-cash connection, *American Demographics*, mar. 2002, p. 42; Patricia Cohen, Forget lonely. Life is healthy at the top, *New York Times*, 15 maio 2004, p. B9.
16. William L. Wilkie, *Consumer behavior*, 2. ed. (Nova York: Wiley, 1990).
17. Güliz Ger; Russell W. Belk; Dana-Nicoleta Lascu, The development of consumer desire in marketizing and developing economies: the cases of Romania and Turkey. In: Leigh McAlister; Michael L. Rothschild, *Advances in consumer research*, v. 20 (Provo: Association for Consumer Research, 1992), p. 102-107.
18. M. R. Haque, Marketing opportunities in the middle East, em edição. V. H. Manek Kirpalani, *International business handbook* (Nova York: Haworth Press, 1990), p. 375-416.
19. W. Lloyd Warner; Marchia Meeker; Kenneth Eells, *Social class in America* (Chicago: Science Research Associates, 1949), August B. Hollingshead; Fredrick C. Redlich, *Social class and mental illness, a community study* (Nova York: Wiley, 1958).
20. Gerhard Lenski, Status crystallization: a non-vertical dimension of social status, *American Sociological Review*, ago. 1956, p. 458-464.
21. Alison Stein Wellner, The money in the middle, *American Demographics*, abr. 2000, p. 56-64.
22. Benita Eisler, *Class act: America's last dirty secret* (Nova York: Franklin Watts, 1983), David L. Featherman; Robert M. Hauser, *Opportunity and change* (Nova York: Academic Press, 1978).
23. Veja Mary Ellen Slayter, Succeeding with an upbringing that's not upper crust, *Washington Post*, 2 maio 2004, p. K1; e Aaron Bernstein, Waking up from the American dream, *BusinessWeek*, 1 dez. 2003, p. 54.
24. Allen; Anderson, Consumption and social stratification.
25. Jake Ryan; Charles Sackrey, *Strangers in paradise: academics from the working class* (Boston: South End Press, 1984).
26. Mary Janigan; Ruth Atherley; Michelle Harries; Brenda Branswell; John Demont, The wealth gap: new studies show Canada's rich really are getting richer – and the poor poorer – as the middle class erodes, *Maclean's*, 28 ago. 2000, p. 42, Bernstein, Waking up from the American dream.
27. Roger Burbach; Steve Painter, Restoration in Czechoslovakia, *Monthly Review*, nov. 1990, p. 36-49; Rahul Jacob, The big rise, *Fortune*, 30 maio 1994, p. 74-80.
28. Haque, Marketing opportunities in the Middle East.
29. Jacob, The big rise.
30. David Wessel, Barbell effect: the future of jobs, *Wall Street Journal*, 2 abr. 2004, p. A1, Matt Murray, Settling for less, *Wall Street Journal*, 13 ago. 2003, p. A1, Greg J. Duncan; Martha Hill; Willard Rogers, The changing fortunes of young and old, *American Demographics*, ago. 1986, p. 26-33, Katherine S. Newman, *Falling from Grace: the experience of downward mobility in the American middle class* (Nova York: Free Press, 1988), Kenneth Labich, Class in America, *Fortune*, 7 fev. 1994, p. 114-126.
31. Newman, *Falling from grace*; Eisler, *Class act*.
32. Michael J. Weiss, Great expectations, *American Demographics*, maio 2003, p. 26-35.
33. Scott D. Roberts, Consumer responses to involuntary job loss. In: (Ed.) Rebecca H. Holman; Michael R. Solomon, *Advances in consumer research*, v. 18 (Provo: Association for Consumer Research, 1988), p. 40-42.
34. Deborah Ball, Despite downturn, Japanese are still having fits for luxury goods, *Wall Street Journal*, 24 abr. 2001, p. B1, B4.
35. Labich, Class in America.
36. Idem, ibidem.
37. John Brooks, *Showing off in America: from conspicuous consumption to parody display* (Boston: Little, Brown, 1981); para aqueles interessados em ler mais sobre a teoria do consumo conspícuo, veja Thorstein Veblen, *The theory of the leisure class* (Nova York: Macmillan, 1899).
38. Aron O'Cass; Hmily McEwen, Exploring consumer status and conspicuous consumption, *Journal of Consumer Behavior* 4, n. 1, 2004, p. 25-39.

39. Wilfred Amaldoss; Sanjay Jain, Pricing of conspicuous goods: a competitive analysis of social effects, *Journal of Marketing Research*, fev. 2005, p. 30-42.
40. Jamie Arndt; Sheldon Solomon; Tim Kasser; Kennon M. Sheldon, The urge to splurge: a terror management account of materialism and consumer behavior, *Journal of Consumer Psychology* 14, n. 3, 2004, p. 198-212.
41. Christine Page, A history of conspicuous consumption. In: (Ed.) Floyd Rudmin; Marsha Richins, *Meaning, measure, and morality of materialism* (Provo: Association for Consumer Research, 1993), p. 82-87.
42. Ger; Belk; Lascu, The development of consumer desire in marketizing and developing economies.
43. Janeen Arnold Costa; Russell W. Belk, Nouveaux riches as quintessential Americans: case studies of consumption in the extended family, em edição. Russell W. Belk, *Advances in nonprofit marketing*, v. 3 (Greenwich: JAI Press, 1990), p. 83-140.
44. Christina Duff, Indulging in inconspicuous consumption, *Wall Street Journal*, 14 abr. 1997, p. B1, B4.
45. Peter Francese, The exotic travel boom, *American Demographics*, jun. 2002, p. 48-49.
46. Rebecca H. Holman, Product use as communication: a fresh appraisal of a venerable topic. In: (Ed.) Ben M. Enis; Kenneth J. Roering, *Review of Marketing* (Chicago: American Marketing Association, 1981), p. 106-119.
47. John Tagliabue, For the yachting class, the latest amenity can take flight, *New York Times*, 2 out. 2007, p. C1, C4.
48. J. R. Whitaker Penteado, Fast food franchises fight for Brazilian aficionados, *Brandweek*, 7 jun. 1993, p. 20-24.
49. Naomi Mandel; Petia K. Petrova; Robert B. Cialdini, Images of success and the preference for luxury brands, *Journal of Consumer Psychology* 16, n. 1, 2006, p. 57-69.
50. Rebecca Gardyn, Oh, the good life, *American Demographics*, nov. 2002, p. 30-35.
51. Brooks, *Showing off in America*.
52. Stephen Buckley, Brazil rediscovers its culture; poor man's cocktail, martial art hip among middle class, *Washington Post*, 15 abr. 2001, p. A16.
53. Teri Agins, Now, subliminal logos, *Wall Street Journal*, 20 jul. 2001, p. B1.
54. Sigmund Gronmo, Compensatory consumer behavior: theoretical perspectives, empirical examples and methodological challenges. In: (Ed.) Paul F. Anderson; Michael J. Ryan, *1984 American Marketing Association Winter Educators' Conference* (Chicago: American Marketing Association, 1984), p. 184-188.
55. Russell W. Belk, Yuppies as arbiters of the emerging consumption style, em edição. Richard J. Lutz, *Advances in Consumer Research*, v. 13 (Provo: Association for Consumer Research, 1986), p. 514-519.
56. Scott Cendrowski, Extreme retailing: midlevel luxury brands flee for the high end or the low, *Fortune*, 31 mar. 2008, p. 14, Tiffany's boutique risk; By breaking mall fast, high-end exclusivity may gain touch of common, *Wall Street Journal*, 20 out. 2007, p. B14.
57. Russell W. Belk; Melanie Wallendorf, The sacred meanings of money, *Journal of Economic Psychology*, mar. 1990, p. 35-67.
58. Abraham McLaughlin, Africans' new motto: "charge it", *Christian Science Monitor*, 14 fev. 2005, p. 6.
59. Rabobank deploys Siebel CRM on demand, *Canadian Corporate News*, 17 nov. 2004, www.comtextnews.com.
60. C. Rubenstein, Your money or your life, *Psychology Today* 12, 1980, p. 47-58.
61. Adrian Furnham; Alan Lewis, *The economic mind: the social psychology of economic behavior* (Brighton: Harvester Press, 1986), Belk and Wallendorf, The sacred meanings of money.
62. H. Goldberg; R. Lewis, *Money madness: the psychology of saving, spending, loving, and hating money* (London: Springwood, 1979).
63. Rebecca Gardyn, Generosity and income, *American Demographics*, dez. 2002-jan. 2003, p. 46-47.
64. Mark Scott, For Nokia, excess is a vertu, *BusinessWeek Online*, 24 dez. 2007, www.businessweek.com.
65. Spectacular results, *The Economist*, 18 ago. 2007, p. 55.
66. Bert Archer, Still upwardly mobile, *Toronto Life*, nov. 2007, p. 95.
67. Ronald J. Mann, The plastic revolution, *Foreign Policy*, mar.-abr. 2008, p. 34-35.
68. C. W. Young, Bijan designs a very exclusive image, *Advertising Age*, 13 mar. 1986, p. 18, 19, 21, como citado em LaBarbera, The nouveaux riches, V. Kanti Prasad, Socioeconomic product risk and patronage preferences of retail shoppers, *Journal of Marketing*, jul. 1975, p. 42-47.
69. Mercedes M. Cardona, Affluent shoppers like their luxe goods cheap, *Advertising Age*, 1 dez. 2003, p. 6.
70. John Fetto, Sensible Santas, *American Demographics*, dez. 2000, p. 10-11.
71. VejaOld money, *American Demographics*, jun. 2003, p. 34-37.
72. Jean Halliday, Ultra-luxury car marketers roll out red carpet for buyers, *Advertising Age*, 2 fev. 2004, p. 6.
73. Daniel McGinn, Friendly skies, *Newsweek*, 1 out. 2007, p. E8.
74. Kathryn Kranhold, Marketing to the new millionaire, *Wall Street Journal*, 11 out. 2000, p. B1, B6.
75. Carole Ann King, The new wealthy: younger, richer, more proactive, *National Underwriter Life & Health-Financial Services Edition*, 12 fev. 2001, p. 4.
76. U. S. millionaires grow at slowest rate since 2003, *Trusts & Estates*, 13 mar. 2008, n. p.
77. Paul C. Henry, Social class, market situation, and consumers' metaphors of (Dis)empowerment, *Journal of Consumer Research* 31, n. 4, 2005, p. 766-778.
78. John Fetto, I want my MTV, *American Demographics*, mar. 2003, p. 8.
79. Elisabeth Malkin, Mexico's working poor become homeowners, *New York Times*, 17 dez. 2004, p. W1.
80. Dave Montgomery, Ten years after Russia's failed coup, middle class is small but growing, *Knight Ridder*, 11 ago. 2001.
81. Jacob, The big rise.
82. Rebecca Piirto Heath, The new working class, *American Demographics* 20, n. 1, jan. 1998, p. 51-55.
83. Coleman, The continuing significance of social class to marketing.
84. Paul C. Henry, Social class, market situation, and consumers' metaphors of (dis) empowerment, *Journal of Consumer Research* 31, n. 4, 2005, p. 766-778.
85. Prasad, Socioeconomic product risk and patronage preferences of retail shoppers, Stuart Rich; Subhish Jain, Social

class and life cycle as predictors of shopping behavior, *Journal of Marketing Research*, jun.-jul. 1987, p. 51-59.
86. John Fetto, Watering holes, *American Demographics*, jun. 2003, p. 8.
87. Ronald Paul Hill; Mark Stamey, The homeless in America: an examination of possessions and consumption behaviors, *Journal of Consumer Research*, dez. 1990, p. 303-321, Frank Caro; *Estimating the numbers of homeless families* (Nova York: Community Service Society of New York, 1981).
88. Federal report takes snapshot of country's homeless population, *The Nation's Health*, maio 2007, p. 10, National coalition for the homeless, How many people experience homelessness? fev. 1999, http://nch.ari.net/numbers.html.
89. Lakshmi Bhargave, Homeless help themselves with 'advocate,' *Daily Texan (Austin)*, 16 fev. 2000, p. 1, 8.
90. Richard B. Freeman; Brian Hall, Permanent homelessness in America? *Population Research and Policy Review* 6, 1987, p. 3-27.
91. Ronald Paul Hill, Homeless women, special possessions, and the meaning of "home": an ethnographic case study, *Journal of Consumer Research*, dez. 1991, p. 298-310.
92. David A. Snow; Leon Anderson, Identity work among the homeless: the verbal construction and avowal of personal identities, *American Journal of Sociology*, maio 1987, p. 1336-1371.
93. Marla Dickerson, Mexican retailer, partner to build cars, *Los Angeles Times*, 23 nov. 2007, p. C1; Peter Katel, Petro Padillo Longoria: a retailer focused on working-class needs, *Time International*, 15 out. 2001, p. 49.
94. Jack Neff, Value positioning becomes a priority, *Advertising Age*, 23 fev. 2004, p. 24, 30.
95. Teri Agins, New kors line stars luxury look-alikes: "carpool couture,' *Wall Street Journal*, 20 ago. 2004, p. B1, B3.
96. Sonya A. Grier; Rohit Deshpandé, Social dimensions of consumer distinctiveness: the influence of social status on group identity and advertising persuasion, *Journal of Marketing Research* 38, maio 2001, p. 216-224.
97. David Carr, For the rich, magazines fat on ads, *New York Times*, 1º out. 2007, p. C1.
98. Kelly Shermach, Study identifies types of interactive shoppers, *Marketing News*, 25 set. 1995, p. 22; *eMarketer*, 3 fev. 2000 (referência online).
99. Rich; Jain, Social class and life cycle as predictors of shopping behavior.
100. Jessica Brinton, People like them, *The Sunday Times*, 16 mar. 2008, www.timesonline.co.uk, Teri Agins, Deborah Ball, Designer stores, in extra large, *Wall Street Journal*, 6 jun. 2001, p. B1, B12.
101. Page, A history of conspicuous consumption.
102. Matthew Grimm, Target hits its mark, *American Demographics*, nov. 2002, p. 42-43.
103. Multigenerational households number 4 million according to Census 2000, *U. S. Department of Commerce News*, 7 set. 2001, www.census.gov/pressrelease/www/2001/cb01cn182.html.
104. Sak Onkvisit; John J. Shaw, *International marketing: analysis and strategy* (Columbus: Merrill, 1989).
105. Patrick Barta, Looming need for housing a big surprise, *Wall Street Journal*, 15 maio 2001, p. B1, B4.
106. The future of households, *American Demographics*, dez. 1993, p. 27-40.
107. Steven Bodzin, Home alone: households of singles go to first in U. S., *Los Angeles Times*, 18 ago. 2005, p. A12.
108. Nation's median age highest ever, but 65-and-over population's growth lags, Census 2000 Shows, *United States Department of Commerce News* (soundbite), 15 maio 2001.
109. Pamela Paul, Childless by choice, *American Demographics*, nov. 2001, p. 45-50.
110. Rex Y. Du; Wagner A. Kamakura, Household life cycles and lifestyles in the United States, *Journal of Marketing Research*, fev. 2006, p. 121-132, Mary C. Gilly; Ben M. Enis, Recycling the family life cycle, In: (Ed.) Andrew A. Mitchell, *Advances in consumer research*, v. 9 (Ann Arbor: Association for Consumer Research, 1982), p. 271-276, William D. Danko; Charles M. Schaninger, An empirical evaluation of the Gilly-Enis updated household life cycle model, *Journal of Business Research*, ago. 1990, p. 39-57.
111. Robert E. Wilkes, Household Life-Cycle Stages, Transitions, and Product Expenditures, *Journal of Consumer Research*, jun. 1995, p. 27-42.
112. John Fetto, The baby business, *American Demographics*, maio 2003, p. 40.
113. Alan R. Andreasen, Life status changes and changes in consumer preferences and satisfaction, *Journal of Consumer Research*, dez. 1984, p. 784-794.
114. Rebecca Gardyn, A market kept in the closet, *American Demographics*, nov. 2001, p. 37-43.
115. The mommies, in numbers, *Brandweek*, 13 nov. 1993, p. 17, Lee Smith, The new wave of illegitimacy, *Fortune*, 18 abr. 1994, p. 81-94.
116. Diane Brady; Christopher Palmeri, The pet economy, *BusinessWeek*, 6 ago. 2007, p. 44-54.
117. Peter Francese, Marriage drain's big cost, *American Demographics*, abr. 2004, p. 40-41, Matthew Grimm, Hitch switch, *American Demographics*, nov. 2003, p. 34-36.
118. James Morrow, A place for one, *American Demographics*, nov. 2003, p. 25, Multigenerational households number 4 million according to Census 2000, U. S. Department of Commerce news release, 7 set. 2001.
119. Patricia Braus, Sex and the single spender, *American Demographics*, nov. 1993, p. 28-34.
120. Morrow, A place for one.
121. Peter Francese, Well enough alone, *American Demographics*, nov. 2003, p. 32-33.
122. Barbara Carton, It's a niche! Twins, triplets and beyond, *Wall Street Journal*, 2 fev. 1999, p. B1, B4.
123. Rebecca Gardyn, Unmarried bliss, *American Demographics*, dez. 2000, p. 56-61.
124. David Whelan, Do ask, do tell, *American Demographics*, nov. 2001, p. 41.
125. Clark D. Olson, Materialism in the home: the impact of artifacts on dyadic communication. In: (Ed.) Elizabeth C. Hirschman; Morris B. Holbrook, *Advances in consumer research*, v. 12 (Provo: Association for Consumer Research, 1985), p. 388-393.
126. Jeanne L. Hafstrom; Marilyn M. Dunsing, Socio-economic and social-psychological influences on reasons wives work, *Journal of Consumer Research*, dez. 1978, p. 169-175, Rena Bartos, *The moving target: what every marketer should know about women* (Nova York: Free Press, 1982).
127. Rose M. Rubin; Bobye J. Riney; David J. Molina, Expenditure pattern differentials between one-earner and

dual-earner households: 1972-1973 and 1984, *Journal of Consumer Research*, jun. 1990, p. 43-52, Horacio Soberon-Ferrer; Rachel Dardis, Determinants of household expenditures for services, *Journal of Consumer Research*, mar. 1991, p. 385-397, Don Bellante; Ann C. Foster, Working wives and expenditure on services, *Journal of Consumer Research*, set. 1984, p. 700-707.
128. Suraj Commuri; James W. Gentry, Resource allocation in households with women as chief wage earner, *Journal of Consumer Research* 32, n. 2, 2005, p. 185-195.
129. Veja John Fetto, Does father really know best? *American Demographics*, jun. 2002, p. 10-11; Pamela Paul, Meet the Parents, *American Demographics*, jan. 2002, p. 42-43; Linda Thompson e Alexis Walker, Gender in families: women and men in marriage, work, and parenthood, *Journal of Marriage and the Family*, nov. 1989, p. 845-871.
130. Joan Raymond, The Ex-Files, *American Demographics*, fev. 2001, p. 60-64.
131. Do us part, *American Demographics*, set. 2002, p. 9.
132. James H. Alexander; John W. Shouten; Scott D. Roberts, Consumer behavior and divorce. In: Janeen Costa; Russell W. Belk, *Research in consumer behavior*, v. 6 (Greenwich: JAI Press, 1993), p. 153-184.
133. Kalpana Srinivasan, More single fathers raising kids, though moms far more common, *Austin (Tex.) American Statesman*, 11 dez. 1998, p. A23.
134. Raymond, The ex-files.
135. Barbara Rosewicz, Here comes the bride . . . and for the umpteenth time, *Wall Street Journal*, 10 set. 1996, p. B1, B10.
136. Jan Larson, Understanding stepfamilies, *American Demographics*, jul. 1992, p. 36-40.
137. Profiles of general demographic characteristics: 2000 Census of population and housing, *United States Department of Commerce News*.
138. Paul, Childless by choice.
139. Lyle V. Harris, Shopping by male, *Austin (Tex.) American Statesman*, 27 abr. 1999, p. E1, E2.
140. Gardyn, Unmarried Bliss.
141. Jen Christensen, Grocery store provides dinner (and maybe a date), *Atlanta Journal Constitution*, 13 mar. 2008, www.ajc.com.
142. Sandra Yin, Coming out in print, *American Demographics*, fev. 2003, p. 18, Ronald Alsop, Corporate sponsorships at gay pride parades alienate some activists, *Wall Street Journal*, 22 jun. 2001, p. B1.
143. Jean Halliday, Cadillac takes tentative step toward targeting gay market, *Advertising Age*, 2 de fev. 2004, p. 8.
144. Ronald Alsop, As same-sex households grow more mainstream, businesses take note, *Wall Street Journal*, 8 ago. 2001, p. B1, B4.
145. Robert E. Wilkes; Debra A. Laverie, Purchasing decisions in non-traditional households: the case of lesbian couples, *Journal of Consumer Behavior* 6, n. 1, 2007, p. 60-73.
146. Harry L. Davis, Dimensions of marital roles in consumer decision making, *Journal of Marketing Research*, maio 1970, p. 168-177, Conway Lackman; John M. Lanasa, Family decision making theory: an overview and assessment, *Psychology and Marketing*, mar. -abr. 1993, p. 81-93.
147. P. Doyle; P. Hutchinson, Individual differences in family decision making, *Journal of the Market Research Society*, out. 1973, p. 193-206, Jagdish N. Sheth, A theory of family buying decisions, em edição. J. N. Sheth, *Models of Buyer Behavior* (Nova York: Harper & Row, 1974), p. 17-33, Daniel Seymour; Greg Lessne, Spousal conflict arousal: scale development, *Journal of Consumer Research*, dez. 1984, p. 810-821.
148. Neal Templin, The PC wars: who gets to use the family computer? *Wall Street Journal*, 5 out. 1996, p. B1, B2.
149. Alice Gronhoj, Communication about consumption: a family process perspective on "green" consumer practices, *Journal of Consumer Behavior* 5, n. 6, 2006, p. 491-503.
150. Sheth, A theory of family buying decisions, Michael A. Belch; George E. Belch; Donald Sciglimpaglia, Conflict in family decision making: an exploratory investigation, em edição. Jerry C. Olson, *Advances in consumer research*, v. 7 (Chicago: Association for Consumer Research, 1980), p. 475-479.
151. W. Christian Buss; Charles M. Schaninger, The influence of family decision processes and outcomes. In: Richard P. Bagozzi; Alice M. Tybout, *Advances in consumer research*, v. 10 (Ann Arbor, : Association for Consumer Research, 1983), p. 439-444.
152. Terry L. Childers; Akshay R. Rao, The influence of familial and peer-based reference groups on consumer decisions, *Journal of Consumer Research*, set. 1992, p. 198-211.
153. Harry L. Davis; Benny P. Rigaux, Perception of marital roles in decision processes, *Journal of Consumer Research*, jun. 1974, p. 5-14, Mandy Putnam; William R. Davidson, *Family purchasing behavior: 11 family roles by product category* (Columbus: Management Horizons, Inc., a Division of Price Waterhouse, 1987).
154. Rosann Spiro, Persuasion in family decision making, *Journal of Consumer Research*, mar. 1983, p. 393-402, Alvin Burns; Donald Granbois, Factors moderating the resolution of preference conflict, *Journal of Marketing Research*, fev. 1977, p. 68-77.
155. Pierre Filiarault; J. R. Brent Ritchie, Joint purchasing decisions: a comparison of influence structure in family and couple decision making units, *Journal of Consumer Research*, set. 1980, p. 131-140, Dennis Rosen; Donald Granbois, Determinants of role structure in financial management, *Journal of Consumer Research*, set. 1983, p. 253-258, Spiro, Persuasion in family decision making, Kim P. Corfman; Donald R. Lehmann, Models of cooperative group decision-making and relative influence: an experimental investigation of family purchase decisions, *Journal of Consumer Research*, jul. 1987, p. 1-13.
156. William J. Qualls, Household decision behavior: the impact of husbands' and wives' sex role orientation, *Journal of Consumer Research*, set. 1987, p. 264-279, Giovanna Imperia; Thomas O'Guinn; Elizabeth MacAdams, Family decision making role perceptions among Mexican-American and Anglo wives: a cross-cultural comparison. In: (Ed.) Elizabeth C. Hirschman; Morris B. Holbrook, *Advances in Consumer Research*, v. 12 (Provo: Association for Consumer Research, 1985), p. 71-74.
157. Michael Flagg, Asian marketing, *Wall Street Journal*, 19 mar. 2001, p. A12.
158. Robert T. Green; Jean-Paul Leonardi; Jean-Louis Chandon; Isabella C. M. Cunningham; Bronis Verhage; Alain Strazzieri, Societal development and family purchasing roles: a

cross-national study, *Journal of Consumer Research*, mar. 1983, p. 436-442, Leonidas C. Leonidou, Understanding the Russian consumer, *Marketing and Research Today*, mar. 1992, p. 75-83, Sak Onkvisit; John J. Shaw, *International marketing: analysis and strategy* (Columbus: Merrill, 1989).
159. Michael B. Menasco; David J. Curry, Utility and choice: an empirical study of wife/husband decision making, *Journal of Consumer Research*, jun. 1989, p. 87-97, Qualls, Household decision behavior.
160. C. Whan Park, Joint decisions in home purchasing: a muddling-through process, *Journal of Consumer Research*, set. 1982, p. 151-162, Harry L. Davis; Stephen J. Hoch; E. K. Easton Ragsdale, An anchoring and adjustment model of spousal predictions, *Journal of Consumer Research*, jun. 1986, p. 25-37, Gary M. Munsinger; Jean E. Weber; Richard W. Han-sen, Joint home purchasing by husbands and wives, *Journal of Consumer Research*, mar. 1975, p. 60-66, Lakshman Krisnamurthi, The salience of relevant others and its effect on individual and joint preferences: an experimental investigation, *Journal of Consumer Research*, jun. 1983, p. 62-72, Robert F. Krampf; David J. Burns; Dale M. Rayman, Consumer decision making and the nature of the product: a comparison of husband and wife adoption process location, *Psychology and Marketing*, mar.-abr. 1993, p. 95-109.
161. Davy Lerouge; Luk Warlop, Why it is so hard to predict our partner's product preferences: the effect of target familiarity on prediction accuracy, *Journal of Consumer Research* 33, n. 3, 2006, p. 393-402, Chenting Su; Edward F. Fern; Keying Ye, A temporal dynamic model of spousal family purchase-decision behavior, *Journal of Marketing Research*, ago. 2003, p. 268-281.
162. Tamara F. Mangleburg, Children's influence in purchase decisions: a review and critique. In: (Ed.) Marvin E. Goldberg; Gerald Gorn; Richard W. Pollay, *Advances in consumer research*, v. 17 (Provo: Association for Consumer Research, 1990), p. 813-825, Ellen R. Foxman; Patriya S. Tansuhaj; Karin M. Ekstrom, Family members' perceptions of adolescents' influence in family decision making, *Journal of Consumer Research*, mar. 1989, p. 481-490, George Belch; Michael A. Belch; Gayle Ceresino, Parental and teenage influences in family decision making, *Journal of Business Research*, abr. 1985, p. 163-176, Lackman; Lanasa, Family decision making theory.
163. Selina S. Guber; Jon Berry, War stories from the sandbox: what kids say, *Brandweek*, 5 jul. 1993, p. 26-30, Andre Caron; Scott Ward, Gift decisions by kids and parents, *Journal of Advertising Research*, ago.-set. 1975, p. 15-20.
164. Mary Lou Roberts; Lawrence H. Wortzel; Robert L. Berkeley, Mothers' attitudes and perceptions of children's influence and their effect on family consumption, em edição. Jerry C. Olson, *Advances in Consumer Research*, v. 8 (Ann Arbor: Association for Consumer Research, 1981), p. 730-735, Ellen Foxman; Patriya Tansuhaj, Adolescents' and mothers' perceptions of relative influence in family purchase decisions: patterns of agreement and disagreement, em edição. Michael J. Houston, *Advances in consumer research*, v. 15 (Provo: Association for Consumer Research, 1988), p. 449-453.
165. Sharon E. Beatty; Salil Talpade, Adolescent influence in family decision making: a replication with extension, *Journal of Consumer Research*, set. 1994, p. 332-341, Christopher Power, Getting 'Em while they're young, *BusinessWeek*, 9 set. 1991, p. 94-95, Scott Ward; Daniel B. Wackman, Children's purchase influence attempts and parental yielding, *Journal of Marketing Research*, nov. 1972, p. 316-319.
166. William K. Darley; Jeen-Su Lim, Family decision making in leisure time activities: an exploratory analysis of the impact of locus of control, child age influence factor and parental type on perceived child influence, em edição. Richard J. Lutz, *Advances in Consumer Research*, v. 13 (Ann Arbor: Association for Consumer Research, 1986), p. 370-374, George P. Moschis; Linda G. Mitchell, Television advertising and interpersonal influences on teenagers' participation in family consumer decisions, em edição. Lutz, *Advances in Consumer Research*, v. 13, p. 181-186, Beatty; Talpade, Adolescent influence in family decision making.
167. Jeff Brazil, Play dough, *American Demographics*, dez. 1999, p. 57-61.
168. June Cotte; Stacy L. Wood, Families and innovative consumer behavior: a triadic analysis of sibling and parental influence, *Journal of Consumer Research*, jun. 2004, p. 78-86.
169. Kay M. Palan e Robert E. Wilkes, Adolescent-Parent Interaction in Family Decision Making, *Journal of Consumer Research*, set. de 1997, p. 159-169.
170. Les Carlson; Sanford Grossbart, Parental style and consumer socialization of children, *Journal of Consumer Research*, jun. 1988, p. 77-94.
171. Belch, Belch; Ceresino, Parental and teenage influences in family decision making.
172. Miho Inada, Playing at professions, *Wall Street Journal*, 9 fev. 2007, p. B1.
173. Amanda C. Kooser, Virtual playground, *U. S. News & World Report*, 1º abr. 2008, www.usnews.com.
174. Brooks Barnes, Web playgrounds of the very young, *New York Times*, 31dez. 2007, p. C1, C3.
175. Claire Cain Miller, The new back fence, *Forbes*, 7 abr. 2008, p. 66, Gregg Cebrzynski, McD turns to moms for family marketing advice, *Nation's Restaurant News*, 22 maio 2006, p. 6, Emily Steel, The new focus groups, *Wall Street Journal*, 14 jan. 2008, p. B6, www.kfc.com, Gregg Cebrzynski, KFC sets up moms' panel to offer advice on family issues, *Nation's Restaurant News*, 4 set. 2006, p. 14, Robert Berner, I sold it through the grapevine, *BusinessWeek*, 29 maio 2006, www. businessweek. com.

Capítulo 14

1. Rachel Dodes; Christina Passariello, Luxury labels hit in the pocketbook, *Wall Street Journal*, 24 jan. 2008, p. B1, Christina Binkley, The psychology of the $14, 000 handbag, *Wall Street Journal*, 9 ago. 2007, p. D8, Back down to the basics – the affordable basics, *Retailing Today*, 17 mar. 2008, p. 32, Mike Vogel, Four segments star performers, *Chain Drug Review*, 5 nov. 2007, p. 25, Joseph Rago, Taste – de gustibus: conspicuous virtue and the sustainable sofa, *Wall Street Journal*, 23 mar. 2007, p. W13.
2. Milton Rokeach, *The nature of human values* (Nova York: Free Press, 1973), p. 5.

3. Wagner A. Kamakura; Jose Alfonso Mazzon, Value segmentation: a model for the measurement of values and value systems, *Journal of Consumer Research*, set. 1991, p. 208-218; veja também Milton Rokeach; Sandra J. Ball-Rokeach, Stability and change in American value priorities, 1968-1981, *American Psychologist*, maio 1989, p. 775-784, Milton Rokeach, *Understanding human values* (Nova York: Free Press, 1979), Shalom H. Schwartz; Wolfgang Bilsky, Toward a universal psychological structure of human values, *Journal of Personality and Social Psychology*, set. 1987, p. 550-562.
4. Kim A. Nelson, Consumer decision making and image theory: understanding value-laden decisions, *Journal of Consumer Psychology* 14, n. 1-2, 2004, p. 28-40.
5. Francesco M. Nicosia; Robert N. Mayer, Toward a sociology of consumption, *Journal of Consumer Research*, set. 1976, p. 65-75, Hugh E. Kramer, The value of higher education and its impact on value formation. In: Robert E. Pitts; Arch G. Woodside, *Personal Values and Consumer Psychology* (Lexington: Lexington Books, 1984), p. 239-251.
6. Mary Gilly; Lisa Penaloza, Barriers and incentives in consumer acculturation. In: W. Fred van Raaij; Gary J. Bamossy, *European advances in consumer research*, v. 1 (Provo: Association for Consumer Research, 1993), p. 278-286.
7. Rokeach, *The nature of human values*, Schwartz; Bilsky, Toward a universal psychological structure of human values.
8. Russell W. Belk, Materialism: trait aspects of living in the material world, *Journal of Consumer Research*, dez. 1985, p. 265-280, Russell W. Belk, Three scales to measure constructs related to materialism: reliability, validity, and relationships to happiness, em edição. Thomas P. Kinnear, *Advances in consumer research*, v. 11 (Provo: Association for Consumer Research, 1984), p. 291-297.
9. Marsha L. Richins, Special possessions and the expression of material values, *Journal of Consumer Research*, dez. 1994, p. 522-533.
10. James A. Roberts; John F. Tanner Jr. ; Chris Manolis, Materialism and the family structure-stress relation, *Journal of Consumer Psychology* 15, n. 2, 2005, p. 183-190.
11. Jamie Arndt; Sheldon Solomon; Tim Kasser; Kennon M. Sheldon, The urge to splurge: a terror management account of materialism and consumer behavior, *Journal of Consumer Psychology* 14, n. 3, 2004, p. 198-212, Jamie Arndt; Sheldon Solomon; Tim Kasser; Kennon M. Sheldon, The urge to splurge revisited: further reflections on applying terror management account to materialism and consumer behavior, *Journal of Consumer Psychology* 14, n. 3, 2004, p. 225-229, Durairaj Maheswaran; Nidhi Agrawal, Motivational and cultural variations in mortality salience effects: contemplations on terror management theory and consumer behavior, *Journal of Consumer Psychology* 14, n. 3, 2004, p. 213-218, Aric Rindfleisch; James E. Burroughs, Terrifying thoughts, terrible materialism? Contemplations on a terror management account of materialism and consumer behavior, *Journal of Consumer Psychology* 14, n. 3, 2004, p. 219-224.
12. Marsha L. Richins; Scott Dawson, A consumer values orientation for materialism and its measurement: scale development and validation, *Journal of Consumer Research*, dez. 1992, p. 303-316.
13. James E. Burroughs; Aric Rindfleisch, Materialism and well-being: a conflicting values perspective, *Journal of Consumer Research*, dez. 2002, p. 348-370.
14. Mary Yoko Brannen, Cross cultural materialism: commodifying culture in Japan. In: (Ed.) Floyd Rudmin; Marsha Richins, *Meaning, measure, and morality of materialism* (Provo: The Association for Consumer Research, 1992), p. 167-180, Dorothy E. Jones; Dorinda Elliott; Edith Terry; Carla A. Robbins; Charles Gaffney; Bruce Nussbaum, Capitalism in China, *BusinessWeek*, jan. 1985, p. 53-59, veja tambem Tse; Belk; Zhou, Becoming a consumer society.
15. Meg Dupont, Cocooning morphs into hiving, *Hartford Courant*, 29 out. 2004, p. H2.
16. One third of Americans Regularly Bank Online, *Information Week*, 19 fev. 2008, www.informationweek.com.
17. Ikea ads home in on soul objective, *Marketing Week*, 20 set. 2007, p. 12, Suzanne Vranica, "Ikea to tug at heartstrings, *Wall Street Journal*, 18 set. 2007, p. B6.
18. John Fetto, Nowhere to hide, *American Demographics*, jul.-ago. 2002, p. 12.
19. Allison Enright, FreshDirect: the internet-only grocer, *Marketing News*, 1 set. 2007, p. 11, Lisa Fickenscher, Online grocer clicks, *Crain's New York Business*, 21 fev. 2005, p. 3.
20. Michelle Higgins, To plug in or unplug for the pedicure, *New York Times*, 16 set. 2007, sec. 5, p. 6.
21. Elizabeth C. Hirschman, Men, dogs, guns, and cars, *Journal of Advertising*, 2003, p. 9-22.
22. Mohan J. Dutta-Bergman; William D. Wells, The values and lifestyles of idiocentrics and allocentrics in an individualist culture: a descriptive approach, *Journal of Consumer Psychology*, n. 12, v. 3, 2002, p. 232-242.
23. Sue Shellenbarger, Technology is helping "commuter families" to stay in touch, *Wall Street Journal*, 14 fev. 2001, p. B1.
24. Merissa Marr, Disney Reaches to the crib to extend princess magic, *Wall Street Journal*, 19 nov. 2007, p. B1.
25. Hilary Stout, Monogram this: personalized clothes, toys are on the rise, *Wall Street Journal*, 17 mar. 2005, p. D6.
26. Chad Terhune, Gatorade works on endurance, *Wall Street Journal*, 21 mar. 2005, p. B6.
27. Jay Krall, Big-brand logos pop up in organic aisle, *Wall Street Journal*, 29 jul. 2003, p. B1.
28. Becky Ebenkamp, Veggie tales, *Brandweek*, 24 mar. 2008, p. 16-17.
29. James Kanter, Opponents of genetically modified crops win victory in France, *International Herald Tribune*, 19 mar. 2008, www.iht.com.
30. Diane McCartney, Even dogs on diets can splurge on these treats, *The Wichita Eagle*, 3 abr. 2008, www.kansas.com.
31. Milt Freudenheim, Wal-Mart will expand in-store medical clinics, *New York Times*, 7 fev. 2008, p. C4.
32. Gregory Lopes, Study shows U. S. outweighs Europe, *Washington Times*, 2 out. 2007, p. C8.
33. David Sterrett, Apple dippers for small fries, *Crain's Chicago Business*, 10 mar. 2008, p. 1, Paul Kurnit, The advertising diet, *Adweek Online*, 3 dez. 2007, www.adweek.com.
34. Keiko Morris, Finding both fashion and fit, *Newsday*, 28 maio 2007, n. p.
35. Derek Gale, High rolling (restaurant sales at the highest at Las Vegas), *Restaurants & Institutions*, 15 abr. 2007, p. 47.

36. Haagen Dazs: coming in from the cold, *Marketing Week*, 3 abr. 2008, p. 29; Low-fat chance, *Advertising Age*, 19 fev. 2007, p. 14.
37. Raj Raghunathan; Rebecca Walker-Naylor; Wayne D. Hoyer, The 'unhealthy = tasty intuition' and its effects on taste inferences, enjoyment, and choice of food products, *Journal of Marketing* 70, n. 4, 2006, p. 170-184.
38. Renee Schettler, America's artificial sweetheart, *Washington Post*, 23 fev. 2005, p. F1.
39. Susan Jakes, From Mao to maybelline, *Time*, 8 mar. 2005, p. 22, Diane Solis, Cost no object for Mexico's makeup junkies, *Wall Street Journal*, 6 jun. 1994, p. B1.
40. Heather Landi, Meet me in the yard, *Beverage World*, 15 jul. 2007, p. 8.
41. Kent Grayson; Radan Martinec, Consumer perceptions of iconicity and indexicality and their influence on assessments of authentic market offerings, *Journal of Consumer Research* 31, n. 2, 2004, p. 296-312.
42. Craig J. Thompson; Aric Rindfleisch; Zrsel Zeynep, Emotional branding and the strategic value of the doppelganger brand image, *Journal of Marketing*, jan. 2006, p. 50-64.
43. David J. Lipke, Green homes, *American Demographics*, jan. 2001, p. 50-55.
44. Sandra Block, Gas prices, taxes got you down? Buying a hybrid could provide a break, *USA Today*, 11 mar. 2008, p. 3B.
45. Rebecca Gardyn, Saving the Earth, one click at a time, *American Demographics*, jan. 2001, p. 30-34.
46. Jon Mooallem, The afterlife of cellphones, *New York Times Magazine*, 13 jan. 2008, p. 38.
47. Stephen Baker; Adam Aston, The business of nanotech, *BusinessWeek*, 14 fev. 2005, p. 64-71.
48. Paul Schweitzer, The third millennium: riding the waves of turbulence, *News Tribune*, dez. 1993, p. 5-27.
49. Sak Onkvisit; John J. Shaw, *International marketing: analysis and strategy* (Columbus: Merrill, 1989), p. 243.
50. Robert Wilk, INFOPLAN: the new rich: a psychographic approach to marketing to the wealthy Japanese consumer, Conferência ESOMAR, Veneza, Itália, jun. 1990, relatado em Mooij; Keegan, *Advertising Worldwide*, p. 122-129.
51. K. S. Yang, Expressed values of Chinese college students. In: (Ed.) K. S. Yang; Y. Y. Li, *Symposium on the Character of the Chinese: An Interdisciplinary Approach* (Taipei: Institute of Ethnology Academic Sinica, 1972), p. 257-312, veja também Oliver H. M. Yau, *Consumer behavior in China: customer satisfaction and cultural values* (Nova York: Rutledge, 1994).
52. Alfred S. Boote, citado em Rebecca Piirto, *Beyond mind games* (Ithaca: American Demographic Books, 1991).
53. Geert Hofstede, National cultures in four dimensions, *International Studies of Management and Organization*, 1983, p. 46-74.
54. Michael Lynn; George M. Zinkhan; Judy Harris, Consumer tipping: a cross-country study, *Journal of Consumer Research*, dez. 1993, p. 478-488.
55. Dana L. Alden; Wayne D. Hoyer; Chol Lee, Identifying global and culture-specific dimensions of humor in advertising: a multinational analysis, *Journal of Marketing*, abr. 1993, p. 64-75.
56. Douglas B. Holt; Craig J. Thompson, Man-of-action heroes: the pursuit of heroicmasculinity in everyday consumption, *Journal of Consumer Research* 31, n. 2, 2004, p. 425-440.
57. Van R. Wood; Roy Howell, A note on Hispanic values and subcultural research: an alternative view, *Journal of the Academy of Marketing Science*, 1991, p. 61-67, veja também Humberto Valencia, Hispanic values and subcultural research, *Journal of the Academy of Marketing Science*, Winter 1989, p. 23-28, Thomas E. Ness; Melvin T. Smith, Middle-class values in blacks and whites. In: (Ed.) Pitts; Woodside, *Personal Values and Consumer Psychology*, p. 231-237.
58. China's golden oldies, *The Economist*, 26 fev.2005, p. 65.
59. Richard P. Coleman, The continuing significance of social class to marketing, *Journal of Consumer Research*, dez. 1983, p. 265-280.
60. William Strauss; Neil Howe, The cycle of generations, *American Demographics*, abr. 1991, p. 25-33, 52, veja também William Strauss; Neil Howe, *Generations: the history of America's future, 1584 to 2069* (Nova York: William Morrow, 1992), Lawrence A. Crosby; James D. Gill; Robert E. Lee, Life status and age as predictors of value orientation. In: (Ed.) Pitts; Woodside, *Personal Values and Consumer Psychology*, p. 201-218.
61. Sharon Beatty; Lynn R. Kahle; Pamela Homer; Shekhar Misra, Alternative measurement approaches to consumer values: the list of values and the rokeach value survey, *Psychology and Marketing*, 1985, p. 181-200.
62. Lynn R. Kahle, *Social values and social change: adaptation to life in America* (Nova York: Praeger, 1983).
63. Heather Green; Kerry Capell, Carbon confusions, *BusinessWeek*, 17 mar. 2008, p. 52-55.
64. Face value: at the sharp end, *The Economist*, 3 mar. 2007, p. 73.
65. Brendan I. Koerner, Mr. Clean and the future of mopping, *New York Times*, 20 mar. 2005, sec. 3, p. 2.
66. Patricia F. Kennedy; Roger J. Best; Lynn R. Kahle, An alternative method for measuring value-based segmentation and asdvertisement positioning. In: (Ed.) James H. Leigh; Claude R. Martin Jr. , *Current Issues and Research in Advertising*, v. 11 (Ann Arbor: Division of Research, School of Business Administration, University of Michigan, 1988), p. 139-156, Daniel L. Sherrell; Joseph F. Hair Jr.; Robert P. Bush, The influence of personal values on measures of advertising effectiveness: interactions with audience involvement. In: (Ed.) Pitts; Woodside, *Personal Values and Consumer Psychology,* p. 169-185.
67. Bob Garfield, Dove's new "onslaught" ad a triumph, *Advertising Age*, 8 out. 2007, www.adage.com.
68. Pichayaporn Utumporn, Ad with Hitler brings outcry in Thailand, *Wall Street Journal*, 5 jun. 1995, p. C1.
69. Robert E. Pitts; John K. Wong; D. Joel Whalen, Consumers' evaluative structures in two ethical situations: a means-end approach, *Journal of Business Research*, mar. 1991, p. 119-130.
70. Russell W. Belk; Richard W. Pollay, Materialism and status appeals in Japanese and U. S. print advertising, *International Marketing Review*, 1985, p. 38-47, veja também Russell W. Belk; Wendy J. Bryce; Richard W. Pollay, Advertising themes and cultural values: a comparison of U. S. and Japanese advertising. In: (Ed.) K. C. Mun; T. S. Chan, *Proceedings of the inaugural meeting of the Southeast Asia*

region *Academy of International Business* (Hong Kong: The Chinese University of Hong Kong, 1985), p. 11-20.
71. David K. Tse; Russell W. Belk; Nan Zhou, Becoming a consumer society: a longitudinal and cross-cultural content analysis of print ads from Hong Kong, the People's Republic of China, and Taiwan, *Journal of Consumer Research*, mar. 1989, p. 457-472.
72. Para mais uma análise da cadeia meio-fim, veja Beth A. Walker; Jerry C. Olson, Means-end chains: connecting products with self, *Journal of Business Research*, mar. 1991, p. 111-118, Thomas J. Reynolds; John P. Richon, Means-end based advertising research: copy testing is not strategy assessment, *Journal of Business Research*, mar. 1991, p. 131-142, Jonathan Gutman, Exploring the nature of linkages between consequences and values, *Journal of Business Research*, mar. 1991, p. 143-148, Thomas J. Reynolds; Jonathan Gutman, Laddering theory, method, analysis and interpretation, *Journal of Advertising Research*, fev.-mar. 1988, p. 11-31, Thomas J. Reynolds; Jonathan Gutman, Laddering: extending the repertory grid methodology to construct attribute – consequence-value hierarchies. In: (Ed.) Pitts; Woodside, *Personal Values and Consumer Psychology*, p. 155-167.
73. Dawn R. Deeter-Schmelz; Jane L. Sojka, Wrestling with American values, *Journal of Consumer Behavior* 4, n. 2, 2004, p. 132-143.
74. Thomas J. Reynolds; J. P. Jolly, Measuring personal values: an evaluation of alternative methods, *Journal of Marketing Research*, nov. 1980, p. 531-536, Reynolds; Gutman, Laddering, Jonathan Gutman, A means-end model based on consumer categorization processes, *Journal of Marketing*, 1982, p. 60-72.
75. T. L. Stanley, Death of the sports car? *Brandweek*, 2 jan. 1995, p. 38.
76. Frenkel Ter Hofstede; Jan-Benedict E. M. Steenkamp; Michel Wedel, International market segmentation based on consumer-product relations, *Journal of Marketing Research* 36, fev. 1999, p. 1-17.
77. Marsha L. Richins, The material values scale: measurement properties and development of a short form, *Journal of Consumer Research*, jun. 2004, p. 209-219.
78. J. Michael Munson; Edward F. McQuarrie, Shortening the rokeach value survey for use in consumer research. In: Michael J. Houston, *Advances in consumer research*, v. 15 (Provo: Association for Consumer Research, 1988), p. 381-386.
79. Lynn R. Kahle; Sharon Beatty; Pamela Homer, Alternative measurement approaches to consumer values: the List of Values (LOV) and Values and Life Style (VALS), *Journal of Consumer Research*, dez. 1986, p. 405-409, Kahle, *Social values and social change*.
80. Wagner Kamakura; Thomas P. Novak, Value-system segmentation: exploring the meaning of LOV, *Journal of Consumer Research*, jun. 1992, p. 119-132.
81. Sigmund Freud, *Collected Papers*, v. I-V (Nova York: Basic Books, 1959), Erik Erickson, *Childhood and society* (Nova York: Norton, 1963), Erik Erickson, *Identity: youth and crisis* (Nova York: Norton, 1968).
82. Yumiko Ono, Marketers seek the "naked" truth, *Wall Street Journal*, 30 maio 1997, p. B1, B13.
83. Gordon Allport, *Personality: a psychological interpretation* (Nova York: Holt, Rinehart, & Winston, 1937); Raymond B. Cattell, *The scientific analysis of personality* (Baltimore: Penguin, 1965).
84. Carl G. Jung, *Man and his symbols* (Garden City: Doubleday, 1964); veja também Hans J. Eysenck, Personality, stress and disease: an interactionistic perspective, *Psychological Inquiry*, v. 2, 1991, p. 221-232.
85. Por exemplo, veja Lara K. Kammrath; Daniel R. Ames; Abigail R. Scholer, Keeping up with impressions: inferential rules for impression change across the big five, *Journal of Experimental Social Psychology* 43, 2007, p. 450-457, William Fleeson, Situation-based contingencies underlying trait-content manifestation in behavior, *Journal of Personality* 75, n. 4, 2007, p. 825-862.
86. Carl R. Rogers, Some observations on the organization of personality, *American Psychologist*, set. 1947, p. 358-368, George A. Kelly, *The psychology of personal constructs*, v. 1 e 2 (Nova York: Norton, 1955).
87. Bernard Weiner, Attribution in personality psychology, em edição. Lawrence A. Pervin, *Handbook of personality: theory and research* (Nova York: Guilford, 1990), p. 465-484, Harold H. Kelly, The processes of causal attribution, *American Psychologist*, fev. 1973, p. 107-128.
88. David Glen Mick; Claus Buhl, A meaning-based model of advertising experiences, *Journal of Consumer Research*, dez. 1992, p. 317-338.
89. Karen B. Horney, *Our inner conflicts* (Nova York: Norton, 1945).
90. Joel B. Cohen, An interpersonal orientation to the study of consumer behavior, *Journal of Marketing Research*, ago. 1967, p. 270-277, Jon P. Noerager, An assessment of CAD – a personality instrument developed specifically for marketing research, *Journal of Marketing Research*, fev. 1979, p. 53-59.
91. Marsha L. Richins, An analysis of consumer interaction styles in the marketplace, *Journal of Consumer Research*, jun. 1983, p. 73-82.
92. Richard P. Bagozzi; Hans Baumgartner; Youjae Yi, State versus action orientation and the theory of reasoned action, an application to coupon usage, *Journal of Consumer Research*, mar. 1992, p. 505-518, ; William O. Bearden; Randall L. Rose, Attention to social comparison information: an individual difference factor affecting consumer conformity, *Journal of Consumer Research*, mar. 1990, p. 461-471, Bobby J. Calder; Robert E. Burnkrant, Interpersonal influence on consumer behavior: an attribution theory approach, *Journal of Consumer Research*, dez. 1979, p. 29-38.
93. B. F. Skinner, *About behaviorism* (Nova York: Knopf, 1974); B. F. Skinner, *Beyond freedom and dignity* (Nova York: Knopf, 1971).
94. Jacob Jacoby, Multiple indicant pproaches for studying new product adopters, *Journal of Applied Psychology*, ago. 1971, p. 3a84-388, Harold H. Kassarjian, Personality and consumer behavior: a review, *Journal of Marketing Research*, nov. 1971, p. 409-418; veja também Harold H. Kassarjian, Personality: the longest fad, em edição. William L. Wilkie, *Advances in consumer research*, v. 6 (Ann Arbor: Association for Consumer Research, 1979), p. 122-124.
95. John L. Lastovicka; Erich A. Joachimsthaler, Improving the detection of personality-behavior relationships in consumer research, *Journal of Consumer Research*, mar. 1988, p. 583-587, Kathryn E. A. Villani; Yoram Wind, On the usage of

"modified" personality trait measures in consumer research, *Journal of Consumer Research*, dez. 1975, p. 223-228.
96. William O. Bearden; David M. Hardesty; Randall L. Rose, Consumer self-confidence: refinements in conceptualization and measurement, *Journal of Consumer Research* 28, jun. 2001, p. 121-134.
97. D. E. Berlyne, *Conflict, arousal and curiosity* (Nova York: McGraw-Hill, 1960); D. E. Berlyne, Novelty, complexity, and hedonic value, *Perception and Psychophysics*, nov. 1970, p. 279-286.
98. Marvin Zuckerman, *Sensation seeking: beyond the optimal level of arousal* (Hillsdale: Lawrence Erlbaum, 1979), Elizabeth C. Hirschman, Innovativeness, novelty seeking, and consumer creativity, *Journal of Consumer Research*, dez. 1980, p. 283-295.
99. R. A. Mittelstadt; S. L. Grossbart; W. W. Curtis; S. P. DeVere, Optimal stimulation level and the adoption decision process, *Journal of Consumer Research*, set. 1976, p. 84-94, P. S. Raju, Optimum stimulation level: its relationship to personality, demographics, and exploratory behavior, *Journal of Consumer Research*, dez. 1980, p. 272-282, Jan-Benedict E. M. Steenkamp; Hans Baumgartner, The role of optimum stimulation level in exploratory consumer behavior, *Journal of Consumer Research*, dez. 1992, p. 434-448, Erich A. Joachimsthaler; John Lastovicka, Optimal stimulation level – Exploratory behavior models, *Journal of Consumer Research*, dez. 1984, p. 830-835.
100. Leon G. Schiffman; William R. Dillon; Festus E. Ngumah, The influence of subcultural and personality factors on consumer acculturation, *Journal of International Business Studies*, 1981, p. 137-143.
101. Kelly Tepper Tian; William O. Bearden; Gary L. Hunter, Consumers' need for uniqueness: scale development and validation, *Journal of Consumer Research* 28, jun. 2001, p. 50-66.
102. Itamar Simonson; Stephen M. Nowlis, The role of explanations and need for uniqueness in consumer decision making: unconventional choices based on reasons, *Journal of Consumer Research* 27, jun. 2000, p. 49-68.
103. Craig J. Thompson; Zeynep Arsel, The starbucks brandscape and consumers' (anticorporate) experiences of globalization, *Journal of Consumer Research* 31, n. 3, 2004, p. 631-642.
104. James E. Burroughs; David Glen Mick, Exploring antecedents and consequences of consumer creativity in a problem-solving context, *Journal of Consumer Research*, set. 2004, p. 402-411.
105. Ibidem, Alice M. Isen, Positive effect. In: (Ed.) Tim Dageleisch; Mick Power, *Handbook of cognition and emotion* (Nova York: Wiley, 1999), p. 521-539.
106. John T. Cacioppo; Richard E. Petty; Chuan F. Kao, The efficient assessment of need for cognition, *Journal of Personality Assessment*, jun. 1984, p. 306-307, Curtis R. Haugtvedt; Richard E. Petty; John T. Cacioppo, Need for cognition and advertising: understanding the role of personality variables in consumer behavior, *Journal of Consumer Psychology* 1, n. 3, 1992, p. 239-260, Rajeev Batra; Douglas M. Stayman, The role of mood in advertising effectiveness, *Journal of Consumer Research*, set. 1990, p. 203-214, John T. Cacioppo; Richard E. Petty; K. Morris, Effects of need for cognition on message evaluation, recall and persuasion, *Journal of Personality and Social Psychology*, out. 1983, p. 805-818.
107. Susan Powell Mantel; Frank R. Kardes, The role of direction of comparison, attribute-based processing, and attitude-based processing in consumer preference, *Journal of Consumer Research* 25, mar. 1999, p. 335-352.
108. William O. Bearden; Richard G. Netemeyer; Jesse H. Teel, Measurement of consumer susceptibility to interpersonal influence, *Journal of Consumer Research*, mar. 1989, p. 472-480, Peter Wright, Factors affecting cognitive resistance to ads, *Journal of Marketing Research*, jun. 1975, p. 1-9.
109. John L. Lastovicka; Lance A. Bettencourt; Renée Shaw Hughner; Ronald J. Kuntze, Lifestyle of the tight and frugal: theory and measurement, *Journal of Consumer Research* 26, jun. 1999, p. 85-98.
110. Terrence H. Witkowski, World War II poster campaigns, *Journal of Advertising*, 2003, p. 69-82.
111. Free magazines popping up all over Japan, *Japan Close-Up*, mar. 2005, p. 7.
112. Richard C. Becherer; Lawrence C. Richard, Self-monitoring as a moderating variable in consumer Behavior, *Journal of Consumer Research*, dez. 1978, p. 159-162; Mark Snyder e Kenneth G. DeBono, Appeals to image and claims about quality: understanding the psychology of advertising, *Journal of Personality and Social Psychology*, set. 1985, p. 586-597.
113. Dean Peabody, *National characteristics* (Cambridge: Cambridge University Press, 1985); Allan B. Yates, Americans, Canadians similar but vive la différence, *Direct Marketing*, out. 1985, p. 152.
114. Terry Clark, International marketing and national character: a review and proposal for an integrative theory, *Journal of Marketing*, out. 1990, p. 66-79.
115. Greg Sand oval, China Bans LeBron James Nike Ad, *Washington Post*, 7dez. 2004, p. E2.
116. John C. Mowen, Exploring the trait of competitiveness and its consumer behavior consequences, *Journal of Consumer Psychology* 14, n. 1/2, 2004, p. 52-63.
117. Rob Walker, For Kicks, *New York Times Magazine*, 20 mar. 2005, p. 38.
118. Tom Lowry, The game's the thing at MTV networks, *BusinessWeek*, 18 fev. 2008, p. 51-52.
119. David Crockett, The role of normative political ideology in consumer behavior, *Journal of Consumer Research* 31, n. 3, 2004, p. 511-528.
120. Morris B. Holbrook, Nostalgia and consumption preferences: some emerging patterns of consumer tastes, *Journal of Consumer Research*, set. 1993, p. 245-256.
121. Sandra Yin, Going to extremes, *American Demographics*, 1º jun. 2001, p. 26.
122. Michelle Moran, Category analysis: small electrics & consumer lifestyles dictate trends, *Gourmet Retailer*, jun. 2001, p. 34.
123. Onkvisit e Shaw, *International Marketing*, p. 283.
124. Leonidas C. Leonidou, Understanding the Russian consumer, *Marketing and Research Today*, mar. de 1992, p. 75-83.
125. Sip and sup: ideas for quick noshing, *Arizona Republic*, 9 abr. 2008, www.azcentral.com.
126. Veja Leonard L. Berry; Kathleen Seiders; Dhruv Grewal, Understanding service convenience, *Journal of Marketing Research*, jul. 2002, p. 1-17.

127. Cynthia Crossen, Marketing Panache, plant lore invigorate independent Garden Center's sales, *Wall Street Journal*, 25 maio 2004, p. B1, B4.
128. ACE Brochure 1989, published by RISC, Paris, France, veja também de Mooij; Keegan, *Advertising Worldwide*.
129. Jerri Stroud, 'Bankers' hours' now include evenings and sundays, *St. Louis Post-Dispatch*, 4 set. 2007, n. p.
130. Basil G. Englis; Michael R. Solomon, To be and not to be: life style imagery, reference groups, and the clustering of America, *Journal of Advertising*, 1995, p. 13-28.
131. Jacob Hornik; Mary Jane Schlinger, Allocation of time to the mass media, *Journal of Consumer Research*, mar. 1981, p. 343-355.
132. Eben Shapiro, Web lovers love TV, often watch both, *Wall Street Journal*, 12 jun. 1998, p. B9.
133. Michael J. Weiss; Morris B. Holbrook; John Habich, Death of the arts snob, *American Demographics*, jun. 2001, p. 40-42.
134. Jeff Borden, High-quality ingredients, *Marketing News*, 1º out. 2007, p. 13.
135. SRI Consulting Business Intelligence, *VALS Framework and Segment Descriptions,* www. sricbi. com/VALS/types.shtml.
136. Pamela Paul, Sell it to the psyche, *Time*, 15 de set. 2003, p. A23.
137. Louise Witt, Inside intent, *American Demographics*, 1 mar. 2004.
138. David J. Lipke, Head trips, *American Demographics*, out. 2000, p. 38-39; Yankelovich web site, http://www.yankelovich.com.
139. Douglas B. Holt, Poststructuralist lifestyle analysis: conceptualizing the social patterning of consumption in postmodernity, *Journal of Consumer Research*, mar. de 1997, p. 326-350.
140. Marvin Shoenwald, Psychographic segmentation: used or abused? *Brandweek*, 22 jan. 2001, p. 34.
141. Pamela Paul, Sell it to the psyche.
142. Antoinette Alexander, Tech-savvy young shoppers may be untapped market, *Drug Store News*, 21 jun. 2004, p. 973.
143. Joanna Weiss, 'Psychographics' enters brave new world of TV marketing, *Boston Globe*, 10 jun. 2005, www.boston.com.
144. Vicki Mabrey; Deborah Apton, From mcMuffins to mcLattes, *ABC News*, 31 mar. 2008, www.abcnews.go.com; Dave Carpenter, Breakfast, Europe a winning Combo, *Houston Chronicle*, 11 mar. 2008, p. 3; Profile: Pierre Woreczek, man of many tastes, ' *Brand Strategy*, 7 mar. 2008, p. 17, Dagmar Mussey; Laurel Wentz, Want a quiet cup of coffee in Germany? Head to McDonald's, *Advertising Age*, 10 set. 2007, p. 32, Julia Werdigier, McDonald's, but with flair, *New York Times*, 25 ago. 2007, p. C1, C4, ; Michael Arndt, Knock knock, it's your Big Mac, *BusinessWeek Online*, 13 jul. 2007, www. businessweek. com.

Capítulo 15

1. Douglas Quenqua, Word of mouth, *DM News*, 4 fev. 2008, www. dmnews. com, Leo Benedictus, Psst! Have you heard? *The Guardian*, 30 jan. 2007, www.guardian.co.uk.
2. Greg Metz Thomas, Building the buzz with the hive in mind, *Journal of Consumer Behavior* 4, n. 1, 2004, p. 64-72.
3. Seth Schiesel, Gamers, on your marks: halo 3 arrives, *New York Times*, 24 set. 2007, p. E1.
4. Amna Kirmani; Margaret C. Campbell, Goal seeker and persuasion sentry: how consumer targets respond to interpersonal marketing persuasion, *Journal of Consumer Research*, dez. 2004, p. 573-582.
5. Robert L. Simison; Joseph B. White, Reputation for poor quality still plagues Detroit, *Wall Street Journal*, 4 maio 2000, p. B1, B4.
6. Utpal M. Dholakia; Richard P. Bagozzi; Lisa Klein Pearo, A social influence model of consumer participation in network- and small-group-based virtual communities, *International Journal of Research in Marketing* 21, 2004, p. 241-263.
7. Veja Mehdi Mourali; Michel Larouche; Frank Pons, Antecedents of consumer relative preference for interpersonal information sources in pre-purchase search, *Journal of Consumer Behaviour* 4, n. 5, 2005, p. 307-318.
8. Rebecca Gardyn, How does this work? *American Demographics*, dez. 2002/jan. 2003, p. 18-19.
9. Frederick Koenig, *Rumor in the marketplace: the social psychology of commercial hearsay* (Dover: Auburn House, 1985), Paul M. Herr; Frank R. Kardes; John Kim, Effects of word-of-mouth and product-attribute information on persuasion: an accessibility-diagnosticity perspective, *Journal of Consumer Research*, mar. 1991, p. 454-462.
10. Paul F. Lazarsfeld; Bernard Berelson; Hazel Gaudet, *The people's choice; how the voter makes up his mind in a presidential campaign* (Nova York: Columbia University Press, 1948), veja também Herr, Kardes, and Kim, Effects of word-of-mouth and product-attribute information on persuasion.
11. David Pogue, Reconsidering pixel envy, *New York Times*, 24 mar. 2005, tech.nytimes.com/2005/03/24/technology/circuits/24read.html.
12. Dale Duhan; Scott Johnson; James Wilcox; Gilbert Harrell, Influences on consumer use of word-of-mouth recommendation sources, *Journal of the Academy of Marketing Science 25*, 1997, p. 283-295.
13. Vicki Clift, Systematically solicit testimonial letters, *Marketing News*, 6 jun. 1994, p. 7.
14. Wendy Bounds, Keeping teens from smoking, with style, *Wall Street Journal*, 6 maio 1999, p. B6.
15. Bob Tedeschi, Readers are key ingredient as virtual kitchen heats up, *New York Times*, 25 jun. 2007, p. C6.
16. Veja Robert V. Kozinets, E-tribalized marketing? The strategic implications of virtual communities of consumption, *European Management Journal*, 1999, p. 252-264.
17. Susan B. Garland, So glad you could come. Can I sell you anything? *New York Times*, 19 dez. 2004, sec. 3, p. 7.
18. Michael Barbaro, Unbound, Wal-Mart tastemakers write a blunt and unfiltered blog, *New York Times*, 3 mar. 2008, p. C1, C8, David Kirkpatrick; Daniel Roth, Why there's no escaping the blog, *Fortune*, 10 jan. 2005, p. 44.
19. John W. Milligan, Choosing mediums for the message, *US Banker*, fev. 1995, p. 42-45.
20. Gangseog Ryu; Lawrence Feick, A penny for your thoughts: referral reward programs and referral likelihood, *Journal of Marketing*, jan. 2007, p. 84-94.
21. Cris Prystay, Companies Market to India's Have-Littles, *Wall Street Journal*, 5 jun. 2003, p. B1, B12.

22. Robert McMillan, Bill Gates says internet censorship won't work, *Computerworld*, 20 fev. 2008, www.computerworld.com; Wave of internet surfers has Chinese censors nervous, *Los Angeles Times*, 26 jun. 1995, p. D6, Jeffrey A. Trachtenberg, Time Warner unit sets joint venture to market TV programming in China, *Wall Street Journal*, 8 mar. 1995, p. B2.
23. Jacob Jacoby; Wayne D. Hoyer, What if opinion leaders didn't really know more: a question of nomological validity, em edição. Kent B. Monroe, *Advances in consumer research*, v. 8 (Chicago: Association for Consumer Research, 1980), p. 299-302, Robin M. Higie; Lawrence E Feick; Linda L. Price, Types and amount of word-of-mouth communications about retailers, *Journal of Retailing*, Fall 1987, p. 260-277, regarding innovativeness, Terry L. Childers (Assessment of the psychometric properties of an opinion leadership scale, *Journal of Marketing Research*, maio 1986, p. 184-187).
24. Marsha L. Richins; Teri Root-Shafer, The role of involvement and opinion leadership in consumer word of mouth: an implicit model made explicit, em edição. Michael J. Houston, *Advances in consumer research*, v. 15 (Provo: Association for Consumer Research, 1988), p. 32-36.
25. Audrey Guskey-Federouch; Robert L. Heckman, The good samaritan in the marketplace: motives for helpful behavior, trabalho apresentado na Society for Consumer Psychology Conference, St. Petersburg, fev. 1994.
26. Lawrence E Feick; Linda L. Price; Robin Higie, People who use people: the opposite side of opinion leadership, em edição. Richard J. Lutz, *Advances in consumer research*, v. 13 (Provo: Association for Consumer Research, 1986), p. 301-305, veja também Jagdish N. Sheth, Word-of-mouth in low-risk innovations, *Journal of Advertising Research*, jun. -jul. 1971, p. 15-18.
27. Ronald E. Goldsmith; Ronald A. Clark; Elizabeth Goldsmith, Extending the psychological profile of market mavenism, *Journal of Consumer Behavior* 5, n. 5, 2006, p. 411-419, Lawrence E Feick; Linda L. Price, The market maven: a diffuser of marketplace information, *Journal of Marketing*, jan. 1987, p. 83-97.
28. Veja, por exemplo, Dorothy Leonard-Barton, Experts as negative opinion leaders in the diffusion of a technological innovation, *Journal of Consumer Research*, mar. 1985, p. 914-926.
29. Joanne Kaufman, Publishers seek to mine book circles, *New York Times*, 19 nov. 2007, p. C5.
30. Laura Bird, Consumers smile on Unilever's Mentadent, *Wall Street Journal*, 31 maio 1994, p. B9, Joseph R. Mancuso, Why not create opinion leaders for new product introduction? *Journal of Marketing*, jul. 1969, p. 20-25.
31. Smoking Cessation: GSK strikes a chord with reality ads, *Chemist and Druggist*, 5 mar. 2005, p. 40.
32. Christopher Reynolds, Up on the envy meter, *American Demographics*, jun. 2004, p. 6-7.
33. Jennifer Edson Escalas; James R. Bettman, Self-construal, reference groups, and brand meaning, *Journal of Consumer Research* 32, n. 3, 2005, p. 378-389.
34. Albert M. Muniz Jr. ; Thomas C. O'Guinn, Brand community, *Journal of Consumer Research* 27, mar. de 2001, p. 412-432, James H. McAlexander; John W. Schouten; Harold F. Koenig, Building brand community, *Journal of Marketing*, jan. 2002, p. 38-54.
35. Richard P. Bagozzi; Utpal M. Dholakia, Antecedents and purchase consequences of customer participation in small group brand communities, *International Journal of Research in Marketing2$_3$*, 2006, p. 45-61.
36. Albert M. Muniz Jr; Hope Jensen Schau, Religiosity in the abandoned apple Newton brand community, *Journal of Consumer Research* 31, n. 4, 2005, p. 737-747.
37. Jim Patterson, Branding campaign meant to take stigma off country music, *Associated Press Newswires*, 1º maio 2001.
38. Katherine White; Darren W. Dahl, To be or not be? The influence of dissociative reference groups on consumer preferences, *Journal of Consumer Psychology* 16, n. 4, 2006, p. 404-414.
39. T. L. Stanley, Heavies of hip-hop lend phat to Nokia, *Advertising Age*, 15dez. 2003, p. 6.
40. Basil G. Englis; Michael R. Solomon, To be and not to be: lifestyle imagery, reference groups, and the clustering of America, *Journal of Advertising*, mar. de 1995, p. 13-28.
41. Stefan Fatsis, 'Rad' sports give sponsors cheap thrills, *Wall Street Journal*, 12 maio 1995, p. B8.
42. Jonathan Fahey, Love into money, *Forbes*, 7 jan. 2002, p. 60-65.
43. Paul White, Red sox nation new king of the road, *USA Today*, 22 ago. 2007, www. usatoday. com.
44. Todd Nissen, McDonald's sees good results in Middle East, *ClariNet Electronic News Service*, 20 fev. 1994.
45. A. Benton Cocanougher; Grady D. Bruce, Socially distant referent groups and consumer aspiration, *Journal of Marketing Research*, ago. 1971, p. 379-383.
46. Linda L. Price; Lawrence Feick; Robin Higie, Preference heterogeneity and coorientation as determinants of perceived informational influence, *Journal of Business Research*, nov. 1989, p. 227-242, Jacqueline J. Brown; Peter Reingen, Social ties and word-of-mouth referral behavior, *Journal of Consumer Research*, dez. 1987, p. 350-362, Mary C. Gilly; John L. Graham; Mary Wolfinbarger; Laura Yale, A dyadic study of interpersonal information search, *Journal of the Academy of Marketing Science* 26, n. 2, p. 83-100, George Moschis, Social comparison and informal group influence, *Journal of Marketing Research*, ago. 1976, p. 237-244.
47. Randall L. Rose; William O. Bearden; Kenneth C. Manning, Attributions and conformity in illicit consumption: the mediating role of group attractiveness, *Journal of Public Policy & Marketing* 20, n. 1, 2001, p. 84-92.
48. Rohit Deshpande; Wayne D. Hoyer; Naveen Donthu, The intensity of ethnic affiliation: a study of the sociology of Hispanic consumption, *Journal of Consumer Research*, set. 1986, p. 214-220; Douglas M. Stayman; Rohit Deshpande, Situational ethnicity and consumer behavior, *Journal of Consumer Research*, dez. 1989, p. 361-371.
49. Robert Madrigal, The influence of social alliances with sports teams on intentions to purchase corporate sponsors' products, *Journal of Advertising* 29, n. 4, 2000, p. 13-24.
50. Americus Reed II, Activating the self-importance of consumer selves: exploring identity salience effects on judgments, *Journal of Consumer Research*, set. 2004, p. 286-295.
51. Jonathan K. Frenzen; Harry L. Davis, Purchasing behavior in embedded markets, *Journal of Consumer Research*, jun. 1990, p. 1-12, veja também Mark S. Granovetter, The strength of weak ties, *American Journal of Sociology*, maio 1973, p. 1360-1380, Brown; Reingen, Social ties and word--of-mouth referral behavior, Jonathan K. Frenzen; Kent

Nakamoto, Structure, cooperation, and the flow of market information, *Journal of Consumer Research*, dez. 1993, p. 360-375.
52. Theme parks: finally, the year of the mouse, *BusinessWeek*, 4 abril 2005, p. 16.
53. Reingen; Kernan, Analysis of referral networks in marketing, Brown; Reingen, Social ties and word-of-mouth referral behavior, veja também Frenzen; Nakamoto, Structure, cooperation, and the flow of market information.
54. Walker, The hidden (in plain sight) persuaders.
55. Nicole Woolsey Biggart, *Charismatic capitalism* (Chicago: University of Chicago Press, 1989), veja também Jonathan K. Frenzen; Harry L. Davis, Purchasing behavior in embedded markets, *Journal of Consumer Research*, jun. 1990, p. 1-12.
56. Frenzen; Davis, Purchasing behavior in embedded markets.
57. Scott Ward, Consumer socialization, *Journal of Consumer Research*, set. 1974, p. 1-16, George P. Moschis, The role of family communication in consumer socialization of children and adolescents, *Journal of Consumer Research*, mar. 1985, p. 898-913, George P. Moschis, *Consumer socialization: a life cycle perspective* (Lexington: Lexington Books, 1987), Scott Ward, Consumer socialization. In: (Ed.) Harold H. Kassarjian; Thomas S. Robertson, *Perspectives in consumer behavior* (Glenview: Scott-Foresman, 1980), p. 380-396, Les Carlson; Sanford Grossbart, Parental style and consumer socialization of children, *Journal of Consumer Research*, jun. 1988, p. 77-92.
58. Deborah Roedder John, Consumer socialization of children: a retrospective look at twenty-five years of research, *Journal of Consumer Research* 26, dez. 1999, p. 183-213.
59. Elizabeth S. Moore; William L. Wilkie; Richard J. Lutz, Passing the torch: intergenerational influences as a source of brand equity, *Journal of Marketing*, abr. 2002, p. 17-37.
60. Gwen Bachmann Achenreiner; Deborah Roedder John, The meaning of brand names to children: a developmental investigation, *Journal of Consumer Psychology*, n. 13, v. 3, 2003, p. 205-219.
61. Gregory M. Rose; Vassilis Dalakas; Fredric Kropp, Consumer socialization and parental style across cultures: findings from Australia, Greece, and India, *Journal of Consumer Psychology*, n. 13, v. 4, 2003, p. 366-376.
62. John, Consumer socialization of children: a retrospective look at twenty-five years of research.
63. Ann Walsh; Russell Laczniak; Les Carlson, Mothers' preferences for regulating children's television, *Journal of Advertising*, 1998, p. 23-36.
64. Dave Howland, Ads recruit grandparents to help keep kids from drugs, *Marketing News*, 18 jan. 1999, p. 6.
65. Moschis, The role of family communication in consumer socialization of children and adolescents; Conway Lackman; John M. Lanasa, Family decision making theory: an overview and assessment, *Psychology and Marketing*, mar.-abr. 1993, p. 81-93, George P. Moschis, *Acquisition of the consumer role by adolescents* (Atlanta: Georgia State University, 1978).
66. Beverly A. Browne, Gender stereotypes in advertising on children's television in the 1990s: a cross-national analysis, *Journal of Advertising*, 1998, p. 83-96.
67. Veja, por exemplo, Greta Fein; David Johnson; Nancy Kosson; Linda Stork; Lisa Wasserman, Sex stereotypes and preferences in the toy choices of 20-month-old boys and girls, *Developmental Psychology*, jul 1975, p. 527-528, Lenore A. DeLucia, The toy preference test: a measure of sex-role identification, *Child Development*, mar. 1963, p. 107-117, Judith E. O. Blackmore; Asenath A. LaRue, Sex-appropriate toy preference and the ability to conceptualize toys as sex-role related, *Developmental Psychology*, maio 1979, p. 339-340, Nancy Eisenberg-Berg; Rita Boothby; Tom Matson, Correlates of preschool girls' feminine and masculine toy preferences, *Developmental Psychology*, maio 1979, p. 354-355.
68. Donna Rouner; Rock music use as a socializing function, *Popular Music and Society*, 1990, p. 97-108, Thomas L. Eugene, Clothing and counterculture: an empirical study, *Adolescence*, 1973, p. 93-112.
69. Fein et al. , Sex Stereotypes and preferences in the toy choices of 20-month-old boys and girls; Eisenberg-Berg; Boothby; Matson, Correlates of preschool girls' feminine and masculine toy preferences, Sheila Fling; Main Manosevitz, Sex typing in nursery school children's play, *Developmental Psychology* 7, set. 1972, p. 146-152.
70. Tamara Mangleburg; Terry Bristol, Socialization and adolescents' skepticism toward advertising, *Journal of Advertising*, 1998, p. 11-21.
71. Robert E. Burnkrant; Alain Cousineau, Informational and normative social influence in buyer behavior, *Journal of Consumer Research*, dez. 1975, p. 206-215, Morton Deutsch; Harold B. Gerard, A study of normative and informational influence upon individual judgment, *Journal of Abnormal and Social Psychology*, nov. 1955, p. 629-636.
72. Dennis Rook; Robert Fisher, Normative influences on impulsive buying behavior, *Journal of Consumer Research*, dez. 1995, p. 305-313.
73. Paul Rozin; Leher Singh, The moralization of cigarette smoking in the United States, *Journal of Consumer Psychology* 8, n. 3, 1999, p. 321-337.
74. David B. Wooten, From labeling possessions to possessing labels: ridicule and socialization among adolescents, *Journal of Consumer Research* 33, n. 2, 2006, p. 188-198.
75. Margaret Talbot, Girls just want to be mean, *New York Times Magazine*, 24 fev. 2002, p. 24.
76. Peter Reingen; Brian Foster; Jacqueline Brown; Stephen B. Seidman, Brand congruence in interpersonal relations: a social network analysis, *Journal of Consumer Research*, dez. 1984, p. 771-783.
77. Rajagopal Raghunathan; Kim Corfman, Is happiness shared doubled and sadness shared halved? Social influence on enjoyment of hedonic experiences, *Journal of Marketing Research*, ago. 2006, p. 386-394.
78. Tina M. Lowrey; Cele C. Otnes; Julie A. Ruth, Social influences on dyadic giving over time: a taxonomy from the giver's perspective, *Journal of Consumer Research*, mar. 2004, p. 547-558.
79. Ann E. Schlosser; Sharon Shavitt, Anticipating discussion about a product: rehearsing what to say can affect your judgments, *Journal of Consumer Research*, jun. 2002, p. 101-115.
80. James E. Stafford, Effects of group influence on consumer brand preferences, *Journal of Marketing Research*, fev. 1966, p. 68-75.
81. Pankaj Aggarwal, The effects of brand relationship norms on consumer attitudes and behavior, *Journal of Consumer Research*, jun. 2004, p. 87-101.

82. Randall L. Rose; William O. Bearden; Jesse E. Teel, An attributional analysis of resistance to group pressure regarding illicit drug and alcohol consumption, *Journal of Consumer Research*, jun. 1992, p. 1-13, veja também Bobby J. Calder; Robert E. Burnkrant, Interpersonal influences on consumer behavior: an attribution theory approach, *Journal of Consumer Research*, jun. 1977, p. 29-38, 71, Solomon E. Asch, Effects of group pressure upon the modification and distortion of judgment, em edição. H. Guetzkow, *Groups, leadership and men* (Pittsburgh: Carnegie Press, 1951), Sak Onkvisit; John J. Shaw, *International marketing: analysis and strategy* (Columbus: Merrill, 1989), veja também. Chin Tiong Tan; John U. Farley, The impact of cultural patterns on cognition and intention in Singapore, *Journal of Consumer Research*, mar. 1987, p. 540-544.
83. Lisa E. Bolton; Americus Reed II, Sticky priors: the perseverance of identity effects on judgment, *Journal of Marketing Research*, nov. 2004, p. 397-410.
84. Utpal M. Dholakia; Richard P. Bagozzi; Lisa Klein Pearo, A social influence model of consumer participation in network- and small-group-based virtual communities, *International Journal of Research in Marketing* 21, 2004, p. 241-263.
85. Para uma discussão geral sobre comportamento de reatância, veja Mona A. Clee; Robert A. Wicklund, Consumer behavior and psychological reactance, *Journal of Consumer Research*, mar. 1980, p. 389-405.
86. Rene Algesheimer; Utpal M. Dholakia; Andreas Hermann, The social influence of brand community: evidence from European car clubs, *Journal of Marketing*, jul. 2005, p. 19-34.
87. A. Peter McGraw; Philip E. Tetlock, Taboo tradeoffs, relational framing, and the acceptability of exchanges, *Journal of Consumer Psychology* 15, n. 1, 2005, p. 2-15. Veja também Gita Venkataramani Johar, The price of friendship: when, why, and how relational norms guide social exchange behavior, *Journal of Consumer Psychology* 15, n. 1, 2005, p. 22-27, e Barbara E. Kahn, The power and limitations of social relational framing for understanding consumer decision processes, *Journal of Consumer Psychology* 15, n. 1, 2005, p. 28-34, e Philip E. Tetlock; A. Peter McGraw, Theoretically framing relational framing, *Journal of Consumer Psychology* 15, n. 1, 2005, p. 35-37.
88. Russell W. Belk, Exchange taboos from an interpretive perspective, *Journal of Consumer Psychology* 15, n. 1, 2005, p. 16-21.
89. White; Dahl, To be or not be? The influence of dissociative reference groups on consumer preferences.
90. William O. Bearden; Michael J. Etzel, Reference group influence on product and brand purchase decisions, *Journal of Consumer Research* 9, n. 2, 1982, p. 183-194.
91. Robert E. Witt; Grady D. Bruce, Group influence and brand choice congruence, *Journal of Marketing Research*, nov. 1972, p. 440-443.
92. Jennifer J. Argo; Darren W. Dahl; Rajesh V. Manchanda, The influence of a mere social pressure in a retail context, *Journal of Consumer Research* 32, n. 2, 2005, p. 207-212, Darren W. Dahl; Rajesh V. Manchanda; Jennifer J. Argo, Embarrassment in consumer purchase: the roles of social presence and purchase familiarity, *Journal of Consumer Research*, dez. 2001, p. 473-481.
93. Bobby J. Calder; Robert E. Burnkrant, Interpersonal influences on consumer behavior: an attribution theory approach, *Journal of Consumer Research*, jun. 1977, p. 29-38, William O. Bearden; Richard G. Netemeyer; Jesse E. Teel, Measurement of consumer susceptibility to interpersonal influence, *Journal of Consumer Research*, mar. 1989, p. 473-481, William O. Bearden; Randall L. Rose, Attention to social comparison information: an individual difference factor affecting conformity, *Journal of Consumer Research*, mar. 1990, p. 461-471.
94. John C. Mowen, Exploring the trait of competitiveness and its consumer behavior consequences, *Journal of Consumer Psychology*, 2004, p. 52-63.
95. Brendan I. Koerner, Neighbors, start your lawn mowers, *New York Times*, 17 out. 2004, sec. 3, p. 2.
96. Charles S. Gulas; Kim McKeage, Extending social comparison: an examination of the unintended consequences of idealized advertising imagery, *Journal of Advertising* 29, n. 2, 2000, p. 17-28.
97. David B. Wooten; Americus Reed II, Playing it safe: susceptibility to normative influence and protective self-presentation, *Journal of Consumer Research*, dez. 2004, p. 551-556.
98. C. Whan Park; Parker Lessig, Students and housewives: differences in susceptibility to reference group influence, *Journal of Consumer Research*, set. 1977, p. 102-110.
99. Robert Fisher; Kirk Wakefield, Factors leading to group identification: a field study of winners and losers, *Psychology and Marketing*, jan. 1998, p. 23-40.
100. John R. French; Bertram Raven, The bases of social power, em edição. D. Cartwright, *Studies in social pwer* (Ann Arbor: Institute for Social Research, 1969), p. 150-167.
101. Reingen et al. , Brand congruence in interpersonal relations, Park; Lessig, Students and housewives.
102. Donnel A. Briley; Robert S. Wyer Jr. , The effect of group membership salience on the avoidance of negative outcomes: implications for social and consumer decisions, *Journal of Consumer Research*, dez. 2002, p. 400-415.
103. Dana-Nicoleta Lascu; William O. Bearden; Randall L. Rose, Norm extremity and interpersonal influences on consumer conformity, *Journal of Business Research*, mar. 1995, p. 200-212.
104. Influência social, atitudes em relação aos anúncios e comportamento de teste prévio afetam as crenças antifumo, como discutido em J. Craig Andrews; Richard G. Netemeyer; Scot Burton; D. Paul Moberg; Ann Christiansen, Understanding adolescent intentions to smoke: an examination of relationships among social influence, prior trial behavior, and antitobacco campaign advertising, *Journal of Marketing*, jul. 2004, p. 110-123.
105. J. L. Freeman; S. Fraser, Compliance without pressure: the foot-in-the-door technique, *Journal of Personality and Social Psychology*, ago. 1966, p. 195-202.
106. Robert B. Cialdini; J. E. Vincent; S. K. Lewis; J. Caalan; D. Wheeler; B. L. Darby, Reciprocal concessions procedure for inducing compliance: the door-in-the-face effect, *Journal of Personality and Social Psychology*, fev. 1975, p. 200-215, John C. Mowen; Robert Cialdini, On implementing the door-in-the-face compliance strategy in a marketing context, *Journal of Marketing Research*, maio 1980, p. 253-258, veja também Edward Fern; Kent Monroe; Ramon Avila, Effectiveness of multiple request strategies: a synthesis of research results, *Journal of Marketing Research*, maio 1986, p. 144-152.

107. Alice Tybout; Brian Sternthal; Bobby J. Calder, Information availability as a determinant of multiple request effectiveness, *Journal of Marketing Research*, ago. 1983, p. 279-290, John T. Gourville; Pennies-a-day: the effect of temporal reframing on transaction evaluation, *Journal of Consumer Research*, mar. 1998, p. 395-408.
108. Eric R. Spangenberg; David E. Sprott, Self-monitoring and susceptibility to the influence of self-prophecy, *Journal of Consumer Research* 32, n. 4, 2006, p. 550-556, Eric R. Spangenberg; Anthony G. Greenwald, Social influence by requesting self-prophecy, *Journal of Consumer Psychology* 8, n. 1, 1999, p. 61-89.
109. Para saber mais sobre autoprofecia, veja Eric R. Spangenberg, David E. Sprott; Bianca Grohmann; Ronn J. Smith, Mass-communicated prediction requests: practical application and a cognitive dissonance explanation for self-prophecy, *Journal of Marketing*, jul. 2003, p. 47-62.
110. Stephanie Dellande; Mary C. Gilly; John L. Graham, Gaining compliance and losing weight: the role of the service provider in health care services, *Journal of Marketing*, jul. 2004, p. 78-91.
111. Deutsch; Gerard, A study of normative and informational influence upon individual judgment, C. Whan Park; Parker Lessig, Students and housewives: differences in susceptibility to reference group influences *Journal of Consumer Research* 4, set. 1977, 102-110. Dennis L. Rosen; Richard W. Olshavsky, The dual role of informational social influence: implications for marketing management, *Journal of Business Research*, abr. 1987, p. 123-144.
112. Jeffrey D. Ford; Elwood A. Ellis, A re-examination of group influence on member brand preference, *Journal of Marketing Research* 17, n. 1, 1980, p. 125-133, Linda L. Price; Lawrence F. Feick, The role of interpersonal sources in external search: an informational perspective, em edição. Thomas Kinnear, *Advances in Consumer Research*, v. 11 (Ann Arbor: Association for Consumer Research, 1984), p. 250-255.
113. Arch G. Woodside; M. Wayne DeLosier, Effects of word-of-mouth advertising on consumer risk taking, *Journal of Advertising*, set. 1976, p. 17-26.
114. Henry Assael, *Consumer behavior and marketing action*, 4. ed. (Boston: PWS-Kent, 1992).
115. John R. French; Bertram Raven, The bases of social power, em edição. D. Cartwright, *Studies in social power* (Ann Arbor: Institute for Social Research, 1959), p. 150-167, Dana-Nicoleta Lascu; William Bearden; Randall Rose, Norm extremity and interpersonal influences on consumer conformity, *Journal of Business Research*, mar. 1995, p. 200-212, David B. Wooten; Americus Reed II, Informational influence and the ambiguity of product experience: order effects on the weighting of evidence, *Journal of Consumer Psychology* 7, n. 1, 1998, p. 79-99.
116. Bearden; Netemeyer; Teel, Measurement of consumer susceptibility to interpersonal influence, Bearden; Rose, Attention to social comparison information.
117. Gerald Zaltman; Melanie Wallendorf, *Consumer behavior: basic findings and management implications*, 2. ed. (Nova York: Wiley, 1983), Reingen et al., Brand congruence in interpersonal relations.
118. Charles R. Taylor; Gordon E. Miracle; R. Dale Wilson, The impact of information level on the effectiveness of U. S. and Korean television commercials, *Journal of Advertising*, 1997, p. 1-18.
119. Jane L. Levere, Wisdom of the web, 29 jan. 2008, p. C8. Para saber mais sobre chats on-line, veja George M. Zinkhan; Hyokjin Kwak; Michelle Morrison; Cara Okleshen Peters, Web-based chatting: consumer communications in cyberspace, *Journal of Consumer Psychology* 13, v. 1e 2, 2003, p. 17-27.
120. Stephen A. LaTour; Ajay Manrai, Interactive impact of informational and normative influence on donations, *Journal of Marketing Research*, ago. 1989, p. 327-335.
121. Asim Ansari; Skander Essegaier; Rajeev Kohli, Internet recommendation systems, *Journal of Marketing Research* 37, ago. 2000, p. 363-375.
122. Johan Arndt, Role of product-related conversations in the diffusion of a new product, *Journal of Marketing Research*, ago. 1967, p. 291-295.
123. Marsha L. Richins, Negative word of mouth by dissatisfied consumers: a pilot study, *Journal of Marketing*, jan. 1983, p. 68-78.
124. Ann E. Schlosser, Posting versus lurking: communication in a multiple audience context, *Journal of Consumer Research* 32, n. 2, 2005, p. 260-265.
125. Herr, Kardes; Kim, Effects of word-of-mouth and product-attribute information on persuasion; Richard W. Mizerski, An attribution explanation of the disproportionate influence of unfavorable information, *Journal of Consumer Research*, dez. 1982, p. 301-310.
126. Veja Suman Basuroy; Subimal Chatterjee; S. Abraham Ravid, How critical are critical reviews? The box office effects of film critics, star power e budgets, *Journal of Marketing*, out. 2003, p. 103-117.
127. Daniel Laufer; Kate Gillespie; Brad McBride; Silvia Gonzalez, The role of severity in consumer attributions of blame: defensive attributions in product-harm crises in Mexico, *Journal of International Consumer Marketing* 17, n. 2-3, 2005, p. 33-50.
128. Brown; Reingen, Social ties and word-of-mouth referral behavior, Arndt, Role of product-related conversations in the diffusion of a new product, Laura Yale; Mary C. Gilly, Dyadic perceptions in personal source information search, *Journal of Business Research*, mar. 1995, p. 225-238.
129. Yong Liu, Word of mouth for movies: its dynamics and impact on box office revenue, *Journal of Marketing*, jul. 2006, p. 74-89.
130. Chip Walker, Word of mouth, *American Demographics*, jul. 1995, p. 39-46.
131. Robert East; Kathy Hammond; Malcolm Wright, The relative incidence of positive and negative word of mouth: a multi-category study, *International Journal of Research in Marketing*, jun. 2007, p. 175-184.
132. Herr, Kardes; Kim, Effects of word-of-mouth and product-attribute information on persuasion.
133. Elihu Katz; Paul F. Lazarsfeld, *Personal Influence* (Glencoe: Free Press, 1955).
134. Beth Snyder Bulik, Who blogs? Odds are marketers have no idea, *Advertising Age*, 4 jun. 2007, www.adage.com.
135. Tom A. Peter, Automakers put bloggers in the driver's seat, *Christian Science Monitor*, 17 jan. 2008, p. 15.
136. Joann Klimkiewicz, Carving out new space: girl scouts pitch cookies on mySpace and other social networks, but will it work? *Hartford Courant*, 5 mar. 2007, p. D1.
137. A. Coskun; Cheryl J. Frohlich, Service: the competitive edge in banking, *Journal of Services Marketing*, 1992,

p. 15-23, Jeffrey G. Blodgett; Donald H. Granbois; Rockney Waters, The effects of perceived justice on complainants' negative word-of-mouth behavior and repatronage intentions, *Journal of Retailing*, 1993, p. 399-429, Karen Maru File, Ben B. Judd; Russ A. Prince, Interactive marketing: the influence of participation on positive word-of-mouth referrals, *Journal of Services Marketing*, 1992, p. 5-15, Gary L. Clark; Peter F. Kaminski; David R. Rink, Consumer complaints: advice on how companies should respond based on an empirical study, *Journal of Services Marketing*, 1992, p. 41-51.
138. Justin Scheck; Ben Worthen, When animals go AWOL, zoos try to tame bad PR, *Wall Street Journal*, 5 jan. 2008, p. A1.
139. Kathryn Kranhold; Erin White, The perils and potential rewards of crisis managing for Firestone, *Wall Street Journal*, 8 set. 2000, p. B1, B4.
140. Mara Adelman, Social support in the service sector: the antecedents, processes, and outcomes of social support in an introductory service, *Journal of Business Research*, mar. 1995, p. 273-283, Jerry D. Rogers; Kenneth E. Clow; Toby J. Kash, Increasing job satisfaction of service personnel, *Journal of Services Marketing*, 1994, p. 14-27.
141. Abbey Klaassen, What happens in Vegas matters for marketers, *Advertising Age*, 7 jan. 2008, p. 6.
142. Michael Kamins; Valerie Folkes; Lars Perner, Consumer responses to rumors: good news, bad news, *Journal of Consumer Psychology* 6, n. 2, 1997, 165-187.
143. Michelle L. Roehm; Alice M. Tybout, When will a brand scandal spill over, and how should competitors respond? *Journal of Marketing Research*, ago. 2006, p. 366-373.
144. Richard Morochove, Monitor your web reputation, *PC World*, 3 mar. 2008, www.pcworld.com.
145. Koenig, *Rumor in the Marketplace*; veja também Alice M. Tybout; Bobby J. Calder; Brian Sternthal, Using information processing theory to design marketing strategies, *Journal of Marketing Research*, fev. 1981, p. 73-79.
146. Stephanie Kang, Nike warns of soccer-ball shortage; sporting-goods firm cuts ties with a big supplier, citing labor violations, *Wall Street Journal*, 21 nov. 2006, p. B5.
147. Beth Bragg, Alaska staple is safe: rumors of pilot bread's demise are false, *Anchorage Daily News*, 6 nov. 2007, www.adn.com.
148. Reingen; Kernan, Analysis of referral networks in marketing.
149. Steve Pounds, Verizon tries unlimited without voice, *Austin American-Statesman*, 16 abr. 2008, www.statesman.com; Kim Leonard, More people let fingers do talking, *Pittsburgh Tribune-Review*, 4 abr. 2008, n. p. , Spencer E. Ante; Bruce Meyerson, Verizon wireless' grand opening, *BusinessWeek*, 10dez. 2007, p. 36, Angel Jennings, What's good for a business can be hard on friends, *New York Times*, 4 ago. 2007, p. C1.

Capítulo 16

1. Carolyn Walkup, Panera readies price hike, menu revamp to combat soft sales, *Nation's Restaurant News*, 12 nov. 2007, p. 8, Micheline Maynard, Wasabi to the people: big chains evolve or die, *New York Times*, 11 ju. 2007, p. F1, F8, Janet Adamy, For McDonald's, it's a wrap, *Wall Street Journal*, 30 jan. 2007, p. B1, Michael Arndt, Giving fast food a run for its money, *BusinessWeek*, 17 abr. 2006, p. 62.
2. Tom Yager, Apple iPhone SDK upends mobile market, *Infoworld*, 12 mar. 2008, www.infoworld.com, Roger O. Crockett; Cliff Edwards, Making the iPhone mean business, *BusinessWeek*, 23 ju. 2007, p. 30.
3. Deborah Ball, After buying binge, Nestlé goes on a diet, *Wall Street Journal*, 23 jul. 2007, p. 1.
4. Hubert Gatignon; Thomas S. Robertson, Innovative decision processes. In: (Ed.) Thomas S. Robertson; Harold H. Kassarjian, *Handbook of consumer behavior* (Nova York: Prentice-Hall, 1991), p. 316-317, veja também Everett M. Rogers, *The diffusion of innovations* (Nova York: Free Press, 1983).
5. Dave McCaughan, To win hearts of Japanese men, focus on their hair, *Advertising Age*, 15 out. 2007, p. 38, Robert Langreth, From a prostate drug comes a pill for baldness, *Wall Street Journal*, 20 mar. 1997, p. B1, B4.
6. As características dos funcionários envolvidos em um novo produto também podem afetar a inovação; veja, por exemplo, Rajesh Sethi; Daniel C. Smith; C. Whan Park, Cross-functional product development teams, creativity, and the innovativeness of new consumer products, *Journal of Marketing Research*, fev. 2001, p. 73-85.
7. Yumiko Ono, Overcoming the stigma of dishwashers in Japan, *Wall Street Journal*, 19 maio 2000, p. B1, B4.
8. Sonoo Singh, Interactive/Ecommerce: net lifts high street blues, *Marketing Week*, 28 fev. 2008, n. p.
9. Thomas S. Robertson, The process of innovation and the diffusion of innovation, *Journal of Marketing*, jan. 1967, p. 14-19, Thomas S. Robertson, *Innovative behavior and communication* (Nova York: Holt, Reinhart, & Winston, 1971).
10. Katie Hafner, Film drop-off sites fading fast as digital cameras dominate, *New York Times*, 9 out. 2007, p. C1, C11.
11. C. Page Moreau; Arthur B. Markman; Donald R. Lehmann, "What is it?" Categorization flexibility and consumers' responses to really new products, *Journal of Consumer Research* 27, mar. 2001, p. 489-498.
12. Alfred R. Petrosky, Extending innovation characteristic perception to diffusion channel intermediaries and aesthetic products, em edição. Rebecca Holman; Michael Solomon, *Advances in consumer research*, v. 17 (Provo: Association for Consumer Research, 1991), p. 627-634.
13. Noah Rothbaum, Catalog critic: oven-mitt technology heats up, *Wall Street Journal*, 25 ago. 2006, p. W9C, Wilton Woods, Dressed to spill, *Fortune*, 17 out. 1995, p. 209.
14. S. Ram, A model of innovation resistance. In: (Ed.) Melanie Wallendorf; Paul Anderson, *Advances in Consumer Research*, v. 14 (Provo: Association for Consumer Research, 1987), p. 208-212, Jagdish N. Sheth, Psychology of innovation resistance: the Less Developed Concept (LDC) in diffusion research. In: *Research in marketing* (Greenwich: JAI Press, 1981), p. 273-282.
15. Amitav Chakravarti; Jinhong Xie, The impact of standards competition on consumers: effectiveness of product information and advertising formats, *Journal of Marketing Research*, maio 2006, p. 224-236.
16. David Glen Mick; Susan Fournier, Paradoxes of technology: consumer cognizance, emotions, and coping strategies, *Journal of Consumer Research*, set. 1998, p. 123-143.
17. Stacy L. Wood; Joffre Swait, Psychological indicators of innovation adoption: cross-classification based on need for cognition and need for change, *Journal of Consumer Psychology*, n. 12, v. 1, 2002, p. 1-13.

18. Alexander Chernev, Goal orientation and consumer preference for the status quo, *Journal of Consumer Research* 31, n. 3, 2004, p. 557-565.
19. Michal Herzenstein; Steven S. Posavac; J. Joško Brakus, Adoption of new and really new products: the effects of self-regulation systems and risk salience, *Journal of Marketing Research*, maio 2007, p. 251-260.
20. C. Page Moreau; Donald R. Lehmann; Arthur B. Markman, Entrenched knowledge structures and consumer response to new products, *Journal of Marketing Research*, fev. 2001, p. 14-29.
21. Glen Urban; Gilbert A. Churchill, Five dimensions of the industrial adoption process, *Journal of Marketing Research*, ago. 1971, p. 322-327, Charles R. O'Neal; Hans B. Thorelli; James M. Utterback, Adoption of innovation by industrial organizations, *Industrial Marketing Management*, mar. 1973, p. 235-250, Gerald Zaltman; Robert Duncan; Jonny Holbek, *Innovations and organizations* (Nova York: Wiley, 1973).
22. Eric Newman, Meow mix educates cat-loving consumers, *Brandweek*, 19 nov. 2007, p. 48, Tim Parry, Teaching tools, *Promo*, 1º abr. 2005, n. p.
23. The Segway, billed as the next big thing, is still finding its place after hype, *Canadian Press*, 27 fev. 2008, n. p., Rachel Metz, Oft-scorned segway finds friends among the disabled, *New York Times*, 14 out. 2004, p. G5.
24. Rogers, *The diffusion of innovations*.
25. Geoffrey A. Moore, *Crossing the chasm* (Nova York: HarperBusiness, 1991).
26. Adam Lashinsky, Early adopters' paradise, *Fortune*, 10 jan. 2005, p. 52.
27. Cristina Lourosa, Understanding the user: who are the first ones out there buying the latest gadgets? *Wall Street Journal*, 15 jun. 1998, p. R17a.
28. Bill Machrone, The most memorable tech flops, *PC Magazine*, jan. 2008, p. 88-89.
29. Robert A. Peterson, A note on optimal adopter category determination, *Journal of Marketing Research*, ago. 1973, p. 325-329, veja também de William R. Darden; Fred D. Reynolds, Backward profiling of male innovators, *Journal of Marketing Research*, fev. 1974, p. 79-85, Steven A. Baumgarten, The innovative communicator in the diffusion process, *Journal of Marketing Research*, fev. 1975, p. 12-17ª. Os esquemas com base no envolvimento dos consumidores no processo de desenvolvimento do novo produto, por exemplo, devem ser utilizados pelos gerentes (veja Jerry Wind; Vijay Mahajan, Issues and opportunities in new product development: an introduction to the special issue, *Journal of Marketing Research*, fev. 1997, p. 1-12).
30. David F. Midgley; Grahame R. Dowling, Innovativeness: the concept and its measurement, *Journal of Consumer Research*, mar. 1978, p. 229-242, Mary Dee Dickerson; James W. Gentry, Characteristics of adopters and non adopters of home computers, *Journal of Consumer Research*, set. 1983, p. 225-235, veja também Vijay Mahajan; Eitan Muller; Rajendra Srivastava, Determination of adopter categories by using innovation diffusion models, *Journal of Marketing Research*, fev. 1990, p. 37-50, Kenneth C. Manning; William O. Bearden; Thomas J. Madden, Consumer innovativeness and the adoption process, *Journal of Consumer Psychology* 4, n. 4, 1995, p. 329-345.
31. Chuan-Fong Shih; Alladi Venkatesh, Beyond adoption: development and application of a use-diffusion model, *Journal of Marketing*, jan. 2004, p. 59-72.
32. Veja a revisão em Thomas S. Robertson; Joan Zielinski; Scott Ward, *Consumer Behavior* (Glenview: Scott, Foresman, 1984), veja também Dickerson; Gentry, Characteristics of adopters and non adopters of home Computers, Duncan G. Labay; Thomas C. Kinnear, Exploring the consumer decision process in the adoption of solar energy systems, *Journal of Consumer Research*, dez. 1981, p. 271-277, Kenneth Uhl; Roman Andrus; Lance Poulsen, How are laggards different? An empirical inquiry, *Journal of Marketing Research*, fev. 1970, p. 51-54, Rogers, *The diffusion of innovations*, p. 383-384.
33. Moon Ihlwan, The mobile internet's future is east, *BusinessWeek Online*, 29 jan. 2007, www.business-week.com; Robert A. Guth, Can your cell phone shop, play or fish? *Wall Street Journal*, 3 ago. 2000, p. B1.
34. Rogers, *The diffusion of innovations*, veja tambem Mark S. Granovetter, The strength of weak ties, *American Journal of Sociology*, maio 1973, p. 1360-1380, John A. Czepiel, Word-of-mouth processes in the diffusion of a major technological innovation, *Journal of Market-ing Research*, maio 1974, p. 172-181.
35. Manning; Bearden; Madden, Consumer innovativeness and the adoption process, Jan-Benedict E. M. Steenkamp; Hans Baumgartner, The role of optimum stimulation level in exploratory consumer behavior, *Journal of Consumer Research*, dez. 1992, p. 434-448, P. S. Raju, Optimum stimulation level: its relationship to personality, demographics, and exploratory behavior, *Journal of Consumer Research*, dez. 1980, p. 272-282.
36. Thomas S. Robertson; James H. Myers, Personality correlates of opinion leadership and innovative buying behavior, *Journal of Marketing Research*, maio 1969, p. 164-167.
37. Gordon R. Foxall; Christopher G. Haskins, Cognitive style and consumer innovativeness, *Marketing Intelligence and Planning*, jan. 1986, p. 26-46, Gordon R. Foxall, Consumer innovativeness: novelty seeking, creativity and cognitive style. In: (Ed.) Elizabeth C. Hirschman; Jagdish N. Sheth, *Research in consumer behavior*, v. 3 (Greenwich: JAI Press, 1988), p. 79-114.
38. Ronald E. Goldsmith; Charles F. Hofacker, Measuring consumer innovativeness, *Journal of the Academy of Marketing Science*, 1991, p. 209-221.
39. Jan-Benedict E. M. Steenkamp; Frenkel ter Hofstede; Michael Wedel, A cross-national investigation into the individual and national cultural antecedents of consumer innovativeness, *Journal of Marketing*, abr. 1999, p. 55-69.
40. Hubert Gatignon; Thomas S. Robertson, A propositional inventory for new diffusion research, *Journal of Consumer Research*, mar. 1985, p. 849-867, veja também John O. Summers, Media exposure patterns of consumer innovators, *Journal of Marketing*, jan. 1972, p. 43-49.
41. James J. Engel; Robert J. Kegerreis; Roger D. Black-well, Word-of-mouth communication by the innovator, *Journal of Marketing*, jul. 1969, p. 15-19.
42. Dickerson; Gentry, Characteristics of adopters and non adopters of home computers; Robertson, *Innovative behavior and communication*, James W. Taylor, A striking characteristic of innovators, *Journal of Marketing Research*,

fev. 1977, p. 104-107, veja também Gatignon; Robertson, A propositional inventory for new diffusion research, Elizabeth C. Hirschman, Innovativeness, novelty seeking and consumer creativity, *Journal of Consumer Research*, dez. 1980, p. 283-295, Engel; Kegerreis; Blackwell, Word-of-mouth communication by the innovator.
43. Zweli Mokgata, Vodacom ready to ring the changes, *The Times (South Africa)*, 26 fev. 2008, n. p. , Reinhardt Krause, America movil accelerating push into 3G, *Investor's Business Daily*, 26 fev. 2008, www.investors.com.
44. Frank M. Bass, New product growth models for consumer durables, *Management Science*, set. 1969, p. 215-227, Wellesley Dodds, An application of the bass model in long-term new product forecasting, *Journal of Marketing Research*, ago. 1973, p. 308-311, Roger M. Heeler; Thomas P. Hustad, Problems in predicting new product growth for consumer durables, *Management Science*, out. 1980, p. 1007-1020, Douglas Tigart; Behrooz Farivar, The bass new product growth model: a sensitivity analysis for a high technology product, *Journal of Marketing*, out. 1981, p. 81-90.
45. William E. Cox Jr. , Product life cycles as marketing models, *Journal of Business*, out. 1967, p. 375-384, Rolando Polli; Victor Cook, Validity of the product life cycle, *Journal of Business*, out. 1969, p. 385-400, D. R. Rink; J. E. Swan, Product life cycle research: a literature review, *Journal of Business Research*, set. 1979, p. 219-242, Robertson, *Innovative behavior and communication*.
46. Mike Hughlett, Mapmaker Rand McNally sets out on digital road, *Chicago Tribune*, 27 jun. 2007, www.chicagotribune.com.
47. Hillary Chura, Grabbing bull by tail: Pepsi, snapple redouble efforts to take on Red Bull Energy Drink, *Advertising Age*, 11 jun. 2001, p. 4.
48. Rayna McInturf, Crash course: fitness goals lagging a bit? *Los Angeles Times*, 17 fev. 2005, p. E23.
49. Patricia Leigh Brown, For fans of trader Vic's, an adventure in Tikiland, *New York Times*, 5 mar. 2008, www.nytimes.com, Rick Ramseyer, Tiki reigns again, *Restaurant Business*, 1 fev. 2005, p. 34.
50. David H. Henard; David M. Szymanski, Why some new products are more successful than others, *Journal of Marketing Research*, ago. 2001, p. 362-375.
51. An elusive goal: identifying new products that consumers actually want, *Marketing at Wharton*, 15dez. 2004, knowledge. wharton. upenn. edu.
52. James E. Burroughs; David Glen Mick, Exploring antecedents and consequences of consumer creativity in a problem-solving context, *Journal of Consumer Research 31*, n. 2, 2004, p. 402-411.
53. Elliot Spagat, At $70 a pop, consumers put discount DVD players on holiday list, *Wall Street Journal*, 13dez. 2001, p. B1, B4.
54. Randall Stross, Freed from the page, but a book nnetheless, *New York Times*, 27 jan. 2008, p. BU3.
55. Rich Thomaselli, Scare revives FluMist health, *Advertising Age*, 15dez. 2004, p. 1, 31.
56. Veja Young Lee; Jay Alabaster, Sony's PS3 gets boost from its blu-ray drive, *Wall Street Journal*, 12 mar. 2008, p. D7.
57. Jan-Benedict E. M. Steenkamp; Katrijn Gielens, Consumer and market drivers of the trial probability of new consumer packaged goods, *Journal of Consumer Research*, dez. 2003, p. 368-384.
58. Steve Hoeffler, Measuring preferences for really new products, *Journal of Marketing Research*, nov. 2003, p. 406-420.
59. Paschalina Ziamou; S. Ratneshwar, Promoting consumer adoption of high-technology products: is more information always better? *Journal of Consumer Psychology*, v. 12 (4), 2002, p. 341-351.
60. Gatignon; Robertson, A propositional inventory for new diffusion research, Vijay Mahajan; Eitan Muller; Frank M. Bass, New product diffusion models in marketing: a review and directions for research, *Journal of Marketing*, abr. 1990, p. 1-27.
61. Greg Jacobson, Proven Brands Rule, *MMR*, 14 jan. 2002, p. 29.
62. 10 Problem Products from 2003, *Advertising Age*, 22 dez. 2003, p. 27.
63. Rogers, *The diffusion of innovations*.
64. Idem, ibidem.
65. Debora Viana Thompson; Rebecca W. Hamilton; Roland T. Rust, Feature atigue: when product capabilities become too much of a good thing, *Journal of Marketing Research*, nov. 2005, p. 431-442.
66. Ashesh Mukherjee; Wayne D. Hoyer, The effect of novel attributes on product evaluation, *Journal of Consumer Research*, dez. 2001, p. 462-472.
67. Katherine A. Burson, Consumer-product skill matching: the effects of difficulty on relative self-assessment and choice, *Journal of Consumer Research* 34, n. 1, 2007, p. 104-110.
68. Al Doyle, Getting the perfect picture, *Technology & Learning*, jan. 2002, p. 9-11.
69. Jagdish N. Sheth; S. Ram, *Bringing innovation to market*, 1987 (Nova York: Wiley).
70. John Naughton, How flickr developed into a classic web 2. 0 success, *The Observer (U. K.)*, 9 mar. 2008, www.guardian.co.uk, Flickr adds location info to photos, *PC Magazine Online*, 19 nov. 2007, www.pcmag.com.
71. Sheth; Ram, *Bringing innovation to market*.
72. Idem, ibidem. .
73. Car Wash Tech, *DSN Retailing Today*, 19 ju. 2004, p. 15.
74. Kranhold, Toyota makes a bet on new hybrid prius.
75. Raymund Flandez, Lights! Camera! Sales! How to use video to expand your business in a YouTube world, *Wall Street Journal*, 29 nov. 2007, ww.wsj.com.
76. Robert J. Fisher; Linda L. Price, An investigation into the social context of early adoption behavior, *Journal of Consumer Research*, dez. 1992, p. 477-486.
77. Sandra D. Atchison, Lifting the golf bag burden, *BusinessWeek*, 25 jul. 1994, p. 84.
78. June Fletcher, New machines measure that holiday flab at home, *Wall Street Journal,* 26dez. 1997, p. B8.
79. Rogers, *The Diffusion of Innovations,* p. 99.
80. C. Whan Park; Bernard J. Jaworski; Deborah J. MacInnis, Strategic brand concept-image management, *Journal of Marketing*, out. 1986, p. 135-145.
81. Fisher and Price, An investigation into the social context of early adoption behavior.
82. Petrosky, Extending innovation characteristic perception to diffusion channel intermediaries and aesthetic products.
83. Alfred Petrosky rotula esse fator como *generização* e o discute no contexto de inovações estéticas emExtending innovation characteristic perception to diffusion channel intermediaries and aesthetic products.

84. Diane Brady, A thousand and one noshes, *BusinessWeek*, 14 jun. 2004, p. 54-56.
85. Sheth; Ram, *Bringing innovation to market*.
86. Everett M. Rogers; F. Floyd. Shoemaker, *Communication of innovations* (Nova York: Free Press, 1971); Elizabeth C. Hirschman, Consumer modernity, cognitive complexity, creativity and innovativeness, em edição. Richard P. Bagozzi, *Marketing in the 80s: changes and challenges* (Chicago: American Marketing Association, 1980), p. 152-161.
87. Jaishankar Ganesh; V. Kumar; Velavan Subramaniam, Learning effect in multinational diffusion of consumer durables: an exploratory investigation, *Journal of the Academy of Marketing Science* 25, 1997, p. 214-228, Gatignon; Robertson, A propositional inventory for new diffusion research.
88. Seth Stevenson, I'd like to buy the world a shelf-stable children's lactic drink, *New York Times Magazine*, 10 mar. 2002, p. 38, John C. Jay, The valley of the new, *American Demographics*, mar. 2000, p. 58-59, Norihiko Shirouzu, Japan's high-school girls excel in art of setting trends, *Wall Street Journal*, 24 abr. 1998, p. B1, B7.
89. Gatignon; Robertson, A propositional inventory for new diffusion research, Lawrence A. Brown; Edward J. Malecki; Aron N. Spector, Adopter categories in a spatial context: alternative explanations for an empirical regularity, *Rural Sociology*, 1976, p. 99-117a.
90. Dorothy Leonard-Barton, Experts as negative opinion leaders in the diffusion of a technological innovation, *Journal of Consumer Research*, mar. 1985, p. 914-926.
91. Everett Rogers; D. Lawrence Kincaid, *Communication networks: toward a new paradigm for research* (Nova York: Free Press, 1981).
92. Rogers; Kincaid, *Communication Networks*.
93. Frank M. Bass, The relationship between diffusion curves, experience curves, and demand elasticities for consumer durable technological innovations, *Journal of Business*, jul. 1980, p. s51-s57, Dan Horskey; Leonard S. Simon, Advertising and the diffusion of new products, *Marketing Science*, 1983, p. 1-17, Vijay Mahajan; Eitan Muller, Innovation diffusion and new product growth models in marketing, *Journal of Marketing*, 1979, p. 55-68, Mahajan; Muller; Bass, New product diffusion models in marketing.
94. Lauriston Sharp, Steel axes for stone age Australians, em edição. Edward H. Spicer, *Human problems in technological change* (Nova York: Russell Sage Foundation, 1952).
95. H. David Banta, The diffusion of the Computer Tomography (CT) scanner in the United States, *International Journal of Health Services* 10, 1980, p. 251-269, como relatado em Rogers, *The diffusion of innovations*, p. 231-237.
96. Steven Mufson, Power switch: the new energy law will change light bulbs, appliances, and how we save electricity in the home, *Washington Post*, 20 jan. 2008, p. F1; Utilities: PG&E giving away energy-saver bulbs, *Los Angeles Times*, 4 out. 2007, p. C6, Jenn Abelson, For this fall, green is in: stores hope new products will lure crowds of eco-conscious teens headed back to school, *Boston Globe*, 17 ago. 2007, p. C1, Marc Lifsher; Adrian G. Uribarri, How much savings does it take to change one? *Los Angeles Times*, 24 fev. 2007, p. A1, John J. Fialka; Kathryn Kranhold, Households would need new bulbs to meet lighting-efficiency rule, *Wall Street Journal*, 5 maio 2007, p. A1, J. Fialka; Kathryn Kranhold, Lights out for old bulbs? *Wall Street Journal*, 13 set. 2007, p. A8.

Capítulo 17

1. Phyllis Korkki, Cost is no object when it comes to your pet, *New York Times*, 13 jan. 2008, p. BU2, Diane Brady; Christopher Palmeri, The pet economy, *BusinessWeek*, 6 ago. 2007, p. 44-54, Frederick Kaufman, They eat what we are, *New York Times Magazine*, 2 set. 2007, p. 20, John Fetto, In the doghouse, *American Demographics*, jan. 2002, p. 7, John Fetto, Pets can drive, *American Demographics*, mar. 2000, p. 10-12.
2. Grant McCracken, Culture and consumption: a theoretical account of the structure and movement of the cultural meaning of consumer goods, *Journal of Consumer Research*, jun. 1986, p. 71-84; Grant McCracken, *Culture and consumption* (Indianapolis: Indiana University Press, 1990).
3. Lisa Peñaloza, Consuming the merican West: animating cultural meaning and memory at a stock show and rodeo, *Journal of Consumer Research*, dez. 2001, p. 369-398.
4. Veja Craig J. Thompson, Marketplace mythology and discourses of power, *Journal of Consumer Research*, jun. 2004, p. 162-175, Elizabeth C. Hirschman; Linda Scott; William B. Wells, A model of product discourse: linking consumer practice to cultural texts, *Journal of Advertising*, 1998, p. 33-50, Barbara A. Phillips, Thinking into it: consumer interpretation of complex advertising images, *Journal of Advertising*, 1997, p. 77-86, Cele Otnes; Linda Scott, Something old, something new: exploring the interaction between ritual and advertising, *Journal of Advertising*, 1996, p. 33-50, Jonna Holland; James W. Gentry, The impact of cultural symbols on advertising effectiveness: a theory of intercultural accommodation. In: (Ed.) Merrie Brucks; Debbie MacInnis, *Advances in consumer research*, v. 24 (Provo: Association for Consumer Research, 1997), p. 483-489.
5. Sarah Jessica Parker coming to town, *Cincinnati Enquirer*, 5 mar. 2008, www.news.enquirer.com.
6. Ruth La Ferla, Young shoppers chase up-from-the-asphalt niche designers, *New York Times*, 21 dez. 2007, p. G1, G10.
7. Elizabeth Weinstein, Style & substance: graffi ti cleans up at retail, *Wall Street Journal*, 12 nov. 2004, p. B1, Lauren Goldstein, Urban wear goes suburban, *Fortune*, 21 dez. 1998, p. 169-172.
8. Jennifer Edson Escalas; James R. Bettman, You are what they eat: the influence of reference groups on consumers' connections to brands, *Journal of Consumer Psychology* 13, n. 3, 2003, p. 339-348.
9. Para discussão de como os consumidores usam a moda para caracterizar sua identidade e inferir aspectos da identidade de outros, veja Craig J. Thompson; Diana L. Haytko, Speaking of fashion: consumers' use of fashion discourses and the appropriation of countervailing cultural meanings, *Journal of Consumer Research*, jun. 1997, p. 15-42.
10. Keith Naughton, Roots gets rad: trading in earth shoes for hot berets, the Canadian Firm plans a U. S. invasion after Its olympic triumph, *Newsweek*, 25 fev. 2002, p. 36, Larry M. Greenberg, Marketing the great white north, eh? *Wall Street Journal*, 21 abr. 2000, p. B1.
11. Laura R. Oswald, Culture swapping: consumption and the ethnogenesis of middle-class Haitian immigrants, *Journal of Consumer Research*, mar. 1999, p. 303-318.
12. Elisabeth Furst, The cultural significance of food, em edição. Per Otnes, *The sociology of consumption: an anthology* (Oslo: Solum Forlag, 1988), p. 89-100.

13. Breaching the grape wall of China, *BusinessWeek Online*, 10 fev. 2005, www.businessweek.com; Kathleen Brewer Doran, Symbolic consumption in China: the color television as a life statement. In: (Ed.) Merrie Brucks; Debbie MacInnis, *Advances in consumer research*, v. 24 (Provo: Association for Consumer Research, 1997), p. 128-131.
14. Amy Cortese, My jet is bigger than your jet, *BusinessWeek*, 25 ago. 1997, p. 126.
15. Tina A. Brown, Kids uniformly love the clothes, parents love the prices, *Hartford Courant*, 9 ago. 2007, p. B2.
16. Pierre Bourdieu, *Distinction: a social critique of the judgment of taste* (Cambridge: Harvard University Press, 1984); para outras pesquisas sobre associações do gênero com alimentos, veja Deborah Heisley, Gender symbolism in food, doctoral dissertation, Northwestern University, 1991.
17. Sidney Levy, Interpreting consumer mythology: a structural approach to consumer behavior, *Journal of Marketing* 45, n. 3, 1982, p. 49-62.
18. David Welch, Why Toyota is afraid of being number one, *BusinessWeek*, 5 mar. 2007, p. 42+.
19. Americus Reed II, Activating the self-importance of consumer selves: exploring identity salience effects on judgments, *Journal of Consumer Research* 31, n. 2, 2004, p. 286-295.
20. Jeffrey Ball, Detroit worries some consumers are souring on big SUVs, *Wall Street Journal*, 8 jan. 2003, p. B1, B4.
21. Jennifer Edison Escalas, The consumption of insignificant rituals: a look at debutante balls. In: (Ed.) Leigh McAlister; Michael L. Rothschild, *Advances in consumer research*, v. 20 (Provo: Association for Consumer Research, 1993), p. 709-716.
22. Jon Gertner, From 0 to 60 to World Domination, *New York Times Magazine*, 18 fev. 2007, p. 34.
23. James B. Arndorfer, Miller lite: Bob Mikulay, *Advertising Age*, 1º nov. 2004, p. S12, Miller Lite, *Beverage Dynamics*, jan. -fev. 2002, p. 40.
24. Michael R. Solomon, Building up and breaking down: the impact of cultural sorting on symbolic consumption. In: (Ed.) Elizabeth C. Hirschman; Jagdish N. Sheth, *Research in consumer behavior* (Greenwich: JAI Press, 1988), p. 325-351, McCracken, Culture and consumption; McCracken, *Culture and consumption*.
25. Alex Taylor III, America's best car company, *Fortune*, 19 mar. 2007, p. 98.
26. Solomon, Building up and breaking down, James H. Leigh; Terrace G. Gabel, Symbolic interactionism: its effects on consumer behavior and implications for marketing strategy, *Journal of Consumer Marketing*, 1992, p. 27-39.
27. Myrna L. Armstrong; Donata C. Gabriel, Motivation for tattoo removal, *Archives of Dermatology*, abr. 1996, p. 412-416.
28. John W. Schouten, Personal rites of passage and the reconstruction of self. In: (Ed.) Rebecca H. Holman; Michael R. Solomon, *Advances in consumer research*, v. 18 (Provo: Association for Consumer Research, 1991), p. 49-51.
29. Melissa Martin Young, Dispositions of possessions during role transitions. In: (Ed.) Rebecca H. Holman; Michael R. Solomon, *Advances in consumer research*, v. 18 (Provo: Association for Consumer Research, 1991), p. 33-39.
30. Robert A. Wicklund; Peter M. Gollwitzer, *Symbolic self-completion* (Hillsdale: Lawrence Erlbaum, 1982).
31. Diane Ackerman, *A natural history of love* (Nova York: Random House, 1994).
32. Veja, por exemplo, Samuel K. Bonsu; Russell W. Belk, Do not go cheaply into that good night: death-ritual consumption in Asante, Ghana, *Journal of Consumer Research*, jun. 2003, p. 41-55.
33. James H. McAlexander; John W. Schouten; Scott D. Roberts, Consumer behavior and divorce. In: Janeen Arnold Costa; Russell W. Belk, *Research in consumer behavior*, v. 6 (Greenwich: JAI Press, 1993), p. 162, veja também Rita Fullerman; Kathleen Debevec, Till death do we part: family dissolution, transition, and consumer behavior. In: (Ed.) John F. Sherry; Brian Sternthal, *Advances in consumer research* v. 19 (Provo: Association for Consumer Research, 1992), p. 514-521.
34. Melanie Wallendorf; Michael D. Reilly, Ethnic migration, assimilation, and consumption, *Journal of Consumer Research*, dez. 1983, p. 292-302, Rohit Deshpande; Wayne Hoyer; Naveen Donthu, The intensity of ethnic affiliation: a study of the sociology of Hispanic consumption, *Journal of Consumer Research*, set. 1986, p. 214-220; para discussão sobre aculturação dos chinês-americanos, veja Wei-Na Lee, Acculturation and advertising communication strategies: a cross-cultural study of Chinese Americans, *Psychology and Marketing*, set.-out. 1993, p. 381-397; para um estudo interessante sobre a imigraçaõ dos imigrantes haitianos, veja Laura R. Oswald, Culture swapping: consumption and the ethnogenesis of middle-class Haitian immigrants.
35. Annamma Joy; Ruby Roy Dholakia, Remembrances of things past: the meaning of home and possessions of Indian professionals in Canada, em edição. Floyd W. Rudmin, *To have possessions: a handbook of ownership and property*, Special Issue, *Journal of Social Behavior and Personality* 6, n. 6, 1991, p. 385-402; veja também Raj Mehta; Russell W. Belk, Artifacts, identity, and transition: favorite possessions of Indians and Indian Immigrants to the United States, *Journal of Consumer Research*, mar. 1991, p. 398-411.
36. Craig J. Thompson; Siok Kuan Tambyah, Trying to be cosmopolitan, *Journal of Consumer Research* 26, dez. 1999, p. 214-241.
37. Priscilla A. LaBarbera, The nouveaux riches: conspicuous consumption and the issue of self-fulfillment. In: (Ed.) Elizabeth C. Hirschman; Jagdish N. Sheth, *Research in consumer behavior* (Greenwich: JAI Press, 1988), p. 181-182.
38. Sarah Ellison; Carlos Tejada, Mr. Mrs. meet Mr. Clean, *Wall Street Journal*, 30 jan. 2003, p. B1, B3.
39. Blythe Yee, Ads remind women they have two hands, *Wall Street Journal*, 14 ago. 2003, p. B1, B5; for an extensive discussion of consumer life transitions and related products, veja Paula Mergenhagen, *Targeting Transitions* (Ithaca: American Demographics Books, 1995).
40. Ian Mount, Alternative gift registries, *Wall Street Journal*, 2 mar. 2004, p. D1, Julie Flaherty, Freedom to marry, and to spend on it, *New York Times*, 16 maio 2004, sec. 9, p. 2, Miller, 'Til death do they part.
41. Pamela Paul, What to expect when expecting? A whole lot of loot, *New York Times*, 24 de jun. 2007, p. BU5.
42. Otnes; Scott, Something old, Something new.
43. Seguindo a linha de raciocínio em que o significado do símbolo deve variar da cultura em vez do indivíduo, e que os símbolos devem ter um significado público ou particular, veja Marsha L. Richins, Valuing things: the public and private meaning of possessions, *Journal of Consumer Research*, dez. 1994, p. 504-521.

44. N. Laura Kamptner, Personal possessions and their meanings: a life span perspective, *Journal of Social Behavior and Personality* 6, n. 6, 1991, p. 209-228; veja também Richins, Valuing things.
45. Adam Kuper, The English Christmas and the family: time out and alternative realities. In: (Ed.) Daniel Miller, *Unwrapping Christmas* (Oxford: Oxford University Press, 1993), p. 157-175, Barbara Bodenhorn, Christmas present: Christmas public, em edição. Miller, *Unwrapping Christmas*, p. 193-216.
46. Carolyn Folkman Curasi; Linda L. Price; Eric J. Arnould, How individuals' cherished possessions become families' inalienable wealth, *Journal of Consumer Research*, dez. 2004, p. 609-622.
47. Kelly Tepper Tian; William O. Bearden; Gary L. Hunter, Consumers' need for uniqueness: scale development and validation, *Journal of Consumer Research* 28, jun. 2001, p. 50-66, Howard L. Fromkin; C. R. Snyder, The search for uniqueness and valuation of scarcity. In: (Ed.) Kenneth Gergen; Martin S. Greenberg; Richard H. Willis, *Social exchanges: advances in theory and research* (Nova York: Plenum, 1980), p. 57-75, Csikszentmihalyi; Rochberg-Halton, *The meaning of things*; veja também Richins, Valuing things.
48. Gabriel Bar-Haim, The meaning of Western Commercial Artifacts for Eastern European Youth, *Journal of Contemporary Ethnography*, jul. 1987, p. 205-226.
49. Jonah Berger; Chip Heath, Where consumers diverge from others: identity signaling and product domains, *Journal of Consumer Research*, ago. 2007, p. 121-134.
50. Robert P. Libbon, Datadog, *American Demographics*, set. 2000, p. 26.
51. Stacy Baker; Patricia Kennedy, Death by nostalgia. In: *Advances in consumer research*, v. 21 (Provo: Association for Consumer Research, 1994), p. 169-174, Morris B. Holbrook; Robert Schindler, Echoes of the dear departed past. In: *Advances in consumer research*, v. 18 (Provo: Association for Consumer Research, 1991), p. 330-333.
52. Stuart Elliott, A two-wheeled ride down memory lane, *New York Times*, 4 maio 2004, www.nytimes.com.
53. Vanitha Swaminathan; Karen L. Page; Zeynep Gürhan-Canli, 'My' brand or " our" brand: the effects of brand relationship dimensions and self-construal on brand evaluations, *Journal of Consumer Research*, ago. 2007, p. 2348-259, Matthew Thomson; Deborah J. MacInnis; C. Whan Park, The ties that bind: measuring the strength of consumers' emotional attachments to brands, *Journal of Consumer Psychology* 15, n. 1, 2005, p. 77-91, Jennifer Edson Escalas, Narrative processing: building consumer connections to brands, *Journal of Consumer Psychology* 14, n. 1/2, 2004, p. 168-180, Jennifer Edson Escalas; James R. Bettman, Self-construal, reference groups, and brand meaning, *Journal of Consumer Research* 32, n. 3, 2005, p. 378-389, Russell W. Belk, Possessions and the extended self, *Journal of Consumer Research*, set. 1988, p. 139-168, A. Dwayne Ball; Lori H. Tasaki, The role and measurement of attachment in consumer behavior, *Journal of Consumer Psychology* 1, n. 2, 1992, p. 155-172, Robert E. Kleine; Susan Schultz Kleine; Jerome B. Kernan, Mundane consumption and the self: a social identity perspective, *Journal of Consumer Psychology* 2, n. 3, 1993, p. 209-235.
54. Kleine, Kleine; Kernan, Mundane consumption and the self; veja também Sirgy, Self-concept and consumer behavior, George M. Zinkhan; J. W. Hong, Self-concept and advertising effectiveness: a conceptual model of congruence, conspicuousness, and response mode. In: (Ed.) Rebecca Holman; Michael Solomon, *Advances in consumer research*, v. 18 (Provo: Association for Consumer Research, 1991), p. 348-354.
55. Por exemplo, veja Robert V. Kozinets, Utopian enterprise: articulating the meanings of *Star Trek's* culture of consumption, *Journal of Consumer Research*, jun. 2001, p. 67-88, Douglas B. Holt, Why do brands cause trouble? A dialectical theory of consumer culture and branding, *Journal of Consumer Research*, jun. 2002, p. 70-90.
56. Kelly Tian; Russell W. Belk, Extended self and possessions in the workplace, *Journal of Consumer Research* 32, n. 2, 2005, p. 297-310.
57. Kleine, Kleine; Kernan, Mundane consumption and the self.
58. C. R. Snyder; Howard L. Fromkin, *Uniqueness: human pursuit of difference* (New York: Plenum, 1981).
59. Hope Jensen Schau; Mary C. Gilly, We are what we post? Self-presentation in personal web space, *Journal of Consumer Research*, dez. 2003, p. 385-404.
60. Stuart Elliott, Carpet spots feature a confident and reflective Andie MacDowell, 24 fev. 2004, www.nytimes.com.
61. Sirgy, Self-concept and consumer behavior, Sirgy, *Social Cognition and Consumer Behavior*.
62. Ian Rowley, Here, kid, take the wheel, *BusinessWeek*, 23 jul. 2007, p. 37.
63. Cheng Lu Wang; Terry Bristol; John C. Mowen; Gou-tam Chakraborty, Alternative modes of self-construal: dimensions of connectedness-separateness and advertising appeals to the cultural and gender-specific self, *Journal of Consumer Psychology* 9, n. 2, 2000, p. 107-115.
64. Matthew Thomson; Deborah J. MacInnis; C. Whan Park, The Ties that bind: measuring the strength of consumers' emotional attachments to brands, *Journal of Consumer Psychology* 15, n. 1, 2005, p. 77-91, Jennifer Edson Escalas, Narrative processing: building consumer connections to brands, *Journal of Consumer Psychology* 14, n. 1/2, 2004, p. 168-180, Jennifer Edson Escalas; James R. Bettman, Self-construal, reference groups, and brand meaning, *Journal of Consumer Research* 32, n. 3, 2005, p. 378-389.
65. Richins, Valuing things, Marsha L. Richins, Special possessions and the expression of material values, *Journal of Consumer Research*, dez. 1994, p. 522-533.
66. Richins, Valuing things.
67. Thomson; MacInnis; Park, The ties that bind: measuring the strength of consumers' emotional attachments to brands, C. W. Park; Deborah J. MacInnis, What's in and what's out: questions on the boundaries of the attitude construct, *Journal of Consumer Research* 33, n. 1, 2006, p. 16-18, Rohini Ahluwalia; Robert Burnkrant; H. Rao Unnava, Consumer response to negative publicity: the moderating role of commitment, *Journal of Marketing Research* 37, n. 2, maio 2000, p. 203-214; Michael D. Johnson; Andreas Herrmann; Frank Huber, The evolution of loyalty intentions, *Journal of Marketing* 70, abril 2006, p. 122-132; Matthew Thomson, Human brands: investigating antecedents to consumers' strong attachments to celebrities, *Journal of Marketing* 70, n. 3, jul. 2006, p. 104-119.
68. Richins, Valuing things.
69. Diane Brady; Christopher Palmeri, The pet economy, *BusinessWeek*, 6 ago. 2007, p. 44-54; Richard C. Morais, Dog

Days, *Forbes Global*, 21 de jun. 2004, p. 30; Rebecca Gardyn, VIPs (Very Important Pets), *American Demographics*, mar. 2001, p. 16-18.
70. Morais, Dog Days; Fetto, In the Doghouse.
71. Belk, Possessions and the Sense of Past; Susan Schultz Kleine; Robert E. Kleine III; Chris T. Allen, How is a possession " Me" or " not Me" ? Characterizing types and an antecedent of material possession attachment, *Journal of Consumer Research*, dez. 1995, p. 327-343, McAlexander; Schouten; Roberts, Consumer behavior and divorce, Lisa L. Love; Peter S. Sheldon, Souvenirs: messengers of meaning. In: (Ed.) Joseph W. Alba; Wesley Hutchinson, *Advances in consumer research*, v. 25 (Provo: Association for Consumer Research, 1998), p. 170-175. 72. Belk, Possessions and the sense of past.
73. Russell W. Belk, Moving possessions: an analysis based on personal documents from the 1847-1869 mormon migration, *Journal of Consumer Research*, dez. 1992, p. 339-361.
74. Russell W. Belk; Melanie Wallendorf; John F. Sherry Jr; Morris B. Holbrook, Collecting in a consumer Culture, em edição. Belk, *Highways and Buyways* (Provo: Association for Consumer Research), p. 178-215.
75. John Waggoner, Which way does the wind blow for hot collectibles? *USA Today*, 18 ago. 2006, p. 3B.
76. Russell W. Belk; Melanie Wallendorf; John F. Sherry Jr.; Morris Holbrook; Scott Roberts, Collectors and collecting. Michael J. Houston, *Advances in consumer research*, v. 15 (Provo: Association for Consumer Research, 1988), p. 548-553.
77. Belk, Wallendorf; Sherry; Holbrook; Roberts, Collectors and collecting.
78. Russell W. Belk, The ineluctable mysteries of possessions, em edição. Floyd W. Rudmin, *To have possessions: a handbook on ownership and property*; Special Issue, *Journal of Social Behavior and Personality* 6, n. 6, 1991, p. 17-55.
79. Kent Grayson; David Shulman, Indexicality and the verification function of irreplaceable possessions: a semiotic analysis, *Journal of Consumer Research* 27, jun. 2000, p. 17-30.
80. Daniel Terdiman, Curiously high-tech hacks for a classic tin, *New York Times*, 3 fev. 2005, www.nytimes.com.
81. Belk et al., Collecting in a consumer culture.
82. Fournier, The development of intense consumer-product relationships.
83. Csikszentmihalyi; Rochberg-Halton, *The meaning of things*, M. Wallendorf; E. J. Arnould, My favorite things: a cross-cultural inquiry into object attachment, possessiveness, and social linkage, *Journal of Consumer Research*, mar. 1988, p. 531-547, Belk, Moving possessions.
84. A. Peter McGraw; Philip E. Tetlock; Orie V. Kristel, The limits of fungibility: relational schemata and the value of things, *Journal of Consumer Research*, set. 2003, p. 219-228.
85. Csikszentmihalyi; Rochberg-Halton, *The meaning of things*.
86. Csikszentmihalyi; Rochberg-Halton, *The meaning of things*.
87. Helga Dittmar, Meaning of material possessions as reflections of identity: gender and social-material position in society, em edição. Rudmin, *To have possessions*, p. 165-186, veja também Helga Dittmar, *The social psychology of material possessions* (New York: St. Martin's, 1992).
88. Jaideep Sengupta; Darren W. Dahl; Gerald J. Gorn, Misrepresentation in the consumer context, *Journal of Consumer Psychology*, n. 12, v. 2) 2002, p. 69-79.
89. Dittmar, Meaning of material possessions as reflections of identity; Kamptner, Personal possessions and their meanings.
90. Wallendorf; Arnould, My favorite things.
91. Russell W. Belk; Melanie Wallendorf, Of mice and men: gender identity in collecting. In: (Ed.) K. Ames; K. Martinez, *The gender of material culture* (Ann Arbor: University of Michigan Press), reimpresso em edição. Susan M. Pearce, *Objects and collections* (London: Routledge, 1994), p. 240-253; Belk et al. , Collectors and collecting.
92. McCracken, Culture and consumption; McCracken, *Culture and consumption*.
93. Idem, ibidem.
94. Idem, ibidem.
95. John L. Lastovicka; Karen V. Fernandez, Three paths to disposition: the movement of meaningful possessions to strangers, *Journal of Consumer Research* 31, n. 4, 2005, p. 813-823.
96. Linda L. Price; Eric J. Arnold; Carolyn Folkman Curasi, Older consumers' disposition of special possessions, *Journal of Consumer Research* 27, set. 2000, p. 179-201.
97. Russell W. Belk; Melanie Wallendorf; John F. Sherry Jr., The sacred and the profane in consumer behavior: theodicy on theo dyssey, *Journal of Consumer Research*, jun. 1989, p. 1-38.
98. Maya Kaneko, Seattle tries to extend appeal to Japanese visitors beyond baseball superstar, *Kyodo News International*, 9 jan. 2005, www.kyodonews.com.
99. Belk, Possessions and the sense of past.
100. Belk, Wallendorf; Sherry, The sacred and the profane in consumer behavior.
101. Amitai Etzioni, The socio-economics of property, em edição. Rudmin, *To have possessions: a handbook on ownership and property*. Special issue, *Journal of Social Behavior and Personality* 6, n. 6, 1991, p. 465-468.
102. Robert V. Kozinets, Utopian enterprise: articulating the meanings of *Star Trek's* culture of consumption, *Journal of Consumer Research* 28, jun. 2001, p. 67-88.
103. Jackie Clarke, Different to "dust collectors"? The giving and receiving of experience gifts, *Journal of Consumer Behavior 5*, n. 6, 2006, p. 533-549.
104. Veja, por exemplo, Leigh Schmidt, The commercialization of the calendar, *Journal of American History*, dez. 1991, p. 887-916.
105. Para um fascinante relato histórico e sociológico do Natal, veja Daniel Miller, A theory of Christmas, em edição. Miller, *Unwrapping Christmas*, p. 3-37, Claude Levi-Strauss, Father Christmas executed, em edição. Miller, *Unwrapping Christmas*, p. 38-54, Belk, Materialism and the making of the modern American Christmas, Barbara Bodenhorn, Christmas present: Christmas public, em edição. Miller, *Unwrapping Christmas*, p. 193-216; William B. Waits, *The modern Christmas in America* (Nova York: New York University Press, 1993); e Stephen Nissenbaum, *The battle for Christmas* (New York: Vantage Books, 1997).
106. John F. Sherry Jr. , Gift Giving in anthropological perspective, *Journal of Consumer Research*, set. de 1983, p. 157-168.
107. Para discussão de muitos desses motivos, veja Sherry, Gift giving in anthropological perspective; for research on gender differences in motives, see Mary Ann McGrath, Gender differences in gift exchanges: new directions from projections, *Psychology and Marketing*, ago. 1995, p. 229-234, Cele Otnes; Kyle Zolner; Tina M. Lowry, In-laws and ou-

tlaws: the impact of divorce and remarriage upon Christmas gift exchange. In: (Ed.) Chris Allen; Debbie Roedder-John, *Advances in consumer research*, v. 21 (Provo: Association for Consumer Research, 1994), p. 25-29, Russell W. Belk, The perfect gift. In: (Ed.) Cele Otnes; Richard Beltrami, *Gift giving behavior: an interdisciplinary anthology* (Bowling Green: Bowling Green University Popular Press, 1996); para discussão dos papéis assumidos pelas pessoas que dão presentes (aquele que agrada, aquele que dá, aquele que compensa, aquele que socializa e aquele que conhece), veja Cele Otnes; Tina M. Lowrey; Young Chan Kim, Gift selection for easy and difficult recipients, *Journal of Consumer Research*, set. 1993, p. 229-244, Kleine; Kleine; Allen, How is a possession "me" or "not me"?

108. McAlexander; Schouten; Roberts, Consumer behavior and divorce.
109. David B. Wooten, Qualitative steps toward an expanded model of anxiety in gift-giving, *Journal of Consumer Research 27*, jun. 2000, p. 84-95.
110. Russell W. Belk; Gregory S. Coon, Gift giving as agapic love: an alternative to the exchange paradigm based on dating experiences, *Journal of Consumer Research*, dez. 1993, p. 393-417.
111. Sherry, Gift giving in anthropological perspective, Mary Searle-Chatterjee, Christmas cards and the construction of social relations in britain today, em edição. Miller, *Unwrapping Christmas*, p. 176-192.
112. Belk; Coon, Gift giving as agapic love; veja também Sherry, Gift giving in anthropological perspective.
113. Sak Onkvisit; John J. Shaw, *International marketing: analysis and strategy* (Columbus: Merrill, 1989), p. 241-242.
114. The efficiency of gift giving: is it really better to give than to receive? *Marketing: Knowledge at Wharton*, 15 dez. 2004, knowledge. wharton. upenn. edu.
115. Sandra Yin, Give and take, *American Demographics*, nov. 2003, p. 12-13, Eileen Fischer, Stephen J. Arnold, More than a labor of love: gender roles and Christmas shopping, *Journal of Consumer Research*, dez. 1990, p. 333-345.
116. John F. Sherry Jr.; Mary Ann McGrath, Unpacking the holiday presence: a comparative ethnography of two gift stores, em edição. Elizabeth C. Hirschman, *Interpretive consumer research* (Provo: Association for Consumer Research, 1989), p. 148-167.
117. Veja, por exemplo, Theodore Caplow, Rule enforcement without visible means: Christmas gift giving in middle-town, *American Journal of Sociology*, mar. 1984, p. 1306-1323.
118. James G. Carrier, The rituals of Christmas giving, em edição. Miller, *Unwrapping Christmas*, p. 55-74.
119. Mary Ann McGrath, An ethnography of a gift store: trappings, wrappings, and rapture, *Journal of Retailing*, 1989, p. 434.
120. Wooten, Qualitative steps toward an expanded model of anxiety in gift-giving.
121. Julie A. Ruth; Cele C. Otnes; Frederic F. Brunel, Gift receipt and the reformulation of interpersonal relationships, *Journal of Consumer Research*, mar. 1999, p. 385-402, Ming-Hui Huang; Shihti Yu, Gifts in a romantic relationship: a survival analysis, *Journal of Consumer Psychology* 9, n. 3, 2000, p. 179-188.
122. Belk, Gift giving behavior; veja também Sherry, Gift giving in anthropological perspective.
123. Belk; Coon, Gift giving as agapic love.
124. Annamma Joy, Gift giving in Hong Kong and the continuum of social ties, *Journal of Consumer Research*, set. 2001, p. 239-256.
125. Holiday Cards More than 2. 2 . . . *Washington Post*, 29 nov. 2007, p. H5.
126. Anne D'Innocenzio, What's in your wallet? Empty gift cards? *Chicago Tribune*, 4 mar. 2008, www. chicagotribune. com.
127. Louise Lee, What's roiling the selling season, *BusinessWeek*, 10 jan. 2005, p. 38.
128. Susan Carey, Over the river, through the woods, to a posh resort we go, *Wall Street Journal*, 21 de nov. 1997, p. B1, B4.
129. Amanda Fehd, Executive who steered eBay's rise to retire, *Washington Post*, 24 jan. 2008, p. D2; Matthew Summers-Sparks, When old stadiums go, everything must go! *New York Times*, 16 fev. 2006, p. F4; Britney's gum is hot eBay item, *UPI NewsTrack*, 2 set. 2004, n. p. ; Michele Himmelberg, Disney pan pays $37, 400 to have name placed on haunted mansion tombstone, *Orange County Register*, 23 out. 2004, www.ocregister.com, Daniel P. Finney, Happy 25 for the happy meal! *St. Louis Post-Dispatch*, 14 de jun. 2004, www.stltoday.com; Meredith Schwartz, The accidental collector: eBay offers insights into two types of collectors, *Gifts & Decorative Accessories*, jun. 2004, p. 1003; ebay. com.

Capítulo 18

1. Eric Pfanner, In Britain, a campaign against obesity is snarled in controversy, *New York Times,* 11 fev. 2008, p. C7; Leading food and beverage companies release commitments on children's advertising, CNW *Group*, 6 fev. 2008, n.p., Brands move to reduce advertising to children, *New Media Age*, 10 jan. 2008, p. 10, Emily Bryson York, You want apple fries with that? *Advertising Age*, 11 set. 2007, www.adage.com; Paul Kurnit, Art & Commerce: the advertising diet, *Adweek Online*, 3dez. 2007, www.adweek.com; Karen Robinson-Jacobs, Chuck E. cheese's chain joins fight against childhood obesity, *Dallas Morning News*, 16 out. 2007, www.dallasnews.com, Ira Teinowitz, More major food marketers establish kds-advertising limits, *Advertising Age*, 18 jul. 2007, www.adage.com.
2. Kathleen D. Vohs, Self-regulatory resources power the reflective system: evidence from five domains, *Journal of Consumer Psychology* 16, n. 3, 2006, p. 217-223.
3. Elizabeth C. Hirschman, The consciousness of addiction: toward a general theory of compulsive consumption, *Journal of Consumer Research*, set. 1992, p. 155-179.
4. Ron Panko, By the numbers: smoking's cost in the United States, *Best's Review*, dez. 2007, p. 20.
5. Cigarette smoking among adults – United States, 2006, *Morbidity and Mortality Weekly Report*, Centers for Disease Control and Prevention, 2 nov. 2007, www.cdc.gov/mmwr.
6. Thomas C. O'Guinn; Ronald J. Faber, Compulsive buying: a phenomenological exploration, *Journal of Consumer Research,* set. 1989, p. 147-157.

7. Lorrin M, Koran; Ronald J. Faber; Elias Aboujaoude; Michael D. Large; Richard T. Serpe, Estimated prevalence of compulsive buying behavior in the United States, *The American Journal of Psychiatry*, out. 2006, p. 1806-1812.
8. Ronald Faber; Gary Christenson; Martina DeZwaan; James Mitchell, Two forms of compulsive consumption: comorbidity of compulsive buying and binge eating, *Journal of Consumer Research*, dez. 1995, p. 296-304, O'Guinn; Faber, Compulsive buying, Ronald J. Faber; Thomas C. O'Guinn, Compulsive consumption and credit abuse, *Journal of Consumer Policy*, mar. 1988, p. 97-109, Gilles Valence; Alain D'Astous; Louis Fortier, Compulsive buying: concept and measurement, *Journal of Consumer Policy*, dez. 1988, p. 419-433, Rajan Nataraajan; Brent G. Goff, Compulsive buying: toward a reconceptualization, em edição. Floyd W. Rudman, *To have possessions: a handbook on ownership and property* (Corte Madera: Select Press, 1991), p. 307-328, Compulsive shopping could be hereditary, *Marketing News*, 14 set. 1998, p. 31, Wayne S. DeSarbo; Elizabeth A. Edwards, Typologies of compulsive buying behavior: a constrained cluster-wise regression approach, *Journal of Consumer Psychology* 5, n. 3, 1996, p. 231-262.
9. Faber e O'Guinn, Compulsive consumption and credit abuse, Ronald J. Faber; Thomas C. O'Guinn, A clinical screener for compulsive buying, *Journal of Consumer Research*, dez. 1992, p. 459-469, O'Guinn; Faber, Compulsive buying, James A. Roberts, Compulsive buying among college students: an investigation of its antecedents, consequences, and implications for public policy, *Journal of Consumer Affairs*, 1998, p. 295-319.
10. Hyokjin Kwak; George M. Zinkhan; Melvin R. Crask, Diagnostic screener for compulsive buying: applications to the USA and South Korea, *Journal of Consumer Affairs*, 2003, p. 161.
11. Hannah Karp, The senior trip to the strip, *Wall Street Journal*, 8 abr. 2005, p. W4.
12. Risky Gamble, *Prevention*, maio 2006, p. 42.
13. Richard G. Netemeyer; Scot Burton; Leslie K. Cole; Donald A. Williamson; Nancy Zucker; Lisa Bertman; Gretchen Diefenbach, Characteristics and beliefs associated with probably pathological gambling: a pilot study with implications for the national gambling impact and policy commission, *Journal of Public Policy and Marketing* 17, n. 2, 1998, p. 147-160.
14. Laurence Arnold, Link to other addictions raises new questions about gambling, *Associate Press*, 12 jun. 2001.
15. Jeffrey N. Weatherly; John M. Sauter; Brent M. King, The "big win" and resistance to extinction when gambling, *Journal of Psychology*, nov. 2004, p. 495.
16. Dennis Rook, The buying impulse, *Journal of Consumer Research* 14, set. 1987, p. 189-199, S. J. Hoch; G. F. Loewenstein, Time-inconsistent preferences and consumer self-control, *Journal of Consumer Research* 17 n. 4, 1991, p. 492-507, Kathleen D. Vohs; Ronald J. Faber, Spent resources: self-regulatory resource availability affects impulse buying, *Journal of Consumer Research* 33, 2007, p. 537-548, Suresh Ramanathan; Geeta Menon, Time-varying effects of chronic hedonic goals on impulsive behavior, *Journal of Marketing Research*, nov. 2006, p. 628-641.
17. Dennis W. Rook; Robert J. Fisher, Normative influences on impulsive buying behavior, *Journal of Consumer Research* 22, dez. 1995, p. 305-315, Sharon E. Beatty; M. Elizabeth Ferrell, Impulse buying: modeling its precursors, *Journal of Retailing* 74, n. 2, 1998, p. 169-191.
18. W. Walter Mischel; O. Ayduk, Willpower in a cognitive-affective processing system: the dynamics of delay of gratification. In: (Ed.) R. F. Baumeister; K. D. Vohs, *Handbook of self-regulation: research, theory, and applications* (Nova York: Guilford Press, 2004), p. 99-129, Fritz Strack; Lioba Werth; Roland Deutsch, Reflective and impulsive determinants of consumer behavior, *Journal of Consumer Psychology* 16, n. 3, 2006, p. 205-216, Vohs; Faber, Spent resources.
19. Xueming Luo, How does shopping with others influence impulsive purchasing? *Journal of Consumer Psychology* 15, n. 4, 2005, p. 288-294, Ramanathan; menon, Time-varying effects of chronic hedonic goals on impulsive behavior.
20. Ravi Dhar; Joel Huber; Uzma Khan, The shopping momentum effect, *Journal of Marketing Research* 44 n. 3, 2007, p. 370-378.
21. Jaideep Sengupta; Rongrong Zhou, Understanding impulsive eaters' choice behaviors: the motivational influences of regulatory focus, *Journal of Marketing Research*, maio 2007, p. 297-308.
22. Kevin Heubusch, Taking chances on casinos, *American Demographics*, maio 1997, p. 35-40, Tom Gorman, Indian casinos in middle of battle over slots, *Los Angeles Times*, 9 maio 1995, p. A3, A24, Max Vanzi, Gambling industry studies the odds, *Los Angeles Times*, 9 maio 1995, p. A3, A24, James Popkin, America's gambling craze, *US News and World Report*, 14 mar. 1994, p. 42-45, Iris Cohen Selinger, The big lottery gamble, *Advertising Age*, 10 maio 1993, p. 22-26, Tony Horwitz, In a bible belt state, Video Poker mutates into an unholy mess, *Wall Street Journal*, 2dez. 1997, p. A1, A13, Rebecca Quick, For sports fans, the internet is a whole new ball game, *Wall Street Journal*, 3 set. 1998, p. B9, Stephen Braun, Lives lost in a river of debt, *Los Angeles Times*, 22 jun. 1997, p. A1, A14-A15.
23. Dan Seligman, In Defense of gambling, *Forbes*, 23 jun. 2003, p. 86.
24. World Watch, *Wall Street Journal*, 19 abr. 2005, p. A18.
25. Matt Viser, Internet gambling is a target of Patrick Bill; Casino initiative makes it illegal, *Boston Globe*, 10 nov. 2007, p. A1.
26. Anne D'Innocenzio; Marcus Kabel, Retail: crime eating more profits, *Houston Chronicle*, 14 jun. 2007, p. 3.
27. Elizabeth Woyke, Attention, shoplifters, *BusinessWeek*, 11 set. 2006, p. 46.
28. Julia Angwin, Credit-card scams bedevil e-stores, *Wall Street Journal*, 19 set. 2000, p. B1, B4, Ronald A. Fullerton; Girish Punj, Choosing to misbehave: a structural model of aberrant consumer behavior. In: (Ed.) Leigh McAlister; Michael Rothschild, *Advances in consumer research*, v. 20 (Provo: Association for Consumer Research, 1993), p. 570-574, Ronald A. Fullerton; Girish Punj, The unintended consequences of the culture of consumption: an historical-theoretical analysis of consumer misbehavior, *Consumption, Markets and Culture* 1, n. 4, 1998, p. 393-423.
29. Joseph C. Nunes; Christopher K. Hsee; Elke U. Weber, Why are people so prone to steal software? The effect of cost structure on consumer purchase and payment intentions, *Journal of Public Policy and Marketing* 23, 2004, p. 43-53.
30. Keith B. Anderson, Who are the victims of identity theft: the effect of demographics, *Journal of Public Policy and Marketing* 25, 2006, p. 160-171.

31. Cynthia Ramsaran, ID theft hits paper harder, *Bank Systems and Technology*, mar. 2005, p. 14, Robert P. Libbon, Datadog, *American Demographics*, jul. 2001, p. 26.
32. David Myron, What uncle Sam doesn't know, *American Demographics*, nov. 2004, p. 10-11, Dena Cox; Anthony P. Cox; George P. Moschis, When consumer behavior goes bad: an investigation of adolescent shoplifting, *Journal of Consumer Research*, set. 1990, p. 149-159, Fullerton; Punj, The unintended consequences of the culture of consumption, George P. Moschis; Dena S. Cox; James J. Kellaris, An exploratory study of adolescent shoplifting behavior. In: (Ed.) Melanie Wallendorf; Paul Anderson, *Advances in consumer research*, v. 14 (Provo: Association for Consumer Research, 1987), p. 526-530.
33. Fullerton; Punj, The unintended consequences of the culture of consumption.
34. Cox; Cox; Moschis, When consumer behavior goes bad.
35. Paul Bernstein, Cheating – the new national pastime? *Business*, out.-dez. 1985, p. 24-33, Fullerton; Punj, Some unintended consequences of the culture of consumption.
36. Fullerton; Punj, Choosing to misbehave, Donald R. Katz, *The big store* (New York: Penguin, 1988).
37. Cox; Cox; Moschis, When consumer behavior goes bad, Moschis; Cox; Kellaris, An exploratory study of adolescent shoplifting behavior, Fullerton; Punj, Some unintended consequences of the culture of consumption.
38. Jessica Silver-Greenberg, Shoplifters get smarter, *BusinessWeek*, 19 nov. 2007, p. 42.
39. Katz, *The Big Store*.
40. Cox; Cox; Moschis, When consumer behavior goes bad, Moschis; Cox; Kellaris, An exploratory study of adolescent shoplifting behavior.
41. Anthony D. Cox; Dena Cox; Ronald D. Anderson; George P. Moschis, Social influences on adolescent shoplifting – theory, evidence, and implications for the retail industry, *Journal of Retailing*, 1993, p. 234.
42. John Fetto, Penny for your thoughts, *American Demographics*, set. 2000, p. 8-9.
43. Chok C. Hiew, Prevention of shoplifting: a community action approach, *Canadian Journal of Criminology*, jan 1981, p. 57-68.
44. Cox; Cox; Moschis, When consumer behavior goes bad, Fullerton; Punj, The unintended consequences of the culture of consumption, Fullerton; d Punj, Choosing to misbehave, Cox; Cox; Anderson; Moschis, Social influences on adolescent shoplifting.
45. Daniel McGinn, Shoplifting: the five-finger fix? *Newsweek*, 20 dez. 2004, p. 13.
46. Retailers to tighten up security, *Retail World*, 22-26 fev. 1999, Charles Goldsmith, Less honor, more case at Europe minibars, *Wall Street Journal*, 22 mar. 1996, p. B6, Steve Weinstein, The enemy within, *Progressive Grocer*, maio 1994, p. 175-179.
47. Diana Ransom, The black market in college-graduation tickets, *Wall Street Journal*, 8 maio 2007, p. D1.
48. Joel Engardio, L. A. air bag thieves may be popping up in East county, *Los Angeles Times*, 1º jul. 1998, p. 1, Ann Marie O'Connon, Where there's smoke, *Los Angeles Times*, 7 set. 1997, p. A3R.
49. Lisa R. Szykman; Ronald P. Hill, A consumer-behavior investigation of a prison economy. In: (Ed.) Janeen Costa Arnold; Russell W. Belk, *Research in Consumer Behavior*, v. 6 (Greenwich,: JAI Press, 1993), p. 231-260, David Bevan; Paul Collier; Jan Willem Gunning, Black markets: illegality, information, and rents, *World Development*, dez. 1989, p. 1955-1963.
50. Hey, anybody want a gun? *The Economist*, 16 maio 1998, p. 47-48, Mark Hosenball; Daniel Klaidman, A deadly mix of drugs and firepower, *Newsweek*, 19 abr. 1999, p. 27.
51. Arik Hesseldahl, Profiting from fake pharma, *BusinessWeek Online*, 21 ago. 2007, www. businessweek. Com, Jonathan Karp, Awaiting knockoffs, Indians buy black-market Viagra, *Wall Street Journal*, 10 jul. 1998, p. B1, B2, M. B. Sheridan, Men around the globe lust after Viagra, *Los Angeles Times*, 26 maio 1998, p. 1.
52. Ken Bensinger, Can you spot the fake? *Wall Street Journal*, 16 fev. 2001, p. W1, W14.
53. Gordon Fairclough, Pssst! Wanna cheap smoke? *Wall Street Journal*, 27 dez. 2002, p. B1, B4.
54. Maija Palmer, Cyberspace fakes make brands truly worried, *Financial Times*, 11 abr. 2007, p. 10.
55. Hesseldahl, Profiting from fake pharma.
56. George A. Hacker, Liquor advertisements on television: just say no, *Journal of Public Policy and Marketing*, 1998, p. 139-142, William K. Eaton, College binge drinking soars, study finds, *Los Angeles Times*, 8 jun. 1994, p. A21, Mike Fuer; Rita Walters, Mixed message hurts kids: ban tobacco, alcohol billboards: the targeting of children is indisputable and intolerable, *Los Angeles Times*, 8 jun. 1997, p. M5, Joseph Coleman, Big tobacco still calls the shots in Japan, *Marketing News*, 4 de ago. de 1997, p. 12.
57. Richard J. Bonnie, Reducing underage drinking: the role of law, *Journal of Law, Medicine, and Ethics*, 2004, p. S38.
58. Underage drinking in the United States: a status report, 2004, *Georgetown University Center on Alcohol Marketing and Youth*, fev. 2005, p. 2, Mindy Sink, Drinking deaths draw attention to old campus Problem, *New York Times*, 9 nov. 2004, p. A16.
59. Tobacco use, access, and exposure to tobacco in media among middle and high school students, United States, 2004, *Morbidity and Mortality Weekly Report, Centers for Disease Control and Prevention*, 1 abr. 2005, www.cdc.gov/mmwr.
60. Charles S. Clark, Underage drinking, *The CQ Researcher* 2, n. 10, 1992, p. 219-244, Courtney Leatherman, College officials are split on alcohol policies: some seek to end underage drinking, Others try to encourage "responsible use", *Chronicle of Higher Education*, 31 jan. 1990, p. A33-A35.
61. Antonia C. Novello, Alcohol and tobacco advertising, *Vital Speeches of the Day*, 15 maio 1993, p. 454-459.
62. Alyssa Bindman, Children exposed to alcohol ads more likely to drink, *The Nation's Health* 37, n. 6, 2007, p. 24, Cornelia Pechmann; Susan J. Knight, An experimental investigation of the joint effects of advertising and peers on adolescents' beliefs and intentions about cigarette consumption, *Journal of Consumer Research*, jun. 2002, p. 5-19.
63. Joan Ryan, Steroids? Alcohol is the real problem, *San Francisco Chronicle*, 17 mar. 2005, www. sfgate. com, Vanessa O'Connell; Christopher Lawton, Alcohol TV ads ignite bid to curb, *Wall Street Journal*, 18 dez. 2002, p. B2, Associated Press, Study: kids remember beer ads, *ClariNet Electronic News Service*, 11 fev. 1994, Fara Warner, Cheers! It's happy hour in cyberspace, *Wall Street Journal*, 15 fev. 1995, p. B1,

B4, Kirk Davidson, Looking for abundance of opposition to TV liquor ads, *Marketing News*, 6 jan. 1997, p. 4, 30.

64. Nicholas Bakalar, Ad limits seen as way to curb youth smoking and drinking, *New York Times*, 22 maio 2007, p. F5.

65. Bindman, Children exposed to alcohol ads more likely to drink, Elizabeth M. Botvin; Gilbert J. Botvin; John L. Michela; Eli Baker; Anne D. Filazolla, Adolescent smoking behavior and the recognition of cigarette advertisements, *Journal of Applied Social Psychology*, nov. 1991, p. 919-932, Botvin et al., Smoking behavior of adolescents exposed to cigarette advertising, Richard W. Pollay; S. Siddarth; Michael Siegel; Anne Hadix; Robert K. Merritt; Gary A. Giovino; Michael R Eriksen, The last straw? Cigarette advertising and realized market shares among youths and adults, 1979-1993, *Journal of Marketing*, abr. 1996, p. 1-16; Joseph DiFranza, John W. Richards; Paul M. Paulman; Nancy Wolf-Gillespie; Christopher Fletcher; Robert D. Jaffe; David Murray, RJR Nabisco's Cartoon Camel promotes Camel cigarettes to children, *Journal of the American Medical Association*, 11 dez. 1991, p. 314. , K. M. Cummings; E. Sciandra; T. F. Pechacek; J. P. Pierce, L. Wallack; S. L. Mills; W. R. Lynn; S. E. Marcus, Comparison of the cigarette brand preferences of adult and teenaged smokers – United States, 1989, and 10 U. S. communities, 1988 and 1990, *Journal of the American Medical Association*, 8 abr. 1992, p. 189.

66. Kathleen J. Kelly; Michael D. Slater; David Karan, Image advertisements' influence on adolescents' perceptions of the desirability of beer and cigarettes, *Journal of Public Policy and Marketing*, 2002, p. 295-304.

67. Alcohol ads face close scrutiny by government, *Marketing Week*, 15 nov. 2007, p. 5.

68. Betsy Spethmann, Five states sue RJR, *Promo*, maio 2001, p. 22. 69. Richard W. Pollay; Ann M. Lavack, The targeting of youths by cigarette marketers: archival evidence on trial. In: (Ed.) Leigh McAlister; Michael Rothschild, *Advances in Consumer Research*, v. 20 (Provo: Association for Consumer Research, 1993), p. 266-271.

70. Veja Kathleen J. Kelly; Michael D. Slater; David Karan; Liza Hunn, The use of human models and Cartoon characters in magazine advertisements for cigarettes, beer, and nonalcoholic beverages, *Journal of Public Policy and Marketing* 19, n. 2, 2000, p. 189-200.

71. Richard Morgan, Is old Joe taking too much heat? *Adweek*, 16 mar. 1992, p. 44.

72. Clark, Underage drinking.

73. Stuart Elliott, Hoping to show it can police itself, the liquor industry takes the wraps off its review Board, *New York Times*, 8 mar. 2005, p. C3.

74. Vanessa O'Connell, Tobacco makers want cigarettes cut from films, *Wall Street Journal*, 13 jun. 2004, p. B1, B4.

75. Smoking in movies linked to kids lighting up, *Health Day*, 8 jan. 2008, www. nlm. nih. gov/medlineplus.

76. Debra L. Scammon; Robert N. Mayer; Ken R. Smith, Alcohol warnings: how do you know when you've had one too many? *Journal of Public Policy and Marketing*, 1991, p. 214-228; Michael B. Mazis; Louis A. Morris; John L. Swasy, An evaluation of the alcohol warning label: initial survey results, *Journal of Public Policy and Marketing*, 1991, p. 229-241, Novello, Alcohol and tobacco advertising, Richard Gibson; Marj Charlier, Anheuser leads the way in listing alcohol levels, *Wall Street Journal*, 11 mar. 1993, p. B1, B2, Richard J. Fox; Dean M. Krugman; James E. Fletcher; Paul M. Fischer, Adolescents' attention to beer and cigarette print ads and associated product warnings, *Journal of Advertising*, 1998, p. 57-68.

77. David P. MacKinnon; Rhonda M. Williams-Avery; Kathryn L. Wilcox; Andrea M. Fenaughty, Effects of the Arizona alcohol warning poster, *Journal of Public Policy and Marketing* 18, n. 1, 1999, p. 77-88.

78. Lisa R. Szykman; Paul N. Bloom; Jennifer Blazing, Does corporate sponsorship of a socially oriented message make a difference? An investigation of the effects of sponsorship identity on responses to an anti-drinking and driving message, *Journal of Consumer Psychology* 14, n. 1/2, 2004, p. 13-20.

79. Cornelia Pechmann; Chuan-Fong Shih, Smoking scenes in movies and antismoking advertisements before movies: effects on youth, *Journal of Marketing* 63, jul. 1999, p. 1-13.

80. J. Craig Andrews; Richard G. Netemeyer; Scot Burton, Understanding adolescent intentions to smoke: an examination of relationships among social influence, prior trial behavior, and antitobacco campaign advertising, *Journal of Marketing*, jul. 2004, p. 110-123.

81. F. J. Zimmerman et al. , *Archives of Pediatric and Adolescent Medicine* 161, n. 5, 2007, p. 473-479.

82. E. A. Vandewater et al., *Pediatrics*, 119, maio 2007, p. 1006-1015.

83. W. Melody, *Children's Television: The Economics of Exploitation* (New Haven: Yale University Press, 1973); Ellen Notar, Children and TV commercials: wave after wave of exploitation, *Childhood Education*, 1989, p. 66-67.

84. Scott Ward, Consumer socialization, *Journal of Consumer Research*, set. 1974, p. 1-13, Laurene Krasney Meringoff; Gerald S. Lesser, Children's ability to distinguish television commercials from program material, em edição. R. P. Adler, *The effect of television advertising on children* (Lexington: Lexington Books, 1980), p. 29-42, S. Levin, T. Petros; F. Petrella, Preschoolers' awareness of television advertising, *Child Development*, ago. 1982, p. 933-937.

85. M. Carole Macklin, Preschoolers' understanding of the informational function of advertising, *Journal of Consumer Research*, set. 1987, p. 229-239, Merrie Brucks; Gary M. Armstrong; Marvin E. Goldberg, Children's use of cognitive defenses against television advertising: a cognitive response approach, *Journal of Consumer Research*, mar. 1988, p. 471-482.

86. Mary C. Martin, Children's understanding of the intent of advertising: a meta-analysis, *Journal of Public Policy and Marketing*, 1997, p. 205-216.

87. Jon Berry, The new generation of kids and ads, *Ad-week's Marketing Week*, 15 abr. 1991, p. 25-28, Marvin E. Goldberg; Gerald J. Gorn, Some unintended consequences of TV advertising to children, *Journal of Consumer Research*, jun. 1978, p. 22-29, Gary M. Armstrong; Merrie Brucks, Dealing with children's advertising: public policy issues and alternatives, *Journal of Public Policy and Marketing* 7, 1988, p. 98-113.

88. Gerald J. Gorn; Renee Florsheim, The effects of commercials for adult products on children, *Journal of Consumer Research*, mar. 1985, p. 962-967.

89. For Kids on the Web, it's an ad, ad, ad, ad world, *Business-Week*, 13 ago. 2001, p. 108.

90. Meringoff; Lesser, Children's ability to distinguish television commercials from program material.

91. Doug Halonen, FCC urged to monitor total hours of kids TV, *Electronic Media*, 24 set. 2002, p. 2, Jon Berry, Kids' advocates to TV: we've only begun to fight,' *Adweek's Marketing Week*, 15 abr. 1991, p. 25.
92. Dale Kunkel; Walter Granz, Assessing compliance with industry self-regulation of television advertising to children, *Journal of Applied Communication Research*, maio 1993, p. 148-162.
93. Ron Winslow; Peter Landers, Obesity: a WorldWide Woe, *Wall Street Journal*, 1 jul. 2002, p. B1, B4.
94. Betsy McKay, The children's menu: Do Ads Make Kids Fat? *Wall Street Journal*, 27 jan. 2005, p. B1, B7.
95. Caroline E. Mayer, Group takes aim at junk-food marketing, *Washington Post*, 7 jan. 2005, p. E3.
96. Brian Wansink; Pierre Chandon, Can "low-fat" nutrition labels lead to obesity? *Journal of Marketing Research*, nov. 2006, p. 605-617.
97. Pierre Chandon; Brian Wansink, Is obesity caused by calorie underestimation? A psychophysical model of meal size estimation, *Journal of Marketing Research*, fev. 2007, p. 84-99.
98. Rajagopal Raghunathan; Rebecca Walker Naylor; Wayne D. Hoyer, The unhealthy = tasty intuition and its effects on taste inferences, enjoyment, and choice of food products, *Journal of Marketing*, out. 2006, p. 170-184.
99. Claudia Kalb; Karen Springen, Pump up the family, *Newsweek*, 25 abr. 2005, p. 62+.
100. Promise advertisement, *Cooking Light*, mar. 2008, p. 145.
101. Brands move to reduce advertising to children.
102. Catherine Fitzpatrick, How buff is enough? Reality check is in the male, *Milwaukee Journal Sentinel*, 24 jun. 2001, p. 1-L.
103. Isabel Reynolds, Japan: feature − eating disorders plague young Japanese, *Reuters*, 20 jun. 2001, www.reuters.com.
104. Laura Landro, The informed patient: amid focus on obesity and diet, anorexia, bulimia are on the Rise, *Wall Street Journal*, 30 mar. 2004, p. D1.
105. Veja também Debra Lynn Stephens; Ronald P. Hill; Cynthia Hanson, The beauty myth and female consumers: the controversial role of advertising, *Journal of Consumer Affairs*, 1994, p. 137-154.
106. Leon Festinger, A theory of social comparison processes, *Human Relations*, maio 1954, p. 117-140.
107. Michael Häfner, How dissimilar others may still resemble the self: assimilation and contrast after social comparison, *Journal of Consumer Psychology* 14, n. 2, 2004, p. 187-196, Mary C. Martin; James W. Gentry, Stuck in the model trap: the effects of beautiful models in ads on female pre-adolescents and adolescents, *Journal of Advertising*, 1997, p. 19-33, Marsha L. Richins, Social comparison and the idealized images of advertising, *Journal of Consumer Research*, jun. 1991, p. 71-83, Richard W. Pollay, The distorted mirror: reflections on the unintended consequences of advertising, *Journal of Marketing*, abr. 1986, p. 18-36.
108. Jennifer J. Argo; Katherine White; Darren W. Dahl, Social comparison theory and deception in the interpersonal exchange of consumption information, *Journal of Consumer Research* 33, n. 1, 2006, p. 99-108.
109. Charles S. Gulas; Kim McKeage, Extending social comparison: an examination of the unintended consequences of idealized advertising imagery, *Journal of Advertising 29*, n. 2, 2000, p. 17-28.
110. Dirk Smeesters; Naomi Mandel, Positive and negative media image effects on the self, *Journal of Consumer Research* 32, n. 4, 2006, p. 576-582.
111. Calmetta Y. Coleman, Can't be too thin, but plus-size models get more work now, *Wall Street Journal*, 3 maio 1999, p. A1, A10.
112. José Antonio Rosa; Ellen C. Garbarino; Alan J. Malter, Keeping the body in mind: the influence of body esteem and body boundary aberration on consumer beliefs and purchase intentions, *Journal of Consumer Psychology* 16, n. 1, 2006, p. 79-91.
113. Sally Goll Beatty, Women's views of their lives aren't reflected by advertisers, *Wall Street Journal*, 19 dez. 1995, p. B2.
114. Joseph Jaffe, Marketing's Big Bang theory: why so many campaigns that begin with a sizzle end with a fizzle, *Adweek Online*, 3 mar. 2008, www.adweek.com.
115. M. Joseph Sirgy; Dong-Jin Lee; Rustan Kosenko; H. Lee Meadow; Don Rahtz et al., Does television viewership play a role in the perception of quality of life? *Journal of Advertising*, 1998, p. 125-143, Pollay, The distorted mirror: reflections on the unintended consequences of advertising, Russell W. Belk; Richard W. Pollay, Images of ourselves: the good life in twentieth century advertising, *Journal of Consumer Research*, mar. 1985, p. 887-897, Russell W. Belk, Materialism: trait aspects of living in a material world, *Journal of Consumer Research*, dez. 1985, p. 265-280, Mary Yoko Brannen, Cross-cultural materialism: commodifying culture in Japan. In: (Ed.) Floyd Rudmin; Marsha L. Richins, *Meaning, measure, and morality of materialism* (Provo: Association for Consumer Research, 1992), p. 167-180, Güliz Ger; Russell W. Belk, Cross-cultural differences in materialism, *Journal of Economic Psychology*, fev. 1996, p. 55-77, Marsha L. Richins, Media, materialism, and human happiness, In: (Ed.) Melanie Wallendorf; Paul Anderson, *Advances in consumer research*, v. 14 (Provo: Association for Consumer Research, 1986), p. 352-356, Thomas C. O'Guinn; Ronald J. Faber, Mass mediated consumer socialization: non-utilitarian and dysfunctional outcomes. In: (Ed.) Melanie Wallendorf; Paul Anderson, *Advances in consumer research*, v. 14 (Provo: Association for Consumer Research, 1987), p. 473-477, Ronald J. Faber; Thomas C. O'Guinn, Expanding the view of consumer socialization: a non-utilitarian mass mediated perspective. In: (Ed.) Elizabeth C. Hirschman; Jagdish N. Sheth, *Research in consumer behavior*, v. 3 (Greenwich: JAI Press, 1988), p. 49-78.
116. Richins, Media, materialism, and human happiness. In: (Ed.) Melanie Wallendorf; Paul Anderson, *Advances in consumer research*, v. 14 (Provo: Association for Consumer Research, 1987), p. 352-356.
117. Aaron C. Ahuvia; Nancy Y. Wong, Personality and values based materialism: their relationship and origins, *Journal of Consumer Psychology* 12, n. 4, 2002, p. 389-402, Marvin E. Goldberg; Gerald J. Gorn; Laura A. Peracchio; Gary Bamossy, Understanding materialism among youth, *Journal of Consumer Psychology* 13, n. 3, 2003, p. 278-288.
118. Goldberg, Gorn; Peracchio; Bamossy, Understanding materialism among youth.
119. Noel C. Paul, Branded for life? *Christian Science Monitor*, 1 abr. 2002, www.csmonitor.com/2002/0401/p15s02--wmcn.html.

120. Julie B. Schor, *Born to Buy* (Nova York: Scribner, 2005).
121. Richins, Media, materialism, and human happiness.
122. Veja, por exemplo, James M. Hunt; Jerome B. Kernan; Deborah J. Mitchell, Materialism as social cognition: people, possessions, and perception, *Journal of Consumer Psychology 5*, n. 1, 1996, p. 65-83.
123. Russell W. Belk, The Third World consumer culture, em edição. Jagdish N. Sheth, *Research in marketing* (Greenwich: JAI Press, 1988), p. 103-127.
124. Eve M. Caudill; Patrick E. Murphy, Consumer online privacy: legal and ethical issues, *Journal of Public Policy and Marketing* 19, n. 1, 2000, p. 7-19.
125. Ellen Foxman; Paula Kilcoyne, Information technology, marketing practice, and consumer privacy: ethical issues, *Journal of Public Policy and Marketing*, 1993, p. 106, Kim Bartel Sheehan; Mariea Grubbs Hoy, Dimensions of privacy concern among online consumers, *Journal of Public Policy and Marketing* 19, n. 1, 2000, p. 62-73.
126. Carol Krol, Consumers reach the boiling point over privacy issues, *Advertising Age*, 29 mar. 1999, p. 22, Survey results show consumers want privacy, *Direct Marketing*, mar. 1999, p. 10.
127. Michael Moss, A Web CEO's elusive goal: privacy, *Wall Street Journal*, 7 fev. 2000, p. B1, B6.
128. Bob Tedeschi, Poll says identity theft concerns rose after high-profile breaches, *New York Times*, 10 ar. 2005, p. G5.
129. Personal data on over 120, 000 Tokyo Disney Resort customers leaked, *Japan Today*, 17 de mar. de 2005, www. japantoday. com.
130. Pamela Paul, Mixed signals, *American Demographics*, jul. 2001, p. 45-49, Joseph Phelps; Glen Nowak; Elizabeth Ferrell, Privacy concerns and consumer willingness to provide personal information, *Journal of Public Policy and Marketing* 19, n. 1, 2000, p. 27-41.
131. Patricia A. Norberg; Daniel R. Horne, Privacy attitudes and privacy-related behavior, *Psychology and Marketing 24*, n. 10, 2007, p. 829-847.
132. George R. Milne, Privacy and ethical issues in database/interactive marketing and public policy: a research framework and overview of the special issue, *Journal of Public Policy and Marketing* 19, n. 1, 2000, p. 1-6.
133. Mary J. Culnan, Protecting privacy online: is self-regulation working? *Journal of Public Policy and Marketing* 19, n. 1, 2000, p. 20-26, Anthony D. Miyazaki; Ana Fernandez, Internet privacy and security: an examination of online retailer disclosures, *Journal of Public Policy and Marketing* 19, n. 1, 2000, p. 54-61.
134. Current do not call registrations by consumer state/territory, U. S. Federal Trade Commission, 30 set. 2007, www.ftc. gov.
135. Roland T. Rust; P. K. Kannan; Peng Na, The customer economics of internet privacy, *Journal of the Academy of Marketing Science* 30, 2002, p. 455-464.
136. Seema Nayyar, Refillable pouch a lotions first, *Brandweek*, 26 out. 1992, p. 3, Seema Nayyar, L&F cleaner refills greener, *Brandweek*, 14 set. 1992, p. 5, Belk, Daily life in Romania.
137. Jack Neff, Eco-Wal-Mart costs marketers green, *Advertising Age*, 1º out. 2007, p. 3, 42.
138. Jack Neff, Seventh Generation, *Advertising Age*, 12 nov. 2007, p. S13.
139. Nokia unveils recycled handset, *Wall Street Journal*, 13 fev. 2008, www. wsj. com.
140. John A. McCarty; L. J. Shrum, The influence of individualism, collectivism, and locus of control on environmental beliefs and behavior, *Journal of Public Policy and Marketing* 20, n. 1, 2001, p. 93-104.
141. Pam Scholder Ellen; Joshua Lyle Wiener; Cathy Cobb-Walgren, The role of perceived consumer effectiveness in motivating environmentally conscious behaviors, *Journal of Public Policy and Marketing*, 1991, p. 102-117, Thomas C. Kinnear; James R. Taylor; Sadrudin A. Ahmed, Ecologically concerned consumers: who are they? *Journal of Marketing*, abr. 1972, p. 46-57.
142. Russell Belk; John Painter; Richard Semenik, Preferred solutions to the energy crisis as a function of causal attributions, *Journal of Consumer Research*, dez. 1981, p. 306-312.
143. C. Dennis Anderson; John D. Claxton, Barriers to consumer choice of energy-efficient products, *Journal of Consumer Research*, set. 1982, p. 163-170.
144. Rik Peters; Tammo Bijmo; H. Fred van Raaij; Mark de Kruijk, Consumers' attributions of proenvironmental behavior, motivation, and ability to self and others, *Journal of Public Policy and Marketing*, 1998, p. 215-225.
145. Ibidem, Dennis L. McNeill; William L. Wilkie, Public policy and consumer information: impact of the new energy labels, *Journal of Consumer Research*, jun. 1979, p. 1-11.
146. Daniel Gross, Edison's dimming bulbs, *Newsweek*, 15 out. 2007, p. E22.
147. How green is your stuff? *Newsweek*, 3 mar. 2008, p. 50.
148. Michael Bush, Sustainability and a smile, *Advertising Age*, 25 fev. 2008, p. 1, 25.
149. N. Craig Smith; Elizabeth Cooper-Martin, Ethics and target marketing: the role of product harm and consumer vulnerability, *Journal of Marketing*, jul. 1997, p. 1-20, Robert O. Hermann, The tactics of consumer resistance: group action and marketplace Exit. In: (Ed.) Leigh McAlister; Michael Rothschild, *Advances in consumer research*, v. 20 (Provo: Association for Consumer Research, 1993), p. 130-134, Lisa Penaloza e Linda L. Price, Consumer resistance: a conceptual overview. In: (Ed.) Leigh McAlister; Michael L. Rothschild, *Advances in consumer research*, v. 20 (Provo: Association for Consumer Research, 1993), p. 123-128.
150. Robert V. Kozinets; Jay M. Handelman, Adversaries of consumption: consumer movements, activism, and ideology, *Journal of Consumer Research* 31, n. 3, 2004, p. 691-704.
151. Richard W. Pollay, Media resistance to consumer resistance: on the stonewalling of "adbusters" and advocates. In: (Ed.) Leigh McAlister; Michael Rothschild, *Advances in consumer research*, v. 20 (Provo: Association for Consumer Research, 1993), p. 129.
152. H. J. Cummins, Judging a book cover, *Star-Tribune of the Twin Cities*, 17 jan. 2001, p. 1E.
153. Jill Gabrielle Klein; N. Craig Smith; Andrew John, Why we boycott: consumer motivations for boycott participation, *Journal of Marketing Research*, jul. 2004, p. 92-109, Sakar Sen; Zeynep Gürhan-Canli; Vicki Morwitz, Withholding consumption: a social dilemma perspective on consumer boycotts, *Journal of Consumer Research*, dez. 2001, p. 399.

154. Jonathan Baron, Consumer attitudes about personal and political action, *Journal of Consumer Psychology* 8, n. 3, 1999, p. 261-275.
155. Stephanie Kang, Just do it: Nike gets revelatory, *Wall Street Journal*, 13 abr. 2005, p. 11.
156. Ruthie Ackerman, Anti-gay group ends Ford boycott, *Forbes*, 11 mar. 2008, www.forbes.com.
157. Grant Gross, Privacy advocates: consumer education isn't enough, *PC World*, 17 abr. 2008, www.pcworld.com; Consumer groups push "do not track" registry, *PC Magazine Online*, 15 abr. 2008, www.pcmag.com, Bob Wice, Who's mining the store? *Best's Review*, ago. 2007, p. 93, Dan Tynan, Watch out for online ads that watch you, *PC World*, mar. 2007, p. 26, Peter O'Connor, Online consumer privacy: an analysis of hotel company behavior, *Cornell Hotel and restaurant administration quarterly*, maio 2007, p. 183, Frank Davies, Report: internet privacy protection improving, *San Jose Mercury News*, 8 ago. 2007, www.mercurynews.com, David Myron, Stolen names, big numbers, *American Demographics*, set. 2004, p. 363, Cliff Saran, Eli Lilly case raises privacy fears, *Computer Weekly*, 31 jan. 2002, p. 6.

Glossário

A

Acessibilidade de opinião A facilidade de lembrar-se de uma opinião.
Acessível O grau que uma associação ou conexão pode ser recuperada da memória.
Aculturação O processo de aprender a se adaptar a uma nova cultura.
Adaptabilidade O quanto novos estilos podem ser estimulados pela inovação.
Adoção A compra de uma inovação por um consumidor individual ou por uma família.
Afeto Sentimentos.
Agrupamento Agrupamento de consumidores de acordo com características comuns, utilizando-se técnicas estatísticas.
Agrupamento Tendência de formação de imagem ou impressão unificada por agrupamento de estímulos.
Alimentação compensatória Compensar uma depressão ou uma falta de contatos sociais por meio da alimentação.
Ambiguidade de informações Quando não há informações suficientes para confirmar ou refutar hipóteses.
Ambivalência Quando nossas avaliações com relação a uma marca são mistas (tanto positivas quanto negativas).
Análise conjunta Técnica de pesquisa para determinar a importância relativa e o apelo de diferentes níveis dos atributos de uma oferta.
Análise da cadeia meio-fim Uma técnica que nos ajuda a entender como valores são ligados a atributos em produtos e serviços.
Anúncio misterioso Anúncio em que a marca não é identificada até o final da mensagem.
Apelos ao medo Mensagens que enfatizam consequências negativas.
Apelos emocionais Mensagens planejadas para obter uma resposta emocional.
Aprendizagem incidental Aprendizagem que ocorre por repetição em vez de ocorrer por processamento consciente.
Aquisição Processo pelo qual o consumidor passa a possuir uma oferta.
Argumento forte Uma apresentação convincente das características dos melhores méritos de uma oferta.
Argumentos de apoio (SAs, sigla em inglês) Pensamentos que concordam com a mensagem.
Arrependimento pós-decisão Sensação de que se deveria ter adquirido outra opção.
Associação de marcas (*co-branding*) Acordo por meio do qual duas marcas formam uma parceria para se beneficiar da força de ambas.
Associações correlacionadas Medida em que duas ou mais associações relacionadas a um esquema combinam.
Atenção Processo pelo qual um indivíduo aloca parte de sua atividade mental a um estímulo.
Atividades, interesses e opiniões (AIOs) Os três componentes do estilo de vida.
Atratividade Uma característica original que evoca opiniões favoráveis caso a origem seja fisicamente atraente, agradável, familiar ou parecida conosco.
Atributos salientes Atributos que são *top of mind*, ou mais importante.
Autoconceito Nossa visão mental de quem somos.
Autorreferenciamento Relacionar uma mensagem a própria experiência ou autoimagem.
Avaliação reflexiva *Feedback* de outros que nos diz se estamos cumprindo nosso papel corretamente.
Aversão a extremos Opções que são extremas em alguns atributos são menos atraentes que aquelas com nível moderado desses atributos.

B

Baby boomers Indivíduos nascidos entre 1946 e 1964.
Barganha Troca justa de preferências.
Bloco Grupo de itens que podem ser processados como uma unidade.
Boicote Atividade organizada na qual os consumidores evitam adquirir produtos ou serviços de uma empresa cujas políticas ou práticas são consideradas injustas ou parciais.
Busca contínua Uma busca que ocorre regularmente, independente de se o consumidor está fazendo uma escolha ou não.
Busca externa Processo de coletar informações de fontes externas, como negociantes ou anúncios.
Busca interna Processo de relembrar informações armazenadas na memória.
Busca por atributo Comparação de marcas por seus atributos, um de cada vez.
Busca por diversidade Experimentar algo diferente.
Busca por marca Coleta de informações sobre uma marca antes de mudar para outra.
Busca pré-aquisição Busca por informações que auxiliem uma decisão específica de aquisição.

C

Caçadores de sensações Aqueles que buscam variedade ativamente.
Caráter nacional A personalidade de um país.
Categoria derivada do objetivo Coisas que são consideradas parte da mesma categoria porque servem aos mesmos objetivos.
Categoria taxonômica Grupo de objetos classificados de acordo com um esquema, geralmente hierárquico, organizado com base nas semelhanças entre eles.
Categorias culturais Agrupamento natural de objetos que refletem nossa cultura.
Categorização Processo de rotular ou identificar um objeto. Envolve relacionar o que percebemos em nosso ambiente externo com o que já sabemos.
Ciclo de vida do produto Conceito que sugere que produtos passam por um período introdutório inicial seguido por períodos de aumento de vendas, maturidade e declínio.
Ciclo de vida familiar Estágios diferentes da vida familiar, dependendo da idade dos pais e de quantas crianças moram em casa.
Classe alta A aristocracia, a nova elite social e a classe média-alta.

Classe média Na maioria, trabalhadores de colarinho-branco.

Classe trabalhadora Na maioria, operários.

Clássico Inovação bem-sucedida com longo ciclo de vida do produto.

Codificação de evidência Processamento da informação vivenciada.

Codificação dual A representação de um estímulo em duas modalidades, por exemplo, figuras e palavras na memória.

Coisas profanas Coisas que são triviais e, portanto, não têm poder especial.

Compatibilidade O grau de consistência de uma inovação com os valores, as normas ou os comportamentos de alguém.

Complexidade Em que medida uma inovação é complicada ou difícil de entender ou usar.

Comportamento (B) O que fazemos.

Comportamento conservacionista Limitação do uso de recursos naturais escassos com o propósito de preservar o meio ambiente.

Comportamento do consumidor A totalidade das decisões dos consumidores com relação a aquisição, consumo e descarte de bens, serviços, tempo e ideias por unidades humanas de tomada de decisão (ao longo do tempo).

Compra por impulso Uma compra inesperada fundamentada em um forte sentimento. Compra não planejada.

Compreensão A medida na qual o receptor entende com precisão a mensagem que o remetente pretendia comunicar.

Compreensão O processo de aprofundamento do entendimento. Envolve o uso de conhecimento prévio para entender melhor o que foi categorizado.

Compreensão subjetiva Reflete o que entendemos, mesmo que esse entendimento não seja exato.

Comunicação boca a boca negativa Ato de dizer coisas negativas a respeito de um produto ou serviço para outros consumidores.

Comunidade da marca Grupo especializado de consumidores com conjunto estruturado de relações envolvendo uma marca específica, consumidores daquela marca e o produto em uso.

Concessão Ceder em alguns pontos para obter o que se deseja em outras áreas.

Condicionamento clássico Produção de resposta a um estímulo pela associação repetida com outro estímulo que produz a resposta automaticamente.

Condicionamento operante Visão segundo a qual o comportamento é uma função dos reforços e punições recebidos no passado.

Confiança na opinião Quão fortemente mantemos uma opinião.

Conflito de enfoque Sentimento de conflito sobre qual oferta deve ser adquirida quando cada uma pode satisfazer uma necessidade importante, porém diferente.

Conflito de enfoque-evasão Sentimento de conflito sobre adquirir ou consumir uma oferta que satisfaz uma necessidade, mas deixa de satisfazer outra.

Conflito de evasão Sensação de conflito sobre qual oferta adquirir quando nenhuma delas satisfaz uma necessidade importante, porém diferente.

Conformidade Fazer o que o grupo ou influenciador social pede.

Conformidade Tendência de se comportar de maneira esperada.

Congruência de escolha de marca A aquisição da mesma marca que os membros de um grupo.

Conjunto de considerações Subconjunto de marcas *top of mind* avaliadas quando uma escolha é feita.

Conjunto inepto Opções inaceitáveis quando uma decisão é tomada.

Conjunto inerte Opções com relação às quais os consumidores são indiferentes.

Consideração ou conjunto evocado O subconjunto de marcas *"top of mind"* avaliadas quando uma escolha é feita.

Consumidores com propensão para ofertas Consumidores com maior probabilidade de serem influenciados pelo preço.

Consumo compensatório Comportamento do consumidor de comprar produtos ou serviços para compensar frustrações ou dificuldades da vida.

Consumo compulsivo Desejo irresistível de realizar um ato de consumo irracional.

Consumo conspícuo Aquisição e exibição de bens e serviços para mostrar o status de alguém.

Conteúdo de conhecimento Informação que já temos na memória.

Contra-argumentos (CAs) Pensamentos que discordam da mensagem.

Credibilidade Medida em que uma fonte é confiável, especializada ou tem status.

Cristalização de status Quando os consumidores são consistentes em indicadores de renda, educação, ocupação etc., de uma classe social.

Cultura Comportamentos, normas e ideias típicos ou esperados que caracterizam um grupo de pessoas.

Curva de difusão em S Curva de difusão caracterizada por crescimento inicial lento seguido de um aumento rápido de difusão.

Curva de difusão exponencial Curva de difusão caracterizada por crescimento inicial rápido.

D

Dados primários Dados que originam de um pesquisador e são coletados para fornecer informações relevantes a um projeto de pesquisa específico. (AP)

Dados secundários Dados coletados para algum outro propósito que são subsequentemente usados em um projeto de pesquisa. (AP)

Decadência Enfraquecimento de nós ou ligações de memória ao longo do tempo.

Decisão autônoma Decisão que pode ser tomada igualmente pelo marido ou pela esposa, mas não por ambos.

Decisão dominada pela esposa Decisão tomada principalmente pelo líder feminino da família.

Decisão dominada pelo marido Decisão tomada principalmente pelo líder masculino da família.

Decisão sincrática Decisão tomada em conjunto pelo casal.

Decisões não comparáveis Processo de tomar decisões sobre produtos ou serviços de categorias diferentes.

Desapego emocional Descarte emocional de uma posse.

Descarte Processo pelo qual um consumidor descarta uma oferta.

Desconfirmação A existência de uma discrepância entre as expectativas e o desempenho.

Desempenho A medição da satisfação das necessidades do consumidor pelo produto/serviço.

Desgaste Ficar entediado com um estímulo.

Desperdício conspícuo Compra de produtos e serviços que nunca serão utilizados.

Desvio de confirmação Tendência de recordar informações que reforçam ou confirmam nossas crenças gerais em vez de contradizê-las, tornando nosso julgamento ou nossa decisão mais positivos do que deveriam ser.

Desvios da fonte (SDs, sigla em inglês) Pensamentos que ignoram ou atacam a fonte da mensagem.

Determinação de atributos Os atributos que são ao mesmo tempo salientes e diagnósticos.
Difusão Percentual da população que adotou uma inovação em momento específico.
Dimensão hedônica Quando um anúncio cria sentimentos positivos ou negativos.
Dimensão utilitária (funcional) Quando um anúncio fornece informação.
Discrepância de crença Quando uma mensagem é diferente daquilo em que os consumidores acreditam.
Disseminação da ativação O processo pelo qual a recuperação de um conceito ou associação se espalha, levando à recuperação de um conceito ou associação relacionado.
Dissonância pós-decisão Sentimento de ansiedade com relação a uma decisão tomada ter sido correta ou não.
Distanciamento físico Descarte físico de um item.
Dogmatismo Tendência a ser resistente a mudanças ou ideias novas.
Dramatizações Anúncios com personagens, um enredo e uma história.

E

Efeito de aceitação Quando uma marca ganha mercado porque é uma opção intermediária e não uma opção extrema.
Efeito de atração Quando a adição de uma marca inferior a um conjunto de considerações aumenta a atratividade da marca dominante.
Efeito de dotação Quando a propriedade aumenta o valor de um item.
Efeito de gotejamento (*trickle-down*) Tendências que começam nas classes altas e são copiadas pelas classes mais baixas.
Efeito de mera exposição Quando a familiaridade leva o consumidor a gostar de um objeto.
Efeito de verdade Quando consumidores acreditam em uma afirmação simplesmente porque foi repetida diversas vezes.
Efeito dorminhoco Consumidores esquecem a fonte de uma mensagem mais rapidamente que a mensagem em si.
Elaboração Transferência de informação para a memória de longo prazo pelo processamento em níveis mais profundos.
Encerramento De acordo com este princípio, indivíduos têm a necessidade de organizar percepções de modo que formem um todo com significado.
Enquadramento da decisão Ponto de referência inicial ou base no processo decisório.
Ensaio Processo de rever ativamente material em uma tentativa de se lembrar dele.
Entidades sagradas Pessoas, coisas e lugares que são separados, reverenciados, adorados e tratados com grande respeito.
Envolvimento afetivo Interesse em investir energia emocional e evocação de sentimentos profundos sobre uma oferta, atividade ou decisão.
Envolvimento afetivo Investimento de energia emocional e sentimentos alterados em relação a uma oferta ou atividade.
Envolvimento cognitivo Interesse em pensar sobre e obter informações pertinentes a uma oferta, atividade ou decisões.
Envolvimento de resposta Interesse em certas decisões e comportamentos.
Envolvimento duradouro Interesse de longo prazo em uma oferta, atividade ou decisão.
Envolvimento situacional Interesse temporário por uma oferta, atividade ou decisão, frequentemente causado por circunstâncias situacionais.
Envolvimento vivenciado Agitação ou interesse em uma oferta, atividade ou decisão.
Equilíbrio de atributos A escolha de uma marca e não de outra por ter certos atributos bons em vez de ter atributos ruins.
Especialista do mercado Consumidor em que outros confiam para informações sobre o mercado em geral.
Esquema Conjunto de associações ligado a um conceito.
Esquema de identidade ideal Conjunto de ideias sobre como a identidade seria mostrada em sua forma ideal.
Esquema de identidade real O conjunto de identidades múltiplas e salientes que refletem nosso autoconceito.
Estado ideal O modo como queremos que as coisas sejam.
Estado real A forma como as coisas realmente são.
Estágio de apresentação O segundo estágio de presentear, quando damos o presente.
Estágio de gestação O primeiro estágio de presentear, quando pensamos no que dar para alguém.
Estágio de reformulação Estágio final de presentear, quando reavaliamos o relacionamento com base na experiência de presentear.
Estilos de vida Padrões de comportamento das pessoas.
Estimativas de probabilidade Julgar a probabilidade de algo ocorrer.
Estímulos de marketing Informações sobre ofertas comunicadas pelo marketing por meio de anúncios, vendedores, símbolos da marca, embalagens, placas, preços, e assim por diante, ou por fontes que não são de marketing – por exemplo recomendação boca a boca.
Estratégia fundamentada em alternativas Fazer uma escolha não comparável com base em uma avaliação geral.
Estratégia fundamentada em atributos Fazer escolhas não comparáveis por meio de representações abstratas de atributos comparáveis.
Estrutura do conhecimento O modo como o conhecimento é organizado.
Estrutura nivelada O fato de os membros da categoria variarem na maneira em que a representam.
Exibição de paródia Símbolos de status que começam nas classes sociais mais baixas e ascendem.
Expectativas Crenças sobre como será o desempenho de um produto/serviço.
Experiências metacognitivas Como as informações são processadas além do conteúdo da decisão.
Experimentabilidade O grau em que uma inovação pode ser testada em base limitada antes de ser adotada.
Experimentação da hipótese Testar nossas expectativas por meio de experiências.
Exploração indireta Buscar informações por mero estímulo.
Exposição à evidência Experimentar de fato o produto ou serviço.
Exposição Processo pelo qual o consumidor entra em contato físico com um estímulo.
Extração de dados Busca no banco de dados de uma empresa por padrões de necessidades, preferência e comportamentos dos clientes. (AP)

F

Família estendida A família nuclear com a adição de parentes, como avós, tias, tios e primos.
Família nuclear Pai, mãe e um ou mais filhos.
Família Uma única pessoa ou um grupo de indivíduos que moram juntos em uma casa em comum, independentemente de possuírem parentesco.

Familiaridade da marca Fácil reconhecimento de uma marca famosa.
Favorabilidade O grau que gostamos ou desgostamos de algo.
Fidelidade à marca Comprar repetidamente a mesma marca por ter forte preferência por ela.
Fidelidade a múltiplas marcas A aquisição repetida de duas ou mais marcas por causa da forte preferência por elas.
Figura e fundo De acordo com este princípio, as pessoas interpretam estímulos no contexto de um fundo.
Fluência perceptual A facilidade com que informações são processadas.
Flutuação de status Tendências que começam nas classes mais baixas e médias, e atingem as classes mais altas.
Fonte de marketing Influência entregue por um agente de marketing – por exemplo, propaganda e venda pessoal.
Fonte não de marketing Influência de uma entidade fora de uma organização de marketing – por exemplo, amigos, família, a mídia.
Força coerciva O grau máximo de recompensas e sanções que o grupo é capaz de entregar.
Força de associação O grau de força ou fraqueza de uma associação ou conexão com um conceito na memória.
Força de ligação O grau que um relacionamento próximo e íntimo conecta as pessoas.
Fragmentação de classe social O desaparecimento das distinções de classe.
Função afetiva Como opiniões influenciam nossos sentimentos.
Função cognitiva Como opiniões influenciam nossos pensamentos.
Função conativa Como opiniões influenciam nosso comportamento.
Função de aquisição de papéis O uso de produtos como símbolos para nos ajudar a sentir mais confortáveis em um novo papel.
Função de conectividade O uso de produtos como símbolos de nossas conexões pessoais com indivíduos, eventos ou experiências significativos.
Função de expressividade O uso de produtos como símbolos para demonstrar nossa singularidade — como nos destacamos diferentemente dos outros.
Função emblemática O uso de produtos para simbolizar a adesão a grupos sociais.
Fundação de pesquisa Organização sem fins lucrativos que financia pesquisas sobre temas relevantes para os objetivos da fundação. (AP)

G

Gênero Estado biológico de pertencer ao sexo masculino ou feminino.
Geração de hipótese Formação de expectativas sobre o produto ou serviço.
Geração X Indivíduos nascidos entre 1965 e 1976.
Geração Y Miniexplosão populacional dos filhos dos *baby boomers*.
Grupo comercial Organização profissional composta de profissionais de marketing do mesmo ramo. (AP)
Grupo de discussão Forma de entrevista envolvendo de 8 a 12 pessoas; um moderador lidera o grupo e pede aos participantes que discutam um produto, conceito ou outro estímulo de marketing. (AP)
Grupo de referência aspiracional Um grupo que admiramos e ao qual queremos nos igualar.
Grupo de referência associativa Um grupo ao qual pertencemos no momento.
Grupo de referência dissociativa Um grupo ao qual não queremos nos igualar.
Grupo de referência primária Grupo com quem temos interação face a face.
Grupo de referência secundária Grupo com o qual não temos contato direto.
Grupo de referência Um grupo de pessoas com as quais nos comparamos para informações relacionadas a comportamento, opiniões ou valores.
Grupos étnicos Subculturas com herança e valores semelhantes.
Guardiões Fontes que controlam o fluxo de informações.

H

Habilidade Até que ponto os consumidores têm os recursos necessários para realizar algo.
Hábito Fazer a mesma coisa repetidas vezes.
Habituação Processo pelo qual um estímulo perde suas qualidades de prender a atenção por causa de sua familiaridade.
Hedonismo O princípio de buscar prazer.
Heurística da disponibilidade Fundamentação de julgamentos em eventos que são mais fáceis de serem lembrados.
Heurística de frequência Crença fundamentada somente no número de argumentos de apoio ou na quantidade de repetição.
Heurística de representatividade Fazer um julgamento pela simples comparação de um estímulo com o protótipo ou um exemplar da categoria.
Heurística Regras simples usadas para fazer julgamentos.
Hierarquia de classe social Agrupamento de membros da sociedade de acordo com o status.
Hierarquia de efeitos de alto esforço Aquisição de uma inovação com base em esforço considerável na tomada de decisão.
Hierarquia de efeitos de baixo esforço Aquisição de uma inovação fundamentada em pouco esforço na tomada de decisão.
Hierarquia de efeitos de baixo esforço Sequência de pensamento-comportamento-sentimento.
Hierarquia tradicional de efeitos Etapas sequenciais utilizadas na tomada de decisões envolvendo o pensamento, em seguida o sentimento e, por fim o, comportamento.
Hipótese de mediação dual Explica como opiniões com relação ao anúncio influenciam opiniões com relação à marca.
Hipóteses de combinação A ideia de que a fonte deve ser apropriada para o produto/serviço.
Homofilia A similaridade geral entre membros do sistema social.

I

Imagem da marca Um subconjunto de associações salientes e relacionadas a sentimentos armazenados no esquema de uma marca.
Imaginação Imaginar um evento de modo a fazer um julgamento.
Imparcialidade na troca A percepção de que os investimentos das pessoas são iguais a seus retornos em uma troca.
Impulso Desejo súbito de agir.
Incompreensão Entendimento inexato de uma mensagem.
Índice Computadorizado de Status (CSI, sigla em inglês) Índice moderno utilizado para determinar a classe social por meio de instrução, ocupação, residência e renda.

Inferências simples Crenças fundamentadas em sinais periféricos.

Influência informacional A medida da influência de fontes sobre consumidores pelo simples fornecimento de informações.

Influências normativas Como outras pessoas influenciam nosso comportamento por meio de pressão social.

Influências sociais Informações e pressões implícitas ou explícitas de indivíduos, grupos e da mídia de massa que afetam o modo como uma pessoa se comporta.

Informação de taxa base A frequência média com que um evento realmente ocorre.

Informação diagnóstica Aquela que nos ajuda a discernir entre objetos.

Inibição A recordação de um atributo que inibe a lembrança de outro.

Inovação contínua Uma inovação que tem efeito limitado sobre padrões de consumo existentes.

Inovação de uso Achar um uso diferente do uso original pretendido para um produto.

Inovação descontínua Uma oferta tão nova que nunca vimos nada igual antes.

Inovação dinamicamente contínua Uma inovação que tem efeito considerável sobre práticas de consumo e que frequentemente envolve uma nova tecnologia.

Inovação estética ou hedônica Uma inovação que atrai nossas necessidades estéticas, de prazer e/ou sensoriais.

Inovação funcional Um novo produto, serviço, atributo ou ideia que oferece benefícios utilitários melhores ou diferentes das alternativas existentes.

Inovação Oferta percebida como nova por consumidores de um segmento do mercado e que tem um efeito sobre padrões de consumo existentes.

Inovação simbólica Um produto, serviço, atributo ou ideia que tem um novo significado social.

Insatisfação Sentimento resultante de quando os consumidores fazem uma avaliação negativa ou estão infelizes com uma decisão.

Integração de evidência Combinação de informações novas com conhecimentos armazenados.

Intenção comportamental (BI, sigla em inglês) O que pretendemos fazer.

Intensidade da identificação étnica Quão fortemente as pessoas se identificam com seu grupo étnico.

Interferência O que causa confusão sobre que características são de uma marca ou conceito, por causa do alinhamento muito próximo das redes semânticas.

J

Julgamentos Avaliações de um objeto ou estimativas de probabilidade de um resultado ou evento.

Julgamentos de boa/má qualidade Avaliação da desejabilidade de algo.

Julgamentos de finas fatias Avaliações feitas após observações muito rápidas.

L

Legitimidade A medida em que a inovação segue diretrizes estabelecidas para o que parece ser apropriado na categoria.

Lei de Weber Quanto mais forte o estímulo inicial, maior a intensidade adicional necessária para que o segundo estímulo seja percebido como diferente.

Lei dos números pequenos A expectativa de que informações obtidas a partir de um número pequeno de pessoas represente a maioria da população.

Líder de opinião Indivíduo que atua como corretor de informações entre a mídia de massa e as opiniões e comportamentos de um indivíduo ou grupo.

Líder Líder de mercado ou marca que detém a grande parcela do mercado.

Limiar absoluto O nível mínimo de intensidade de estímulo necessário para detectar um estímulo.

Limiar diferencial/mínima diferença perceptível (*just noticeable difference*, JND) A diferença da intensidade necessária entre dois estímulos antes que sejam percebidos como diferentes.

Lista de Valores (LOV, sigla em inglês) Pesquisa que mede os nove valores principais no comportamento do consumidor.

Locus **de controle** Como as pessoas interpretam o motivo de as coisas acontecerem (interno *versus* externo).

M

Marketing multicultural Estratégias utilizadas para atrair diversas culturas ao mesmo tempo.

Marketing Processo social e administrativo por meio do qual indivíduos e grupos obtêm o que necessitam e desejam pela criação e troca de produtos e valores com outros.

Marketing viral Difusão rápida de informações da marca/produto entre um grupo de pessoas.

Materialidade Grau máximo que um estímulo pode ser imaginado.

Materialismo Atribuir importância ao dinheiro e aos bens materiais.

Média da classe Famílias com renda média em uma classe específica.

Memória autobiográfica ou episódica Conhecimento de nós mesmos e de nossas experiências pessoais.

Memória de curto prazo (MCP) Porção da memória na qual informações que chegam são codificadas ou interpretadas de acordo com o conhecimento existente.

Memória de longo prazo (MLP) A parte da memória na qual é depositada a informação para uso posterior; conhecimento armazenado permanentemente.

Memória do consumidor Depósito pessoal de conhecimento sobre produtos e serviços, compras e experiências de consumo.

Memória ecoica Memória muito curta para coisas que ouvimos.

Memória explícita Memória de algum episódio anterior alcançada por meio de tentativas ativas para lembrar.

Memória icônica Memória muito curta para coisas que vemos.

Memória implícita Memória para coisas sem nenhuma tentativa consciente para lembrar delas.

Memória semântica Conhecimento geral sobre uma entidade, isolado de episódios específicos.

Memória sensorial Experiências sensoriais armazenadas temporariamente na memória.

Menos privilegiadas Famílias com renda abaixo da média de sua classe.

Mensagem imparcial Uma mensagem de marketing que apresenta informações tanto positivas como negativas.

Mensagem parcial Uma mensagem de marketing que só apresenta informações positivas.

Mensagens comparativas Mensagens que fazem comparações diretas com a concorrência.

Mercado cinza Indivíduos acima de 65 anos.

Mercado negro Mercado ilegal em que os consumidores pagam preços exorbitantes por itens não facilmente disponíveis.

Mercados inseridos Mercados nos quais os relacionamentos sociais entre vendedores e compradores mudam o modo como o mercado opera.

Mobilidade ascendente Aumentar o nível do status social de alguém.

Mobilidade descendente Perda de posição social.

Moda Inovação bem-sucedida que tem ciclo de vida do produto moderadamente longo e potencialmente cíclico.

Modelo compensatório Modelo de análise mental de custo-benefício em que as características negativas podem ser compensadas por características positivas.

Modelo conjuntivo Modelo não compensatório que estabelece cortes mínimos para rejeitar opções "ruins".

Modelo de diferença aditiva Modelo compensatório no qual marcas são comparadas por atributos, duas marcas de cada vez.

Modelo de eliminação por aspectos Semelhante ao modelo lexicográfico, porém com a adição da noção de cortes aceitáveis.

Modelo de expectativa de valor Modelo amplamente usado que explica como opiniões se formam e mudam.

Modelo disjuntivo Modelo não compensatório que estabelece cortes aceitáveis para encontrar opções que sejam "boas".

Modelo lexicográfico Modelo não compensatório que compara marcas por atributos, um de cada vez, em ordem de importância.

Modelo multiatributo de valor de expectativa Tipo de modelo compensatório fundamentado na marca.

Modelo não compensatório Modelo de decisão simples em que informações negativas levam à rejeição da opção.

Modelos afetivos de tomada de decisão Processo pelo qual os consumidores baseiam sua decisão em sentimentos e emoções.

Modelos cognitivos de tomada de decisão Processo pelo qual os consumidores combinam itens de informações sobre atributos para chegar a uma decisão.

Modernidade A medida que informa que os consumidores no sistema social têm opiniões positivas em relação a mudanças.

Modismo Inovação bem-sucedida com curto ciclo de vida do produto.

Moldagem Levar consumidores por uma série de etapas para criar a resposta desejada.

Motivação Estado interno de agitação que fornece energia para atingir um objetivo.

N

Narração de histórias Método de pesquisa no qual se pede a consumidores que contêm histórias sobre experiências de aquisição, uso ou descarte de produtos. Essas histórias ajudam os profissionais de marketing a obter esclarecimentos sobre necessidades do consumidor e identificar os atributos do produto que satisfazem essas necessidades. (AP)

Necessidade de cognição (NFC, sigla em inglês) Traço que descreve o quanto as pessoas gostam de pensar.

Necessidade de singularidade (NFU, sigla em inglês) O desejo por novidades por meio da aquisição, uso e descarte de produtos e serviços.

Necessidade Estado interno de tensão causado pelo desequilíbrio de um estado físico ou psicológico ideal/desejado.

Necessidades funcionais Necessidades que estimulam a busca por ofertas que resolvem problemas relacionados ao consumo.

Necessidades hedônicas Necessidades relacionadas ao prazer sensorial.

Necessidades simbólicas Necessidades relacionadas à maneira como percebemos nós mesmos, como somos percebidos pelos outros, como nos relacionamos com os outros e a consideração que os outros têm por nós.

Níveis de corte Para cada atributo, o ponto no qual uma marca é rejeitada por um modelo não compensatório.

Nível básico Nível de categorização abaixo da categoria superordenada, que contém objetos em categorias mais refinadas.

Nível excelente de estimulação (OSL, sigla em inglês) Nível de estimulação preferido pelas pessoas, geralmente moderado.

Nível ótimo de estimulação (OSL, sigla em inglês) Nível de estímulo que é o mais confortável para um indivíduo.

Nível subordinado Nível de categorização abaixo do nível básico, que contém objetos em categorias muito diferenciadas.

Nível superordenado O nível mais amplo da organização de categorias, contendo objetos diferentes que compartilham algumas associações, mas ainda são membros da categoria.

Normas Decisões coletivas sobre o que constitui comportamento adequado.

Normas subjetivas (SN, sigla em inglês) Como os outros se sentem sobre algo que fazemos.

O

Objetivos agênticos Objetivos que ressaltam o domínio, a autoassertividade, a autoeficiência, a força e nenhuma emoção.

Objetivos comunitários Objetivos que enfatizam a afiliação e o estabelecimento de relações harmoniosas com outros, a submissão, a emocionalidade e a orientação doméstica.

Objetivos Resultados que gostaríamos de atingir.

Oferta Ideia, atividade, produto ou serviço oferecido por uma organização de marketing para consumidores.

Opinião Avaliação relativamente global e duradoura de um objeto, assunto, pessoa ou ação.

Opinião com relação ao anúncio (O_{an}) Se o consumidor gosta ou não de um anúncio.

Opinião com relação ao ato (O_{ato}) Como nos sentimos ao fazer algo.

Organização perceptual Processo pelo qual estímulos são organizados em unidades significativas.

Orientação sexual A preferência de uma pessoa por certos comportamentos.

P

Pânico de status Incapacidade dos filhos de atingirem o status social de seus pais.

Papéis decisórios na família Papéis que membros diferentes têm em uma decisão familiar.

Papéis expressivos Papéis que envolvem uma indicação das normas familiares.

Papéis instrumentais Papéis relacionados a tarefas que afetam a decisão de compra.

Percepção Processo pelo qual estímulos ativam nossos receptores sensoriais: olhos, ouvidos, papilas gustativas, pele, e assim por diante.

Percepção subliminar A ativação de receptores sensoriais por estímulos apresentados abaixo do limiar de percepção.

Perdedores Marcas com parcelas menores de mercado.

Persistência da opinião Quanto dura nossa opinião.

Personalidade Característica interna que determina como os indivíduos se comportam em várias situações.

Personalidade da marca O conjunto de associações que refletem a personificação da marca.

Pesquisa de Valores e Estilo de Vida (VALS, sigla em inglês) Ferramenta psicográfica que mede variáveis demográficas, de valor, de opinião e de estilo de vida.

Pesquisa etnográfica Pesquisa qualitativa em profundidade usando observações e entrevistas (frequentemente em ocasiões repetidas) de consumidores em ambientes do mundo real. Usada com frequência para estudar o significado que os consumidores atribuem a um produto ou fenômeno de consumo. (AP)

Pesquisa Instrumento escrito, ou não, que pede a consumidores que respondam a um conjunto de questões de pesquisa predeterminadas. O instrumento escrito chama-se questionário ou formulário de pesquisa. (AP)

Pista de recuperação Estímulo que facilita a ativação de um nó na memória.

Preparação Ativação de um nó na memória, frequentemente sem conhecimento consciente.

Previsão afetiva Quando tentamos prever como um produto nos fará sentir; previsão de como você se sentirá no futuro.

Princípios culturais Ideais ou valores que especificam como os aspectos de nossa cultura são organizados e/ou como deveriam ser percebidos ou avaliados.

Prioridade e efeito de recência Tendência de demonstrar mais memória para informação que vem em primeiro ou último lugar em uma sequência.

Processamento da marca Avaliação de uma marca por vez.

Processamento de atributos Comparação de marcas por seus atributos, um de cada vez.

Processamento de imaginação O processamento de informações de forma sensorial.

Processamento de rota central Processo de formação de opinião e de mudança quando há alto esforço.

Processamento de rota periférica Processo de formação de opinião e de mudança quando há baixo esforço.

Processamento discursivo O processamento de informações como palavras.

Processamento on-line Quando o consumidor avalia ativamente uma marca ao ver seu anúncio.

Processamento pré-atencional O processamento inconsciente de estímulos na visão periférica.

Processo de suporte e ajuste Começar com uma avaliação inicial e ajustá-la com informações adicionais.

Proeminência Intensidade dos estímulos que faz que se sobressaiam em relação ao ambiente.

Prototipicalidade Quando um objeto representa sua categoria.

Protótipo O melhor exemplo de uma categoria cognitiva (mental).

Psicografia Descrição de consumidores fundamentada em suas características psicológicas e comportamentais.

Publicidade boca a boca Influência entregue verbalmente de uma pessoa para outra ou para um grupo de pessoas.

Publicidade transformacional Anúncios que tentam aumentar o envolvimento emocional com o produto ou o serviço.

R

Raciocínio motivado Processamento de informações de maneira tendenciosa, de modo a permitir que os consumidores cheguem à conclusão que desejam chegar.

Reatância Fazer o oposto que um indivíduo ou grupo quer que façamos.

Recirculação Processo pelo qual informações são relembradas por meio da simples repetição, sem ensaio ativo.

Reconhecimento do problema A diferença percebida entre um estado real e um estado ideal.

Reconhecimento Processo de determinar se um estímulo já foi encontrado antes.

Recordação Habilidade de recuperar informações da memória.

Recuperação Processo de relembrar ou acessar o que armazenamos na memória.

Rede semântica ou associativa Conjunto de associações na memória ligadas a um conceito.

Referencial de afeto Tática de afeto simples por meio da qual simplesmente nos lembramos de nossos sentimentos pelo produto ou serviço.

Relevância pessoal Algo que tem relevância direta sobre o "eu" e tem consequências ou implicações potencialmente significantes em nossas vidas.

Relevância social A medida que uma inovação tem de ser vista ou que tem de ser percebida como tendo prestígio social.

Resistência da opinião Quão difícil é mudar uma opinião.

Resistência Desejo de não comprar a inovação, mesmo quando sob pressão para fazê-lo.

Respostas afetivas Quando consumidores geram sentimentos e imagens em resposta a uma mensagem.

Respostas cognitivas Pensamentos em resposta a uma comunicação.

Retenção de clientes A prática de manter clientes pelo ato de estabelecer relacionamentos no longo prazo.

Risco de desempenho Incerteza sobre se o desempenho da oferta será o esperado.

Risco de tempo Incertezas sobre o período de tempo que consumidores devem investir em comprar, usar ou descartar uma oferta.

Risco financeiro A extensão em que comprar, usar ou descartar uma oferta é percebida como tendo o potencial de criar risco financeiro.

Risco físico ou de segurança A extensão em que comprar, usar ou descartar uma oferta é percebido como tendo o potencial de criar risco físico ou ameaçar a segurança de alguém.

Risco percebido A medida que indica se o consumidor está incerto sobre as consequências de uma ação – por exemplo, comprar, usar ou descartar uma oferta.

Risco psicológico A extensão em que comprar, usar ou descartar uma oferta é percebido como tendo o potencial de criar emoções negativas ou ameaçar o senso de identidade de alguém.

Risco social A extensão em que comprar, usar ou descartar uma oferta é percebido como tendo o potencial de ameaçar a posição social de alguém.

Rituais de alienação Rituais planejados para apagar todos os traços de nosso significado pessoal em um produto, realizados no estágio de descarte.

Rituais de cuidados Rituais que fazemos para destacar ou manter o melhor de produtos especiais.

Rituais de posse Rituais que fazemos quando adquirimos um produto pela primeira vez, que nos ajuda a torná-lo "nosso".

Rokeach Value Survey (RVS, sigla em inglês) Pesquisa que mede valores instrumentais e terminais.

Rota periférica de persuasão Aspectos além dos argumentos-chave da mensagem, usados para influenciar opiniões.

Roteiro Um tipo especial de esquema que representa conhecimento de uma sequência de ações envolvidas no desempenho de uma atividade.

S

Satisfação Sentimento resultante de quando os consumidores fazem uma avaliação positiva ou estão felizes com uma decisão.

Satisfazer-se Achar uma marca que satisfaça uma necessidade, mesmo que não seja a melhor marca.

Segmentação de valor O agrupamento de consumidores por valores comuns.

Sem-teto Pessoas na extremidade mais baixa da hierarquia de status.

Sentimentos pós-decisão Emoções positivas ou negativas experimentadas no momento em que produtos ou serviços são utilizados.

Símbolos de status Produtos ou serviços que informam aos outros algo sobre a posição de alguém na classe social.

Símbolos fraudulentos Símbolos que se tornam tão amplamente utilizados que perdem seu *status*.

Símbolos Sinais externos que usamos para expressar nossa identidade.

Sinais periféricos Aspectos da mensagem facilmente processados, tal como música, uma fonte ou imagem atraente, ou humor.

Sistema de valores Nosso conjunto total de valores e sua importância relativa.

Socialização do consumidor Processo pelo qual aprendemos a ser consumidores.

Status ganho Status adquirido mais tarde na vida por meio de conquistas.

Status herdado Status que deriva dos pais no momento do nascimento.

Superprivilegiadas Famílias com renda maior que a média de sua classe social.

T

Táticas de escolha normativa Tomada de decisão de baixa elaboração fundamentada nas opiniões de outros.

Táticas de escolha Regras simples utilizadas para a realização de escolhas com pouco esforço.

Táticas relacionadas ao afeto Táticas fundamentadas em sentimentos.

Táticas relacionadas ao desempenho Táticas fundamentadas em benefícios, características ou avaliações da marca.

Táticas relacionadas ao preço Simplificação de heurísticas de decisão fundamentadas no preço.

Técnica "até mesmo uma moeda ajuda" Técnica concebida para induzir conformidade pedindo aos indivíduos a realização de um pequeno favor — tão pequeno que quase não se classifica como um favor.

Técnica "pé na porta" Técnica que objetiva induzir conformidade fazendo que um indivíduo primeiro concorde em fazer um pequeno favor, depois um maior e, então, um maior ainda.

Técnica "porta na cara" Técnica que objetiva induzir a conformidade pedindo a um indivíduo uma solicitação enorme e provavelmente absurda, seguida de uma solicitação menor e mais razoável.

Teoria da ação fundamentada (TORA sigla em inglês) Modelo que fornece uma explicação de como, quando e por que opiniões preveem o comportamento.

Teoria da acomodação Quanto maior o esforço investido na comunicação com um grupo étnico, mais positiva é a reação.

Teoria da atribuição Teoria de como indivíduos encontram explicações para eventos.

Teoria da avaliação Teoria emocional que propõe que as emoções são baseadas na avaliação de uma situação ou um resultado feitos por um indivíduo e sua relevância para seus objetivos.

Teoria da comparação social Teoria que propõe que os indivíduos têm o impulso de comparar a si mesmos com outras pessoas.

Teoria da equidade Teoria que foca na equidade das trocas entre indivíduos, o que ajuda a entender a satisfação e a insatisfação do consumidor.

Teoria da gestão do terror (TMT, sigla em inglês) Teoria que lida com a maneira como lidamos com a ameaça de morte pela defesa de nossos valores e crenças sobre o mundo.

Teoria da gestão do terror Teoria que explica como indivíduos tentam lidar com a ansiedade gerada pela inevitabilidade da morte.

Teoria do comportamento planejado Uma extensão do modelo TORA que prevê comportamentos por meio dos quais consumidores percebem que têm controle.

Teste de mercado Estudo em que a eficácia de um ou mais elementos do *mix* de marketing é examinada pela avaliação das vendas do produto em um mercado real –, por exemplo, uma cidade específica. (AP)

Tomada de decisão afetiva Decisões fundamentadas em sentimentos e emoções.

Tomada de decisão Fazer uma seleção entre as opções e os cursos de ação.

U

Unidade Quando todas as partes visuais de um design se encaixam.

Uso Processo pelo qual um consumidor usa uma oferta.

V

Valência Se as informações sobre algo são boas (valência positiva) ou ruins (valência negativa).

Valores Crenças duradouras sobre o que é certo ou errado.

Valores Crenças sobre o que é correto, importante ou bom.

Valores de domínio específico Valores aplicáveis somente a uma área de atividades específica.

Valores globais Os valores mais duradouros, fortes e abstratos de uma pessoa, que são mantidos em muitas situações.

Valores instrumentais Valores necessários para alcançar o fim desejado, como ambição e alegria.

Valores terminais Estados finais altamente desejáveis, como reconhecimento social e prazer.

Vantagem relativa Benefícios de uma inovação superiores àqueles encontrados em produtos existentes.

Variável independente Condições experimentais que são modificadas ou manipuladas pelo experimentador em um projeto de pesquisa. (AP)

Vício Comportamento excessivo causado tipicamente por dependência química.

Viés pelo todo A tendência de perceber mais valor no todo que nas partes combinadas que formam o todo.

Z

Zapping Uso de um controle remoto para mudar de canal durante os intervalos comerciais.

Zipping Avançar rapidamente pelos comerciais gravados em VCR ou DVR.

Zona de aceitação A variação aceitável de preços para qualquer decisão de compra.

Índice remissivo

A

Abordagens comportamentais para a personalidade, 324
Abordagens fenomenológicas para personalidade, 323-324
Abstração, de associações, 84
Aceitação, zona de, 232-233
Acessibilidade de atitude, 108, 126, 179
Aculturação
    explicação de, 277, 311
    hispano-americanos e, 278-280
Adaptabilidade
    de inovações, 378
    de produtos, 378
Adoção de inovações
    benefícios oferecidos e, 365
    caracterizadas pela amplitude, 365
    consequências de, 379
    explicação de, 362-364
    grau de novidade de, 364
    implicações marketing para, 367, 369, 373-378
    influências, 372-375, 378
    legitimidade e, 378
    resistência à, 108, 365-367, 421-422
    sincronismo em, 367-368
    Veja também Inovações
Adolescentes
    anúncios de álcool e tabaco, 415
    comportamento do consumidor de, 266-268
    consumo de álcool e tabaco por, 6, 49, 414, 415
    focando, 270, 414
    imagem corporal e, 417
    implicações de marketing para, 268-269
    roubar e, 412
Adotantes iniciais, 367
Afeto
    explicação do, 235
    implicações de marketing do, 50-33
    respostas estéticas e, 237
Afeto social, 142
Afro-americanos
    atingindo a mídia de, 280
    desenvolvimento de produtos e, 280
    direcionamento de promoções, 282
    distribuição e, 281
    identificação étnica e, 277, 278, 280
    implicações de marketing para, 280-281
    propagandas com, 143, 281
    resumo de, 280
    valores dos, 317
Agências de publicidade, 31
Agências governamentais, 32
Agentes de socialização, 346-347
Agentes de transformação, 376
Agradabilidade
    cheiro e, 72-73
    cor e, 71
    das fontes, 143
    toque e, 73
Agrupamento, 76
Agrupamento, 275
AIDS, 54, 69, 198-200, 273
Ajuste, 198
Alemanha
    associação do produto nas, 276
    classe social na, 267, 291, *293*
    comportamento ambiental na, 420
    grupo de referência dissociativo, 343
    reciclagem na, 260
    temas sexuais, 145
    tomada de decisão na, 179, 225
    uso do humor na, 145
    valores na, 317
Aliança de marca, 86
Alimentação compensatória, 273
Aluguel, 7, 211, 256
Ambiguidade de informações
    implicações de marketing de, 50-33
    que afetam a aprendizagem a partir da experiência, 245
Ambivalência, 108
América Latina
    classe social na, 289-290
    credibilidade da fonte na, 116
    espaço físico e, 102
    orientação da juventude na, 315
    percepções de toque na, 73
Amplitude de inovação, 365
Análise conjunta, 28
Análise de cadeia meio-fim, 320-321
Andrógino, 273
Anfitriões de venda, 340, 355
Anúncio misterioso, 137
Anúncios
    atitude em relação aos, 124-126
    atratividade e, 68, 122-123, 143, 343
    bebidas alcoólicas, 7, 406, 414
    colocação dos, 16, 64, 89, 91
    esfregue e cheire, 72, 137
    estereótipos no, 99, 273, 347
    fotos no, 143-145
    humor criado pelo, 142-143
    humor no, 68, 144-146
    mensagens emocionais no, 120-122, 146-147
    mistério de esperar e pegar, 134-138
    música no, 68, 144
    para os consumidores de baixo esforço, 131-148
    relevância pessoal do, 44, 69
    sexo no, 145-146
    tabaco, 414-415
    transformacional, 147
    Veja também Comerciais
    visuais para, 18, 55, 67
Anúncios espere e pegue, 137-139
Anúncios raspe-e-cheire, 72, 137
Ao longo do indivíduo, 214
Apego emocional, 127
Apelos
    de medo, 121, 123-125
    emocionais, 121-124, 145-146
Apelos emocionais
    em mensagens, 121-124
    explicação do, 121-124, 147
    utilização de, 53
Aprendendo táticas de escolha, 226-227
Aprendizagem
    a partir da experiência do consumidor, 244-247
    incidental, 138
    requisitos, 374-376
Aprendizagem incidental, 138
Aquisição
    decisões a respeito, 5-10
    explicação de, 4-5
    gênero e, 273-274
    submissos, 7
    Veja também Comportamento dos consumidores submissos
Aquisição de papéis
    explicação de, 388
    fases de, 388
    implicações de marketing para, 390
    modelo de, 390
    transições conjugais e, 8, 389-390
    transições culturais e, 389
    transições de *status* sociais e, 390
    uso de símbolos e rituais e, 388-389
Arábia Saudita, 33
Argumentos, 112, 136, 297
Argumentos de apoio (SAs, sigla em inglês), 112
Argumentos fortes, 117-119
Arrendamento, 4, 7
Arrependimento, pós-decisão, 215, 242
Arrependimento pós-decisão, 215, 242
Asiático-americanos
    comunicação não verbal e, 102
    cores e, 100
    distribuição, 282
    ênfase educacional de, 314
    implicações de marketing para, 281-282
    mensagens sexuais e, 146
    papéis decisivos na família pelos, 305
    promoções, 282
    propagandas com, 281-284

resumo do, 281
valores do, 116
Assessoria de busca, 353
Associações
  correlacionadas, 90, 94
  cultura e, 94
  explicação de, 82-85
  tipos de, 84-85
  versus extensões de marca, 86
Associações correlacionadas, 90-91, 94
Atenção
  características de, 65-66
  explicação de, 65, 77
  focal e não focal, 66-71
  habituação, 70
  implicações de marketing para, 67-73
  para decisões, 67
  percepção através da audição, 71
  percepção através da visão, 70-71
  percepção através do olfato, 72-73
  percepção através do paladar, 72
  percepção através do tato, 73-74
  segmentos do consumidor definidos por, 70
Atenção dividida, 66
Atenção limitada, 66
Atenção para informações de comparação social (ATSCI, sigla em inglês), 416
Atenção seletiva, 65-66
Atendimento ao cliente, 32, 59, 128, 206, 262, 336
Atingindo a mídia
  classe social e, 299
  nos gêneros, 274
  para adolescentes, 266-268
  para afro-americanos, 280
  para a Geração X, 269-270
  para a Geração Y, 266-268
  para asiático-americanos, 282
  para hispano-americanos, 31, 279-280
  para idosos, 271
  para os baby boomers, 271
Atitude com relação ao ato (Aact, sigla em inglês), como componente do modelo TORA, 113-114
Atitudes
  acessibilidade de, 108, 126, 179
  baixo esforço, 131-148, 366
  base de, 120-122
  bases afetivas de, 120-122
  características das, 108-109
  definidas, 107
  diagnósticos existentes, 179
  em direção a propagandas, 125
  especificidade de, 126
  estratégias para a mudança, 109-111
  explicação de, 107-109
  formando, 11, 109-111
  importância da, 108
  inconsistência com, 54
  influências na atitude cognitiva fundamentada na, 116-121, 203
  influências na atitude fundamentada na, 122-125, 203
  modelo de expectativa de valor e, 113-114

modelo de resposta cognitiva e, 110-129
modelo TORA e, 113-114
mudança na, 10, 109-111
para busca de informações, 186
positivos, 120, 198
que predizem o comportamento, 125-127, 352
Veja também Atitudes de baixo esforço
Atitudes cognitivas
  explicação da, 107, 113-121
  influência da mensagem na, 112
  Veja também Atitudes
Atitudes de baixo esforço, 131-148
  atitude em relação a propaganda e, 140-142
  atitudes cognitivas, 136-138
  bases afetivas de, 138-143
  bases cognitivas, 134
  condicionamento clássico e, 139-141
  consciente, 223-225
  contexto e repetição, 137-138
  efeito de mera exposição e, 138
  feedback do corpo, 134
  fonte de comunicação e, 136, 143
  humor e, 142-143
  implicações de marketing, 134, 137-138-143, 145-146
  influências afetivas, 143-147, 235
  influências inconscientes, 134, 223
  julgamentos de finas fatias, 134
  mensagem e, 136-138, 143-147
  resumo de, 131-147
  versus alto esforço, 132
Atividades, Interesse e Opiniões (AIOs, sigla em inglês), 328-329
Atmosféricos, 102
Atratividade
  da publicidade, 68, 122, 144
  de fontes, 122-123, 143
  de grupos de referência, 343
  percepção de, 69
  tomada de decisão e, 190, 200
Atributos
  busca de informações por, 178-181
  de produtos, 99-100
  regaste dos, 178-179
Audiência, 71-72
Áustria, 11, 22
Autenticidade, o valor colocado em, 316
Autoapresentação, 215
Autoconceito
  explicação de, 44
  símbolos e, 393
Autoimagem, 417
Autorreferência, 137
Autorregulação
  explicação de, 419
  implicações de marketing de, 419
  memória semântica, 160-162
  pela indústria, 418
  por empresas on-line, 419
Avaliação reflexiva, 389
Avaliações, 96, 115, 179-181
Aversão a extremos, 213

B

Baby boomers, 270-271
Bailes de debutantes, 388
Barganha, papéis decisivos nas famílias por, 305
Barter, 7, 257
Bebidas alcoólicas
  consumo de menores de idade de, 413
  etiquetas de advertência em, 415
  focando nos jovens, 415
  mensagens de mídia sobre, 415
  propagandas para, 415
Bélgica, 305
Benefícios, percebidos, 185-186, 229, 373
Benefícios percebidos, 185-186, 229
Bicultural, 278
Bloqueio de exposição a evidência, 246
Boicotes, 421
Boomers. *Veja* Baby boomers
Brasil
  classe social no, 295
  palavras e entendimento no, 97
  valores no, 317
Busca contínua, 182
Busca de informações. *Veja* Busca externa; Busca interna
Busca de pré-aquisição, 182
Buscadores de sensações, 237-238
Busca interna, 176-182
Busca por diversidade
  explicação da, 237
  implicações de marketing da, 238
  táticas para, 225
  tomada de decisão baseada na necessidade da, 237-238
Buscas experimentais, 183
Buscas independentes, 182

C

Canadá
  anúncios e contexto de creme dental no, 47
  cartões de crédito e de débito no, 296
  classe social no, 292
  emblemas no, 386
  grupos étnicos no, 282
  prototipicidade e, 178
  publicidade do tabaco no, 415, 421
  representação das mulheres na publicidade no, 417
Características da tarefa, 303-305
Características do consumidor
  afetando os tipos de coisas que se tornam especiais, 396-397
  força de influência informacional, 353
  sociedade e, 14-15
  tomada de decisão e, 156, 212-214
Características do produto
  categorias, 84
  combinados com os princípios culturais e, 77-11-13
  força de influência informacional e, 353
  influência da força normativa e, 114-116, 234-235, 349-351

Caráter nacional, 327-328
Casamento
    adiado, 302
    papéis decisivos e, 304-305
    transições para, 389-390
    Veja também Famílias
Casamento adiado, 302
Casamentos, 56, 398-399, 402
Casa, valor colocado em, 314
Categorias
    derivados dos objetivos, 92-93, 178
    estrutura de, 89-91
    influências culturais, 94, 384
    serviço, 6
    taxonômicas, 89
Categorias culturais, 384
Categorias de idade
    adolescentes, 266-269
    baby boomers, 270-271
    Geração X, 269-270
    Geração Y, 266-269
    idosos, 271-272
Categorias derivadas de objetivos
    conhecimento do consumidor e, 92-93
    explicação de, 91-93
    influências culturais, 94
    resgate de atributos e, 179
    resgate de marcas e, 178
    situações de uso e, 178
Categorias taxonômicas
    estrutura de, 89-88
    explicação de, 89
Categorização
    ao nível superordenado, 91
    do conhecimento, 82-83, 89-93, 95
    explicação de, *44*, 82, 95
    implicações de marketing de, 5, 96
Católicos, 265, 283
Causalidade, 250
Celebridades
    como fontes, 143, 341
    como porta-vozes do produto, 338, 341, 343
Censo, EUA, 24-25, 32
Centros acadêmicos de pesquisa, 14
Cérebro, lateralização hemisférica, 66-67
Cheiro, 72-73
China
    afetar na, 237
    anúncios de diamante, 81
    autoconceitos, 393
    "bar da noiva" na, 81
    classe social na, 298
    comercialização de cerveja na, 236
    consciência de preço na, 234
    consumo na, 9
    decisões sobre automóveis na, 207
    dignidade nacional e, 328
    diversidade em, 277
    emblemas de *status* na, 387
    empresas de pesquisa e, 31
    endossos de celebridades, 123, 341
    gêneros na, 274
    influências domésticas na, 300
    juventude na, 315, 345
    materialismo na, 312-313
    normas sociais, 267
    objetos sagrados na, 398
    presentes na, 399, 401
    processo decisório na, 199, 251
    publicidade na, 64, 281
    rituais de posse na, 397
    símbolos de conectividade na, 390-391
    tribos de tecnologia, 23
    valores em, 317, 319
Ciclo de vida do produto
    difusão e, 370-372
    incerteza sobre, 374
Ciclo de vida familiar
    descrição do capítulo, 301
    explicação de, 300
    famílias e, 301
    rituais em, 390-391
Ciclos de vida
    família, 300-304
    produto, 371-372
Classe Alta
    emblemas de *status* da, 388
    explicação da, 297
    manuseio do dinheiro pela, 56, 296
    nos Estados Unidos, 297-298
    padrões de consumo da, 297-298
    Veja também Classe social
Classe Baixa
    explicação da, 297
    manuseamento de dinheiro por, 56, 295
    nos Estados Unidos, 298
    padrões de consumo da, 298-299
    Veja também Classe social
Classe média
Classe média, 289
    explicação de, 297
    nos Estados Unidos, 297
    padrões de consumo de, 297
    símbolos de *status* para, 295
    Veja também Classe social
Classe social
    cautela na segmentação, 300
    consumo compensatório e, 295
    consumo conspícuo e, 294
    determinação de, 292
    emblemas de, 387
    explicação de, 287
    formação educacional e, 291-292
    fragmentação da, 293-294
    hierarquia, 287
    implicações de marketing para, 13
    indicadores de, 291-292
    influências de, 289-291
    mobilidade ascendente e, 292-293
    mobilidade descendente e, 293
    ocupação e, 292
    padrões de consumo relacionados a, 294, 318
    posses especiais e, 396
    renda e, 291
    significado do dinheiro e, 56, 295-296
    símbolos de *status* e, 294-295
    tipos de, 288-289, 291
    valores e, 317
    variações culturais na, 276
    Veja também Classe baixa; Classe média; Classe Alta
Classe trabalhadora. *Veja* Classe baixa
Clássico, 372
Coabitação, 302
Co-branding, *85*, 236
Colecionadores, 23, 395, 403
Coleções
    como posses especiais, 394
    significado ligado às, 397, 399
    Veja também Posses especiais
Coletivismo, 276, 317, 369
Colocação de produto, 63-64
Colocação nas prateleiras, 64. *Veja também* Posicionamento
Comerciais
    autorregulação, 419
    exposição seletiva para, 64
    humor nos, 68, 144-145
    música nos, 68, 144
    Veja também Propagandas
Comida
    através da identificação de gênero 6, 274
    através da identificação étnica, 278
    rotulagem nutricional para, 97, 99, 188
Comparações
    incompleto, 103
    Internet para, 281
    múltiplo, 103, 188, 377
Compatibilidade, de inovação, 374-376
Competitividade, de informação, 69, 91
Complexidade Cognitivas, 55
Complexidade, de informações, 55
Complexidade, de inovações, 376
Comportamento Aditivo
    atividades de marketing que lidam com, 410-411
    causas de, 406
    explicação de, 405-408
Comportamento anormal do consumidor
    compra compulsiva como, 408-410
    compra impulsiva como, 409-410
    consumo aditivo e compulsivo como, 405-410
    explicação do, 405
    implicações de marketing de, 410-411, 412-415
    menores de idade bebendo e fumando como, 413
    mercados negros como, 413
    roubo do consumidor como, 411-412
Comportamento automonitorado, 327
Comportamento conservacionista, 420-421
Comportamento de compras
    ambiente, 20, 26, 101, 134
    cheiro e, 72-73
    mudança, 10
    música e, 71
    necessidades e, 46-47

objetos de envolvimento, 43
painéis de compra e, 28
pressões de tempo e, 57-58
Veja também Comportamento do Consumidor
Comportamento de grupo, 351, 353
Comportamento do consumidor
aquisição e, 5, 7
atenção, 11
atitudes, 11
capacidade e, 10
características de personalidade que afetam, 13, 325-329
categorias, 11
categorias de serviços, 6
classe social e, 13
compreendendo informações, 11, 23-35
coping e, 10, 252
cultura de consumo e, 12-13, 94
decisões envolvidas no, 6-10
definir, 4
diferenças regionais e, 13, 274-277
difusão e, 13, 374-377
disposição e, 5-6, 256-261
domínios do, 1, 10
educação, 56
elementos do, 4-10
emoções, 9, 52
estilos de vida, 13
estudo do, 14
ética, o lado escuro do, 13
etnicidade e, 12-13, 277-284
eventos estressantes, 10
explicação, 1-4
exposição, 11, 62-65
gênero e, 6, *118*, 272-274
grupos de referência, 13, 342-348
idade e, *6*, 56, 266-272
implicações de marketing do, 15-20
indivíduos envolvidos no, 6
influências da diversidade, 12-13
influências familiares, 13
influências normativas sobre, 114-116, 127, 234-235, 348-350
influências sociais, 13
inteligência, 56
marcas, 6
materialismo e, 418-419
memórias, 11, 164
modelo, 10
modelo TORA e, 113
motivação, 10
natureza dinâmica de, 5
núcleo psicológico do, 10-11
oportunidade, 10, 56-58
orientação sexual e, 272-273
percepção, 11, 70-77
percepção subliminar e, 75-76, 77
pouca alfabetização e, 10
processo decisório no, 11-12, 157
processos externos, 12-13
religião e, 283-285
responsabilidade social, o lado escuro do, 10, 13
resultados do, 13

resumo do, 21
sentimentos e, 9
símbolos e, 13, 99
uso e, 5, 178
valores e, 13, 44, 396
Veja também Submisso; Comportamento de compra
Comportamentos
aditivos, 405-408
atitudes como a previsão de, 126, 352
automonitorado, 327
como componente do modelo TORA, 113
compulsivos, 408-410
envolvimento dos consumidores, 42-44
impulsivo, 409-410
relevante ao objetivo, 49-50
Compradores
compulsivos, 408-409
nas famílias, 304
Compras
aquisição através de, 7
impulso, 237-239
repetidas, 226
Compras compulsivas
consequências das, 379
explicação das, 408-410
Compras de automóveis
gênero e, 273
na Tailândia, 195
no México, 299
Compras on-line
agentes para, 173, 184, 245
crescimento na, 125, 137
implicações de marketing para, 57, 185, 401
simulações para, 1-8
Compras por impulso, 237-239, 409-410
Compras repetidas
decisões a favor, 226
implicações de marketing para, 228-229, 230
Compreensão
cultura e, 97
efeito da MAO, 97
explicação de, 82-83
imprecisões na, 104-105
melhoramento, 97
objetivo, 96-98, 103
subjetivo, 96-99, 103-104
Compreensão objetiva
explicação de, 96-97, 103
melhoria da, 97
Compreensão Subjetiva
explicação de, 96-99
implicações de marketing de, 98
inferências e, 103-104
uso da linguagem e, 102
Comunicação
boca a boca, 13
boca a boca negativo, 255
de símbolos, 388
eficácia, 51
não verbal, 25-26, 43, 102, 355

recuperação da memória, como, 163-164
repetição de, 57-58
Veja também Comunicações de marketing
Comunicação boca a boca
engendrando uma favorável, 356
explicação de, 355
implicações de marketing e, 13
influência penetrante e persuasiva de, 355
negativa, 255, 356
rastreamento, 356
rumores e escândalos, manipulação de, 356
Comunicação boca a boca negativa, 255, 356
Comunicação não verbal, 25-26, 43, 102, 355
Comunicações de marketing.
compreensão do assunto de, 96-99
indesejadas, 65, 336, 420
para idosos, 271
pesquisa de consumo utilizado nas decisões relacionadas com, 271, 330, 338, 367-369
repetição de, 57-58
transmitir as necessidades dos consumidores, 6, 15, 17-18
uso de líderes de opinião, 341, 379
Veja também Comunicação; Fontes de comunicação; Mensagens
Comunidade Europeia, 26, 101, 203, 276, 329, 369-370
Comunidades da marca, 342-343
Comunidades on-line, 184
Concessões, papéis decisivos nas famílias por, 305
Condicionamento
clássico, 139-141
operante, 226
Condicionamento Clássico
explicação de, 141
humor *versus*, 142-143
Condicionamento operante, 226
Conectividade, 391
Confiança na atitude, 108, 126
Conflito
de enfoque, 47
de enfoque-evasão, 47
de evasão, 47
nas necessidades, 47
nos papéis decisivos, 304
Conflito de enfoque, 47
Conflito de enfoque-evasão, 47
Conflito de evasão, 47
Conformidade, 349
Conformidade, 348, 352
Congruência da escolha da marca, 348
Conhecimento
categorização do, 82-83, 88-91, 95
compreensão do, 96-99
compreensão objetiva, 96-97, 103, 187
compreensão subjetiva do, 96-99, 103-104, 187

conhecimentos, 94-108, 191, 212, 353
cultura e, 94-95
diferenças de consumo no, 93-96
explicação de, 45
implicações de marketing, 85-88, 89, 91, 93, 96, 98
inferências do consumidor a respeito do, 96, 98-103
necessidade de, 45, 326
normas subjetivas, 113
resumo dos, 82-83
teoria dos níveis de construção, 93
Conhecimento objetivo, 187
Conhecimento prévio
   das avaliações de marca, 198
   dos consumidores, 82, 245
   organização de, 82
   papel dos, 82, 103
   que afeta a aprendizagem por experiência, 54-56, 245
Conhecimento subjetivo, 96-99, 103-104, 187
Cônjuges, 305. *Veja também* Famílias;
Conjunto de considerações
   busca de informação e, 186
   explicação do, 174
   implicações de marketing, 96, 421
   inepto, 200
   inerte, 200
   tomada de decisão e, 200
Conjuntos evocados. *Veja* Conjuntos de consideração Expatriados, 389
Conjuntos ineptos, 200
Conjuntos inertes, 200
Conservação de energia, 421
Constelações de produtos, 390
Consumidores
   alocêntricos, 314
   aprender com a experiência dos, 242-247
   baixo esforço, 366
   boicotes por, 421
   capacidade dos, 10-11, 55
   comportamento de conservação por, 421
   conhecimento, 187
   conhecimento do produto e experiência dos, 54-55
   crianças como, 305-306
   de diferentes países, 34
   diferenças no conhecimento dos, 93-96
   direitos para, 262
   eco-conscientes, 5
   enquadramento de decisão por, 202-203
   estilo cognitivo dos, 55
   exposição a informações complexas, 56
   identificação das necessidades de, 44-45
   inferências, 98-103
   informações pessoais sobre, 34
   inteligência, educação e idade dos, 40-41, 54-56
   invadir a privacidade dos, 34, 419
   marca fiel, 230, 229-231
   memória, 164
   municípios como, 5
   níveis de corte para, 204-206, 207
   objetivos dos, 201-203
   oportunidade dos, 56-58, 245
   percepção dos estímulos por, 74-77, 139-141
   propensão para ofertas, 233-234
   rastreamento dos, 34, 356
   recuperação de memória, 164
   relacionamentos com, 32-34, 126, 255
   resistência das práticas de marketing por, 108-109, 421-422
   restrições econômicos dos, 290
   significado simbólico formado por, 5, 98-99, 386
   tempo e, 4, 8, 202, 213
   Veja também Atitudes de baixo esforço
Consumidores alocêntricos, 314
Consumidores leais à marca
   identificação dos, 230
   marketing para, 229-231
Consumidores orientados para o futuro, 213
Consumidores orientados para o presente, 213
Consumidores sem-teto, 298
Consumismo
   explicação do, 4-6
   global, 276-277, 287, 308
   grupos envolvidos com, 6
   valores globais e, 312
Consumo
   aditivo, 405-408
   classe social e, 293-296
   compensatório, 295
   compulsivo, 408-410
   conspícuo, 294
   gênero e, 8, 272-274
   identificação étnica através das preferências em, 277-284
   investigação e, 32
   valores e, 318
Consumo compensatório, 295
Consumo compulsivo
   atividades de marketing que lidam com, 410-411
   causas do, 406-410
   explicação do, 408-410
Consumo conspícuo
   classe social e, 294
   colecionadores e, 23
   competitividade e, 328
   explicação do, 294
Consumo excessivo. *Veja* Comportamento do consumidor submisso; obesidade
Conteúdo do conhecimento
   associações e, 84-85, 94
   esquemas e, 84-85
   experiência e, 126
   explicação de, 82
   imagens e, 85-86, 198
   implicações de marketing, 85-88
   roteiros e, 88
   versus extensões de marca, 86
Contexto
   de mensagens, 146-148
   grupo, 215-216
   influência informacional e, 354
   tomada de decisão e, 196-217
Contexto de grupo, 215-216
Contra-argumentos (CAs, sigla em inglês), 112
Coordenadores
   como líderes de opinião, 341
   explicação dos, 303
   nas famílias, 304
Cor
   conclusões baseadas em, 71, 100
   gosto e, 71
   humor e, 71, 142
   percepção visual e, 70-71
Coreia do Sul, 104, 119, 145
Correlação ilusória, 90
Credibilidade
   da mensagem, 116-117
   das fontes, 338-341
Credibilidade, de fontes, 338-341
Cremes dentais clareadores, 82
Crianças
   papel decisivo na família da, 305-306
   publicidade para, 306-307, 415-416
   valores colocados sobre a, 314
Criatividade, 326
Cristalização de *status*, 292
Cristãos, 283, 326
Culpa, 250
Cultura
   apelos emocionais e, 51, 121-124
   características do grupo e, 354
   classe social e, 13
   compreensão e incompreensão e, 97
   conhecimento do consumidor e, 91-93
   contexto de alta, 97
   contexto de baixa, 97
   espaço físico e, 102
   exibição de animais de estimação e, 394
   explicação de, 12
   humor e, 68, 144-146
   interferência e, 162
   significado simbólico derivado de, 384-386
   tomada de decisão e, 12-13
   transições e, 389
   valores e, 317-318
   Veja também Diversidade; grupos específicos e países
Cultura de alto contexto, 110-*97*
Cultura de baixo contexto, 97
Curva de Difusão
   em forma de S, 370-371
   exponencial, 370-371
   fatores que afetam, 372
Curva de difusão em forma de S, 370
Curva de difusão exponencial, 370
Curva do ciclo de vida do produto, 370-372
Custos, percebidos, 185-186, 373
Custos percebidos, 185-186

D

Dados, 24-30

Dados primários, 24
Dados secundários, 24
Decadência, de ligações de memórias, 162
Decisões
  atenção aos, 65-77
  avaliação de, 196-198
  envolvidos no comportamento do consumidor, 182-191
  envolvimento do consumidor com, 177-183
  incomparáveis, 211
  nas famílias, 303-307
Decisões autônomas, 305
Decisões dominadas pela esposa, 305
Decisões fundamentadas em sentimentos
  alto esforço, 40-41
  baixo esforço, 235-239
Decisões não comparáveis, 211
Decisões sincráticas, 305
Decisores de política pública, 14
Decisores, nas famílias, 303
Declaração de Direitos do Consumidor, 262
Demografia, 187
DeNiro, Robert, 117
Densidade, de grupos de referência, 343-345
Desapego emocional, 258
Descarte
  decisões a respeito, 5-10
  de objetos significativos, 258
  explicação de, 4, 256
  implicações de marketing de, 258
  involuntário, 256
  motivos para, 11
  para libertação, 258
  para manter, 258
  reciclagem e, 259-260
  temporário, 256
  voluntário, 256
Descarte involuntário, 256
Desconfirmação
  explicação de, 250
  implicações de marketing de, 250
  negativa, 249
  positiva, 248-249
  satisfação/insatisfação e, 247-249
Desempenho de risco, 52
Desenvolvimento de novos produtos
  centros acadêmicos de pesquisa no, 33
  informação do comportamento do consumidor e, 17, 94
  sistema social e, 377, 378-379
  valores e, 318
  Veja também Inovações
Desgaste, 139
Design de embalagem, 100
Desperdício conspícuo, 294
Desvio de autopositividade, 198
Desvios da fonte, 112
Desvios de negatividade, 199
Desvios de processamento, 198-199, 245
Determinação de atributos, 179
Deturpação, 396
Diários, 26

Dicas de recuperação. *Veja* Dicas de recuperação de memória
Dicas redundantes, 165
Difusão
  adaptabilidade, 378
  características do sistema social e, 378-379
  ciclo de vida dos produtos e, 370-372
  do comportamento do consumidor, 374-377
  explicação de, 369-370
  influências em, 369-372-385
  legitimidade, 378
  ofertas e, 370
  padrões de, *368*, 370
  relevância social de, 377
  requisitos de aprendizagem do consumidor, 374-377
  Veja também Inovações
Dimensão funcional, 125
Dimensão hedônica, 125
Dimensão utilitária, 125
Dinheiro
  classe social e manuseio de, 56, 295-296
  como bem e mal, 295
  e felicidade, 296
  significado de, 295
Direção congruente do humor, 142
Discrepância de crença, 113
Dispersão de preferências, 177
Disponibilidade heurística, 220-223
Disposição temporária, 256
Disseminação da ativação, 160-162
Dissonância de pós-decisão, 242
Dissonância, pós-decisão, 242
Distância física, 378
Distanciamento/Desapego, 258
Distanciamento físico, 258
Distração, 57
Distribuição. *Veja* Distribuição de produtos
Distribuição de produtos
  exposição e, 63-64, 229
  para consumidores afro-americanos, 280
  para consumidores asiático-americanos, 282
  para consumidores hispano-americanos, 31, 278
  pesquisa de consumo utilizada nas decisões, 20
Diversidade
  caráter nacional e, 327-328
  classe social e, 13
  exibição de animais de estimação e, 394
  ideias de atratividade e, 68, 143
  identificação de necessidades, 47
  influência de, 12-13
  valores e, 311-317, 319
  Veja também Classe social
Diversidade do consumidor. *Veja* Cultura; Diversidade
Divórcio

estrutura familiar e, 303
transição para, 303
Dogmatismo, 326

E

Efeito da verdade, 135
Efeito de atração, 200
Efeito de compromisso, 213
Efeito de dotação, 208
Efeito de gotejamento (trickle-down), 290
Efeito de mera exposição, 138
Efeito dorminhoco, 117
Efeitos de recência, 162
Elaboração
  explicação de, 96, 109, 158
  implicações de marketing de, 96, 159
Eliminação
  decisões sobre, 5-10
  de objetos significativos, 258
  de posses especiais, 397
Embalagem
  como sinais de recuperação, 166, 178
  etiquetas de aviso na, 415
  inferências sobre, 100-101, 99-101
  influências ambientais na, 420
  investigação, 17, 377
  pesquisa do consumidor sobre, 28
Emblemas
  classe social, 387
  comunicação e, 388
  desenvolvimento dos, 388
  étnicas, 386-387
  função dos, 386-388
  gênero, 387
  geográficas, 386
  grupo de referência, 387-388
  papéis dos marqueteiros no estabelecimento, 388
Emblemas étnicos, 386-387
Emblemas geográficos, 386
Emoções
  atitudes de marca, 208-213
  atitudes fundamentadas nas, 121-122
  decisões com base nas, 208-210, 235-239
  e metas, 49-50
  insatisfação/satisfação e, 251-252
  na tomada de decisões, 212-213
  previsões erradas sobre, 252
Empatia, e memórias, 156
Empréstimo, 7
Encaixe de produtos, 86, 376
Encaixe regulatório, 121
Encerramento, 76
Endossos
  atitudes com base nos, 134
  celebridade, 144, 341
Enigmas, 69
Ensaio, 157-159
Entidades sagradas
  características das, 398
  explicação de, 397
  implicações de marketing para, 399
  tornadas profanas, 398

Entrevistas, 25-26
Envolvimento
  afetivo, 43, 121-122, 203
  cognitivo, 43, 203
  duradouro, 42
  nível de, 125-126
  objetos de, 43, 399
  resposta, 43
  risco e, 53, 185
  sentido, 42
  situacional, 42, 127
Envolvimento afetivo, 43, 121-122
Envolvimento cognitivo, 43
Envolvimento duradouro, 42
Envolvimento sentido, 42-43
Envolvimento situacional
  anúncios que promovam, 43, 136-138, 185
  explicação de, 127
Equilíbrio de atributos, 213
Escala Nam and Powers, 291
Escandinávia
  classe social em, 287, *290*
  influências em, 277
Escrita, de produtos, 71
Espaço físico, 102
Especialista do mercado, 341
Especialistas, 116, 353-354
Especificidade de atitudes, 126
Esquema de identidade ideal, 392-393
Esquemas
  explicação de, 82-85
  identidade ideal, 392-393
  identidade real, 392-393
  imagens, 85
  implicações de marketing a respeito de, 85-88
  roteiros com tipo de, 87
  tipos de, 84
Esquemas de identidades reais, 392-393
Estado civil, 389-390
Estado herdado, 291
Estado ideal, 174-176
Estado Real
  explicação de, 174
  percepção de, 176
Estados Unidos
  anúncios sexuais no, 146
  atitudes no, 140
  classe social no, 13
  coletores de dados no, 34
  diferença de conhecimento no, 94
  grupos étnicos no, 274-277
  humor no, 145
  individualismo, 314
  mensagens comparativa no, 119
  modelos de expectativa de valor, 113
  orientação da juventude no, 315-316
  palavras e, 97
  papéis decisivos nas famílias no, 305
  população sem-teto no, 298
  posses especiais no, 394, 397
  publicidade do tabaco no, 14
  reciclagem no, 381
  regiões no, 274-277
  símbolos de conectividade no, 390-391
  tendências de idade no, 3
  tradição de envolvimento no, 81
  uso da tecnologia no, 25
  valor aplicado na saúde no, 314-315
Estágio da apresentação de presentear, 400-401
Estágio de reformulação de presentear, 400, 401-402
Estilo cognitivo, 55
Estilo de Vida
  explicação do, 328-330
  ferramentas de pesquisa e, 331-332
  influência do, 327, 330-335
  mensagens que apelam a, 329
  novos produtos fundamentados no, 330
  segmentação de mercado e, 318, 329
Estimativa da probabilidade, 196-197
Estimulação, 46
Estímulo condicionado (EC), 140
Estímulo incondicionado (EI) 139
Estímulos de contraste, 69
Estímulos de marketing
  como agradáveis, 68
  como fáceis de processar, 69-70
  como relevantes, 68, 73
  como surpreendentes, 68
  explicação de, 62, 74-77, 141
Estratégia baseada em atributos, 17, 99-101, 211
Estratégia de perdedores, 246
Estratégia de simplificação
  baixo esforço e, 224
  hábito como, 228-230
  influências normativas como, 114-116, 234-235
  lealdade à marca como, 230-231
  preço como, 232-233
  sentimentos como, 235
  táticas de atuação como, 227, 376
Estratégia fundamentada em alternativas, 211
Estratégias líderes, 246
Estrutura da decisão
  explicação de, 202-203
  implicações de marketing de, 203
  pelo consumidor, 202-203
Estrutura do conhecimento
  categorias derivadas do objetivo e, 92-93
  categorias e, 82, 89-93, 95
  explicação da, 89
  fatores que afetam, 245
  implicações de marketing, 89, 91
Estrutura hierárquica
  explicação de, 91-92, 223
  implicações de marketing de, 91
Estrutura nivelada, 89-90
Éticos, 14
Europa
  anúncios de cigarros, 14
  atitudes sexuais, 146
  atmosféra, 102
  influências culturais, 94, 99
  influências de cor, 101
  pesquisadores e, 26, 85
  uso da novidade, 68
  Veja também países específicos
Europeus orientais
  classe social no, 317
  função de expressividade no, 391
  valores e, 317
  Veja também países específicos
Evidência, 245
Exibição de paródia, 17, 295
Expectativas
  explicação de, 250
  satisfação com base em, 248-249
Experiência direta ou imaginada, 110
Experiências
  dos consumidores, 244-247
  resgate das, 180
Experiências metacognitivas, 213-214
Experimentabilidade, 375-377
Experimentos
  campo, 27
  pesquisa do consumidor usando, 26-28
Experimentos de campo, 27
Exploração indireta, 237
Exposição
  explicação de, 62
  fatores que influenciam, 62
  implicações de marketing de, 62, 64-65
  medição da, 65
  seletiva, 64
Exposição seletiva, 64
Exposições, inferências com base em, 101-102
Expressiva, nas famílias, 304
Extensão da marca, 86-87

F

Familiaridade com a marca, 178, 236-237
Familiaridade, marca, 178, 236-237
Famílias
  ciclo de vida familiar e, 301
  comportamento aditivo na, 13, 346
  divórcio na, 303
  dupla carreira, 302
  estrutura de, 301
  explicação de, 300
  explicação de, 300
  implicações de marketing para a estrutura de, 303
  influências materialistas na, 312-313
  média da classe, 289
  na China, 285
  nucleares, 300
  papéis decisivos entre, 303-307
  prorrogado, 300
  rituais e símbolos para conectividade para, 390-391
  tamanho de, 303
  tipos de, 300
  valores colocados na, 314
  Veja também Famílias

Famílias autoritárias, 306
Famílias de dupla carreira
    implicações de marketing para, 303
    perfil da, 302
    renda na, 302
Famílias democráticas, 306
Famílias estendidas, 300
Famílias negligentes, 306
Famílias nucleares, 300
Famílias permissivas, 306
Fase de gestação de presentear, 400
Favorabilidade
    atitudes e, 107
    de associações, 84
    explicação de, 82, 107
Feedback do corpo, 134
Felicidade, *50*, 296
Feminilidade, 273, 317. *Veja também* Mulheres; Gênero
Férias, 11, 13, 18, 160, 213
Fidelidade. *Veja* Fidelidade à marca
Fidelidade à marca
    adolescentes e, 268-269
    avaliação da, 126
    como estratégia de simplificação, 230-231
    envolvimento emocional da, 43
    explicação da, 230
    idade e, 268-270
    multimarca, 230
    satisfação e, 247-248
    táticas para, 225
Fidelidade de multimarca, 230
Fluência perceptual, 98
Flutuação de *status*, 290-291. *Veja também* Classe social
Fontes
    alcance da, 338
    capacidade para comunicação de duas vias, 338
    características da, 337-338
    credibilidade da, 116-117, 338-341
    entregues pessoalmente, 336-339
Fontes de Comunicação
    atraente, 143
    atratividade, 68, 122, 143, 343
    características de, 116
    celebridade, 144, 341
    credibilidade, 116-117, 338-341
    Veja também Comunicações de marketing; Mensagens
Fontes dominadas pelo marqueteiro
    credibilidade, 338-341
    entregue pessoalmente, 336-338
    entregue via mídia de massa, 336
    explicação da, 336
Fontes dominadas pelo não marketing
    credibilidade de, 116-117, 338-341
    entregue pessoalmente, 338
    entregues via mídia de massa, 338
    explicação de, 338
Força coerciva, 351
Força de associação, 160
Força do elo, 345

Formação educacional
    buscas de informações, 187
    capacidades de consumo e, 55
    classe social e, 275, 291-292
    decisões e, 55-56
    influências de diversidade, 13
    processamento de informações e, 55-56
    relevância de, 44
Formalidade, de grupos de referência, 343
Forman, George, 117
Fotografias, 26
Fotos
    em mensagens, 144
    inferências com base nas, 102
    pesquisa do consumidor usando, 98
França
    papéis decisivos dos cônjuges na, 305
    preferências alimentares na, 333, 387
    valores na, 317
Frequência heurística
    crenças do consumidor e, 135
    explicação de, 135
Frugalidade, 327
Função afetiva, 108
Função cognitiva, 108
Função conativa, 108
Função de conectividade, 391
Função de expressividade, 391-392
Função emblemática, 386-388
Fundações de pesquisa, 32
Funerais, 389, 390
Furtar. *Veja* Roubo
Furto realizado pelo consumidor
    explicação do, 411
    fatores que afetam, 411-412
    implicações de marketing para, 412-413
    prevalência do, 411
    Veja também Roubo

G

Garantias, 242, 374
Gastos do consumidor, 6
Gays e lésbicas
    estatísticas a respeito, 273
    estratégias para a meta, 273
Gênero
    aparição de temas sexuais e, 145-146
    atingindo um específico, 274
    busca de conselho e, 355
    comportamento do consumidor e, 6, 118, 273-274
    emblemas relacionados com, 387
    explicação de, 272-273
    papéis sexuais e, 272
    posses especiais e, 396-397
    Veja também Mulheres; Homens
Geração de hipótese, 245
Geração X, 269-270
Geração Y
    explicação de, 266-269
    mídia como alvo, 268-269
Gerentes de marketing, 14
Gosto, 71-72

Grã-Bretanha
    classe social na, 396
    contexto das mensagens na, 47
    informação nutricional, 315
    propagandas na, 64
    rituais na, 391
Grupo de referência primária, 344
Grupo individual, 215
Grupos adotantes
    aplicação das categorias de, 368-369
    características de, 367-368
    sincronismo e, 367-368
Grupos-alvo, 25
Grupos comerciais, 32
Grupos de advocacia, 14
Grupos de consumidores, 6
Grupos de referência
    aspiracionais, 342-343
    associativos, 342-343
    características dos, 343-345
    comunidade de marca, 342-343
    dissociativos, 342-343
    efeito da socialização do consumidor sobre, 345-348
    emblemas, 387-388
    exemplo de ensino médio do, 342
    explicação do, 342
    fontes de influência, 342-348
    grau de contato no, 343
    implicações de marketing do, 343
    primários, 344
    secundários, 344
    tipos de, 342
Grupos de referência aspiracional
    explicação do, 342
    implicações de marketing para, 343
Grupos de referência associativa
    explicação do, 342
    implicações de marketing para, 343
Grupos de referência dissociativa
    explicação de, 342
    implicações de marketing para, 343
Grupos de referência secundário, 344
Grupos étnicos
    comportamento do consumidor e, 12-13, 277-284
    compras de Natal por, 266, 391, 402
    distribuição e, 280, 281, 282
    em anúncios, 279-282
    explicação do, 277-278
    global, 282-284
    nos Estados Unidos, 277-284
    uso do produto e identificação com, 278
    valores e, 317
    Veja também Cultura; Diversidade; grupos específicos
Grupos PRIZM NE, 275

H

Habilidade
    atitudes e, 10
    definida, 54
    explicação de, 54

implicações de marketing, 56
recursos e, 54-55
Habilidades cognitivas, 187
Habitação, 291-292, 298
Hábito, 228-230
Habituação, 70
Hedonismo, 315
Heurística
    disponibilidade, 220-223
    explicação de, 135, 220
    frequência, 135
    representatividade, 220, 222
Heurística de representatividade, 220, 222
Hierarquia de efeitos
    alto esforço, 40-41, 365-367
    baixo esforço, 223, 366
    explicação de, 223
Hierarquia de efeitos de alto esforço, 223, 366
Hierarquia de efeitos de alto esforço, 365-367
Hierarquia de necessidades de Maslow, 44-45
Hipótese de combinação, 122
Hipótese de mediação dual, 141
Hispano-americanos
    distribuição, 280
    implicações de marketing para, 279-280
    pesquisa de publicidade e, 31
    propagandas com, 281
    Quinceañera e, 265-266
    resumo de, 278-280
    transições culturais para, 280
    valores de, 317
Holanda
    comportamento de conservação na, 421
    cônjuges na, 305
    consumo compensatório na, 274
    dinheiro na, 296
    protótipos da categoria na, 94
    regulamentação da propaganda na, 32
Homens
Homens, 6, 117, 145, 272-274, 397
    aparição de temas sexuais e, 145-146
    comportamento do consumo e, 6, 273-274
    papéis sexuais e, 272
    posses especiais para, 397
    preferências do automóvel e, 387
    Veja também Gênero
Homofilia
    do sistema social, 378
    explicação de, 343
    implicações de marketing de, 345, 378
Homossexuais. *Veja* Gays e lésbicas
Humor
    atitudes afetivas influenciadas pelo, 142-143, 203
    cheiro e, 72
    cor e, 71
    cultura e, 338
    decisões dominadas pelo marido, 278
    em mensagens, 144-146

iluminação e, 142
julgamento e, 199
na publicidade, 68
recuperação da memória e, 167-169
tomada de decisão e, 182, 212
toque e, 73

I

Idade
    comportamento do consumidor e, 19, 266-272
    gastos do consumidor e, 6
    habilidade do consumidor, 56
    posses especiais e, 396-397
    tendências e, 266
    valores e, 317
Identificação
    com grupos, 110, 345
    e memória, 156
    étnica, 278
Identificação do grupo social, 110, 345
Identificação étnica, 278, 317
Idosos, 72, 271-272, 394, 419
Iluminação, 33, 101, 142, 274
Imagem
    explicação de, 84-85
    implicações de marketing a respeito de, 85
    marca, 85
Imagem corporal, 417
Imagem da marca
    explicação da, 84-85
    função da, 87
    implicações de marketing a respeito da, 5-8
    proteção, 87
    protótipos e, 89, 178, 239
Imagem de ressonância magnética funcional (fMRI), 29
Imagens
    julgamento e, 198, 211
    na tomada de decisão emocional, 144-145
Imigrantes, 178, 203, 281, 311, 389
Imparcialidade, 251
Impedimento de incerteza, 317
Imperativos justapostos, 103
Implicações de marketing
    adoção de inovações e, 365-369
    adolescentes e, 268-269
    afeto e, 237
    atitudes dos consumidores e, 15-17
    autoconceitos e, 44, 393
    autoimagem e, 417
    autorreferência e, 137
    baby boomers, 270-271
    boca a boca e, 13, 355-357
    busca de informações e, 185
    capacidade e, 55
    características do consumidor, 16
    categorização e, 96
    ciclo de vida do produto e, 372
    classe social e, 13, 299-300
    comportamento de conservação e, 421

compra compulsiva e, 143, 408-410
compras on-line e, 8-9
compras por impulso e, 238
condicionamento clássico e, 140-141
conectividade e funções expressivas e, 392
conjuntos de consideração e, 96, 177, 201
decisões de comunicação, 17-19
descarte e, 3-10, 258, 260
desconfirmação e, 250
desenvolvimento de produto, 17
desenvolvimento e implementação, 15-17
dinheiro e, 296
disponibilidade heurística e, 222-223
dissonância e arrependimento pós-decisão e, 215, 242, 247
efeito de mera exposição e, 138-139
em referência às crianças, 416-417
esquemas, imagens e personalidades, e, 85-87
estado atual, 174-176
estilos de vida e, 329-330
estímulos e, 75, 140-141
estratégias de tomada de decisão e, 216, 223, 227-228, 246
estratégias líderes, 246
estrutura da categoria hierárquica e, 224
estrutura da decisão, 203
estrutura hierárquica e, 91
exposição e, 1, 11, 62-65, 77
fidelidade à marca e, 53-55, 85, 109, 128, 230-231
Geração X, 269
grupos de referência e, 340-342, 343, 345
habituação e, 63, 70
heurística da representatividade e, 222
humor e, 68, 145
idosos, 271-272
influência informacional e, 12, 354
influências contextuais sobre a tomada de decisões e, 354
influências normativas e, 114-116, 127, 235, 351-352
informação ambígua e, 90
inovações e, 367, 369, 372, 373-374, 376-379
julgamento e, 199
líderes de opinião e, 341
limiar diferencial e, 75
memória de curto prazo e, 155
menores de idade bebendo e fumando, e 413-415
mercados-alvo, 16
modelos compensatórios com base em marcas e, 203
modelos de processamento de atributos e, 205
modelo TORA e, 114-115
motivação do consumidor e, 10-11
motivação e, 50-52

necessidades dos consumidores, valores e metas e, 15, 44
obesidade e, 416-417
oportunidades de consumo e, 245
papéis decisivos nas famílias e, 304-305
para a psicografia, 332
pesquisas externas, 188-189, 191
pesquisas internas, 181-183
posicionamento, 16, 64, 90, 94
posicionamento do produto e, 16-18, 64, 90
privacidade do consumidor e, 419
reciclagem e, 260
reconhecimento do problema e, 11-12, 176
recuperação da memória e, 163-164
regiões e, 276-277
religião e, 283-285
retenção de clientes e, 255-256
risco percebido e, 52-53
roubo do consumidor e, 7, 412-413
roubo e, 7, 412
satisfação com as ofertas, 16
satisfação *versus* insatisfação, 247-248, 250-252, 253-256
símbolos e, 388, 390, 392-393, 397, 402
táticas de desempenho e, 225, 227
temas sexuais e, 146
teoria da atribuição e, 251
teoria da equidade e, 252
traços de personalidade e, 127, 323
transições de papéis e, 8, 390
valores do produto, 15, 318
valores e, 44, 318-319, 332
valorização da memória e, 158-160
viés de confirmação e, 182, 198
Incerteza, 186, 374
Incoerência, atitude, 54
Incompreensão
 cultura e, 97
 explicação de, 97
Índia
 agentes de socialização na, 346
 apelos emocionais na, 124
 atitudes na, 140
 classe social na, 287, *290*, 298, 390
 consumo na, 9, 280-283
 contexto da mensagem na, 97
 emblemas na, 387
 influências de cor na, 101
 líderes de opinião na, 341
 papéis sexuais na, 272
 preços na, 95
 restrições alimentares na, 276
 subculturas religiosas na, 283
Índice computadorizado de Status (CSI, sigla em inglês), 292
Índice das Características do Estado, 292
Índice de Posição Social, 292
Índices de classe social, 291-292
Índice socioeconômico (SEI, sigla em inglês), 291
Individualismo, 314, 317

Indivíduos agressivos, 253, 276, 323-324
Indivíduos isolados, 324
Indivíduos menos privilegiados, 290
Indivíduos submissos, 324, 328
Indivíduos superprivilegiados, 290
Indústria cinematográfica, 64, 75-76, 245, 415
Indústria dos álbuns, 157
Inesperado, 69
Inferências
 ambiente e exposição no varejo e, 101-103
 características dos produtos e embalagens e, 17, 99-101
 categorização, 96
 cor, 101
 fotos e, 102, 143-145
 linguagem e, 102
 nomes de marca e símbolos de marca e, 99
 nomes e rótulos enganosos, 99
 nomes impróprios ou similares, 99
 país de origem, 100
 preços e, 18-20, 100-101
 publicidade e venda e, 102
 questões éticas relacionadas aos, 103, 415-416
 simples, 135
Inferências simples, 135
Influenciadores
 características dos, 305
 nas famílias, 304
Influência informacional, 353-354
Influências. *Veja* Influências sociais
Influências diretas, 234
Influências indiretas, 235
Influências normativas
 características do consumidor e, 350-351
 características do grupo e, 351
 características do produto e, 349-350
 explicação de, 113, 348
 força e, 349-353
 implicações de marketing para, 115-116, 235
 no comportamento do consumidor, 113, 127, 234-235, 348-350
Influências sociais
 características das, 337-338
 dimensões descritivas da informação e, 354-357
 dos inovadores, 369
 explicação das, 336
 fontes de, 336-342
 fontes de marketing, 336-337
 fontes de não marketing, 338-341
 fontes dominadas das, 336-338
 grupos de referência e, 342-348
 informacional, 353-354
 líderes de opinião e, 341-342, 379
 marqueteiro dominado *versus* não comerciante, 338-341
 normativas, 114-116, 127, 234-235, 348-349

roubo de incentivo, 412
susceptibilidade a, 326
Infomerciais, 118
Informações
 ambíguas, 90, 245
 buscas por, 182-185
 categoria consistente, 136
 coleta, 215-216
 complexidade das, 55
 concorrência, 69, 91
 consumo pessoal, 136, 143, 145
 controle da, 57-58
 diagnóstico, 179
 dimensões descritivas da, 354-355
 discrepância de, 186
 disponibilidade de, 214
 educação e, 56
 entrega pessoal de, 336
 esquema consistente, 136
 estilo cognitivo, 55
 faltantes, 163, 182, 214
 fontes de marketing, 116-117
 formato da, 187, 214
 idade e, 56
 inteligência e, 56
 negativas, 54, 57
 nome da marca e, 189
 preços e, 189
 processos internos dos consumidores relacionados às, 10-11, 176-182
 proteção do consumidor por meio da, 31, 32, 420
 quantidade de, 57, 187
 recepção de, 11, 152-169
 sobrecarga de, 184
 taxa-base, 222
 transmissão de, 345
 vívidas, 179
Informações de diagnóstico, 179
Informações de taxa-base, 222
Informações negativas, 54, 57, 119, 127, 168, 198, 354-355
Inibição, de recordação, 182
Inovação de uso, 373
Inovações
 adoção para, 365-369
 características de, 363-366, 373-374
 características do sistema social e, 378-379
 caracterizadas pela amplitude, 365
 caracterizadas por benefícios oferecidos, 365
 caracterizadas por grau de novidade, 364
 consequências de, 379
 contínuo, 364
 descontínuo, 364
 difusão, 369-372
 dinamicamente contínuo, 364
 estética ou hedonista, 364
 explicação de, 362-364
 funcional, 365
 implicações de marketing para, 369
 incerteza de, 374

legitimidade e, 378
relevância social de, 377
requisitos de aprendizagem do consumidor, 374-377
resistência à, 365, 421-422
simbólico, 364
Veja também Desenvolvimento de produtos novos
Inovações contínuas, 364
Inovações descontínuas, 364
Inovações dinamicamente contínuas, 364
Inovações estéticas, 365
Inovações funcionais, 365
Inovações hedonistas, 365
Inovações simbólicas, 365
Inovadores, 369
Insatisfação
acompanhamento do consumidor, 247
custo de, 247, 255
desconfirmação e, 248-250
desempenho e, 247-249
eficiente em matéria de custos, 247
expectativas e, 248-249
explicação de, 246
fundamentado no pensamento, 248
implicações de marketing de, 247
respostas a, 253-254
teoria da atribuição e, 250-251
teoria da equidade e, 251-252
Inteligência, 40, 56
Intenção comportamental (BI, sigla em inglês), como componente do modelo TORA, 113
Interferência, de ligações de memória, 162-163
Internet
acesso, 59, 334
alta velocidade, 362
bloqueio de anúncios pop-up na, 64
busca de informações na, 183
compras na, 8, 20
comunidades dos consumidores na, 293, 338, 343
envolvimento e, 43
fontes, 183
privacidade na, 416-424
simulações nas, 184
Inventário, com transição de papéis, 390
Investigação. *Veja* Pesquisa do consumidor; Pesquisas dos consumidores
Itália, 234, 387

J

Japão
atingindo um gênero específico no, 93, 274
autoconceitos, 393
categorização no, 95
classe social em, 287, 290, 291, 293
como consumidores, 281
comunicação não verbal no, 102
consciência de preço no, 189, 234
decisões de compra no, 100
distância física do, 378
distribuição do, 282
famílias no, 301, 305, 306
fontes atraentes no, 143
frugalidade no, 327
humor no, 146
imagens corporais no, 417
inferências no, 100
influências culturais no, 83, 94, 171, 276-277
materialismo no, 313
mensagens em vendas mais suaves, 120
mensagens sexuais no, 146
objetos de envolvimento no, 43, 82
preferências do estilo de vida do, 107, 329
presentes do, 400
produtos feitos no, 21, 100, 104
prototipicidade no, 178
rastreando o comportamento no, 34
rastreando os consumidores no, 34
recuperação no, 164
significado sagrado no, 398
símbolos de *status* no, 294
suporte e ajuste para os japoneses, 198
tendências, 3
tomada de decisão do, 203, 207, 223, 228, 239, 245, 348
uso da tecnologia no, 316
valores do grupo do, 116
valores no, 116, 317
Jogo, 409-410
Judeus, 277, 283
Julgamento
de boa/má qualidade, 196-198
de probabilidade, 196-197
disponibilidade heurística e, 220-223
explicação de, 12
heurística de representatividade e, 220, 222
implicações de marketing de, 199, 222-223, 237
julgamentos de finas fatias, 134
probabilidade conjuntivo, 204-206
satisfação *versus* insatisfação, 242-247
Veja também Insatisfação; Satisfação
vieses em, 198-199
Julgamentos de alto esforço, 12, 40-41, 196, 198-199
Julgamentos de finas fatias, 134
Juventude, valorizada em, 315-316

K

Kimochi, 203

L

Lateralização hemisférica, 66-67
Legitimidade, 378
Lei de Proteção da Privacidade On-line das Crianças (Children's Online Privacy Protection Act), 306
Lei de Weber, 74
Lei dos pequenos números, 222
Leilões, on-line, 5, 413

Lésbicas, 273, 301, 304. *Veja também* Gays
Leveza, 70
Licenciamento, 86
Líderes de Opinião
características do, 341
explicação do, 341
implicações de marketing para, 341
inovações e, 379
princípios culturais moldados por, 338
LifeMatrix (NOP World), 331
Limiares absolutos, 74-75
Limiares diferenciais, 74-75
Limpeza, 298
Linguagem corporal, 25, 102
Lista de Valores (LOV, sigla em inglês), 370$\ne $322
Lixo, 260, 420
Locus de controle, 324
Logomarcas, 166
Lojas, 20, 92
Lojas de varejo e sites, planejando, 92

M

Magreza, 418
Maioria inicial, 368
Maioria tardia, 368
Marcas
atributos de, 99-100
buscas de informações por, 190
consciência de, 137, 178
envolvimento dos consumidores com, 5-6, 43
esquema para, 84
extensões *versus* associações, 86
familiaridade com, 178, 236
incerteza em relação a, 186, 374
lembrar dos, 178-179
lista dos mais valiosos, *85*
nacional *versus* estrangeiro, 99
personalidade de, 85
posses especiais e, 394
preferência por, 126, 177-178
prototípico, 88-91, 165, 178, 237
vendido no mercado negro, 413
Marcas prototípicas, 89, 237
Marketing
adoção do produto e, 372
banco de dados, 29
custos de, 34
explicação de, 13
multicultural, 278
viral, 355
Marketing da base de dados, 29
Marketing de nostalgia, 151-152, 156, 328, 392
Marketing multicultural, 278
Marketing viral, 355
Masculinidade, 272-273, 317. *Veja também* Gênero;
Materialidade, 69
Materialismo
como valor de domínio específico, 312
explicação de, 311-314
publicidade perpetuando no, 319, 405

Matiz, 71
Medicamentos, 53, 114, 214
Medo, 123-125
Meio Ambiente
    amigável ao idoso, 272
    cor e, 20, 29
    iluminação e, 70
    informação, 245
Meio de publicidade, 43, 138, 165
Memória
    autobiográfica, 156-157
    conhecimento, atitudes e, 156
    consumidor, 152, 164
    curto prazo, 154-155
    ecoica, 154
    empatia e identificação e, 156
    episódica, 156
    explicação de, 152
    explícita, 163
    icônica, 154
    implicações de marketing, 155-156, 158-160
    implícita, 163
    longo prazo, 155-157
    métodos para aumentar, 157-158
    semântica, 156
    sensorial, 154
    tomada de decisão e, 156
Memória autobiográfica
    explicação da, 155
    implicações de marketing da, 156-157
Memória de curto prazo (STM, sigla em inglês)
    características de, 155
    explicação de, 154
    implicações de marketing de, 155-156
    processamento de estímulos em, 154, 167
    processamento discursivo e de imaginação, 154
Memória de longo-termo (LTM, sigla em inglês)
    explicação da, 155-156
    implicações de marketing, 156-157
    organização da, 159
Memória do consumidor, 178, 180$, $165.
    Veja também Memória
Memória ecoica, 152, 154
Memória episódica, 156
Memória explícita, 163
Memória icônica, 154
Memória implícita, 163
Memórias
    formando e recuperando, 152-169
    marketing de, 164-168
    objetos que evocam, 154, 155, 166, 178
Memória sensorial, 154
Mensagens
    atitudes de baixo esforço e, 224-225
    características de, 117-119
    classe social e, 299
    comparativa, 119-120
    contexto de, 354
    credibilidade de, 116-117
    drama, 147
    em marketing para os adolescentes, 269
    envolvendo, 136
    envolvimento emocional nas, 121-122, 146-147
    implicações de marketing, 120
    mensagem parcial *versus* mensagem imparcial, 118-119
    muitos argumentos, 136
    repetição de, 57-58
    sexo em, 146
    simples, 136
    Veja também Fontes de comunicação; Percepção subliminar
Mensagens comparativas
    explicação das, 119-120
    implicações de marketing das, 120
Mensagens comparativas diretas, 119-120
Mensagens comparativas indiretas, 119
Mensagens de drama, 148
Mensagens envolventes, 137
Mensagens imparciais, 118-119
Mensagens parciais, 118-119
Mensagens simples, 136
Mensagens subliminares, 75
Mensuração do valor
    análise da cadeia meio-fim por, 320-321
    explicação da, 44
    influências das culturas, 317
    questionários para, 321
Mercado cinza, 271
Mercados-alvo
    consumidores em transição como, 8, 389-390
    seleção de, 16
Mercados de pulga, 259
Mercados inseridos, 346
Mercados negros, 413
Métodos de pesquisa do consumidor, 24-29
Mídia
    entregues via, 338-339
    envolvimento dos inovadores na, 369
    fontes dominadas pelo não marketing, 338-339
    fontes dominadas pelos marqueteiros entregues via, 336-339
    mensagens sobre álcool e tabaco, na, 6, 14, 408, 415, 421
    pesquisas, 183
Mineração de dados, 29
Mínima diferença perceptível (j.n.d.), 74
Mobilidade
    para baixo, 293
    para cima, 292-293
Mobilidade ascendente, 292-333 Uso
    decisões a respeito da, 5-10, 179
    dos inovadores, 369
    explicação da, 178
Mobilidade decrescente, 293
Moda, 372
Modalidade, 355
Modas, 372
Modelo comportamental do consumidor, 10
Modelo de diferença aditiva, 207
Modelo de eliminação por aspectos, 207
Modelo de expectativa de valor, 113-114
Modelo de resposta cognitivo, 110-116
Modelo lexicográfico, 206
Modelos cognitivos, para tomada de decisão, 203
Modelos compensatórios
    explicação de, 203
    processamento da marca, 204
    processamento de atributos, 205
Modelos conjuntivos, 204-206
Modelos de multiatributo, 204
Modelos de tomada de decisão
    afetiva, 203
    cognitivo, 203
    conjuntivo, 204-205
    diferença aditiva, 207
    disjuntivo, 205
    eliminação por aspectos, 207
    lexicográfico, 207
    multiatributo, 204
    processamento por atributo compensatório, 203
    processamento por atributo não compensatório, 203-205
    processamento por marca compensatório, 203
    processamento por marca não compensatório, 204
    tipos de, 203-205
    uso de múltiplos, 205
Modelos de tomada de decisão de alto esforço
    cognitivo, 203
    conjuntivo, 205
    diferença aditiva, 207
    disjuntivo, 205
    eliminação por aspectos, 207
    lexicográfico, 207
    multiatributo, 205
    processamento de atributo compensatório, 203, 205
    processamento de atributo não compensatório, 203-205
    processamento de marca compensatório, 200-201, 203-205
    processamento de marca não compensatório, 205
    tomada de decisão afetiva, 203, 208-209
Modelos disjuntivos, 205
Modelos não compensatórios
    explicação de, 203-205
    processamento da marca, 204
    processamento de atributos, 203-205
Modelo TORA
    componentes do, 113-114
    explicação do, 113
    função de, 125-128
    implicações de marketing para, 115-116
Modernidade, 378
Moldagem, 228

Motivação
   autoconceito e, 11, 44, 393
   comportamento de alto esforço, 40-41
   comportamentos relevantes para o objetivo e, 49-50, 178
   envolvimento sentido e, 41-42
   explicação de, 39-40
   implicações de marketing, 50-52
   incoerência de atitude e, 54
   métodos para aumentar, 260
   necessidades, 44-48
   objetos de envolvimento e, 43
   para processar a informação, 42, 185-187
   que afetam a aprendizagem a partir da experiência, 245
   relevância pessoal e, 44, 69
   risco percebido e, 52-53, 185
   valores, metas e necessidades e, 44
Muçulmanos, 283, 326, 343
Mulher
   atingindo, 274
   comportamento de consumo, 273-274
   papéis sexuais, 272-273
Mulheres
   alimentação compensatória nas, 273
   aparição de temas sexuais e, 146
   comportamento do consumo e, 6, 272-274
   imagem corporal e, 134
   orientação sexual, 272-273
   papéis sexuais e, 272
   posses especiais para, 397
   preferências do automobilísticas e, 273
   propagandas com, 417
   Veja também Gênero
Música, 68, 144

N

Narração de histórias, 26
Natal
   anúncios e, 148
   gosto e, 72
   música e, *408*
   padrão de compra para, 18
   preços e, 20
   presentes para, 383, 402
   rituais para, 391, 399, 401
   tempo e, 57, 399
Necessidade de cognição (NFC, sigla em inglês), 45, 326
Necessidade de singularidade (NFU, sigla em inglês), 326
Necessidades
   apelo a múltiplos, 205
   características de, 47
   categorização de, 46
   conflitantes, 47, 51
   explicação de, 44-45
   hierarquia de, 45, 47
   identificação de, 47
   implicações de marketing e, 44-48
   surgimento de, 47
   tipos de, 45-46

Necessidades funcionais, 45
Necessidades hedonistas, 44-46
Necessidades não sociais, 45
Necessidades simbólicas, 45
Necessidades sociais, 44-46
Neurociência, 29
Nigéria, 397
Níveis de corte
   aceitáveis, 205-206
   explicação de, 203
Nível básico, estruturas hierárquicas, 91, 223
Nível ótimo de estimulação (OSL, sigla em inglês), 237, 325-326
Nível subordinado, 91
Nível superordenado, 91
Nomes de marcas
   como sinais de recuperação, 166, 178
   inferências sobre, 99
   informações sobre, 189
   pesquisa do consumidor sobre, 6
   processamento pré-atencional e, 67
Nomes de produtos, 17, 67, 99, 166, 189
Normas, 113
Normas, 348
Normas subjetivas, como componente do modelo TORA, 113
Norte-americanos de classe alta, 297-298. *Veja também* Classe social
Norte-americanos de classe baixa, 298
Norte-americanos de classe média, 297. *Veja também* Classe social
Novidade, 68-69
Novos ricos, 297, 299, 390

O

Obesidade, 416
Objetivos
   agente, 272
   apelo a múltiplos, 205
   comunais, 272
   decisões e, 201-202
   emoções e, 49-50
   esforço e, 49
   explicação de, 48
   grupo, 393
   motivação e, 48-50, 178
   realização de, 40, 49
   tipos de, 49
Objetivos abstratos, 49
Objetivos agênticos, 272
Objetivos de autorregulação, 49
Objetivos orientados para prevenção, 49
Objetivos orientados para promoção, 49
Objetos profanos, 398-399
Observação indireta, 235
Observações, 28
Ocupações, 292
Ofertas
   aquisições, 5-10
   decidir sobre, 6
   disposição de 5-10
   transições e, 8
   uso, 5-10, 178

Ofertas de preço, 233-234
Oportunidade
   atitudes e, 10-11, 58
   dos consumidores, 56-58
   falta de, 245
Ordenamento de blocos, 157-158
Organização perceptual, 76
Orientação para fantasia, 408
Orientação sexual, 272
Otimizando, 224

P

Padrões da indústria, e inovações, 376
Padrões de consumo
   classe social e, 13, 296-300
   valores e, 318
Painéis de compra, 28
Países árabes, 34, 203, 292-293, 294
Países em desenvolvimento
   classe social e, 293, 298
   grupos de referência e, 13
   inferências nos, 100
   inovações nos, 375, 376
   status nos, 291
   Veja também países específicos
Pânico de *status*, 293
Papéis sexuais, 272. *Veja também* Gênero
Percepção
   auditivo, 71
   cheiro, 72-73
   de equidade, 251-252
   elementos do consumidor, 70-75
   explicação de, 75-77
   gosto, 71-72
   lei de Weber, 74
   limiares absolutos para, 74-75, 77
   limiares diferenciais para, 74-75, 77
   mínima diferença perceptível, 74
   subliminar, 75-76, 77
   toque, 73
   visual, 70-71
Percepção auditiva, 71
Percepção de eficácia do consumidor, 18, 51, 164, *185*
Percepção subliminar, 75-76, 77
Percepção visual, 70-71
Perícia, recuperação da memória e, 168
Persistência, 108
Personagens, 15
Personalidade
   abordagens de pesquisa à, 322-324
   automonitorado, 327
   caráter nacional, 327-328
   competitividade, 328
   comportamento do consumidor e, 325-329
   criatividade e, 326
   dogmatismo, 326
   dos inovadores, 369
   estímulos de marketing que têm, 325-326
   explicação de, 324
   frugalidade e, 327
   influência, 327

marca, 85
motivação e, 10
necessidades e, 327
nível excelente de estimulação (OSL, sigla em inglês), 325-326
relacionamentos de comportamento e atitude e, 113, 126-127
relevância pessoal, 44
risco percebido e, 52
teorias de traço, 323
teorias sociopsicológicos, 324
valores e, 13, 330-332
Veja também Valores

Persuasão
Animais de estimação, 394
de boca a boca, 13, 355-357
rota periférica para, 109

Pesquisa. *Veja* Pesquisa externa; Pesquisa interna

Pesquisa de marketing, 29-31. *Veja também* Pesquisa do consumidor; Pesquisas dos consumidoreses

Pesquisa do consumidor
acadêmicos e, 15
adicionando aos custos de comercialização, 34
agendas para, 26
análise conjunta para, 28
aspectos negativos, 35
aspectos positivos de, 33-35
banco de dados de marketing para, 29
consumidores como, 32
dados utilizados na, 29
decisores de políticas públicas e reguladores públicos, 14
em nomes de marcas, 32
entrevistas para, 25-26
éticos e grupos de advocacia e, 14
experiências para, 26-28
experimentos de campo para, 27
fotografias e imagens para, 26
gerentes de marketing e, 14
grupos-alvo, 25
métodos, 24-29
narração de histórias para, 26
neurociência, 29
observações para, 28
painéis de compra para, 28
práticas enganosas na, 34
questionários, 24-25
questões éticas, 33-40,103, 415-416
satisfação/insatisfação, 96

Pesquisa etnográfica, 28
Pesquisa externa
comunidade on-line e, 184
em curso, 182
estágios da, 190
exatidão da, 189
explicação da, 182
fontes da internet, 183
fontes para, 183
grau de envolvimento na, 185-188
implicações de marketing, 185, 188-189, 190
passos em, 190
por atributo, 190
por marca, 190
pré-aquisição, 182
simulações e, 184
sobrecarga de informações na, 184
tipo de informações adquiridas em, 189-190

Pesquisa governamental, 32-33
Pesquisa interna
de memória, 176
exatidão da, 180-181
explicação de, 174
grau de envolvimento na, 177
implicações de marketing, 181-182
recuperação, 178
resgate da marca da, 177-178
resgate de atributos da, 179
resgate de avaliação de, 179-181
resgate de experiência de, 181

Pesquisas, 24-26
Pesquisas dos consumidores
acadêmicos e centros de pesquisa acadêmica como, 14, 33
agências de publicidade como, 31
departamentos internos de pesquisa de marketing como, 31
em defesa do consumidor, *31*
firmas externas de pesquisa de marketing, 31
fundações de pesquisa como, 32
governo como, 32
grupos de comércio como, 32
organizações como, 32
organizações de consumidores como, 32
para aplicação, *30*
rastreamento e, 34, 356
serviços sindicalizados de dados como, 31-32
tipos de, 30-33
varejistas como, 32

Pesquisas interpessoais, 183
Pesquisas varejistas, 183
Pistas
periféricas, 166
recuperação, 165, 178
redundantes, 165

Pistas de recuperação da memória
autobiográfico e, 156-157
explicação de, 163
implicações de marketing, 156
marcas e, 166, 176-178
tipos de, 156-158

poder da distância, 317
Política de grupos públicos
agências governamentais como, 32
consumidor, 410
indústria de autorregulação e, 418
pesquisa do consumidor usado por, 14

Posicionamento, 16-17, 62-64, 90, 94
Posses. *Veja* Posses especiais
Posses especiais
animais de estimação como, 394
características de, 395-396
características do consumidor que afetam, 396-397
coleções como, 394
eliminação de, 397
explicação de, 394
marcas e, 394
produtos como, 395-397
rituais usados com, 397-398
significados associados com, 394-395
tipos de, 394

Pragmatistas, 368
Práticas de marketing
invasão de privacidade por, 34, 419
resistência às, 108, 421-422

Preços
busca de informações para, 189
inferências com base no, 100-101
percepções de, 232-233
pesquisa de consumo utilizada nas decisões, 19-20
qualidade e, 189
sensibilidade dos consumidores a, 20
tomada de decisão fundamentada no, 231

Preparar, 199, 202
Presentear
estágios para, 400-401
implicações de marketing para, 401
tempo de, 399

Presentes
adequação e significado de, 400
alternativas a tradicionais, 402
aquisição por meio de, 7
atenção ao recebedor, 401
cerimônia e, 400
efeito da ligação de relação de, 401
emoções e, 400
inapropriada, 400
livre, 18
motivos para, 400
reação do recebedor para, 401
reciprocidade, 401
tecnologia e, 402
tempo, 400
valor de, 396, 400

Pré-teste, 18
Previsores de cores, 71
Princípio de figura e fundo, 76
Princípios culturais
definição dos, 384-386
explicação dos, 384

Princípios, cultural, 317-318
Privacidade
invasões de, 34, 419
na Internet, 306, 416-423
práticas de marketing que invadem, 419
roubo de identidade e, 411

Probabilidade, 196-197
Processamento de atributos
explicação do, 205
modelos compensatórios do, 203
modelos não compensatórios do, 203-205

Processamento de imagens, 197, 154-155
Processamento de informação
    capacidade para, *41*, *55*, 186-187
    características dos estímulos para a facilidade de, 69
    disponibilidade de tempo para, 187, 202
    explicação de, 42
    implicações de marketing para, 56
    lateralização hemisférica e, 66-67
    motivação e, 42-44
    oportunidade para, 56-58, 245
    pré-atencional, 66-67
Processamento de rota periférica, 109
Processamento discursivo, 154-155
Processamento do alto para baixo, 211
Processamento Marca
    explicação do, 204
    modelo compensatório do, 203
    modelo não compensatório do, 203-205
Processamento on-line, 180
Processamento pré-atencional, 66-67
Processos analíticos, atitudes e, 110-118
Processos de julgamento
    alto esforço, 12, 40-41, 196-199
Processos de julgamento de alto esforço, 12, 196-199
Processos de julgamento de baixo esforço, 134, 220-223
Processos de pós-decisão
    aprendendo com a experiência do consumidor e, 244-247
    arrependimento e, 215, 242
    descarte de objetos significantes e, 258-260, 397
    descarte e, 256-260
    dissonância e, 242
    implicações de marketing, 242
    papel da satisfação e, 255-256
    paradigma da desconfirmação, 248-250
    reciclagem e, 259-260
    respostas à insatisfação e, 253-254
    satisfação e insatisfação julgamentos e, 247-253
    teoria da atribuição e, 250-251
    teoria da equidade e, 251-252
Produtos
    adaptabilidade dos, 378
    atividades e rituais sagrados e, 399
    atributos de, 17, 99-100
    autoconceitos e, 393
    categorias de, 84
    conhecimento do consumidor, 54-55
    desenvolvimento de novos, 278, 280
    função emblemática do, 386-388
    ilegais, 329-330
    inferências sobre, 96
    padrões ambientais para, 421
    país de origem de, 100
    para asiático-americanos, 281
    para norte-americanos, 85, 278, 418
    por meio da identificação étnica, 278
    posicionamento dos, 16-17, 62-64, 90, 94
    promovidos como presentes, 19, 228
    transições de papéis e, 390
    vendidos no mercado negro, 413
Produtos de higiene dental, 82
Proeminência, 69
Promoções
    ferramentas de comunicação, 17-18
    fidelidade à marca por meio de, 231
    incentivos, 374
    ofertas e, 9
    para asiático-americanos, 282
    para as inovações, 366
    para aumentar a percepção de imparcialidade, 251-252
    para idosos, 271-272
    para os produtos, 229
    para transições de papel, 390
    preço, 374
Propaganda
    autoconceito e, 44, 393
    autoimagem e, 417
    autorreferência, 137
    autorregulação, 419
    conclusões baseadas na, 96, 102
    determinar os períodos para, 5, 9
    eficácia de, 18, 164
    enganosos, 32, 34, 98, 99, 103-104, 245
    envolvimento dos consumidores com, 18-19
    estímulos de marketing e, 62, 75-77, 139-141
    exposição a, 62-65
    informativas, 125
    materialismo e, 312-313, 418-419
    objetivos de, 18
    para adolescentes, 266-268
    para afro-americanos, 280-281
    para a geração *baby boomers*, 270-271
    para a Geração X, 269-270
    para a Geração Y, 268
    para asiático-americanos, 281-282
    para crianças, 306-307
    para idosos, 271-272
    para os hispano-americanos, 31, 280
    perfil do valor e, 319
    promoções de vendas, 18, 228, 231, 374
    vendedores e, 19
Propensão de ofertas para os consumidores, 233-234
Propriedades de alteração de humor, 396
Proteção ambiental
    conservação como, 421
    preocupações a respeito da, 420
    valor colocado na, 316
Proteção do Consumidor
    pela indústria de autorregulação, 418
    por comportamento ecologicamente consciente, 316, 420
    por meio da segurança dos produtos, 32
    por meio das informações, 273
    por regulamento governamental, 32-33, 420
Prototipicidade
    explicação de, 89-90
    implicações de marketing, 89, 237
    influências em, 88-91
    resgate de marcas e, 164-165, 178
Protótipos
    categoria, 237
    explicação de, 89
    influências culturais, 94
    posicionamento e, 16-17, 62-64, 90, 94
    recuperação da memória e, 165
Psicografia, 330-332. *Veja também* Estilos de Vida, Valores
Publicidade enganosa
    exemplo de, 35
    explicação de, 246
    regulamento de, 32
Publicidade enganosa, 14, 32, 98, 99, 103. *Veja também* Publicidade enganosa
Publicidade transformacional, 147
Punição, 226

Q

Qualidade. *Veja* Qualidade do produto
Qualidade do produto
    fidelidade à marca por meio de, 231
    preço e, 189
Questionários, 321
Questionários de valor, 321
Questões éticas
    relacionadas às crianças, 415-416
    relacionadas com a pesquisa do consumidor, 9
    relacionadas com as inferências, 103
Questões globais
    consumismo e, 276-277
    diversidade de valor e, 277, 311
    papéis decisivos na família e, 307
    pesquisa do consumidor e, 281
    status educacional e, 342
Quinceañera, 265-266

R

Raciocínio, analogia ou categoria, 110
Raciocínio, motivado, 42
Raciocínio motivado, 42
Reatância, 349
Receptores passivos, 132, 253, *323*, 379
Reciclagem
    capacidade para, 257
    explicação sobre, 260
    implicações de marketing para, 260
    motivação para, 259
    oportunidade para, 260
Recirculação
    explicação de, 157-159
    implicações de marketing, 159
Reclamações
    ocorrência de, 252-254
    resposta às, 254
    tipos de consumidores de emissão, 254-255
Reconhecimento, 164
Reconhecimento de problemas
    busca de informações, 11-12
    estado atual e, 174-175

estado ideal e, 174-176
explicação de, 11-12, 174
implicações de marketing de, 176
Recordação
eficácia da publicidade e, 164
explicação de, 163
Recordação com pistas, 166
Recordação livre, 163
Recuperação. *Veja* Recuperação de memórias
Recuperação da memória
características do consumidor que afetam, 155, 167-169
características do estímulo, 165
conexão do estímulo e, 166
decadência, 162
erros em, 163
explicação de, 152
falhas na, 161
implicações de marketing para, 164, 167-168
interferência, 162
organização da memória de longo prazo e, 156-157, 159-160
prioridade e efeitos de recência, 162
processamento da memória de curto prazo, 154-155, 167
rede semântica e, 160-162
reinterpretando, 157
tipos de, 163
Redes associativas, 159-160
Redes semânticas
disseminação de ativação e, 160-162
explicação de, 160-161
força de associação e, 160
Referencial de afeto, 235-236
Reforço, 226
Regiões. *Veja* Regiões geográficas
Regiões geográficas
global, 276-277
nos Estados Unidos, 274-277
uso do produto e identificação com, 386
Reguladores, 14
Reino Unido. *Veja* Grã-Bretanha
Relevância social, 377
Religião, 283-285
Repetição, 57-58
Reposicionamento, 16-17
Reputação, 116-118
Reputação da empresa, 116-118
Resistência às inovações. *Veja* Inovações
adoção de, 365-369, 378
caracterizações da, 362-366
consequências de, 379
definição, 362-364
difusão, 369-372
explicação de, 107-109
incerteza, 374
influências sobre, 366-367, 373-379
legitimidade, 378
relevância social de, 377
requisitos de aprendizagem e, 374-376
resistência à, 365
Responsabilidade social, 419-421

Resposta condicionada (RC), 140
Resposta incondicionada (RI), 139-140
Respostas afetivas
categorias de, 142
explicação de, 107, 121, 203
Respostas cognitivas, 112-113
Resultados
difusão, 13
lado negro dos, 14
símbolos e, 13
Resultados STARCH, 31
Retardatários, 368
Retenção de clientes
explicação de, 254
implicações de marketing para, 15-17, 255-258
Risco de tempo, 53
Risco financeiro, 52
Risco físico, 52
Risco, percebido, 185
Risco Percebido
envolvimento e, 53, 185
explicação de, 51-53, 185
implicações de marketing para, 53
tipos de, 52
Risco psicológico, 53
Risco social, 53
Rituais
adesão ao grupo por meio de, 388
alienação, 397
conectividade, 391
cuidados, 397
família, 390
gestão, 390
implicações de marketing para, 390
posse, 397
usados em transições de papel, 388-389
Rituais de alienação, 397
Rituais de cuidado, 397
Rituais de posse, 397
Rokeach Value Survey (RVS, sigla em inglês), 321
Romênia, 216, 292, 420
Rota periférica de persuasão, 109, 132
Roteiros, 87
Rotulagem
enganosa, 14, 99
nutricional, 315
tabaco e bebida alcoólica, 99, 188, 409, 415
Rotulagem nutricional. *Veja* Rotulagem
Roubo
aquisição por meio de, 7
consumidor, 411-412
identidade, 411, 419, 423
implicações de marketing para, 412-413
racionalizações para, 412
tentação para, 411-412
Roubo de identidade, 411, 419, 423
Rumores, 356
Rússia
atingindo um gênero na, 274
caráter nacional na, 327

cupons na, 55
grupos étnicos e, 282
mobilidade ascendente e, 296
preferências do estilo de vida na, 297, 329
regulamentação da propaganda na, 234
tomada de decisão na, 152, 203

S

Saliência.
de associações, 84
de atributos, 179
estímulos e, 165
explicação de, 82, 164-165
Satisfação
acompanhamento do consumidor, 247-248
com base nas expectativas, 96, 248-249
desconfirmação e, 248-250
explicação de, 96
implicações de marketing de, 96, 247, 250-252, 253
influências sobre, 246-253
Satisfação do consumidor, 96, 247-256
Saturação, 71
Saúde
menores de idade bebendo e fumando e, 413
valor colocado em, 314-315
Segmentos do mercado
características comuns dos, 16
classe social e, 13
com base nas necessidades dos consumidores, 15, 51
estilo de vida, 203, 329-330
explicação dos, 15-17
inovações e, 203, 334, 362-363
memória e, 164
ofertas existentes e, 4, 16
rentabilidade dos, 15
satisfação dos, 16, 96
valores e, 318-319
Segurança de risco, 8
Segurança do produto, 8, 32
Segurança, produto, 4, 32
Seleção de canais, 299
Sentimentos. *Veja* Apelos emocionais; Desapego emocional; Emoções
Sentimentos de desativação, 142
Sentimentos de pós-decisão, 252-253
Sequência pensamento-comportamento-sentimento, 224
Serviço de desenvolvimento, 17
Serviços
desenvolvimento de novos, 17
processo de fornecimento e, 256
promover como presentes, 402
provedores como marqueteiros, 353
Serviços sindicalizados de dados, 31-32
SEVA (urgência, euforia, vigor e ativação), 142
Sexo, 145-146
Significado simbólico
autoconceito e, 44, 392-393

derivados da cultura, 384-386
derivados do consumidor, 386
exemplo de, 394-395
função de aquisição de papéis e, 388-390
função de conectividade e, 391
função de expressividade e, 391-394 46
função emblemática e, 386-388
funções múltiplas e, 392
posses especiais e, 394-397
presentear para transferência, 399-402
sagrado e, 398-399
Simbolismo sonoro, 71
Símbolos
autoconceito e, 44, 393
comunicação de, 388
desenvolvimento de, 388
fraudulentos, 295
marca, 99
realização, 394
reforço dos, 388
remoção de, 388
status, 294-295
usados em transições de papel, 388-389
uso de, 388-389
Símbolos de marca, 99
Símbolos de realização, 394
Símbolos de *status*
explicação de, 294
transições dos papéis e uso de, 388-389
Símbolos fraudulentos, 295
Simulações, 184, 377
Sinais periféricos, 132, 166
Singularidade, 84, 326
Siques, 283
Sistemas de valores, 310-312
Sistema social, 378-379
Socialização. *Veja* Socialização dos consumidores
Socialização do consumidor
explicação de, 345
indivíduos e, 346-349
mídia e mercado e, 348
Spam, 65
Status ganho, 291
Status social, 389
Suécia, 3
Suíça, 21, *160-161*
Superioridade implícita, 103
Suporte, 198
Suscetibilidade, 327

T

Tabaco
etiquetas de aviso no, 415
focando nos jovens, 415
mensagens sobre a mídia, 415
propagandas para, 415
uso por menores de idade de, 413
Tabagismo. *Veja* Tabaco
Tailândia
classe social na, 291
compra de automóvel na, 195-196
grupos étnicos na, 282
humor na, 145
papéis decisivos na família na, 305
Tamanho e forma, de produtos, 70
Táticas de desempenho, 225, 227
Táticas de escolha
categorias, 225
explicação de, 224
implicações de marketing, 96, 225-226
liberdade das como, 353
produtos e, 226, 348
Táticas de escolha normativa, 115-116, 225, 234-235, 348
Táticas de preço, 20, 225
Táticas de vendas enganosas
declarações inexatas ou promessas como, 34
deturpação como, 32-33
explicação de, 34
técnica espere e pegue como, 137
Táticas relacionadas ao afeto, 225
Técnica até-mesmo-uma-moeda-ajuda, 352
Técnica de propaganda enganosa, 137
Técnica pé na porta, 352
Técnica porta na cara, 352
Técnicas de conformidade, 352
Tecnologia
compra do presente usando, 402
na China, 23-24
paradoxos de, *365*
reação do consumidor à, 316-317
valor colocado na, 316-317
Veja também Internet
Telemarketing, 65, 272, 419
Tempo
da decisão de adoção, *367-369*
oportunidade do consumidor e, 57
Tempo de lazer, 57, 314, 319, 384
Teoria da ação racional (TORA)
aplicação de, 125-127
explicação de, 113
implicações de marketing, 115-118
Veja também modelo TORA
Teoria da acomodação, 279
Teoria da avaliação, 49-50, 209
Teoria da comparação social, 416
Teoria da equidade, 251-252
Teoria da gestão do terror. *Veja* TMT (Teoria da Gestão do Terror)
Teoria da gestão do terror (TMT, sigla em inglês) 124, 312
Teoria da identidade social, 111
Teoria de atribuição
explicação da, 250
implicações de marketing da, 251
Teoria do prospecto, 208
Teoria dos Níveis de Construção, 93
Teorias do traço, 323
Teoria sociorrelacional, 349
Teorias psicanalíticas da personalidade, 322-323
Teorias sociopsicológicas, 324
Teste, 18
Teste de hipótese, 245
Testes de mercado, 28
Testes de produtos, 72, 375-377
TMT (Teoria da Gestão Terror) 142, 312
Tocar, 313-315
Tomada de decisão
afetiva, 203, 208-209, 235
alternativas incomparáveis e, 210-213
alto esforço, 12, 40-41, 365-367
atraso na decisão, 210
atributos triviais, 214
avaliações anteriores, 199
avaliações e, 209
baixo esforço, 132-147
busca de informações, 11-12, 176-193
com base em atributos do produto, 206-208
com base em ganhos e perdas, 208
com base no hábito, 228-230
com base no sentimento de alto esforço, 41, 208-212
considerações de marca, 200-201
contexto de grupo e, 215-216
critérios para, 201-202
cultura e, 12-13
efetuar as classes de objetivos, 176
escolhas e previsões e, 209
estágios de, 11
estratégias para, 211-213
estrutura da decisão e, 202-203
imagens e, 198, 210
influências sobre, 212-215
informações e, 214-215
julgamentos *versus*, 12, 198
memória e, 156
motivação e, 10
nas famílias, 304-306
necessidades pela busca de variedades, 237
ofertas e, 4, 189
pós-avaliações, 12
quando as alternativas não podem ser comparadas, 200
reconhecimento de problemas, 11, 174-176
relevância pessoal e, 44, 69
Veja também Tomada de decisão de alto esforço
Tomada de decisão afetiva, 203, 208-209, 235
Tomada de decisão de alto esforço
baixo esforço *versus*, 132
critérios usados na, 201-202
explicação da, 13, 40-46, 199-203, 365-367
fundamentada no pensamento, 203-216
fundamentada no sentimento, 208-211
influências sobre, 212-215
vários tipos de, 211-212
Tomada de decisão de baixo esforço
alto esforço *versus*, 12, 40-41, 365-367
aprendendo táticas de escolhas, 226-227
estratégia de simplificação, 224, 228-235
pensamento com base na, 227
sentimento com base na, 13, 235-239
Toque, 73

Trabalho, 314
Transições. *Veja* Transições de papéis
Transições de papéis
  conjugal, 8, 389-390
  culturais, 389
  explicação de, 388
  implicações de marketing para, 390
  rituais e símbolos em, 388-389
  status social, 389
Troca, 5, 7

U

União Europeia (UE), 14, 120
União Soviética, 282
Unidade, 237
Uniformes, 68, 387
Uso da linguagem
  inferências com base no, 102-103
  no Reino Unido, 97
Usuário, nas famílias, 304

V

Valência, 354
Valores
  classe social e, 13, 317
  considerações éticas relacionadas a, 319
  cultura e, 311-317
  domínio específico, 312
  dos inovadores, 369
  explicação de, 310
  global, 312
  idade e, 317
  identificação étnica e, 317
  implicações de marketing de, 13, 234, 318-320
  influência de, 317
  instrumental, 312, 397
  medição de, 319-324, 330
  modelo de expectativa de valor e, 113-114
  motivação e, 44
  mudança nos, 115, 317
  nas sociedades ocidentais, 312, 315, 317
  percebida, 373
  psicografia e, 330
  segmentação e, 318
  simbólico, 396
  terminal, 312
  tipos de, 312
Valor percebido, 373
Valor simbólico, 400
Valor utilitário, 396
VALS (Pesquisa de Valores e Estilo de Vida), 330
Valores de domínio específicos, 312
Valores instrumentais, 312, 396
Valores terminais, 312
Vantagem relativa
  de inovação, 373-374
  explicação de, 373
Varejistas, 32
Varejistas de mercadorias usadas, 258
Variáveis de personalidade
  explicação de, 127
  VALS (Pesquisa de Valores e Estilos de Vida), e, 330
Variáveis independentes, 27
Venda pessoal, 102, 137, 143
Vendas
  aumentos em, 8
  no decorrer do tempo, 372
Vendas táticas, enganosas, 32, 35, 98, 99, 104, 247
Vestuário, 32, 43, 51, 61, 74, 384-392
Vício, 406
Vídeo Games, publicidade em, 61
Viés
  de confirmação, 182, 198
  lei dos pequenos números, 222
  nas percepções autocentradas, 199
  nos processos de decisão, 182, 198, 245
  para o conjunto, 77
  processamento, 197-199
Viés de confirmação
  explicação do, 182, 198
  implicações de marketing do, 182, 199
  julgamento e, 198-199
  simples, 249
Vietnã, 176, *257*, 268, 281
Visionários, 367
Visualização, 198

Y

Yankelovich MindBase, 31, 331

Z

Zapping, 64
Zipping, 64-65
Zona de aceitação, 232-233